清代达斡尔族档案辑录

黑龙江将军衙门达斡尔族满文档案选编

乾隆朝

10

中国第一历史档案馆
内蒙古自治区少数民族古籍征集研究室
呼伦贝尔市民族事务委员会
莫力达瓦达斡尔族自治旗人民政府
编

辽宁民族出版社

目　录

九五九　署布特哈索伦达斡尔总管佛济保等为给水路捕貂索伦达斡尔等售卖谷米作为口粮事呈黑龙江将军衙门文
乾隆二十三年五月十二日 ……1
九六〇　黑龙江将军衙门为照例选派满洲达斡尔等官兵随进木兰围事咨兵部文
乾隆二十三年六月初十日 ……3
九六一　兵部为令查明出征效力议叙布特哈达斡尔达萨穆保等员旗分佐领事咨黑龙江将军文
乾隆二十三年七月十三日 ……6
九六二　户部为毋庸将三等侍卫达斡尔努固德依应领俸银俸米就近拨至齐齐哈尔事咨黑龙江将军文
乾隆二十三年七月十三日 ……9
九六三　户部为奏销拨给受灾布特哈索伦达斡尔等赈济银两事咨黑龙江将军文
乾隆二十三年八月十九日 ……12
九六四　黑龙江将军衙门为送交出征返回墨尔根城旗手达斡尔兴索勒济等员乘驿火票事咨兵部文
乾隆二十三年八月二十四日 ……19
九六五　黑龙江将军衙门为呼兰正蓝旗佐领衮布升迁出缺拟定达斡尔骁

骑校维保引见补放事咨兵部文
乾隆二十三年九月十四日 ……21
九六六 黑龙江将军衙门为齐齐哈尔镶白旗达斡尔佐领额尔西奇病故出缺拟定骁骑校乌卡塔引见补放事咨兵部文
乾隆二十三年九月十四日 ……25
九六七 黑龙江将军衙门为呼兰镶蓝旗佐领鲁成额升迁出缺拟定达斡尔骁骑校都伦保引见补放事咨兵部文
乾隆二十三年九月十四日 ……27
九六八 黑龙江将军衙门为令报正红旗达斡尔佐领缺拟补官员考语事咨黑龙江副都统衙门文
乾隆二十四年正月初八日 ……30
九六九 黑龙江将军衙门为令查明三等侍卫提齐图遗孀并办理达斡尔沁图过继袭职事宜事咨黑龙江副都统衙门文
乾隆二十四年正月初八日 ……31
九七〇 黑龙江副都统衙门为查明阵亡三等侍卫提齐图世职理合承袭人员事咨黑龙江将军衙门文
乾隆二十四年正月二十五日 ……38
九七一 黑龙江将军衙门为拣选索伦达斡尔马步箭娴熟兵丁解送京城当差事咨黑龙江副都统衙门文（附名单一件）
乾隆二十四年正月二十六日 ……49
九七二 管理正蓝旗满洲都统事务和硕裕亲王奏黑龙江佐领缺补放墨尔根达斡尔骁骑校鄂依保折
乾隆二十四年正月二十八日 ……53
九七三 兵部为齐齐哈尔正红旗达斡尔世管佐领等员缺准以拟选人员补授事咨黑龙江将军文
[乾隆二十四年正月] ……56
九七四 黑龙江副都统衙门为佐领骁骑校等缺拣选拟补满洲达斡尔等官

员事咨黑龙江将军衙门文
乾隆二十四年二月初二日 ……59
九七五　户部为本年索伦达斡尔等所贡貂皮足数不及等第仍照例赏赐事咨黑龙江将军文（附来文一件）
乾隆二十四年二月十二日 ……65
九七六　黑龙江将军衙门为三等侍卫提齐图阵亡其所遗世职拣选应承袭人员事咨镶黄旗满洲都统衙门文
乾隆二十四年二月十四日 ……77
九七七　黑龙江将军衙门为补授墨尔根城各旗达斡尔骁骑校事咨墨尔根副都统衙门文
乾隆二十四年二月十六日 ……85
九七八　理藩院为布特哈达斡尔正黄旗达斡尔世管佐领出缺准以巴尔延承袭事咨黑龙江将军文
乾隆二十四年二月十九日 ……88
九七九　正黄满洲旗为已故达斡尔前锋图尔苏内在京无坟地叔父送其尸骨回籍安葬事咨黑龙江将军衙门文
乾隆二十四年二月十九日 ……91
九八〇　黑龙江将军衙门为已故达斡尔前锋图尔苏内在京无坟地叔父送其尸骨回籍安葬事札署布特哈总管查尔赛等文
乾隆二十四年二月十九日 ……94
九八一　署布特哈索伦达斡尔总管查尔赛等为报索伦达斡尔等本年春秋二季捕貂数目事呈黑龙江将军衙门文
乾隆二十四年三月十一日 ……97
九八二　黑龙江将军衙门为杜尔伯特台吉布特赫恩齐控告达斡尔托泰雇佣蒙古不给租银事札署布特哈总管查尔赛等文
乾隆二十四年四月初五日 ……98
九八三　黑龙江将军衙门为确定布特哈索伦达斡尔等会盟地点日期事札

署布特哈总管查尔赛等文
乾隆二十四年四月十一日 ……101
九八四 兵部为准以达斡尔三等侍卫公雅穆保补授呼伦贝尔副总管事咨黑龙江将军等文
乾隆二十四年四月十二日 ……104
九八五 署布特哈索伦达斡尔总管查尔赛为查报索伦达斡尔佐领骁骑校员缺事呈黑龙江将军衙门文
乾隆二十四年五月十七日 ……105
九八六 正黄满洲旗为办理达斡尔护军阿尼亚布等告假赴原籍接家眷来京事咨黑龙江将军衙门文
乾隆二十四年六月初四日 ……109
九八七 黑龙江将军衙门为造送选取技艺娴熟索伦达斡尔等官兵花名册事咨理藩院文
乾隆二十四年六月初八日 ……113
九八八 黑龙江将军衙门为选派满洲达斡尔等官兵赴木兰围场事咨兵部文
乾隆二十四年六月十一日 ……117
九八九 黑龙江将军衙门为令呈报达斡尔护军阿尼亚布等接家眷返京启程日期事札呼兰城守尉车尔库文
乾隆二十四年六月二十二日 ……120
九九〇 黑龙江将军衙门为令布特哈索伦达斡尔等照例比丁造册送部事札署布特哈总管查尔赛等文
乾隆二十四年闰六月二十六日 ……124
九九一 黑龙江将军衙门为令查报佐领骁骑校等缺应补满洲达斡尔等官员履历考语事咨黑龙江副都统衙门文（附单一件）
乾隆二十四年七月初十日 ……130
九九二 黑龙江将军衙门为准以萨垒补授布特哈达斡尔总管事札署布特

哈总管查尔赛等文
乾隆二十四年八月初五日 ……137
九九三　黑龙江将军衙门为报布特哈索伦达斡尔等捕貂丁数并派员解送貂皮事咨理藩院文
乾隆二十四年八月十八日 ……138
九九四　黑龙江将军衙门为墨尔根城镶蓝旗达斡尔佐领尼尔弥勒图休致出缺拟选骁骑校博木博礼引见事咨兵部文
乾隆二十四年九月十三日 ……143
九九五　黑龙江将军衙门为墨尔根城正蓝旗达斡尔佐领哈喇勒图休致出缺拟选骁骑校喀尔库引见事咨兵部文
乾隆二十四年九月十三日 ……145
九九六　黑龙江将军衙门为齐齐哈尔城正红旗达斡尔佐领梅色病故出缺拟选骁骑校阿尔屯引见事咨兵部文
乾隆二十四年九月十三日 ……148
九九七　黑龙江将军衙门为黑龙江城正黄旗散达佐领下达斡尔骁骑校阿林岱病故出缺拟定正陪人员引见事咨兵部文
乾隆二十四年九月十三日 ……150
九九八　黑龙江将军衙门为齐齐哈尔城镶黄旗善津佐领下达斡尔骁骑校颜吉图病故出缺拟定正陪人员引见事咨兵部文
乾隆二十四年九月十三日 ……154
九九九　黑龙江将军衙门为齐齐哈尔城镶黄旗世管达斡尔佐领阿迪穆保升迁出缺查明源流拟定正陪人员引见事咨兵部文
乾隆二十四年九月十三日 ……158
一〇〇〇　黑龙江将军衙门为黑龙江城镶蓝旗世管达斡尔佐领罗乌尔罕病故出缺查明源流拟定正陪人员引见事咨兵部文
乾隆二十四年九月十三日 ……171

一〇〇一　理藩院为准将萨垒补授布特哈达斡尔总管事咨黑龙江将军文
乾隆二十四年十月初二日 ……182
一〇〇二　户部为布特哈正黄旗达斡尔佐领满齐补授参领应否拨给原俸事咨黑龙江将军文
乾隆二十四年十月二十七日 ……184
一〇〇三　兵部为知会照例办理达斡尔披甲留驻京城事宜事咨黑龙江将军文（附名单一件）
乾隆二十四年十一月二十七日 ……187
一〇〇四　黑龙江将军衙门为照例办理达斡尔披甲留驻京城事宜事咨黑龙江副都统文（附名单一件）
乾隆二十四年十一月二十九日 ……191
一〇〇五　黑龙江将军衙门为造送齐齐哈尔等城满洲索伦达斡尔等官兵数目清册事咨兵部文
乾隆二十四年十二月十一日 ……195
一〇〇六　兵部为达斡尔世管佐领罗乌尔罕出缺准以巴尼承袭事咨黑龙江将军文
乾隆二十四年十二月十四日 ……211
一〇〇七　镶蓝满洲旗为达斡尔世管佐领罗乌尔罕出缺准以巴尼承袭事咨黑龙江将军文
乾隆二十四年十二月二十三日 ……212
一〇〇八　镶黄满洲旗为达斡尔世管佐领缺拣员补授与例不符再行拣选引见事咨黑龙江将军文
乾隆二十四年十二月二十七日 ……214
一〇〇九　兵部为知会照例办理索伦达斡尔领催披甲等留驻京城事宜事咨黑龙江将军文（附名单一件）
乾隆二十五年正月初四日 ……220
一〇一〇　兵部为办理三等侍卫达斡尔茂罕留驻京城事宜事咨黑龙江将

军文（附名单一件）
乾隆二十五年正月初四日 ……223
一〇一一　黑龙江将军衙门为达斡尔骁骑校敏德库阵亡其所遗缺准以黄敬补授事咨黑龙江副都统衙门文
乾隆二十五年正月二十二日 ……225
一〇一二　黑龙江将军衙门为办理三等侍卫达斡尔茂罕留驻京城事宜事札署布特哈总管额勒登额等文（附名单一件）
乾隆二十五年正月二十二日 ……227
一〇一三　黑龙江将军衙门为照例办理索伦达斡尔领催披甲等留驻京城事宜事札署布特哈总管额勒登额等文（附名单一件）
乾隆二十五年正月二十五日 ……229
一〇一四　镶黄满洲旗为办理黑龙江布特哈索伦达斡尔披甲留驻京城事宜事咨黑龙江将军文
乾隆二十五年二月初二日 ……232
一〇一五　镶黄满洲旗为办理三等侍卫达斡尔茂罕等员留驻京城事宜事咨黑龙江将军衙门文
乾隆二十五年二月初二日 ……235
一〇一六　正白满洲旗为奉旨赏赐阵亡达斡尔侍卫并准其弟承袭世职事咨黑龙江将军衙门文
乾隆二十五年二月初二日 ……241
一〇一七　正白满洲旗为奉旨赏赐阵亡达斡尔侍卫并准其侄承袭世职事咨黑龙江将军衙门文
乾隆二十五年二月十四日 ……246
一〇一八　署布特哈索伦达斡尔总管额勒登额等为驻京正黄旗前锋达斡尔乌岱奋勉效力记入三代册事呈黑龙江将军衙门文
乾隆二十五年三月初三日 ……249
一〇一九　署布特哈索伦达斡尔总管额勒登额等为驻京正黄旗前锋护军

索诺保奋勉效力记入三代册事呈黑龙江将军衙门文
乾隆二十五年三月初八日 ……252
一〇二〇 署布特哈索伦达斡尔总管额勒登额等为遵旨赏食布特哈索伦达斡尔鄂伦春官兵半俸造册解送事呈黑龙江将军衙门文
乾隆二十五年三月初八日 ……254
一〇二一 黑龙江将军绰尔多等奏请通融办理赏食布特哈索伦达斡尔等官兵半俸事宜折
乾隆二十五年三月初十日 ……259
一〇二二 黑龙江将军绰尔多等奏闻布特哈索伦达斡尔等官兵叩谢赏赐半俸恩情形折
乾隆二十五年三月初十日 ……263
一〇二三 兵部为遵旨照呼伦贝尔例嗣后赏给布特哈索伦达斡尔等官兵半俸事咨黑龙江将军文
乾隆二十五年三月十二日 ……267
一〇二四 户部为造送应赏半俸布特哈索伦达斡尔官兵数目册事咨黑龙江将军文（附上谕一件）
乾隆二十五年三月十二日 ……269
一〇二五 户部为照例赏赐布特哈正黄旗无俸达斡尔佐领满齐半俸事咨黑龙江将军文
乾隆二十五年三月二十一日 ……271
一〇二六 黑龙江将军衙门为齐齐哈尔城正黄旗达斡尔佐领玛尔塔尼病故出缺拟选骁骑校拉布塔苏引见事咨兵部文
乾隆二十五年三月二十二日 ……276
一〇二七 黑龙江将军衙门为齐齐哈尔城镶红旗达斡尔佐领翁库特依病故出缺拟选骁骑校拜达尔引见事咨兵部文
乾隆二十五年三月二十二日 ……279
一〇二八 黑龙江将军衙门为齐齐哈尔城镶红旗翁库特依佐领下达斡尔

骁骑校景衮休致出缺拟定正陪人员引见事咨兵部文

乾隆二十五年三月二十二日 ……281

一〇二九　黑龙江将军衙门为墨尔根城正黄旗沙礼善佐领下达斡尔骁骑校阿尔屯升迁出缺拟定正陪人员引见事咨兵部文

乾隆二十五年三月二十二日 ……285

一〇三〇　黑龙江将军衙门为墨尔根城正黄旗考沁佐领下达斡尔骁骑校博木博礼升迁出缺拟定正陪人员引见事咨兵部文

乾隆二十五年三月二十二日 ……288

一〇三一　黑龙江将军衙门为齐齐哈尔城正蓝旗达斡尔佐领巴辛休致出缺拣选应补人员送部引见事咨兵部文

乾隆二十五年三月二十二日 ……293

一〇三二　黑龙江将军衙门为齐齐哈尔城镶黄旗世管达斡尔佐领阿迪穆保升迁出缺查明源流拟定正陪人员引见事咨兵部文

乾隆二十五年三月二十二日 ……298

一〇三三　黑龙江将军衙门为遵旨照例补放黑龙江各处满洲达斡尔等骁骑校事咨兵部文

乾隆二十五年三月二十二日 ……310

一〇三四　黑龙江将军衙门为正白旗门杜佐领下达斡尔骁骑校出缺准以领催温济穆保坐补事咨正白旗满洲都统衙门文

乾隆二十五年三月二十二日 ……318

一〇三五　黑龙江将军衙门为布特哈正黄旗达斡尔佐领满齐从军营返回查办其俸禄发放事宜事札署布特哈总管额勒登额等文

乾隆二十五年三月二十五日 ……320

一〇三六　署布特哈索伦达斡尔总管额勒登额等为请定会盟日期以便布特哈索伦达斡尔等预先准备事呈黑龙江将军衙门文

乾隆二十五年三月二十六日 ……323

一〇三七　黑龙江将军衙门为查明阵亡达斡尔军功蓝翎格森特依尸骨抵

达日期派员致祭事札署布特哈总管额勒登额等文
乾隆二十五年三月二十八日 ……324
一〇三八 黑龙江将军衙门为令严格查收布特哈索伦达斡尔等交纳貂皮事札署布特哈总管额勒登额等文
乾隆二十五年四月初二日 ……328
一〇三九 兵部为办理达斡尔披甲纳尔穆等留驻京城事宜事咨黑龙江将军文
乾隆二十五年四月初三日 ……331
一〇四〇 理藩院为造送食俸饷布特哈索伦达斡尔官兵花名册事咨黑龙江将军文
乾隆二十五年四月初三日 ……333
一〇四一 署布特哈索伦达斡尔总管额勒登额等为报索伦达斡尔等本年春秋二季捕貂数目事呈黑龙江将军衙门文
乾隆二十五年四月初四日 ……335
一〇四二 署布特哈索伦达斡尔总管额勒登额等为奉命严加查收索伦达斡尔等捕获貂皮事呈黑龙江将军衙门文
乾隆二十五年四月十八日 ……337
一〇四三 黑龙江将军衙门为令核查布特哈索伦达斡尔等捕貂数目事札布特哈索伦达斡尔掌关防总管文
乾隆二十五年四月二十二日 ……340
一〇四四 黑龙江将军衙门为赏赐阵亡达斡尔侍卫世职准以其侄子承袭事札呼伦贝尔副都统衔总管文
乾隆二十五年四月二十八日 ……342
一〇四五 布特哈索伦达斡尔总管噶布舒等为查报索伦达斡尔等捕获貂皮数目事咨呈黑龙江将军衙门文
乾隆二十五年五月初二日 ……349
一〇四六 兵部为造送留驻京城达斡尔库雅喇等侍卫蓝翎职衔旗佐册事

咨黑龙江将军文（附名单一件）
乾隆二十五年五月初九日 ······352
一〇四七　布特哈索伦达斡尔总管噶布舒等为造送索伦达斡尔等牲丁及捕获貂皮数册事咨呈黑龙江将军衙门文
乾隆二十五年五月十一日 ······360
一〇四八　黑龙江将军衙门为知会奏闻索伦达斡尔等谢赏赐俸禄恩情形事札布特哈索伦达斡尔总管噶布舒等文
乾隆二十五年五月十四日 ······363
一〇四九　布特哈索伦达斡尔总管噶布舒等为领取阵亡达斡尔军功蓝翎格森特依致祭银两祭文事咨呈黑龙江将军衙门文
乾隆二十五年五月十四日 ······366
一〇五〇　兵部为知会索伦达斡尔巴尔虎等出征效力即补骁骑校人员名单事咨黑龙江将军文（附名单一件）
乾隆二十五年五月十八日 ······369
一〇五一　兵部为知会议准办理赏给布特哈索伦达斡尔官兵半份俸饷事宜事咨黑龙江将军文
乾隆二十五年五月十八日 ······372
一〇五二　黑龙江将军衙门为知会索伦达斡尔巴尔虎等出征效力即补骁骑校人员名单事札呼伦贝尔副都统衔总管文（附名单一件）
乾隆二十五年五月二十一日 ······379
一〇五三　黑龙江将军衙门为令办理给布特哈索伦达斡尔官兵赏食半份俸饷事宜事札布特哈索伦达斡尔总管文
乾隆二十五年五月二十三日 ······382
一〇五四　布特哈索伦达斡尔总管噶布舒等为询问如何发放索伦达斡尔各官俸禄事咨呈黑龙江将军衙门文
乾隆二十五年五月二十四日 ······388
一〇五五　管带呼伦贝尔索伦巴尔虎官兵副都统衔总管卓哩雅为核查阵

亡达斡尔侍卫赏得世职应承袭人员事咨呈黑龙江将军衙门文
乾隆二十五年五月二十六日 ……391
一〇五六 黑龙江将军衙门为令预先挑选满洲索伦达斡尔官兵以备进木兰围事咨黑龙江副都统衙门文
乾隆二十五年五月二十七日 ……397
一〇五七 黑龙江将军衙门为达斡尔总管鄂布希兼管公中佐领事咨墨尔根副都统文
乾隆二十五年六月初九日 ……399
一〇五八 黑龙江将军衙门为令造送赏食半份俸饷布特哈索伦达斡尔官兵花名册事札布特哈索伦达斡尔总管等文
乾隆二十五年六月十五日 ……402
一〇五九 理藩院为照例办给布特哈索伦达斡尔官兵半份俸禄钱粮事咨黑龙江将军文
乾隆二十五年六月十六日 ……404
一〇六〇 兵部为黑龙江城镶黄旗达斡尔世管佐领缺准以色克屯补授事咨黑龙江将军文
乾隆二十五年六月二十一日 ……412
一〇六一 布特哈索伦达斡尔总管噶布舒等为造送赏食半份俸饷索伦达斡尔官兵花名册事咨呈黑龙江将军衙门文
乾隆二十五年六月二十四日 ……414
一〇六二 布特哈索伦达斡尔总管噶布舒等为护理镶白旗达斡尔副总管事务额外副总管萨达保病故事咨呈黑龙江将军衙门文
乾隆二十五年六月三十日 ……418
一〇六三 黑龙江将军衙门为拨给阵亡闲散章京军功蓝翎布特哈达斡尔格森特依赏银并派员致祭事咨户部文
乾隆二十五年七月初五日 ……420
一〇六四 黑龙江将军衙门为报照例致祭阵亡闲散章京军功蓝翎布特哈

达斡尔格森特依日期事咨礼部文
乾隆二十五年七月初五日 ……424
一〇六五　黑龙江将军衙门为造送拣选布特哈技艺娴熟索伦达斡尔等官兵花名册事咨理藩院文
乾隆二十五年七月初七日 ……428
一〇六六　黑龙江将军衙门为选派黑龙江满洲达斡尔等官兵赴木兰围事咨兵部文
乾隆二十五年七月初七日 ……432
一〇六七　黑龙江将军衙门为黑龙江各处佐领骁骑校等缺选报应补满洲达斡尔等官员事咨黑龙江副都统衙门文（附单一件）
乾隆二十五年七月十六日 ……436
一〇六八　黑龙江将军衙门为留住京城达斡尔护军呼尼勒图等请假前去接家眷事札布特哈索伦达斡尔总管等文
乾隆二十五年七月二十五日 ……443
一〇六九　黑龙江将军衙门为查明达斡尔参领满齐等员应给俸银数目事咨户部文（附咨文一件）
乾隆二十五年七月二十八日 ……448
一〇七〇　黑龙江将军衙门为造送赏食半份俸饷布特哈索伦达斡尔官兵花名册事咨理藩院文
乾隆二十五年八月初五日 ……463
一〇七一　黑龙江将军衙门为查报请假回来接家眷达斡尔护军班塔保生疮未愈无法启程事咨正黄旗满洲都统衙门文
乾隆二十五年八月十九日 ……466
一〇七二　布特哈索伦达斡尔总管噶布舒等为报索伦达斡尔等打牲丁数目并派员解送贡貂事咨呈黑龙江将军衙门文
乾隆二十五年八月二十二日 ……472

一〇七三　墨尔根副都统衙门为查询新任达斡尔骁骑校温济穆保是否业已引见事咨黑龙江将军衙门文
乾隆二十五年八月二十五日 ……476
一〇七四　黑龙江将军衙门为报布特哈索伦达斡尔等丁数并派员解送所交貂皮事咨理藩院文
乾隆二十五年九月初一日 ……479
一〇七五　黑龙江将军绰尔多等奏齐齐哈尔镶蓝旗达斡尔世管佐领古鲁穆保病故请拣员承袭折
乾隆二十五年九月初七日 ……483
一〇七六　黑龙江将军衙门为黑龙江城镶黄旗达斡尔佐领苏鲁勒甘病故查明源流拟选人员引见补放事咨兵部文
乾隆二十五年九月初十日 ……487
一〇七七　黑龙江将军衙门为墨尔根城镶白旗呼拉呼纳佐领下达斡尔骁骑校茂凯病故出缺拟定正陪人员引见事咨兵部文
乾隆二十五年九月初十日 ……493
一〇七八　黑龙江副都统衙门为动用库存银拨给新授满洲达斡尔等员俸银事咨黑龙江将军衙门文
乾隆二十五年九月十三日 ……497
一〇七九　墨尔根副都统衙门为动用库存银拨给新授满洲达斡尔等员俸银事咨黑龙江将军衙门文
乾隆二十五年九月三十日 ……531
一〇八〇　墨尔根副都统衙门为咨送满洲达斡尔等官学生所写字事咨黑龙江将军衙门文
乾隆二十五年十一月初八日 ……547
一〇八一　黑龙江将军衙门为令嗣后分别造送有无俸饷布特哈索伦达斡尔官兵花名册事札布特哈索伦达斡尔总管等文
乾隆二十五年十一月十六日 ……549

一〇八二　黑龙江将军衙门为令报送黑龙江各处佐领骁骑校缺应选满洲达斡尔等员履历考语事咨黑龙江副都统衙门文（附单一件）
乾隆二十六年正月二十二日 ……553
一〇八三　黑龙江将军衙门为令办理索伦达斡尔等留驻京城事宜事札布特哈索伦达斡尔总管等文（附名单一件）
乾隆二十六年正月二十五日 ……558
一〇八四　黑龙江将军衙门为京师正黄旗达斡尔闲散绥赫图回籍照料患病母亲事札布特哈索伦达斡尔总管等文
乾隆二十六年正月二十五日 ……561
一〇八五　管带呼伦贝尔索伦巴尔虎官兵副都统衔总管为查明达斡尔桂台等佐领源流并造册解送事咨呈黑龙江将军衙门文
乾隆二十六年二月初十日 ……565
一〇八六　黑龙江将军衙门为布特哈披甲达斡尔玛齐父子三人出征其父弟亡故令伊回籍任用骁骑校事札布特哈索伦达斡尔总管等文
乾隆二十六年二月十三日 ……628
一〇八七　喀什噶尔参赞大臣为知会出征索伦达斡尔等父叔兄弟军中亡故地点日期事咨黑龙江将军文
乾隆二十六年二月二十二日 ……631
一〇八八　暂理黑龙江副都统印务协领老喀为报送应补佐领骁骑校缺满洲达斡尔等员履历考语事呈黑龙江将军衙门文
乾隆二十六年二月二十八日 ……644
一〇八九　布特哈索伦达斡尔总管噶布舒等为详查有俸饷索伦达斡尔官兵旗佐姓名造册送部事咨呈黑龙江将军衙门文
乾隆二十六年三月初二日 ……649
一〇九〇　户部为出征撤回齐齐哈尔布特哈等处索伦达斡尔等官兵应还钱粮施恩宽免事咨黑龙江将军文
乾隆二十六年三月二十三日 ……653

一〇九一 户部为查明布特哈索伦达斡尔等出征撤回官兵应还倒毙马匹并造册咨送事咨黑龙江将军文
乾隆二十六年三月二十三日 ……662
一〇九二 黑龙江将军衙门为确定布特哈索伦达斡尔等会盟日期地点以备选貂事札布特哈总管等文
乾隆二十六年四月初五日 ……667
一〇九三 正白满洲旗为请给留驻京城达斡尔护军特徹等员出关路照以便回籍接回家眷事咨黑龙江将军衙门文
乾隆二十六年四月十六日 ……670
一〇九四 吏部为知会布特哈总管衙门增设笔帖式从索伦达斡尔内选取支给钱粮事咨黑龙江将军衙门文（附抄折一件）
乾隆二十六年四月十六日 ……675
一〇九五 布特哈索伦达斡尔总管噶布舒等为报索伦达斡尔等本年春秋二季捕貂数目事咨呈黑龙江将军衙门文
乾隆二十六年四月十八日 ……682
一〇九六 黑龙江将军衙门为令严查布特哈索伦达斡尔等捕貂数目事札布特哈总管等文
乾隆二十六年四月十九日 ……684
一〇九七 黑龙江将军衙门为发给驻京达斡尔护军特徹等员出关路照以便回籍接回家眷事札布特哈索伦达斡尔总管等文
乾隆二十六年四月二十三日 ……687
一〇九八 黑龙江将军衙门为布特哈总管衙门增设笔帖式从索伦达斡尔内选取支给钱粮事札布特哈索伦达斡尔总管等文
乾隆二十六年四月二十六日 ……692
一〇九九 黑龙江将军衙门为现任布特哈总管皆为达斡尔人酌情选用索伦额外总管事咨理藩院文
乾隆二十六年五月初四日 ……699

一一〇〇　户部为查明出征撤回布特哈索伦达斡尔等官兵有无应赔补马驼并报部事咨黑龙江将军文

乾隆二十六年五月初六日 ……704

一一〇一　布特哈索伦达斡尔总管噶布舒等为造送索伦达斡尔等捕貂丁数册事咨呈黑龙江将军衙门文

乾隆二十六年五月十六日 ……712

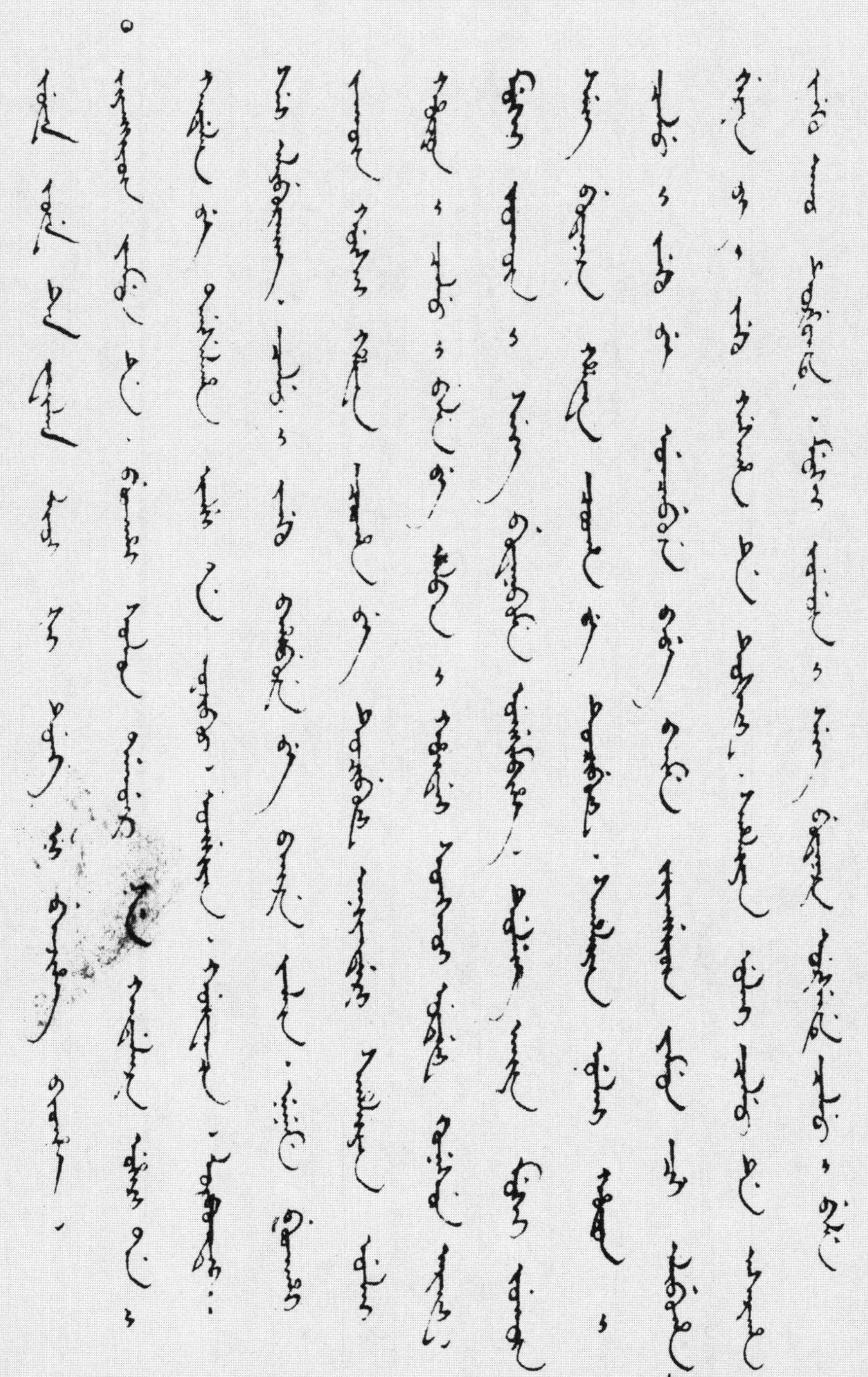

乾隆二十三年五月十二日

九五九 署布特哈索伦达斡尔总管佛济保等为给水路捕貂索伦达斡尔等售卖谷米作为口粮事呈黑龙江将军衙门文

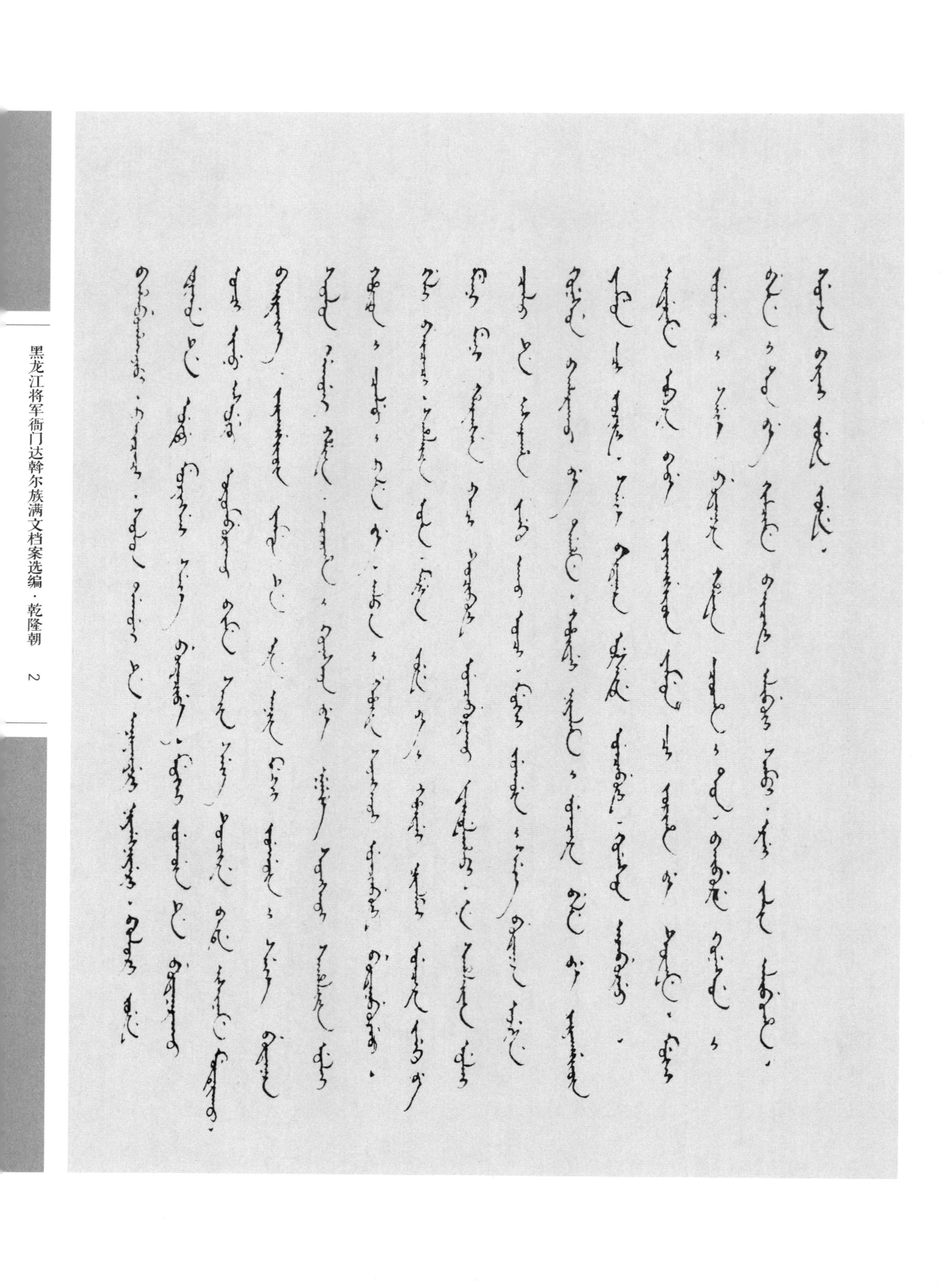

[illegible]

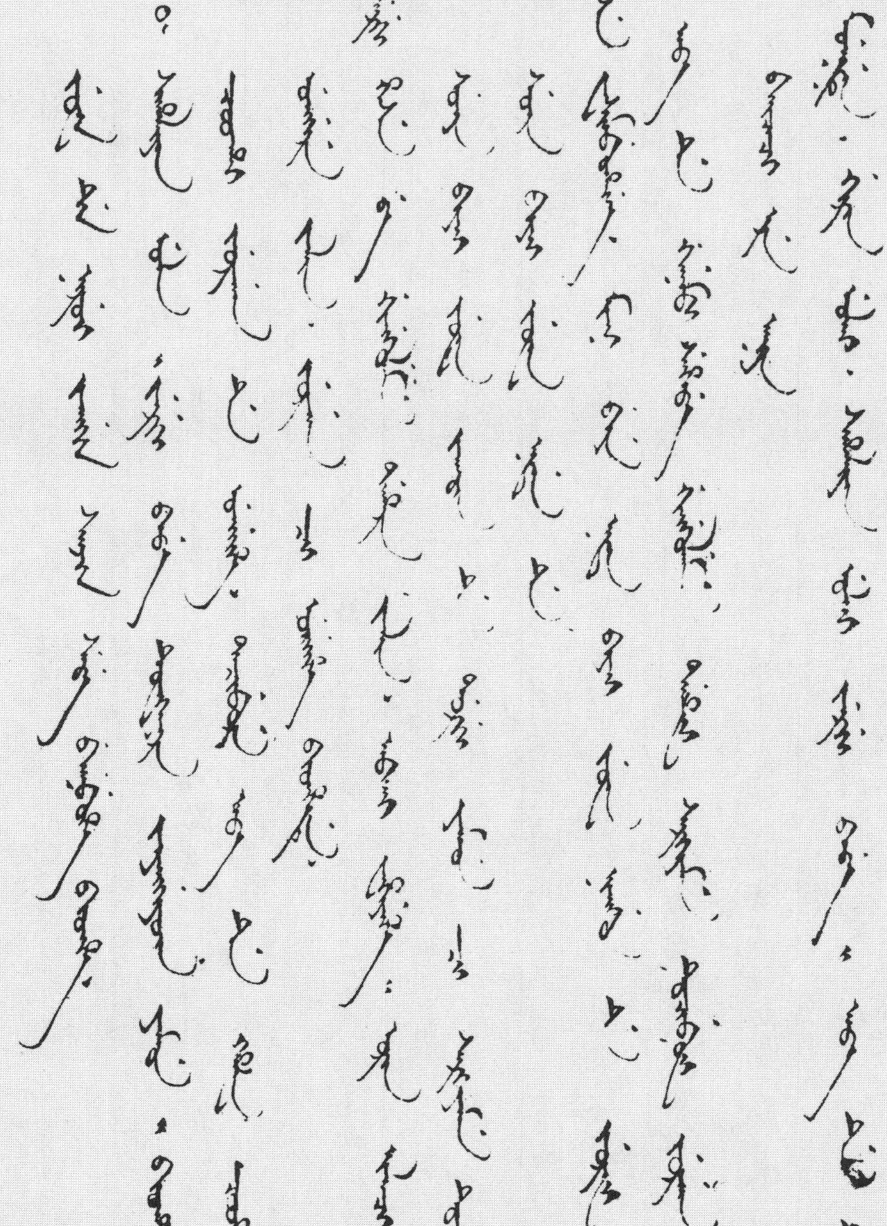

九六〇　黑龙江将军衙门为照例选派满洲达斡尔等官兵随进木兰围事咨兵部文

乾隆二十三年六月初十日

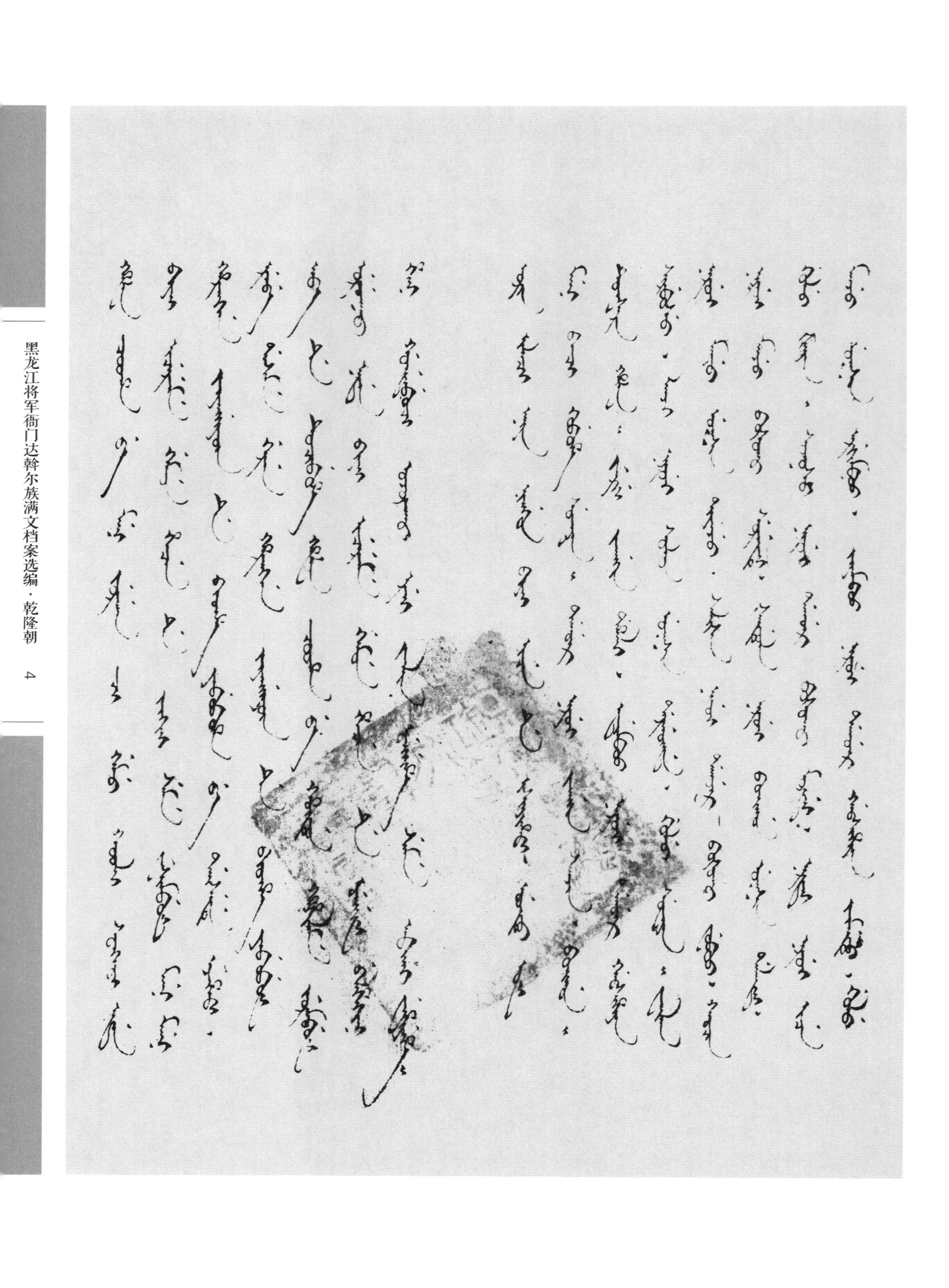

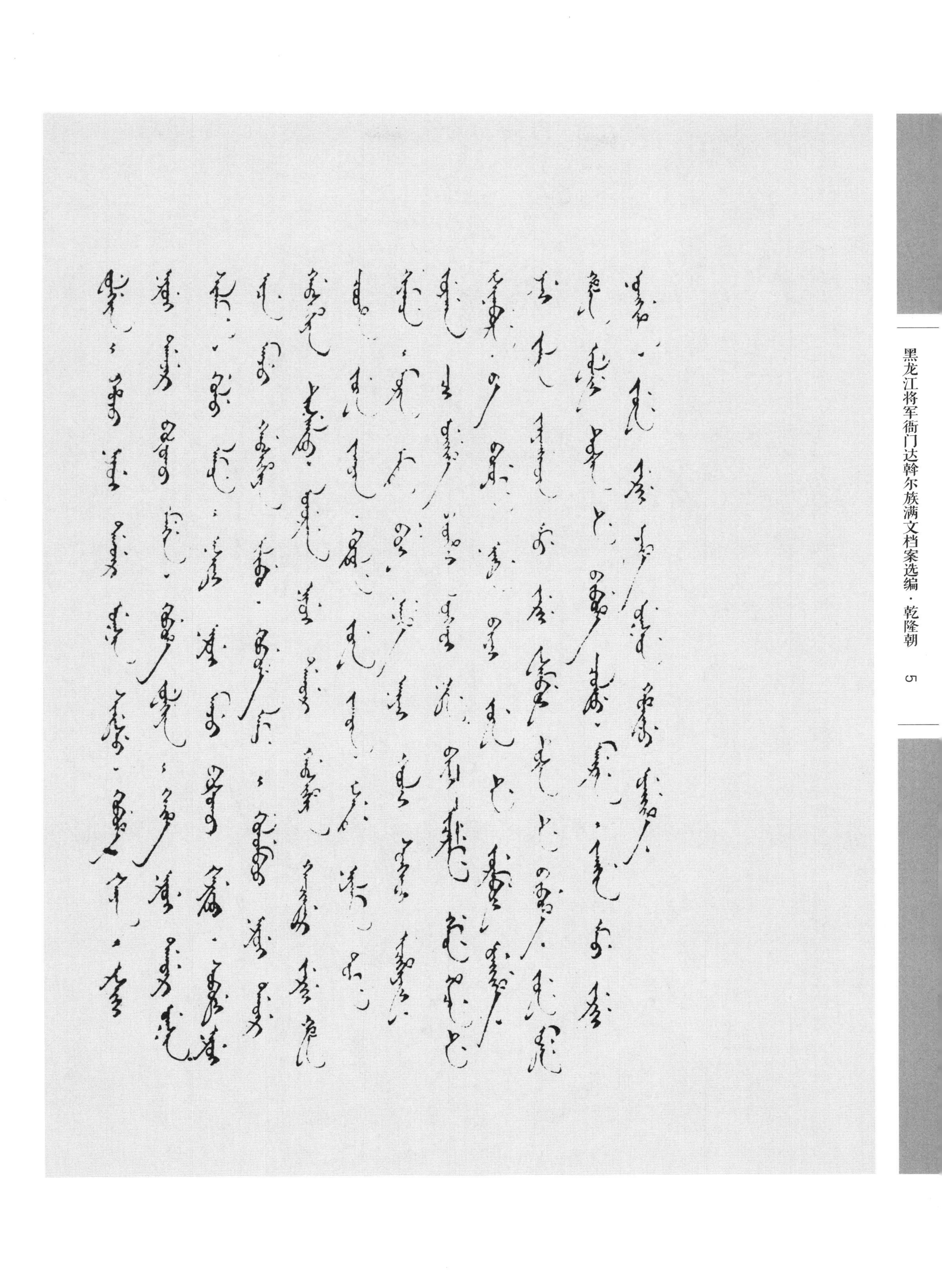

[illegible]

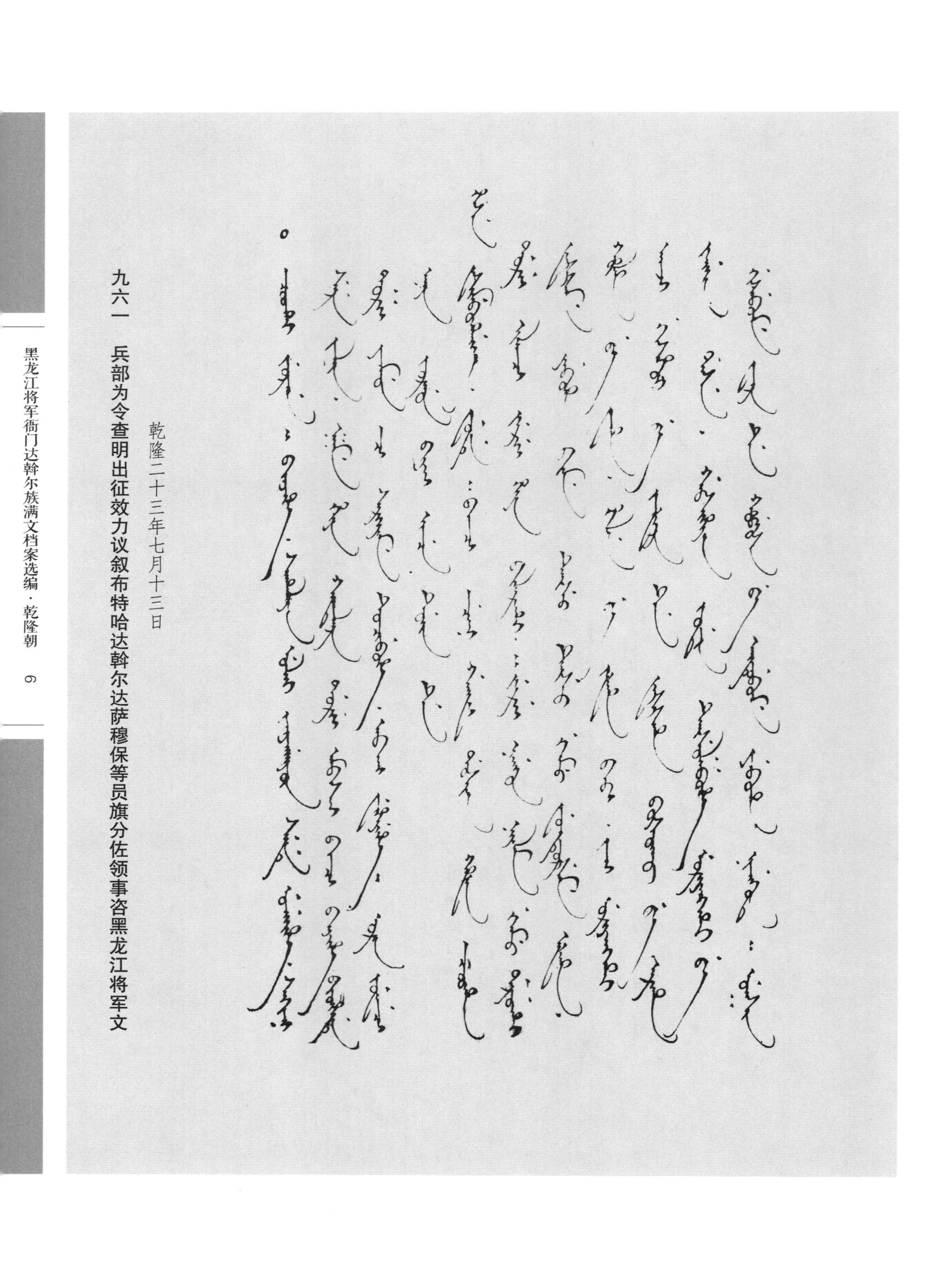

九六一 兵部为令查明出征效力议叙布特哈达斡尔达萨穆保等员旗分佐领事咨黑龙江将军文

乾隆二十三年七月十三日

[illegible]

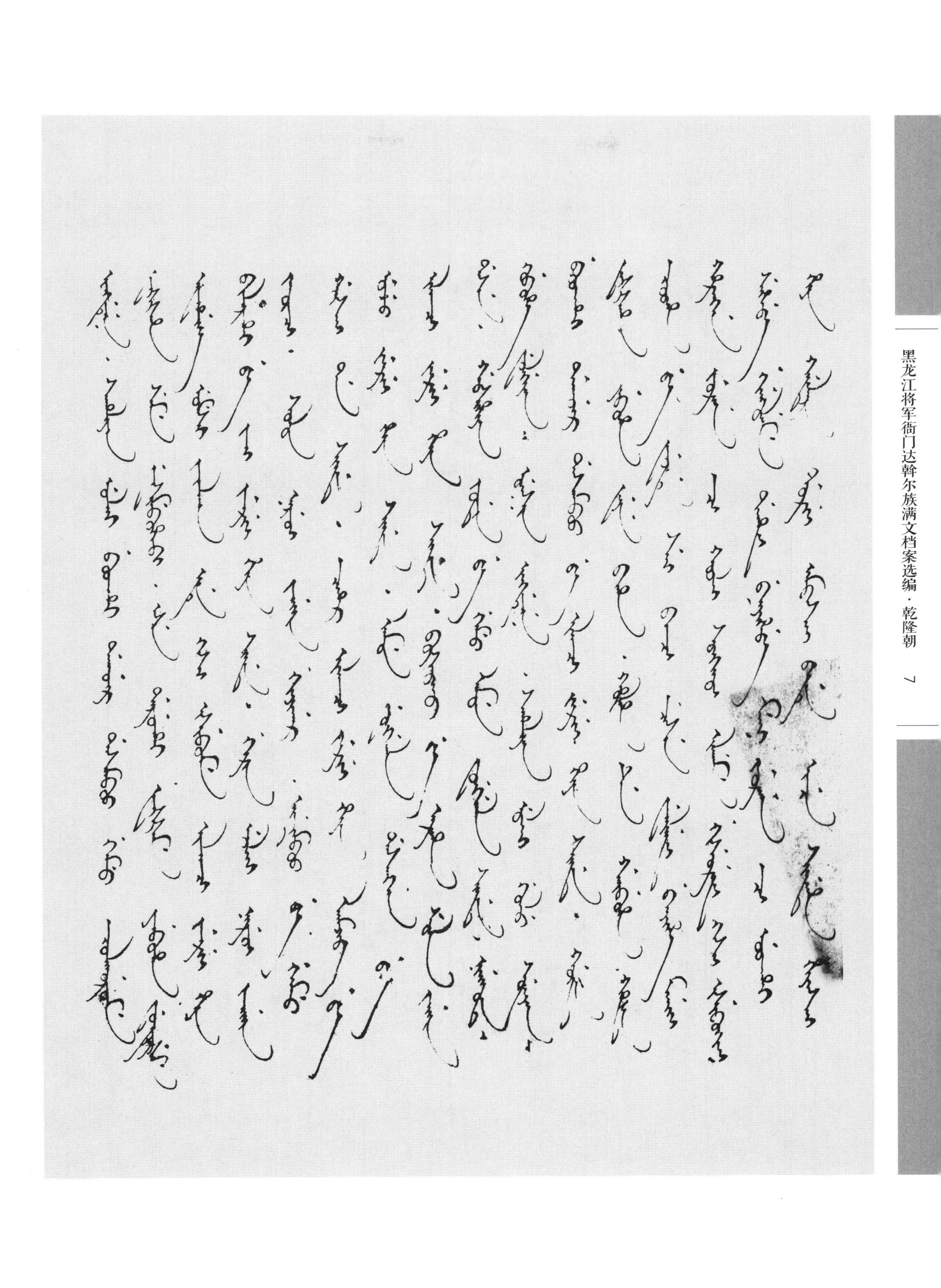

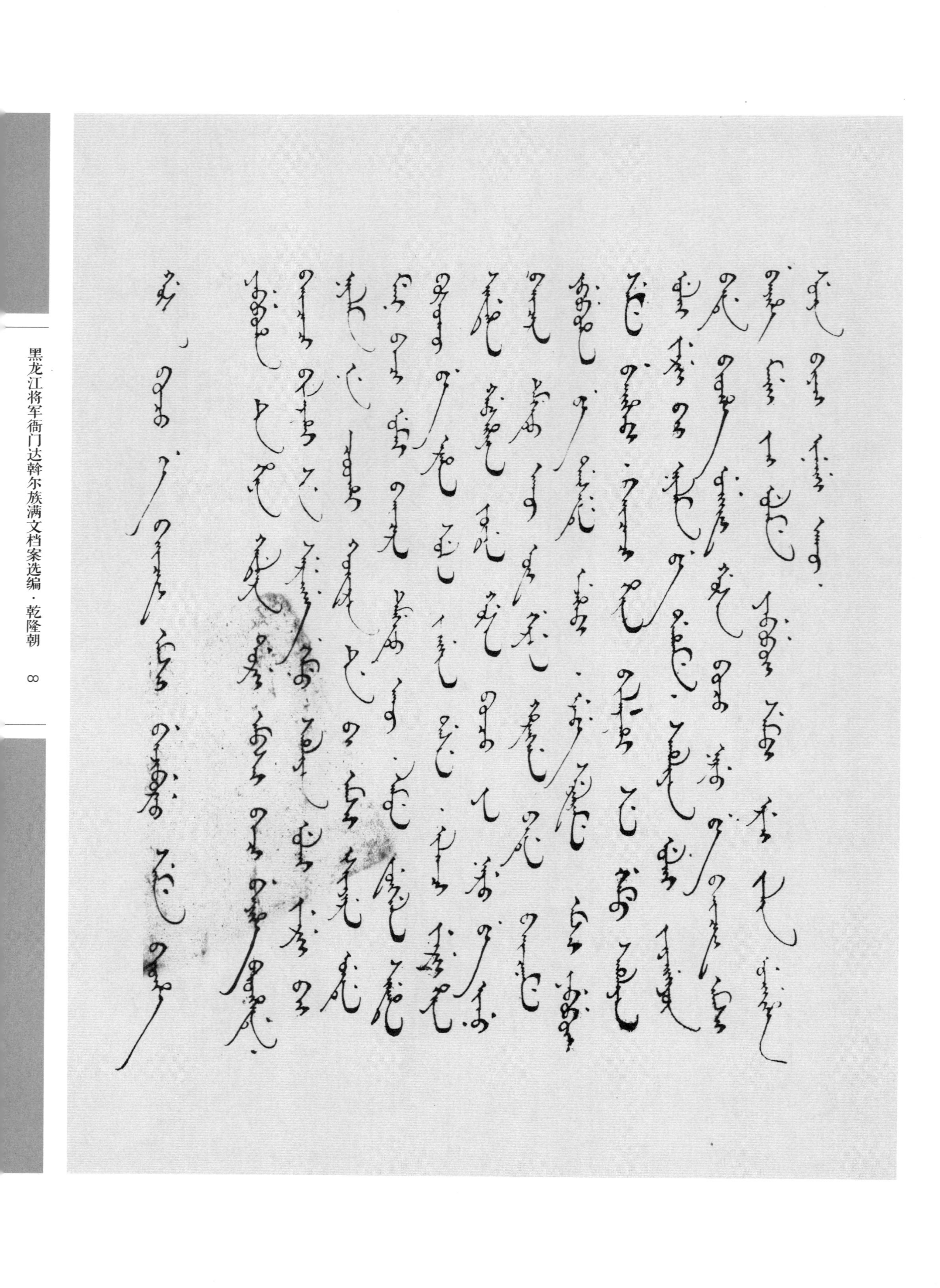

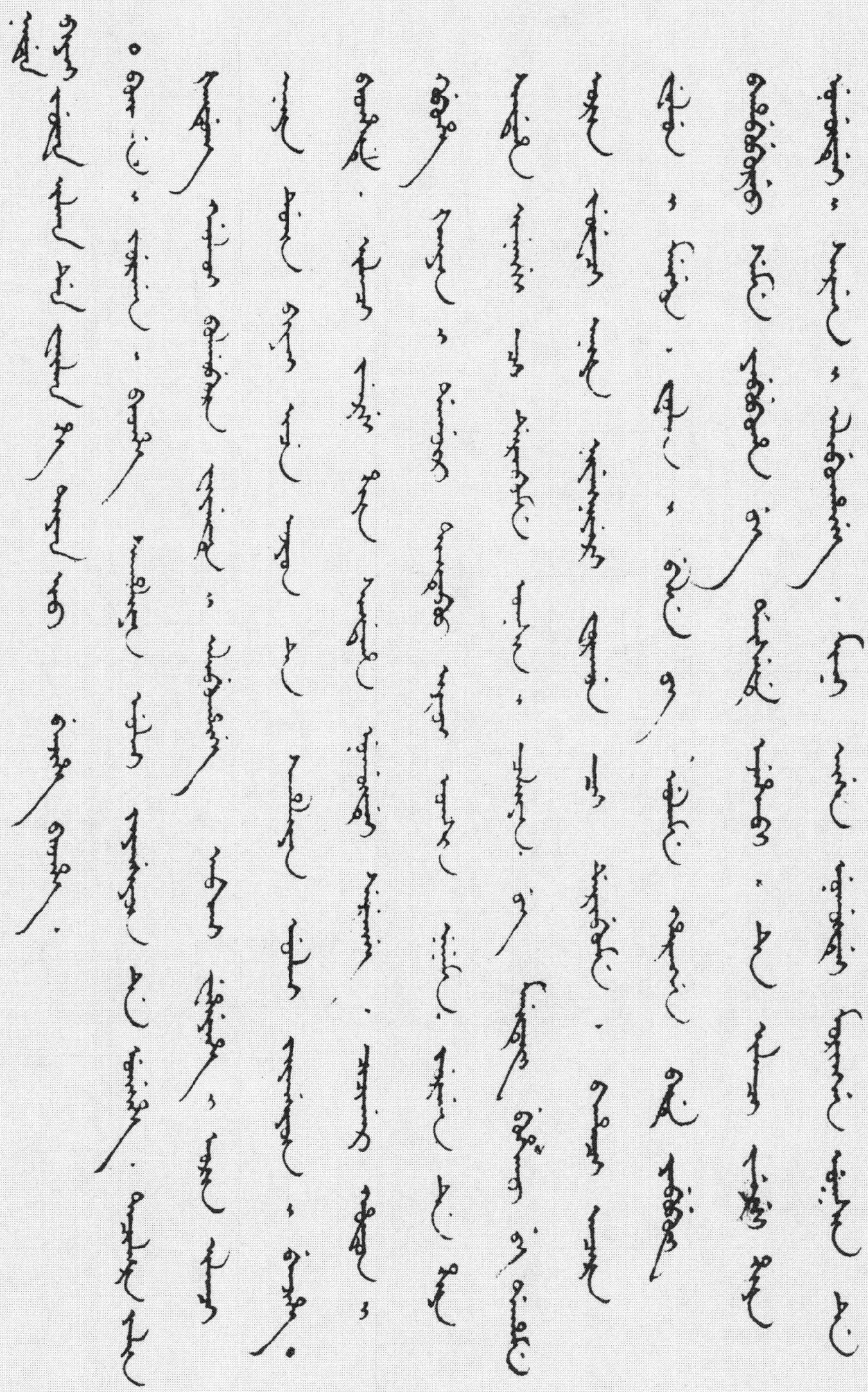

乾隆二十三年七月十三日

九六二 户部为毋庸将三等侍卫达斡尔努固德依应领俸银俸米就近拨至齐齐哈尔事咨黑龙江将军文

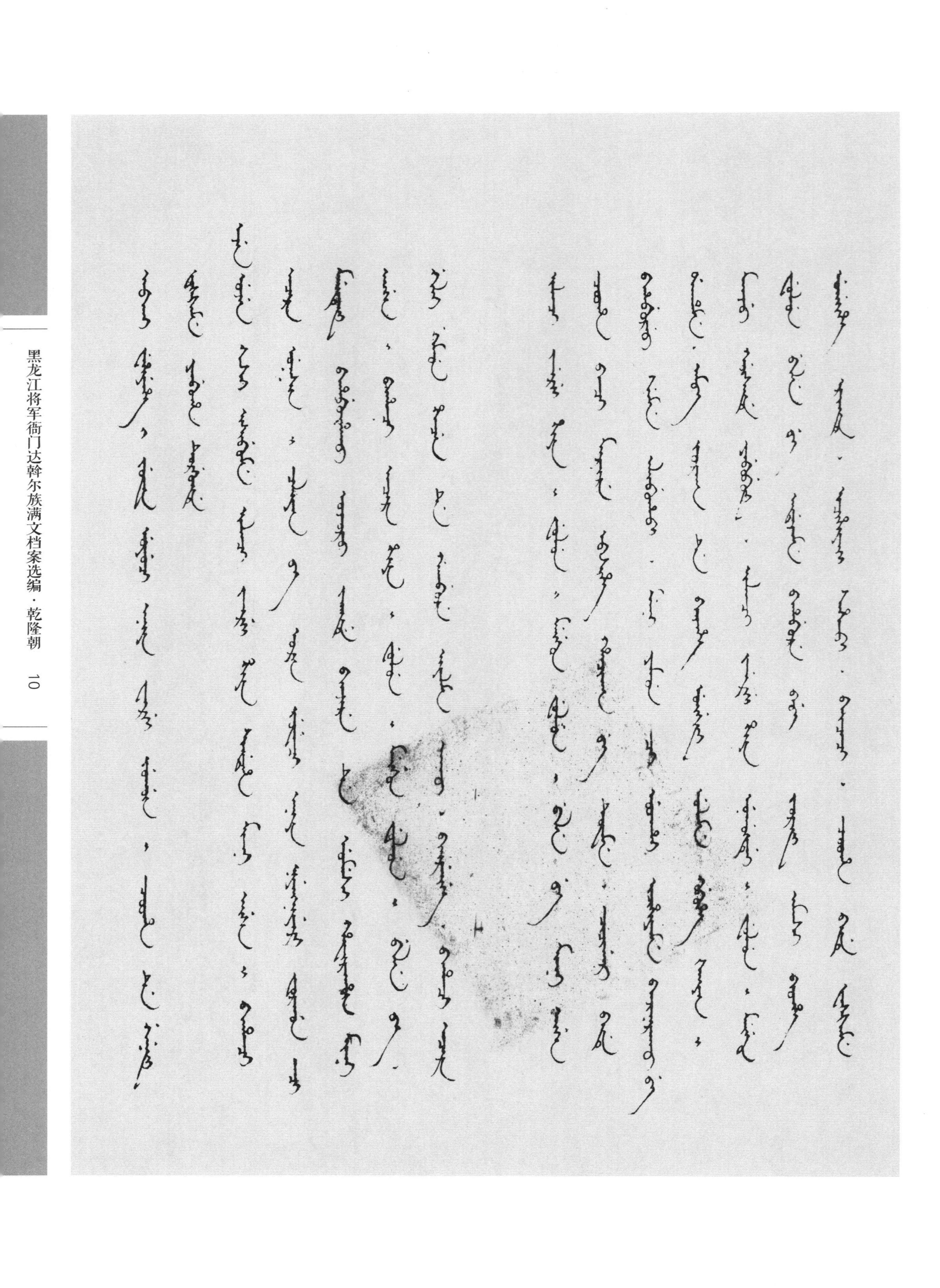

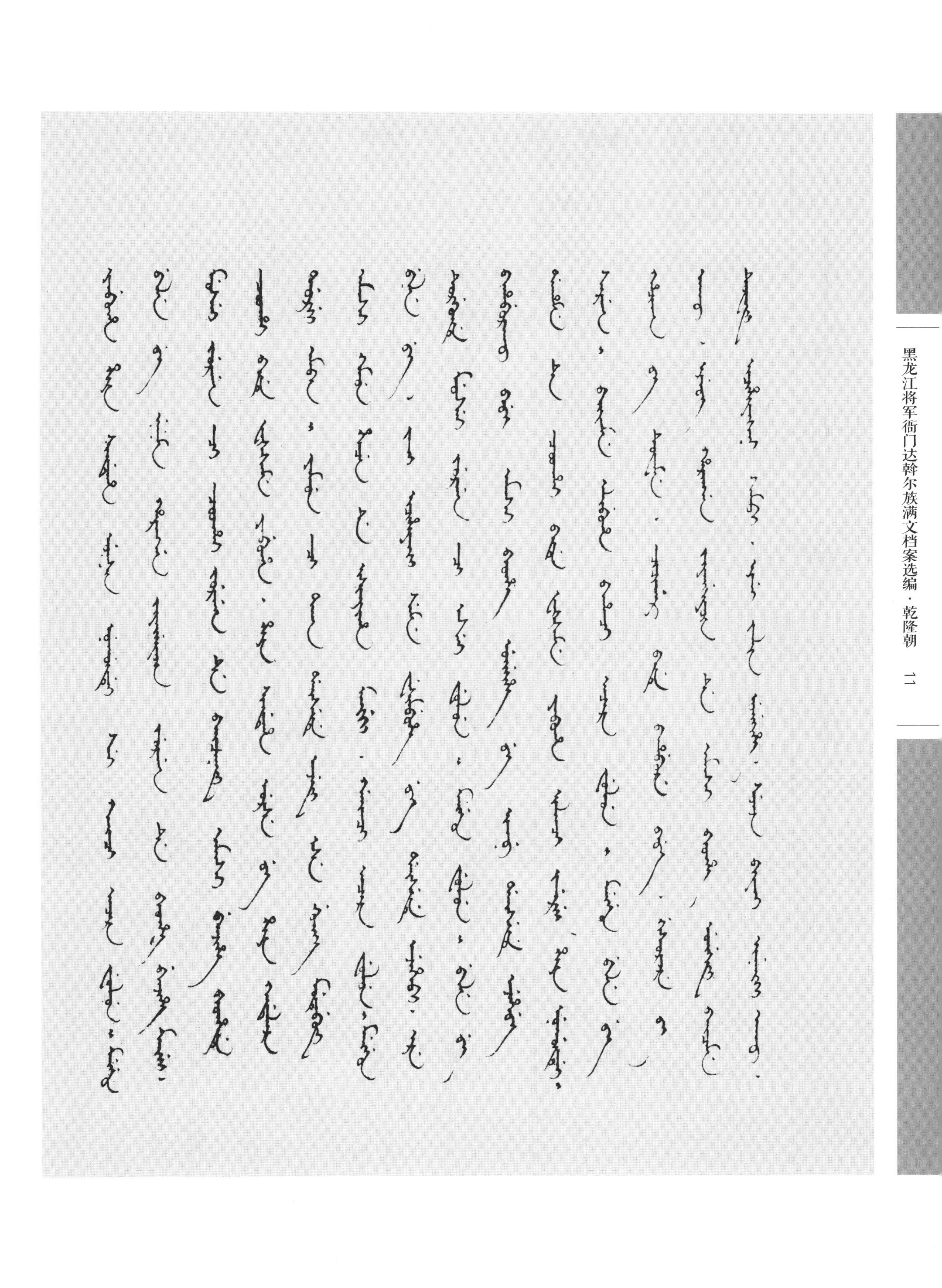

九六三　户部为奏销拨给受灾布特哈索伦达斡尔等赈济银两事咨黑龙江将军文

乾隆二十三年八月十九日

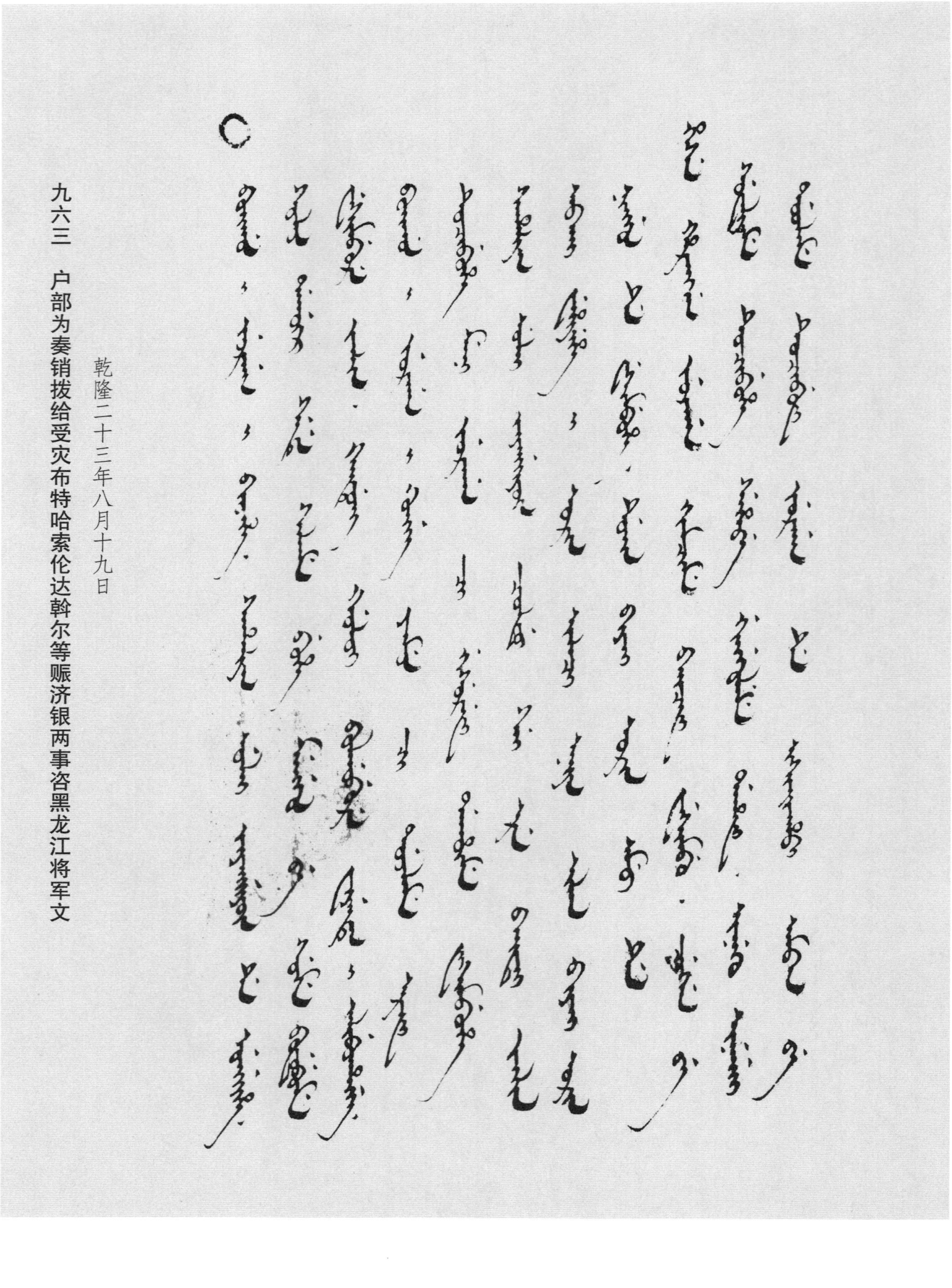

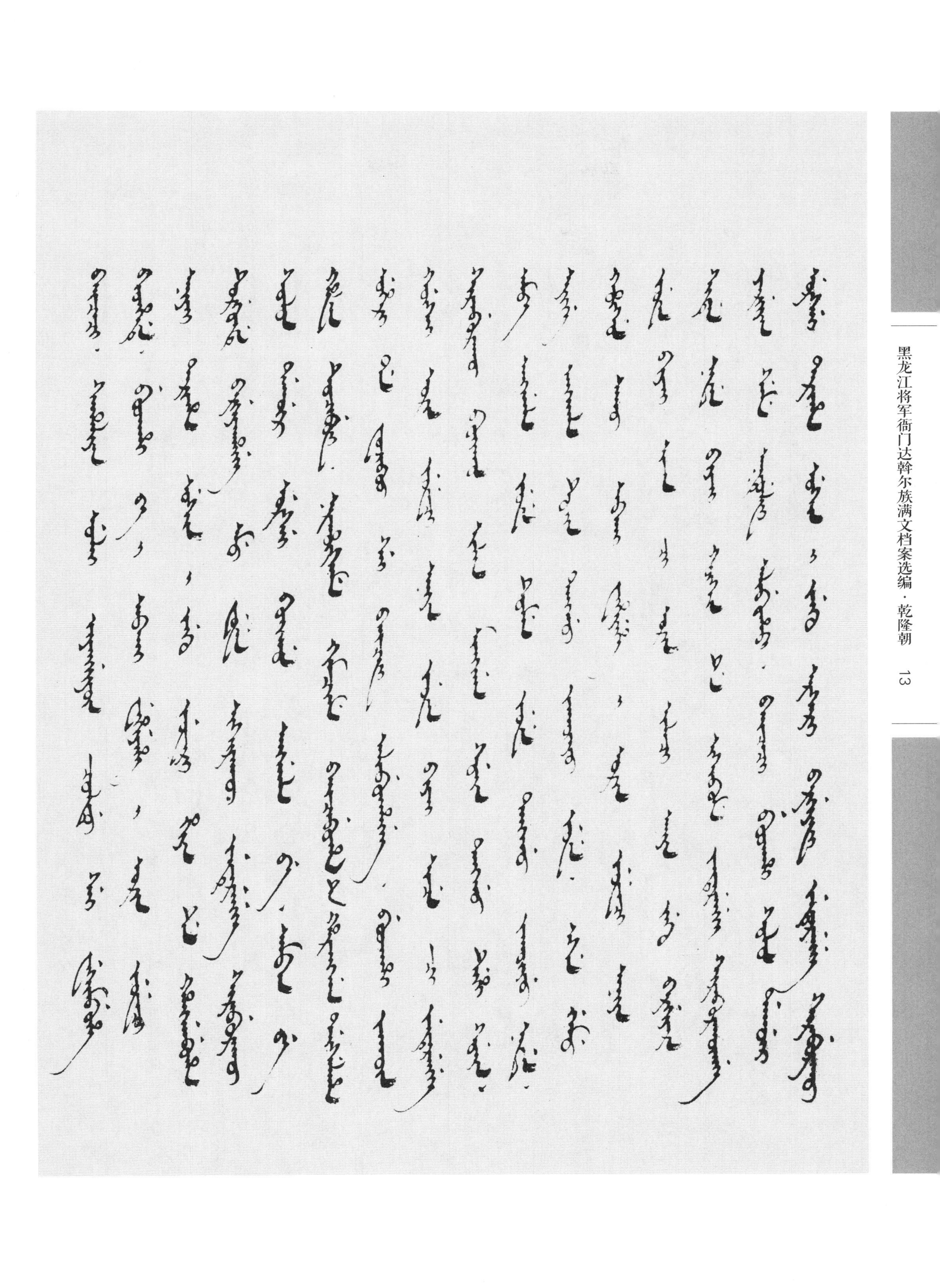

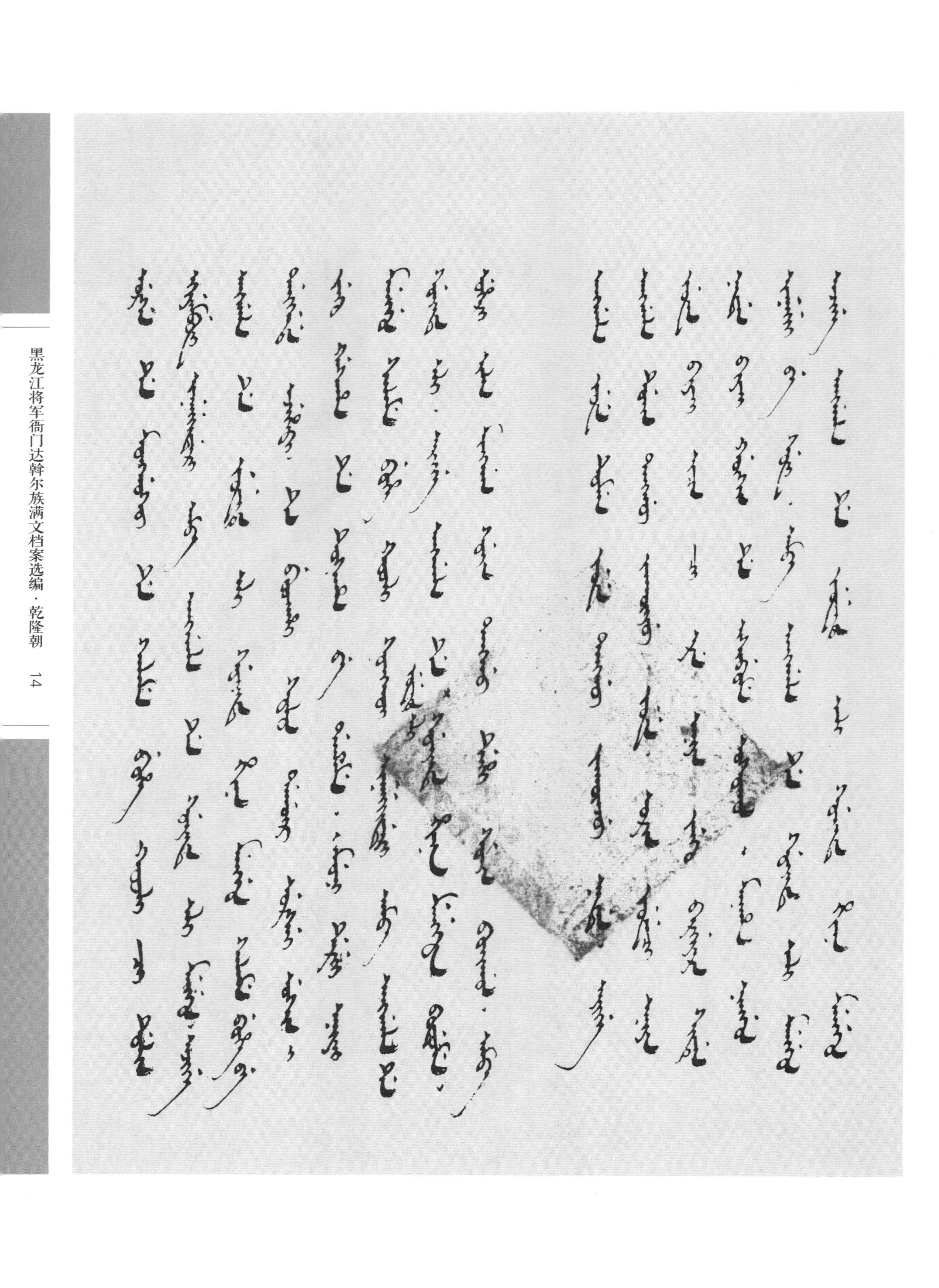

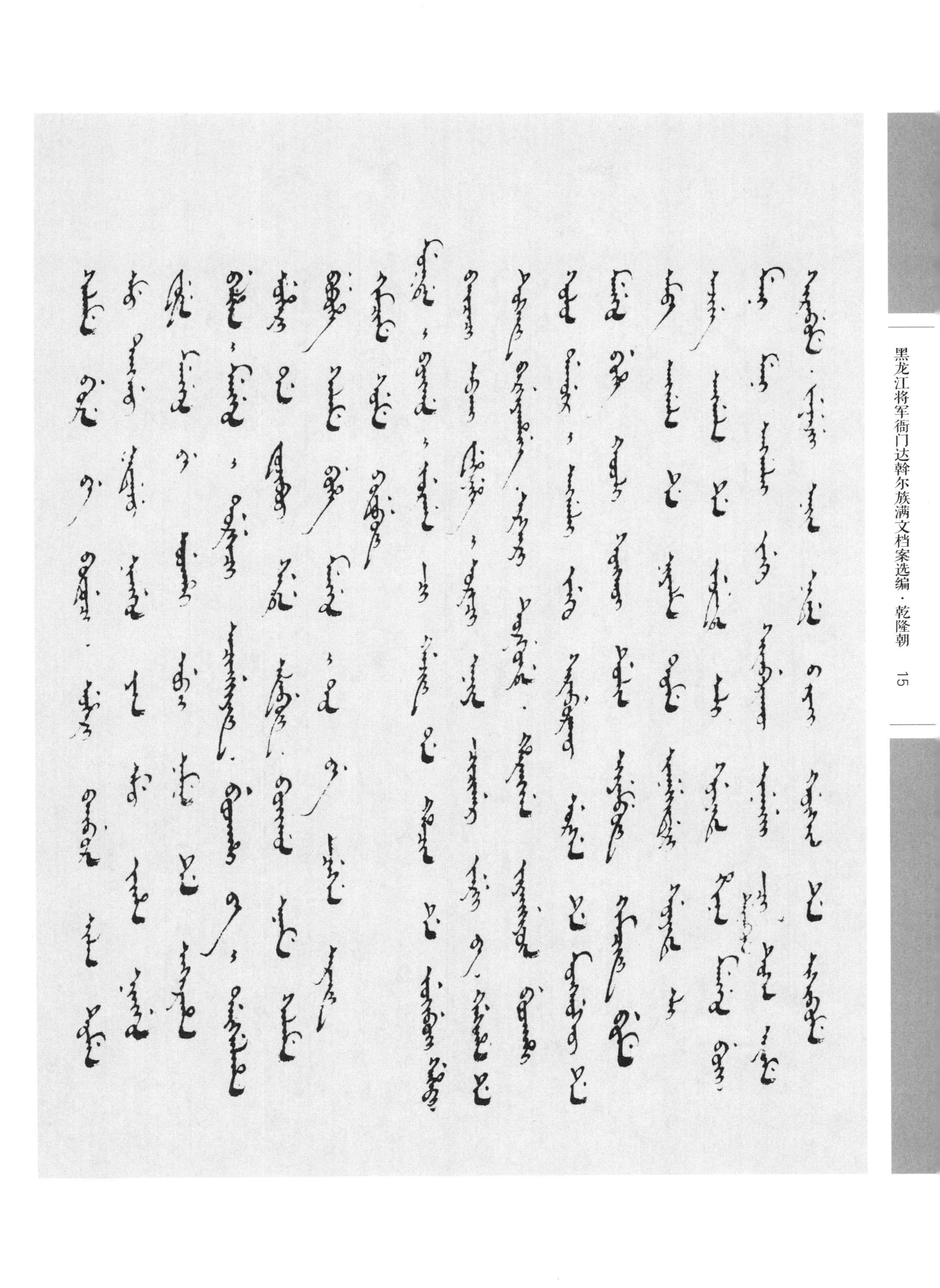

[illegible]

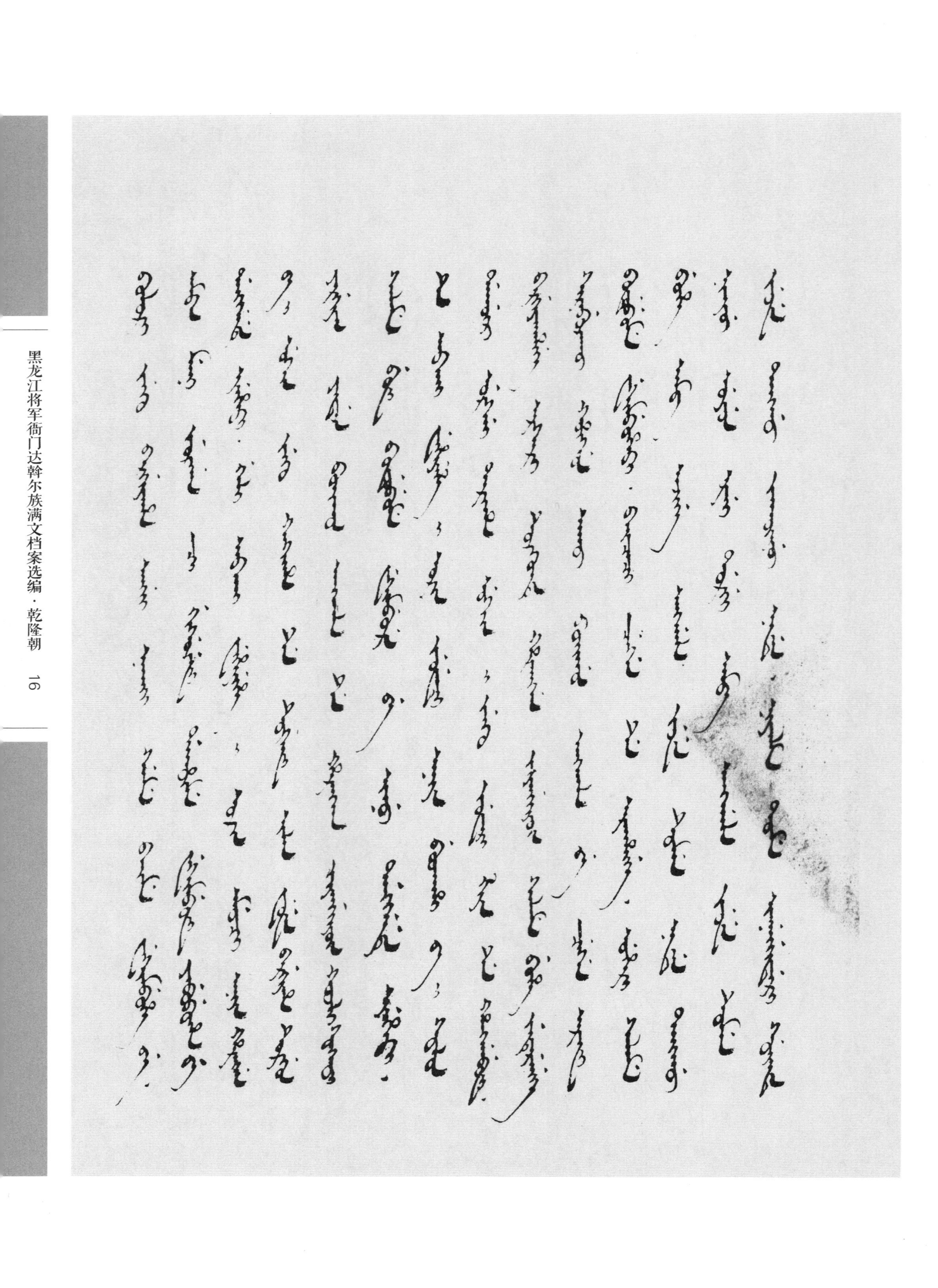

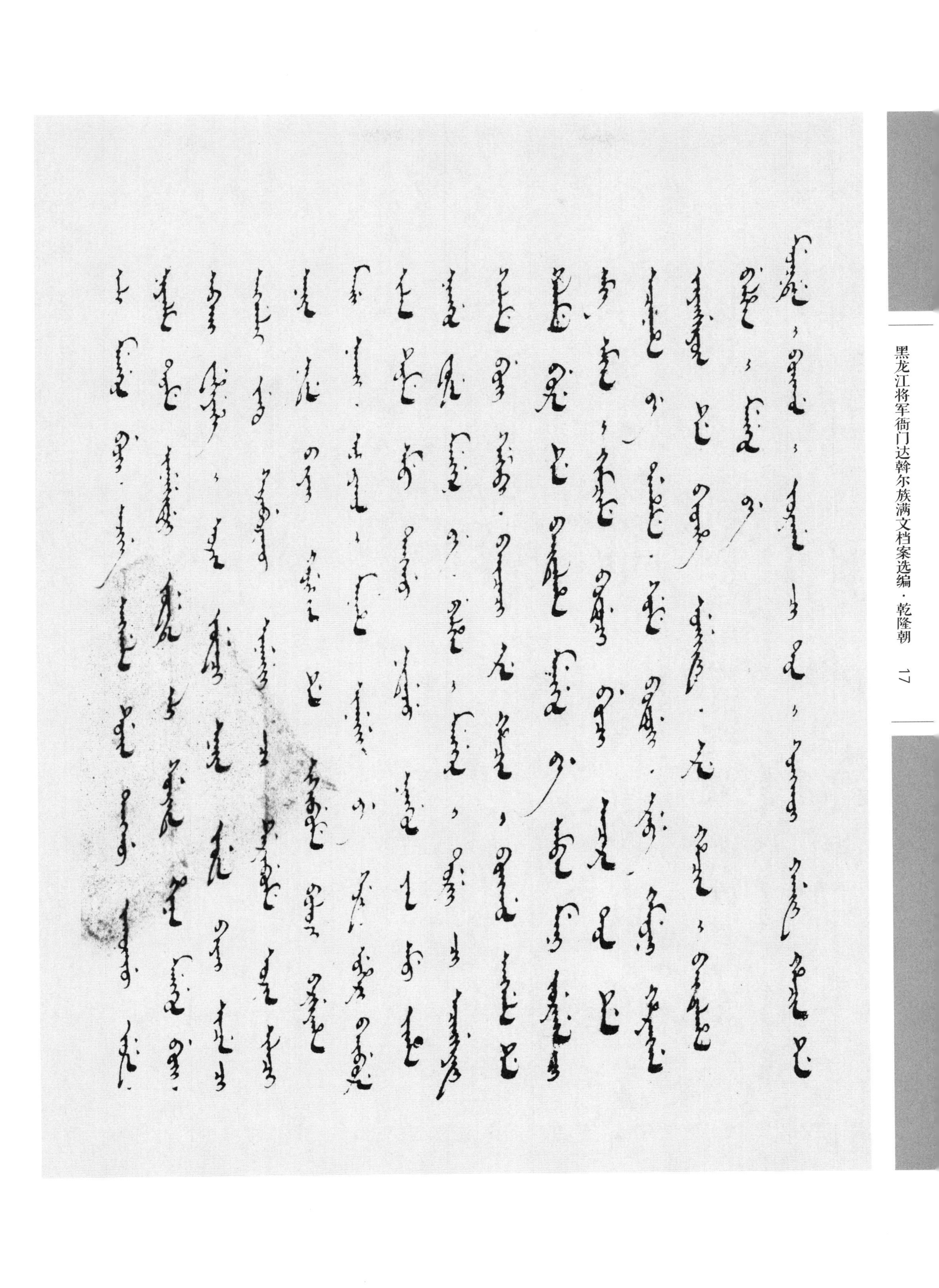

ᠸᡝᠰᡳᠮᠪᡠᡥᡝ ᠰᡝ

ᡥᡝᠰᡝ ᠸᡝᠰᡳᠮᠪᡠᡥᡝ ᠰᡝ ᠪᡝ ᠪᠠᡩᡝ ᠸᡝᠰᡳᠮᠪᡠᡵᡝ ᠪᠠᡳᡨᠠ ᠰᡝᠮᡝ

ᡥᡝᠰᡝ ᠸᡝᠰᡳᠮᠪᡠᡥᡝ ᠪᡝ ᡨᡝ ᠰᡝᠮᡝ ᠪᠠᡳᠮᠪᡳ ᡳᠨᡠ ᠪᡝ ᠠᡶᠠᠪᡠᡥᠠ

ᡥᠠᡶᠠᠨ ᠪᡝ ᠠᠮᠪᠠᠨ ᡤᡳᠰᡠᡵᡝᠮᡝ ᡳᠨᡠ ᠪᡝ ᡤᡝᠮᡠ ᠪᡝ ᠪᡳᡨᡥᡝ

ᠰᡝᠮᡝ ᠪᡝ ᠪᡝ ᠰᡝᡥᡝ ᡩᡝ ᡤᡳᠰᡠᡵᡝᠮᡝ ᠪᡝ ᠪᡳᠮᡝ ᡨᡝ

ᡥᡝᠰᡝ ᠸᡝᠰᡳᠮᠪᡠᡥᡝ ᠪᡝᡳᡩᡝᡥᡝ ᡳᠨᡠ ᡝᠵᡝᡥᡝ ᠪᡝ ᠪᡝᡳᡩᡝᡵᡝ ᠰᡝ ᡨᡝ

ᠸᡝᠰᡳᠮᠪᡠᡥᡝ ᠵᡳᡥᡝ ᠪᡝ ᠰᡳᠨ ᠪᡝ

九六四　黑龙江将军衙门为送交出征返回墨尔根城旗手达斡尔兴索勒济等员乘驿火票事咨兵部文

乾隆二十三年八月二十四日

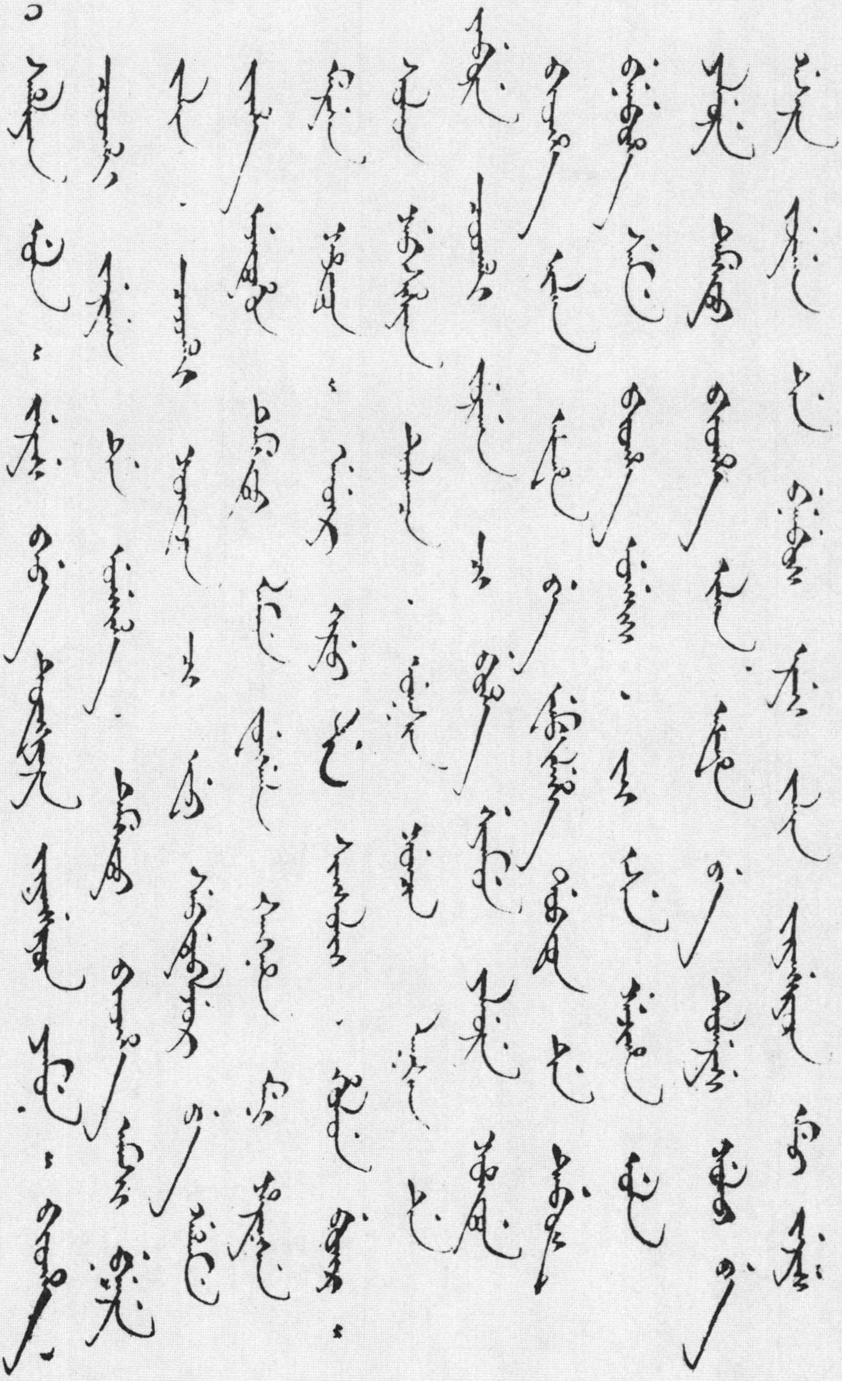

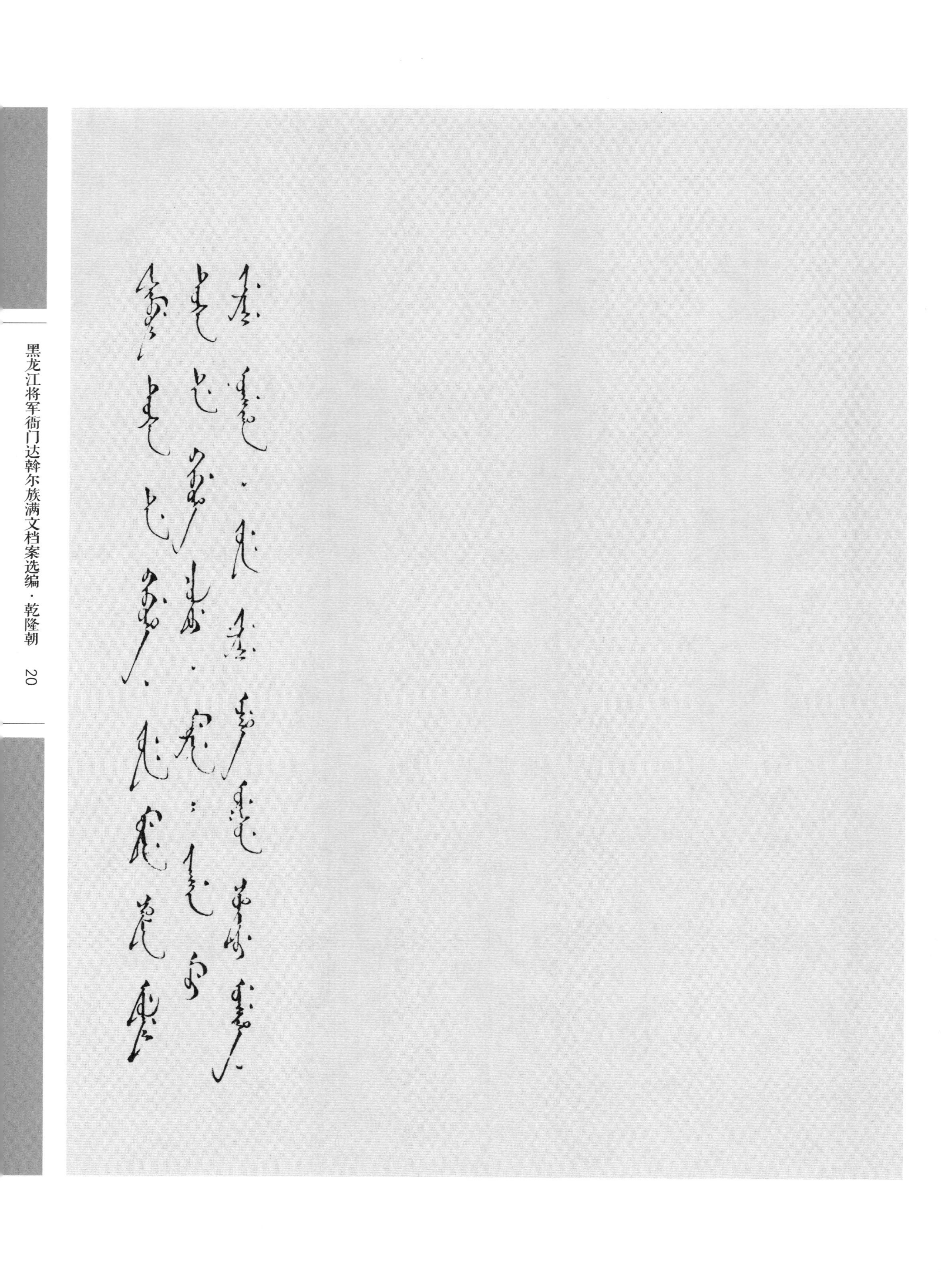

[illegible]

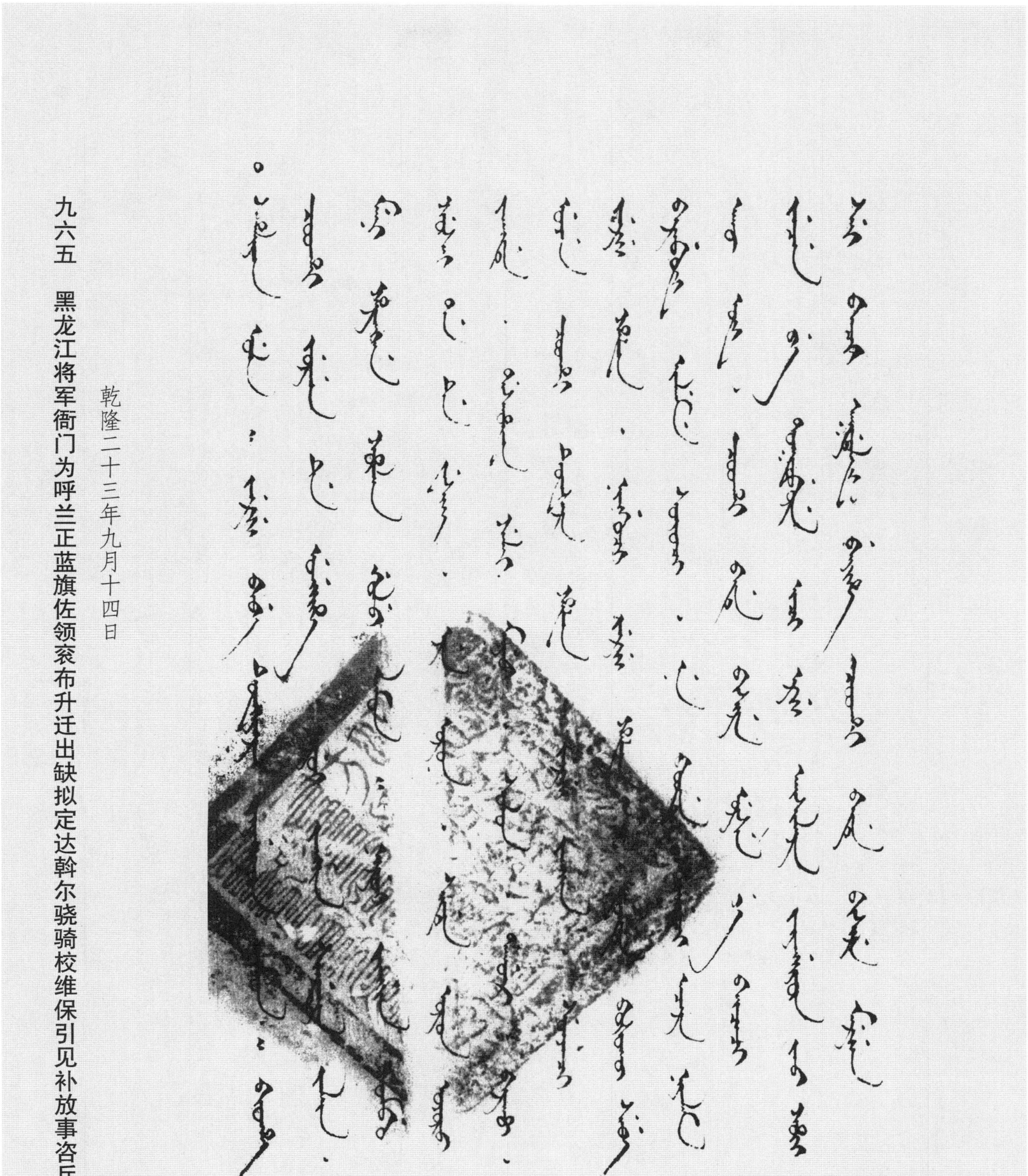

九六五 黑龙江将军衙门为呼兰正蓝旗佐领衮布升迁出缺拟定达斡尔骁骑校维保引见补放事咨兵部文

乾隆二十三年九月十四日

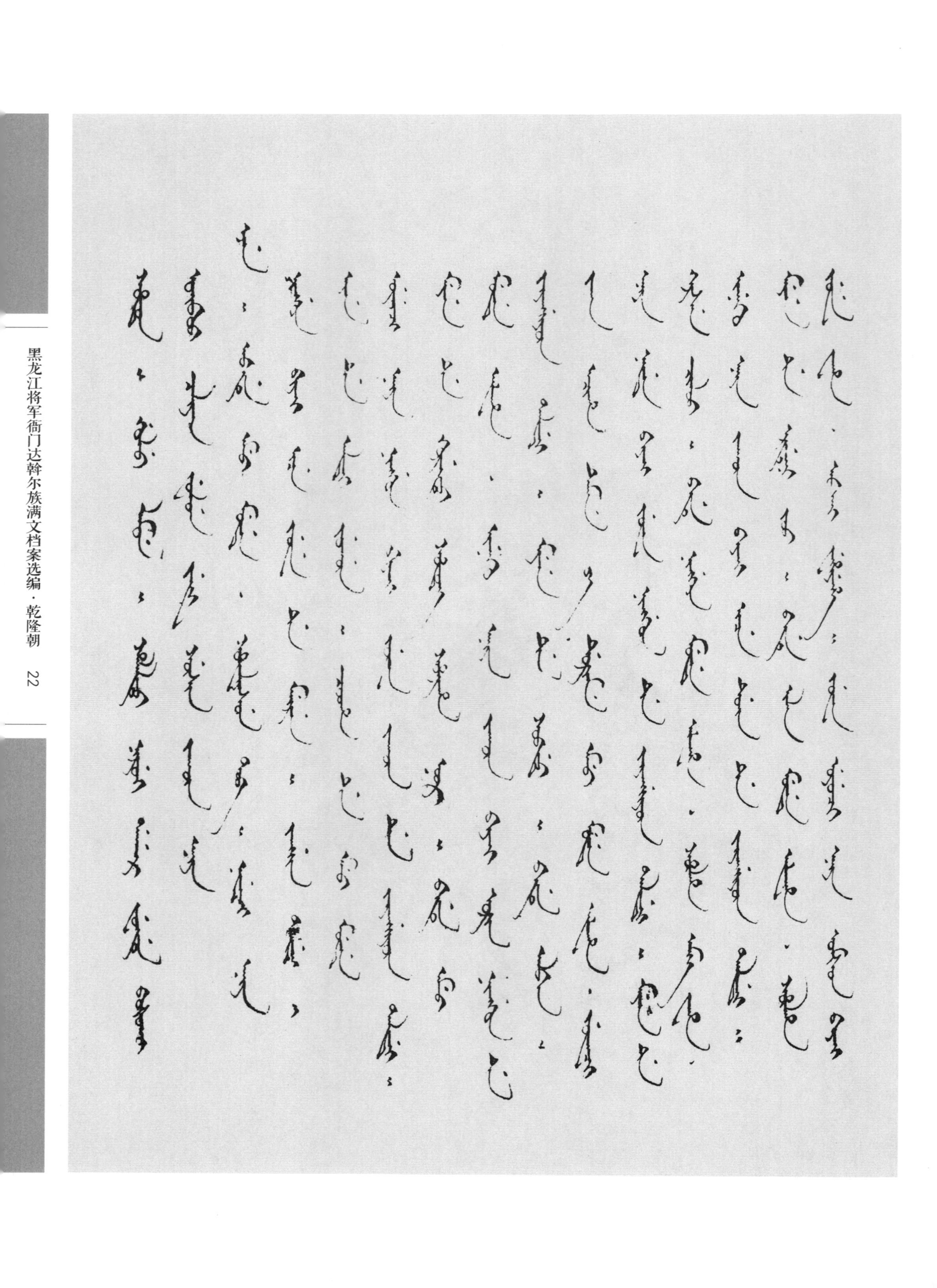

[illegible]

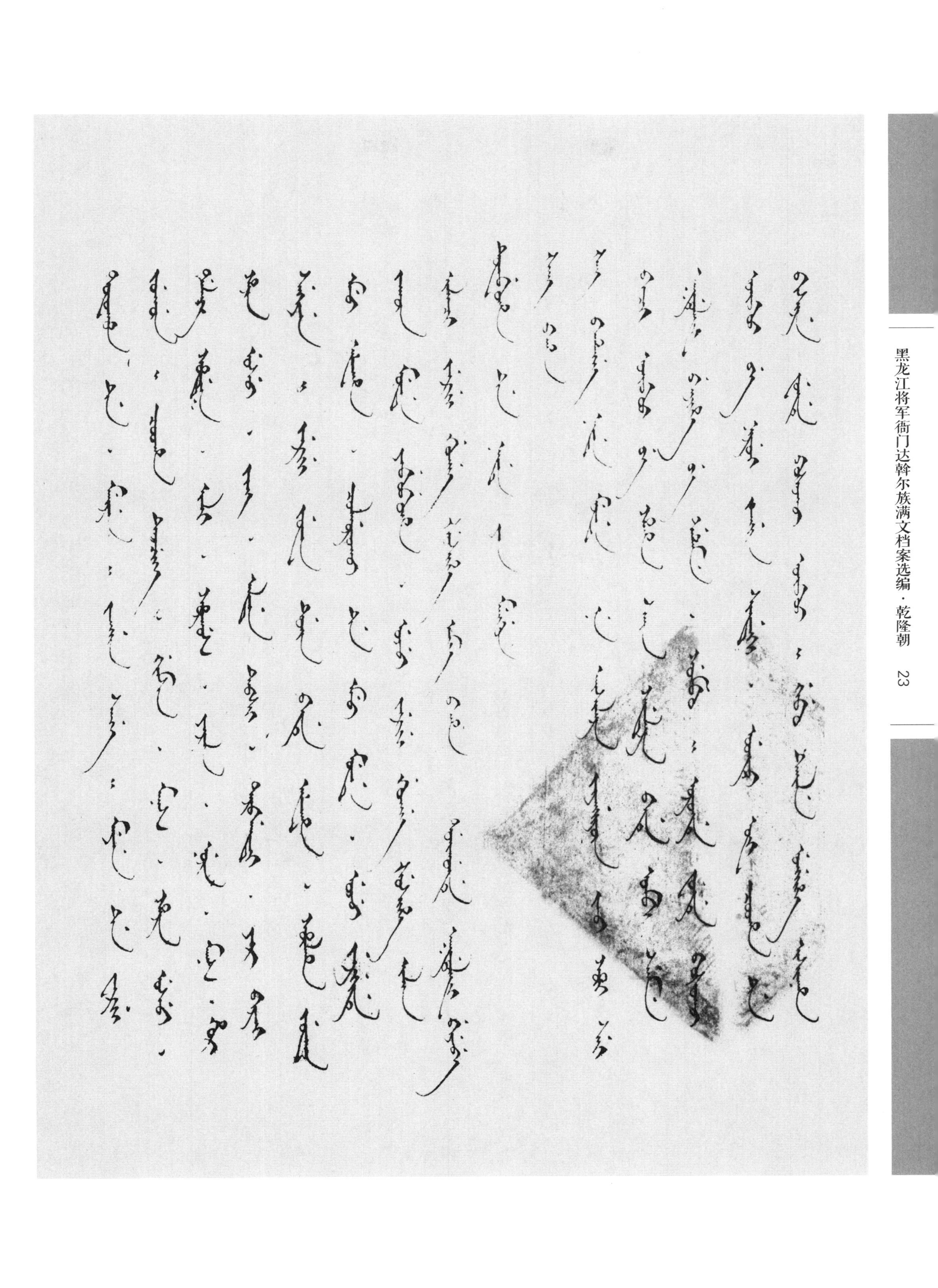

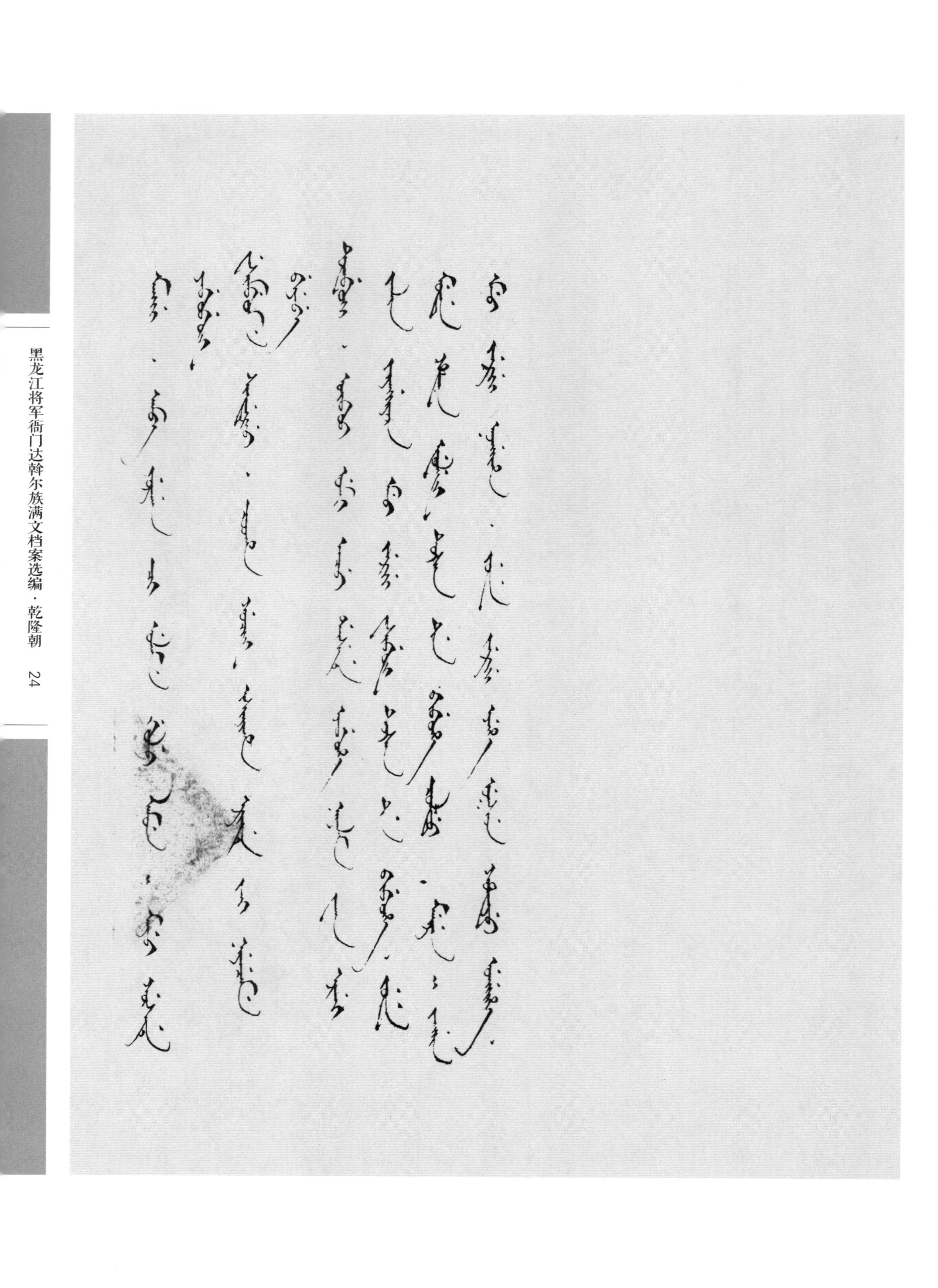

九六六 黑龙江将军衙门为齐齐哈尔镶白旗达斡尔佐领额尔西奇病故出缺拟定骁骑校乌卡塔引见补放事咨兵部文

乾隆二十三年九月十四日

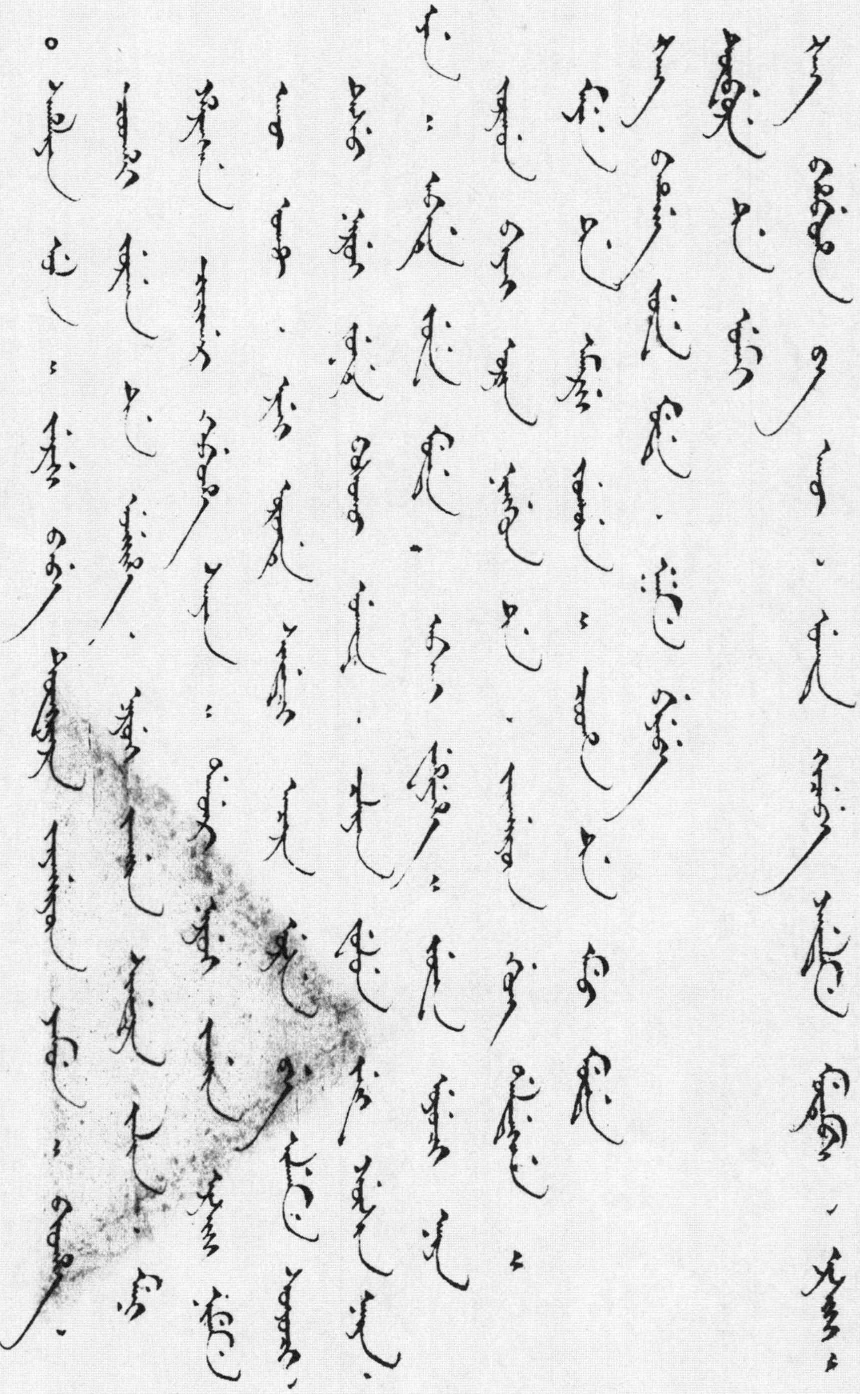

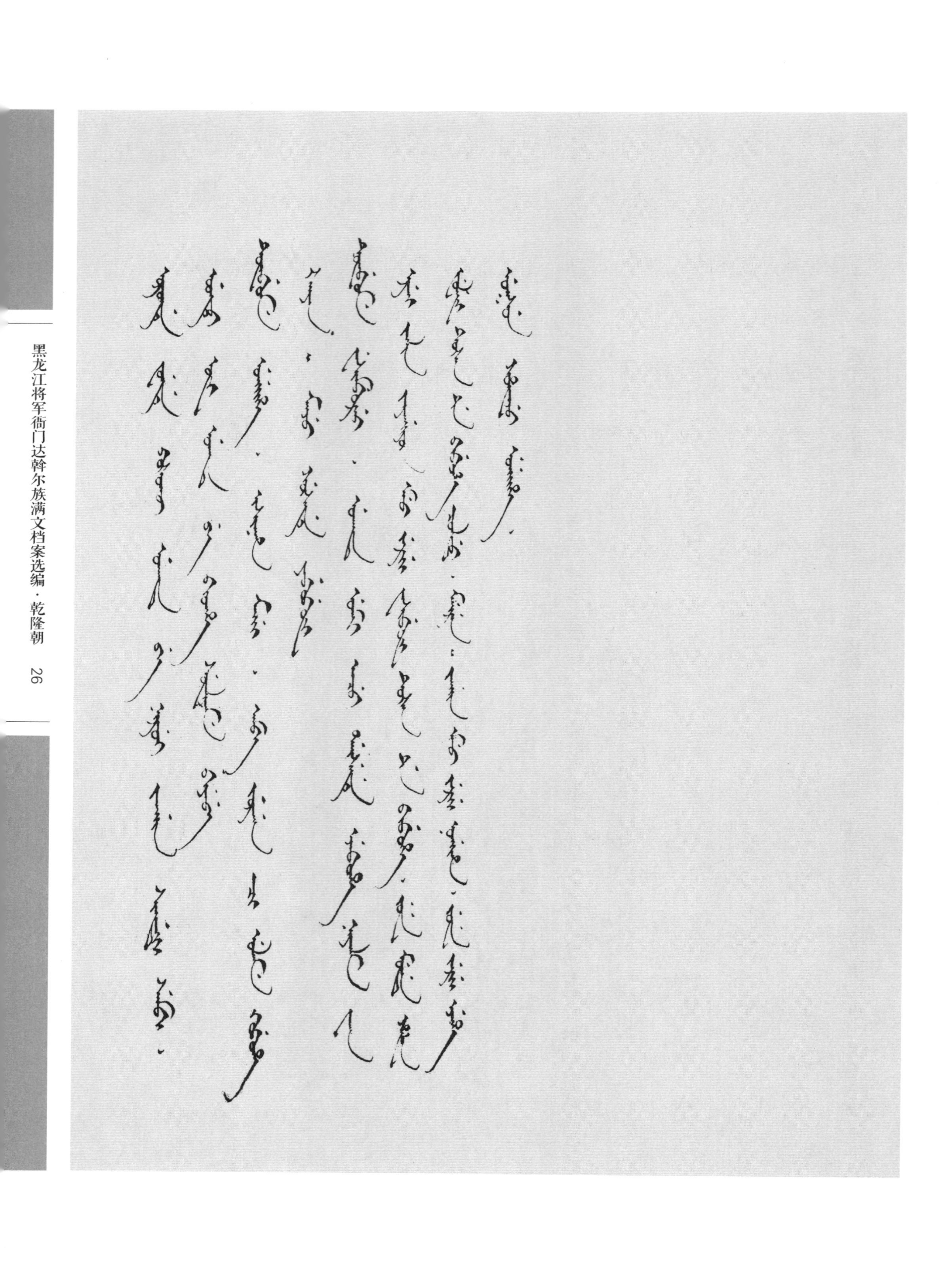

[illegible]

九六七　黑龙江将军衙门为呼兰镶蓝旗佐领鲁成额升迁出缺拟定达斡尔骁骑校都伦保引见补放事咨兵部文

乾隆二十三年九月十四日

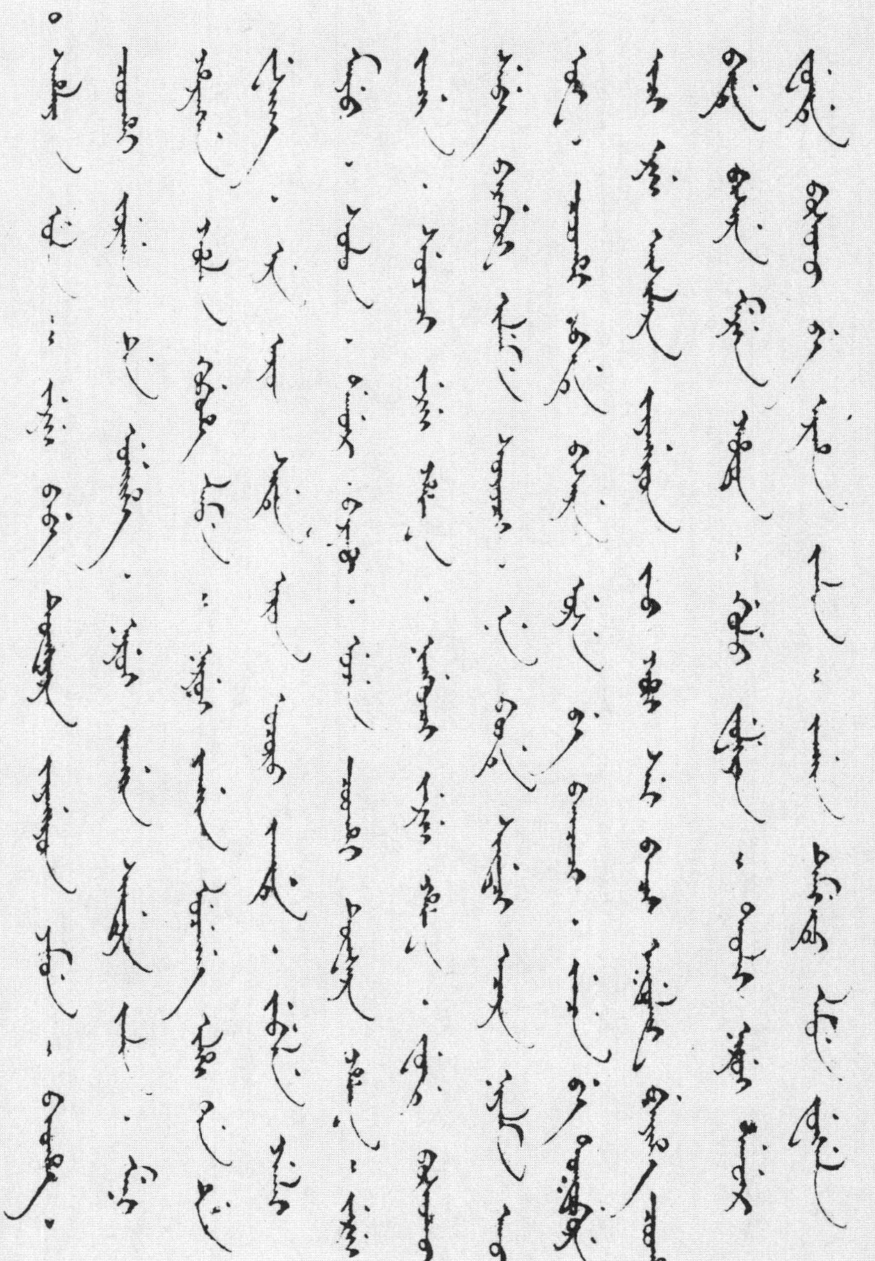

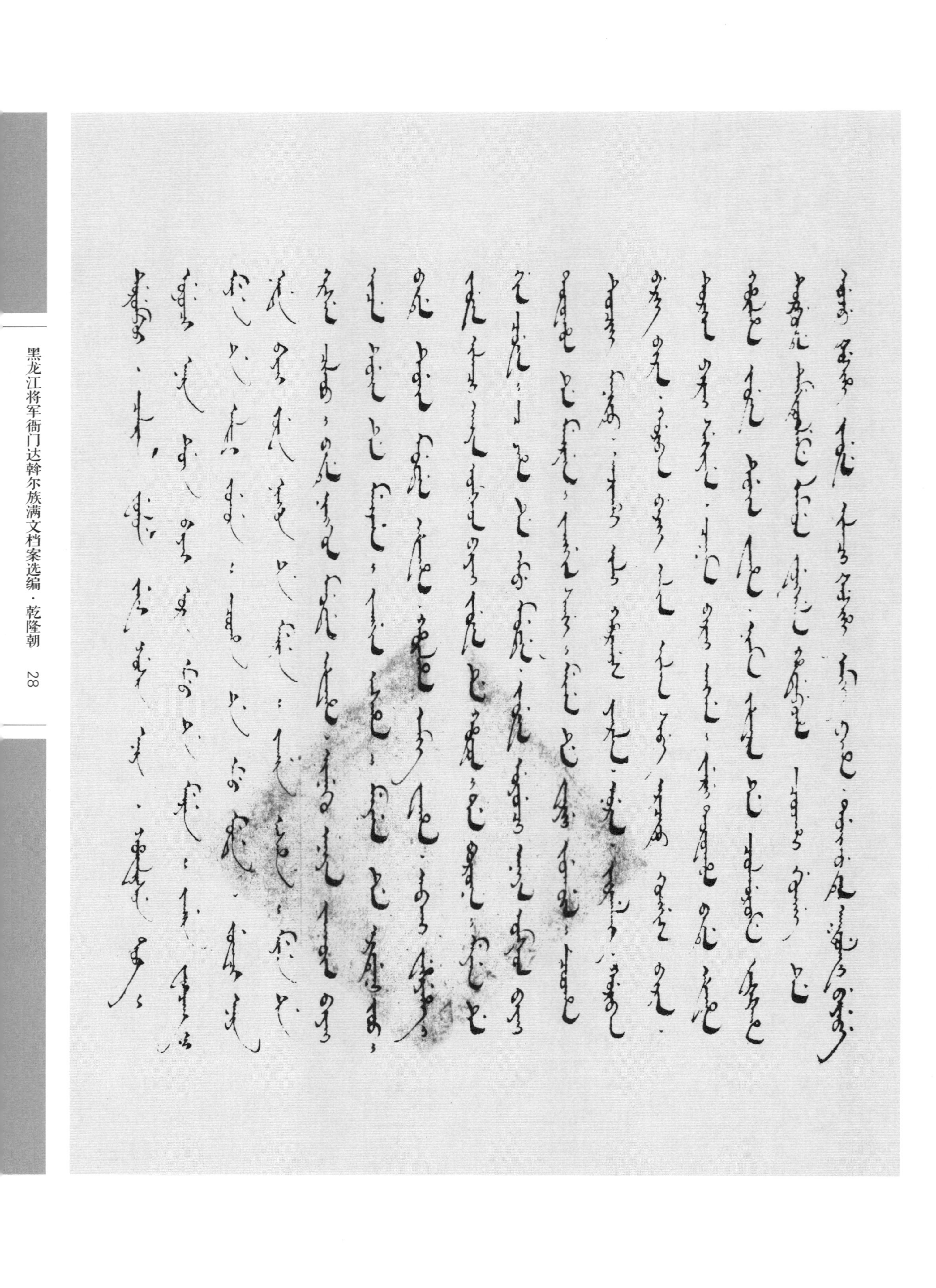

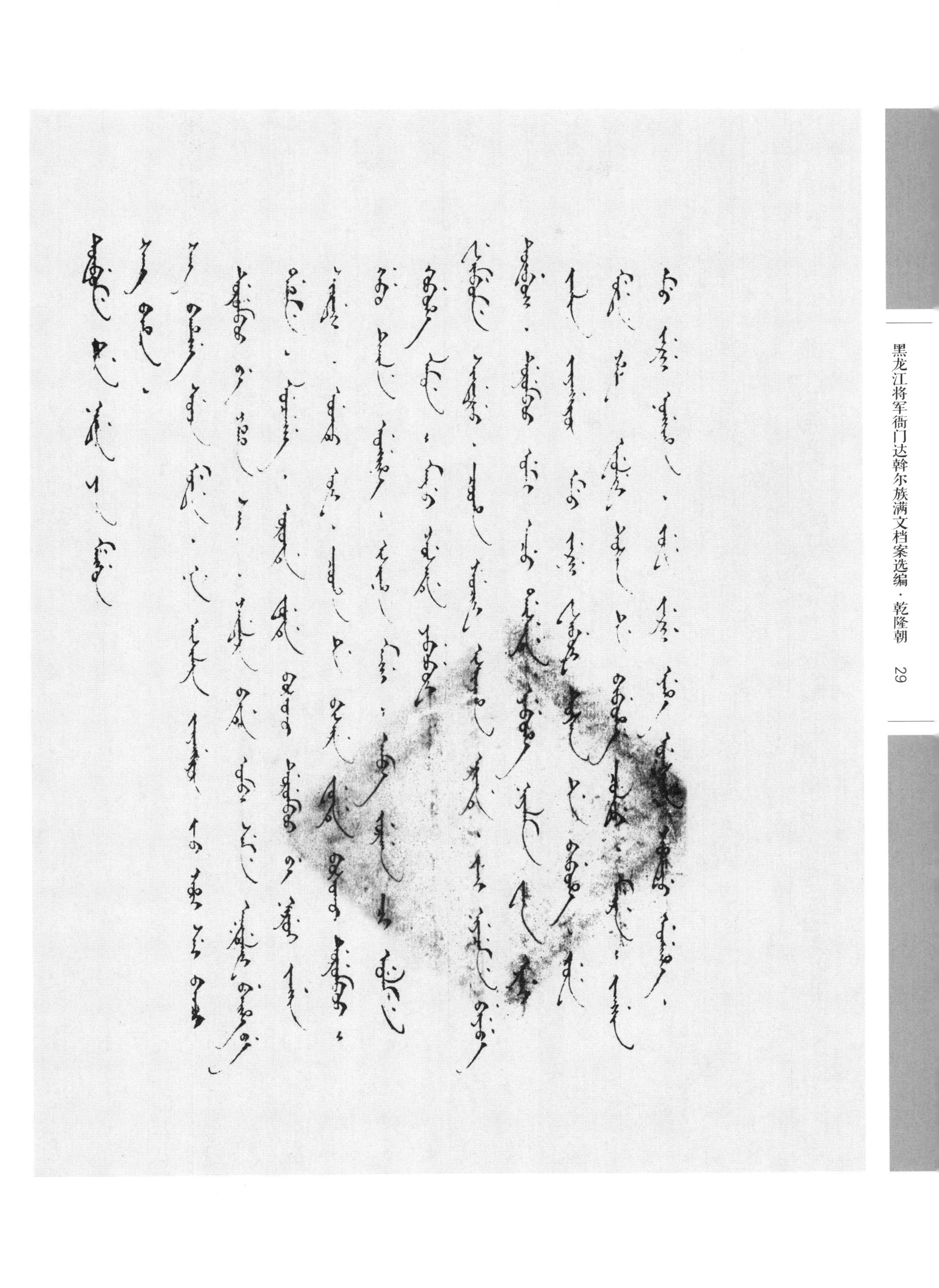

[illegible]

九六八 黑龙江将军衙门为令报正红旗达斡尔佐领缺拟补官员考语事咨黑龙江副都统衙门文

乾隆二十四年正月初八日

九六九 黑龙江将军衙门为令查明三等侍卫提齐图遗孀并办理达斡尔沁图过继袭职事宜事咨黑龙江副都统衙门文

乾隆二十四年正月初八日

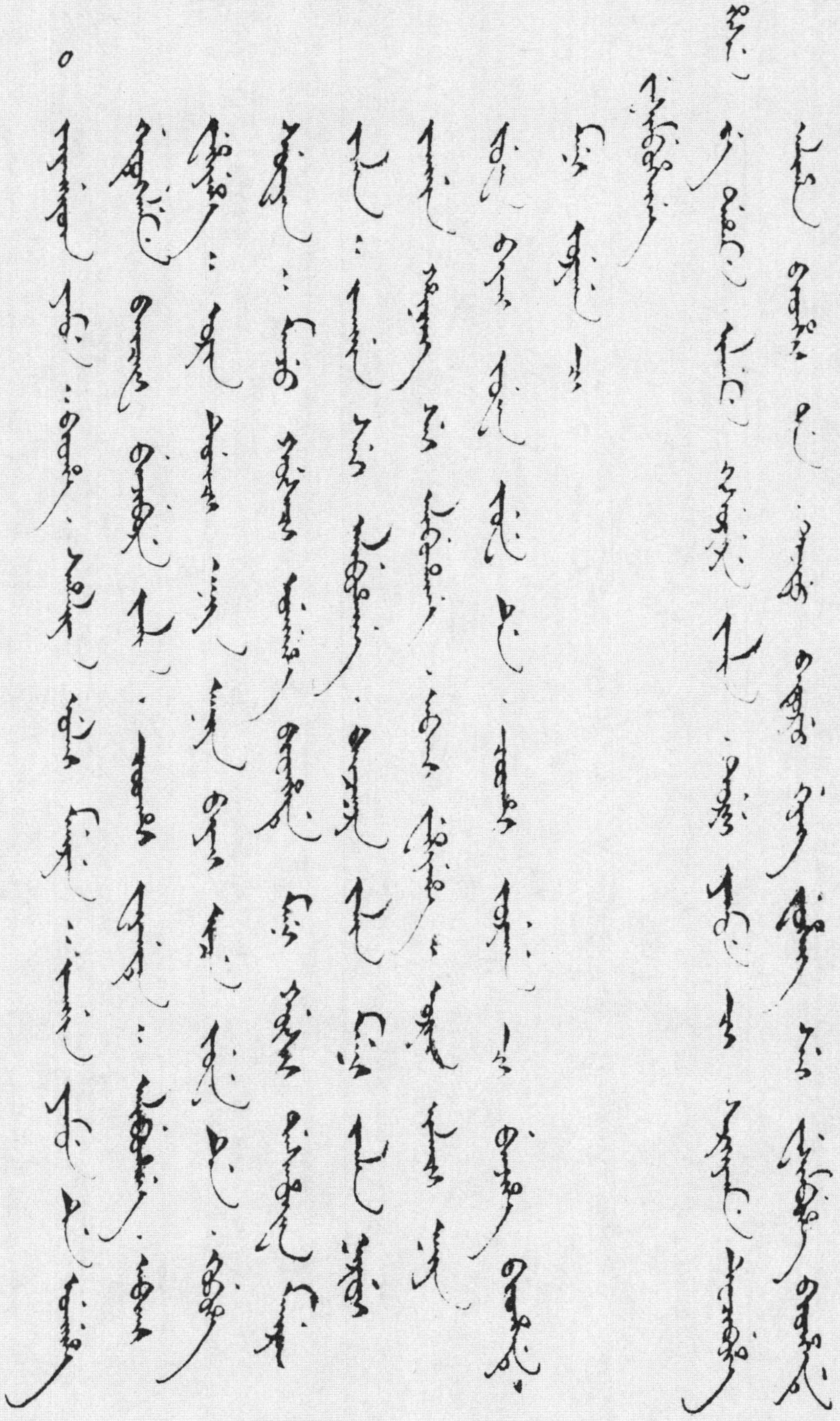

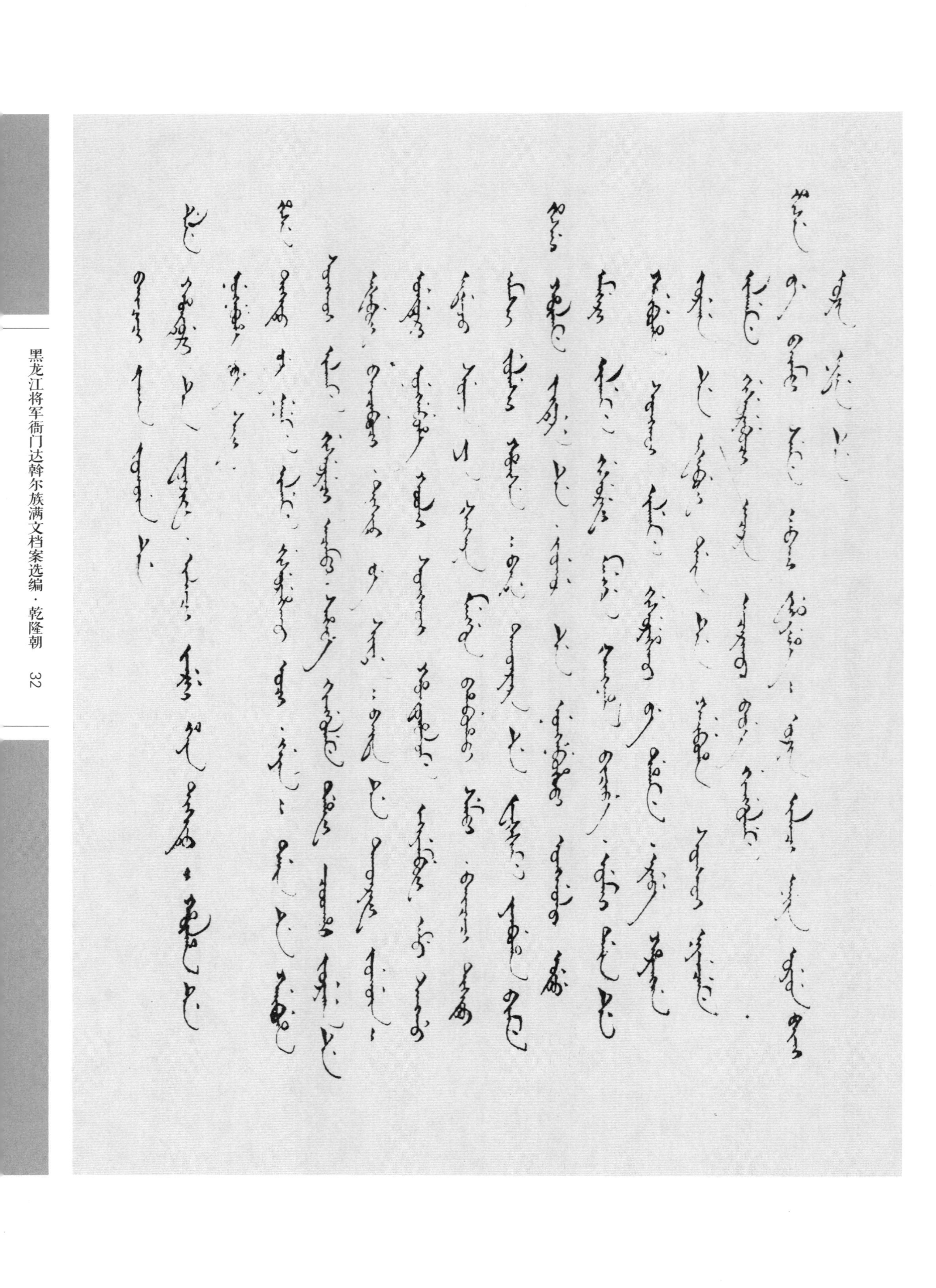

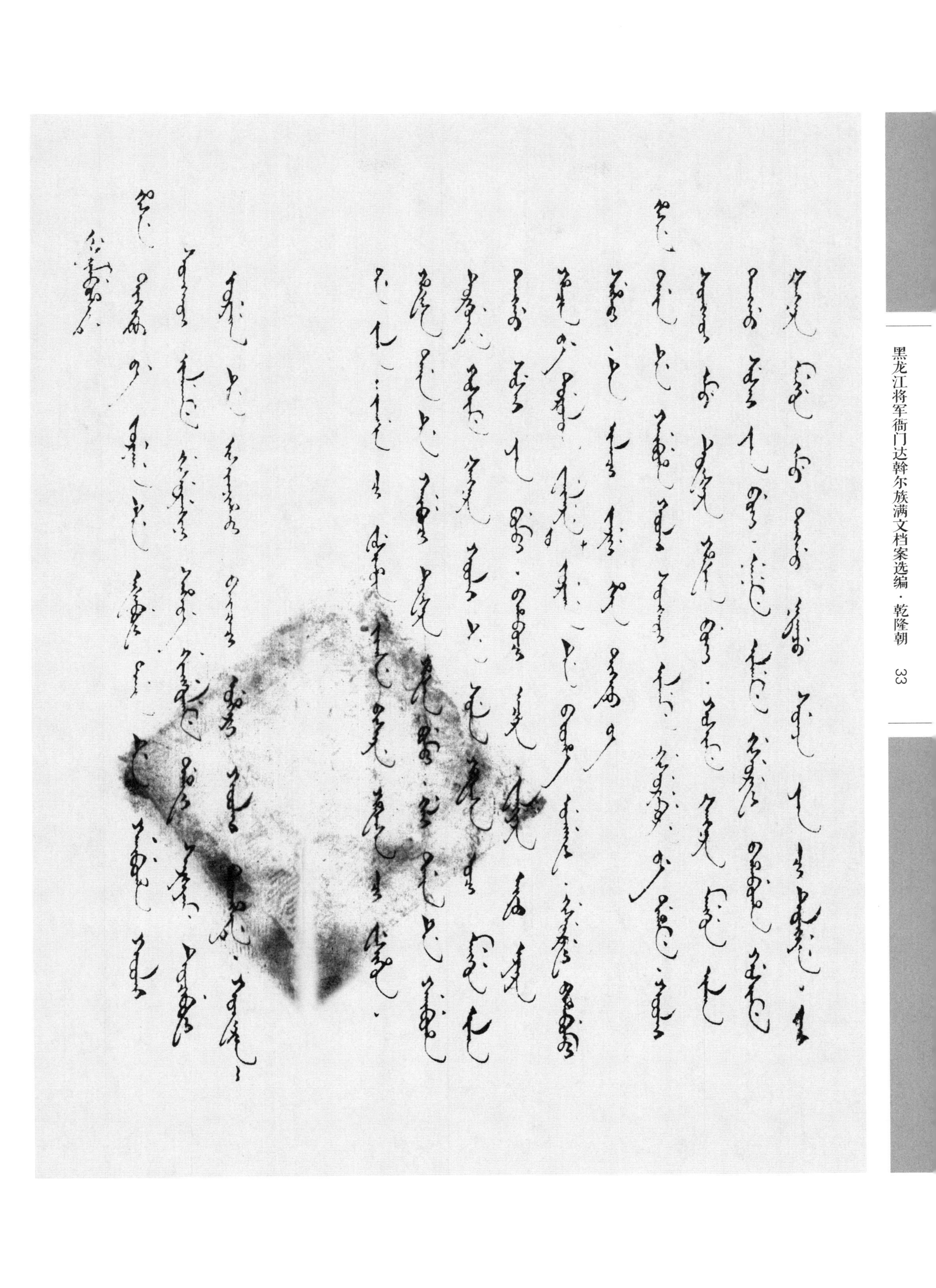

[illegible]

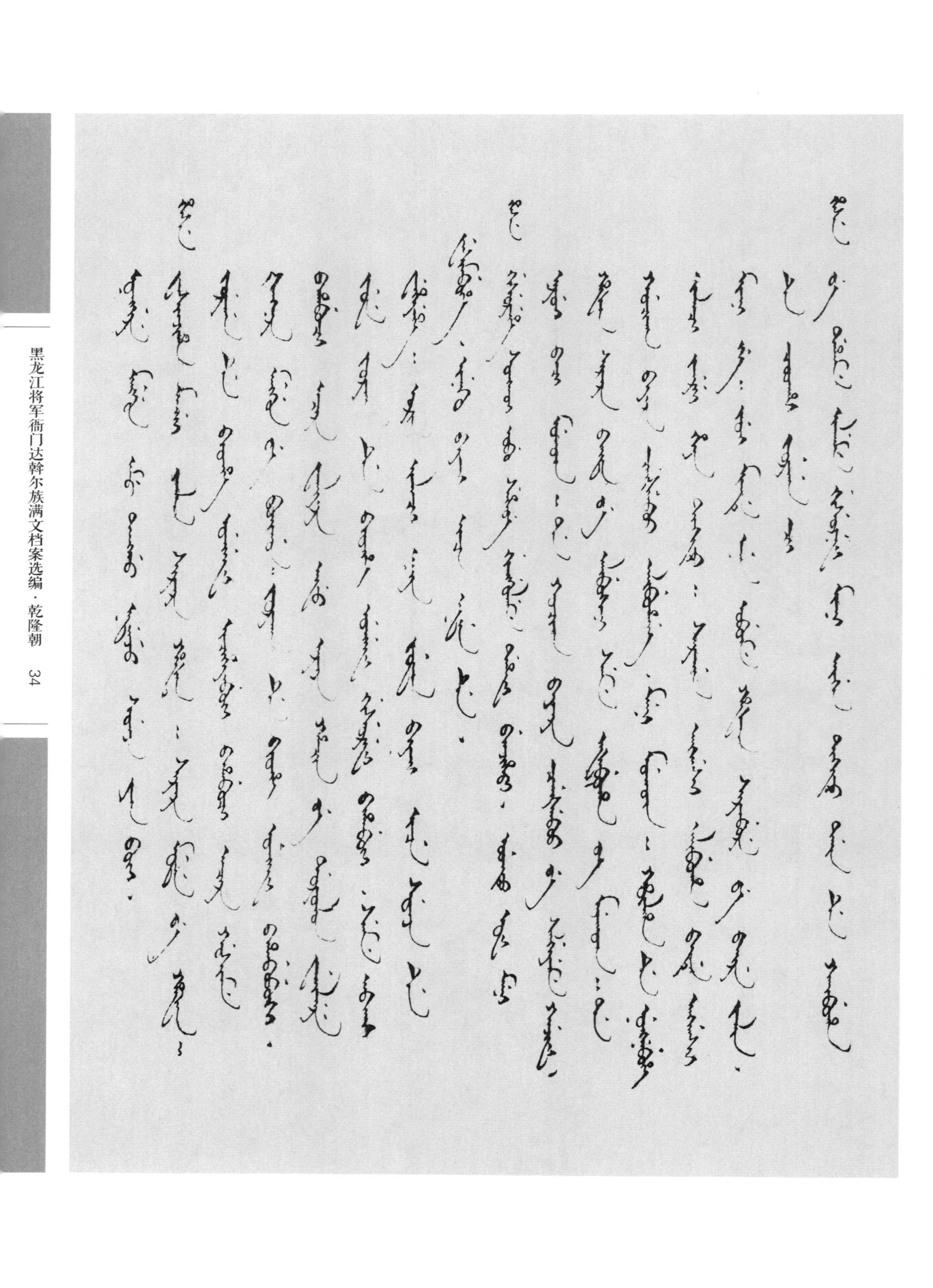

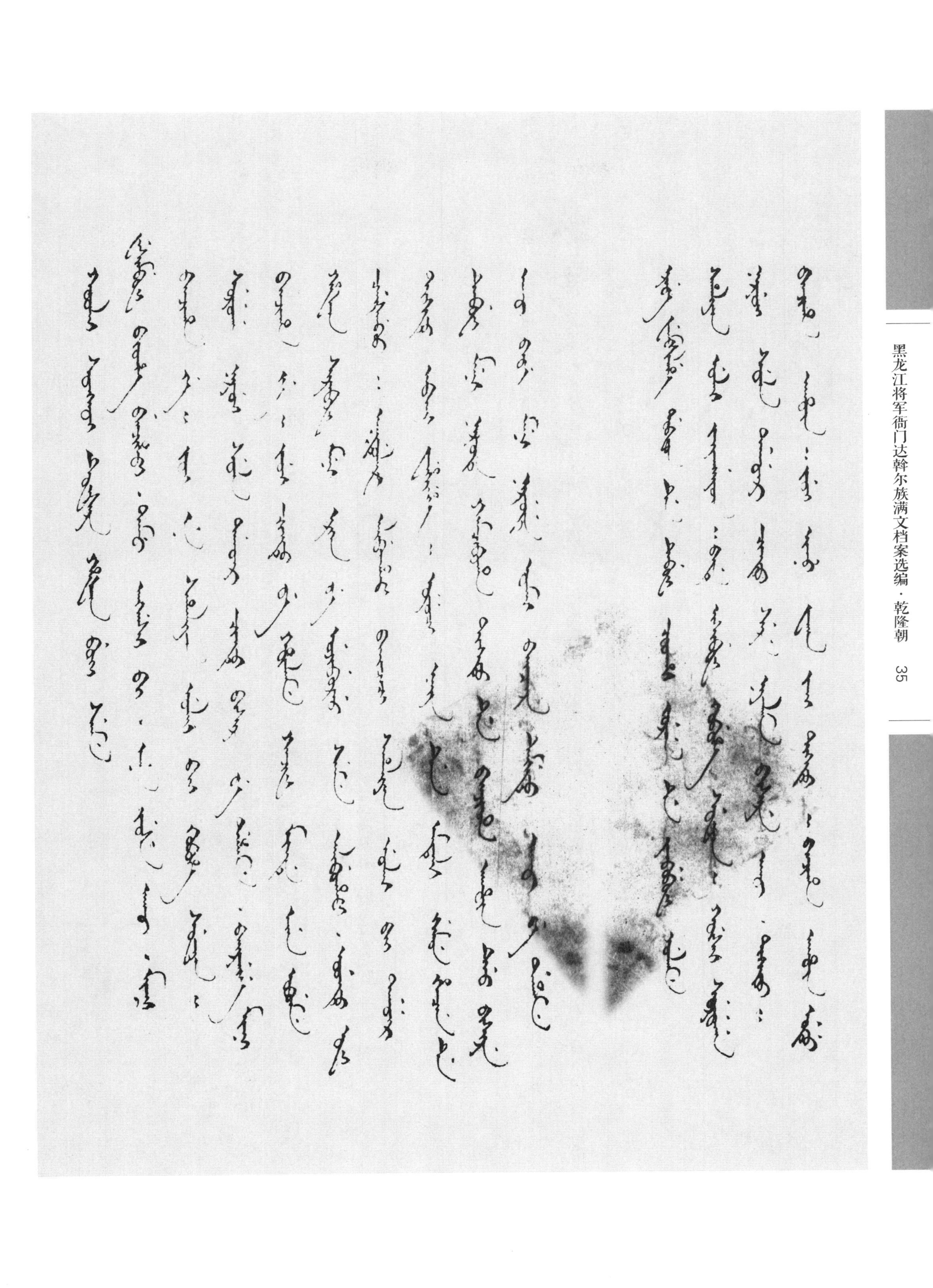

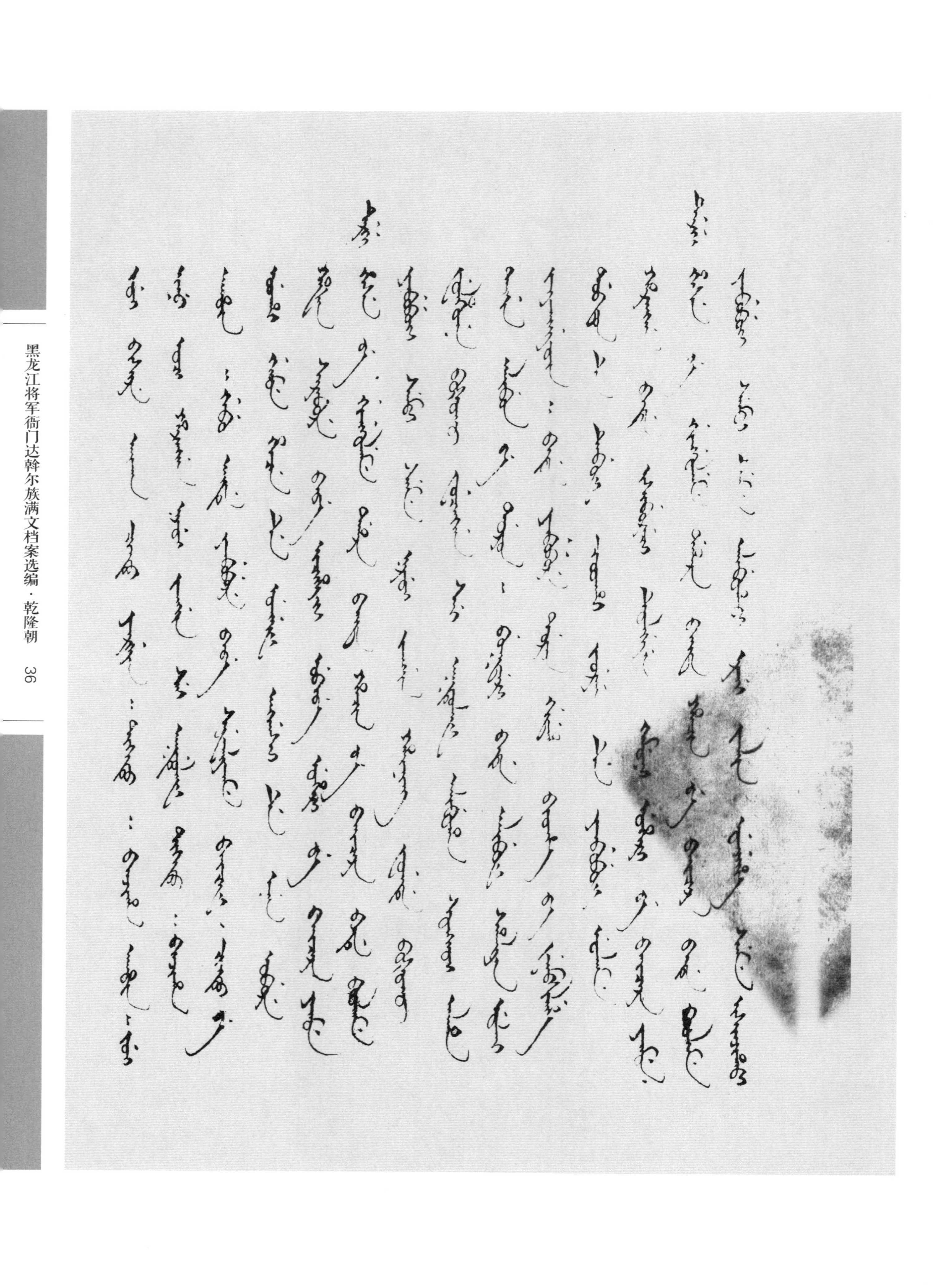

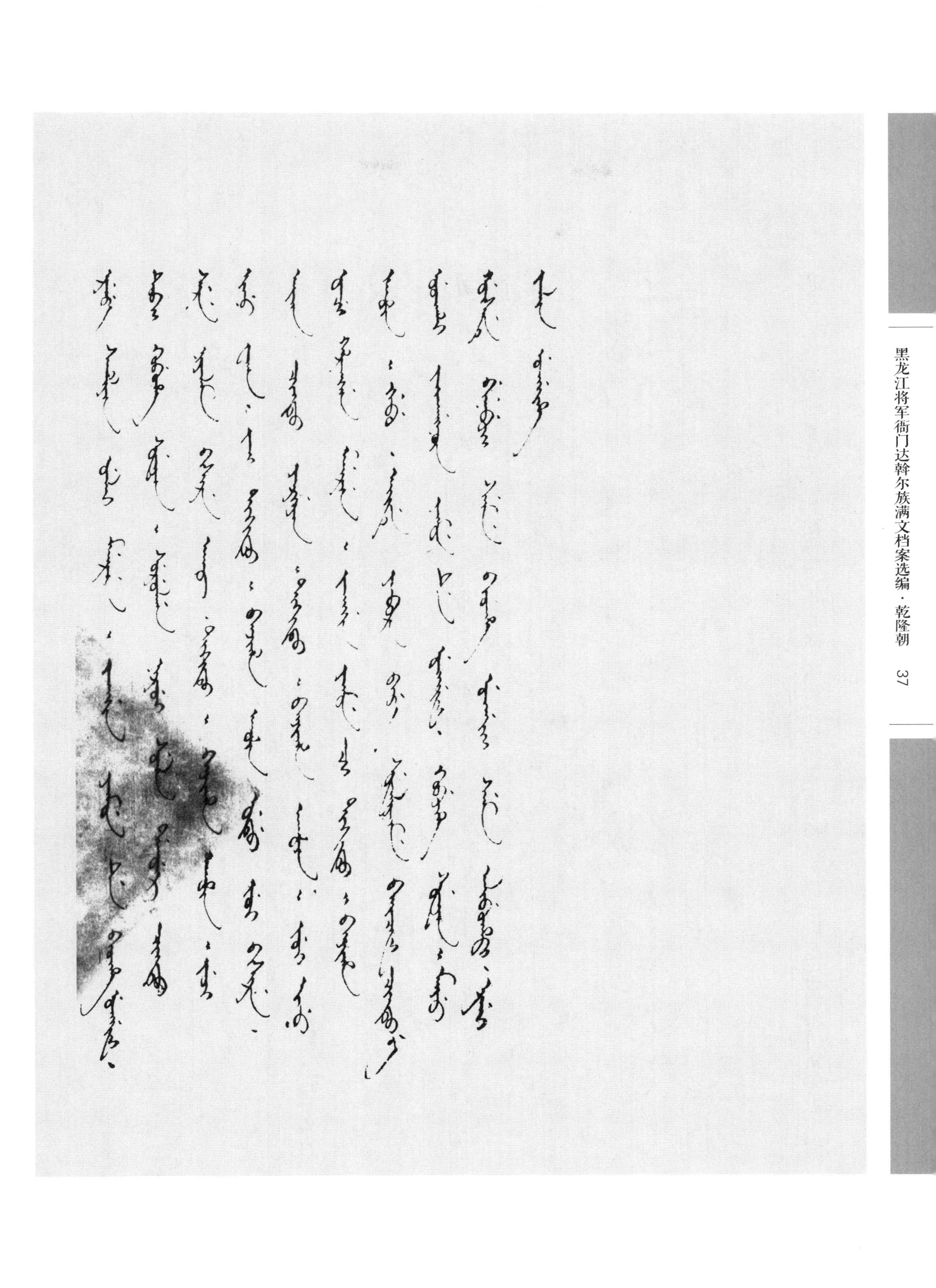

[illegible]

九七〇 黑龙江副都统衙门为查明阵亡三等侍卫提齐图世职理合承袭人员事咨黑龙江将军衙门文

乾隆二十四年正月二十五日

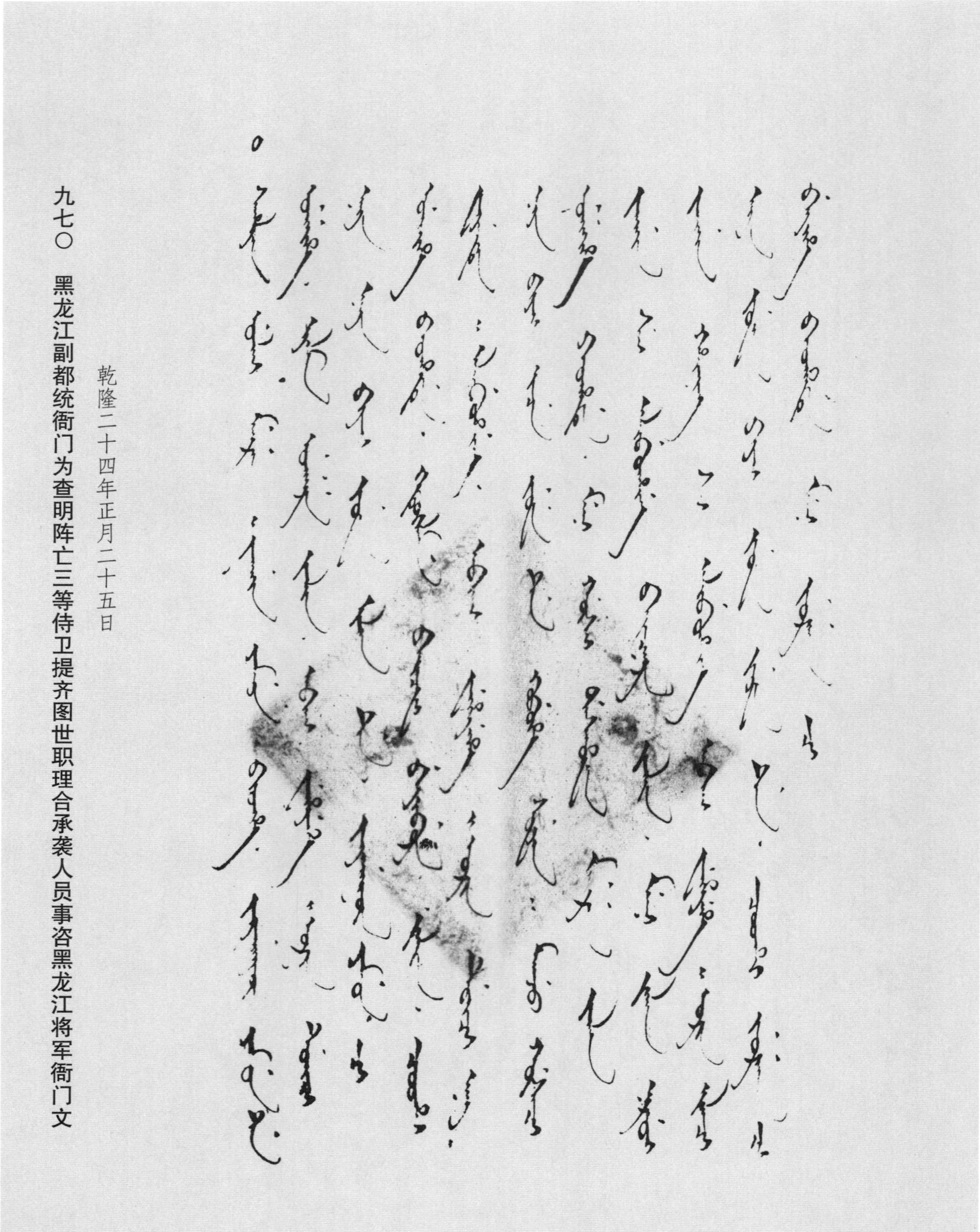

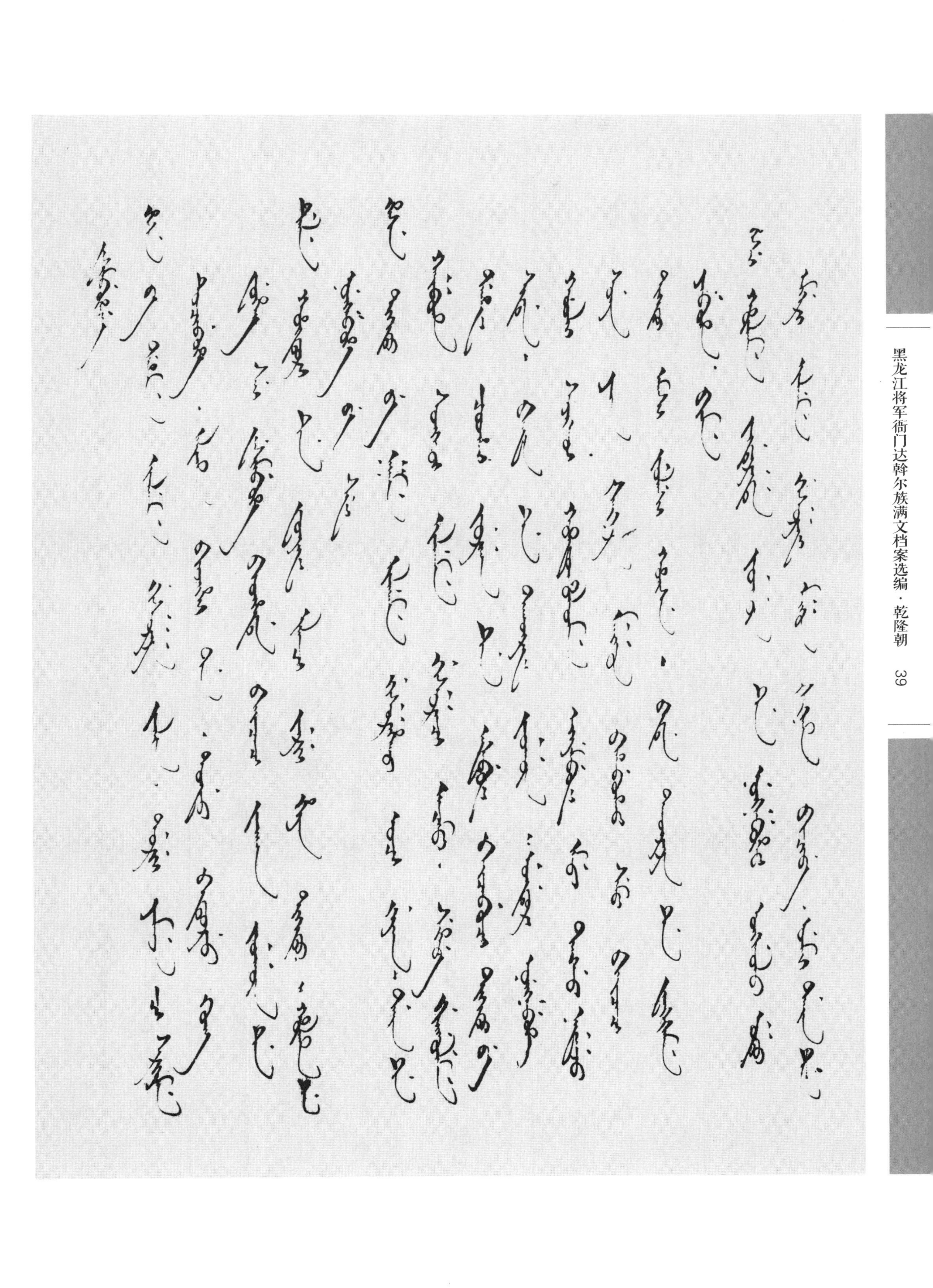

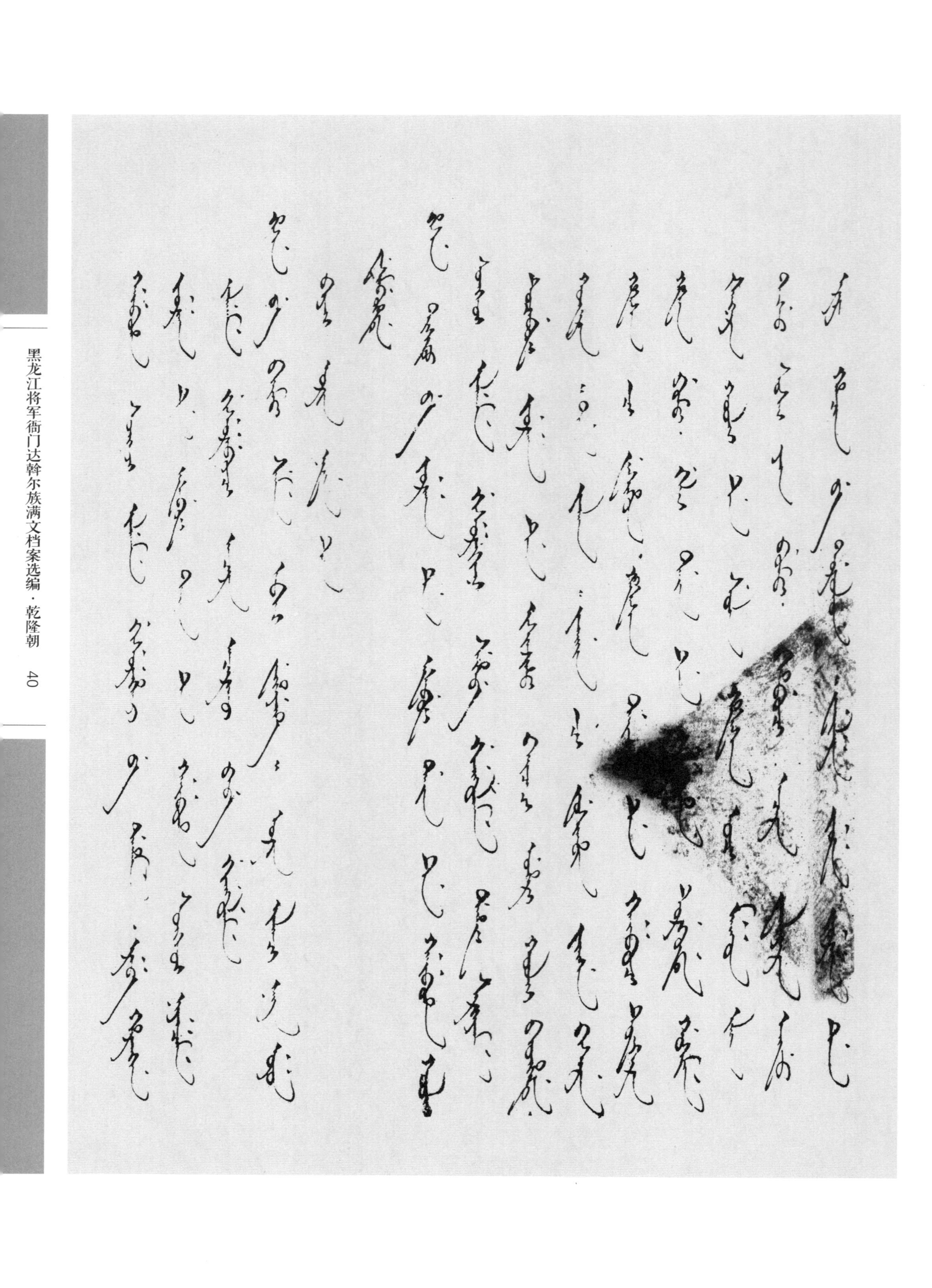

[illegible]

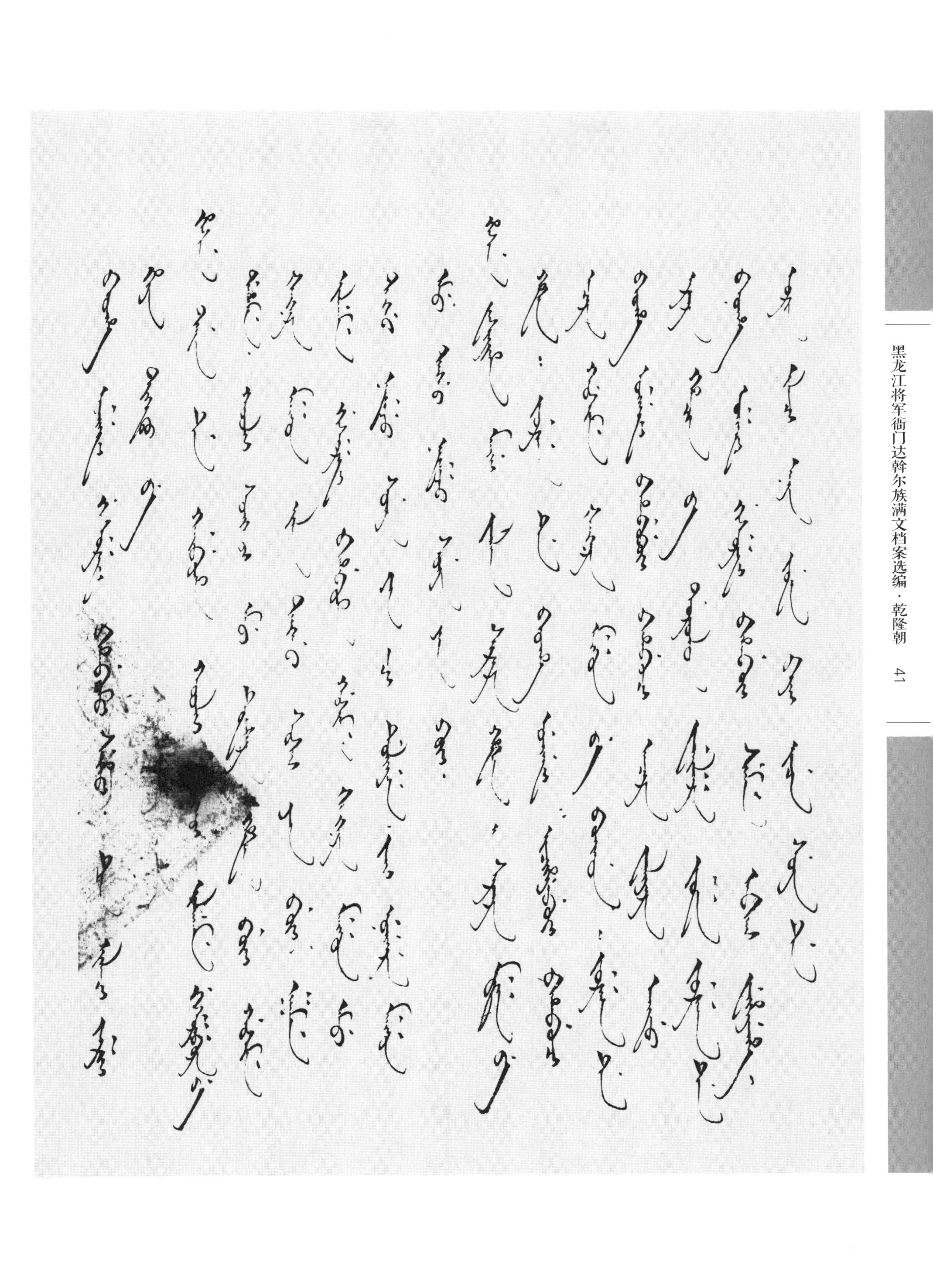

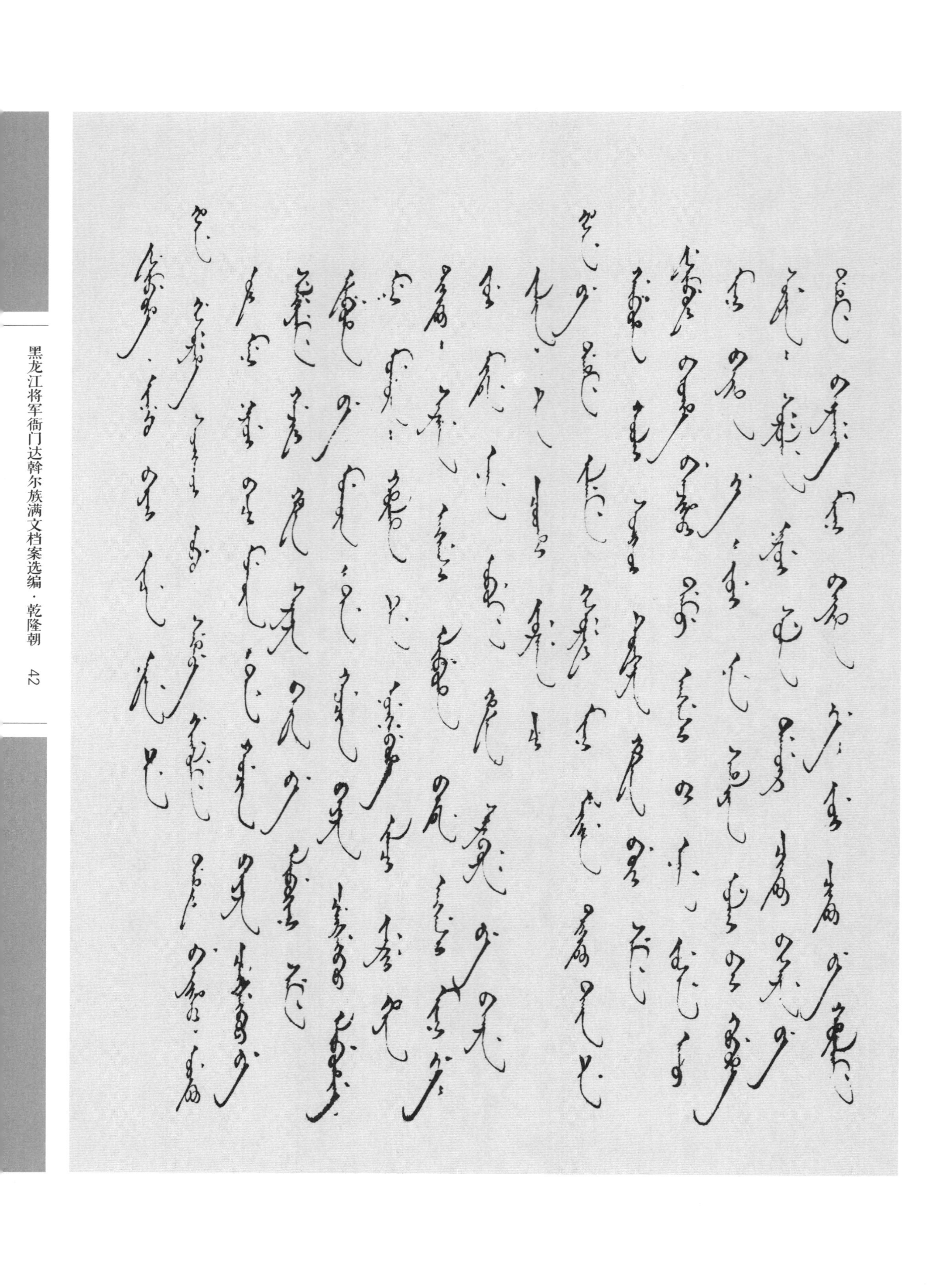

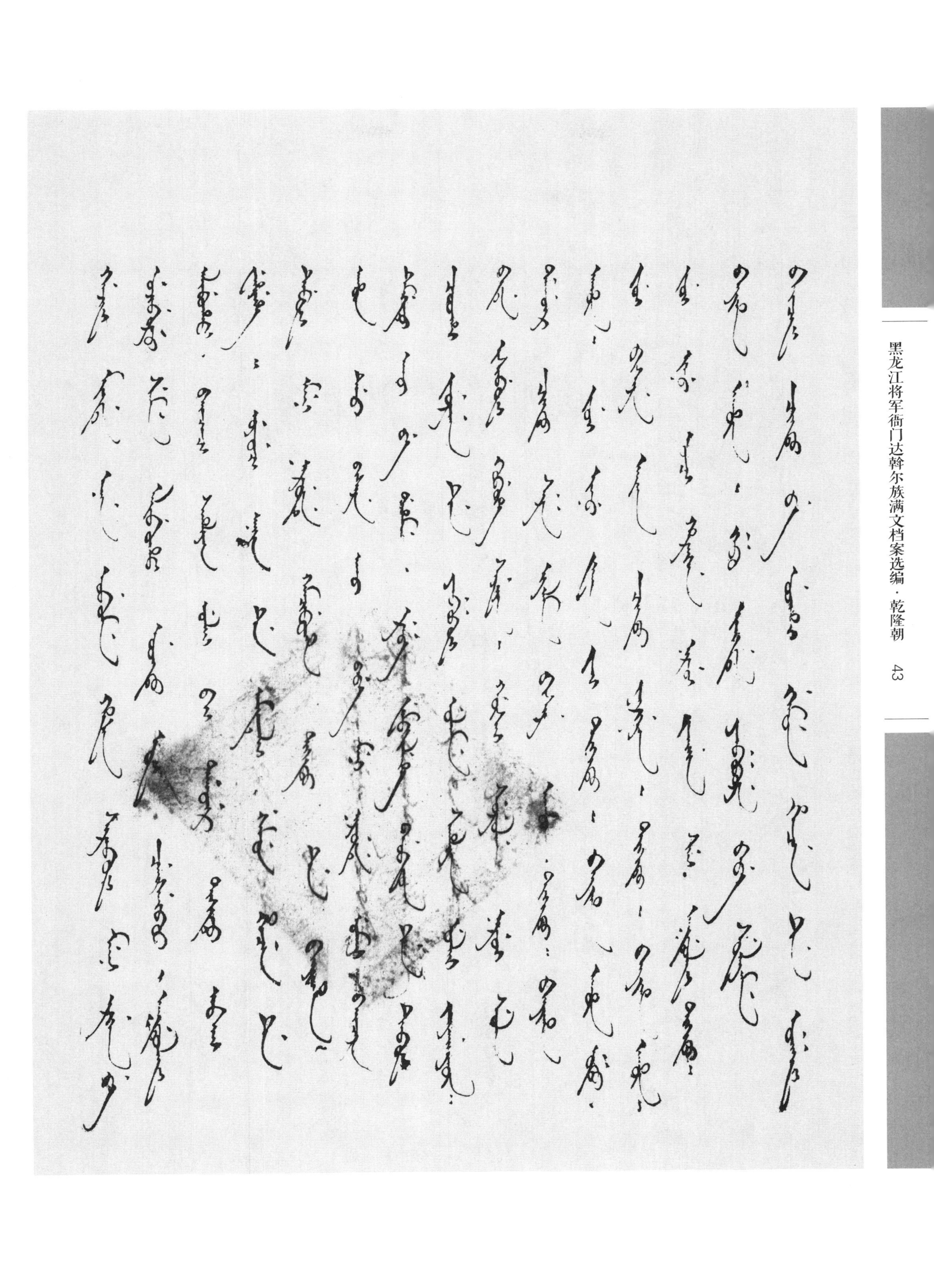

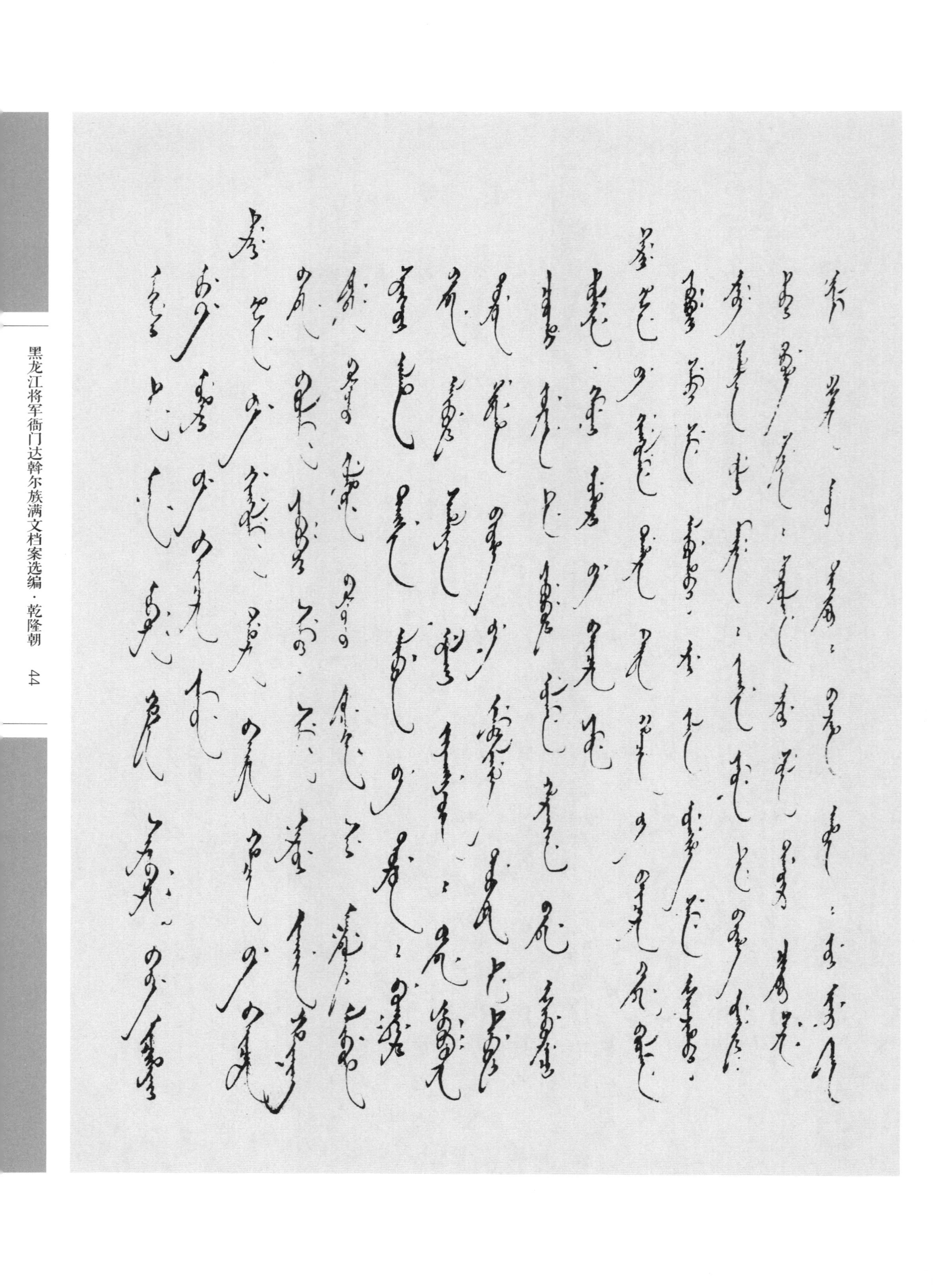

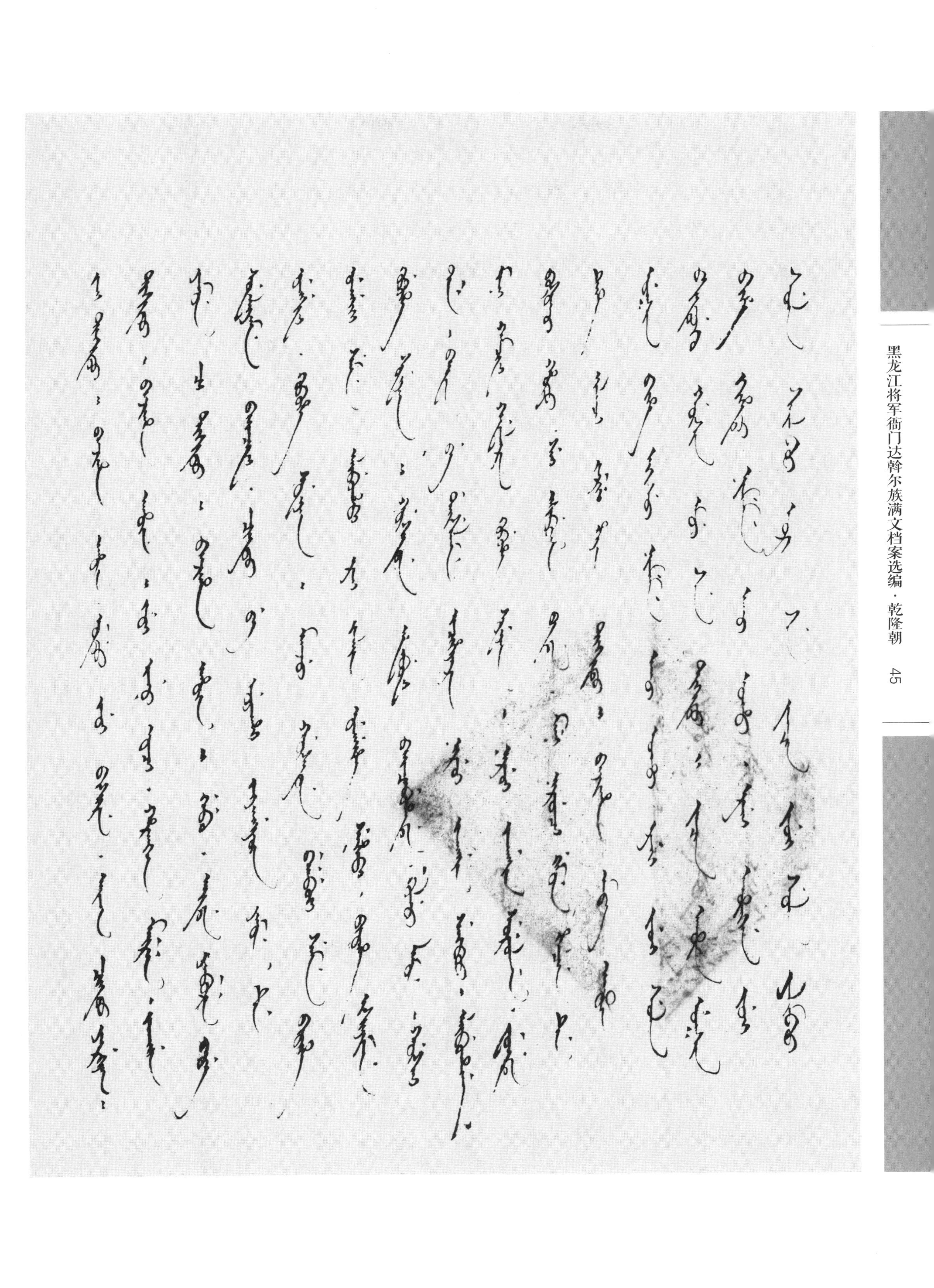

[illegible]

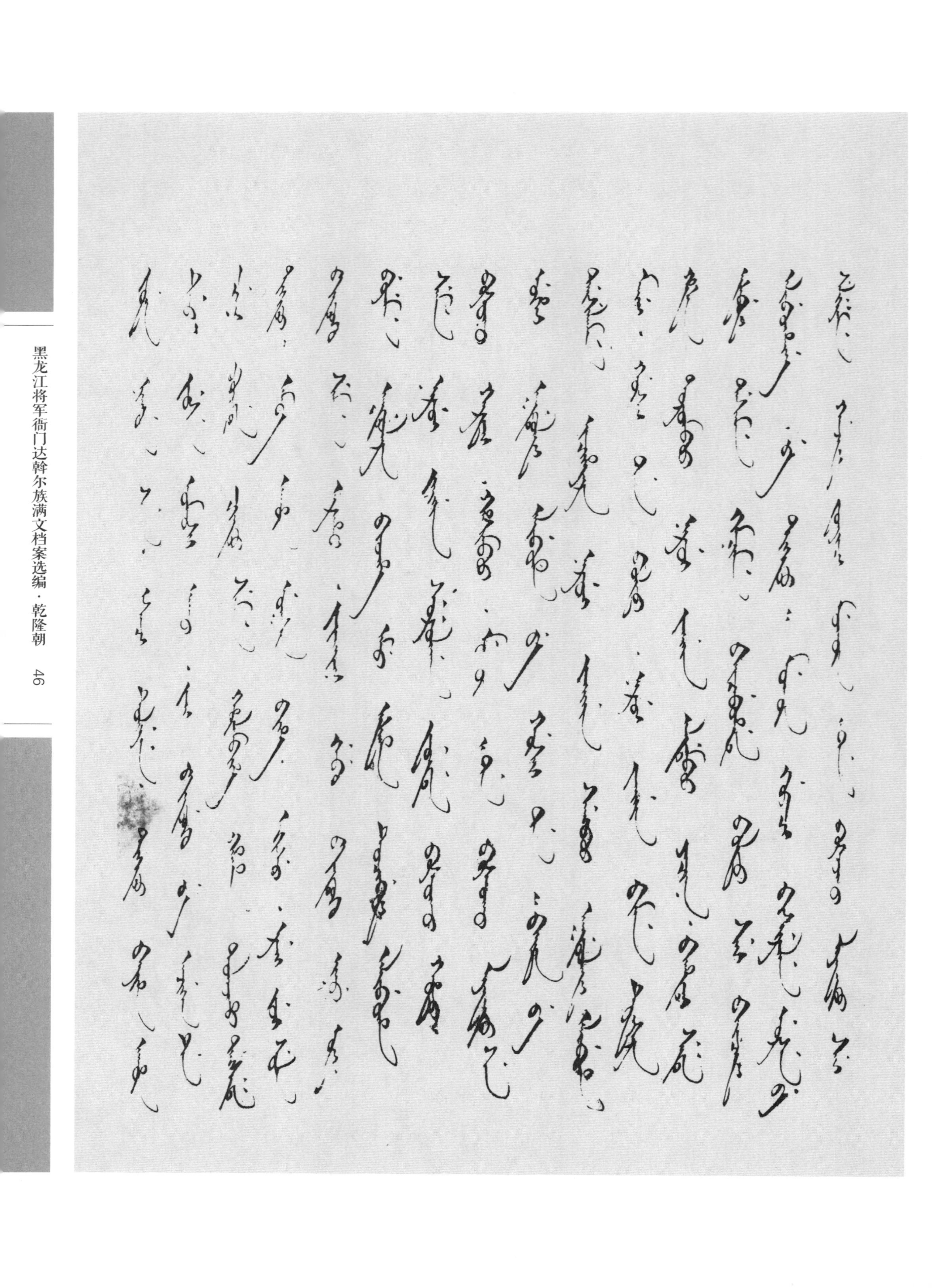

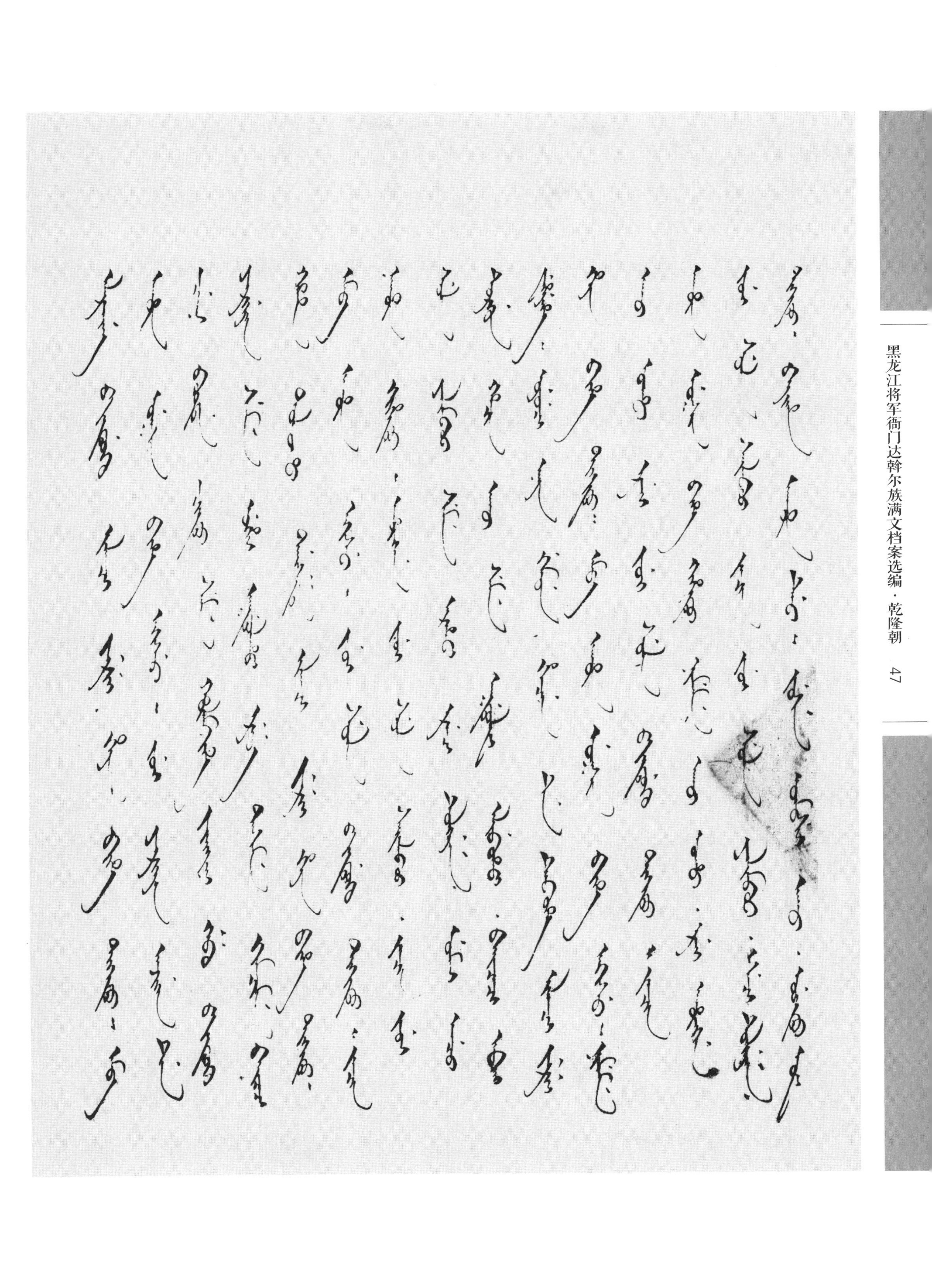

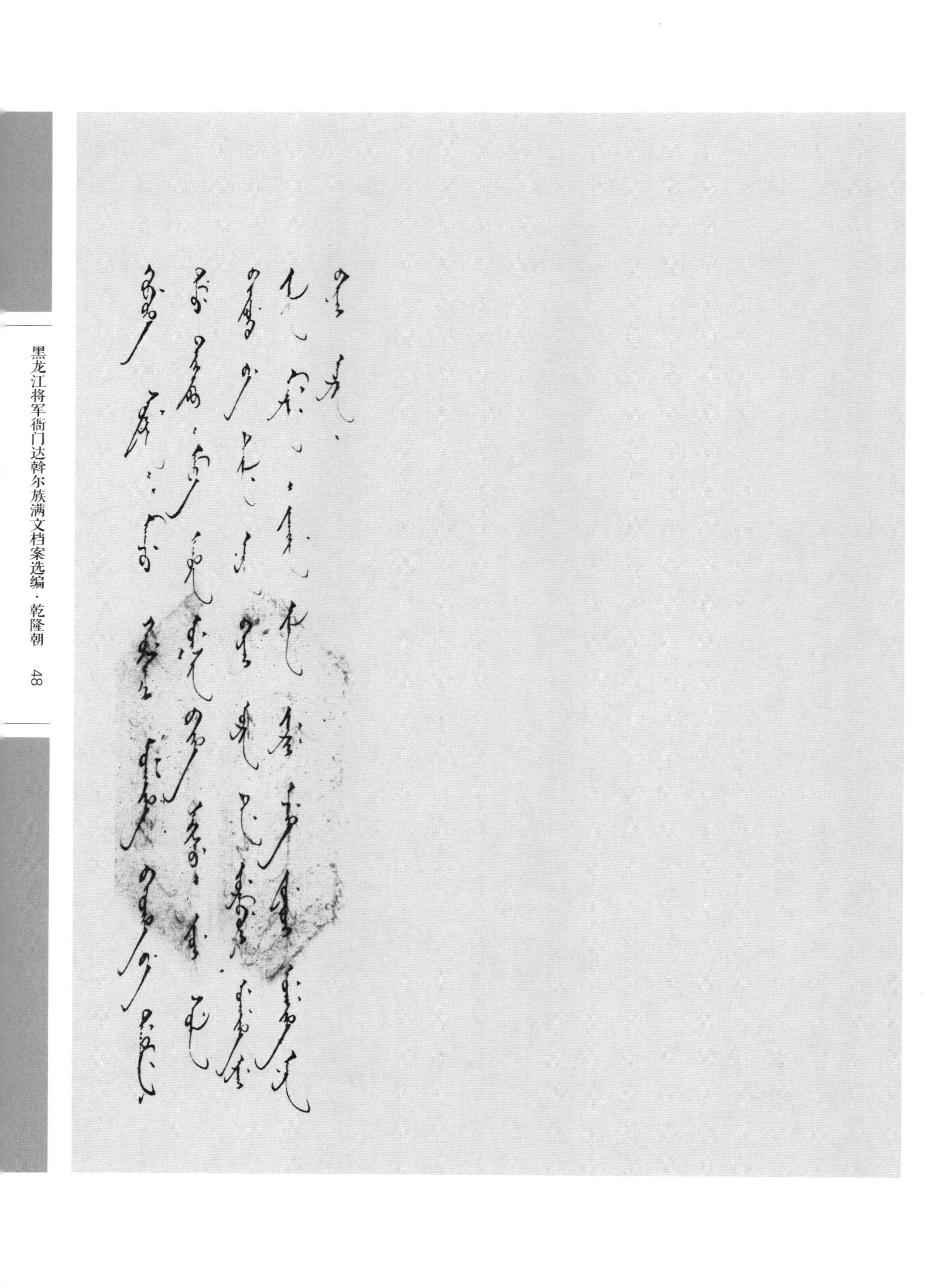

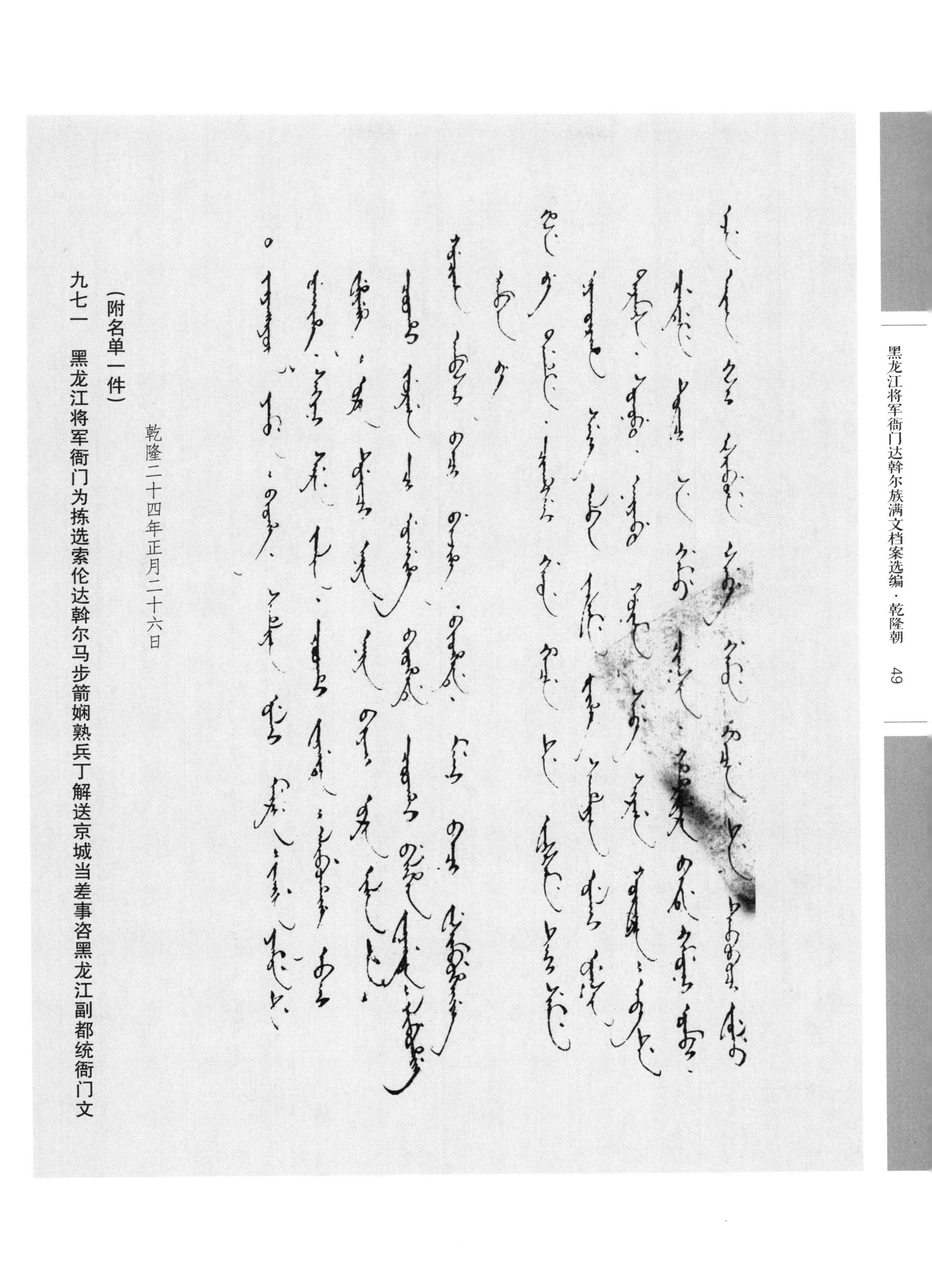

乾隆二十四年正月二十六日

（附名单一件）

九七一　黑龙江将军衙门为拣选索伦达斡尔马步箭娴熟兵丁解送京城当差事咨黑龙江副都统衙门文

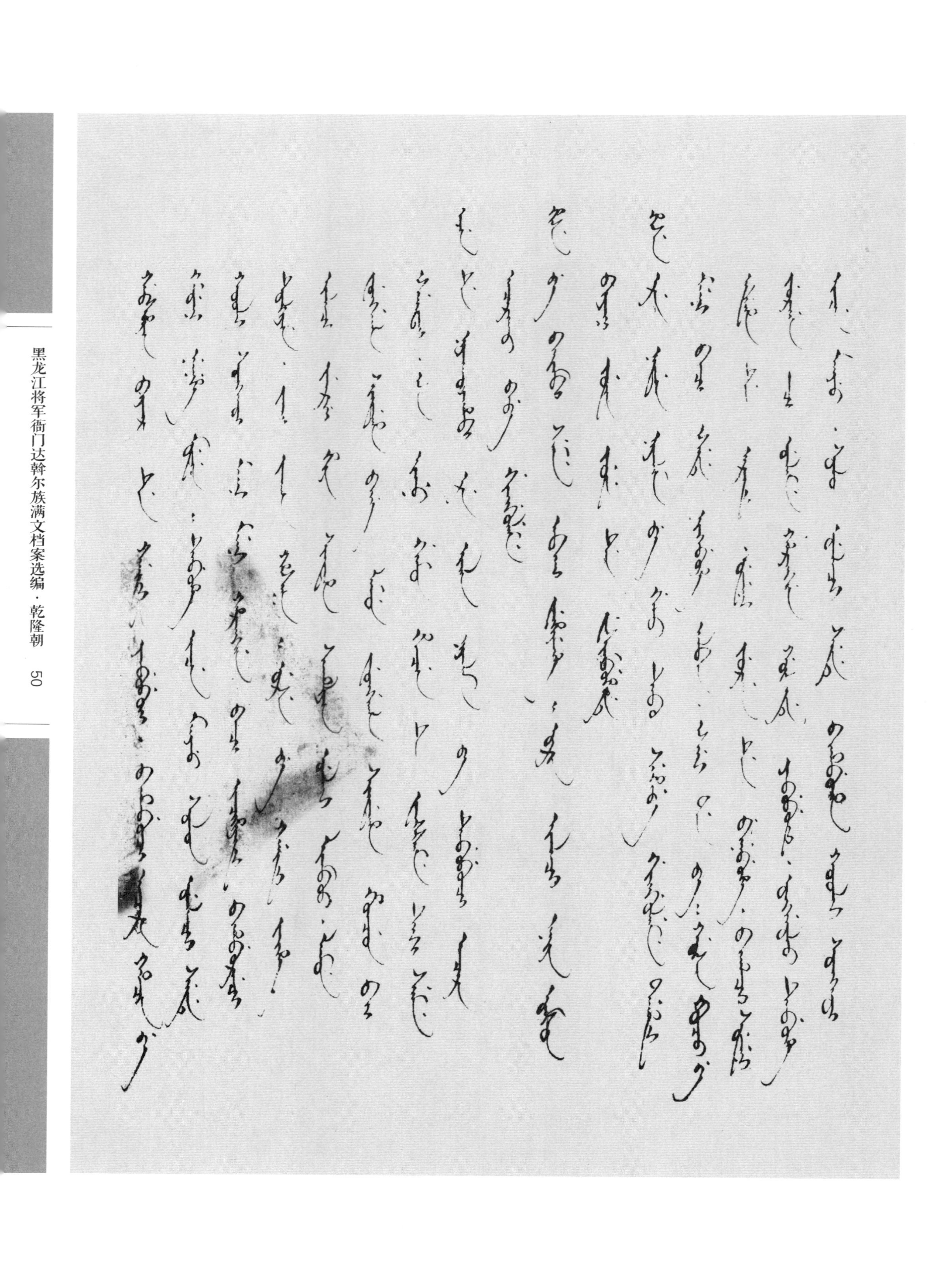

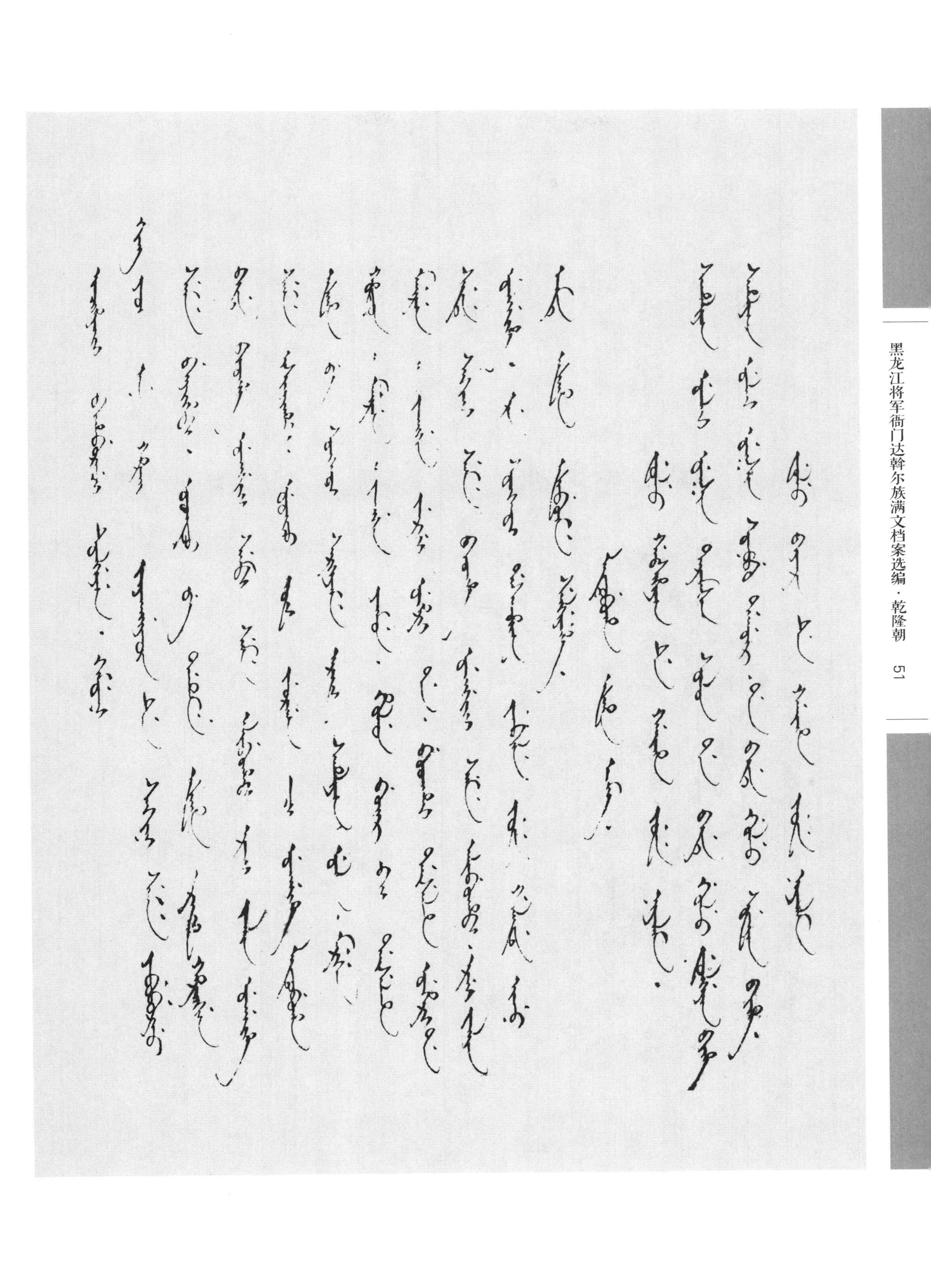

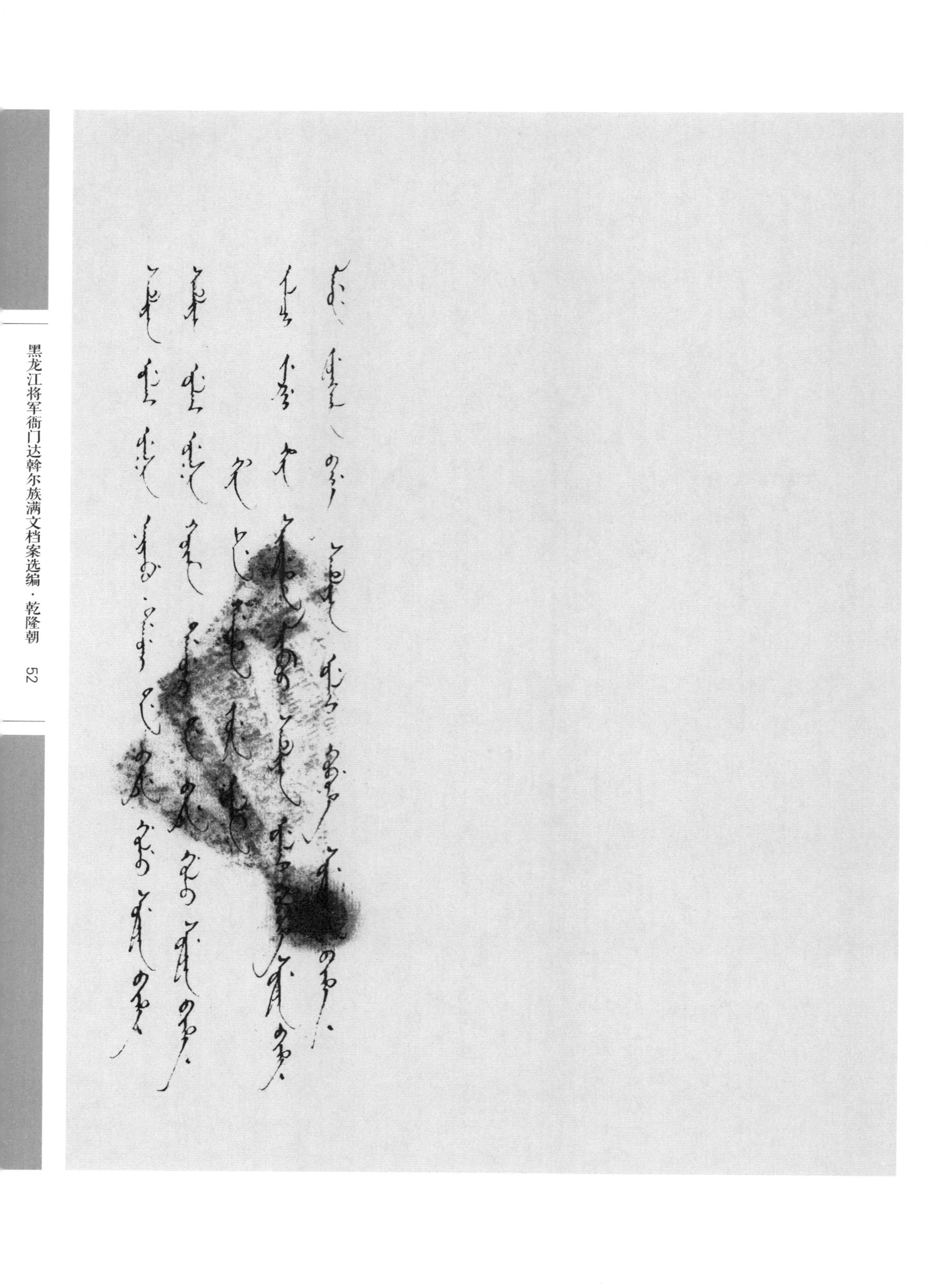

[illegible]

九七二 管理正蓝旗满洲都统事务和硕裕亲王奏黑龙江佐领缺补放墨尔根达斡尔骁骑校鄂依保折

乾隆二十四年正月二十八日

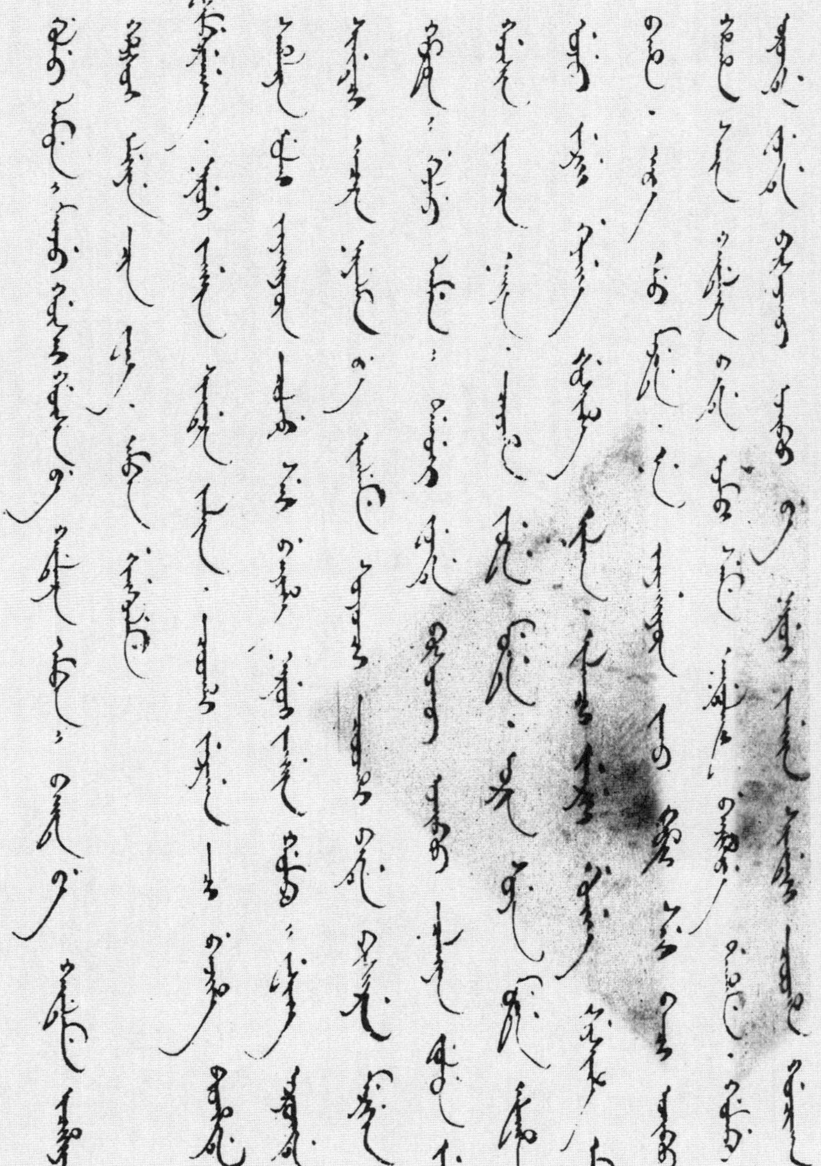

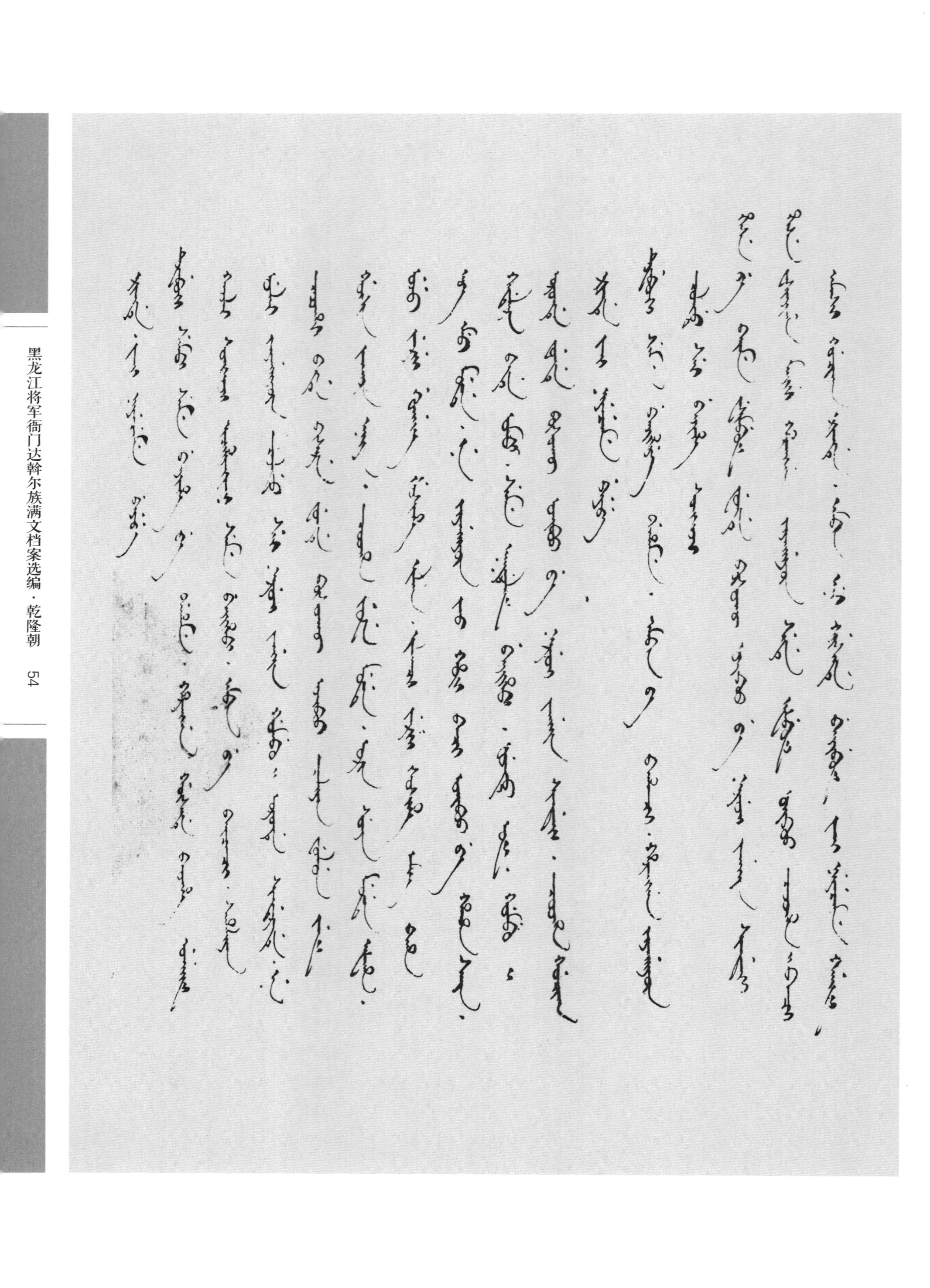

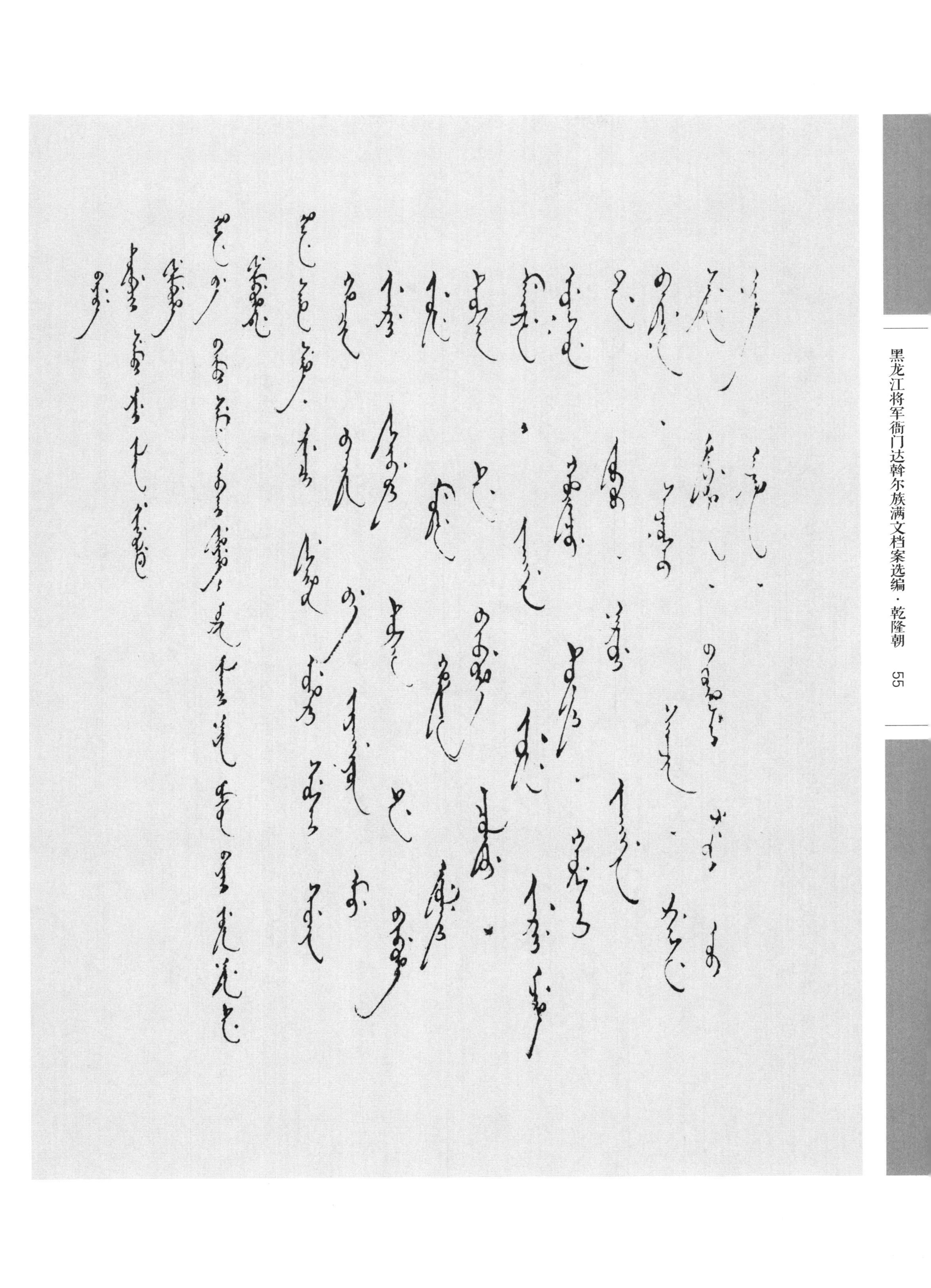

[illegible]

九七三 兵部为齐齐哈尔正红旗达斡尔世管佐领等员缺准以拟选人员补授事咨黑龙江将军文

〔乾隆二十四年正月〕

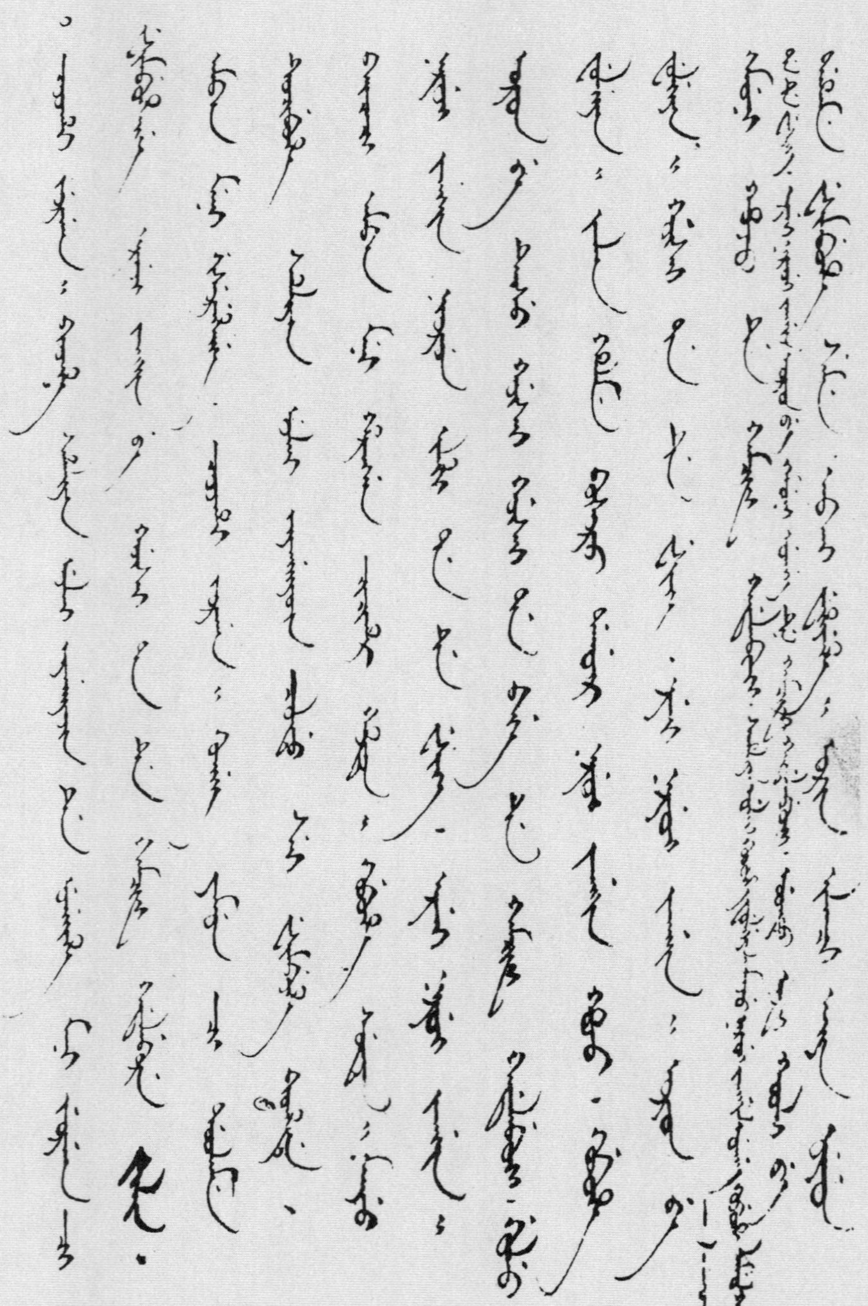

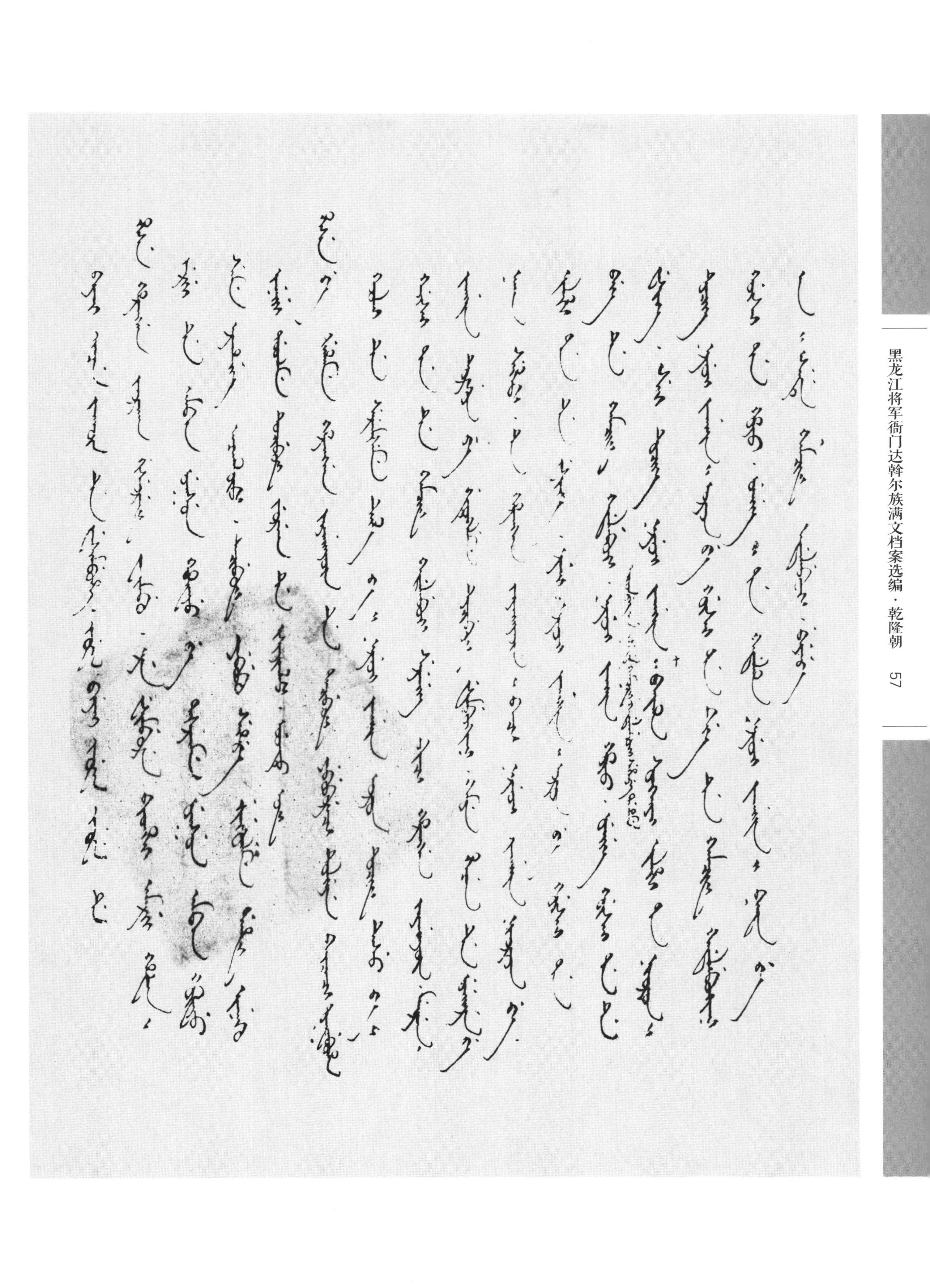

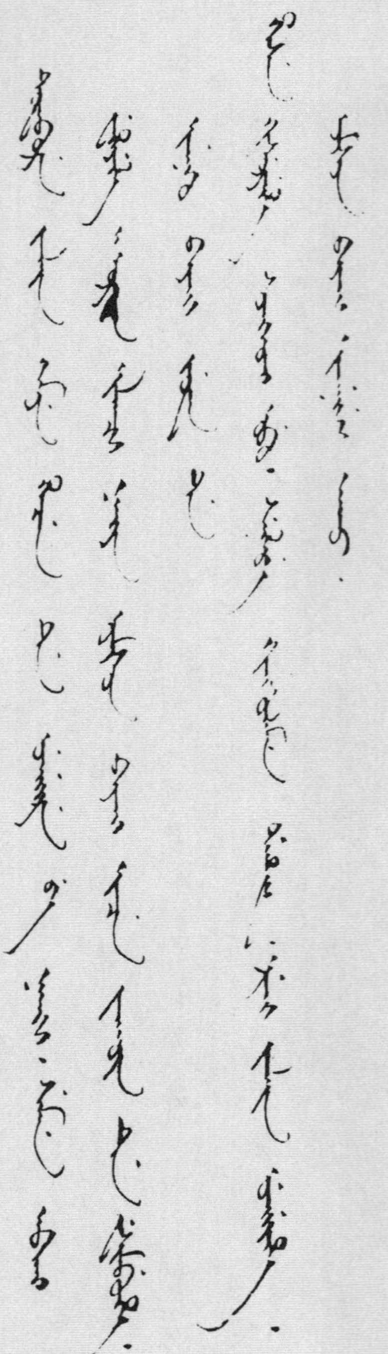

九七四 黑龙江副都统衙门为佐领骁骑校等缺拣选拟补满洲达斡尔等官员事咨黑龙江将军衙门文

乾隆二十四年二月初二日

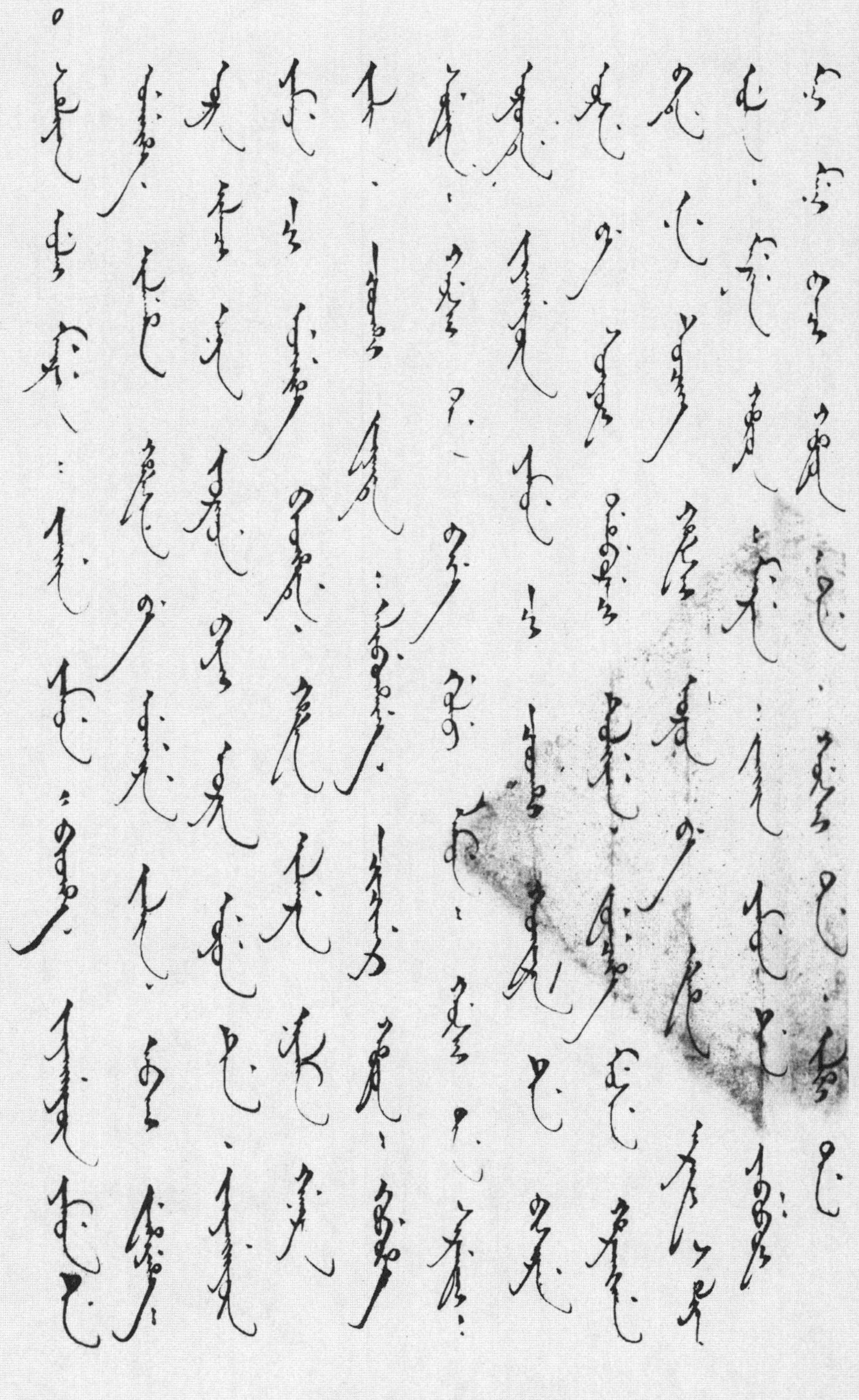

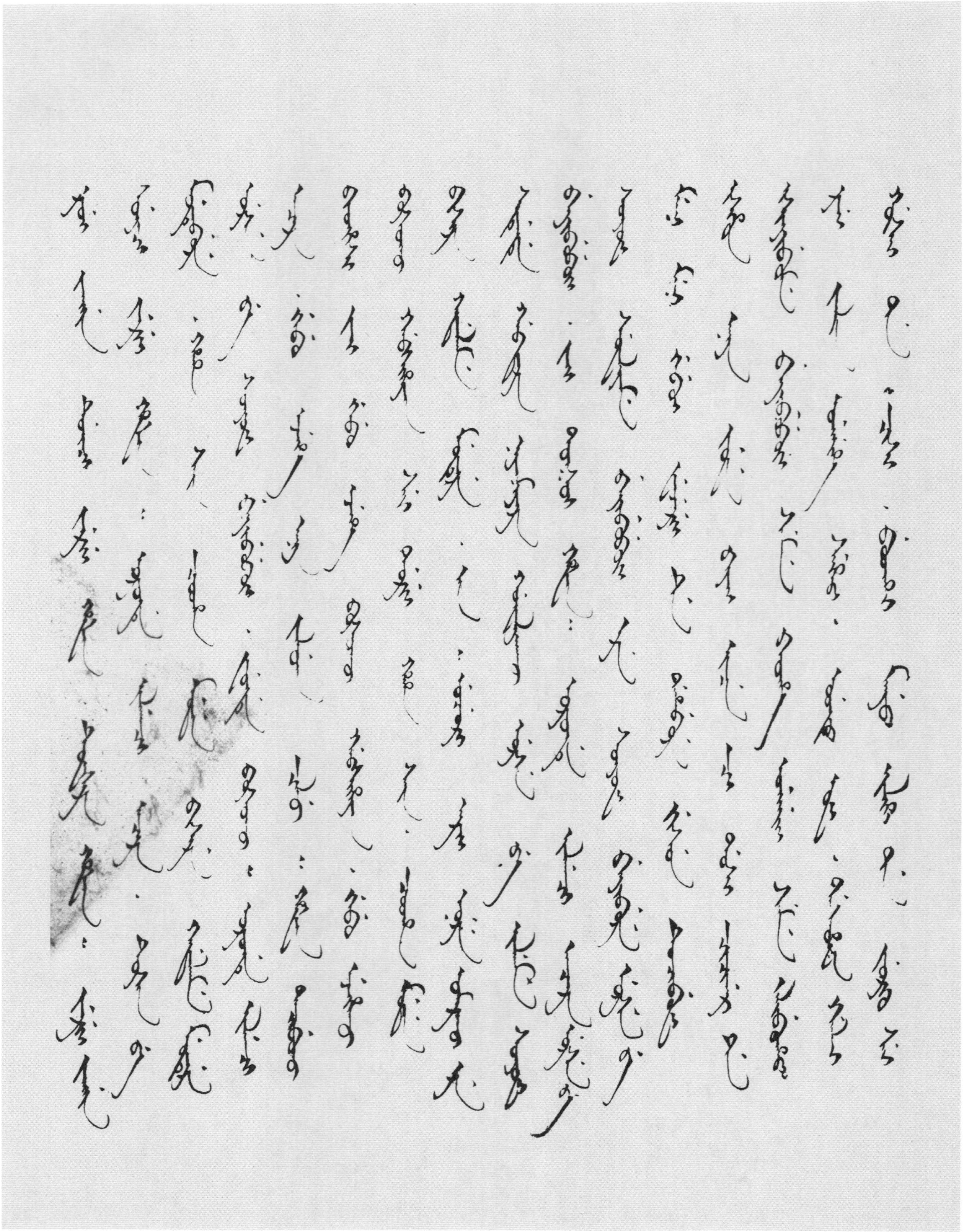

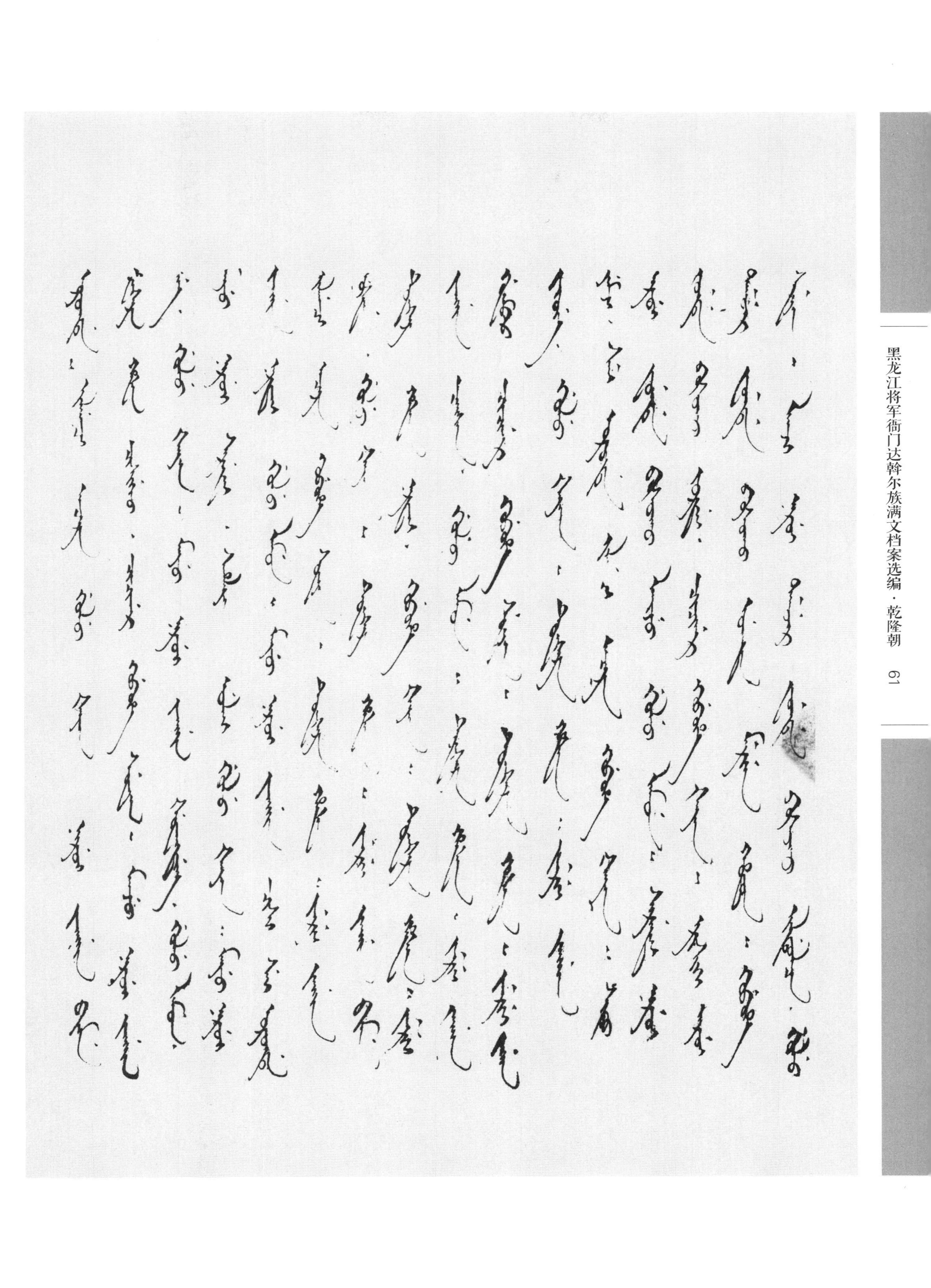

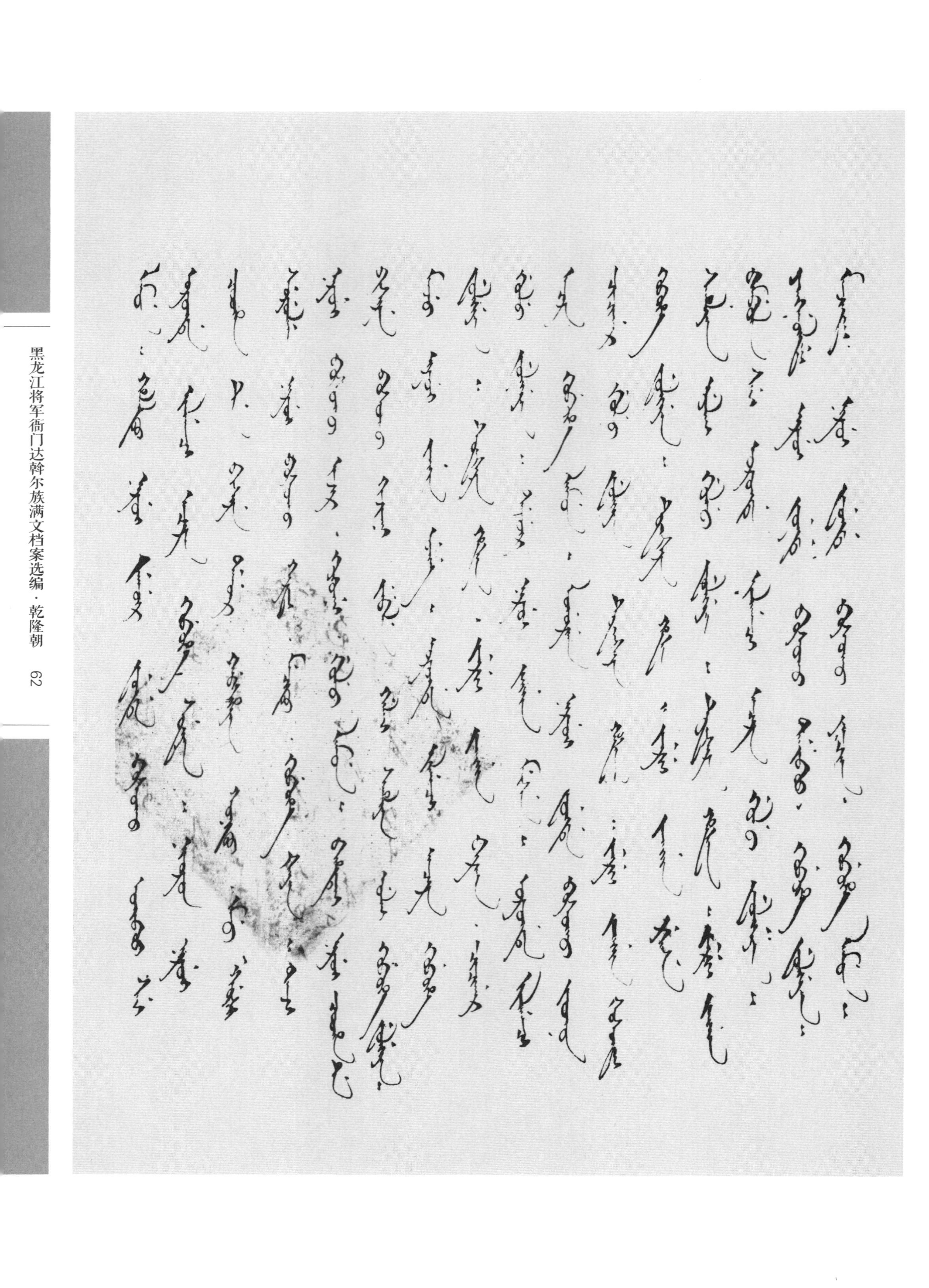

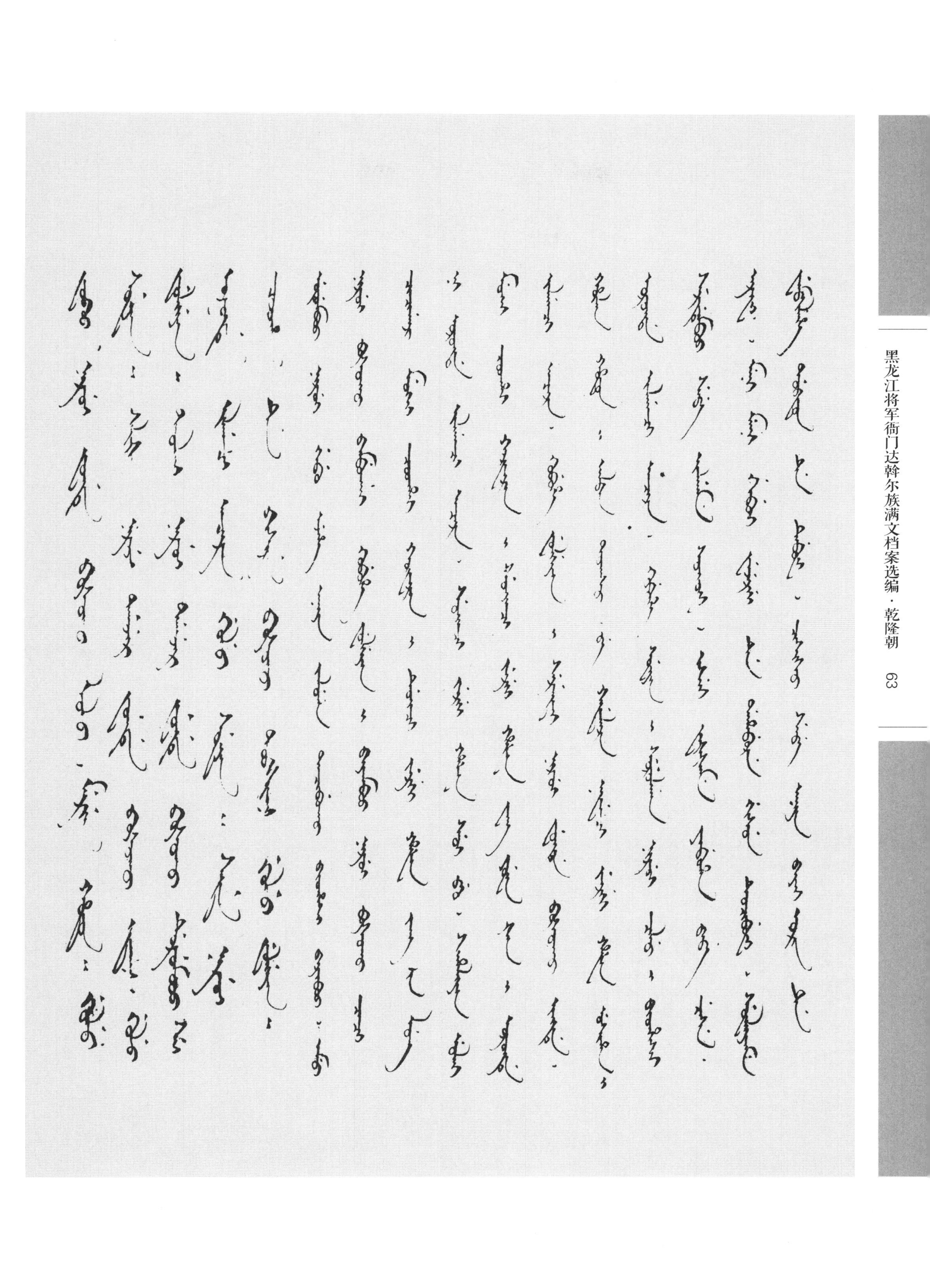

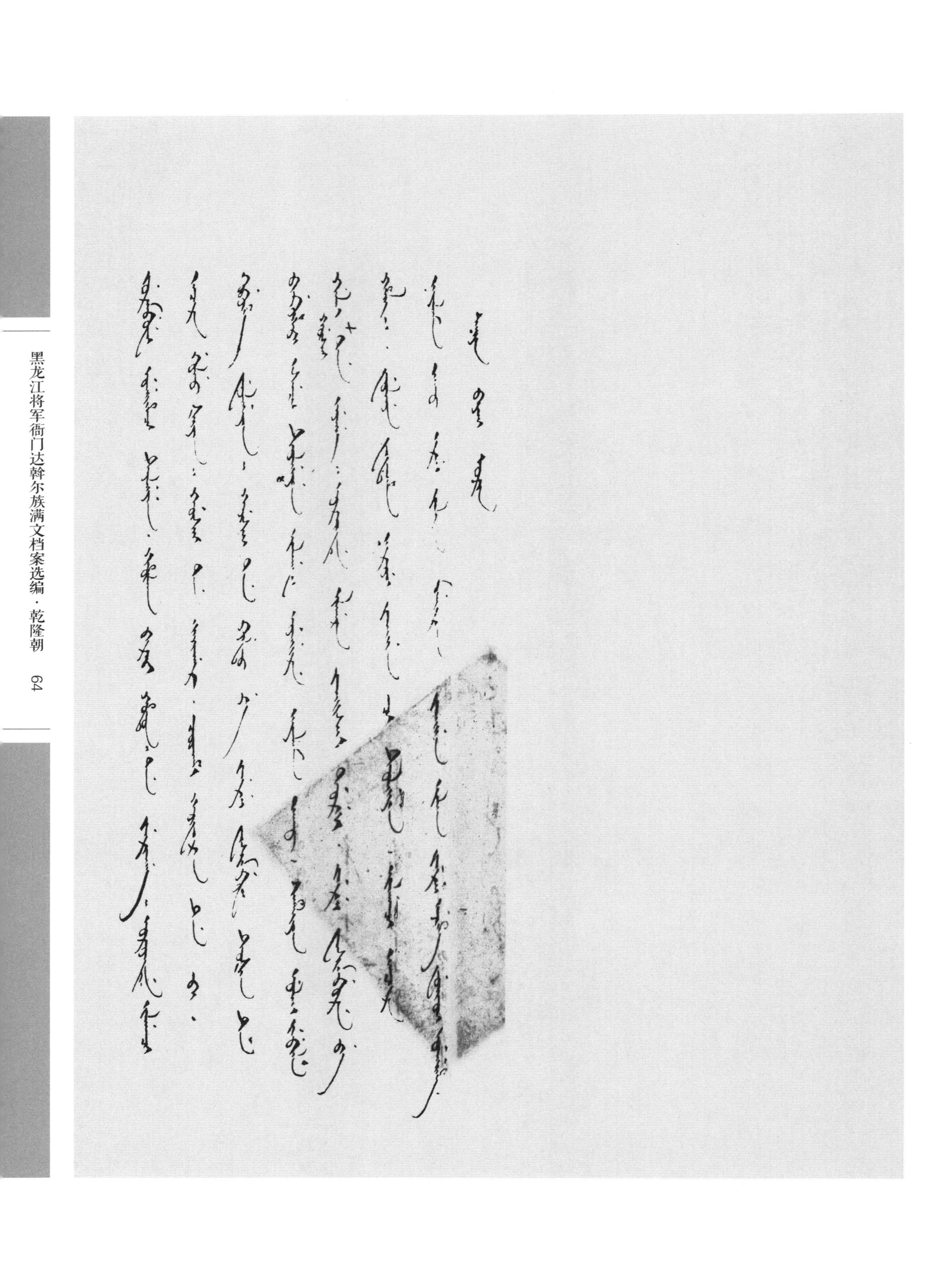

九七五　户部为本年索伦达斡尔等所贡貂皮足数不及等第仍照例赏赐事咨黑龙江将军文（附来文一件）

乾隆二十四年二月十二日

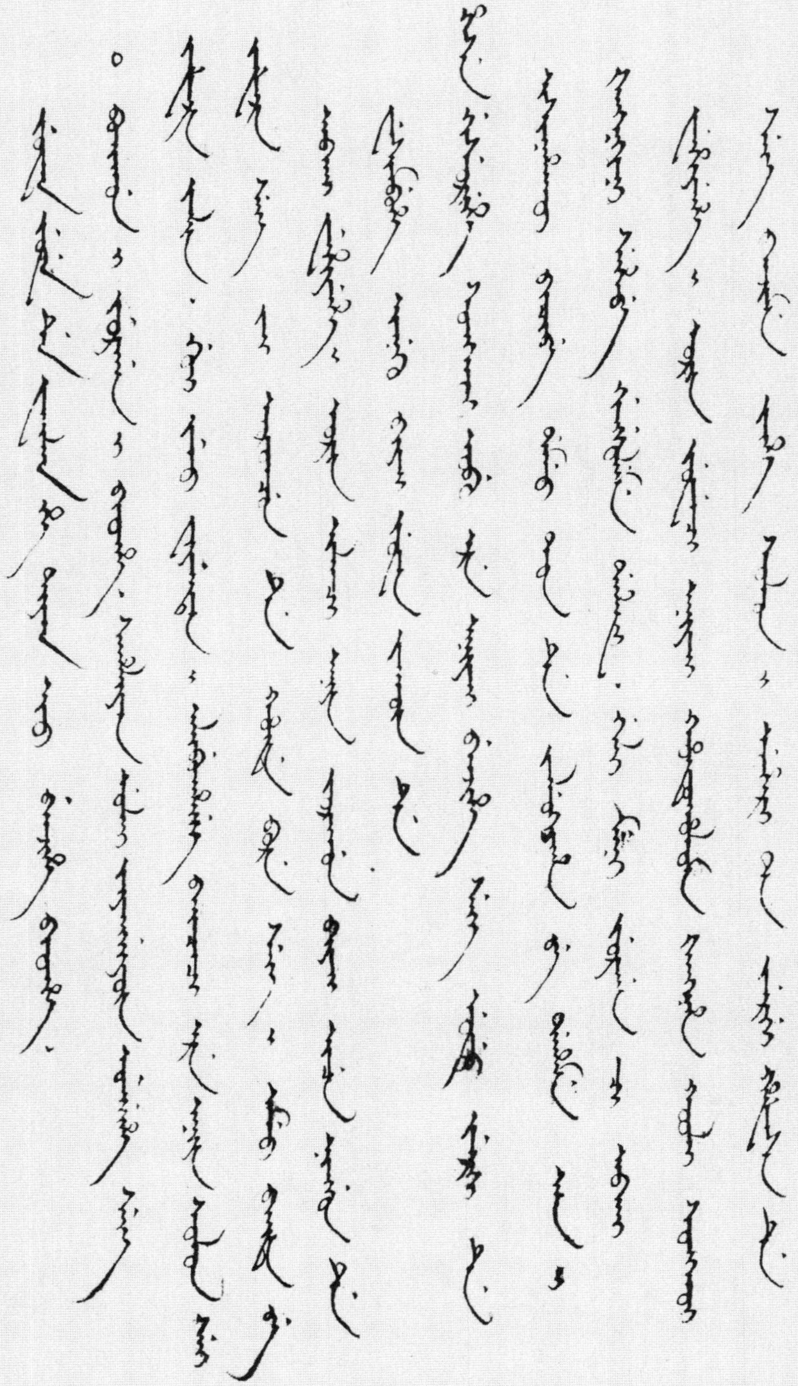

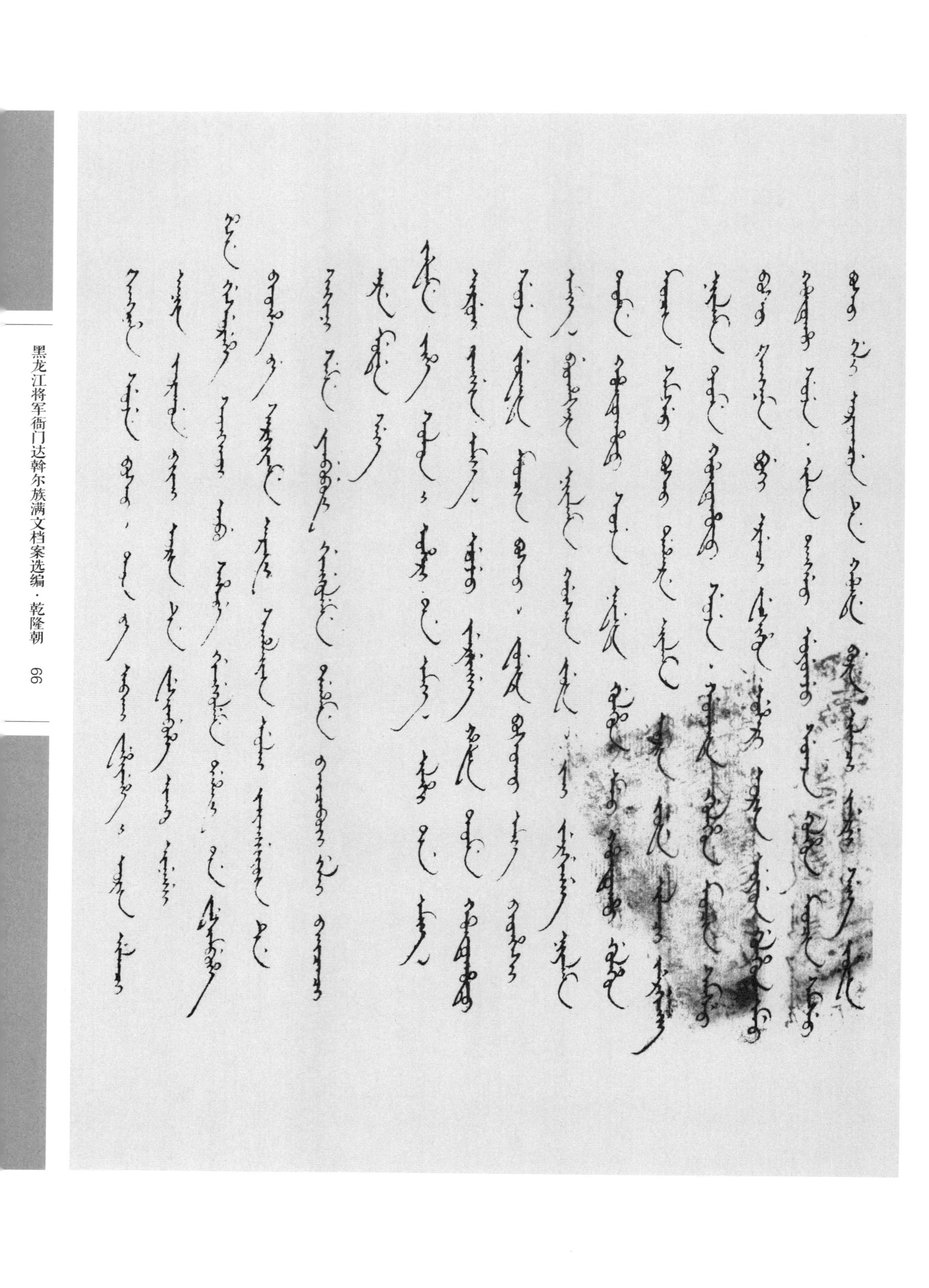

[illegible]

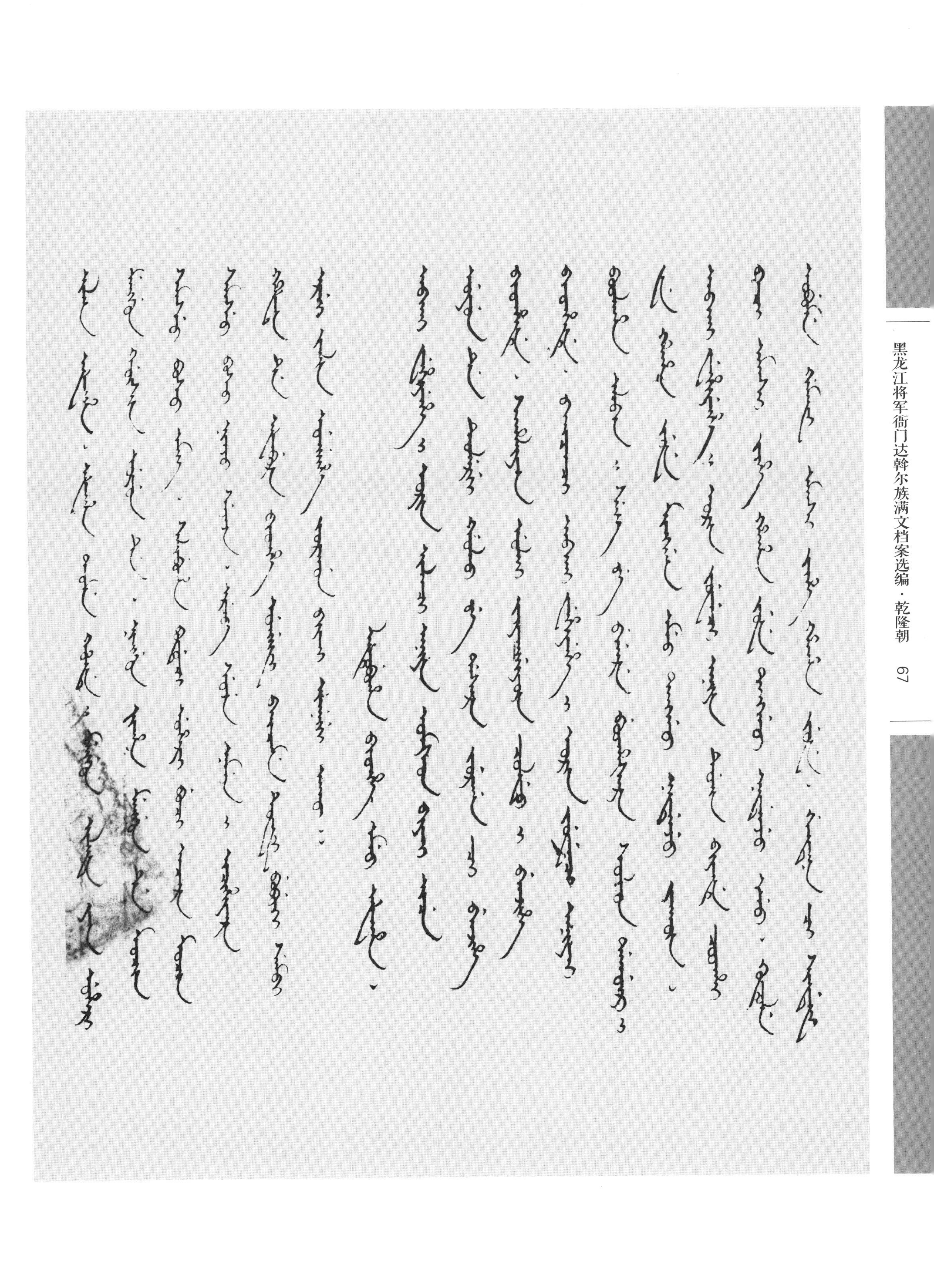

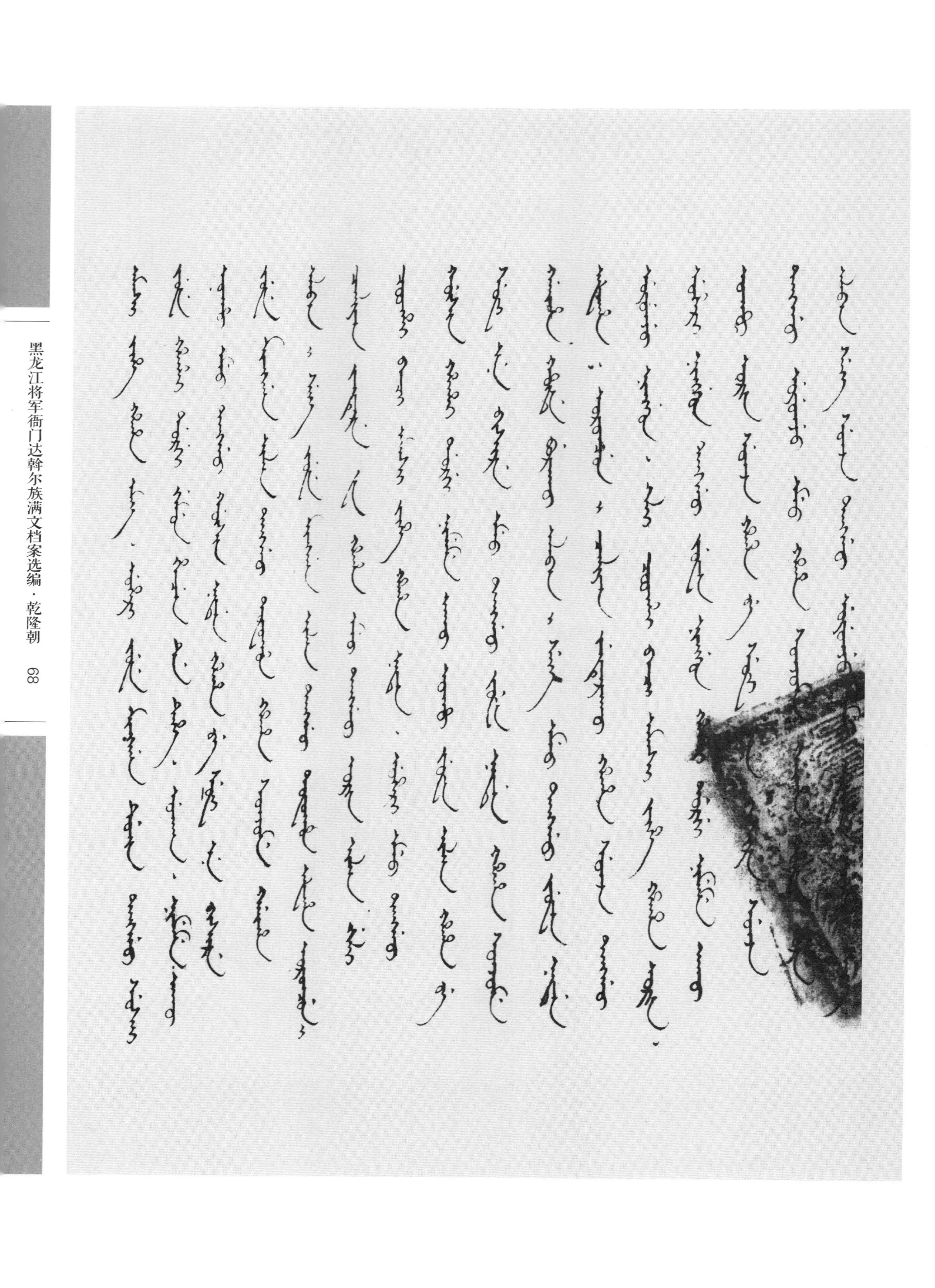

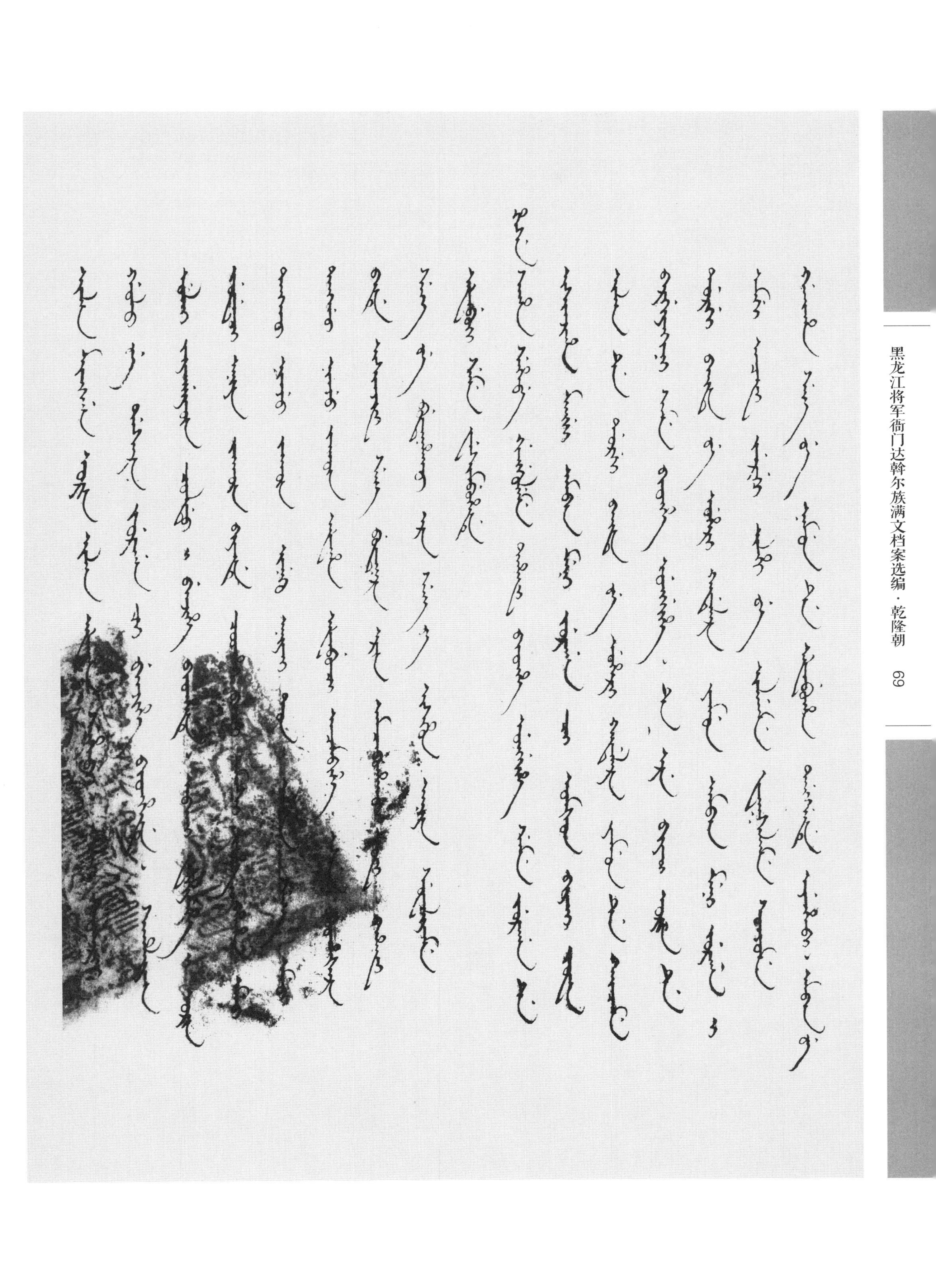

[illegible]

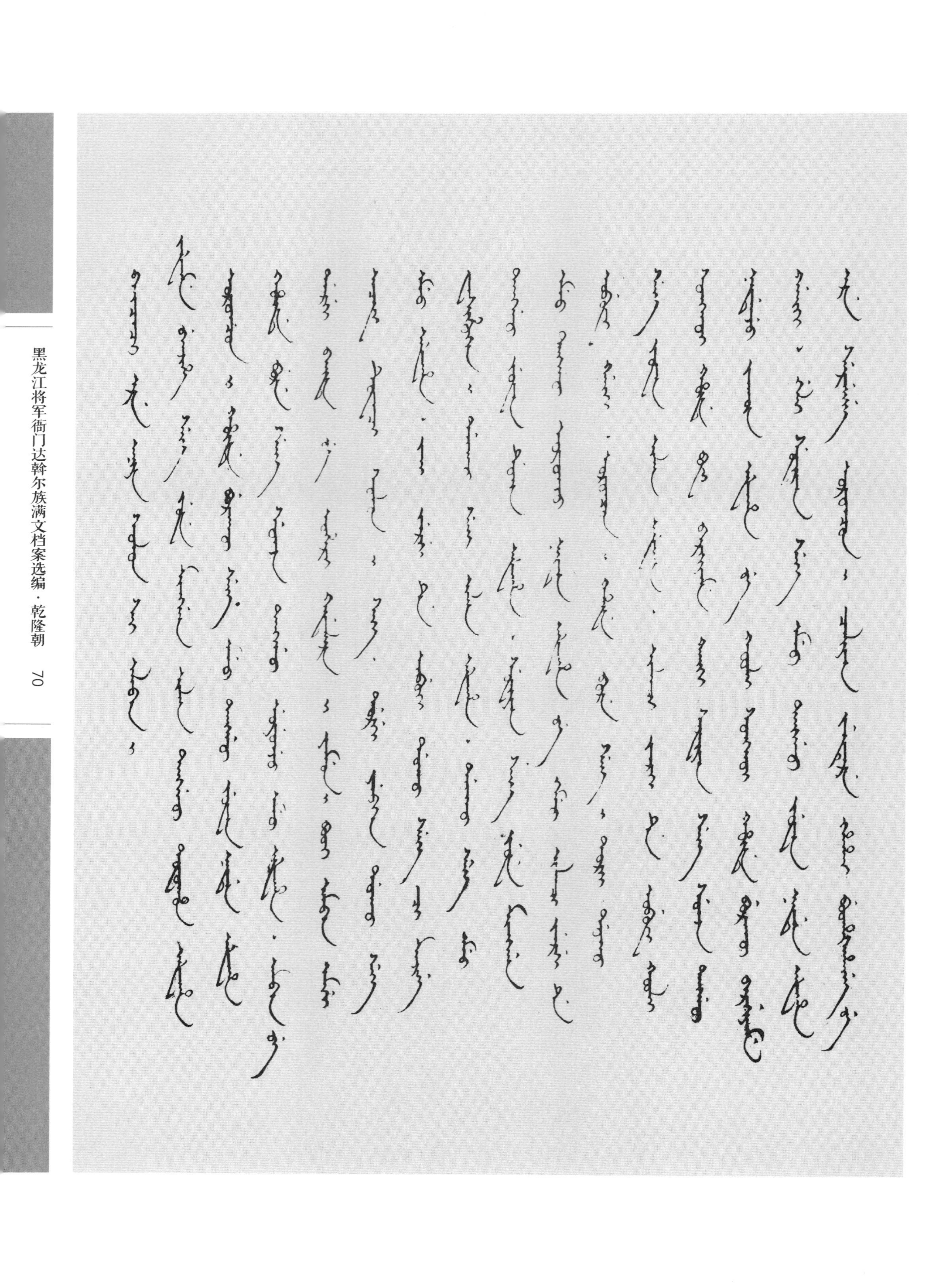

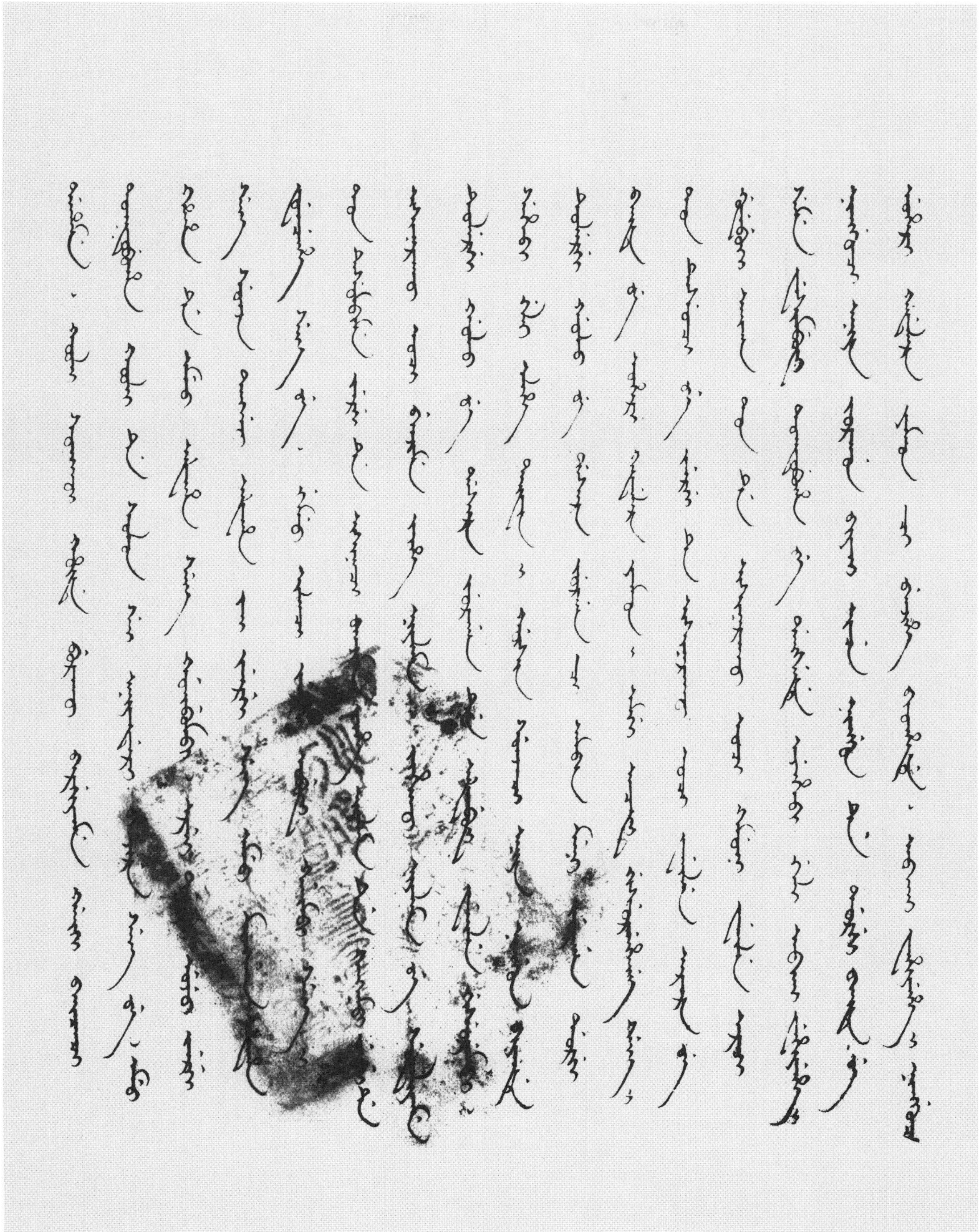

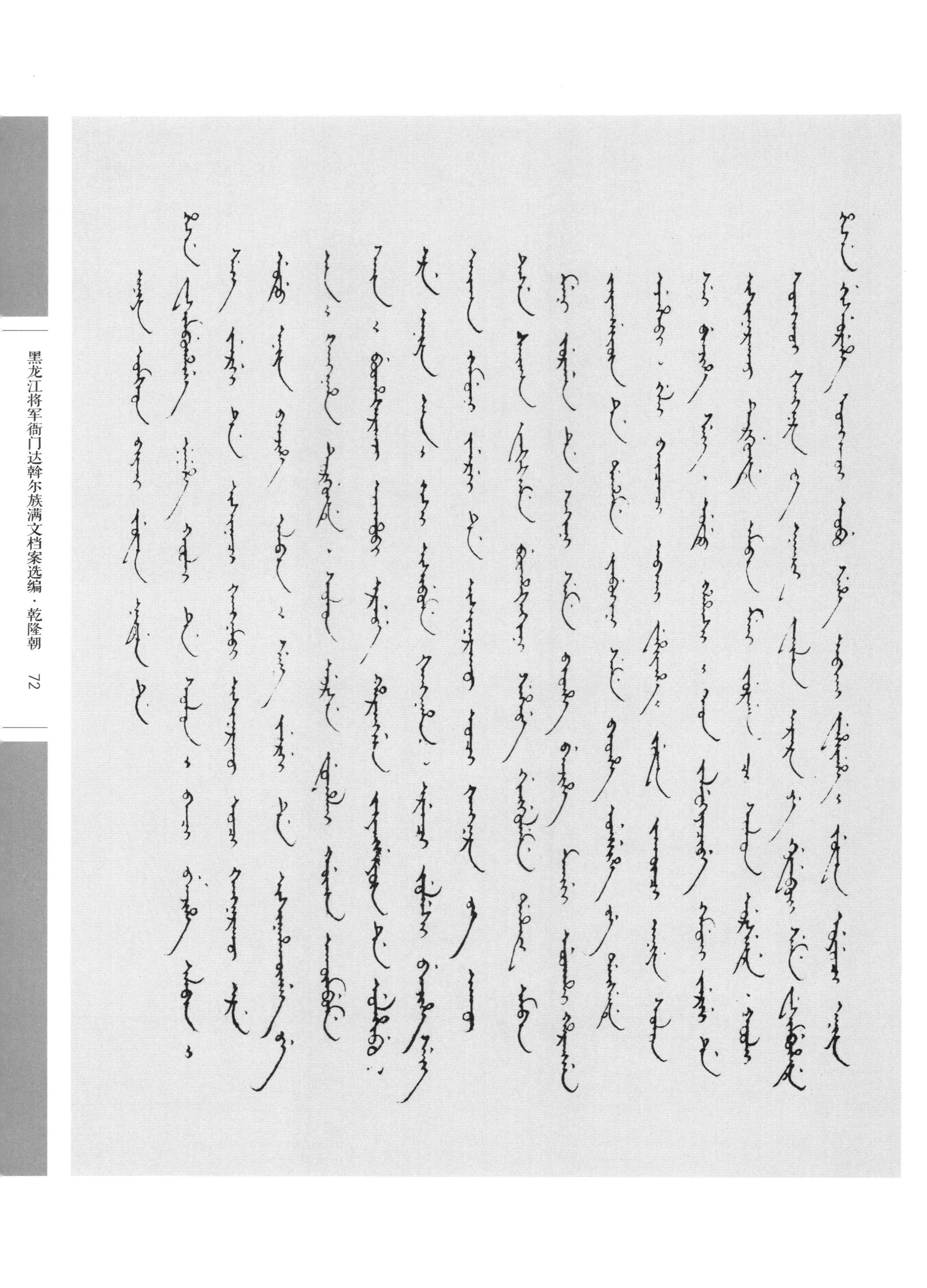

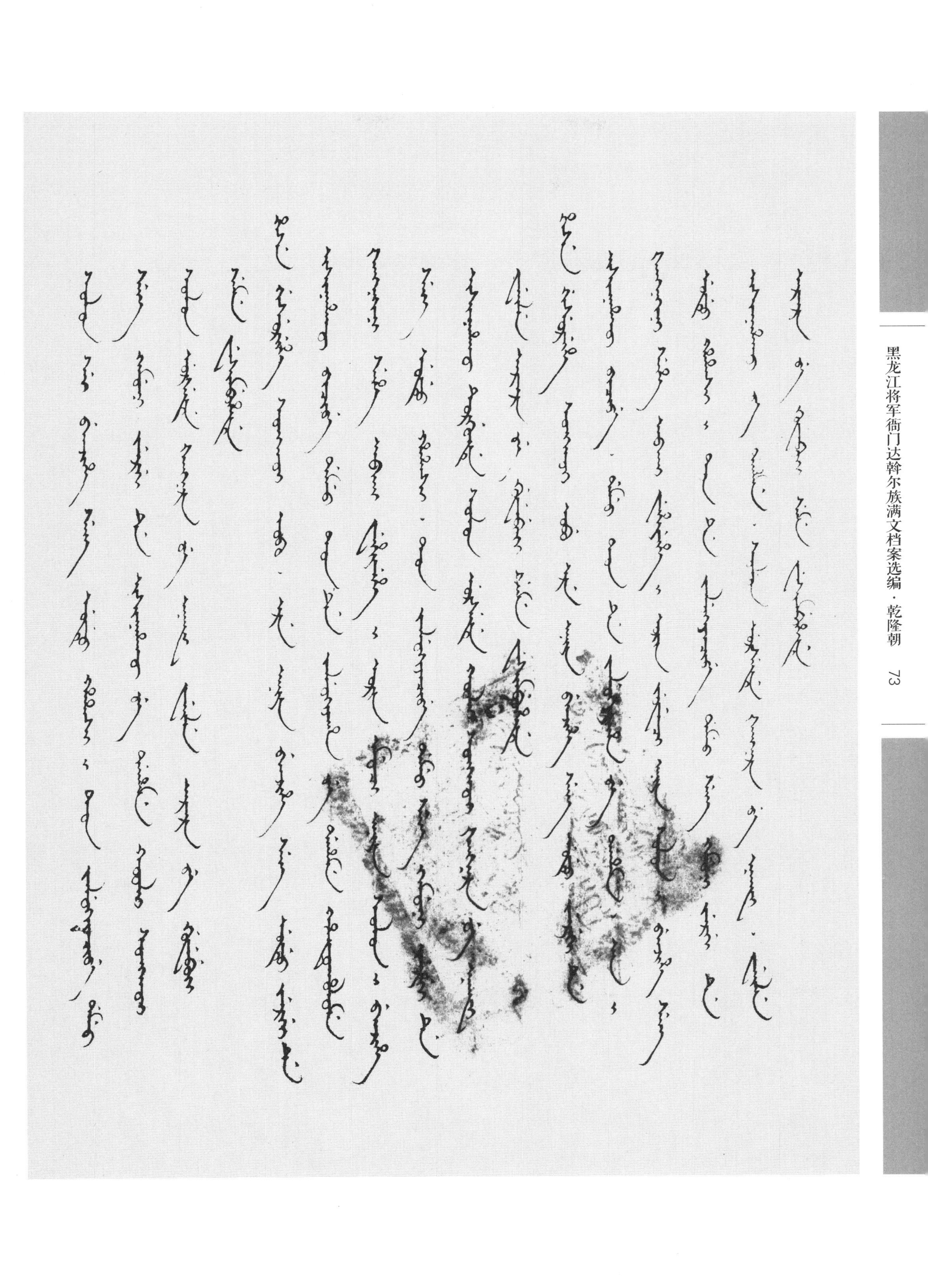

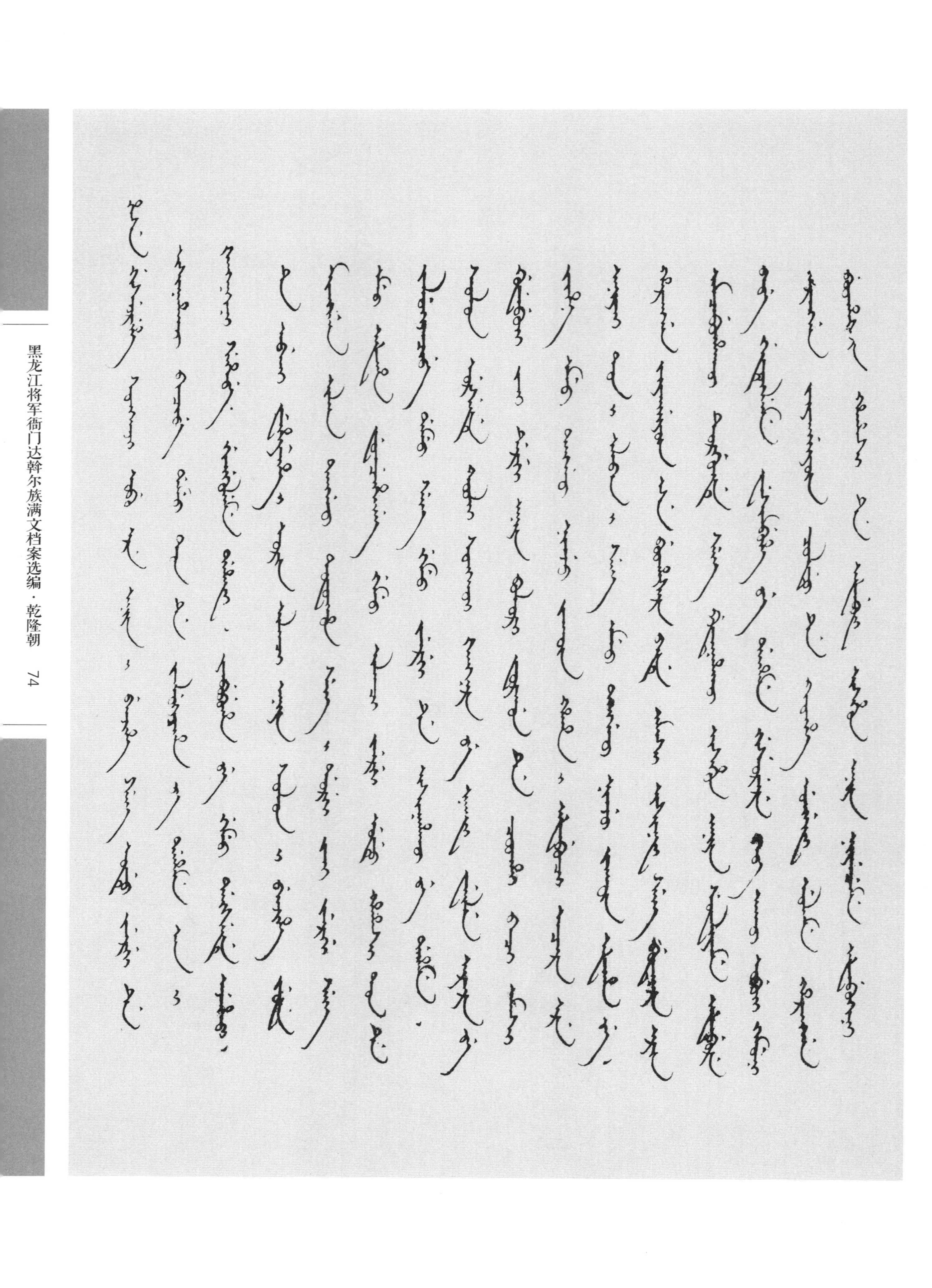

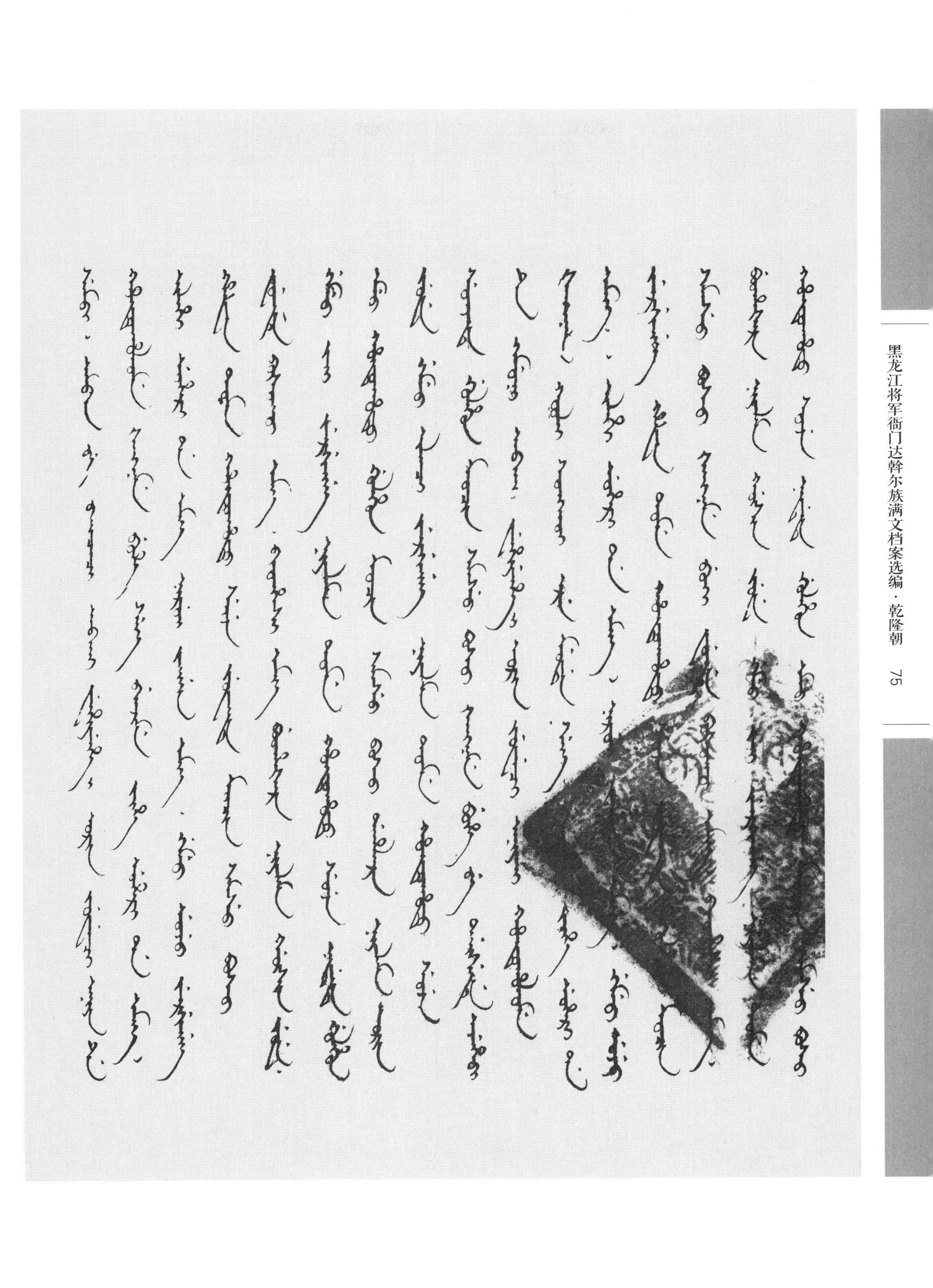

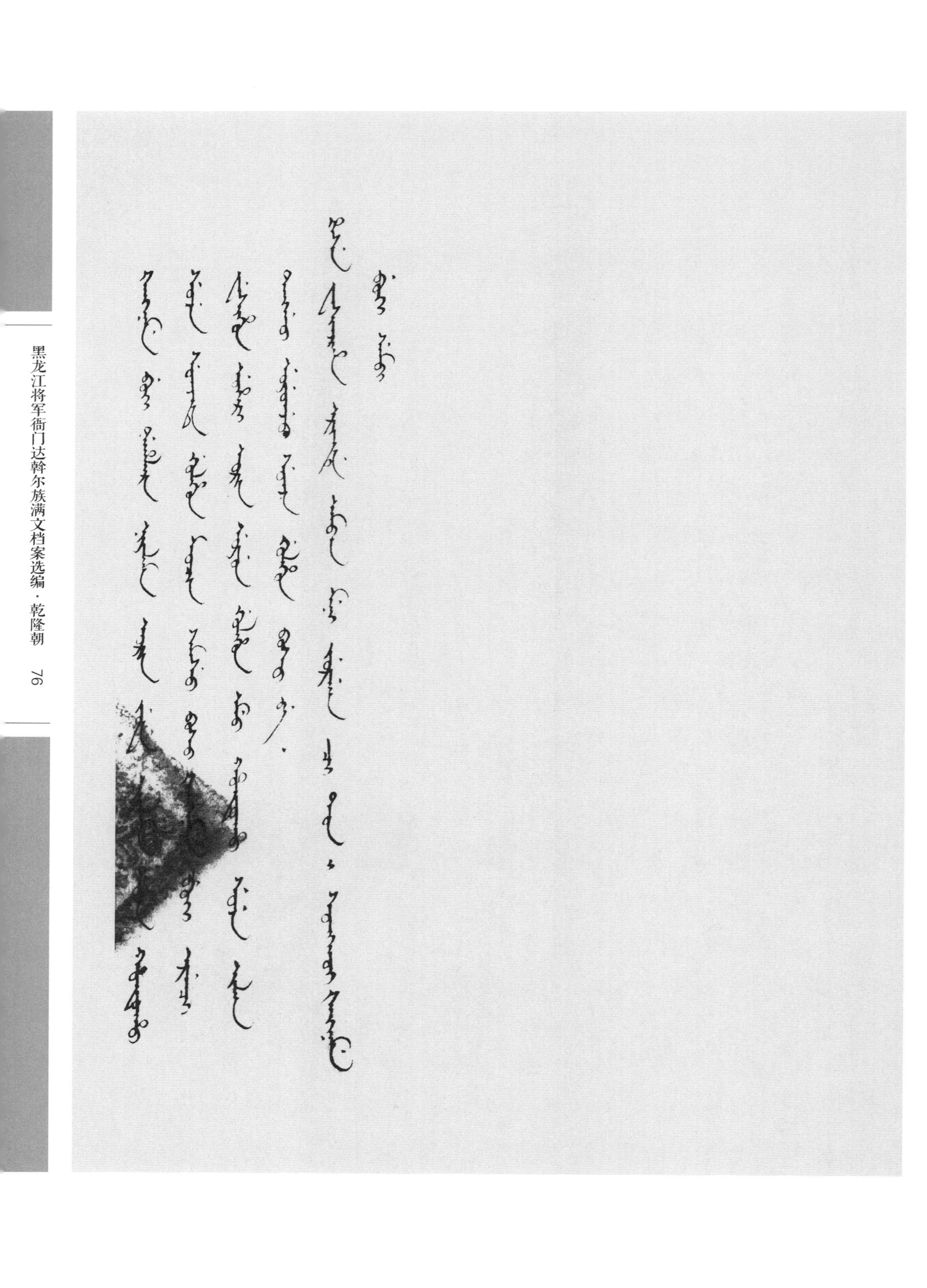

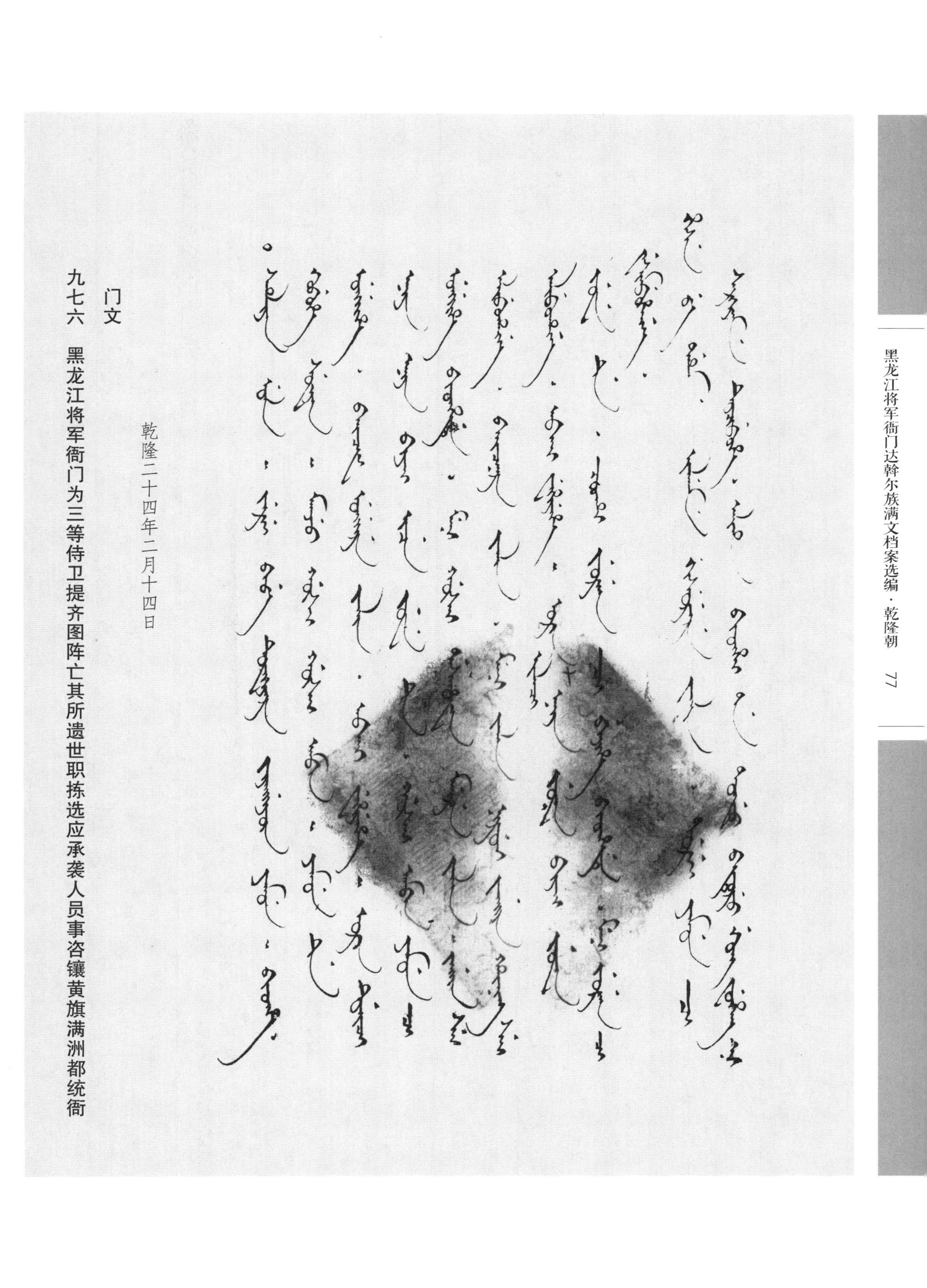

九七六 黑龙江将军衙门为三等侍卫提齐图阵亡其所遗世职拣选应承袭人员事咨镶黄旗满洲都统衙门文

乾隆二十四年二月十四日

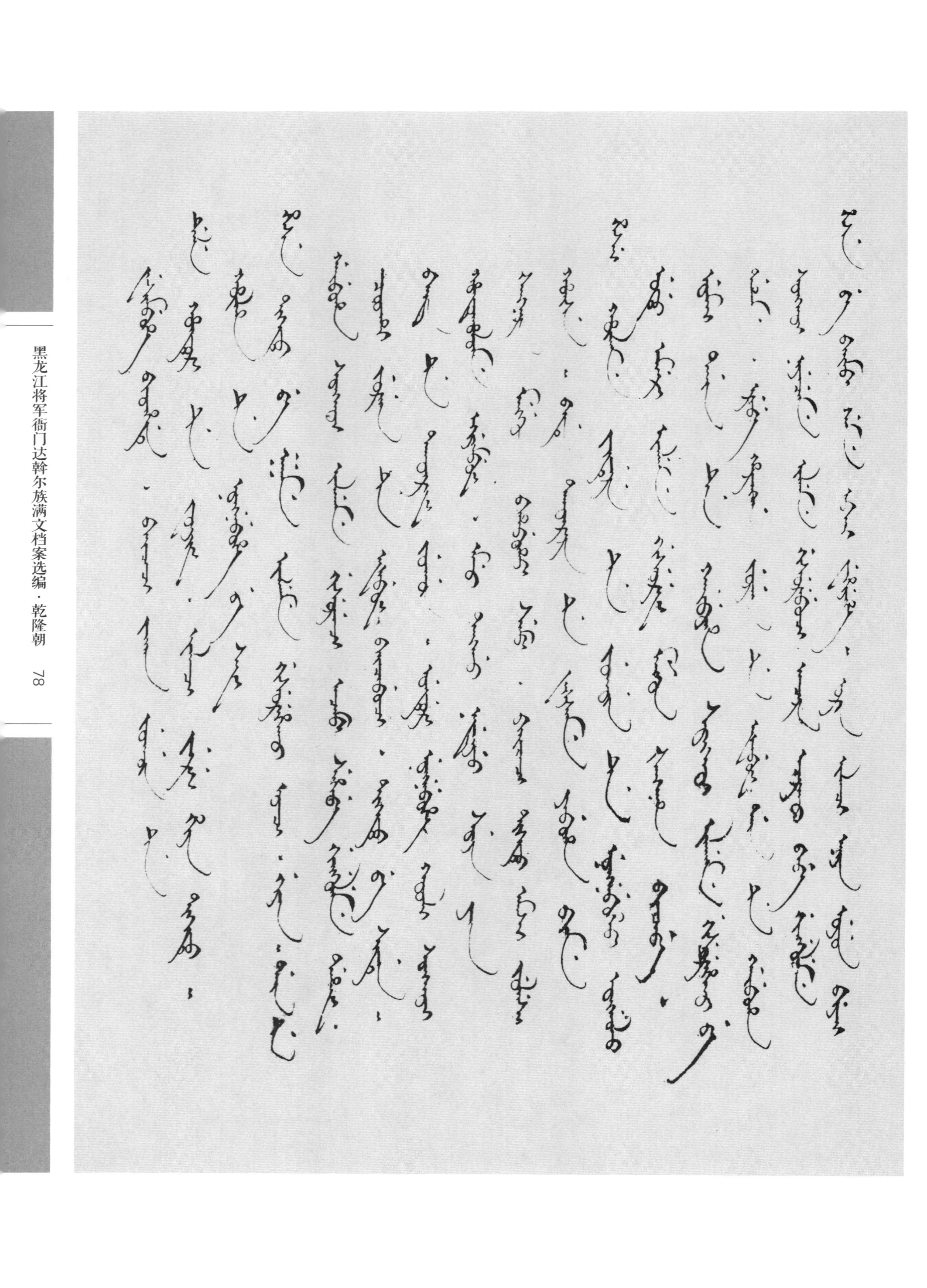

[illegible]

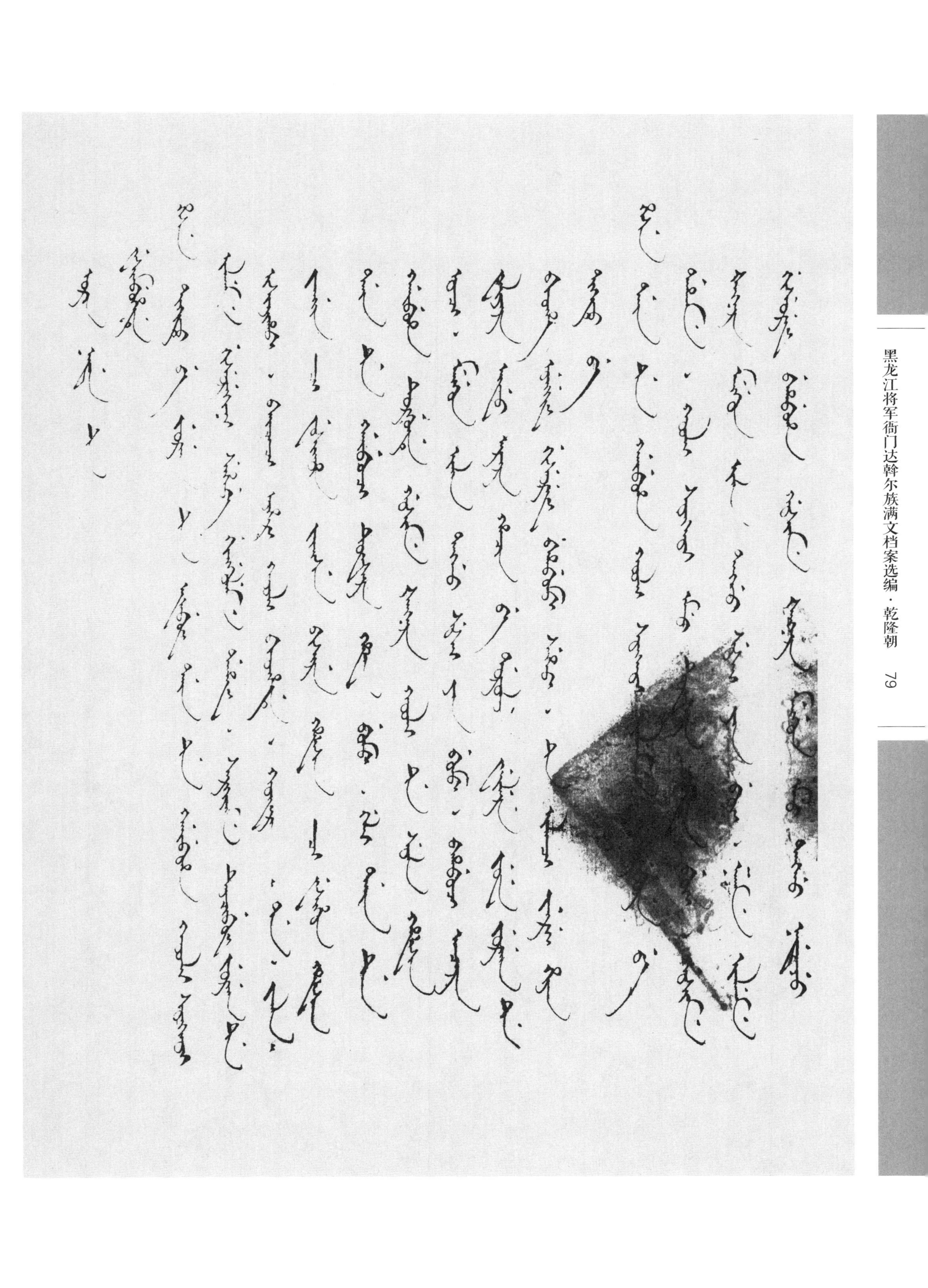

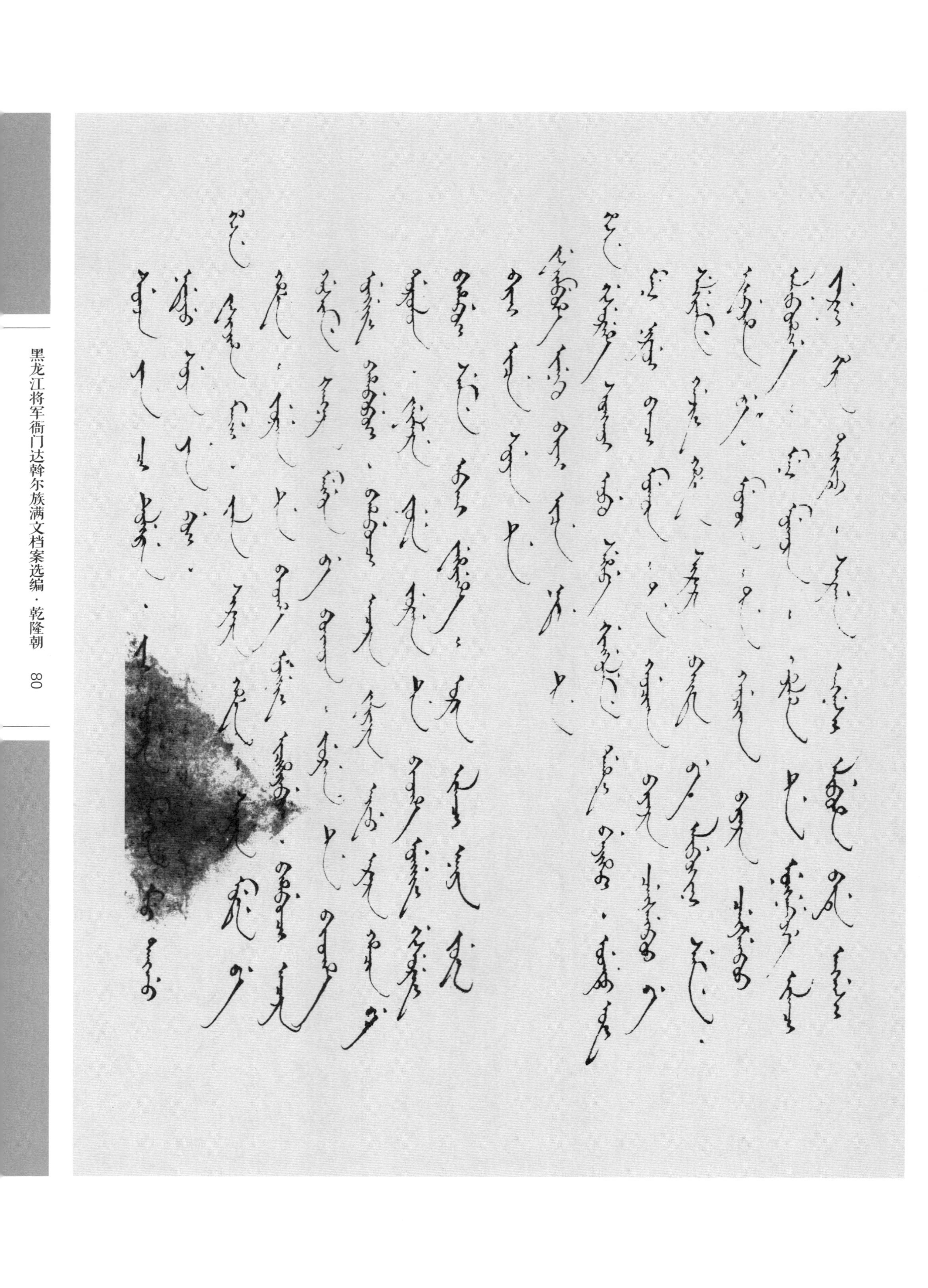

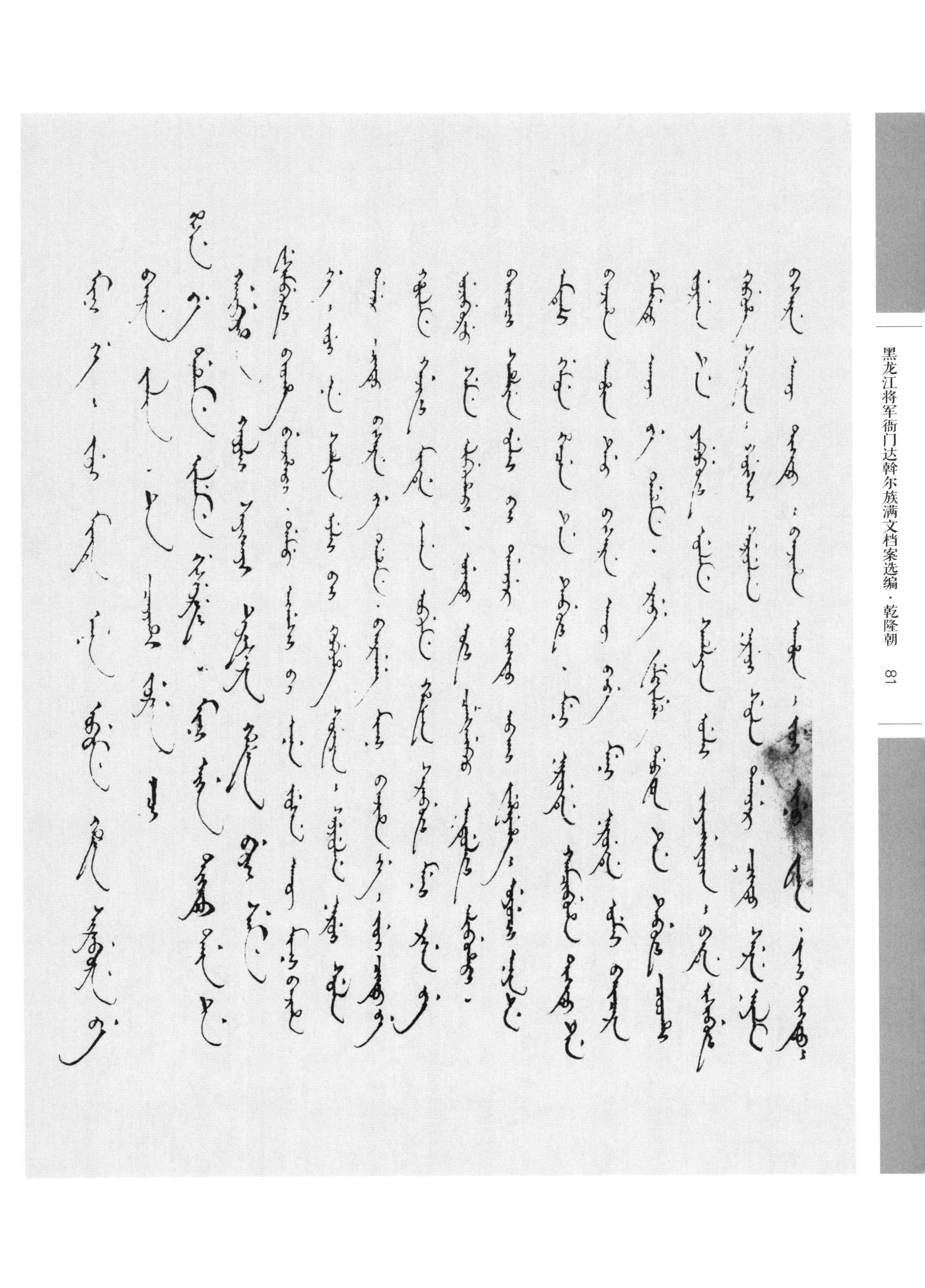

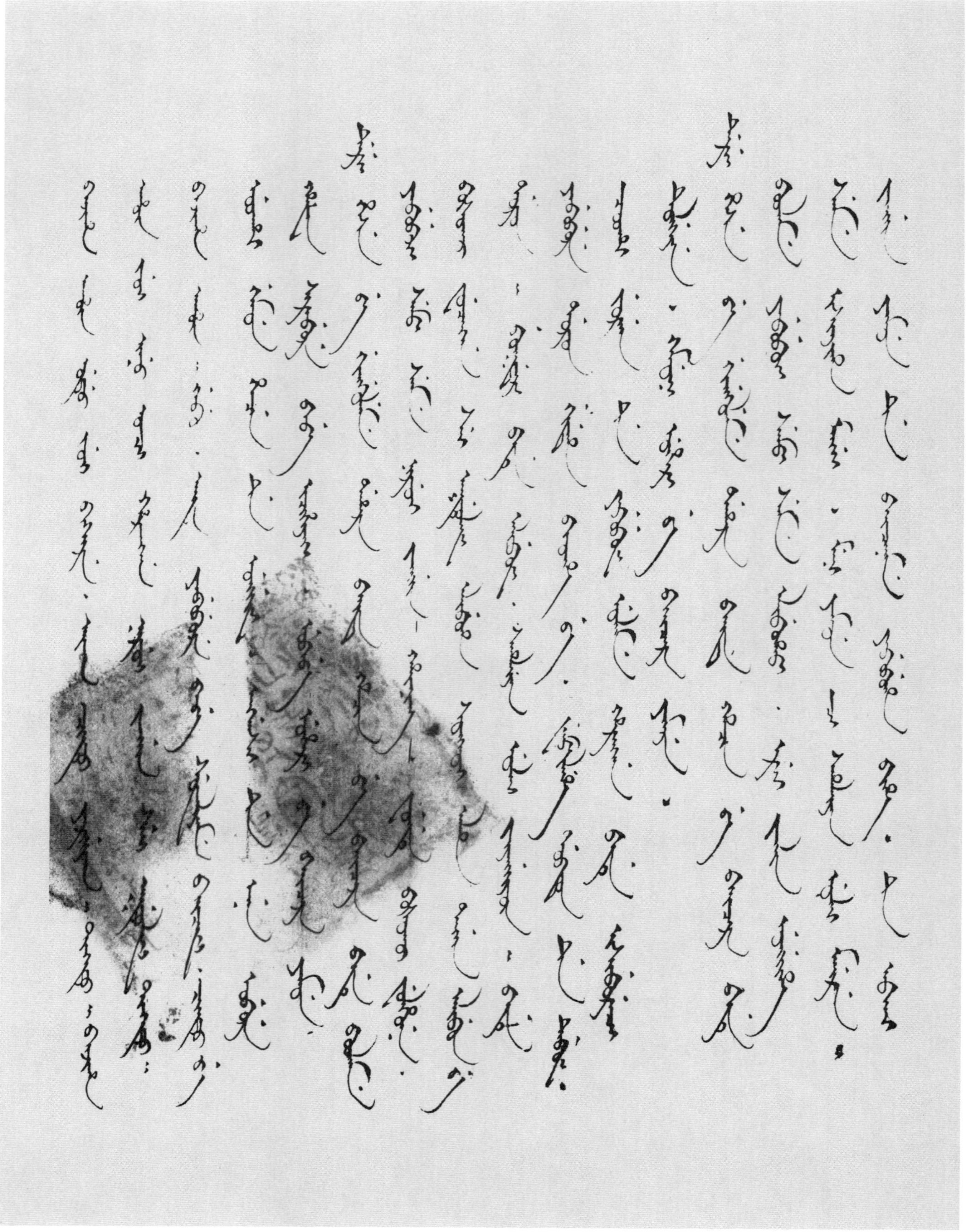

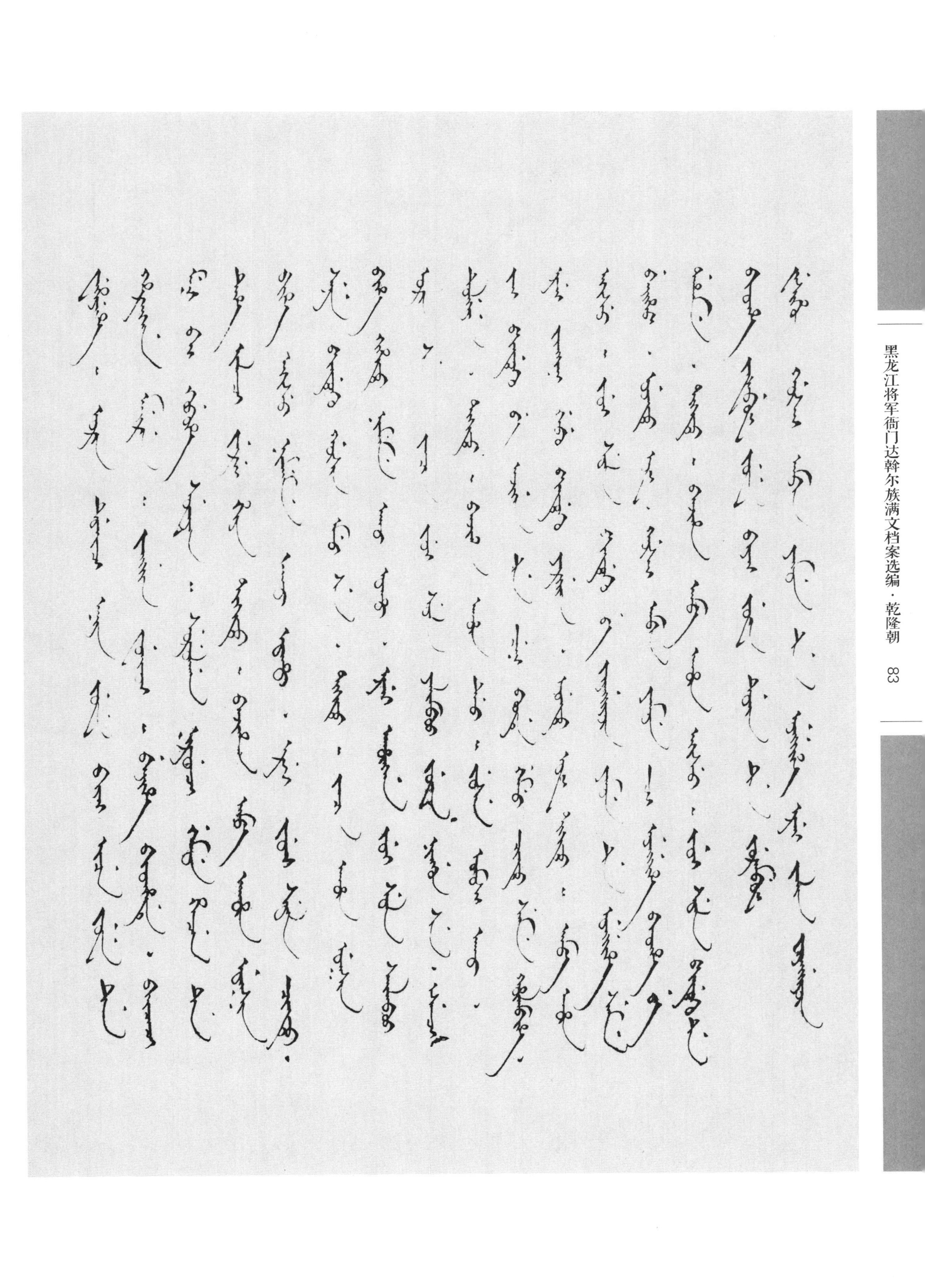

[illegible]

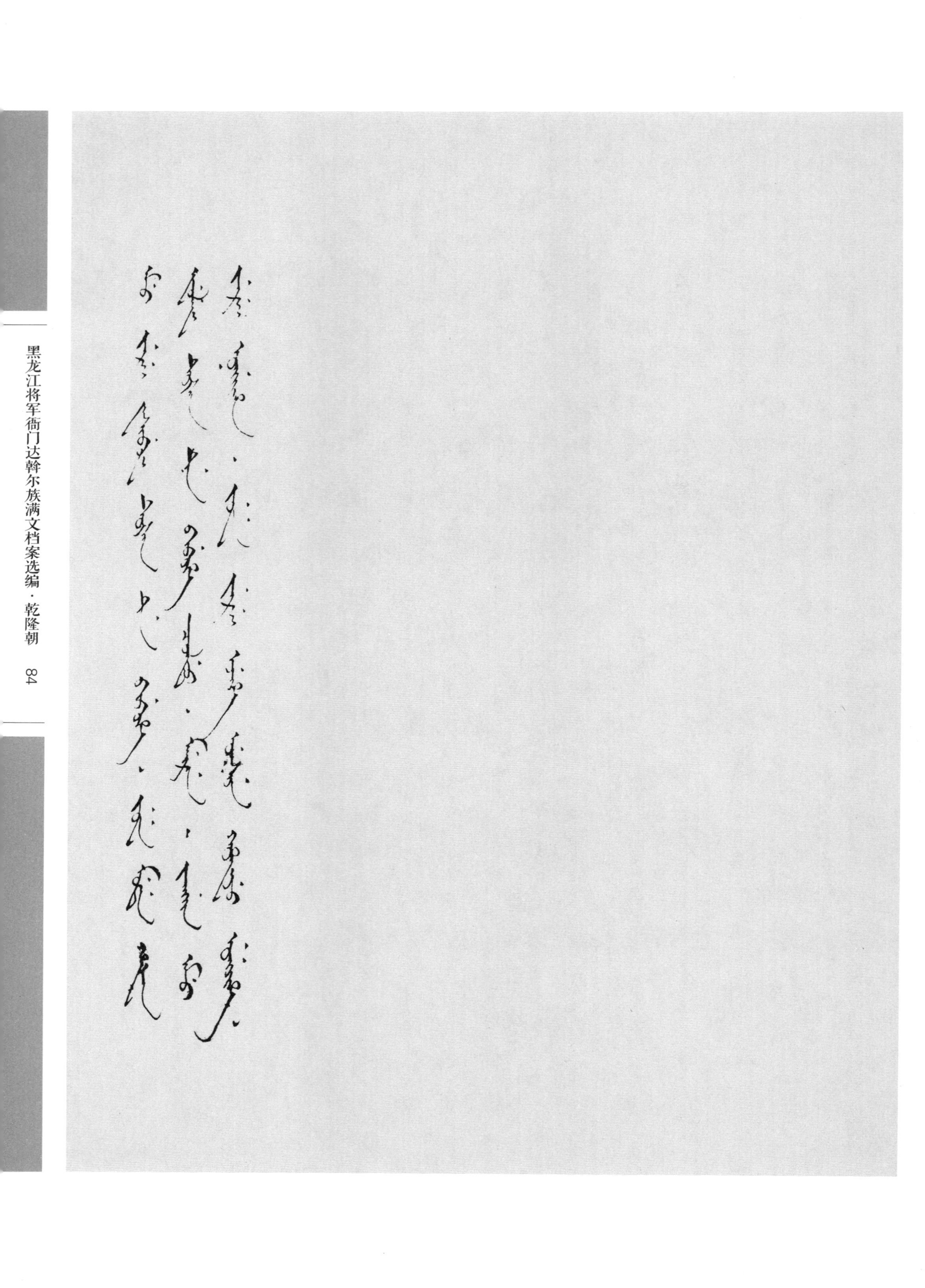

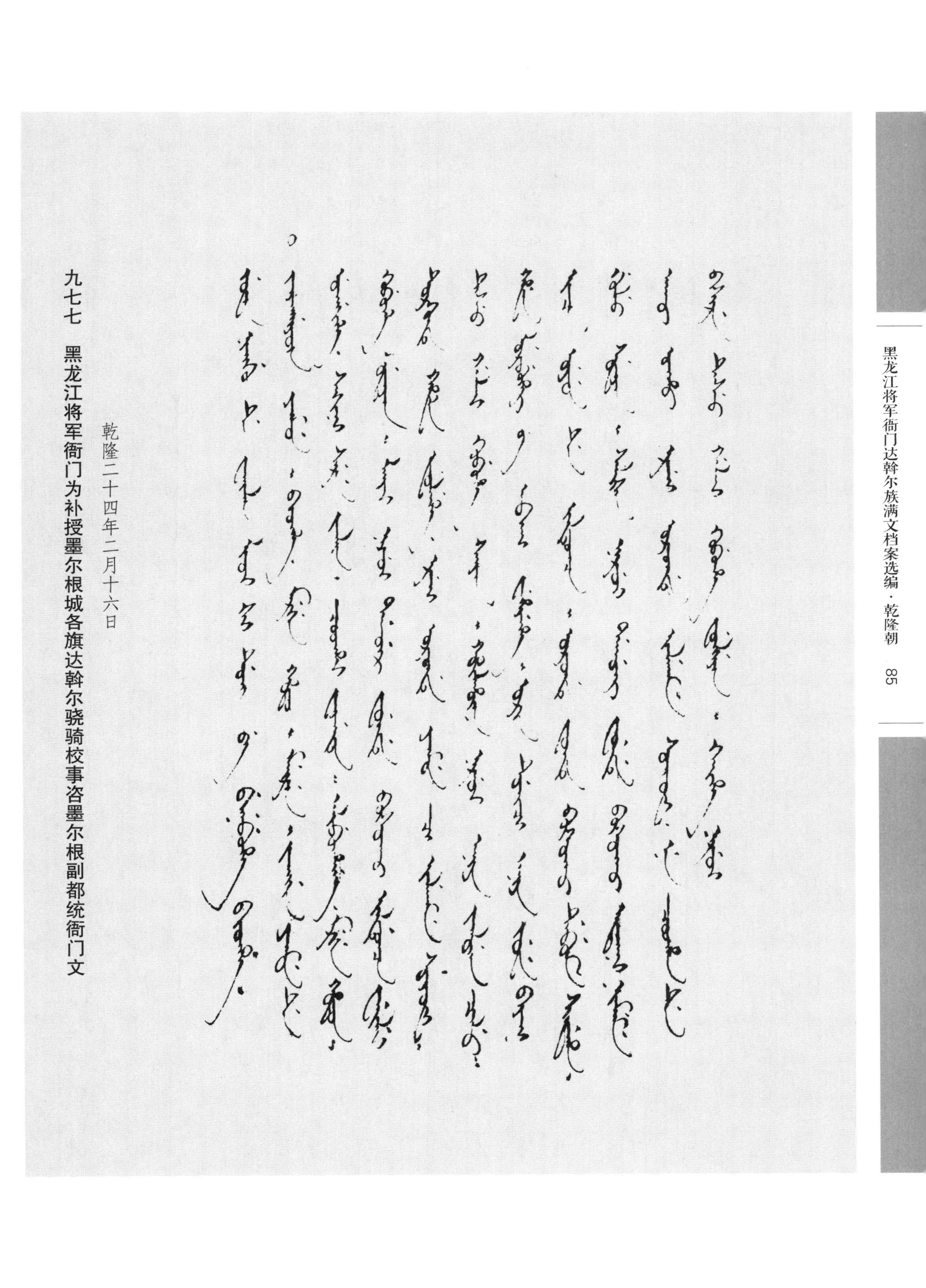

九七七 黑龙江将军衙门为补授墨尔根城各旗达斡尔骁骑校事咨墨尔根副都统衙门文

乾隆二十四年二月十六日

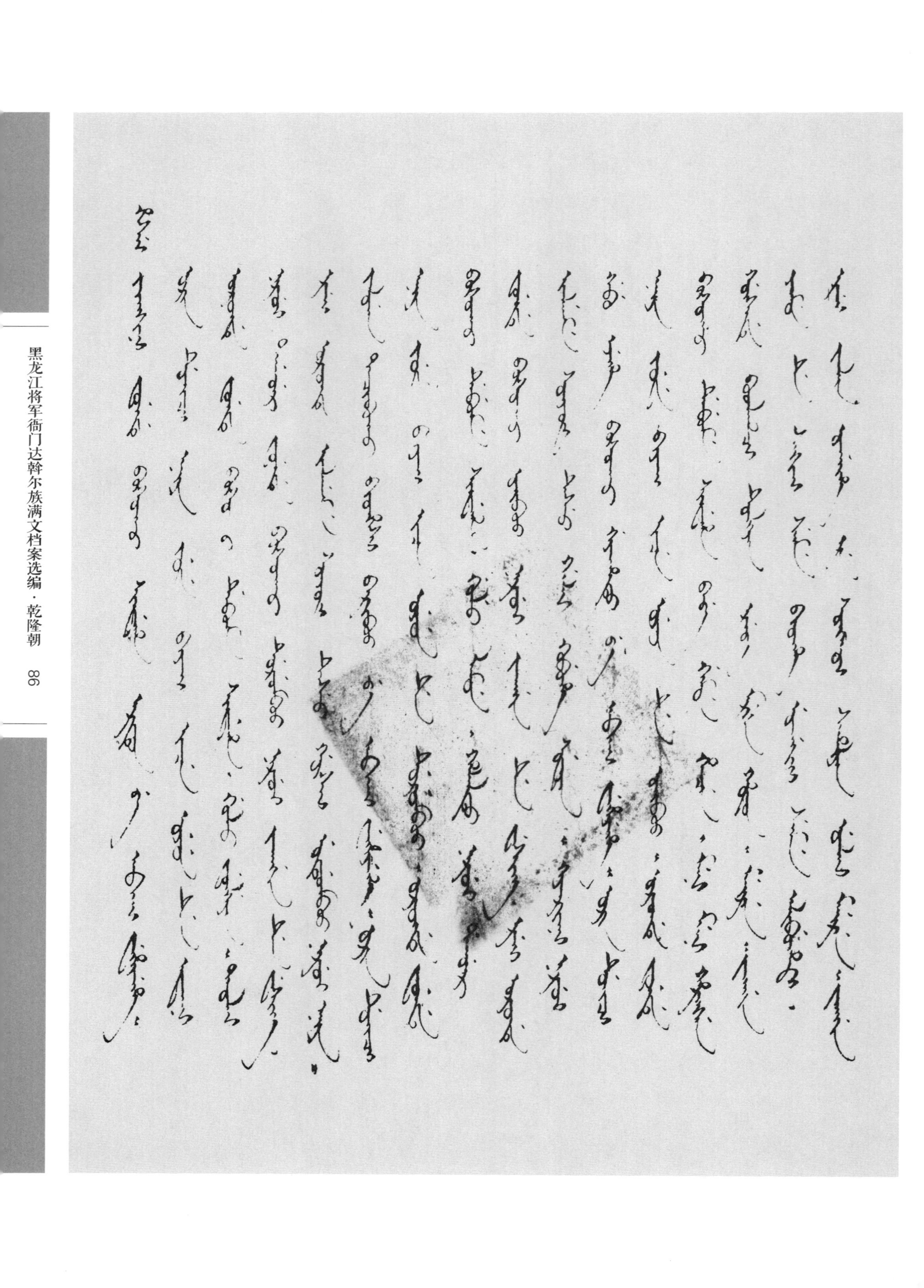

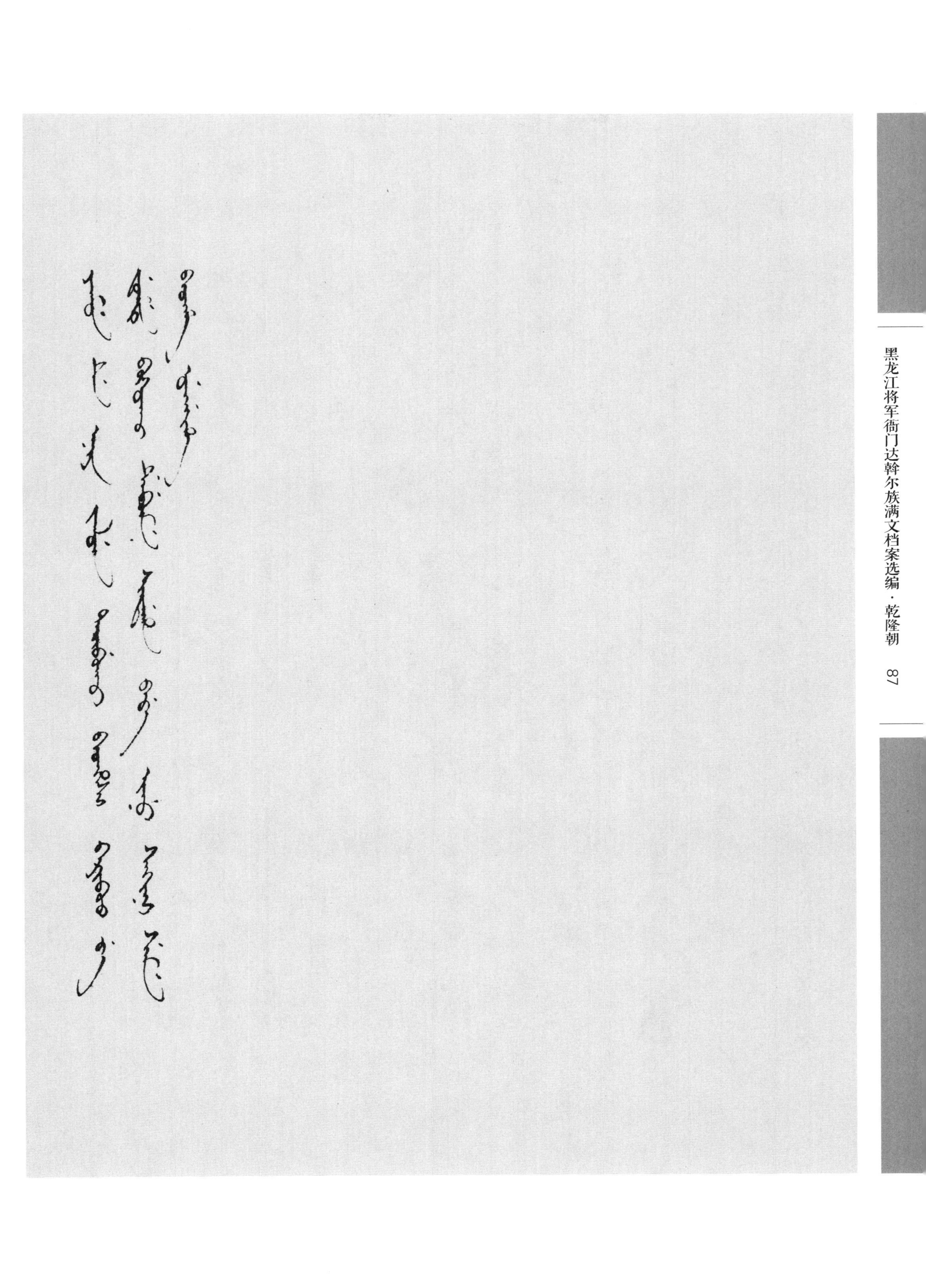

[illegible]

九七八 理藩院为布特哈达斡尔正黄旗达斡尔世管佐领出缺准以巴尔延承袭事咨黑龙江将军文

乾隆二十四年二月十九日

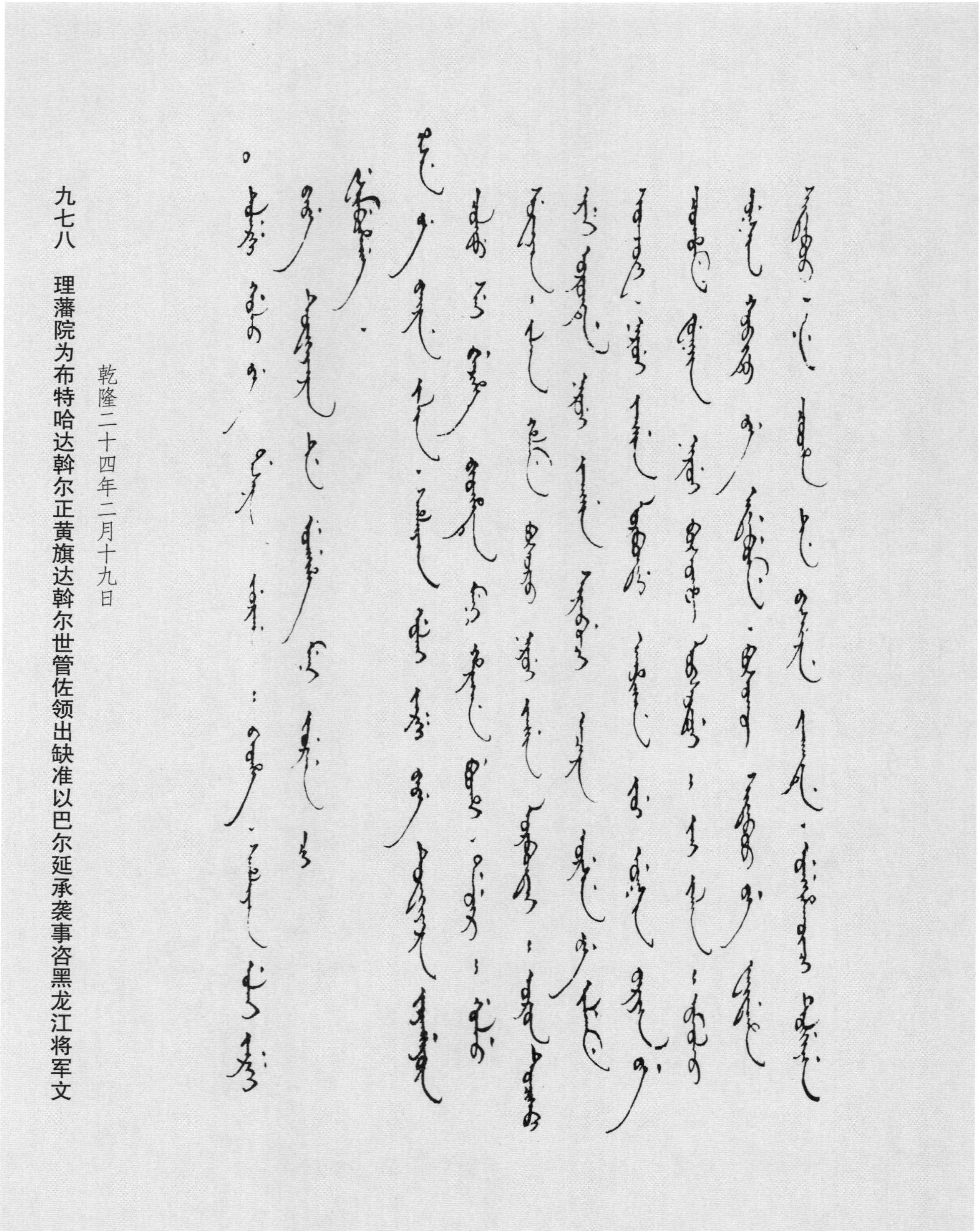

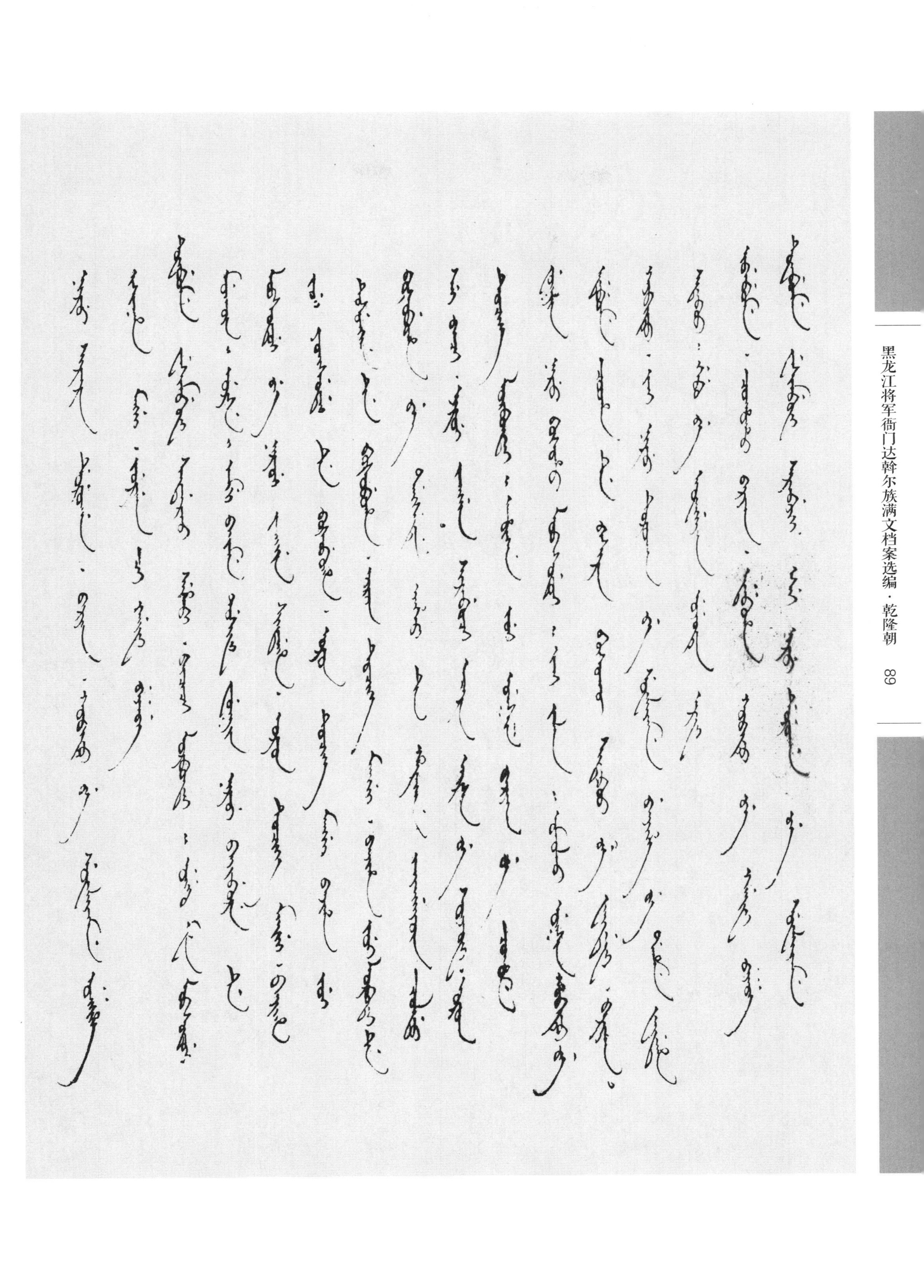

[illegible]

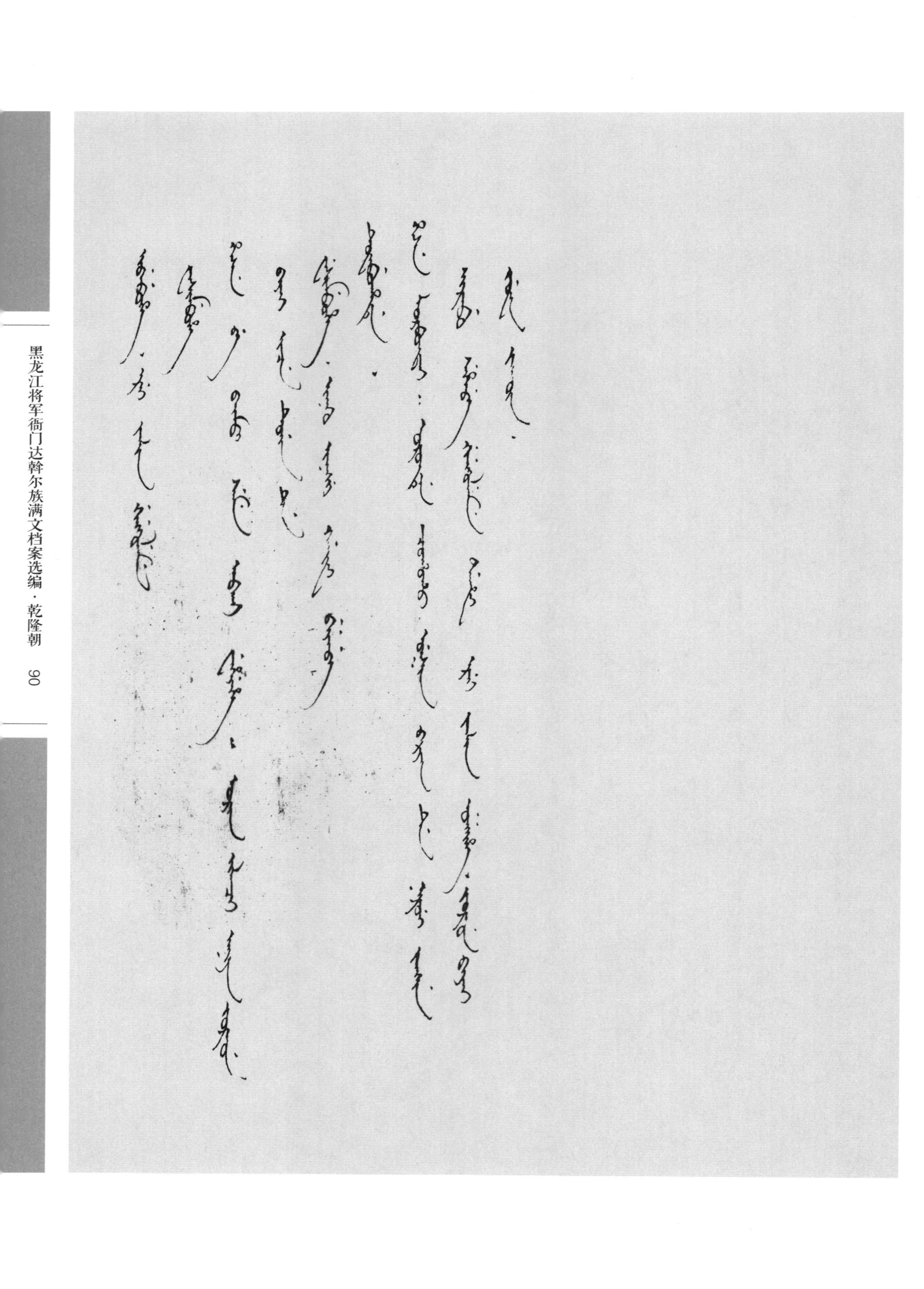

九七九 正黄满洲旗为已故达斡尔前锋图尔苏内在京无坟地叔父送其尸骨回籍安葬事咨黑龙江将军衙门文

乾隆二十四年二月十九日

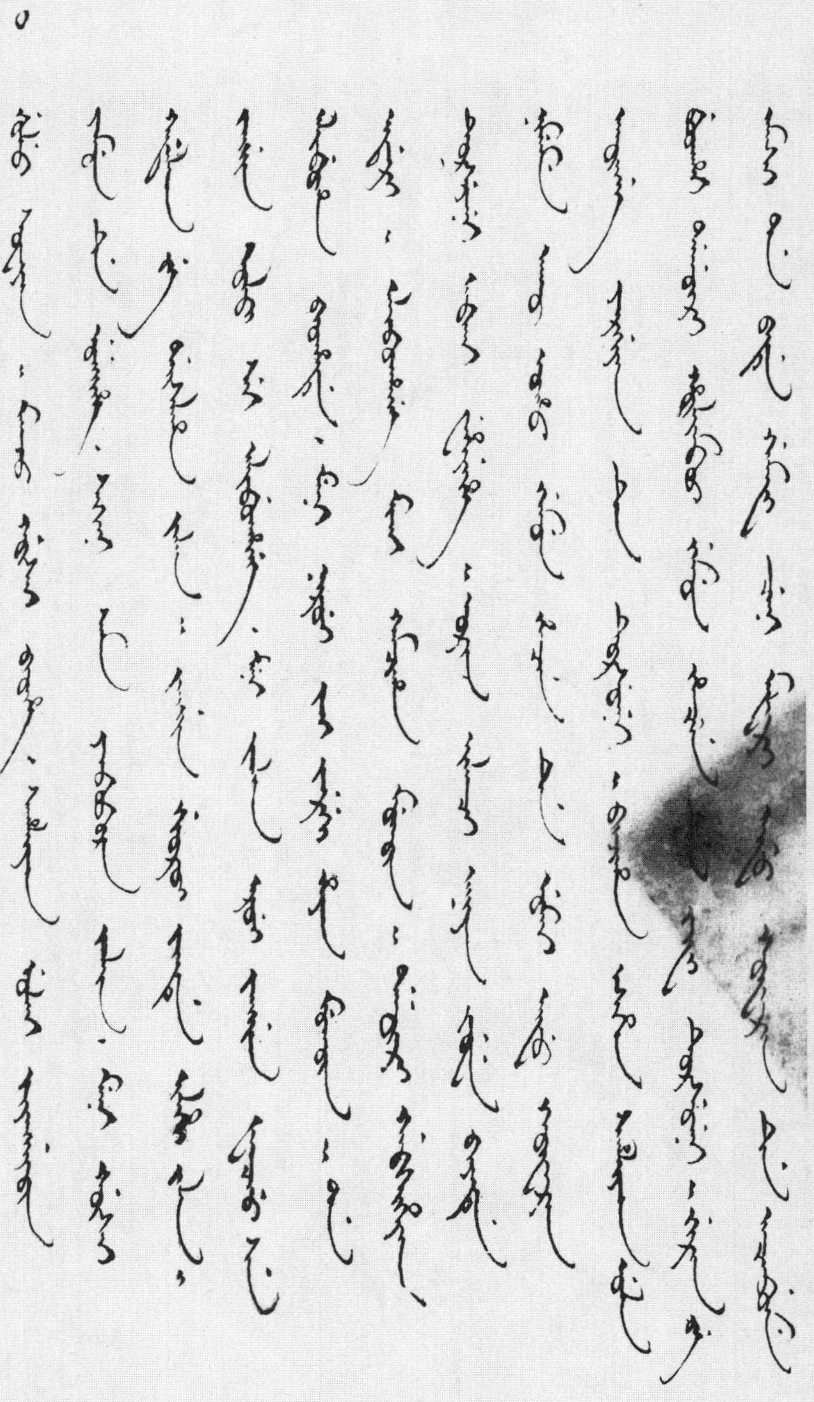

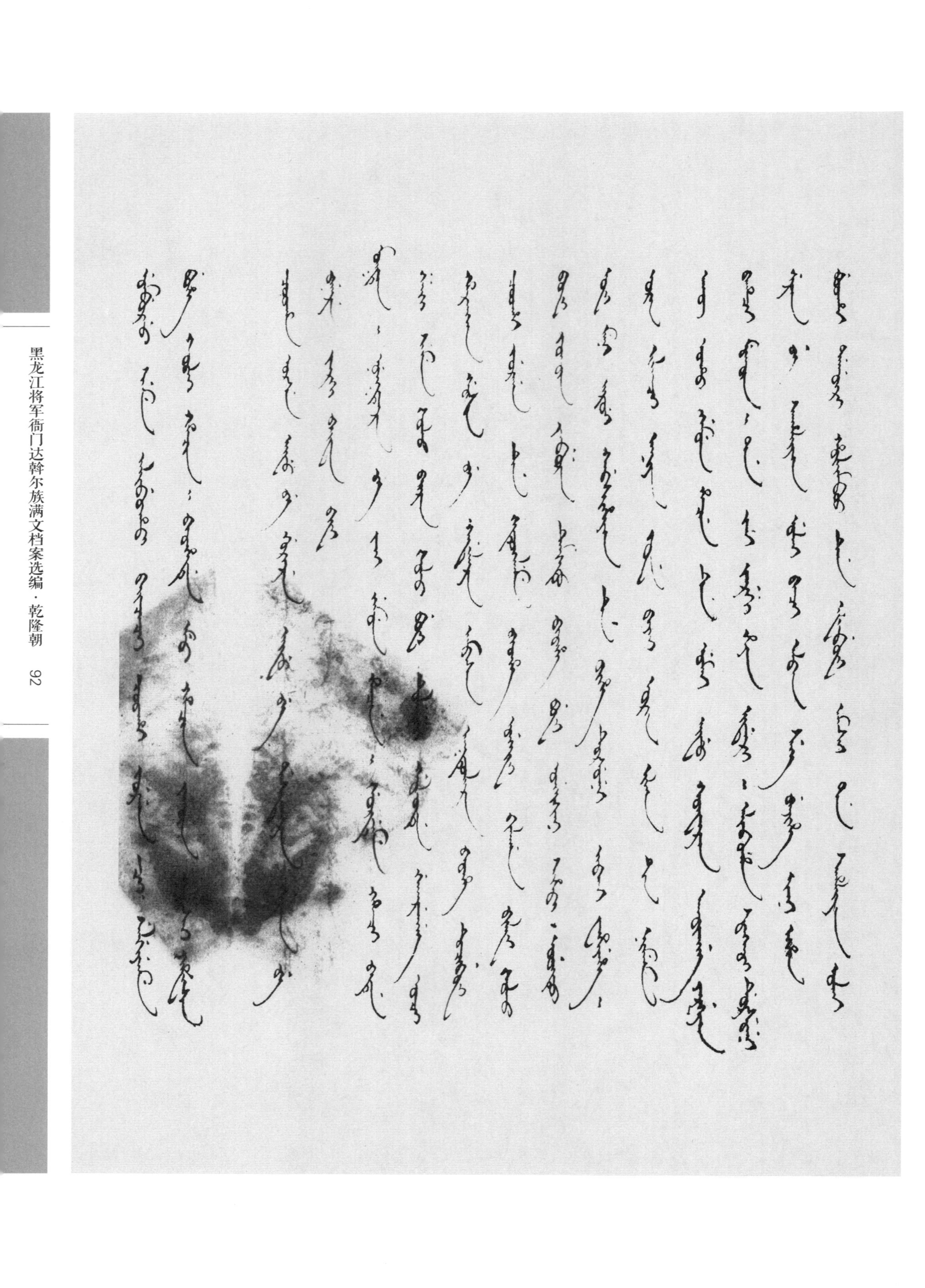

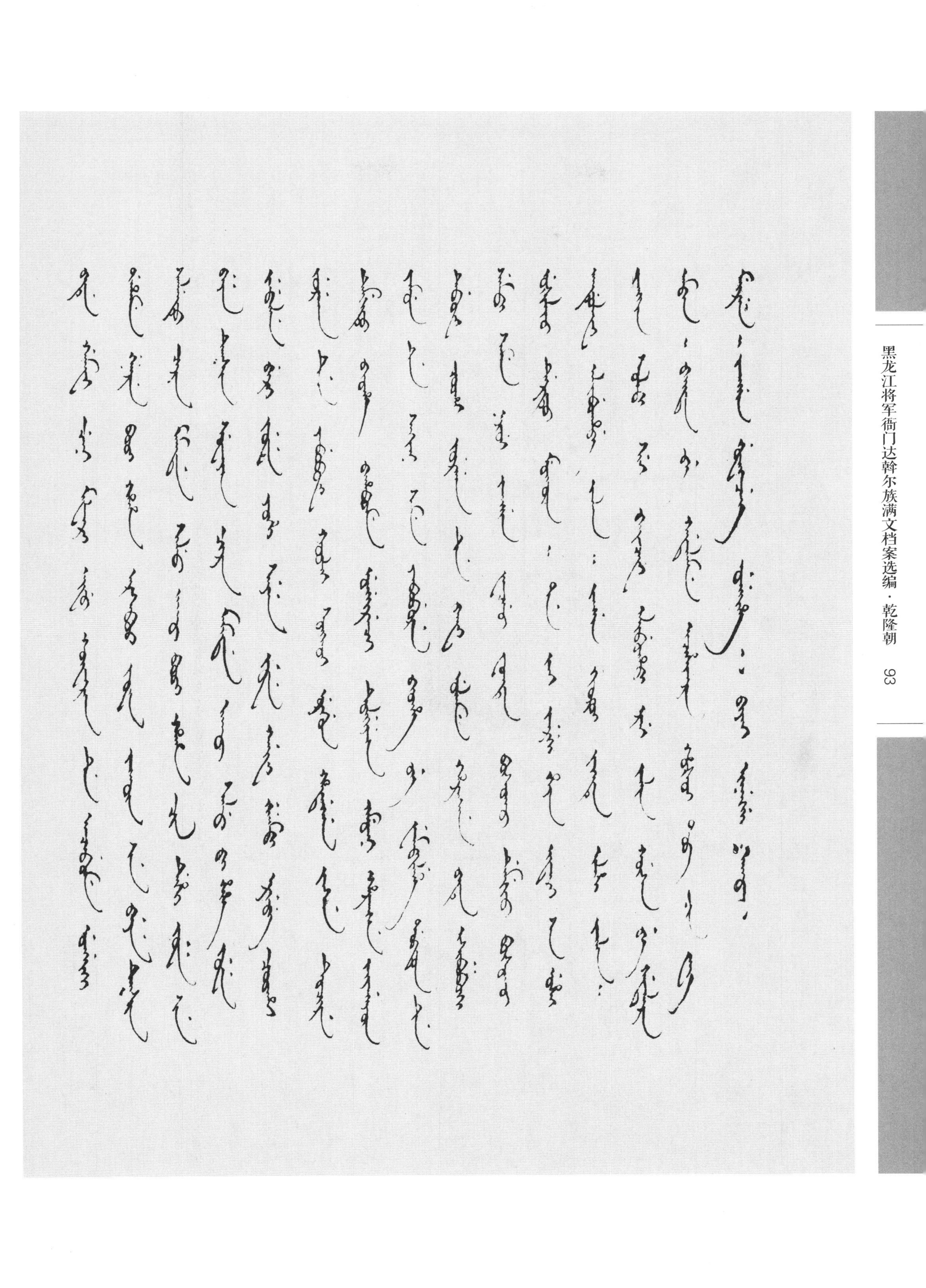

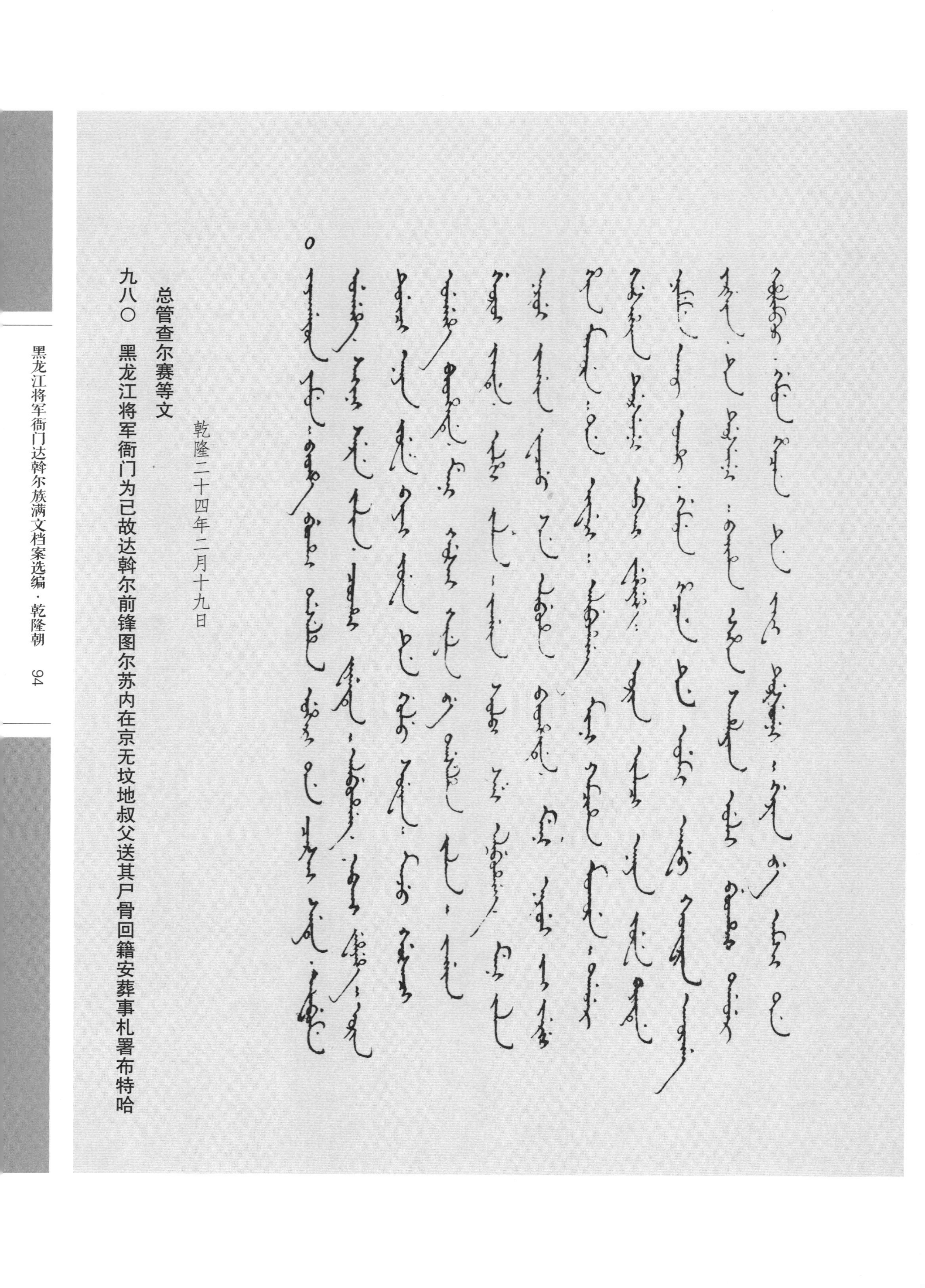

九八〇　黑龙江将军衙门为已故达斡尔前锋图尔苏内在京无坟地叔父送其尸骨回籍安葬事札署布特哈总管查尔赛等文

乾隆二十四年二月十九日

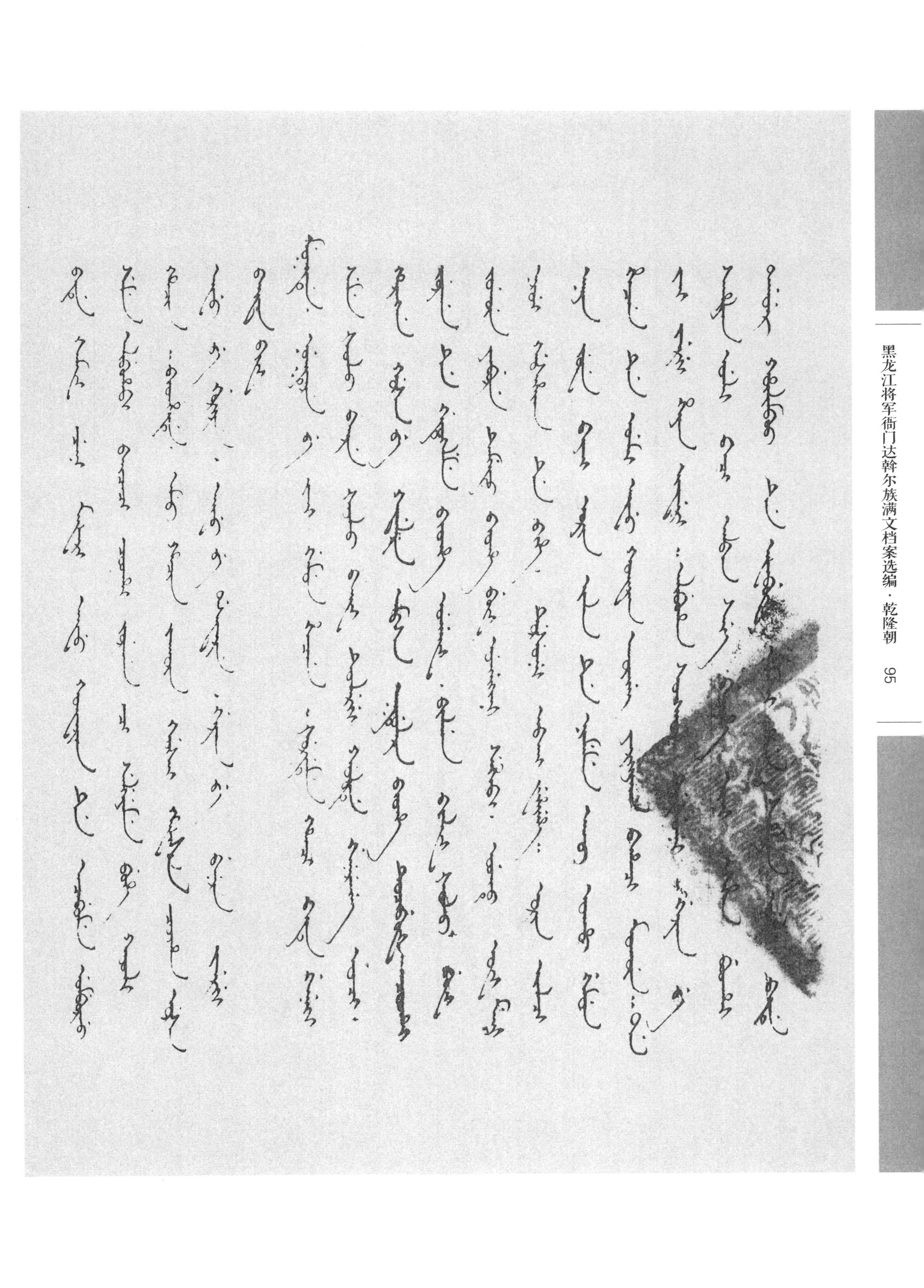

[illegible]

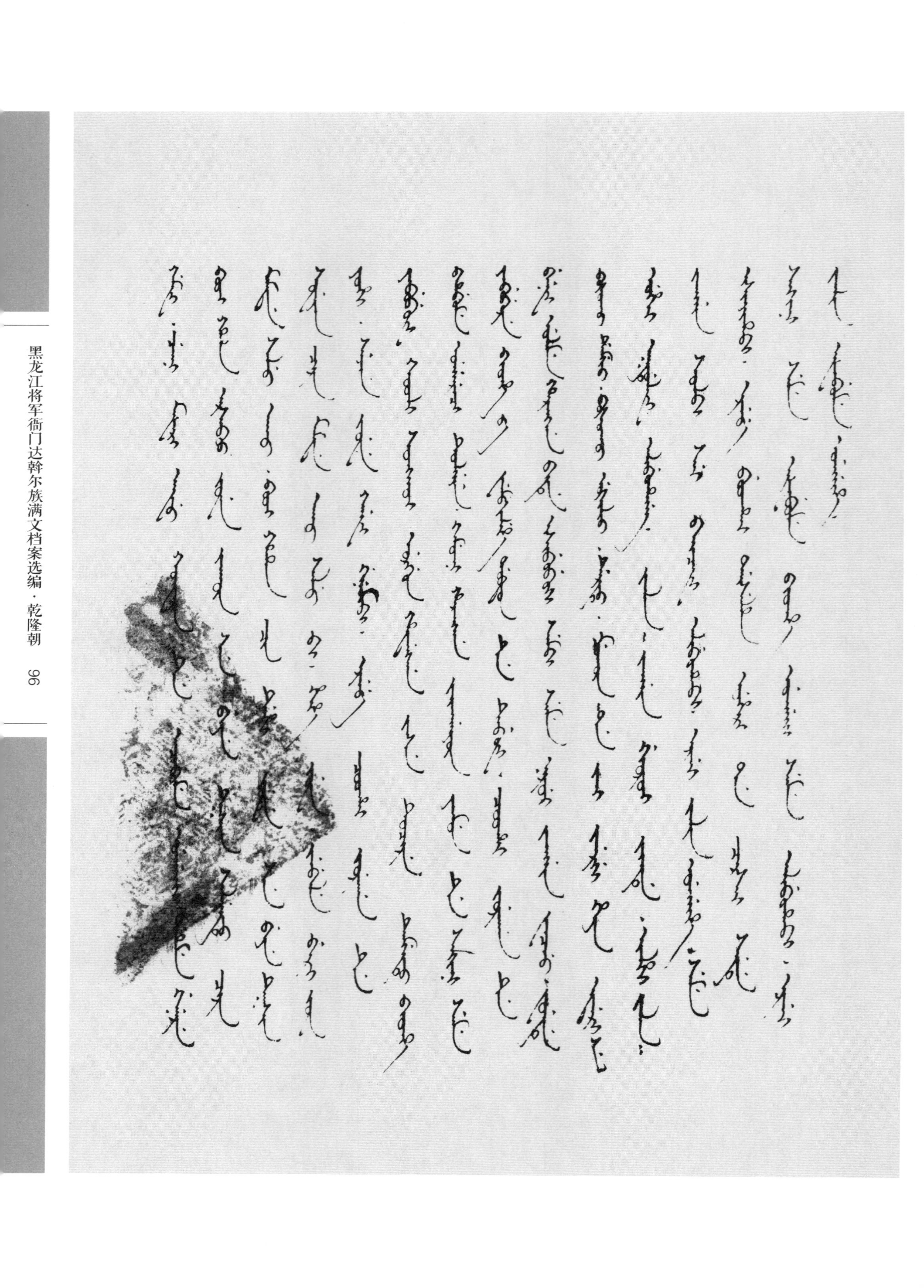

[illegible]

九八一 署布特哈索伦达斡尔总管查尔赛等为报索伦达斡尔等本年春秋二季捕貂数目事呈黑龙江将军衙门文

乾隆二十四年三月十一日

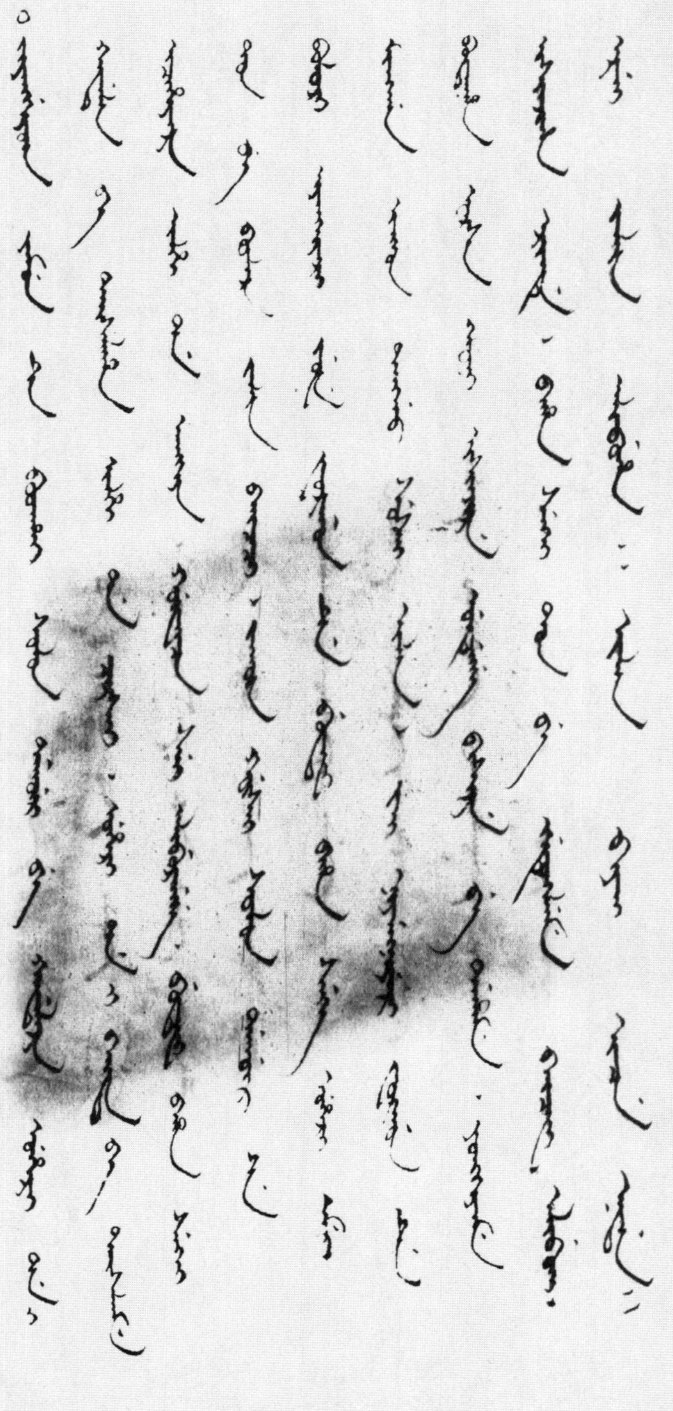

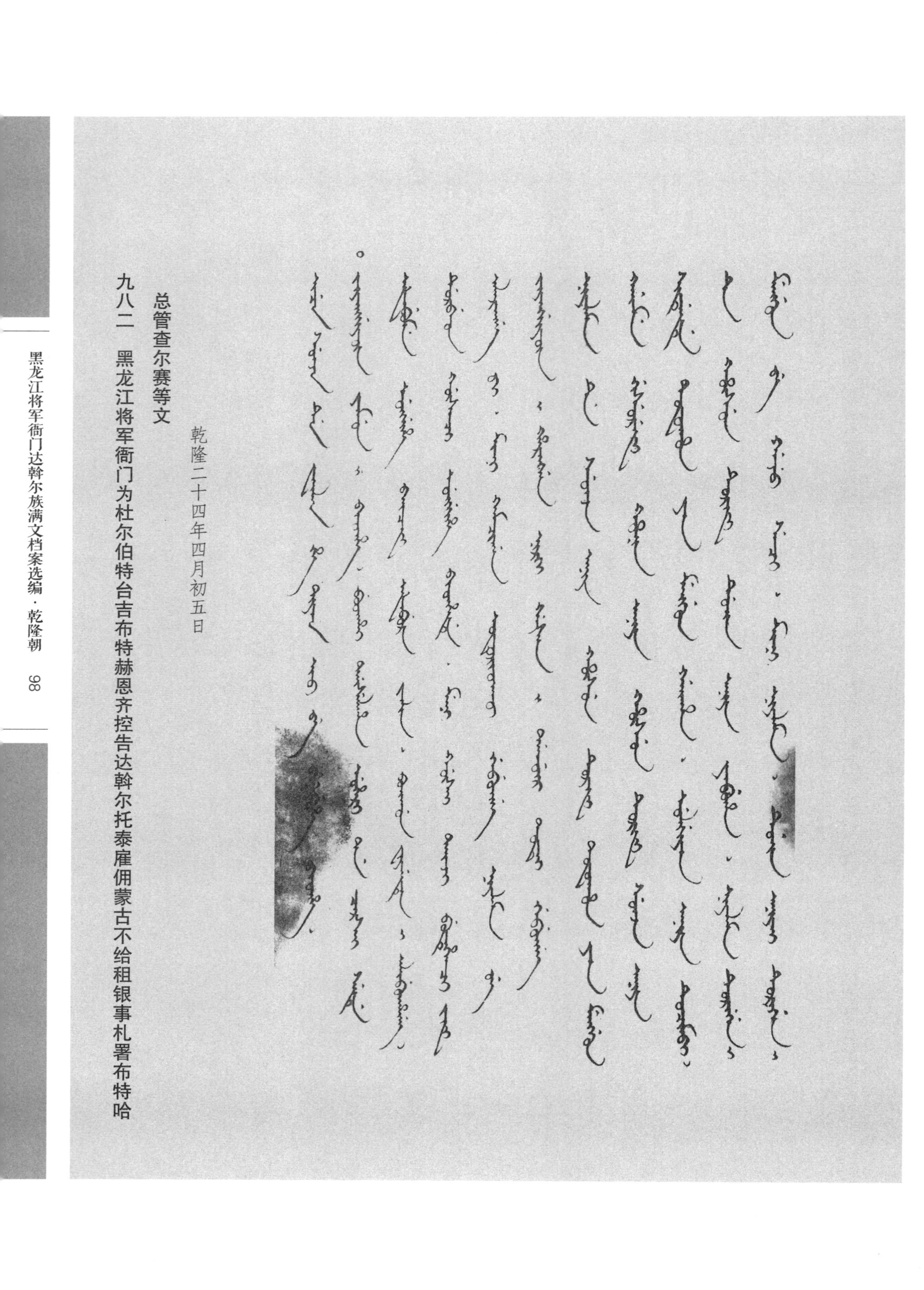

乾隆二十四年四月初五日

九八二　黑龙江将军衙门为杜尔伯特台吉布特赫恩齐控告达斡尔托泰雇佣蒙古不给租银事札署布特哈总管查尔赛等文

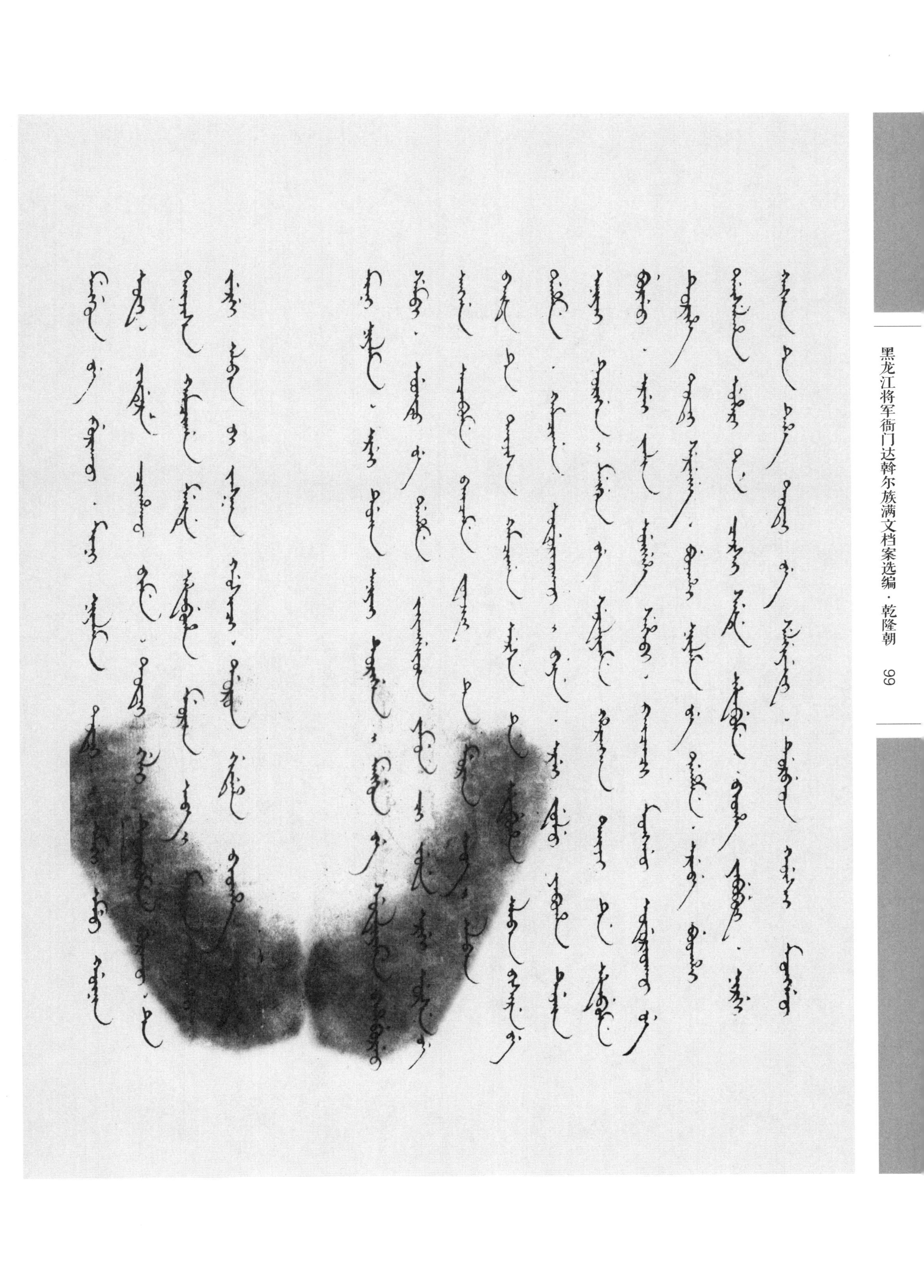

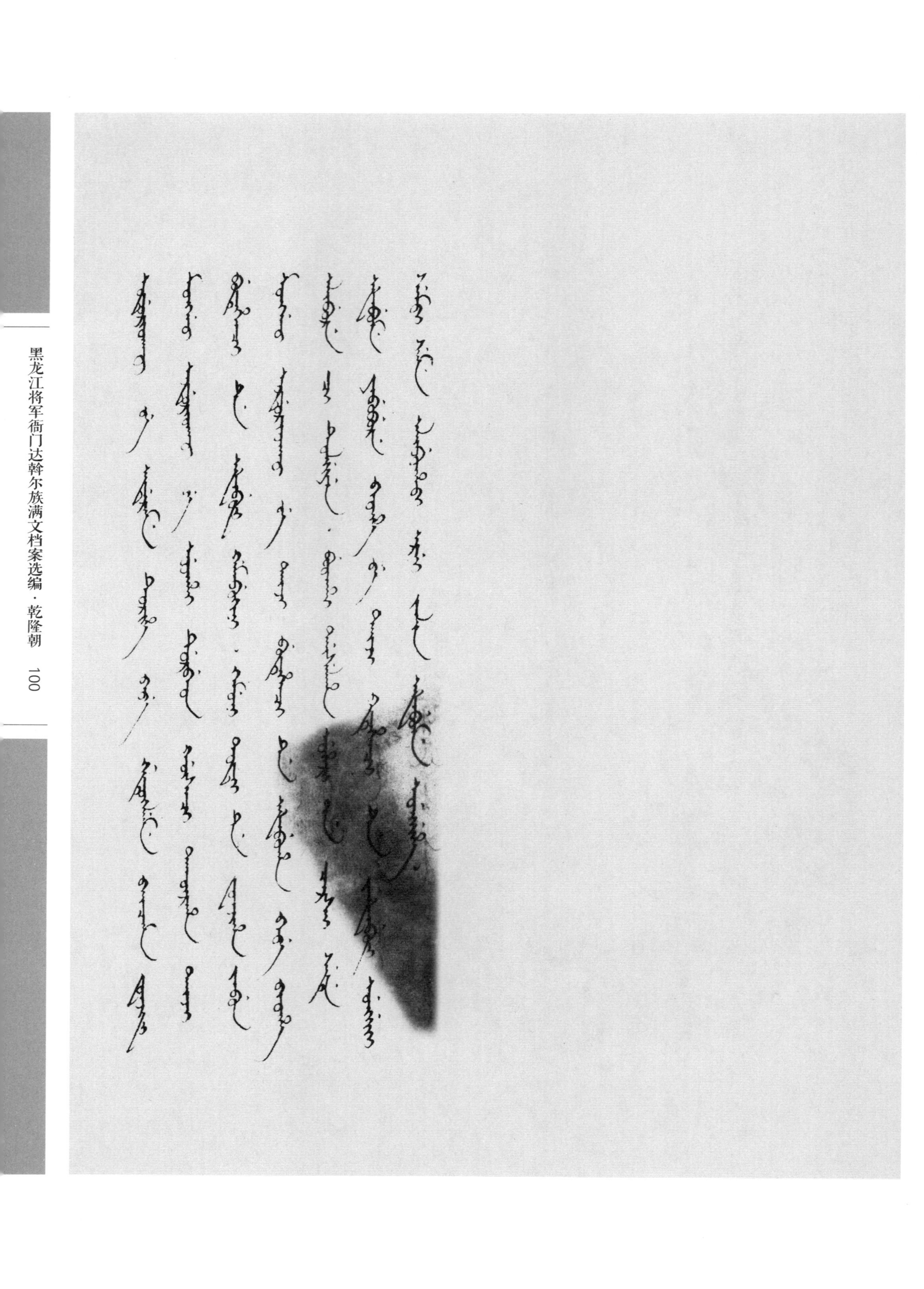

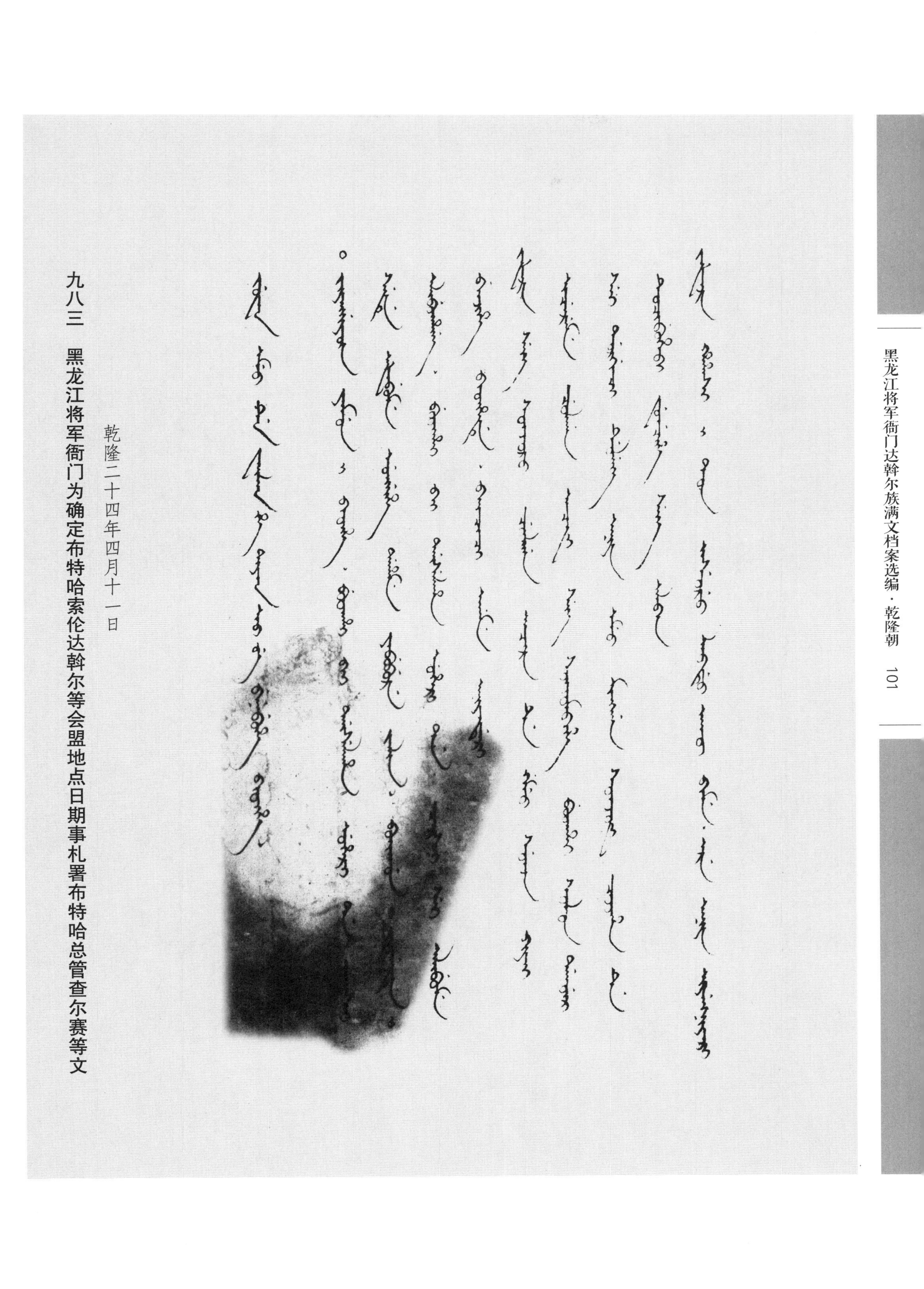

九八三 黑龙江将军衙门为确定布特哈索伦达斡尔等会盟地点日期事札署布特哈总管查尔赛等文

乾隆二十四年四月十一日

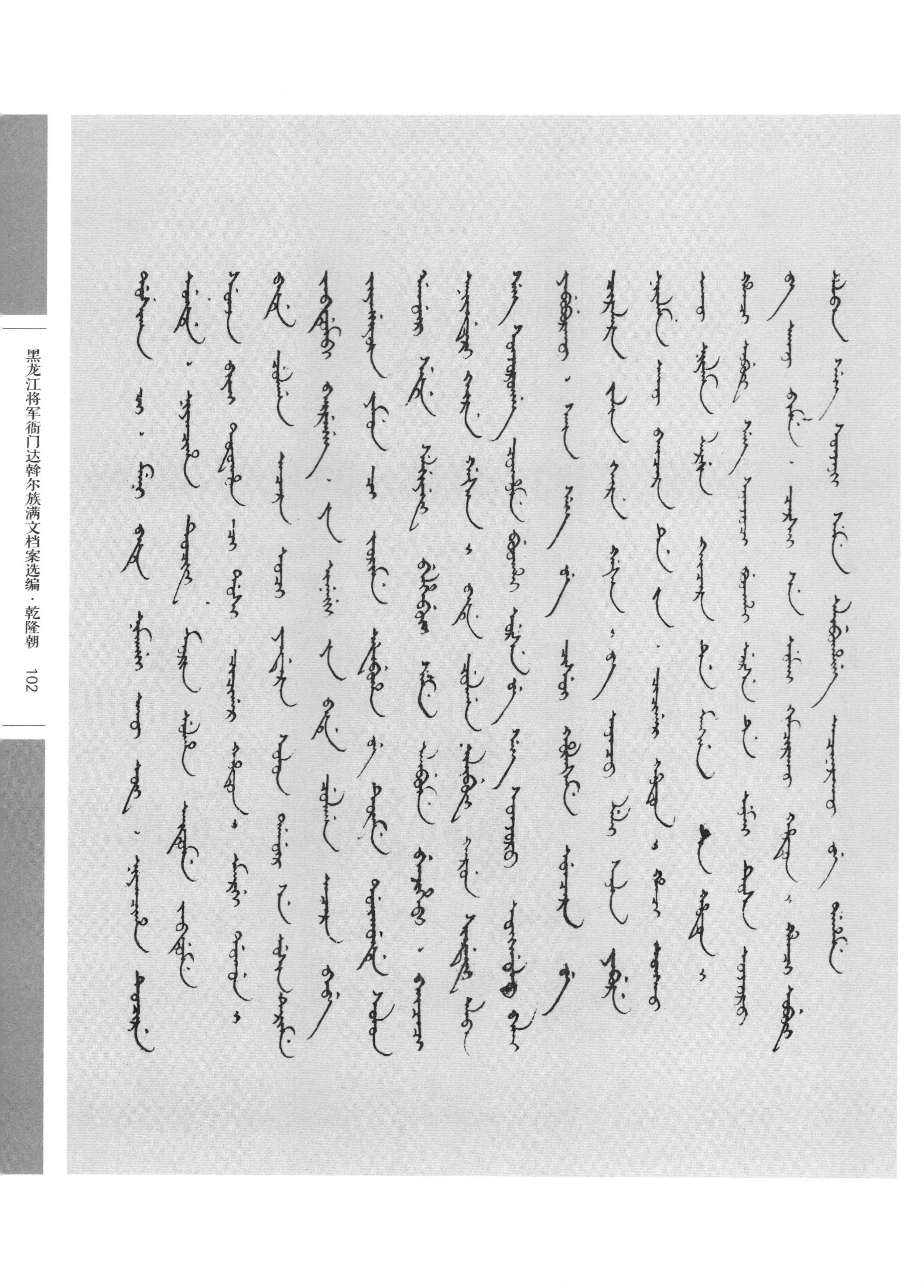

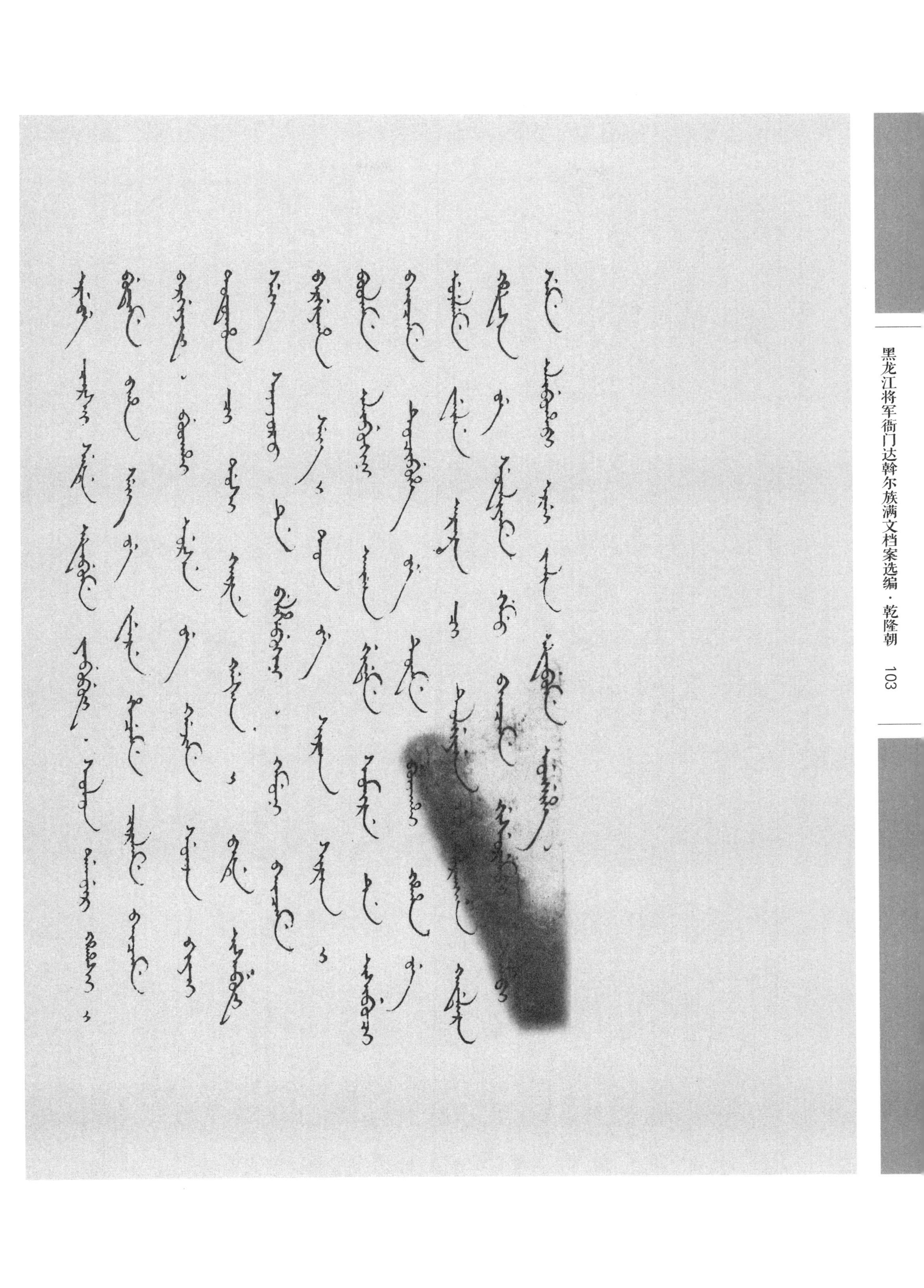

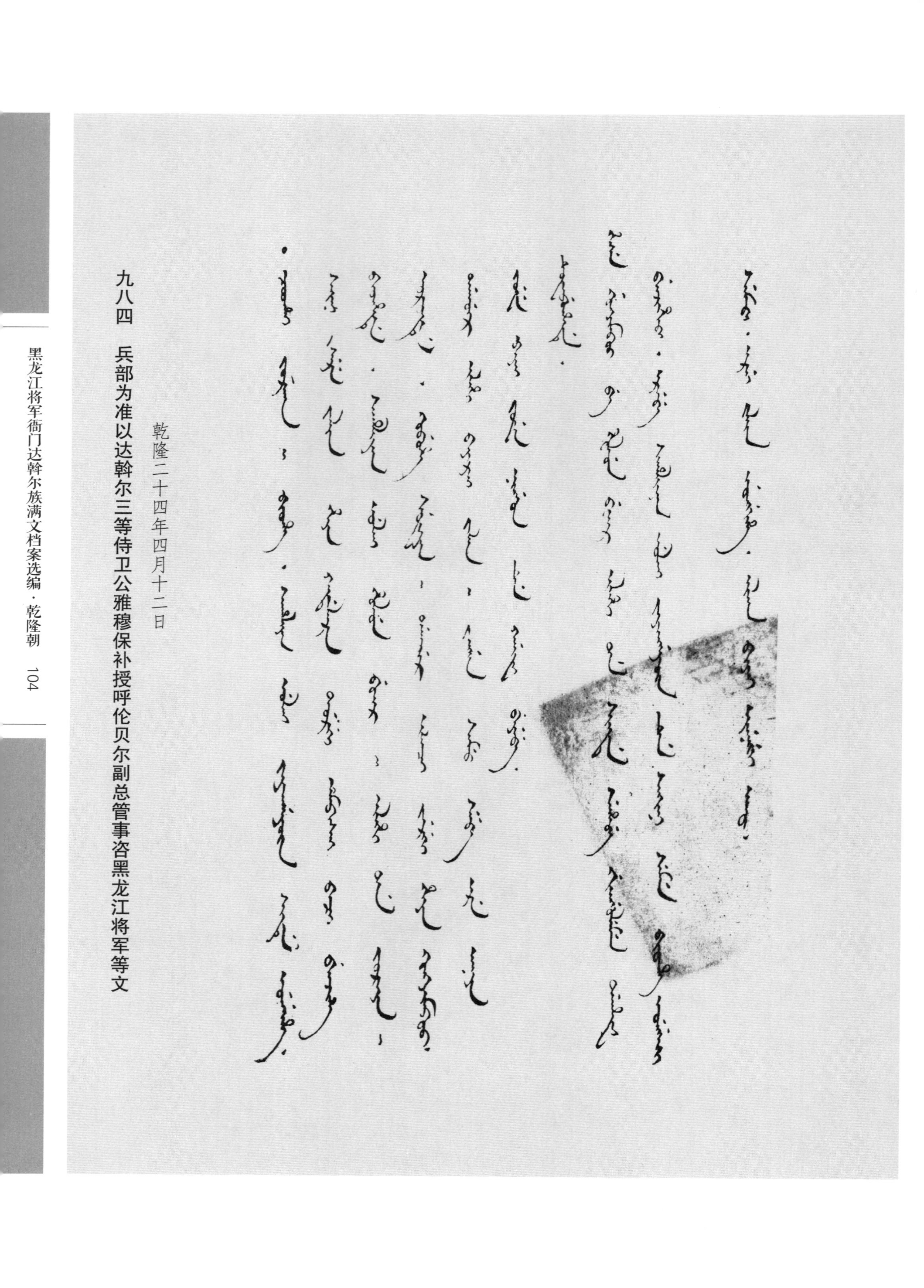

九八四　兵部为准以达斡尔三等侍卫公雅穆保补授呼伦贝尔副总管事咨黑龙江将军等文

乾隆二十四年四月十二日

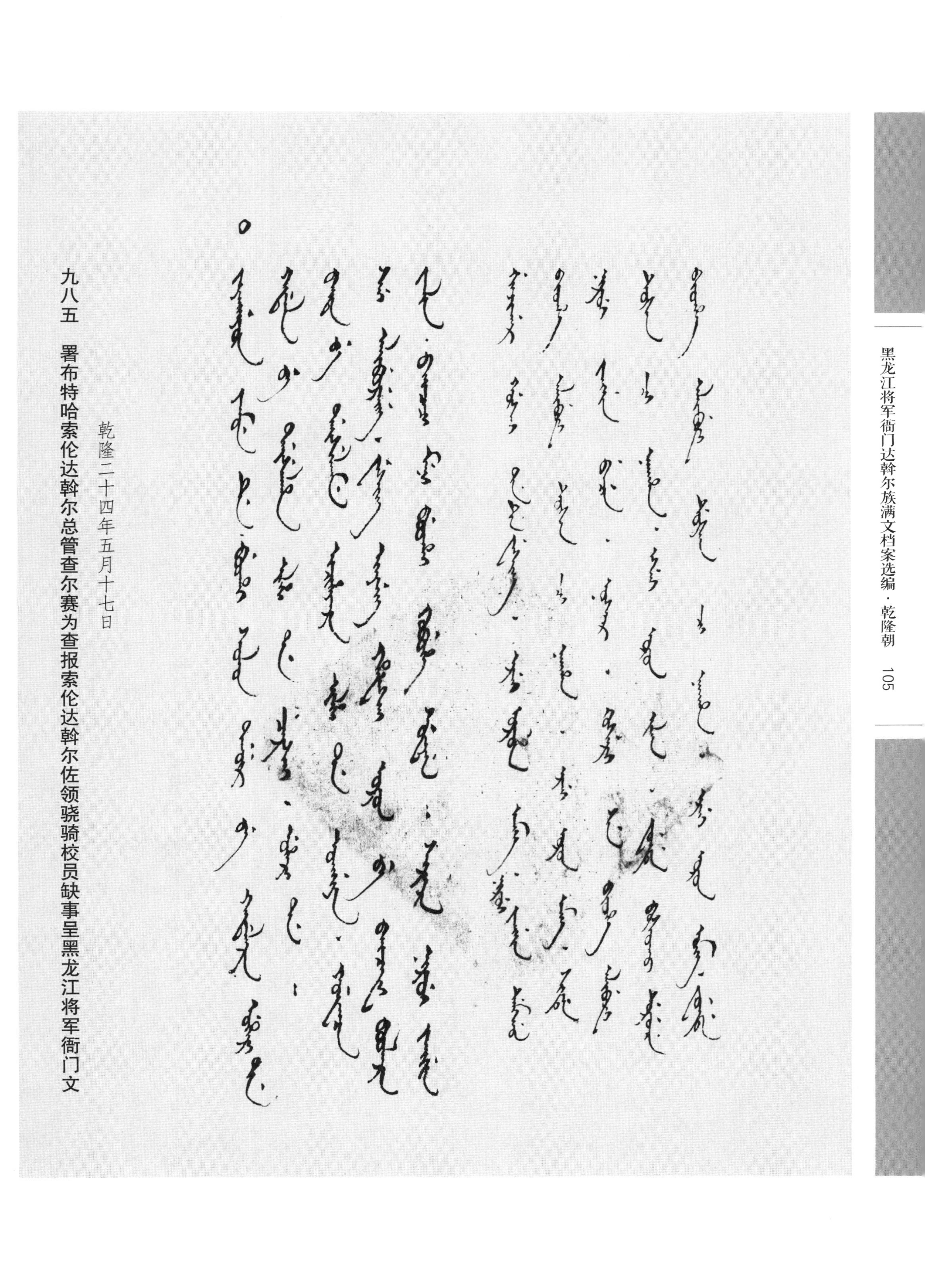

九八五 署布特哈索伦达斡尔总管查尔赛为查报索伦达斡尔佐领骁骑校员缺事呈黑龙江将军衙门文

乾隆二十四年五月十七日

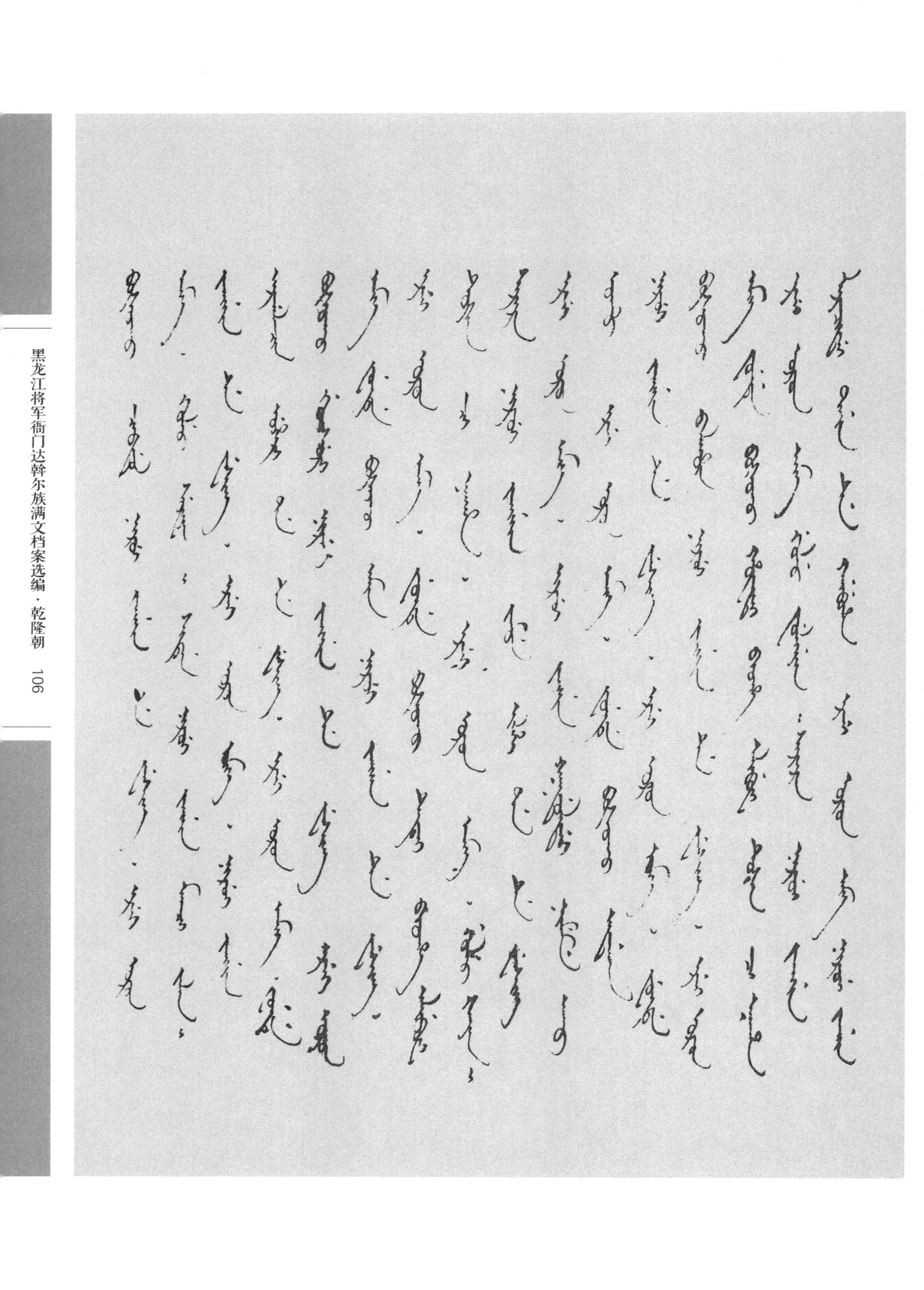

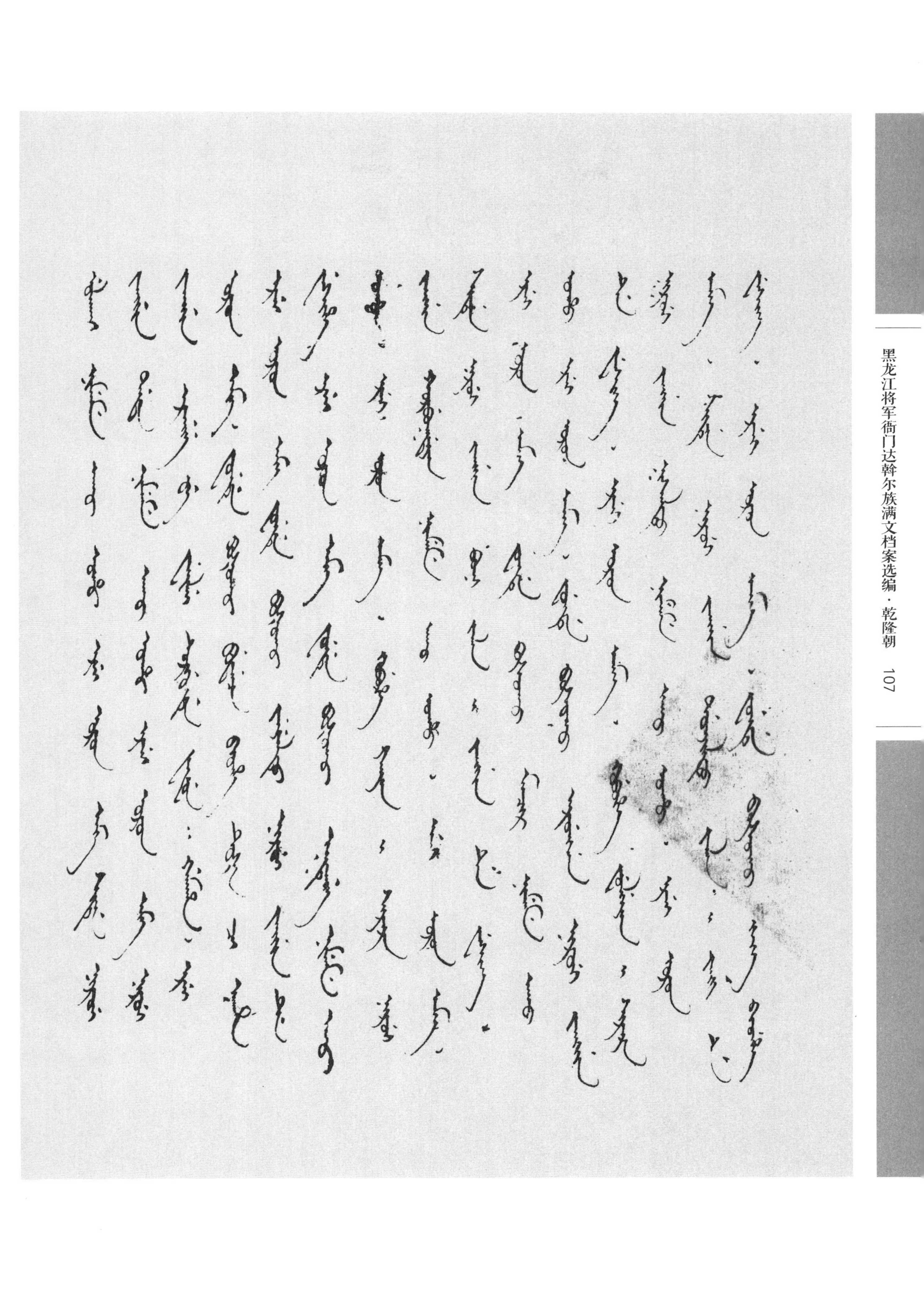

[illegible]

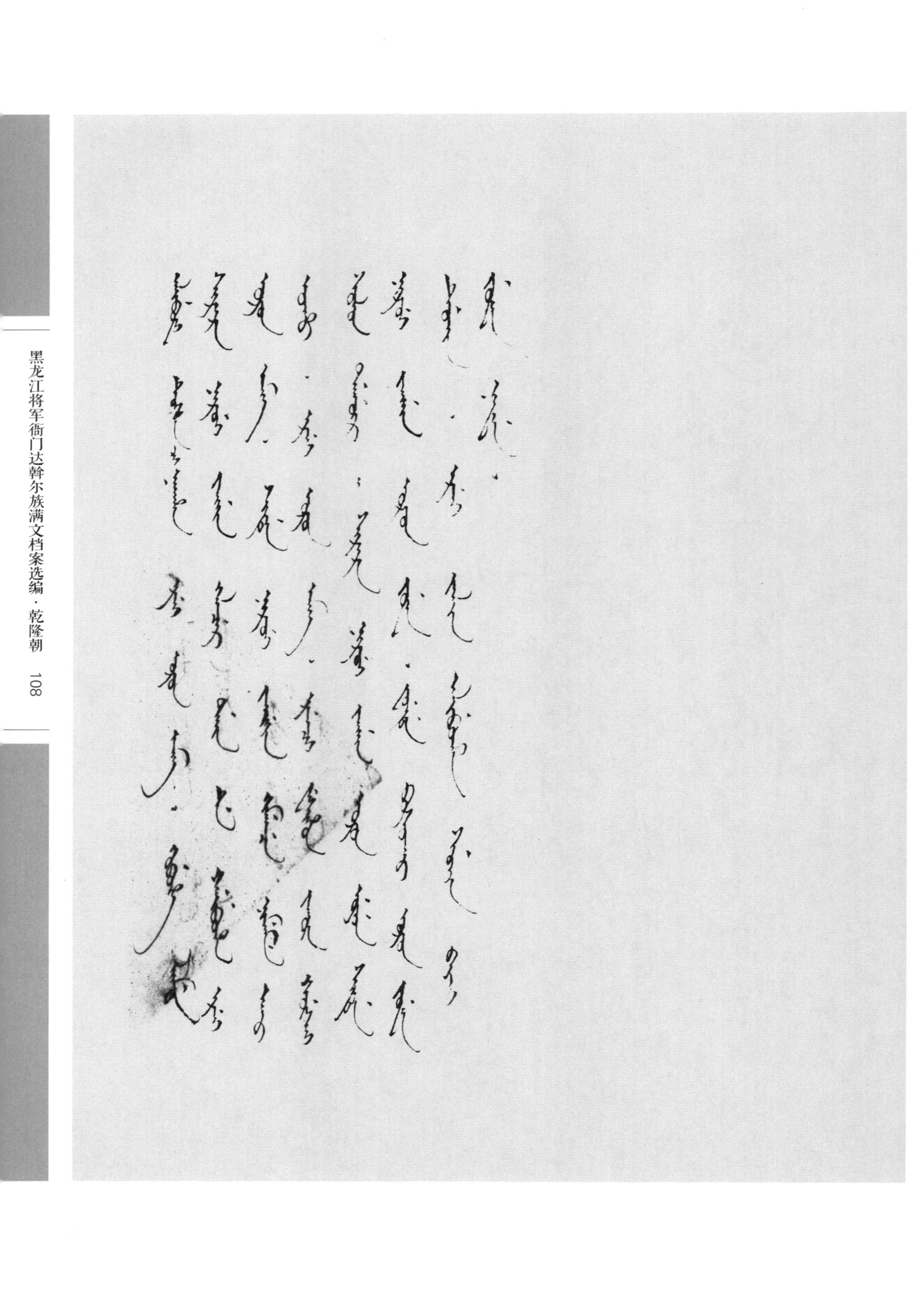

[illegible]

九八六　正黄满洲旗为办理达斡尔护军阿尼亚布等告假赴原籍接家眷来京事咨黑龙江将军衙门文

乾隆二十四年六月初四日

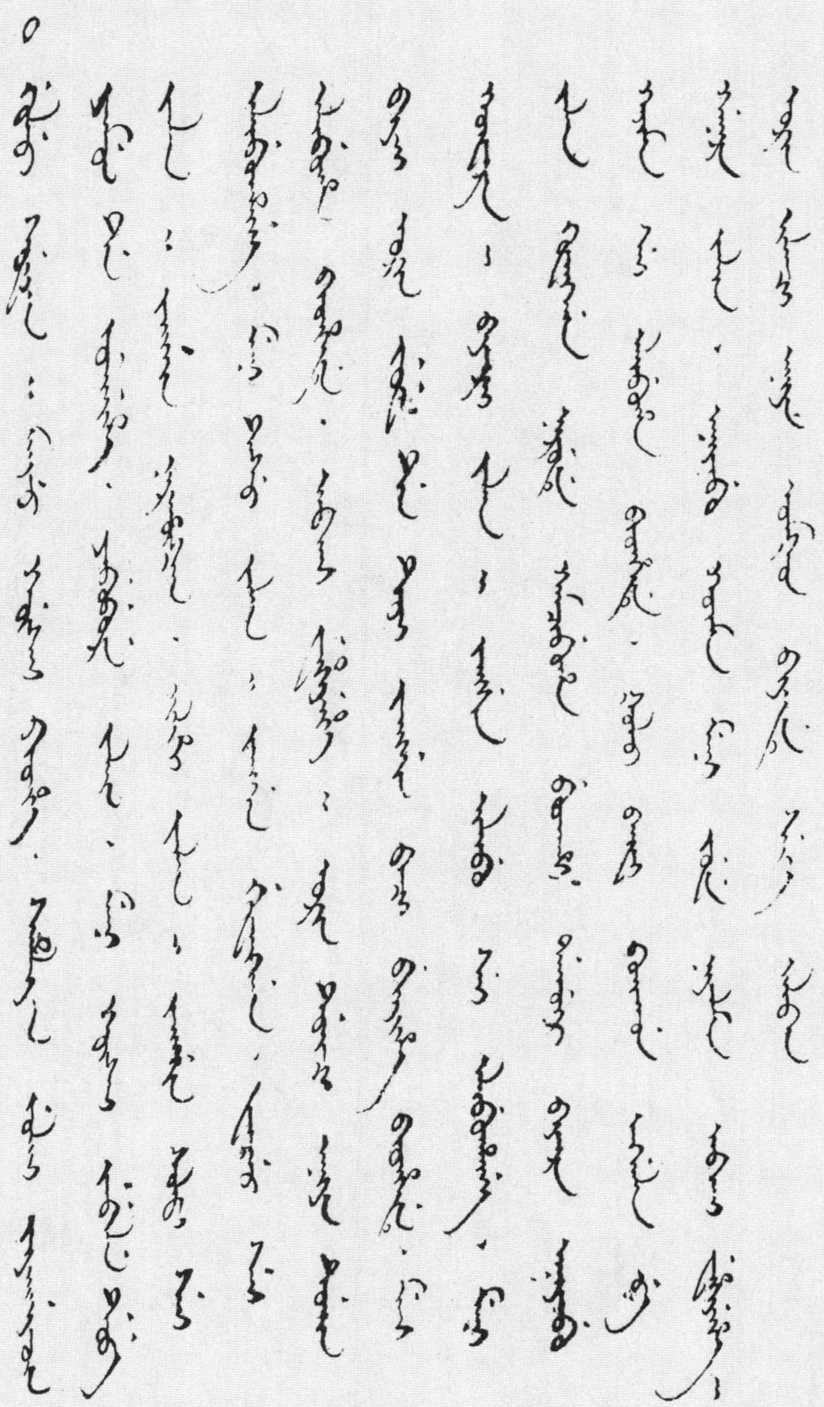

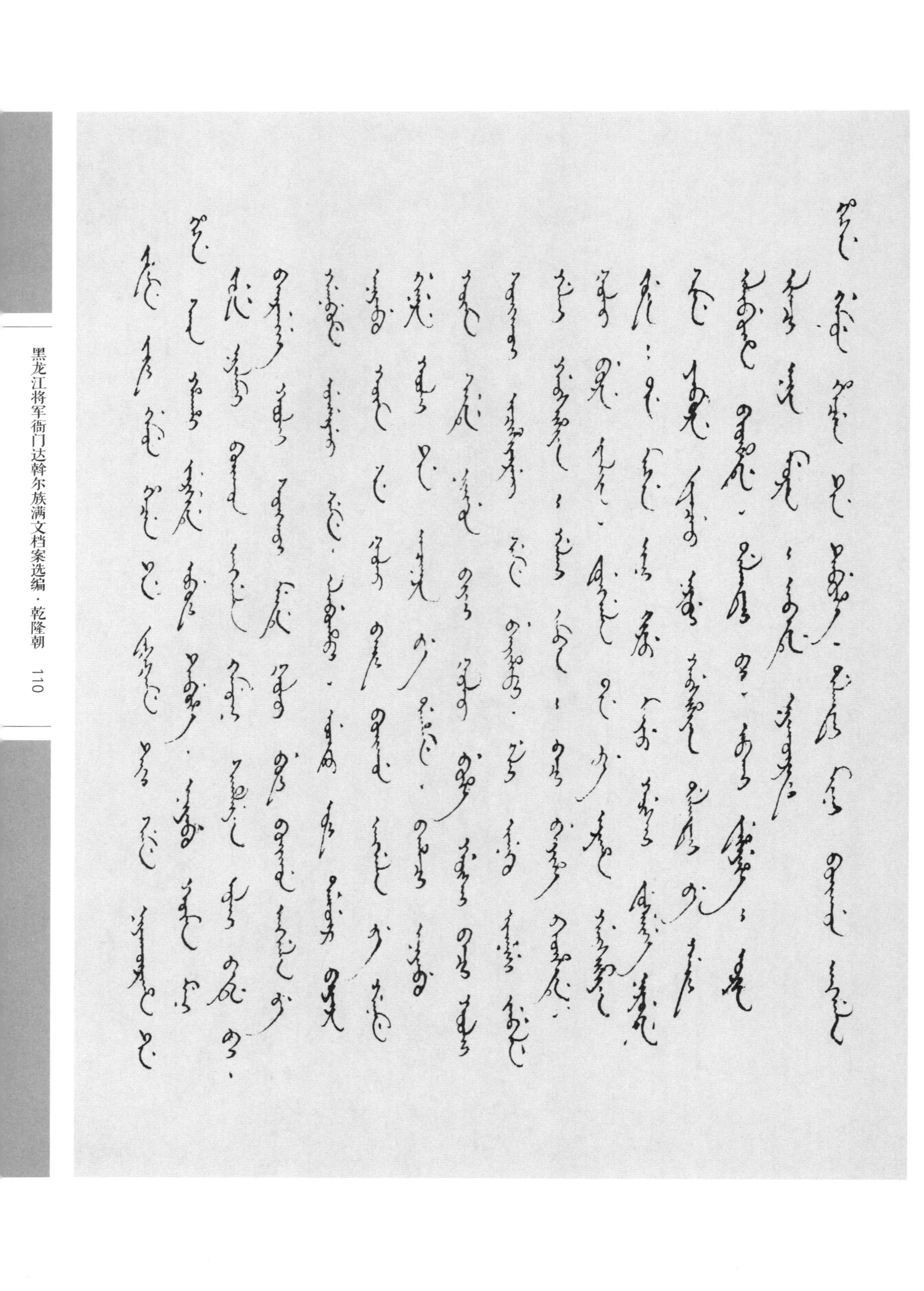

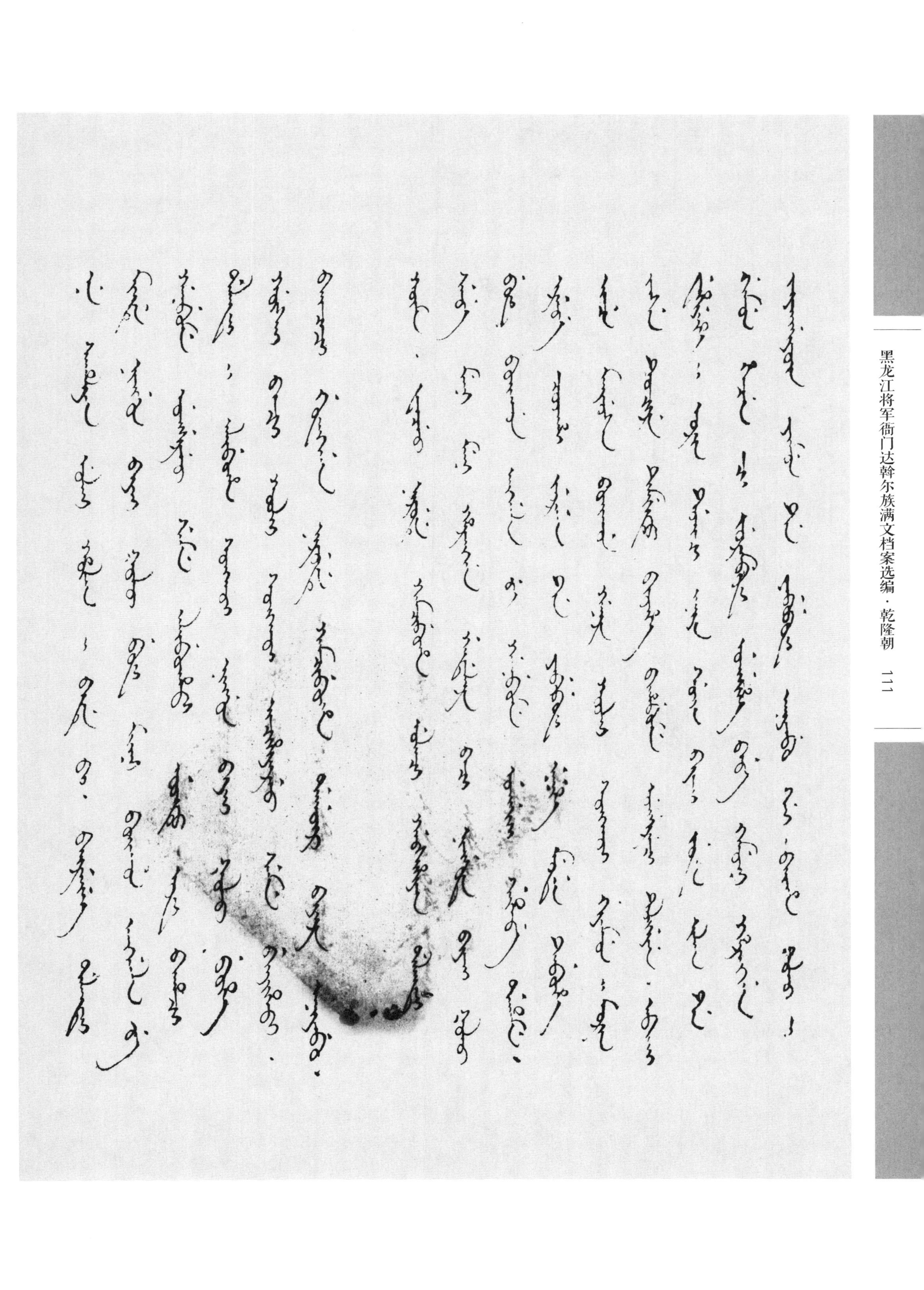

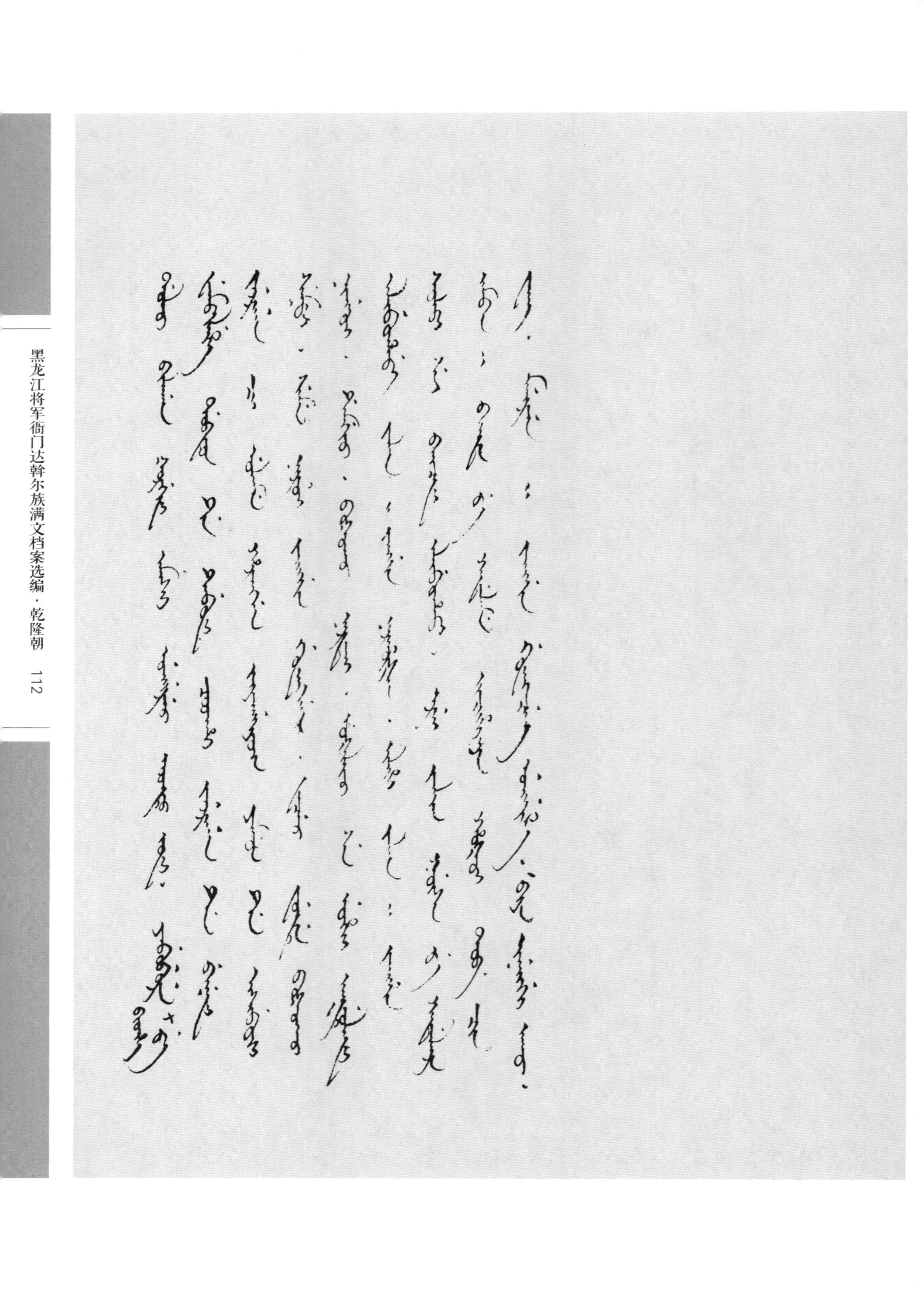

[illegible]

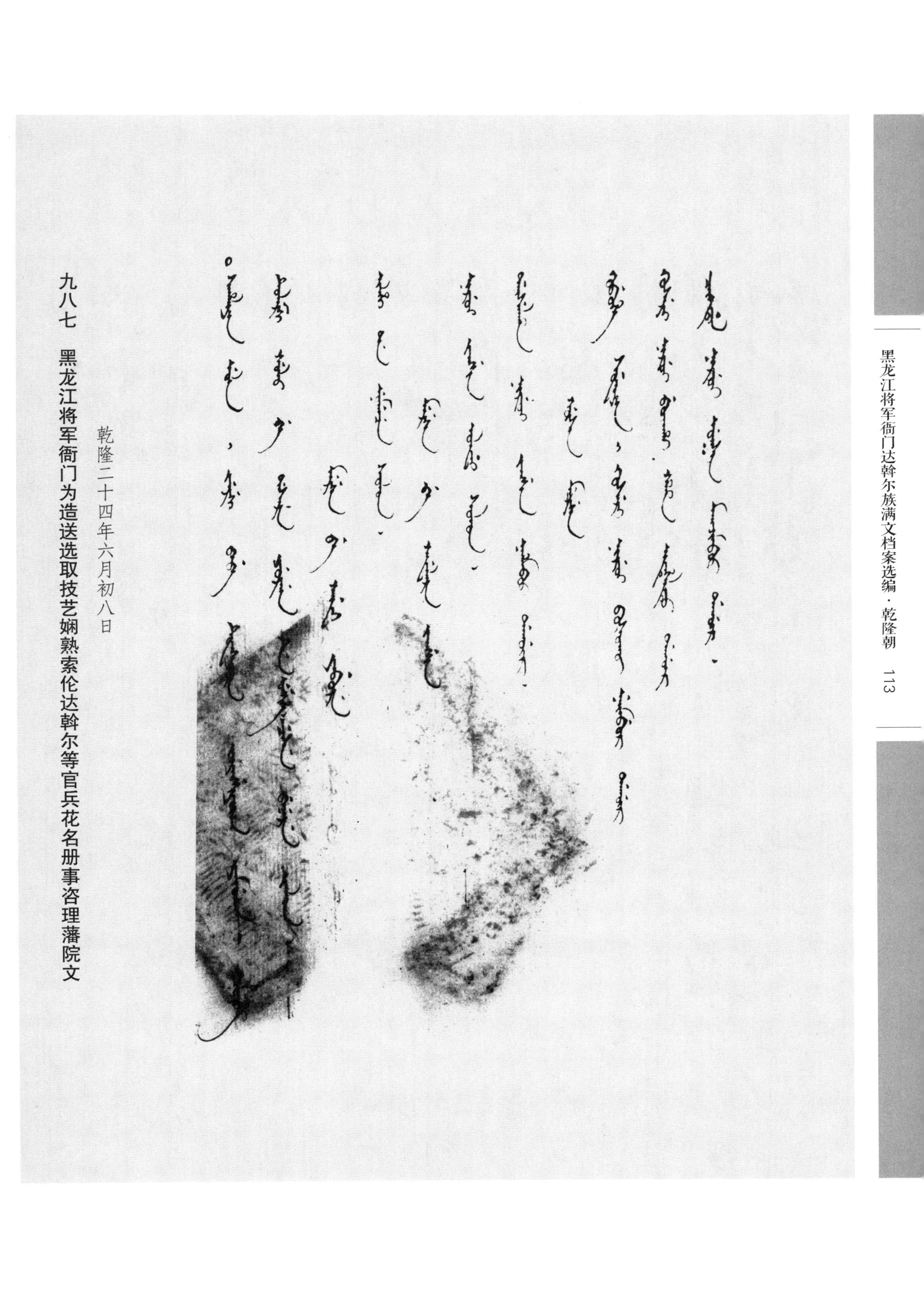

九八七　黑龙江将军衙门为造送选取技艺娴熟索伦达斡尔等官兵花名册事咨理藩院文

乾隆二十四年六月初八日

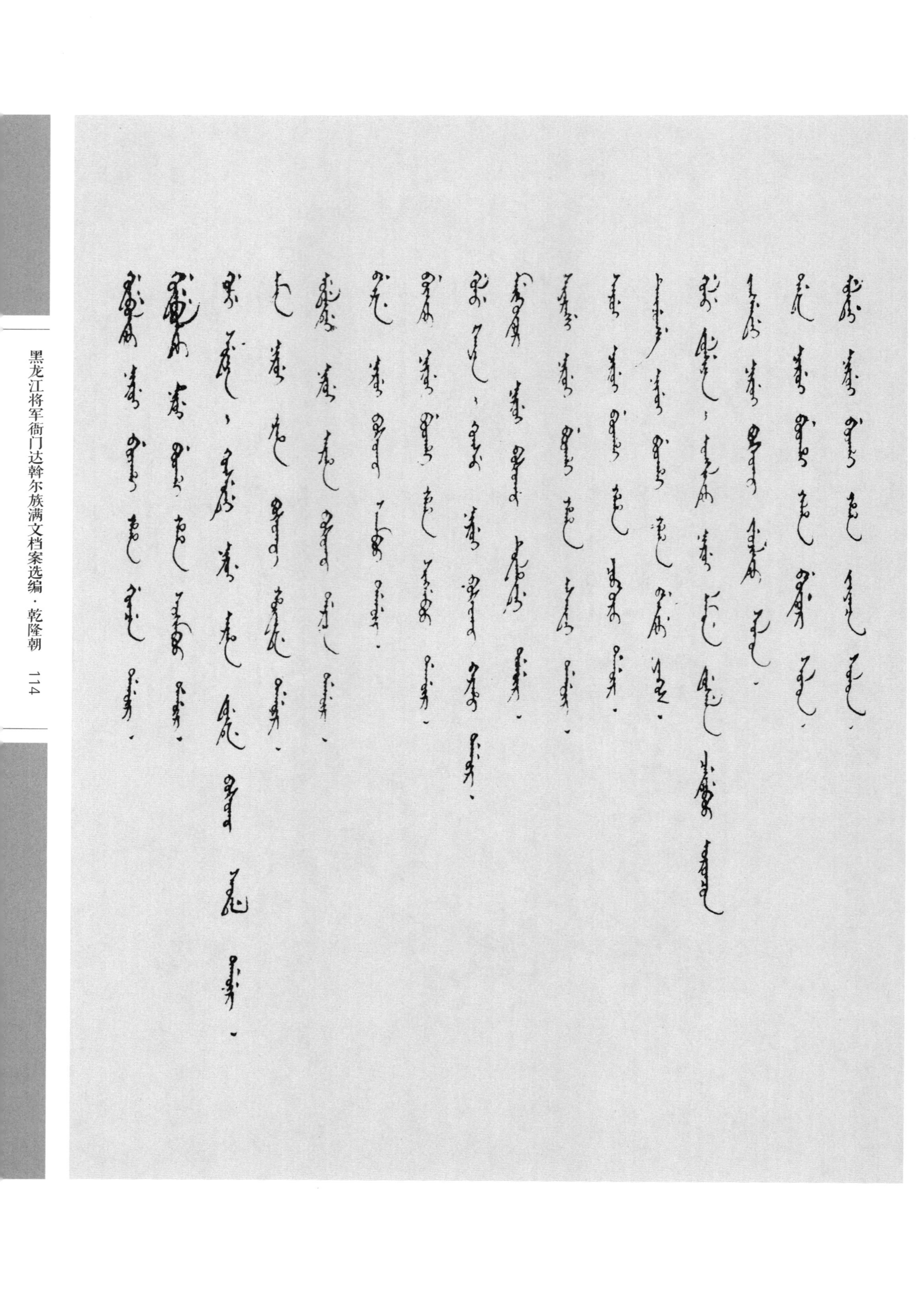

[illegible]

[illegible]

[illegible]

[illegible]

[illegible]

[illegible]

[illegible]

[illegible]

[illegible]

[illegible]

[illegible]

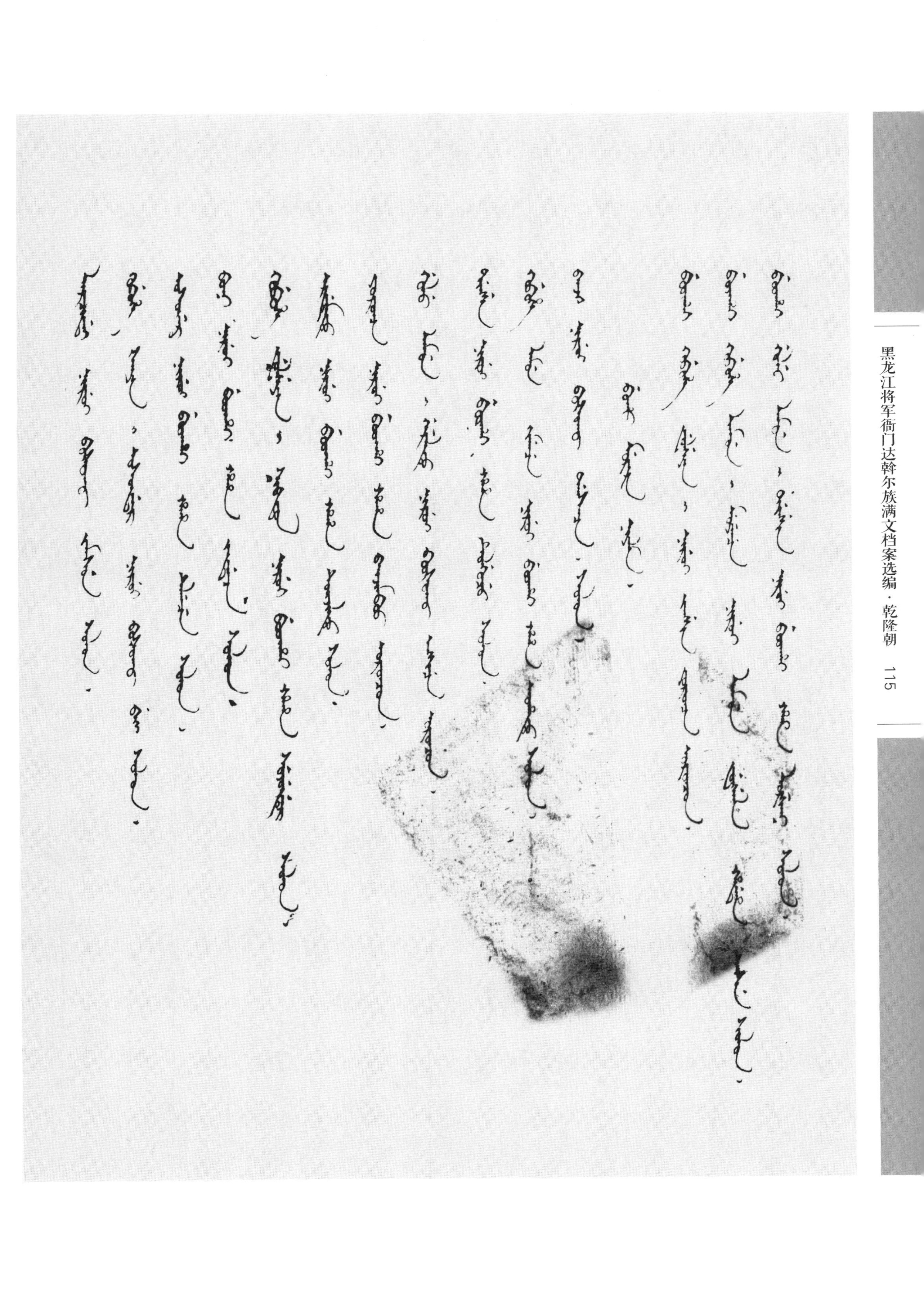

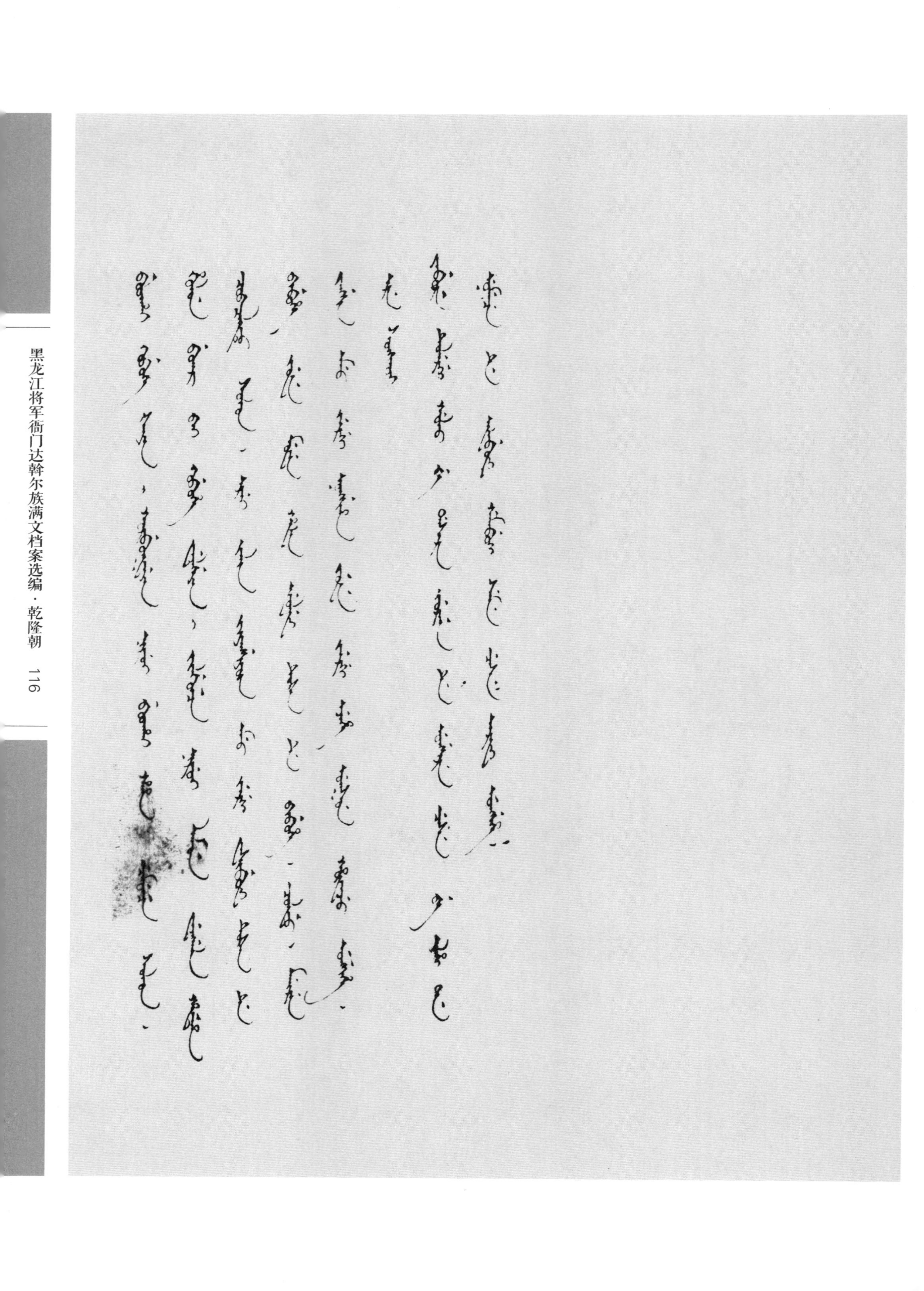

九八八 黑龙江将军衙门为选派满洲达斡尔等官兵赴木兰围场事咨兵部文

乾隆二十四年六月十一日

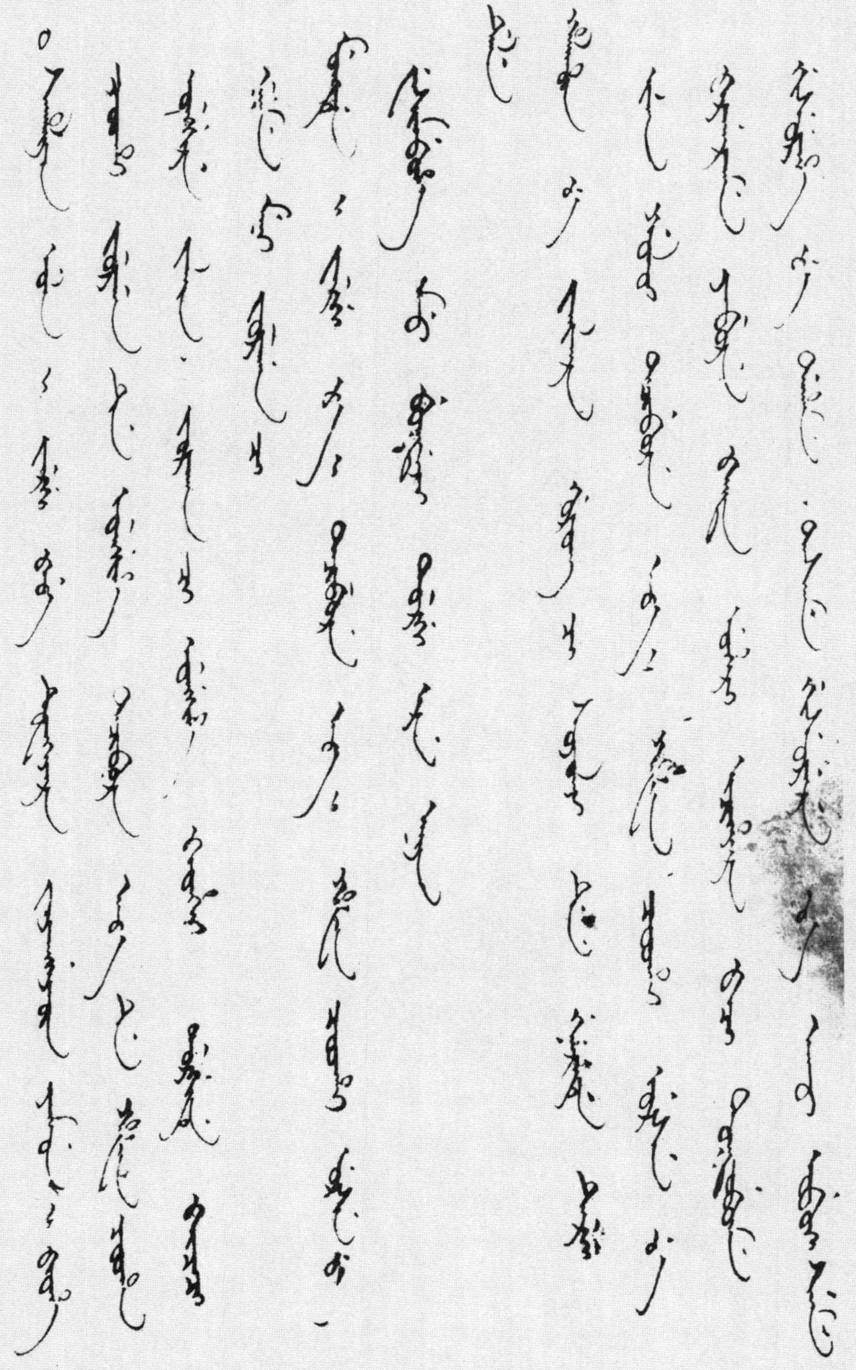

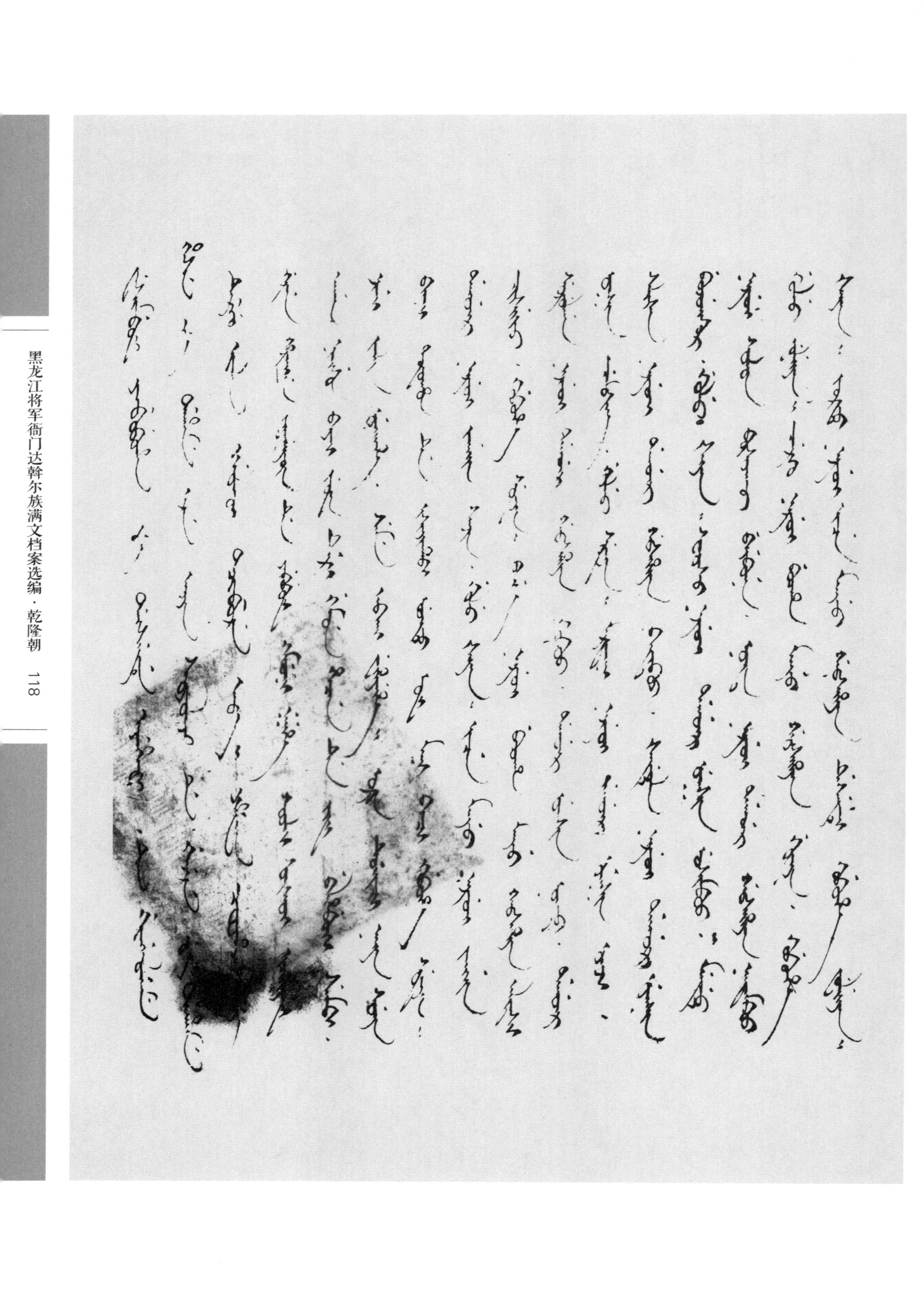

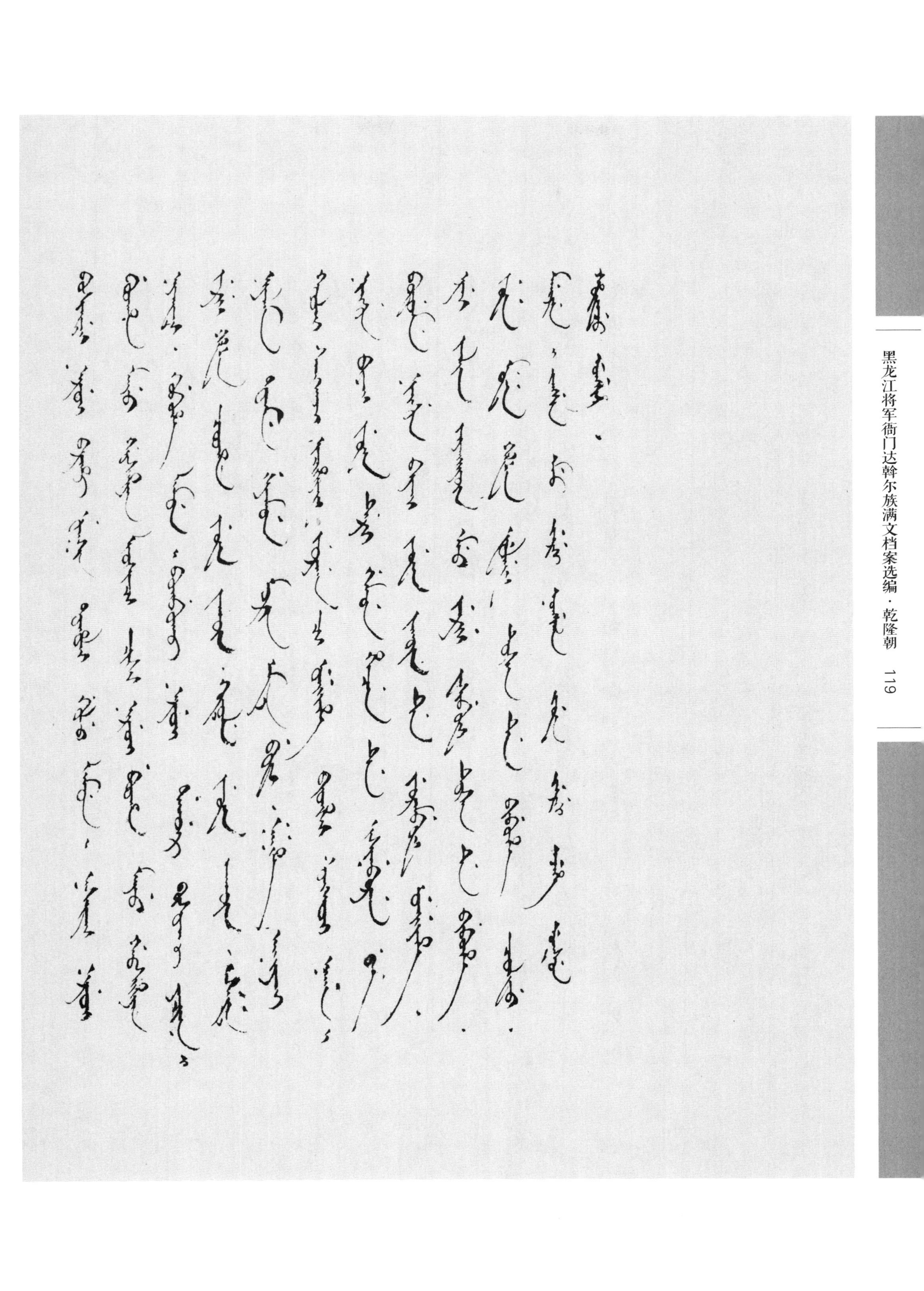

九八九 黑龙江将军衙门为令呈报达斡尔护军阿尼亚布等接家眷返京启程日期事札呼兰城守尉车尔

乾隆二十四年六月二十二日

库文

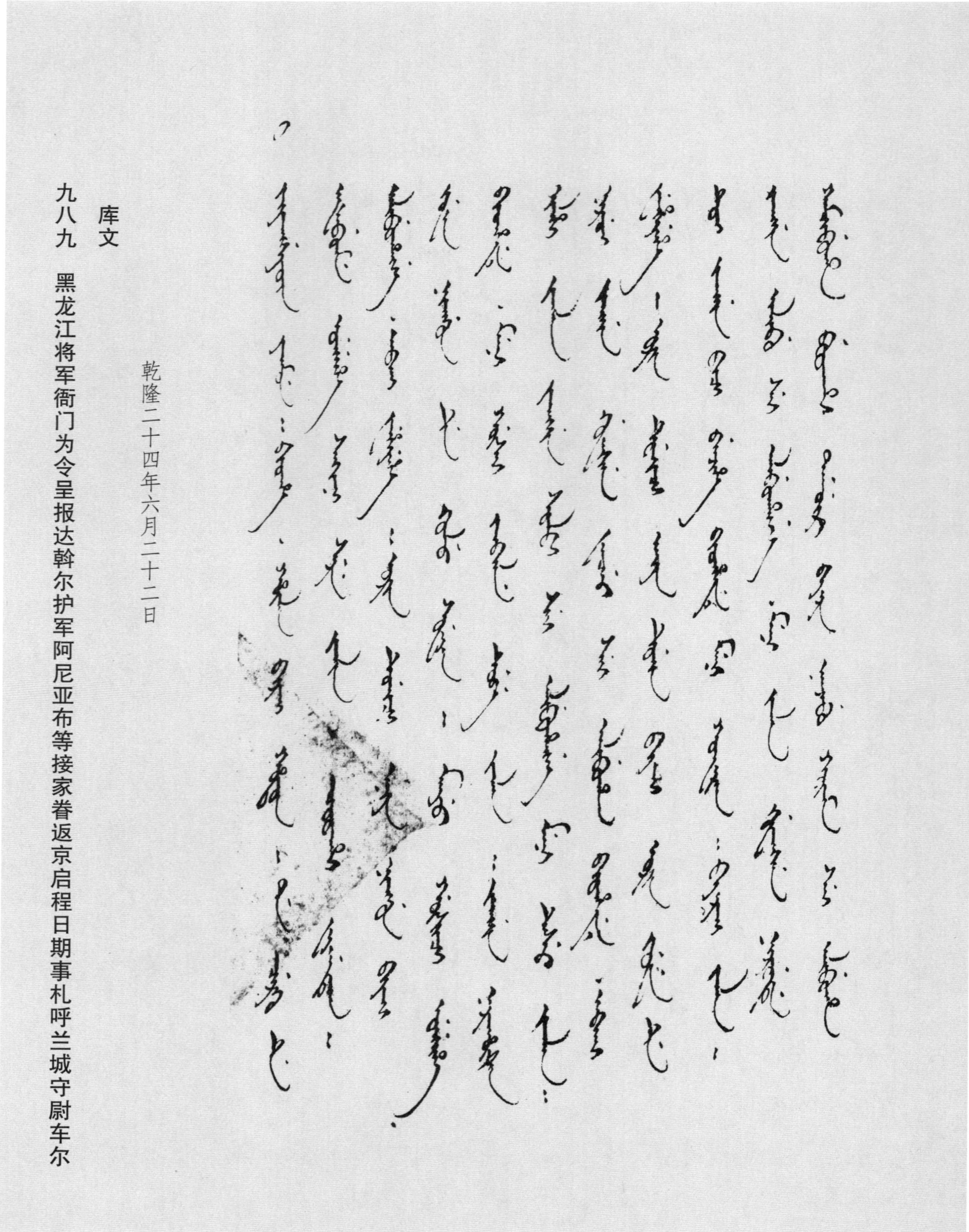

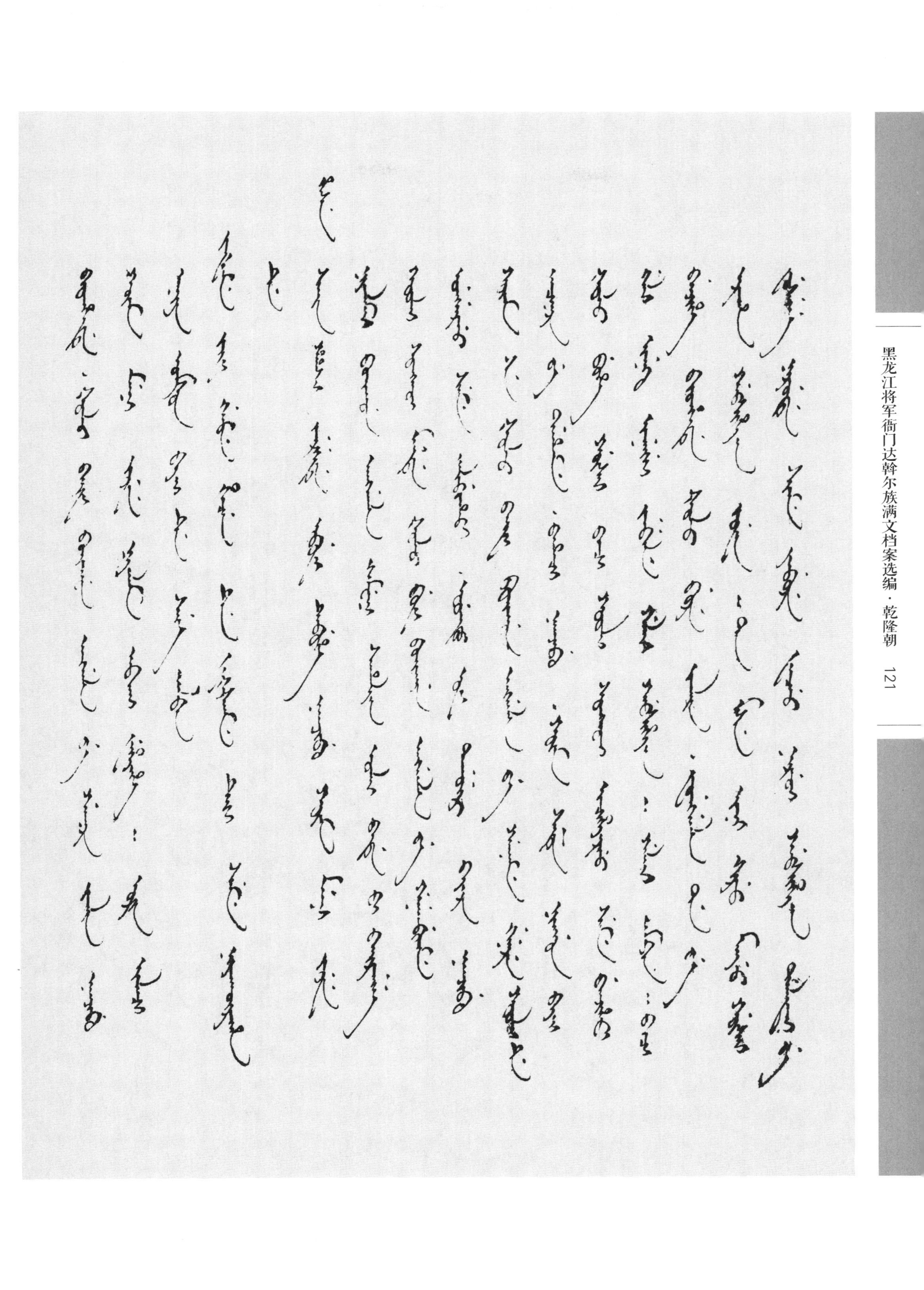

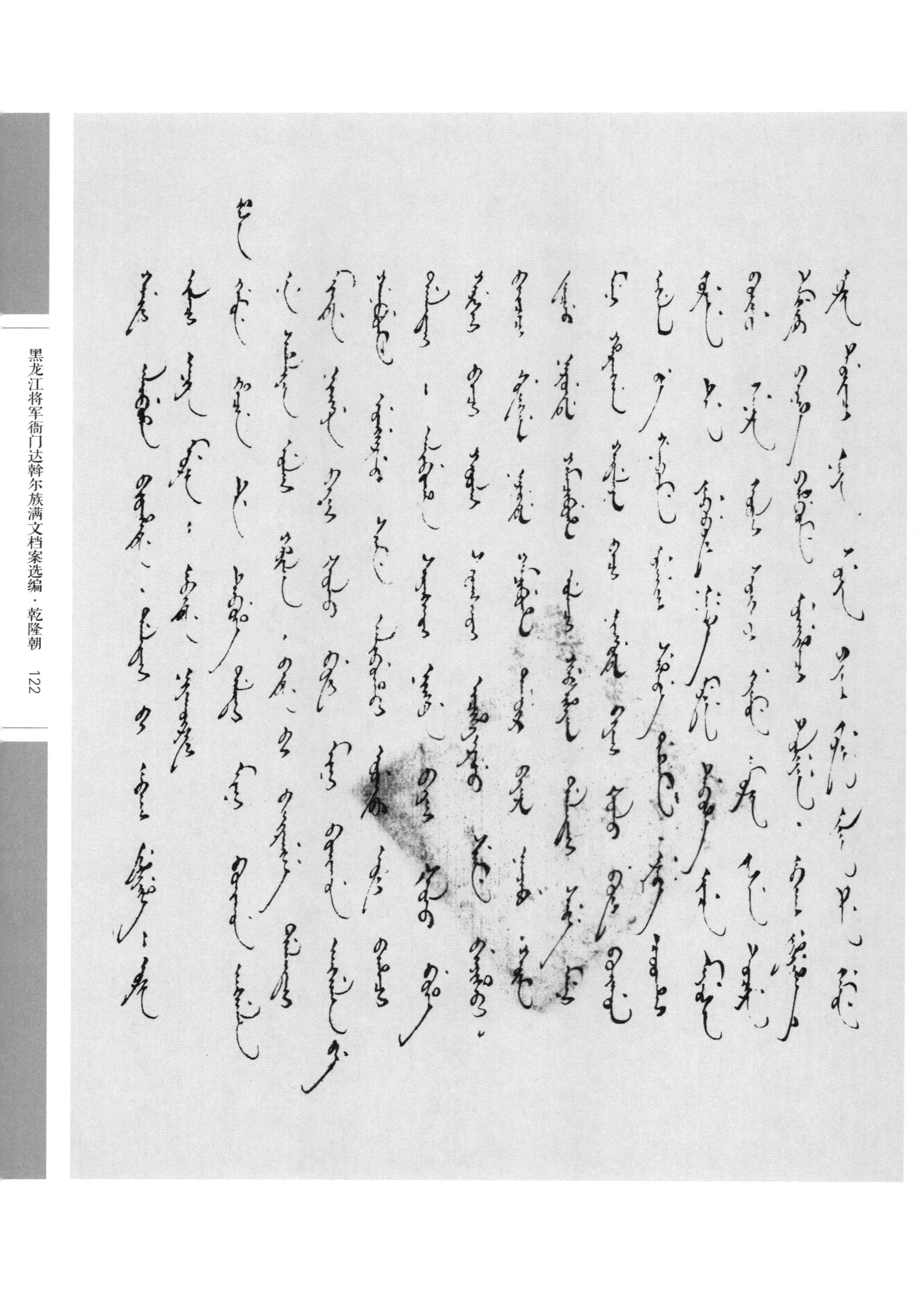

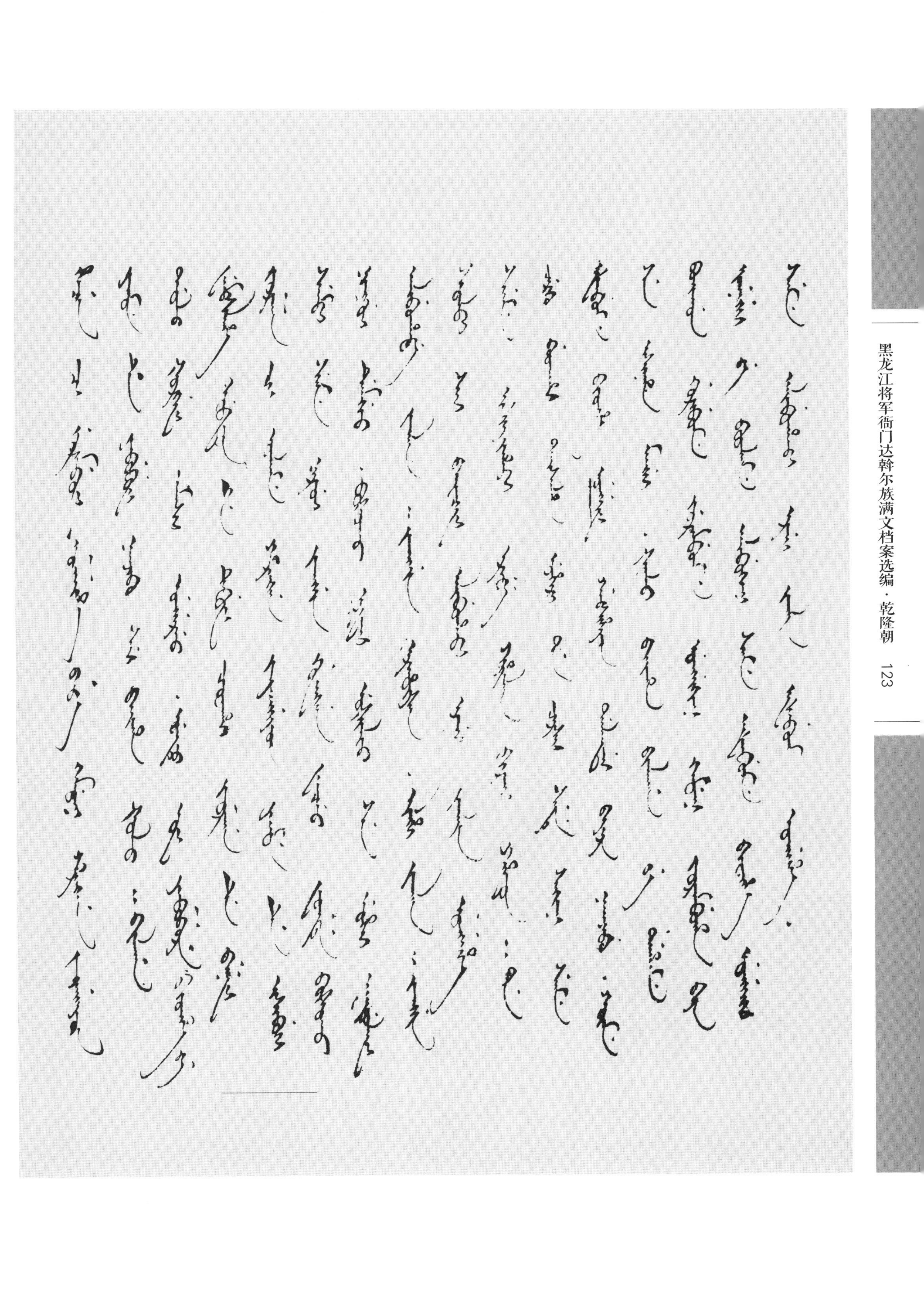

九九〇　黑龙江将军衙门为令布特哈索伦达斡尔等照例比丁造册送部事札署布特哈总管查尔赛等文

乾隆二十四年闰六月二十六日

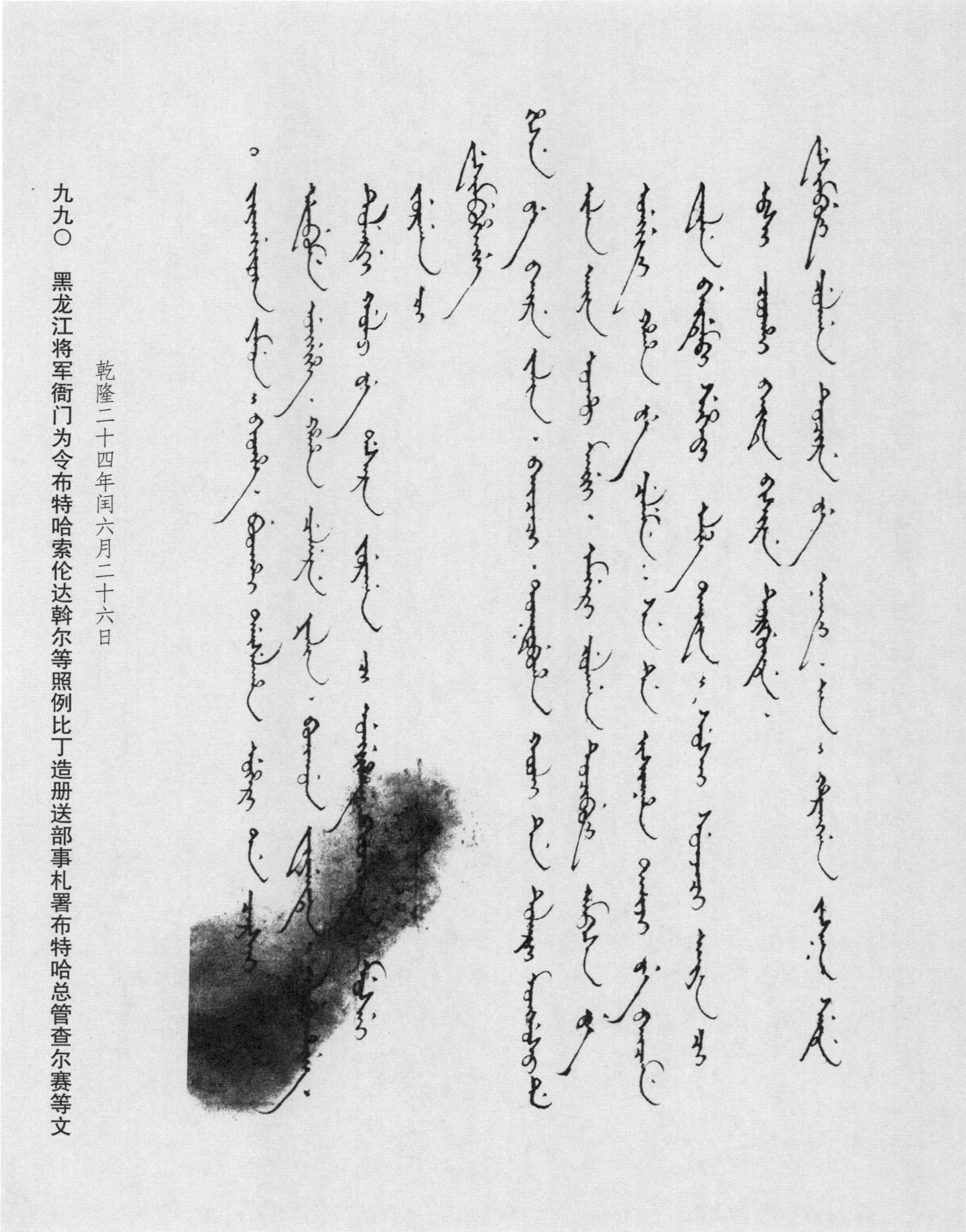

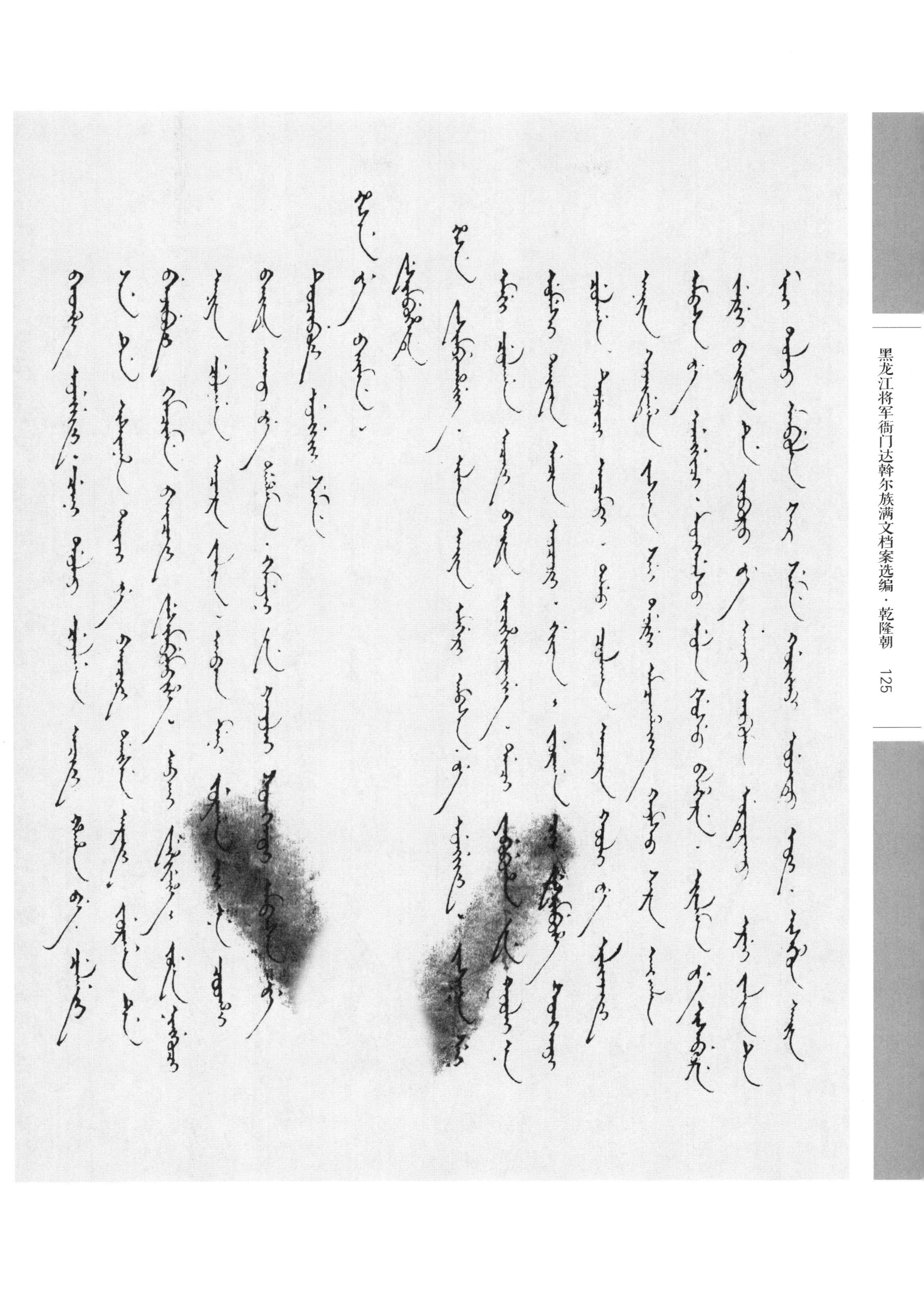

[illegible]

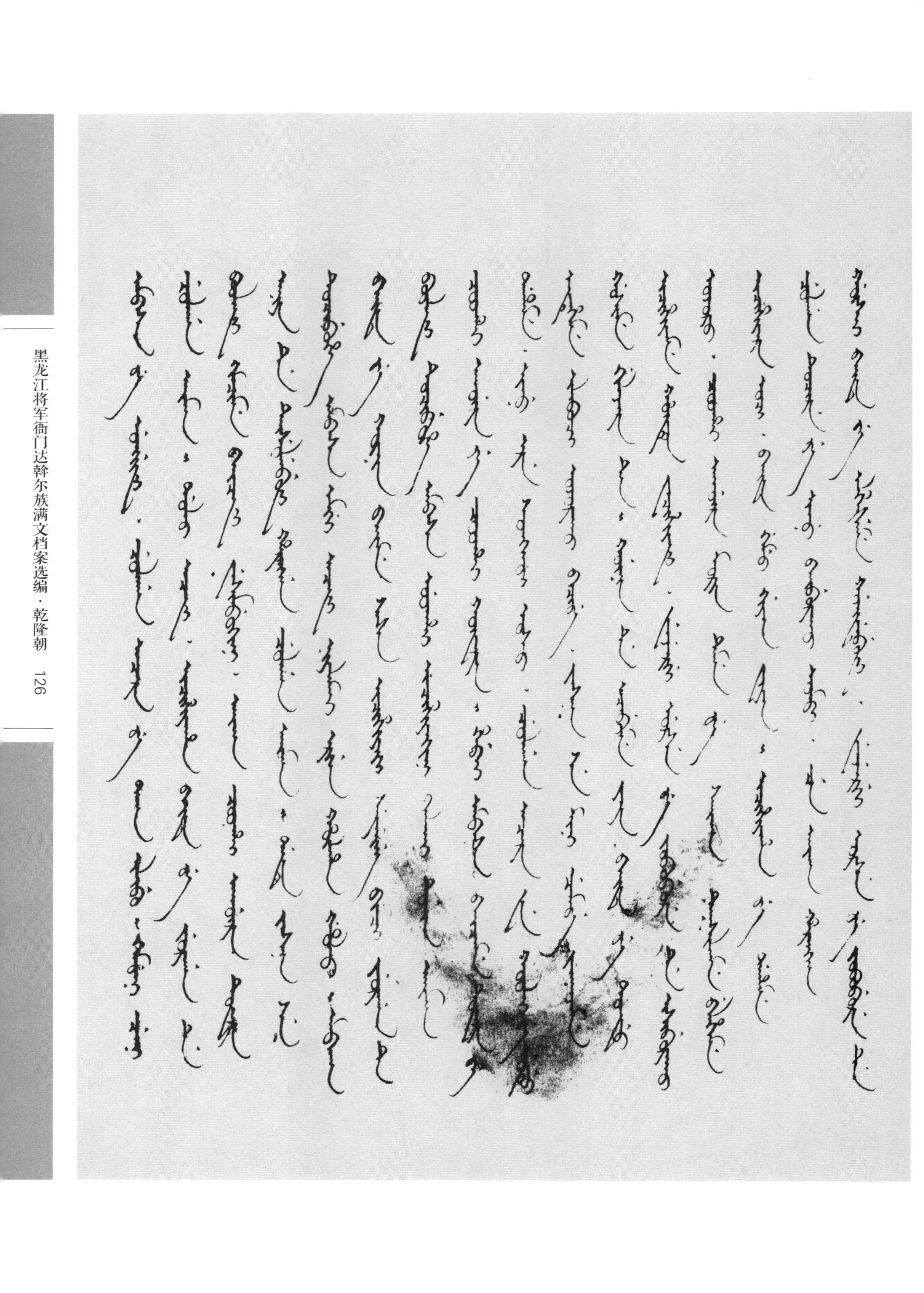

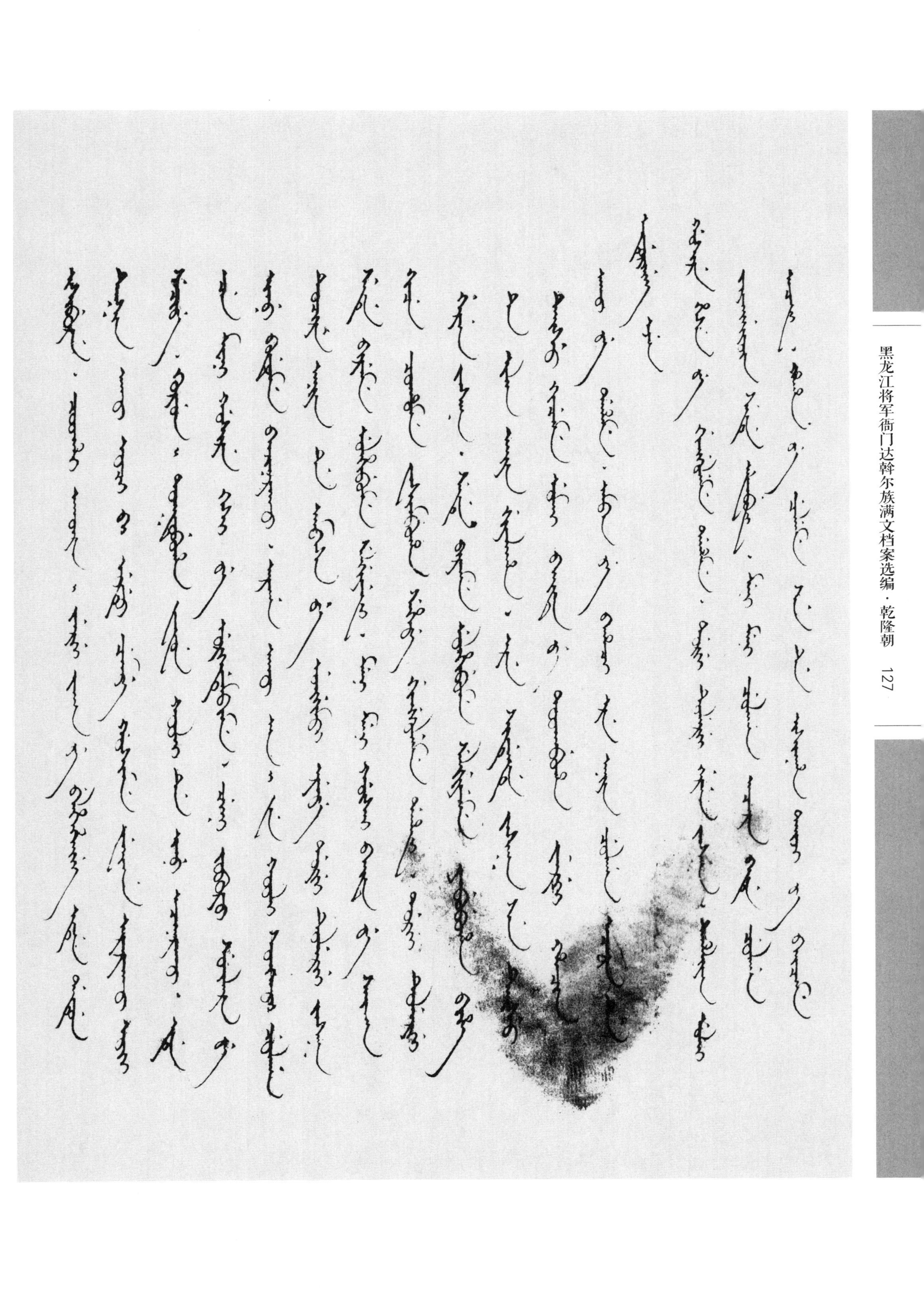

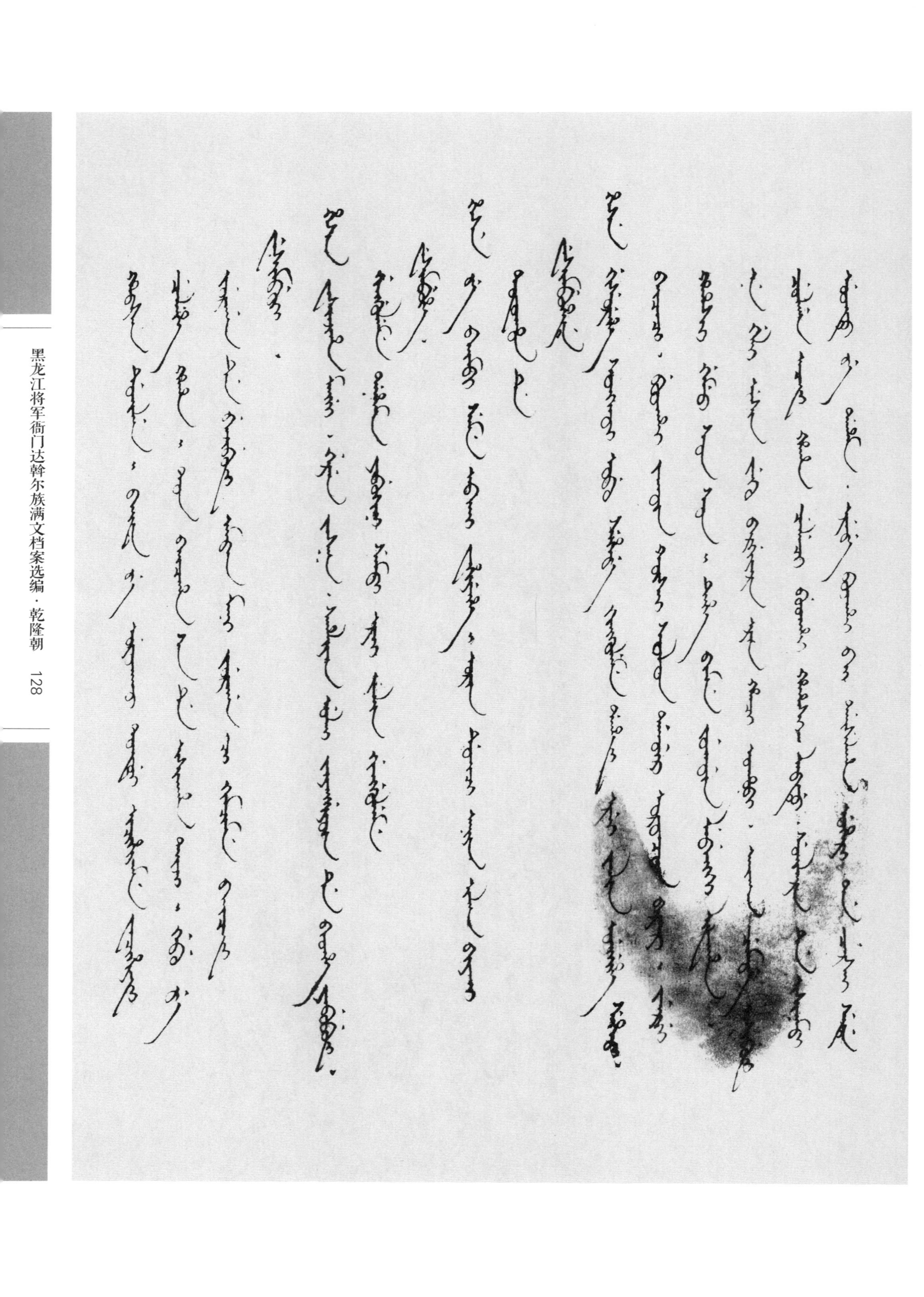

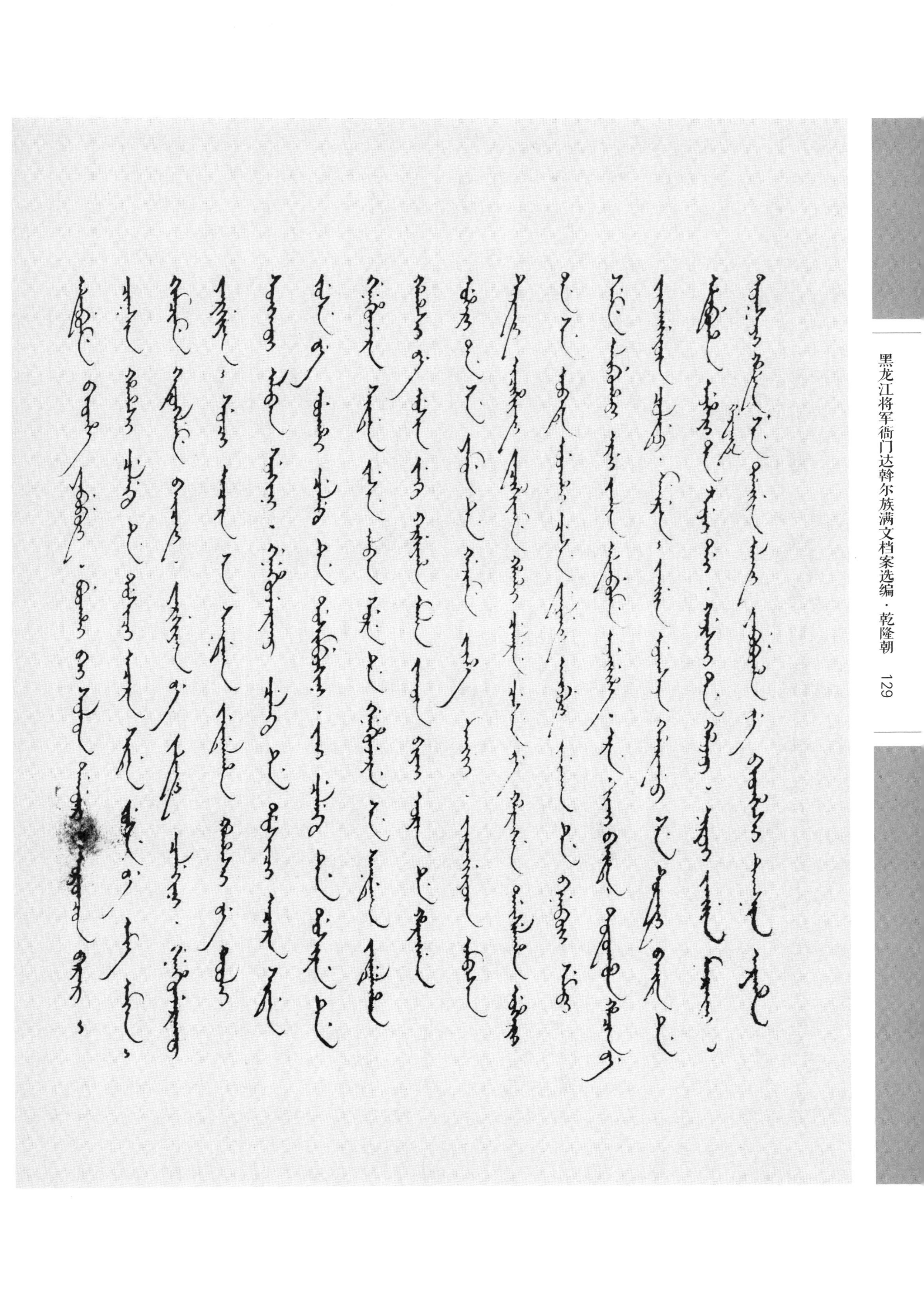

九九一　黑龙江将军衙门为令查报佐领骁骑校等缺应补满洲达斡尔等官员履历考语事咨黑龙江副都统

衙门文（附单一件）

乾隆二十四年七月初十日

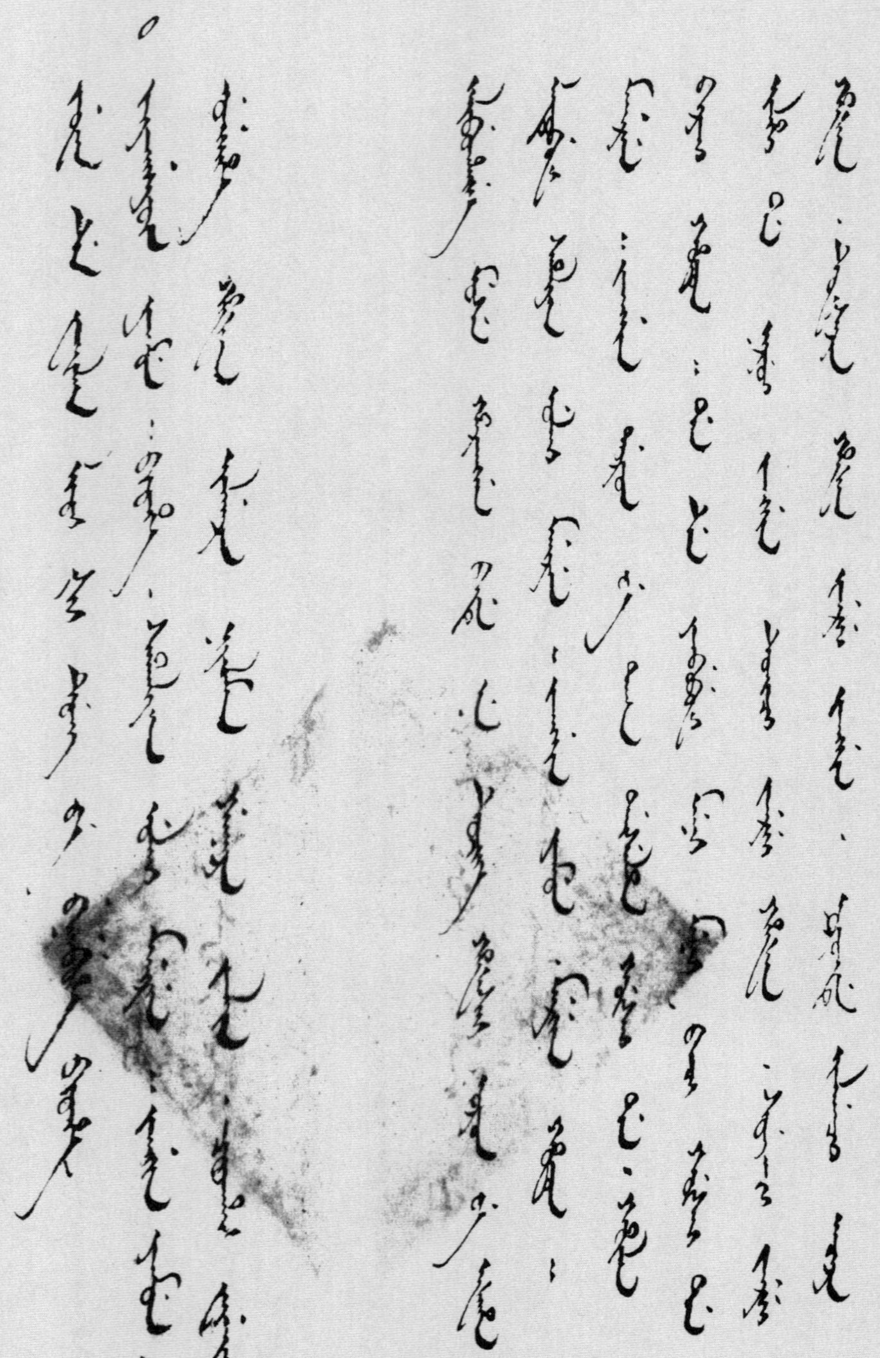

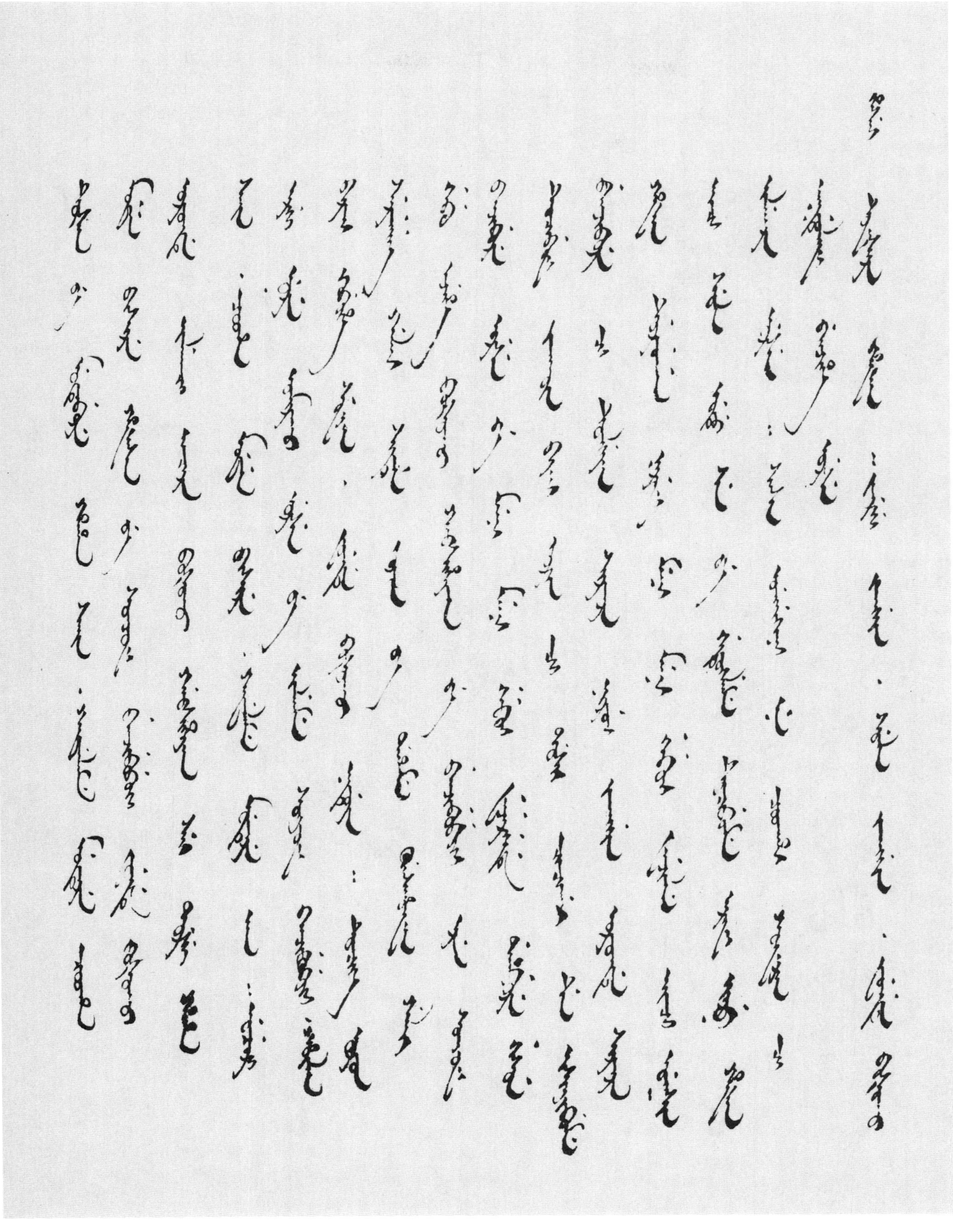

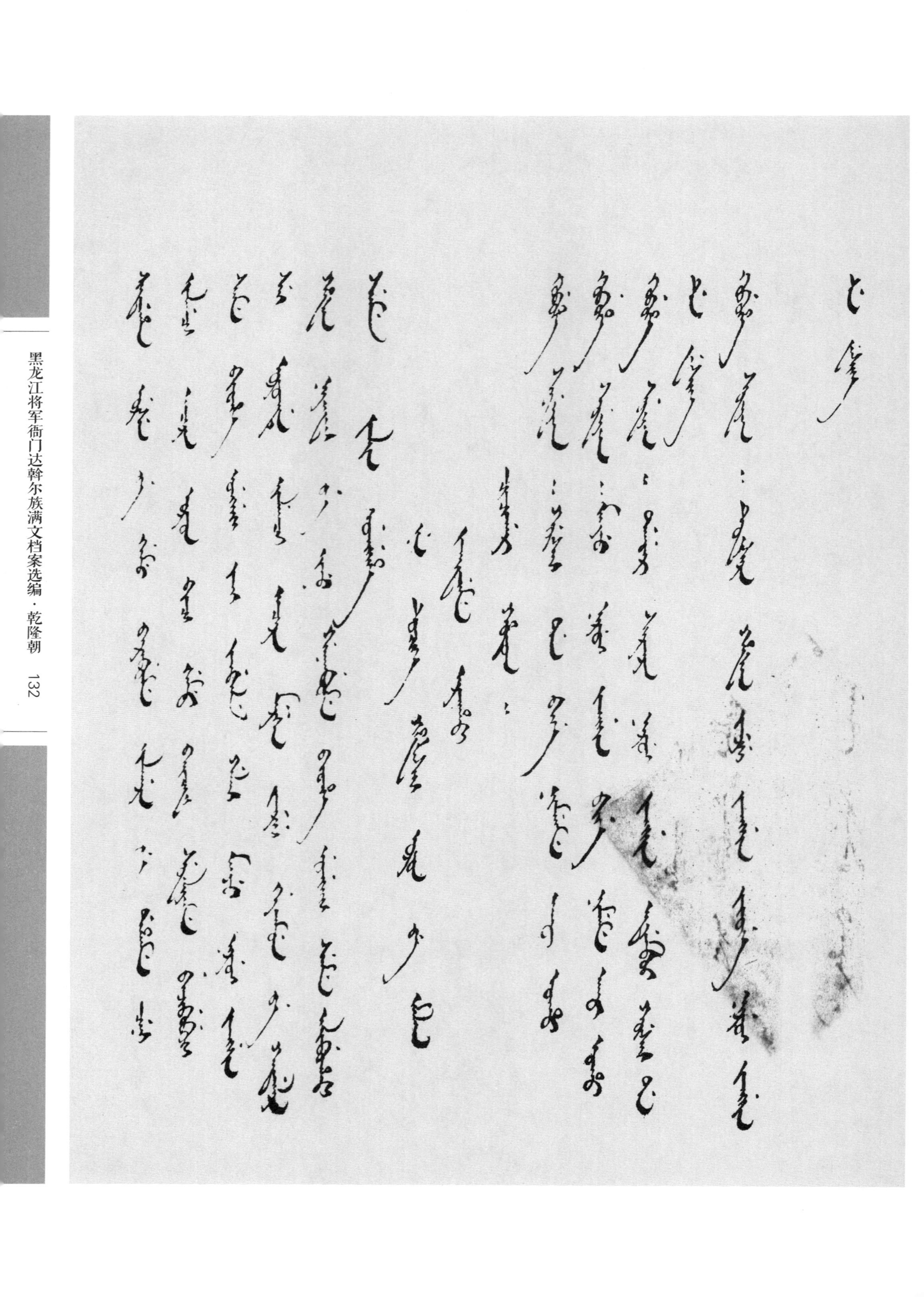

[illegible]

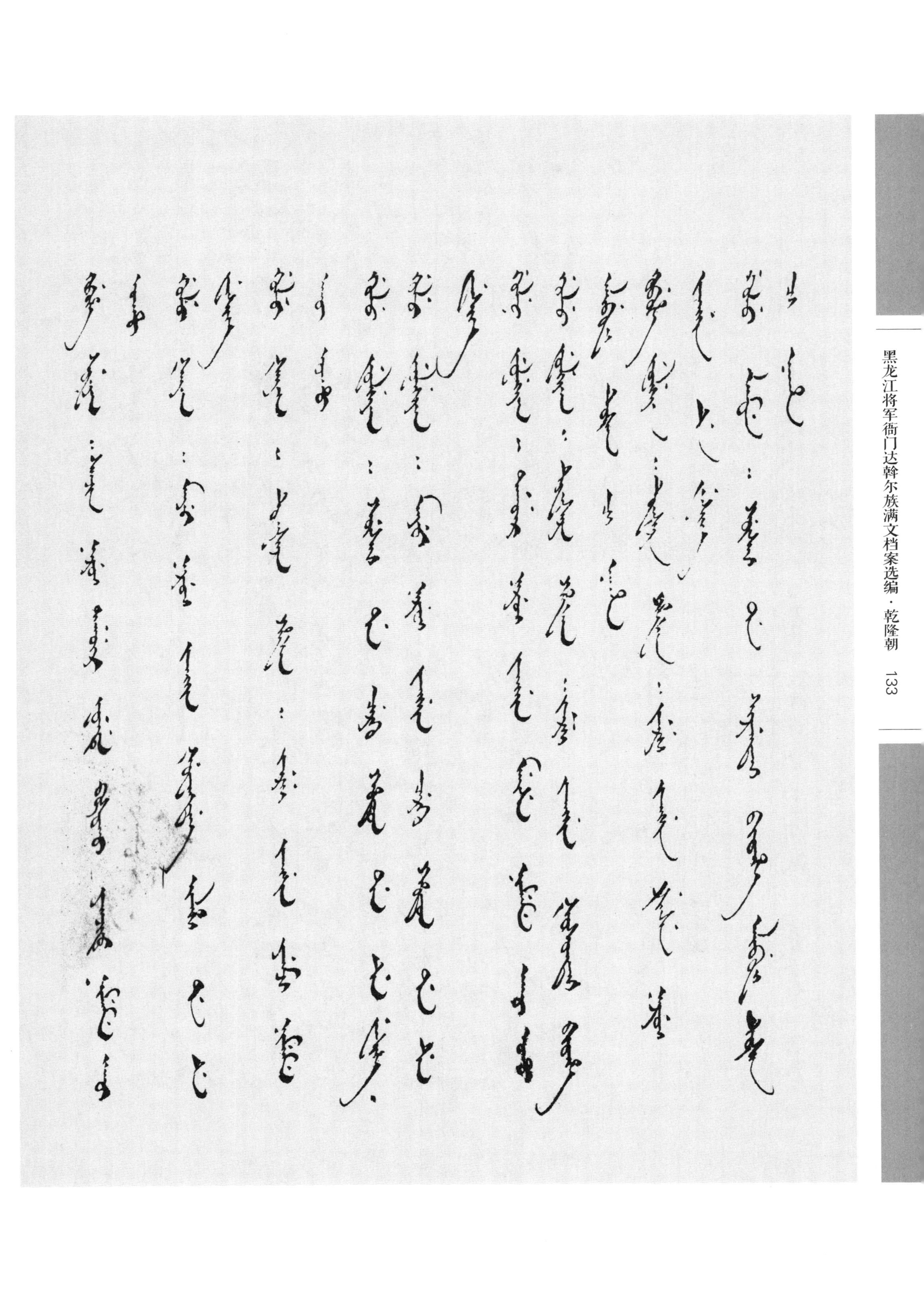

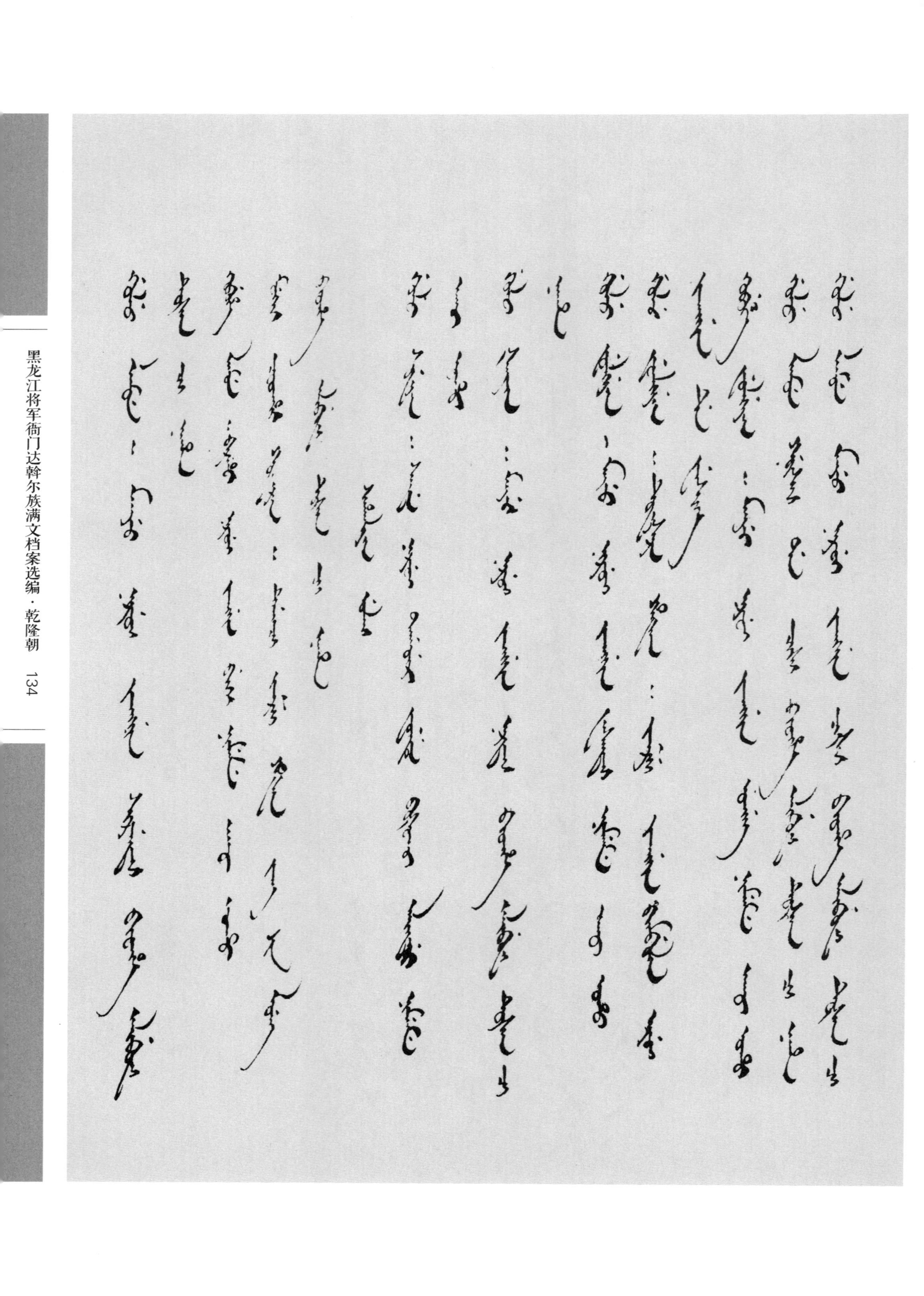

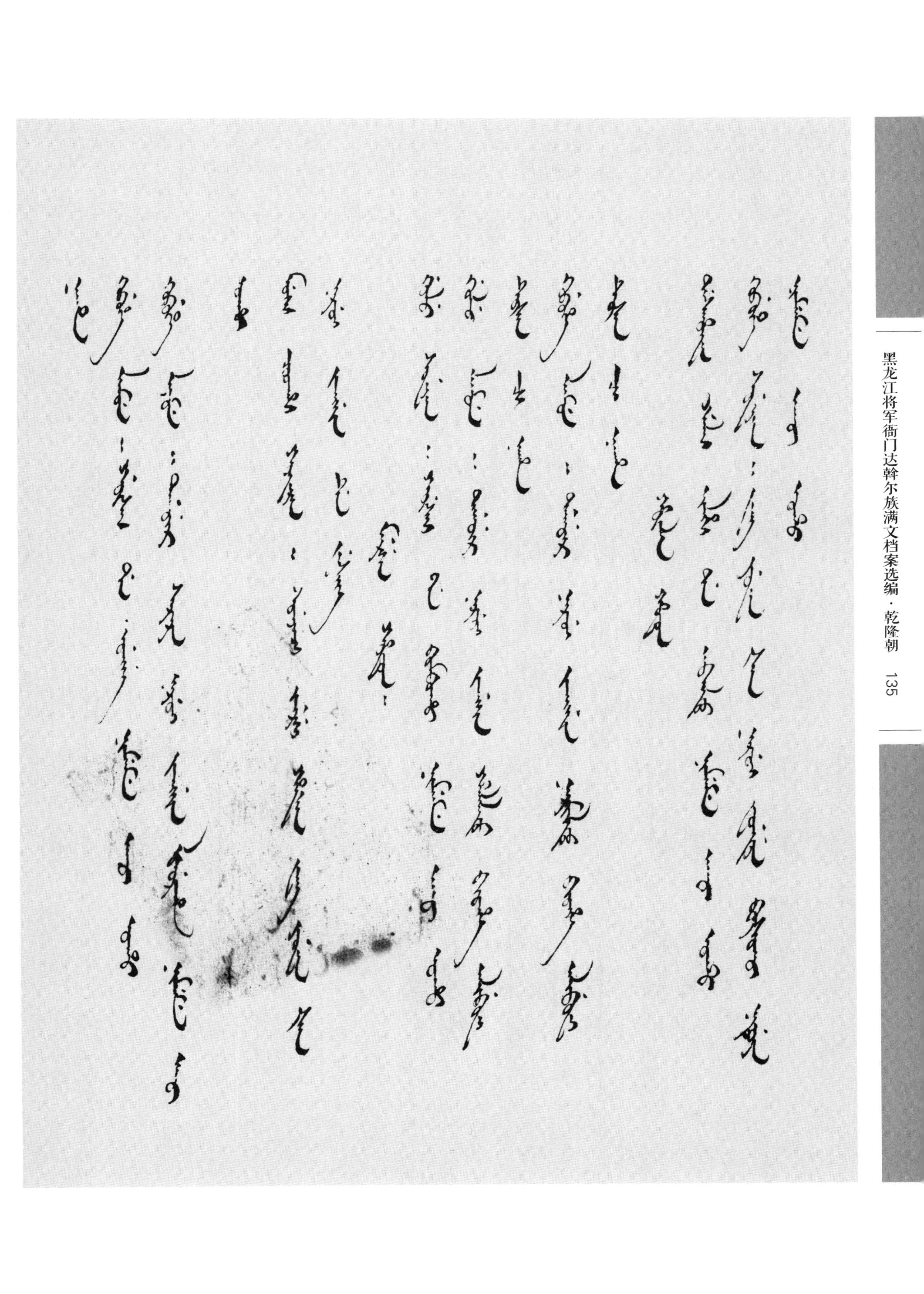

[illegible]

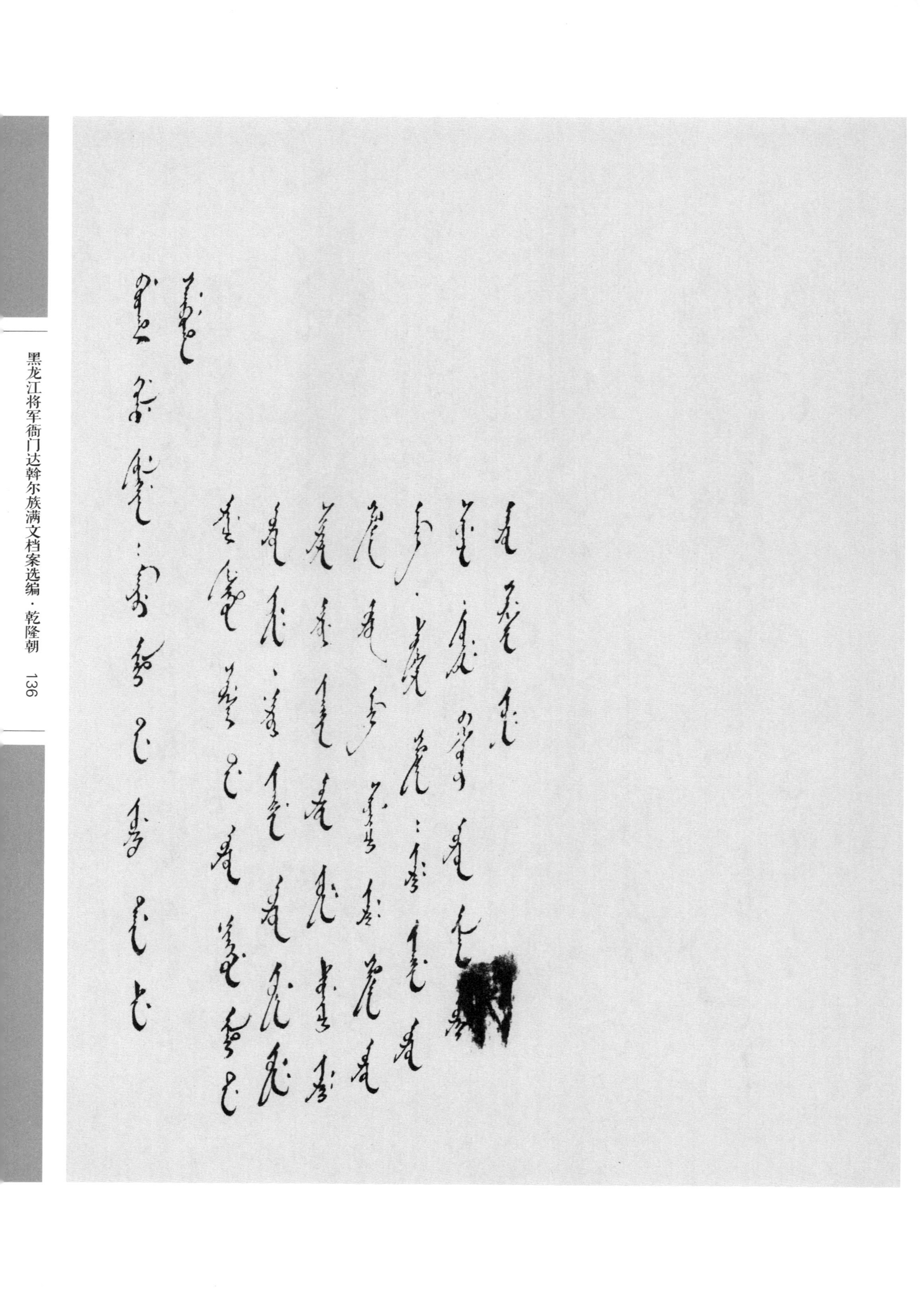

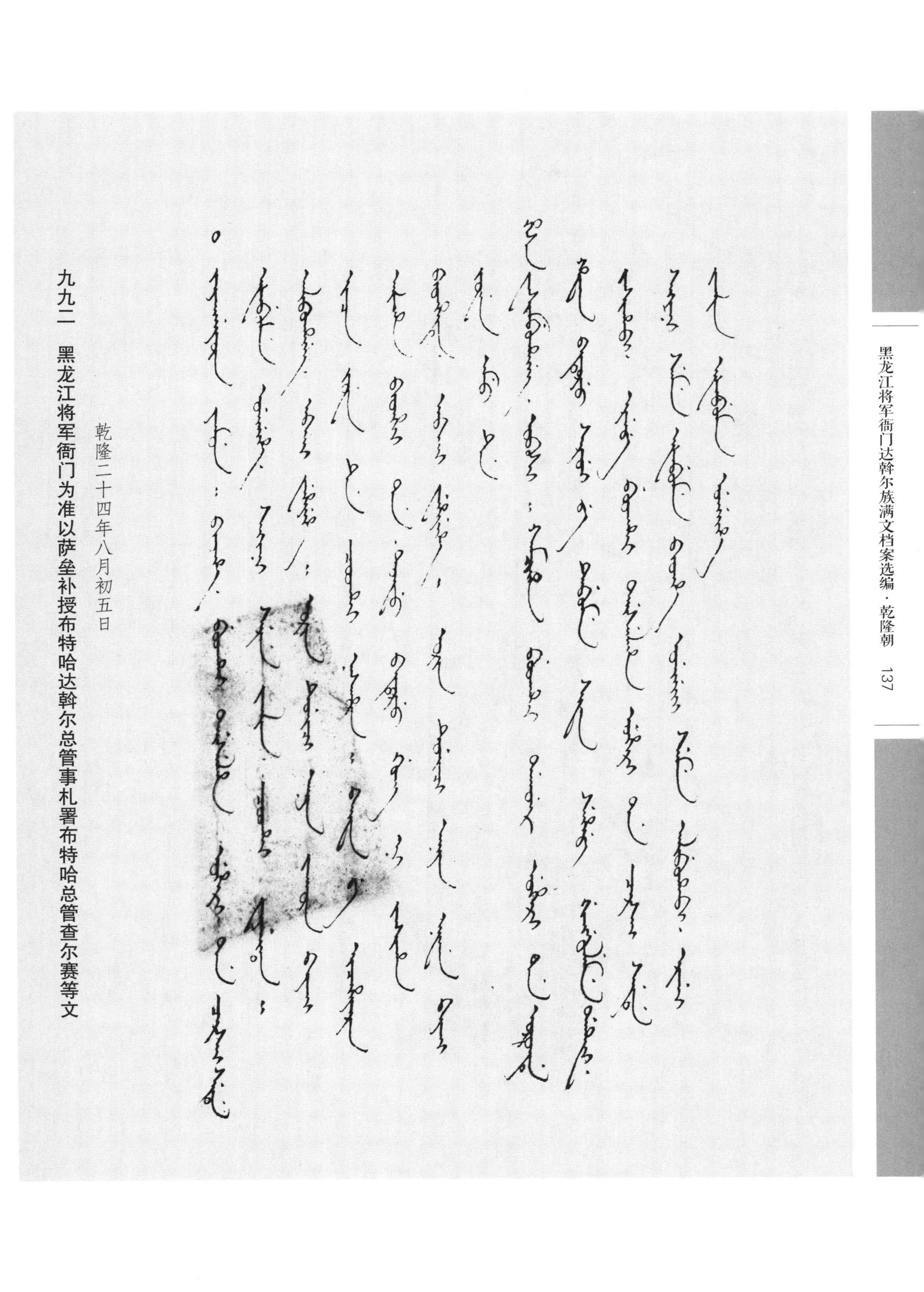

九九二　黑龙江将军衙门为准以萨垒补授布特哈达斡尔总管事札署布特哈总管查尔赛等文

乾隆二十四年八月初五日

九九三 黑龙江将军衙门为报布特哈索伦达斡尔等捕貂丁数并派员解送貂皮事咨理藩院文

乾隆二十四年八月十八日

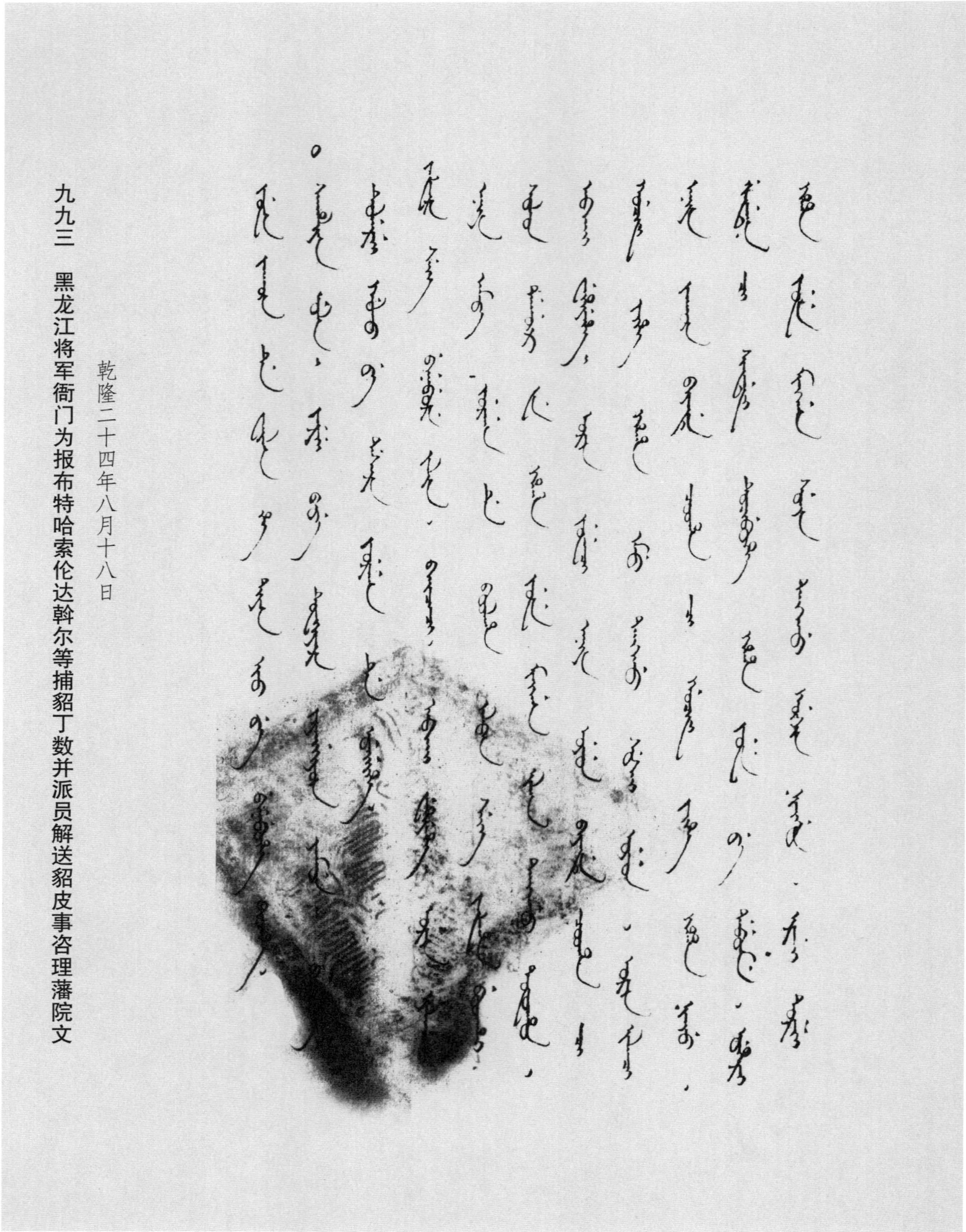

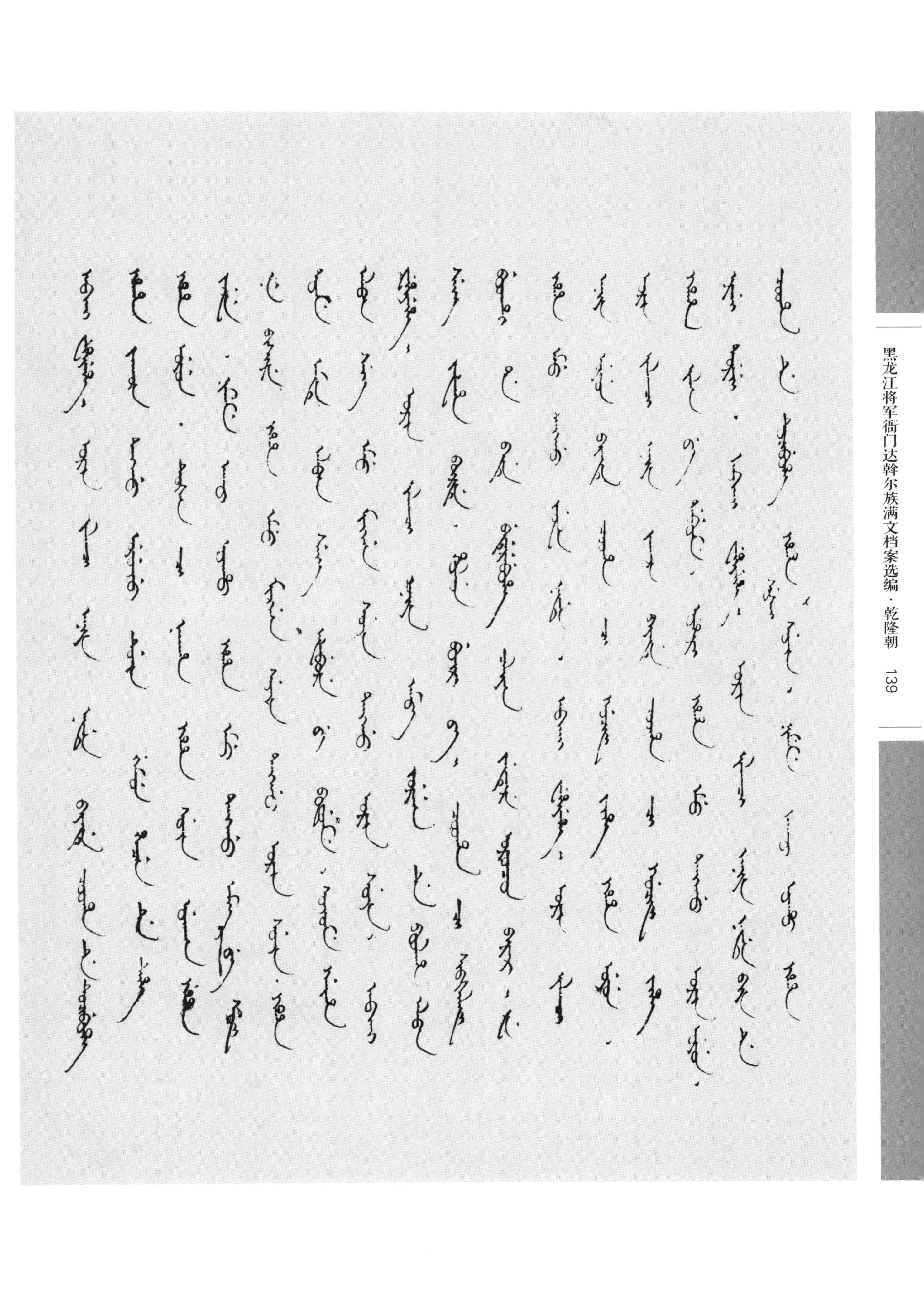

[illegible]

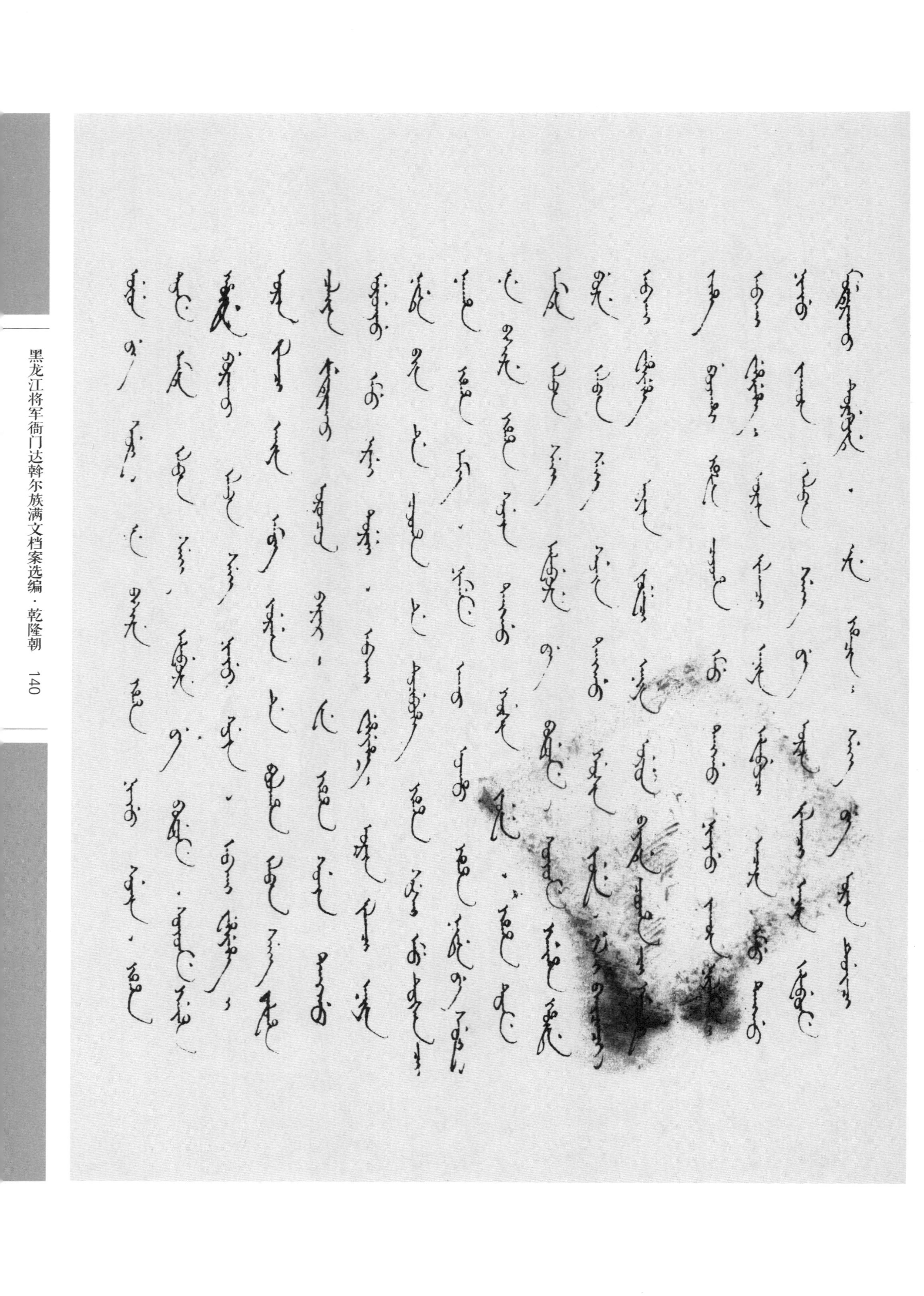

[illegible]

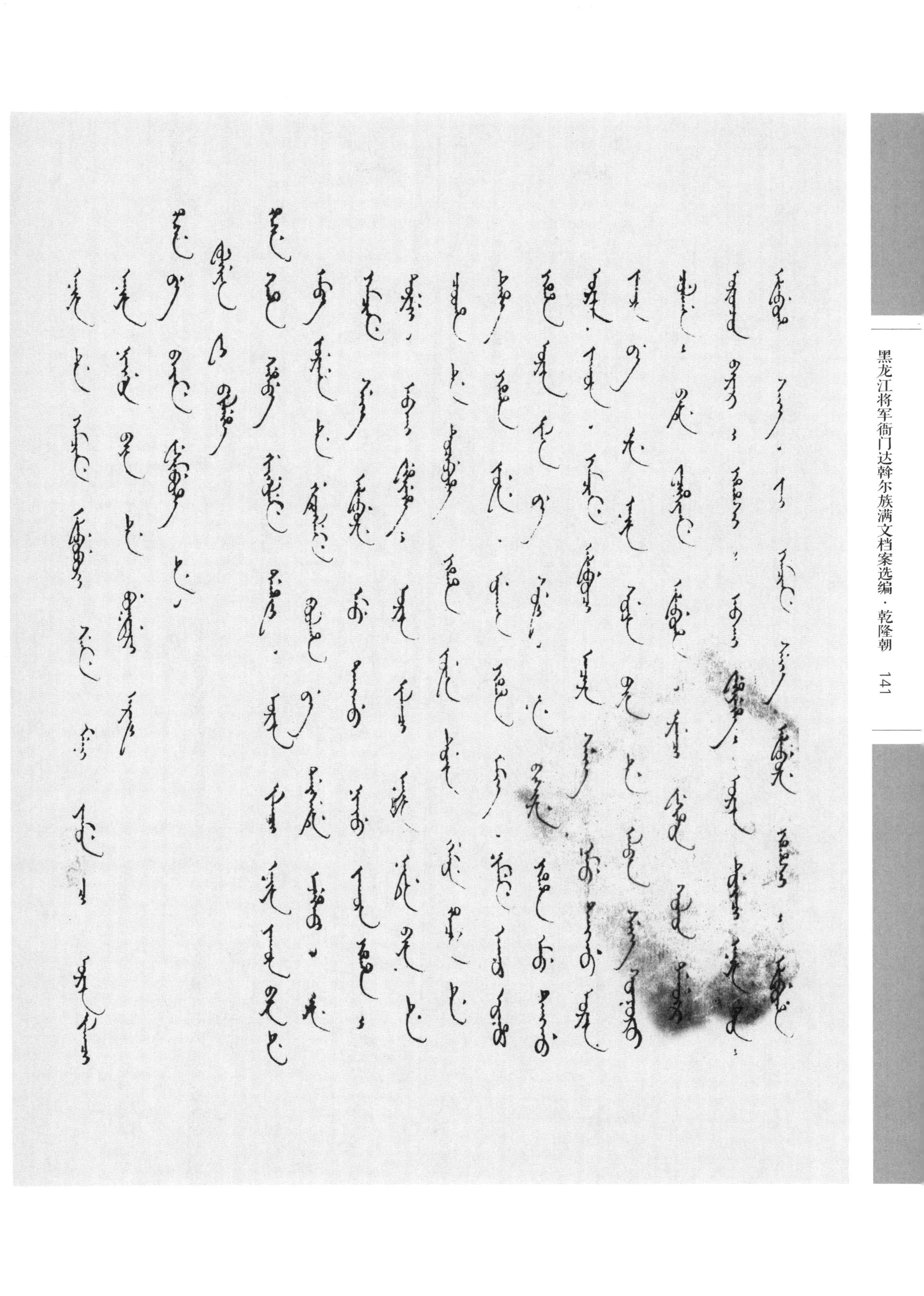

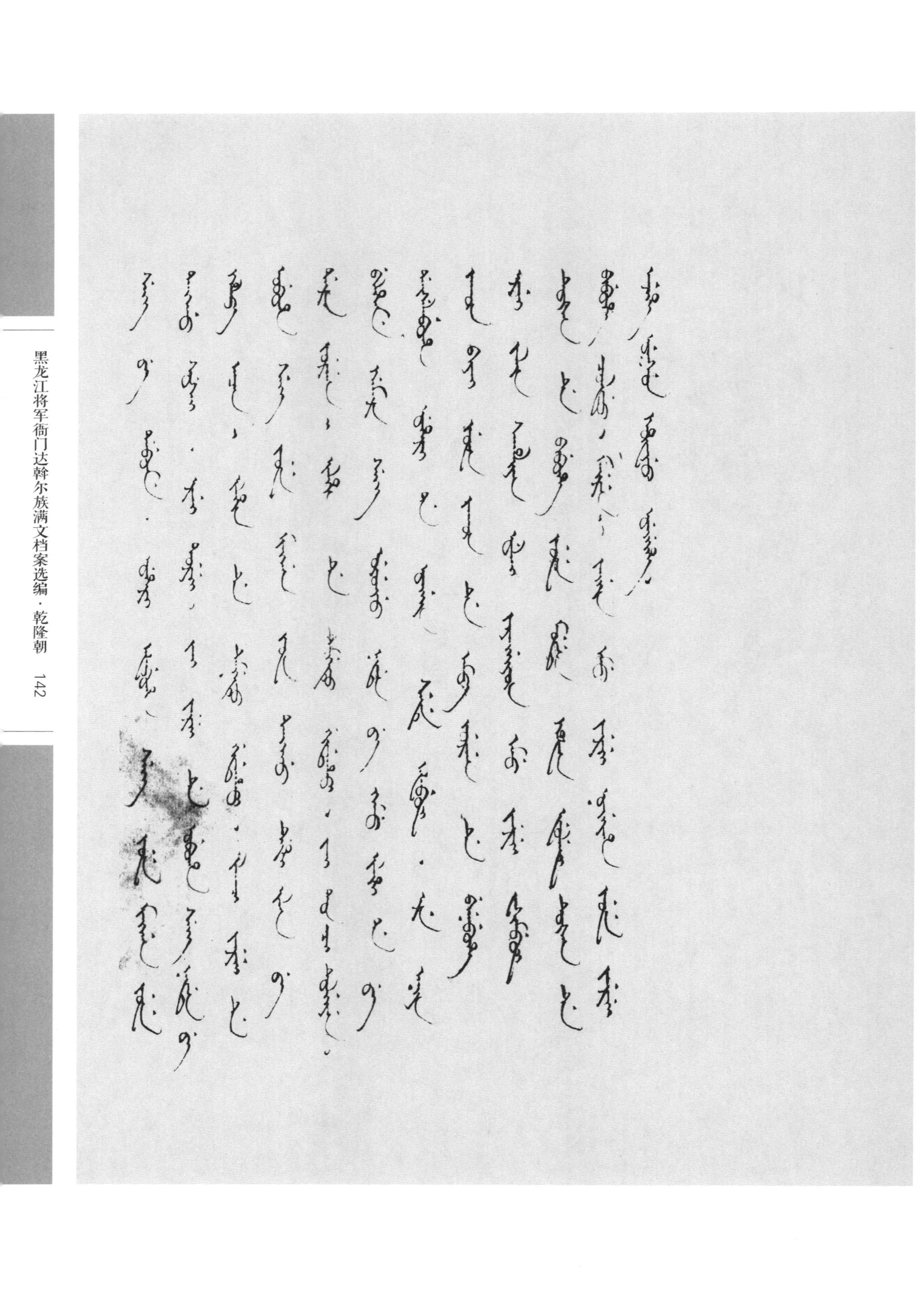

九九四 黑龙江将军衙门为墨尔根城镶蓝旗达斡尔佐领尼尔弥勒图休致出缺拟选骁骑校博木博礼引见事咨兵部文

乾隆二十四年九月十三日

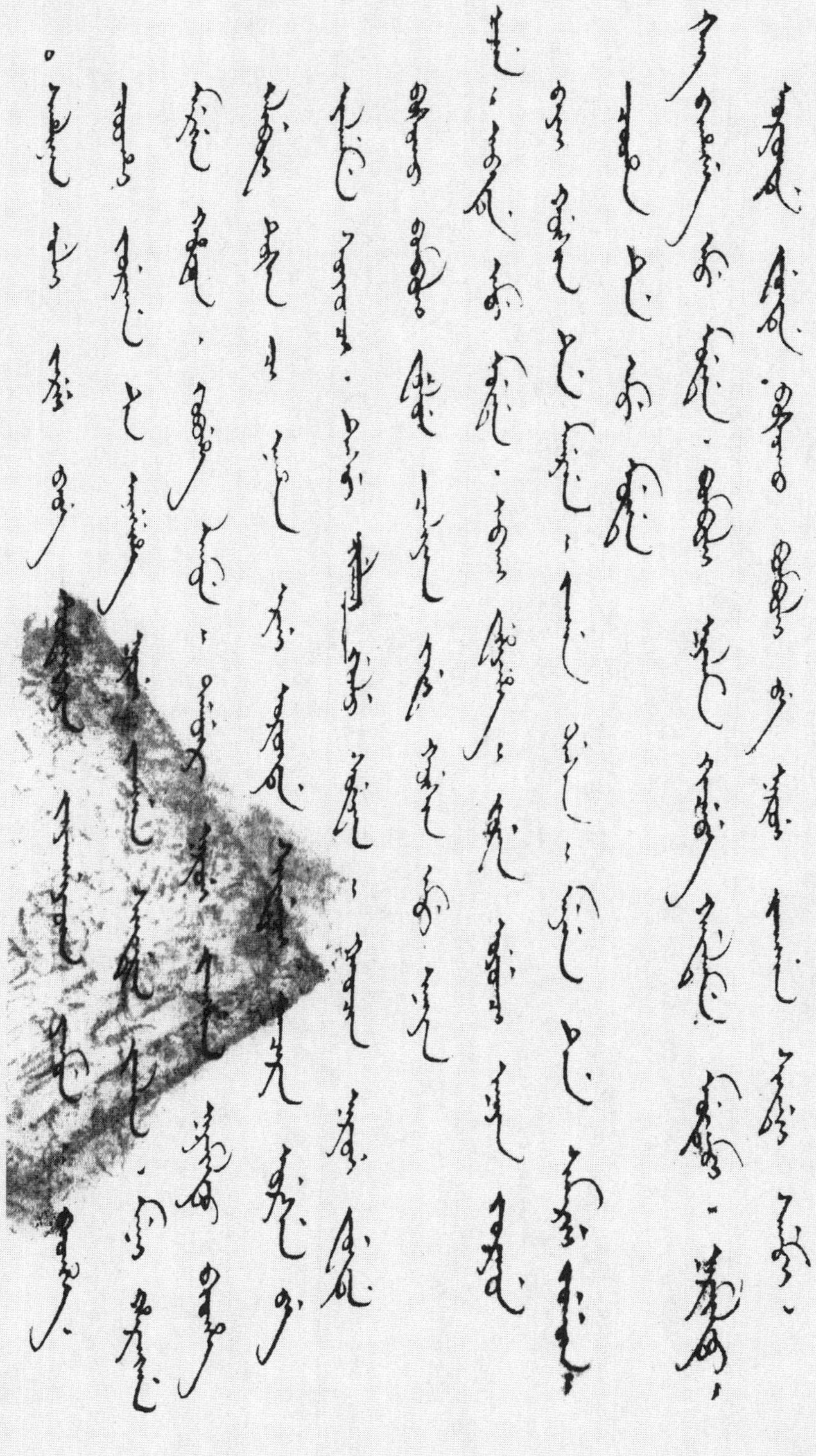

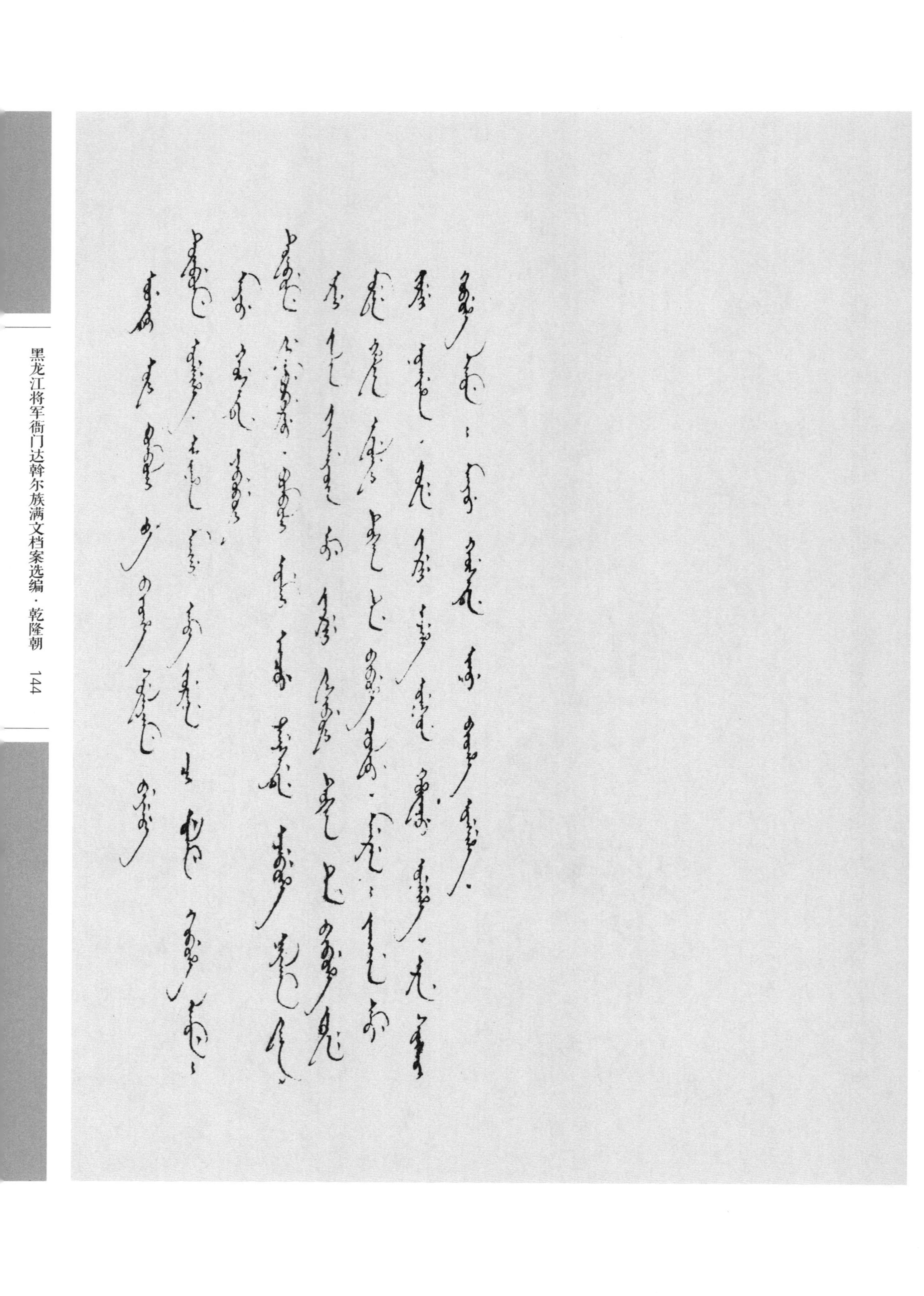

[illegible]

九九五 黑龙江将军衙门为墨尔根城正蓝旗达斡尔佐领哈喇勒图休致出缺拟选骁骑校喀尔库引见事咨兵部文

乾隆二十四年九月十三日

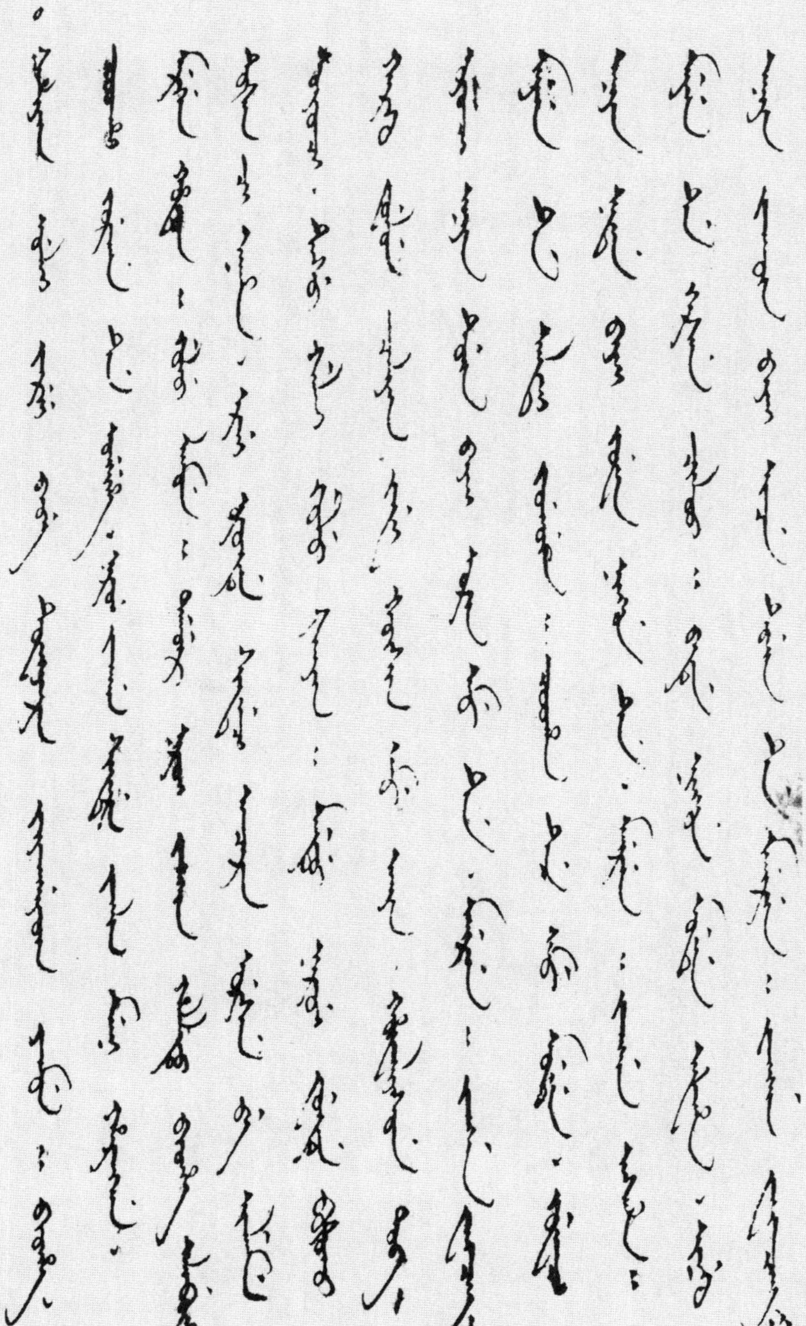

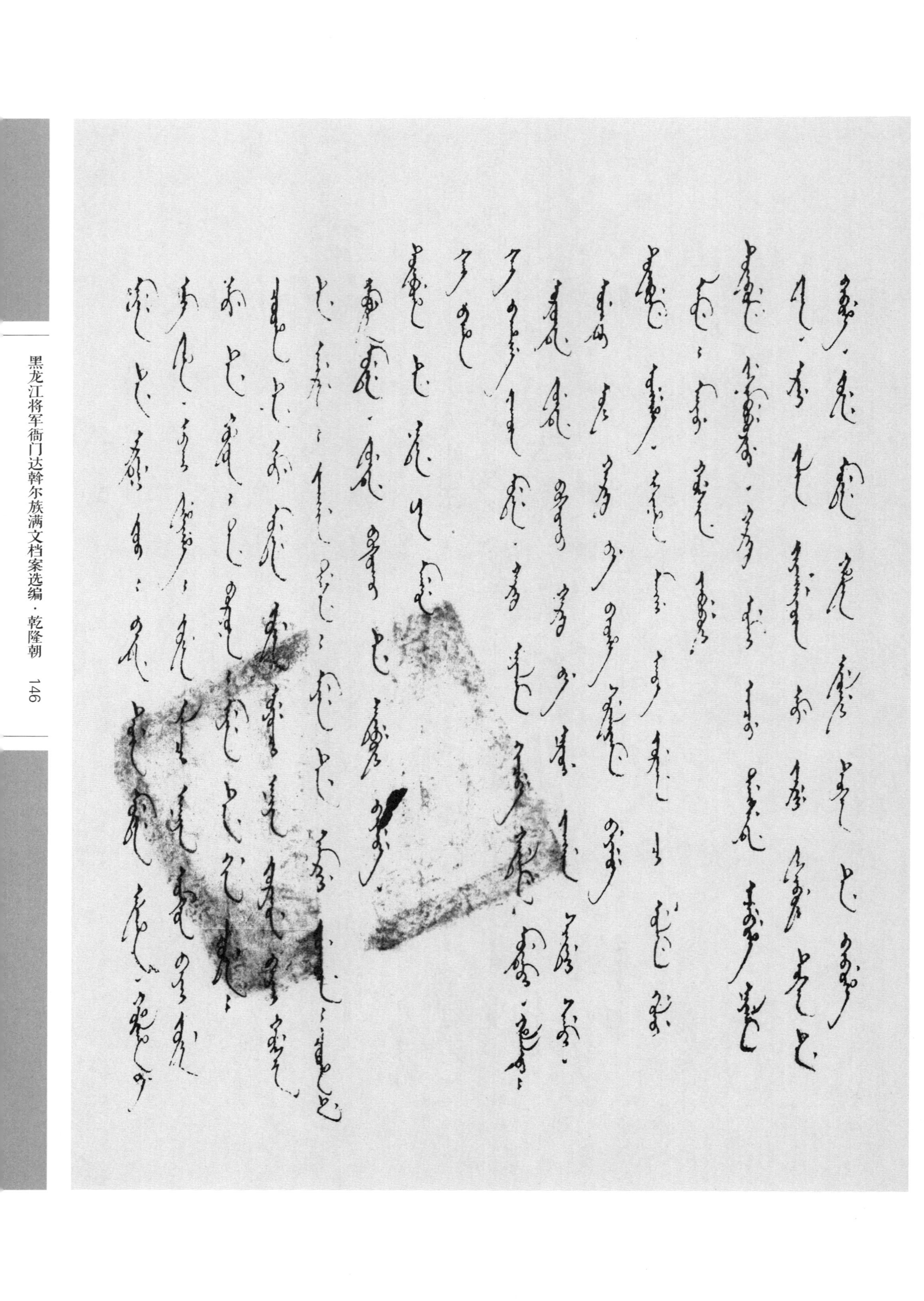

[illegible]

九九六　黑龙江将军衙门为齐齐哈尔城正红旗达斡尔佐领梅色病故出缺拟选骁骑校阿尔屯引见事咨兵部文

乾隆二十四年九月十三日

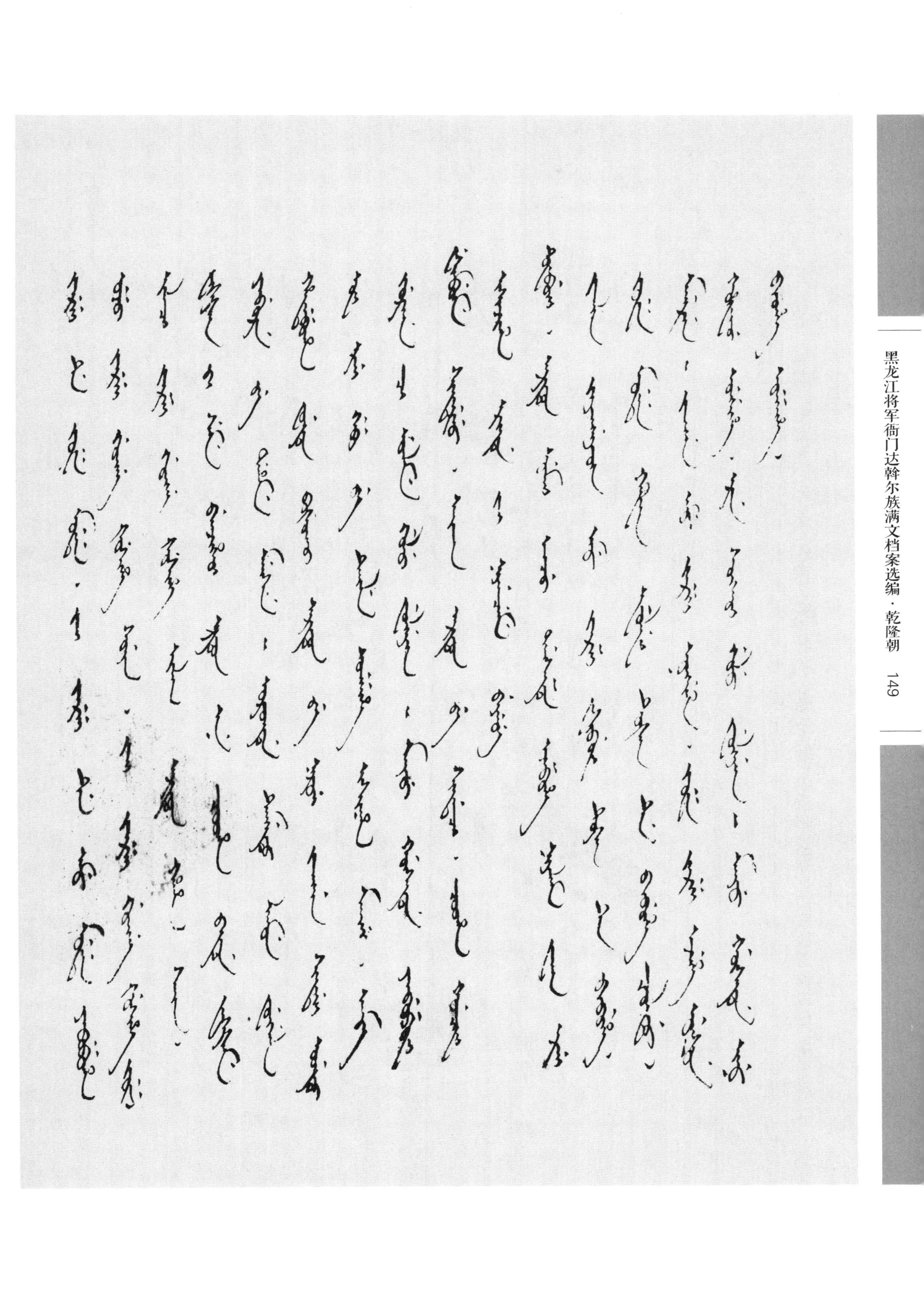

[illegible]

九九七 黑龙江将军衙门为黑龙江城正黄旗散达佐领下达斡尔骁骑校阿林岱病故出缺拟定正陪人员引见事咨兵部文

乾隆二十四年九月十三日

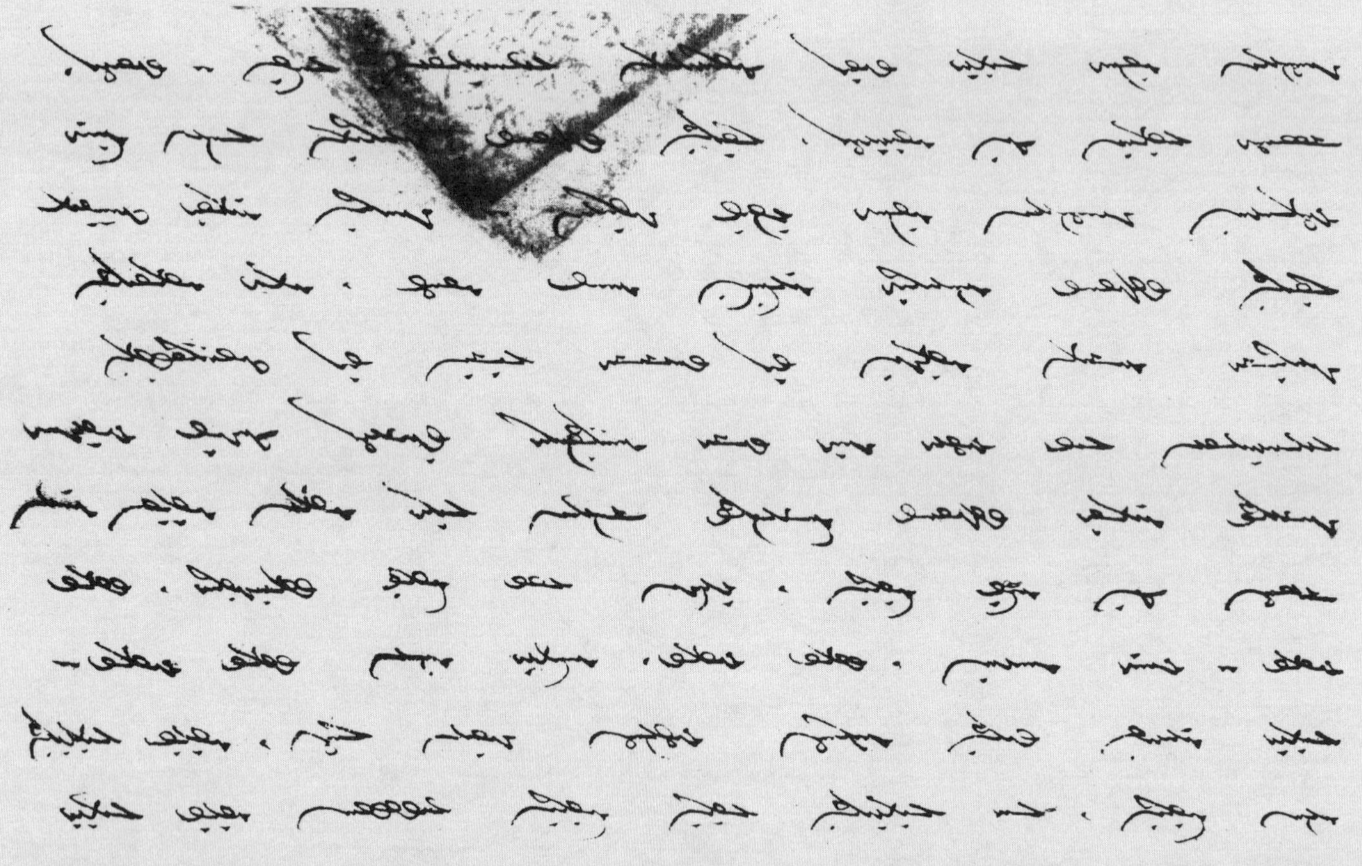

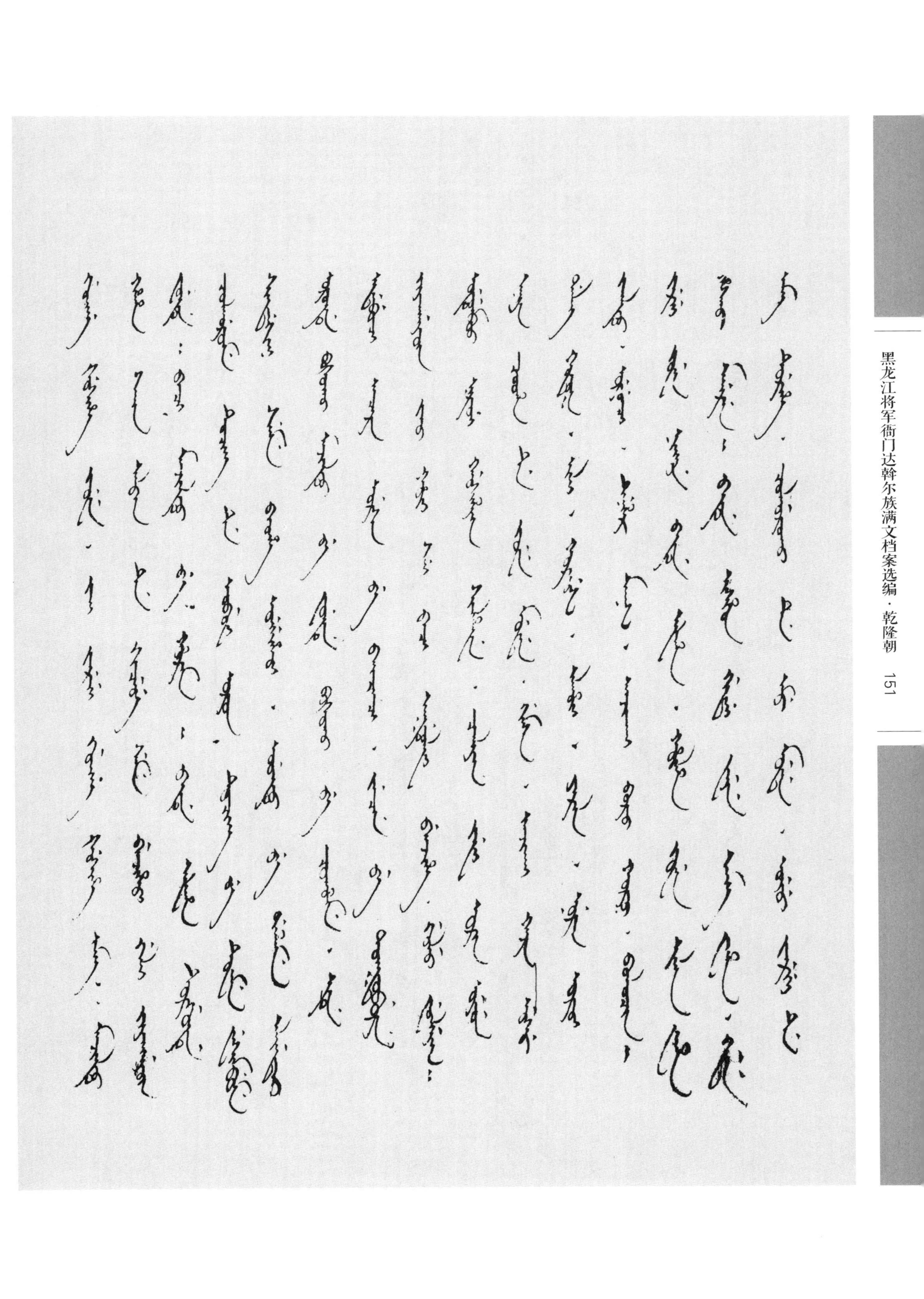

[illegible]

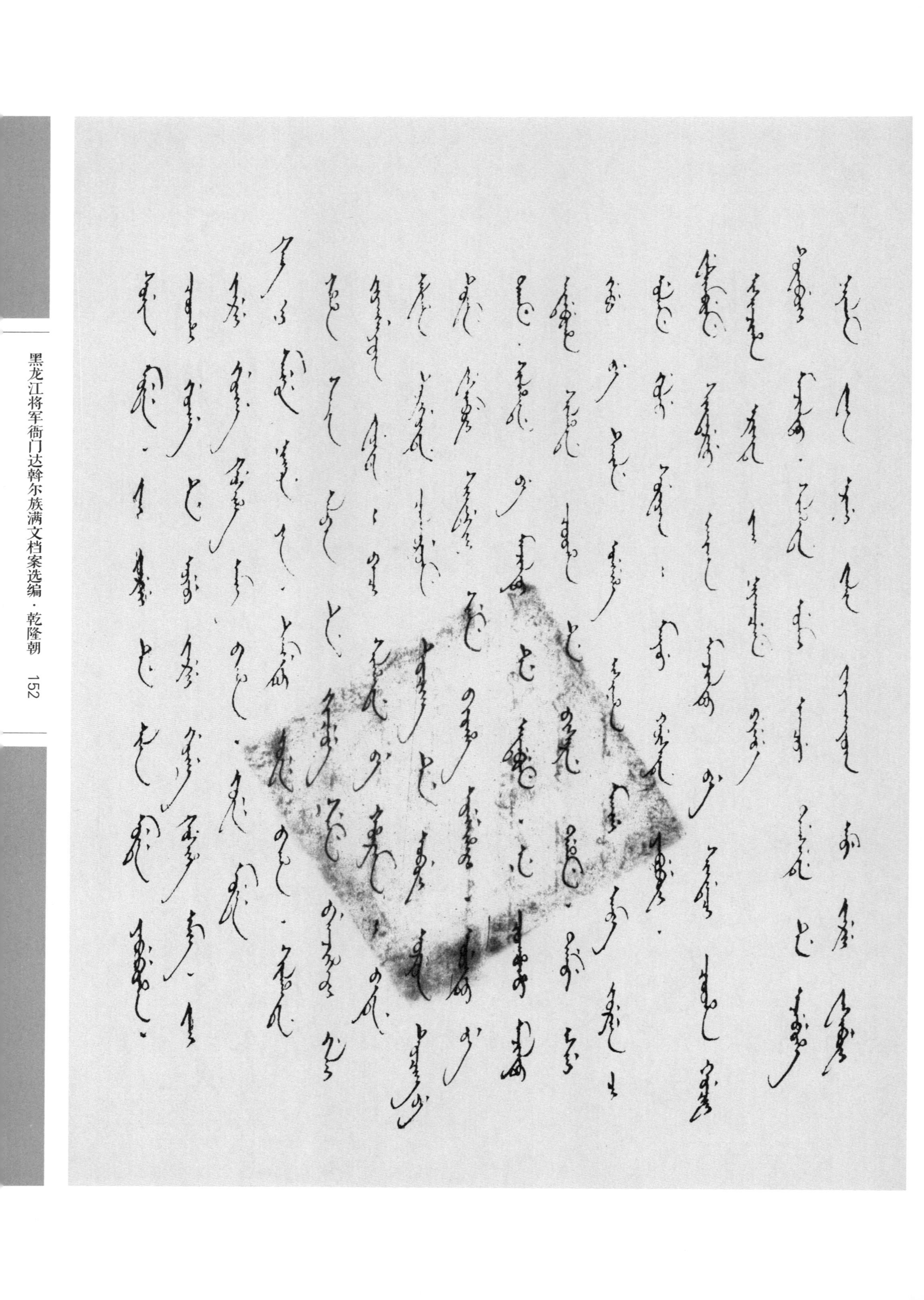

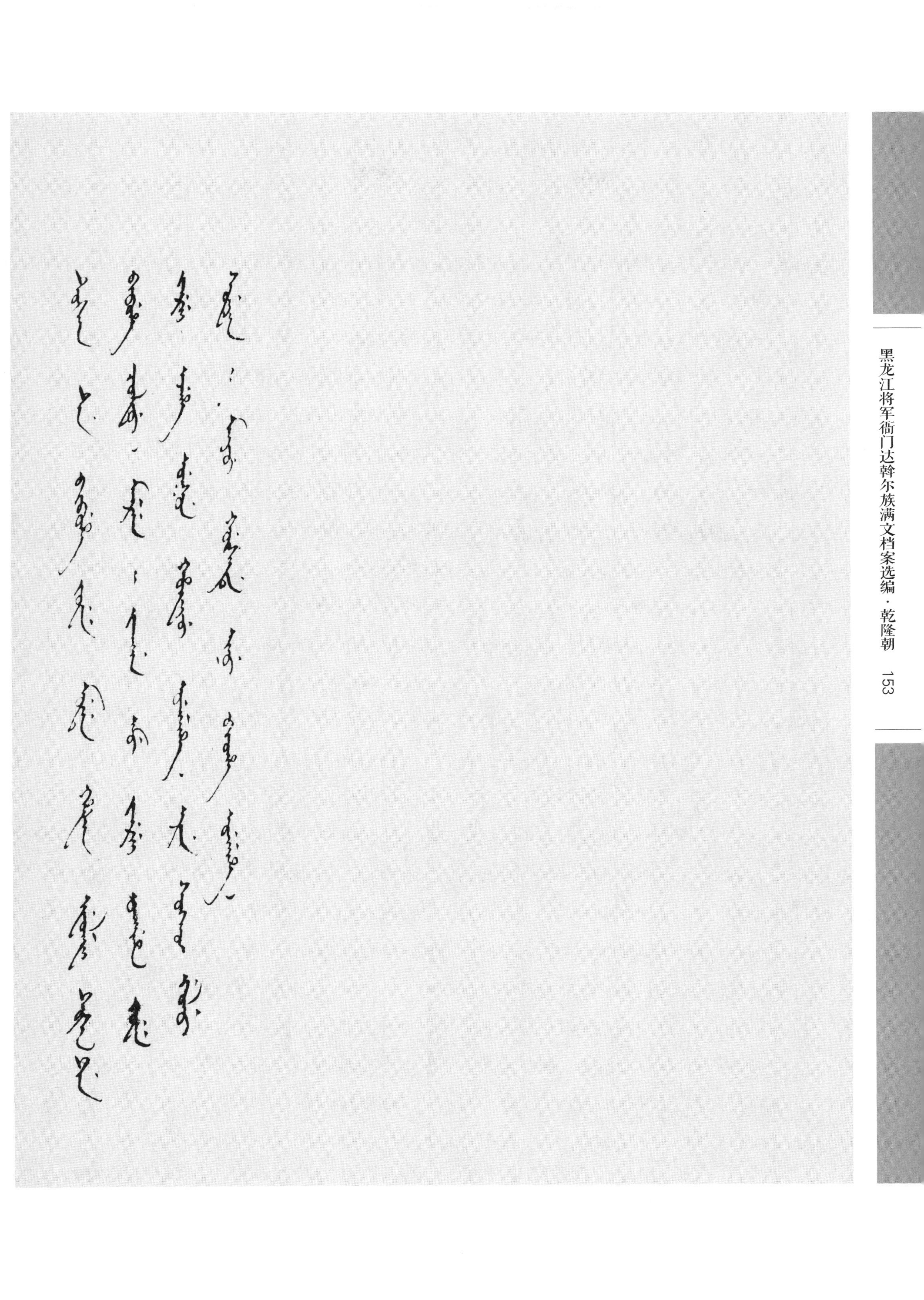

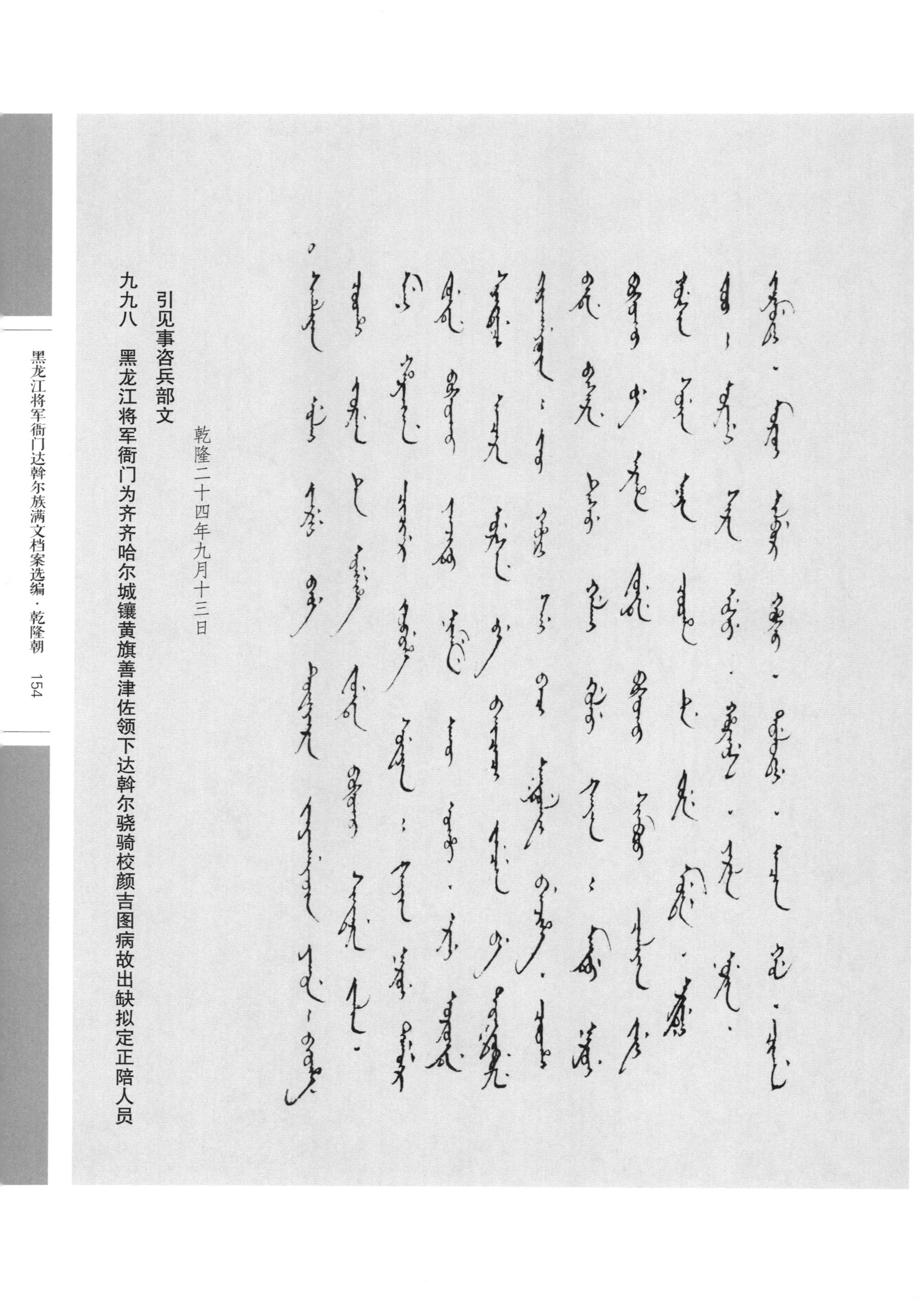

九九八　黑龙江将军衙门为齐齐哈尔城镶黄旗善津佐领下达斡尔骁骑校颜吉图病故出缺拟定正陪人员引见事咨兵部文

乾隆二十四年九月十三日

[illegible]

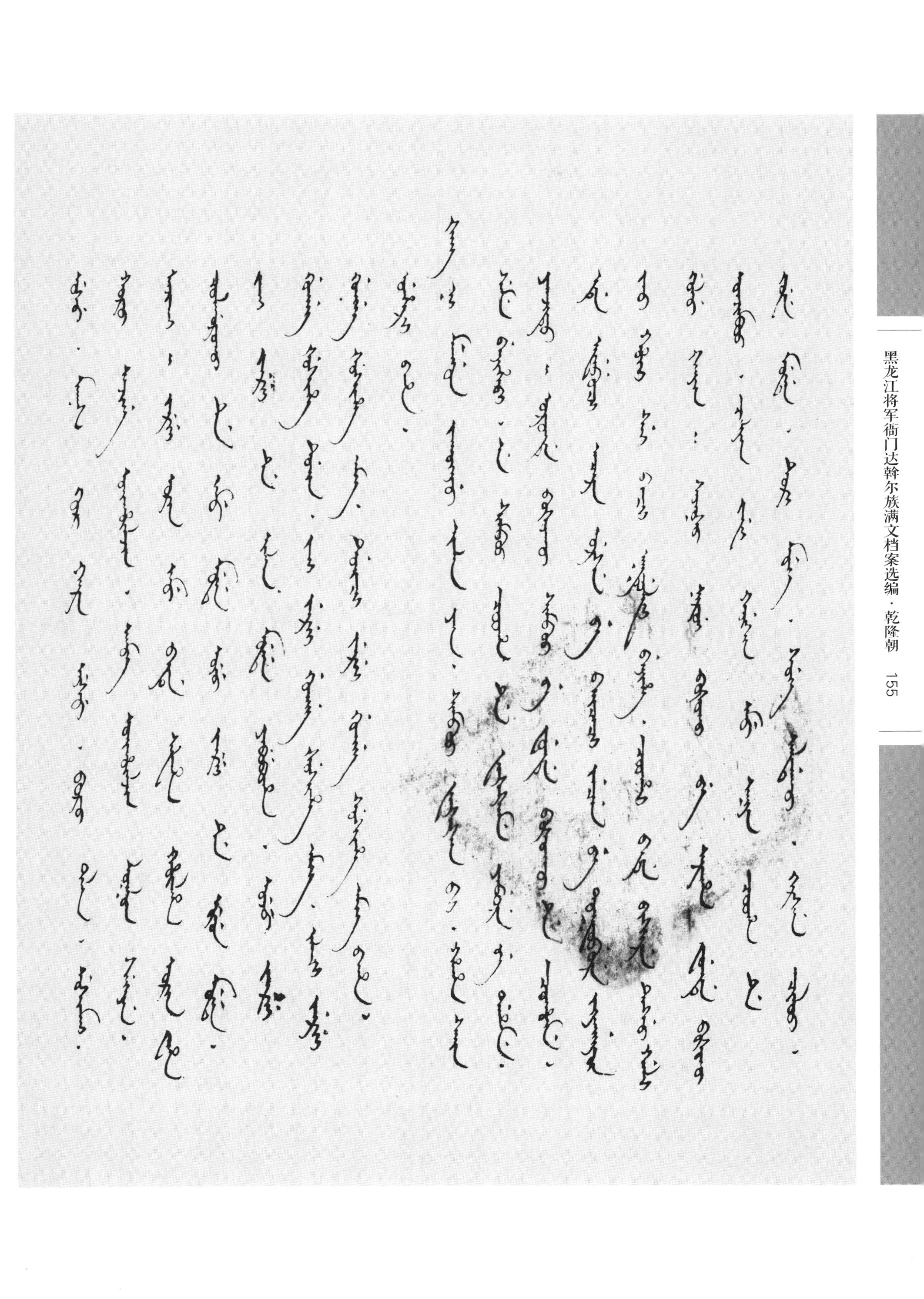

[illegible]

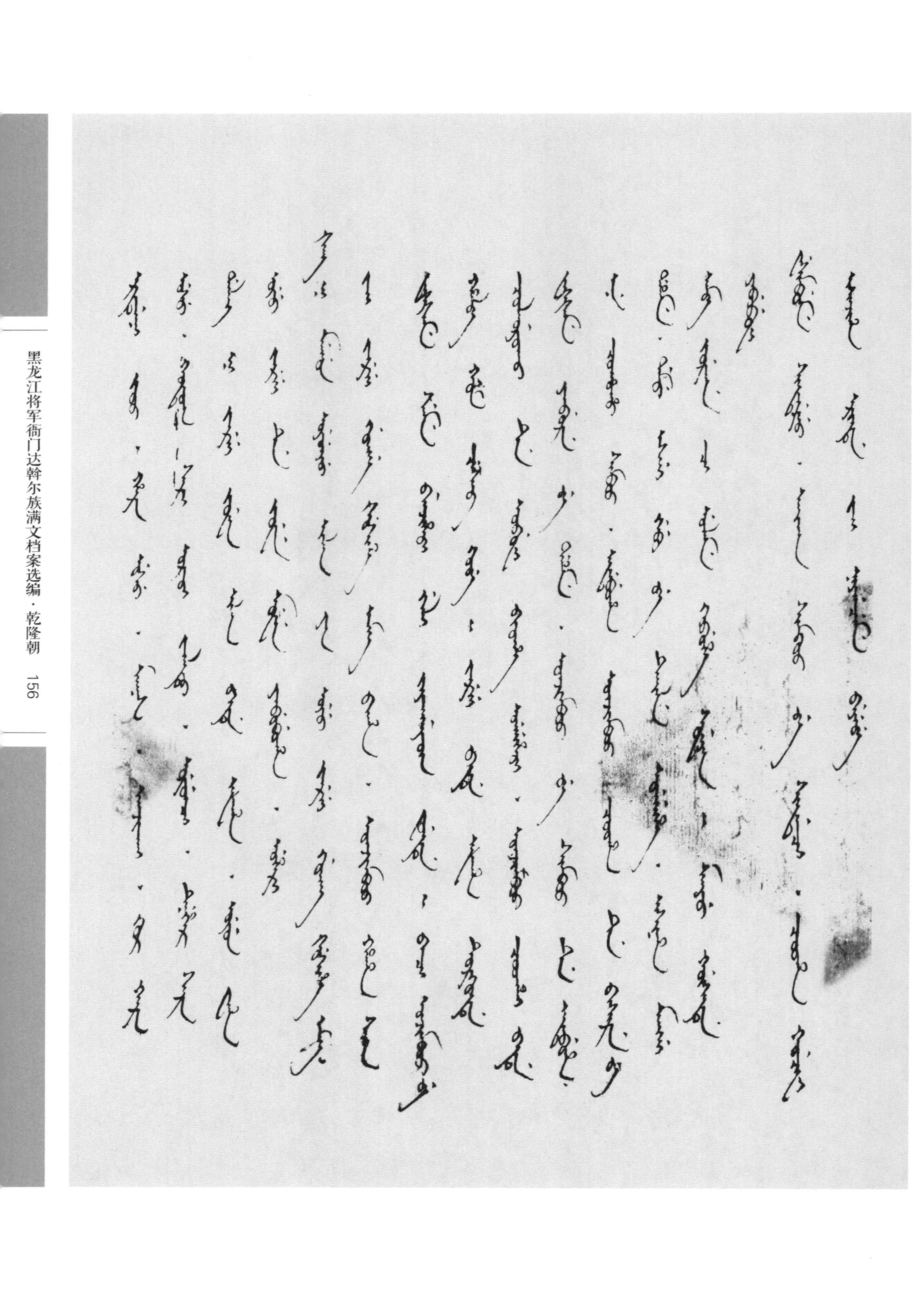

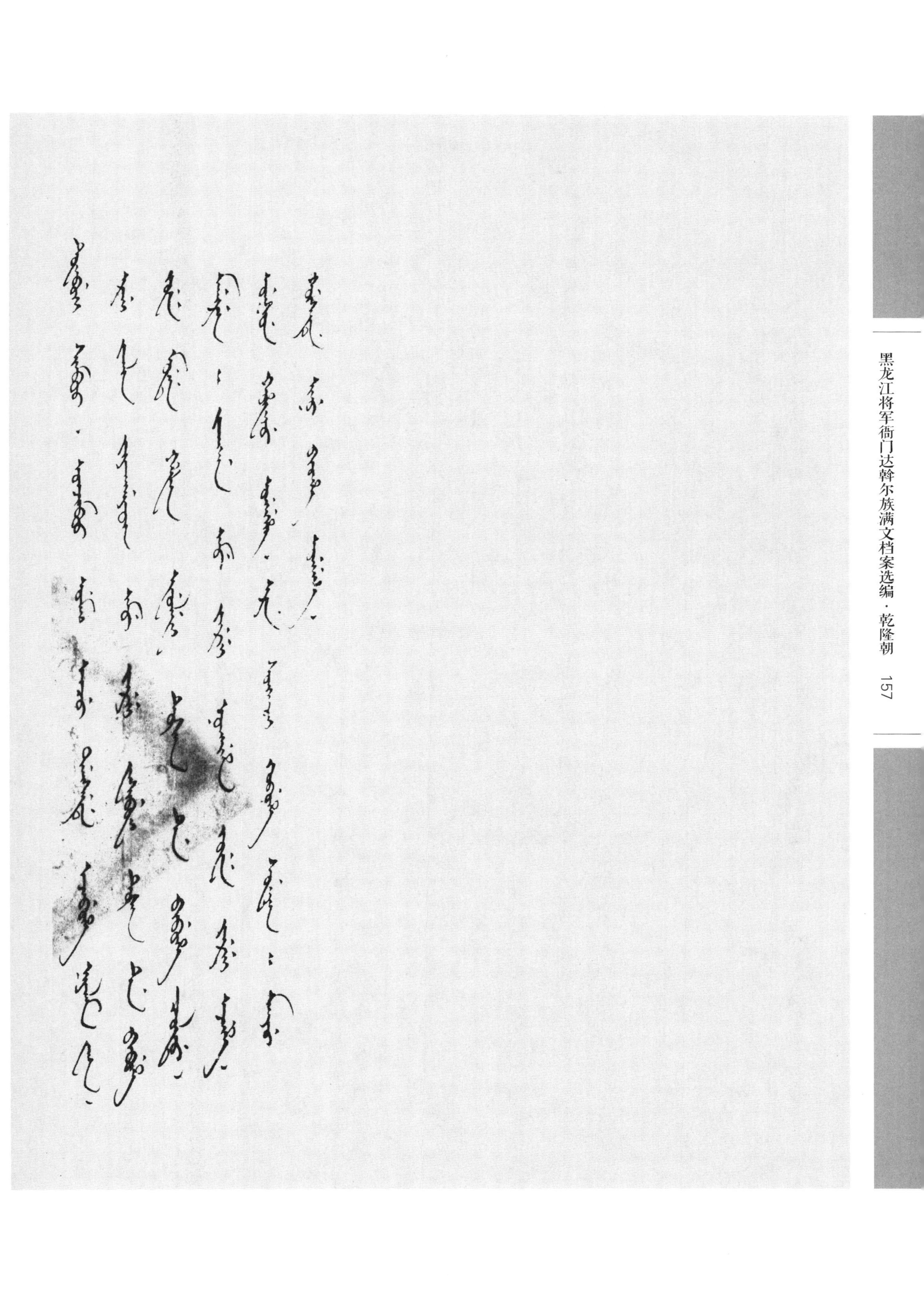

九九九　黑龙江将军衙门为齐齐哈尔城镶黄旗世管达斡尔佐领阿迪穆保升迁出缺查明源流拟定正陪人员引见事咨兵部文

乾隆二十四年九月十三日

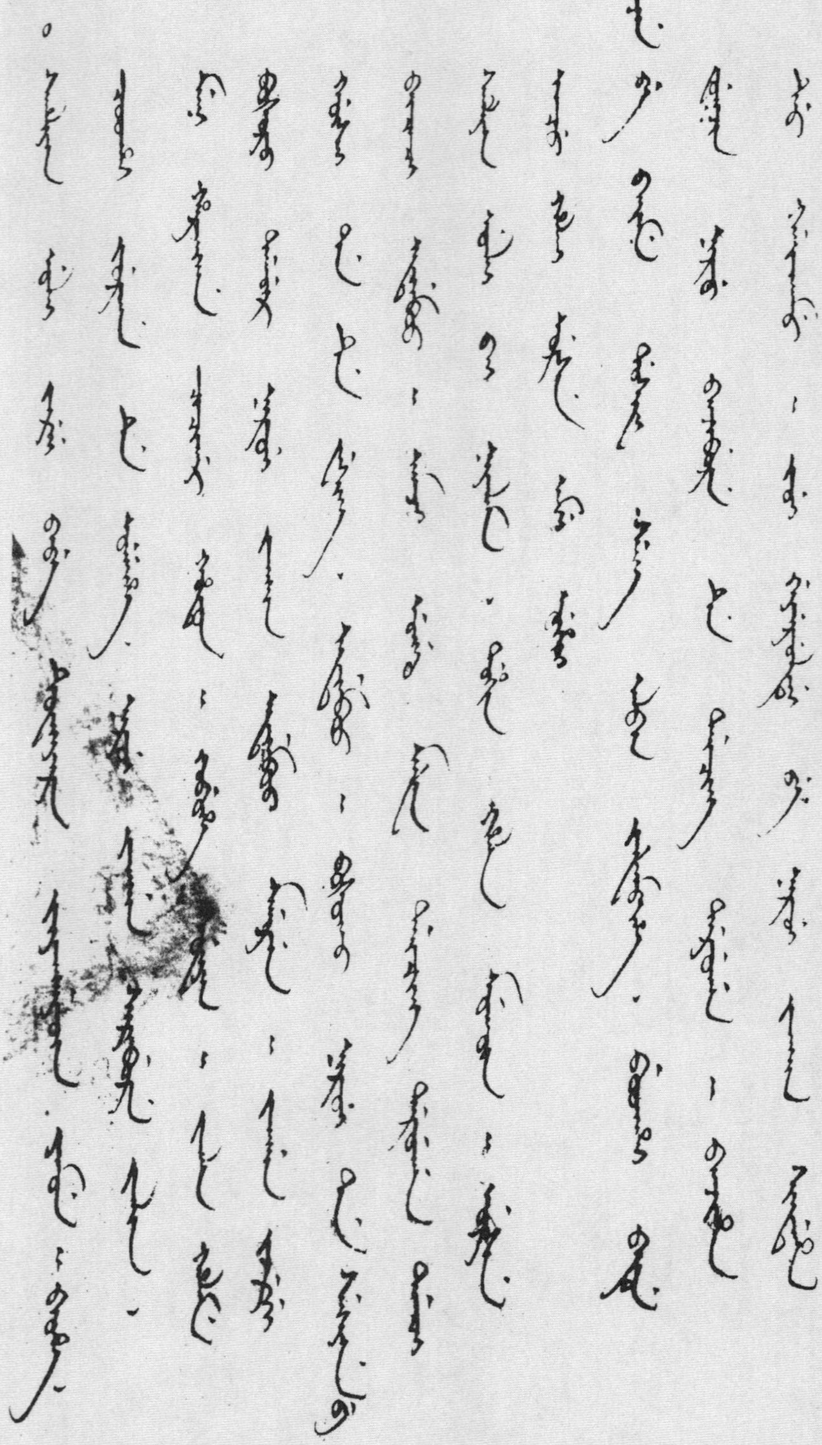

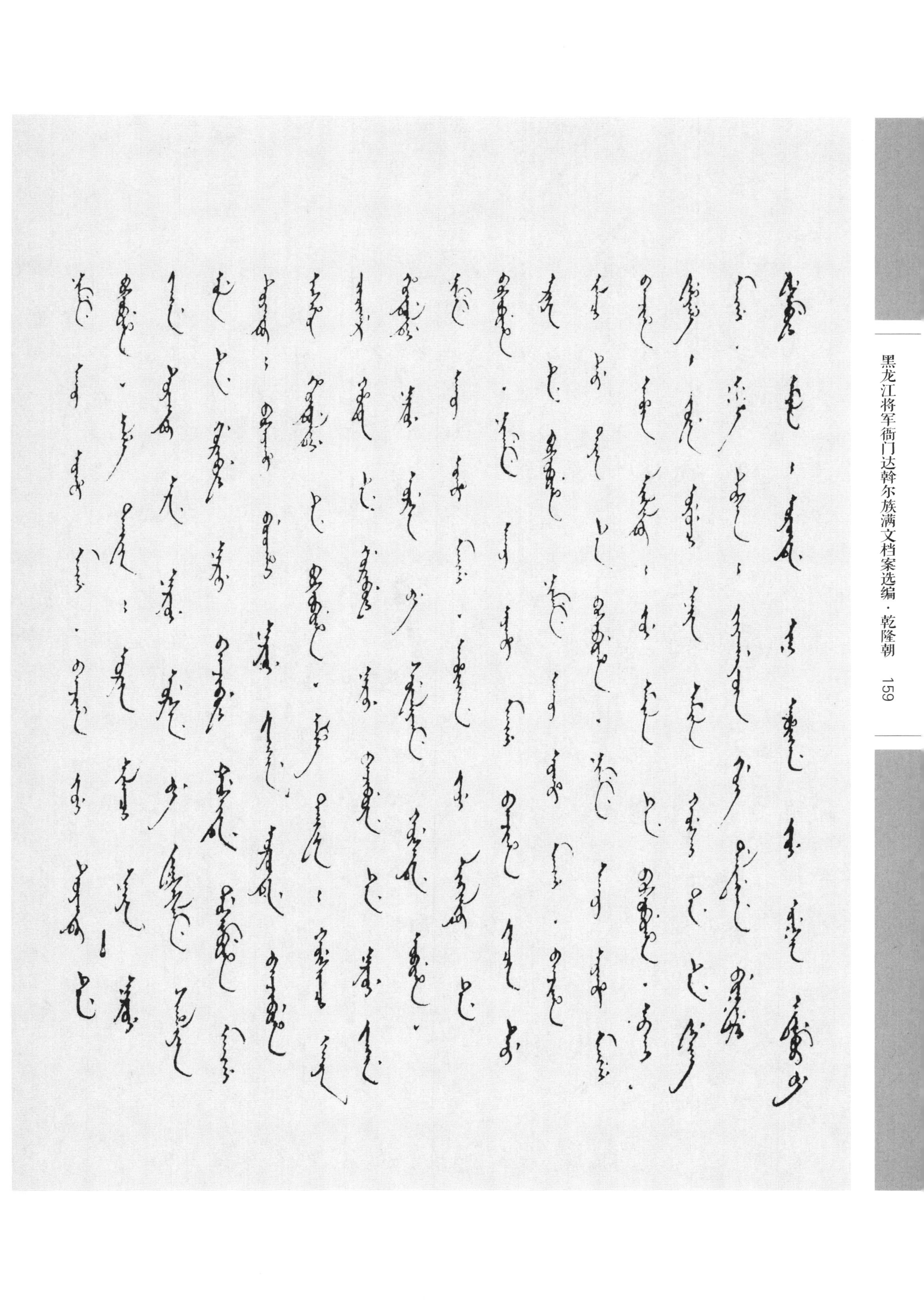

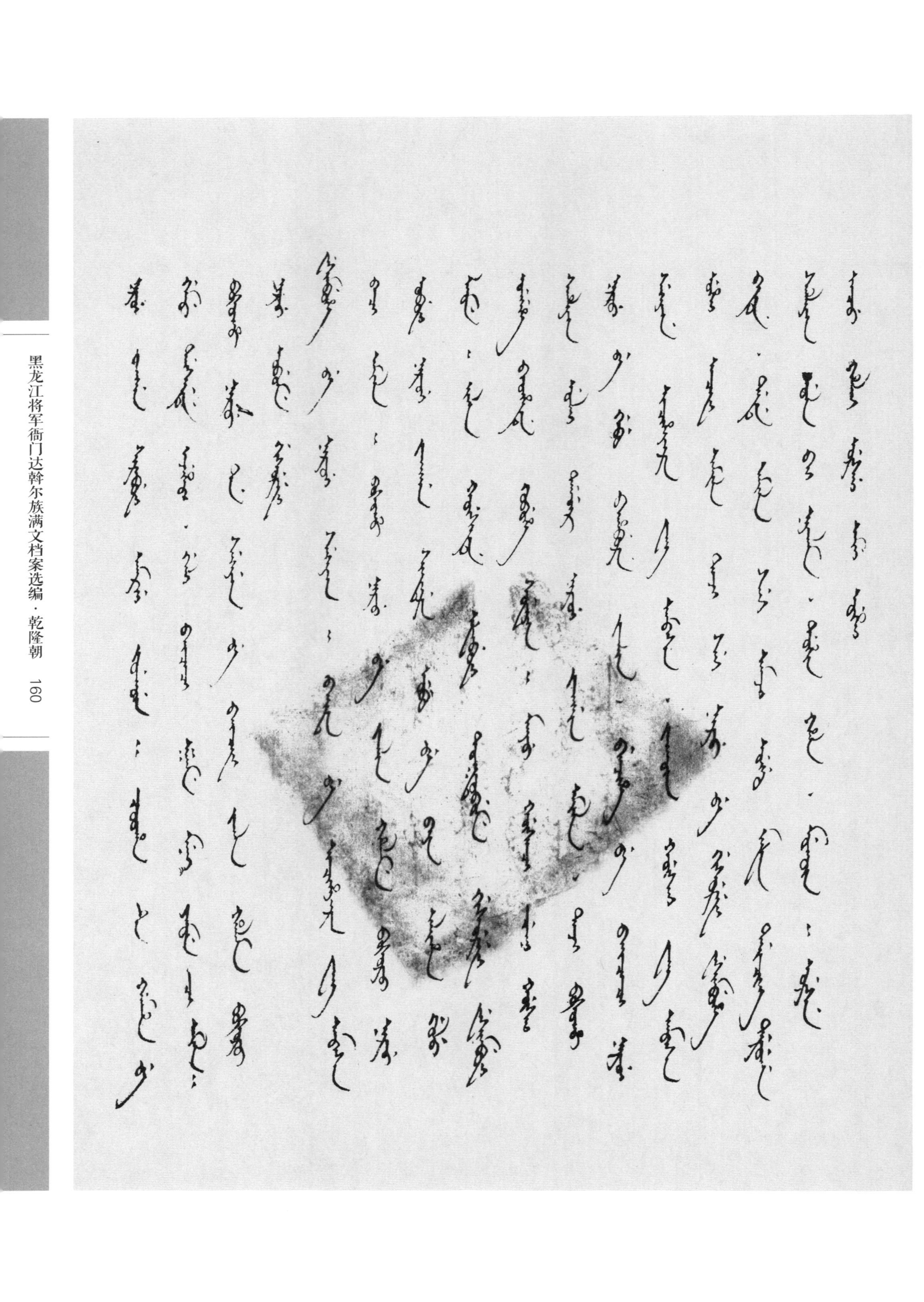

[illegible]

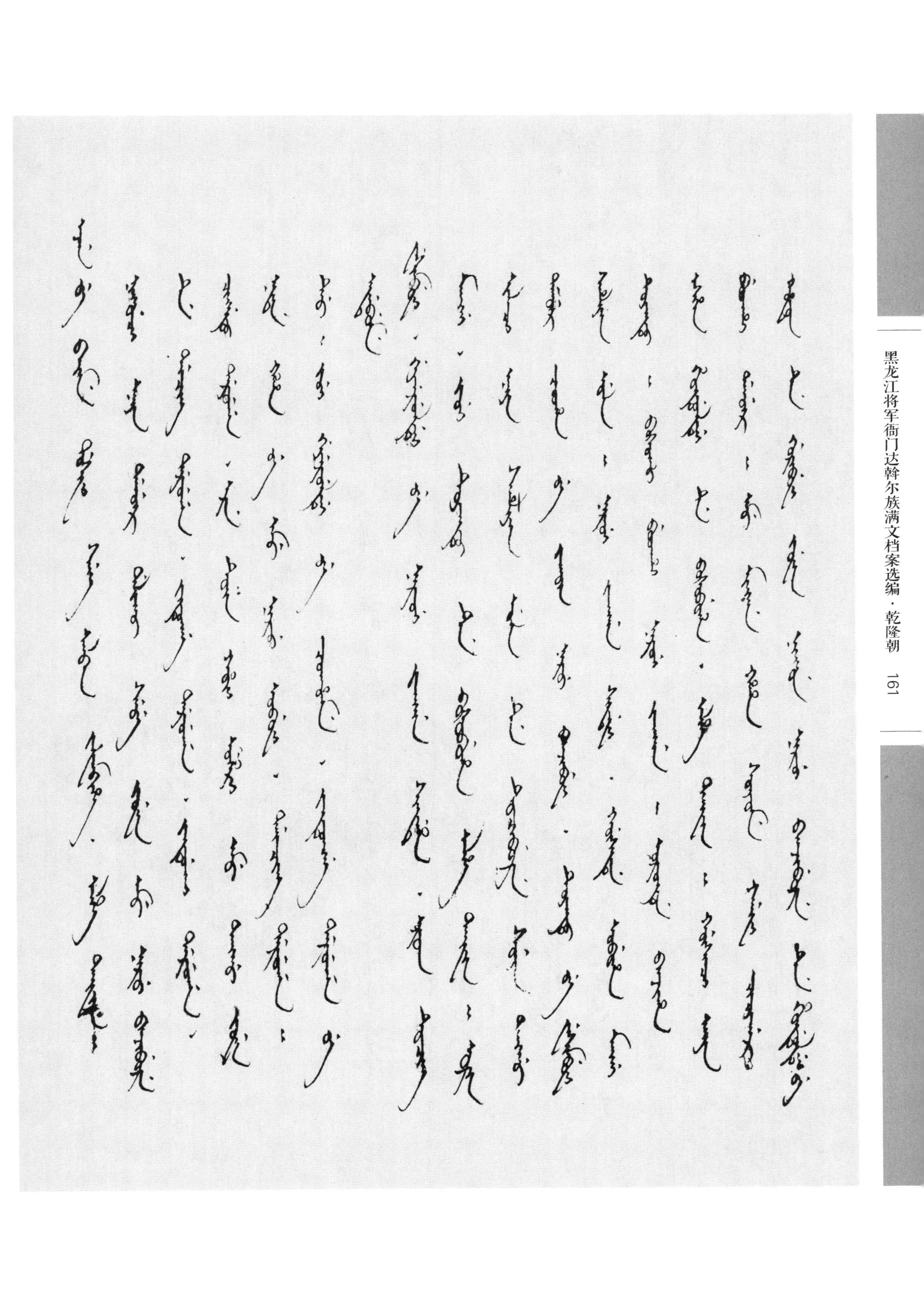

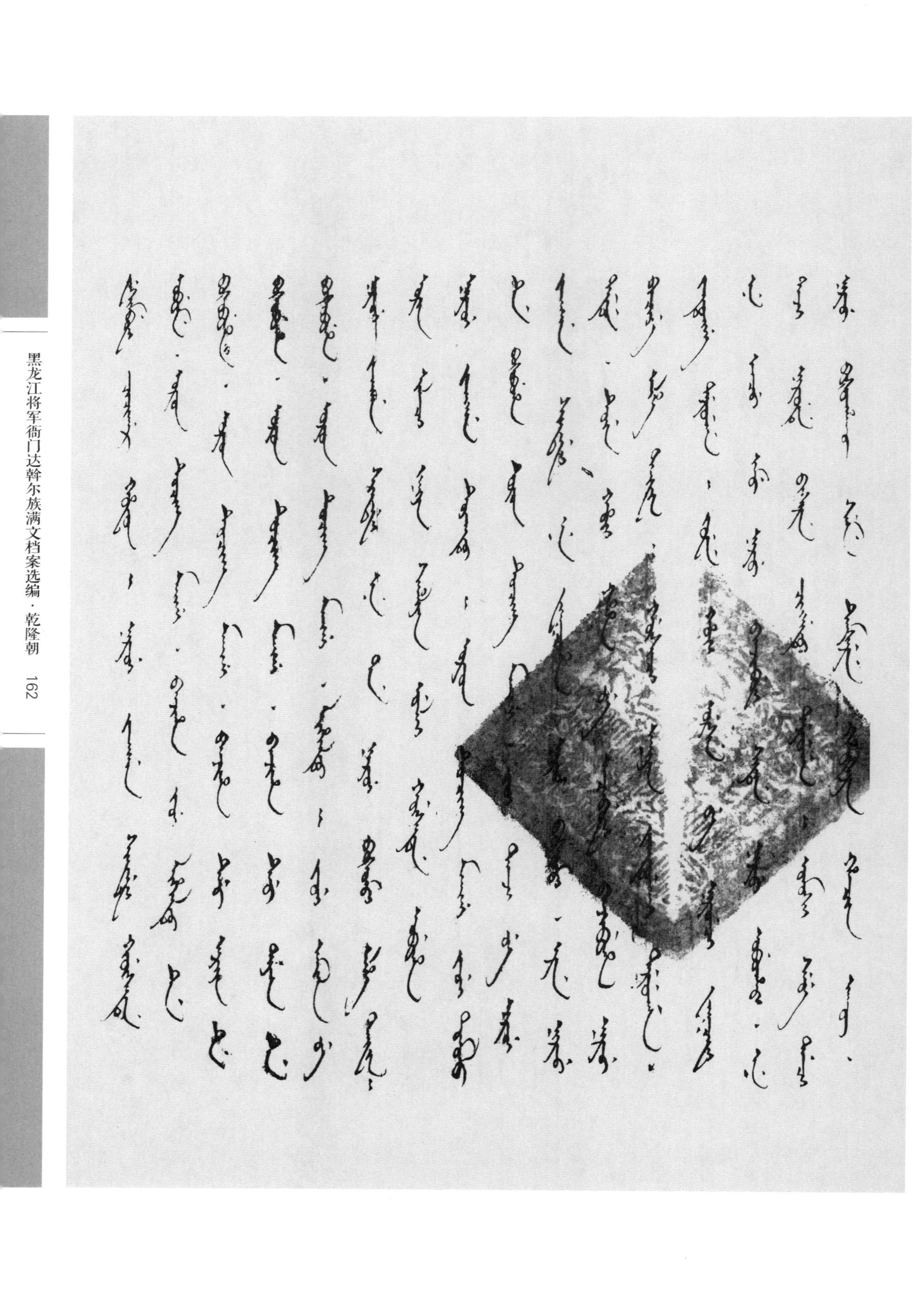

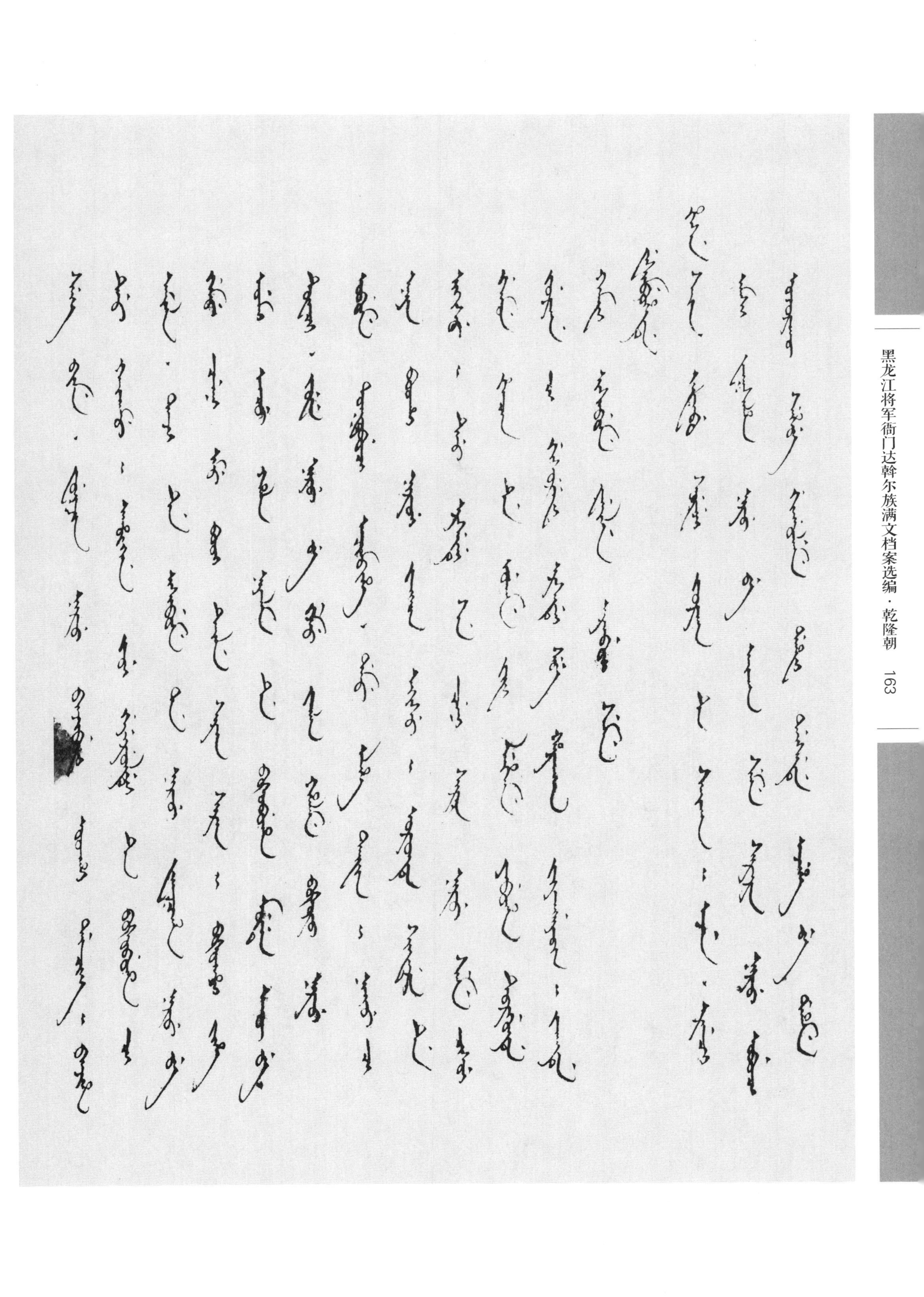

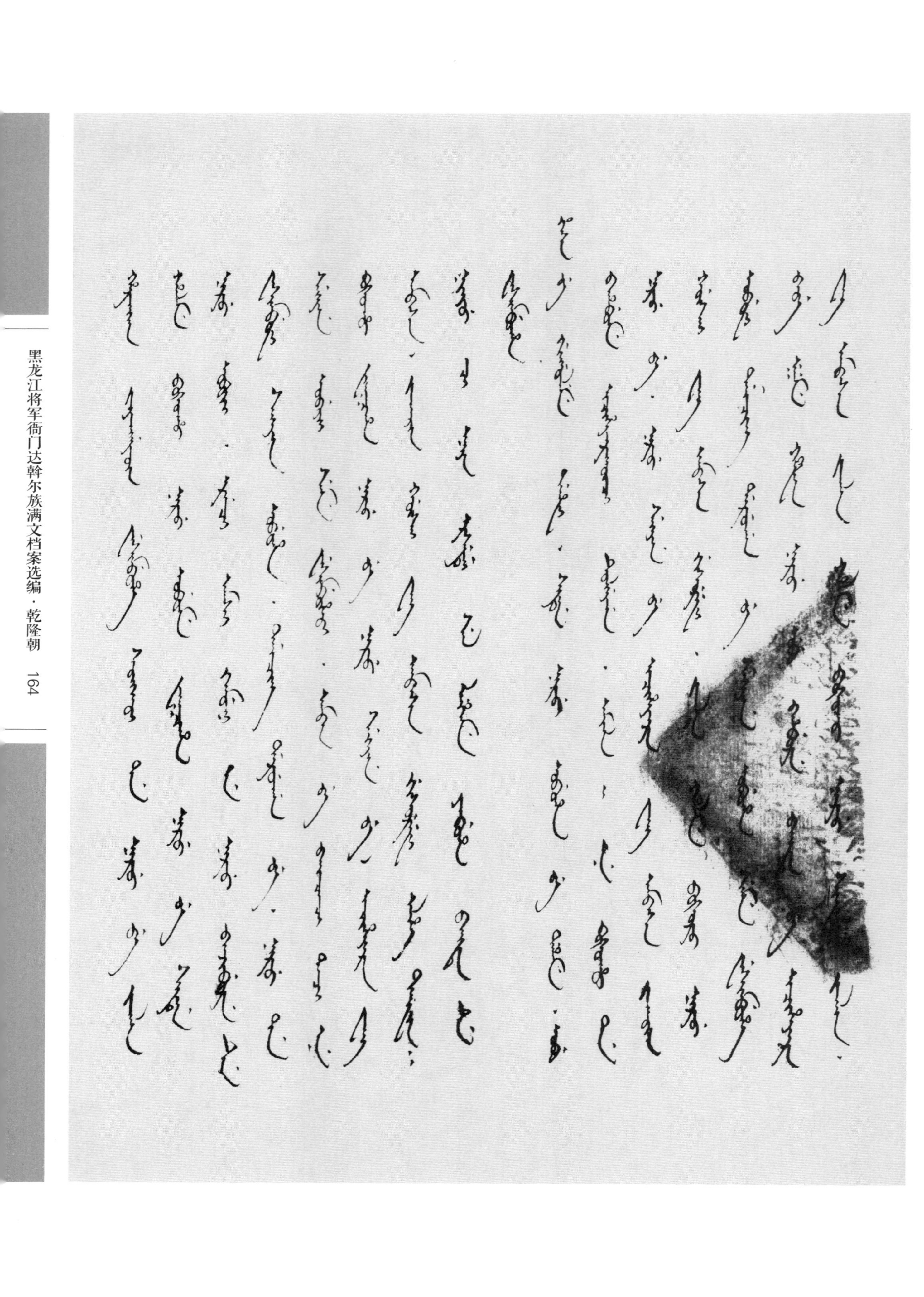

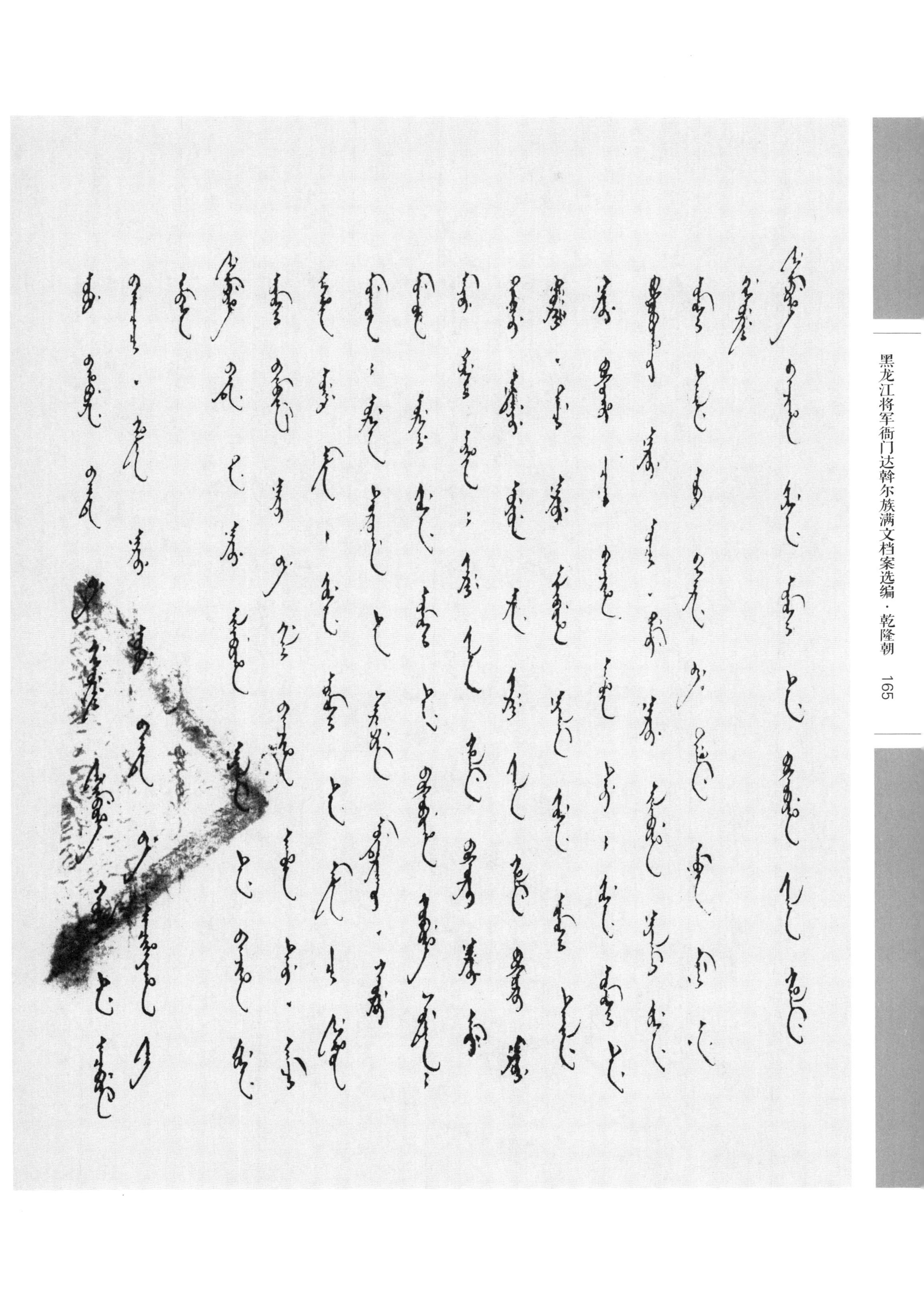

[illegible]

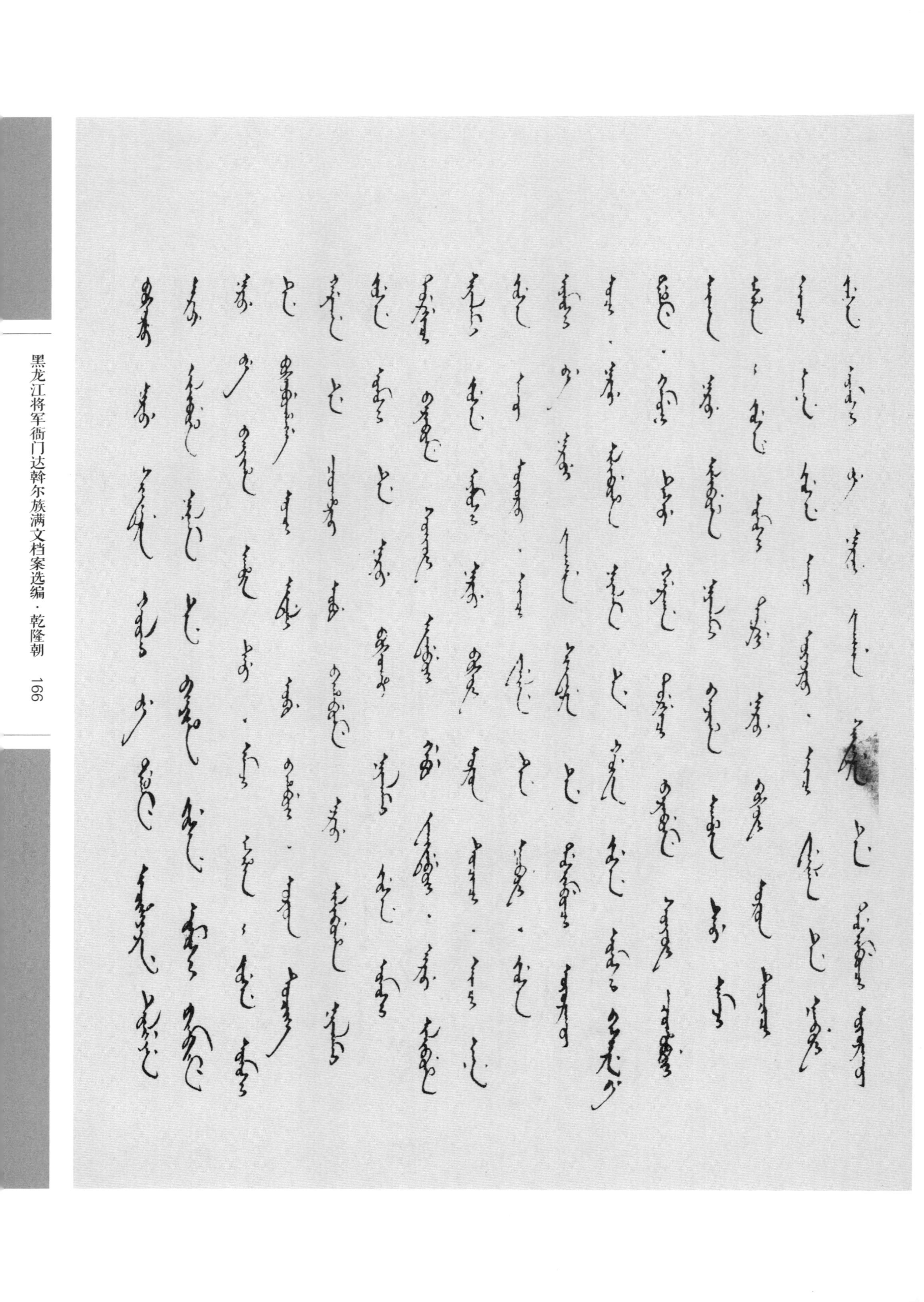

[illegible]

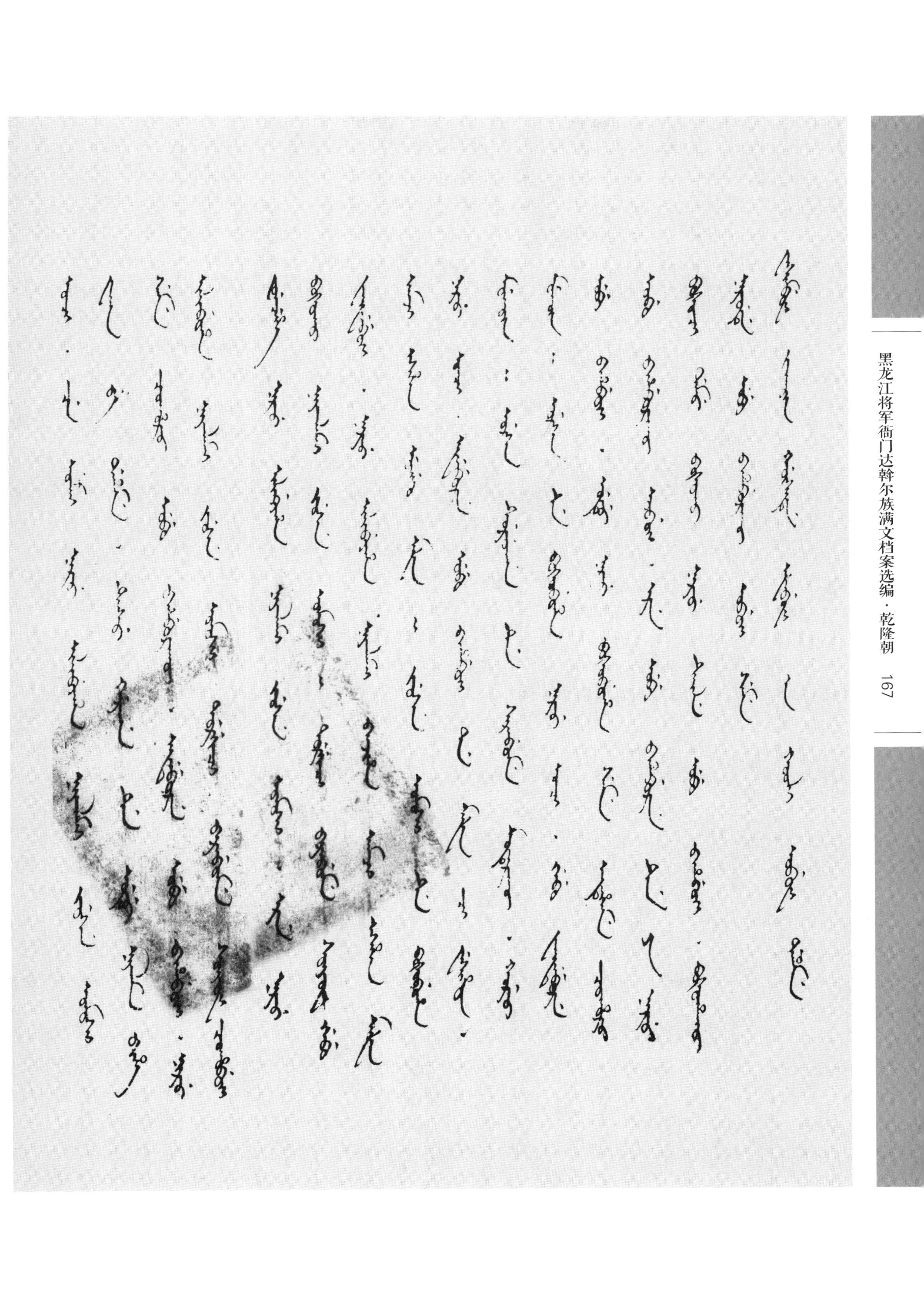

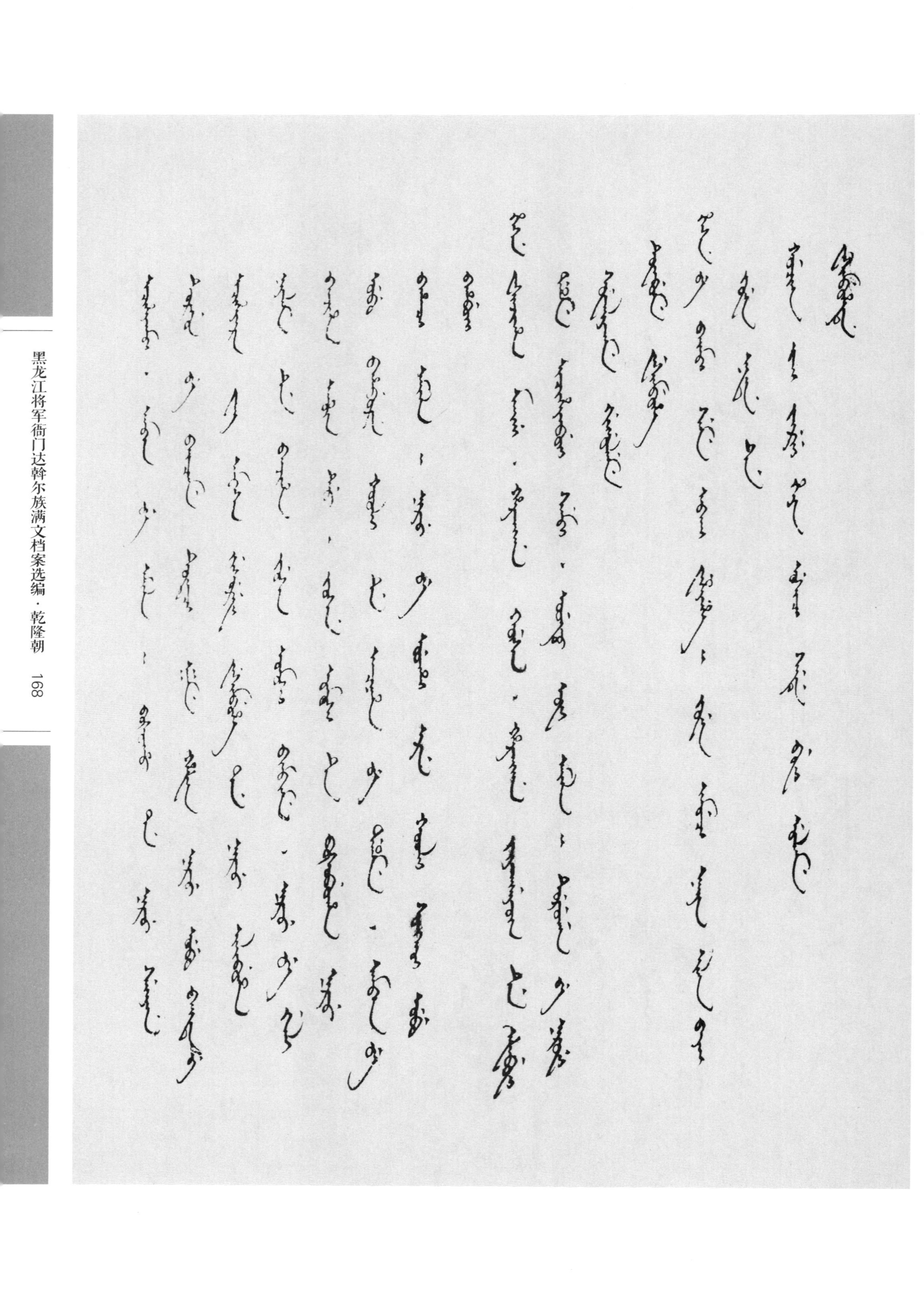

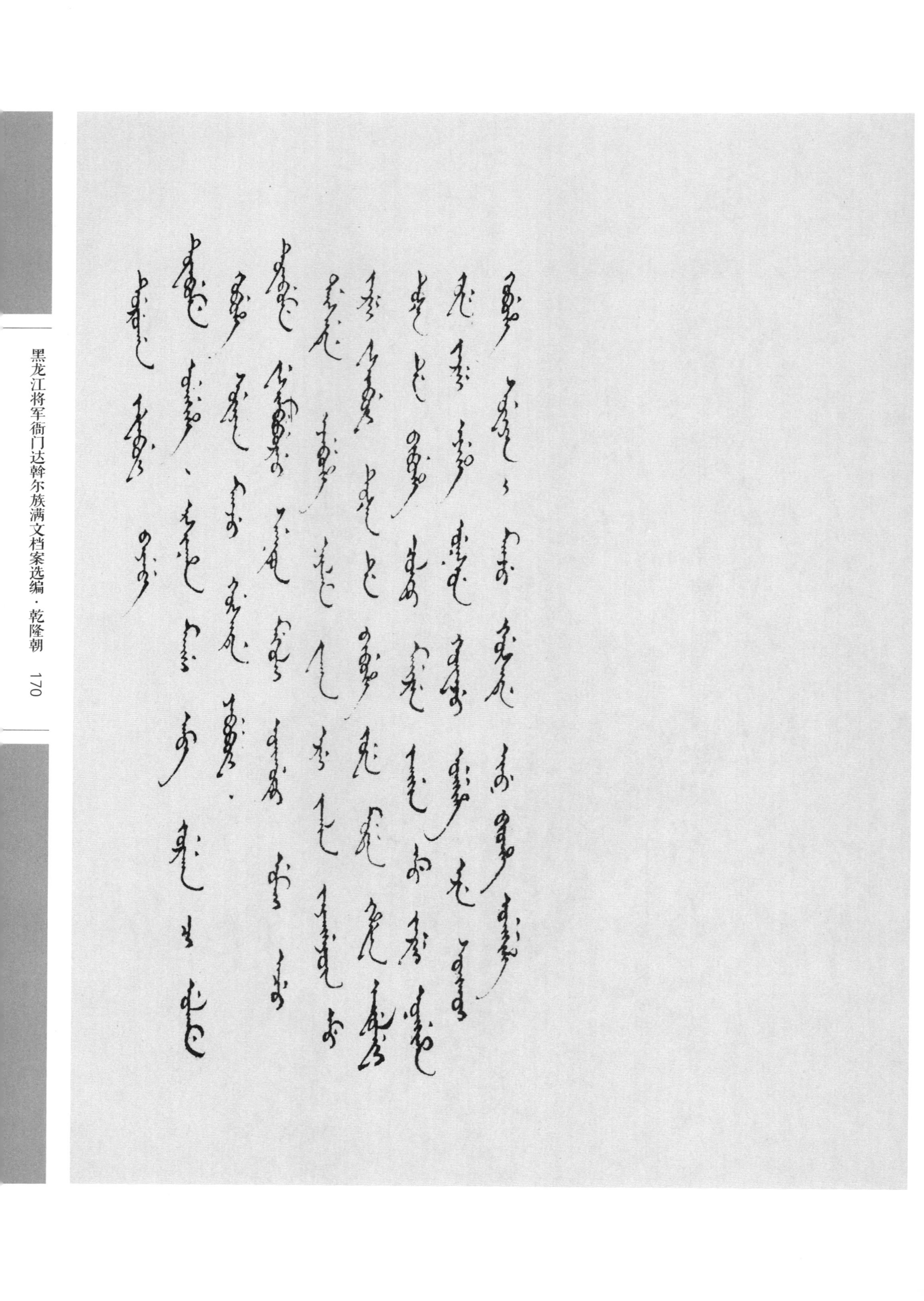

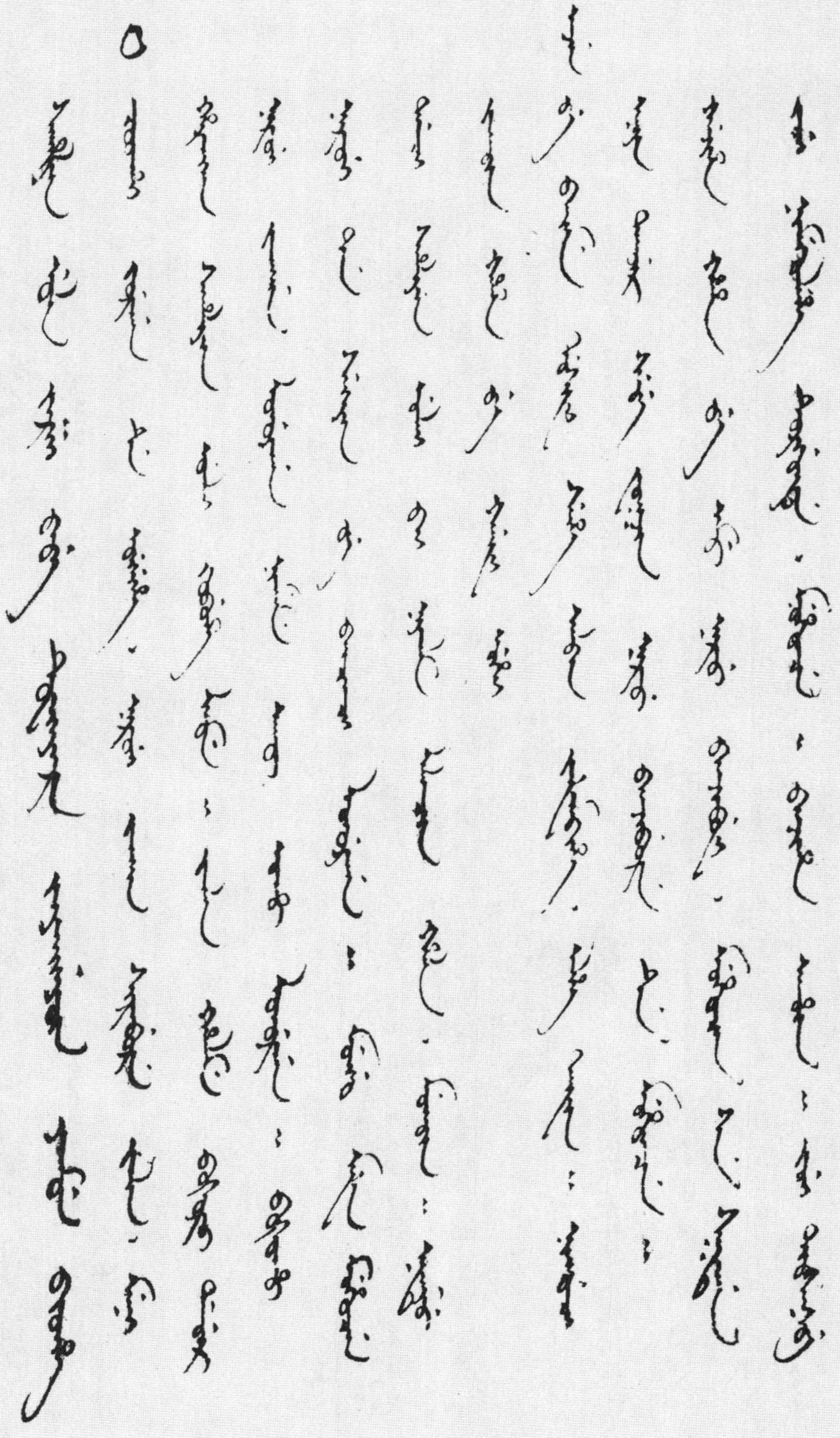

乾隆二十四年九月十三日

一〇〇〇 黑龙江将军衙门为黑龙江城镶蓝旗世管达斡尔佐领罗乌尔军病故出缺查明源流拟定正陪人员引见事咨兵部文

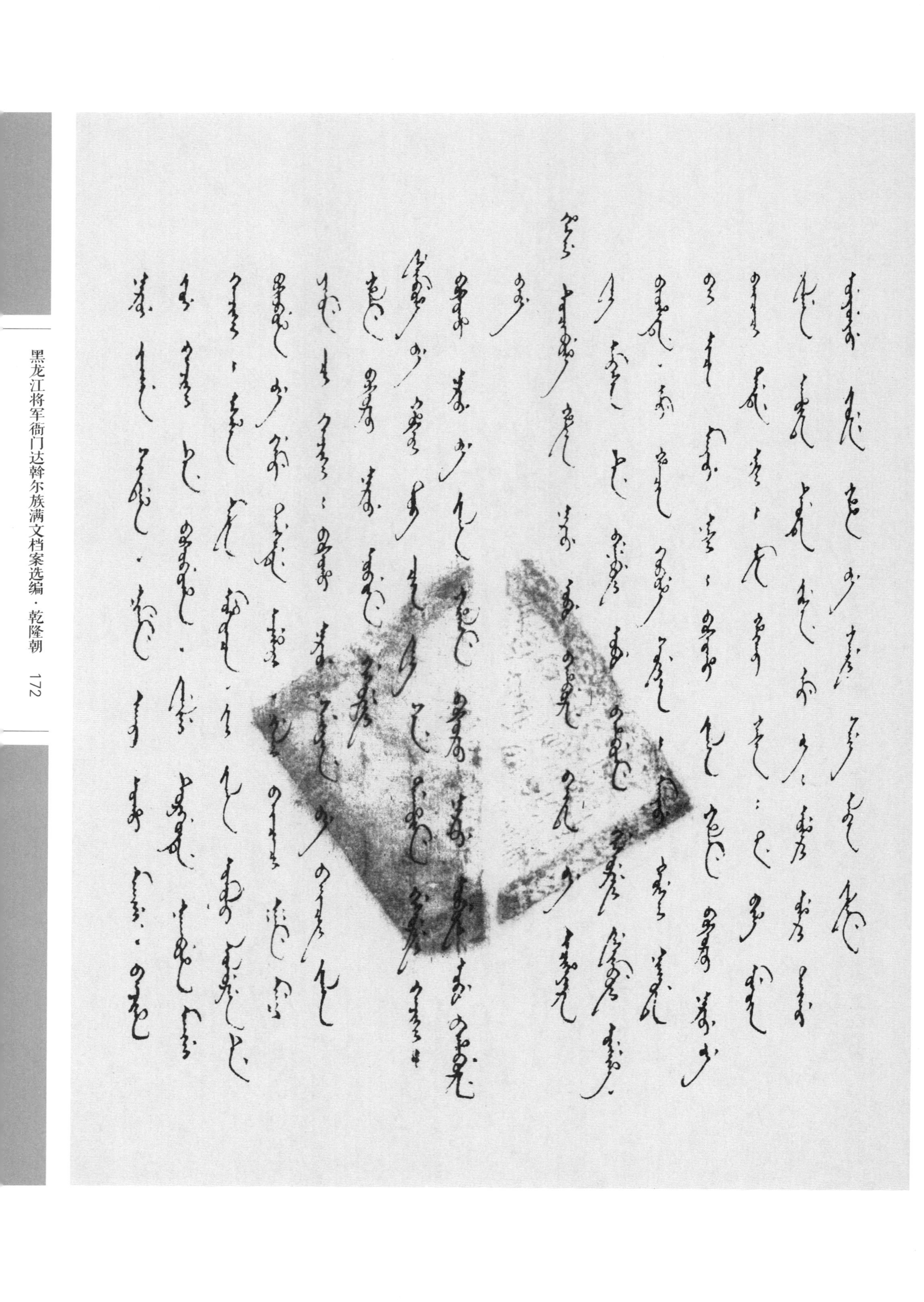

[illegible]

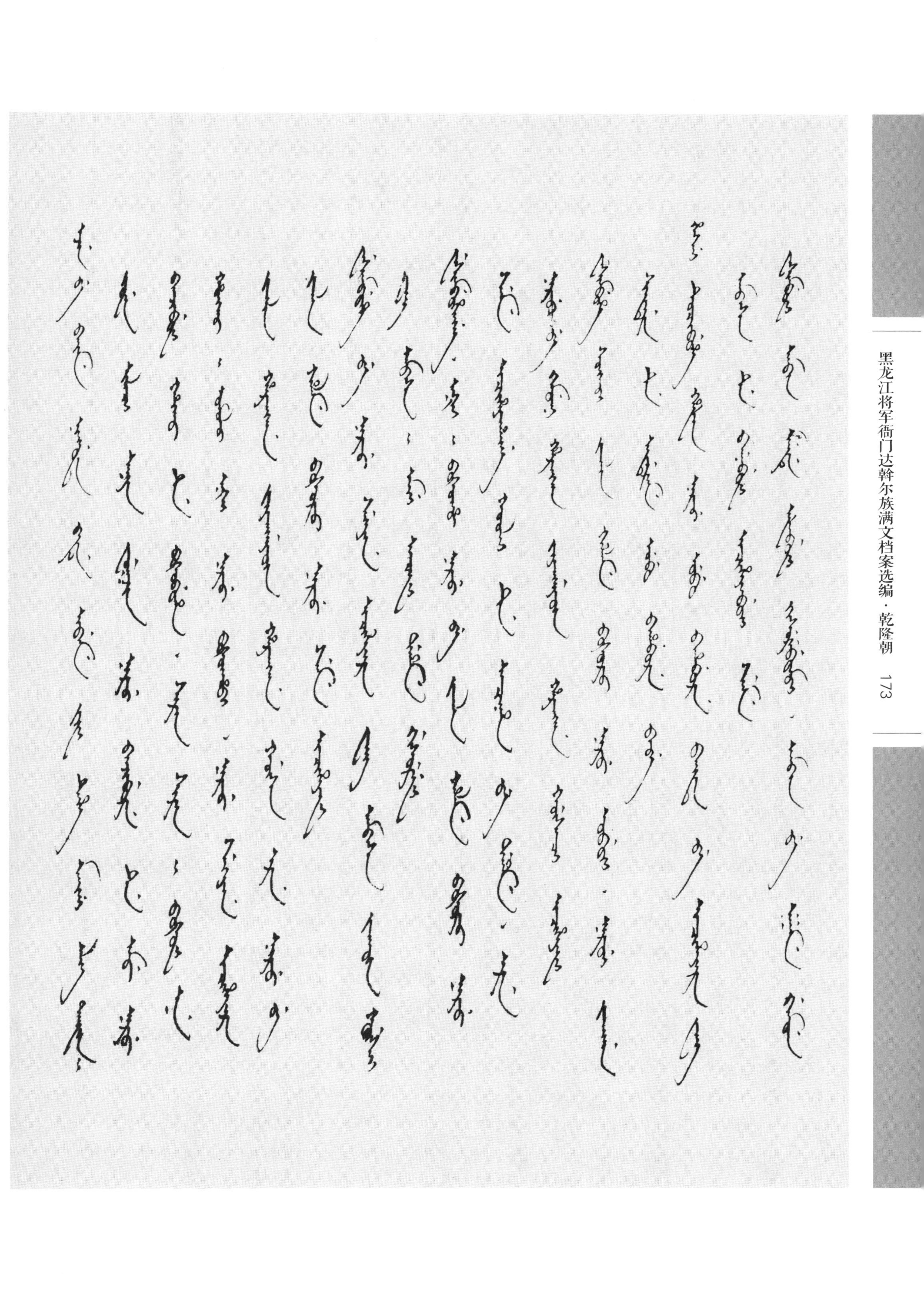

[illegible]

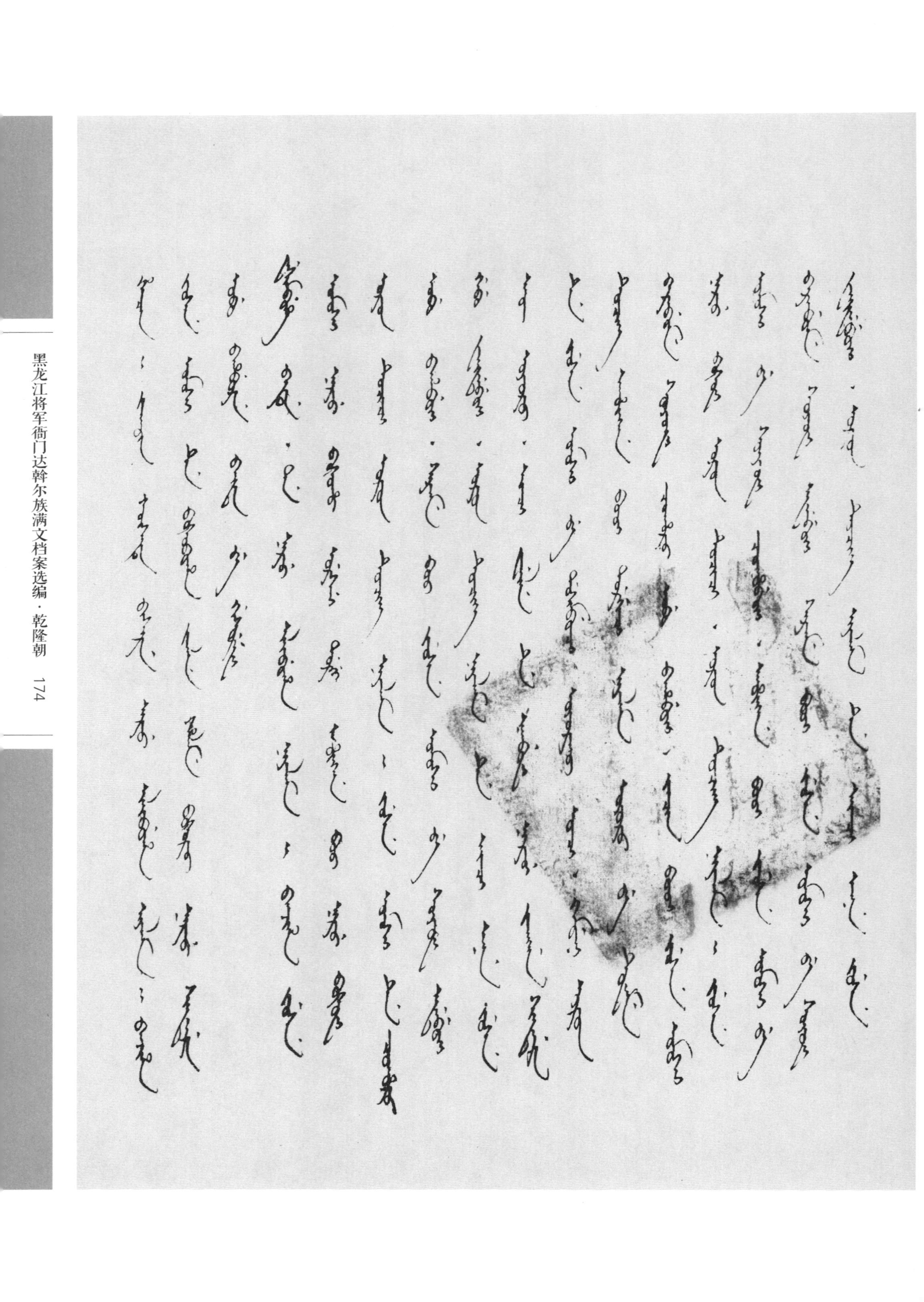

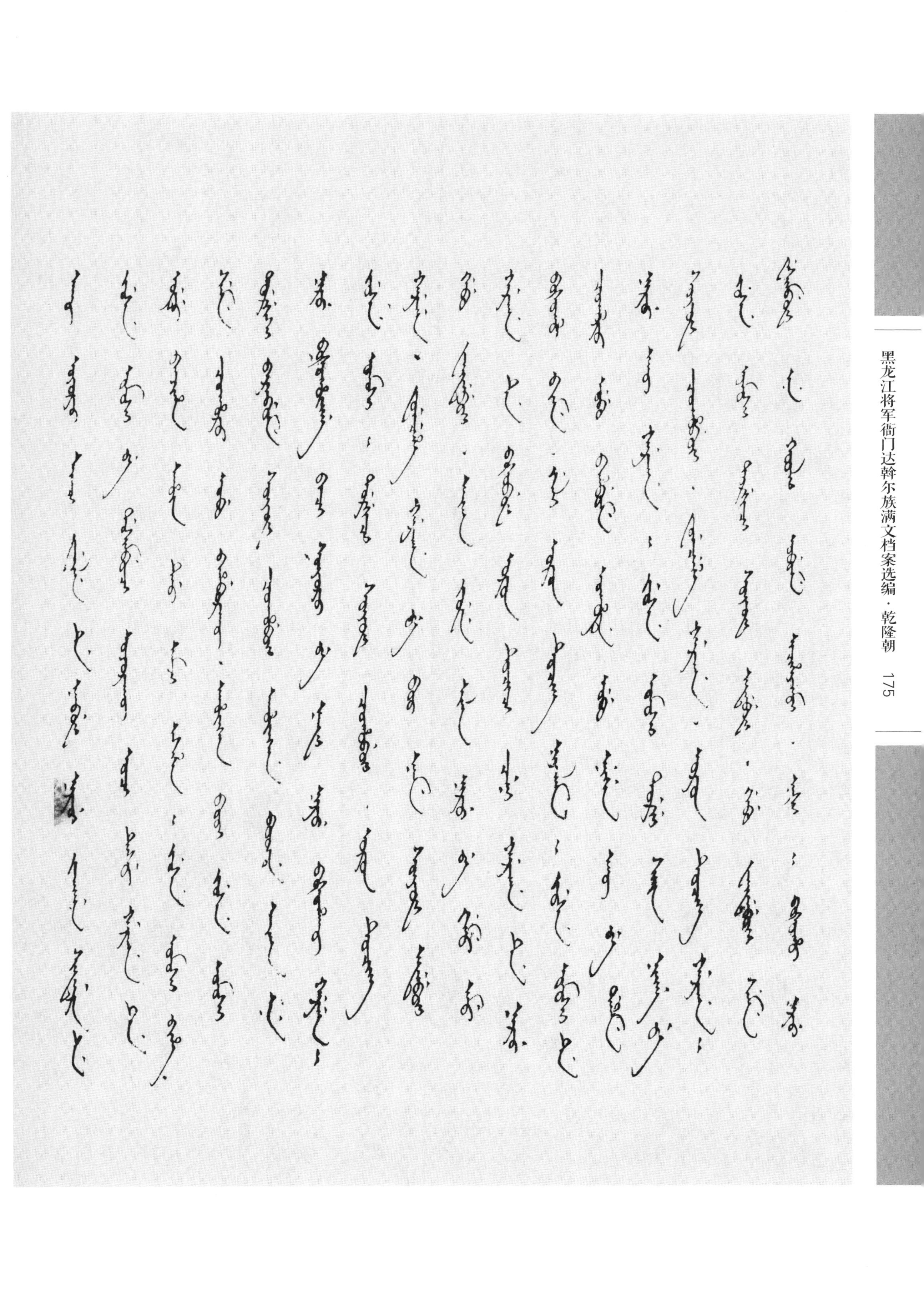

[illegible]

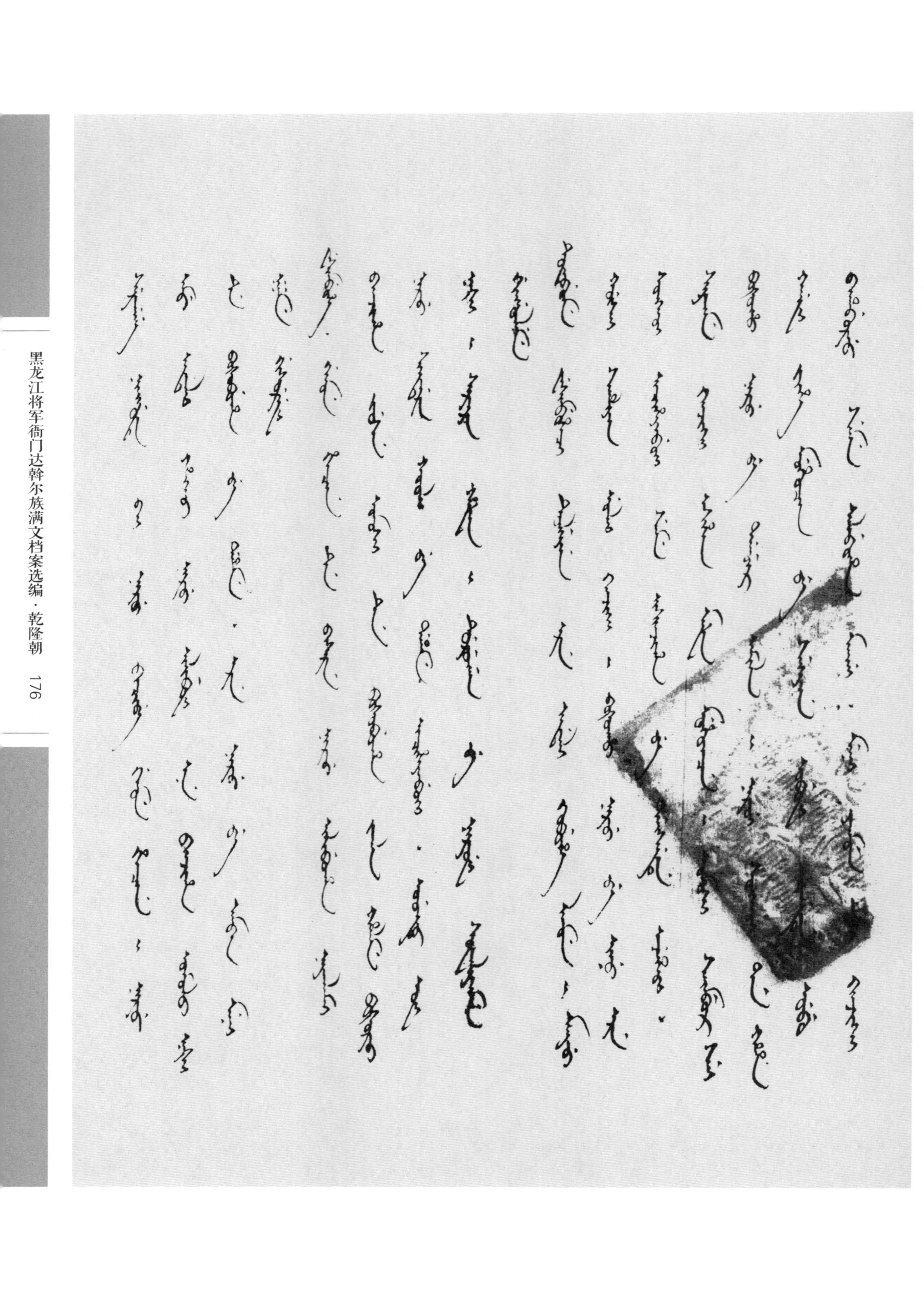

[illegible]

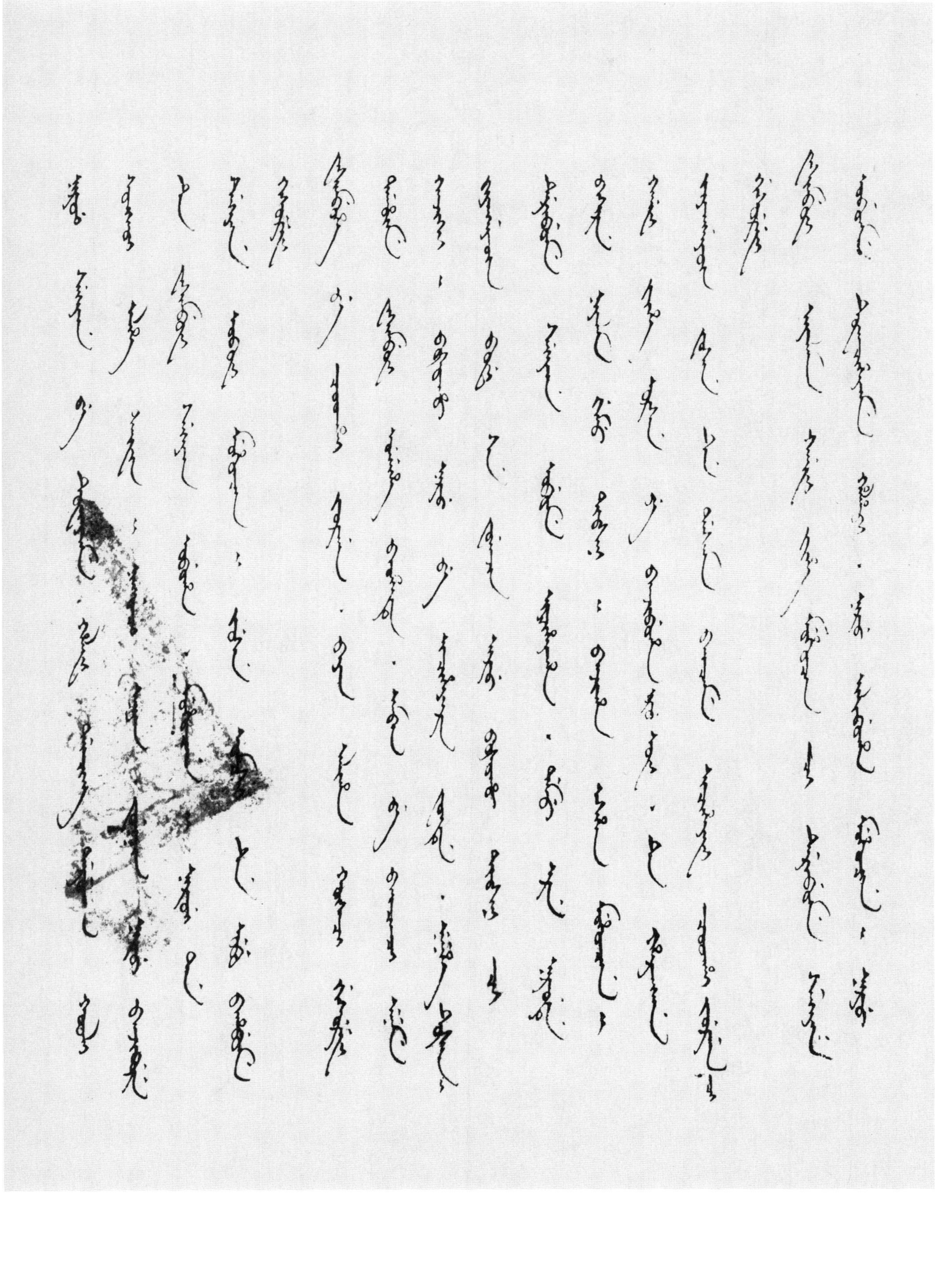

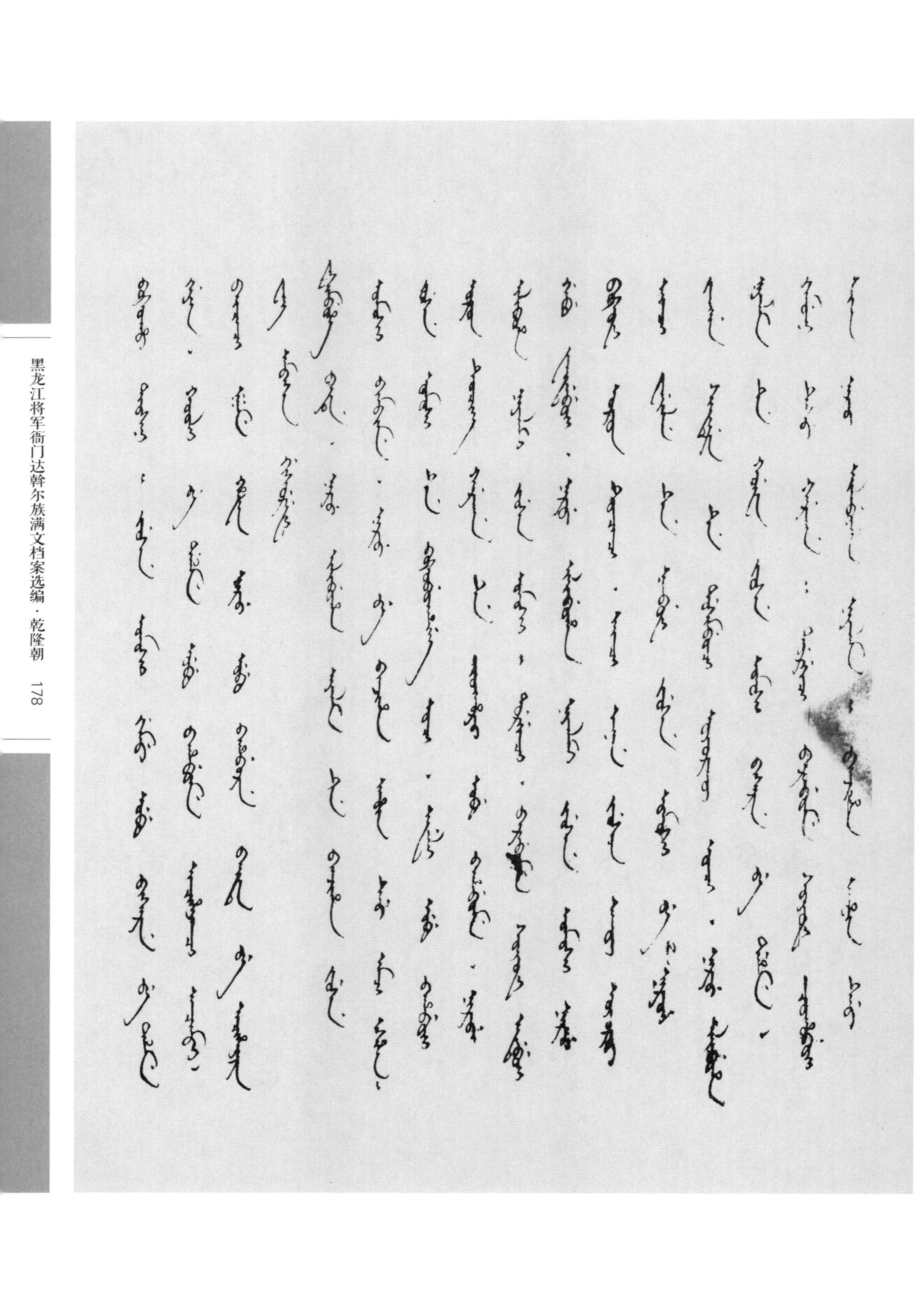

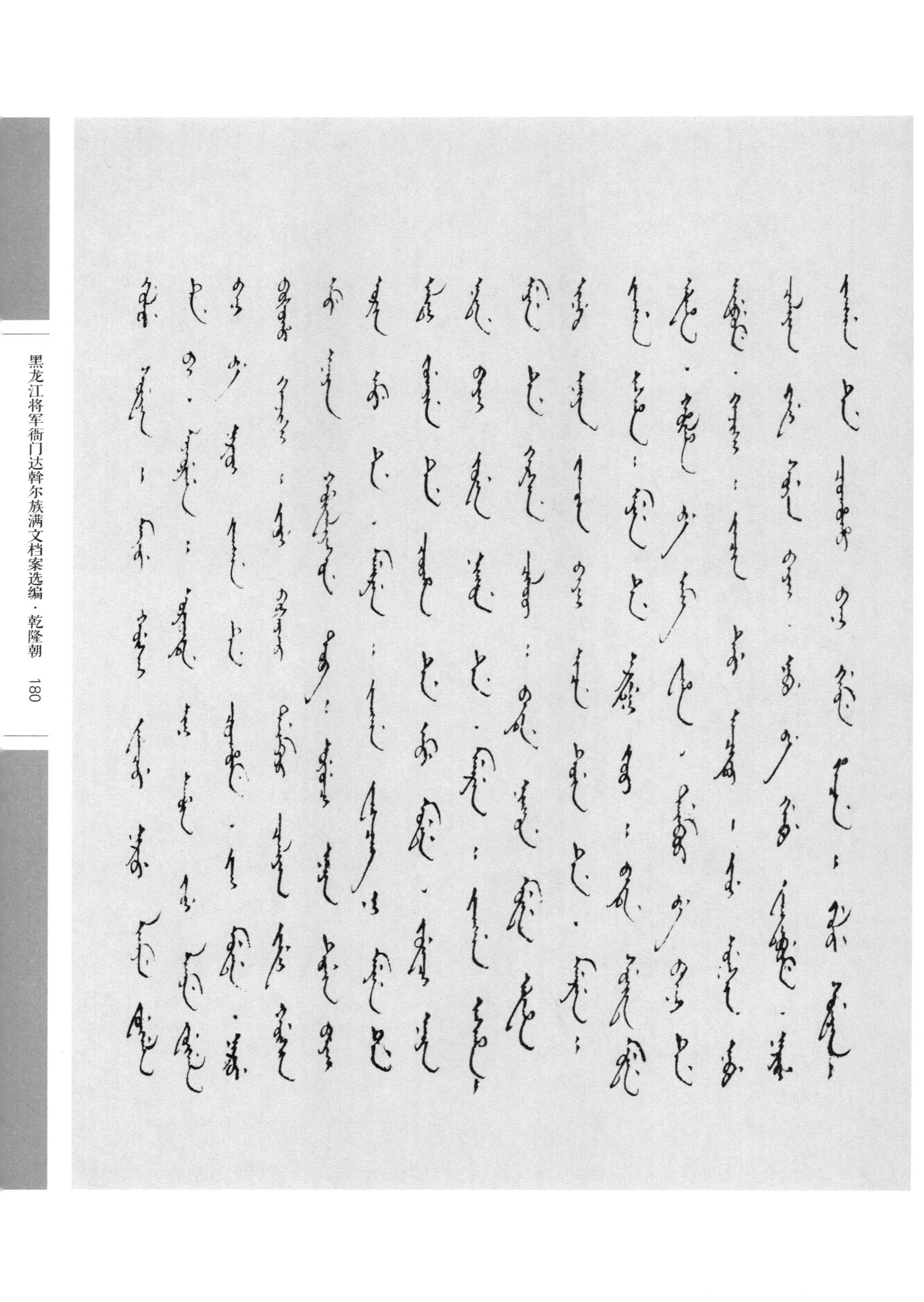

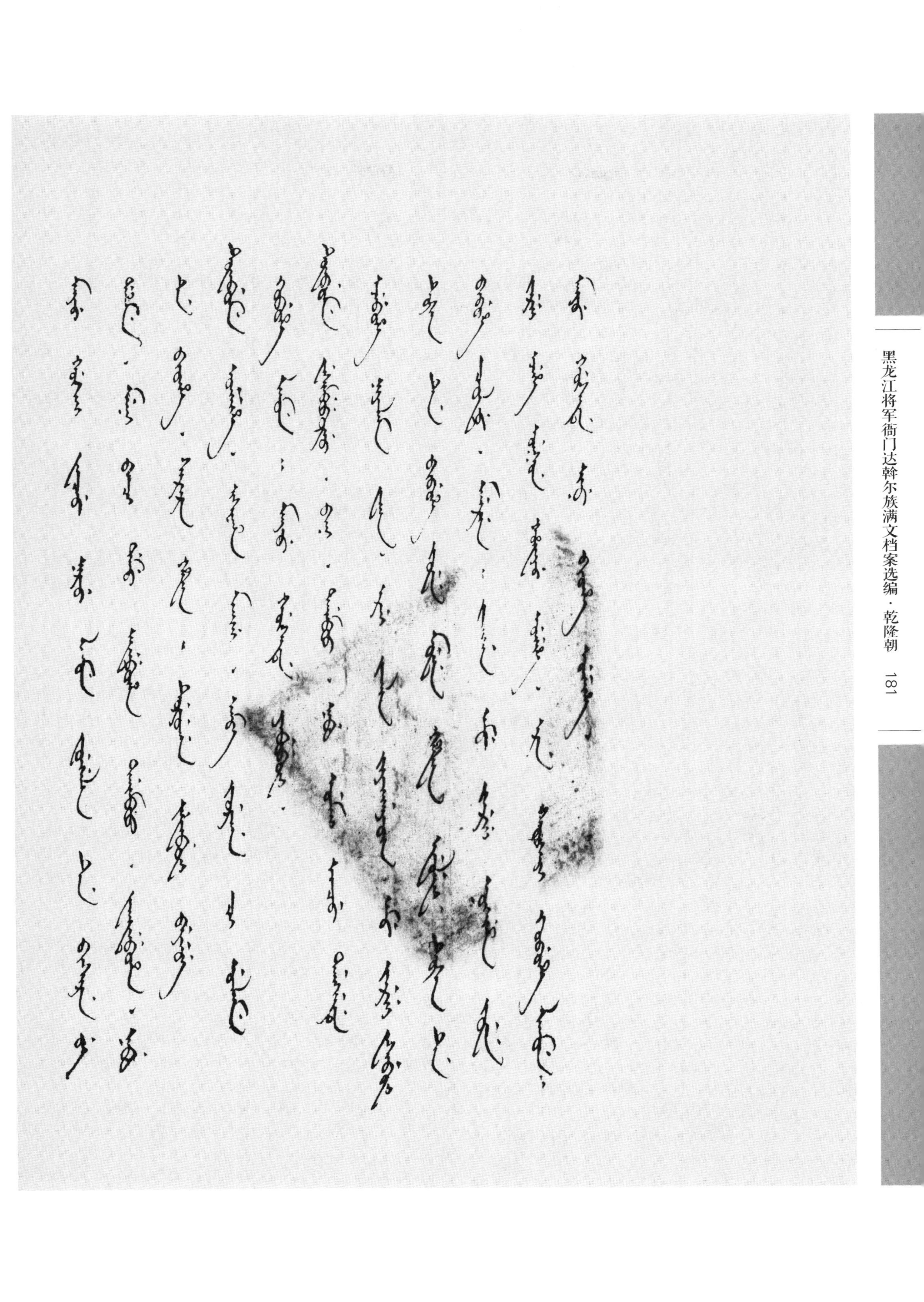

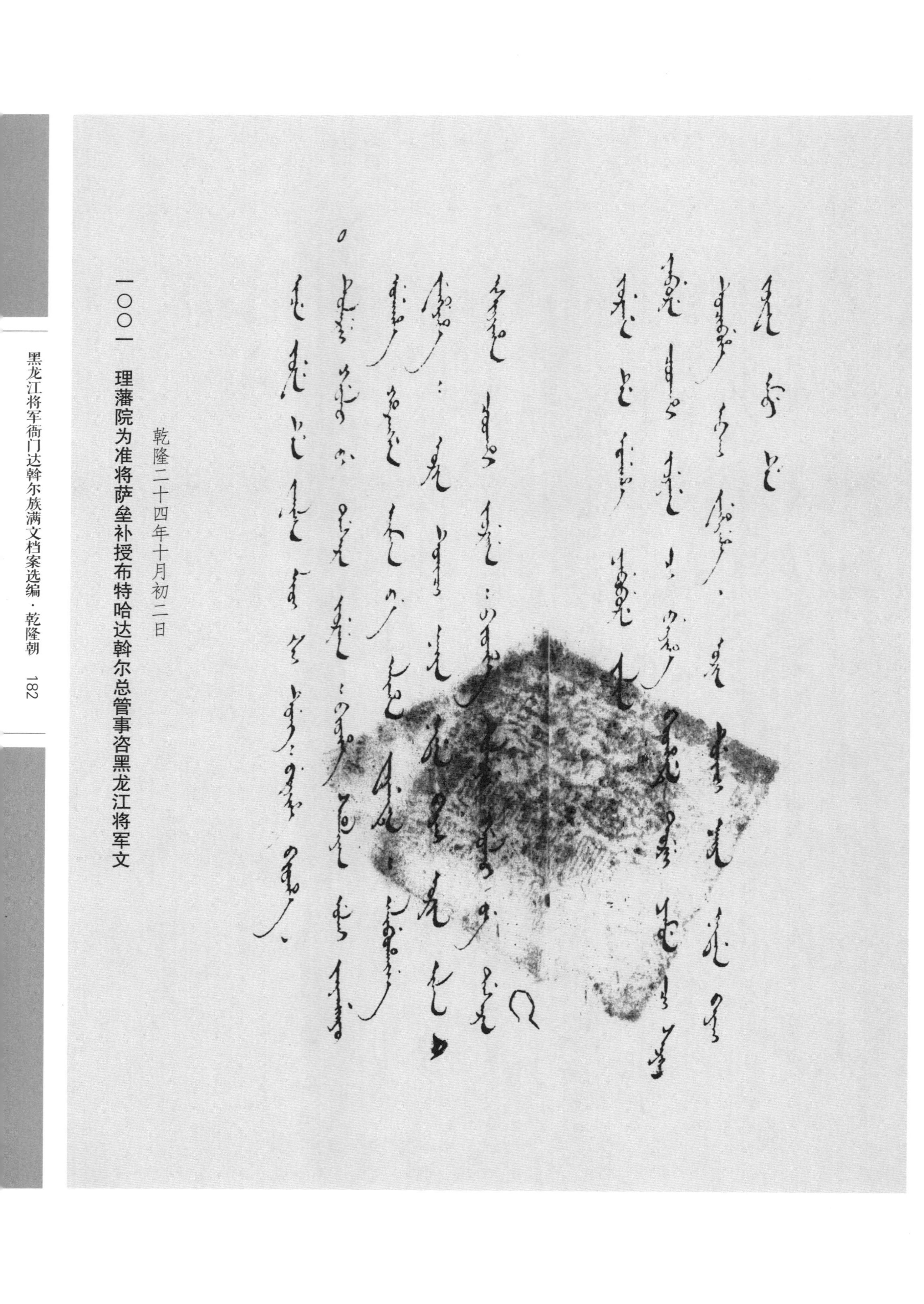

一〇〇一 理藩院为准将萨垒补授布特哈达斡尔总管事咨黑龙江将军文

乾隆二十四年十月初二日

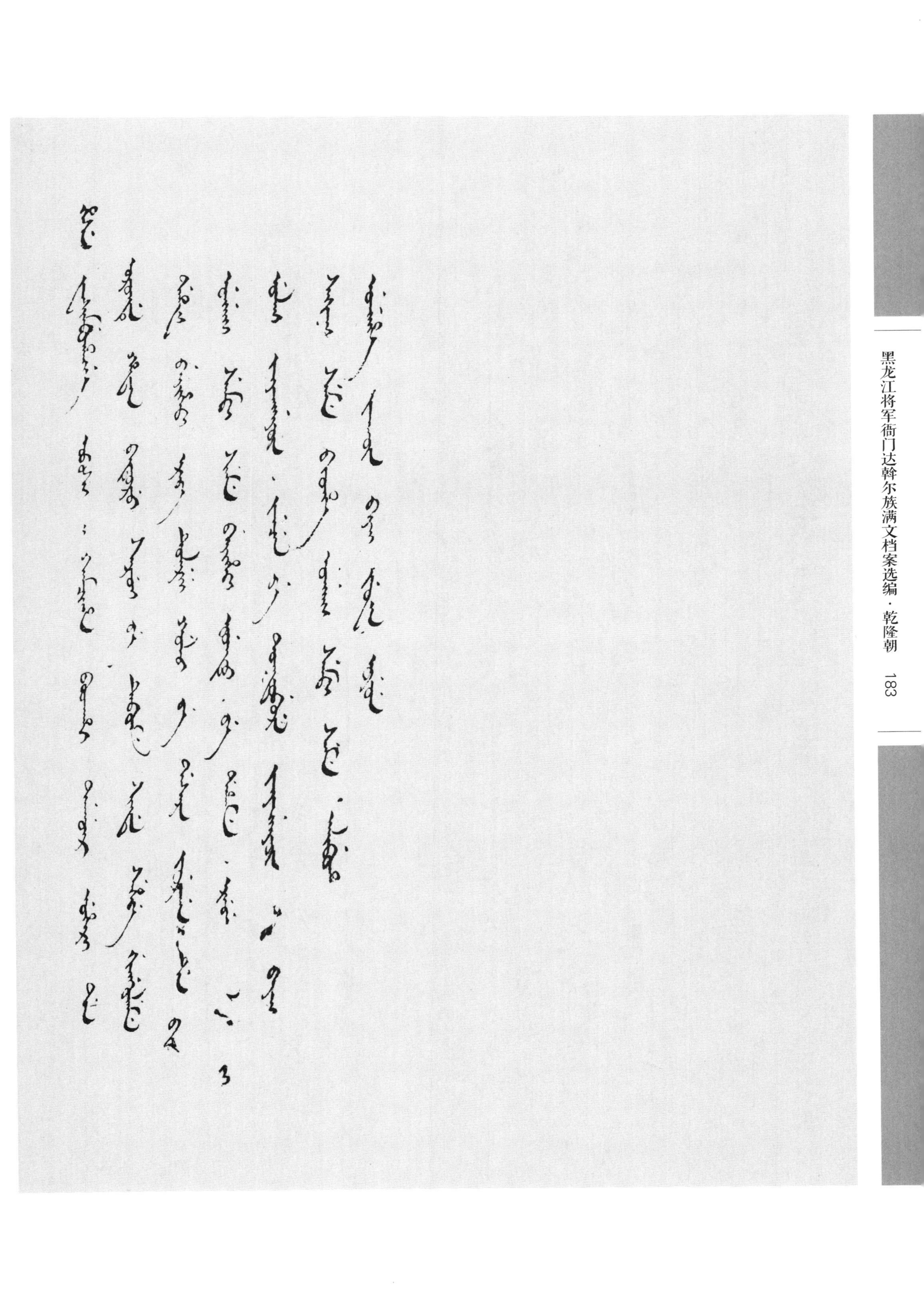

[illegible]

一〇〇二 户部为布特哈正黄旗达斡尔佐领满齐补授参领应否拨给原俸事咨黑龙江将军文

乾隆二十四年十月二十七日

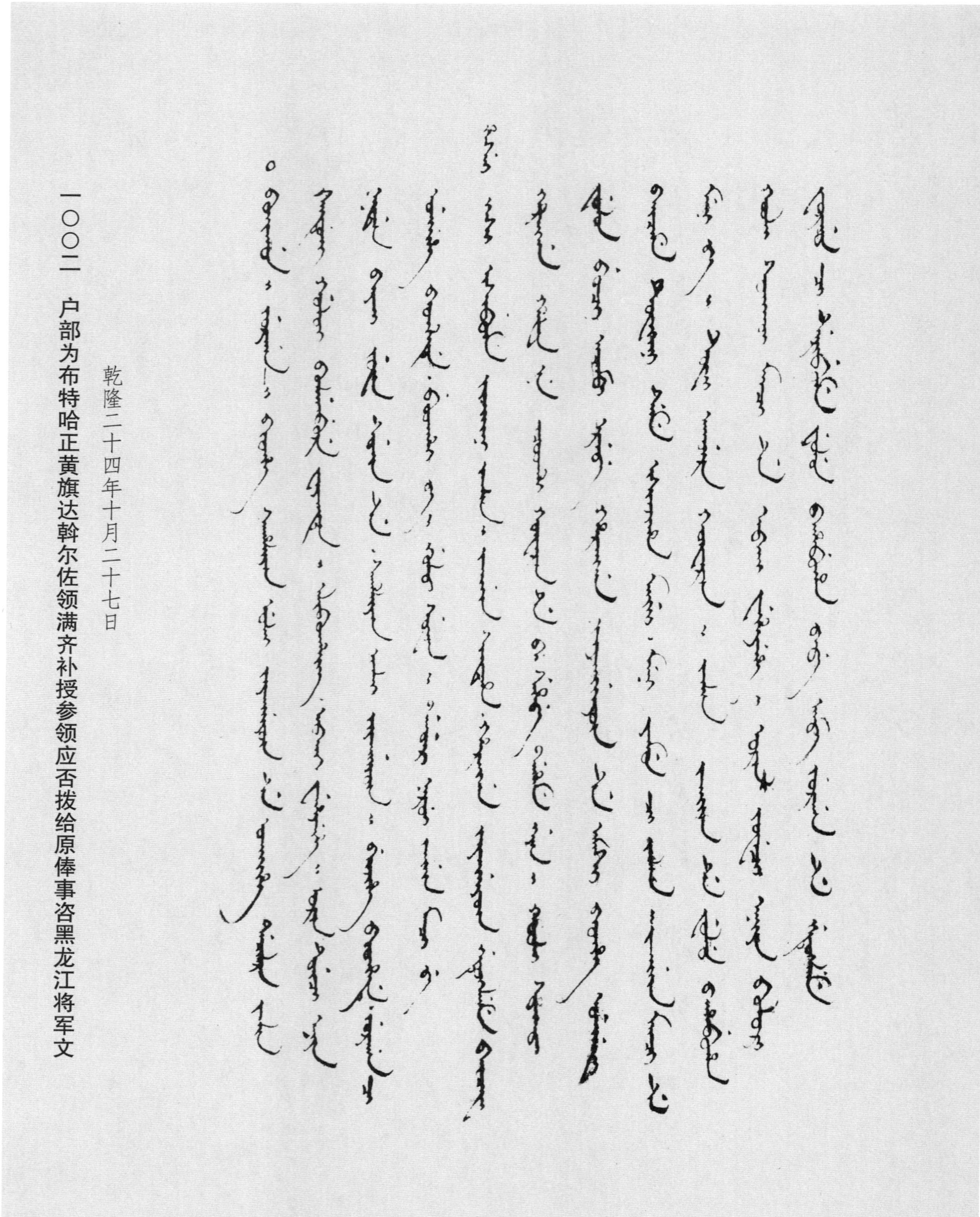

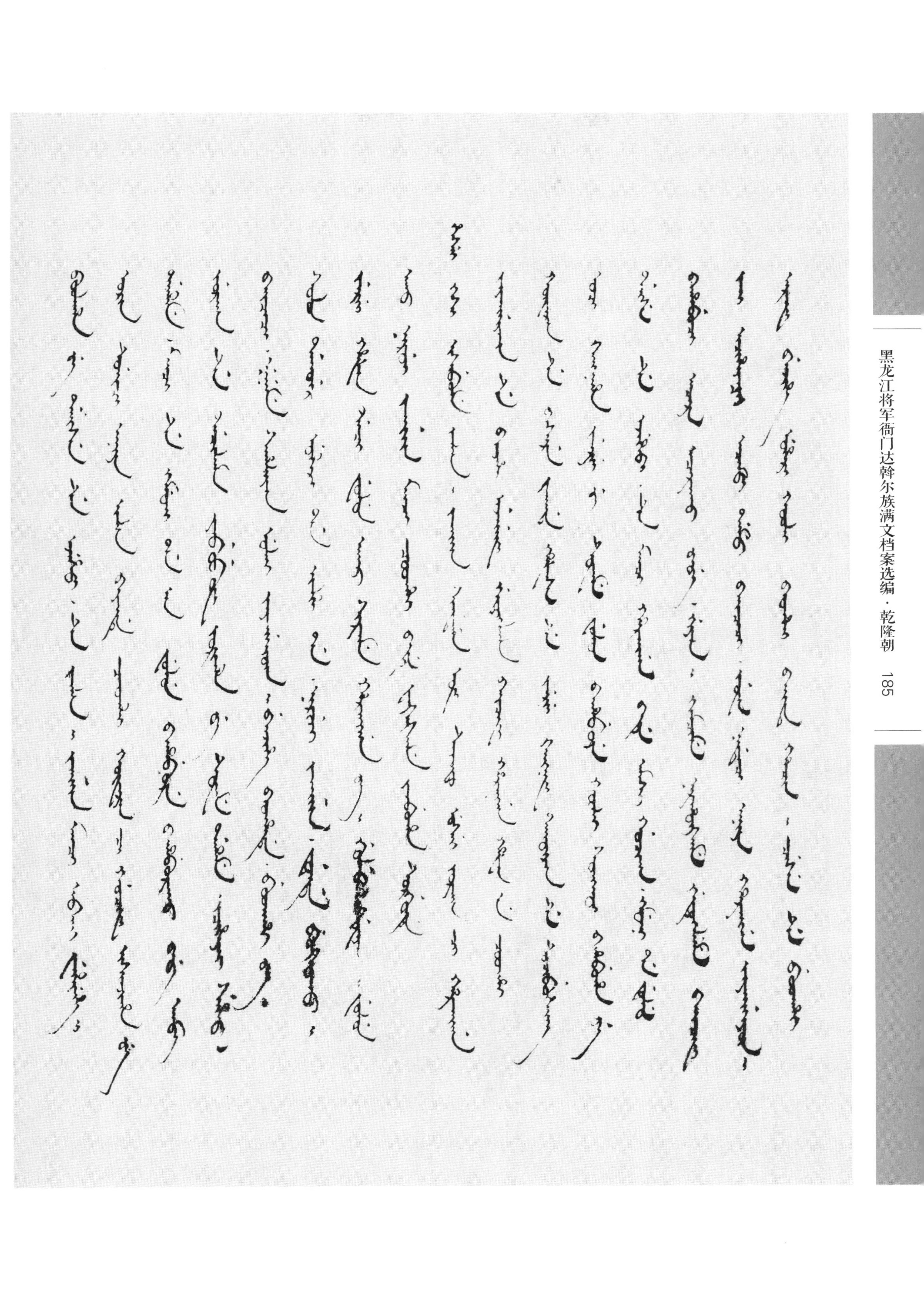

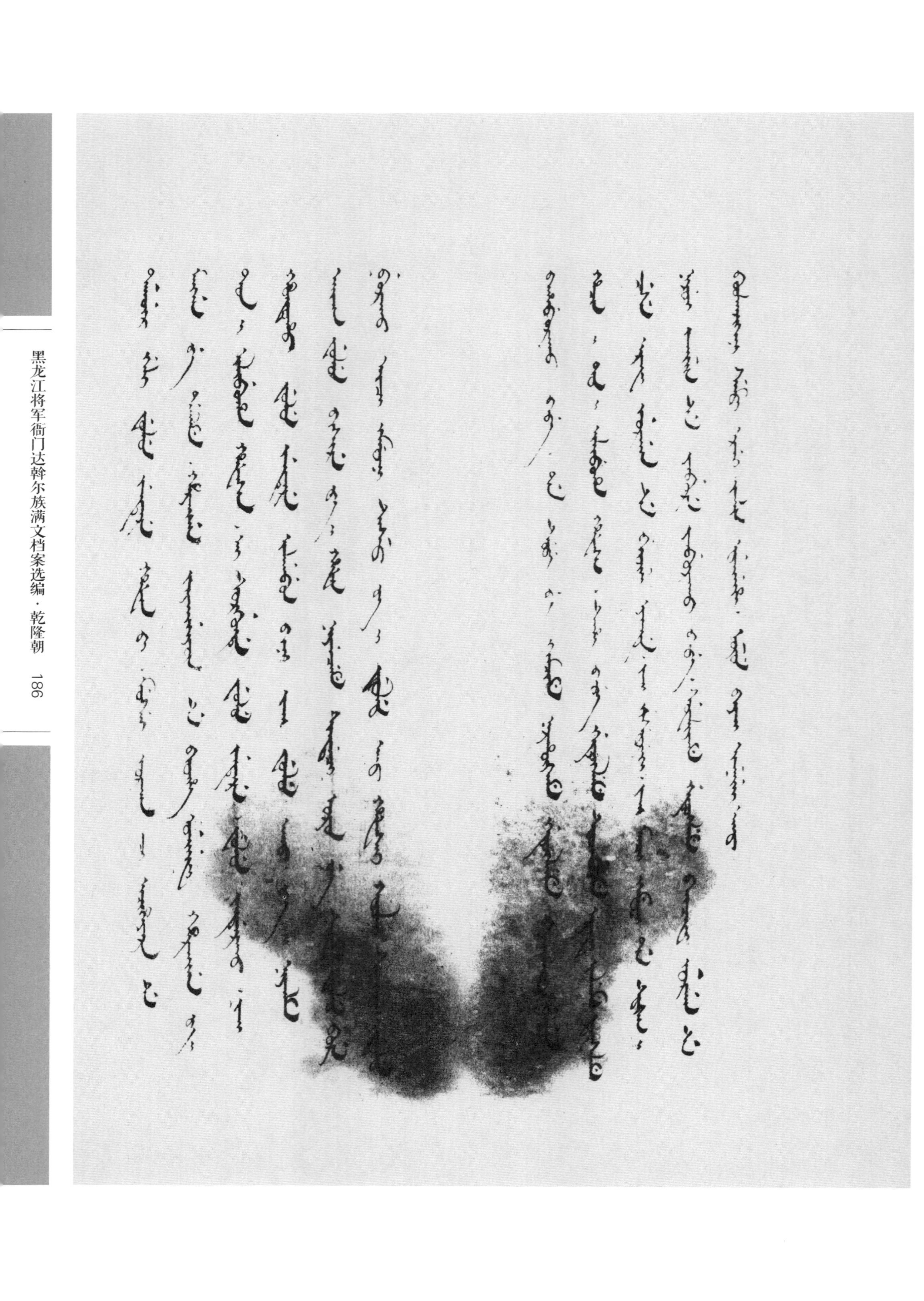

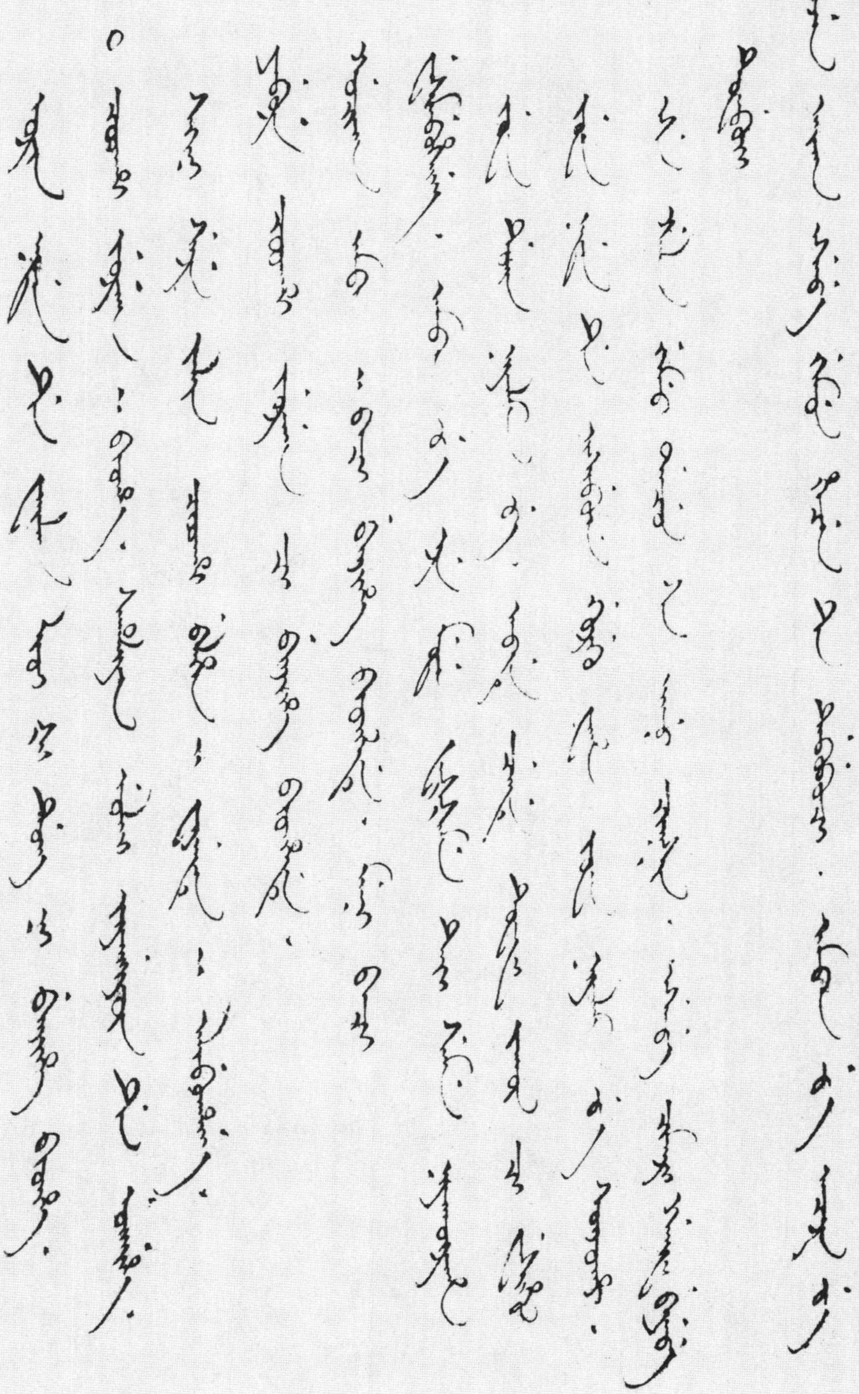

一〇〇三 兵部为知会照例办理达斡尔披甲留驻京城事宜事咨黑龙江将军文（附名单一件）

乾隆二十四年十一月二十七日

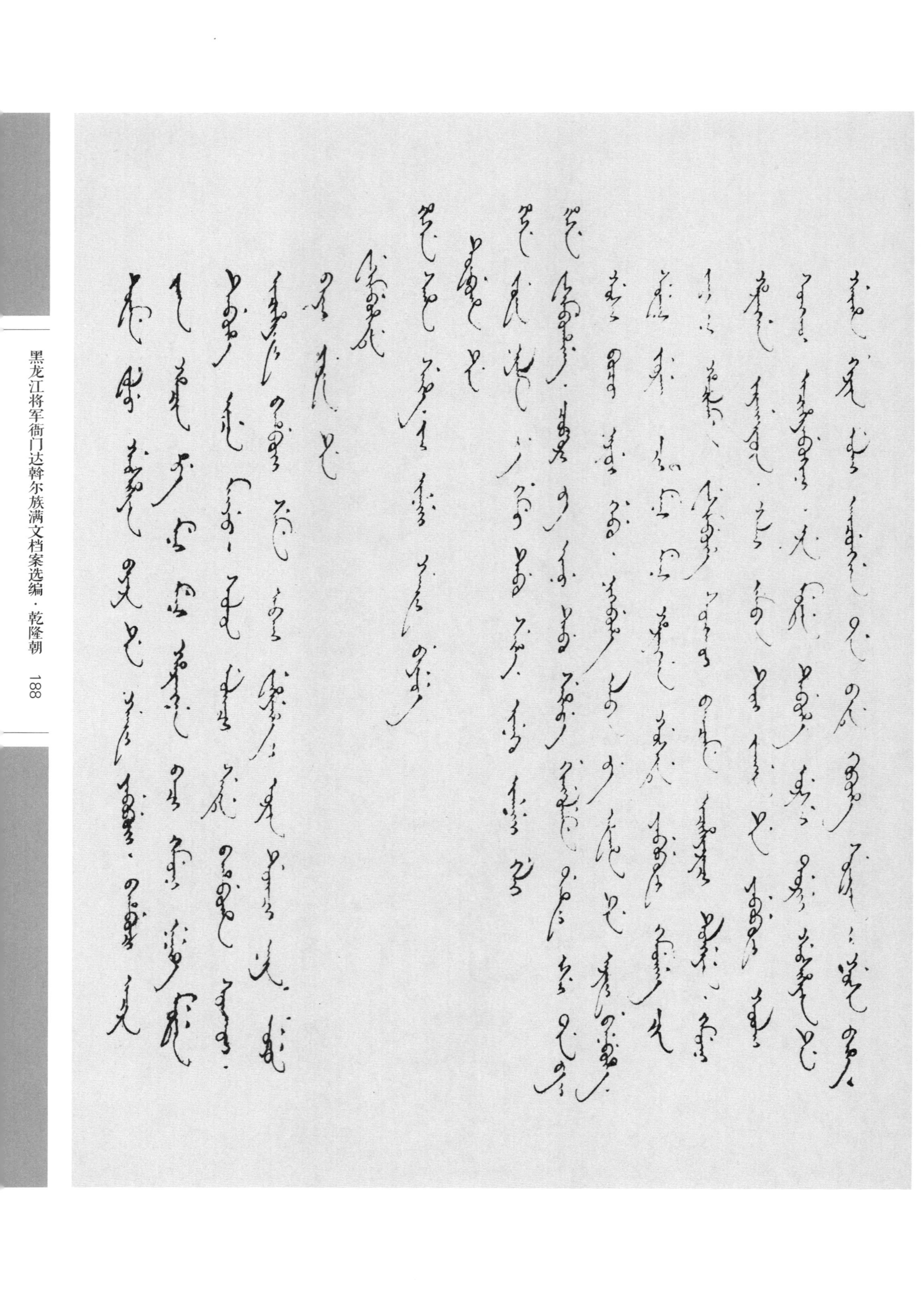

[illegible]

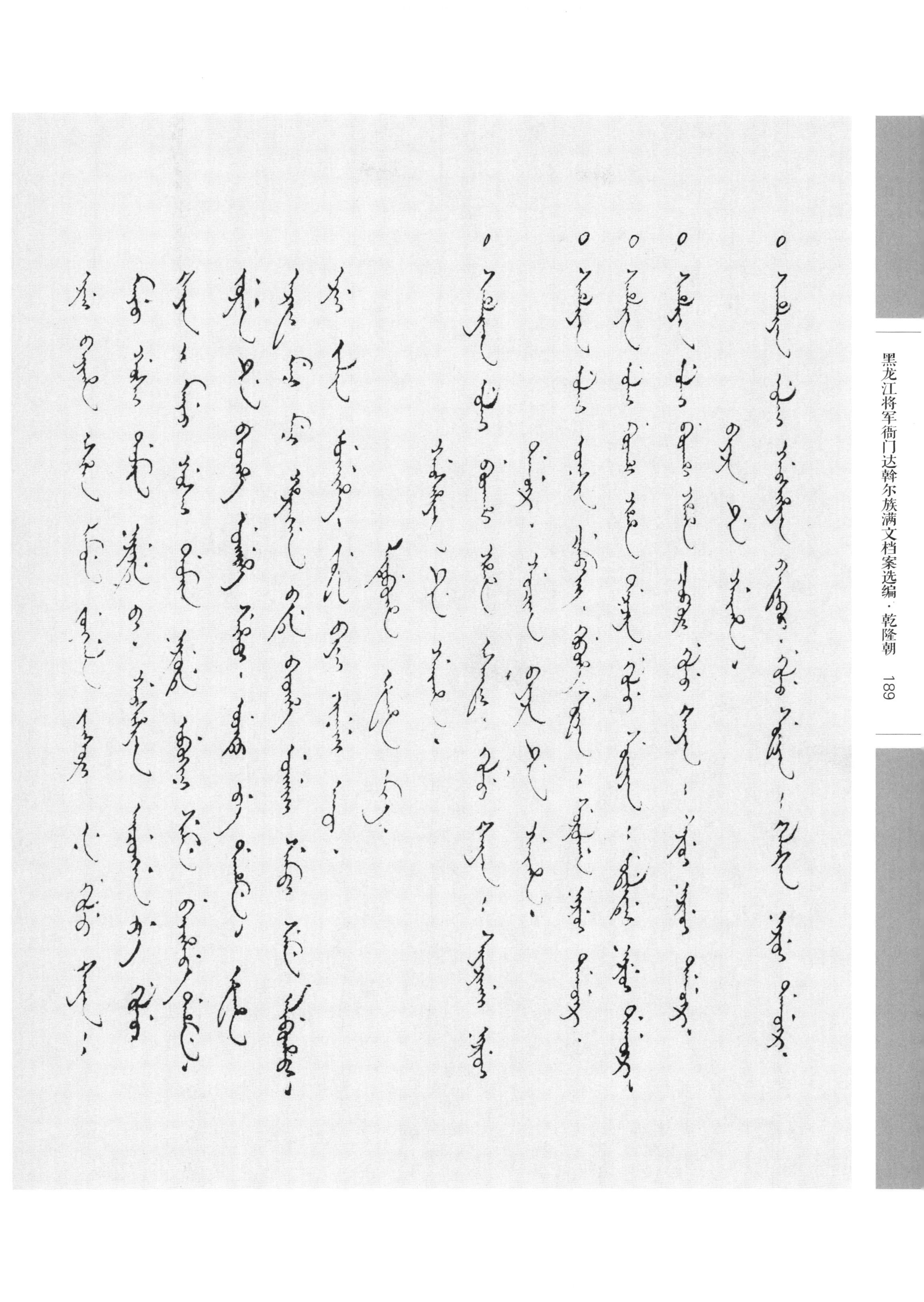

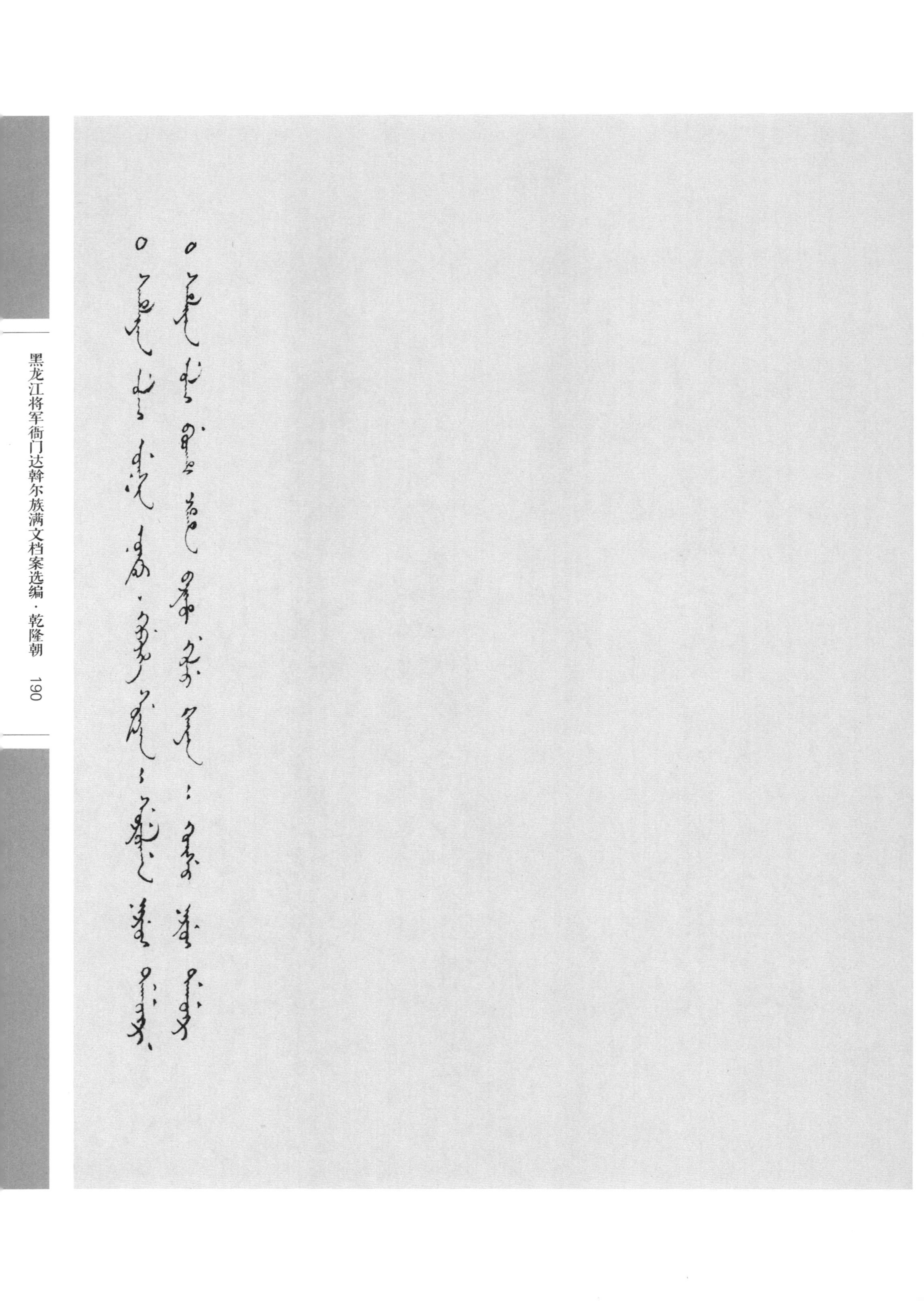

[illegible]

[illegible]

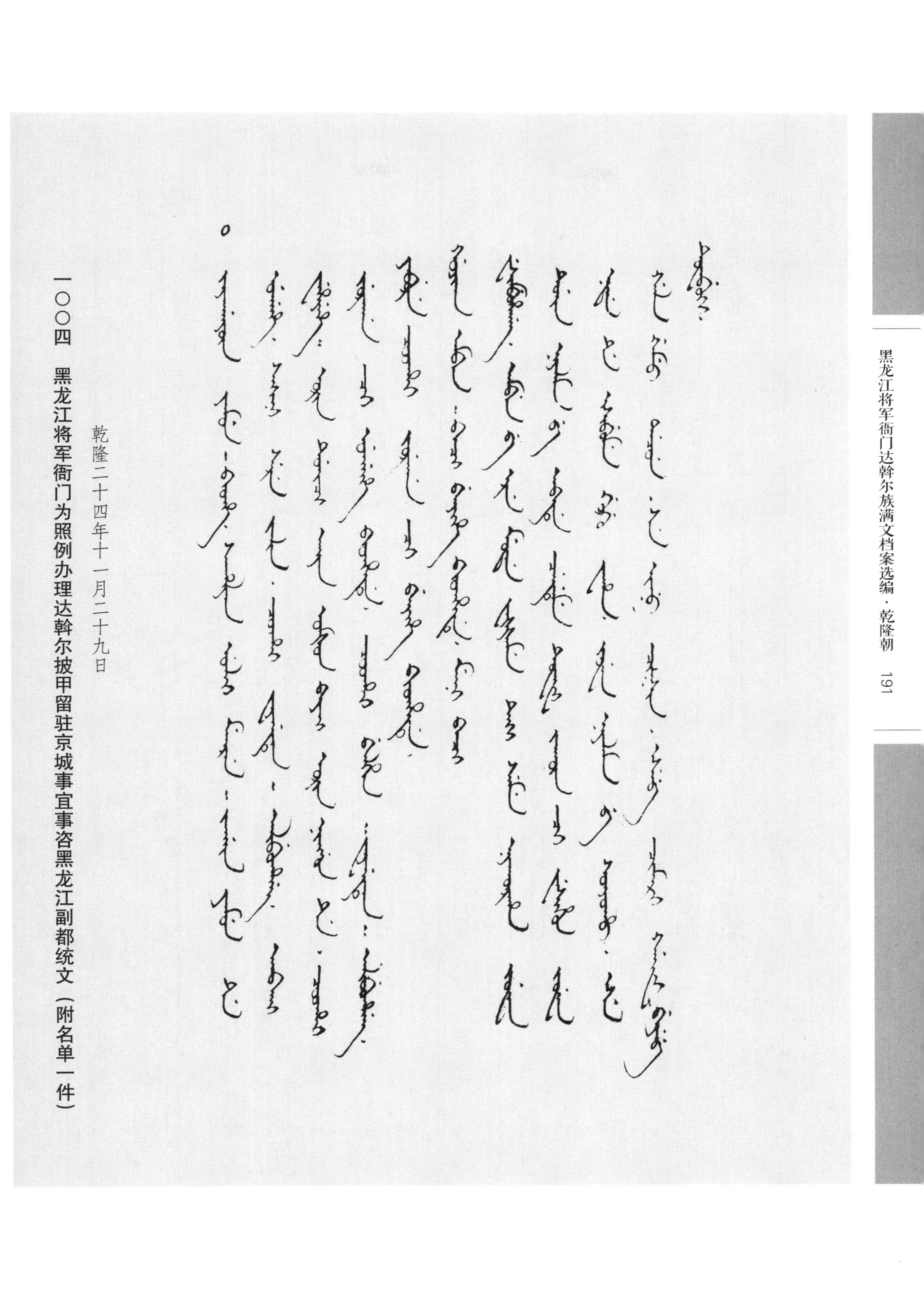

一〇〇四 黑龙江将军衙门为照例办理达斡尔披甲留驻京城事宜事咨黑龙江副都统文（附名单一件）

乾隆二十四年十一月二十九日

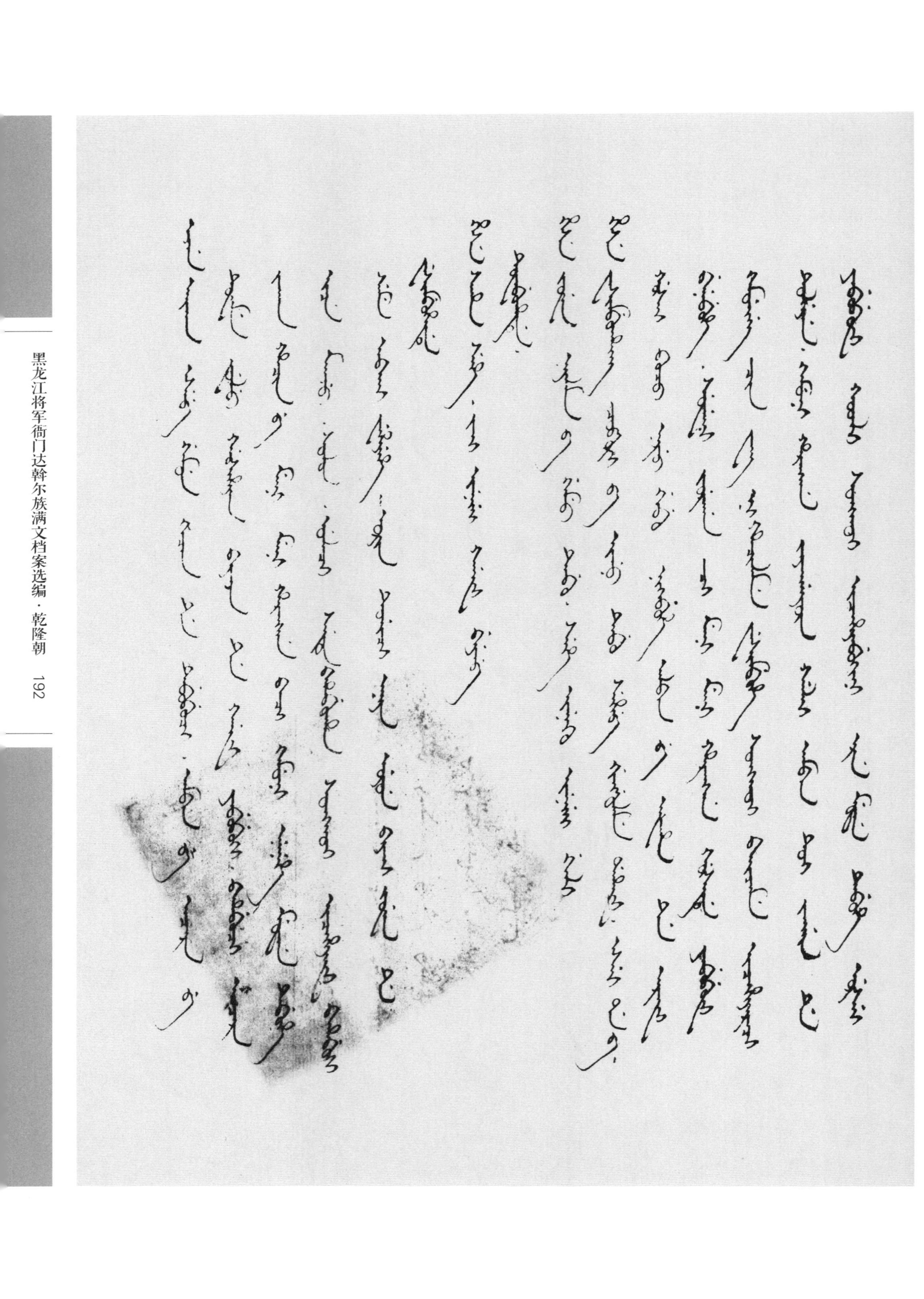

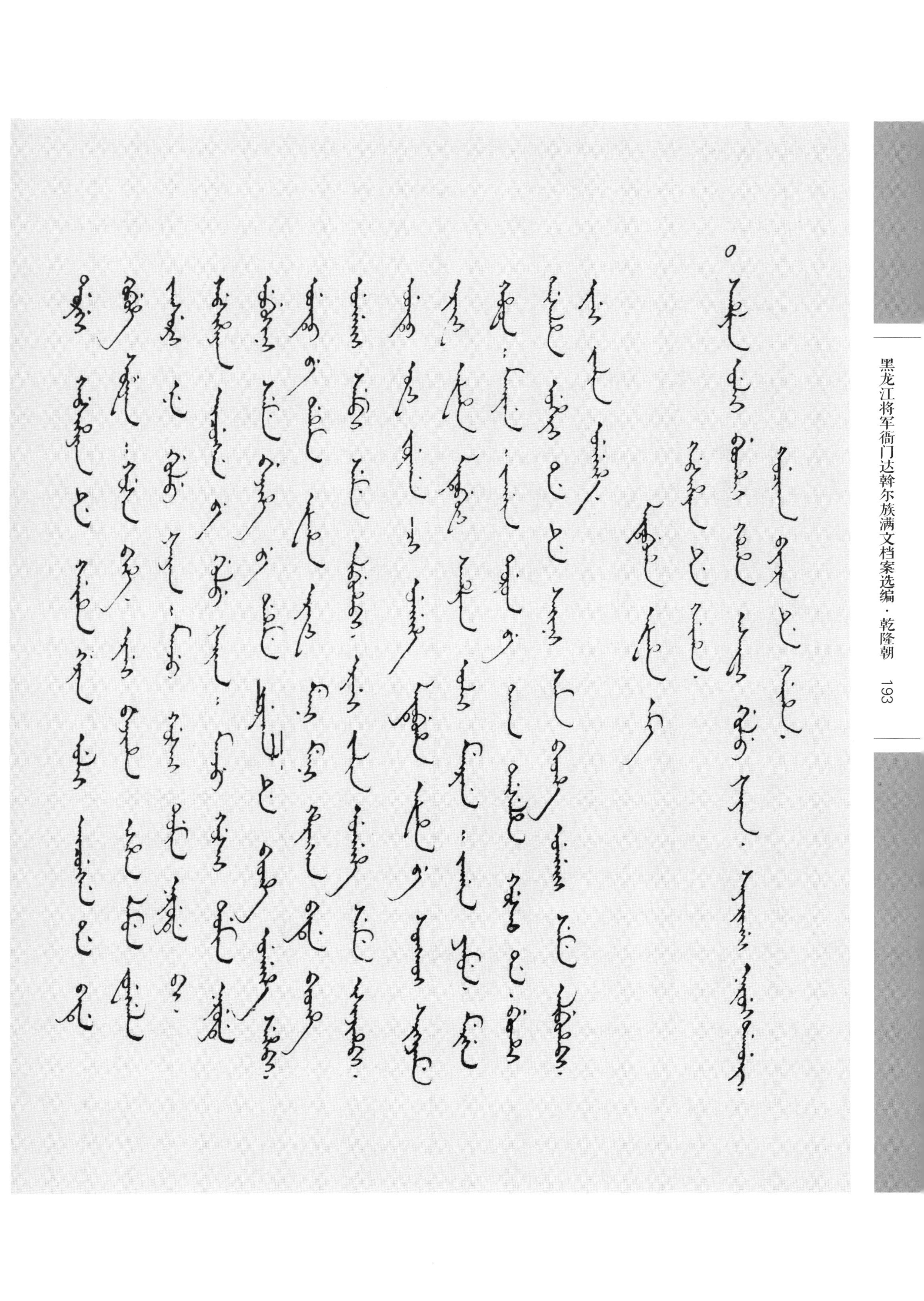

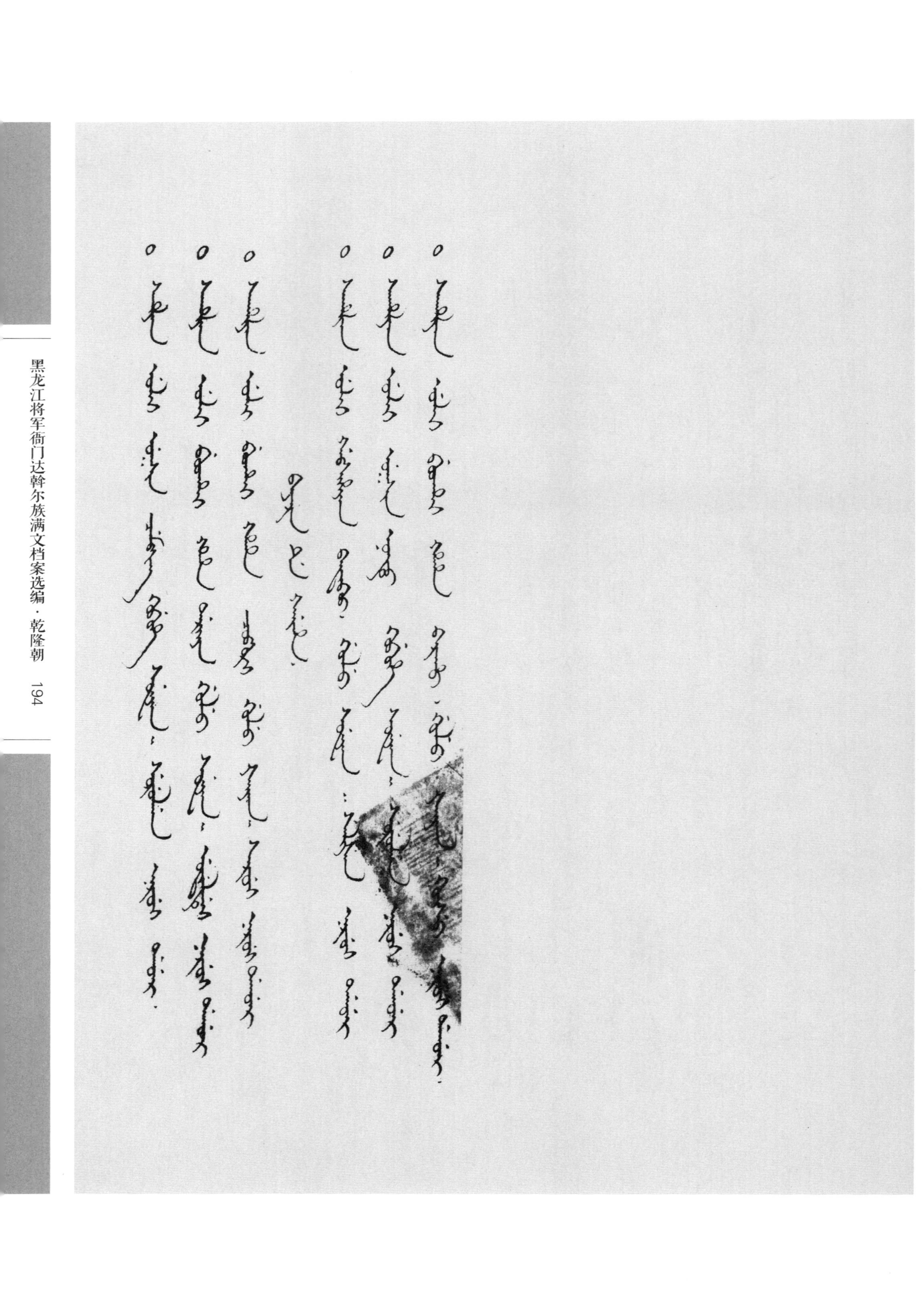

[illegible]

[illegible]

[illegible]

[illegible]

[illegible]

[illegible]

[illegible]

[illegible]

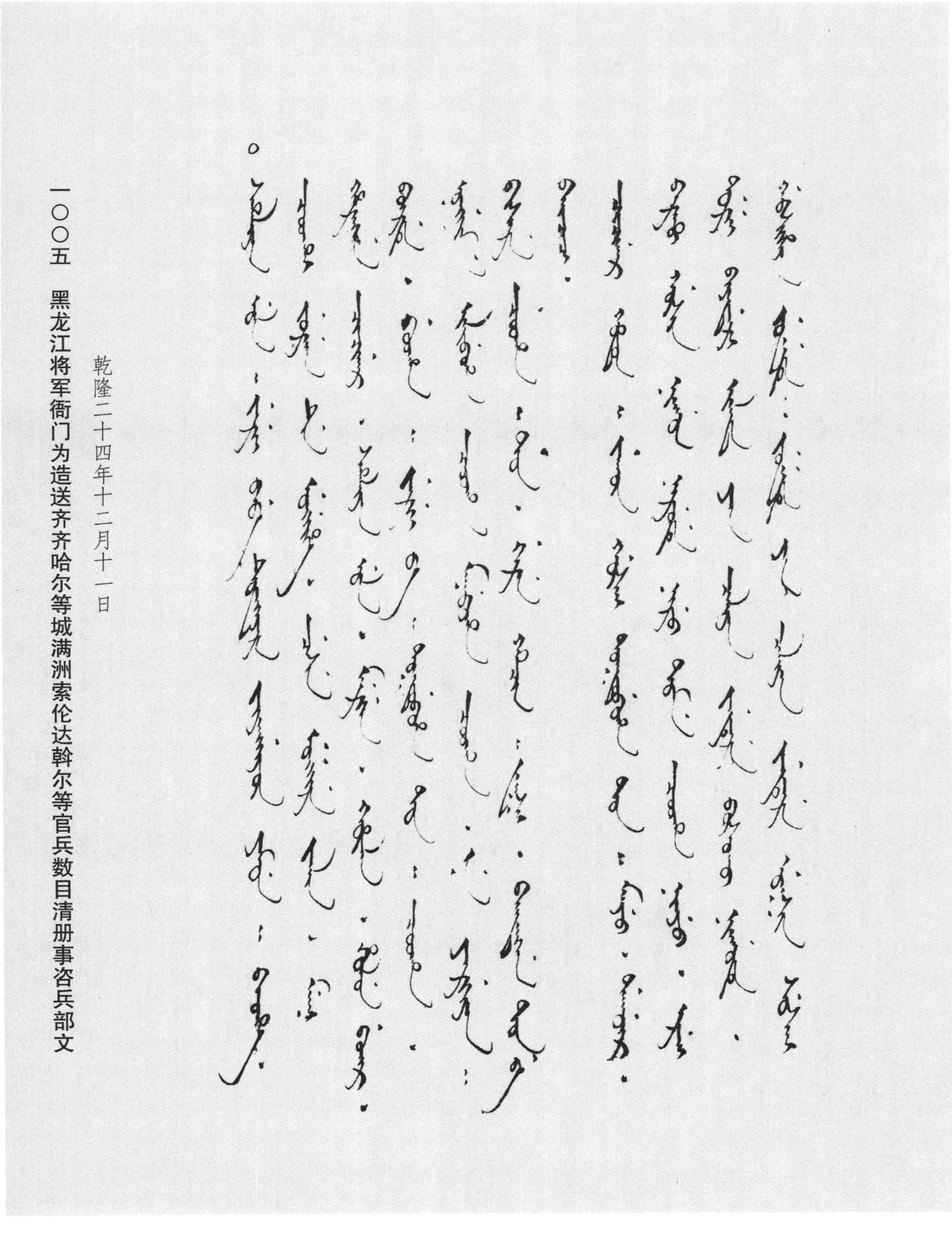

一〇〇五　黑龙江将军衙门为造送齐齐哈尔等城满洲索伦达斡尔等官兵数目清册事咨兵部文

乾隆二十四年十二月十一日

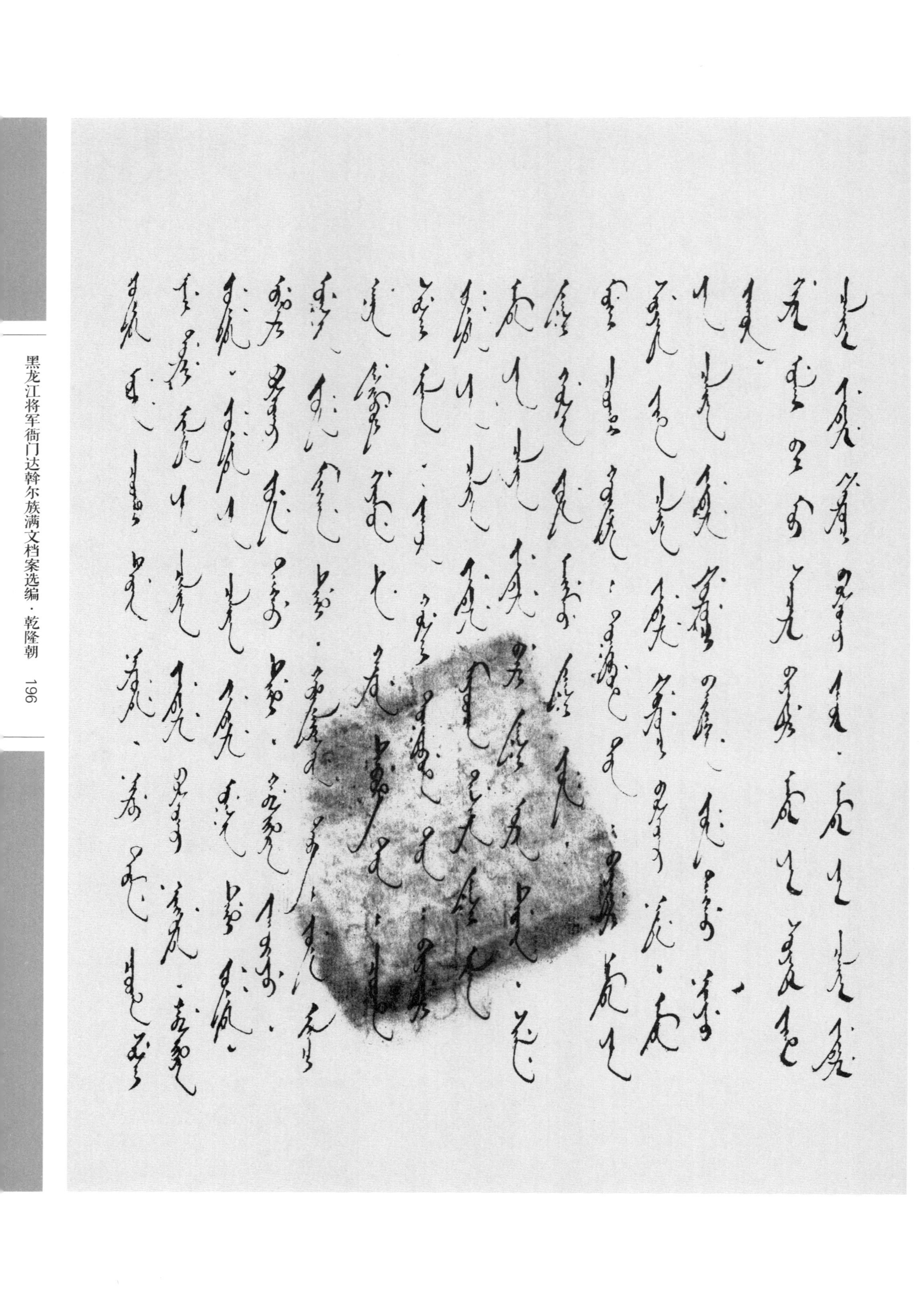

[illegible]

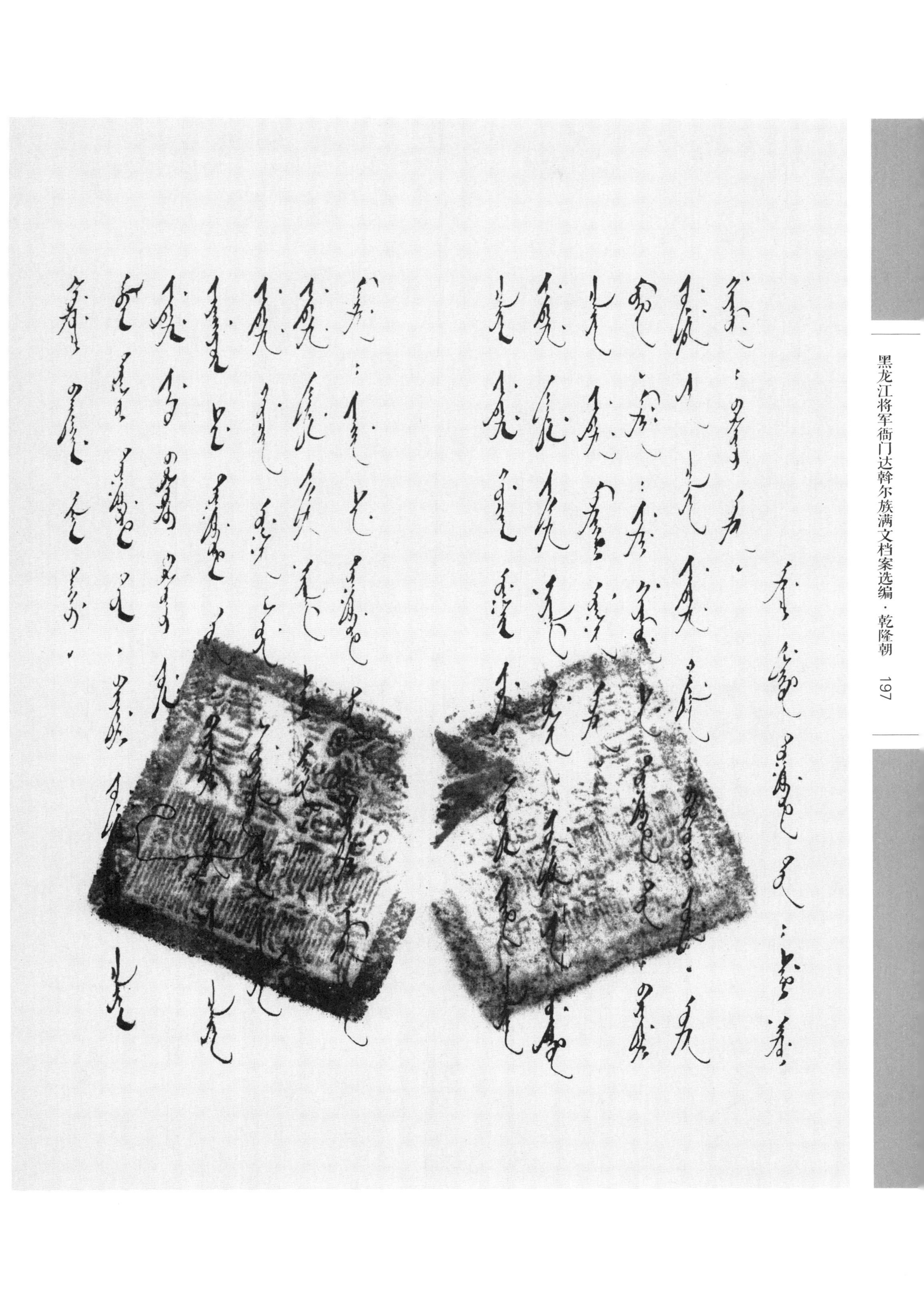

[illegible]

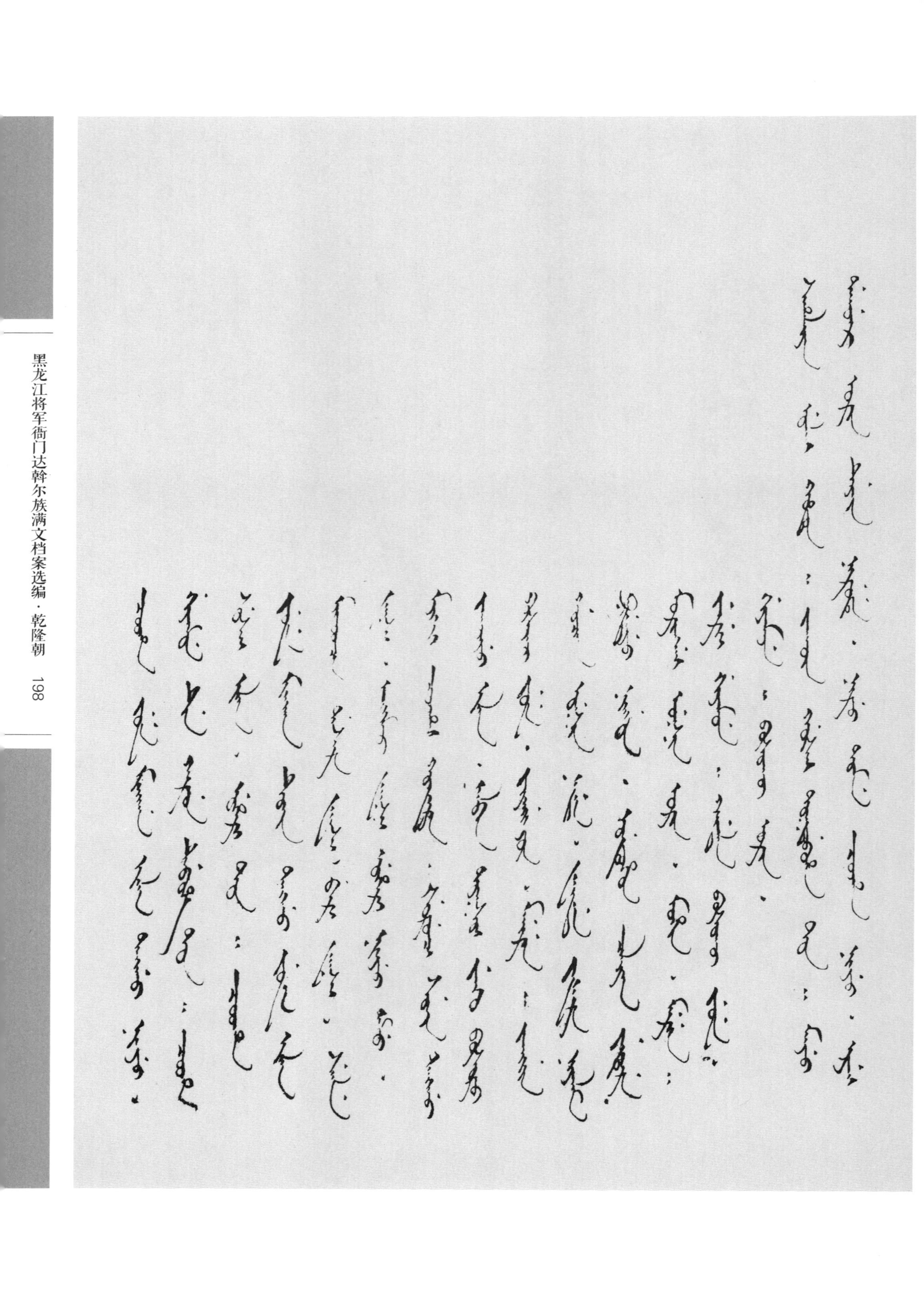

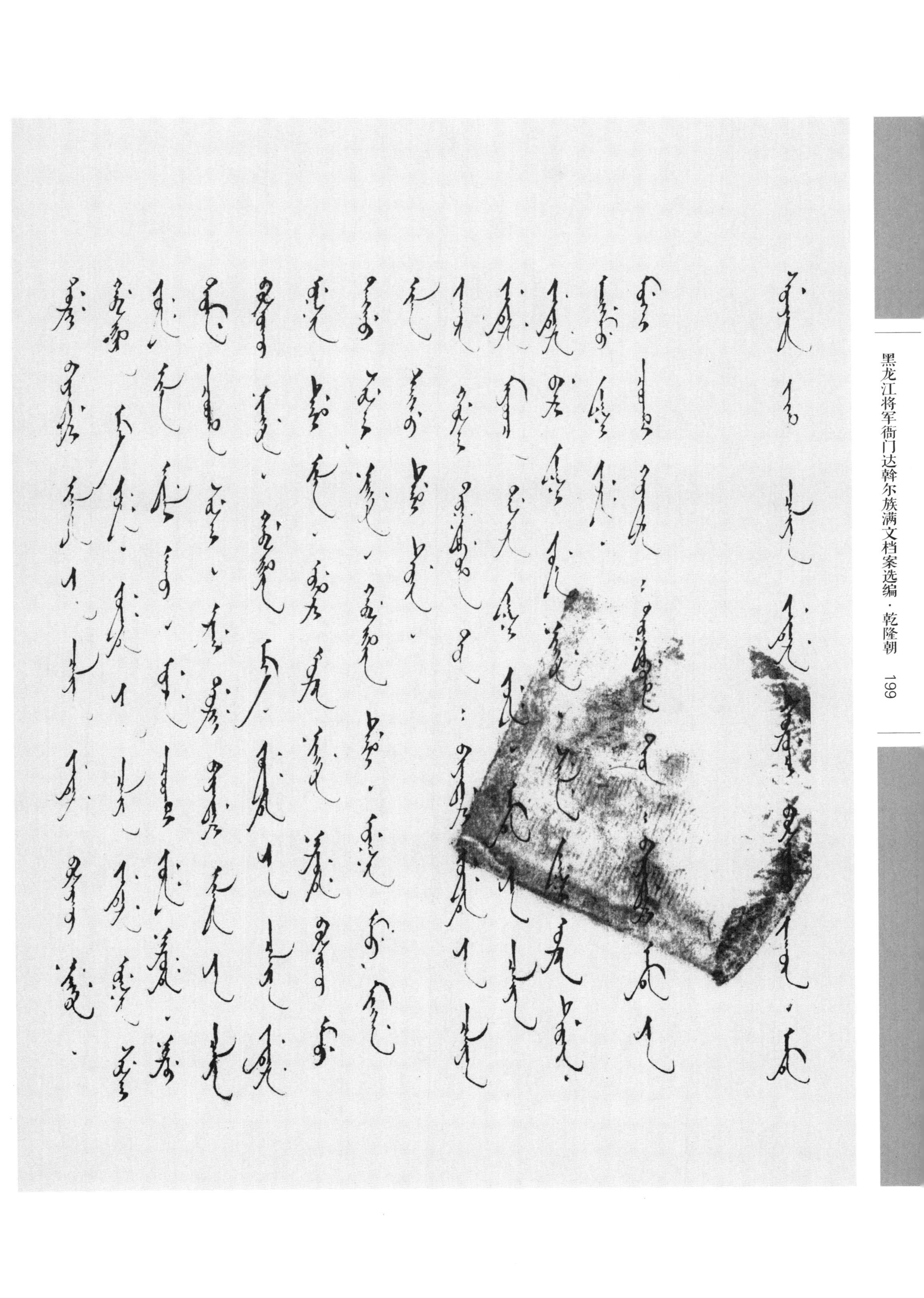

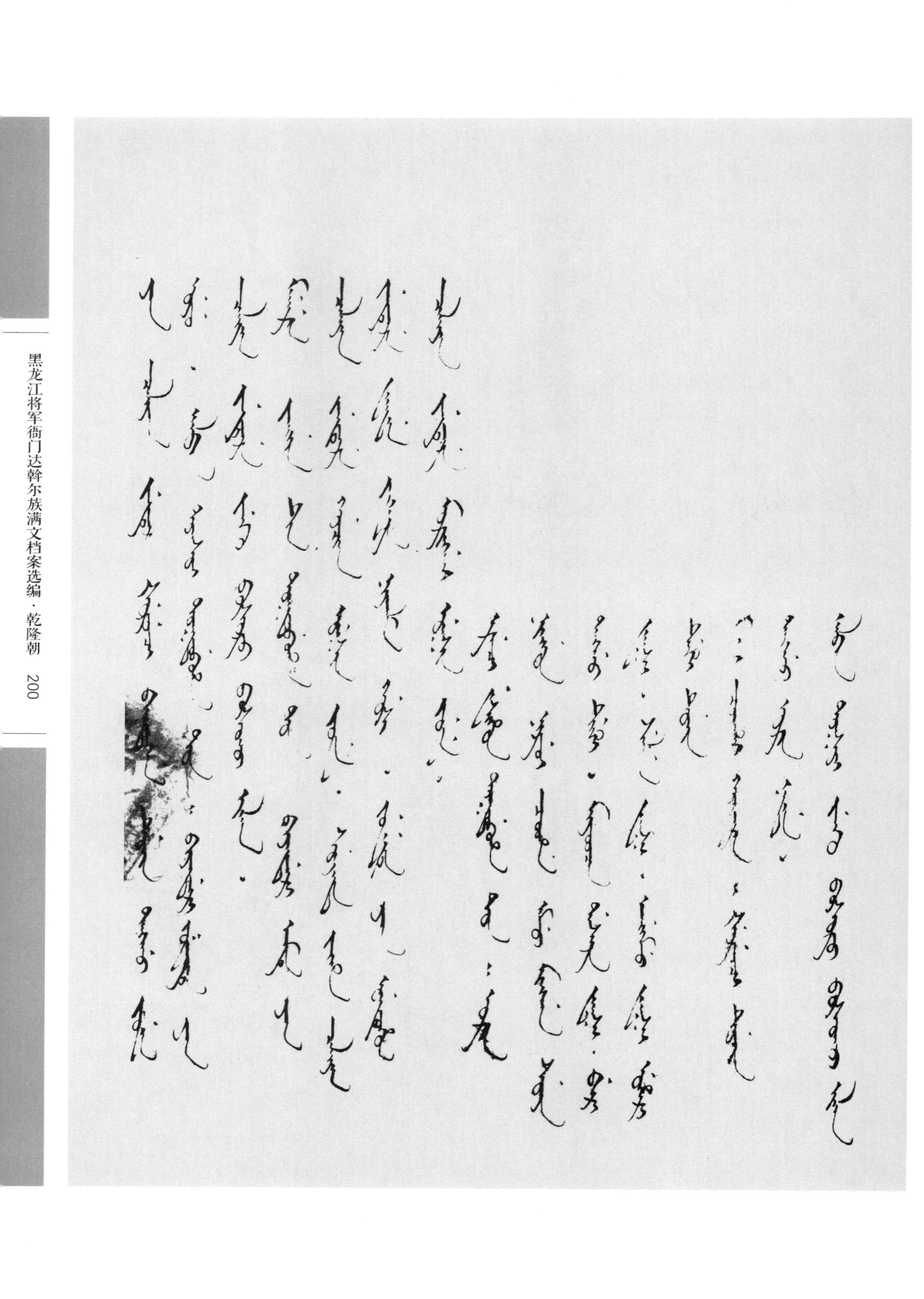

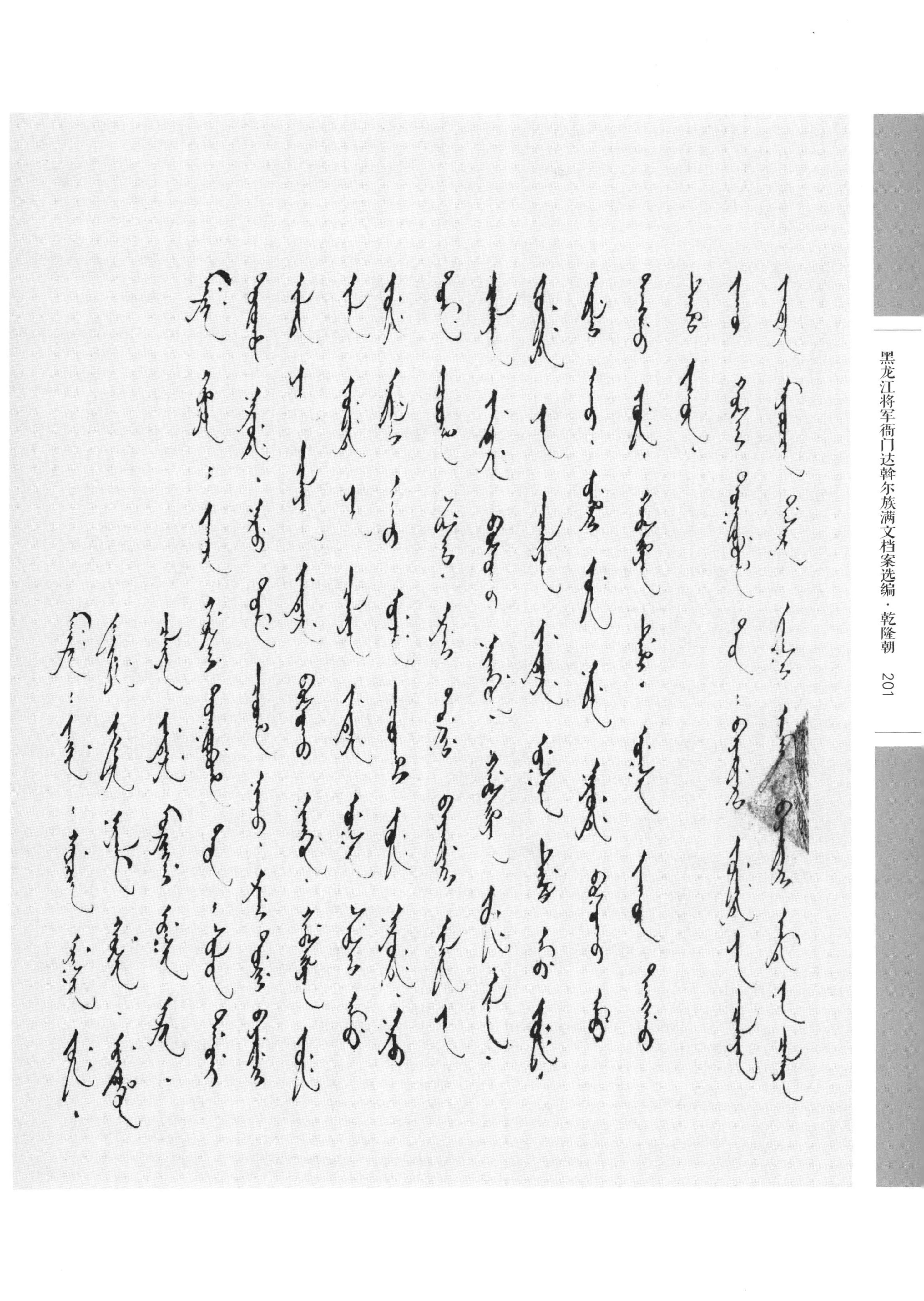

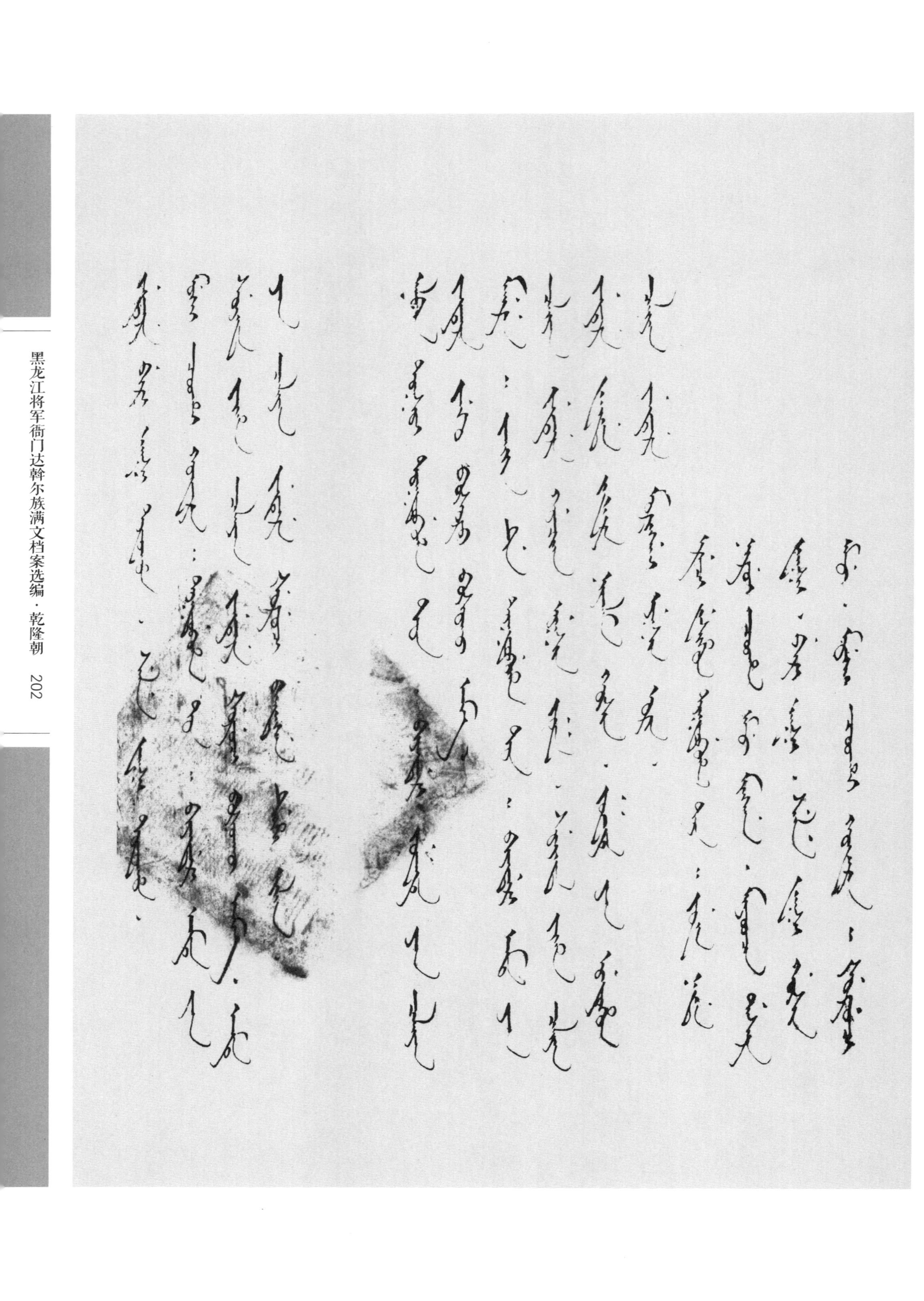

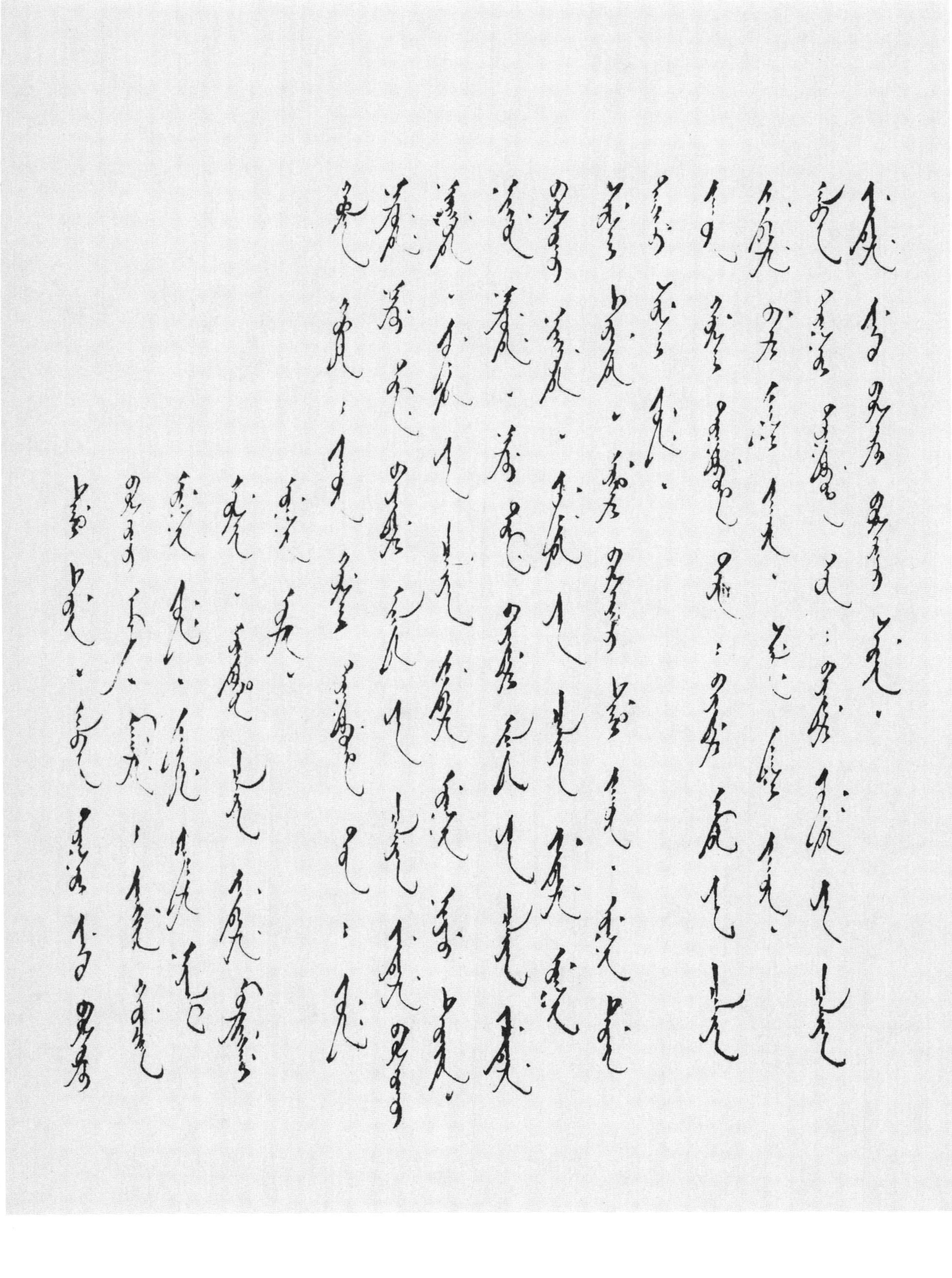

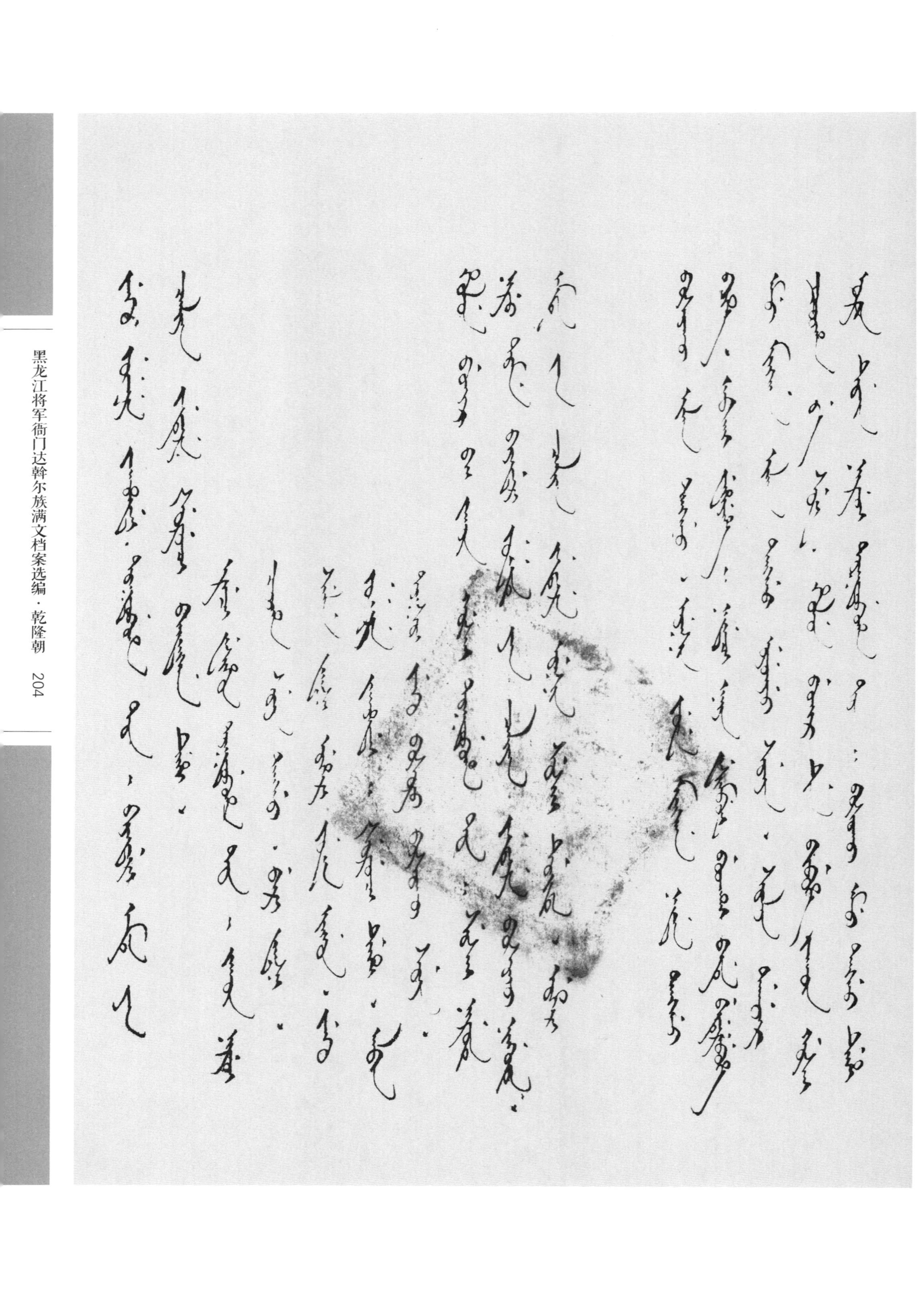

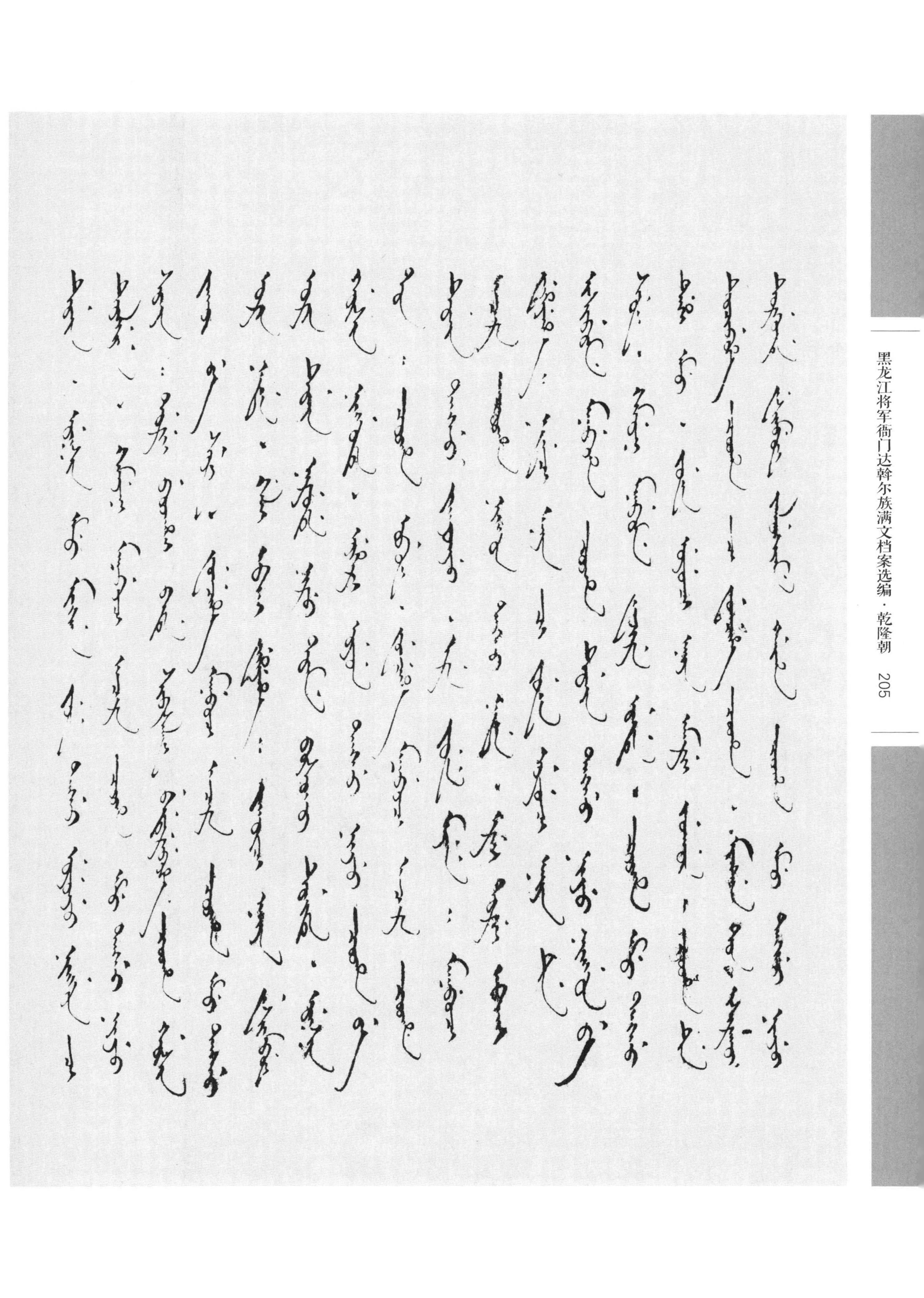

[illegible]

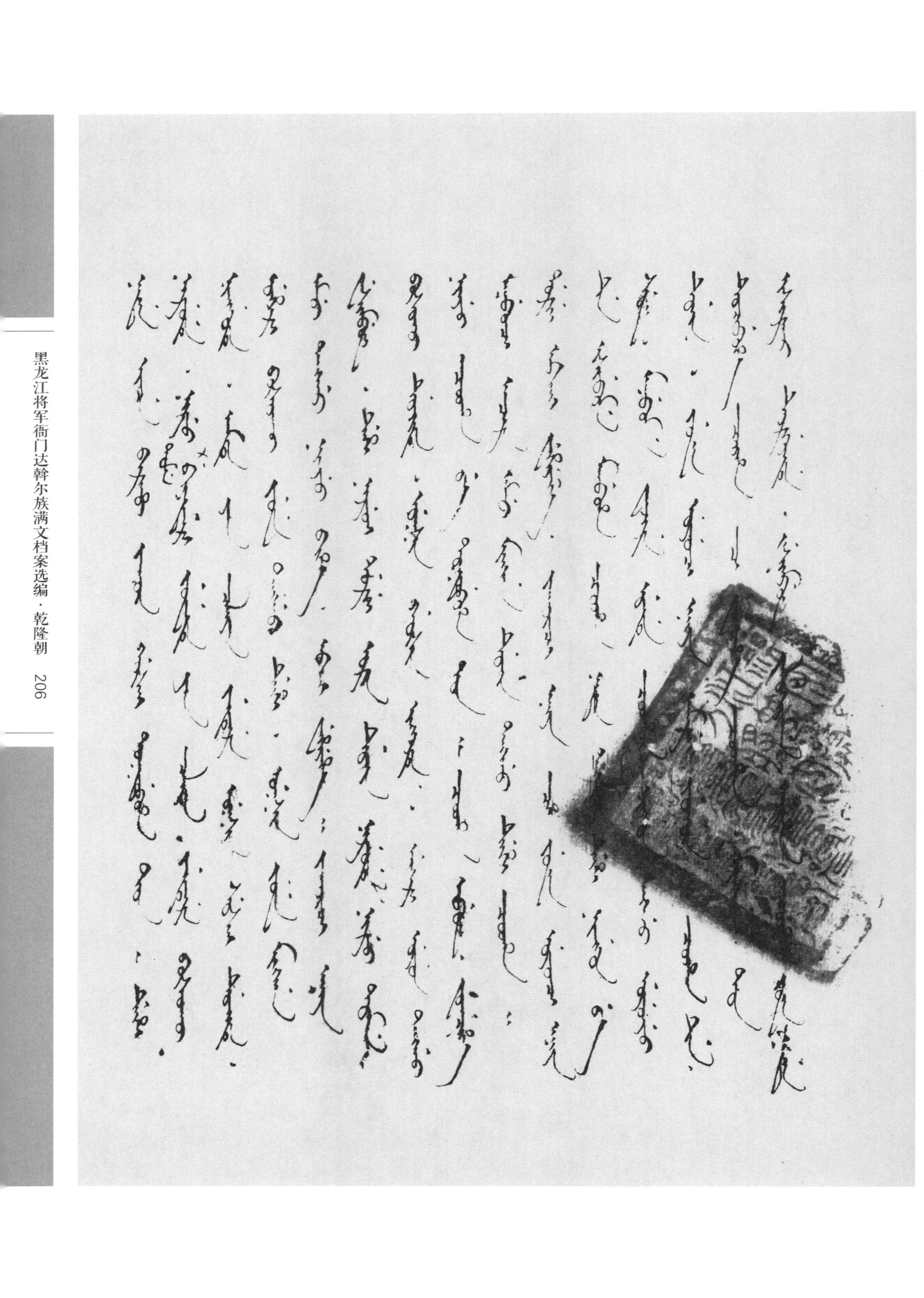

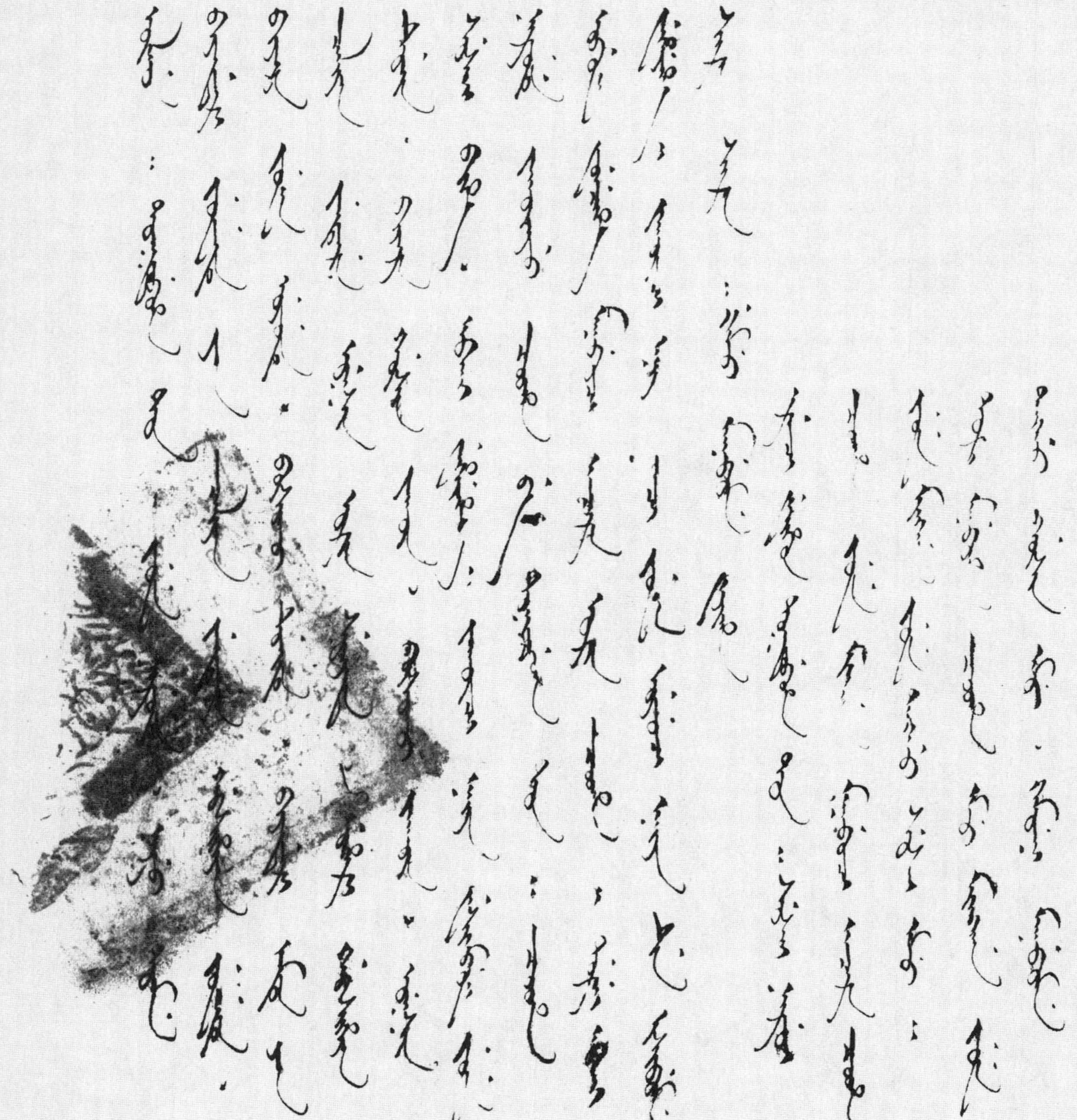

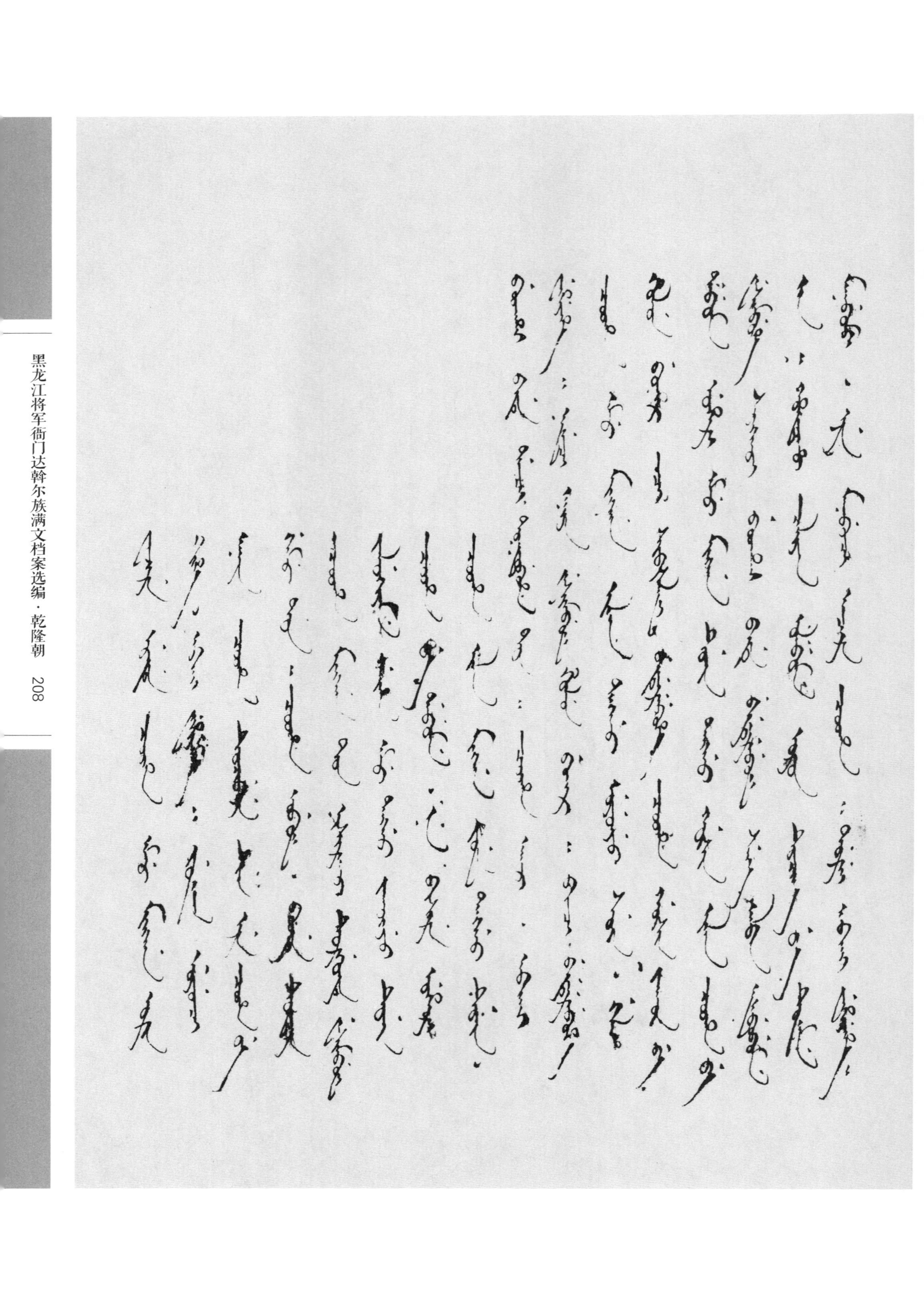

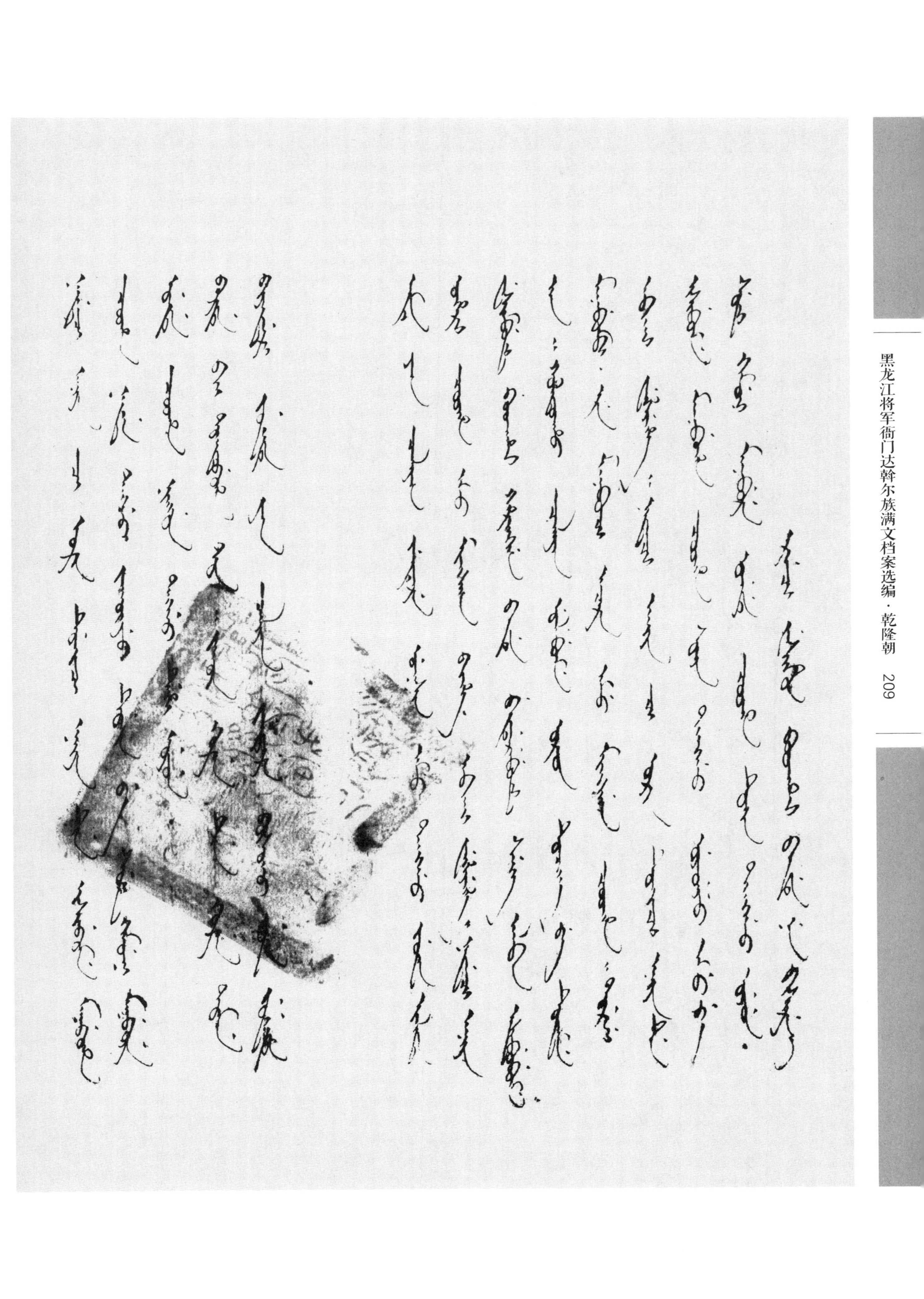

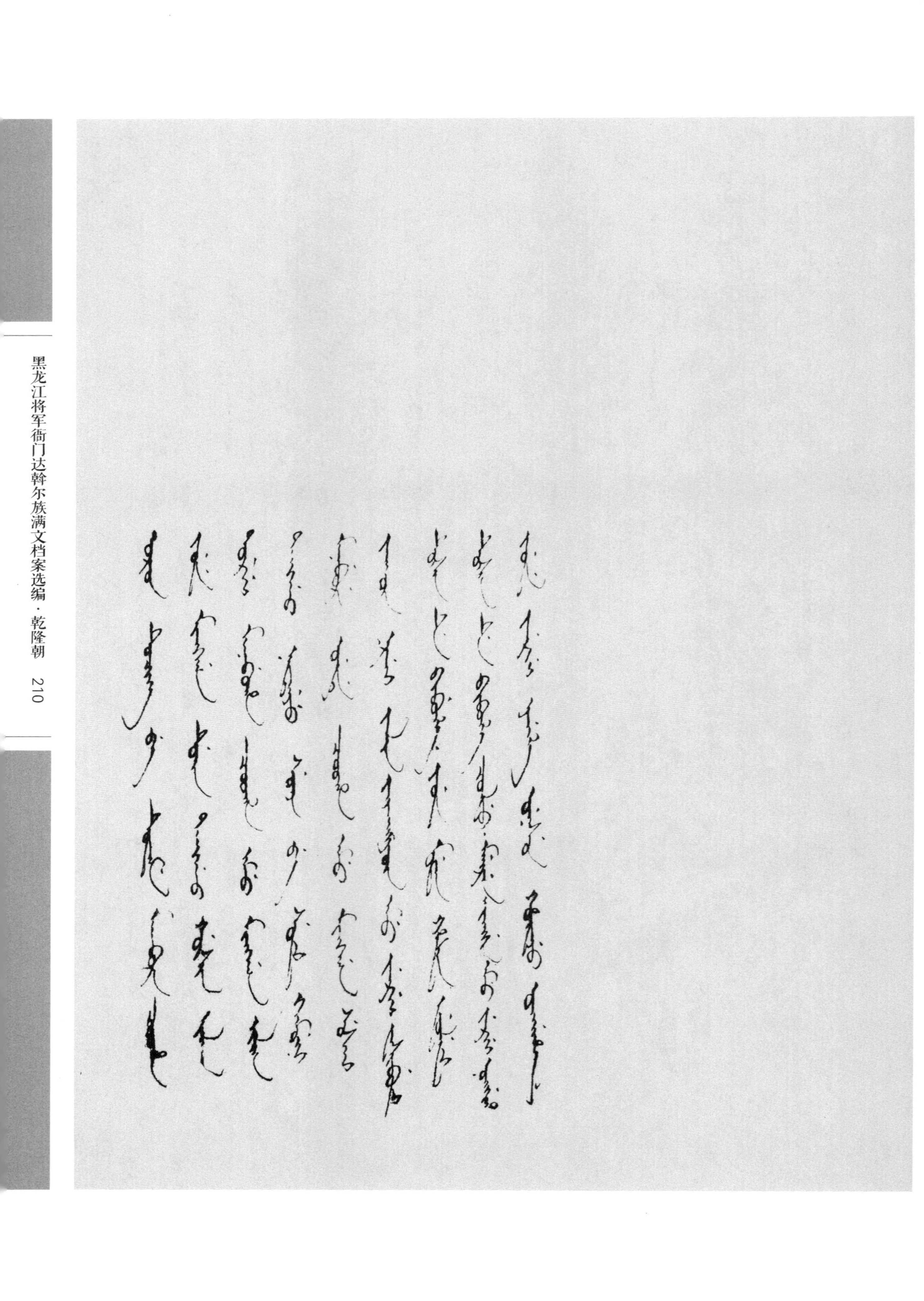

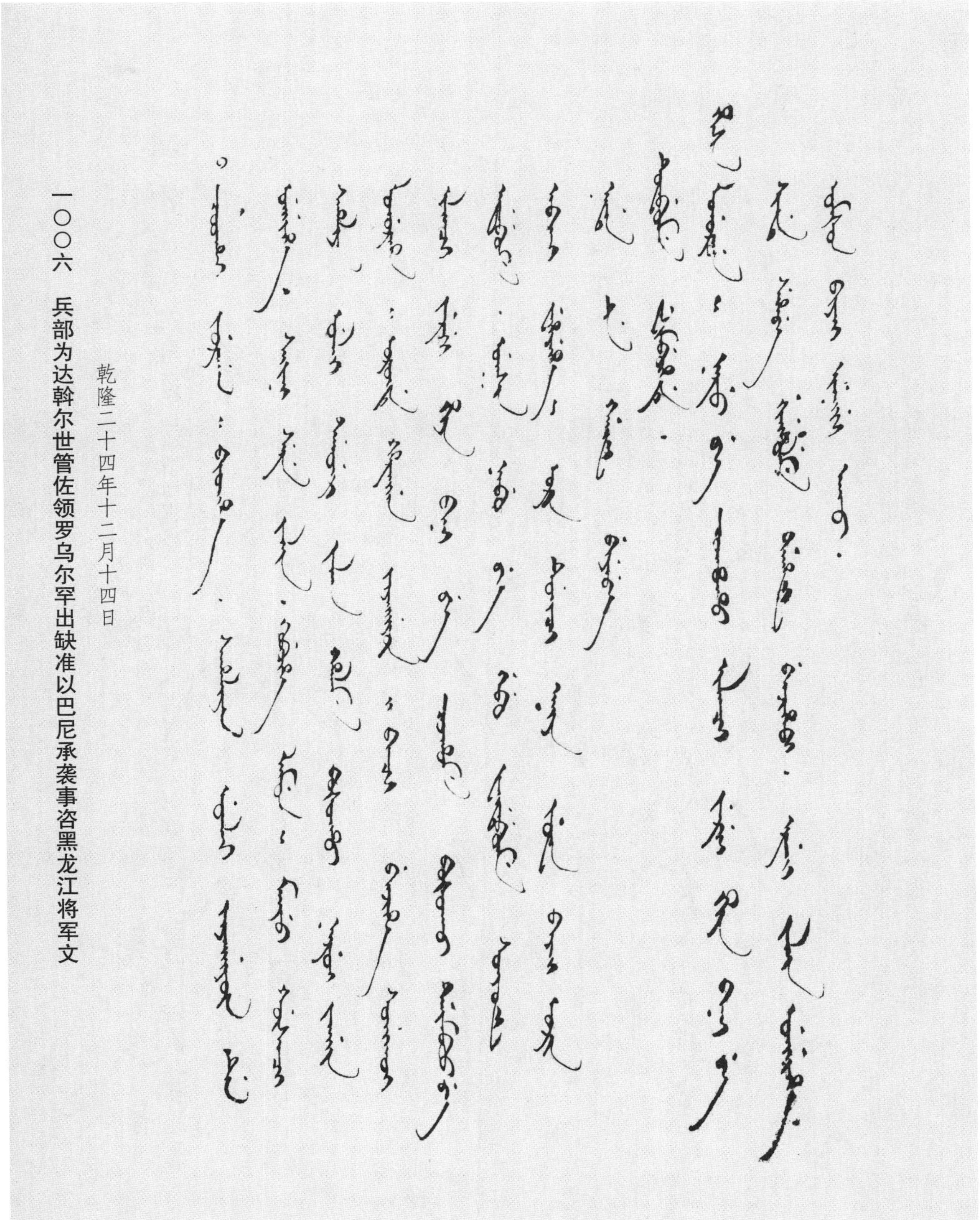

一〇〇六　兵部为达斡尔世管佐领罗乌尔罕出缺准以巴尼承袭事咨黑龙江将军文

乾隆二十四年十二月十四日

一〇〇七　镶蓝满洲旗为达斡尔世管佐领罗乌尔罕出缺准以巴尼承袭事咨黑龙江将军文

乾隆二十四年十二月二十三日

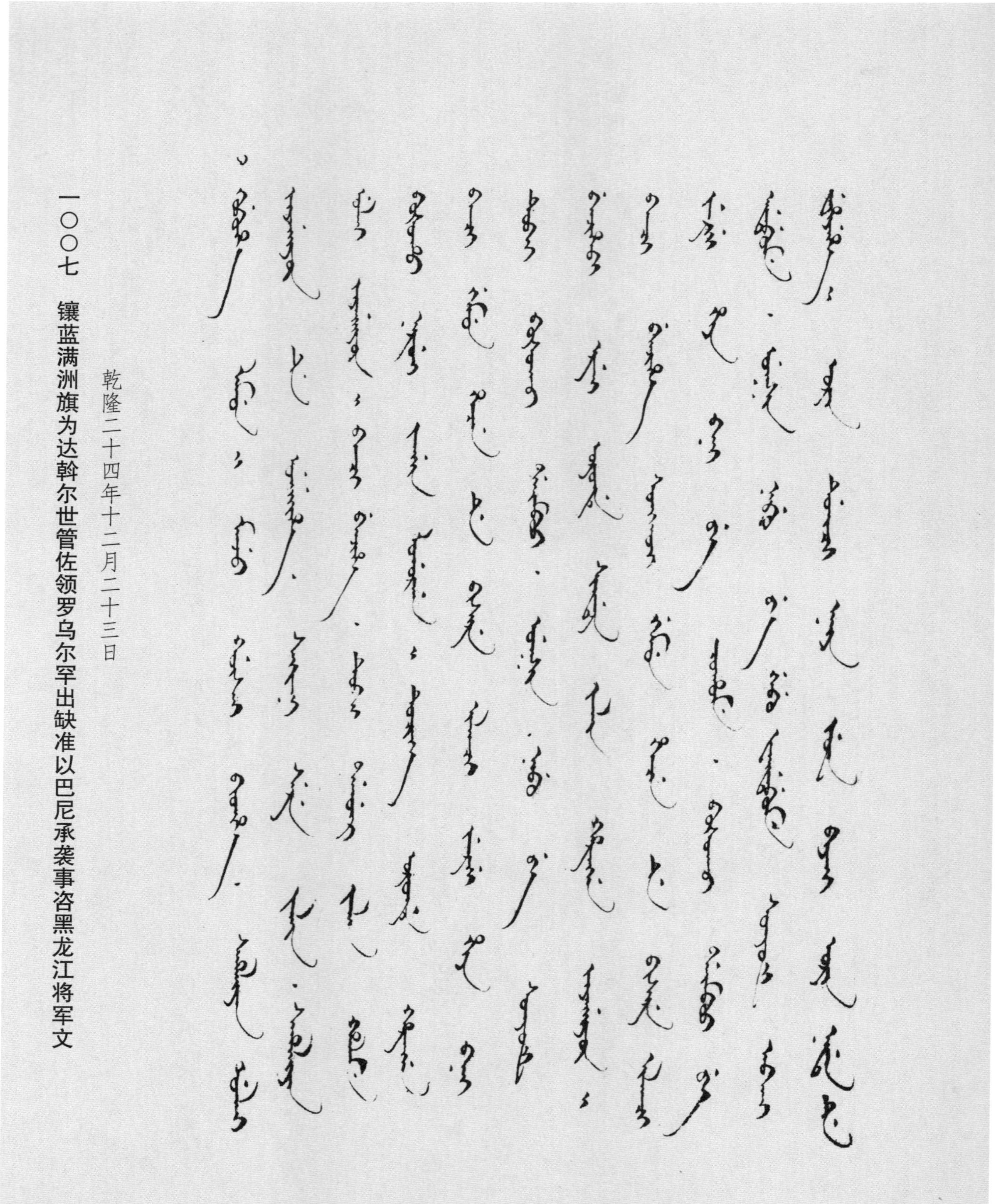

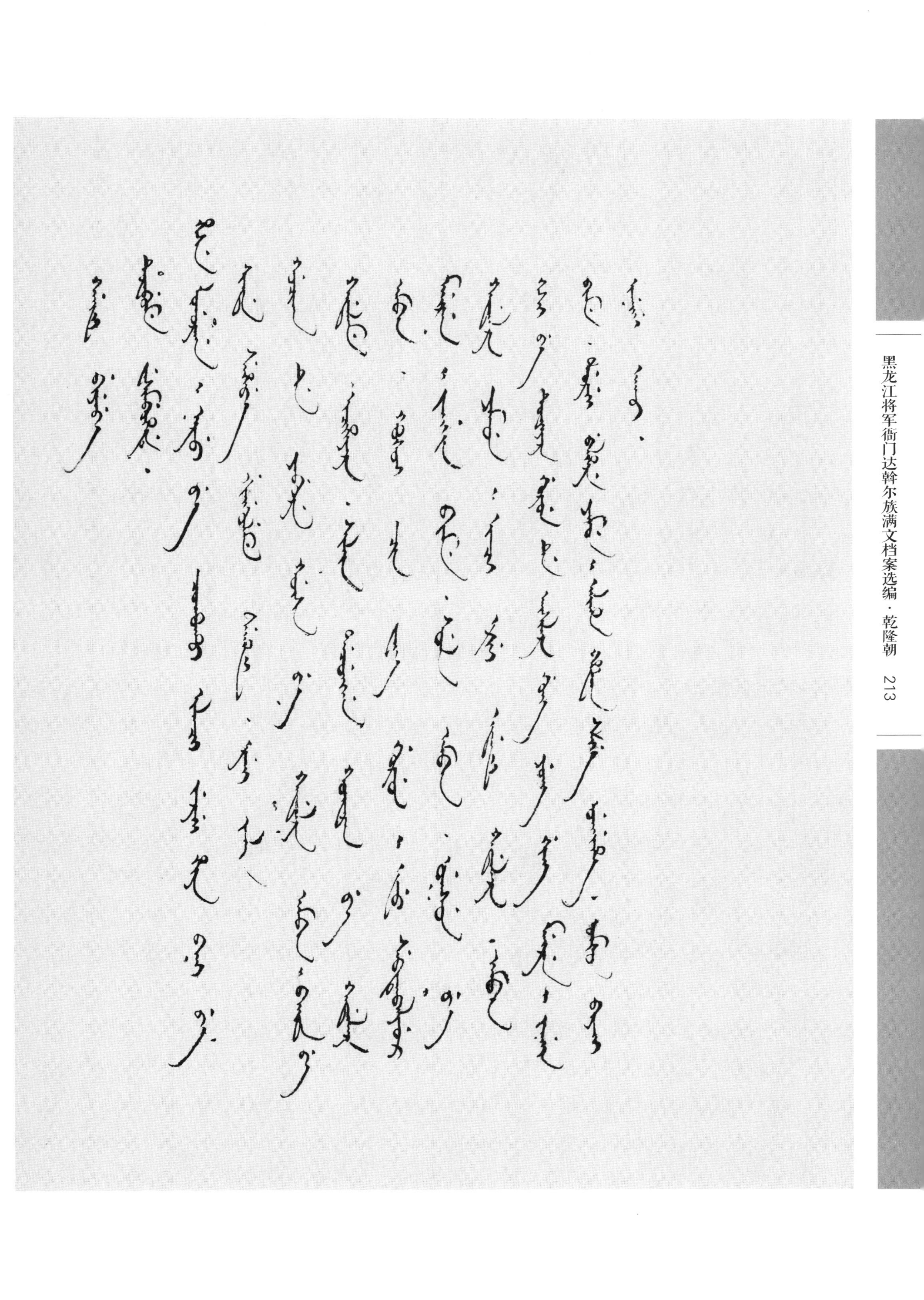

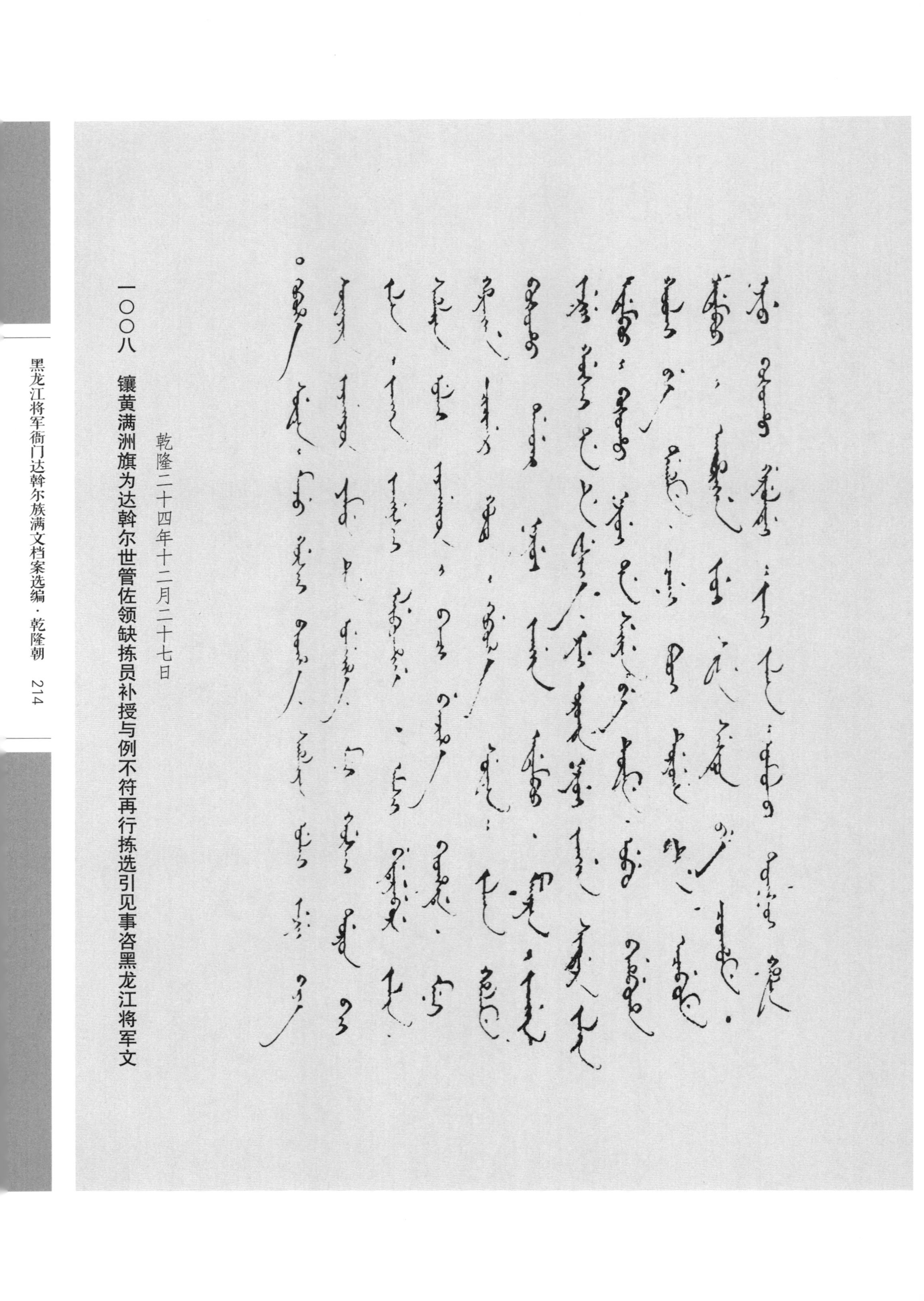

一〇〇八 镶黄满洲旗为达斡尔世管佐领缺拣员补授与例不符再行拣选引见事咨黑龙江将军文

乾隆二十四年十二月二十七日

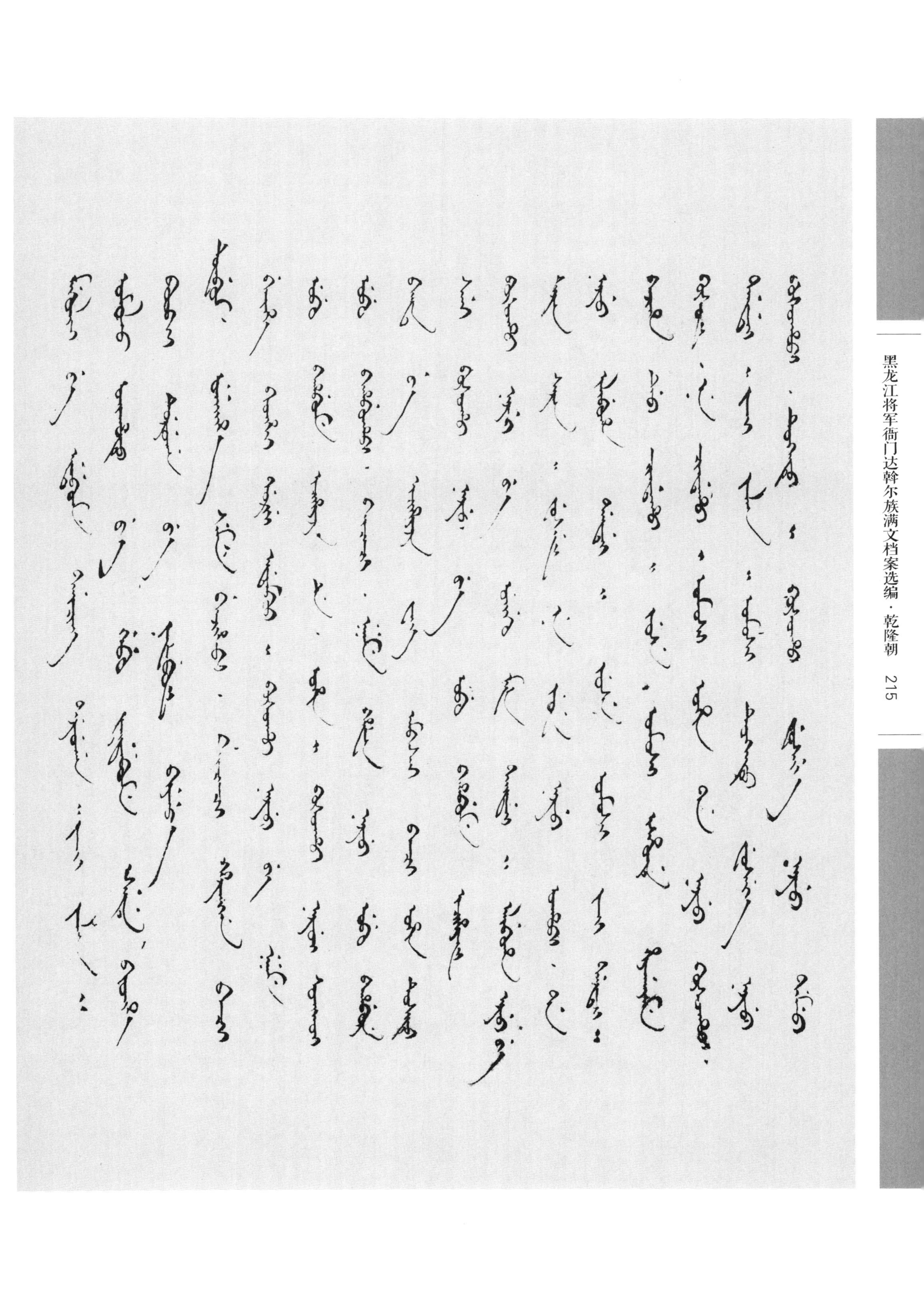

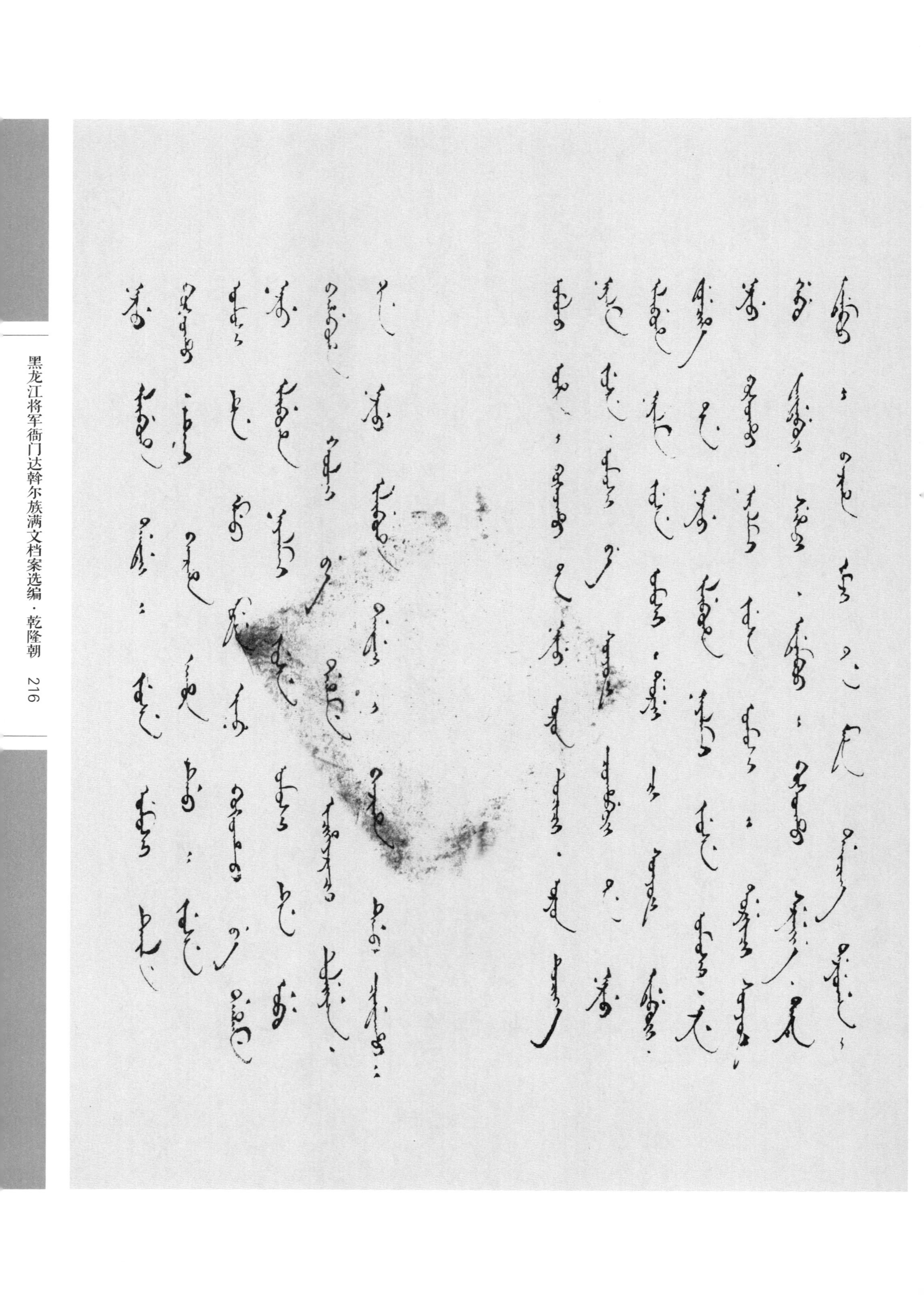

[illegible]

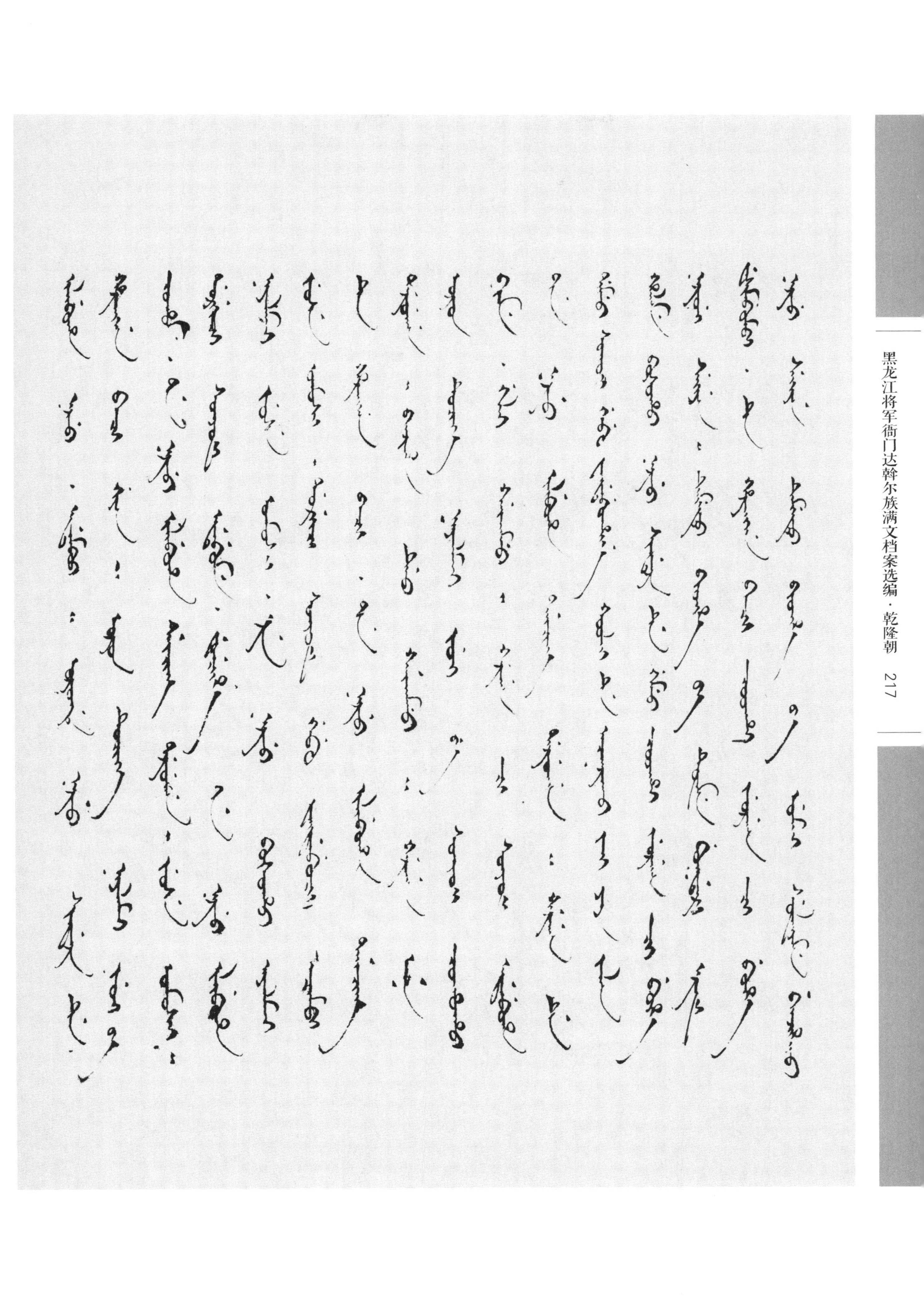

[illegible]

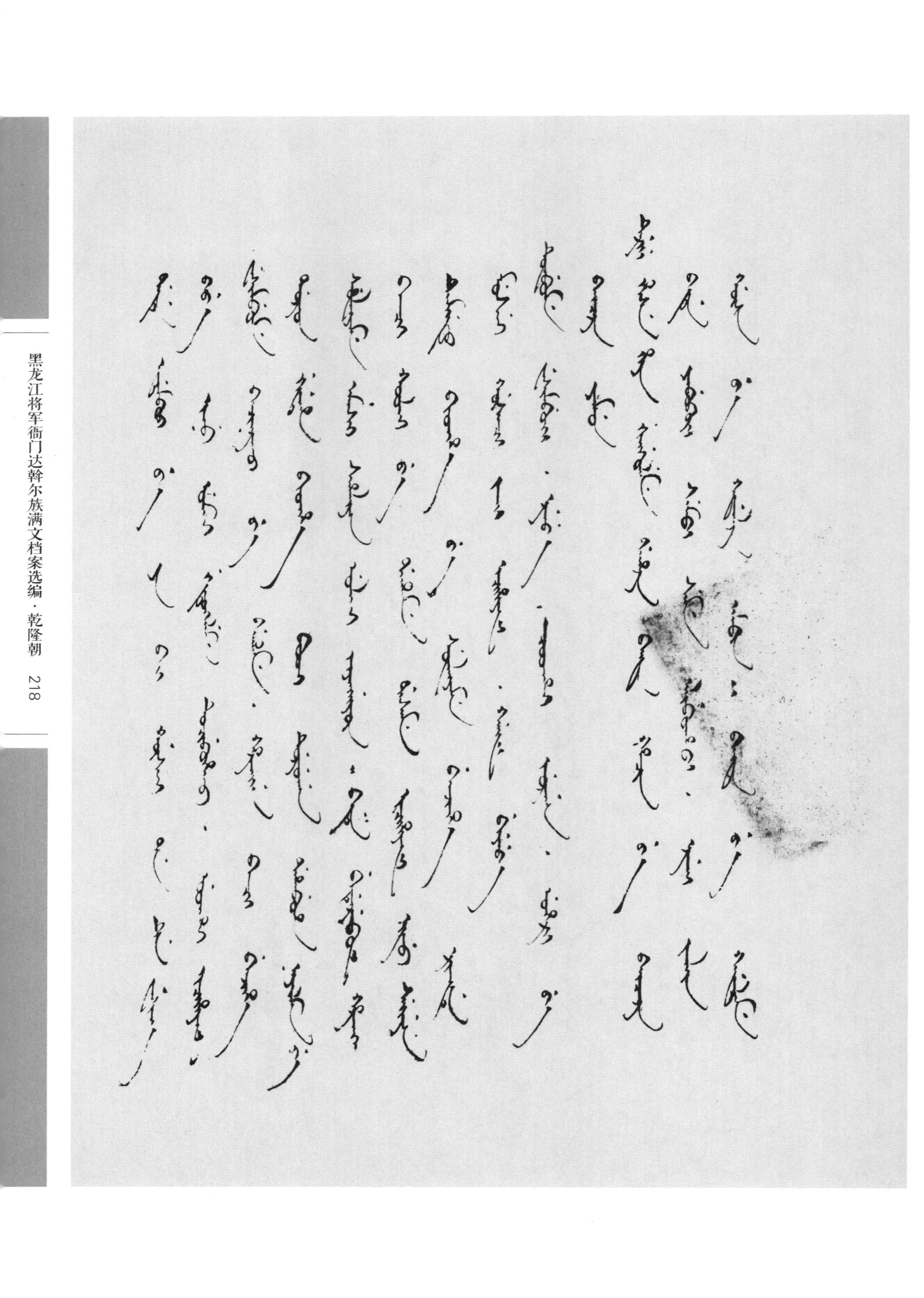

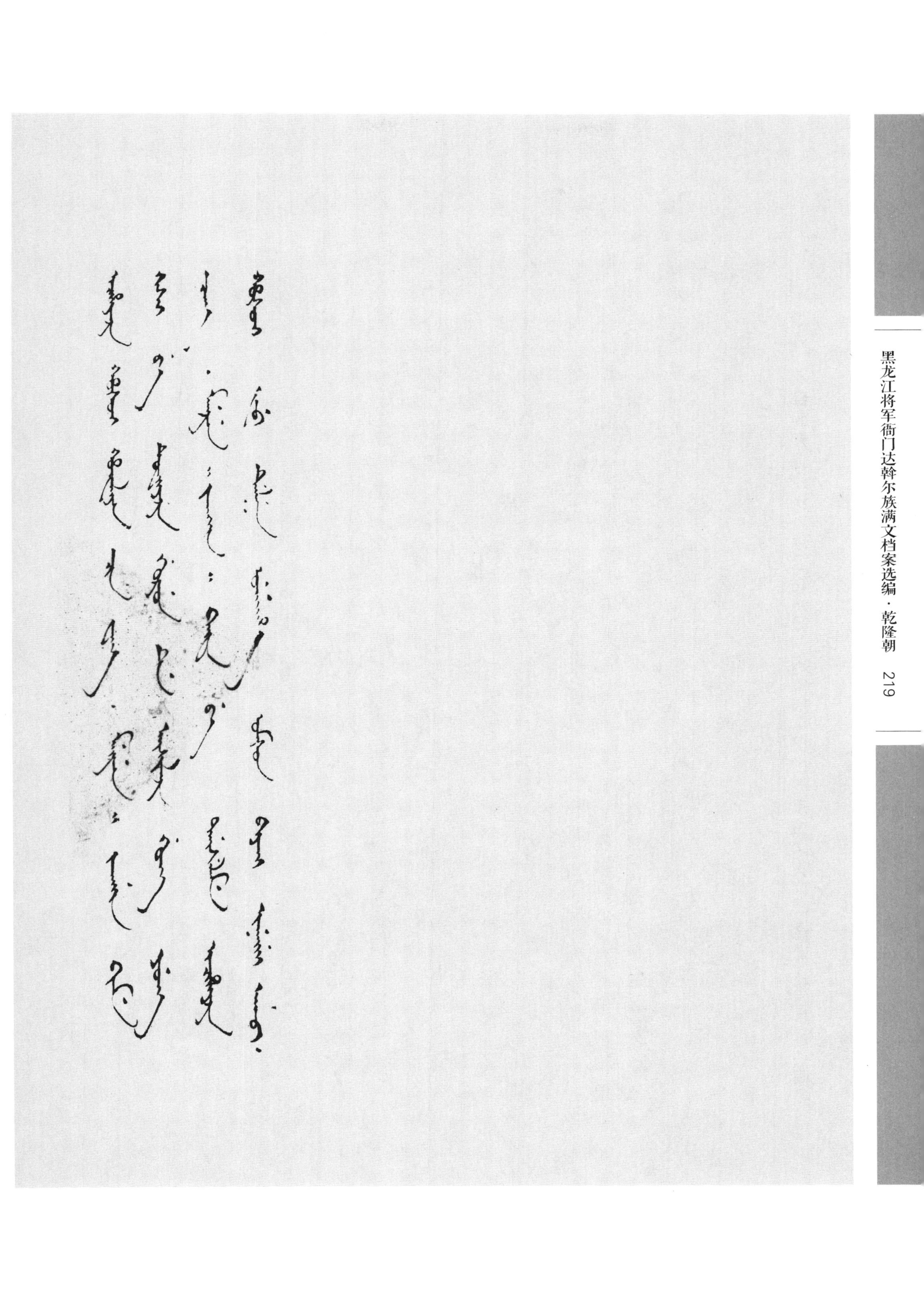

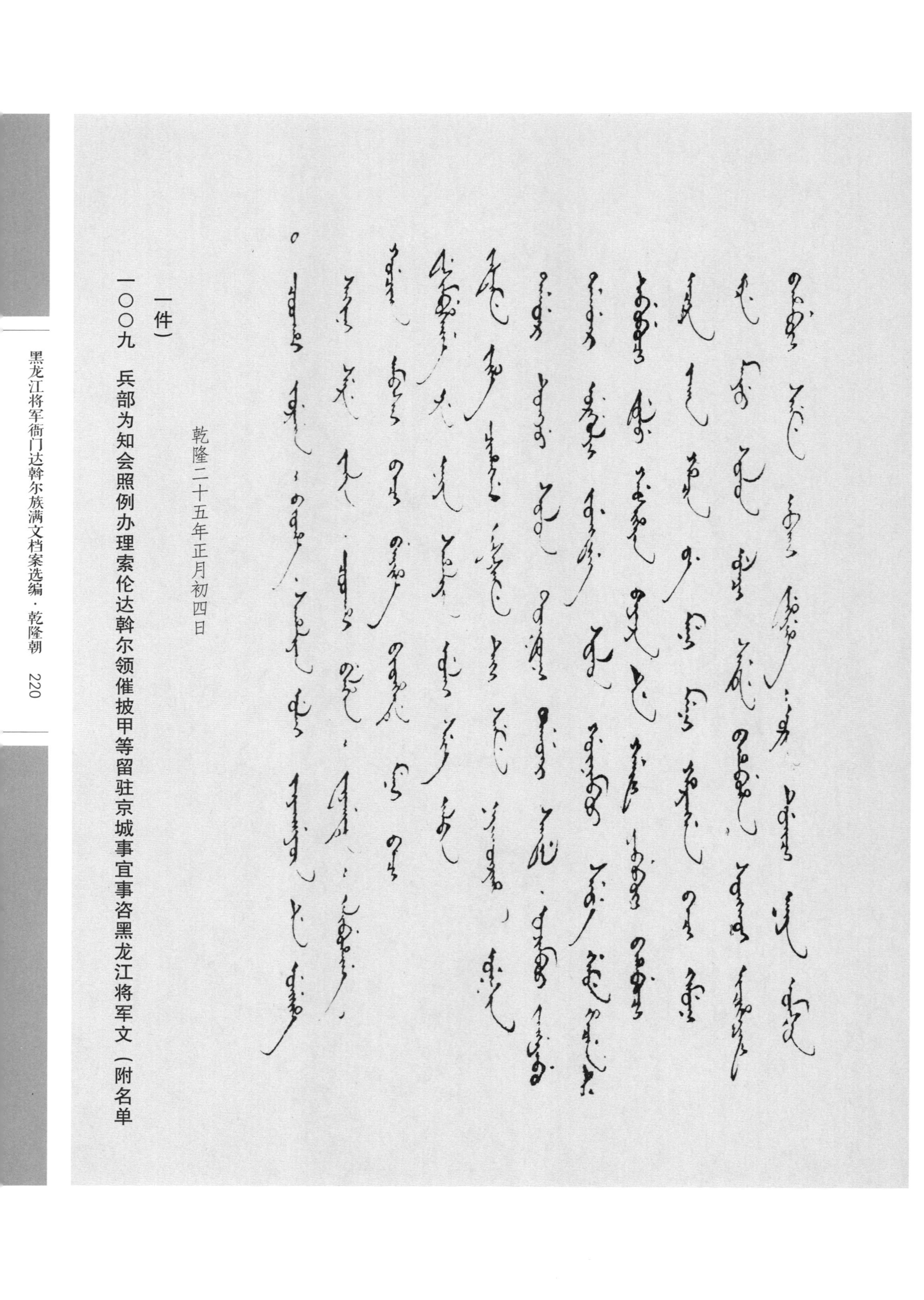

一〇〇九　兵部为知会照例办理索伦达斡尔领催披甲等留驻京城事宜事咨黑龙江将军文（附名单一件）

乾隆二十五年正月初四日

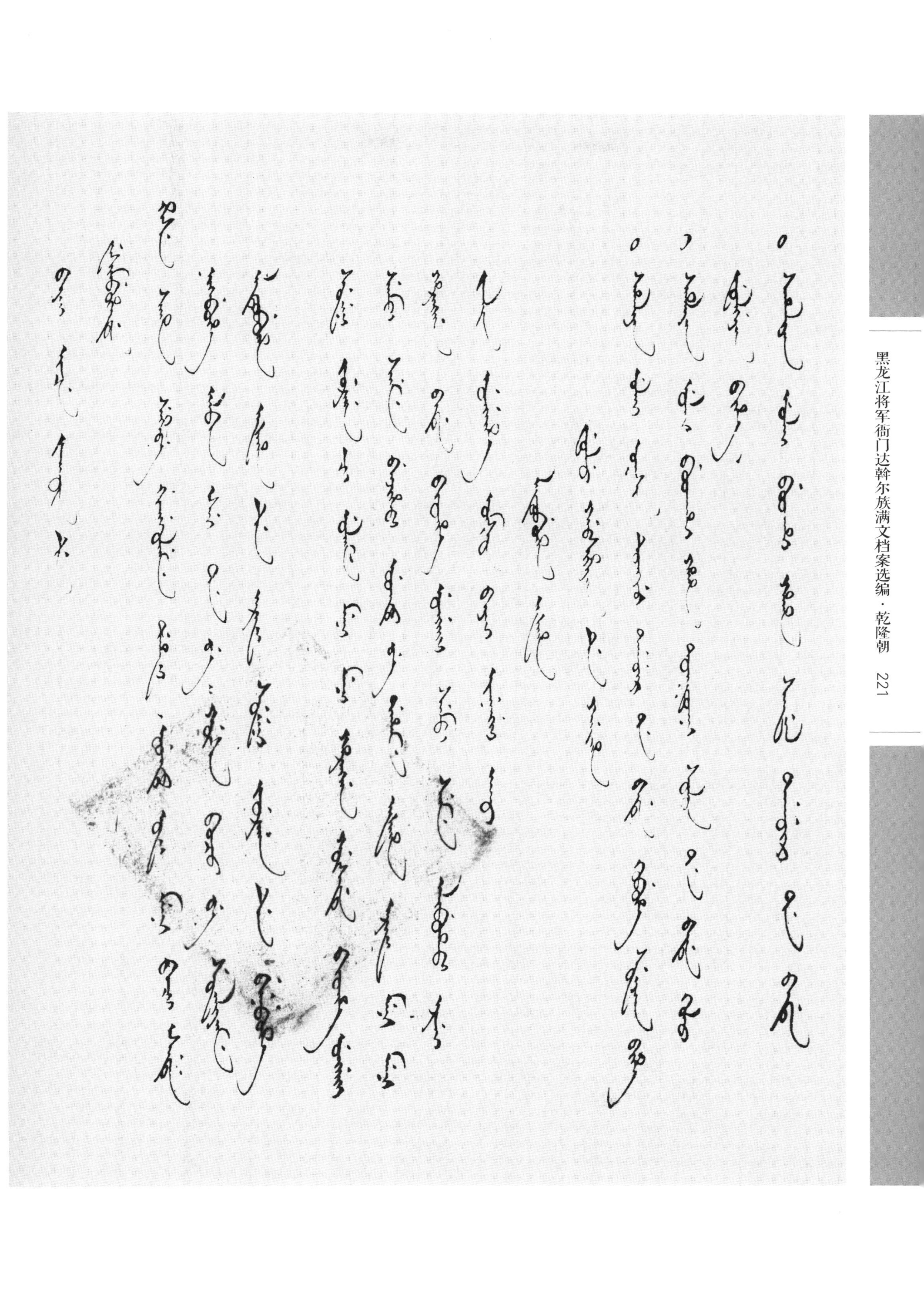

[illegible]

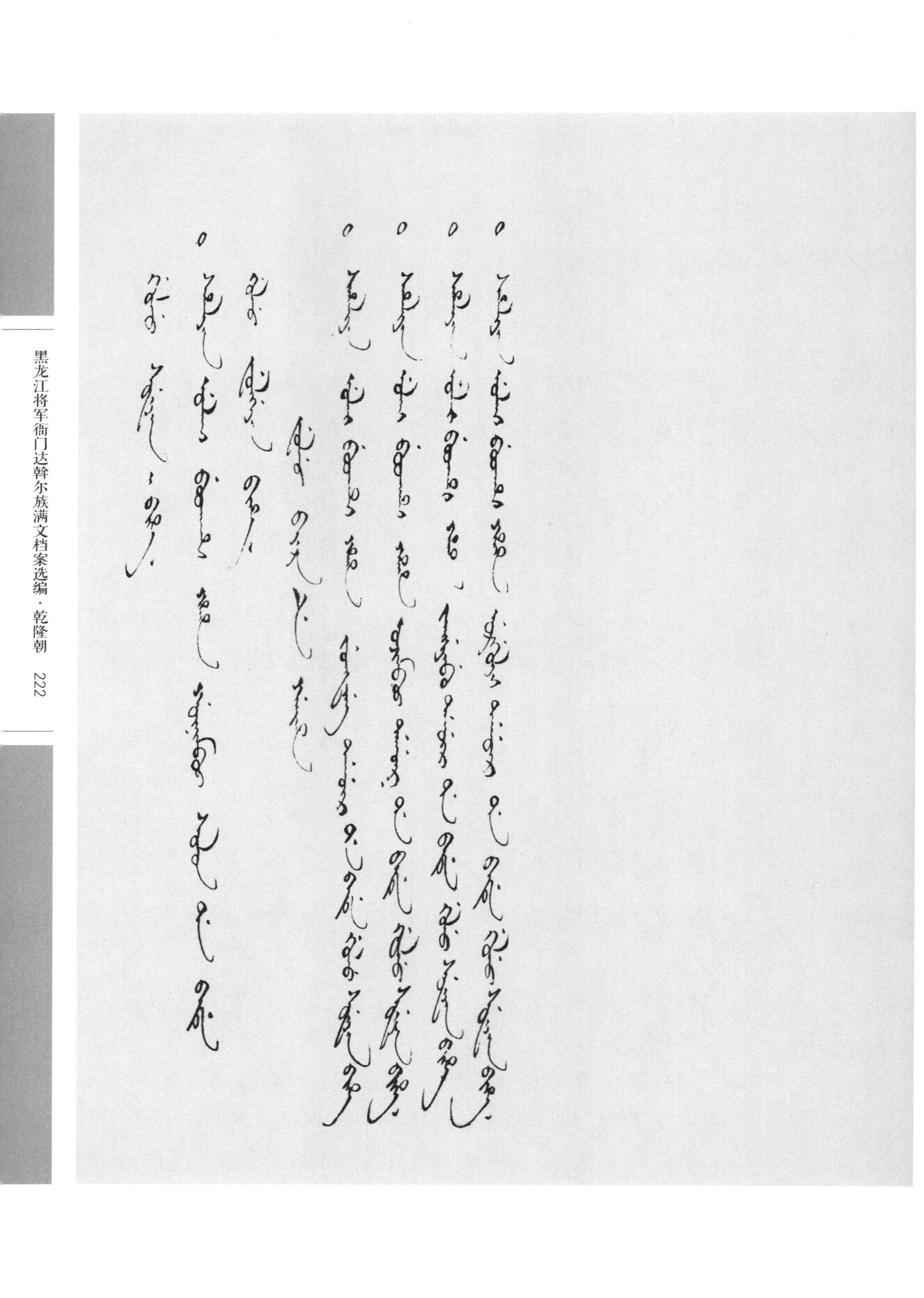

[illegible]

[illegible]

[illegible]

[illegible]

[illegible]

[illegible]

[illegible]

[illegible]

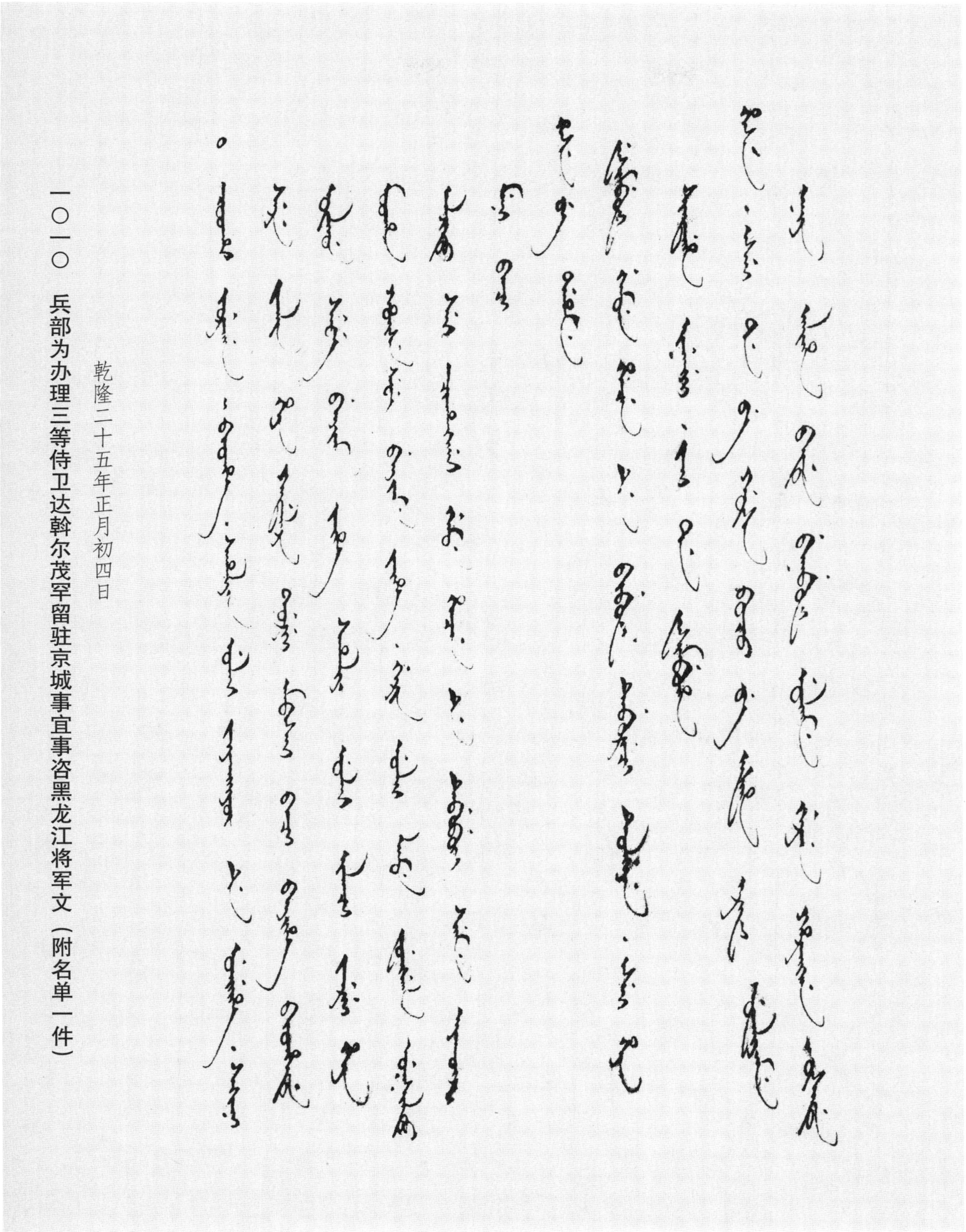

一〇一〇　兵部为办理三等侍卫达斡尔茂罕留驻京城事宜事咨黑龙江将军文（附名单一件）

乾隆二十五年正月初四日

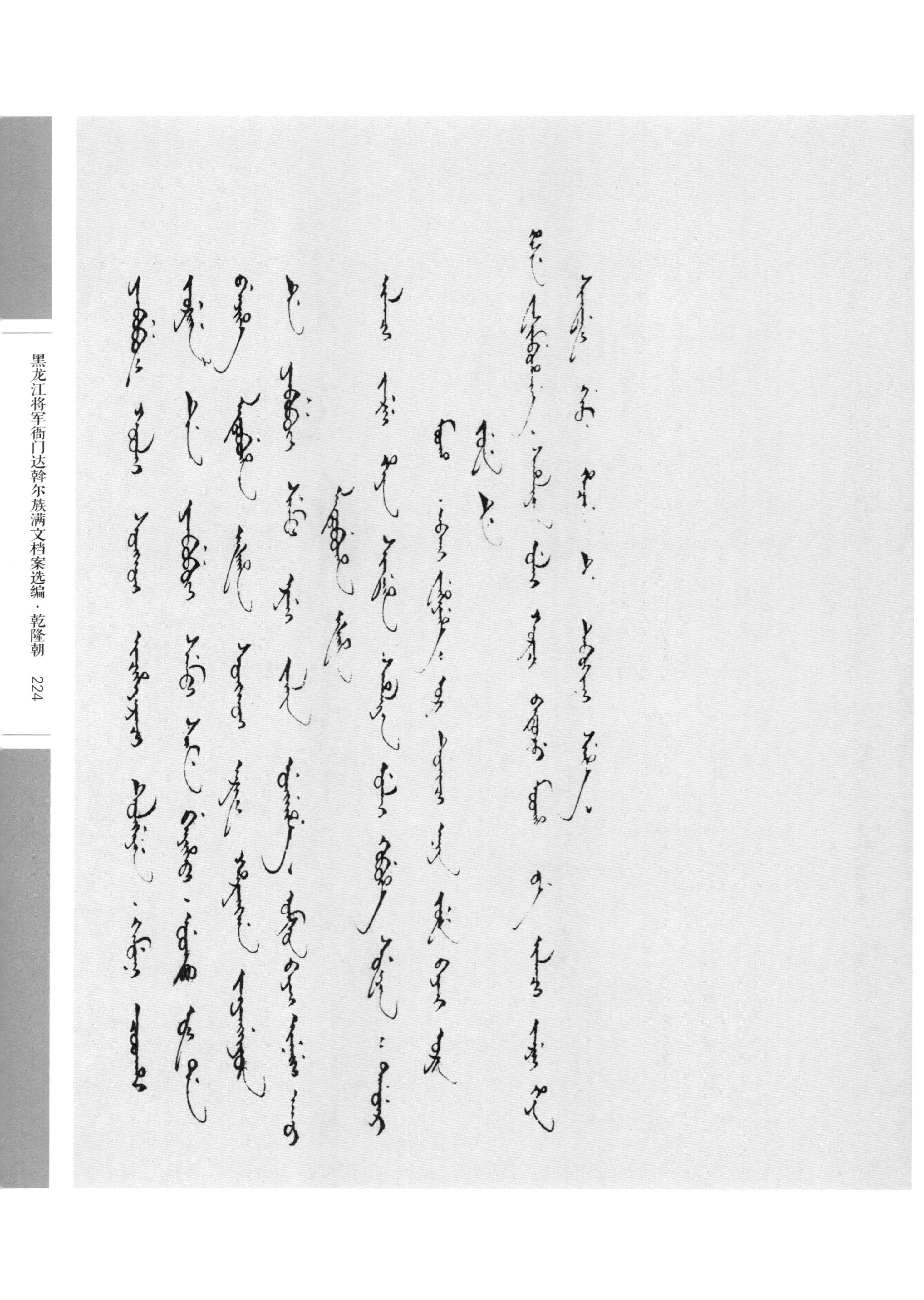

一〇一一 黑龙江将军衙门为达斡尔骁骑校敏德库阵亡其所遗缺准以黄敬补授事咨黑龙江副都统衙门文

乾隆二十五年正月二十二日

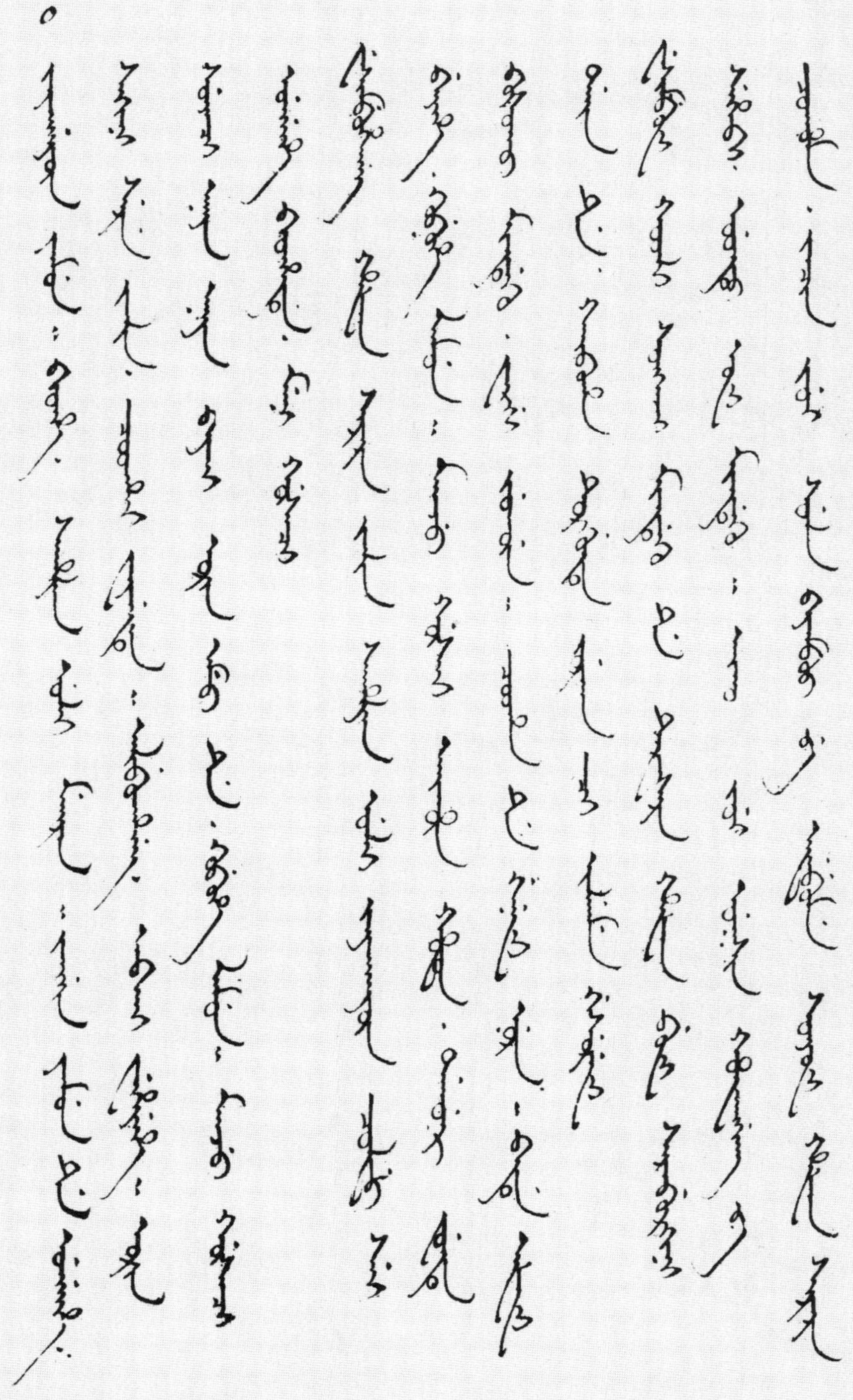

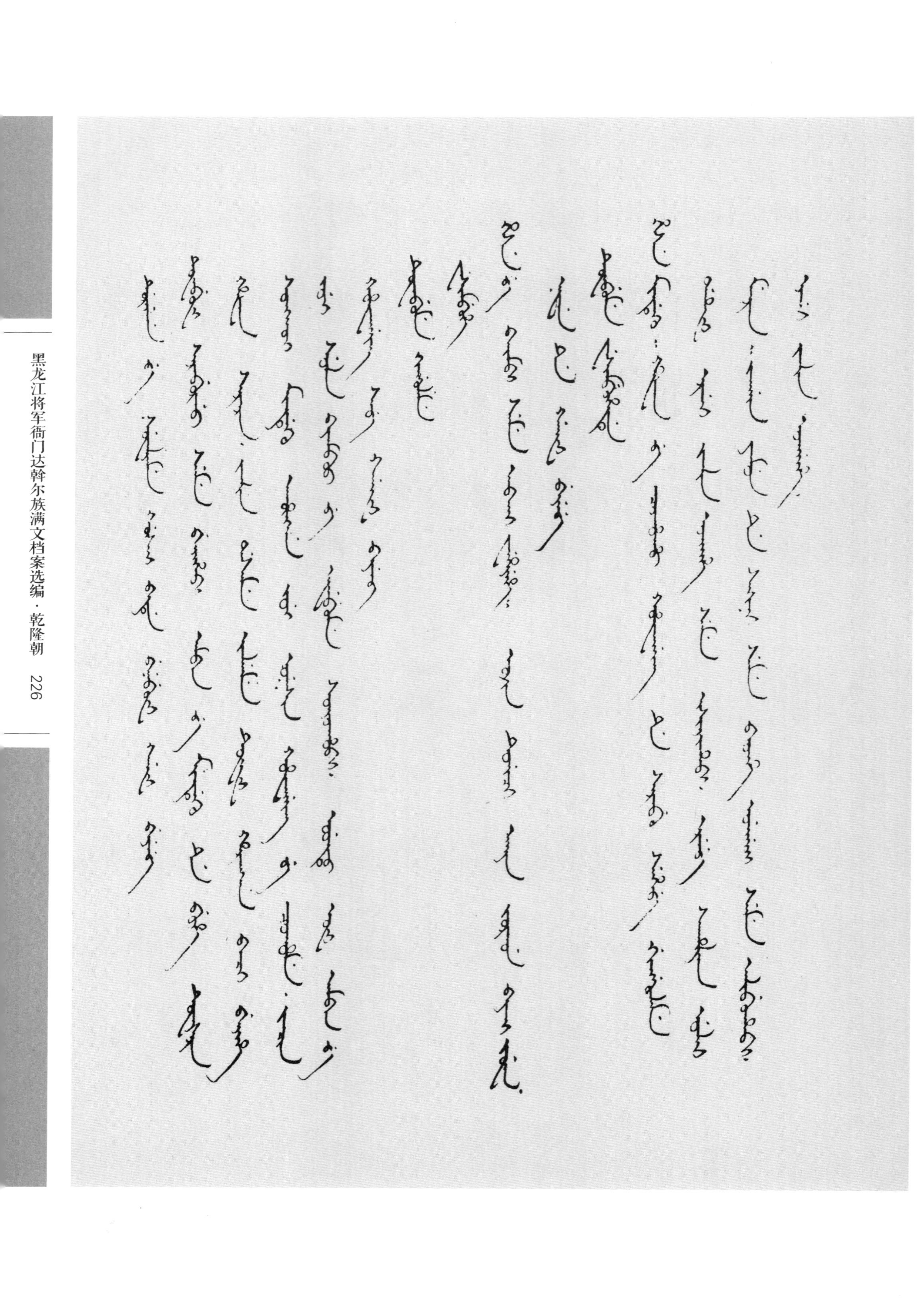

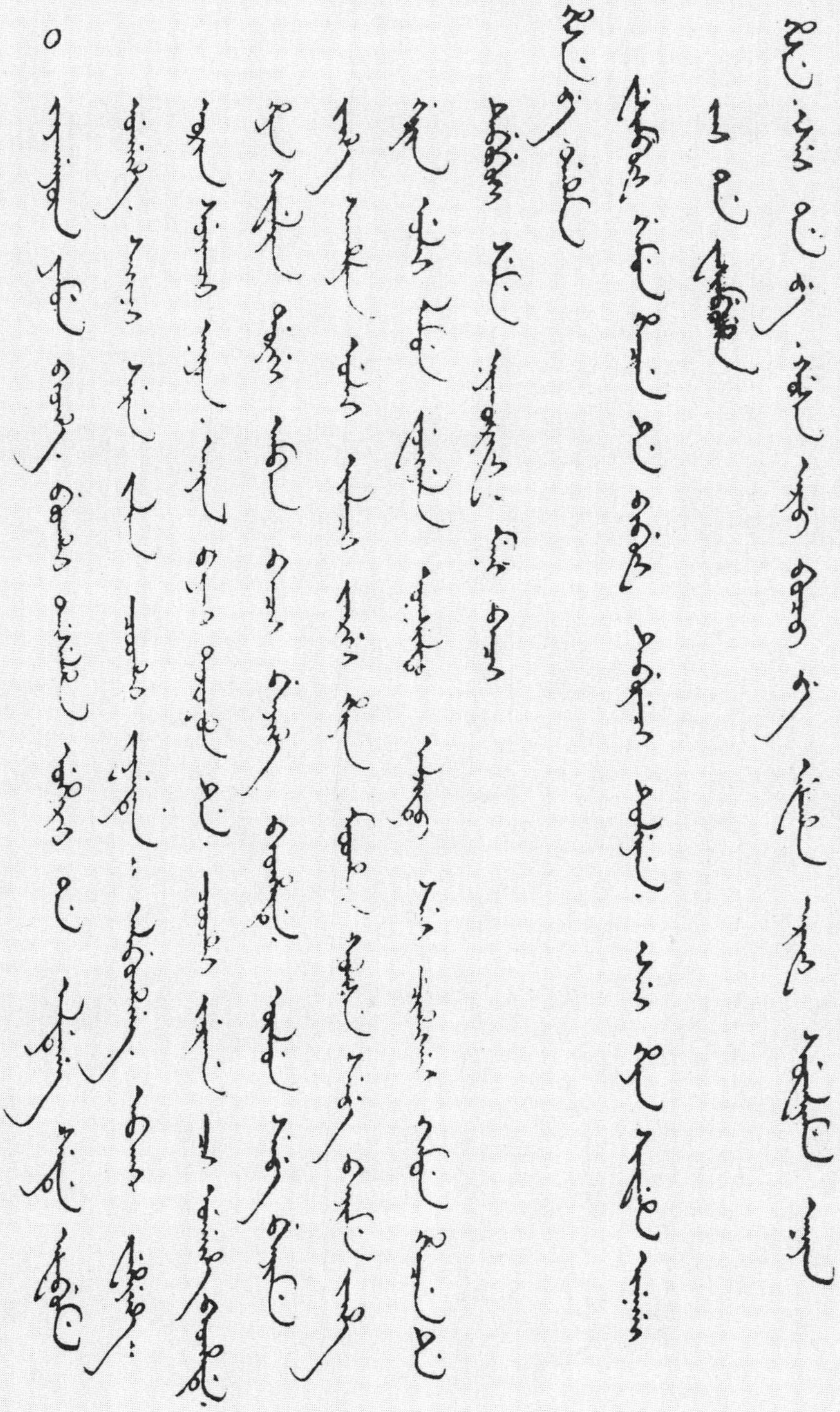

乾隆二十五年正月二十二日

（附名单一件）

一〇一二　黑龙江将军衙门为办理三等侍卫达斡尔茂军留驻京城事宜事札署布特哈总管额勒登额等文

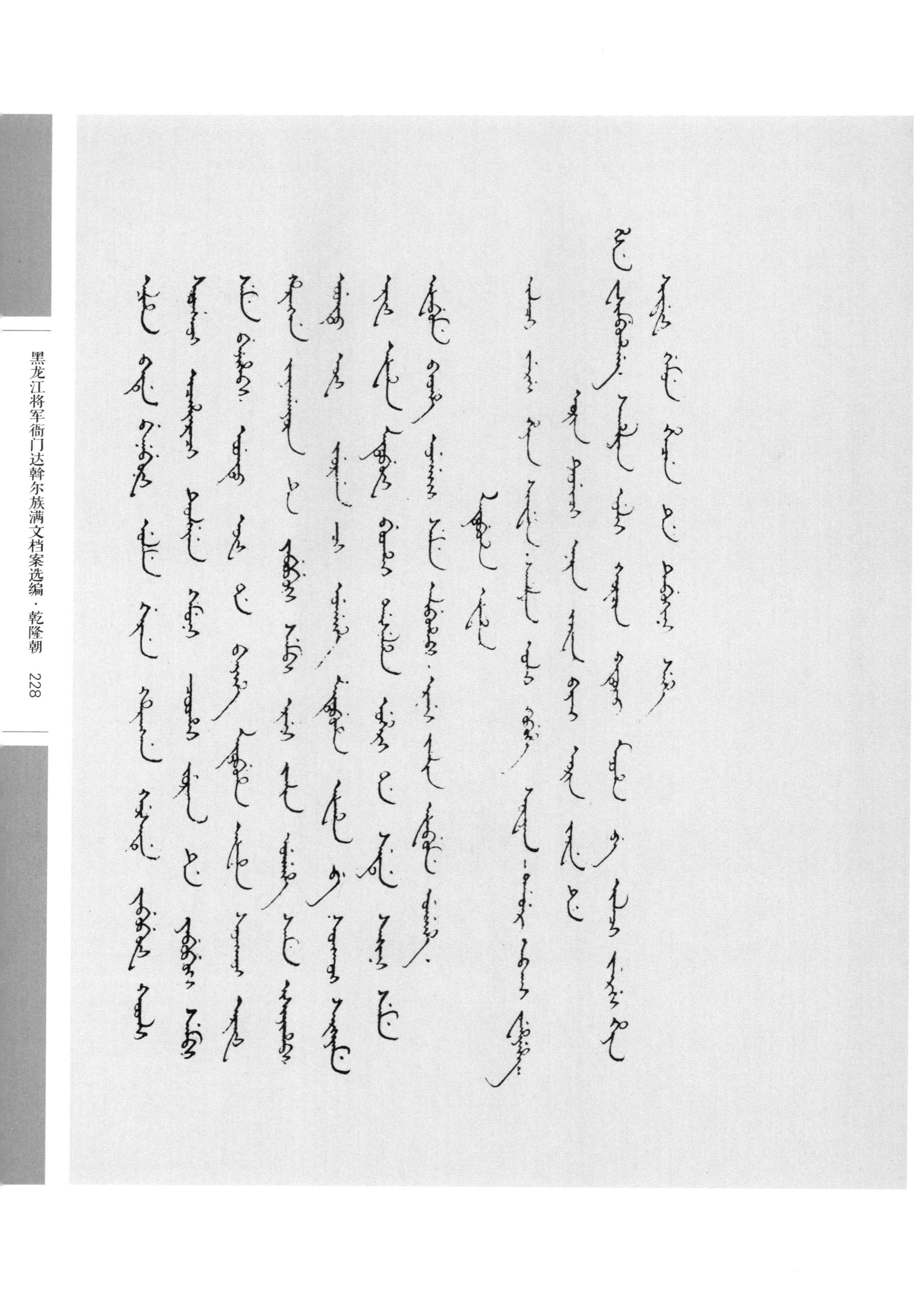

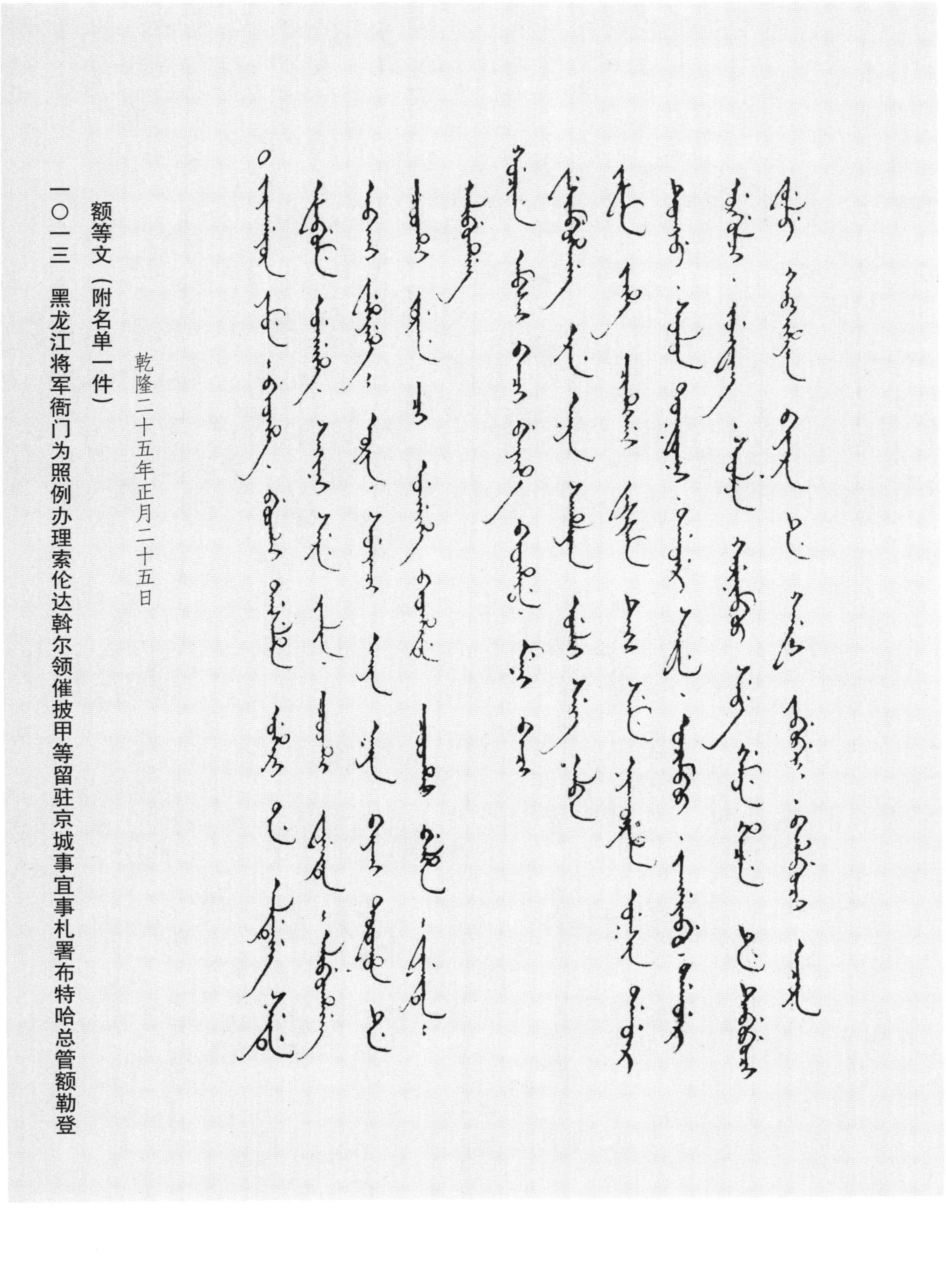

乾隆二十五年正月二十五日

一〇一三　黑龙江将军衙门为照例办理索伦达斡尔领催披甲等留驻京城事宜事札署布特哈总管额勒登额等文（附名单一件）

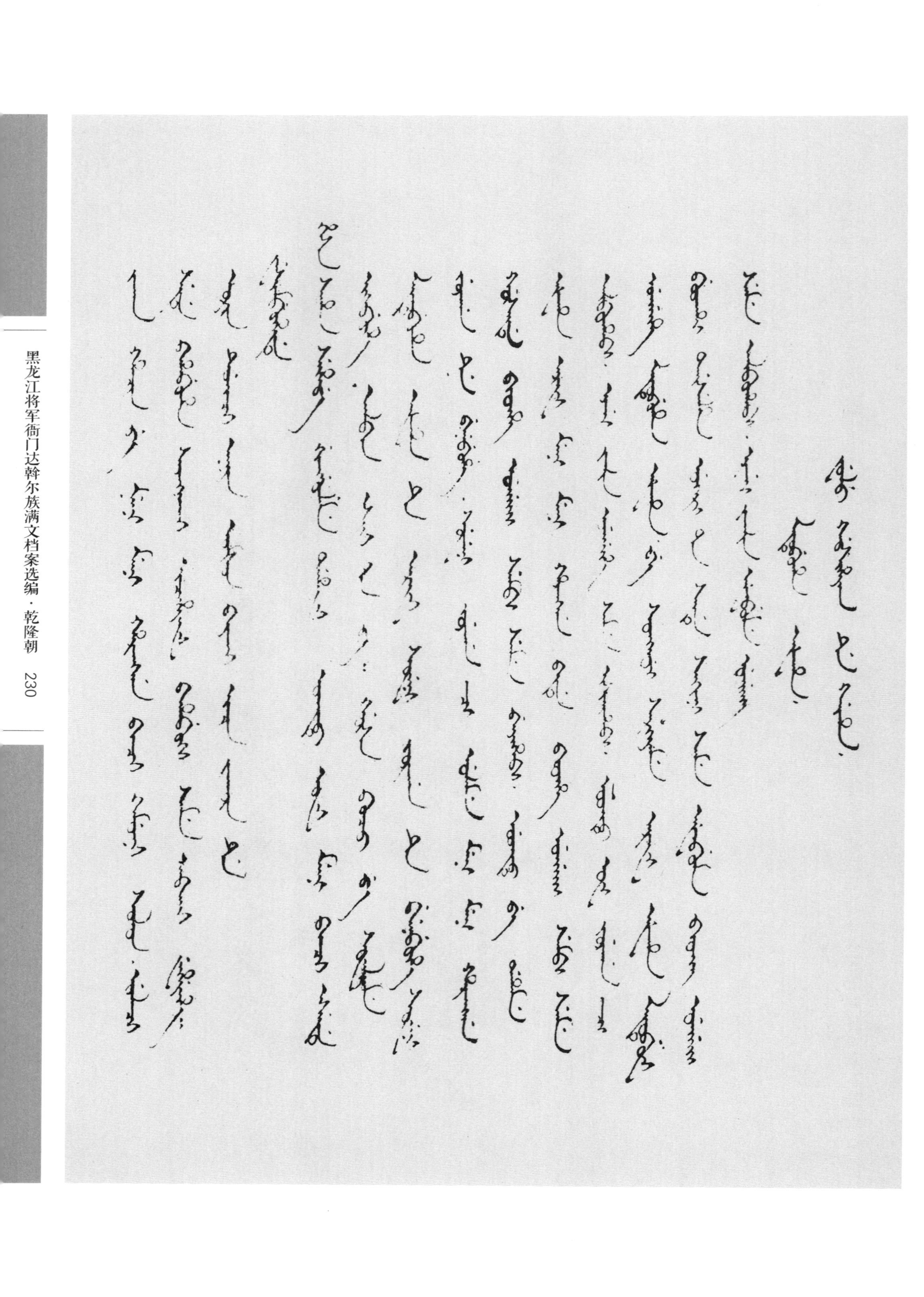

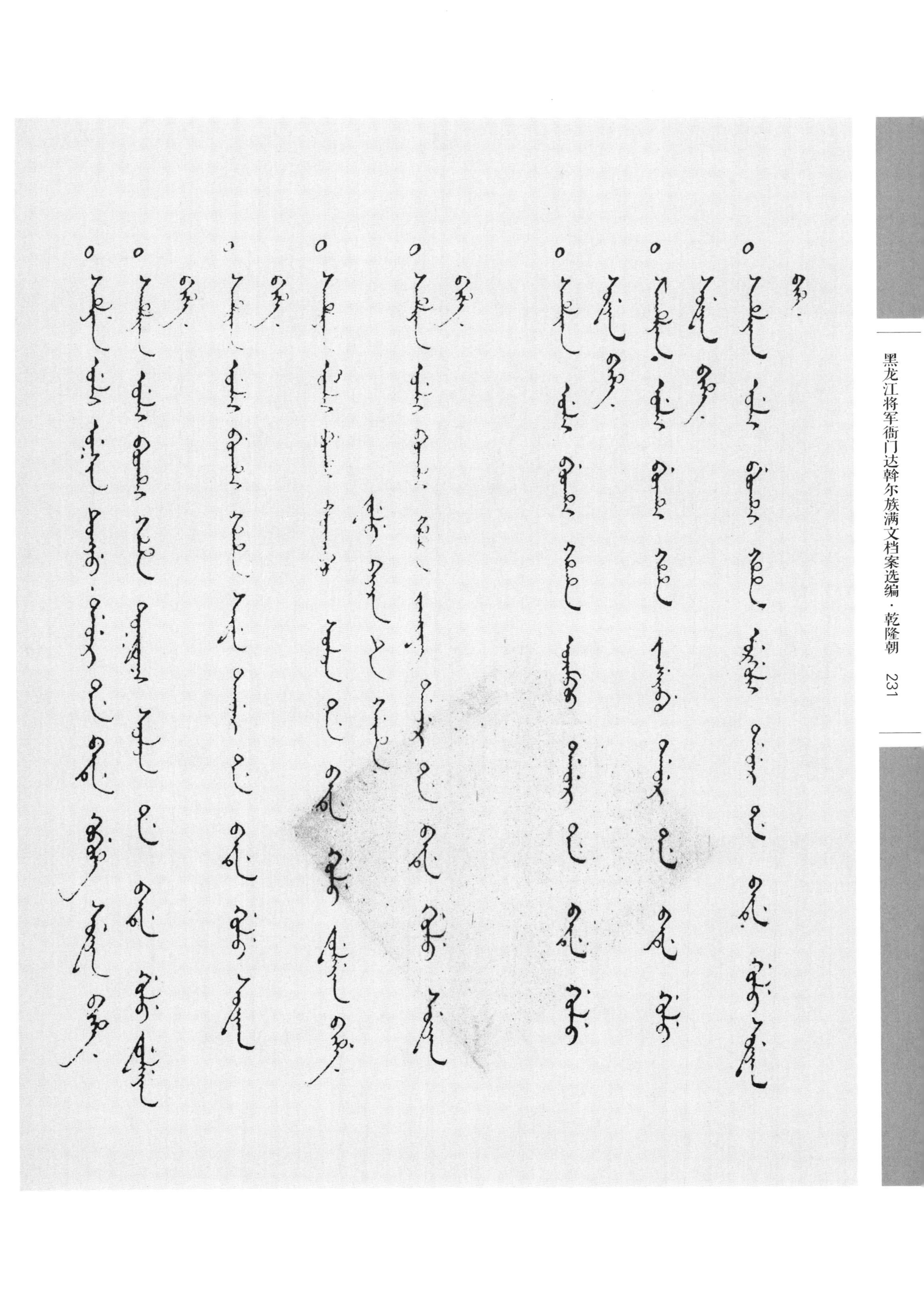

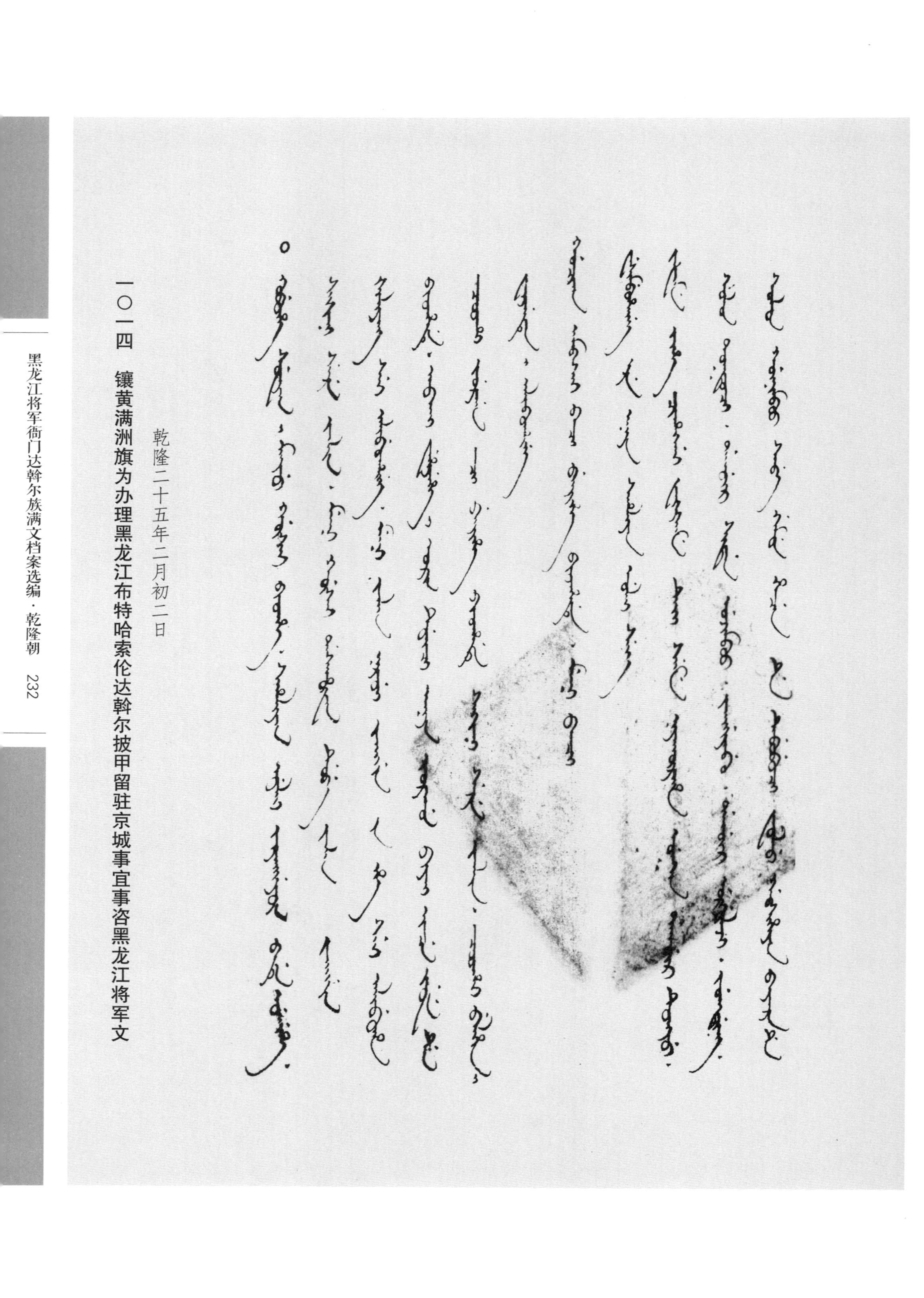

一〇一四 镶黄满洲旗为办理黑龙江布特哈索伦达斡尔披甲留驻京城事宜事咨黑龙江将军文

乾隆二十五年二月初二日

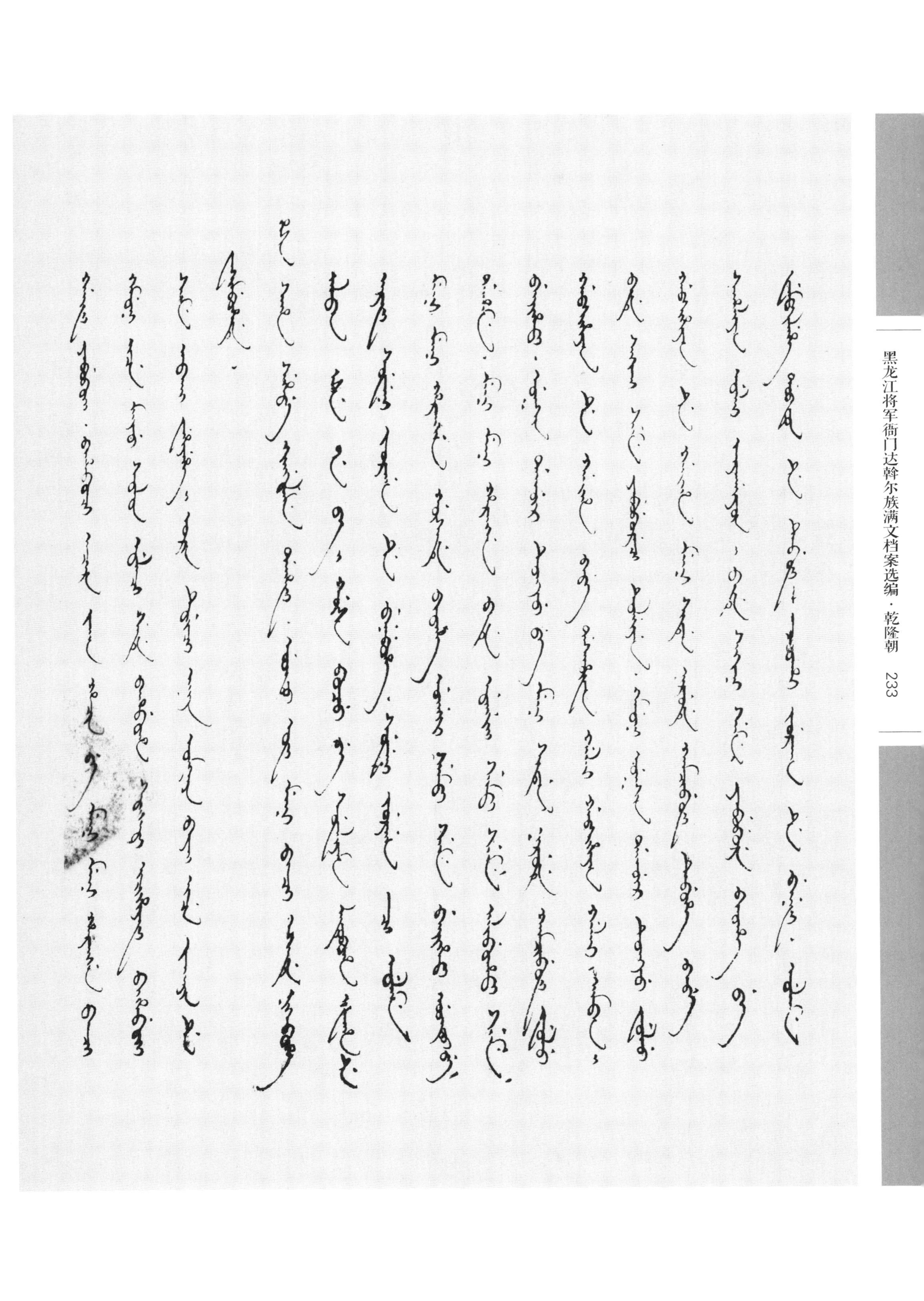

[illegible]

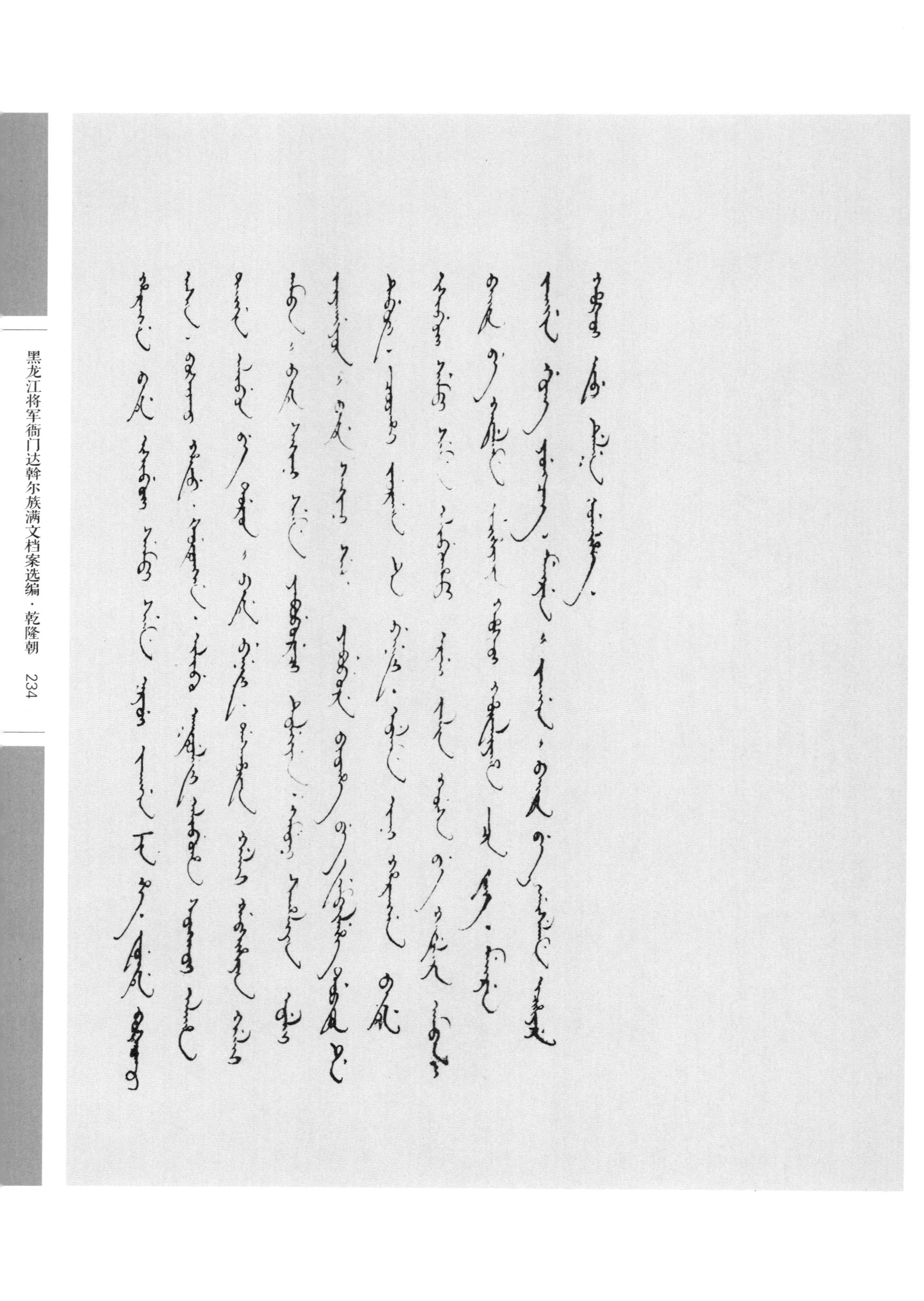

一〇一五 镶黄满洲旗为办理三等侍卫达斡尔茂罕等员留驻京城事宜事咨黑龙江将军衙门文

乾隆二十五年二月初二日

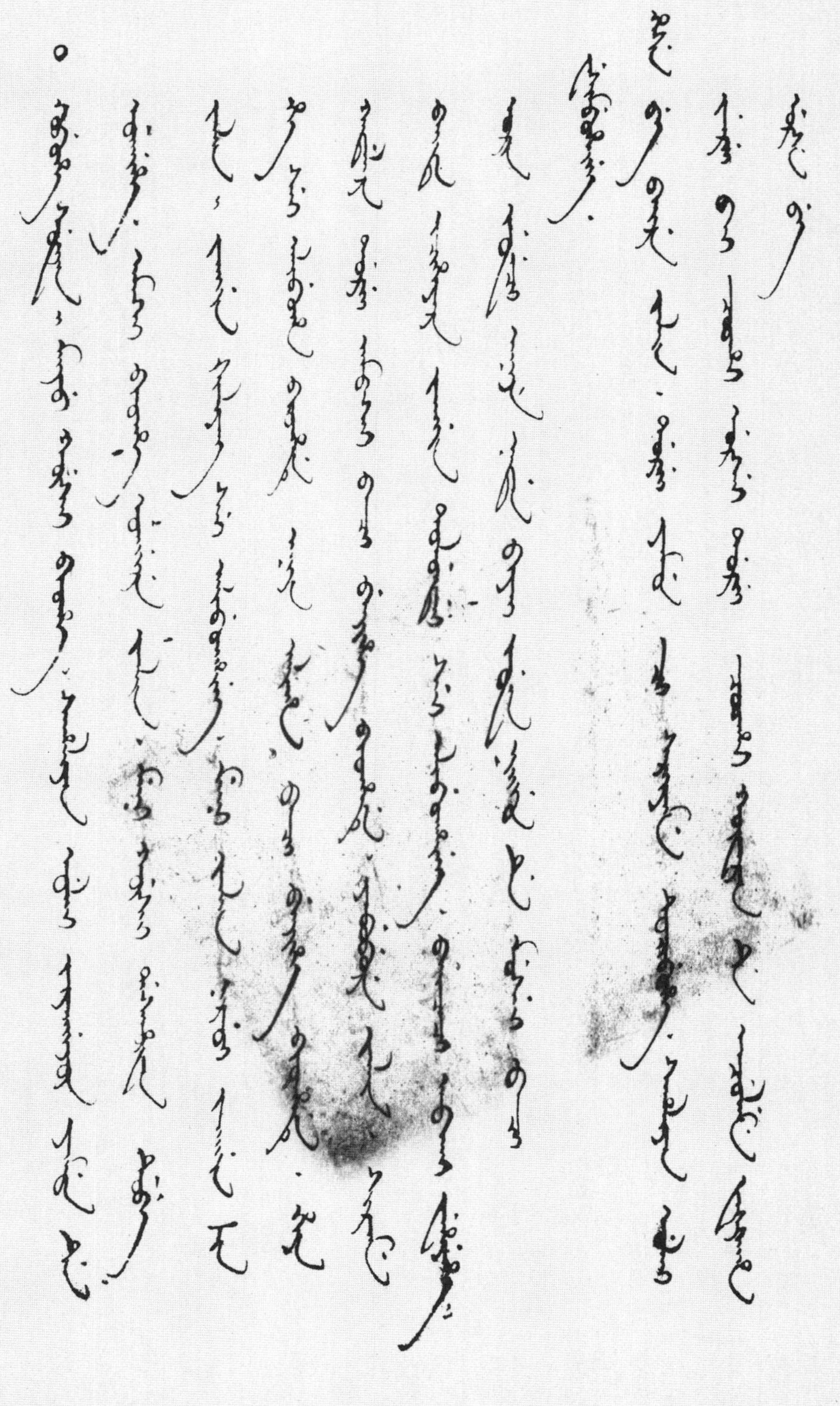

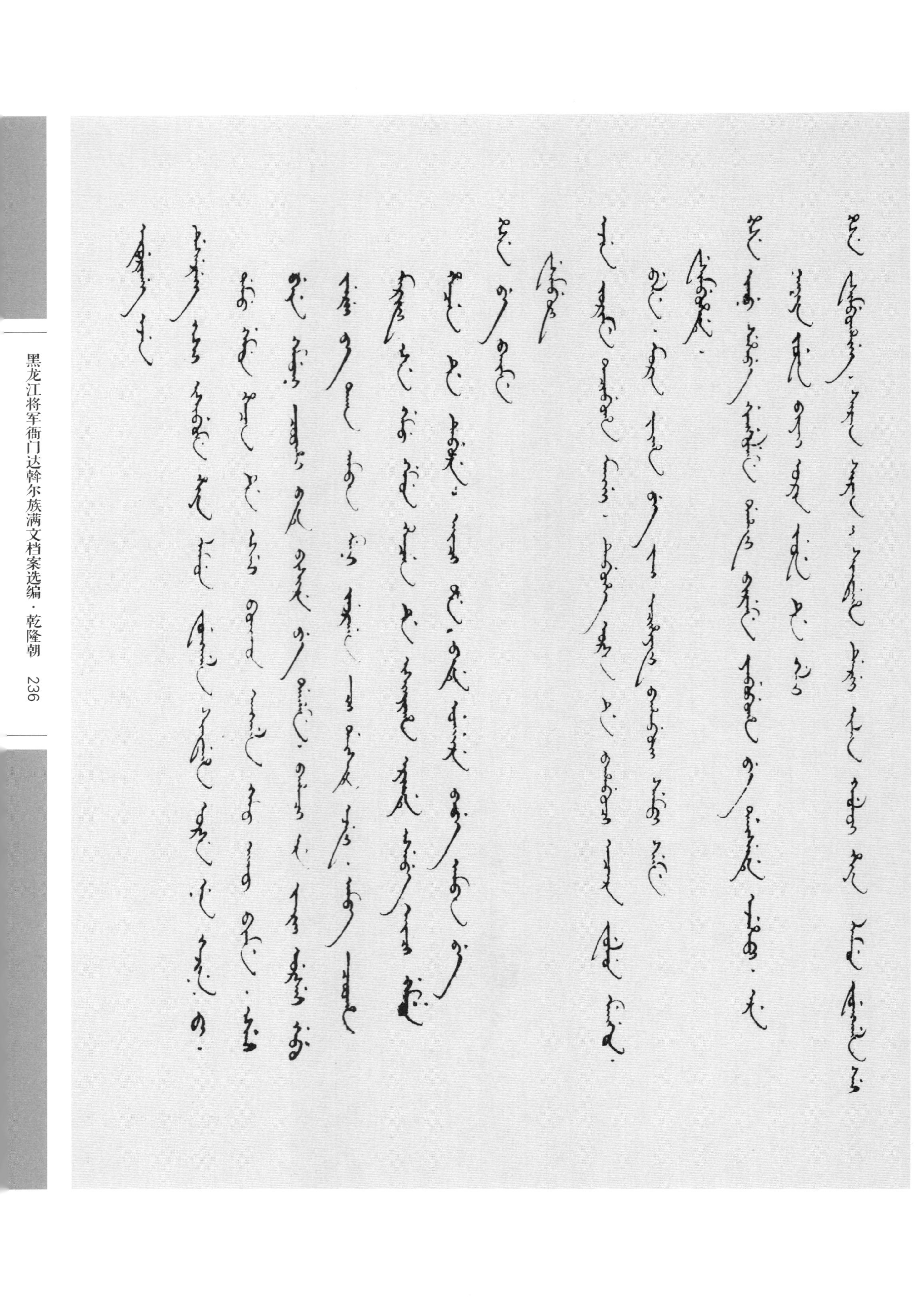

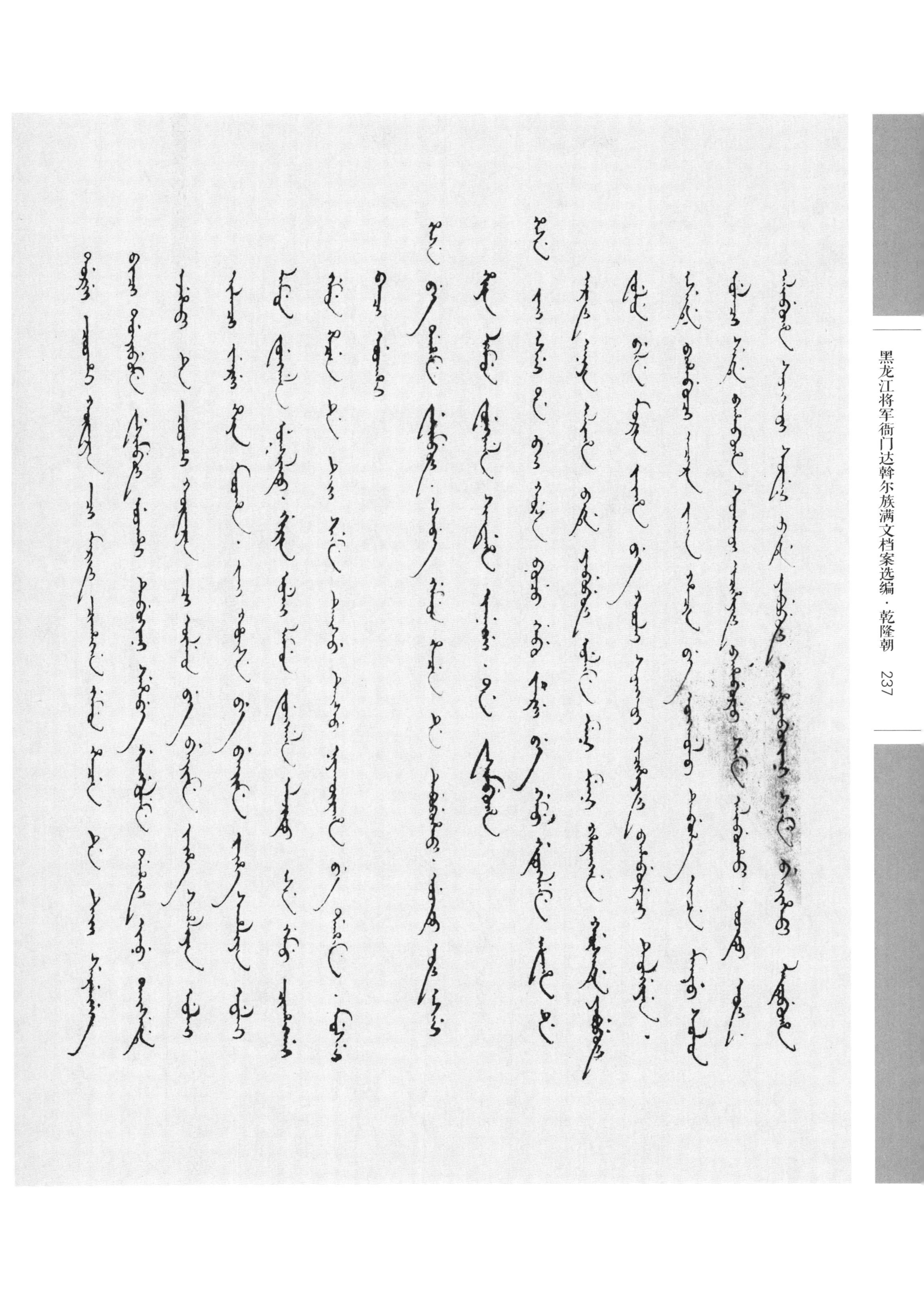

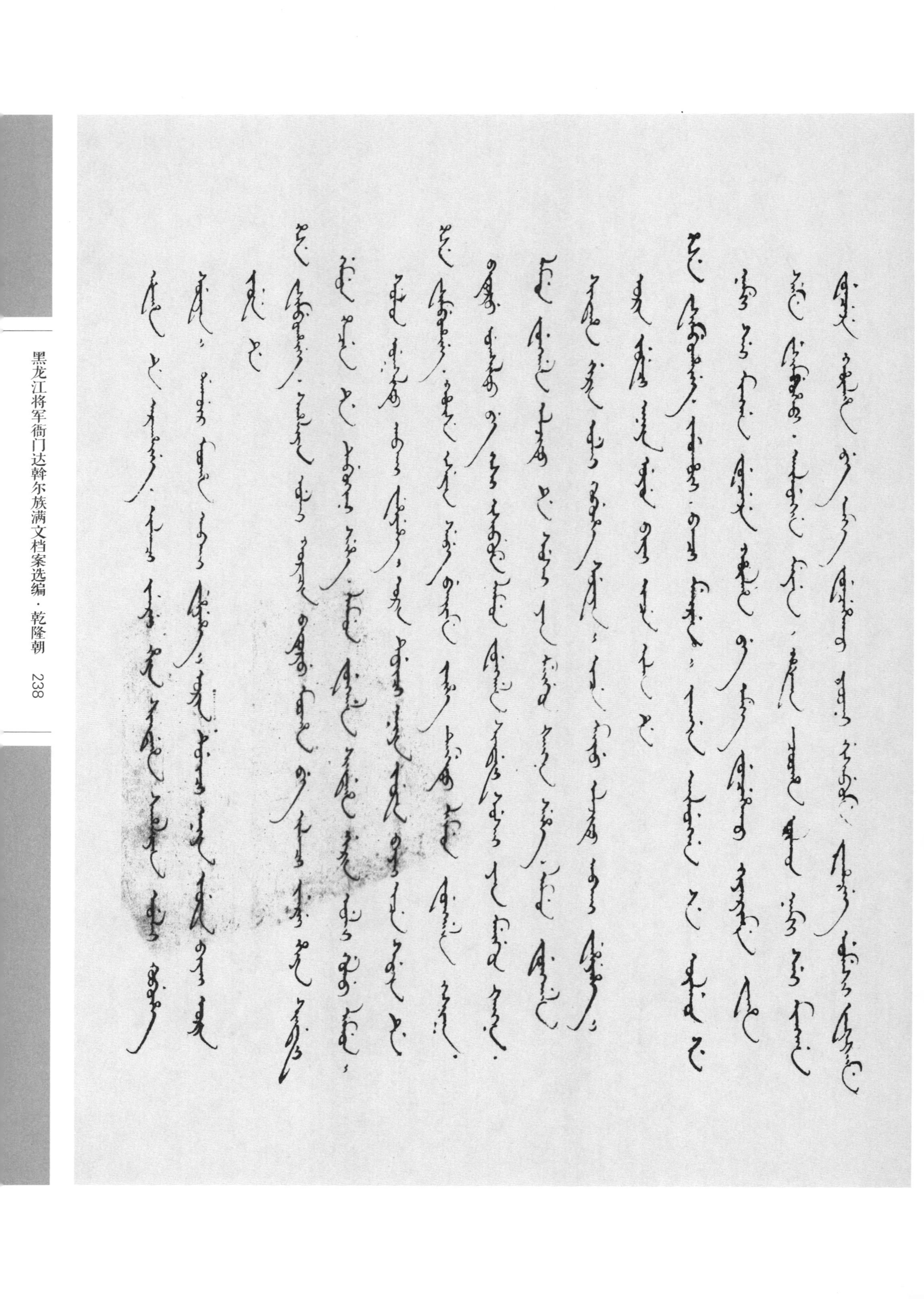

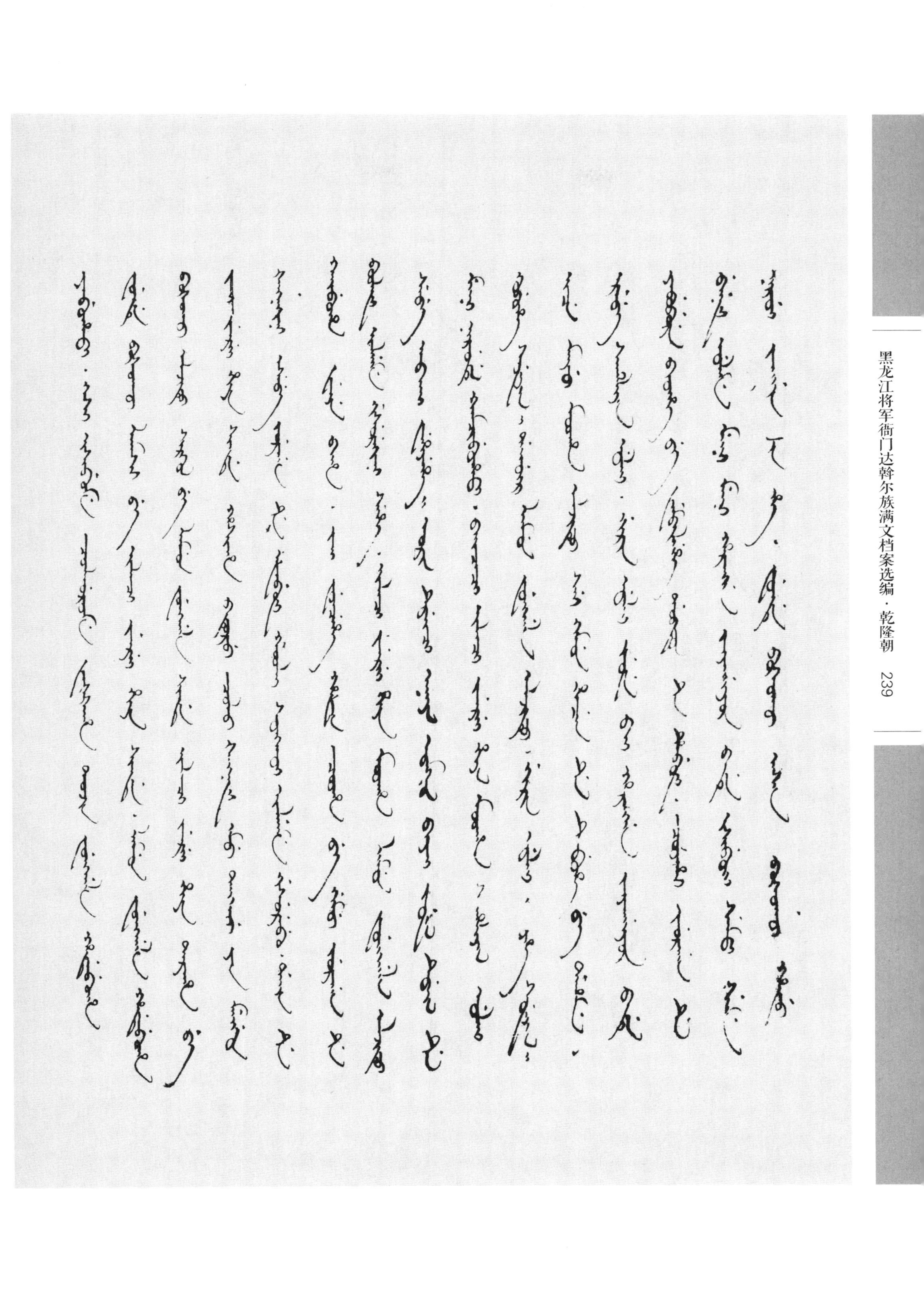

[illegible]

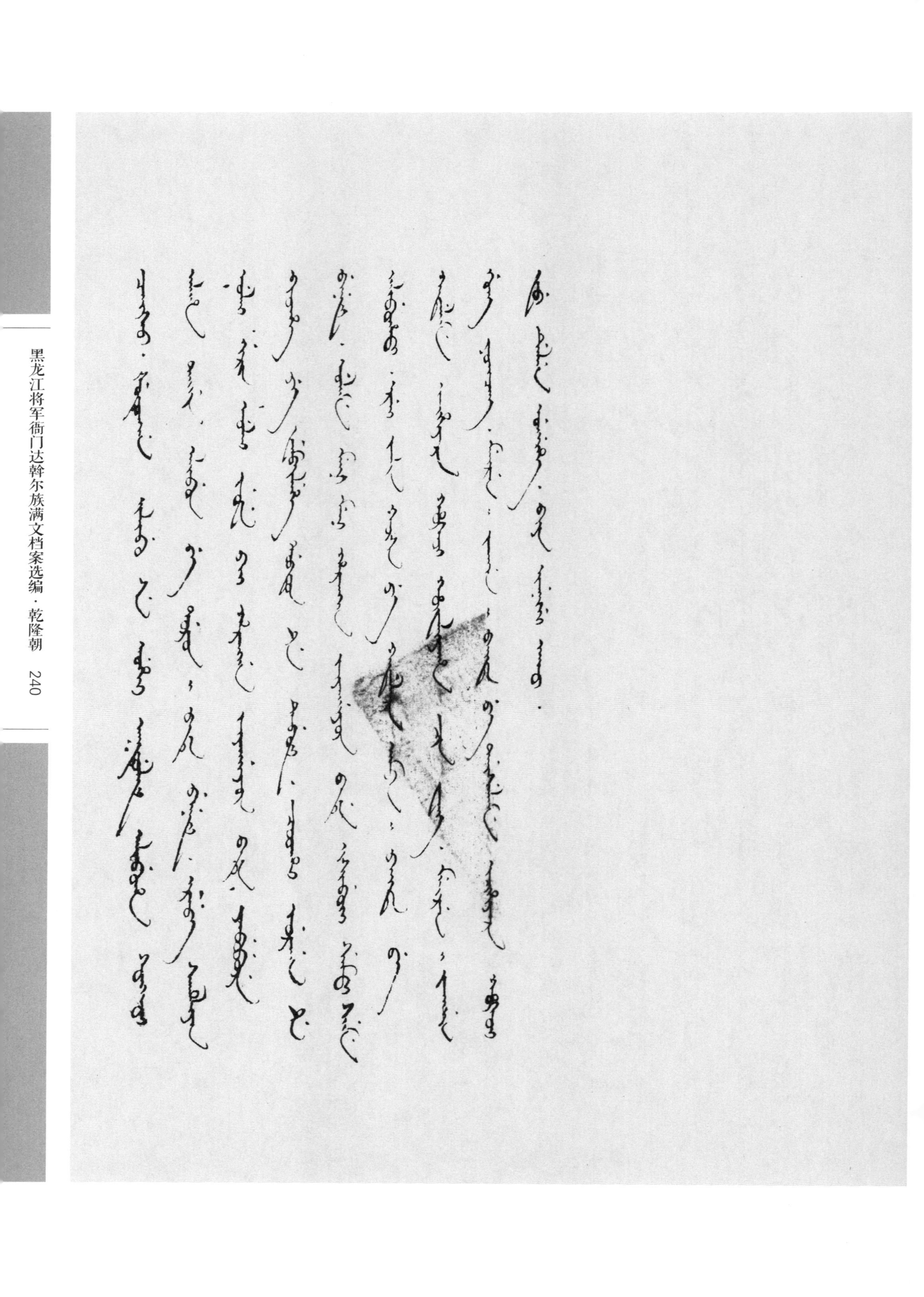

[illegible]

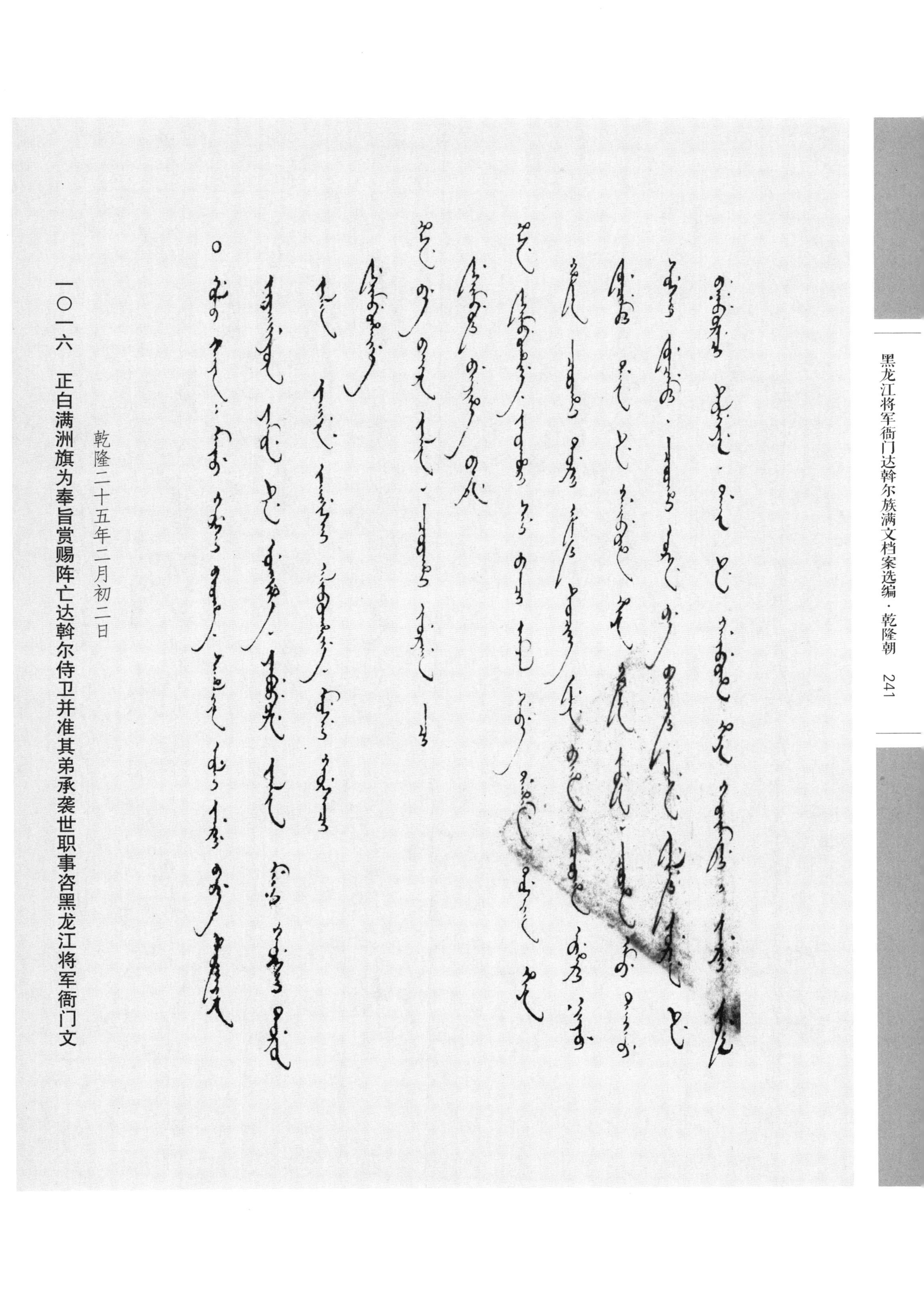

一〇一六 正白满洲旗为奉旨赏赐阵亡达斡尔侍卫并准其弟承袭世职事咨黑龙江将军衙门文

乾隆二十五年二月初二日

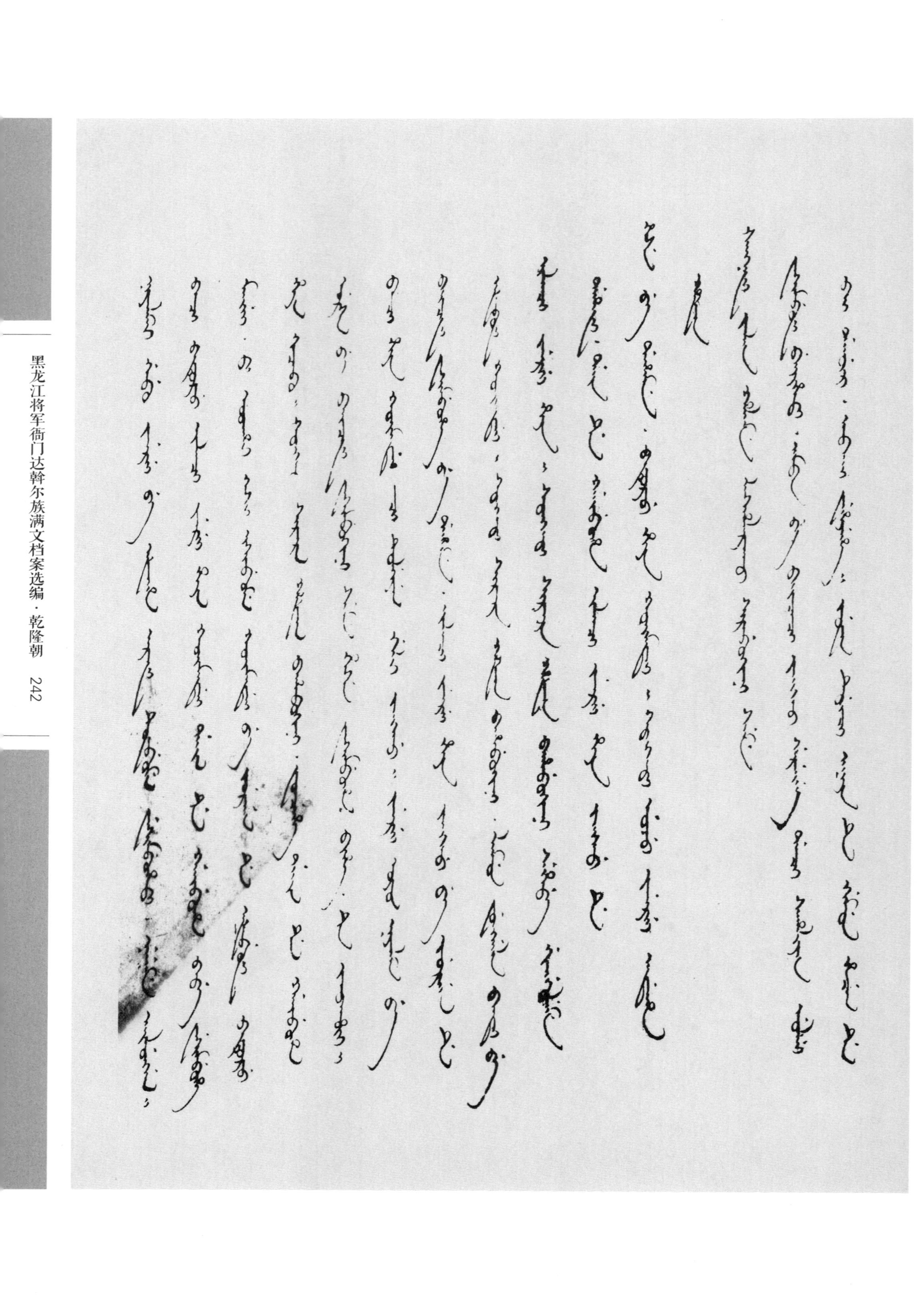

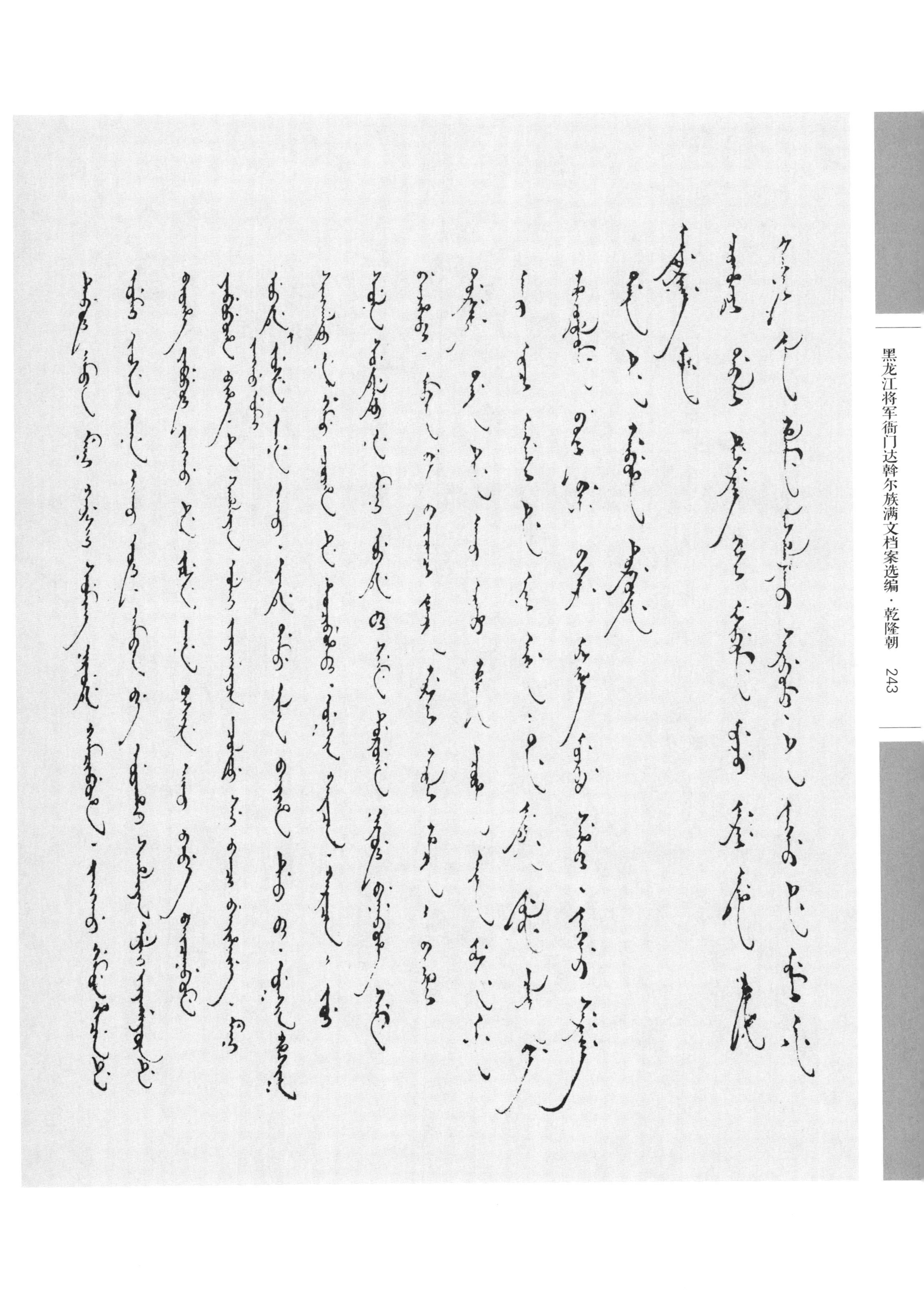

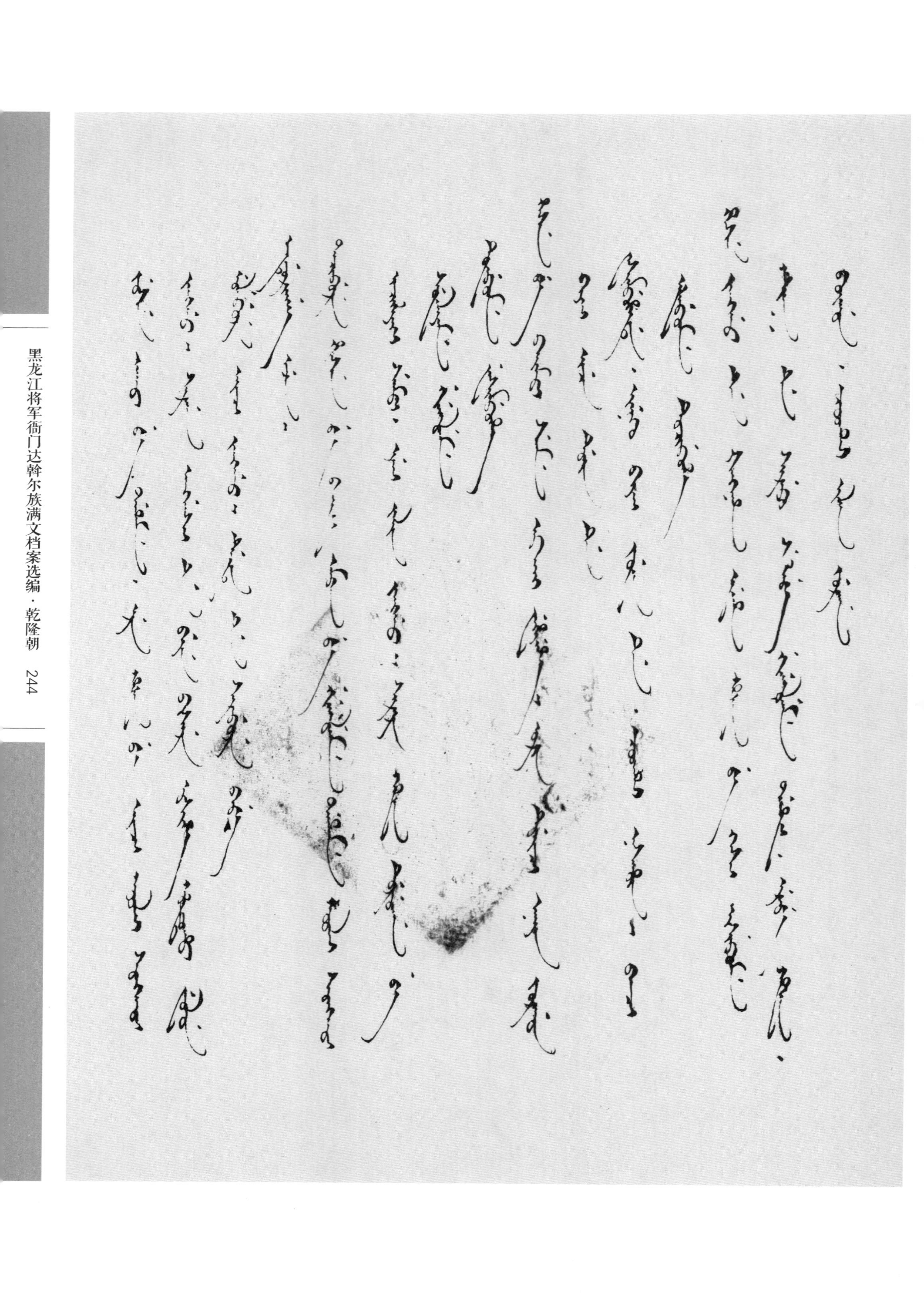

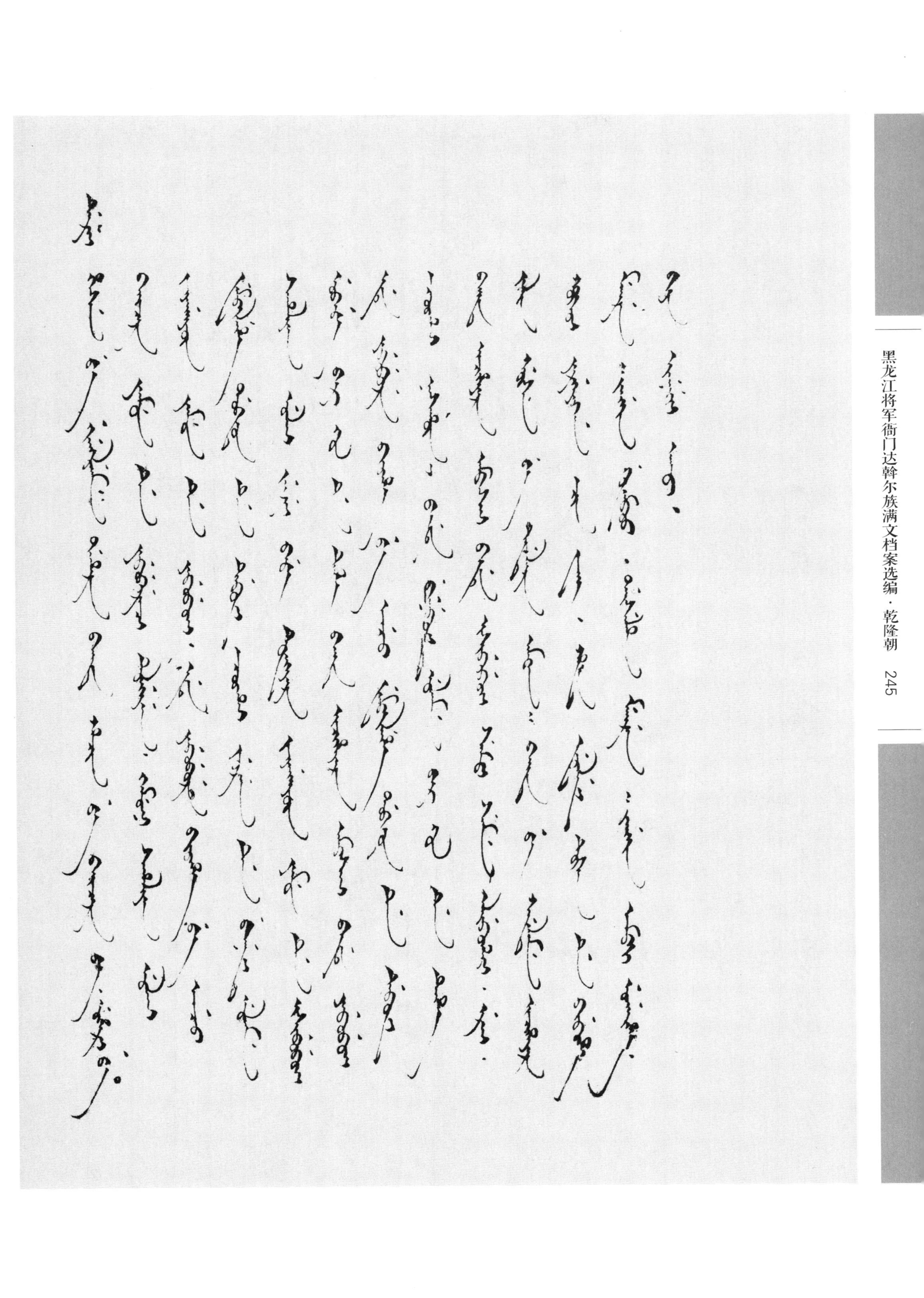

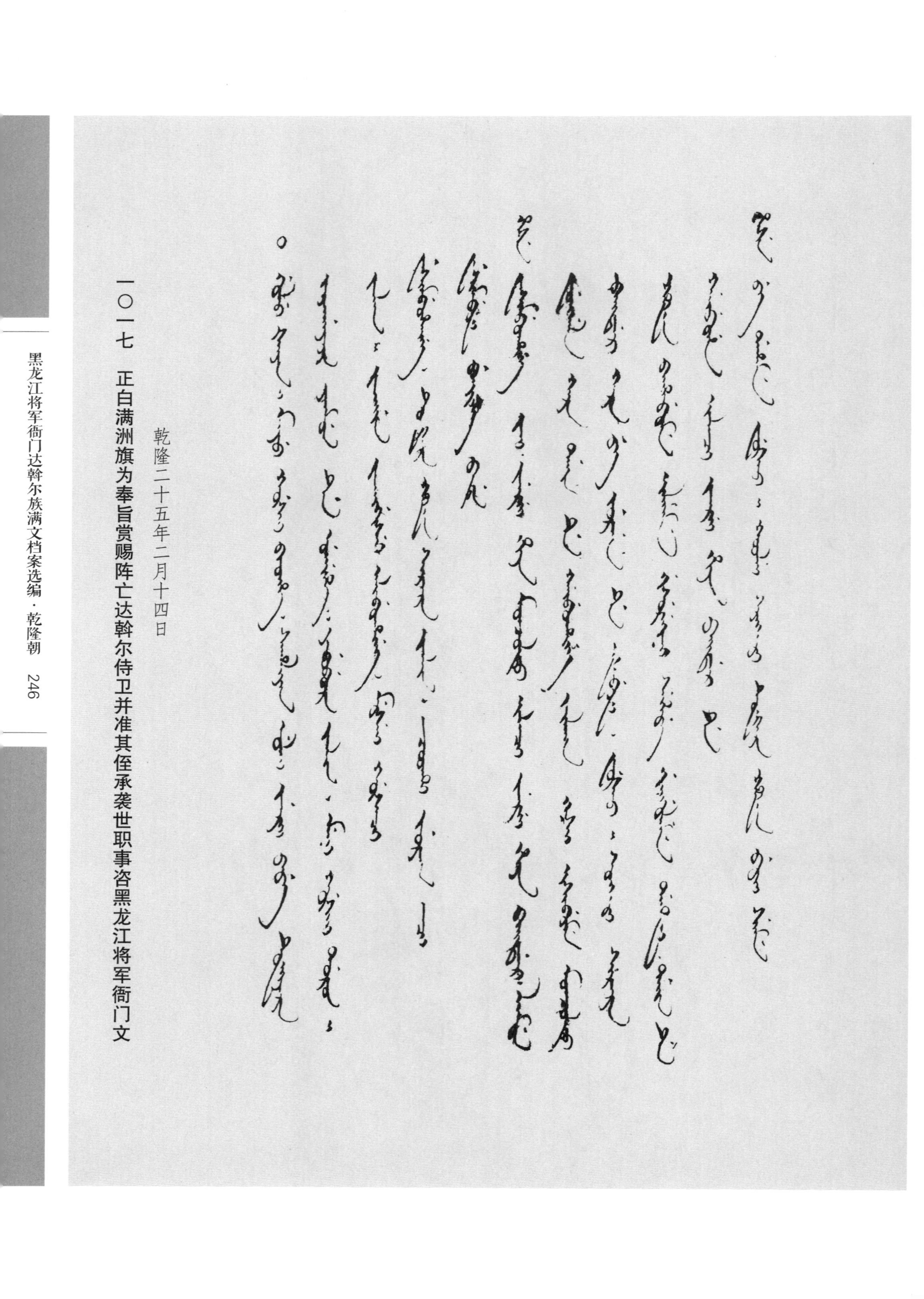

一〇一七 正白满洲旗为奉旨赏赐阵亡达斡尔侍卫并准其侄承袭世职事咨黑龙江将军衙门文

乾隆二十五年二月十四日

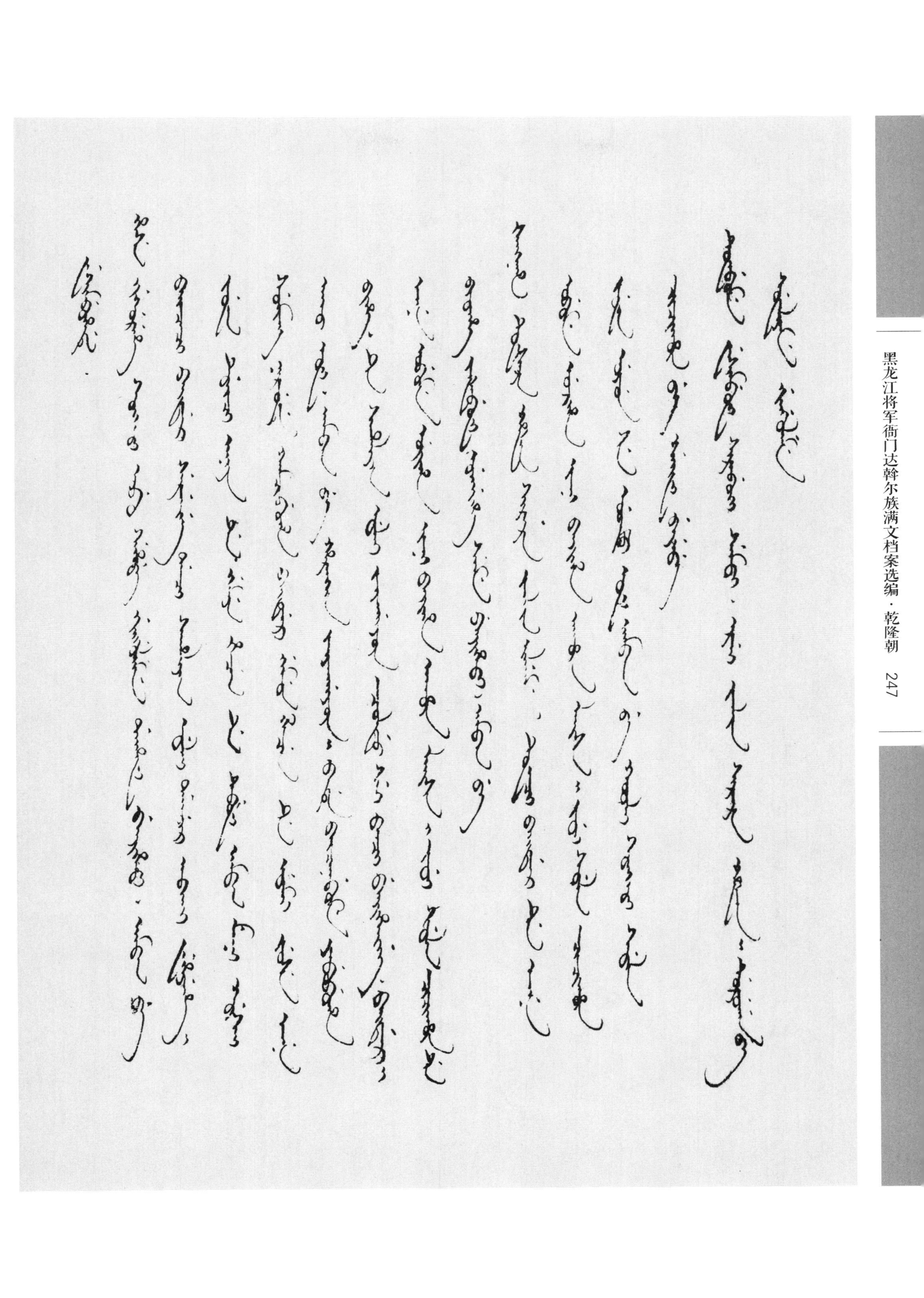

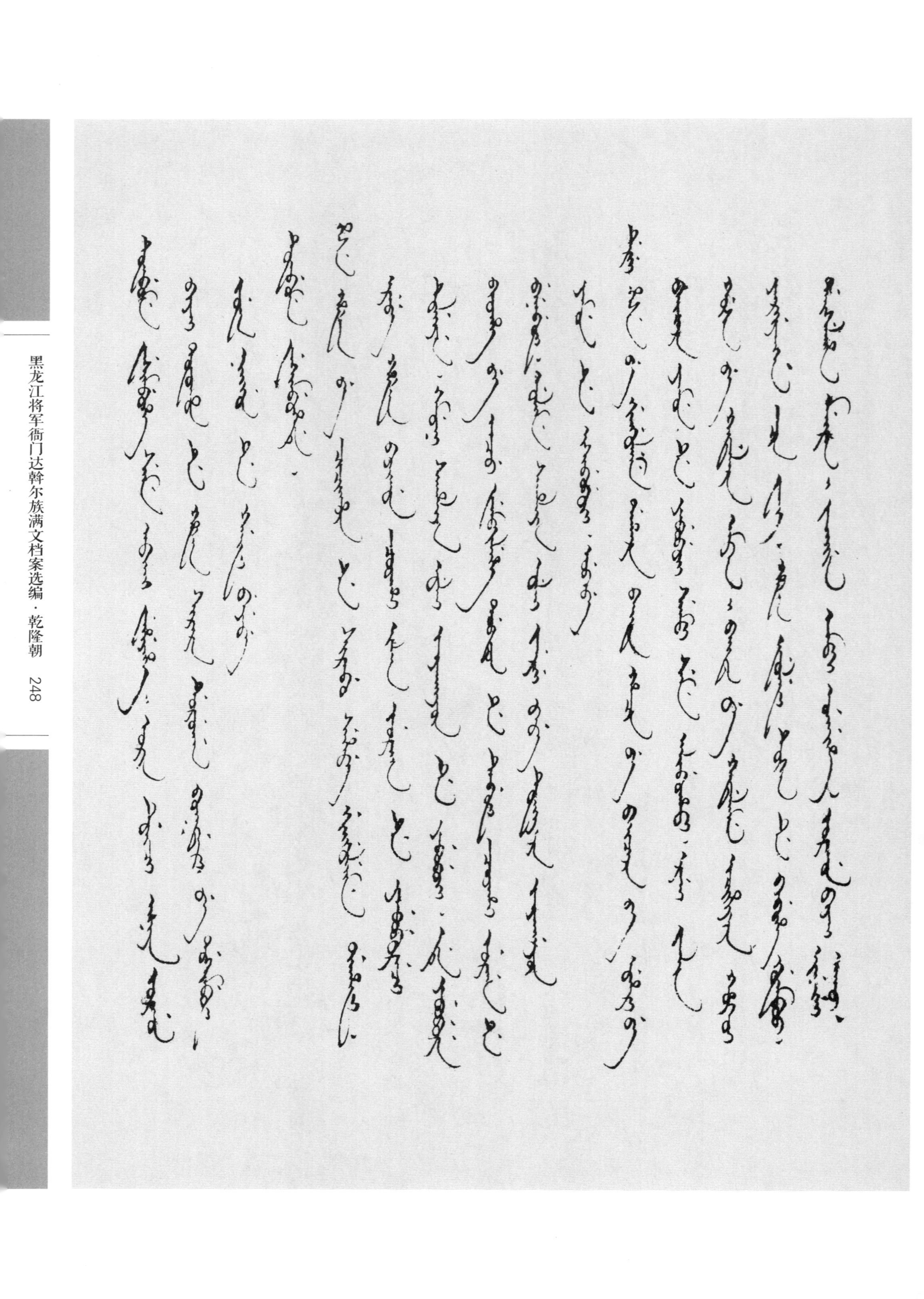

一〇一八 署布特哈索伦达斡尔总管额勒登额等为驻京正黄旗前锋达斡尔乌岱奋勉效力记入三代册事

呈黑龙江将军衙门文

乾隆二十五年三月初三日

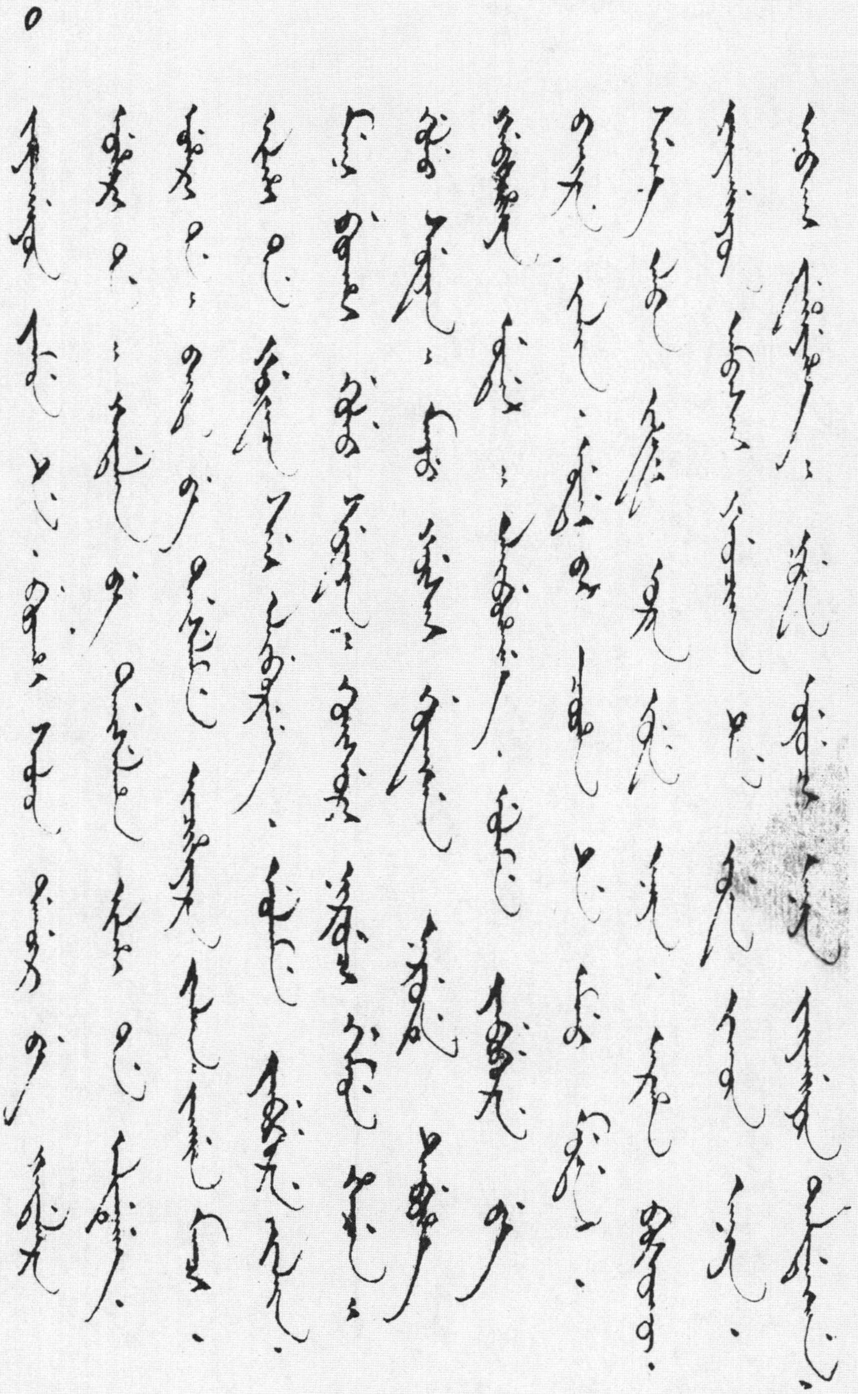

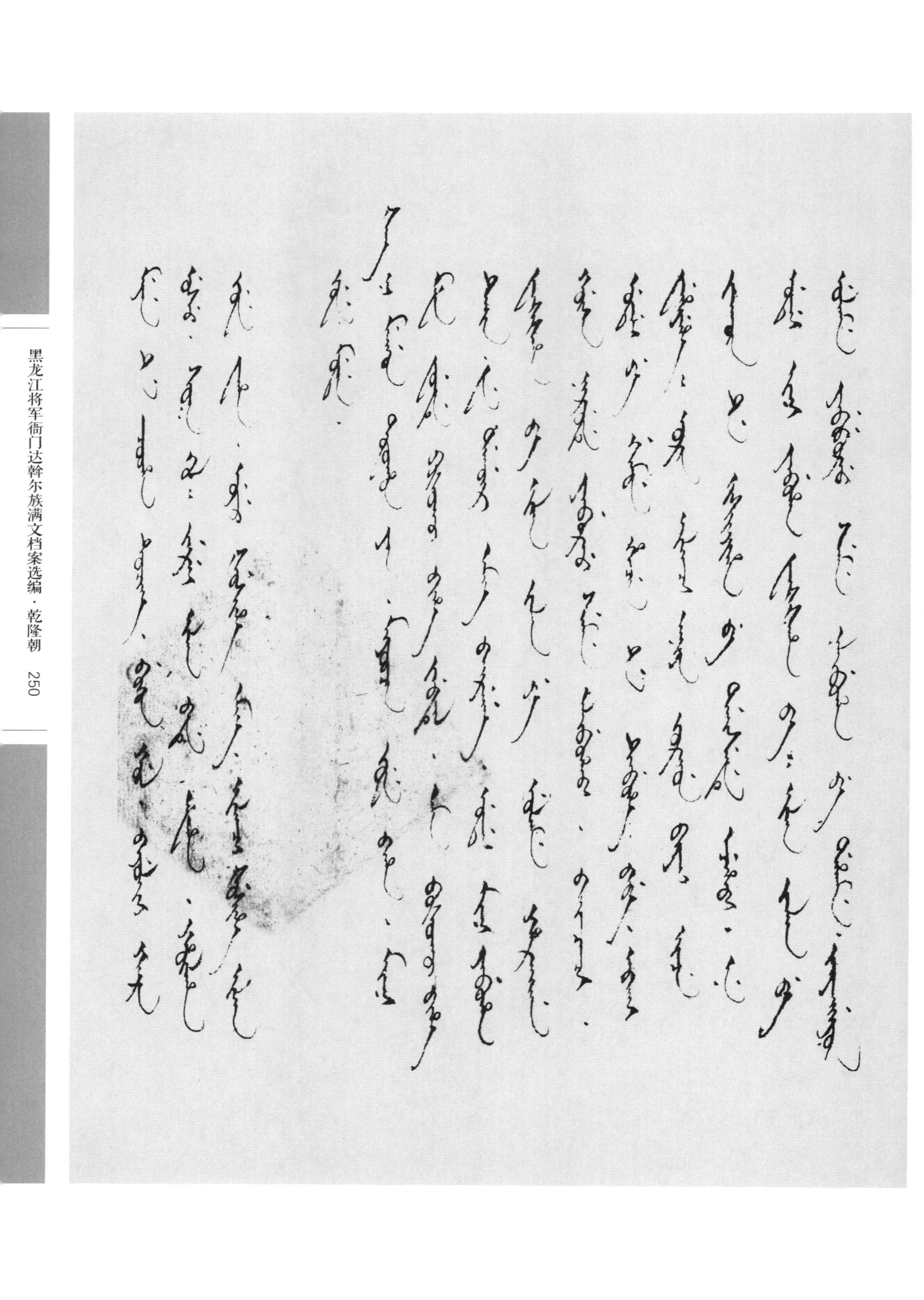

一〇一九 署布特哈索伦达斡尔总管额勒登额等为驻京正黄旗前锋护军索诺保奋勉效力记入三代册事

呈黑龙江将军衙门文

乾隆二十五年三月初八日

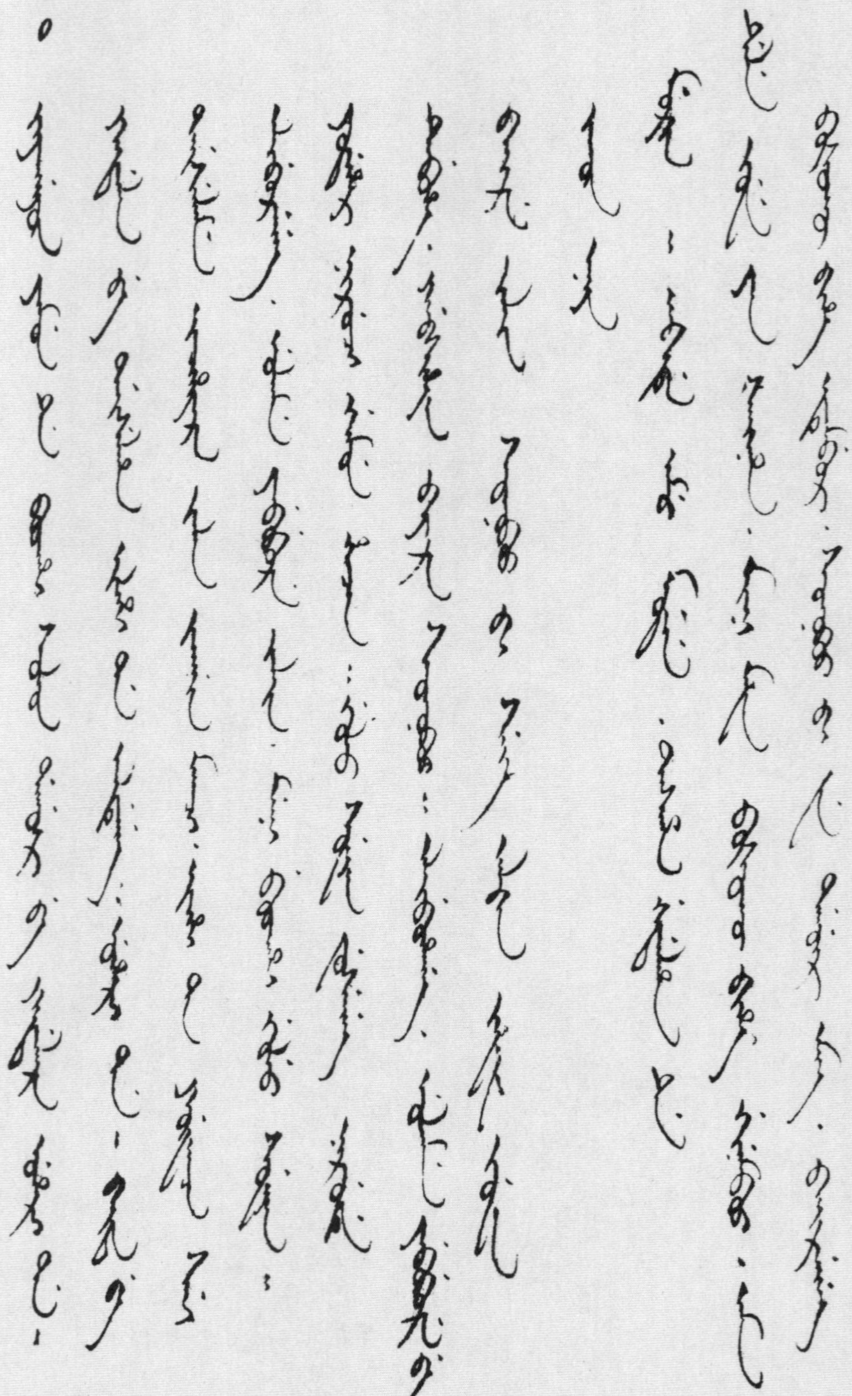

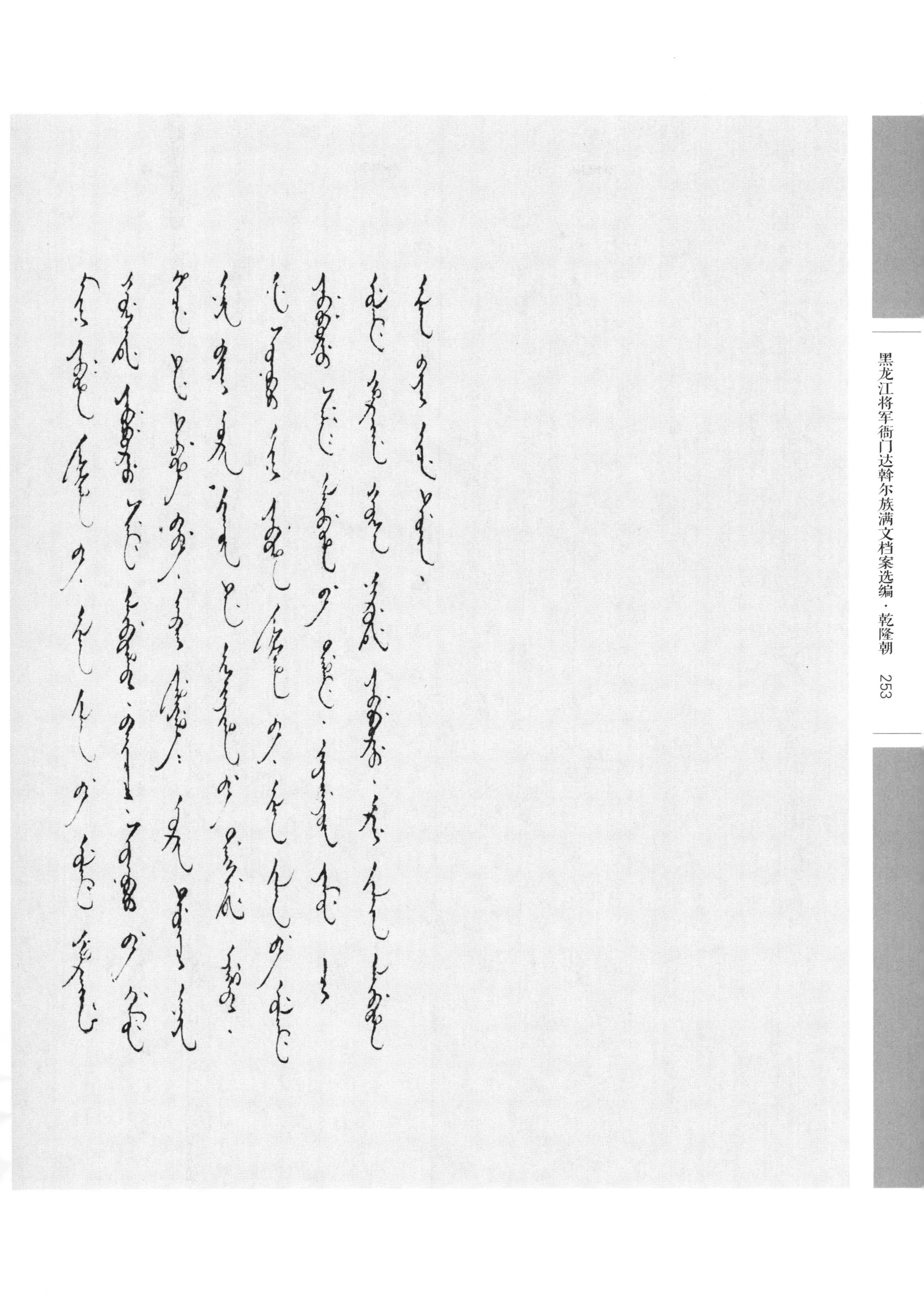

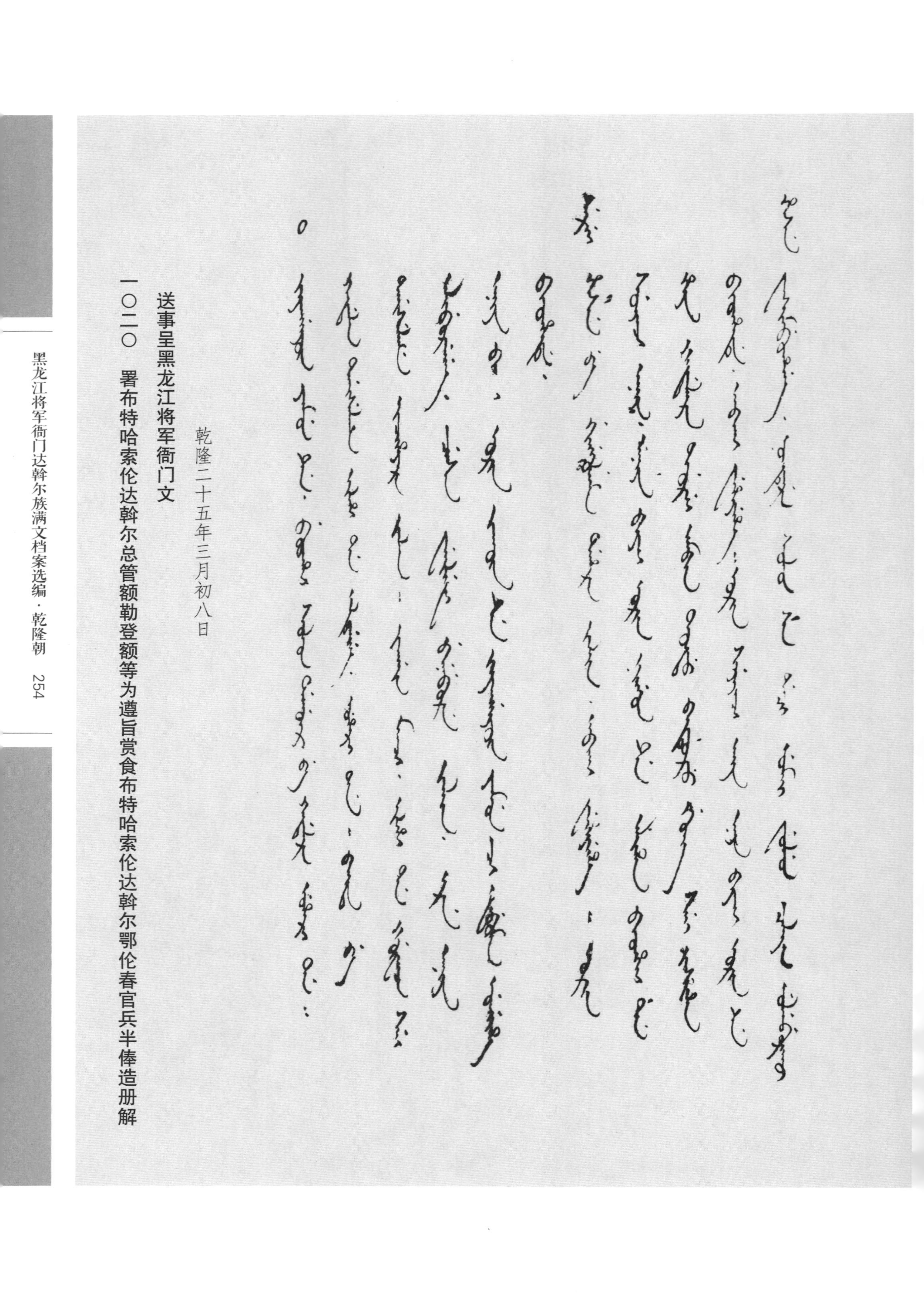

乾隆二十五年三月初八日

送事呈黑龙江将军衙门文

一〇二〇 署布特哈索伦达斡尔总管额勒登额等为遵旨赏食布特哈索伦达斡尔鄂伦春官兵半俸造册解

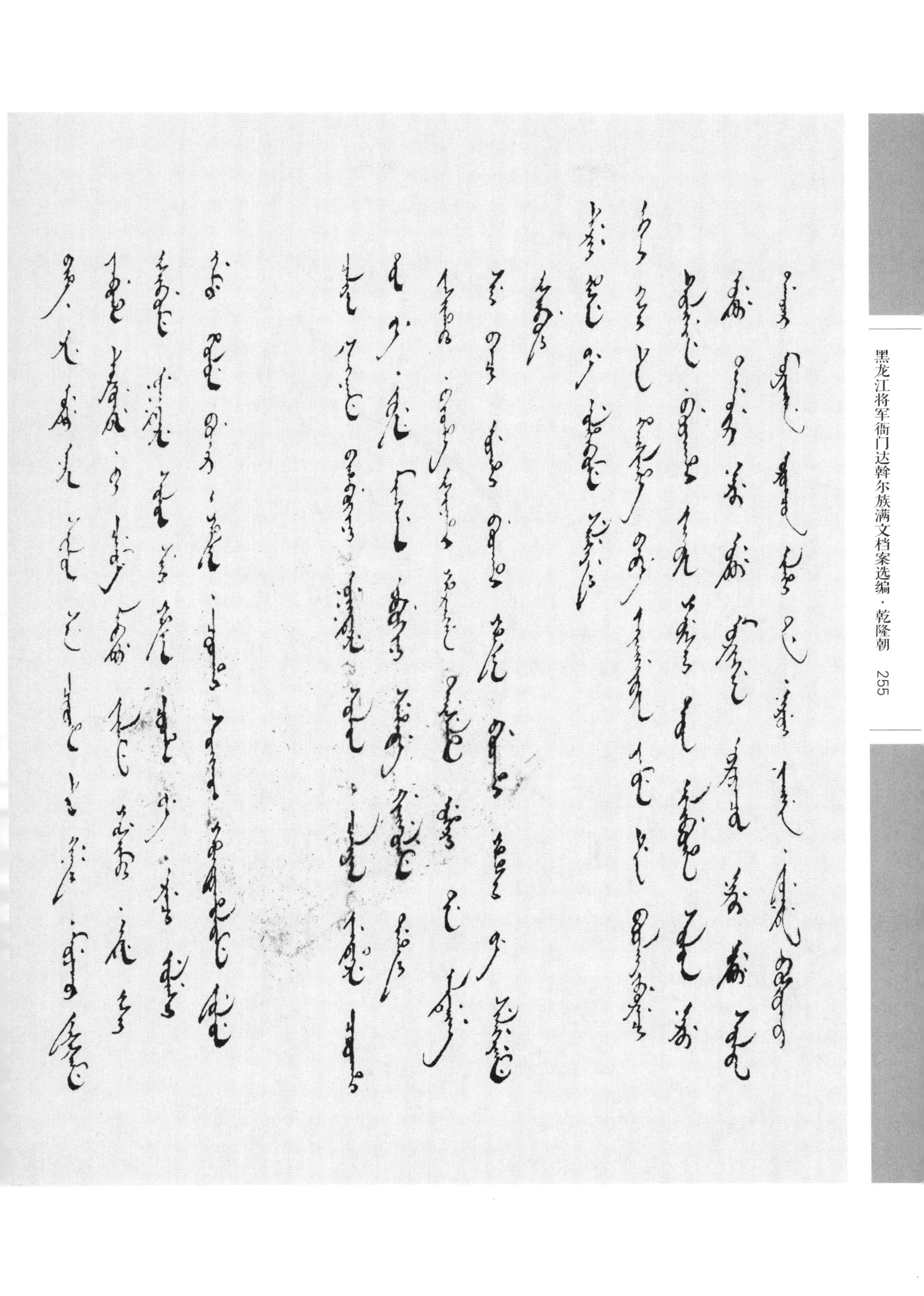

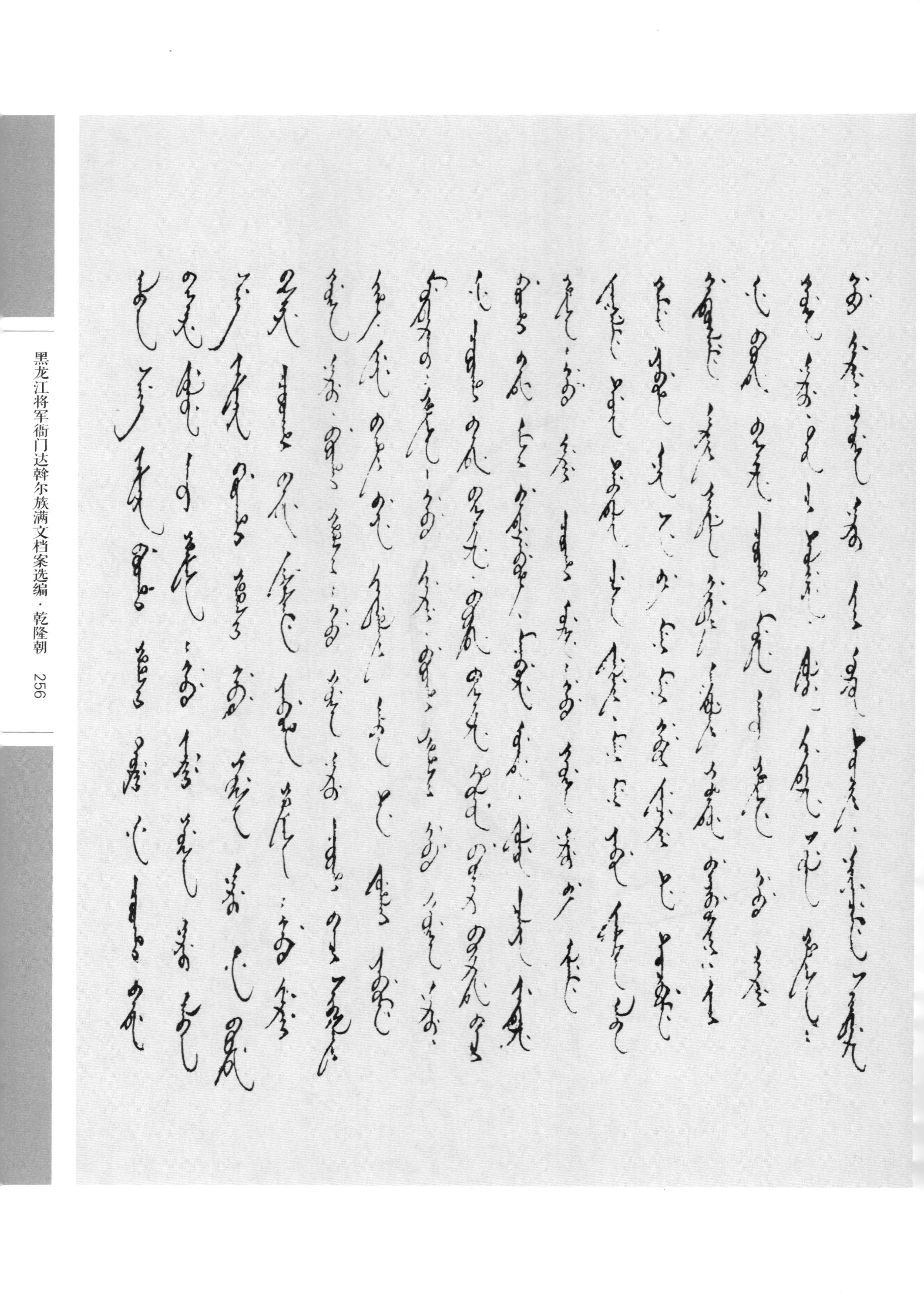

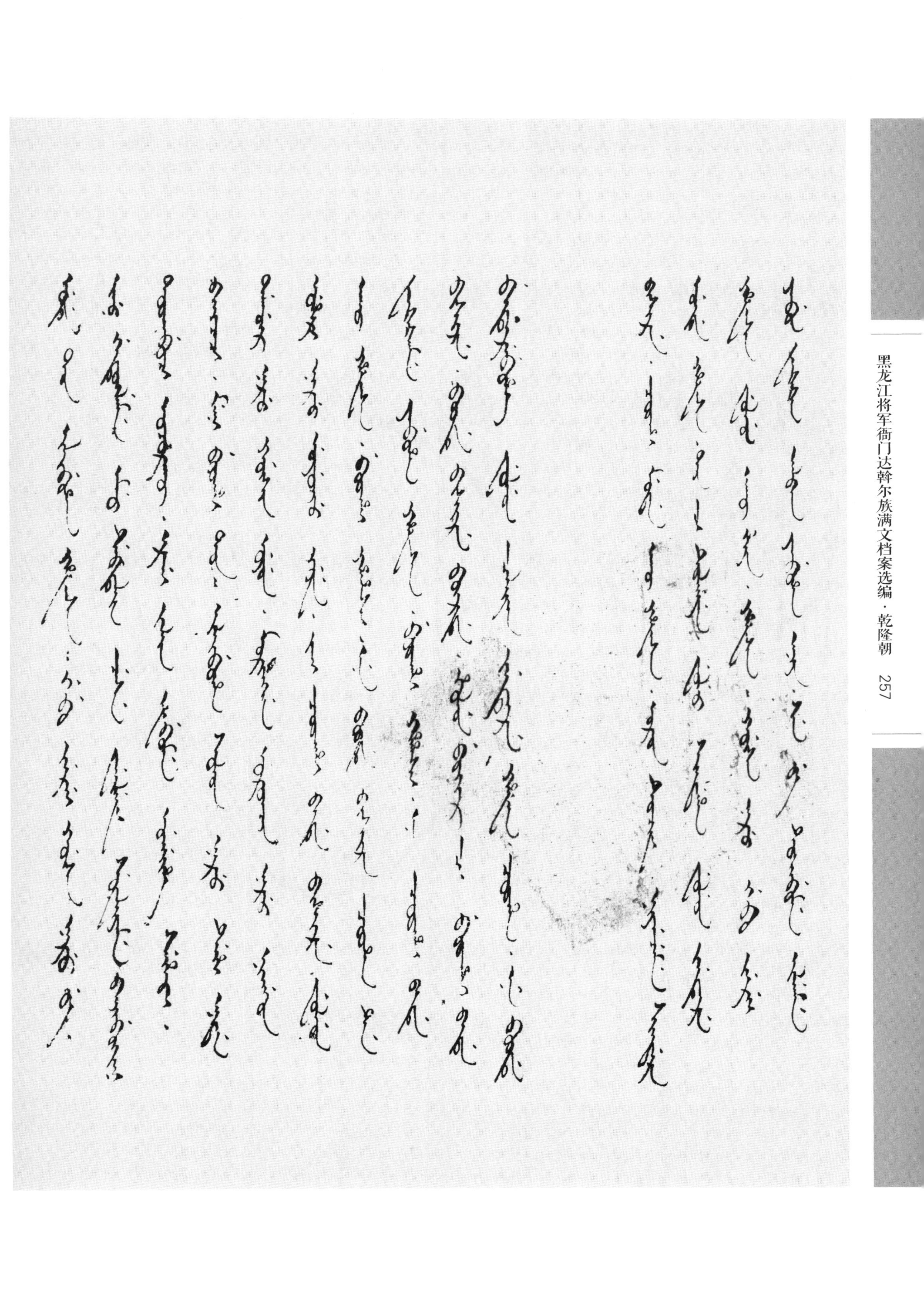

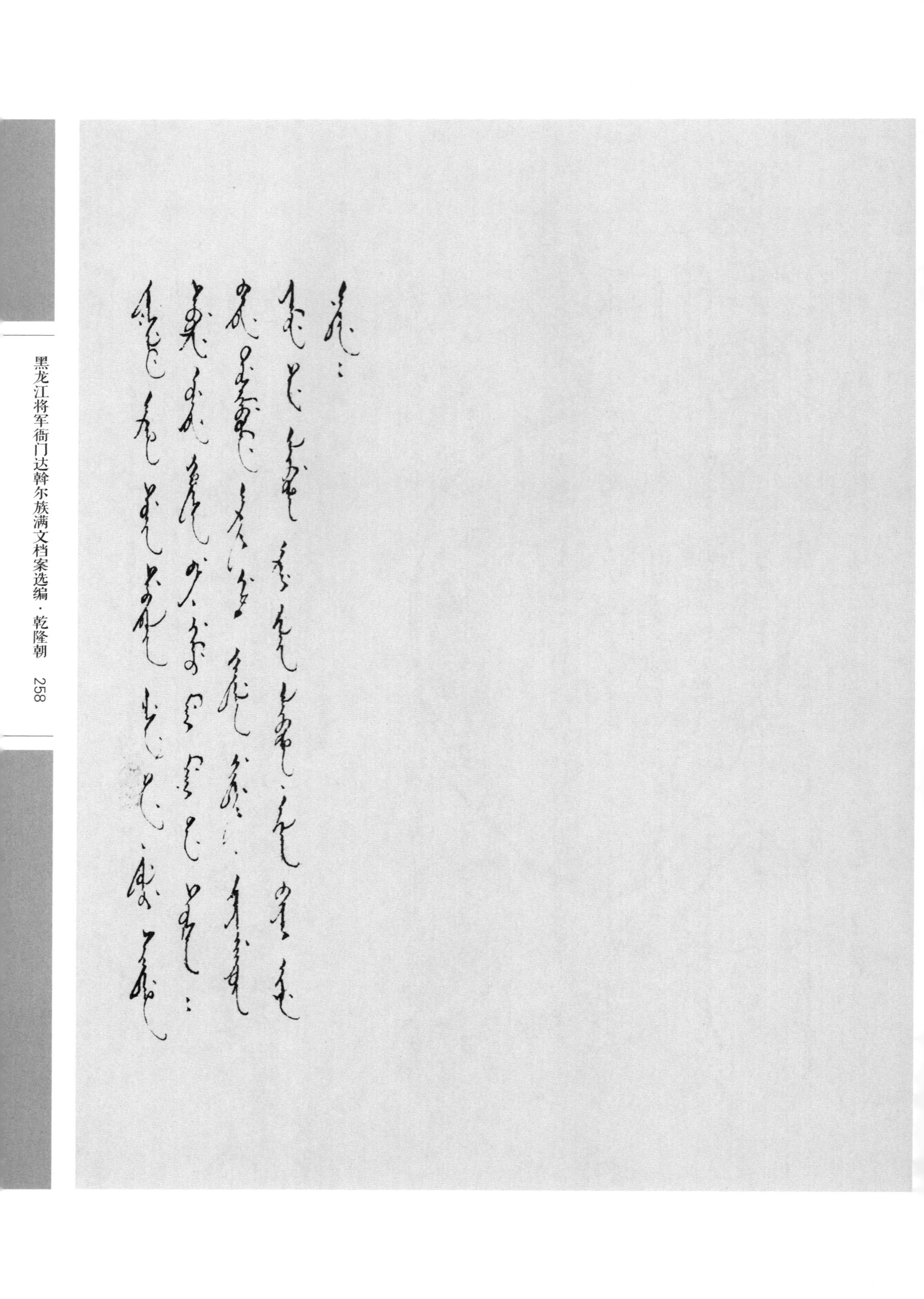

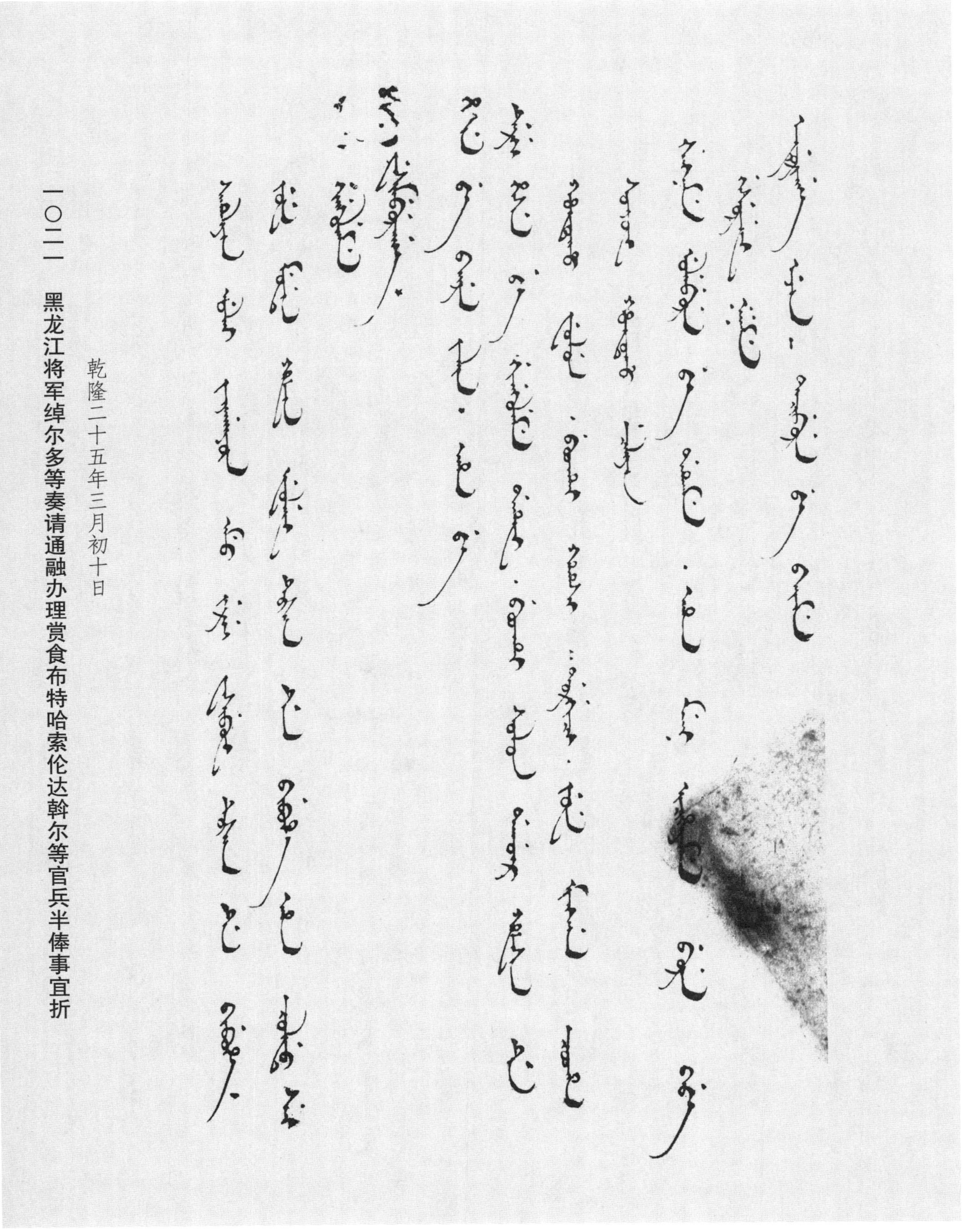

一〇二二　黑龙江将军绰尔多等奏请通融办理赏食布特哈索伦达斡尔等官兵半俸事宜折

乾隆二十五年三月初十日

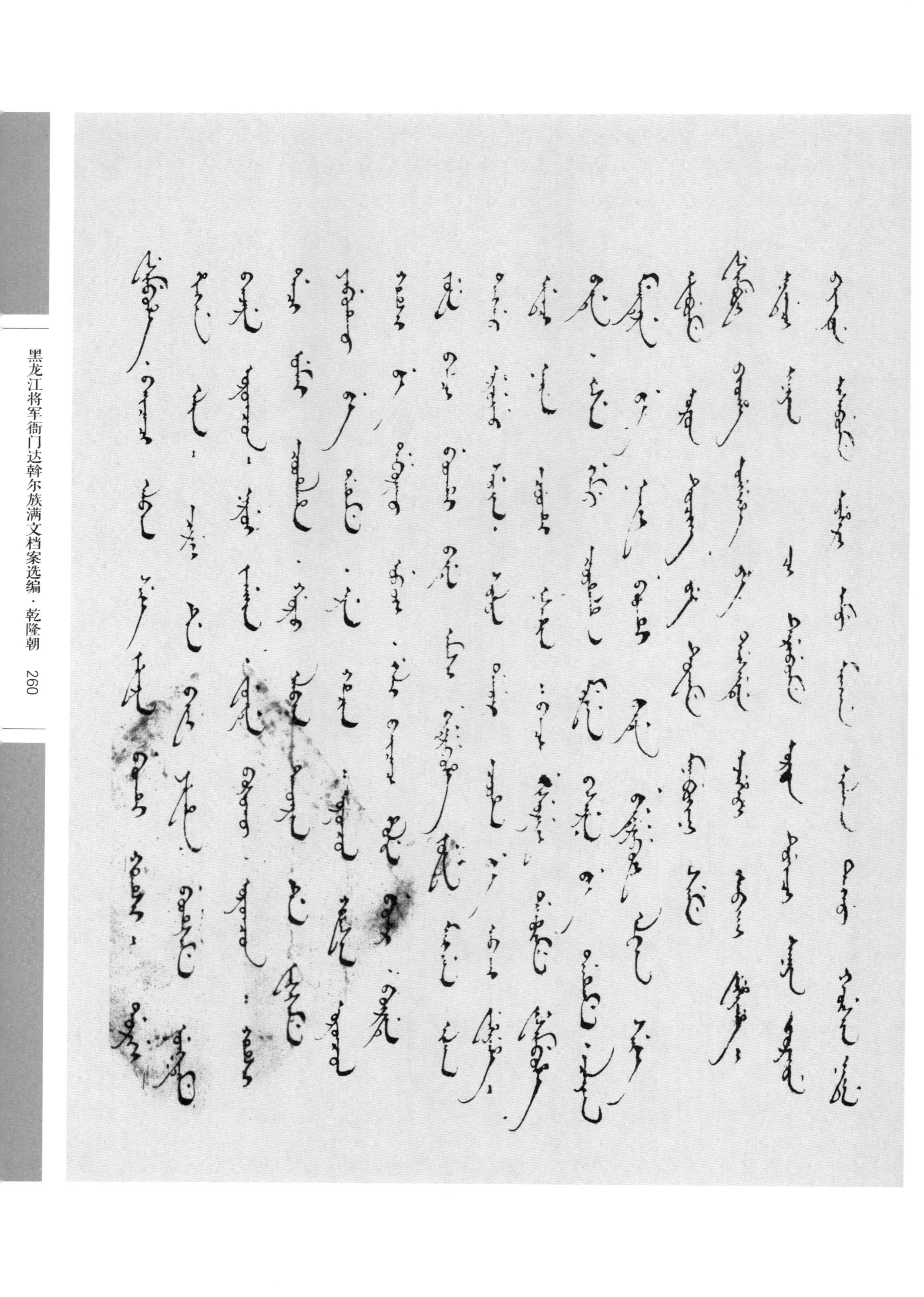

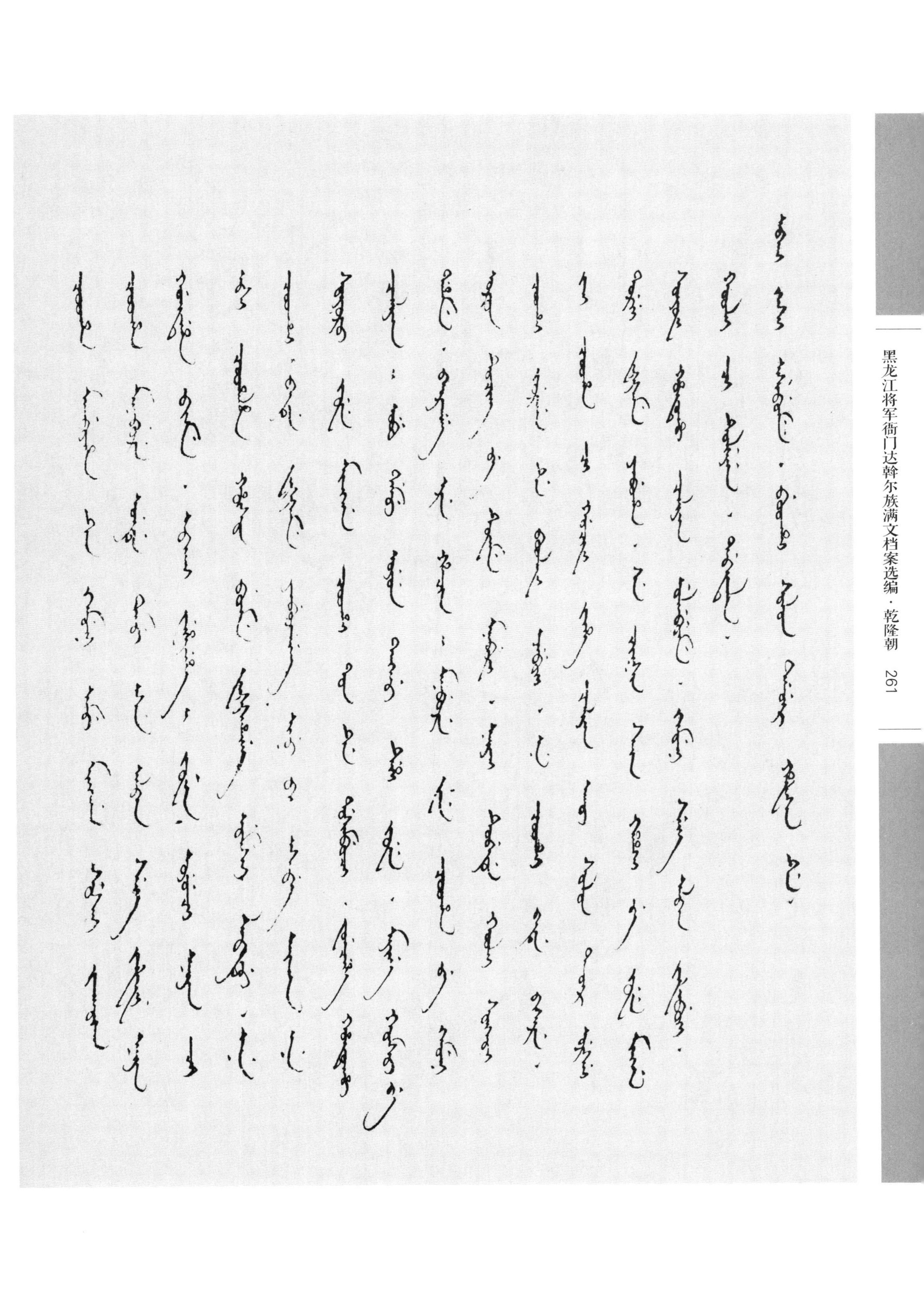

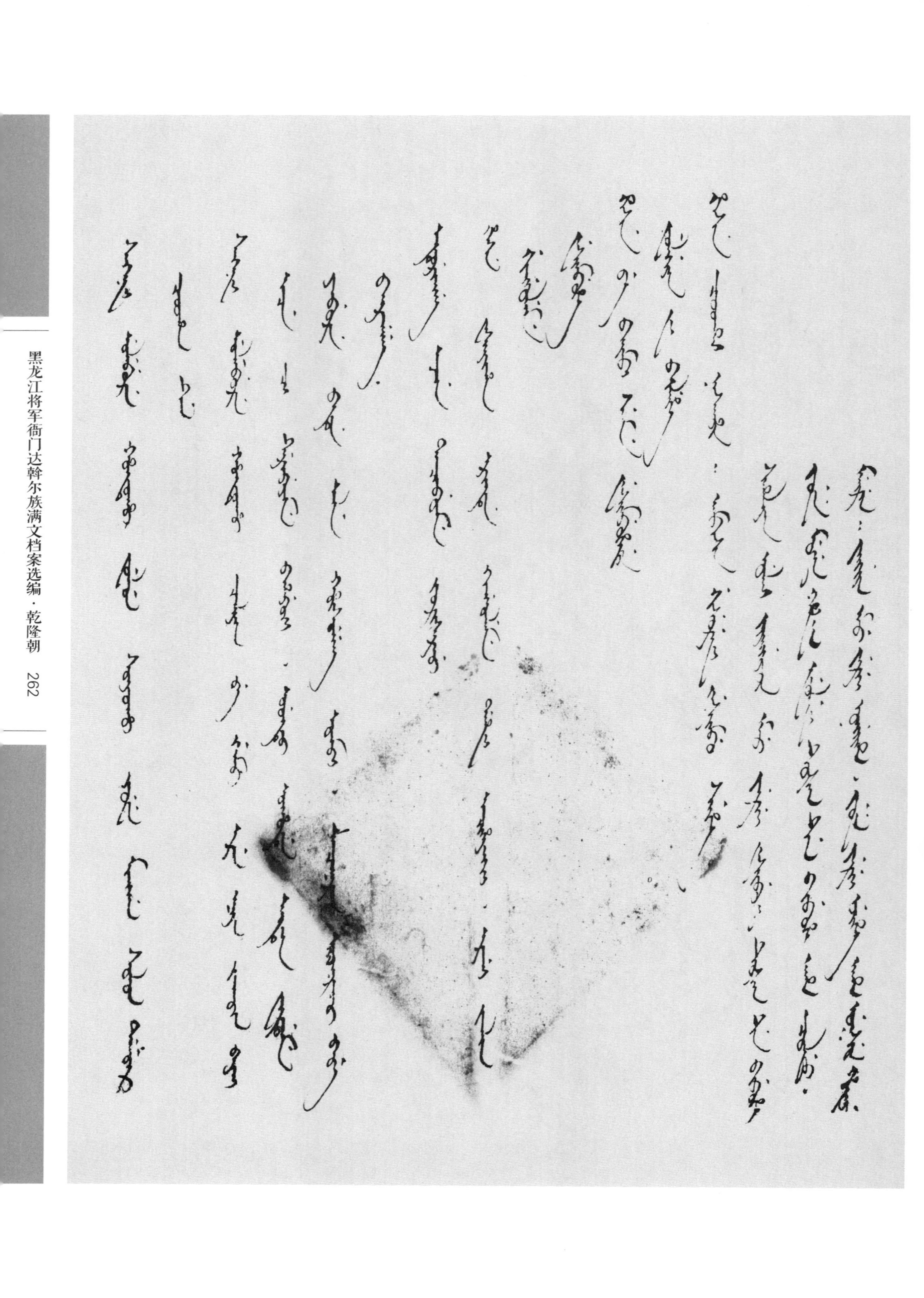

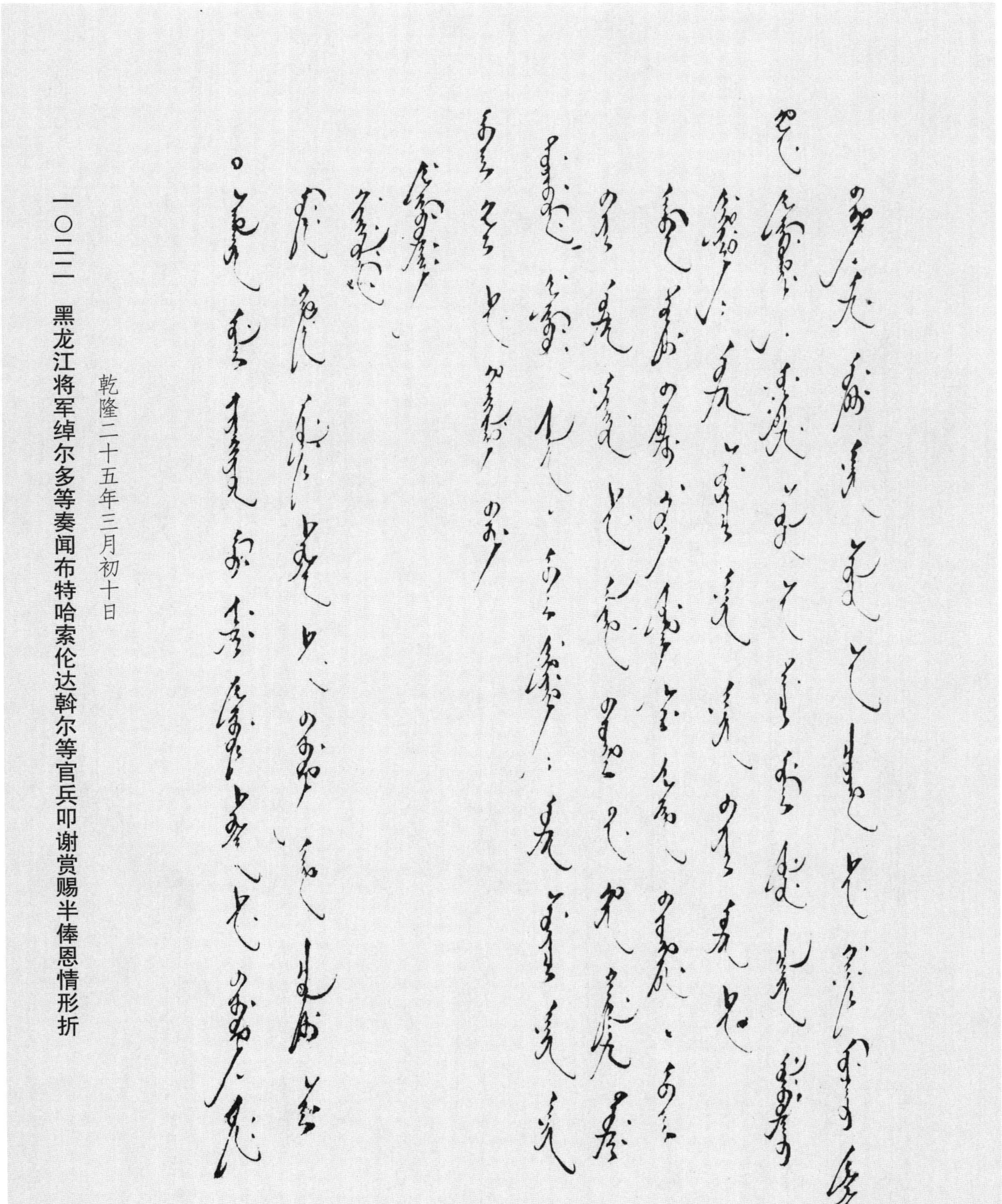

一〇二三 黑龙江将军绰尔多等奏闻布特哈索伦达斡尔等官兵叩谢赏赐半俸恩情形折

乾隆二十五年三月初十日

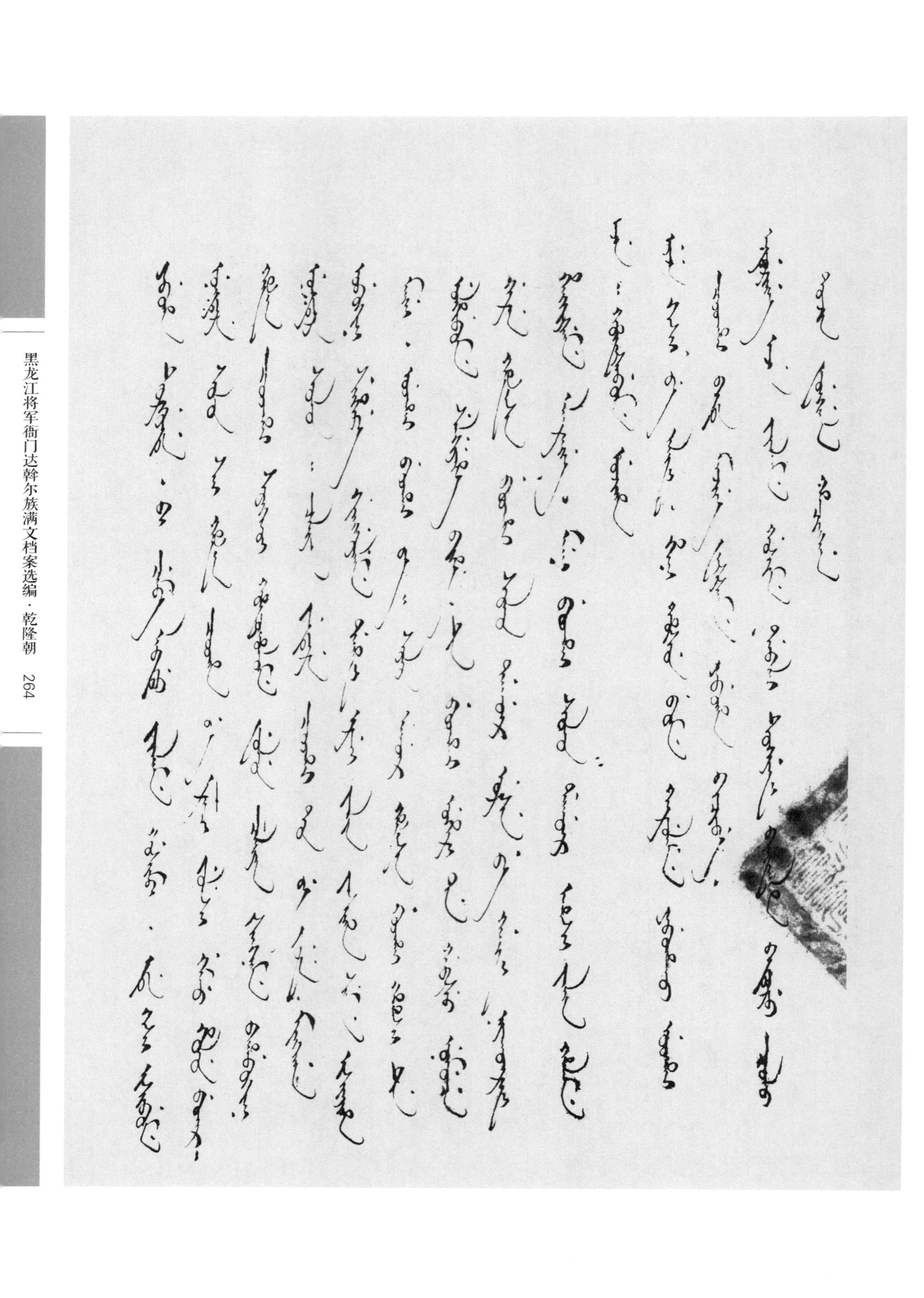

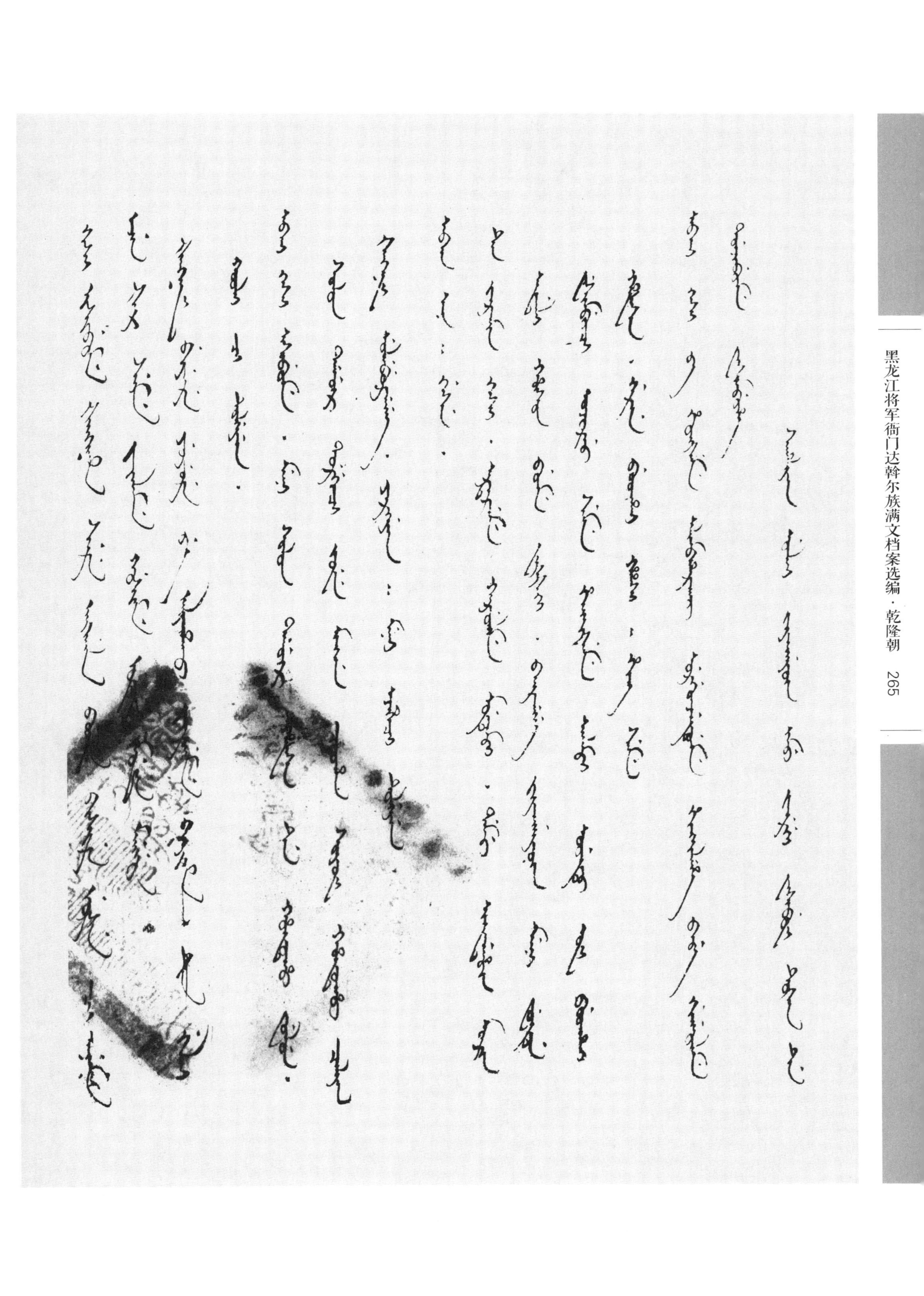

[illegible]

[illegible]

[illegible]

一〇二三　兵部为遵旨照呼伦贝尔例嗣后赏给布特哈索伦达斡尔等官兵半俸事咨黑龙江将军文

乾隆二十五年三月十二日

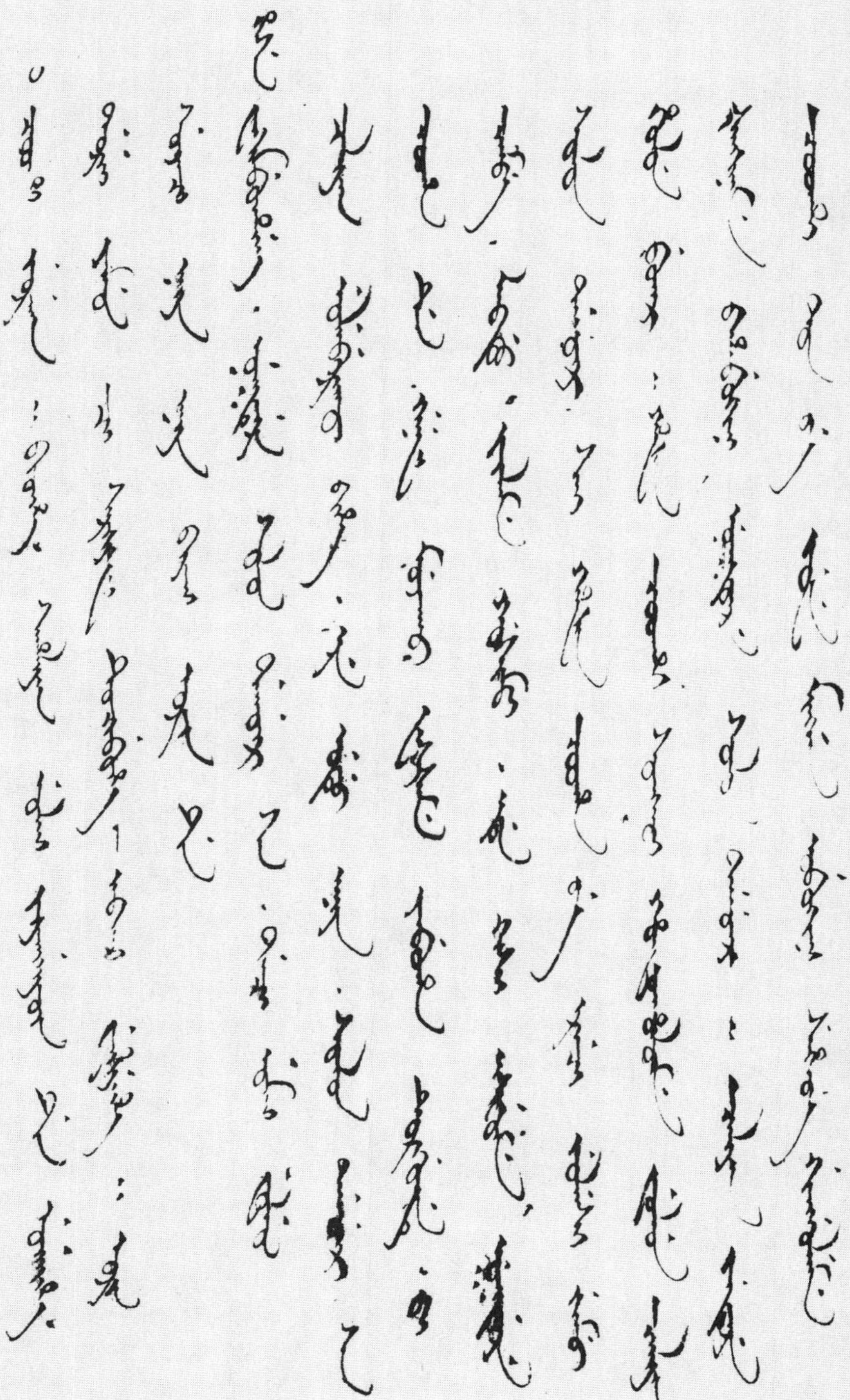

一〇二四 户部为造送应赏半俸布特哈索伦达斡尔官兵数目册事咨黑龙江将军文（附上谕一件）

乾隆二十五年三月十二日

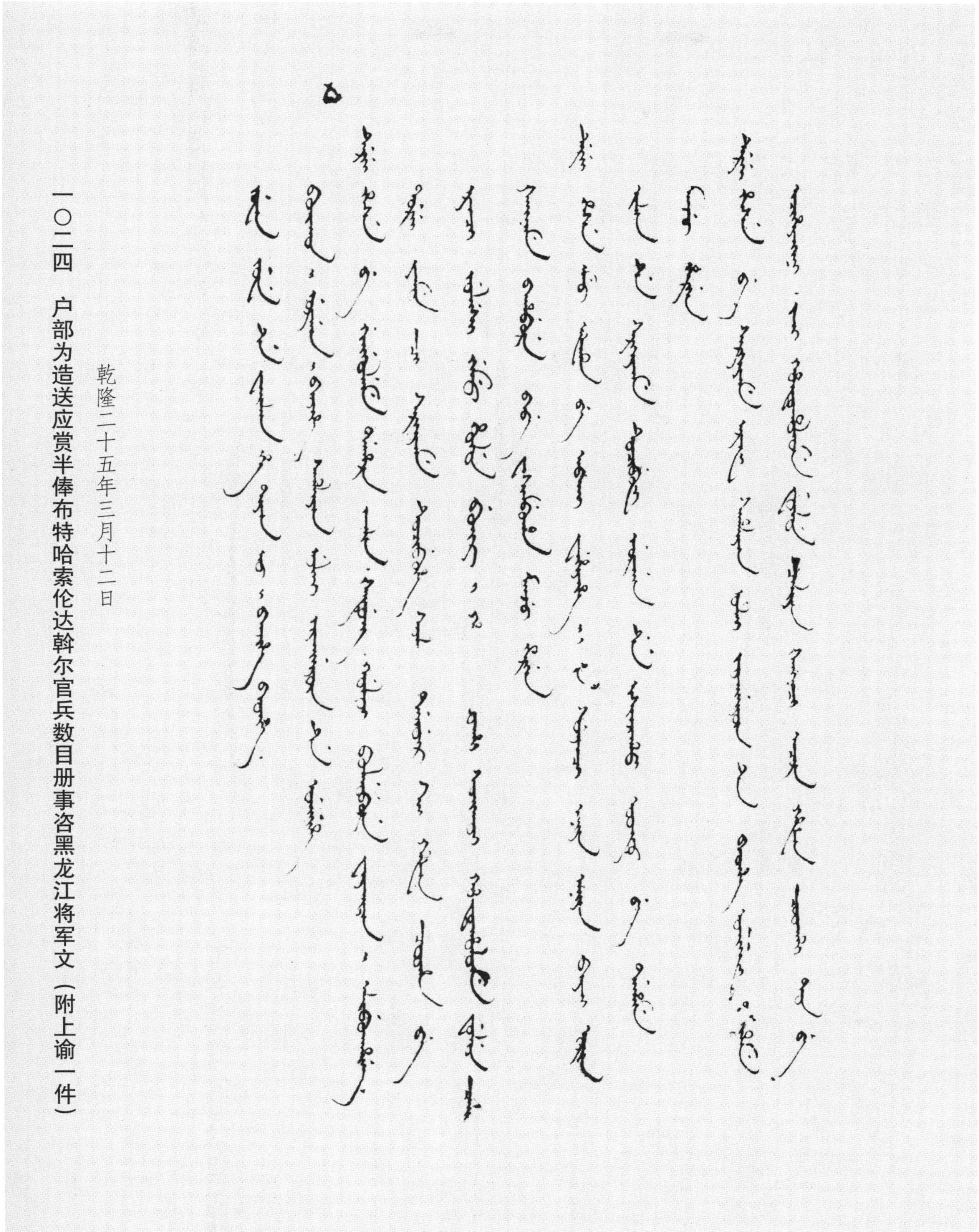

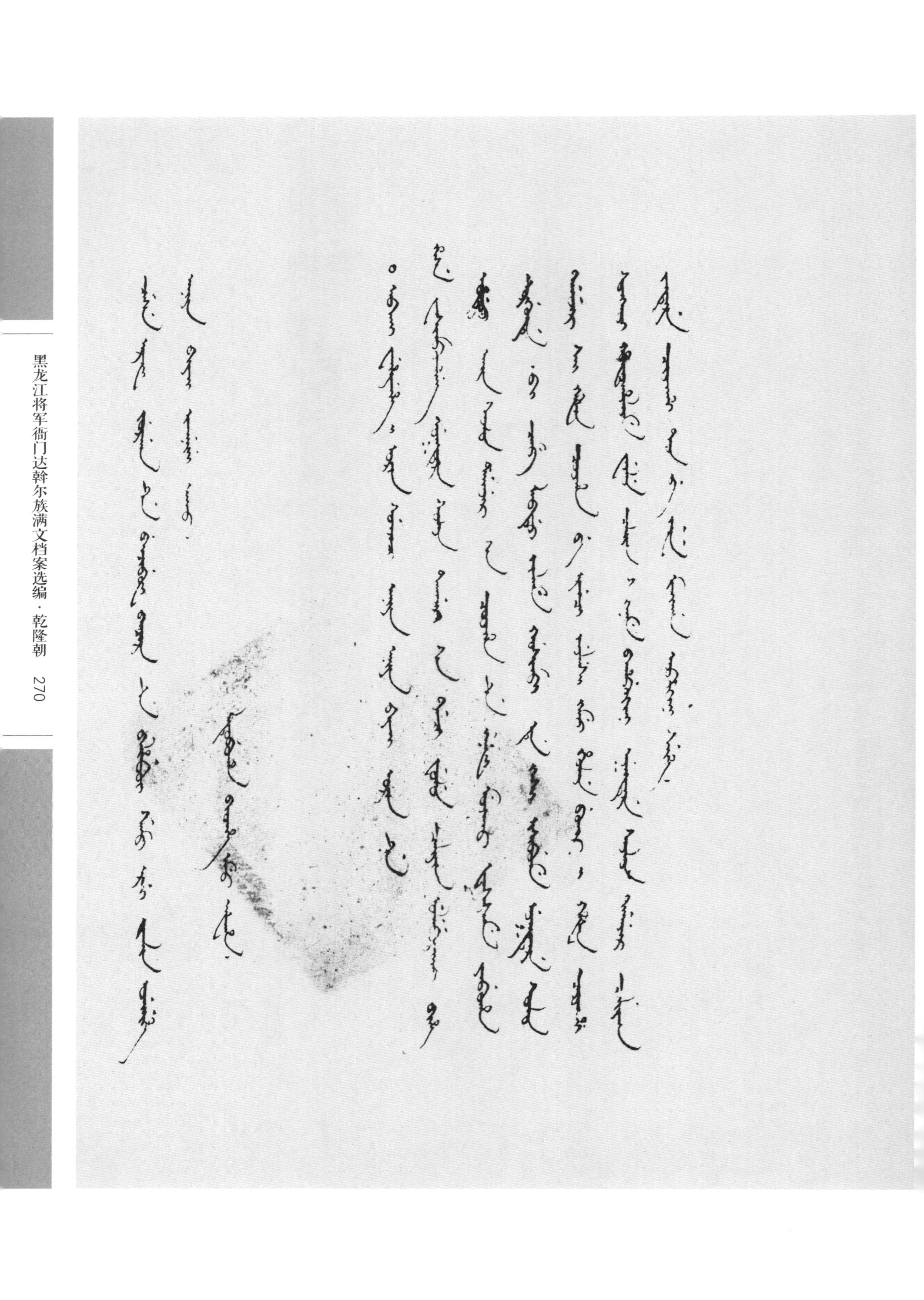

[illegible]

一〇二五　户部为照例赏赐布特哈正黄旗无俸达斡尔佐领满齐半俸事咨黑龙江将军文

乾隆二十五年三月二十一日

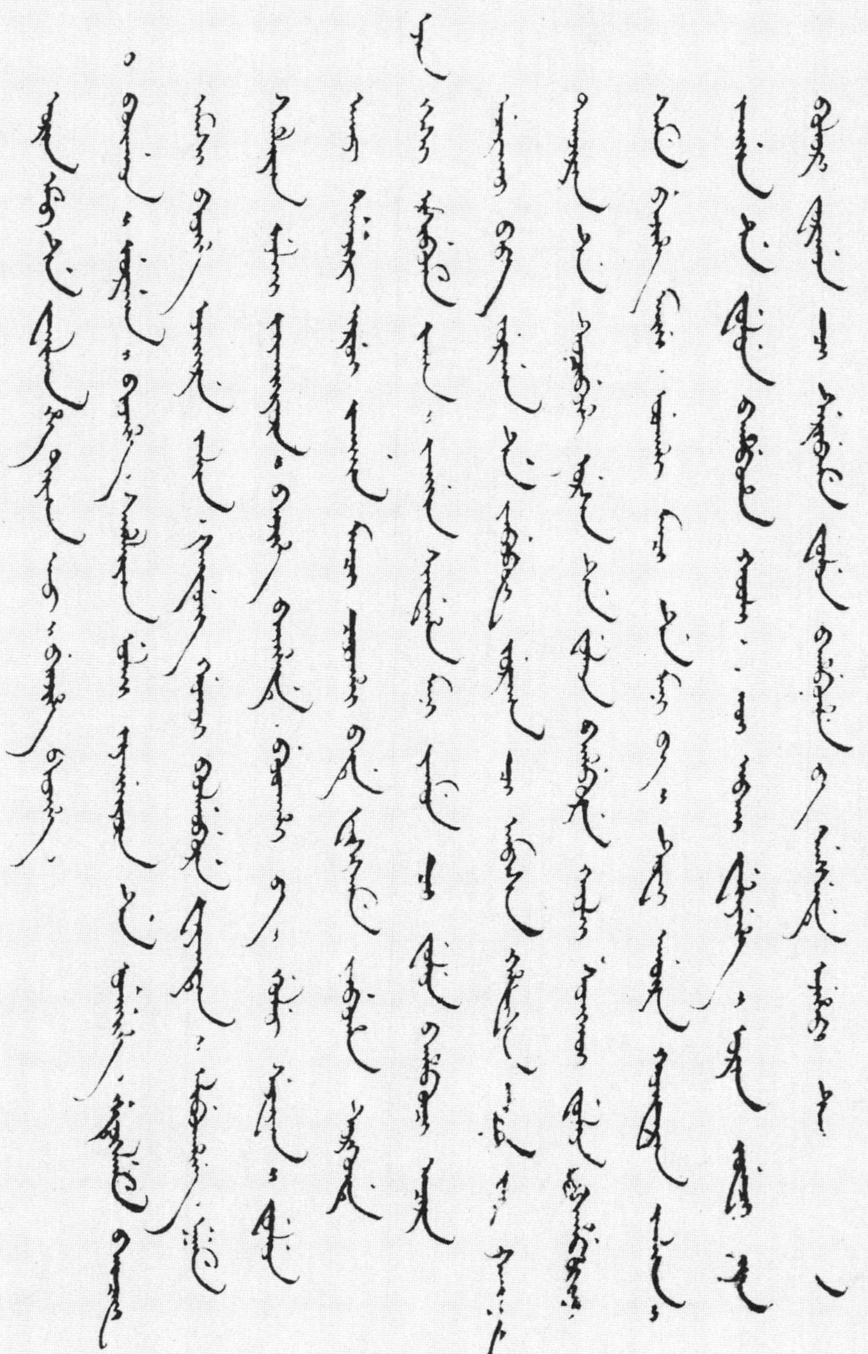

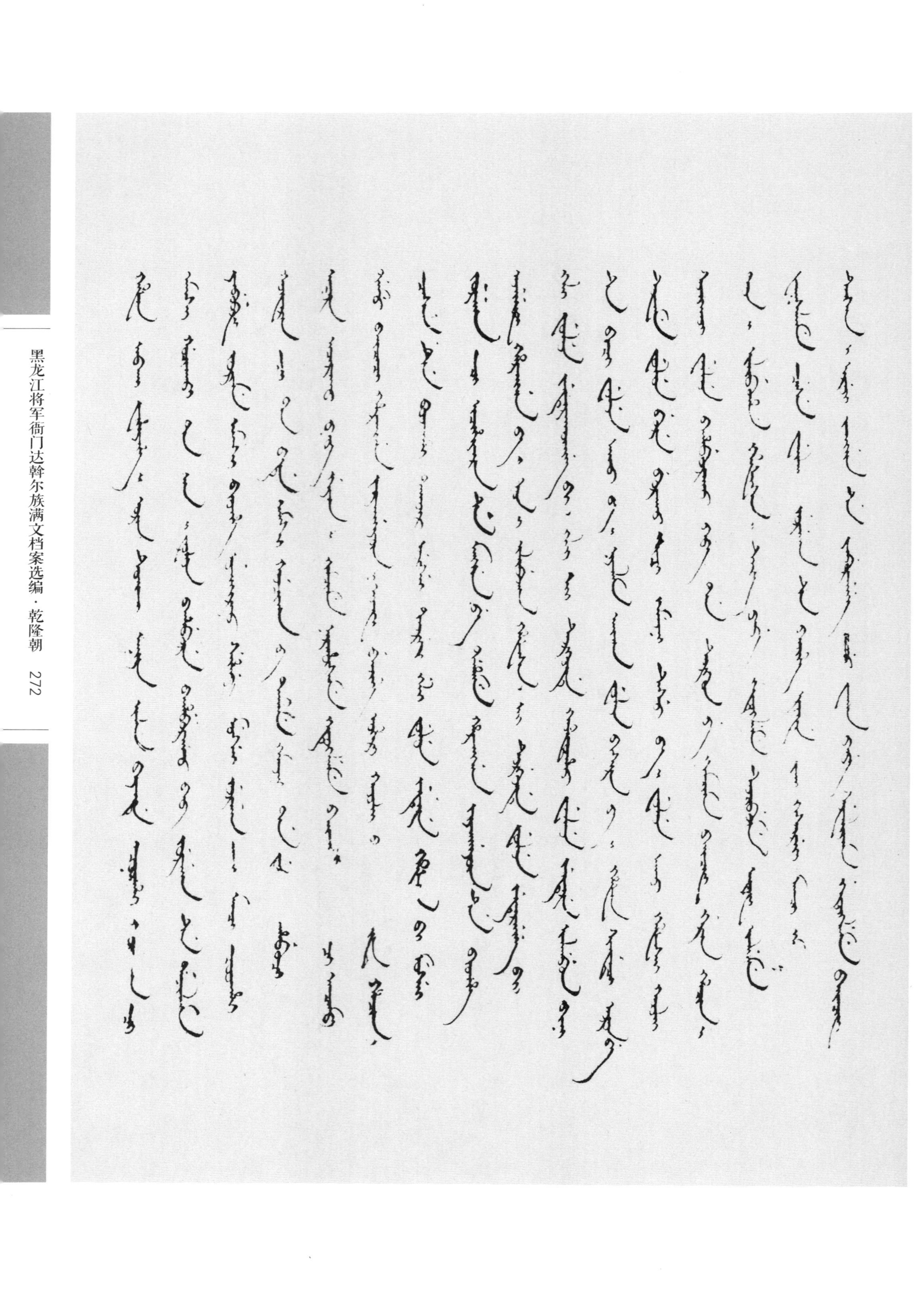

[illegible]

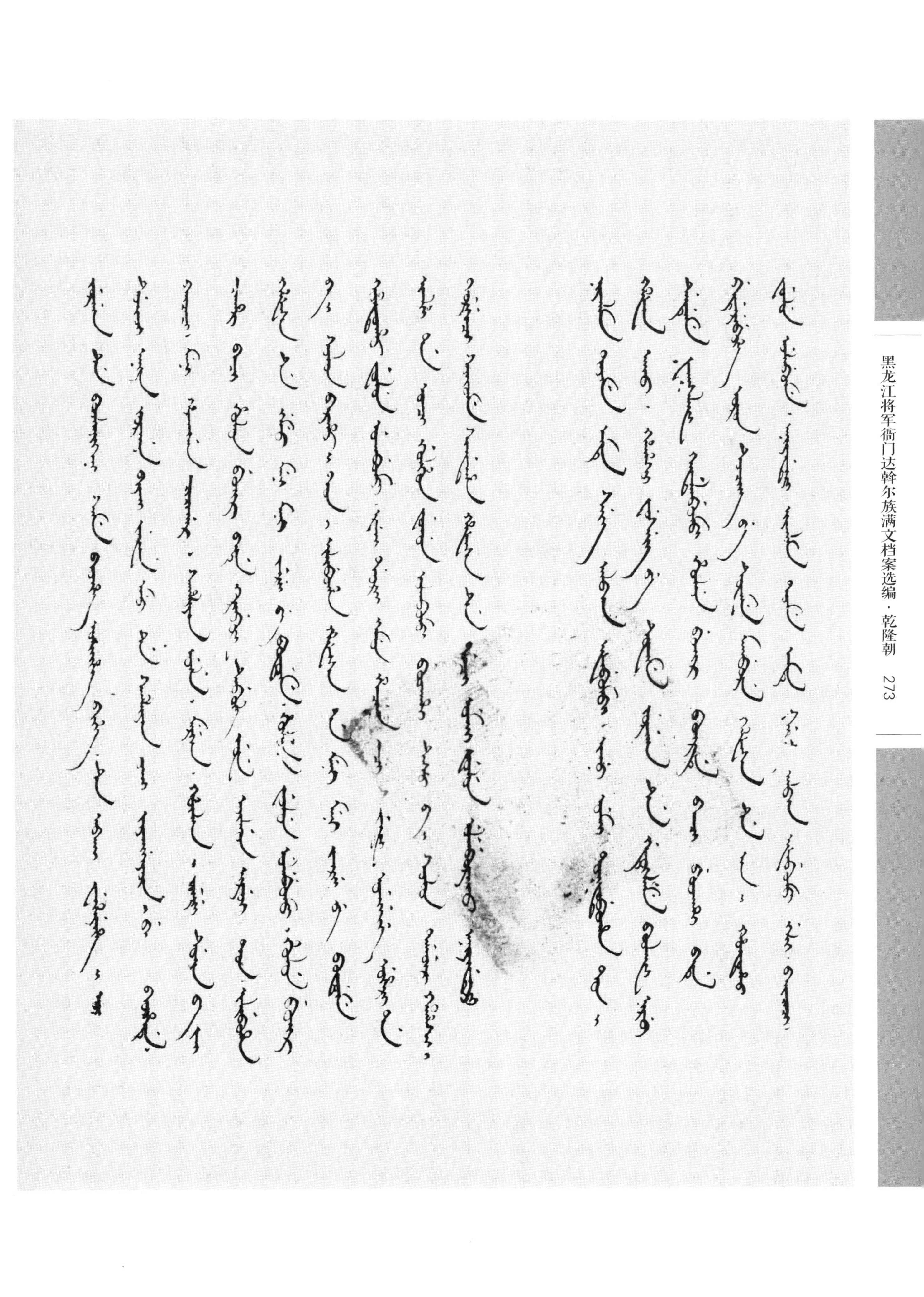

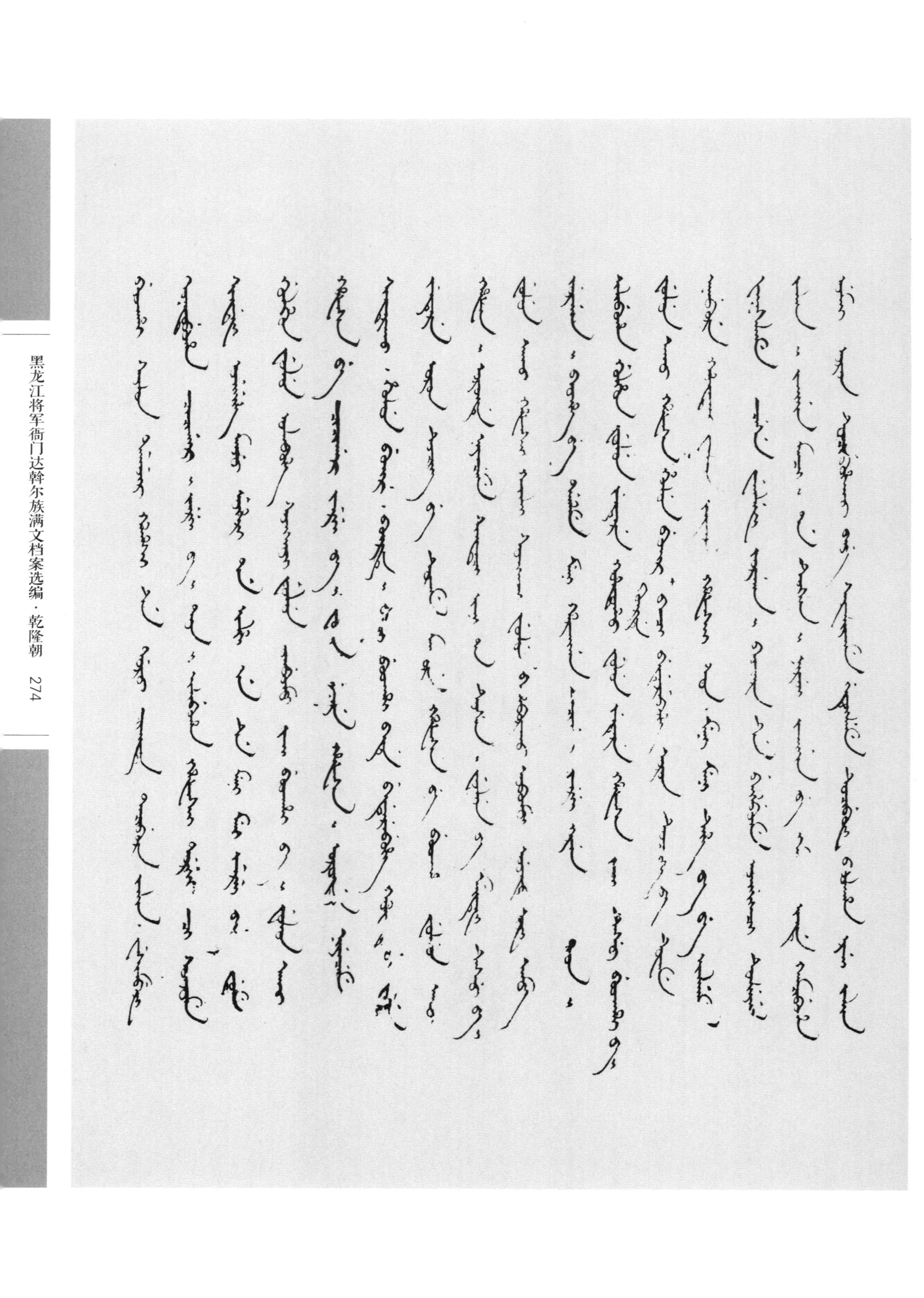

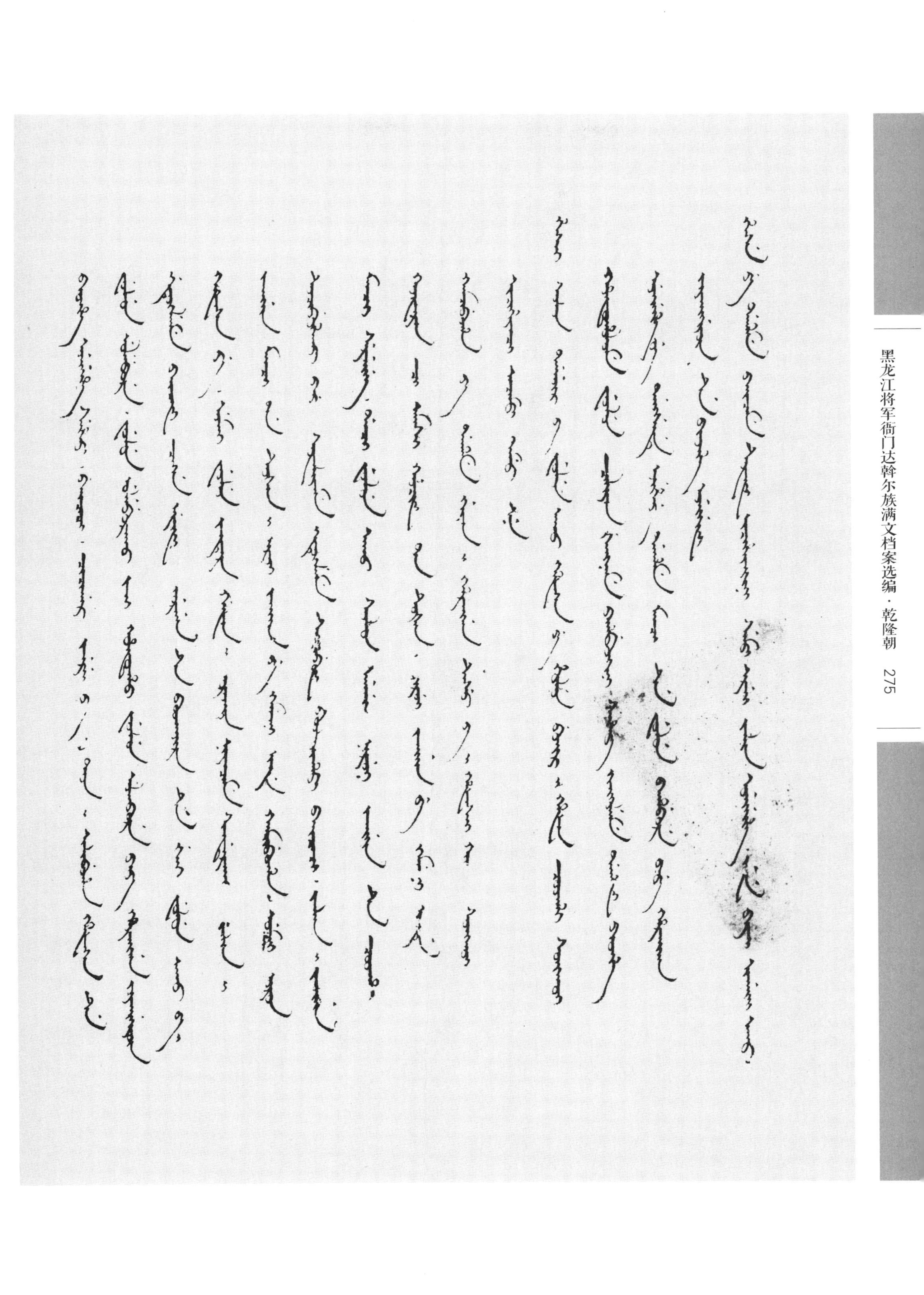

一〇二六 黑龙江将军衙门为齐齐哈尔城正黄旗达斡尔佐领玛尔塔尼病故出缺拟选骁骑校拉布塔苏引见事咨兵部文

乾隆二十五年三月二十二日

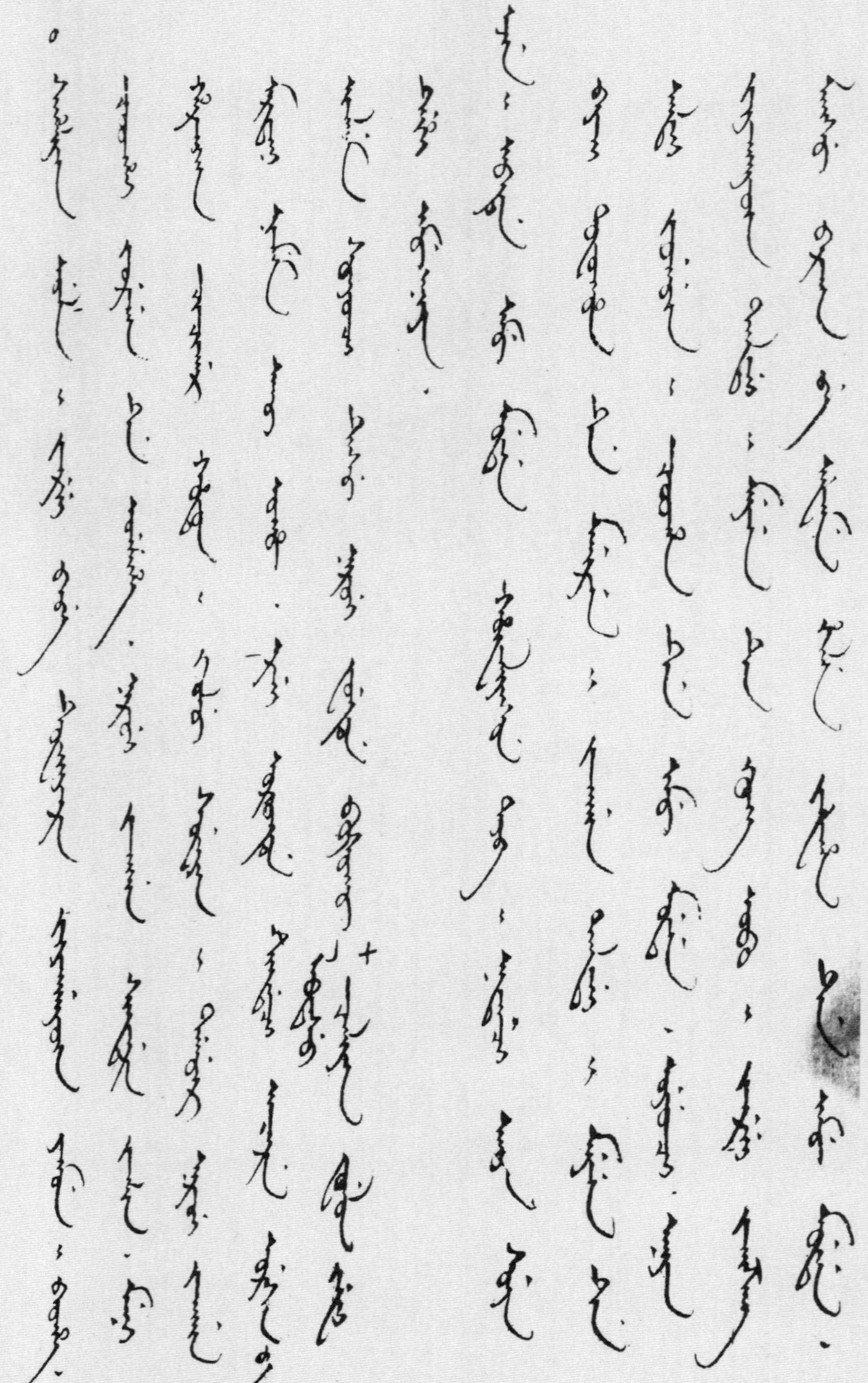

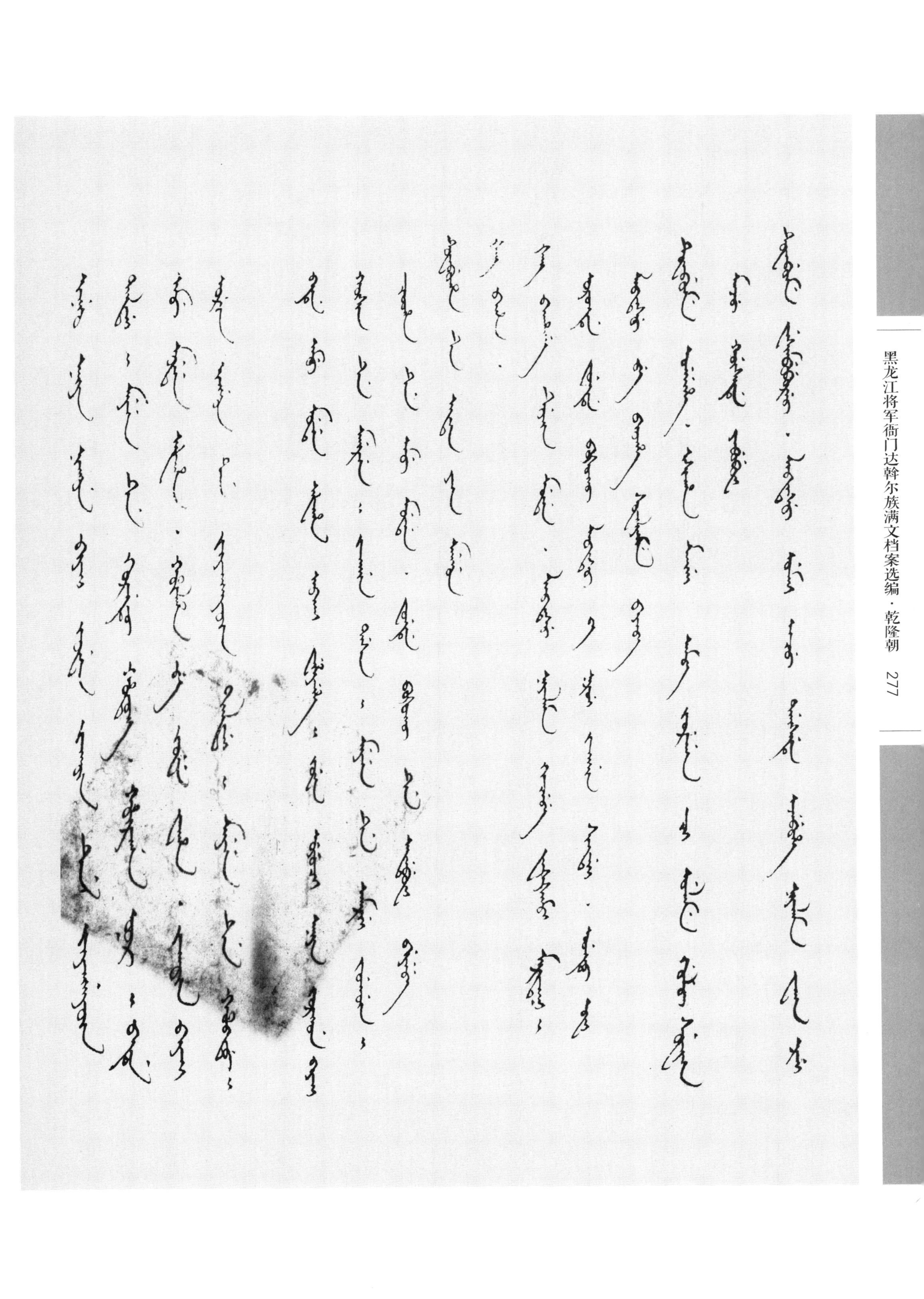

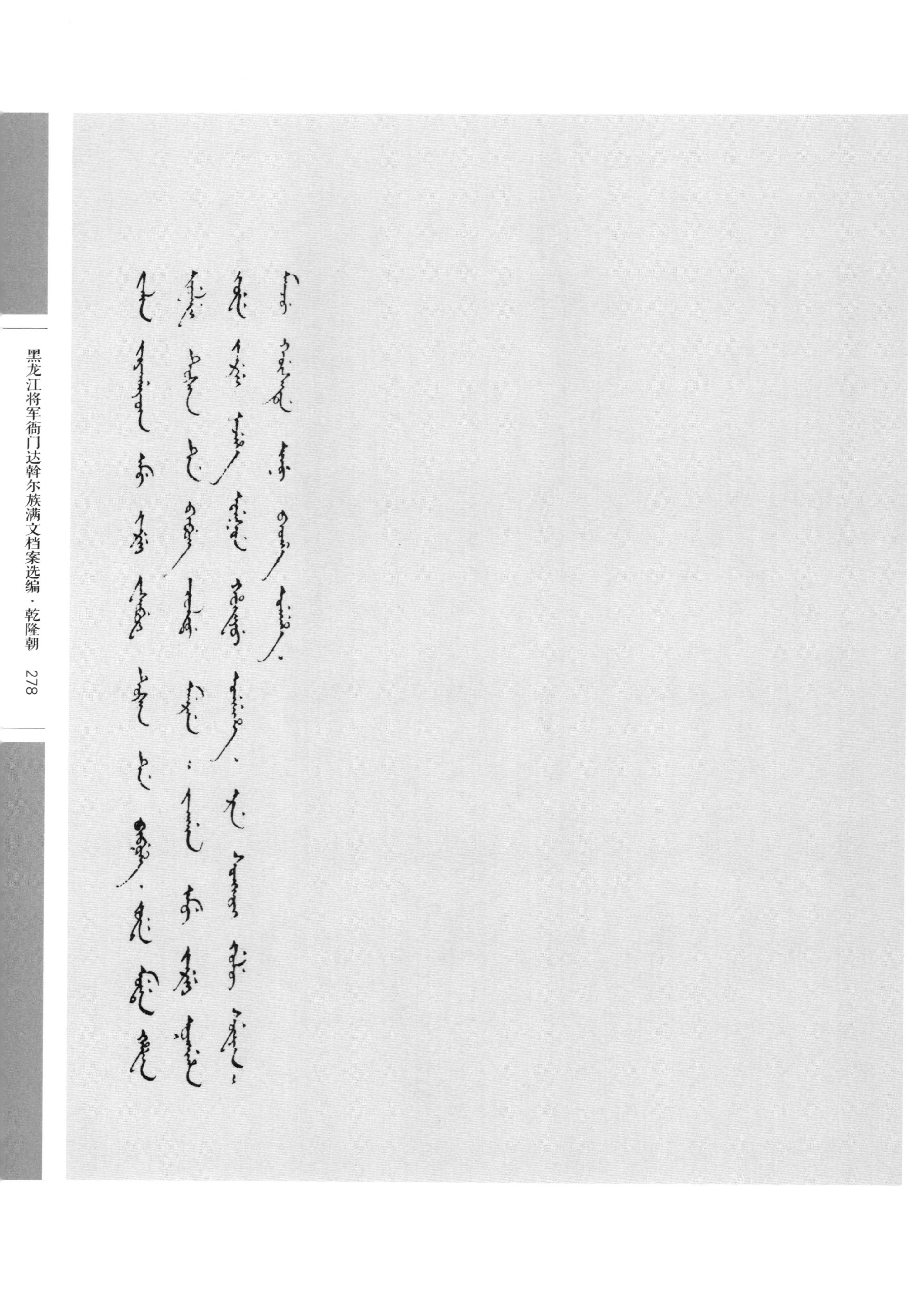

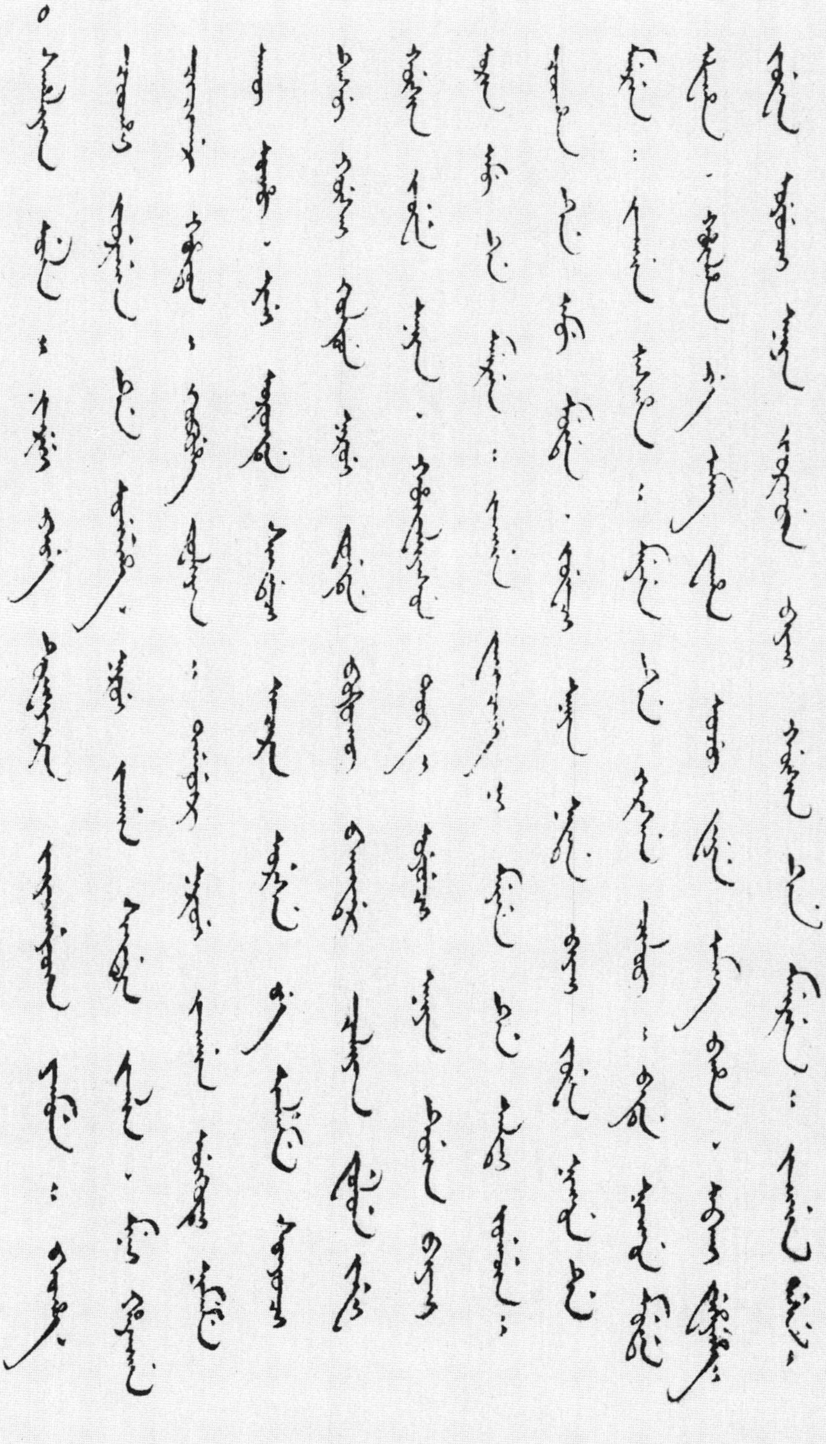

一〇二七 黑龙江将军衙门为齐齐哈尔城镶红旗达斡尔佐领翁库特依病故出缺拟选骁骑校拜达尔引见事咨兵部文

乾隆二十五年三月二十二日

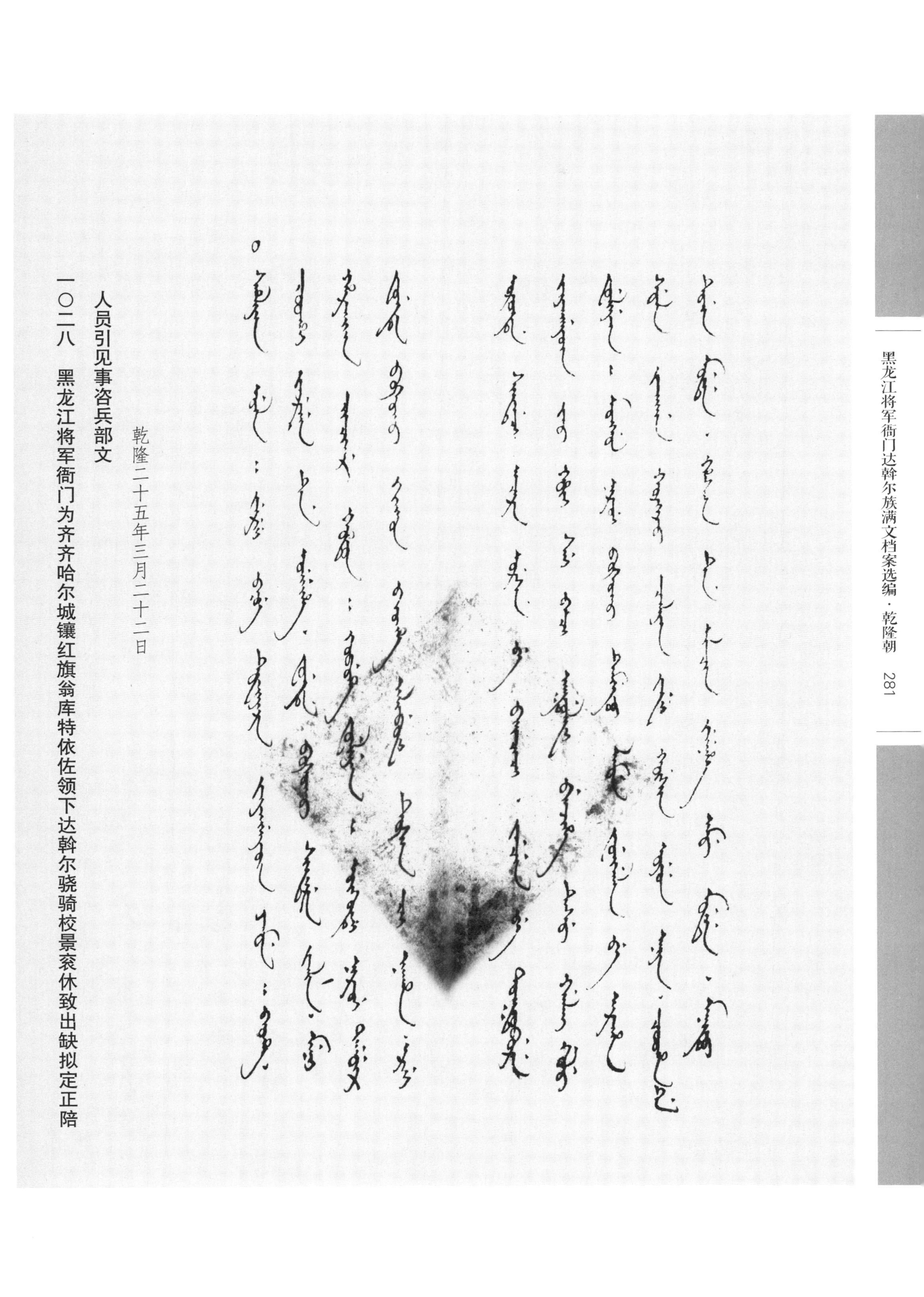

乾隆二十五年三月二十二日

一〇二八　黑龙江将军衙门为齐齐哈尔城镶红旗翁库特依佐领下达斡尔骁骑校景衮休致出缺拟定正陪人员引见事咨兵部文

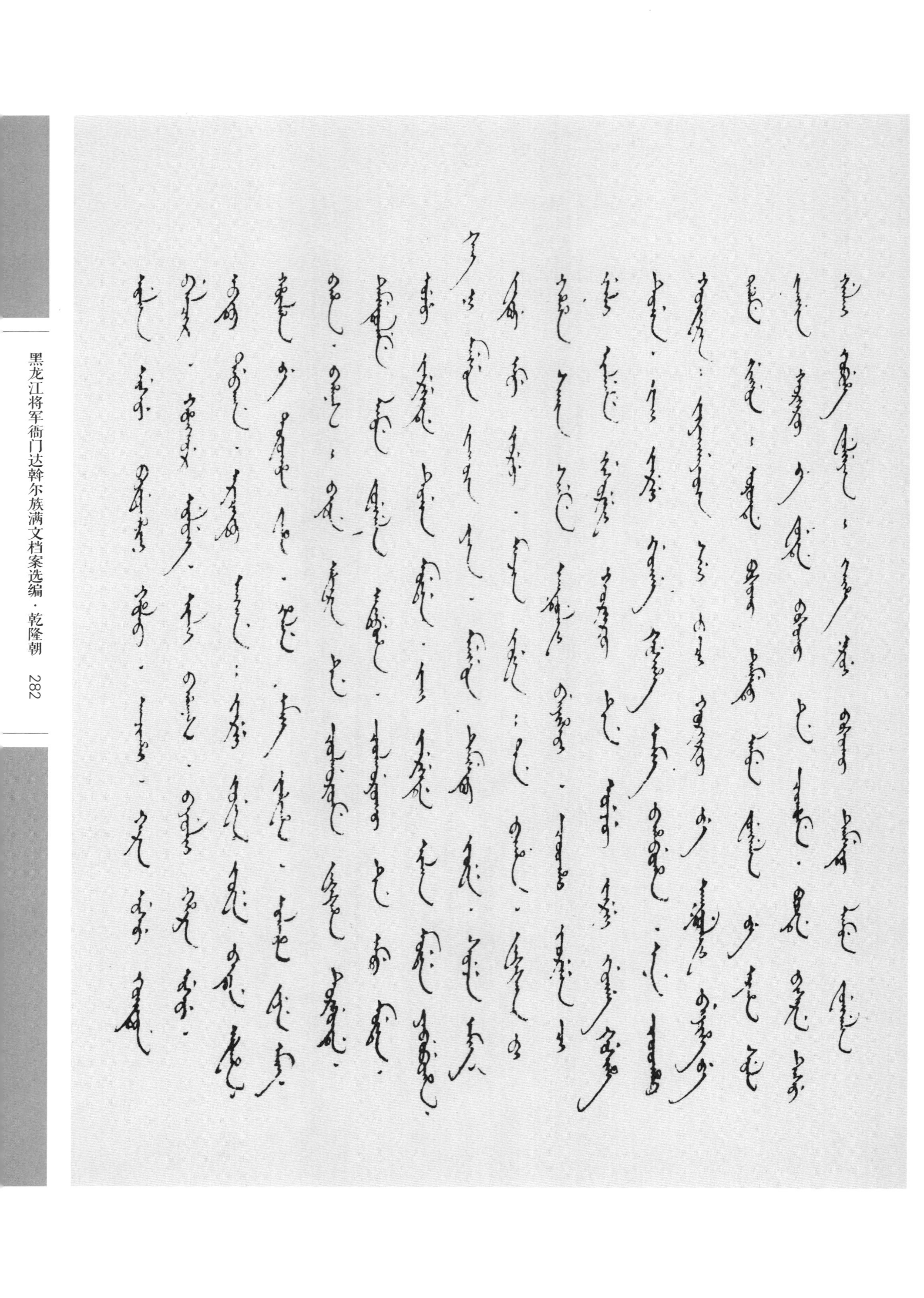

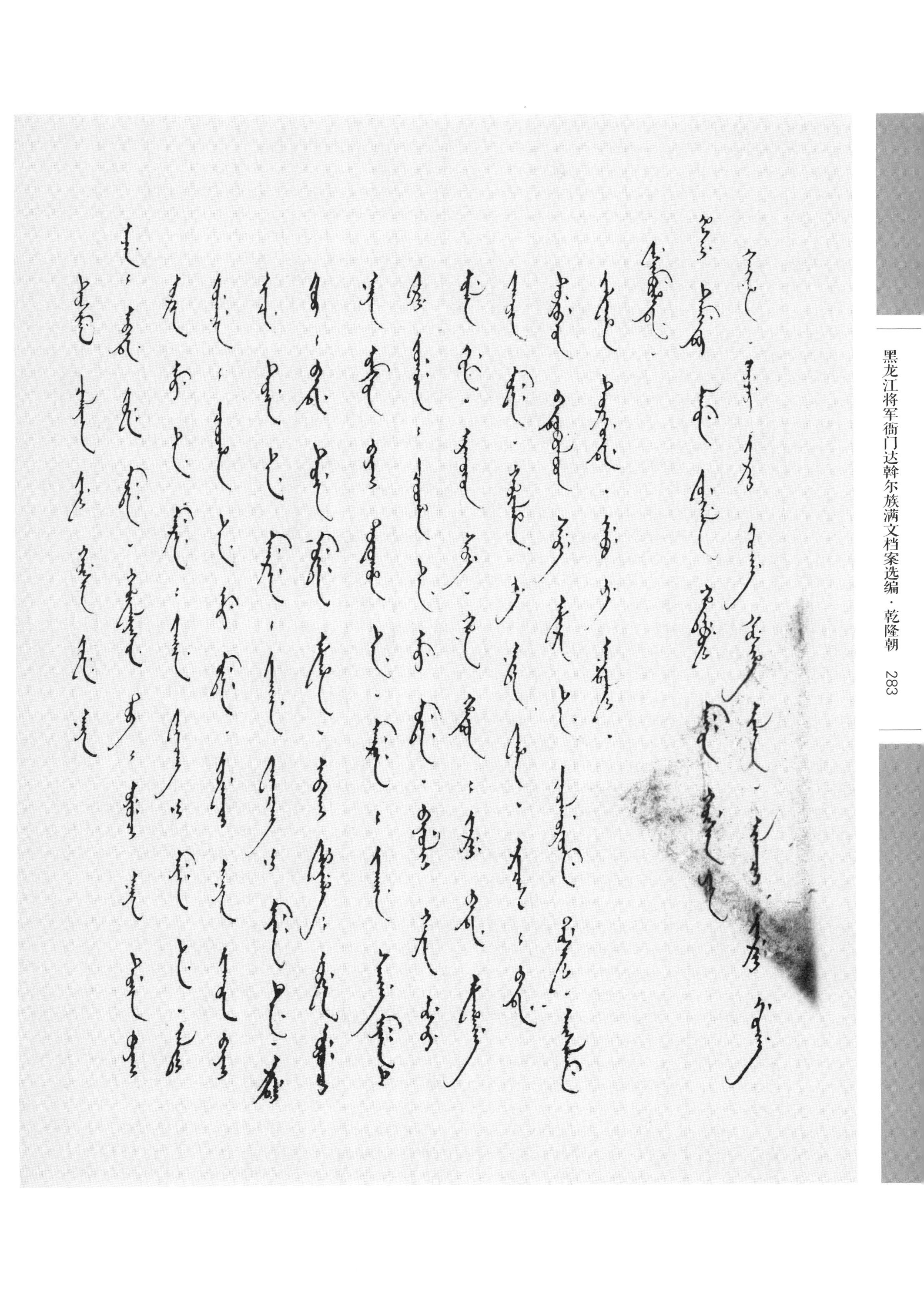

[illegible]

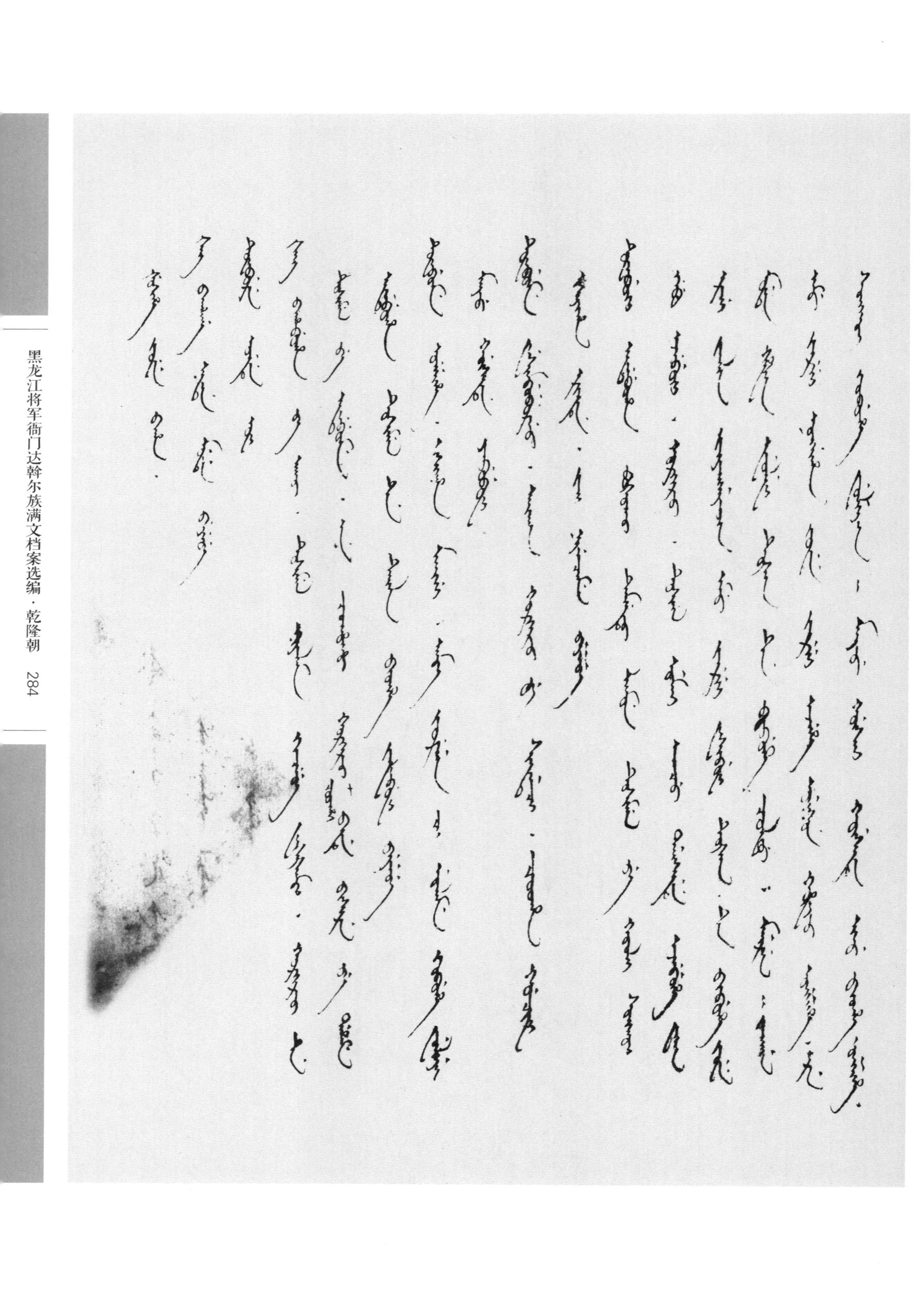

[illegible]

一〇二九 黑龙江将军衙门为墨尔根城正黄旗沙礼善佐领下达斡尔骁骑校阿尔屯升迁出缺拟定正陪人员引见事咨兵部文

乾隆二十五年三月二十二日

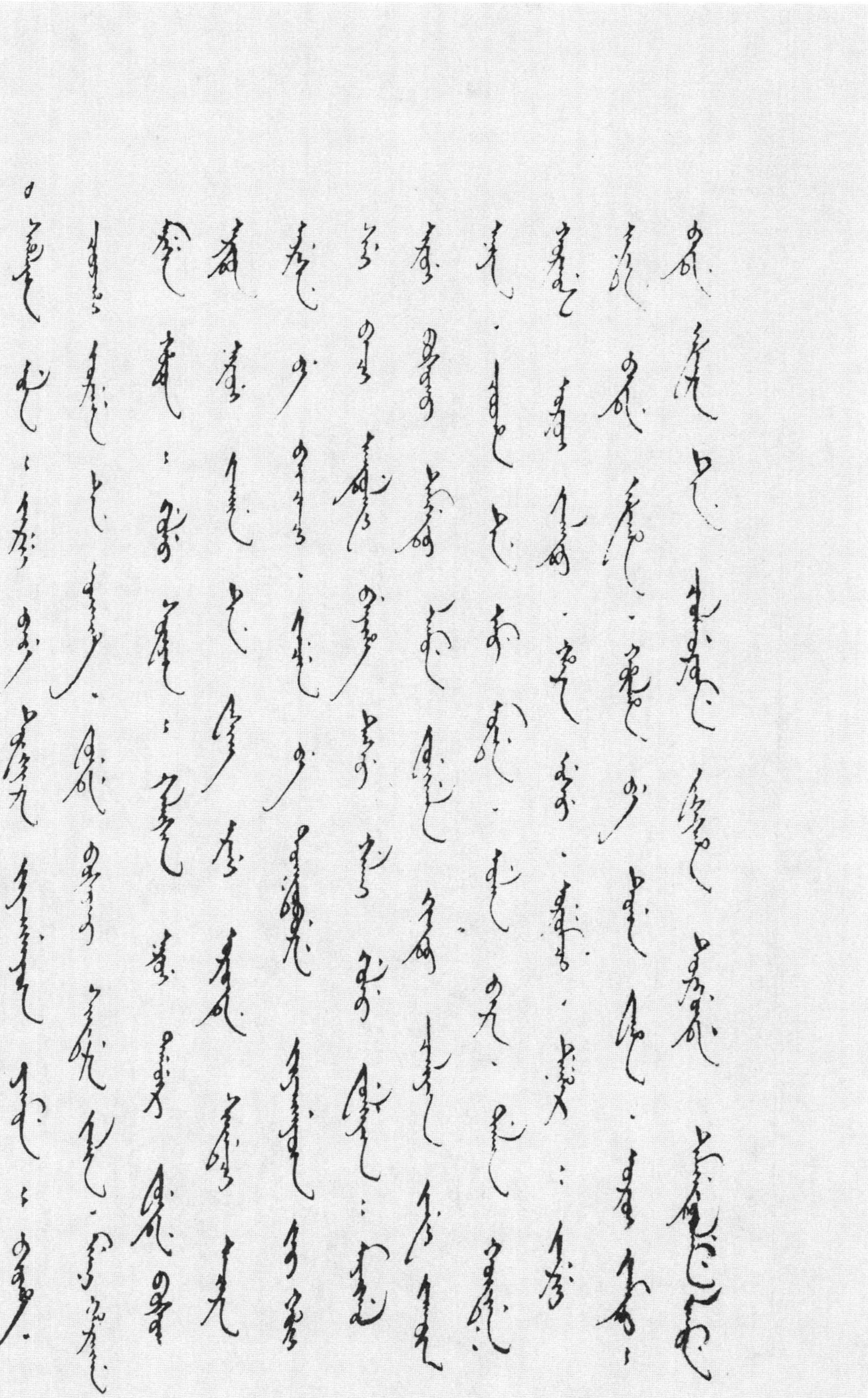

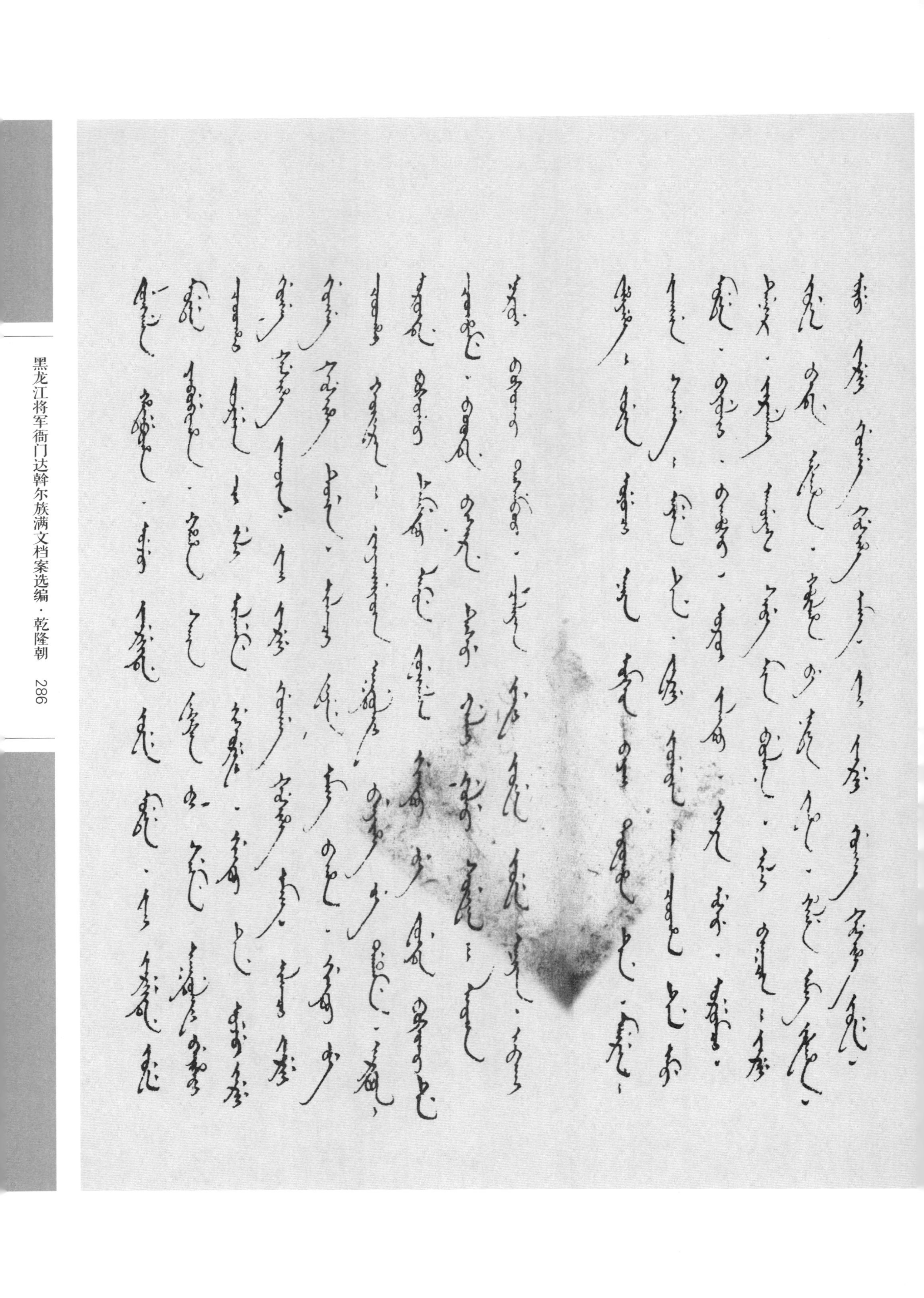

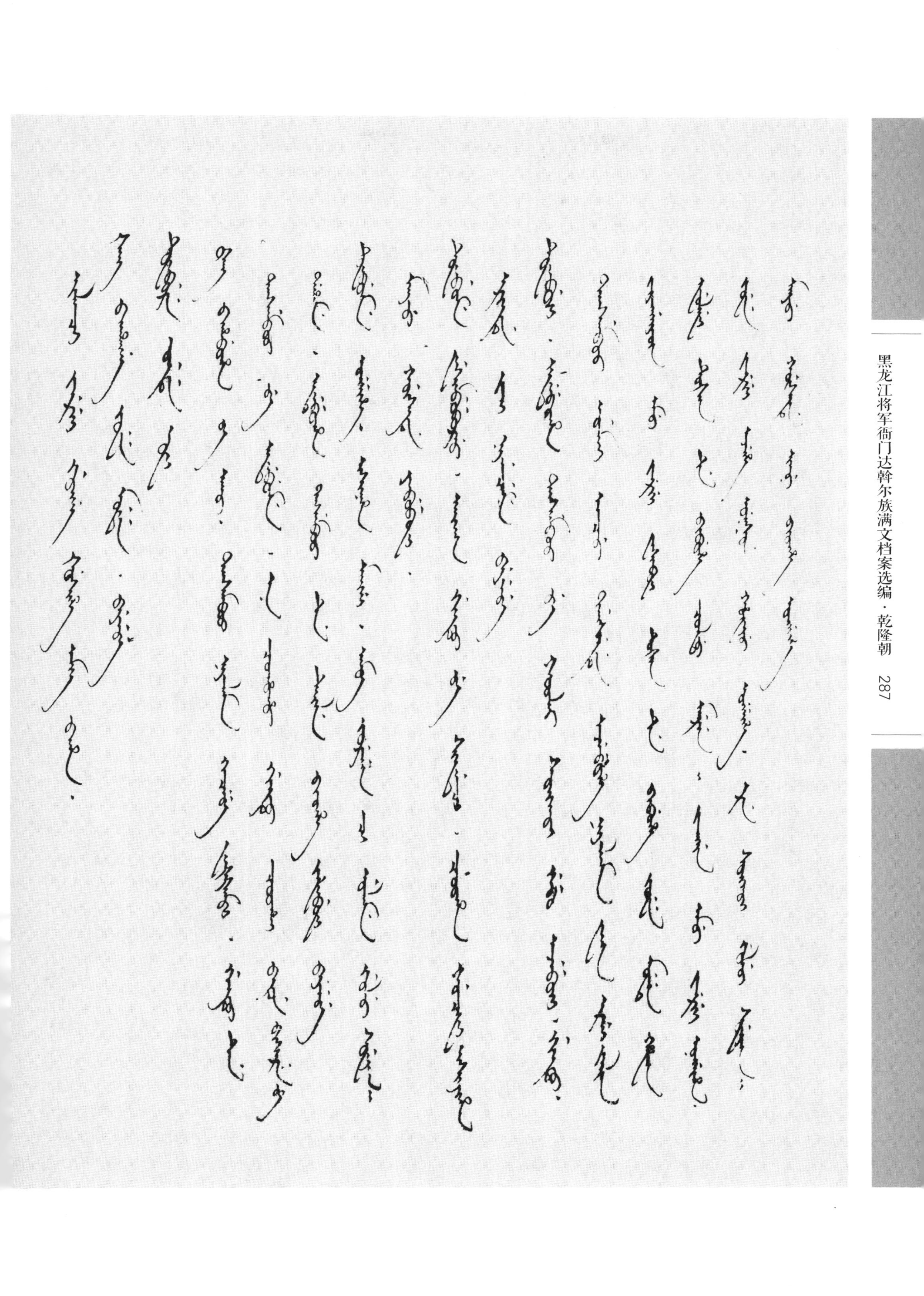

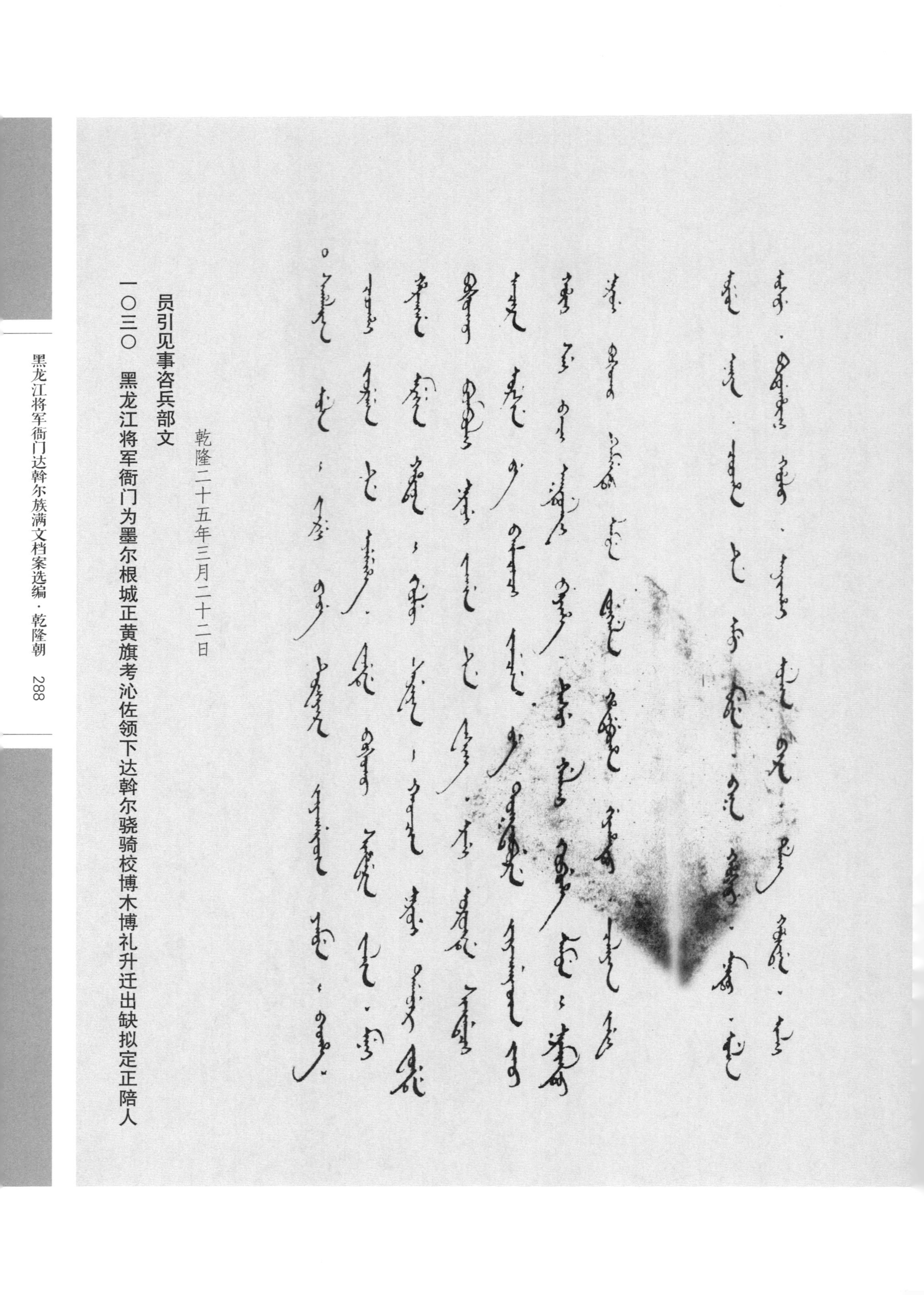

一〇三〇　黑龙江将军衙门为墨尔根城正黄旗考沁佐领下达斡尔骁骑校博木博礼升迁出缺拟定正陪人员引见事咨兵部文

乾隆二十五年三月二十二日

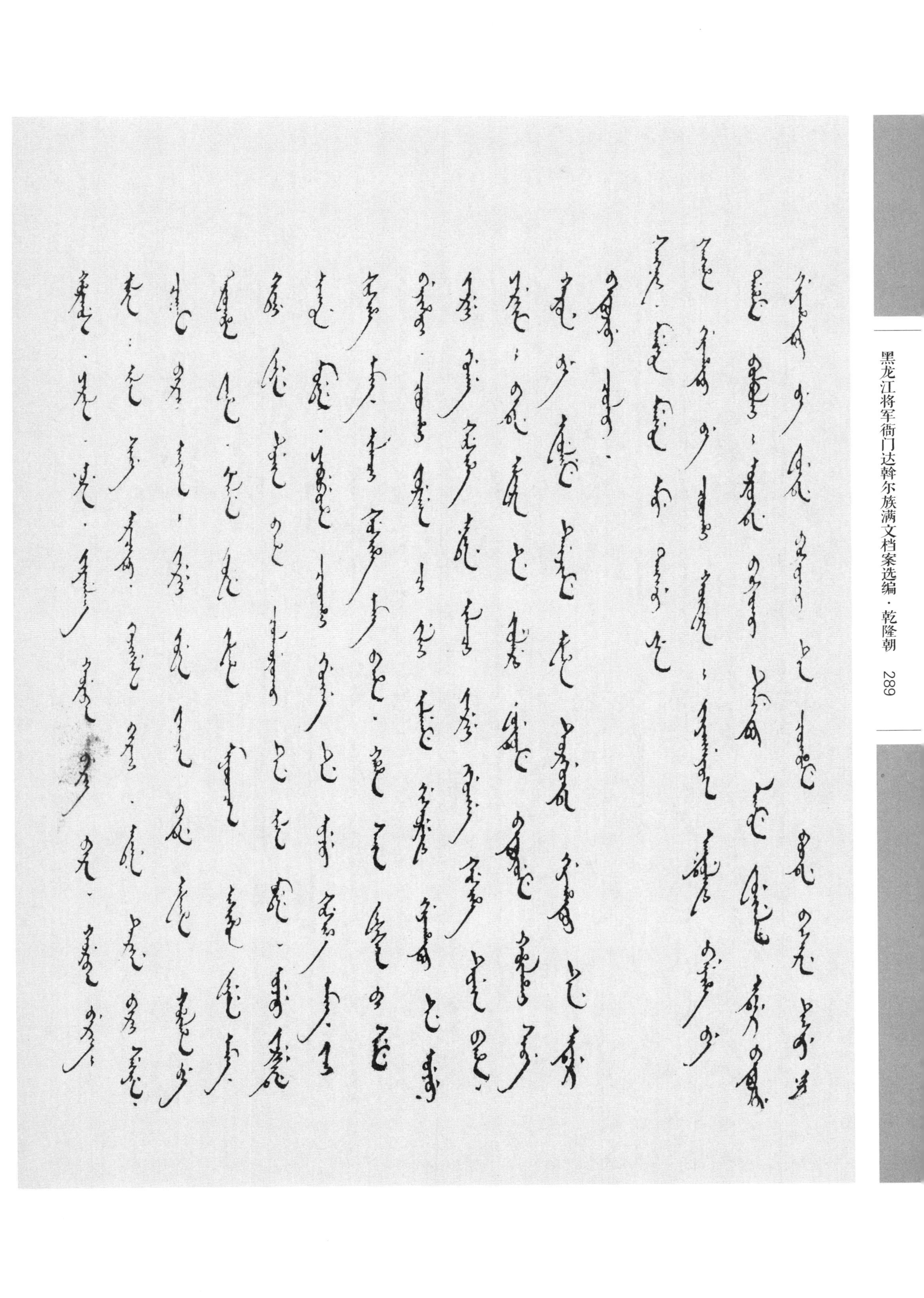

[illegible]

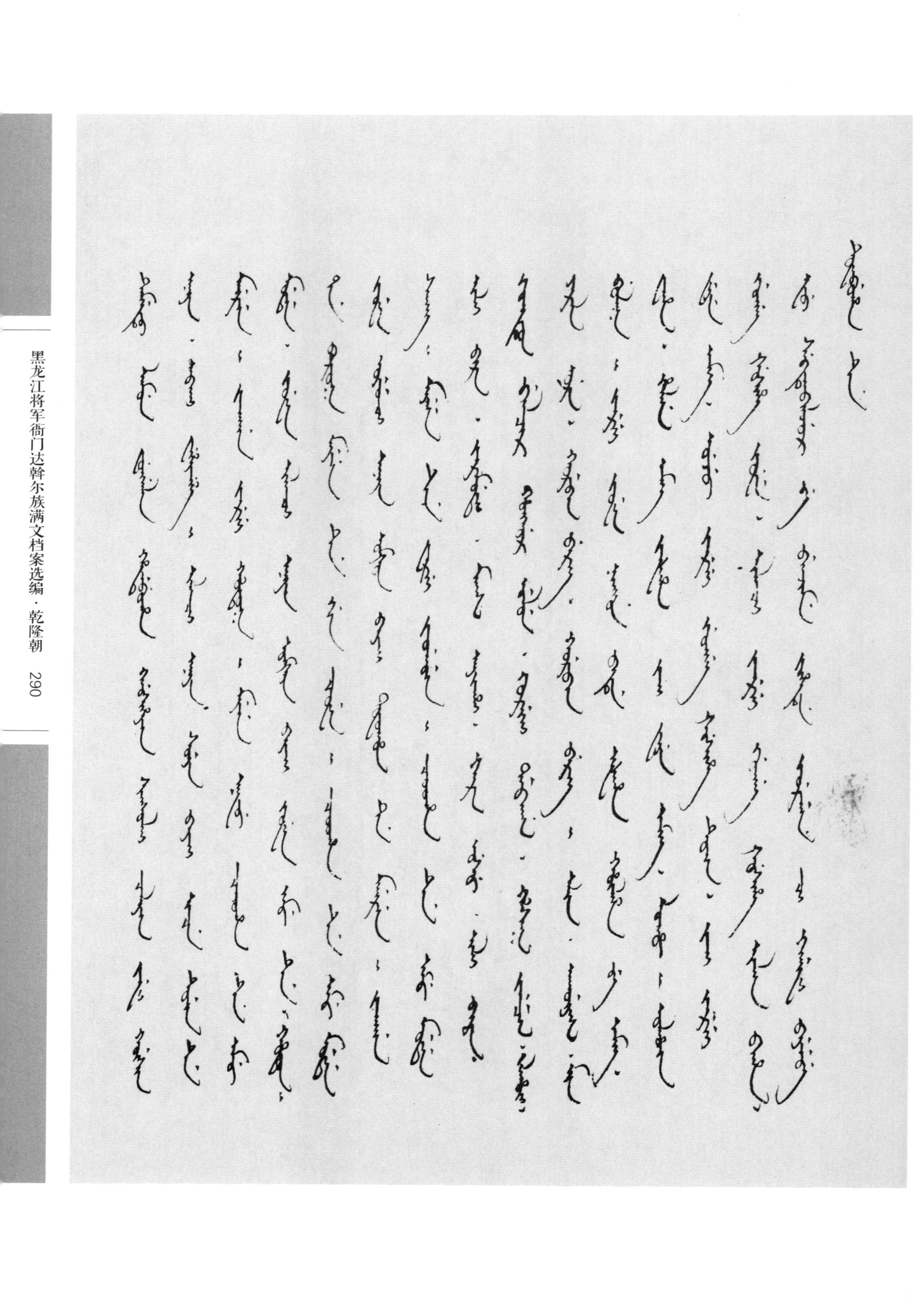

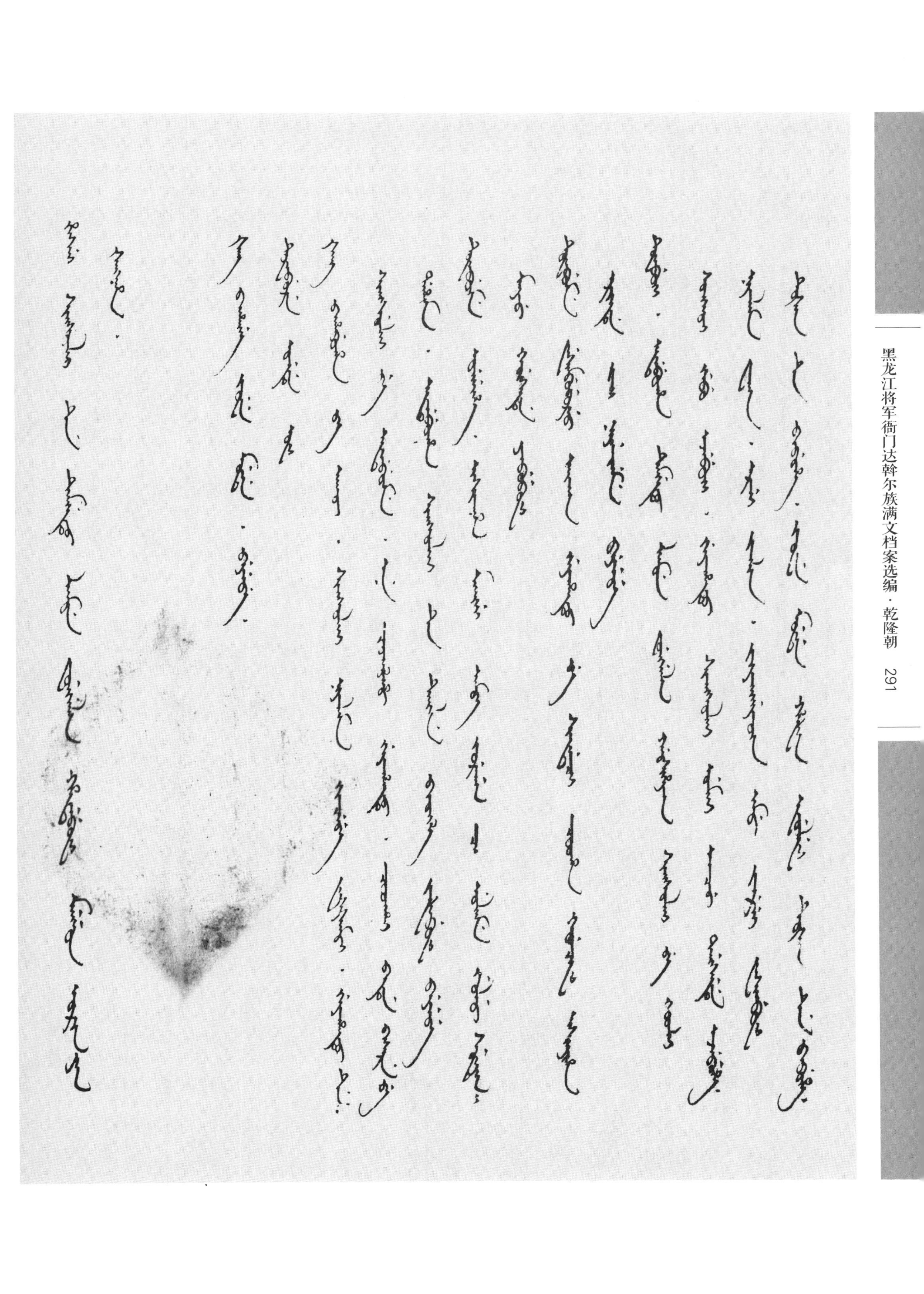

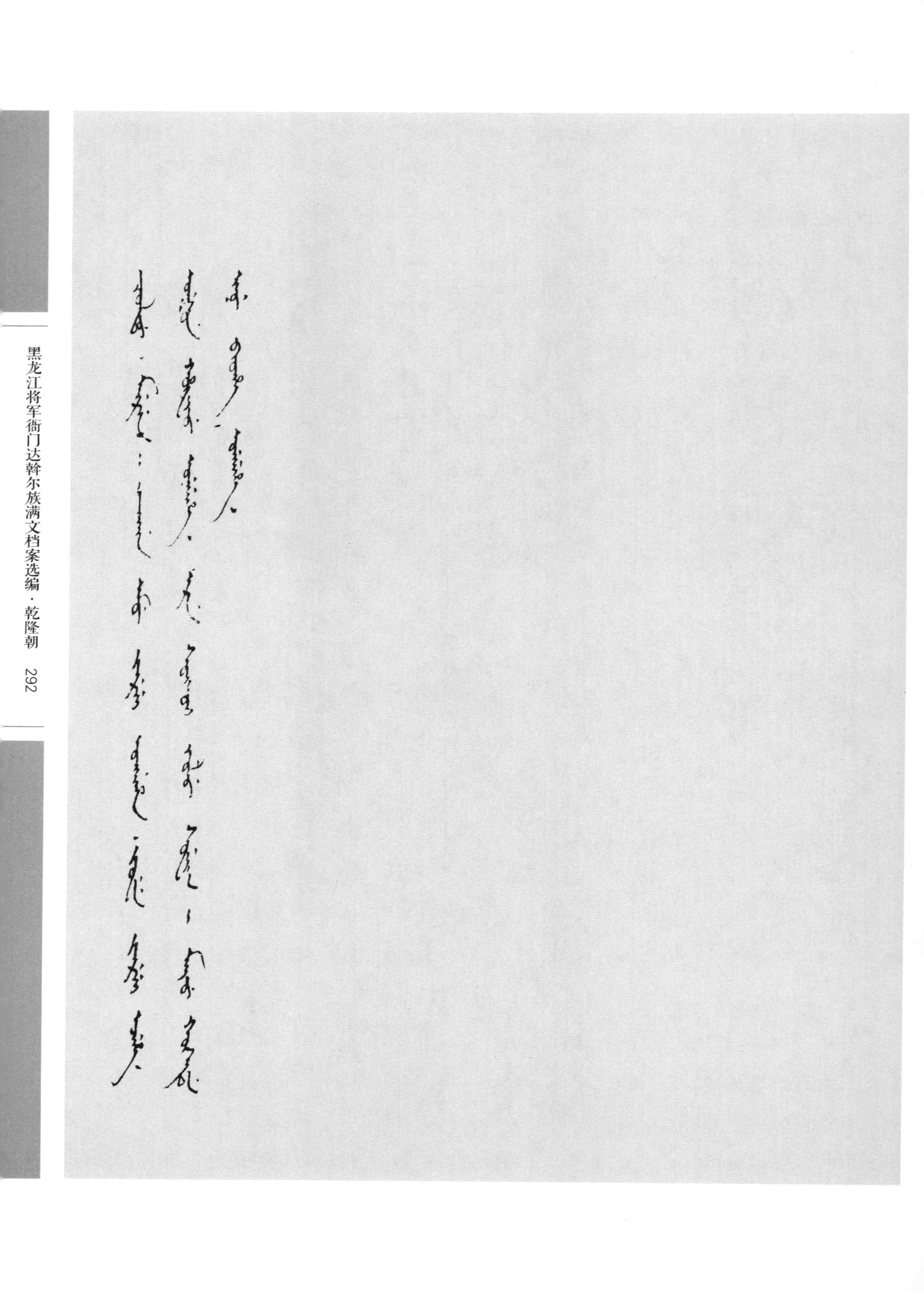

[illegible]

[illegible]

[illegible]

一〇三一 黑龙江将军衙门为齐齐哈尔城正蓝旗达斡尔佐领巴辛休致出缺拣选应补人员送部引见事咨

兵部文

乾隆二十五年三月二十二日

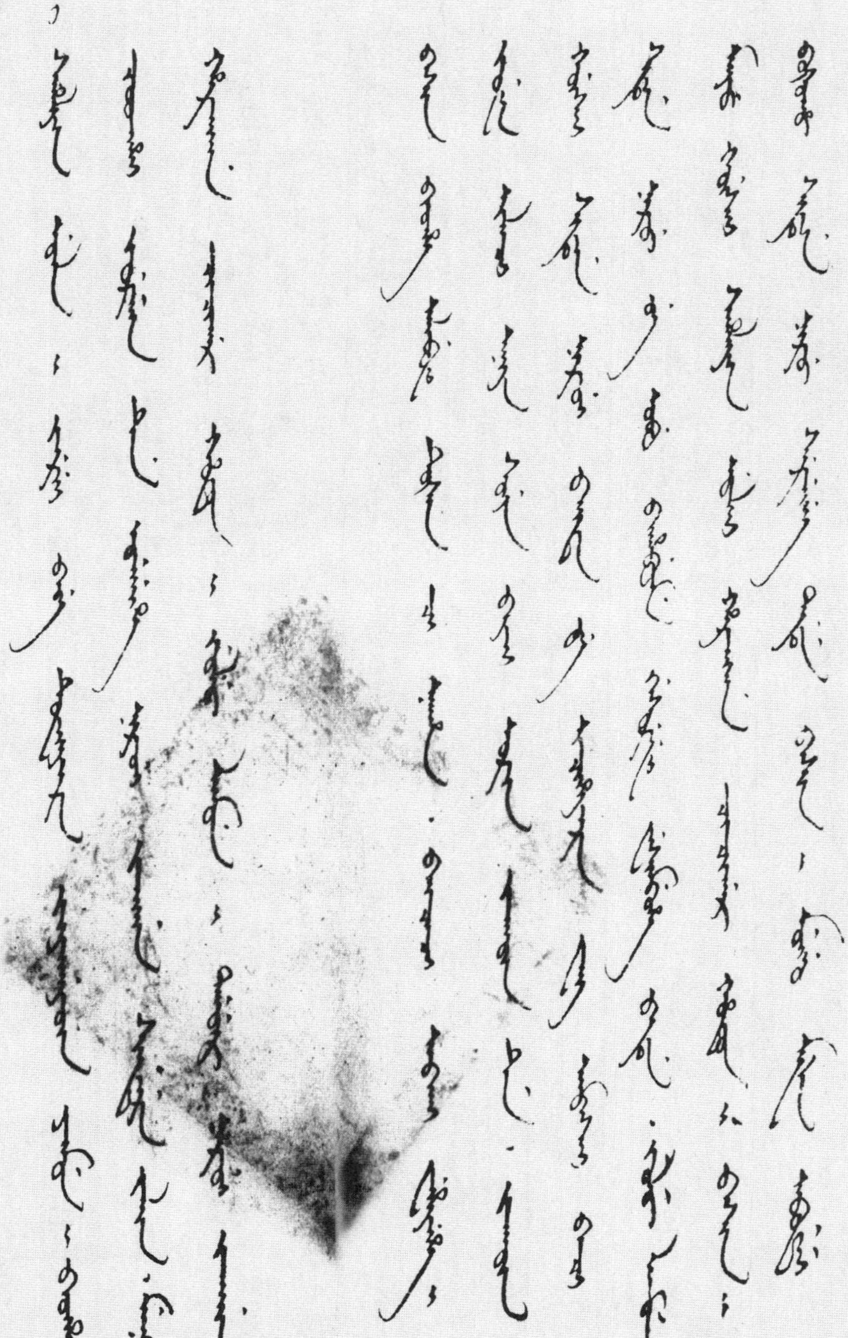

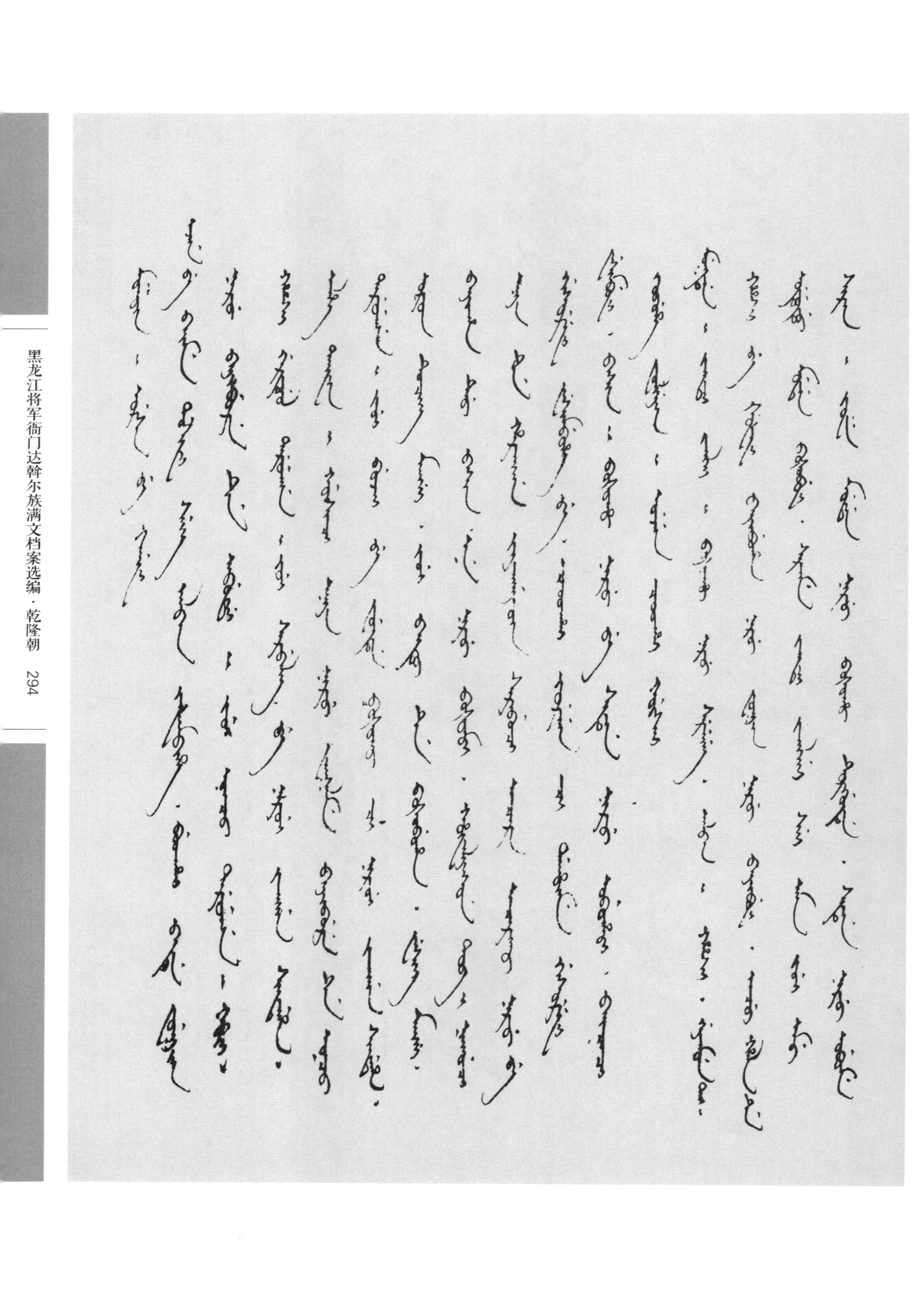

[illegible]

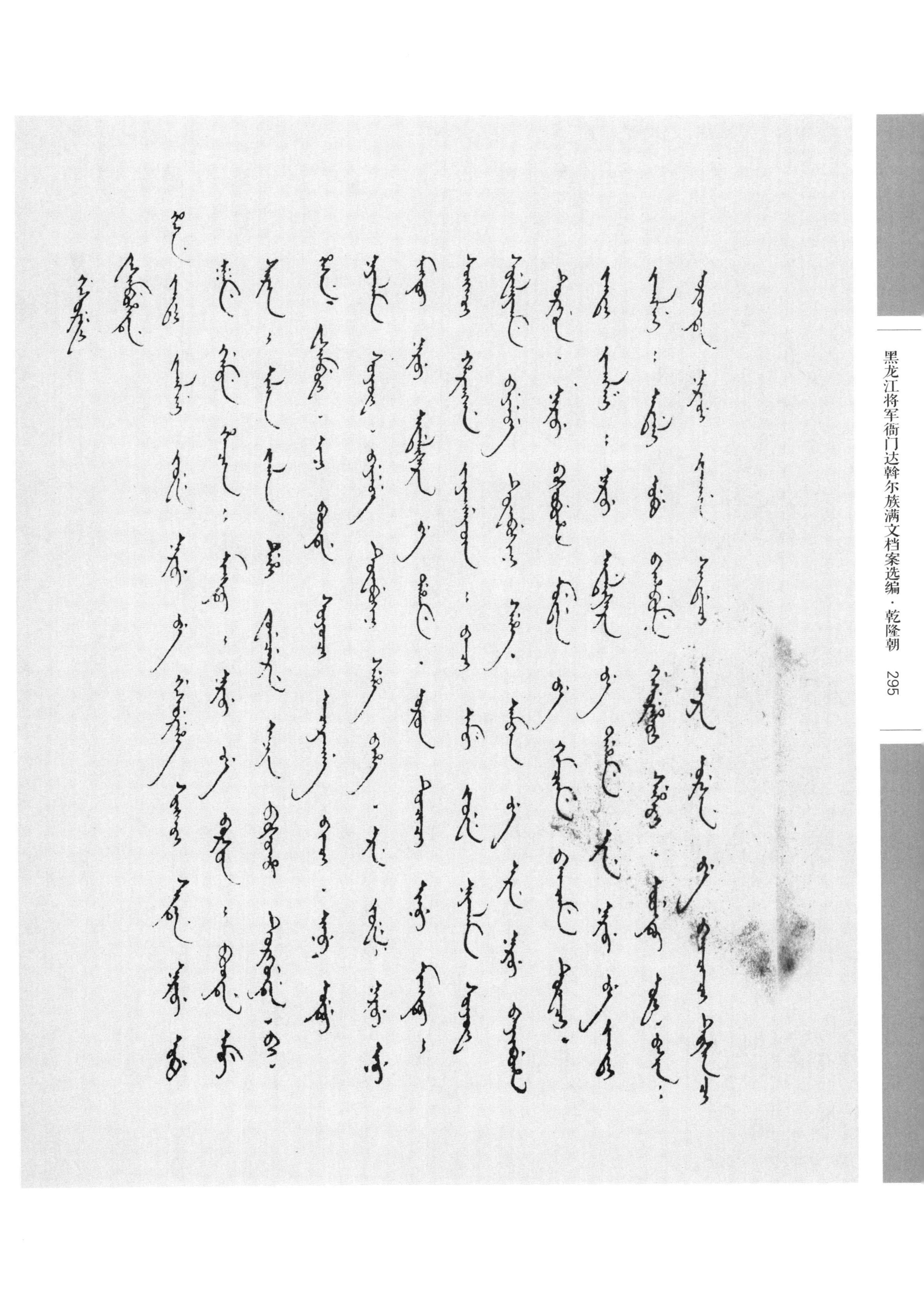

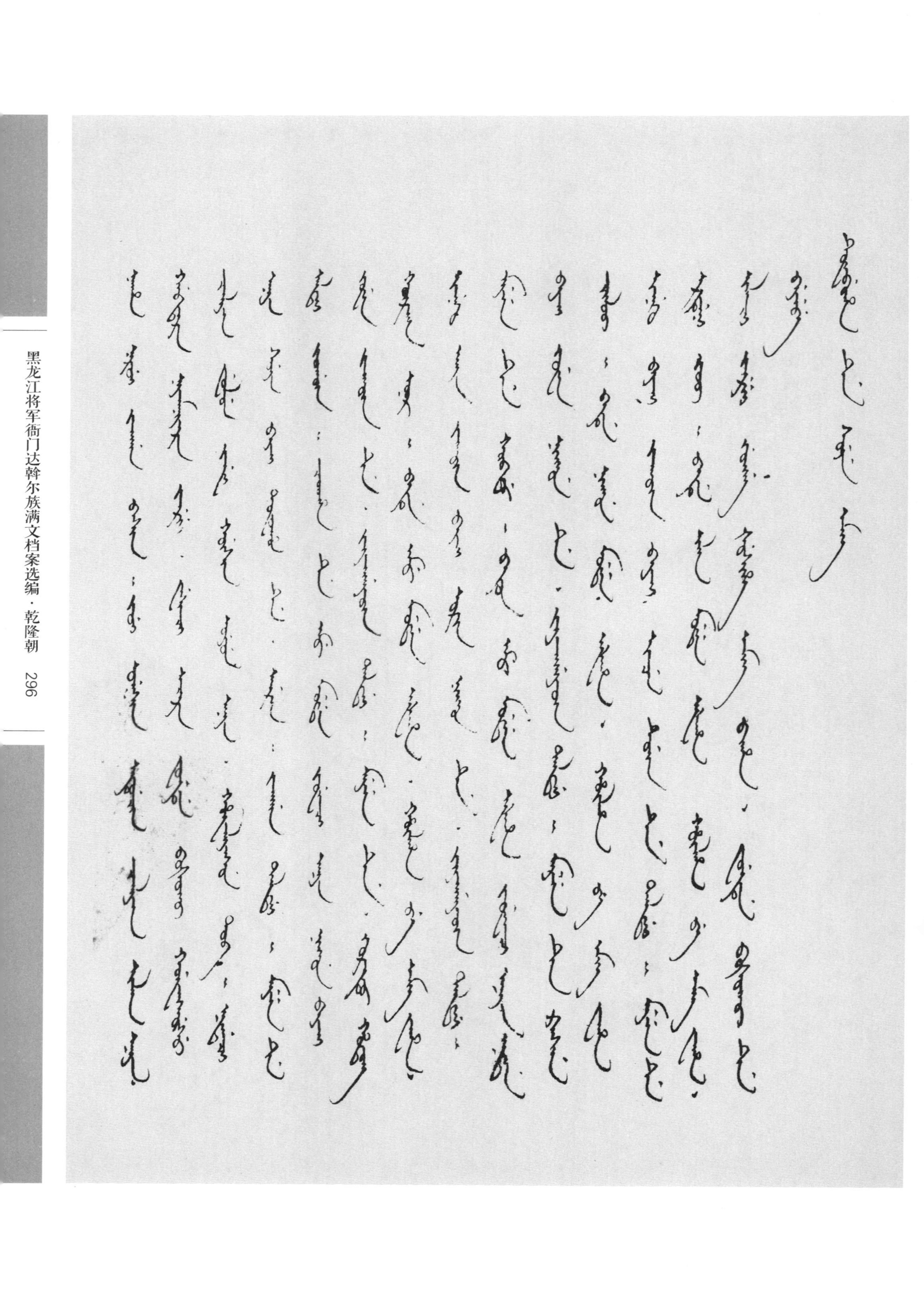

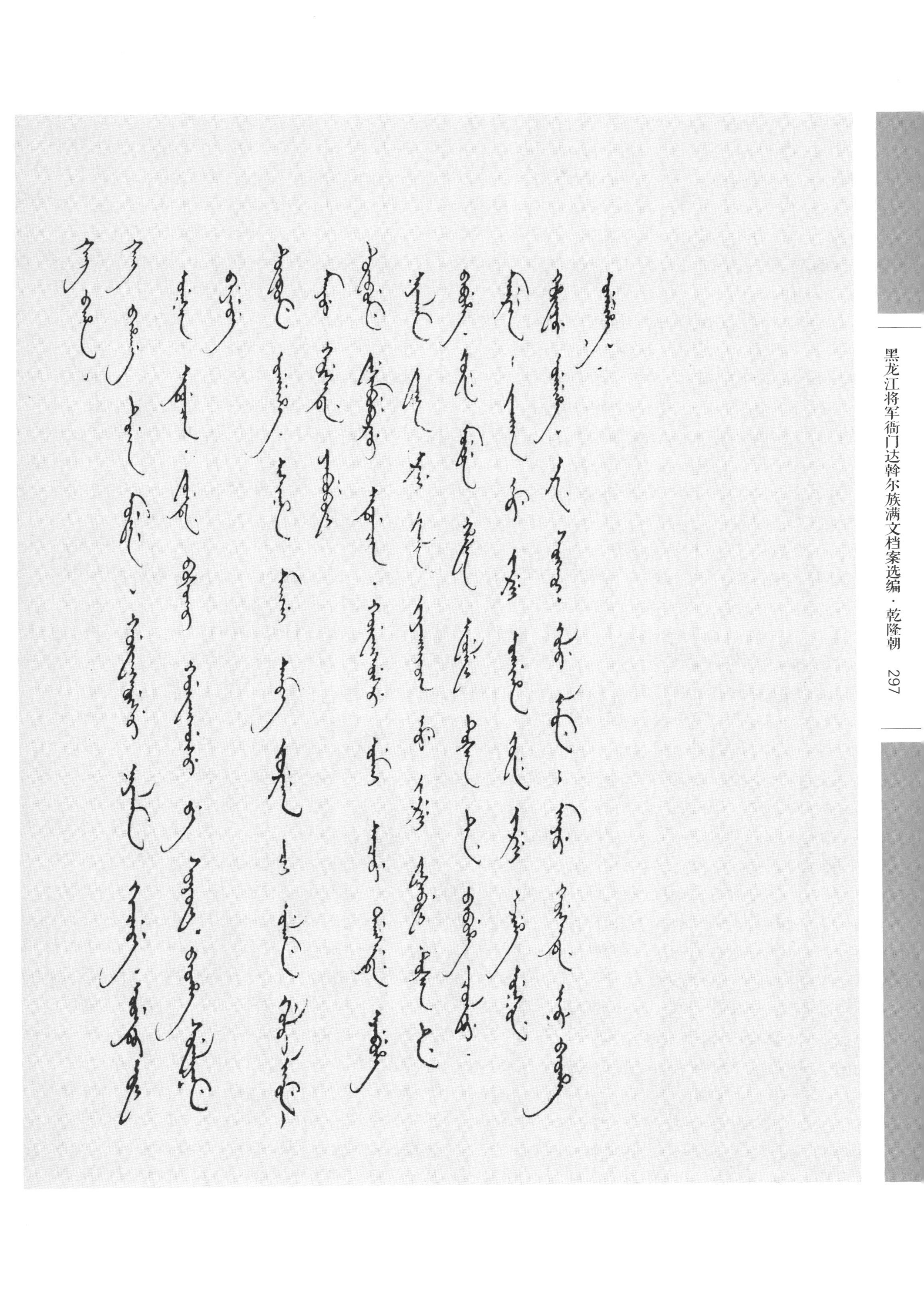

[illegible]

一〇三二 黑龙江将军衙门为齐齐哈尔城镶黄旗世管达斡尔佐领阿迪穆保升迁出缺查明源流拟定正陪人员引见事咨兵部文

乾隆二十五年三月二十二日

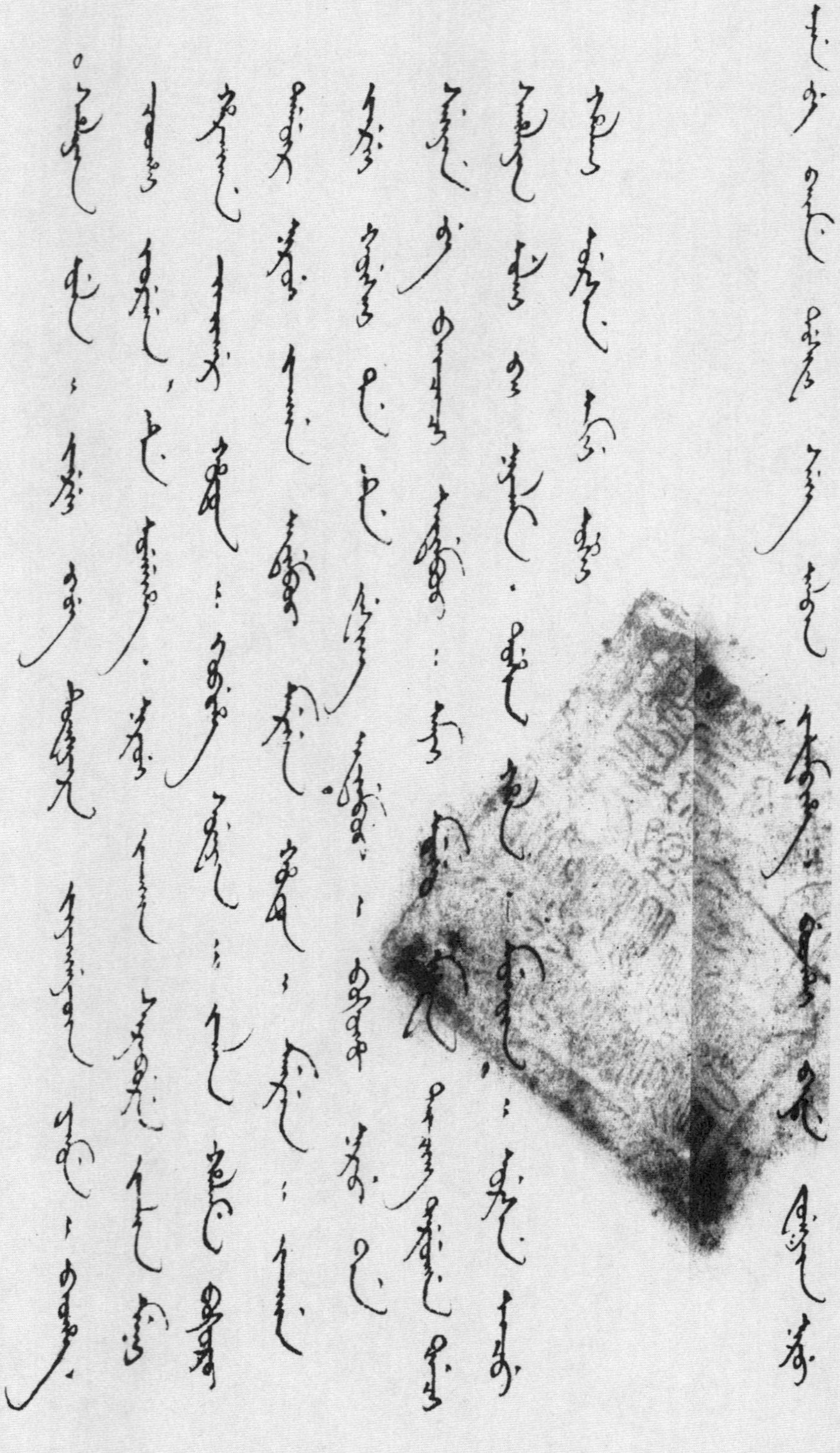

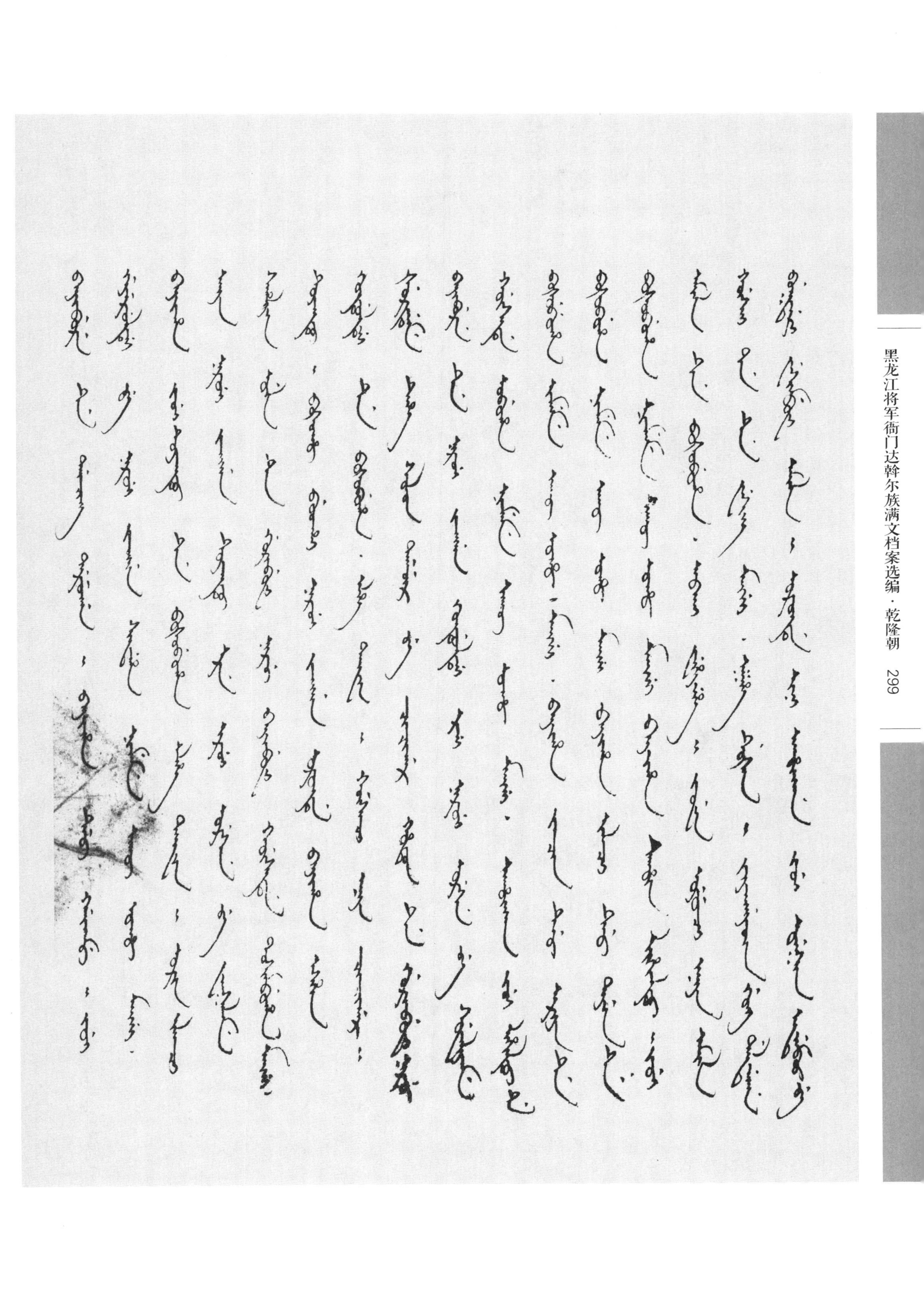

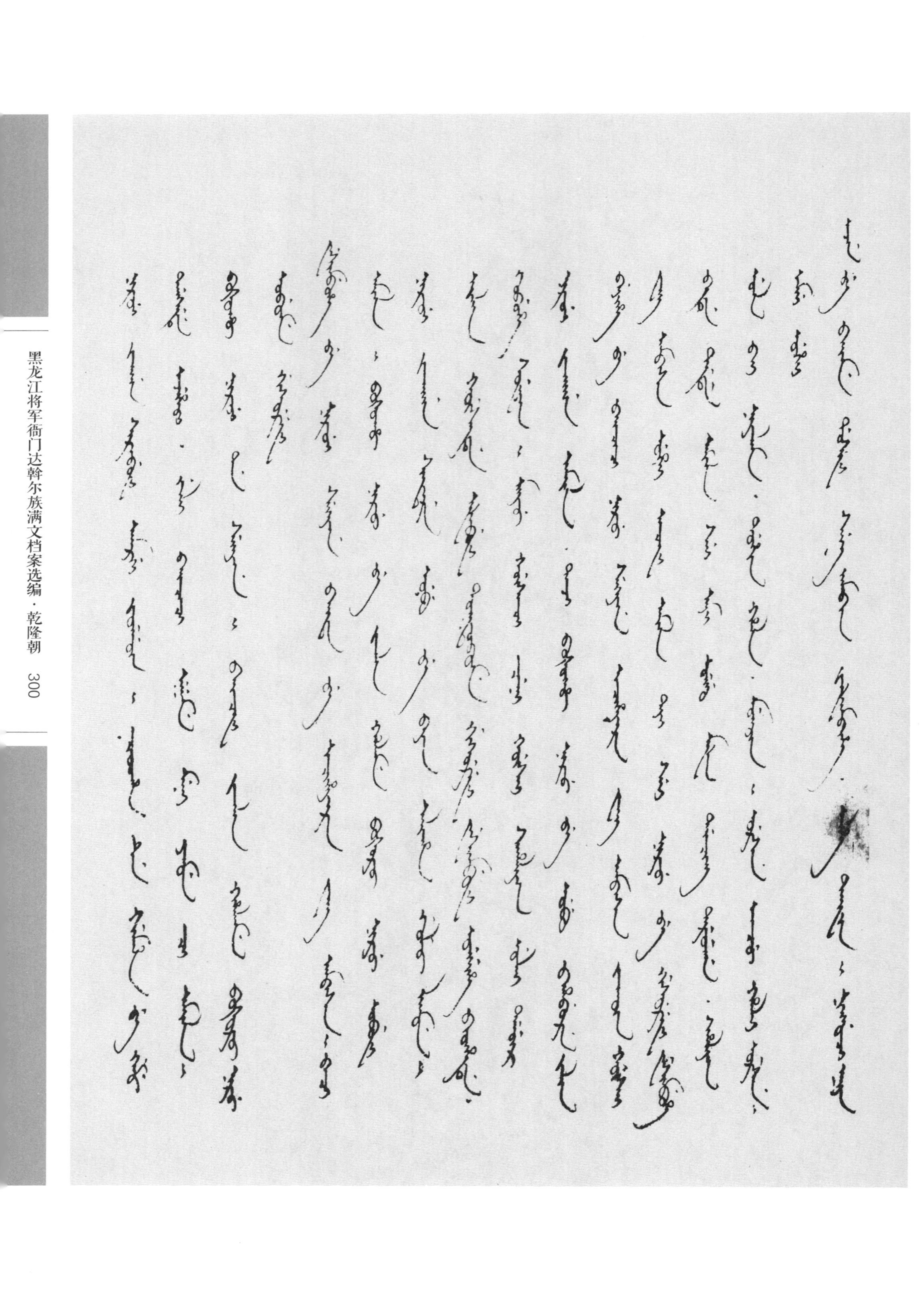

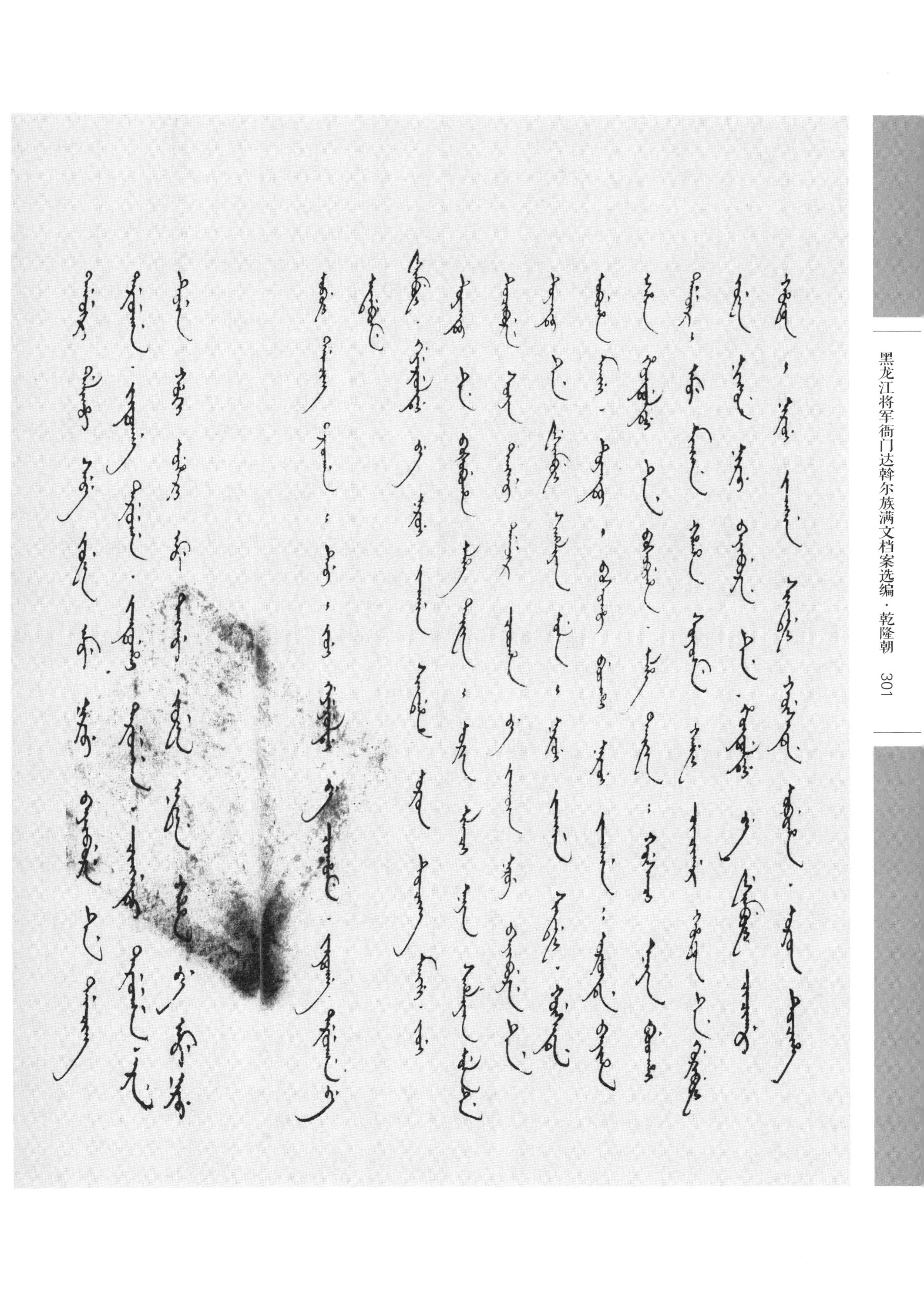

[illegible]

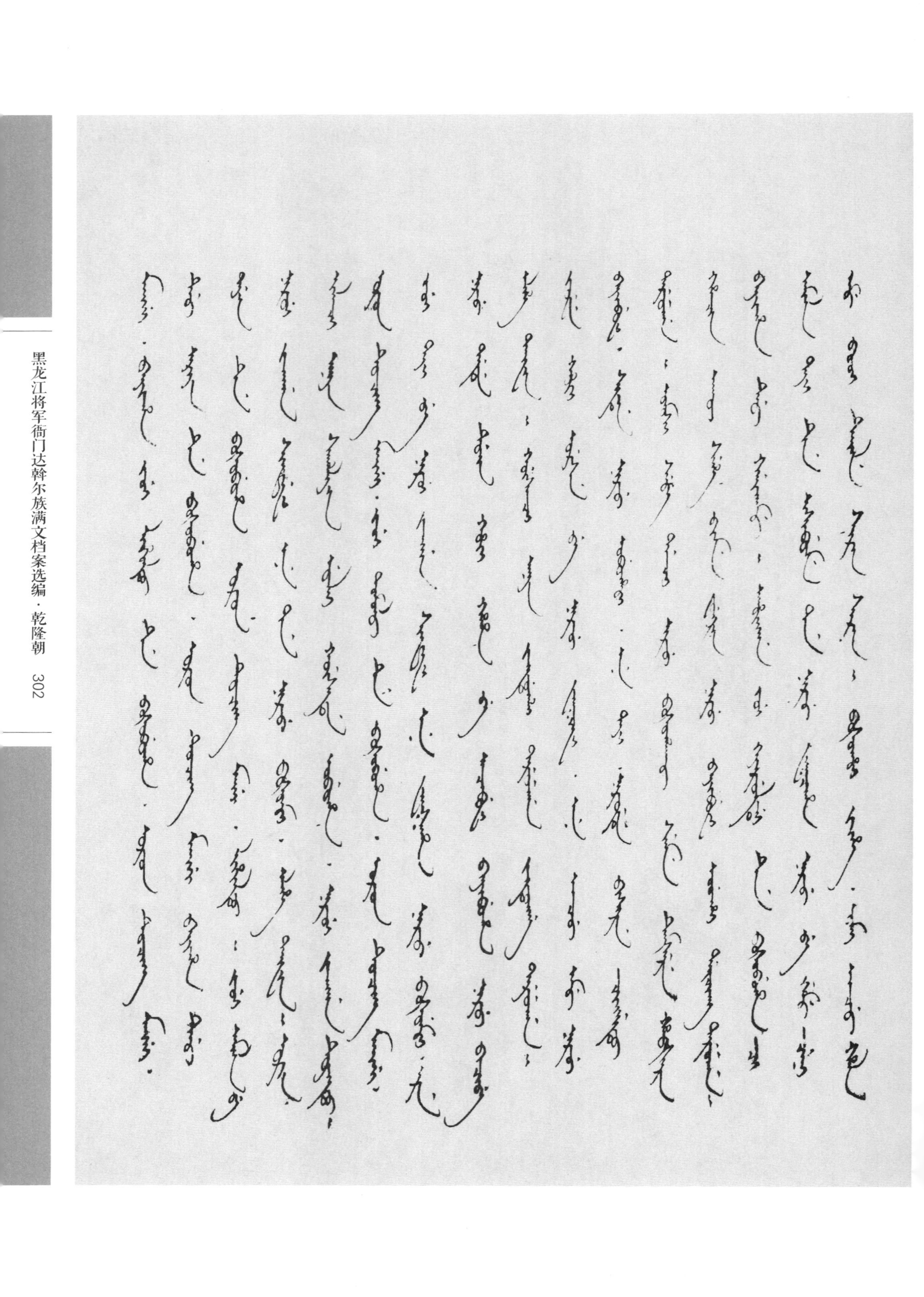

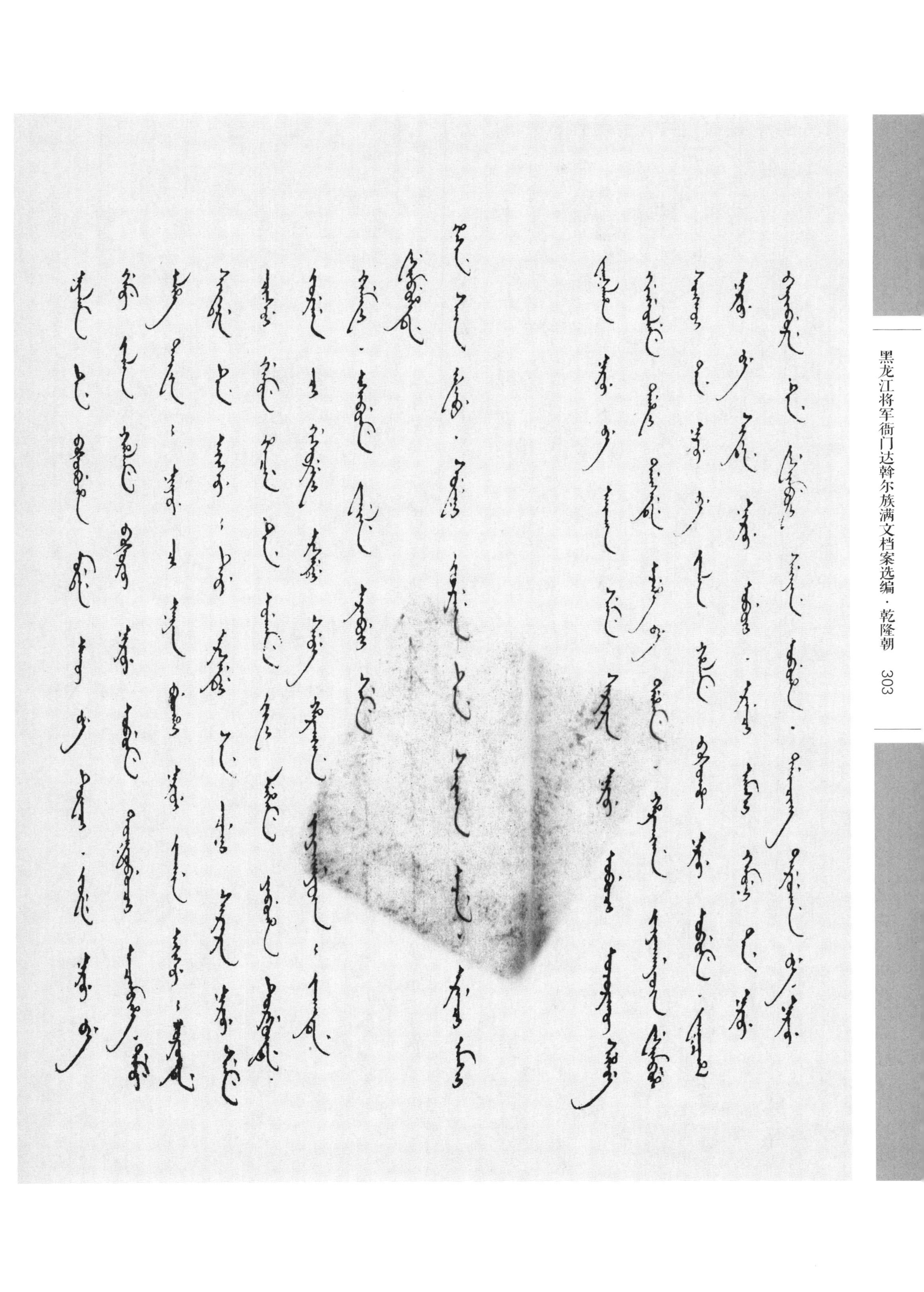

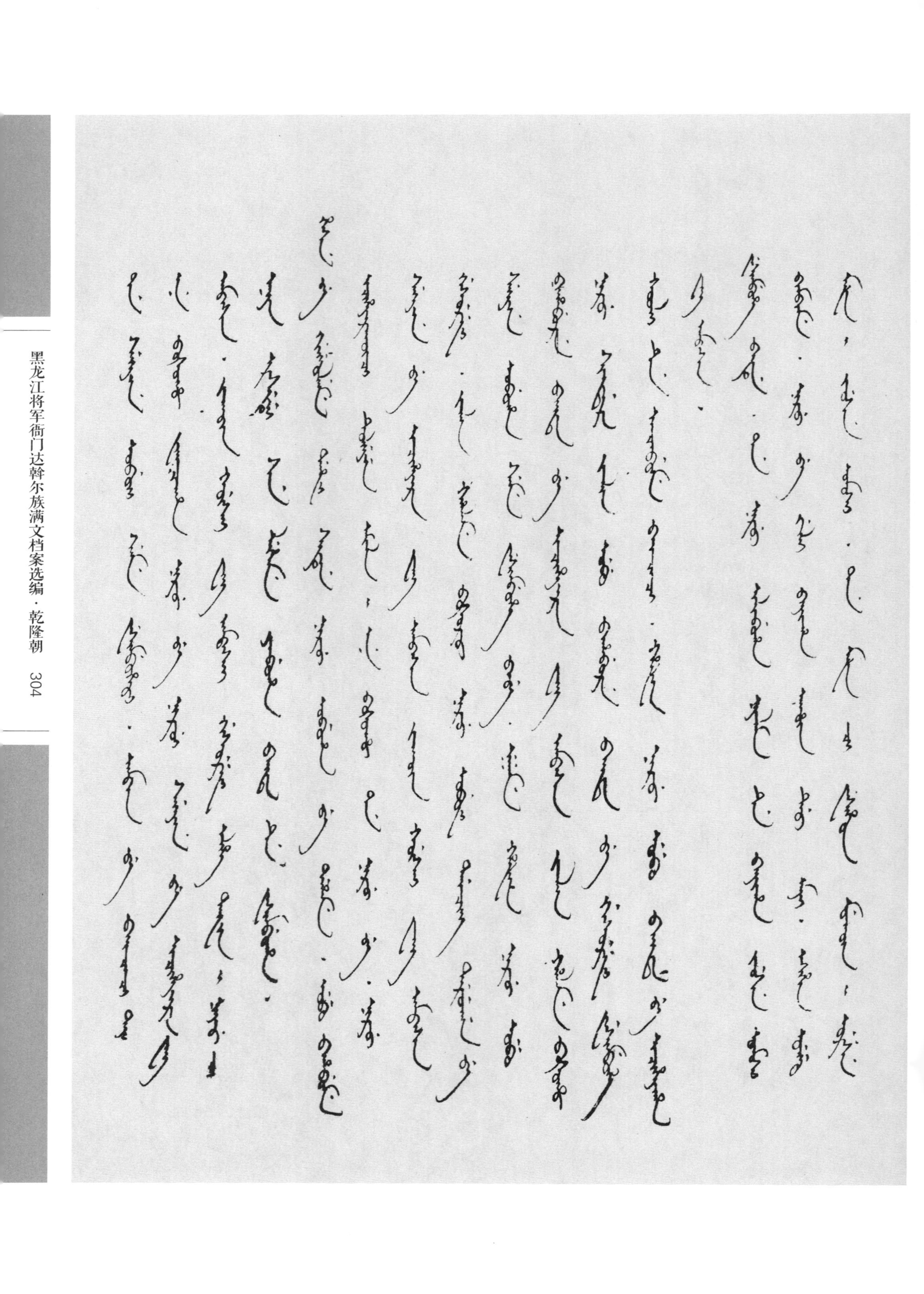

[illegible]

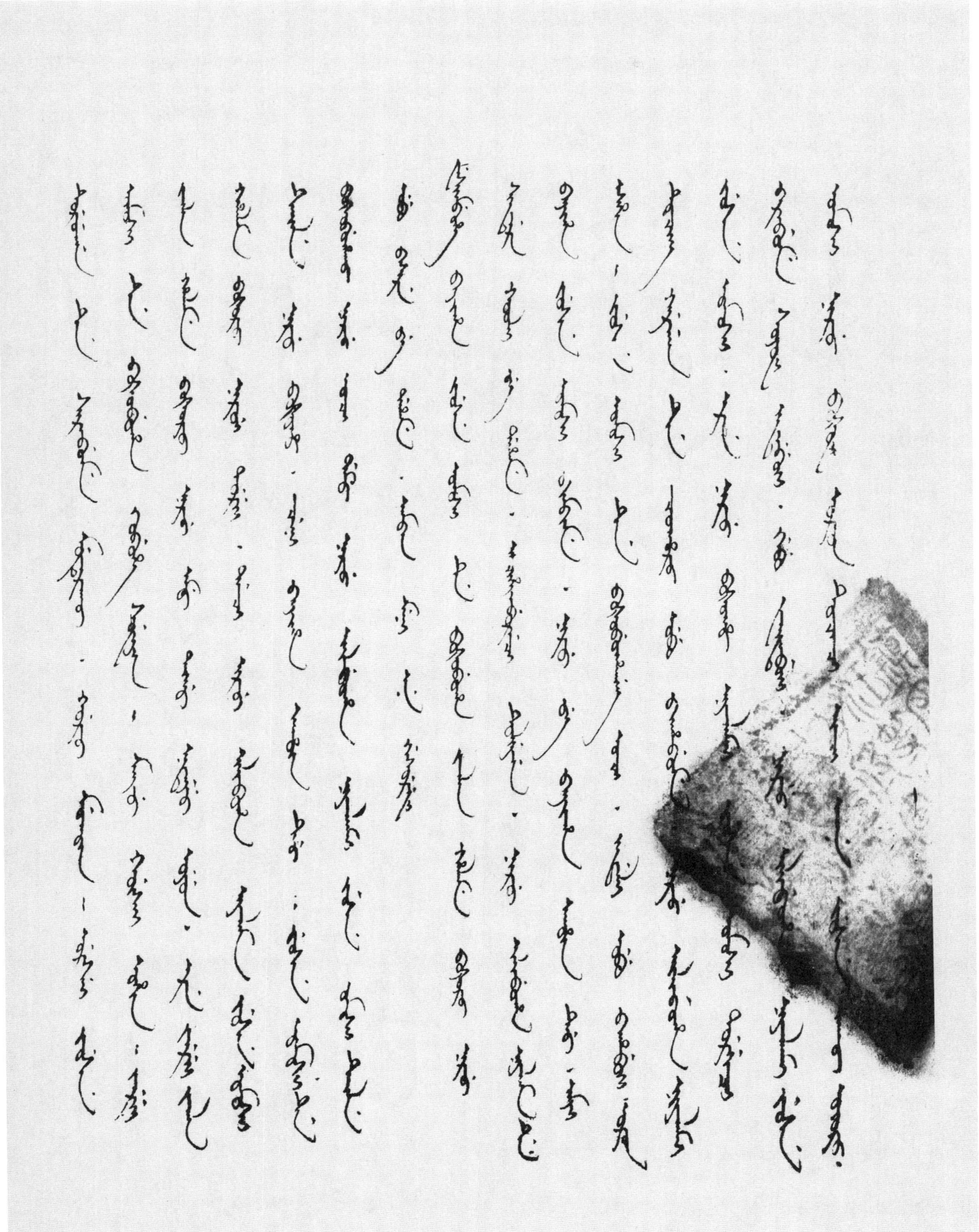

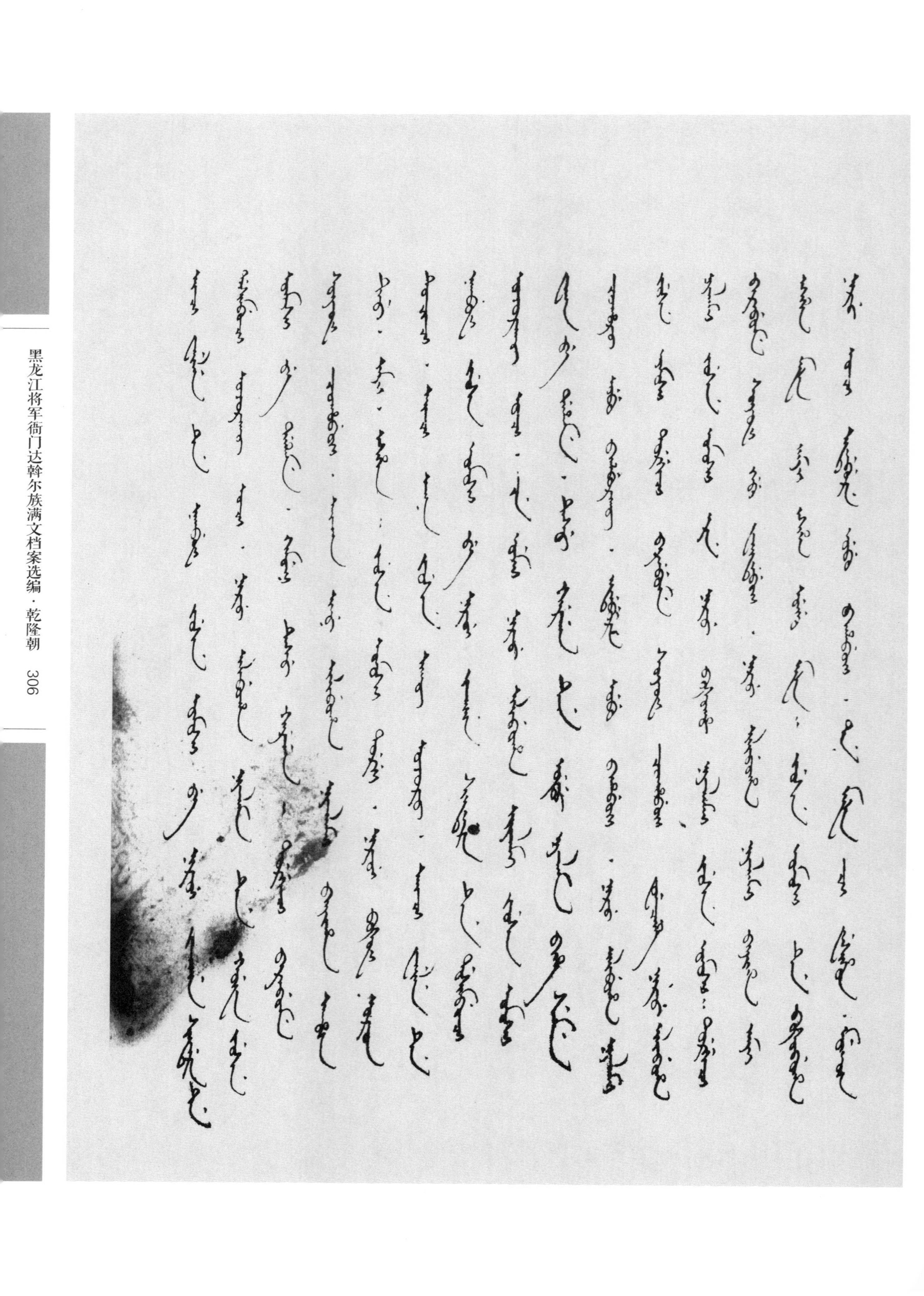

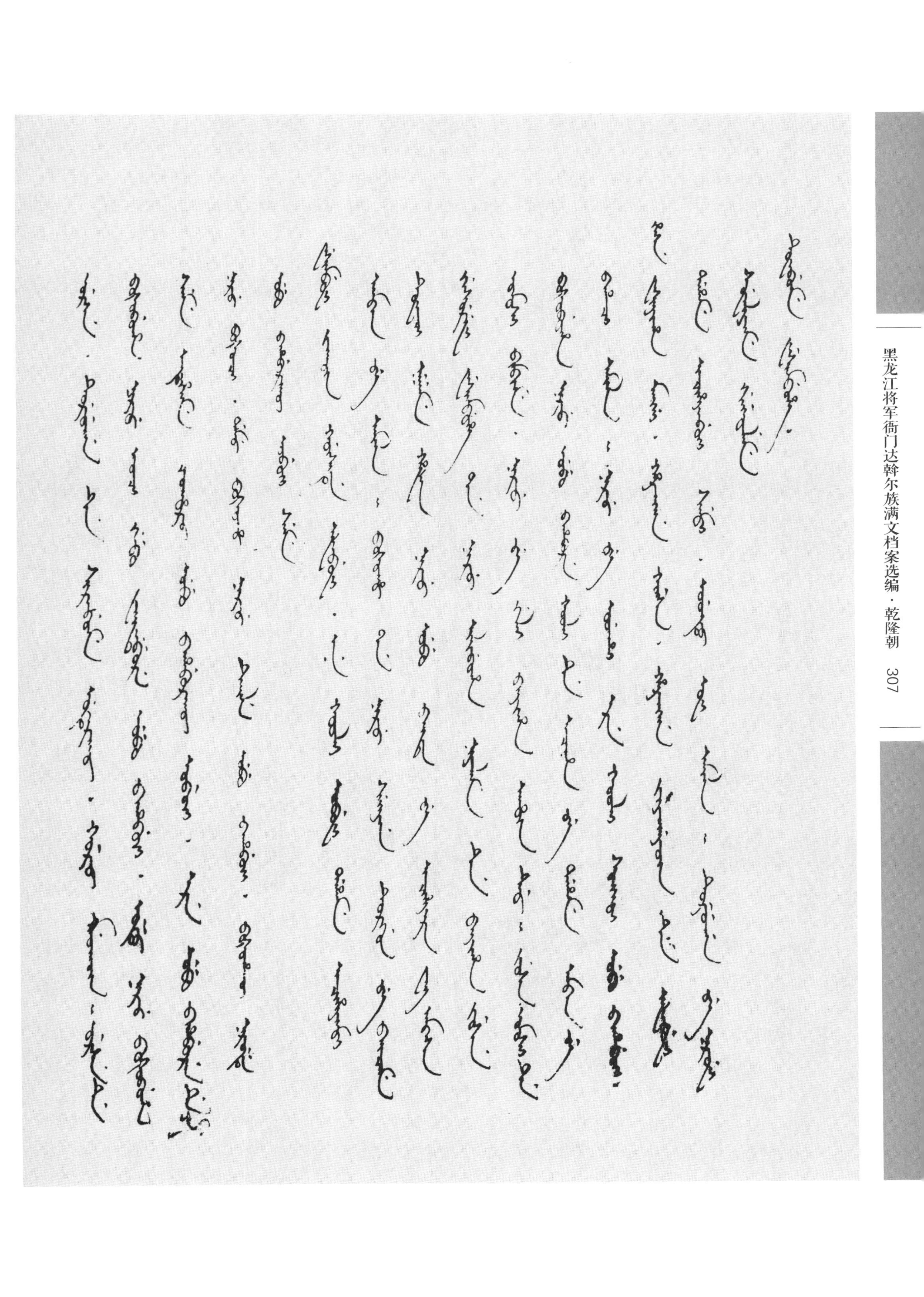

[illegible]

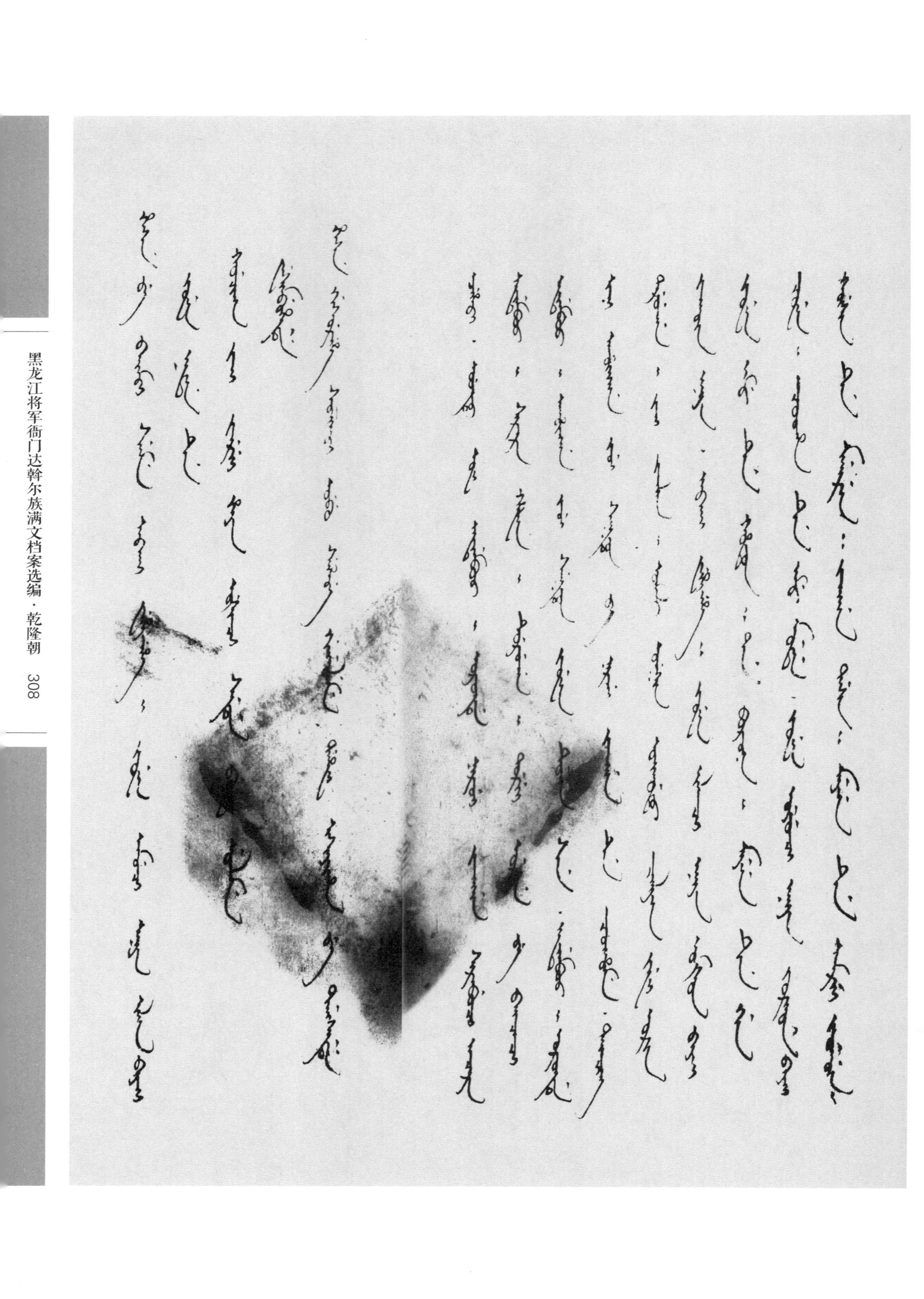

[illegible]

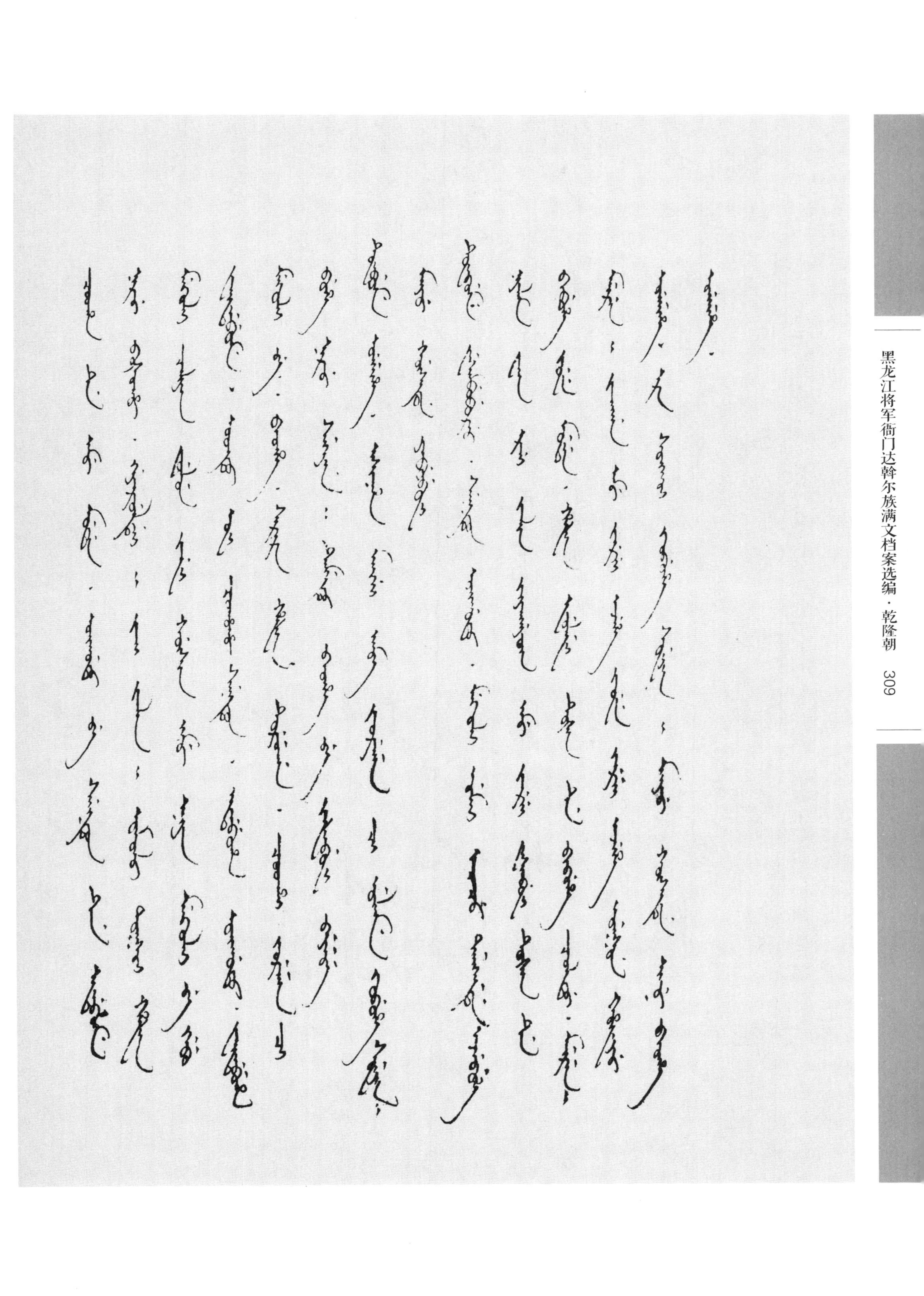

[illegible]

一〇三三　黑龙江将军衙门为遵旨照例补放黑龙江各处满洲达斡尔等骁骑校事咨兵部文

乾隆二十五年三月二十二日

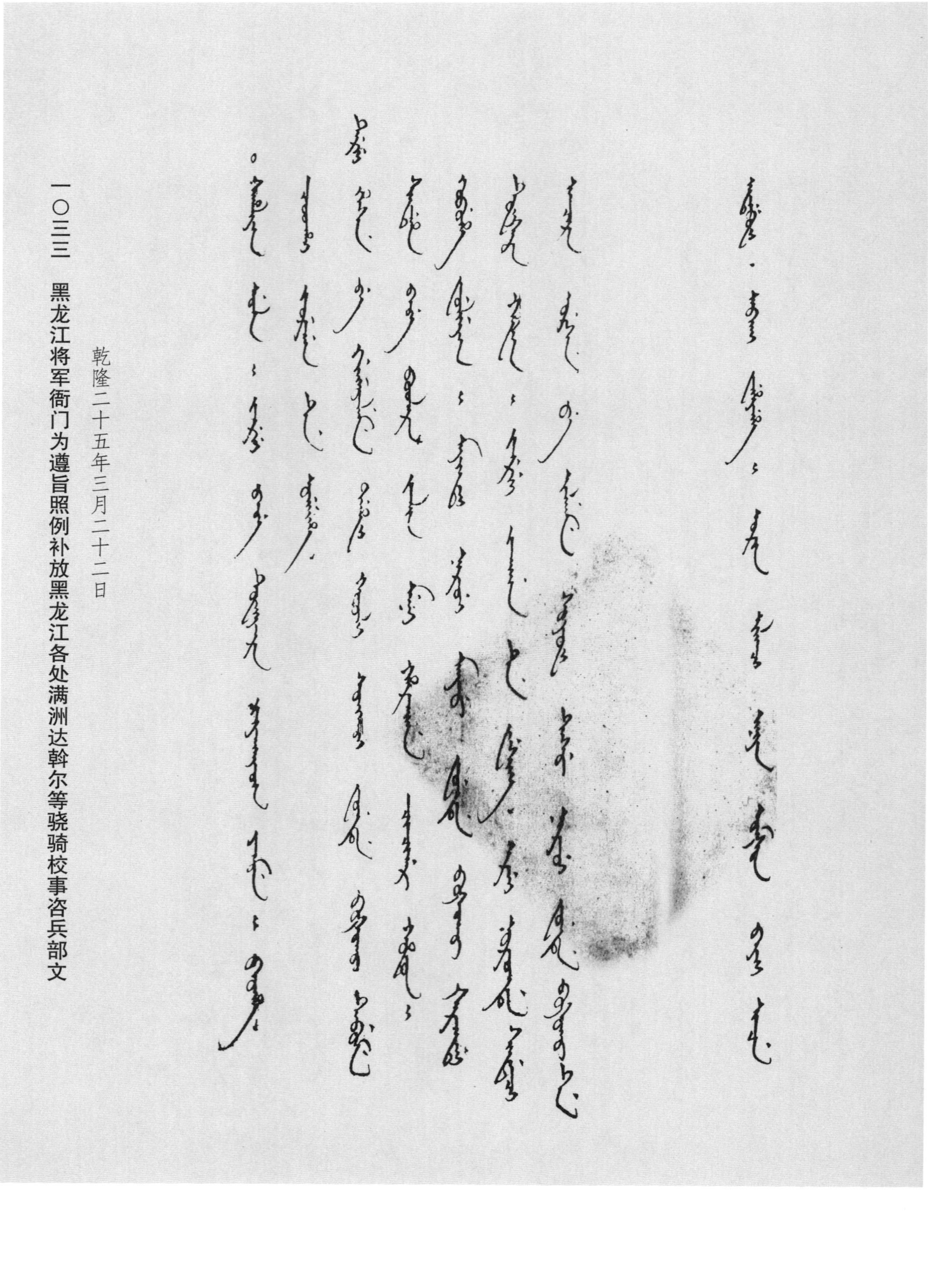

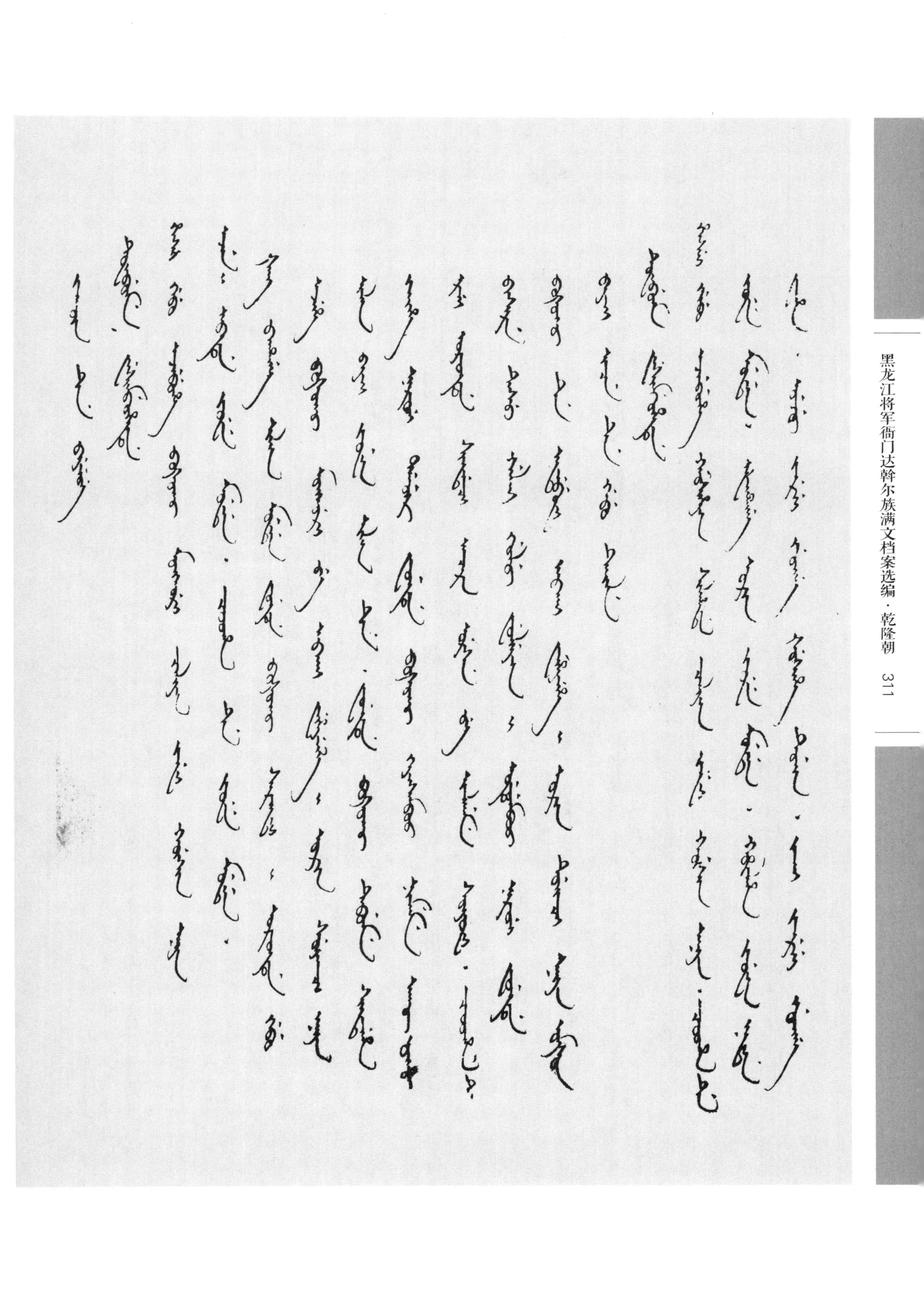

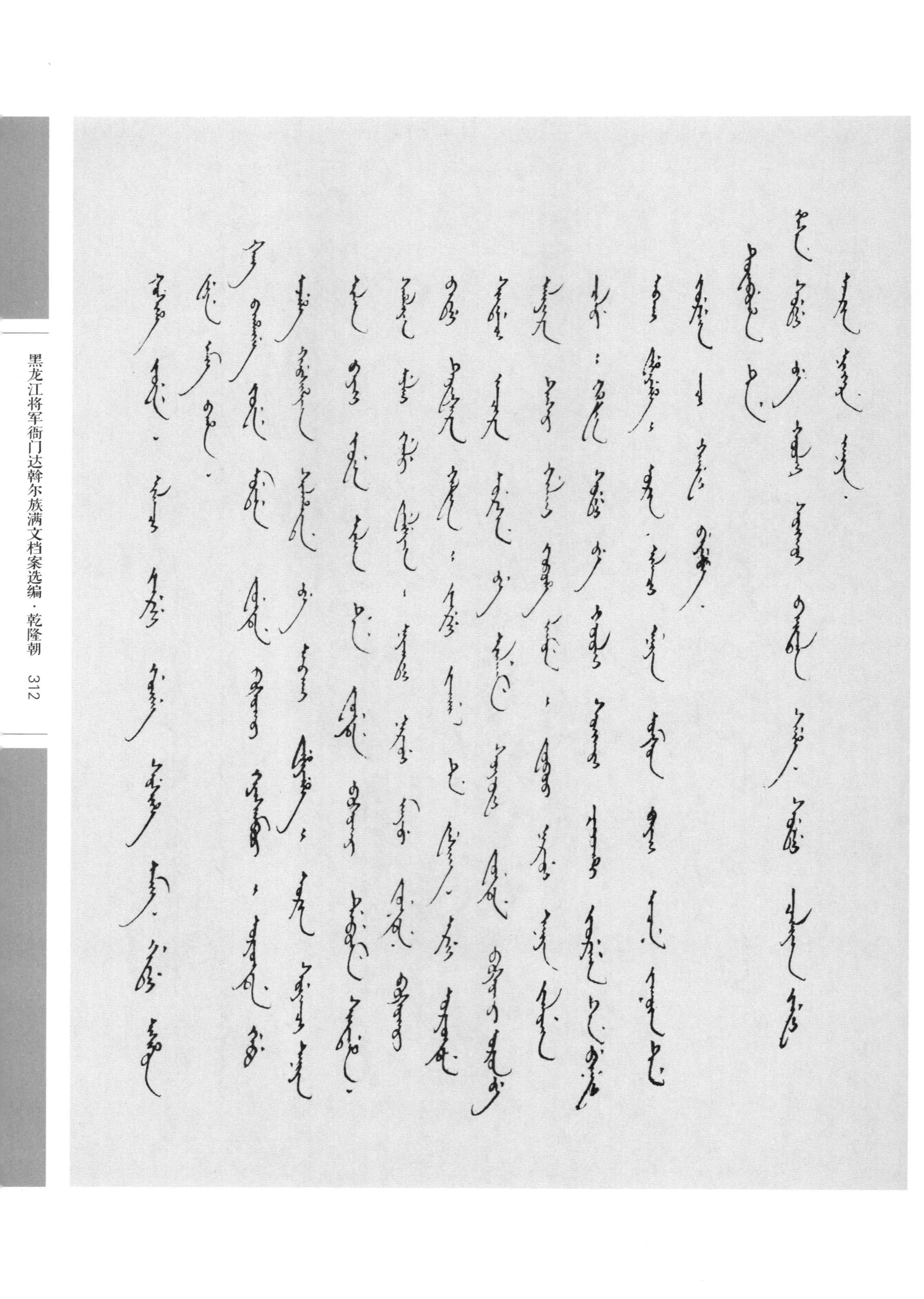

[illegible]

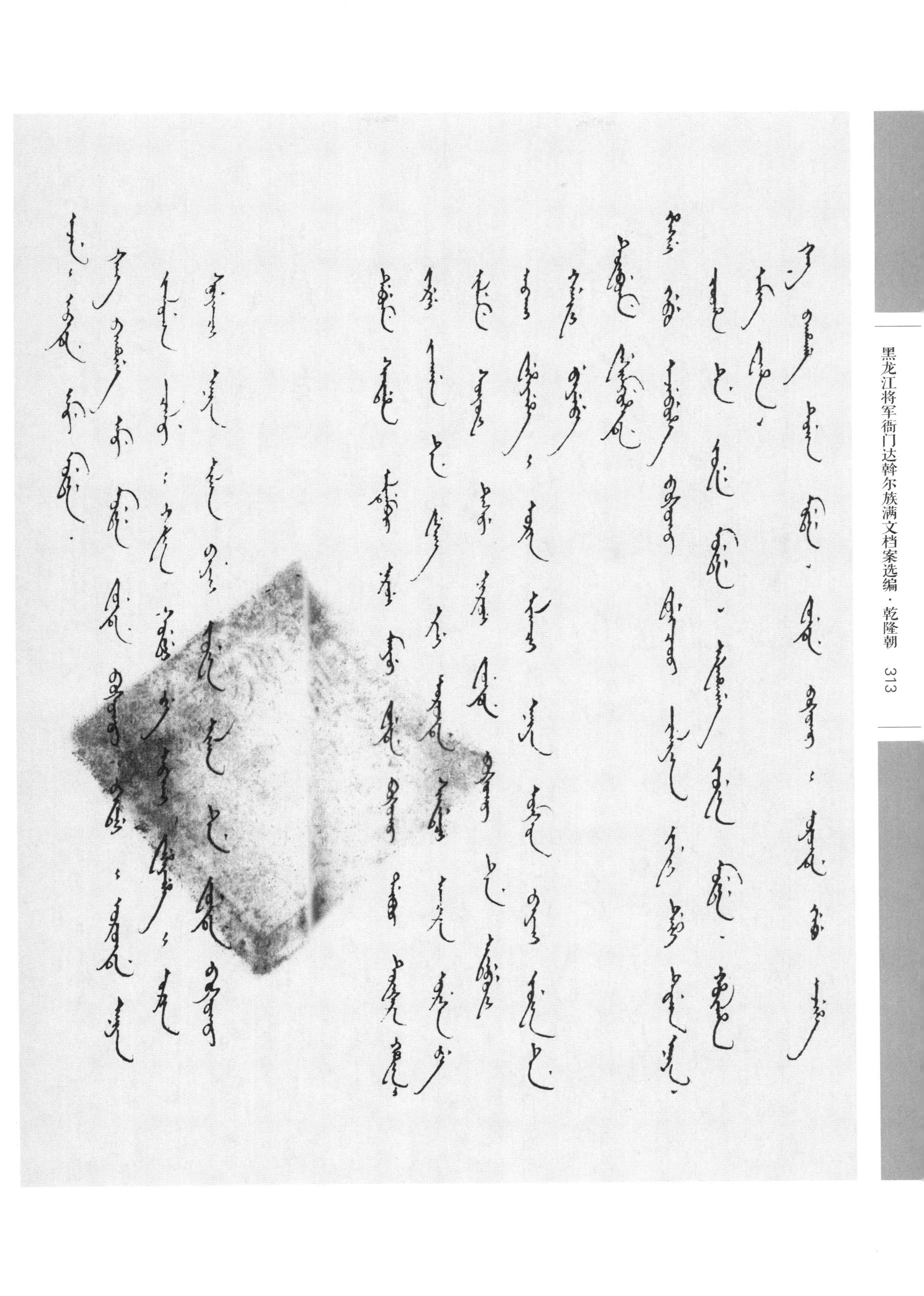

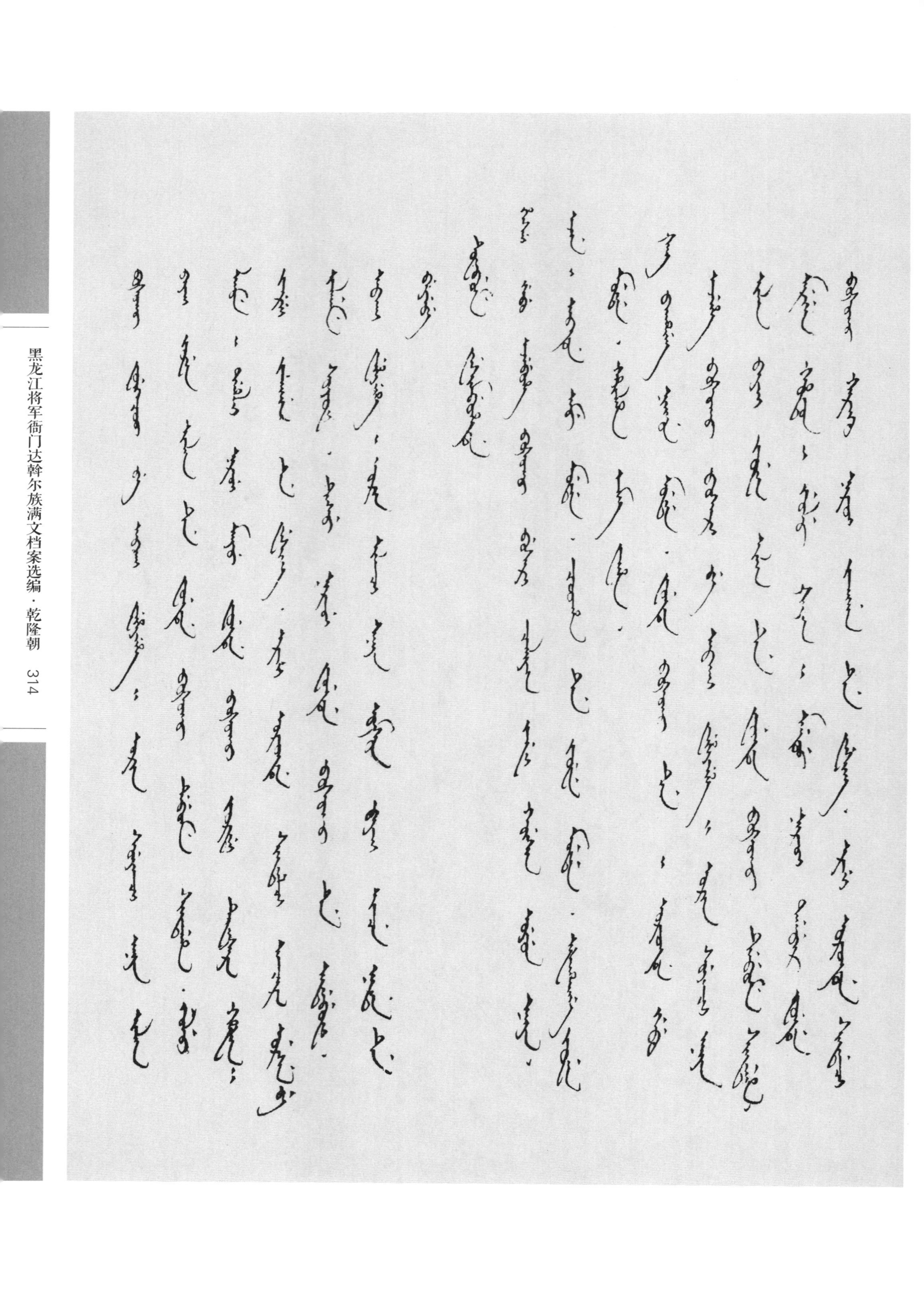

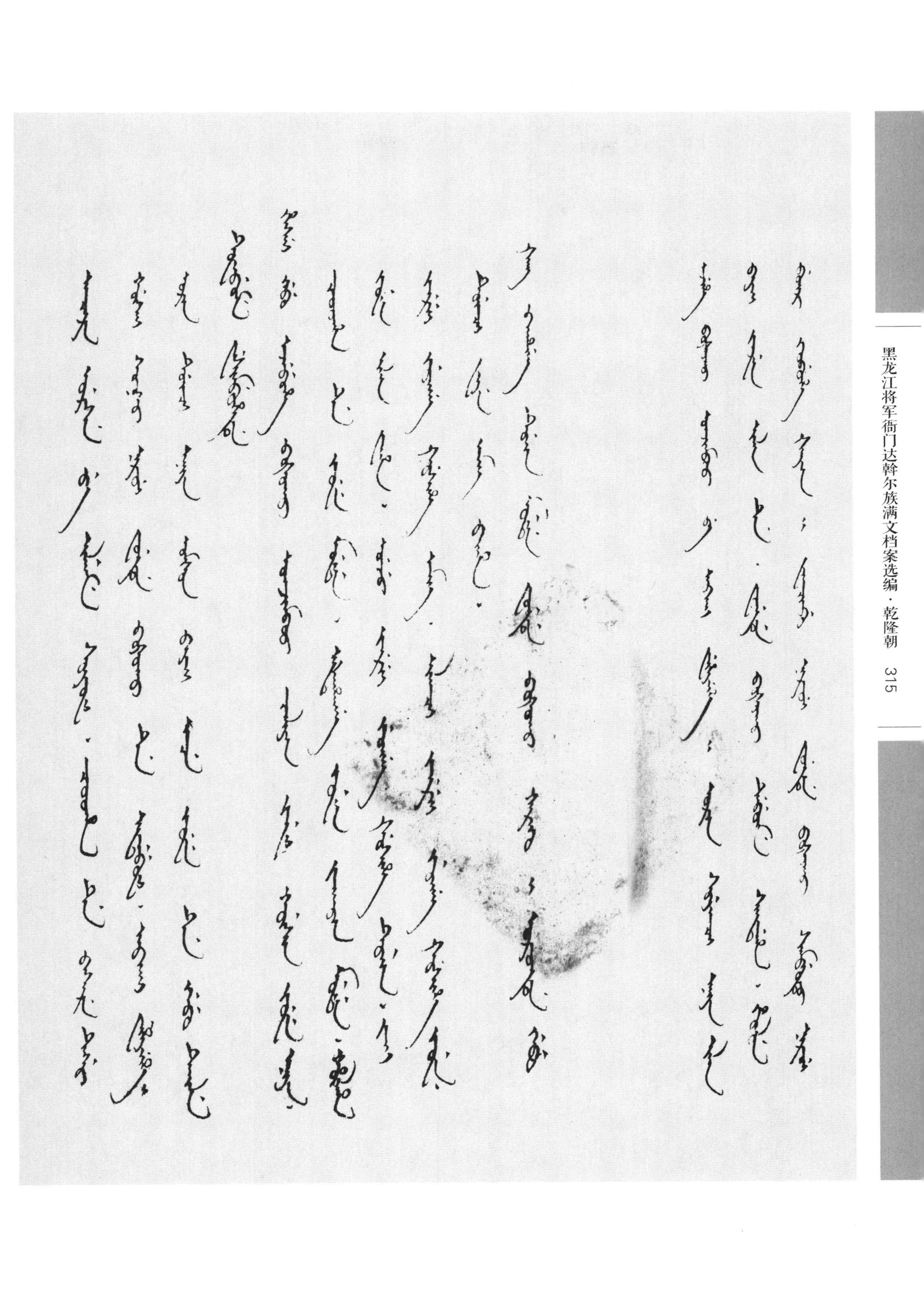

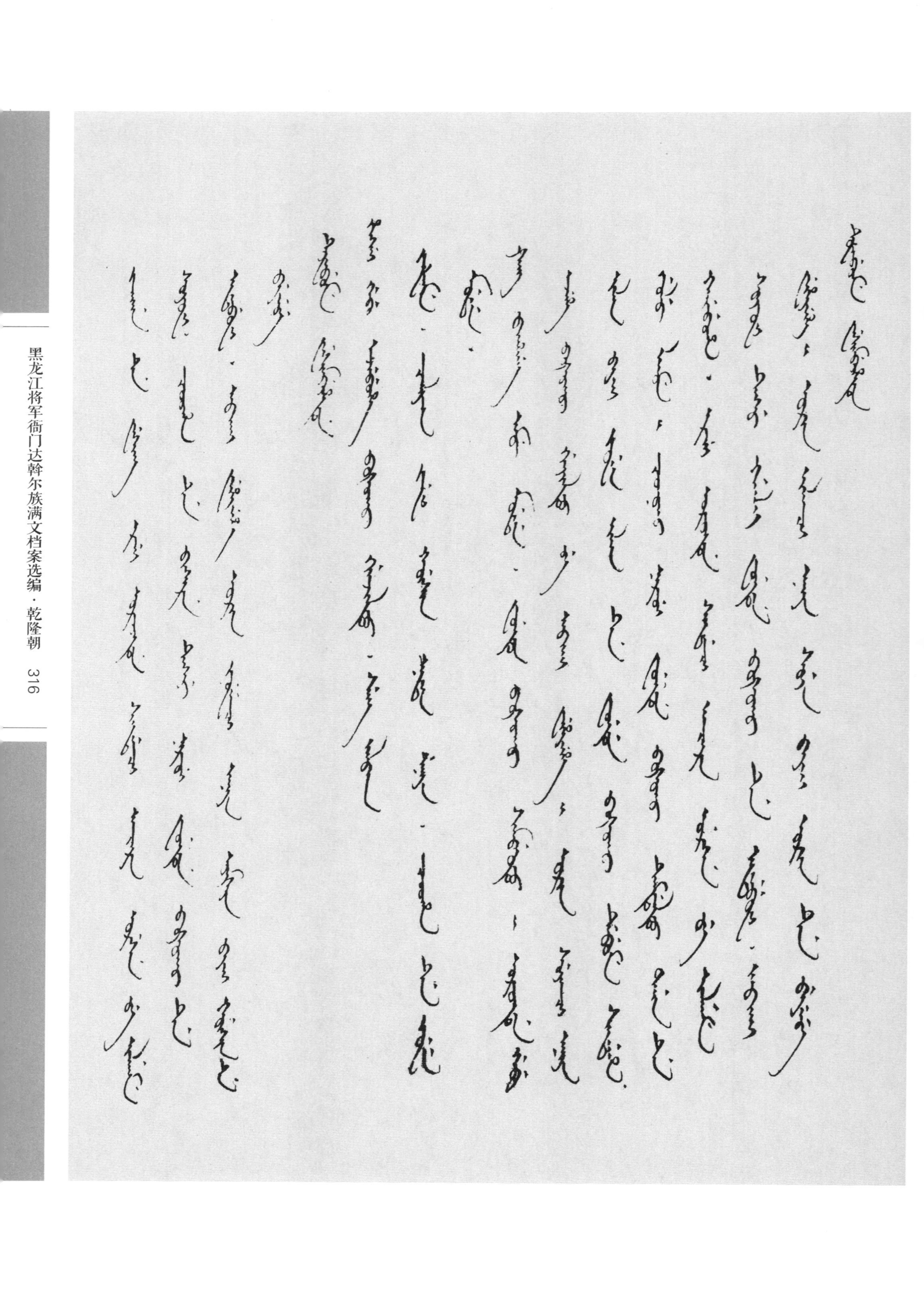

[illegible]

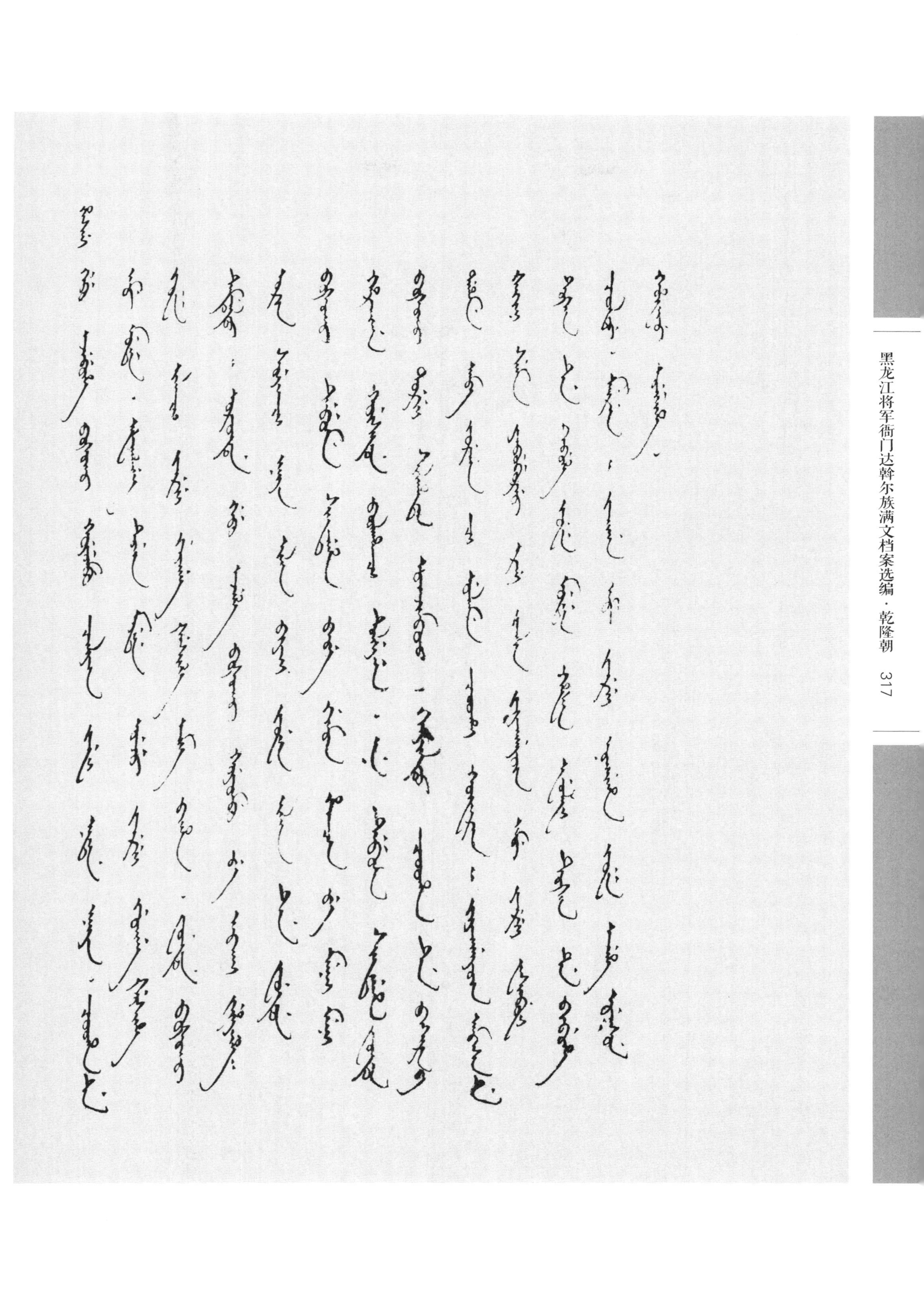

[illegible]

一〇三四 黑龙江将军衙门为正白旗门杜佐领下达斡尔骁骑校出缺准以领催温济穆保坐补事咨正白旗满洲都统衙门文

乾隆二十五年三月二十二日

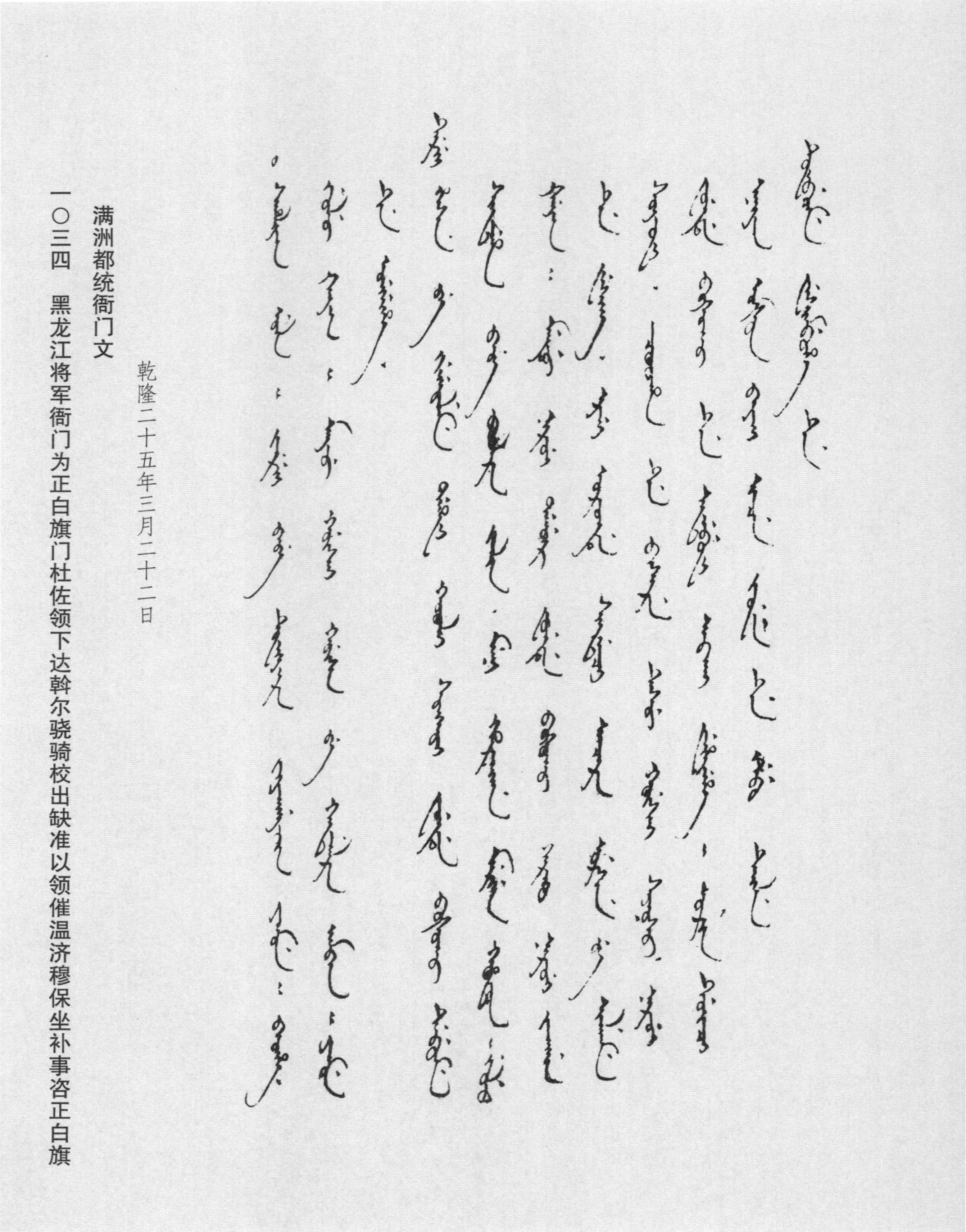

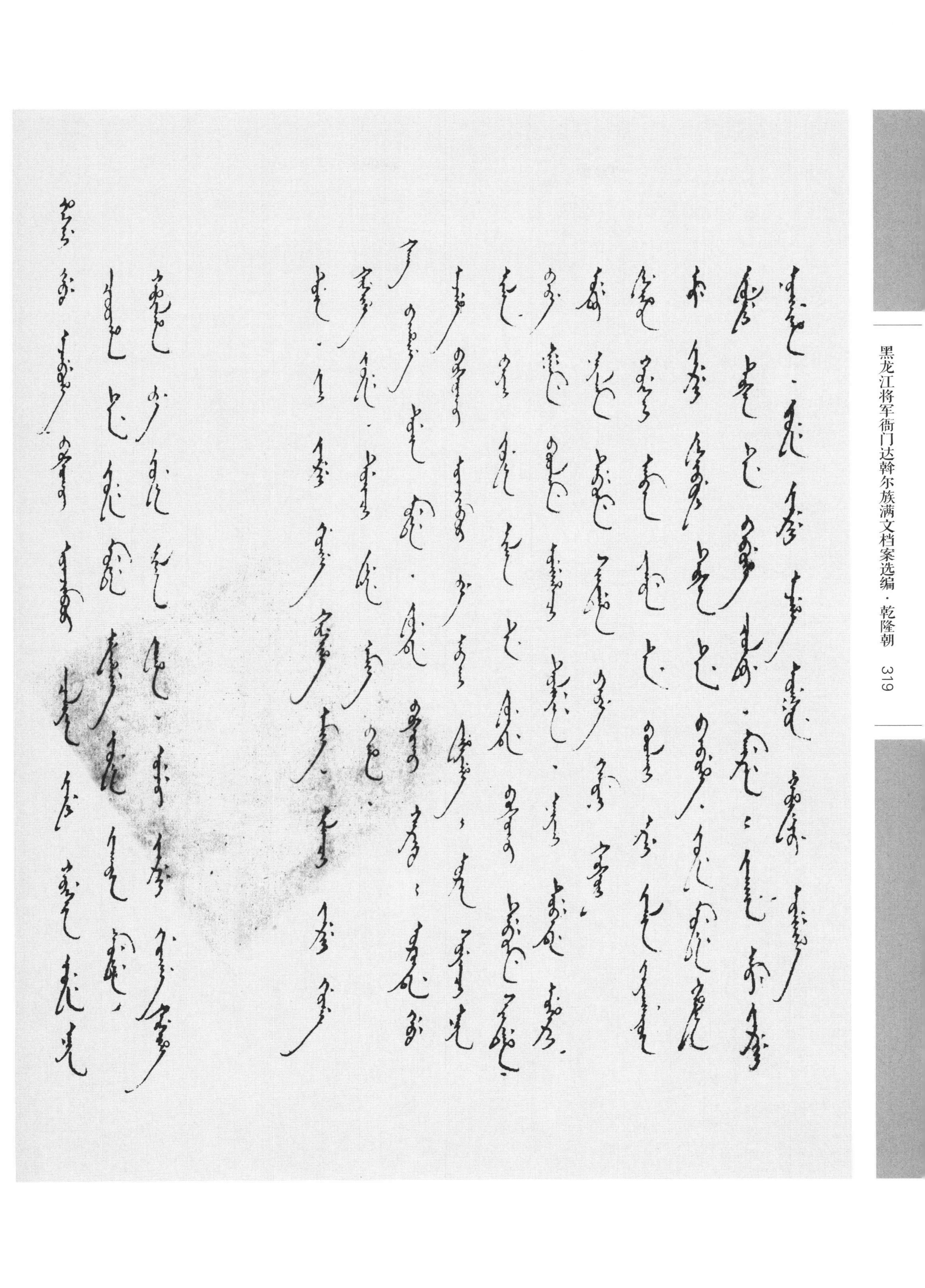

一〇三五 黑龙江将军衙门为布特哈正黄旗达斡尔佐领满齐从军营返回查办其俸禄发放事宜事札署布特哈总管额勒登额等文

乾隆二十五年三月二十五日

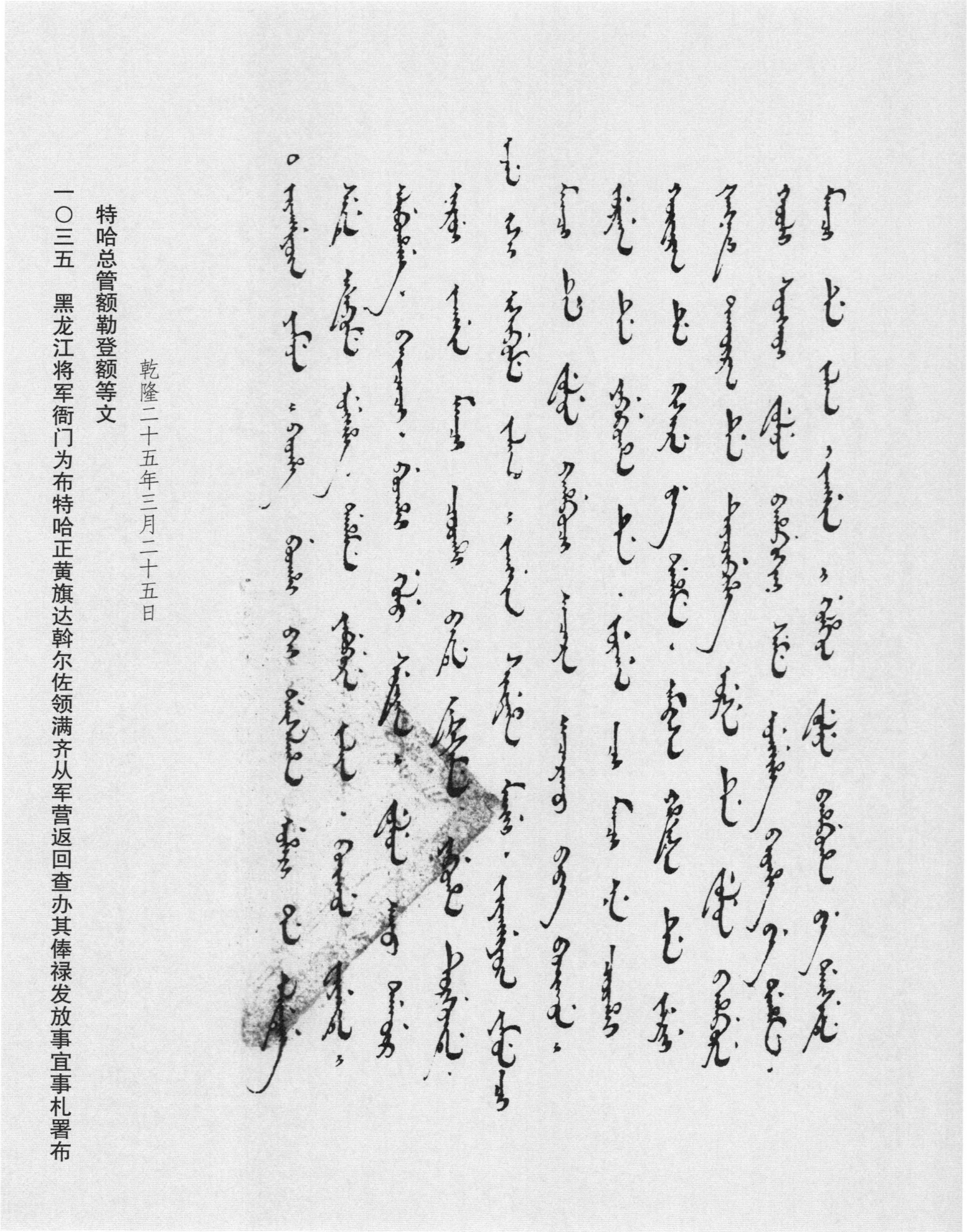

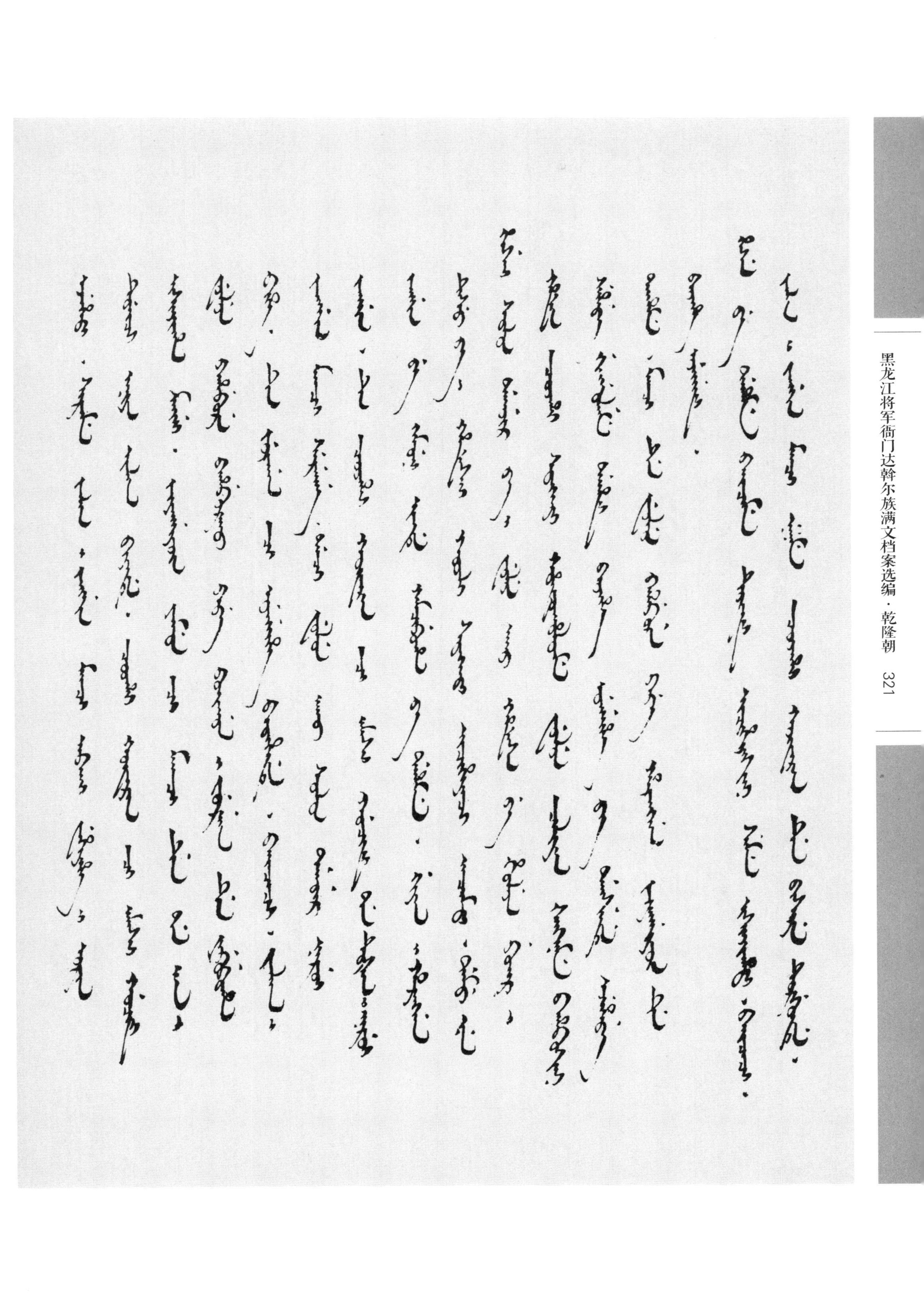

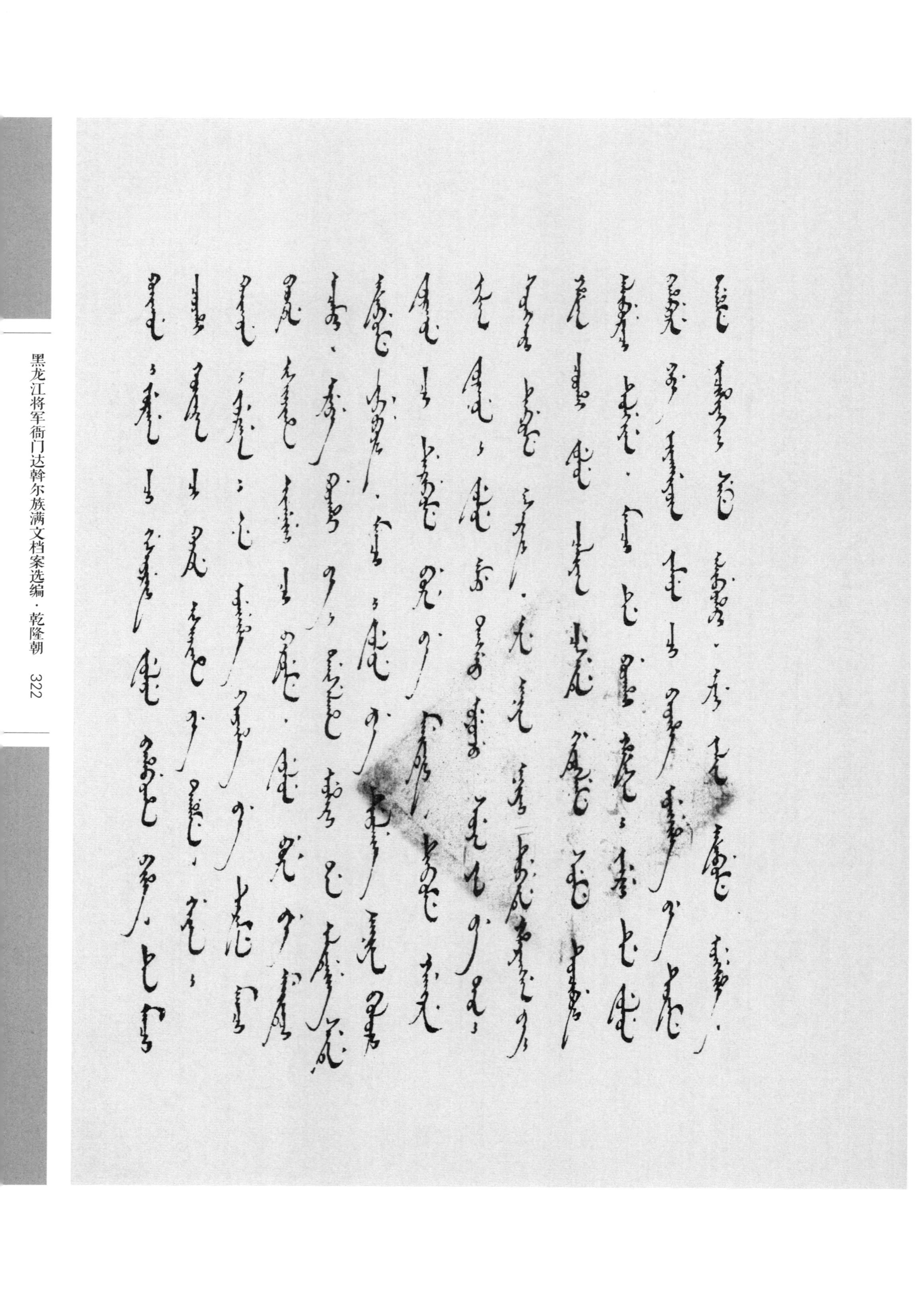

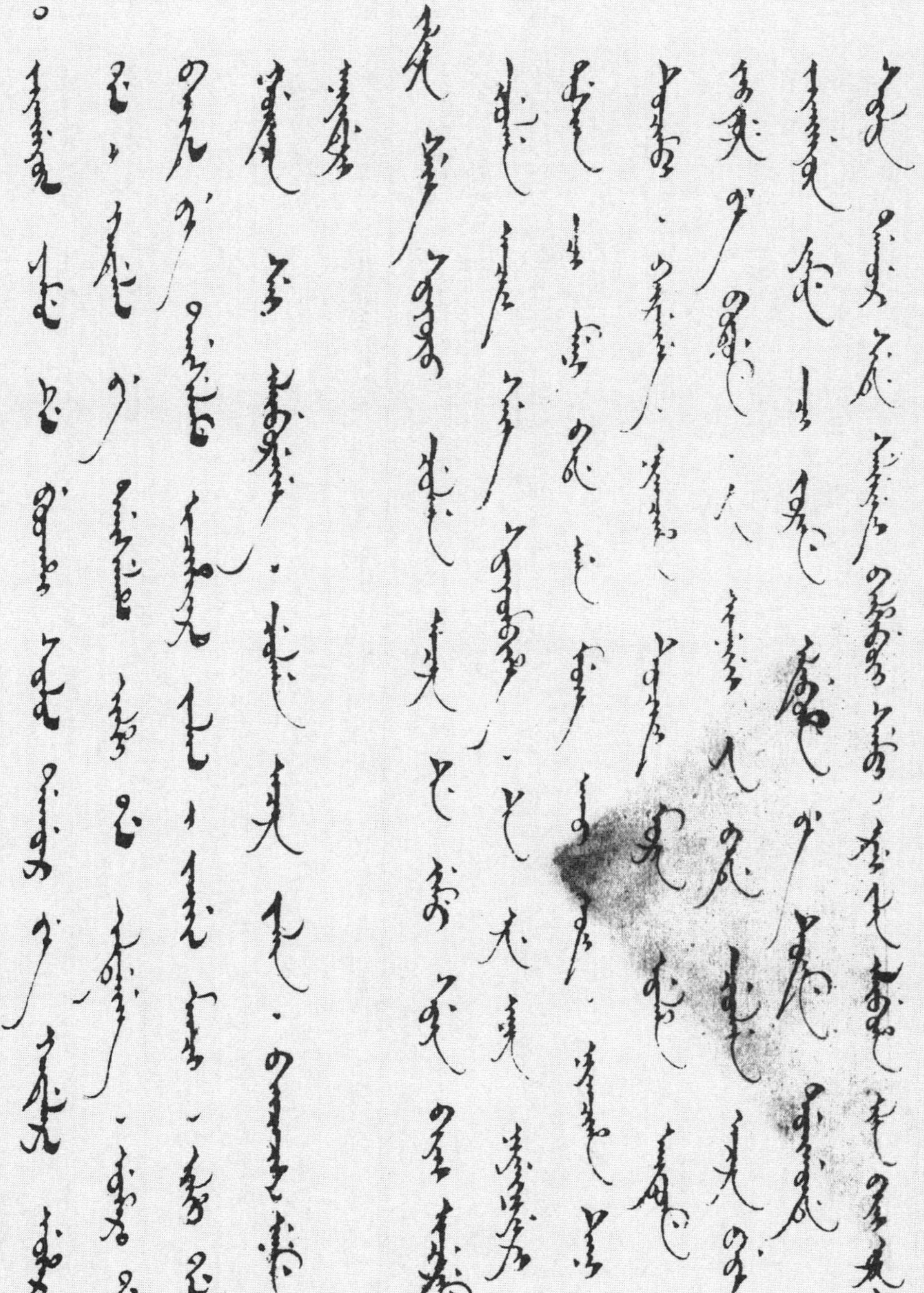

一〇三六 署布特哈索伦达斡尔总管额勒登额等为请定会盟日期以便布特哈索伦达斡尔等预先准备事呈黑龙江将军衙门文

乾隆二十五年三月二十六日

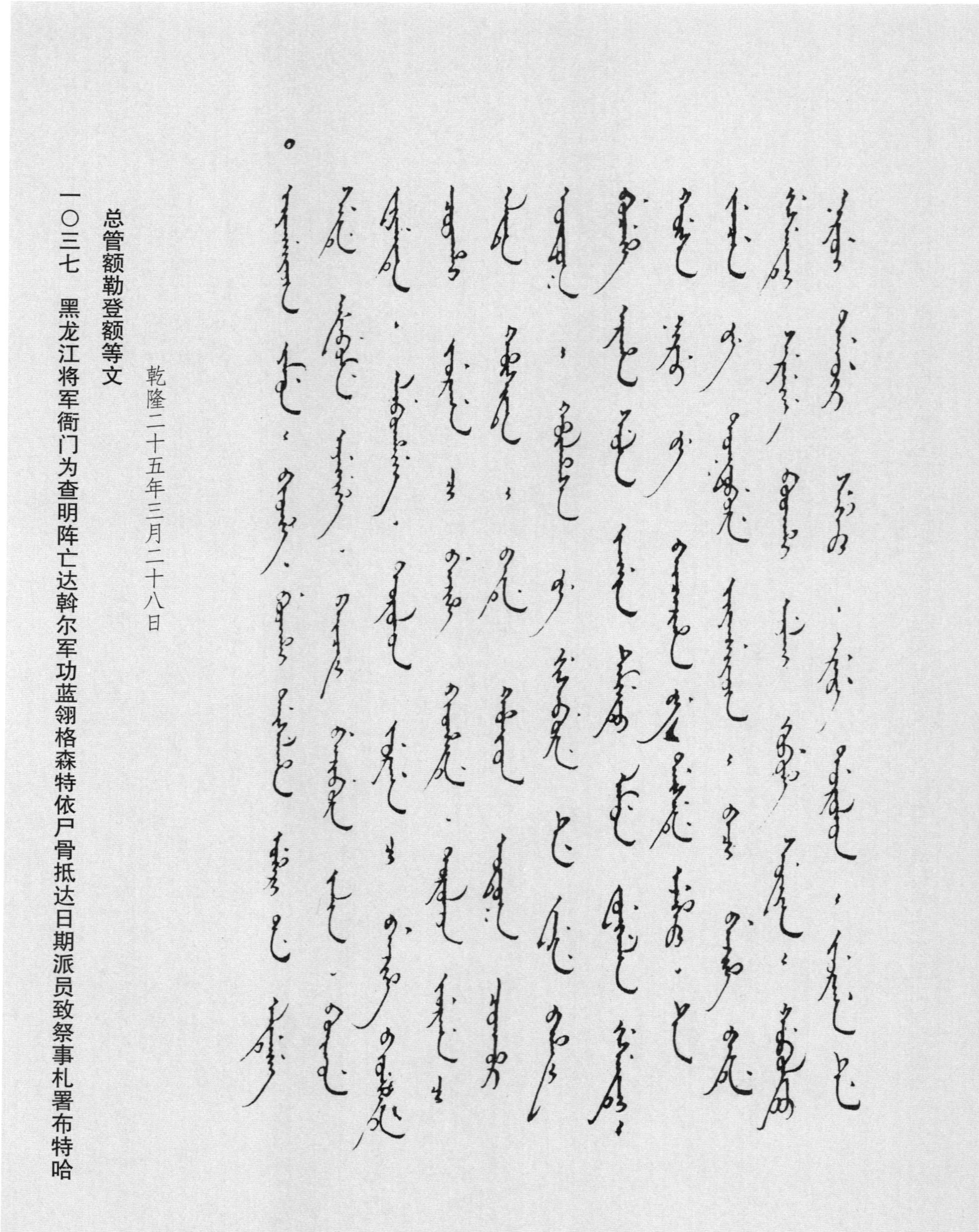

一〇三七　黑龙江将军衙门为查明阵亡达斡尔军功蓝翎格森特依户骨抵达日期派员致祭事札署布特哈总管额勒登额等文

乾隆二十五年三月二十八日

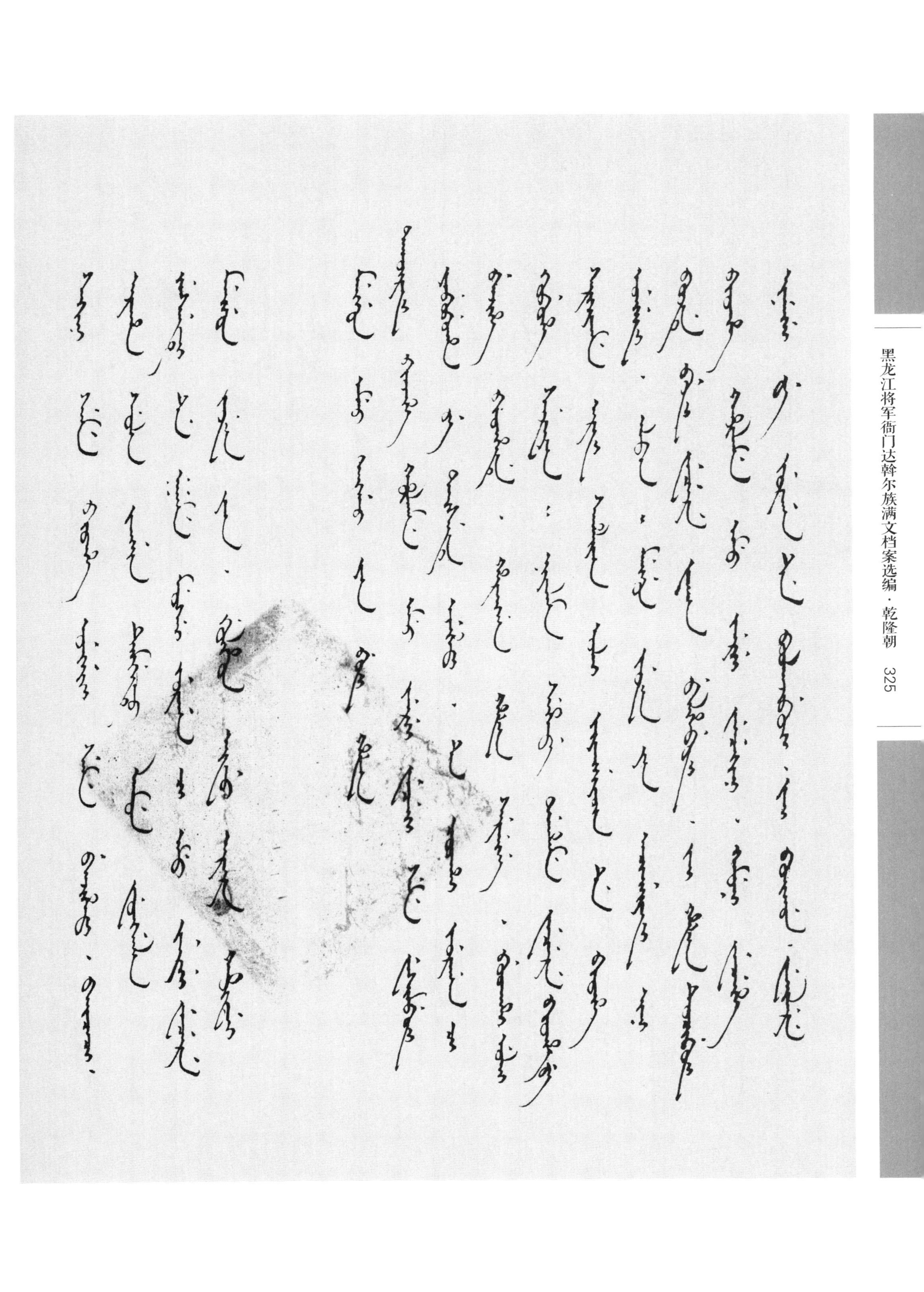

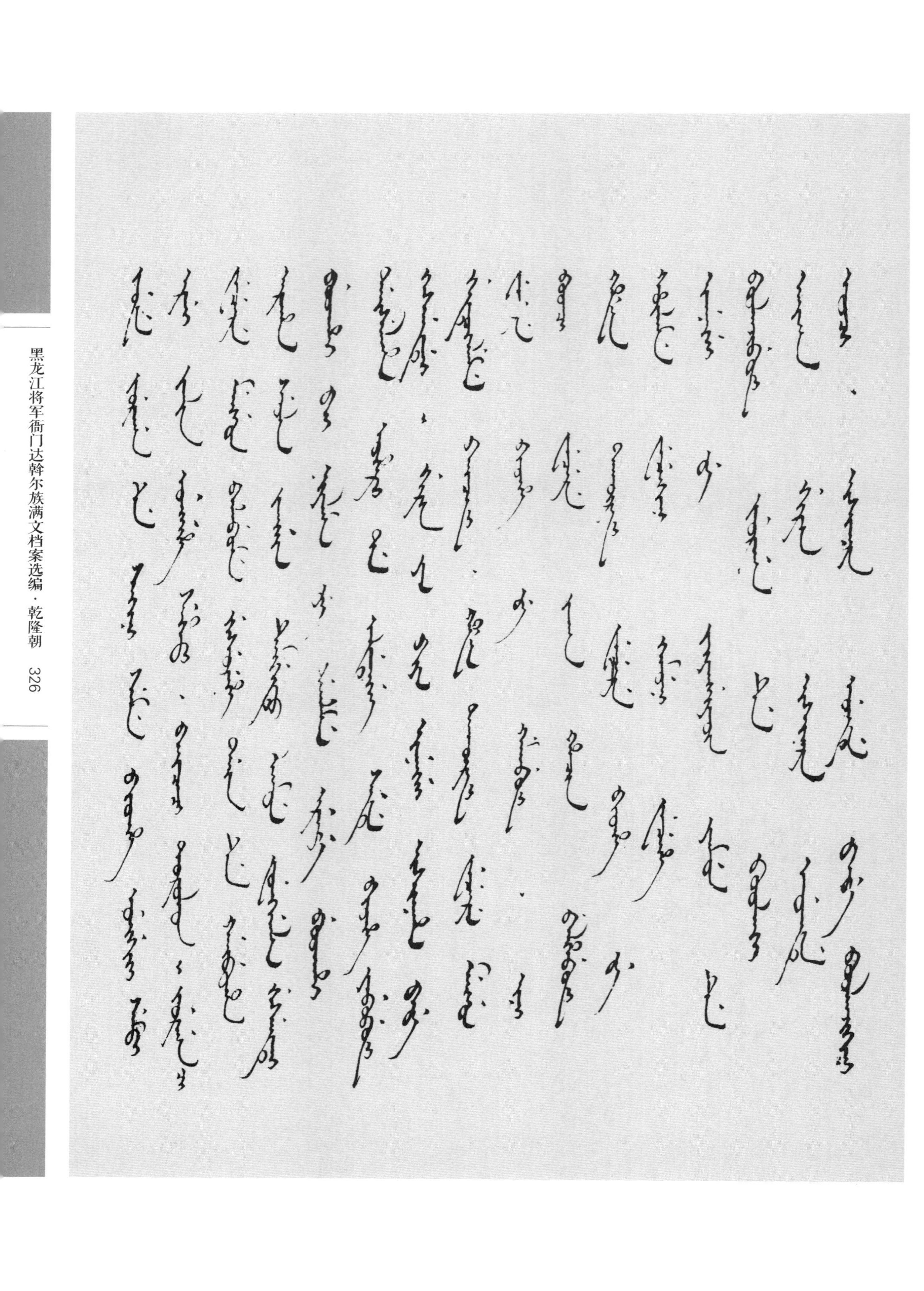

[illegible]

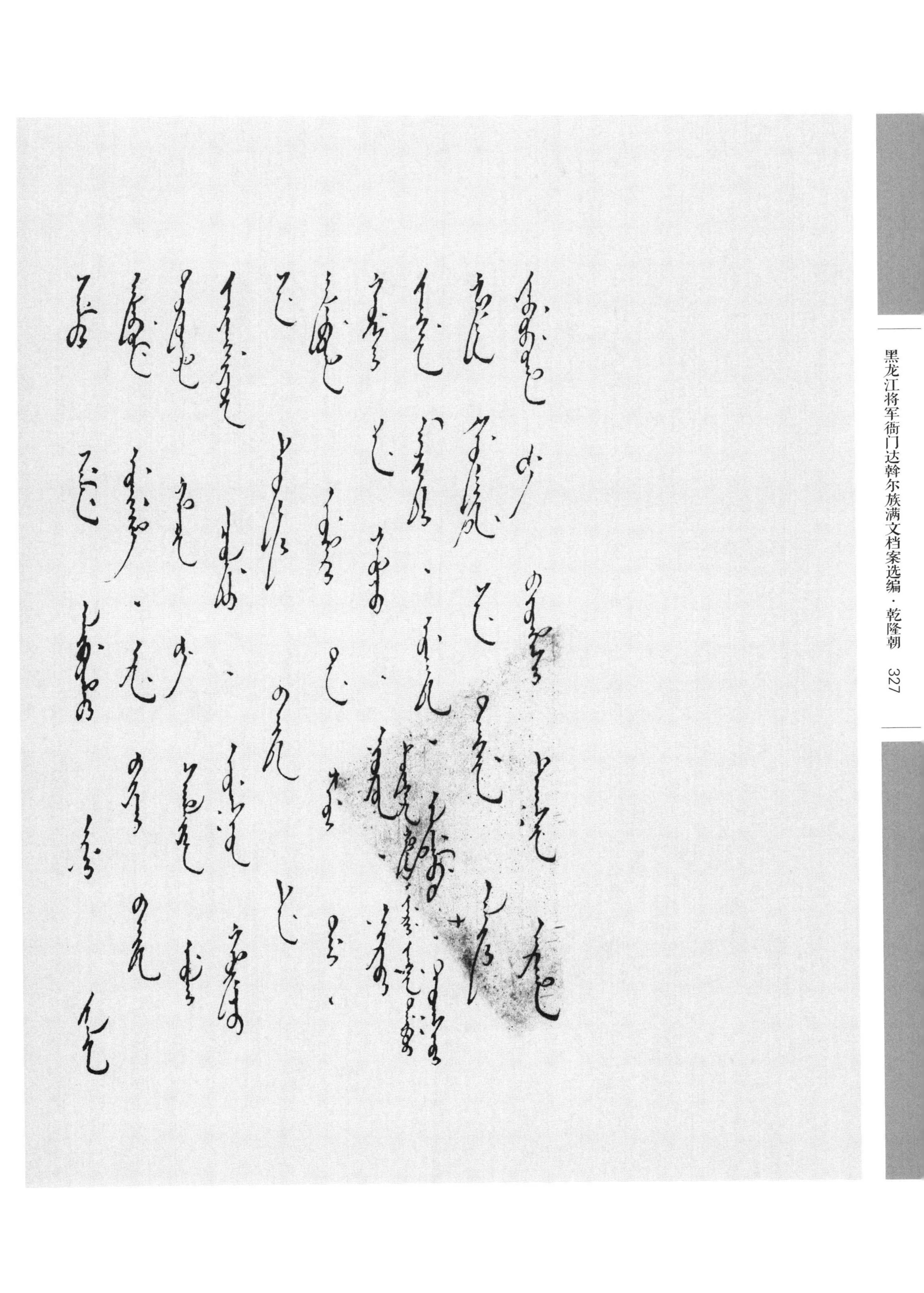

[illegible]

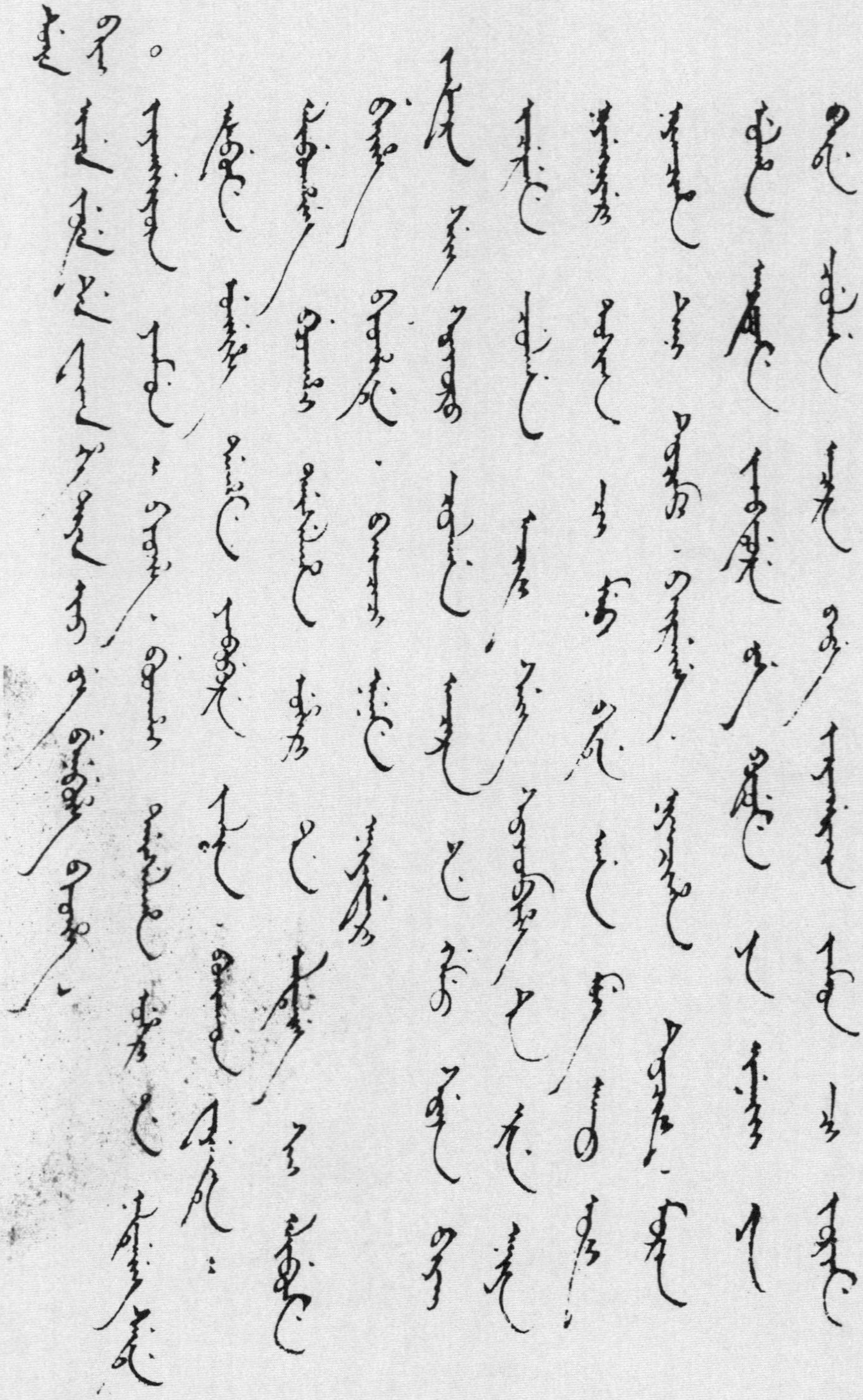

一〇三八　黑龙江将军衙门为令严格查收布特哈索伦达斡尔等交纳貂皮事札署布特哈总管额勒登额等文

乾隆二十五年四月初二日

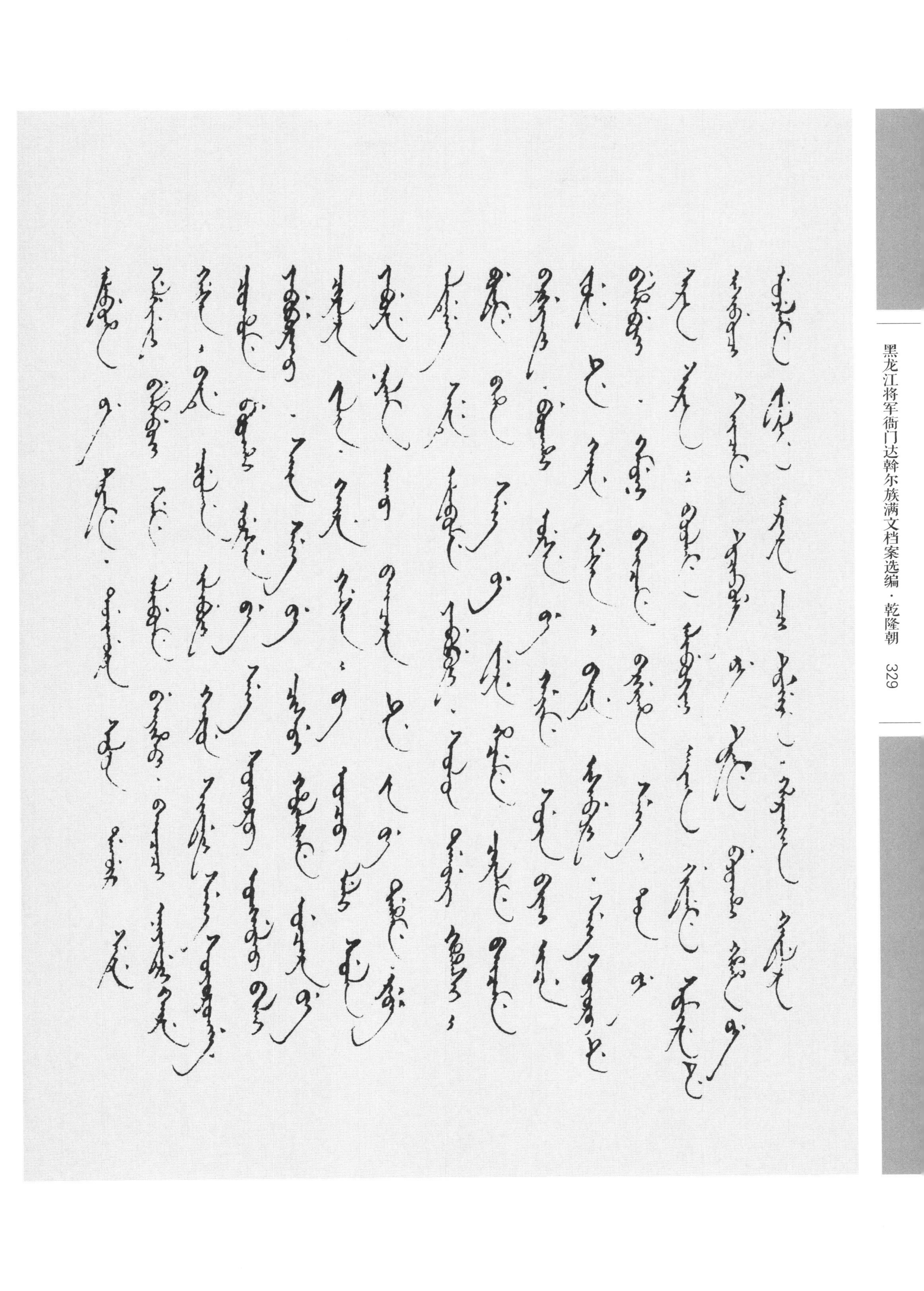

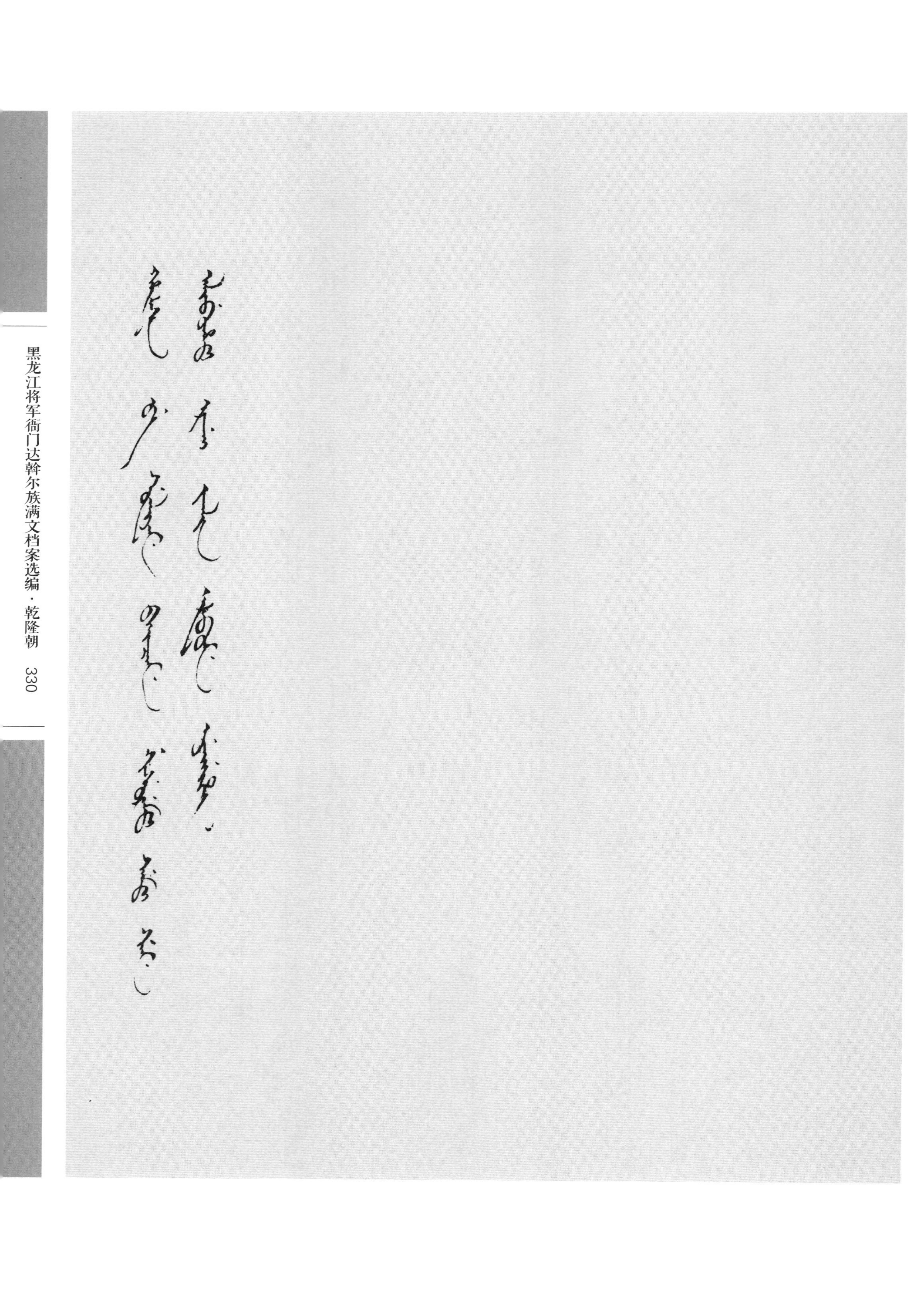

一〇三九　兵部为办理达斡尔披甲纳尔穆等留驻京城事宜事咨黑龙江将军文

乾隆二十五年四月初三日

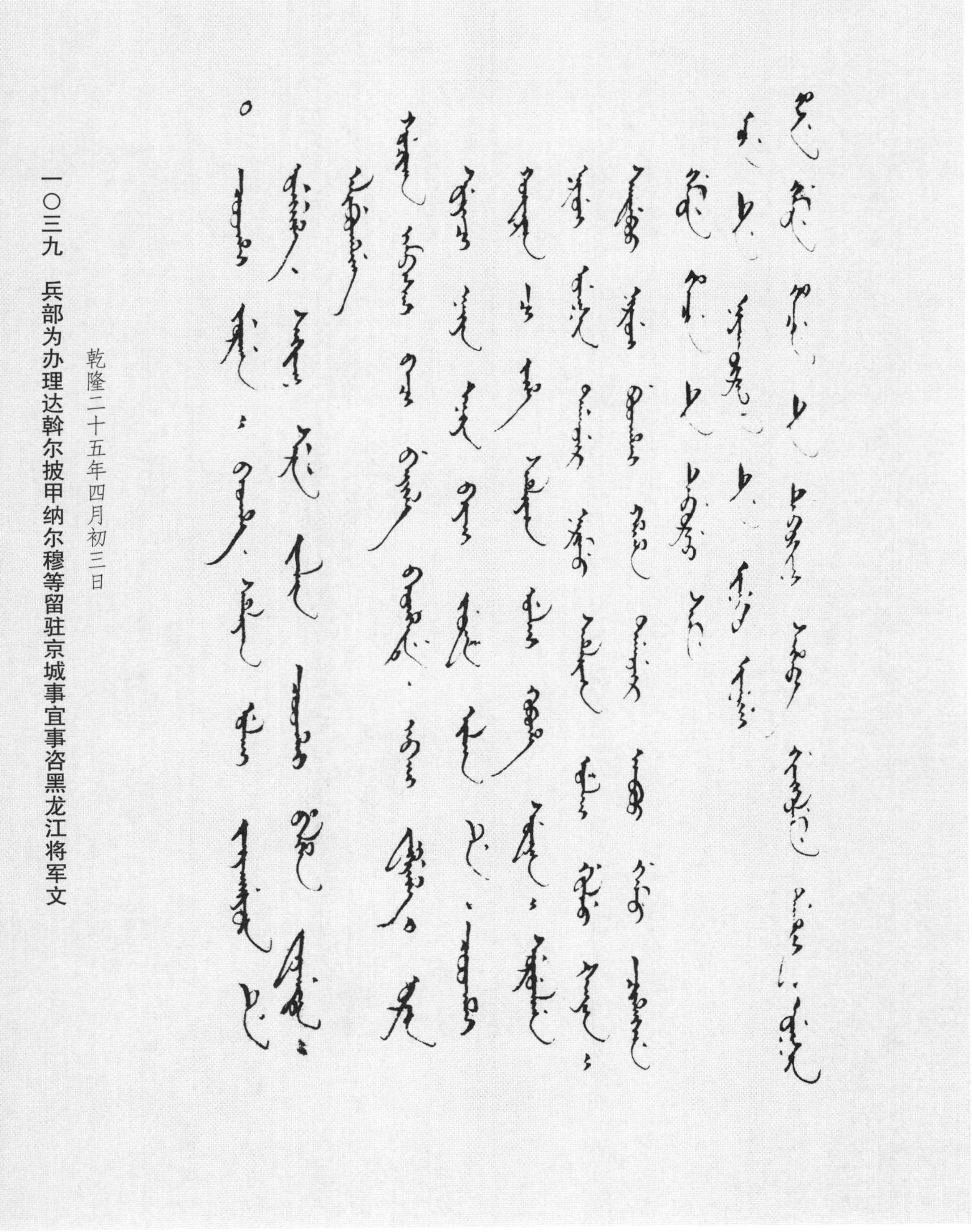

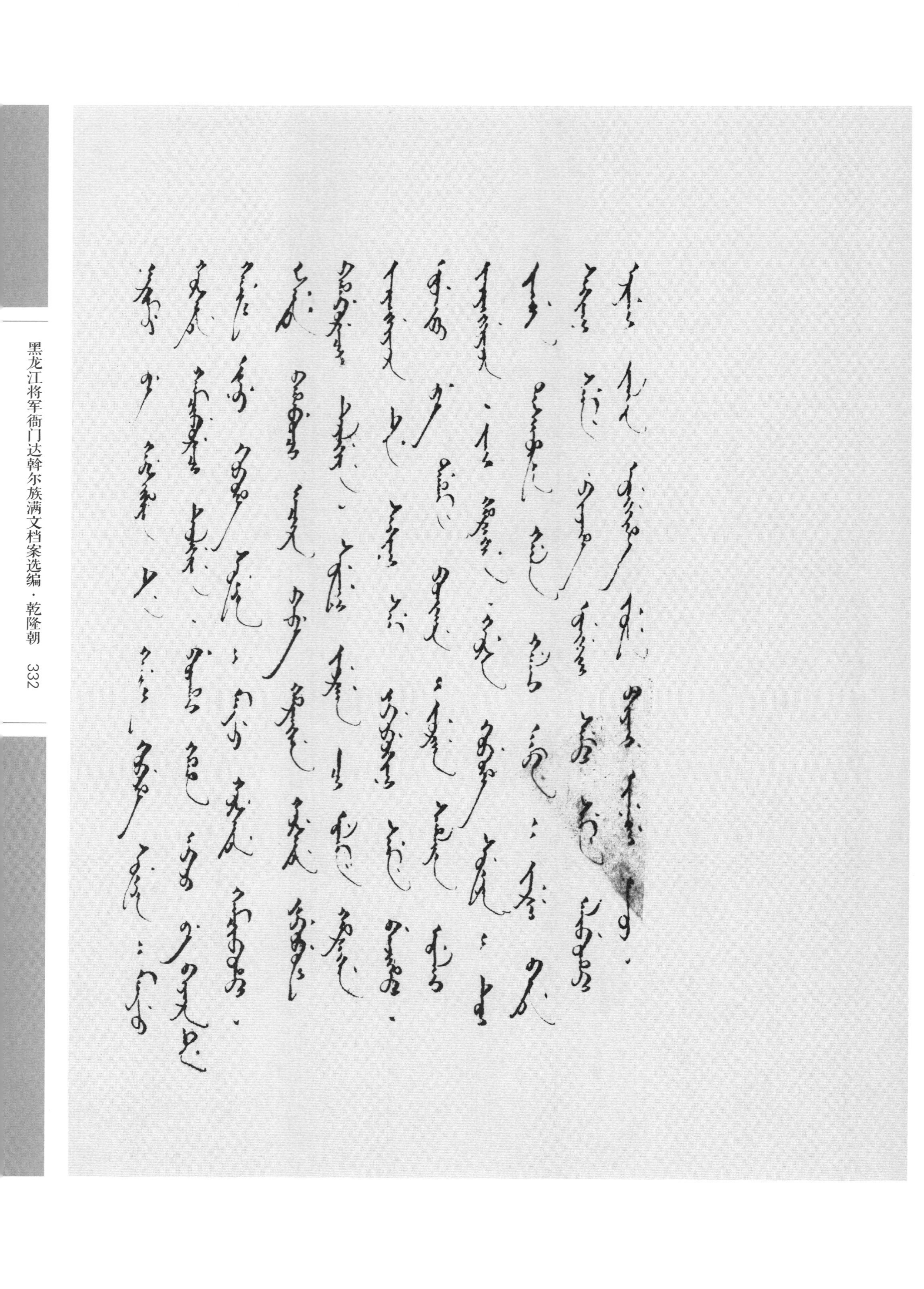

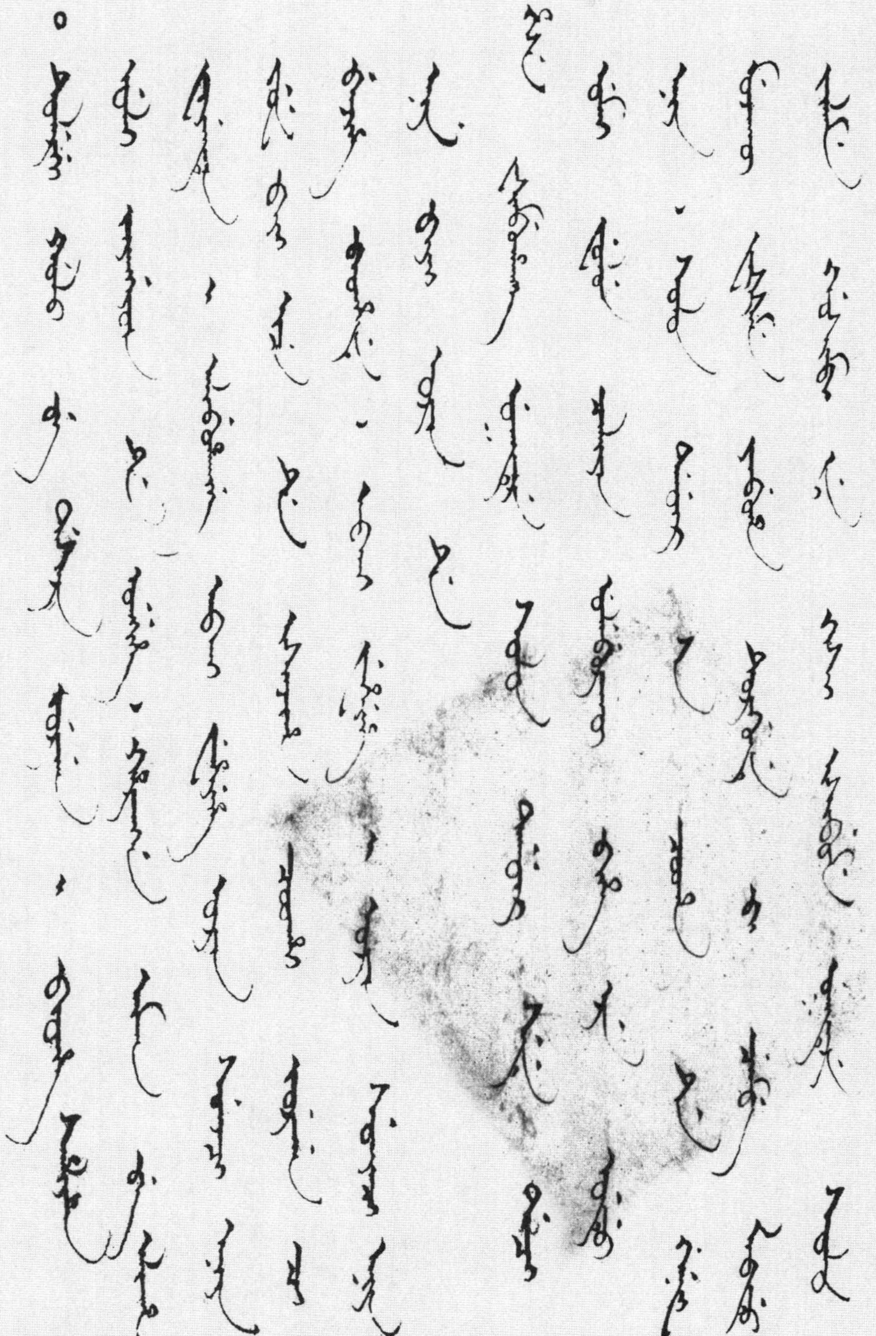

一〇四〇 理藩院为造送食俸饷布特哈索伦达斡尔官兵花名册事咨黑龙江将军文

乾隆二十五年四月初三日

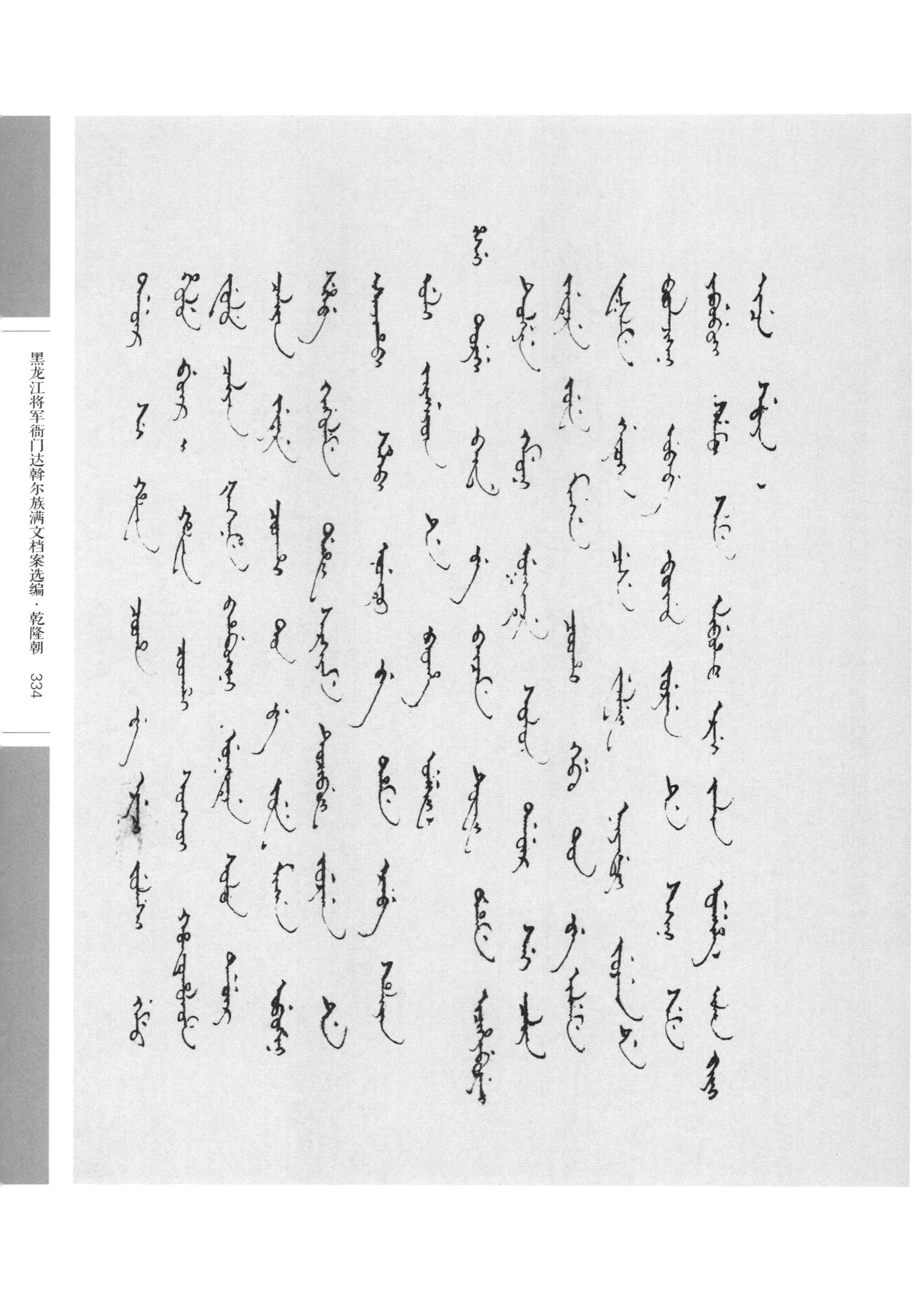

一〇四一　署布特哈索伦达斡尔总管额勒登额等为报索伦达斡尔等本年春秋二季捕貂数目事呈黑龙江将军衙门文

乾隆二十五年四月初四日

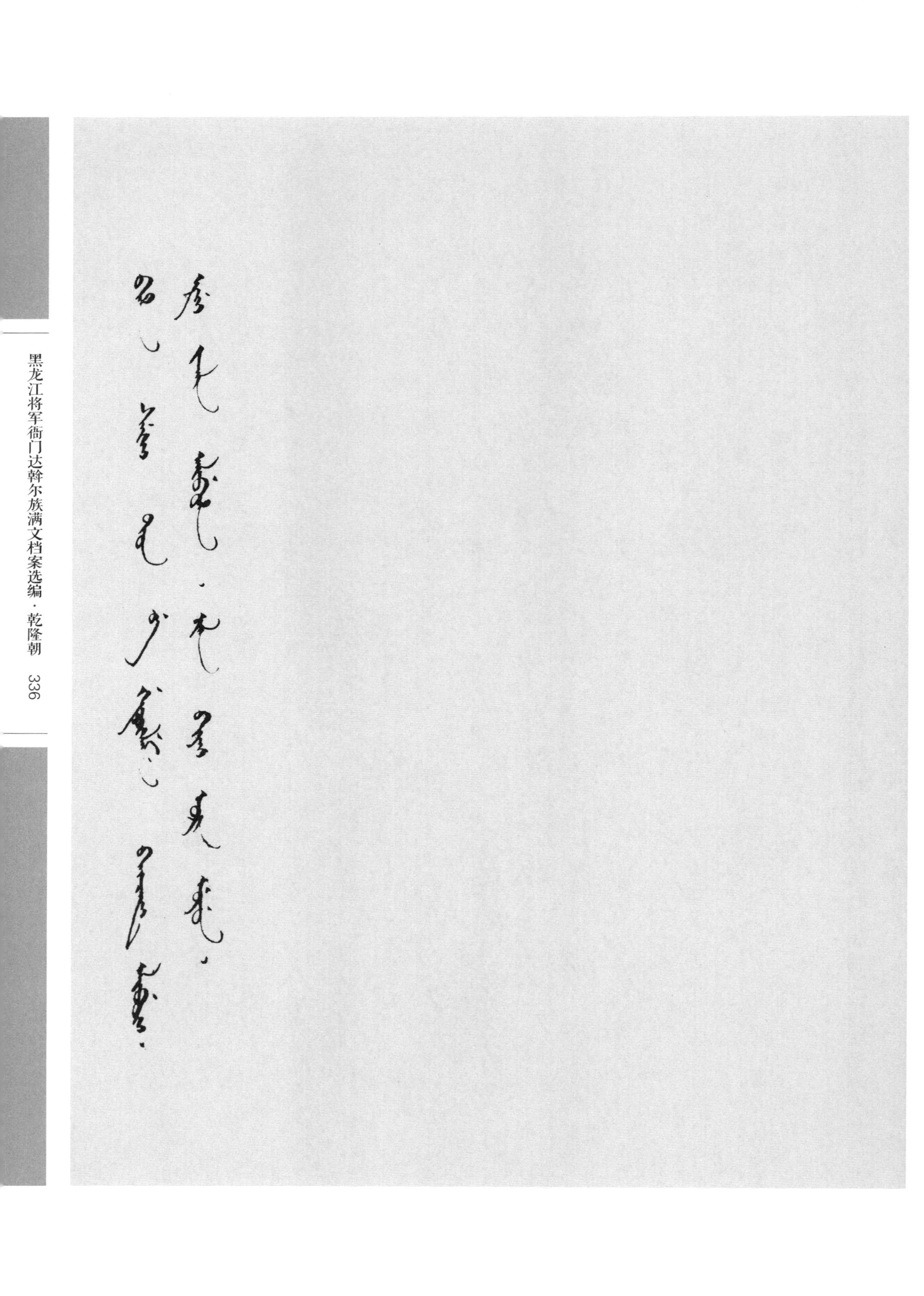

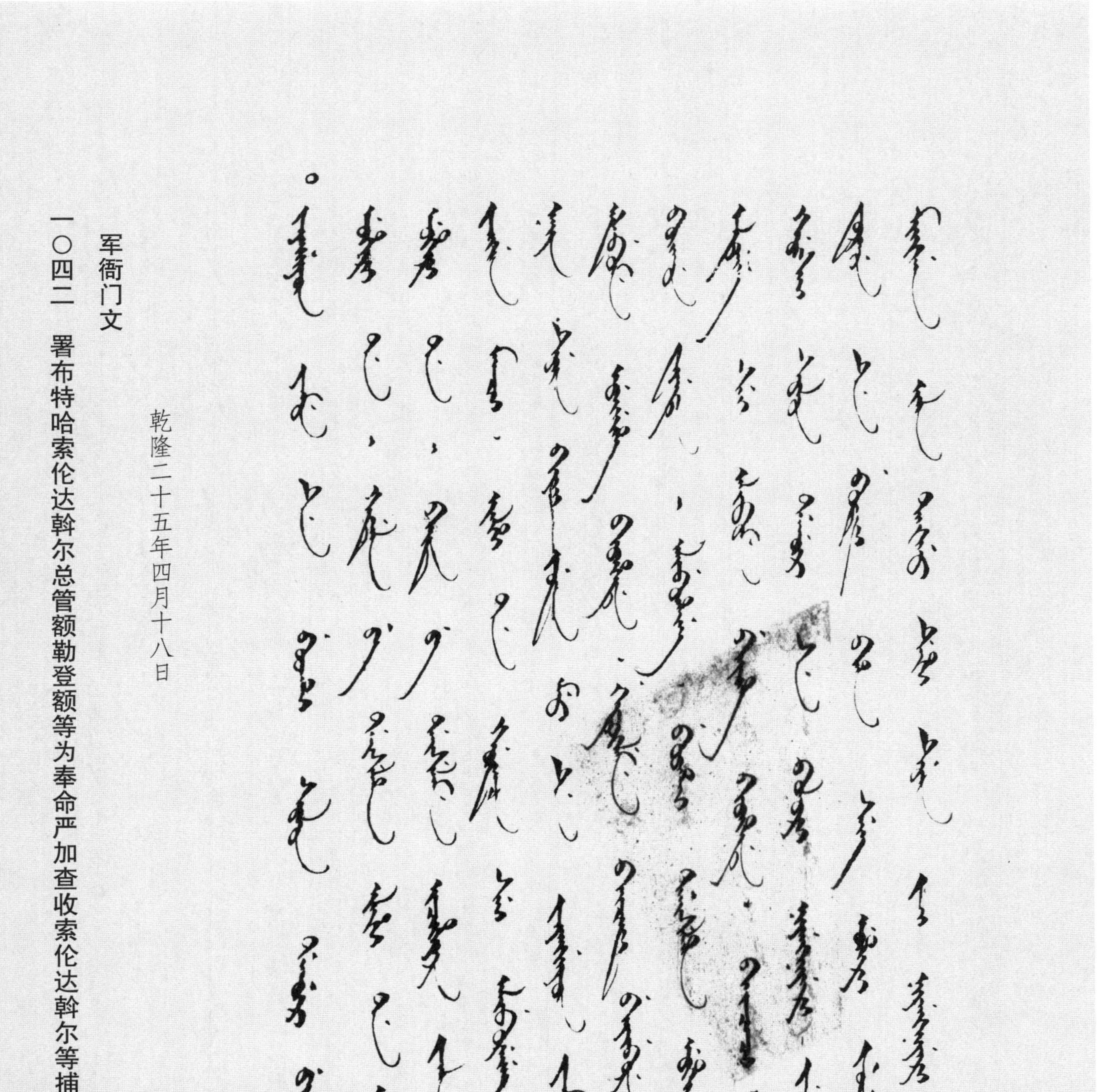

一〇四二 署布特哈索伦达斡尔总管额勒登额等为奉命严加查收索伦达斡尔等捕获貂皮事呈黑龙江将军衙门文

乾隆二十五年四月十八日

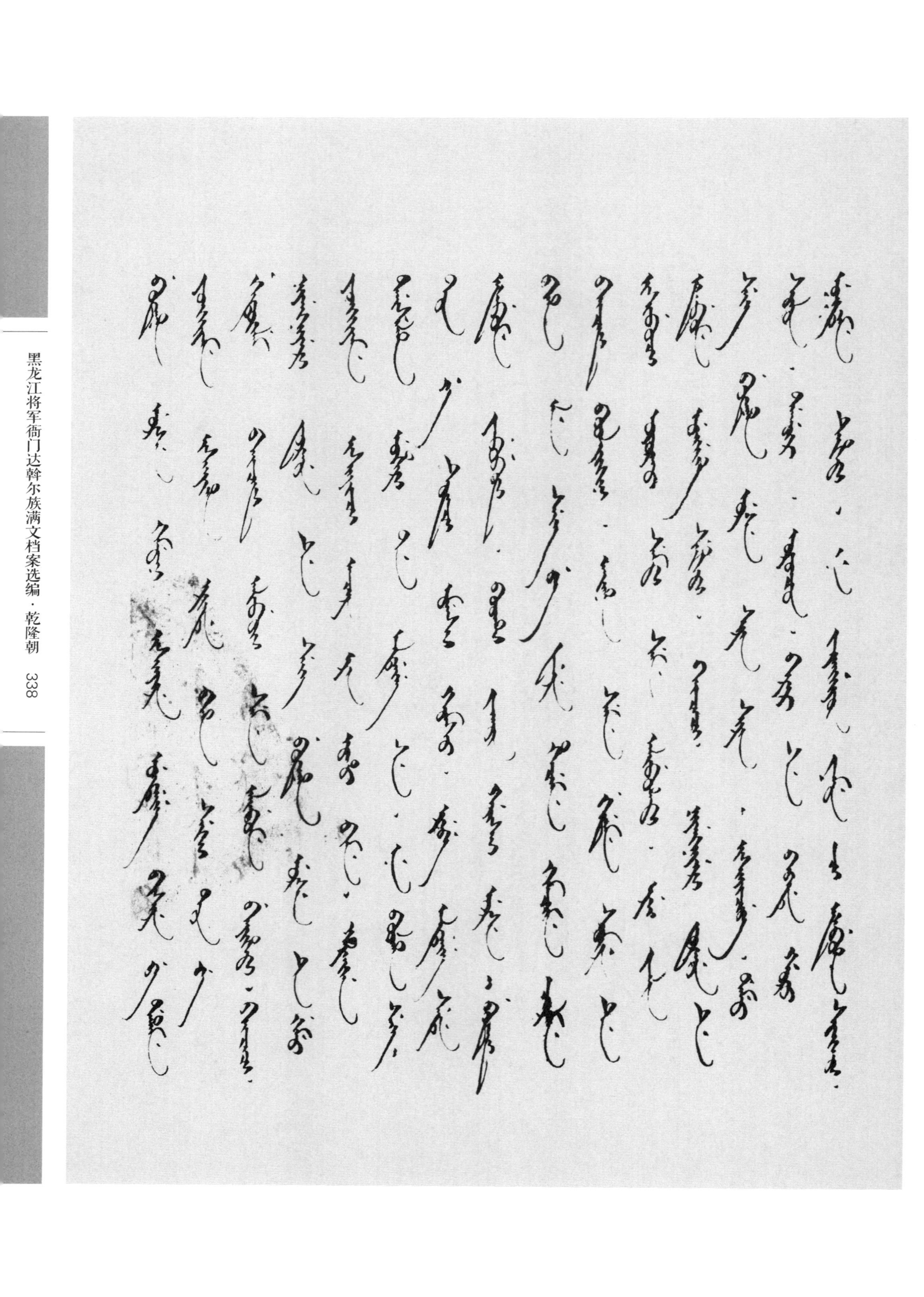

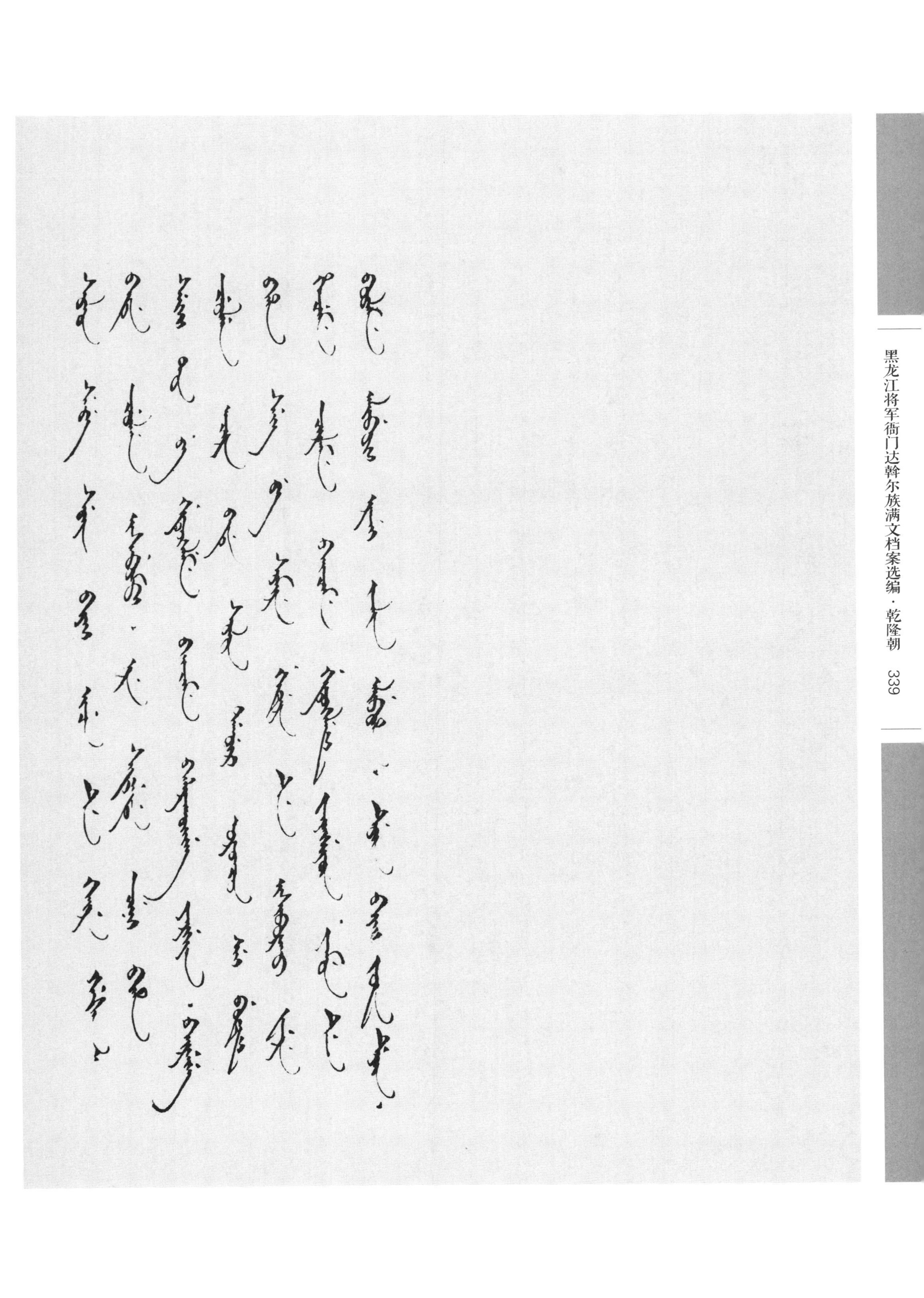

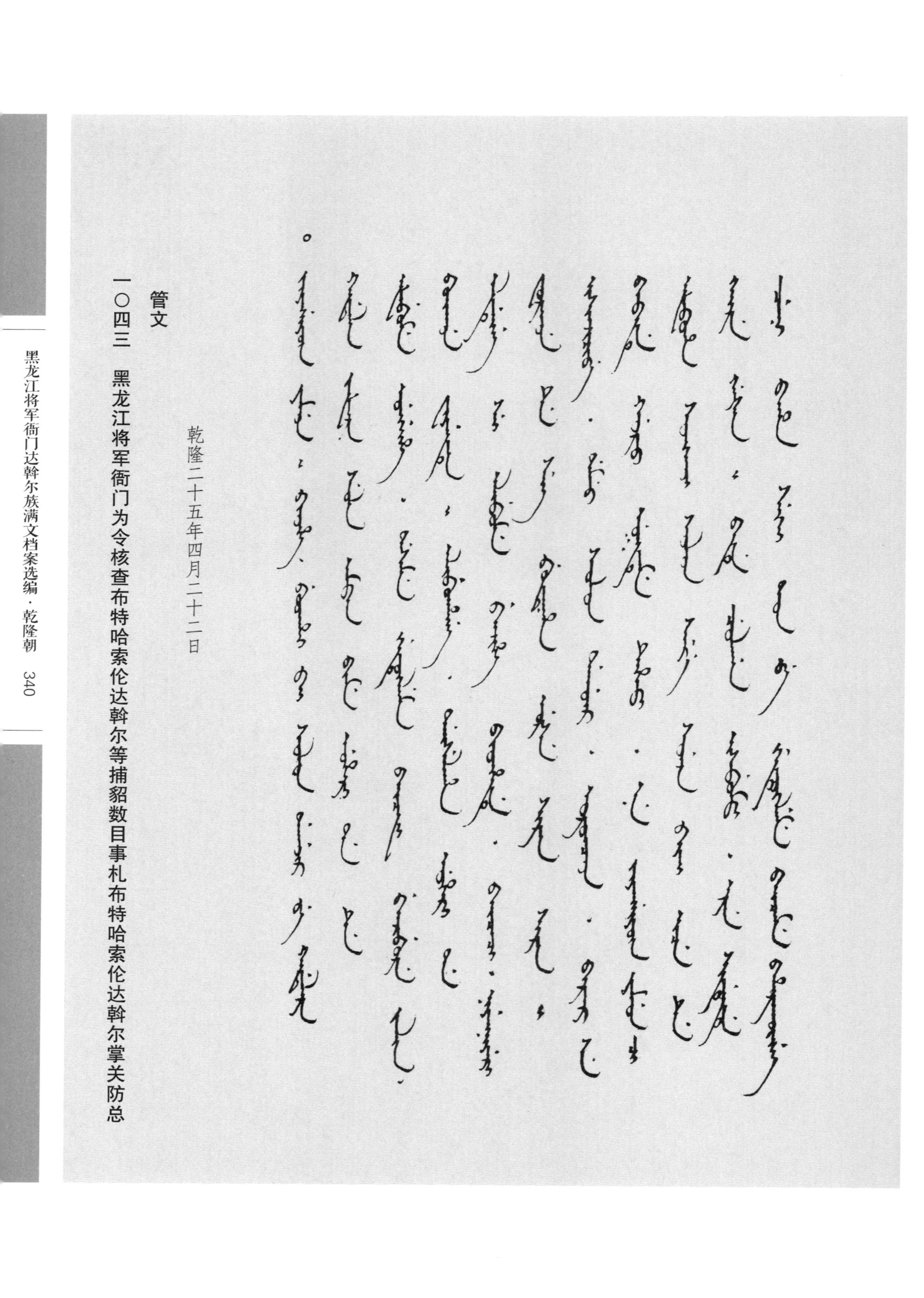

一〇四三　黑龙江将军衙门为令核查布特哈索伦达斡尔等捕貂数目事札布特哈索伦达斡尔掌关防总管文

乾隆二十五年四月二十二日

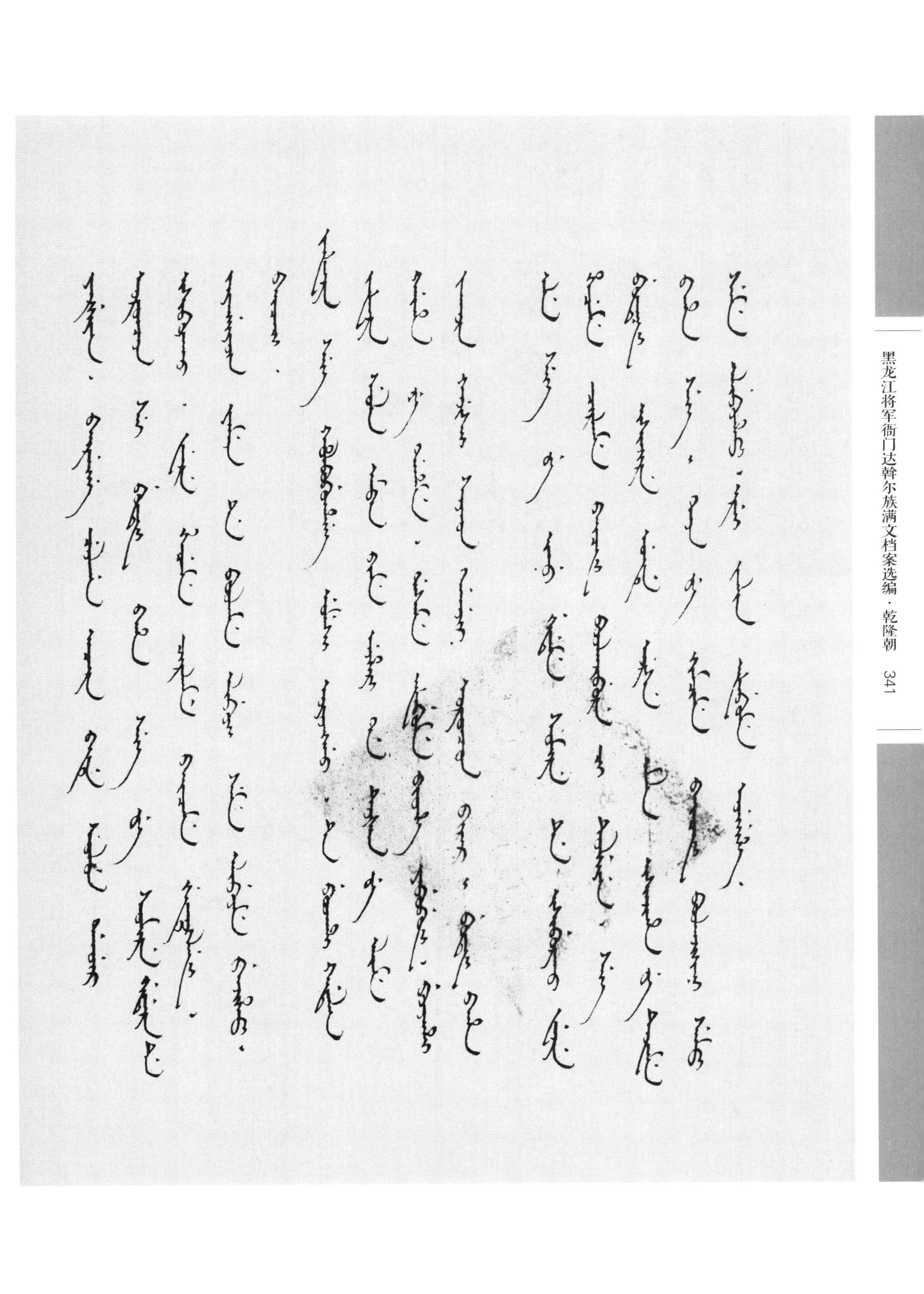

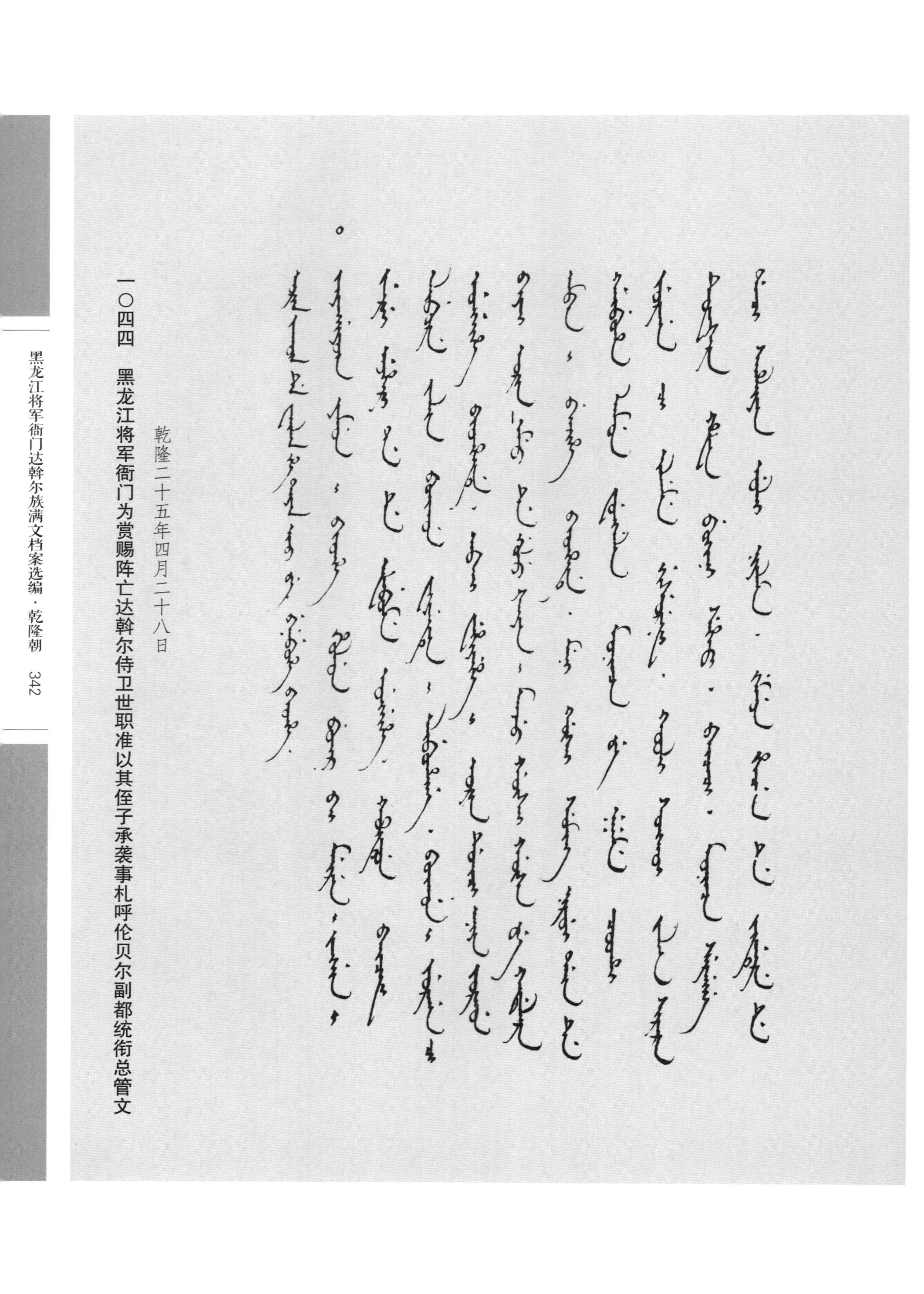

一〇四四　黑龙江将军衙门为赏赐阵亡达斡尔侍卫世职准以其侄子承袭事札呼伦贝尔副都统衔总管文

乾隆二十五年四月二十八日

[illegible]

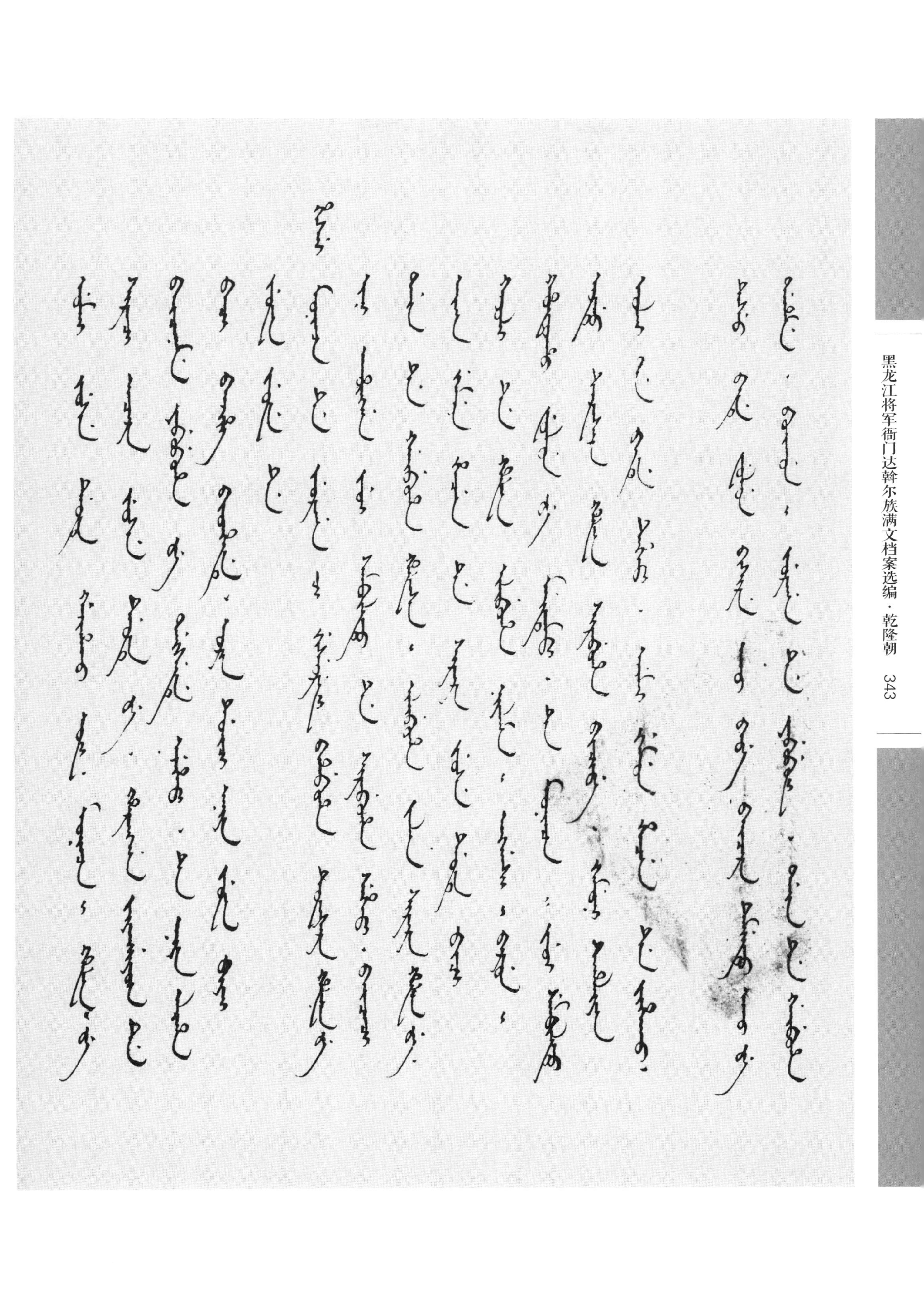

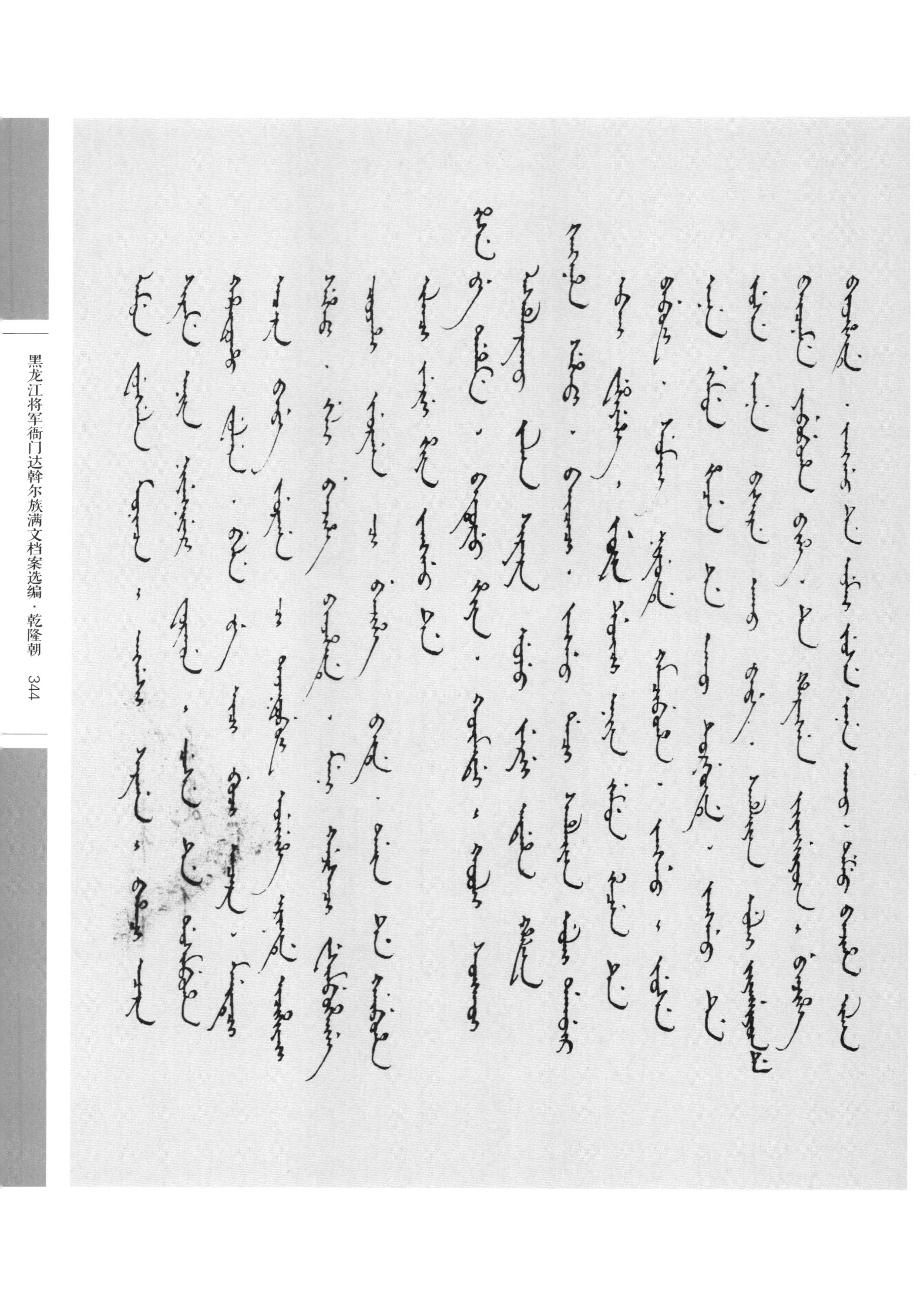

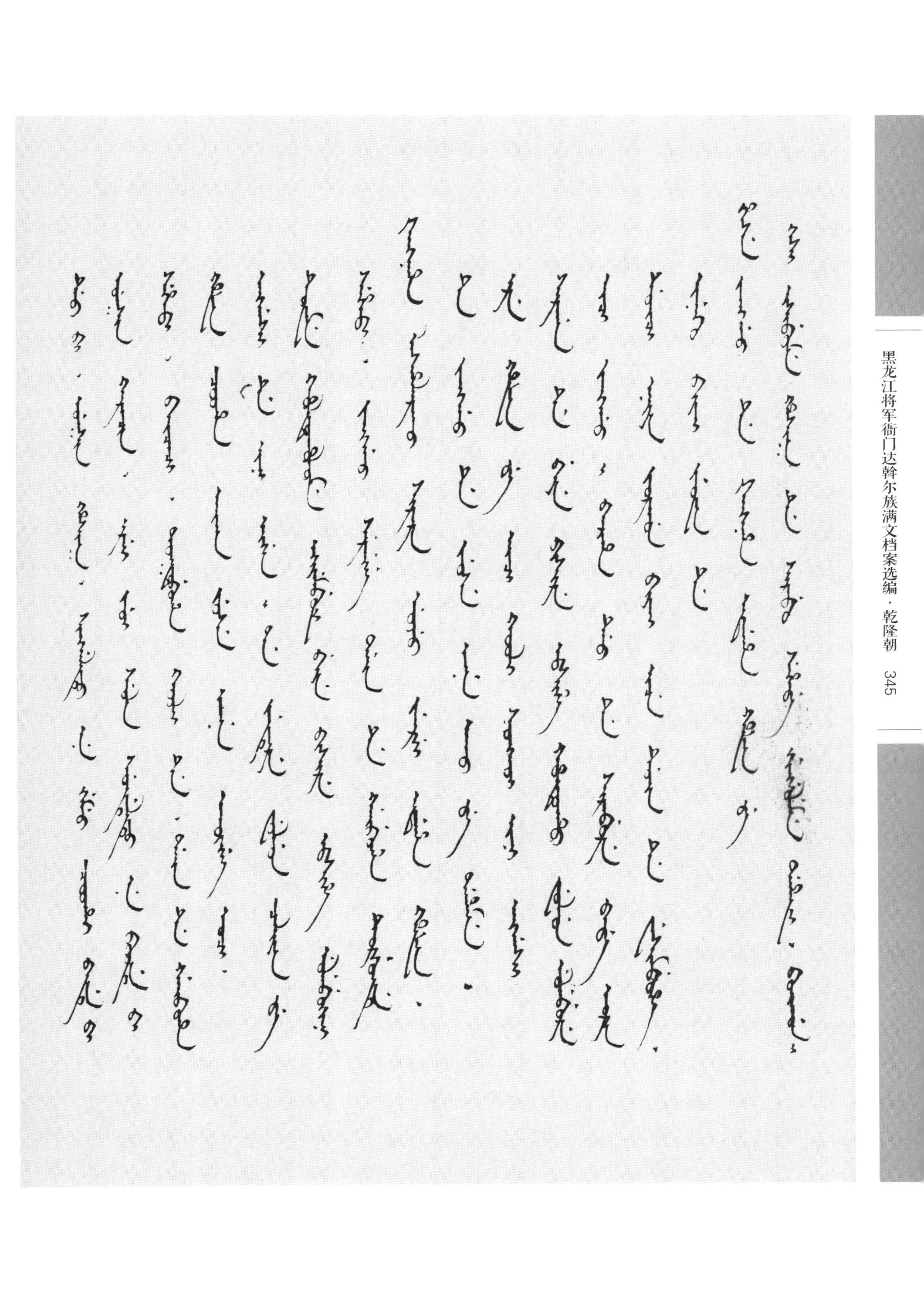

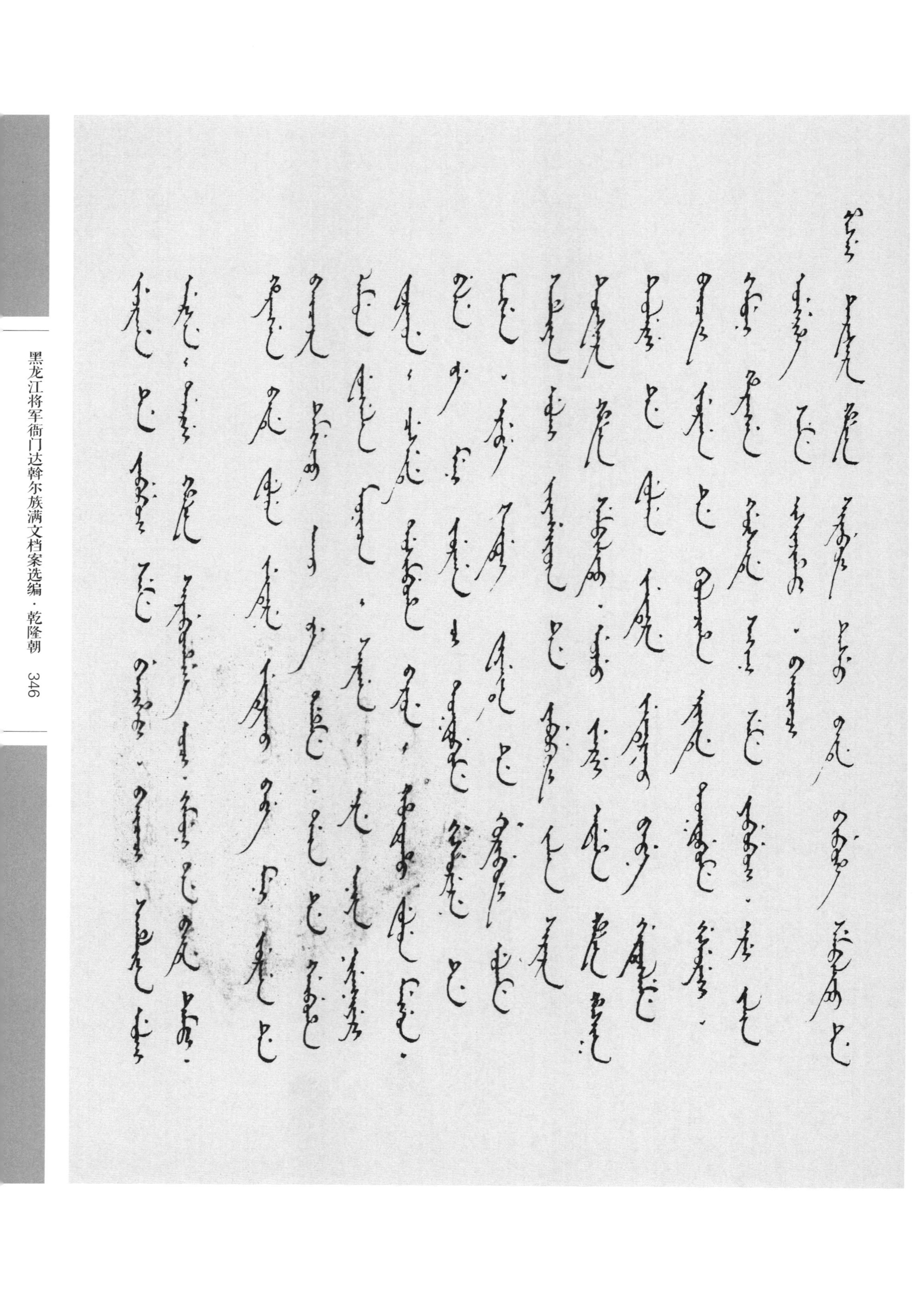

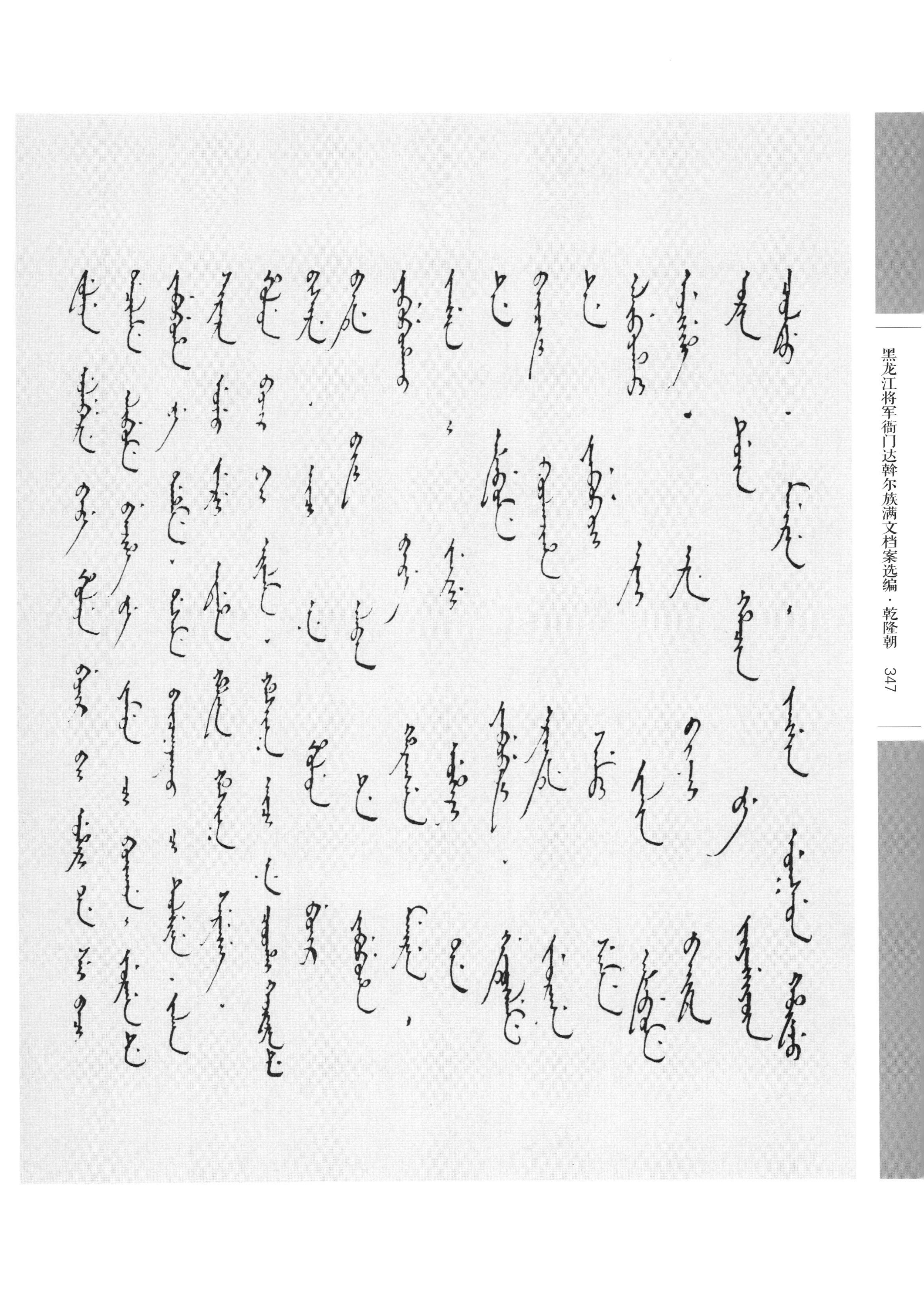

[illegible]

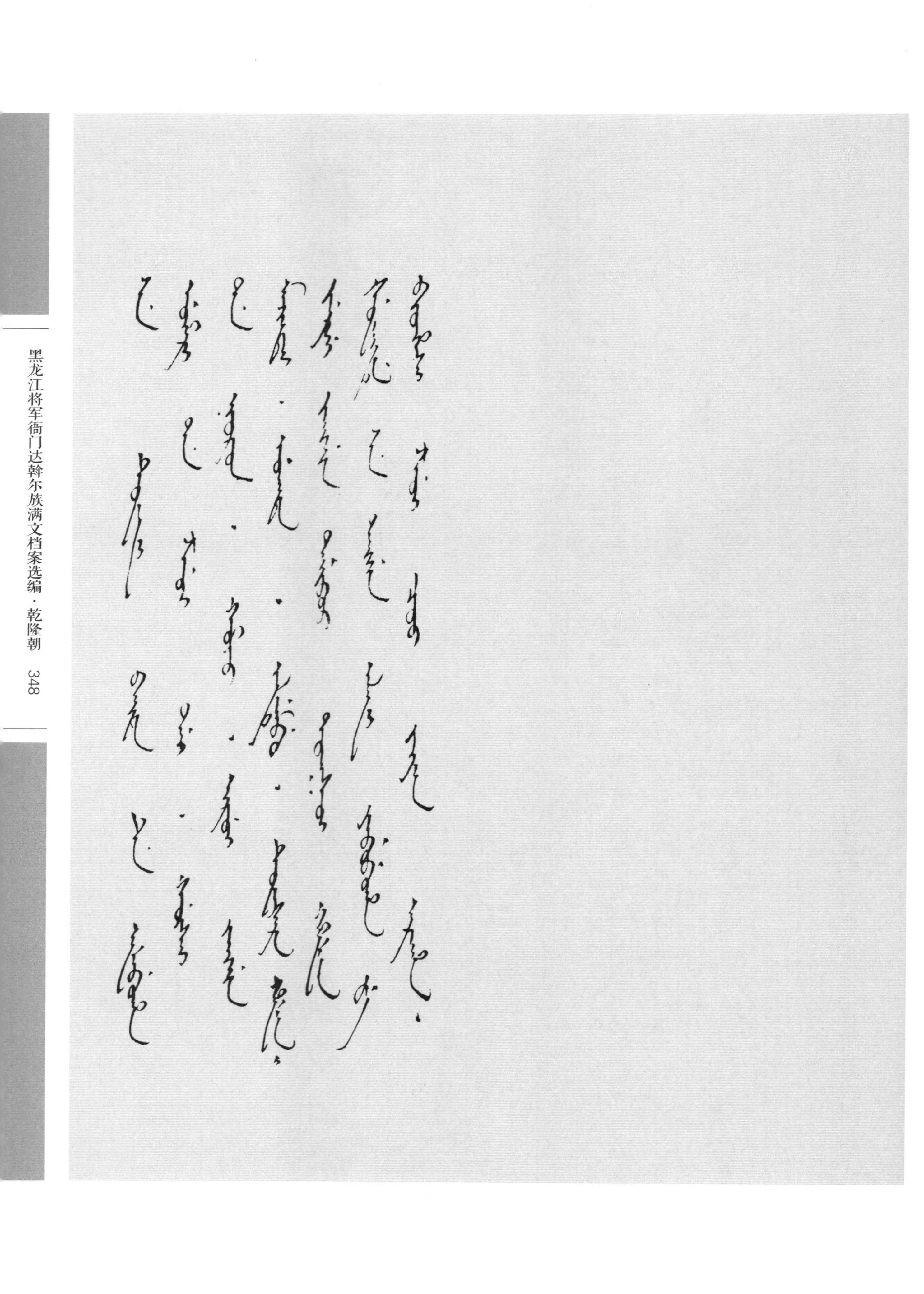

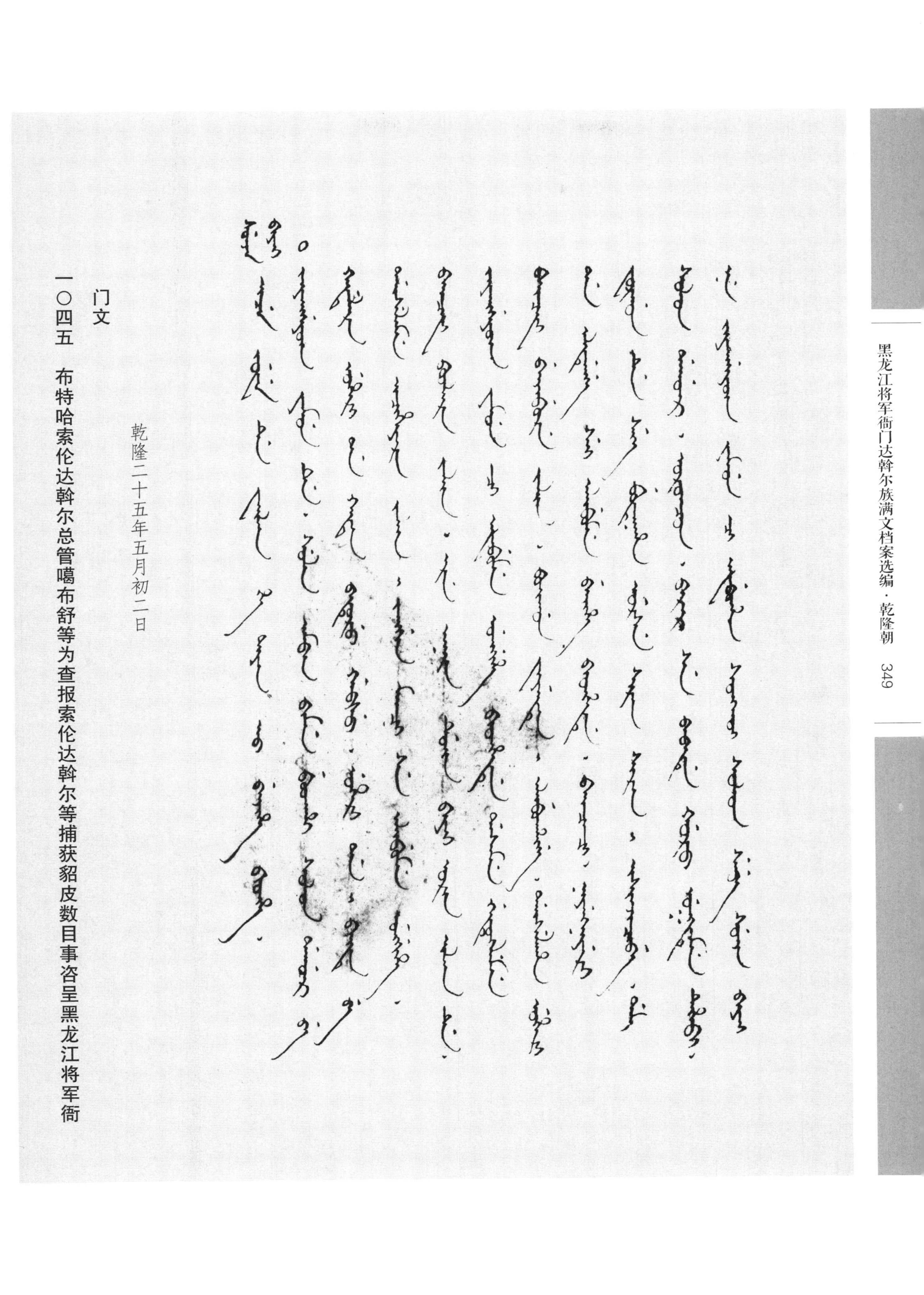

一〇四五 布特哈索伦达斡尔总管噶布舒等为查报索伦达斡尔等捕获貂皮数目事咨呈黑龙江将军衙门文

乾隆二十五年五月初二日

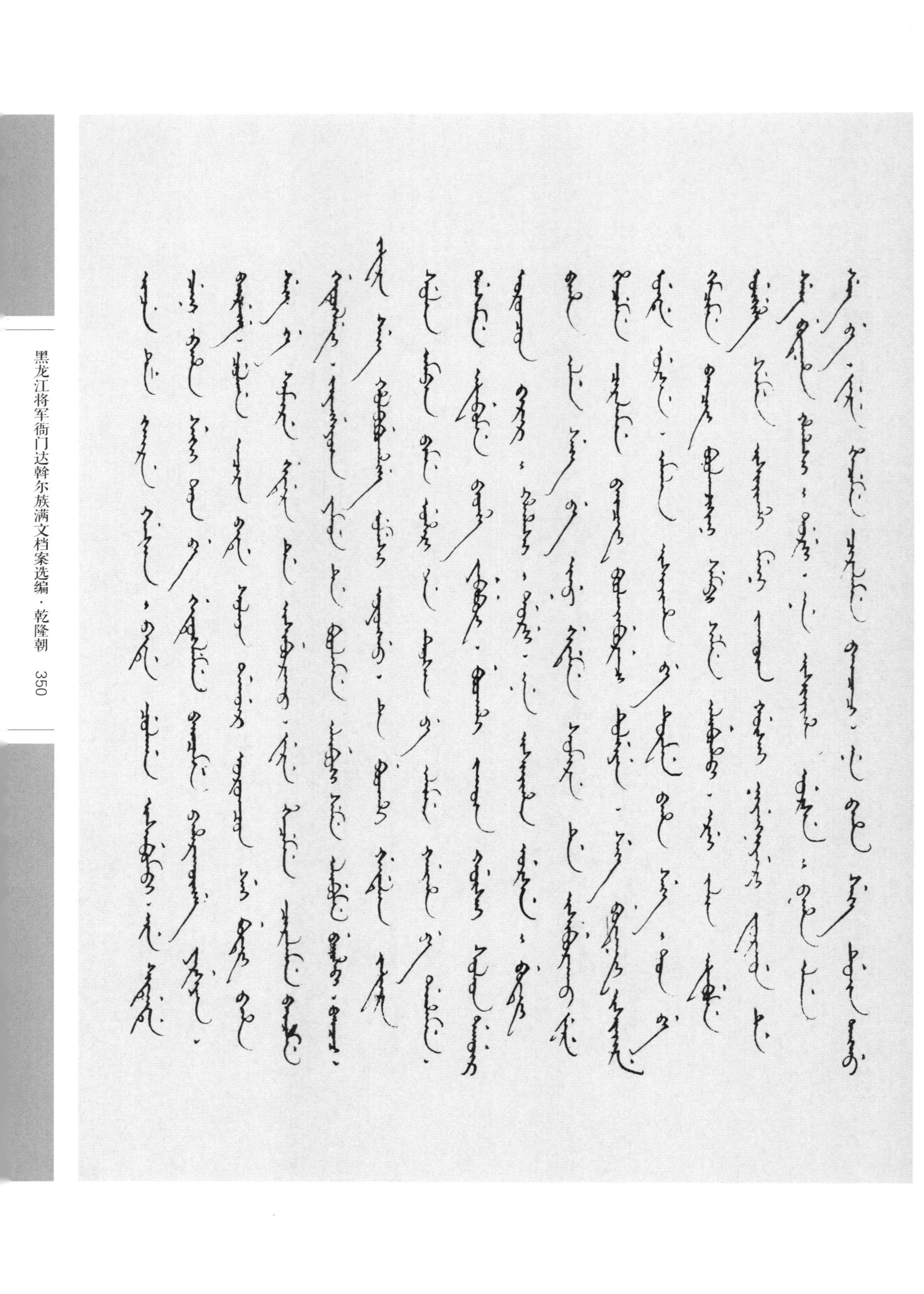

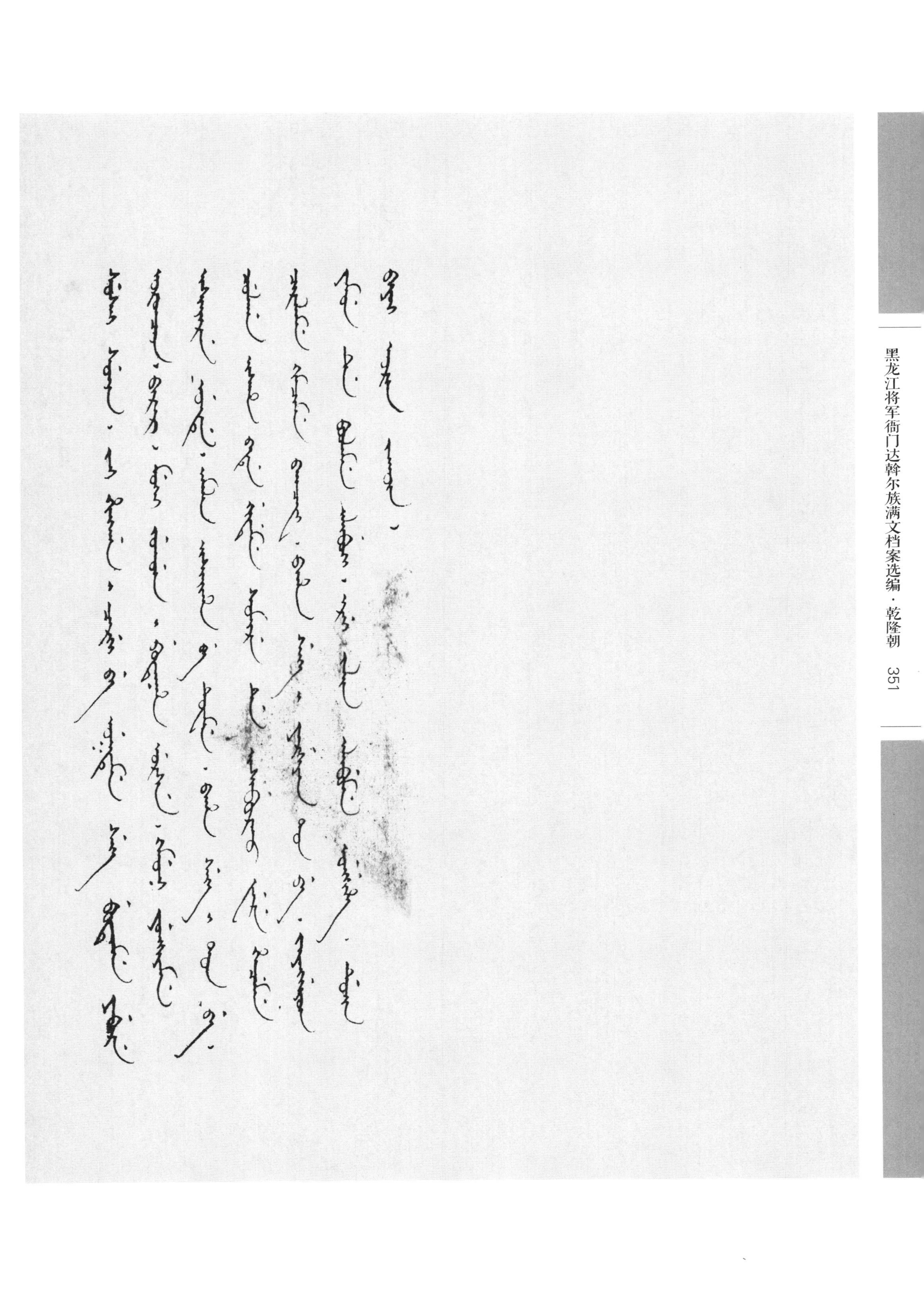

[illegible]

一〇四六　兵部为造送留驻京城达斡尔库雅喇等侍卫蓝翎职衔旗佐册事咨黑龙江将军文（附名单一件）

乾隆二十五年五月初九日

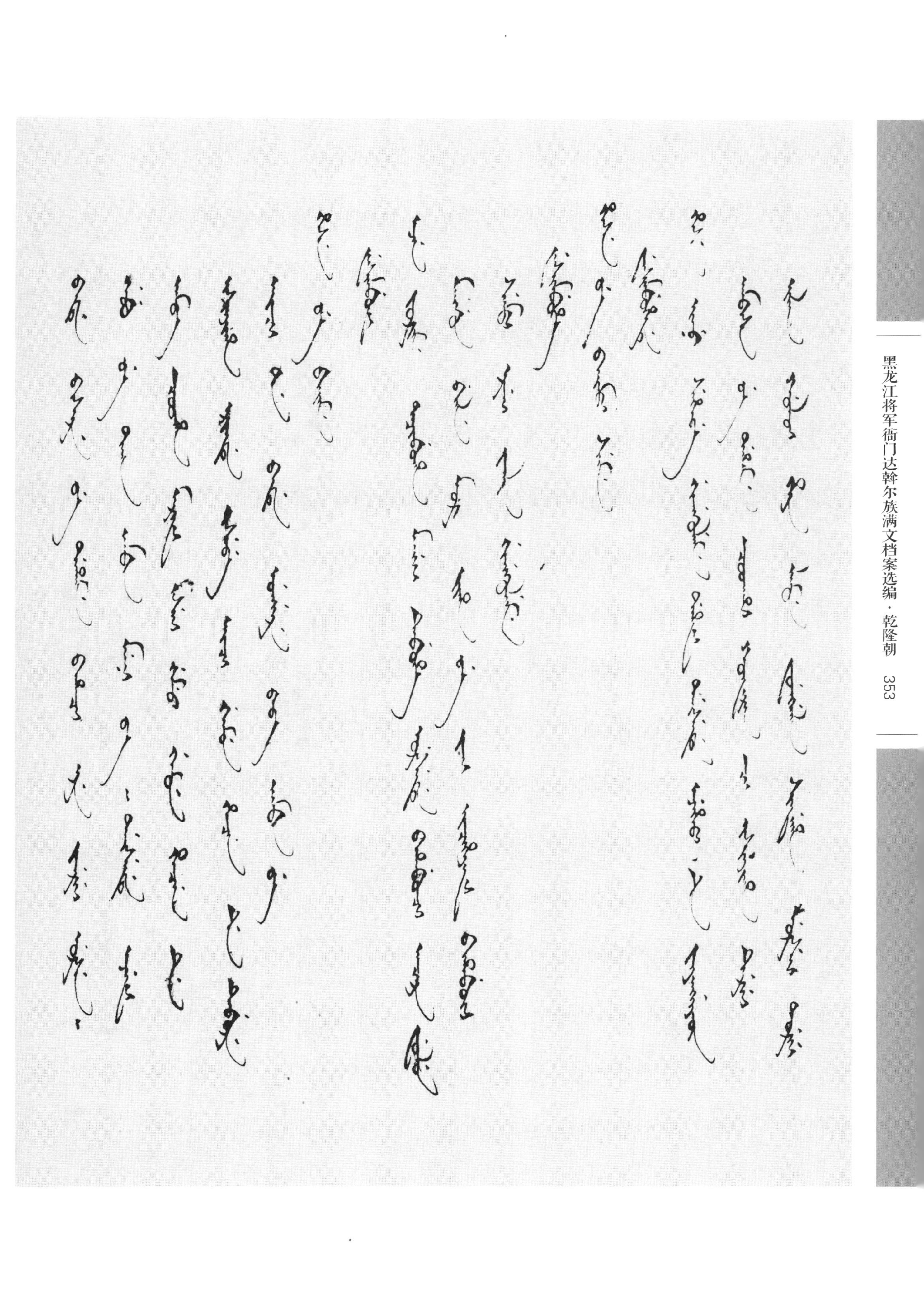

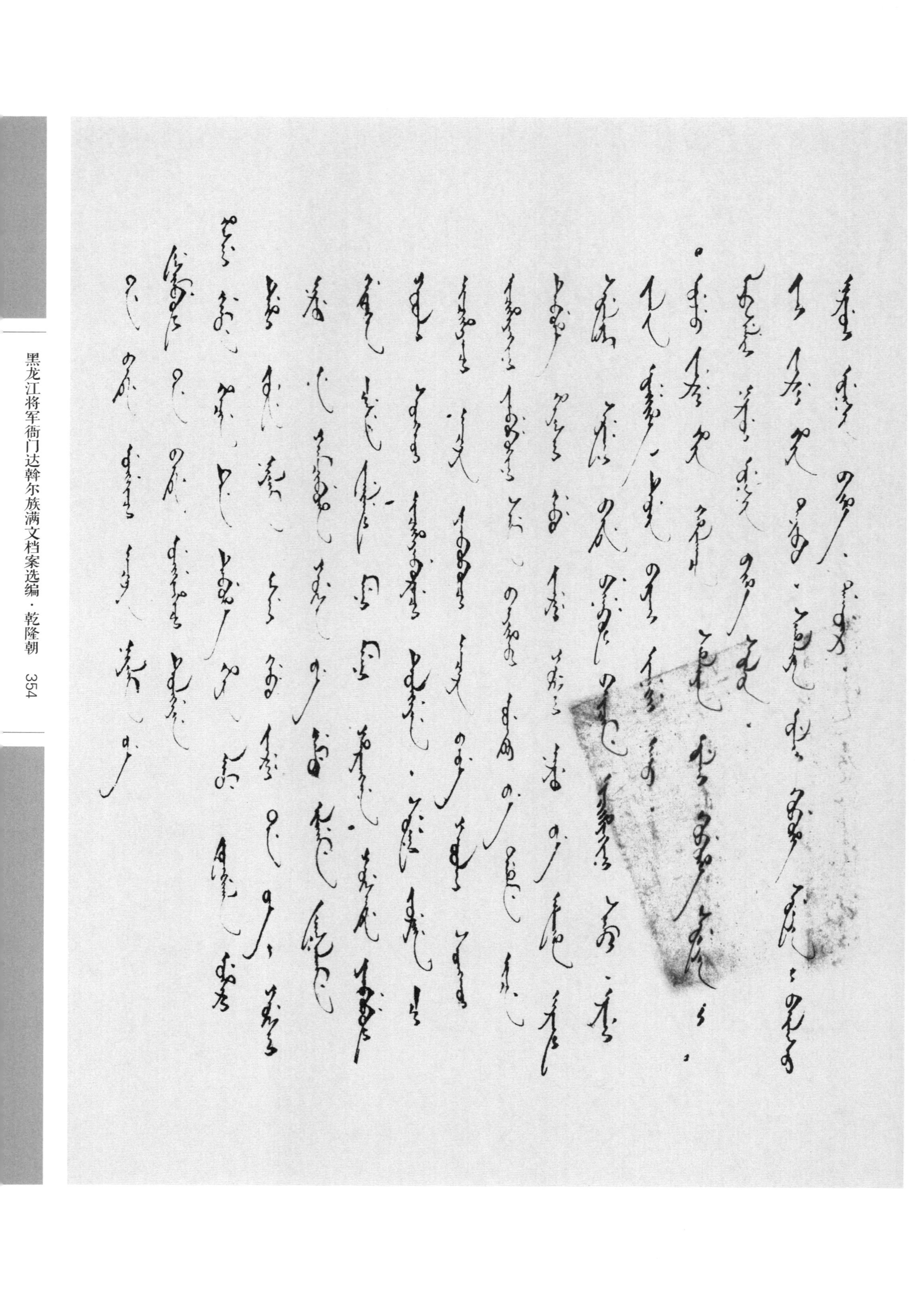

[illegible]

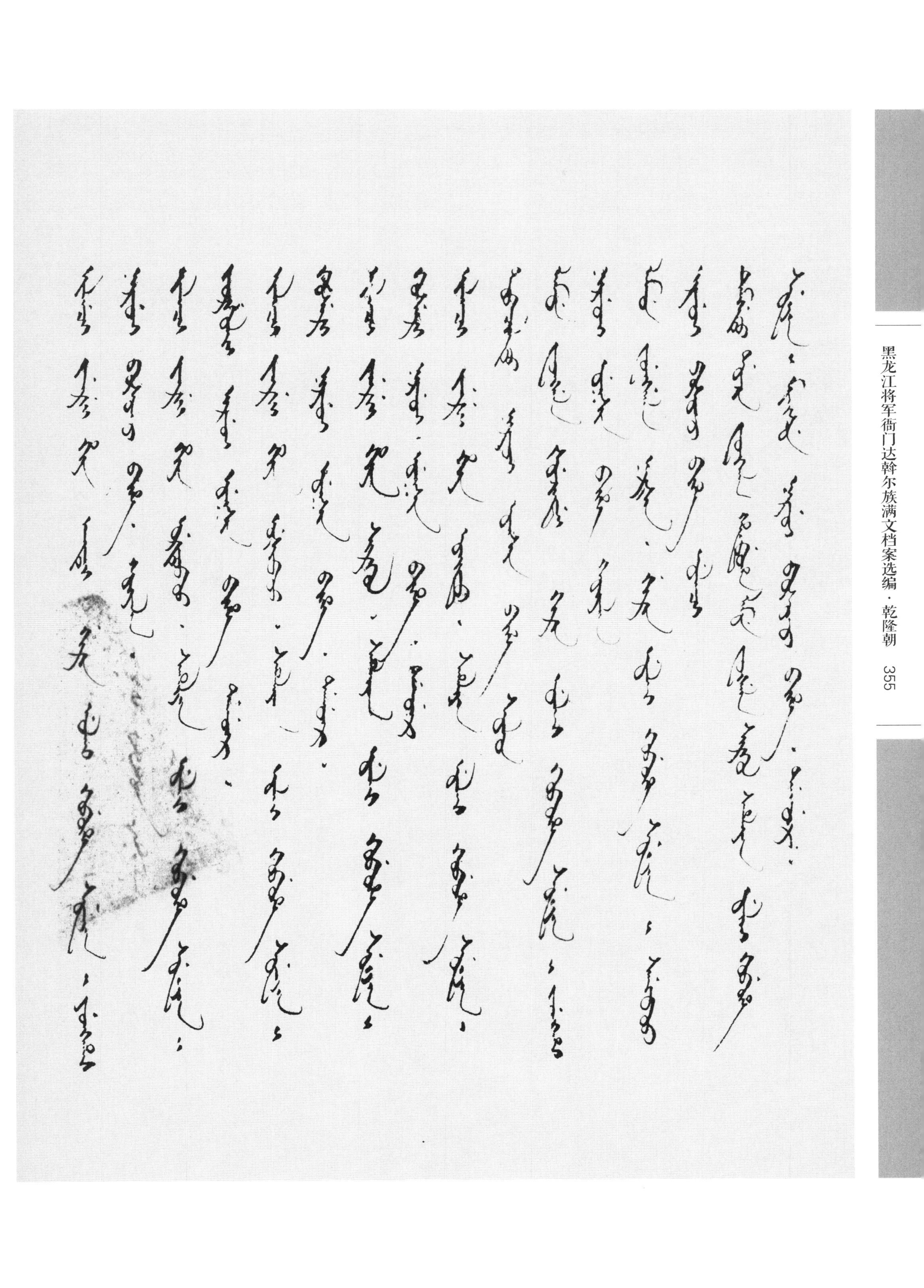

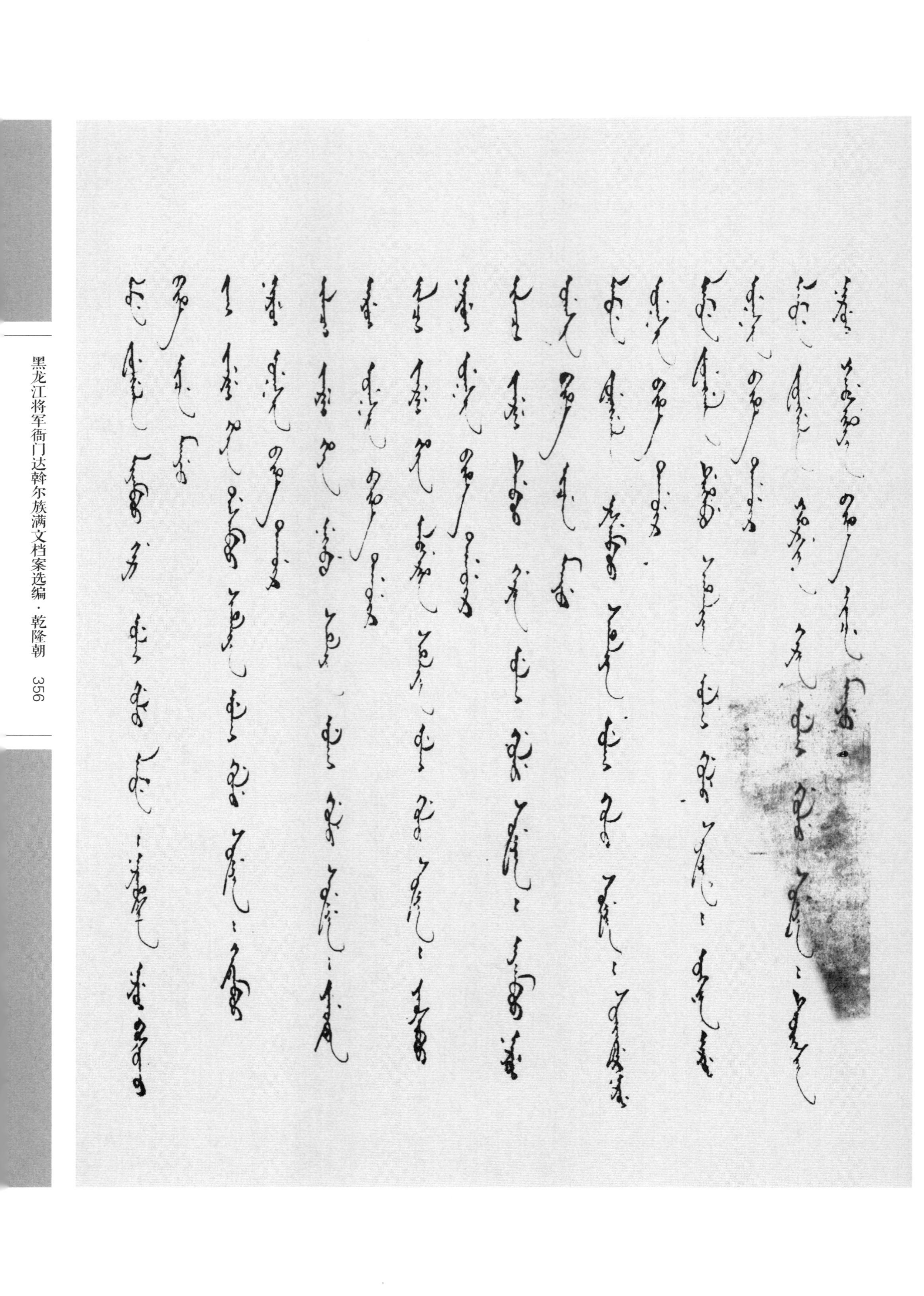

[illegible]

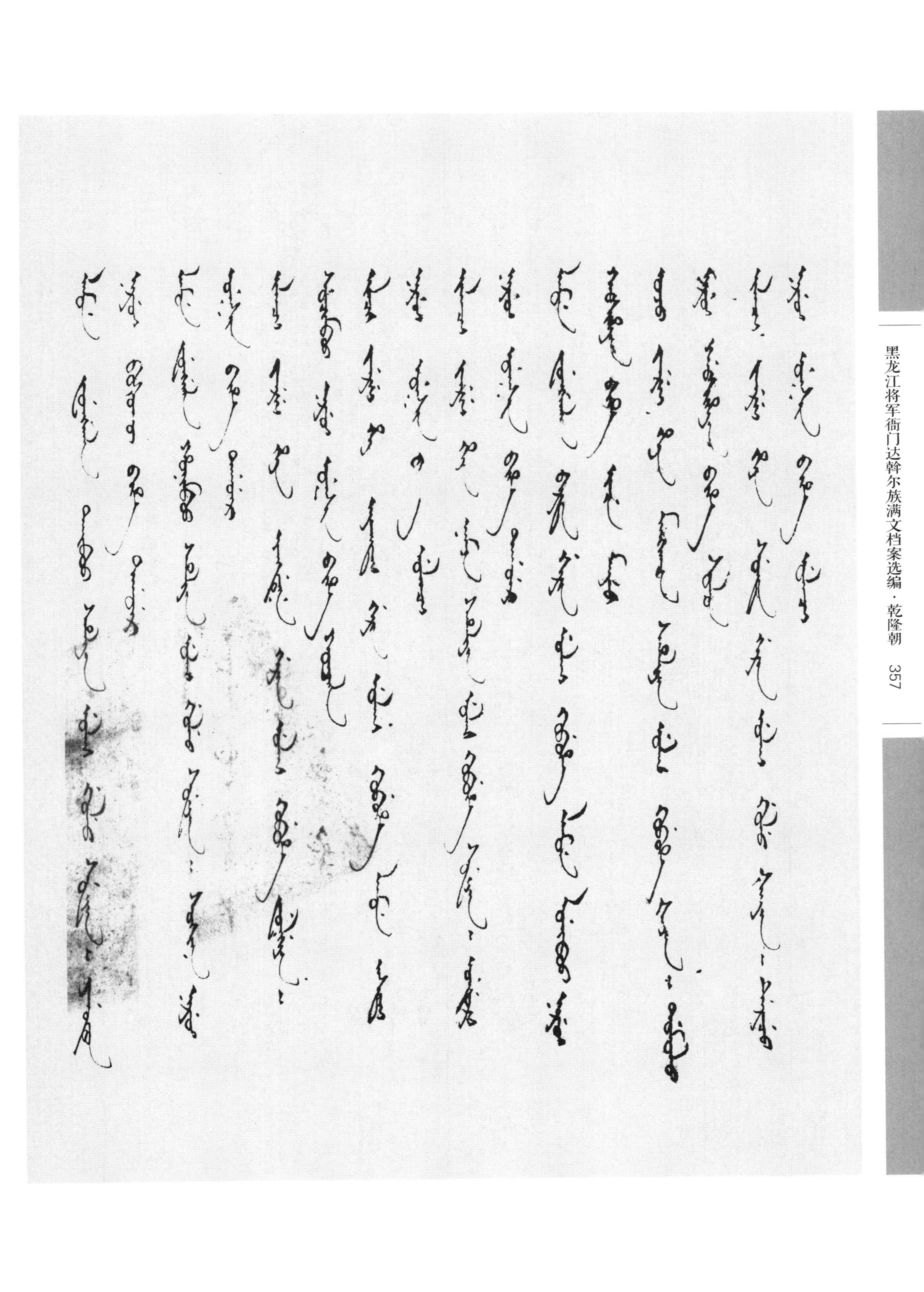

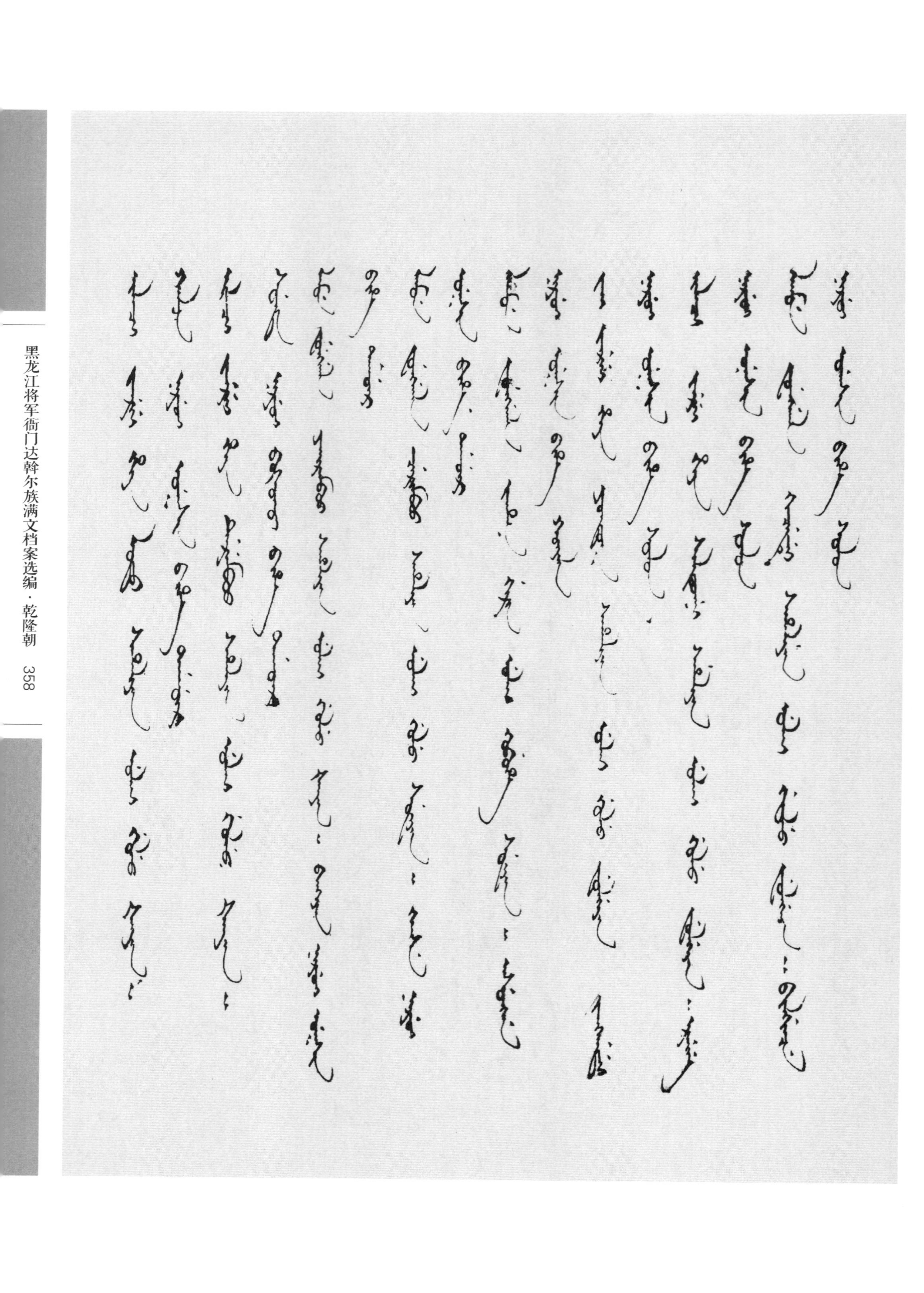

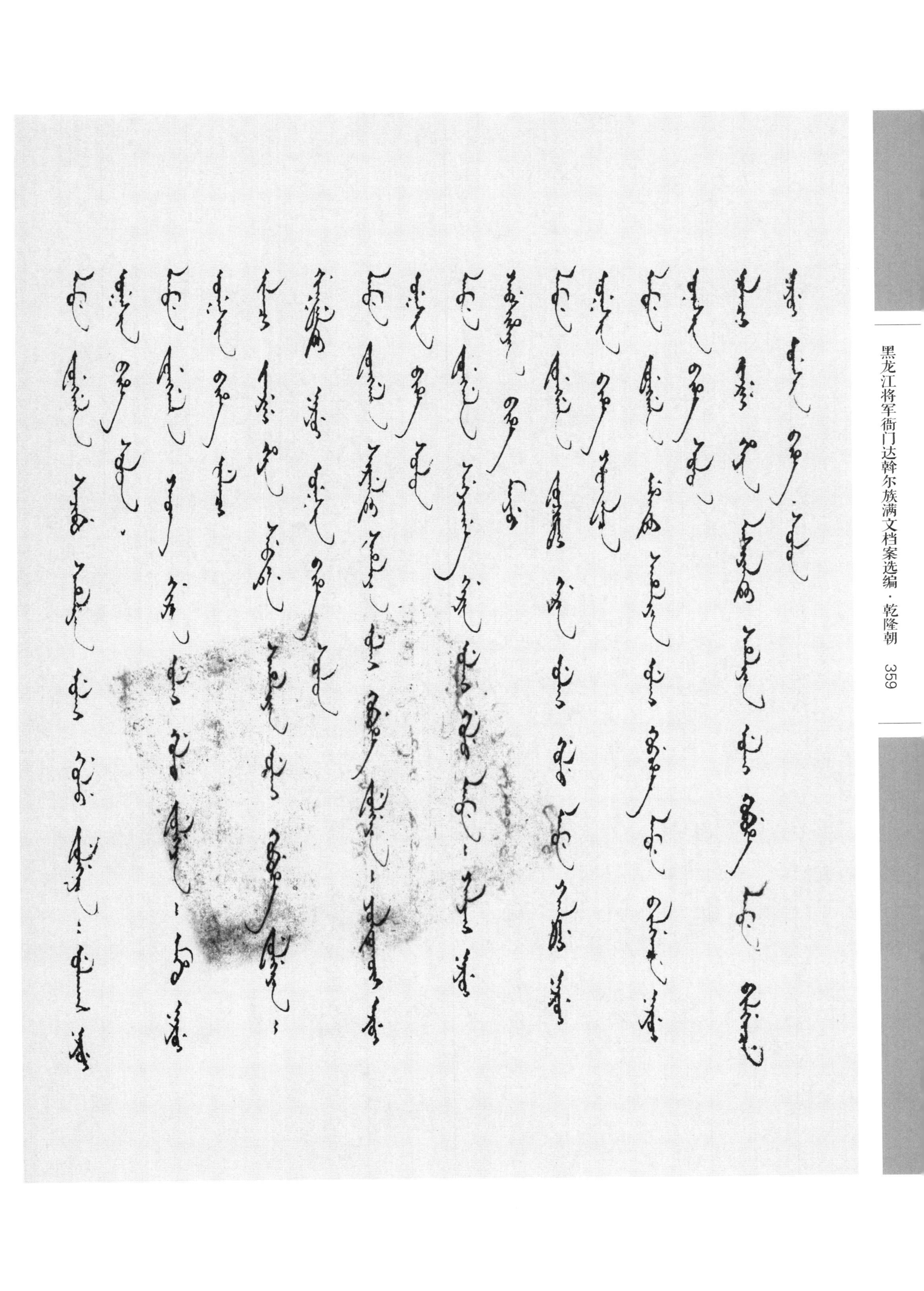

一〇四七 布特哈索伦达斡尔总管噶布舒等为造送索伦达斡尔等牲丁及捕获貂皮数册事咨呈黑龙江将军衙门文

乾隆二十五年五月十一日

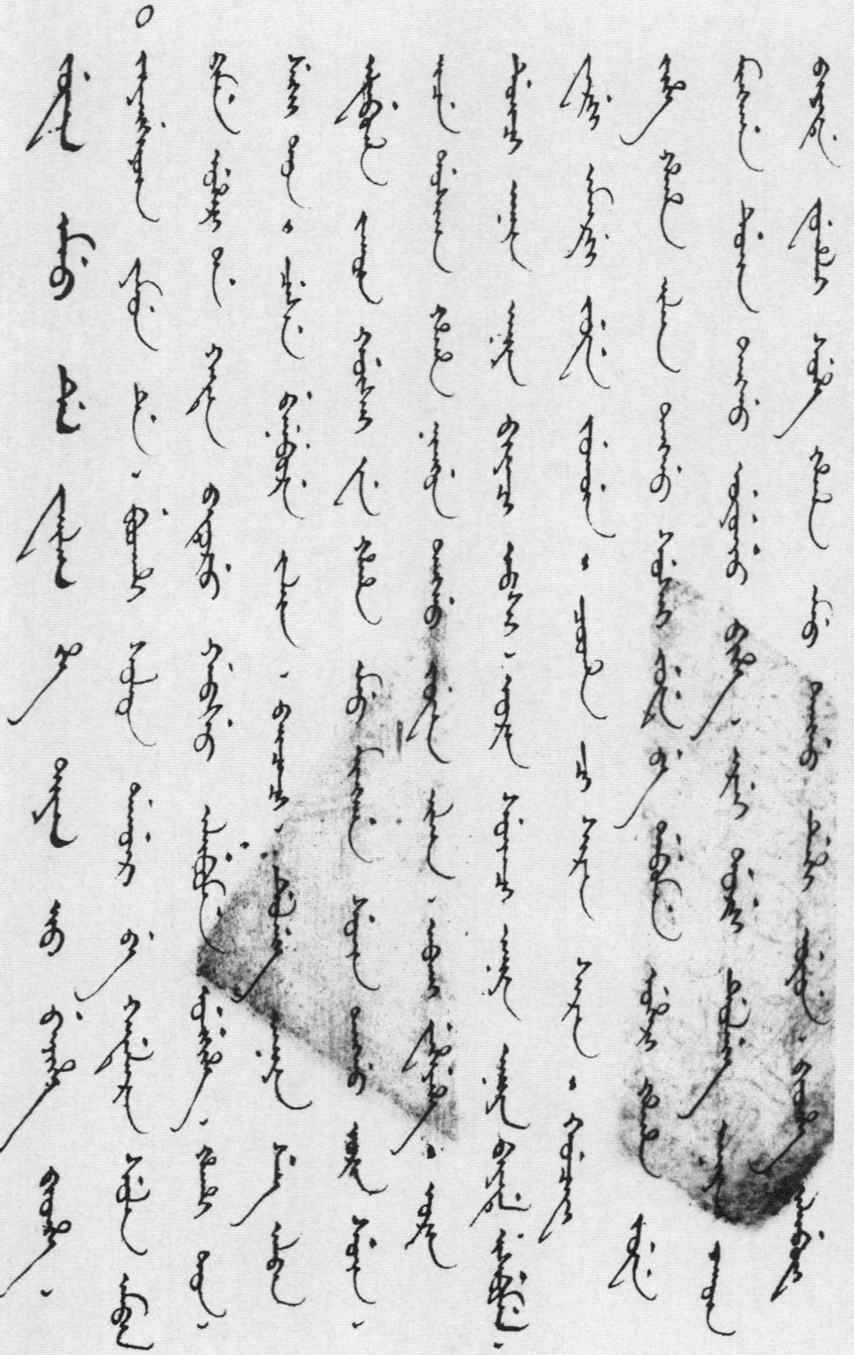

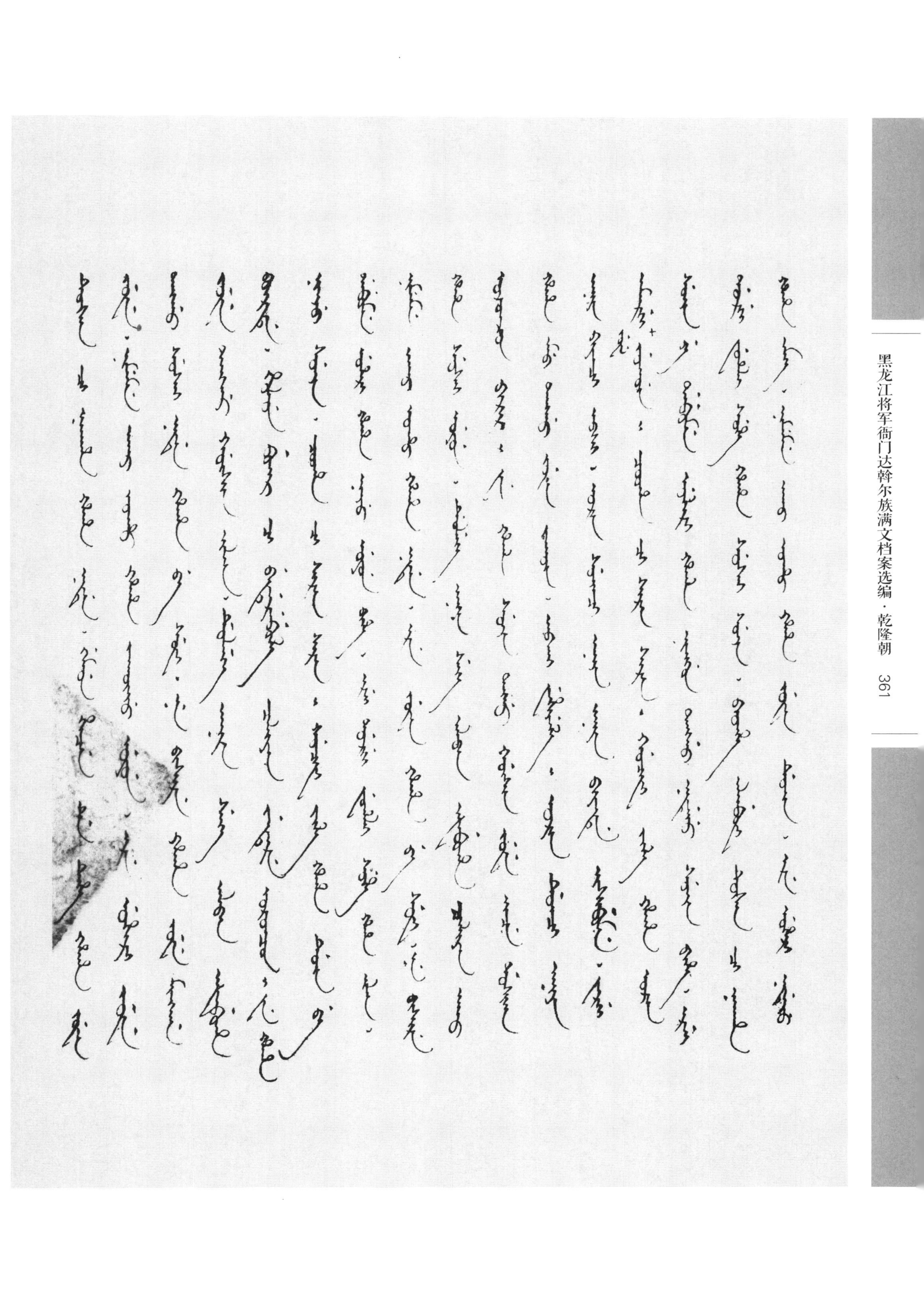

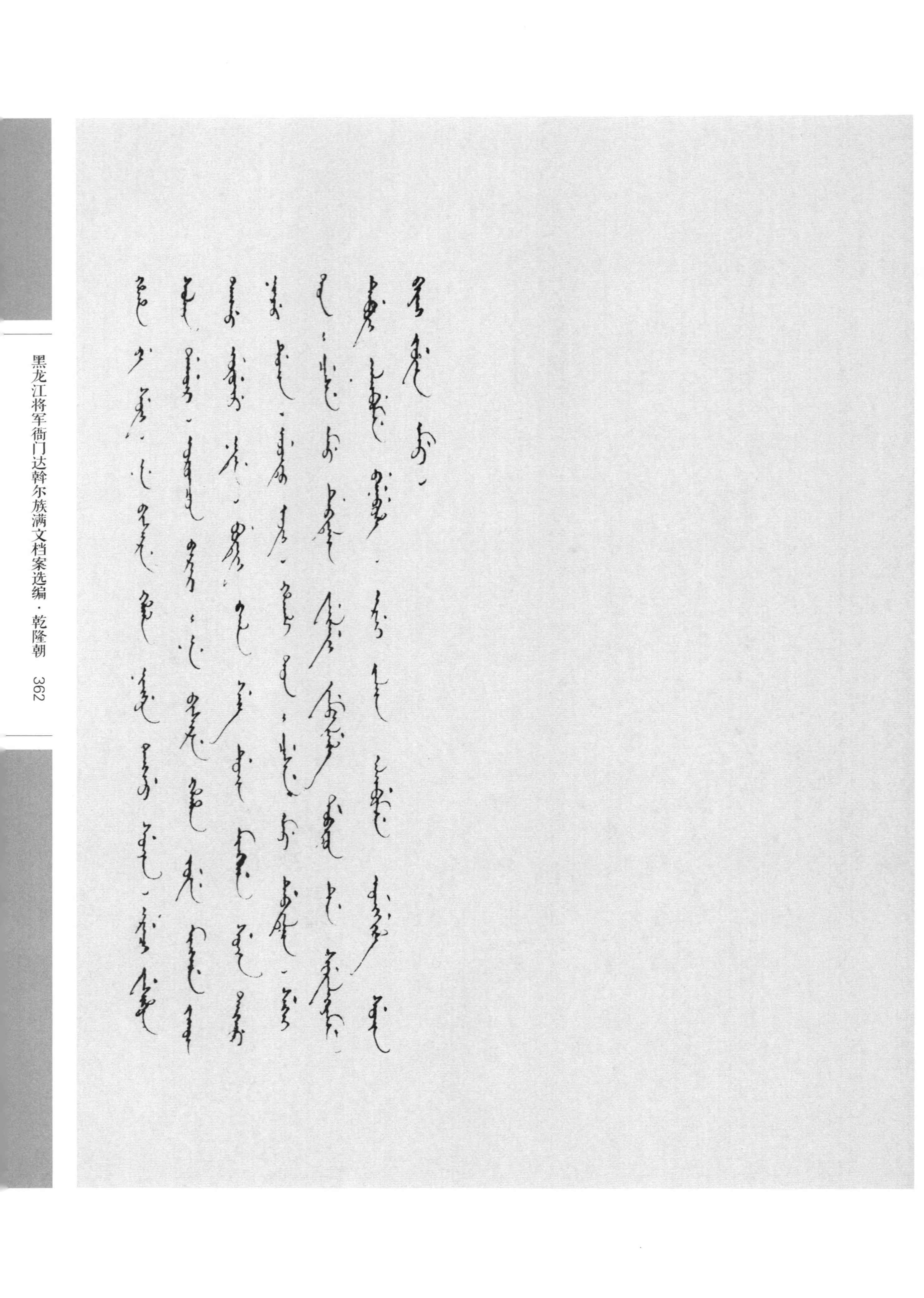

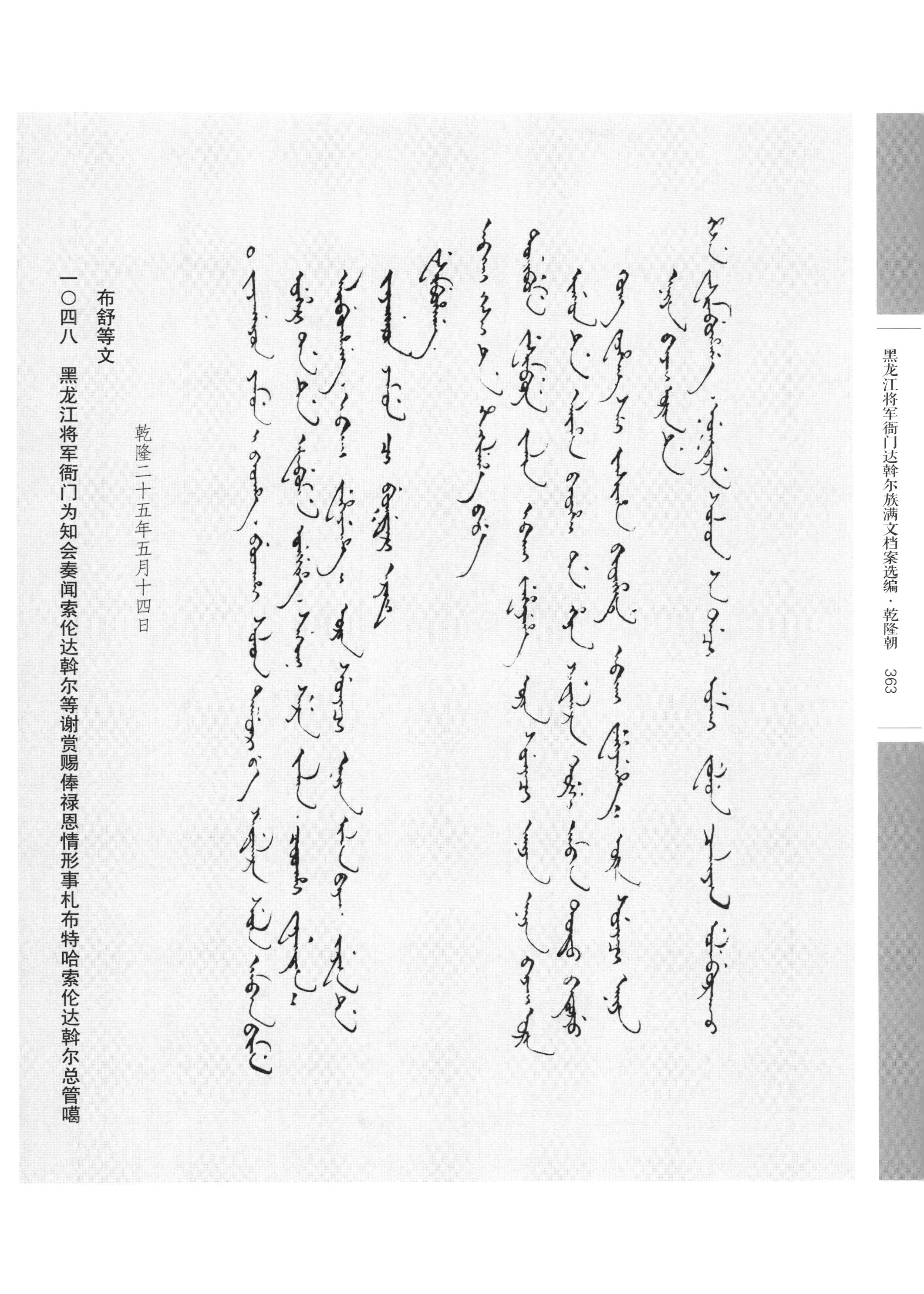

一〇四八　黑龙江将军衙门为知会奏闻索伦达斡尔等谢赏赐俸禄恩情形事札布特哈索伦达斡尔总管噶布舒等文

乾隆二十五年五月十四日

[illegible]

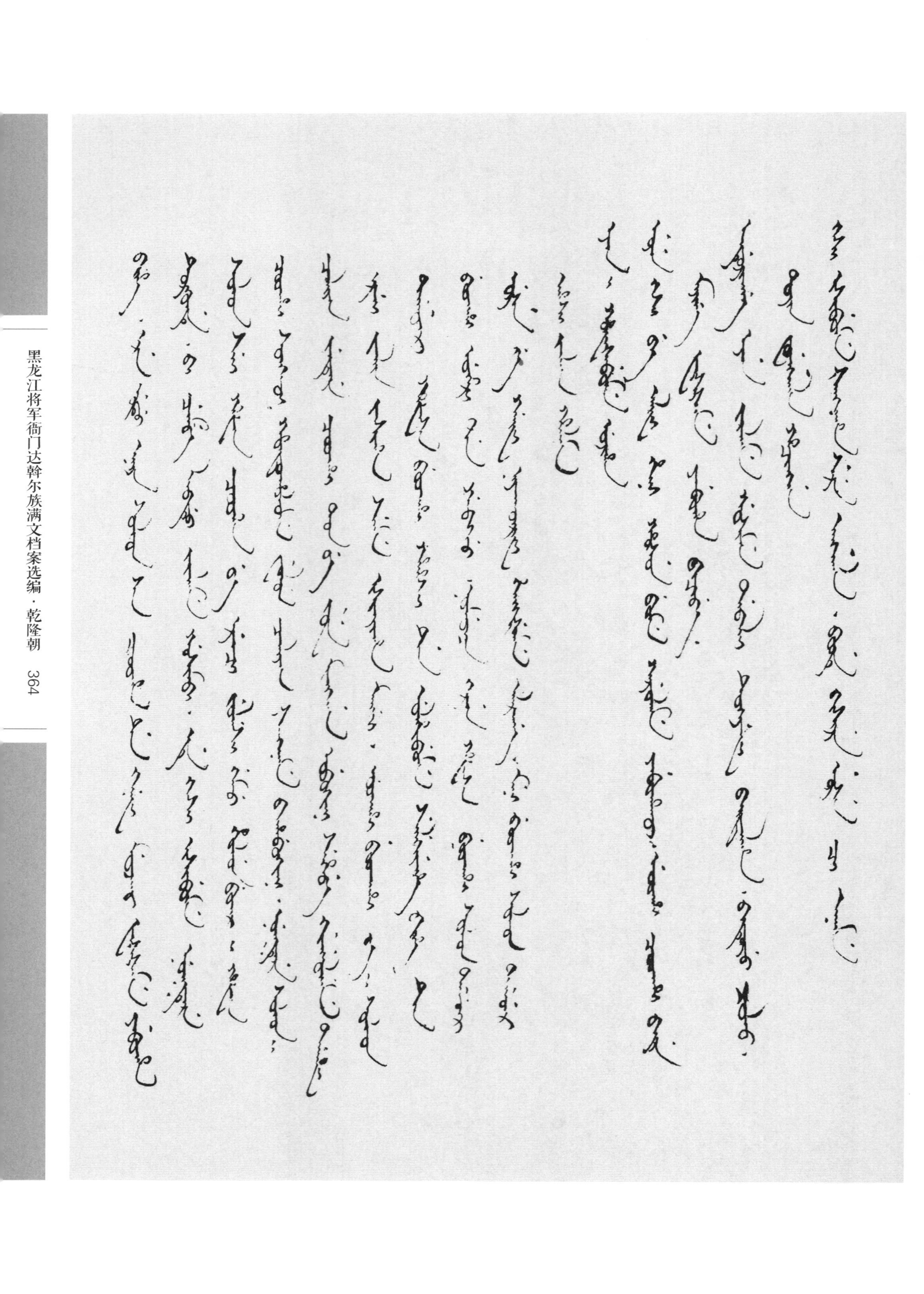

[illegible]

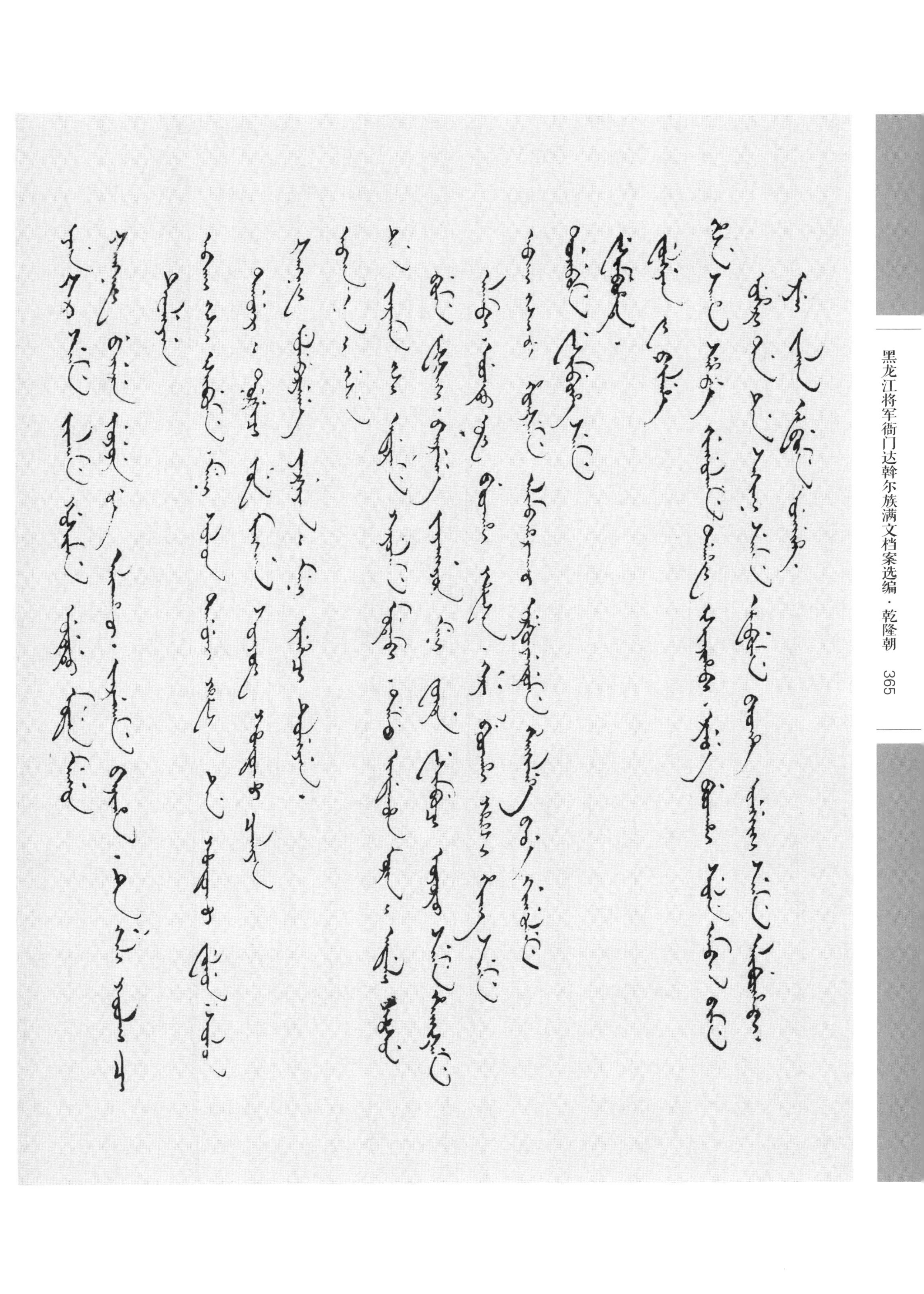

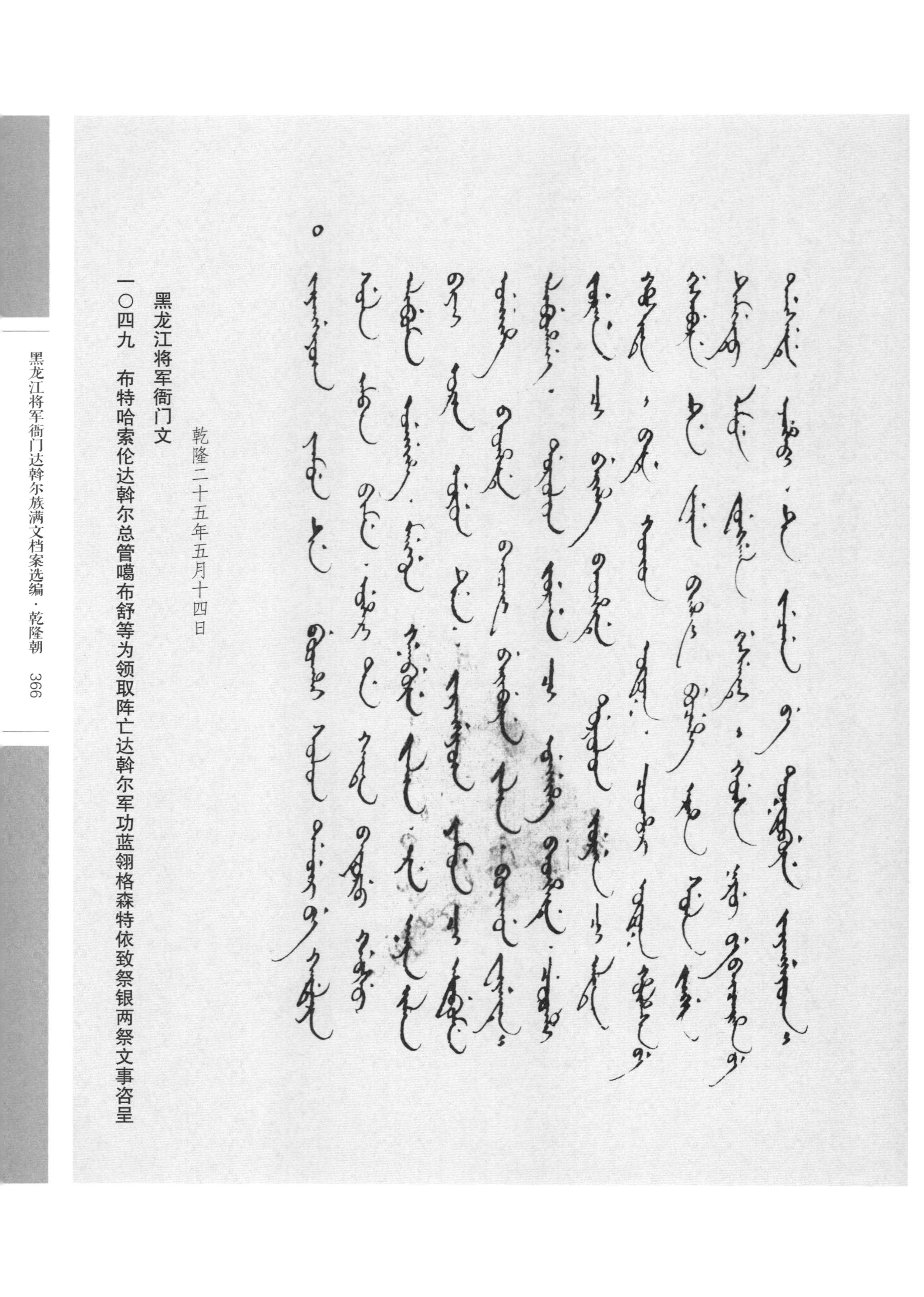

一〇四九 布特哈索伦达斡尔总管噶布舒等为领取阵亡达斡尔军功蓝翎格森特依致祭银两祭文事咨呈黑龙江将军衙门文

乾隆二十五年五月十四日

[illegible]

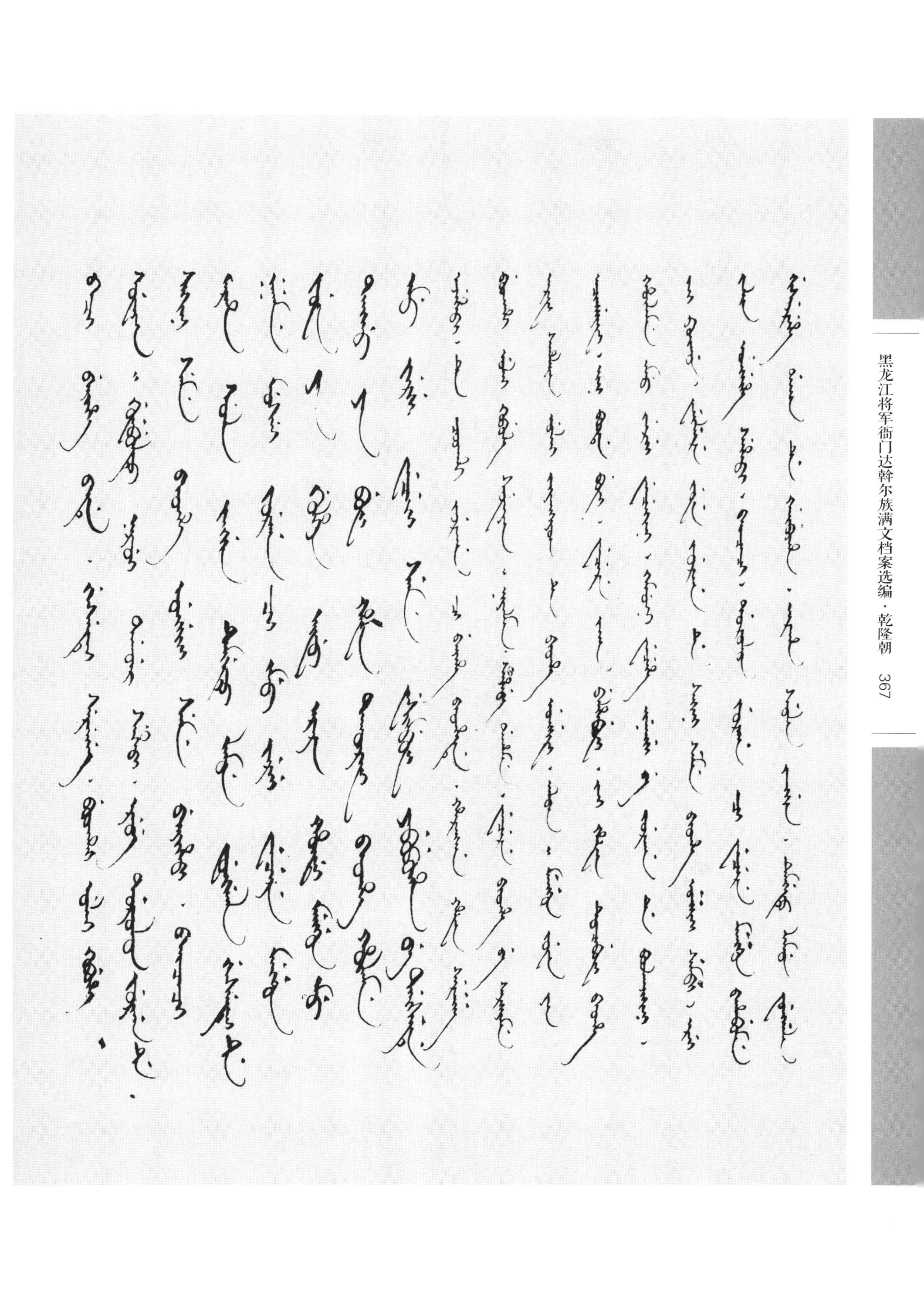

[illegible]

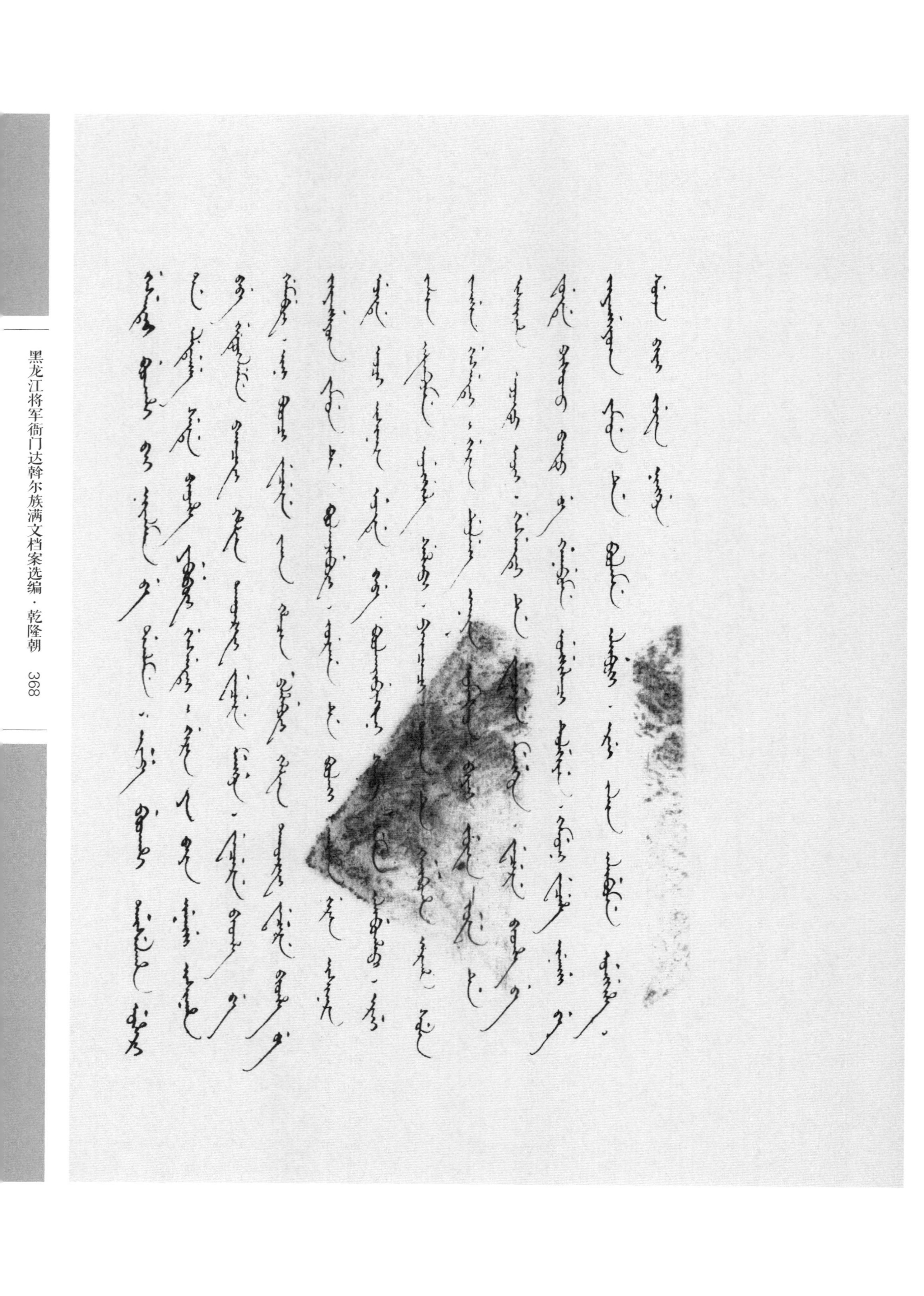

一〇五〇　兵部为知会索伦达斡尔巴尔虎等出征效力即补骁骑校人员名单事咨黑龙江将军文（附名单一件）

乾隆二十五年五月十八日

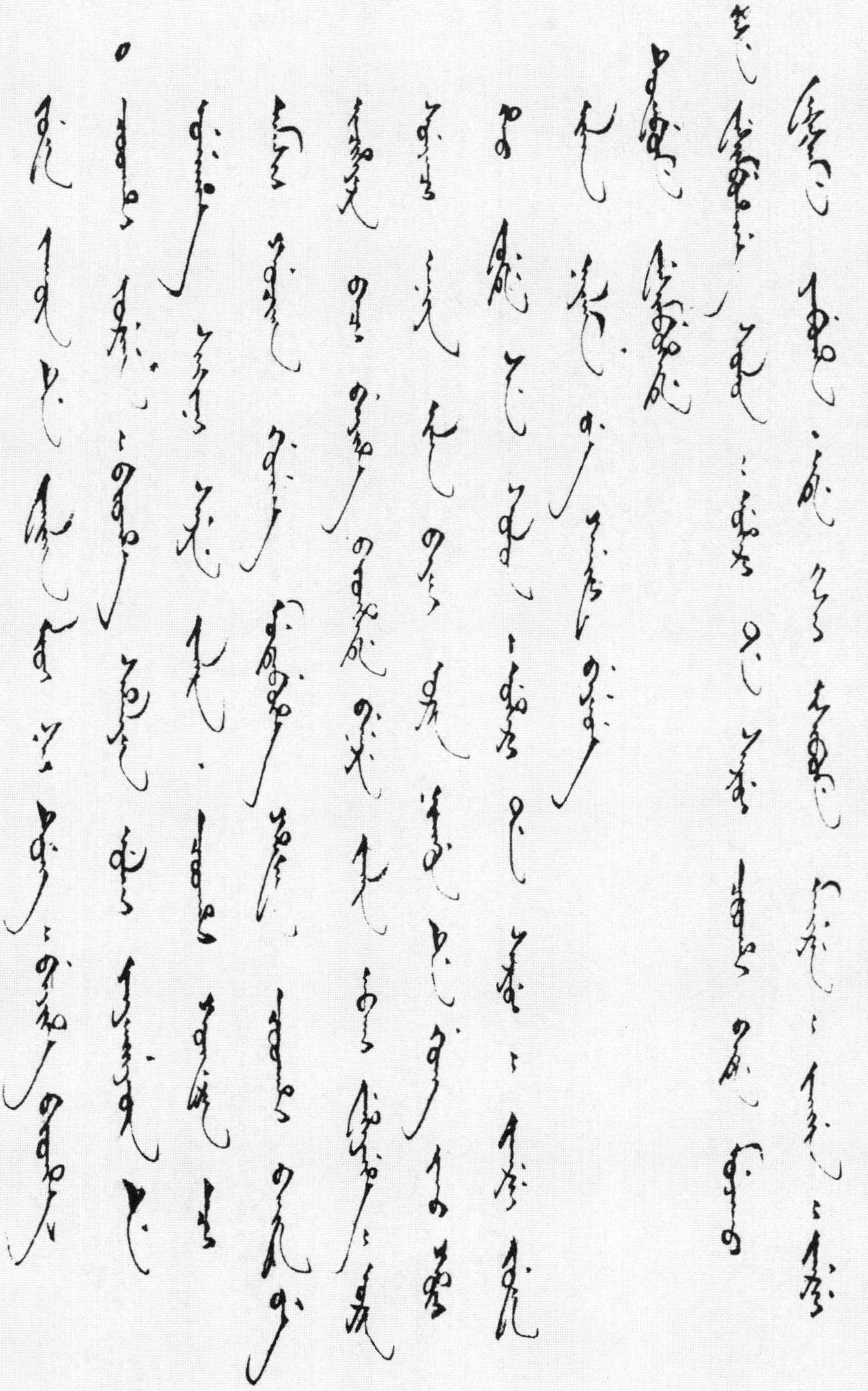

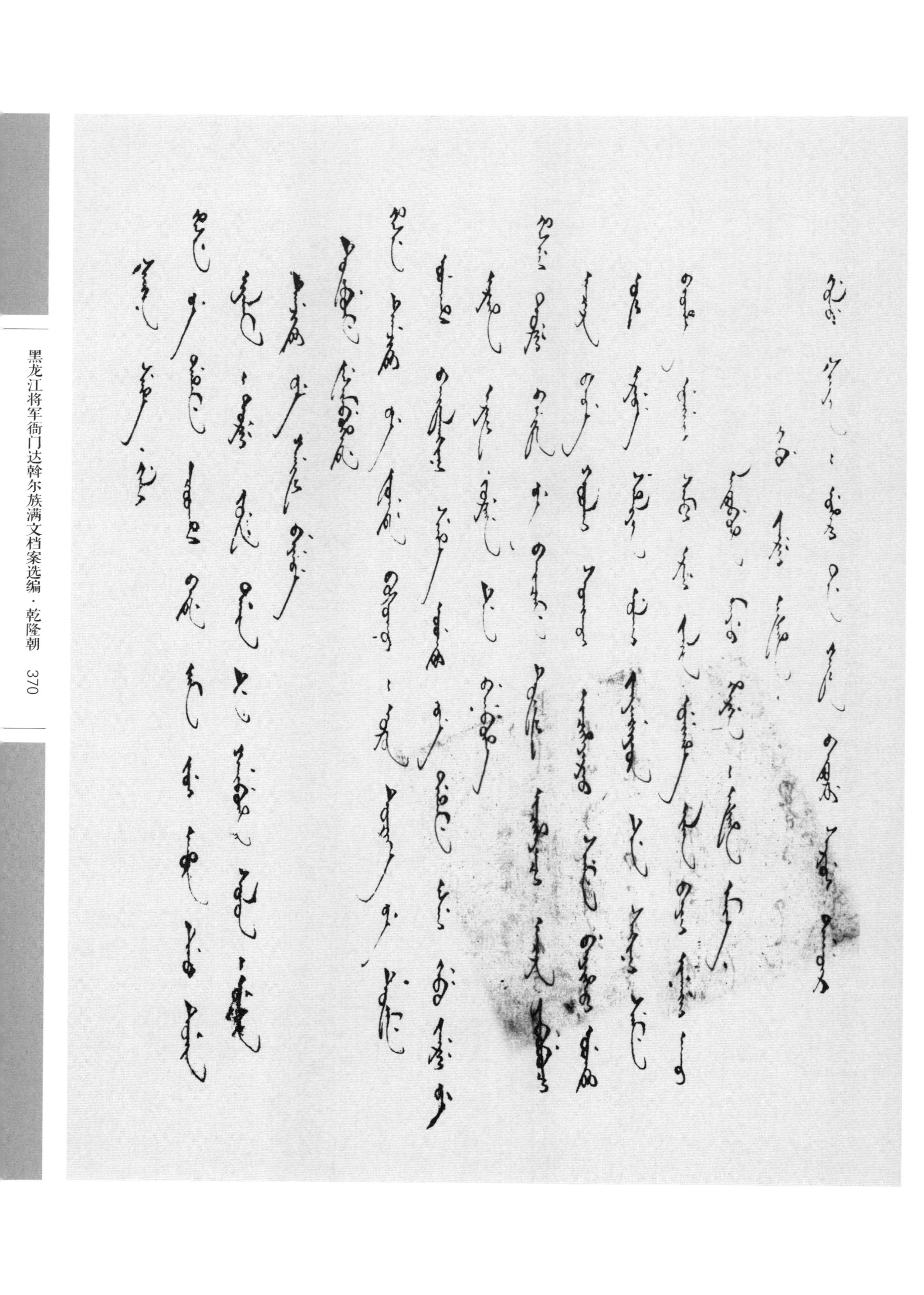

[illegible]

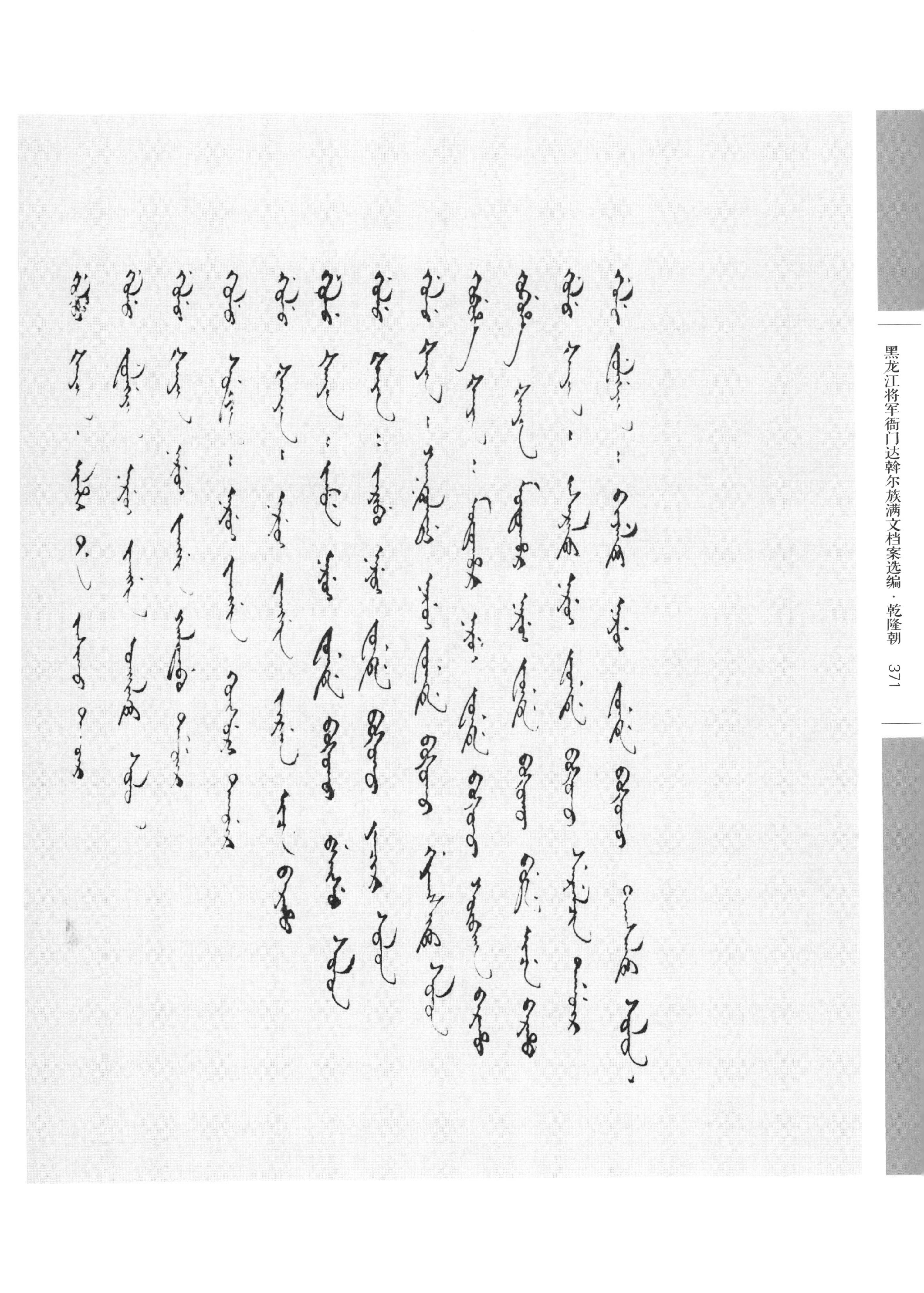

[illegible]
[illegible]
[illegible]
[illegible]
[illegible]
[illegible]
[illegible]
[illegible]
[illegible]
[illegible]
[illegible]
[illegible]

一〇五一 兵部为知会议准办理赏给布特哈索伦达斡尔官兵半份俸饷事宜事咨黑龙江将军文

乾隆二十五年五月十八日

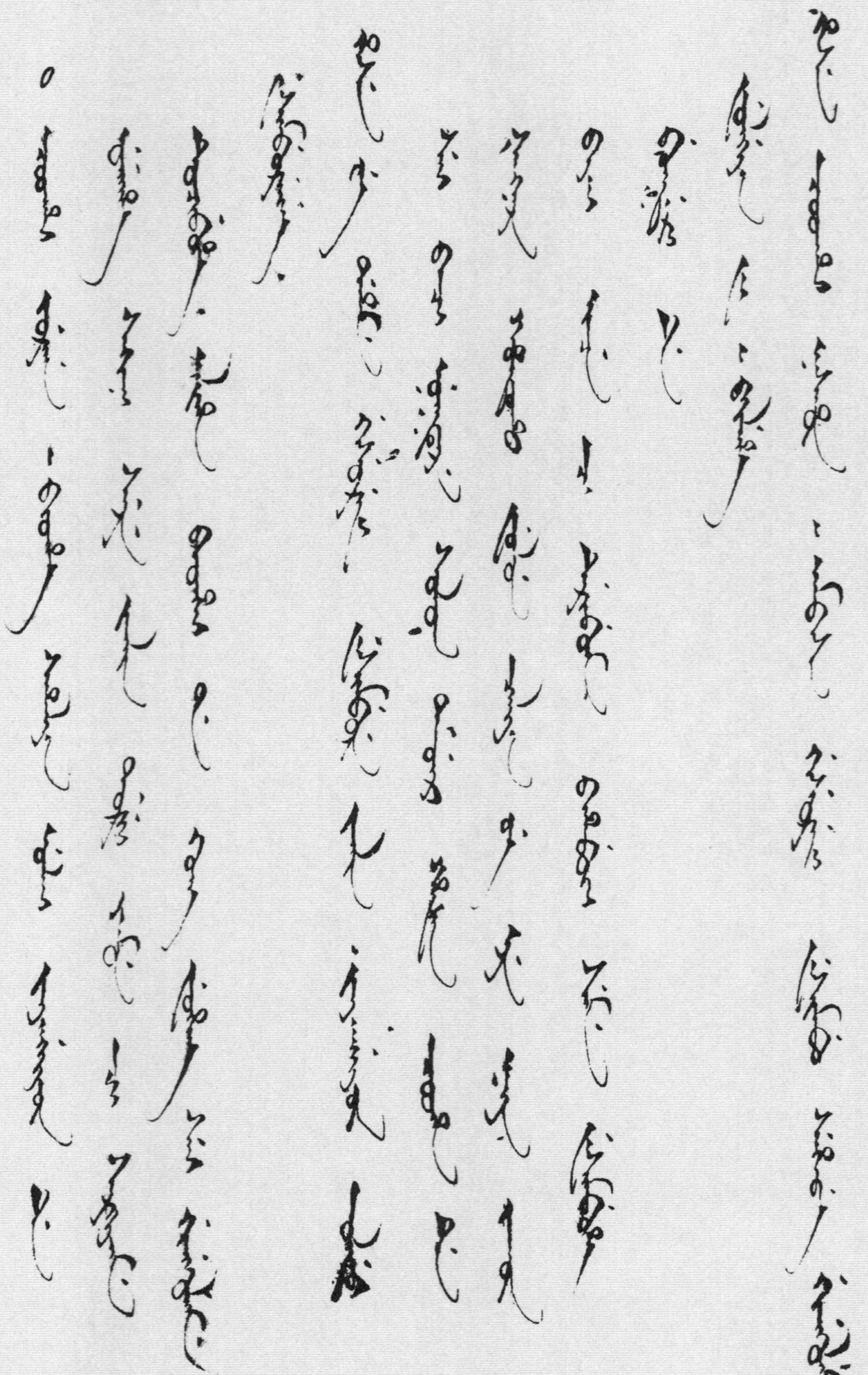

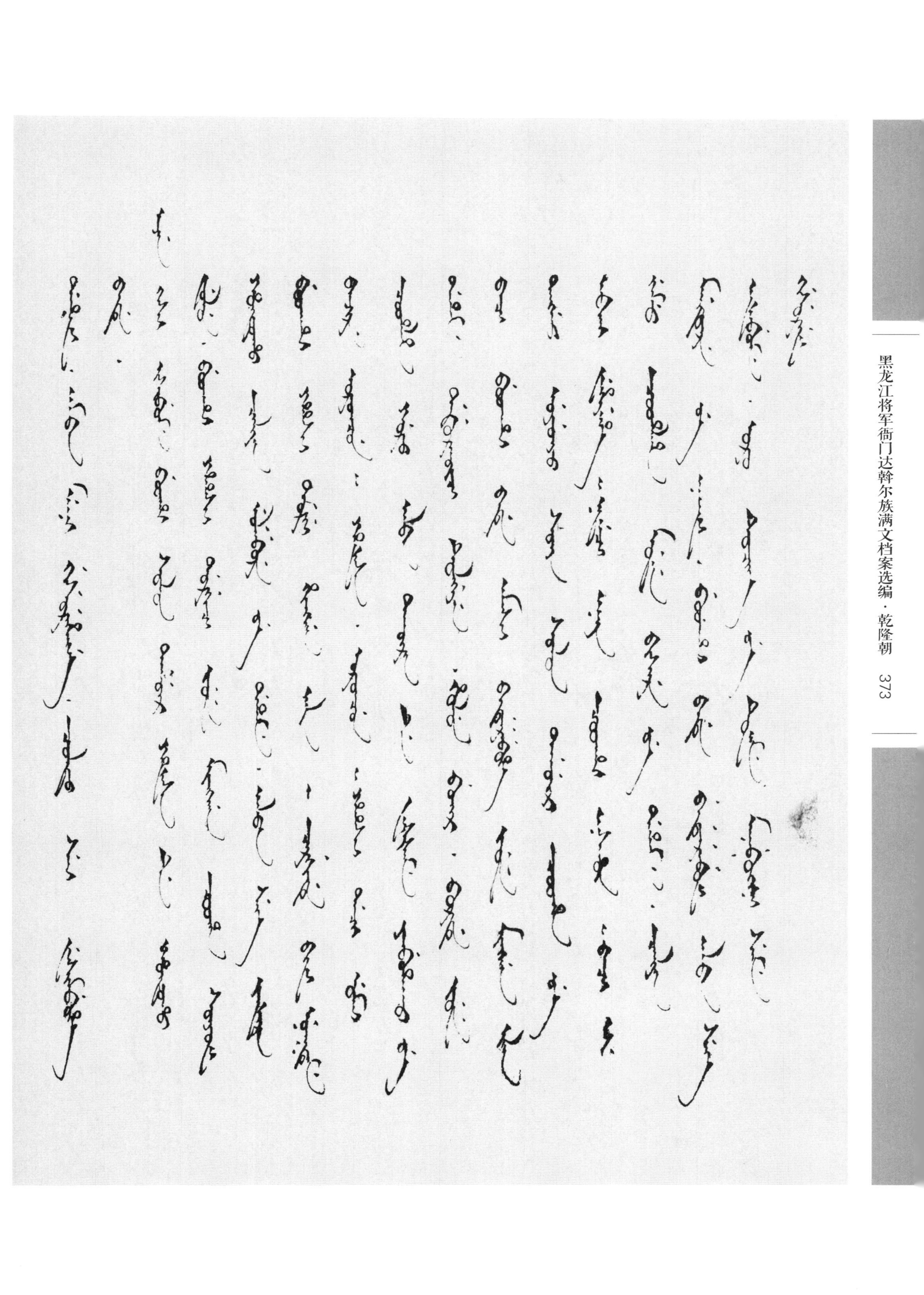

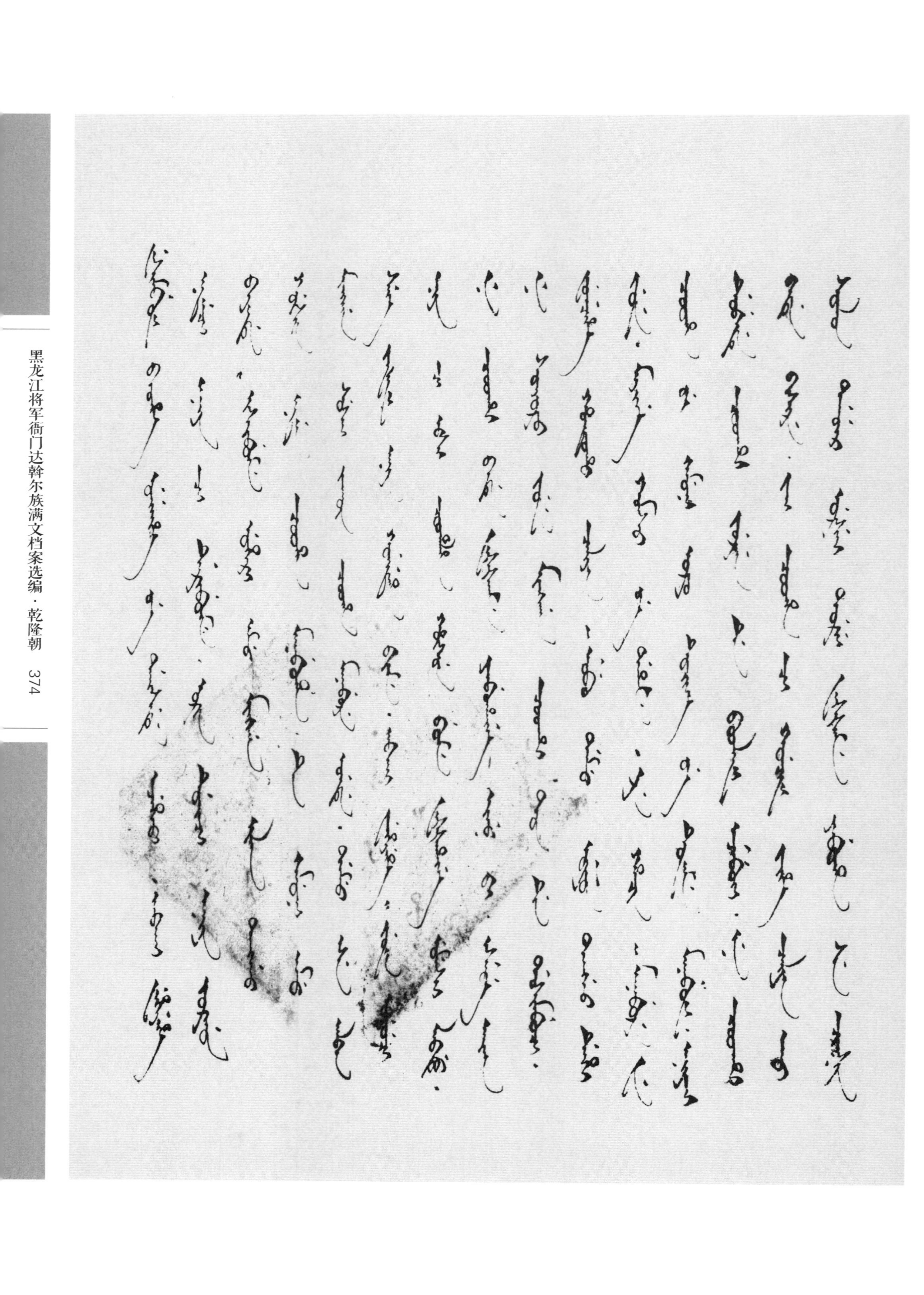

[illegible]

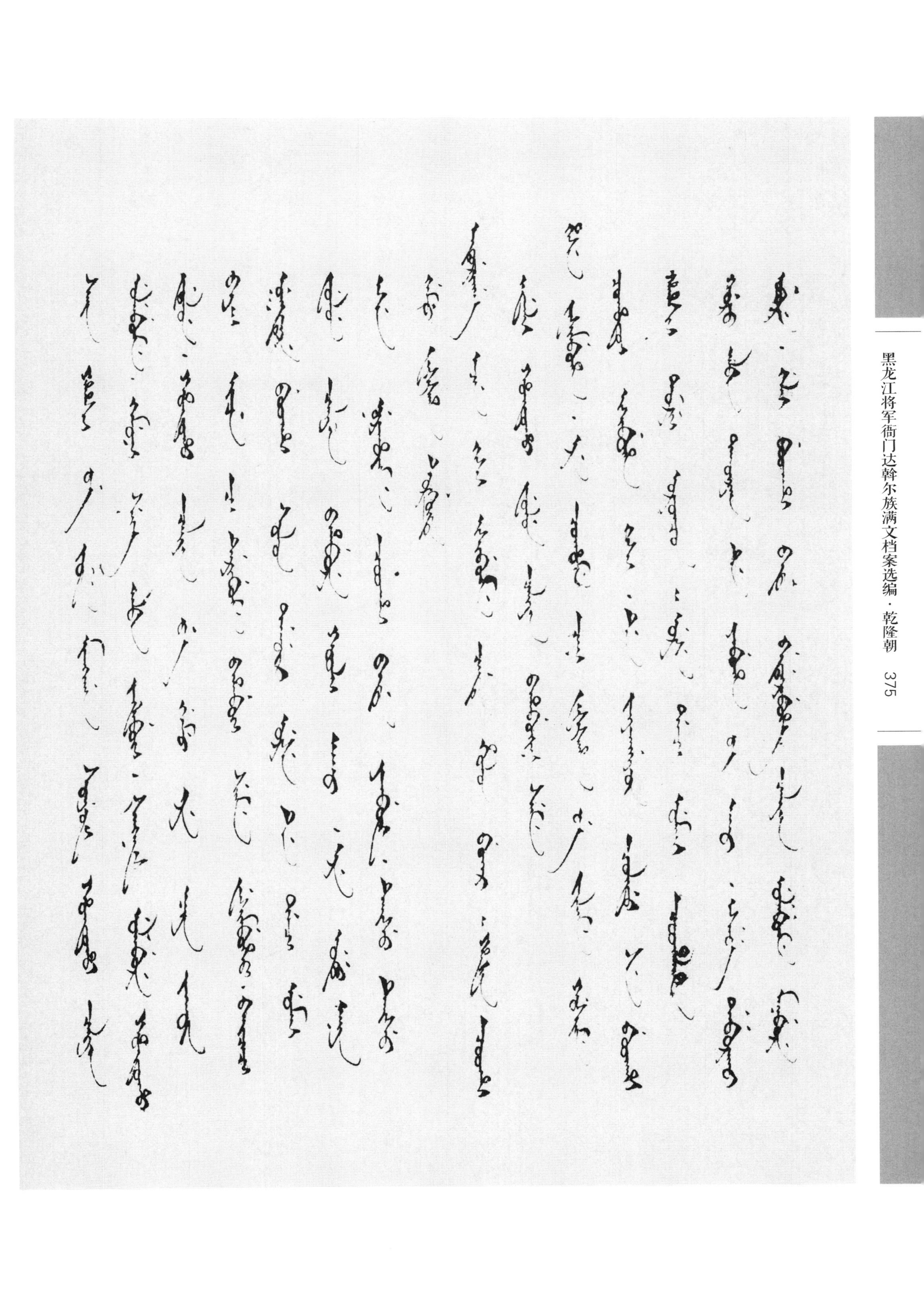

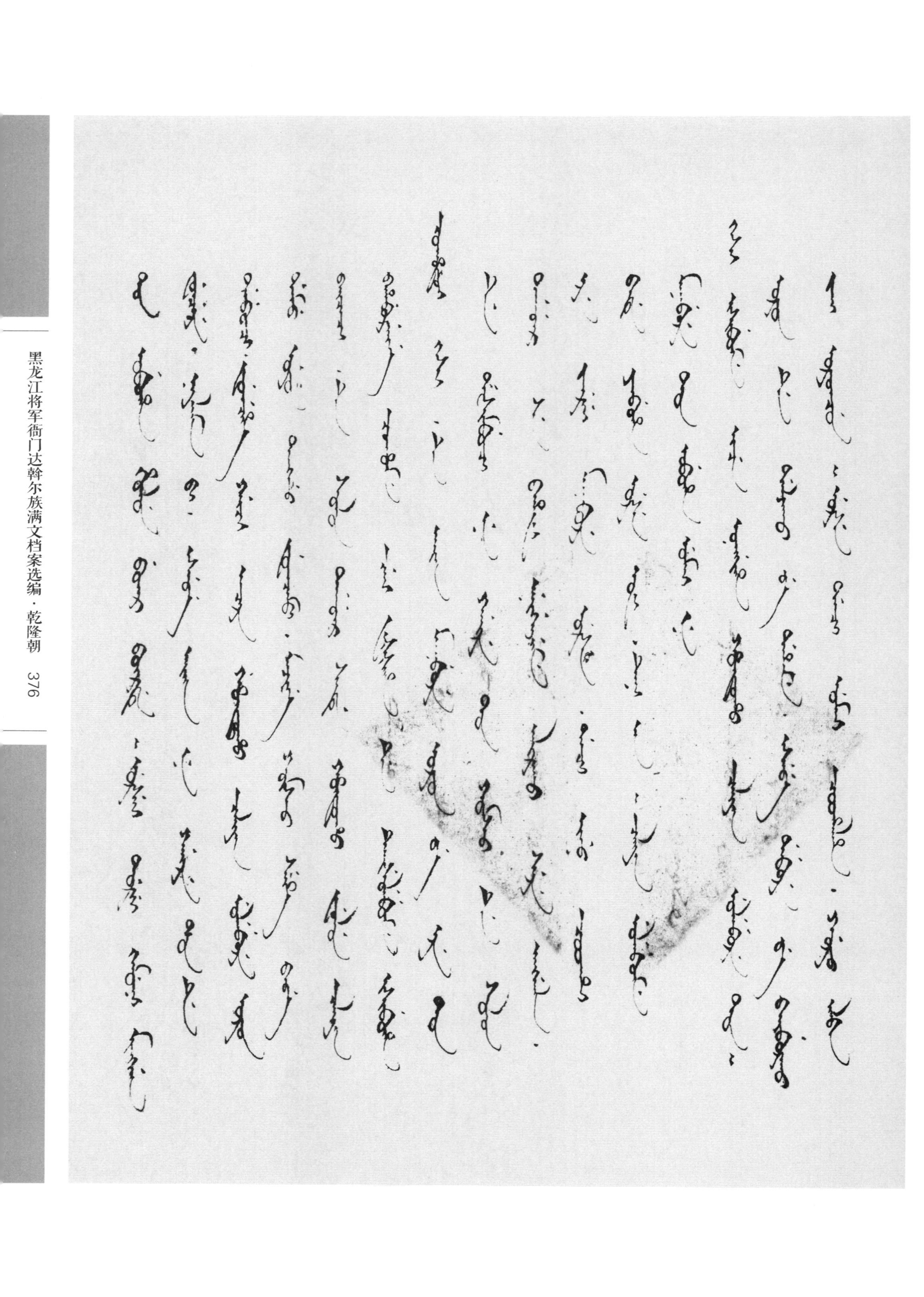

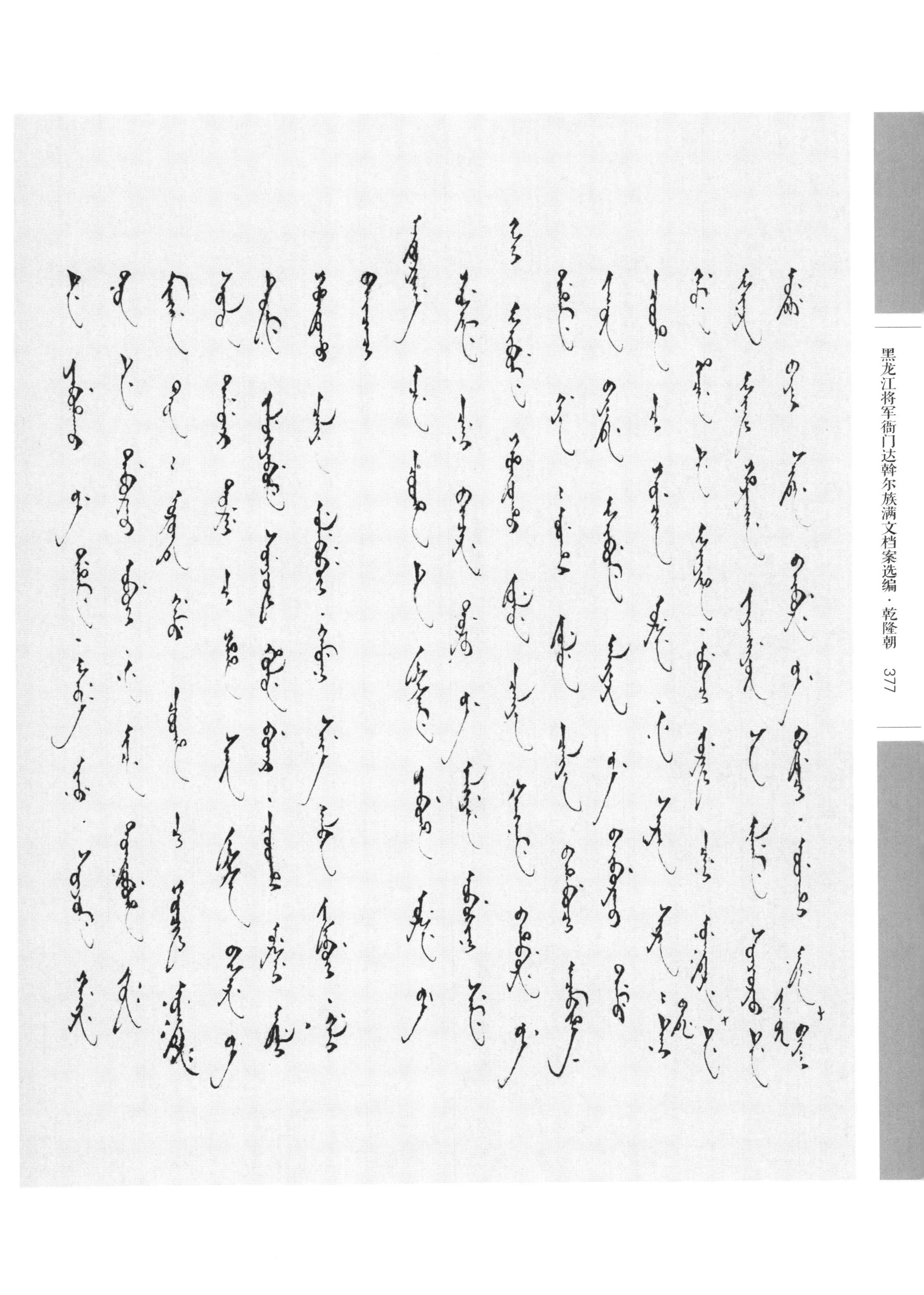

[illegible]

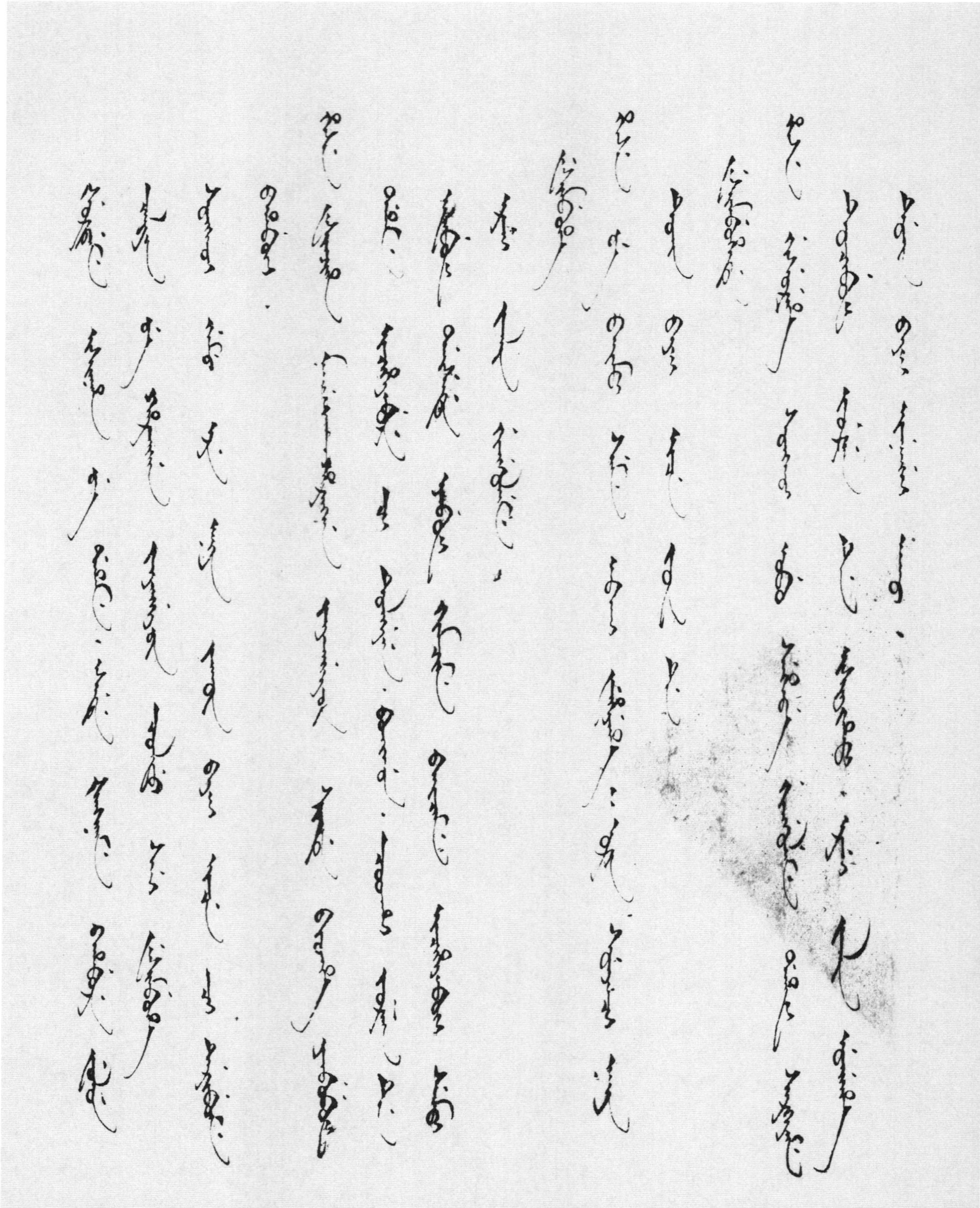

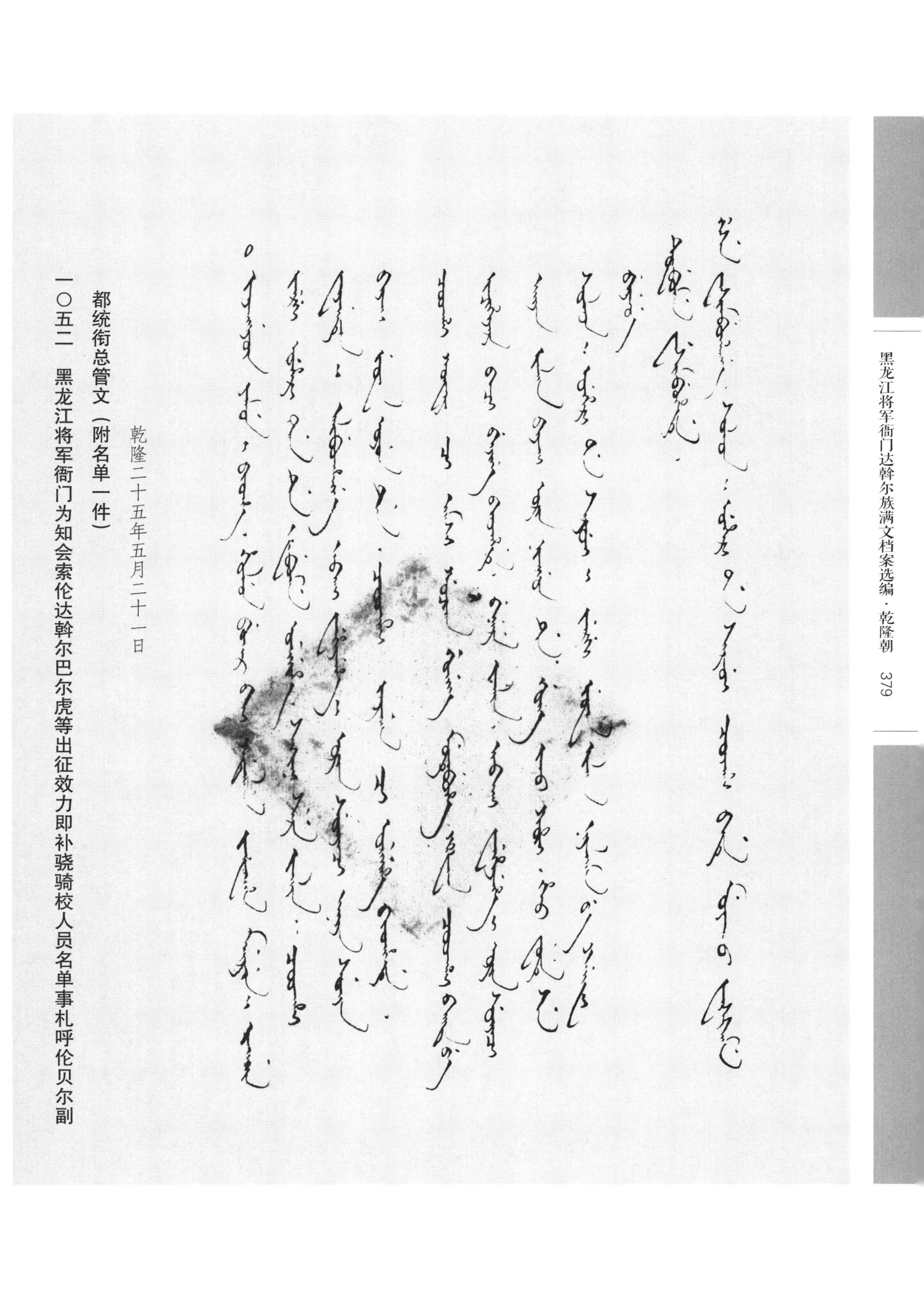

乾隆二十五年五月二十一日

一〇五二 黑龙江将军衙门为知会索伦达斡尔巴尔虎等出征效力即补骁骑校人员名单事札呼伦贝尔副都统衔总管文（附名单一件）

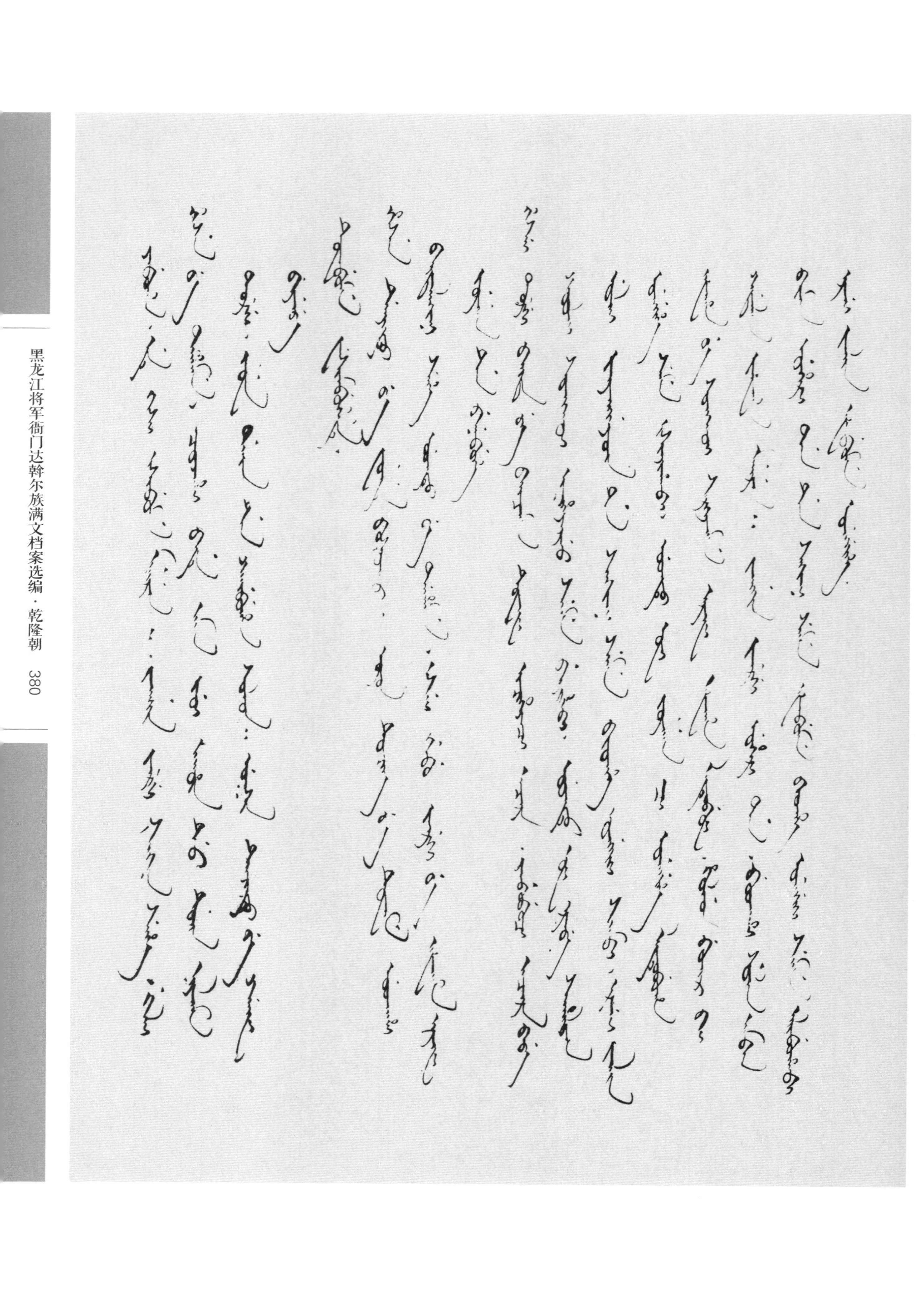

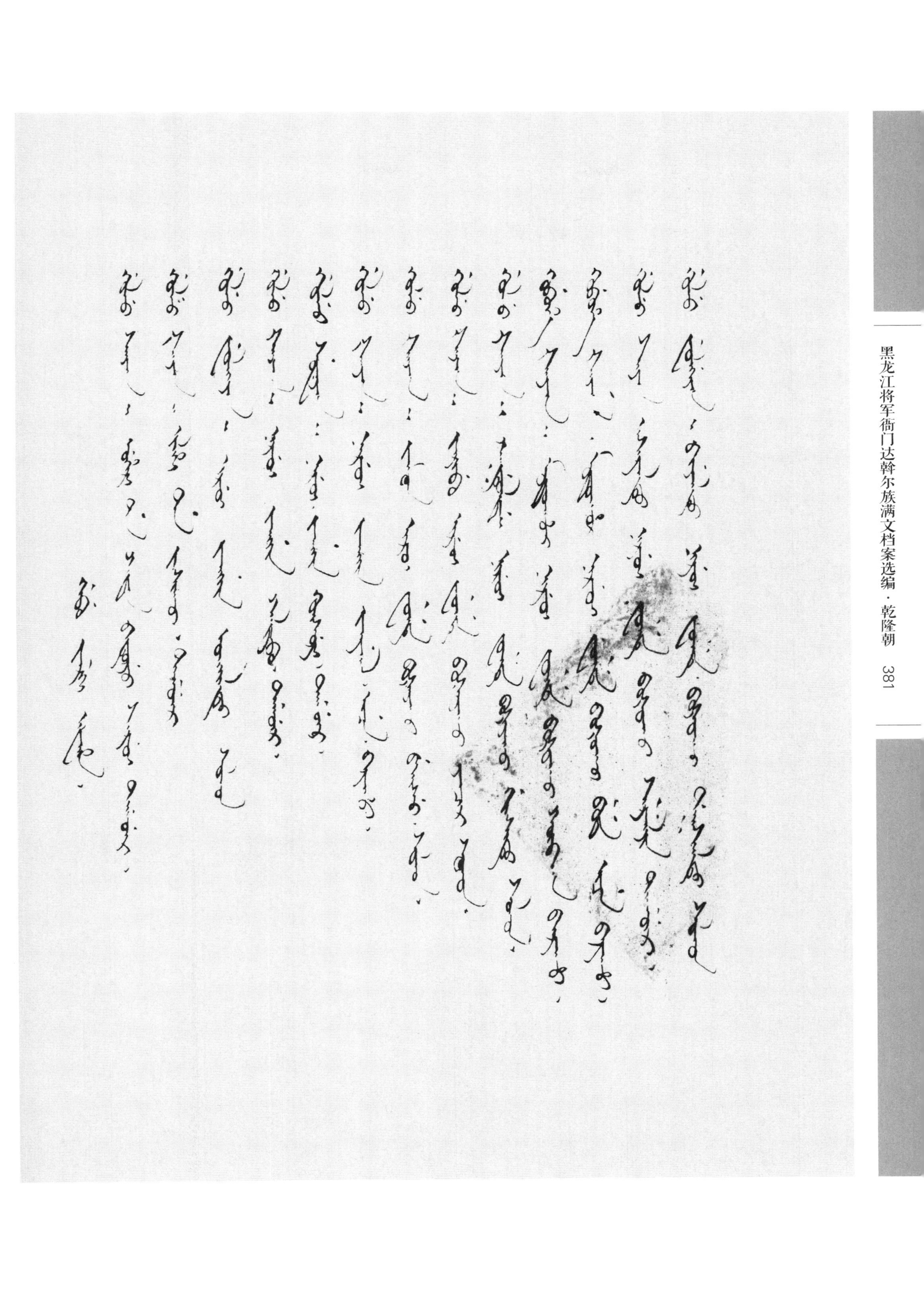

[illegible]

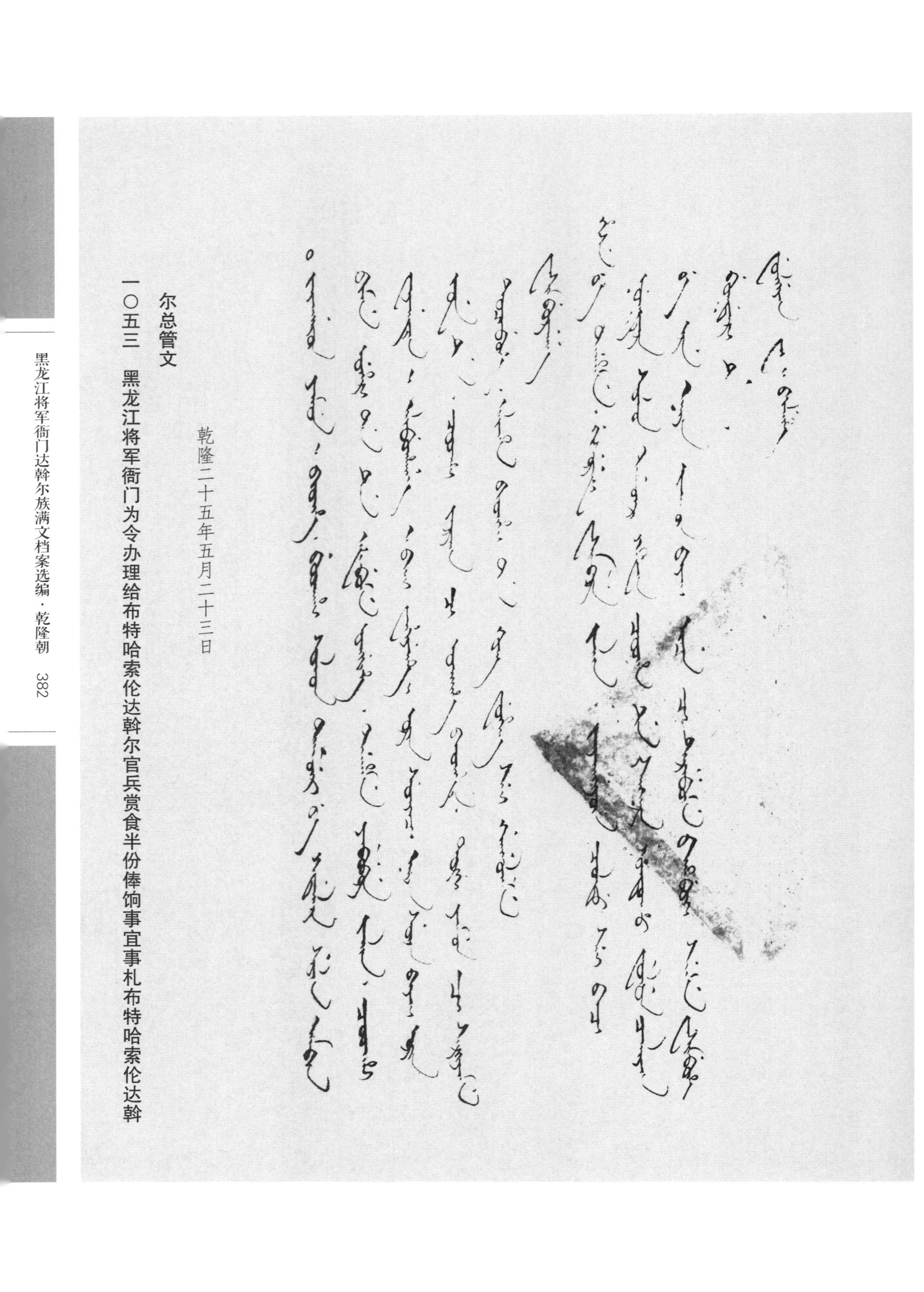

一〇五三　黑龙江将军衙门为令办理给布特哈索伦达斡尔官兵赏食半份俸饷事宜事札布特哈索伦达斡尔总管文

乾隆二十五年五月二十三日

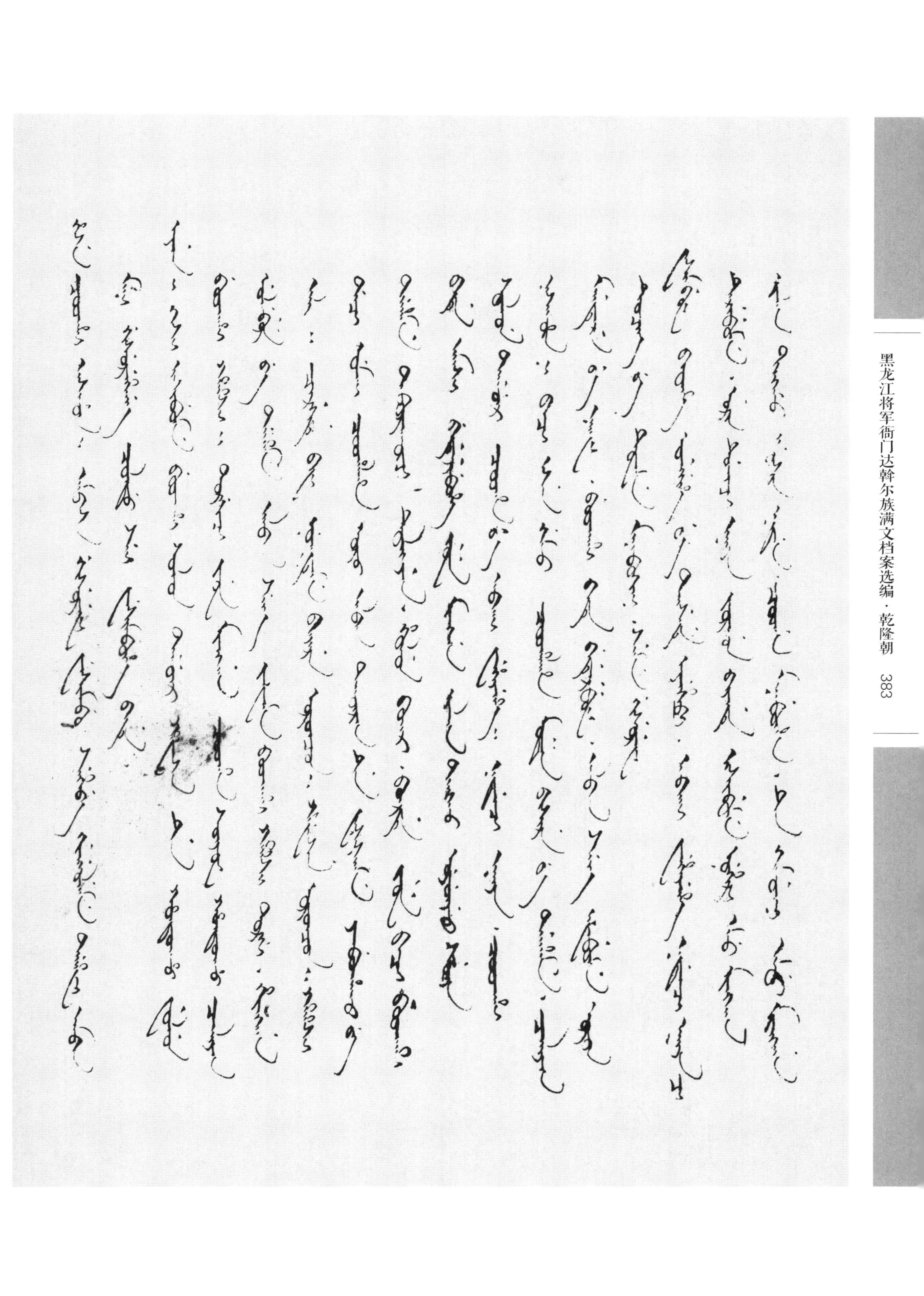

[illegible]

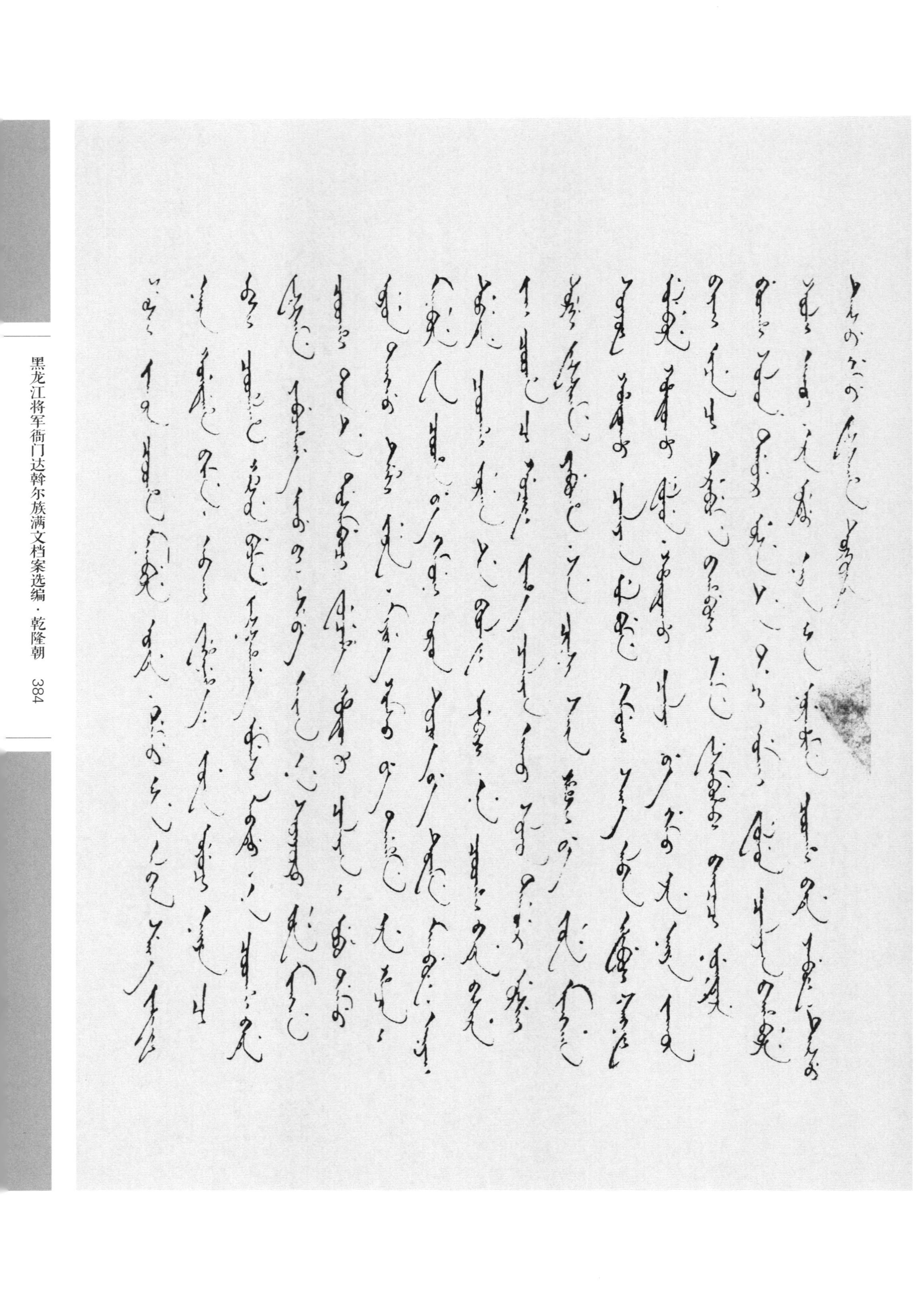

[illegible]

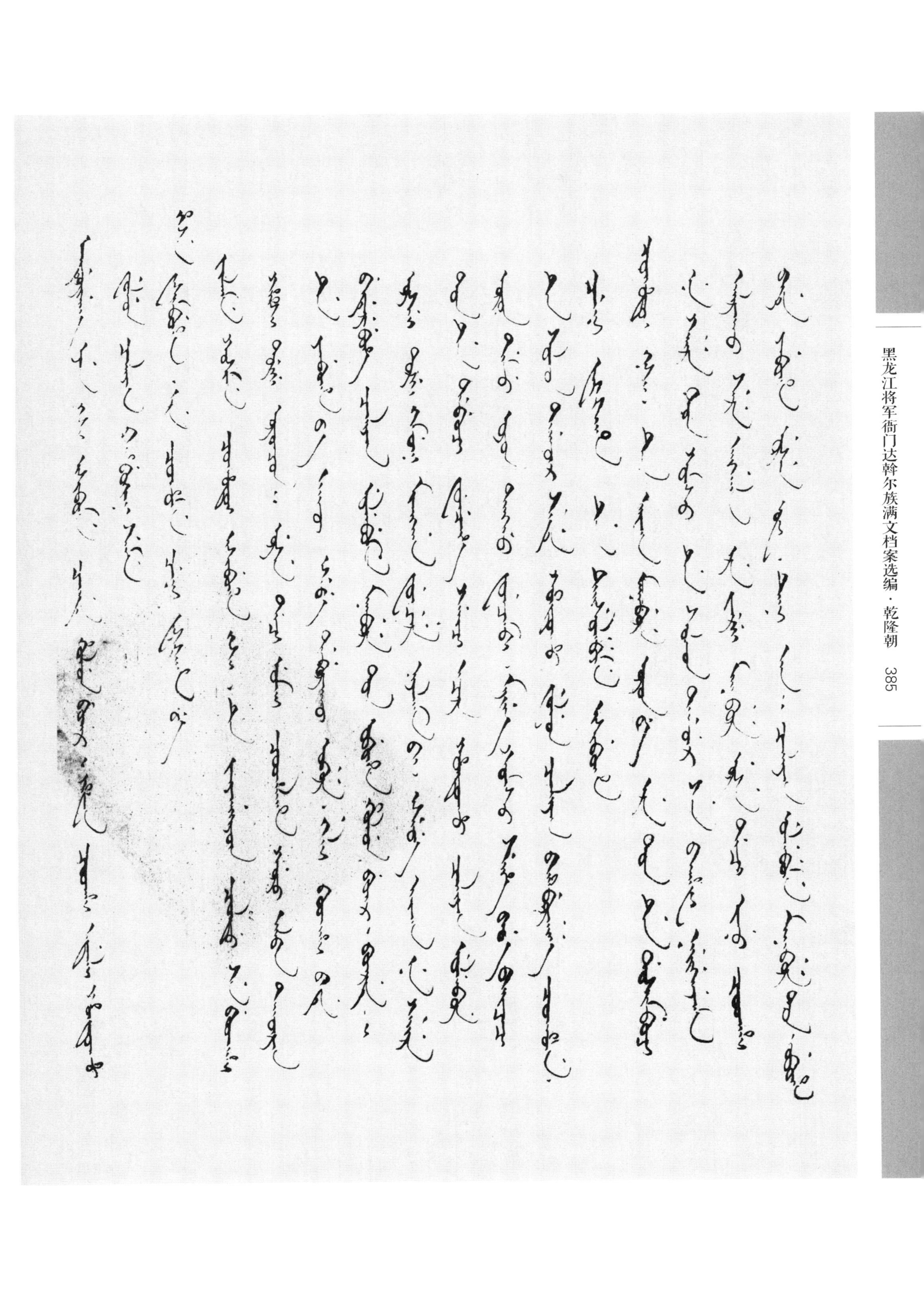

[illegible]

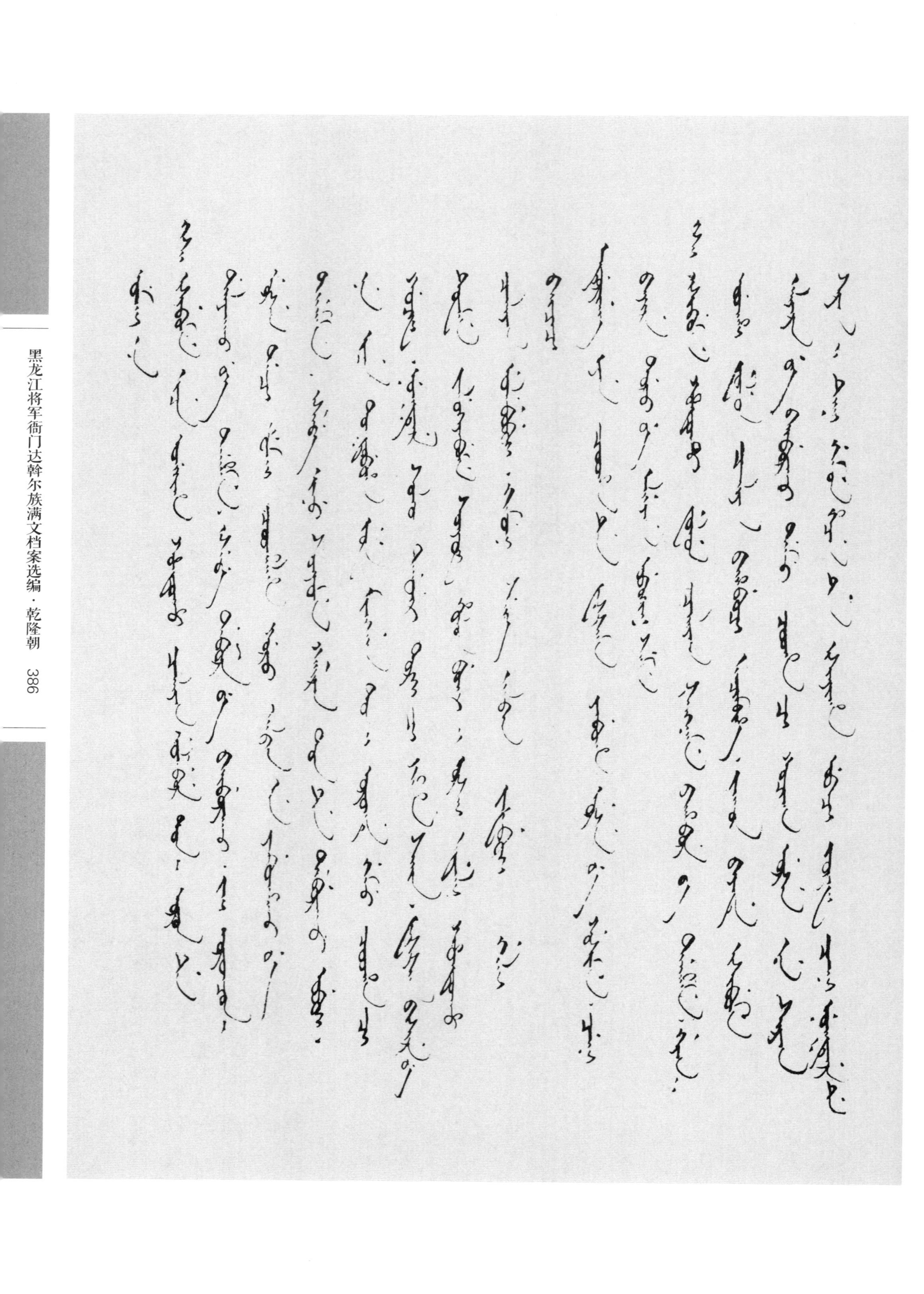

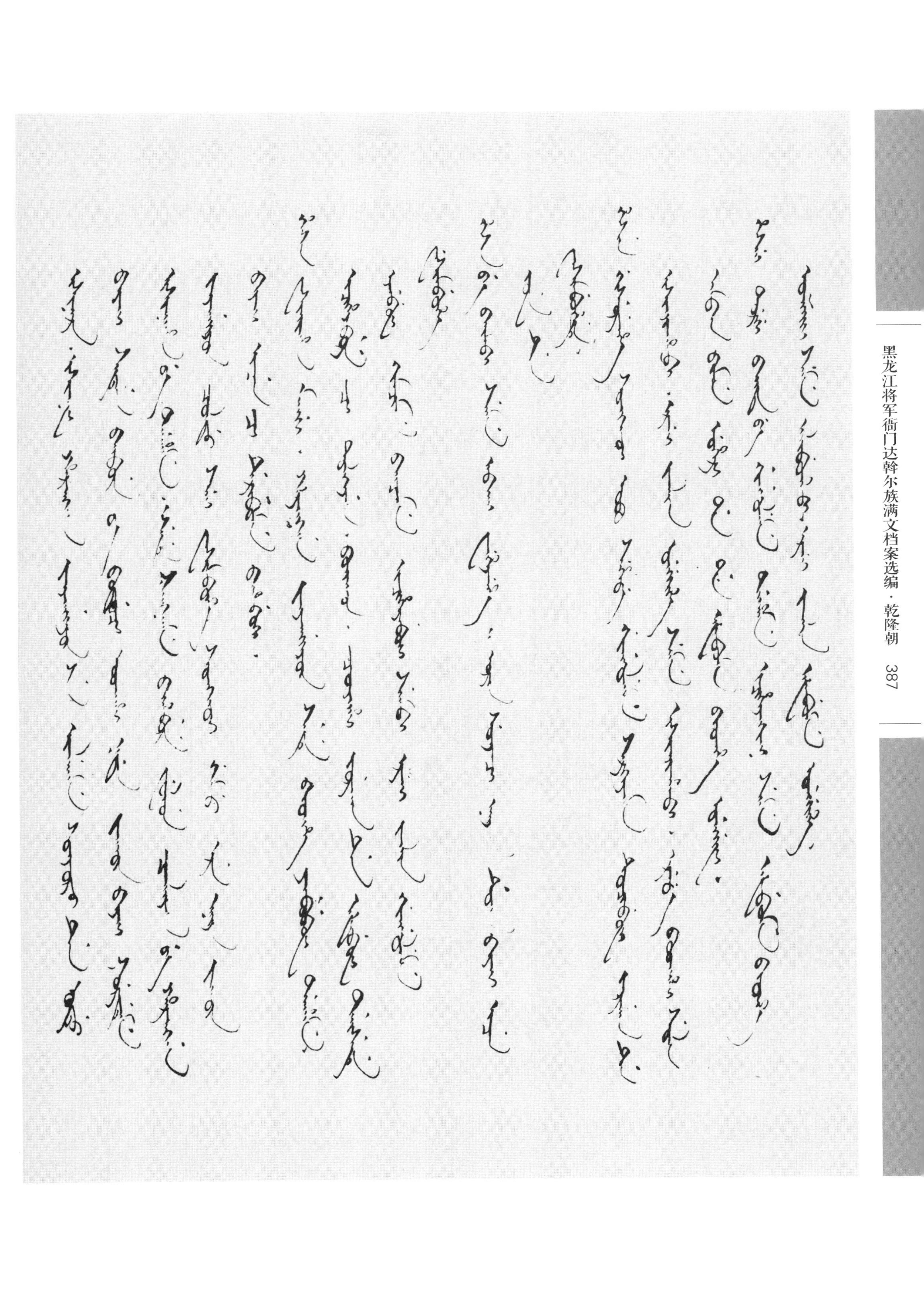

一〇五四 布特哈索伦达斡尔总管噶布舒等为询问如何发放索伦达斡尔各官俸禄事咨呈黑龙江将军衙门文

乾隆二十五年五月二十四日

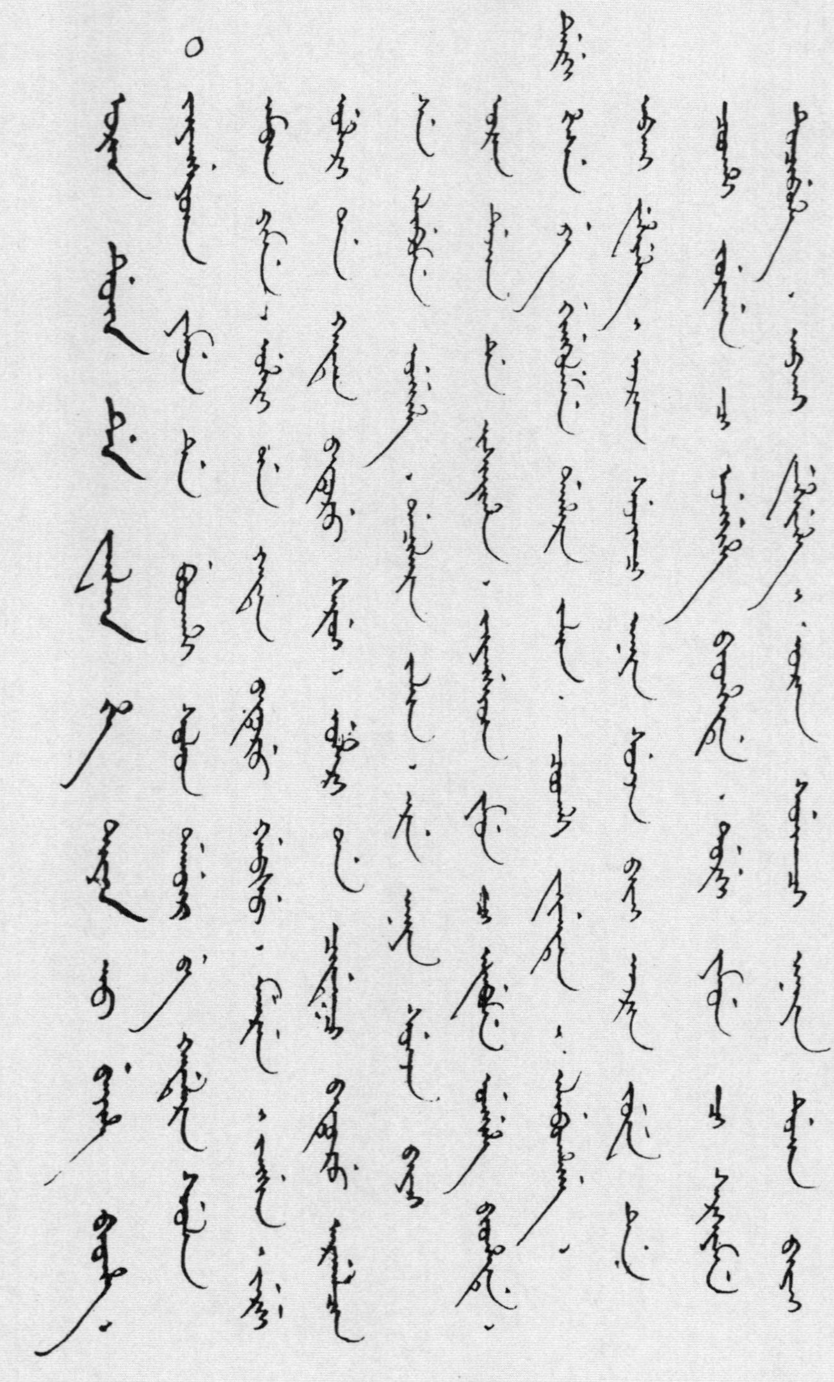

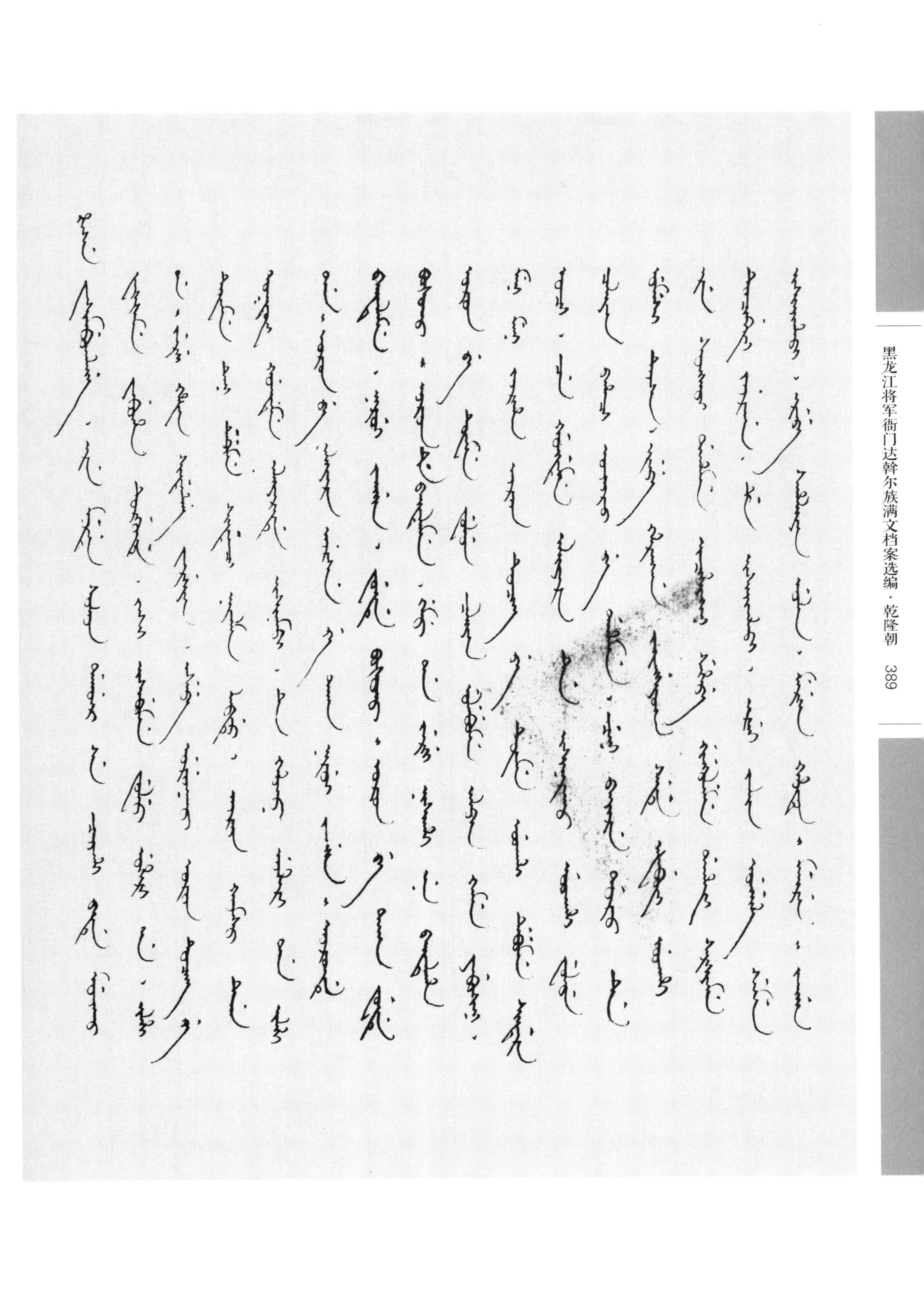

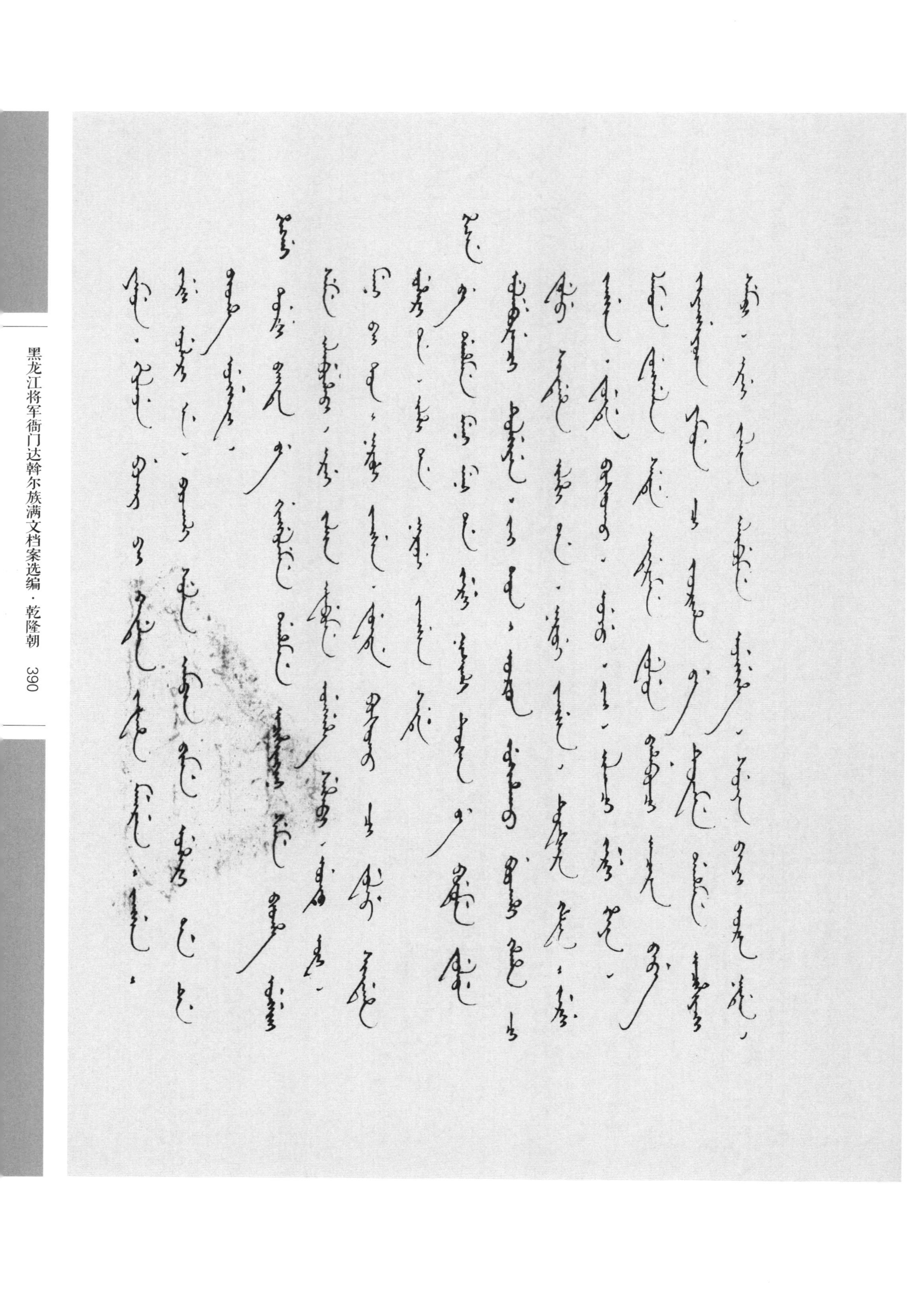

一〇五五　管带呼伦贝尔索伦巴尔虎官兵副都统衔总管卓哩雅为核查阵亡达斡尔侍卫赏得世职应承袭人员事咨呈黑龙江将军衙门文

乾隆二十五年五月二十六日

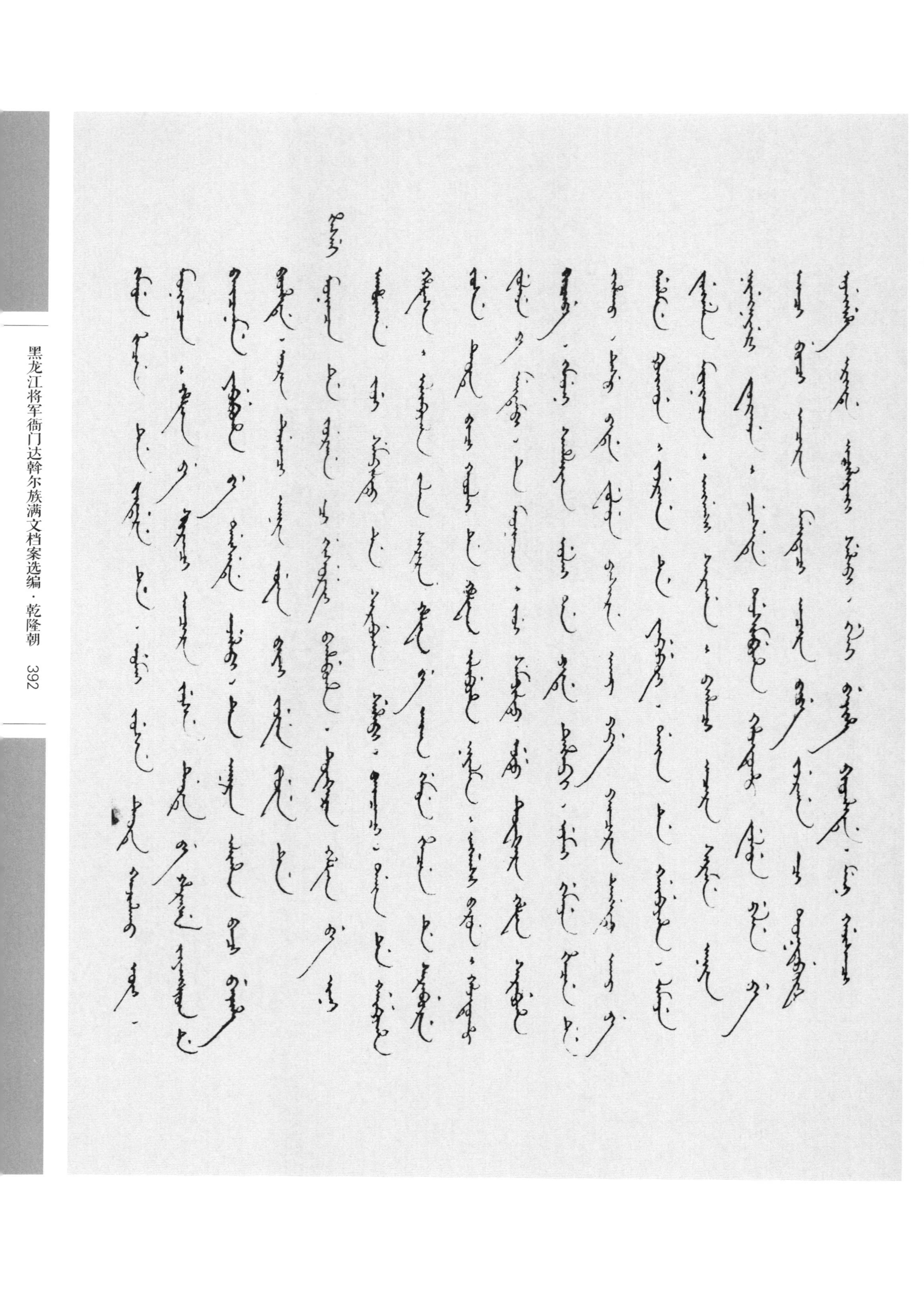

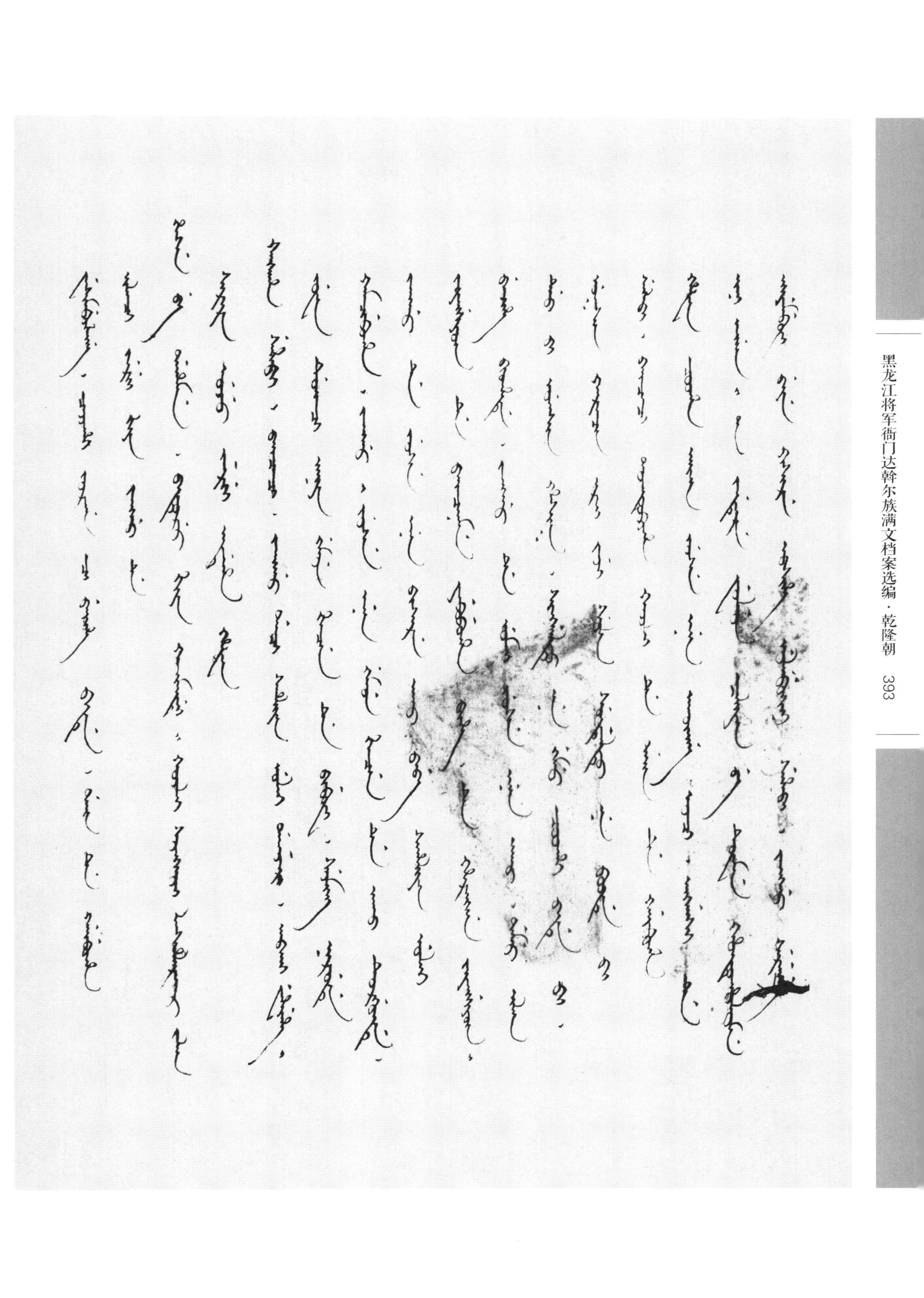

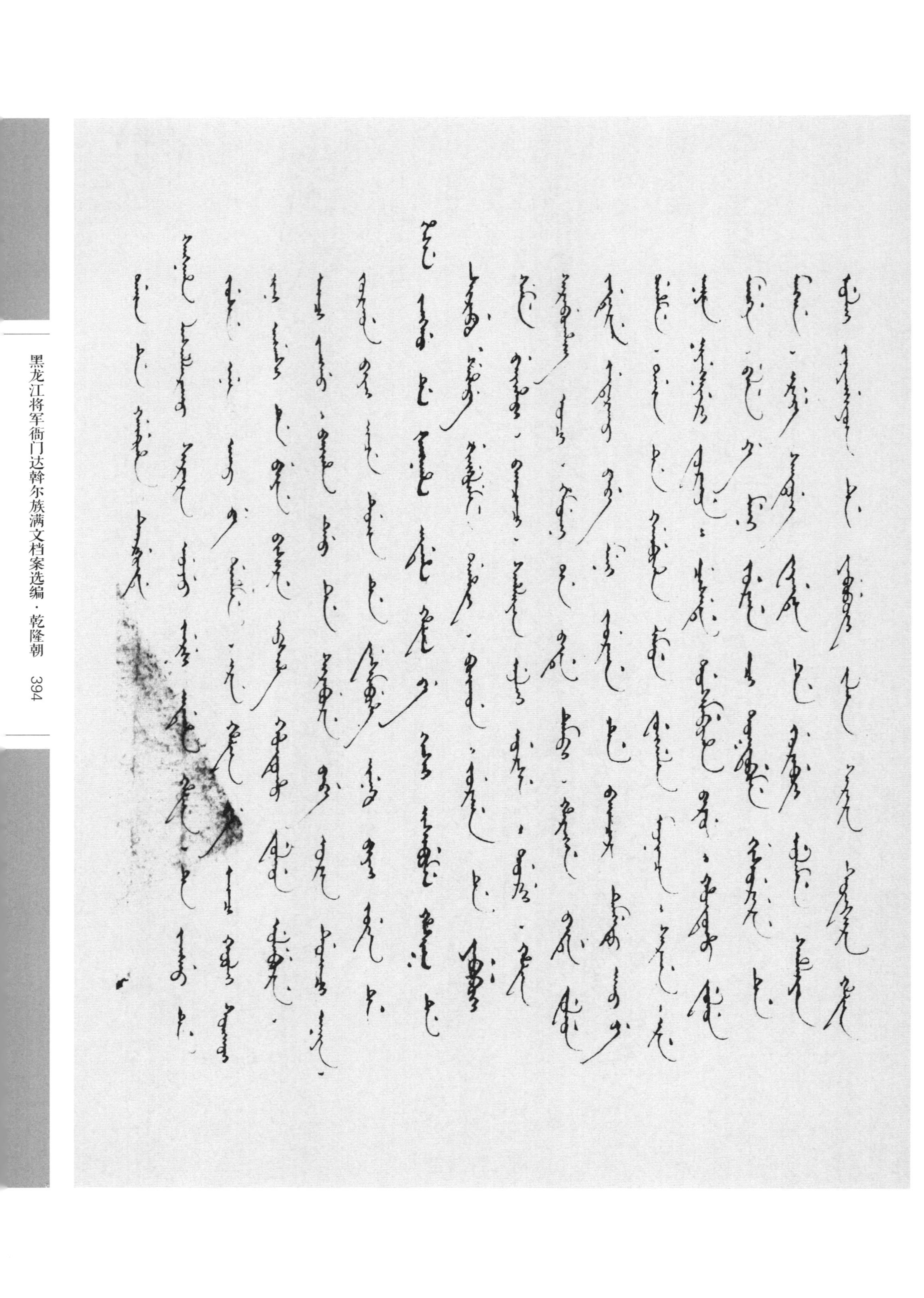

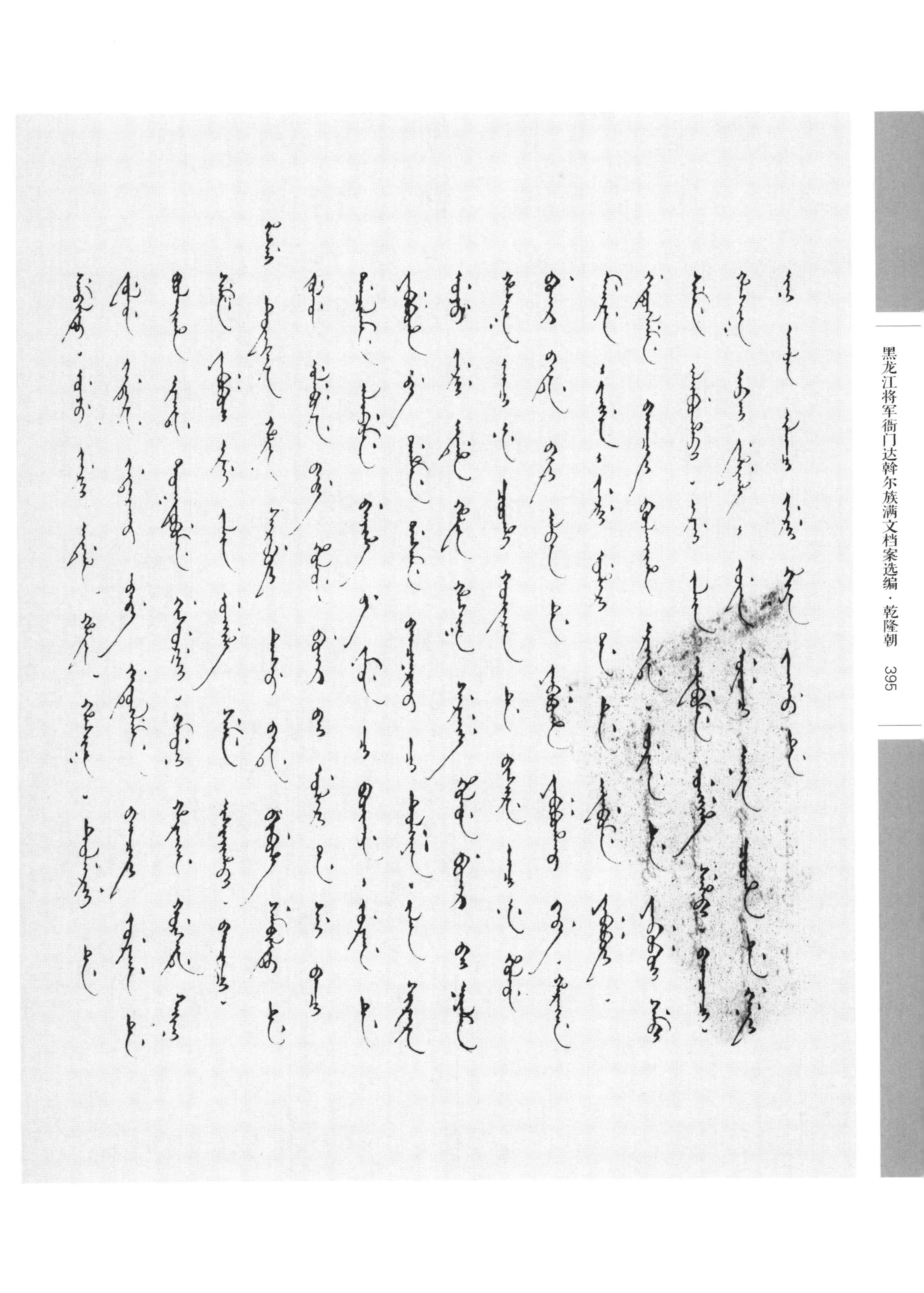

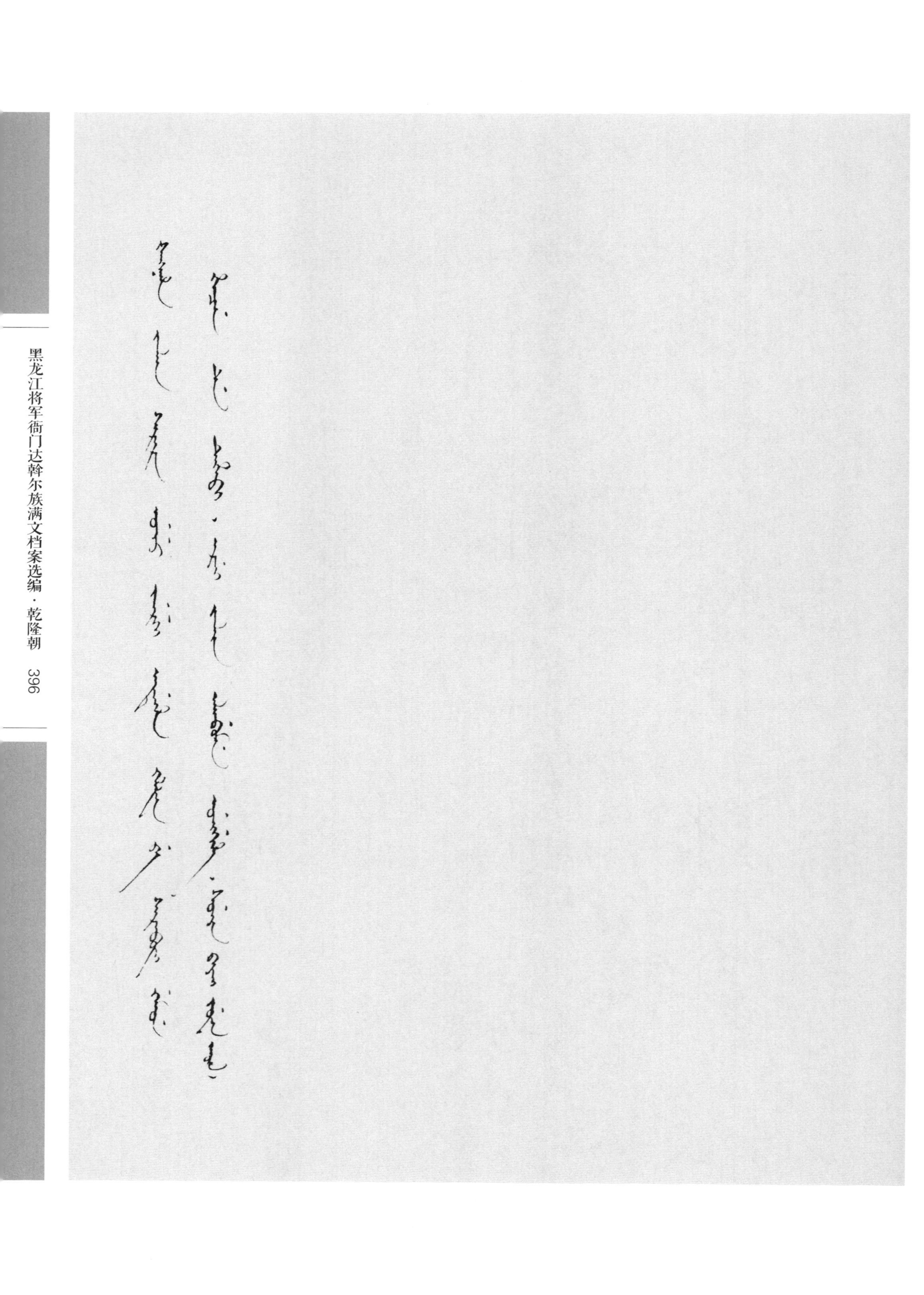

[illegible]

[illegible]

一〇五六 黑龙江将军衙门为令预先挑选满洲索伦达斡尔官兵以备进木兰围事咨黑龙江副都统衙门文

乾隆二十五年五月二十七日

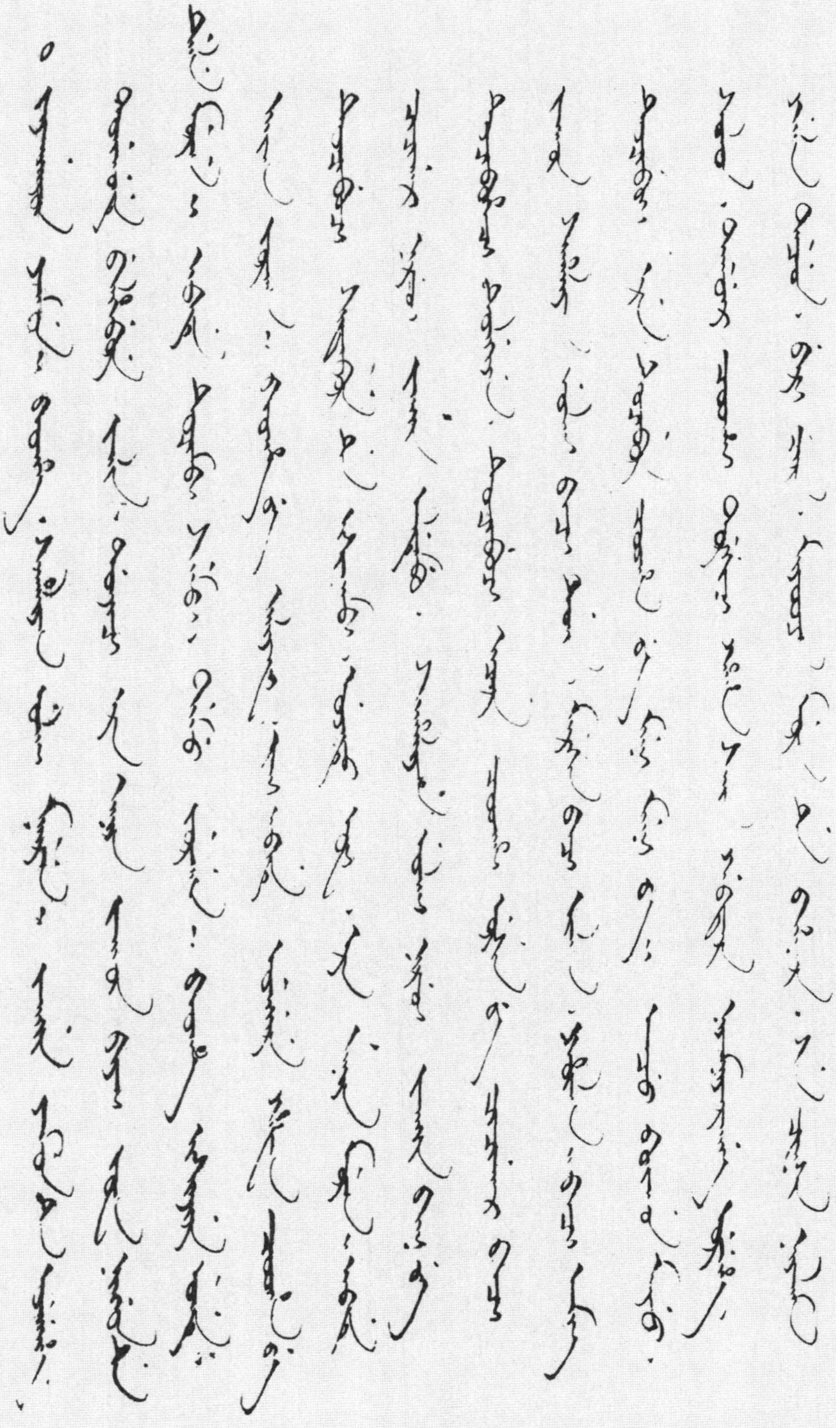

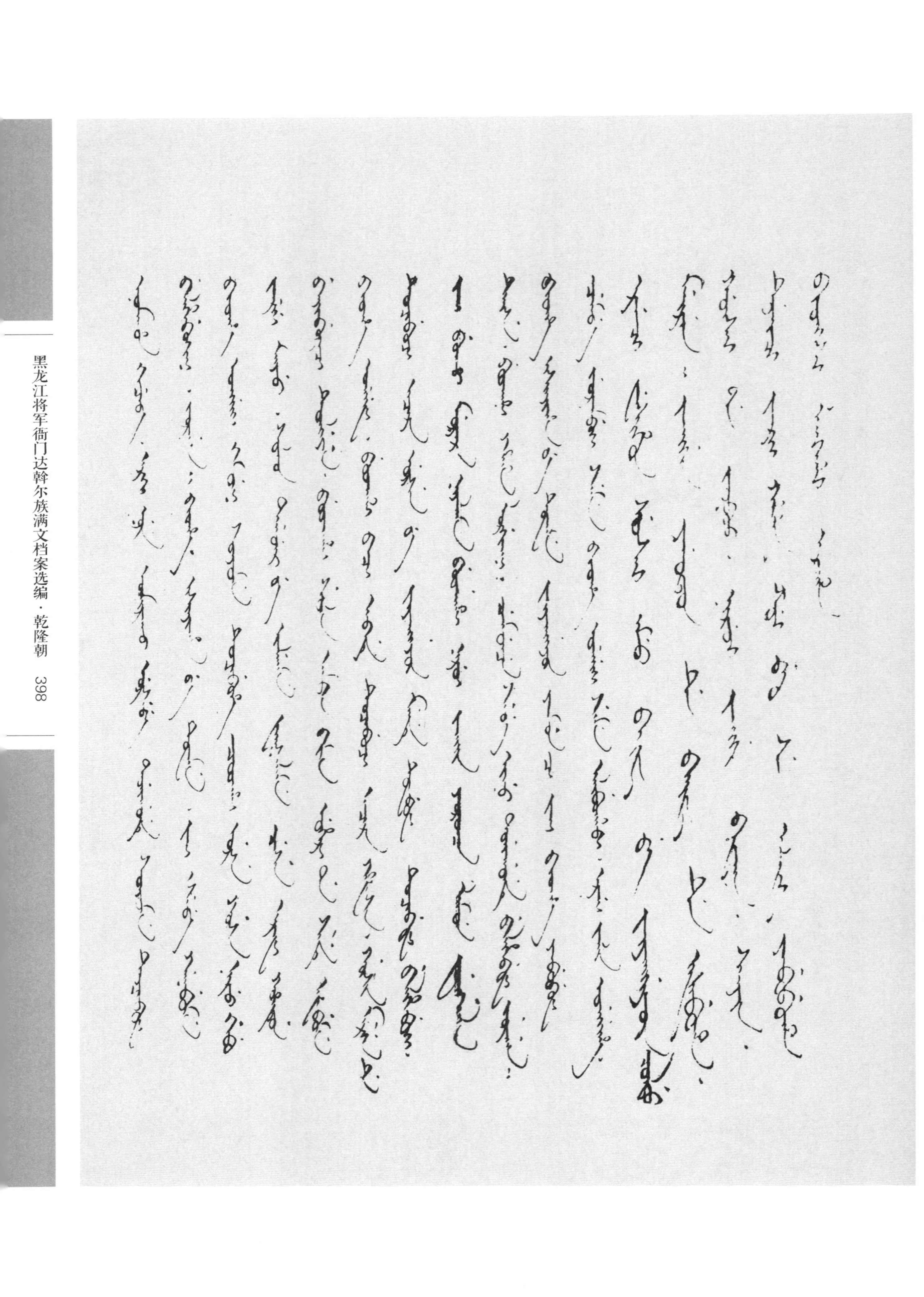

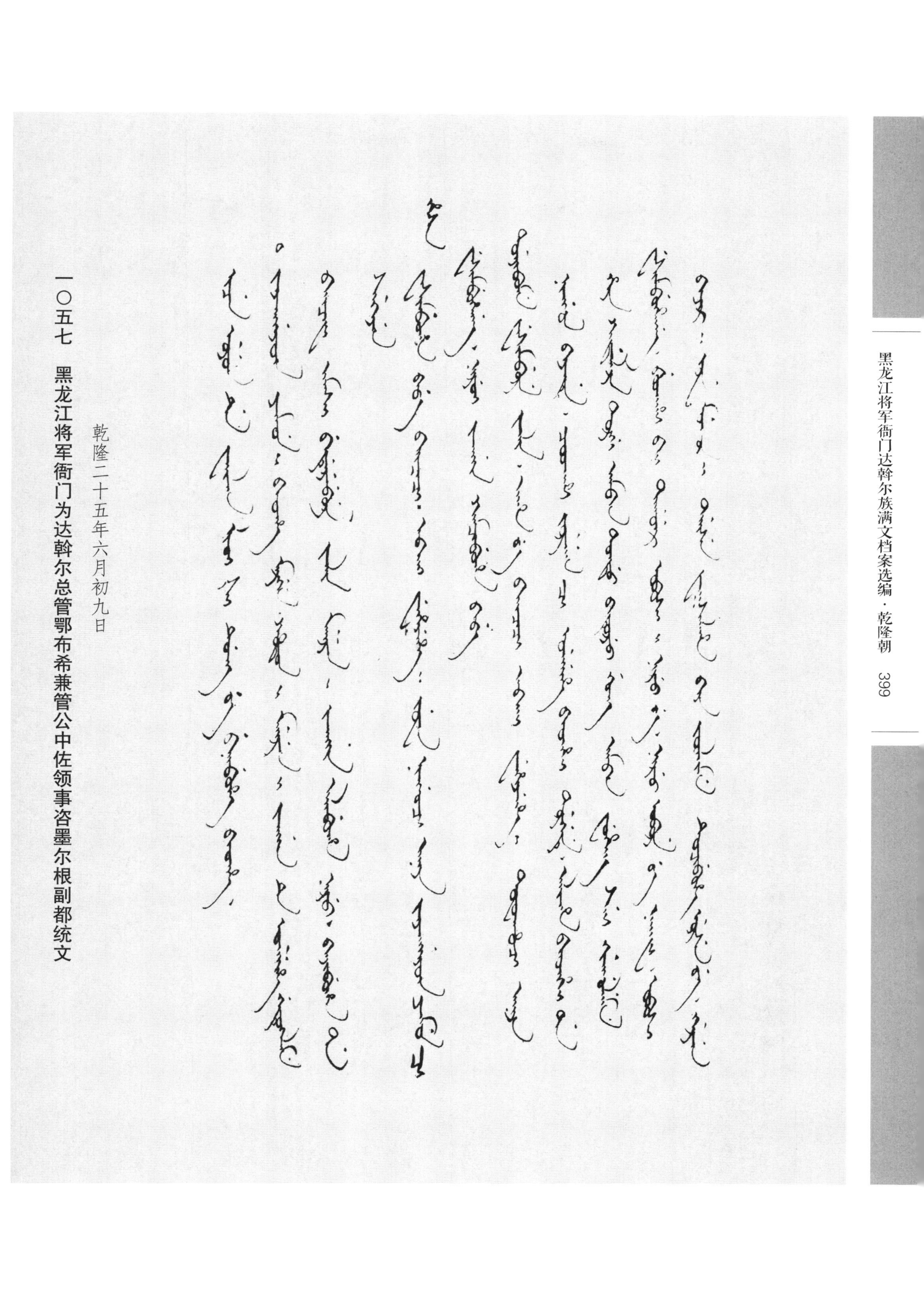

一〇五七　黑龙江将军衙门为达斡尔总管鄂布希兼管公中佐领事咨墨尔根副都统文

乾隆二十五年六月初九日

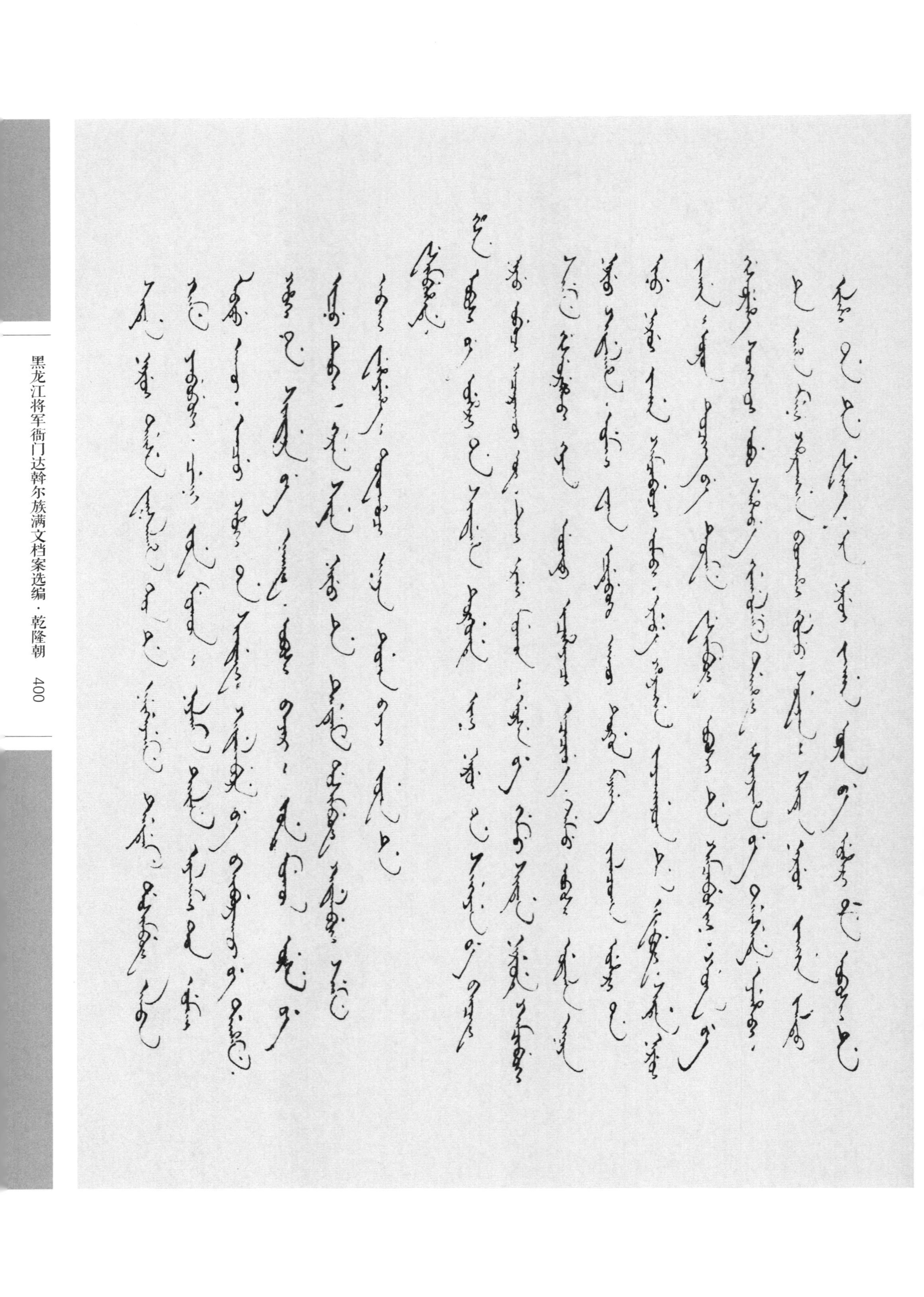

[illegible]

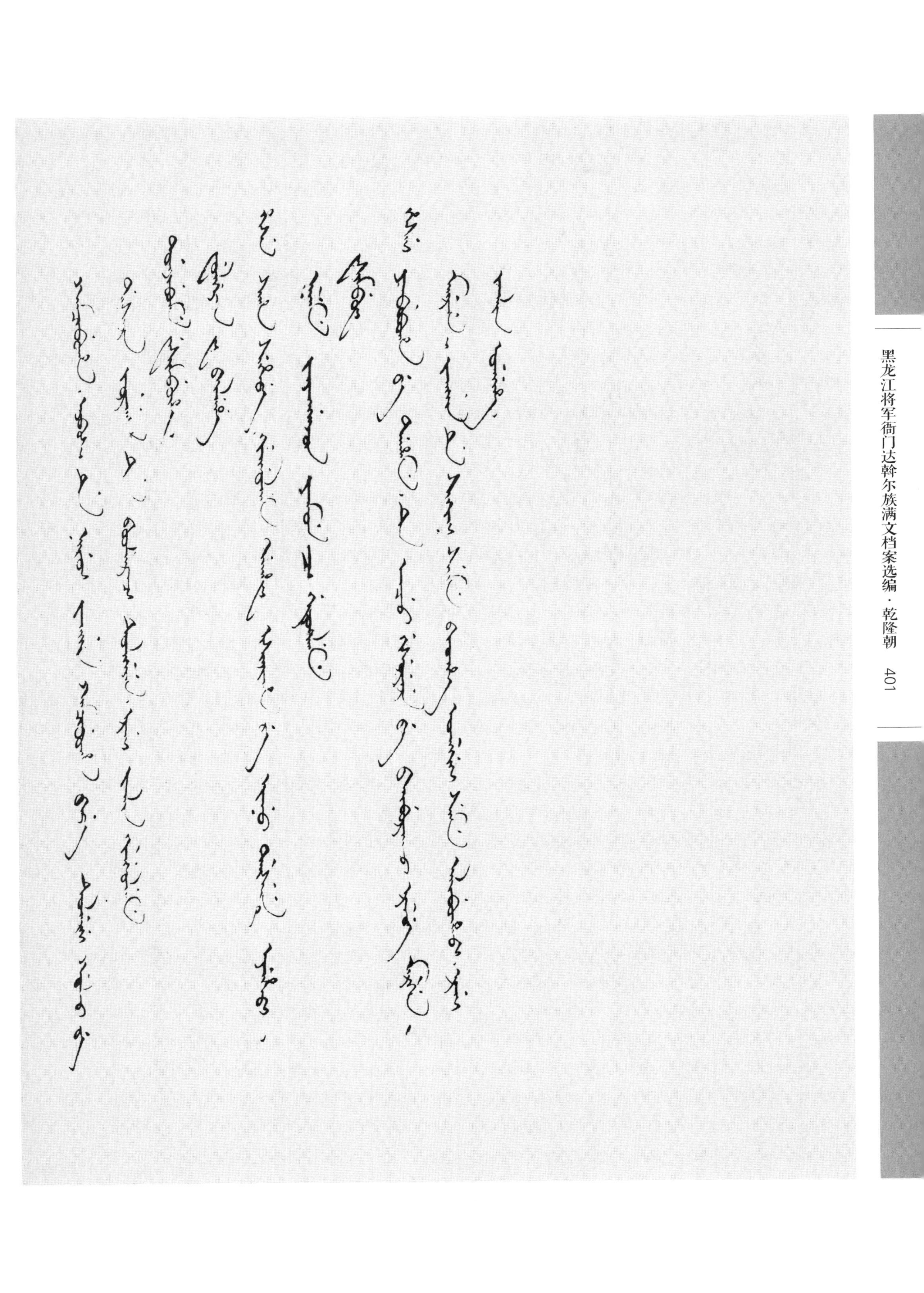

[illegible]

[illegible]

[illegible]

[illegible]

[illegible]

[illegible]

[illegible]

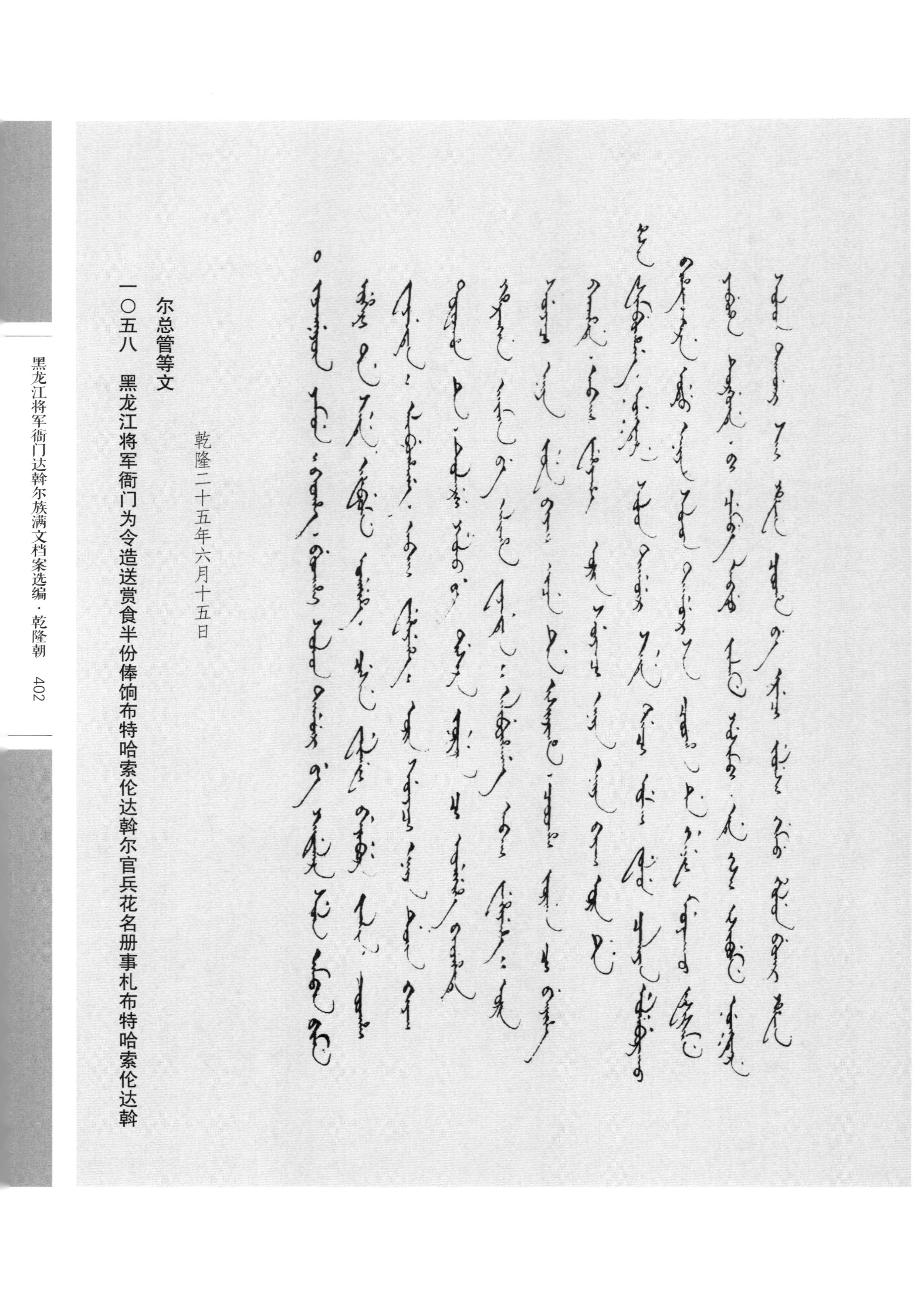

一〇五八 黑龙江将军衙门为令造送赏食半份俸饷布特哈索伦达斡尔官兵花名册事札布特哈索伦达斡尔总管等文

乾隆二十五年六月十五日

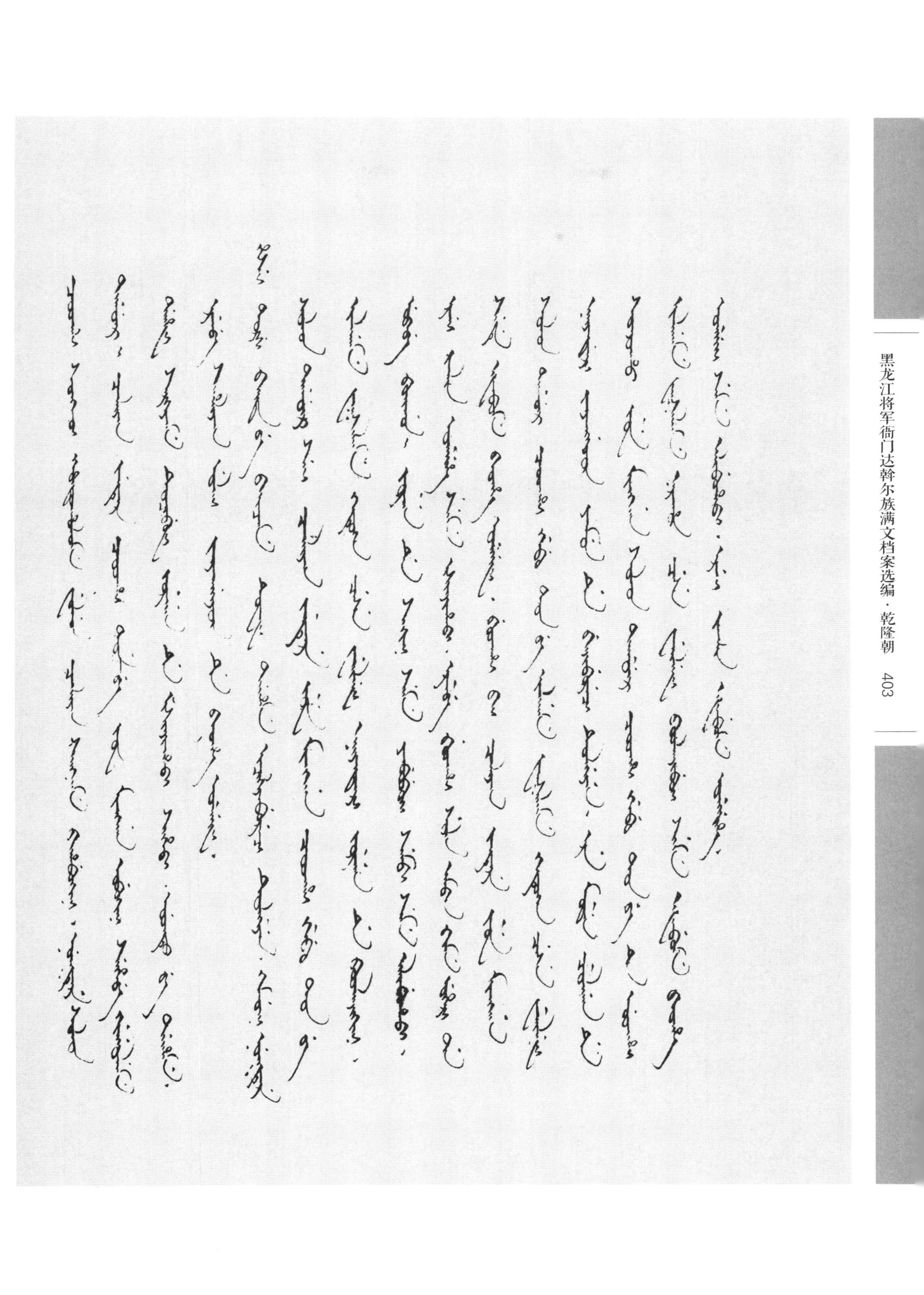

[illegible]

一〇五九 理藩院为照例办给布特哈索伦达斡尔官兵半份俸禄钱粮事咨黑龙江将军文

乾隆二十五年六月十六日

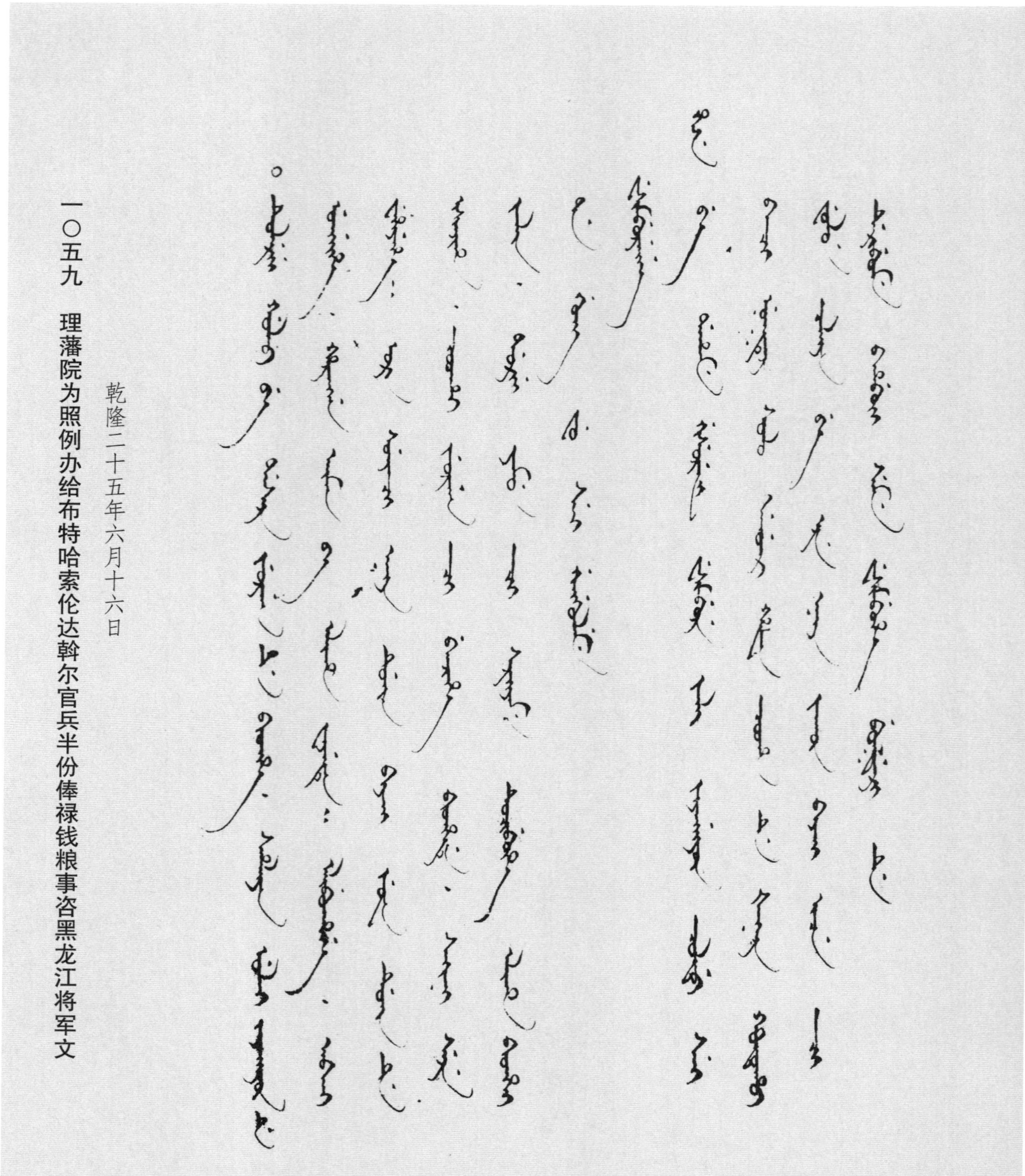

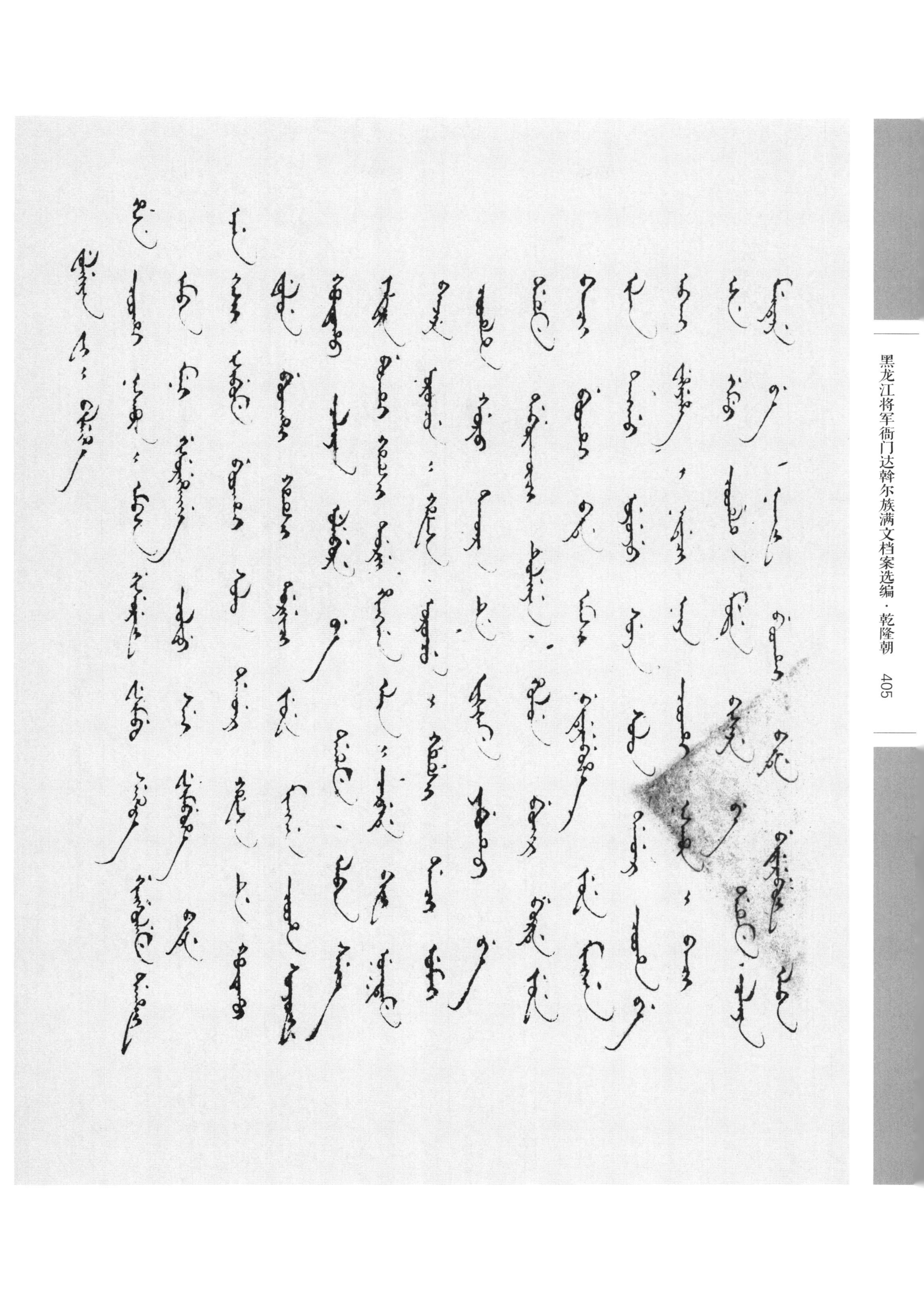

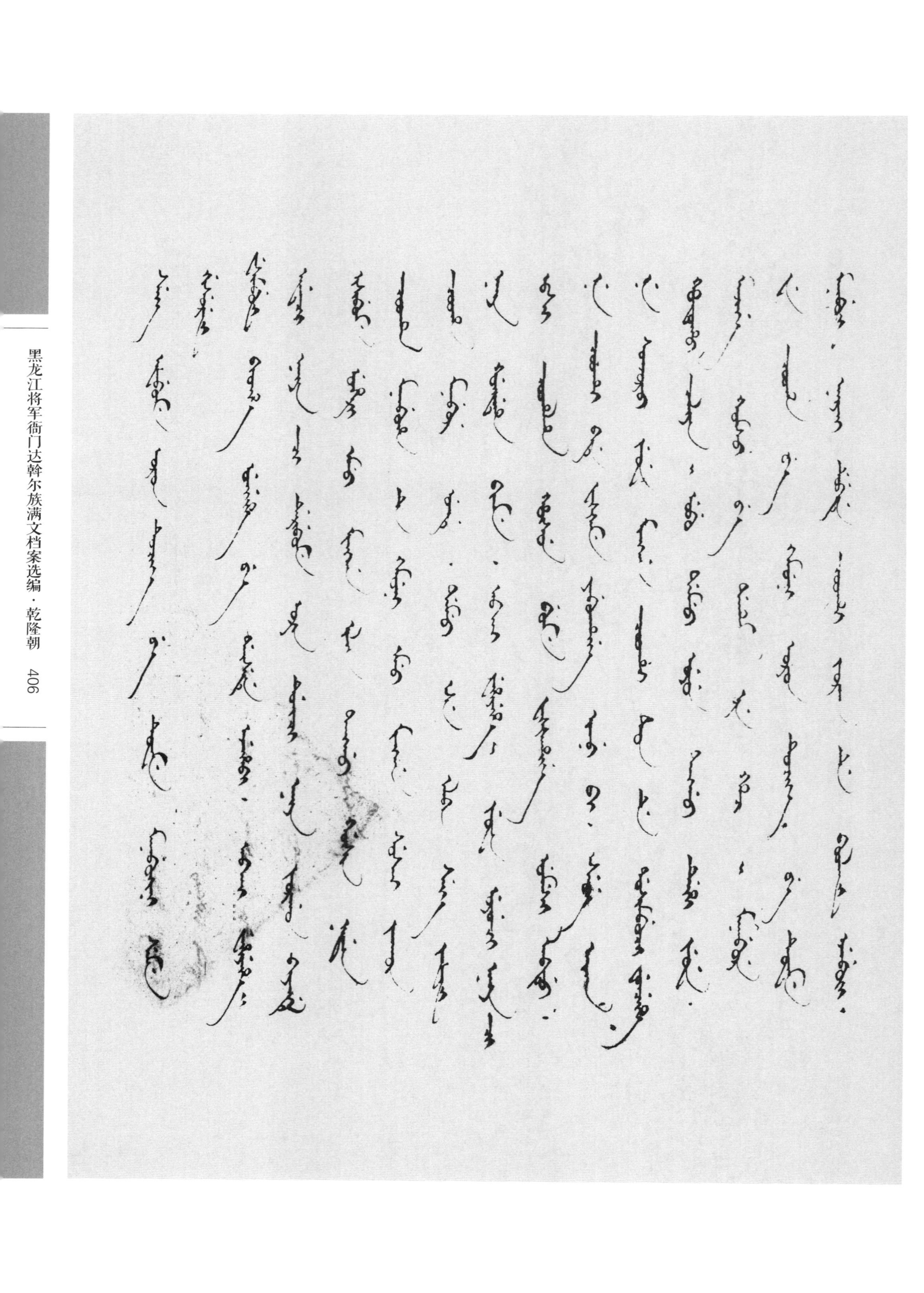

[illegible]

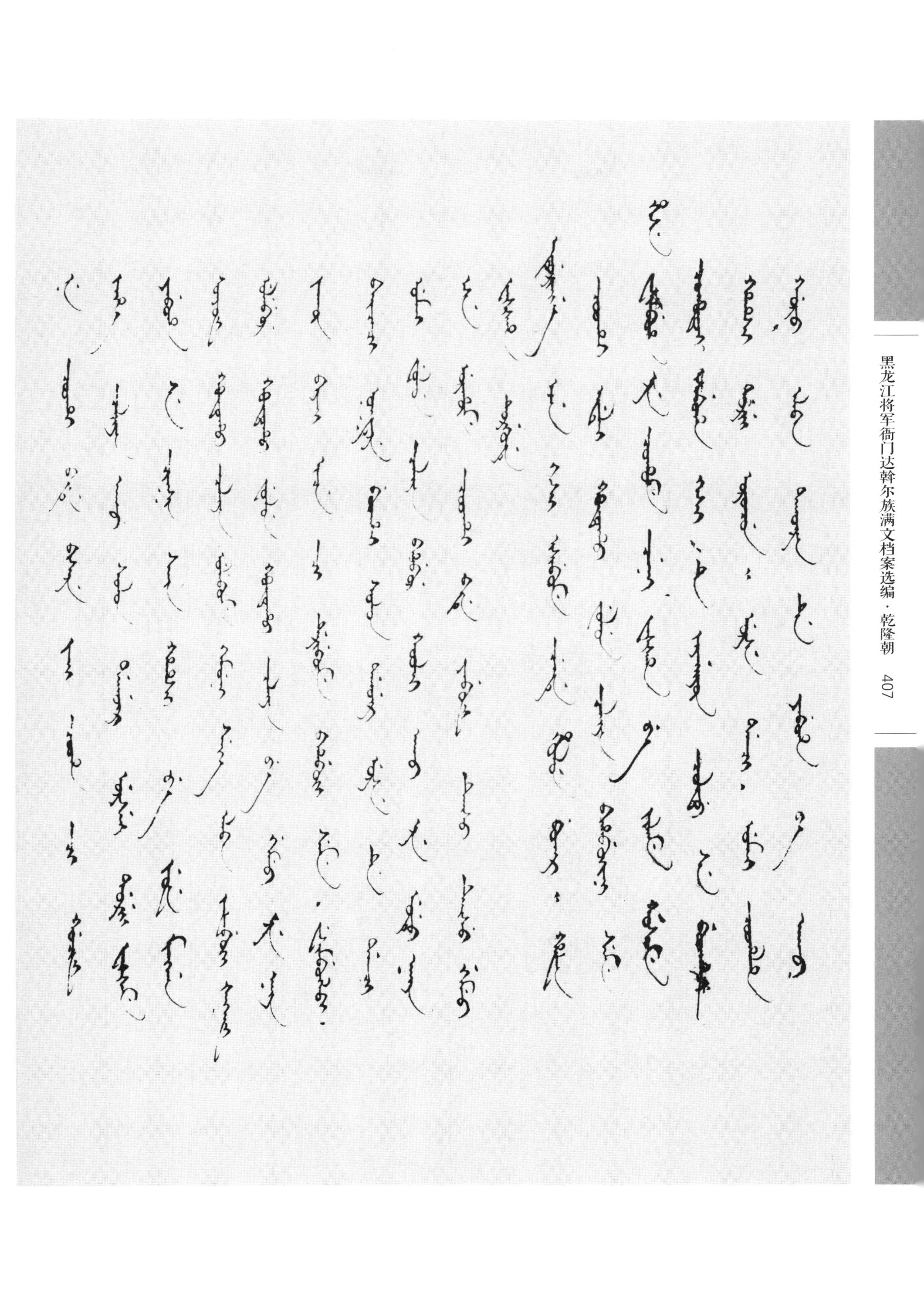

[illegible]

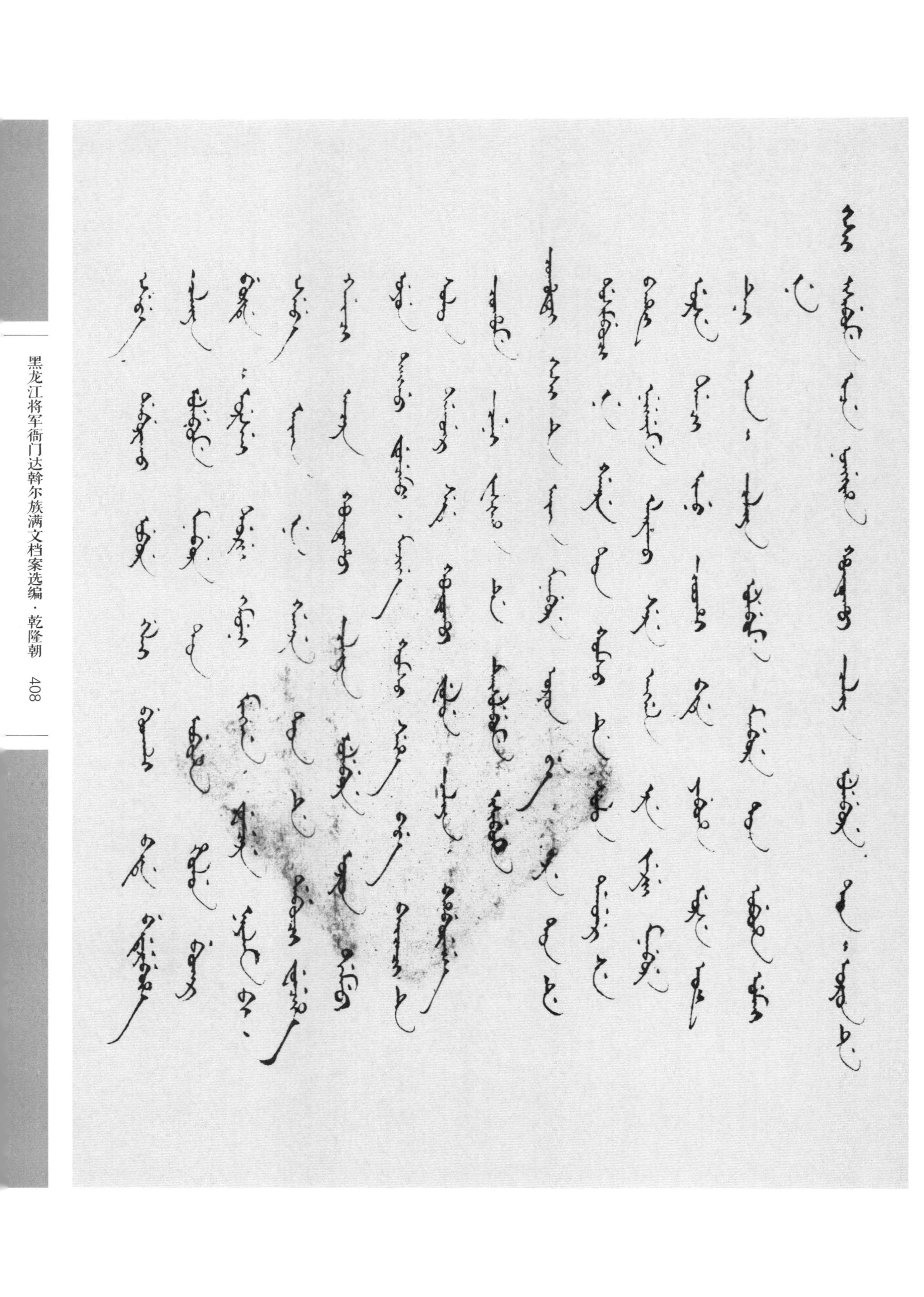

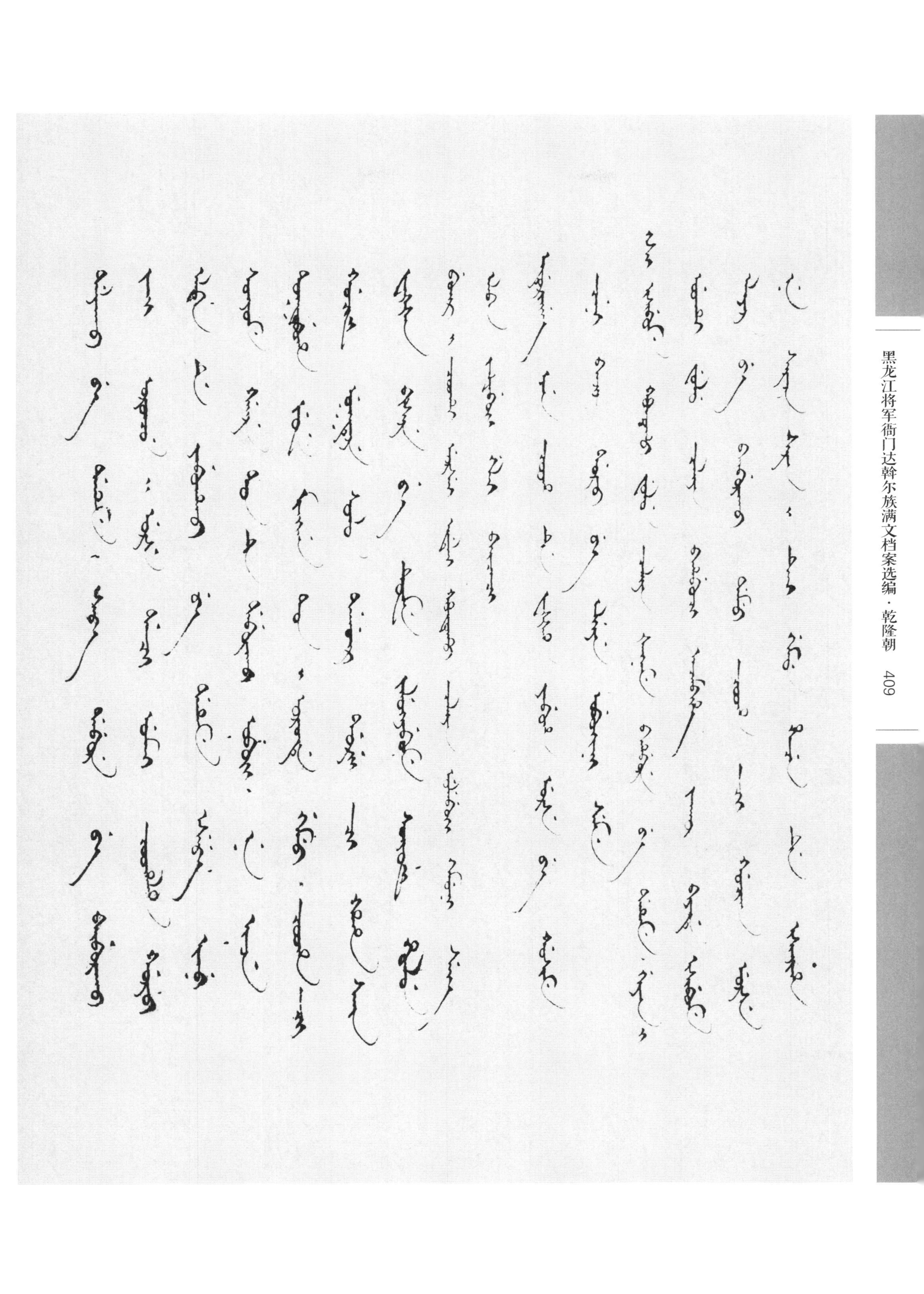

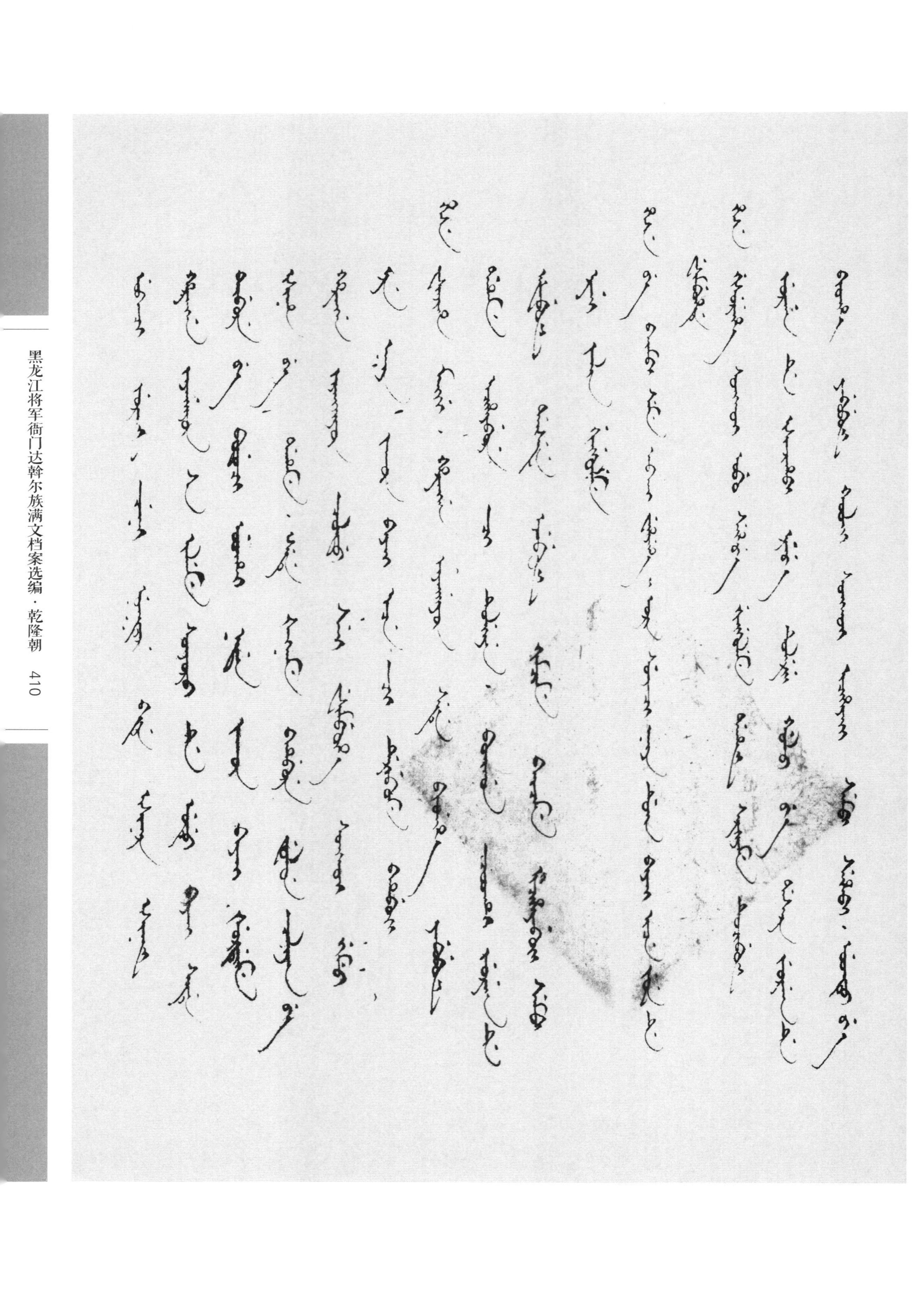

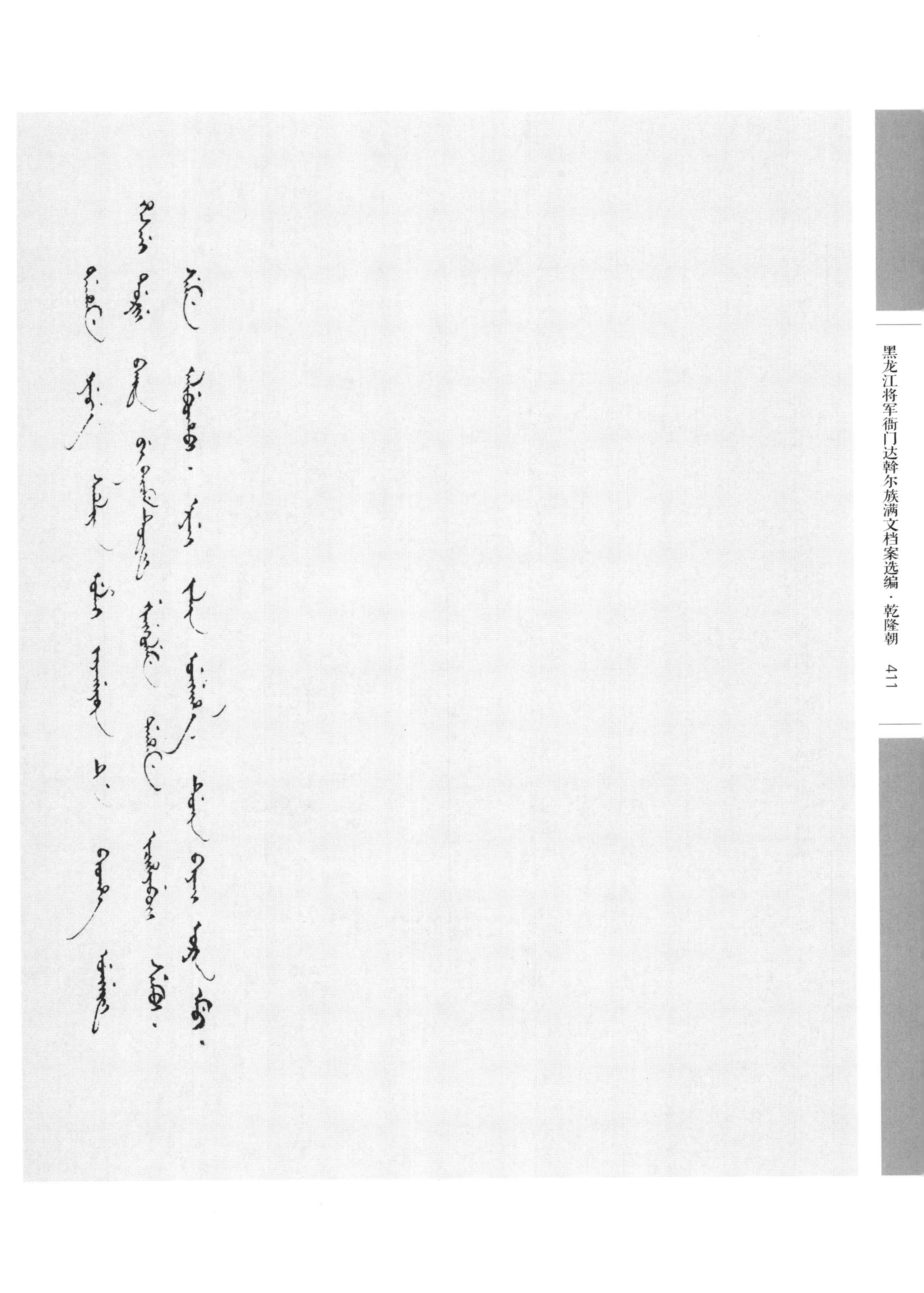

[illegible]

[illegible]

[illegible]

一〇六〇　兵部为黑龙江城镶黄旗达斡尔世管佐领缺准以色克屯补授事咨黑龙江将军文

乾隆二十五年六月二十一日

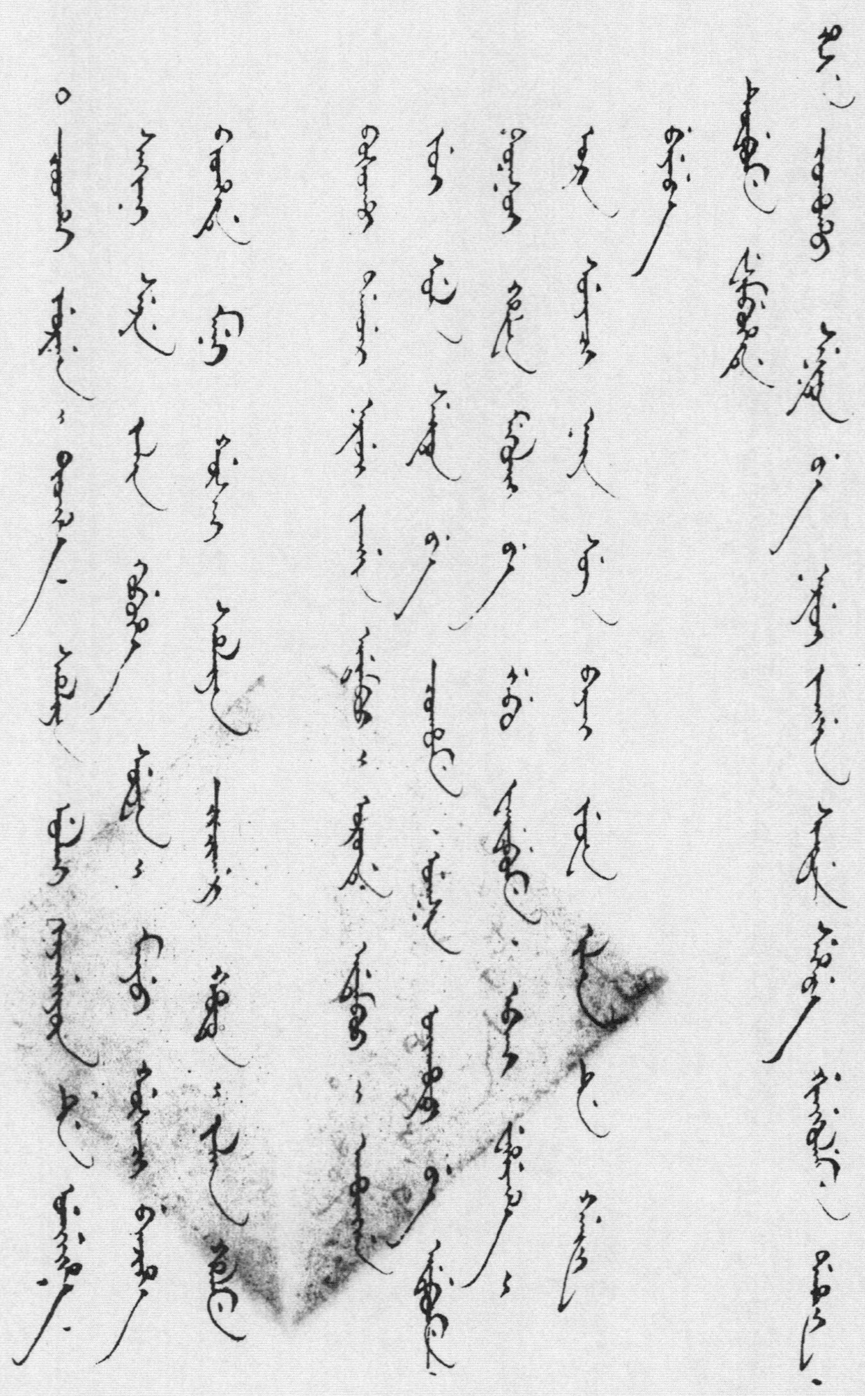

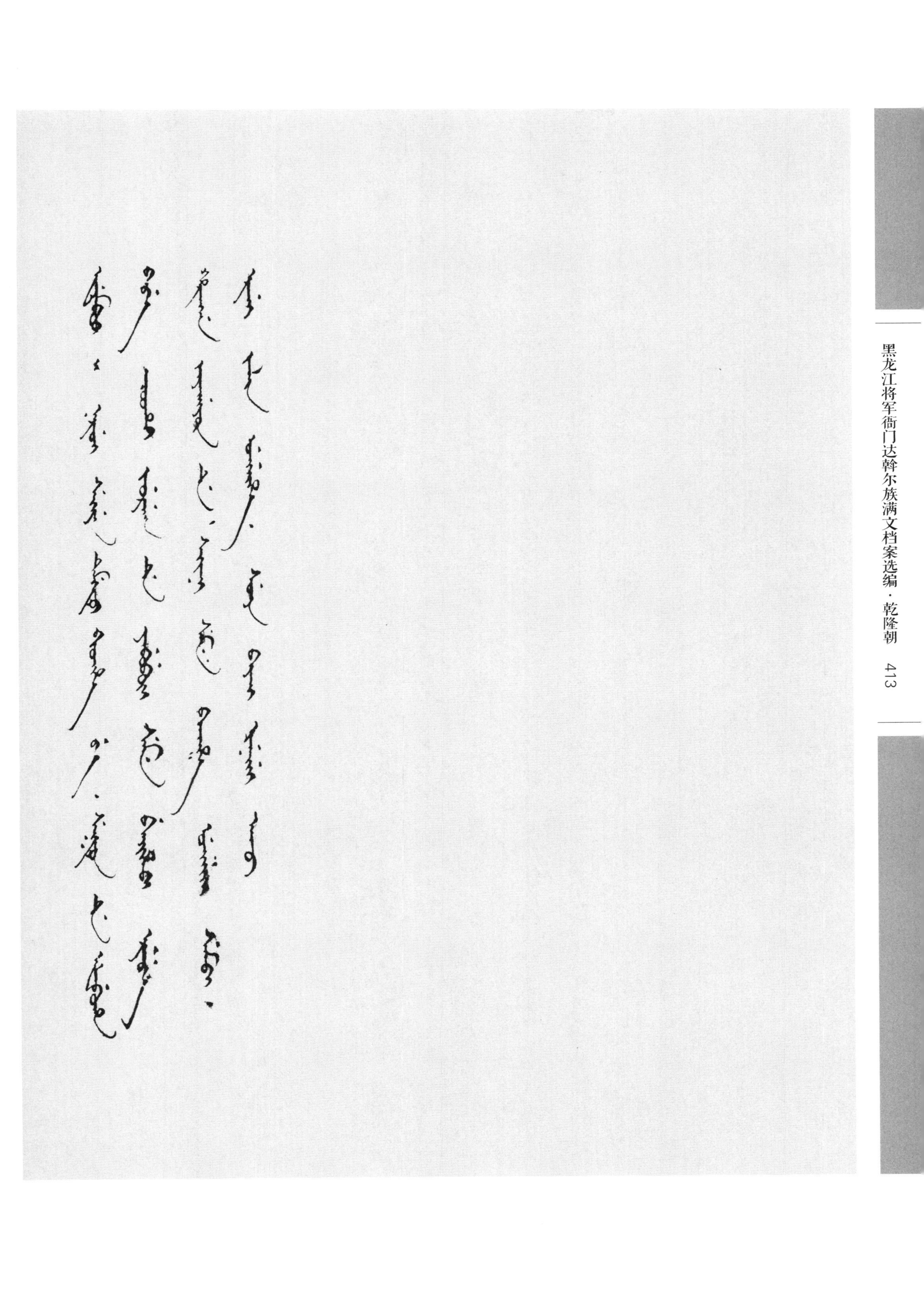

[illegible]

[illegible]

[illegible]

[illegible]

[illegible]

一〇六一 布特哈索伦达斡尔总管噶布舒等为造送赏食半份俸饷索伦达斡尔官兵花名册事咨呈黑龙江将军衙门文

乾隆二十五年六月二十四日

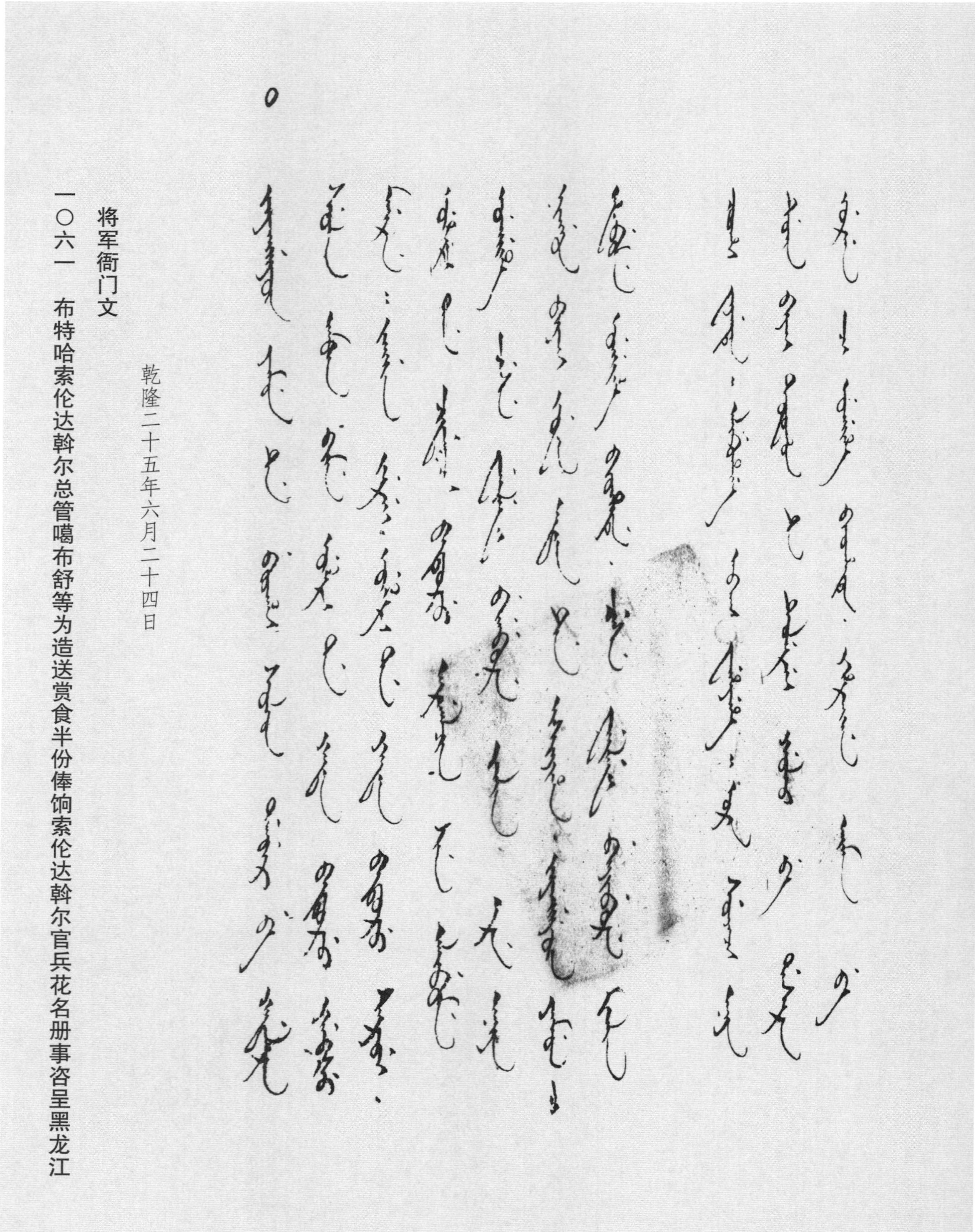

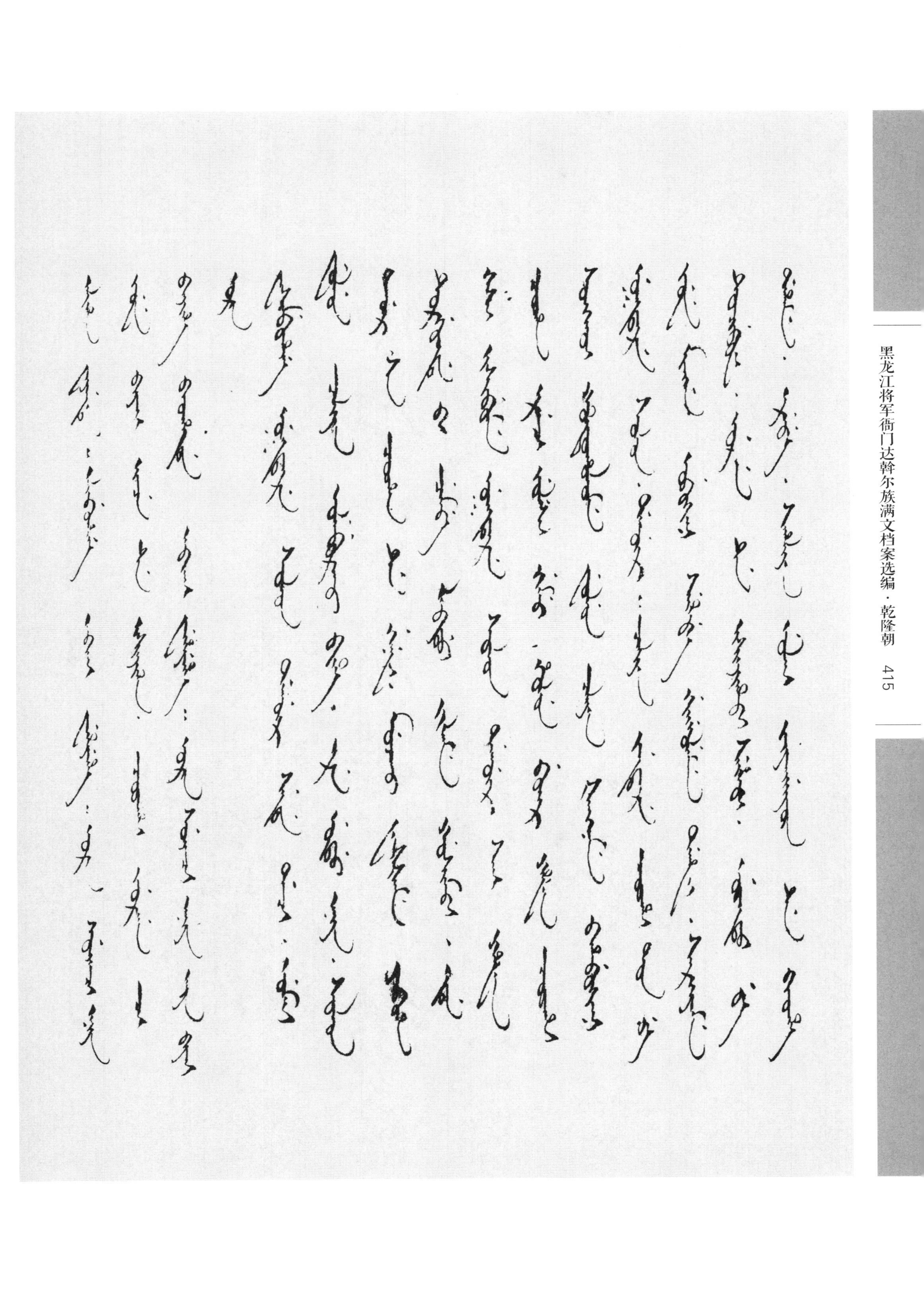

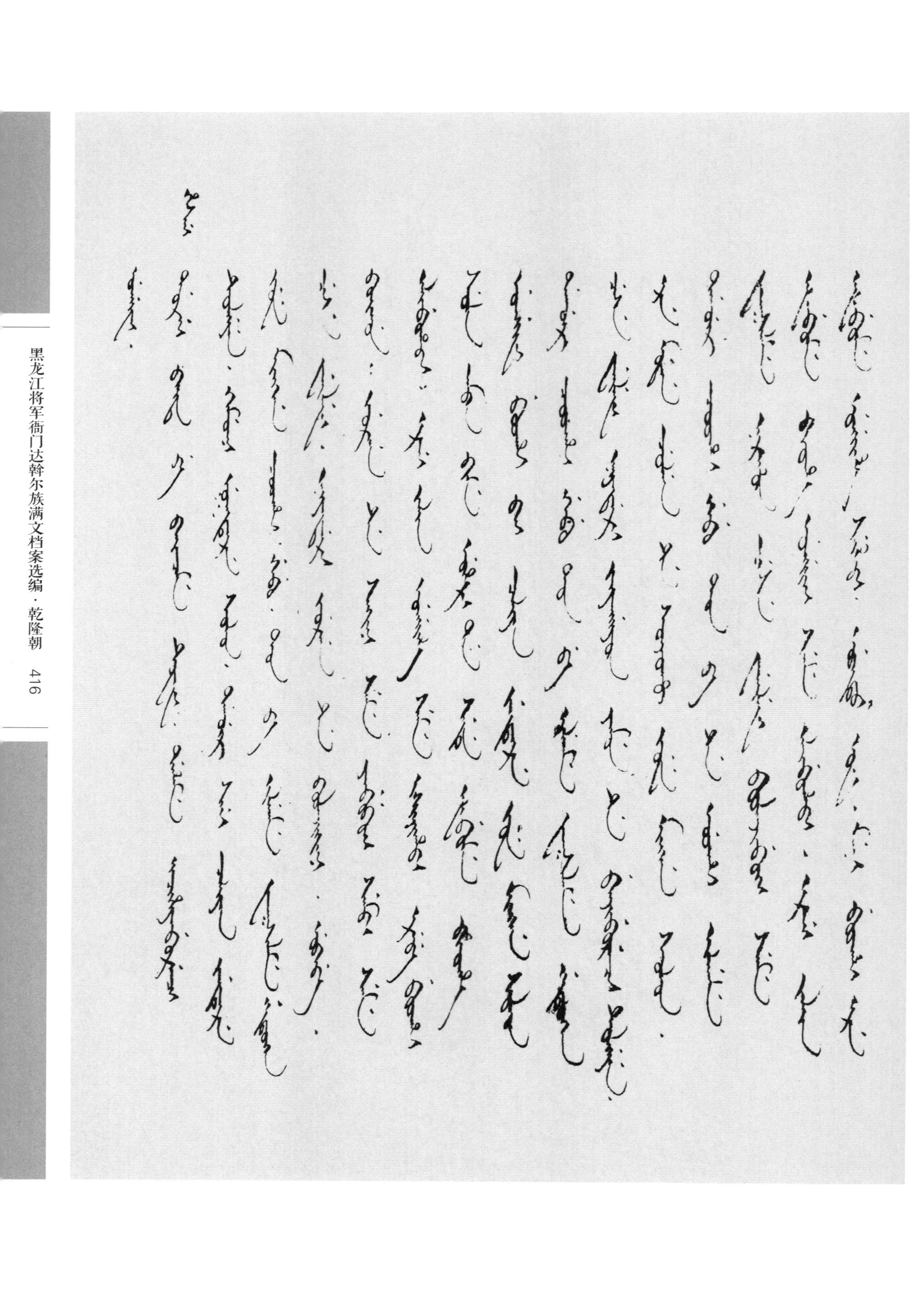

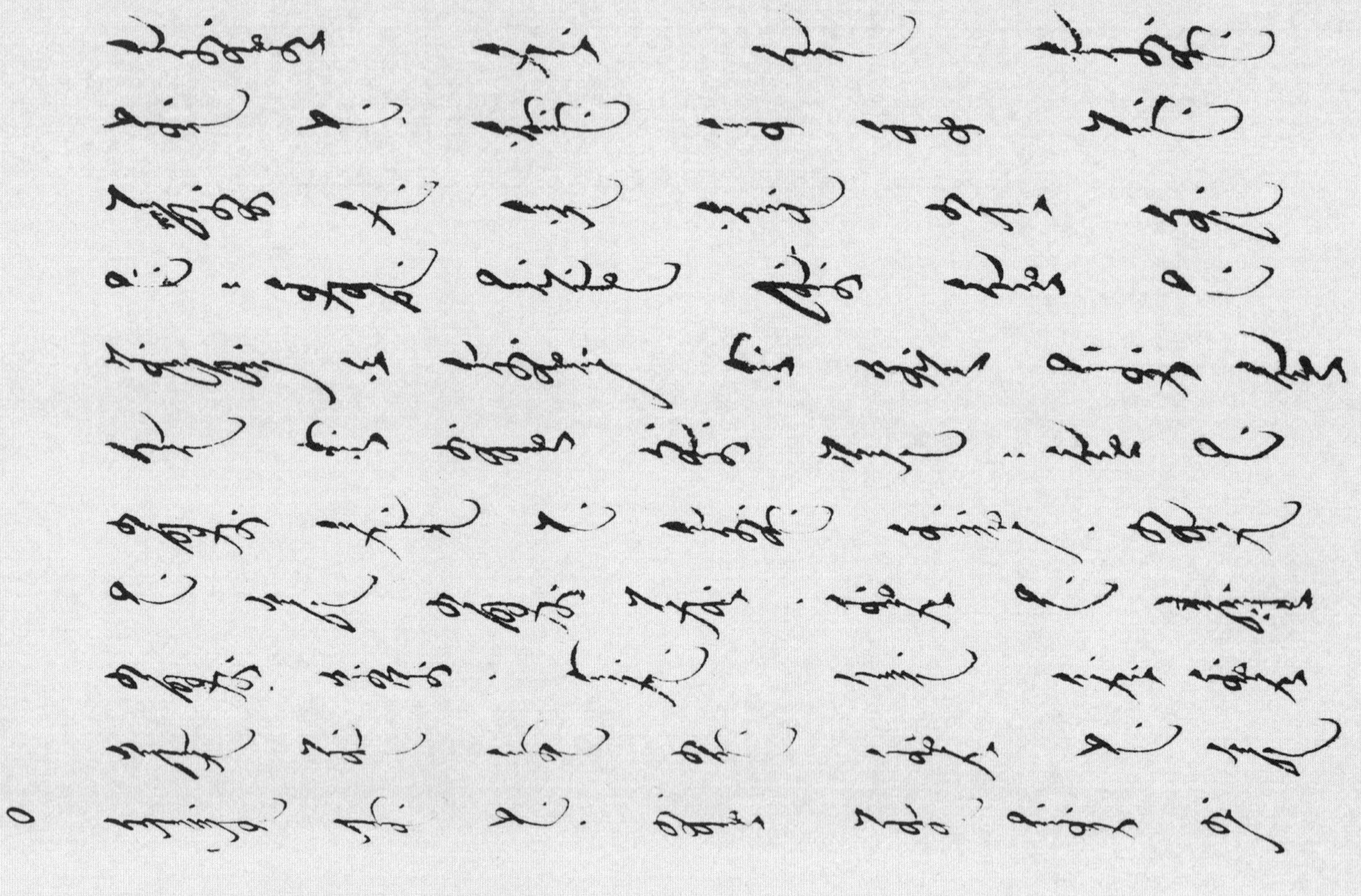

乾隆二十五年六月三十日

咨呈黑龙江将军衙门文

一〇六二　布特哈索伦达斡尔总管噶布舒等为护理镶白旗达斡尔副总管事务额外副总管萨达保病故事

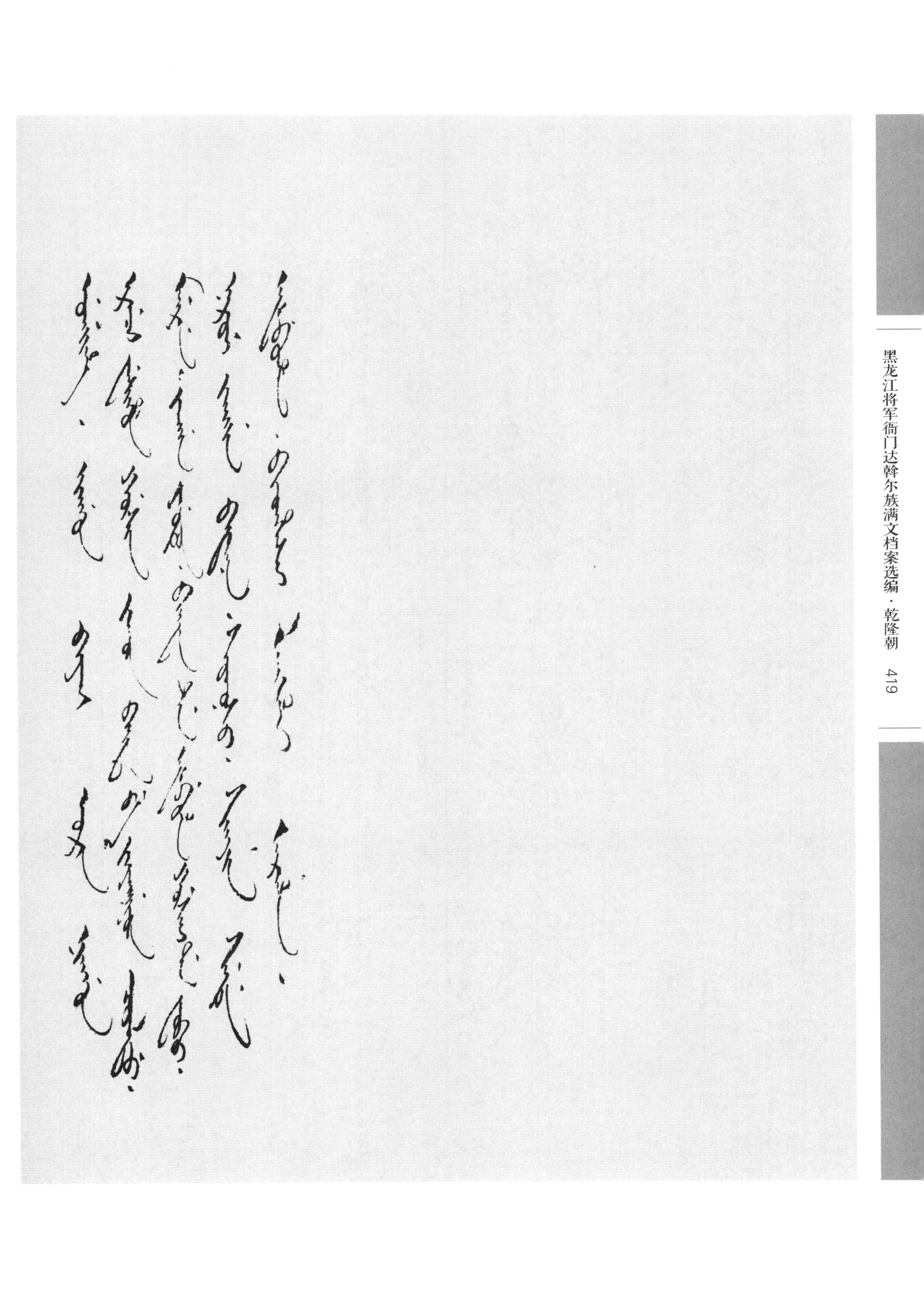

[illegible]

一〇六三 黑龙江将军衙门为拨给阵亡闲散章京军功蓝翎布特哈达斡尔格森特依赏银并派员致祭事咨户部文

乾隆二十五年七月初五日

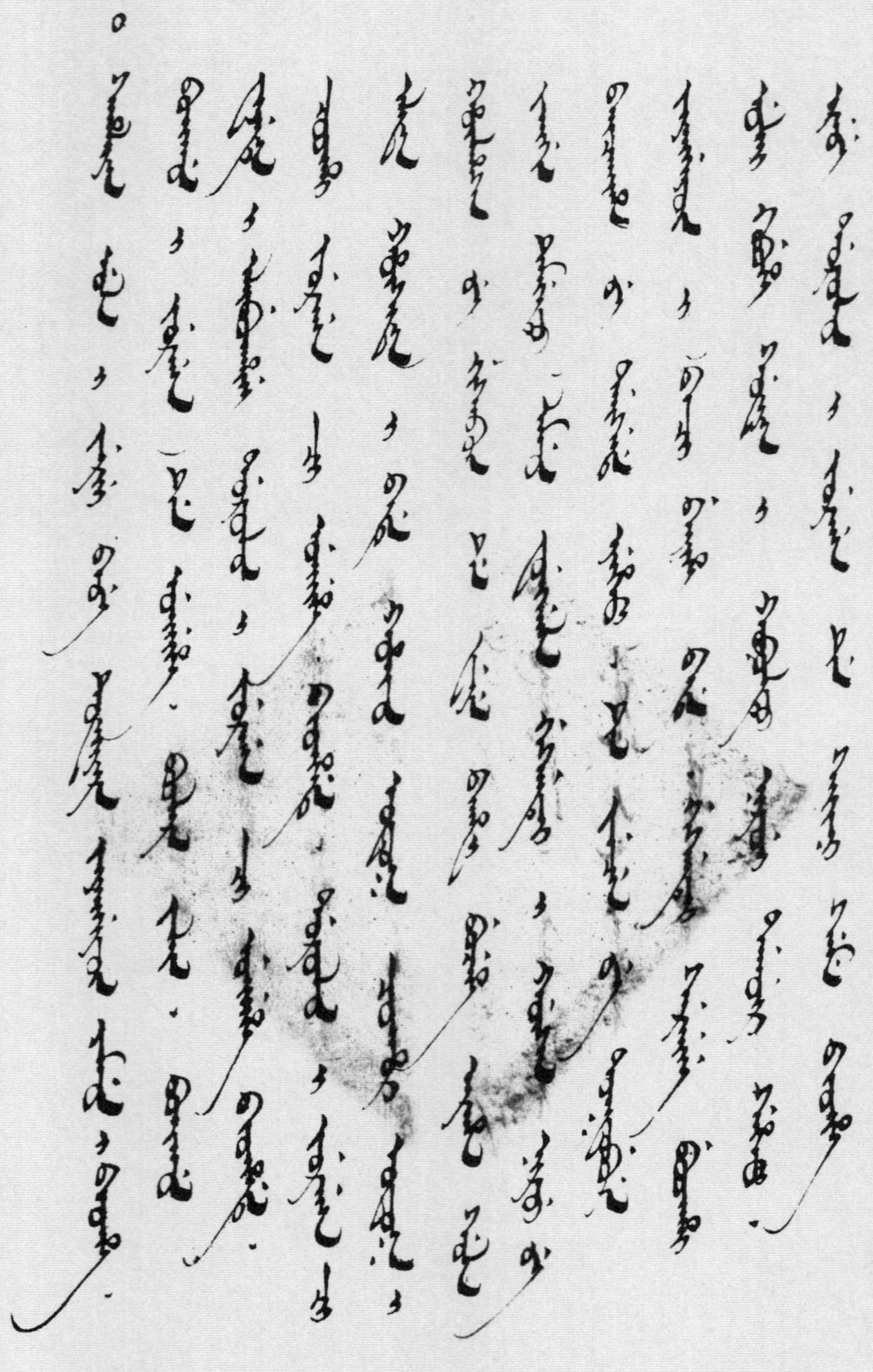

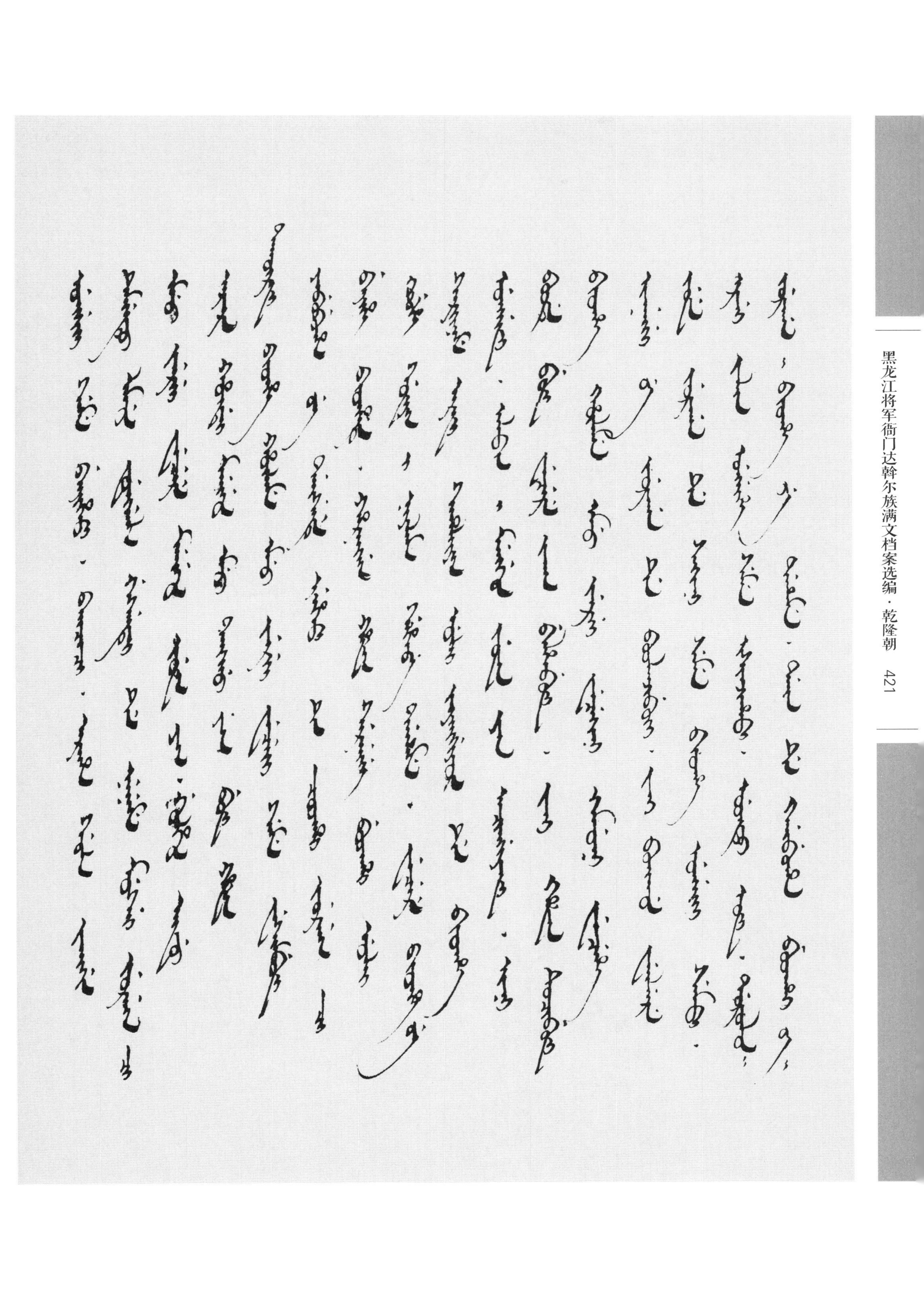

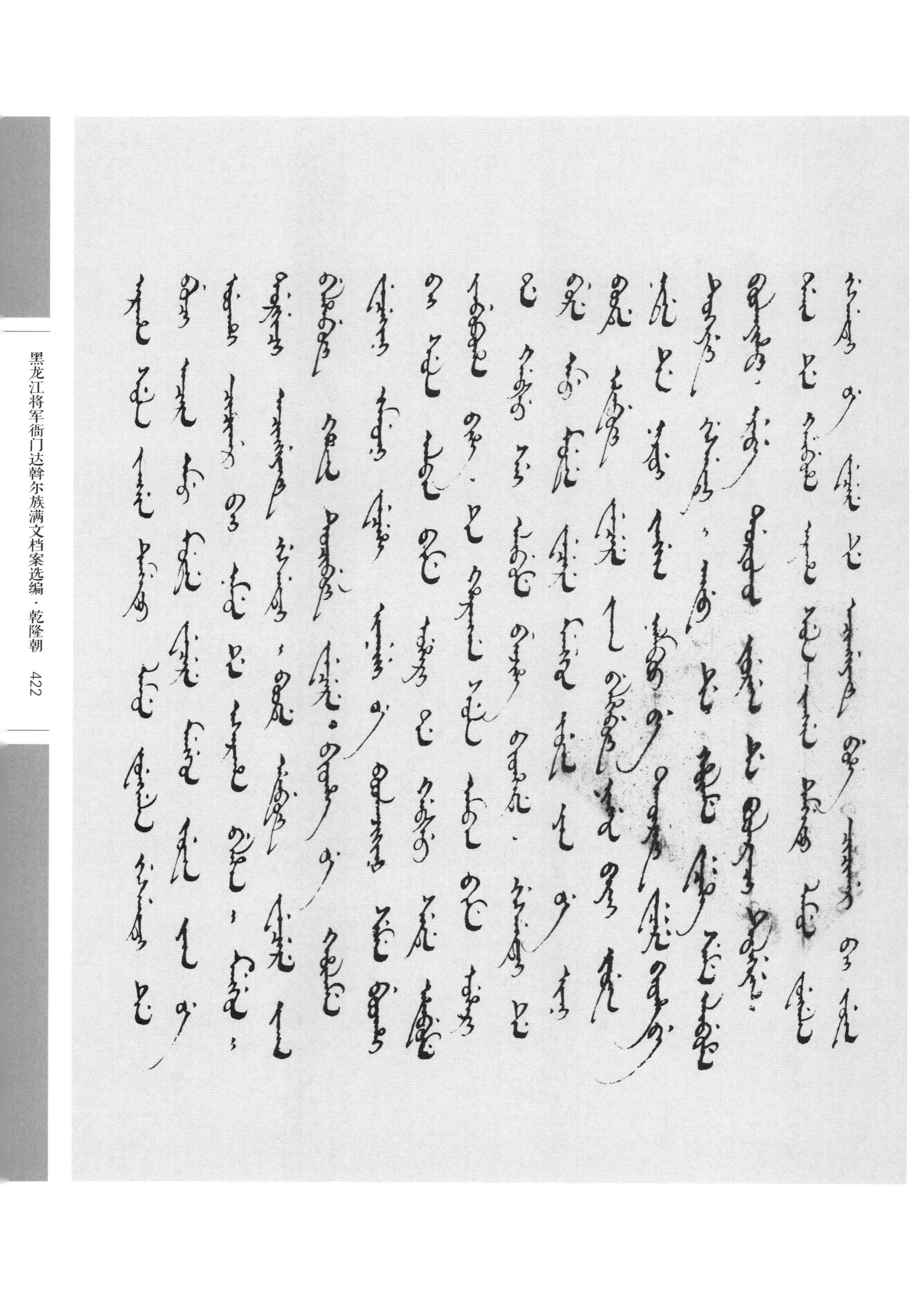

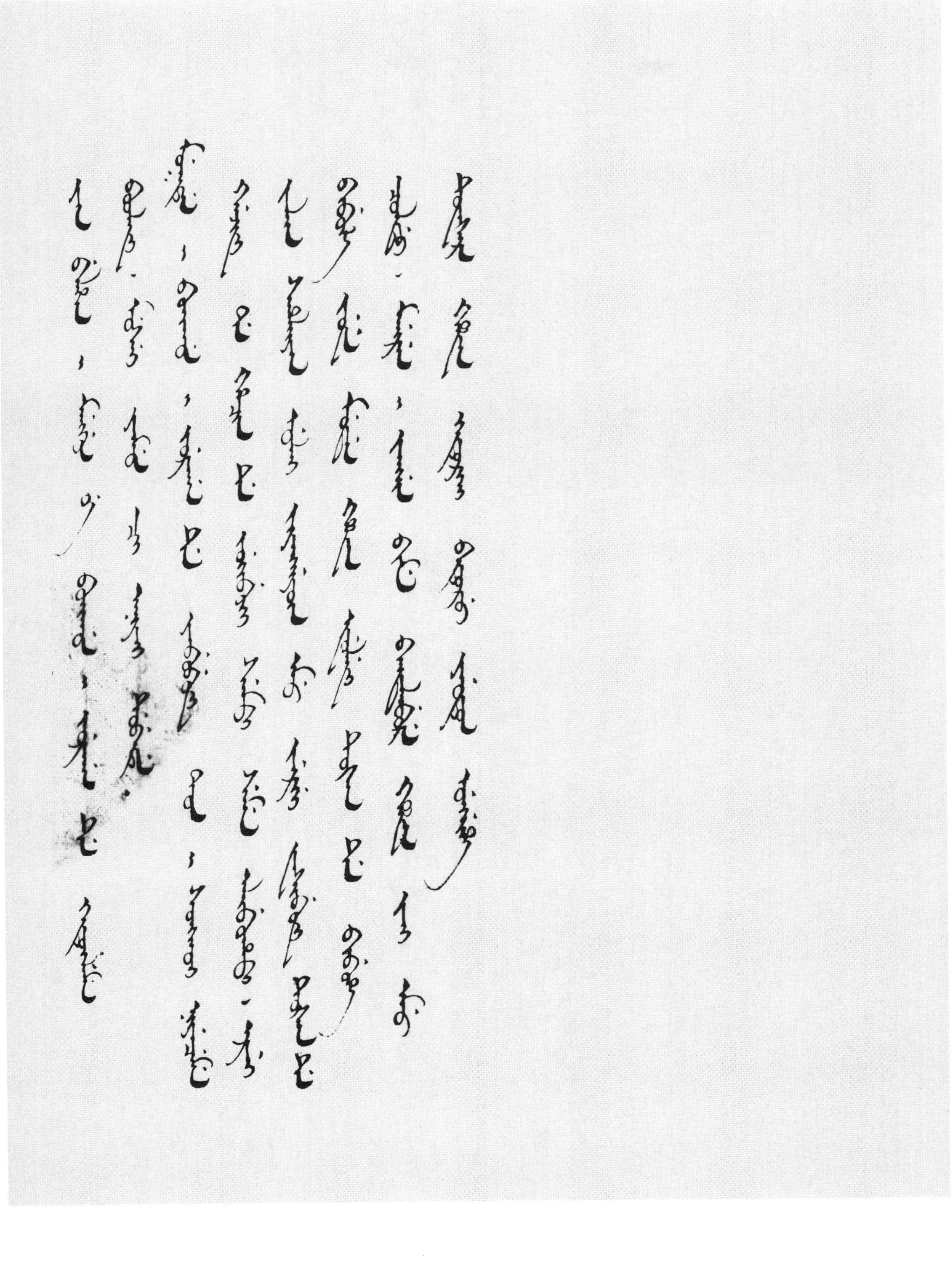

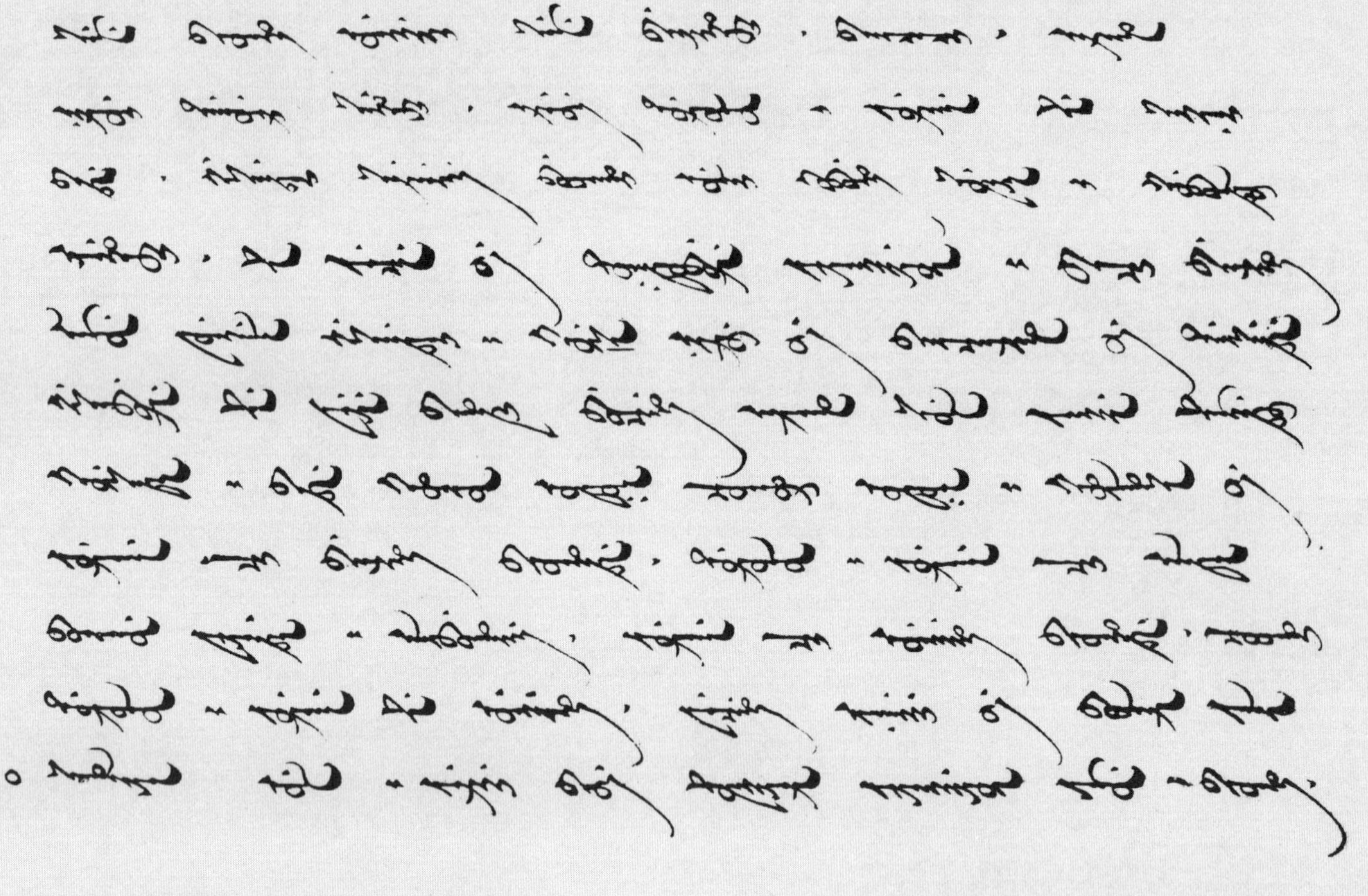

乾隆二十五年七月初五日

部文

一〇六四　黑龙江将军衙门为报照例致祭阵亡闲散章京军功蓝翎布特哈达斡尔格森特依日期事咨礼

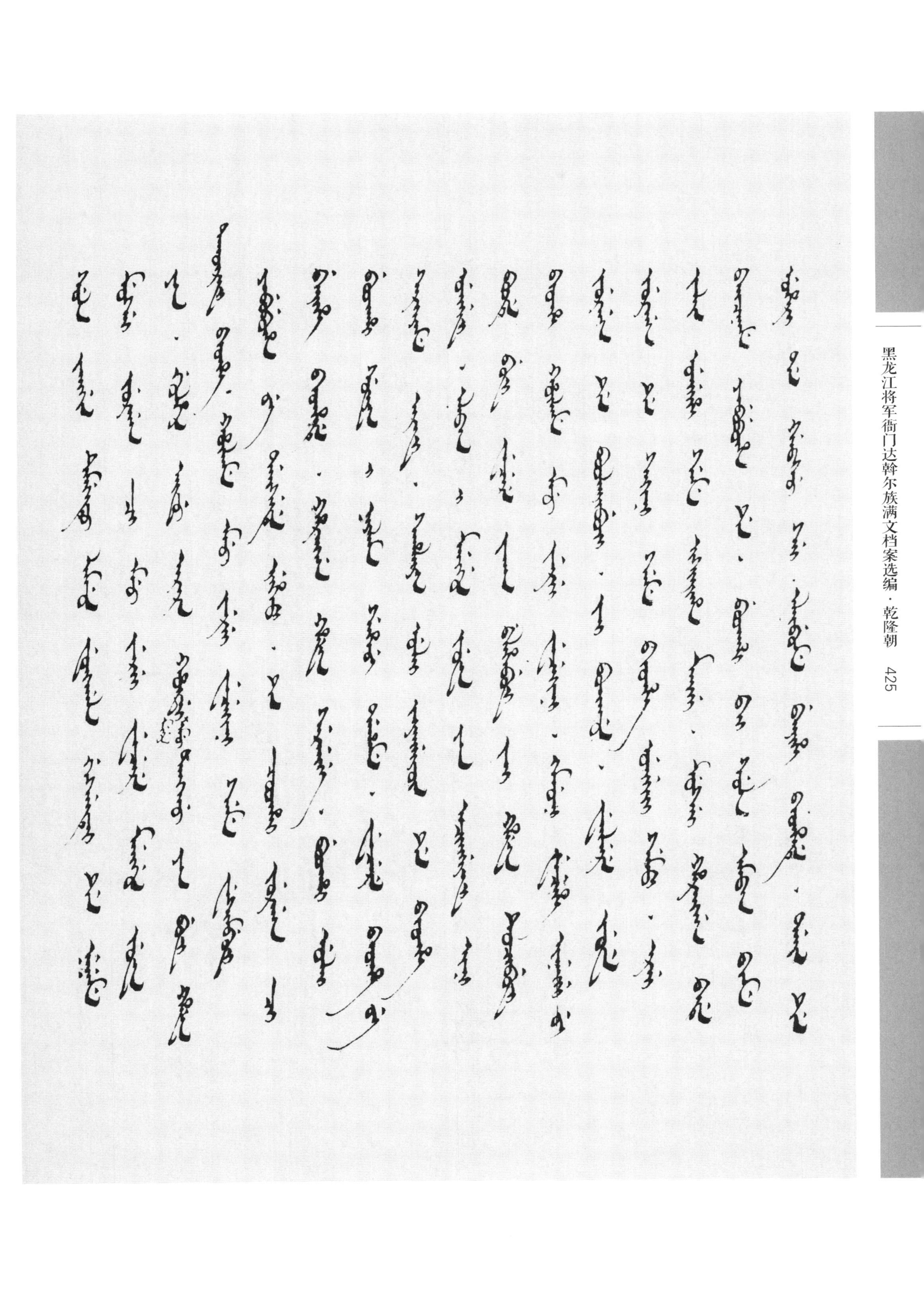

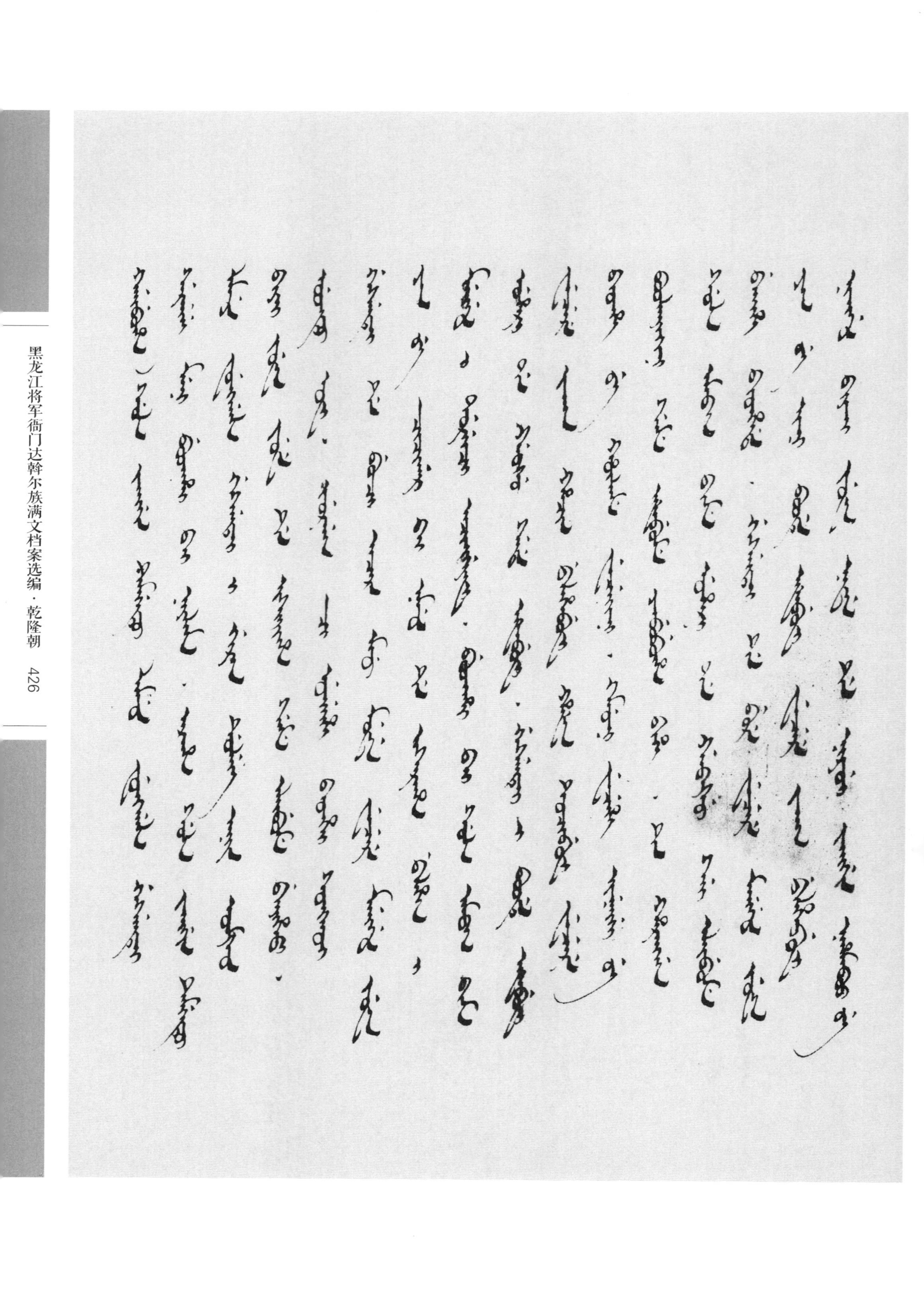

[illegible]

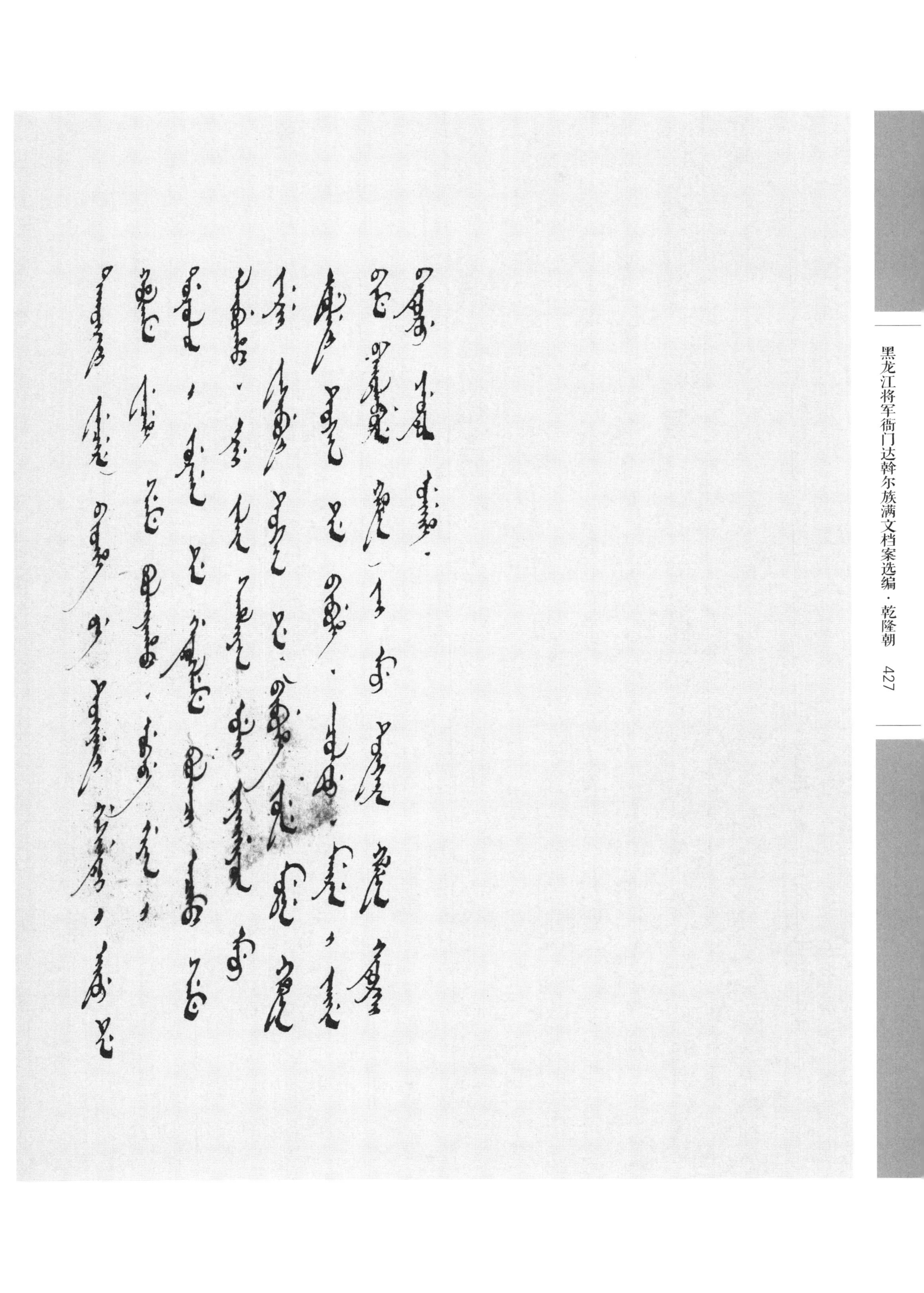

一〇六五　黑龙江将军衙门为造送拣选布特哈技艺娴熟索伦达斡尔等官兵花名册事咨理藩院文

乾隆二十五年七月初七日

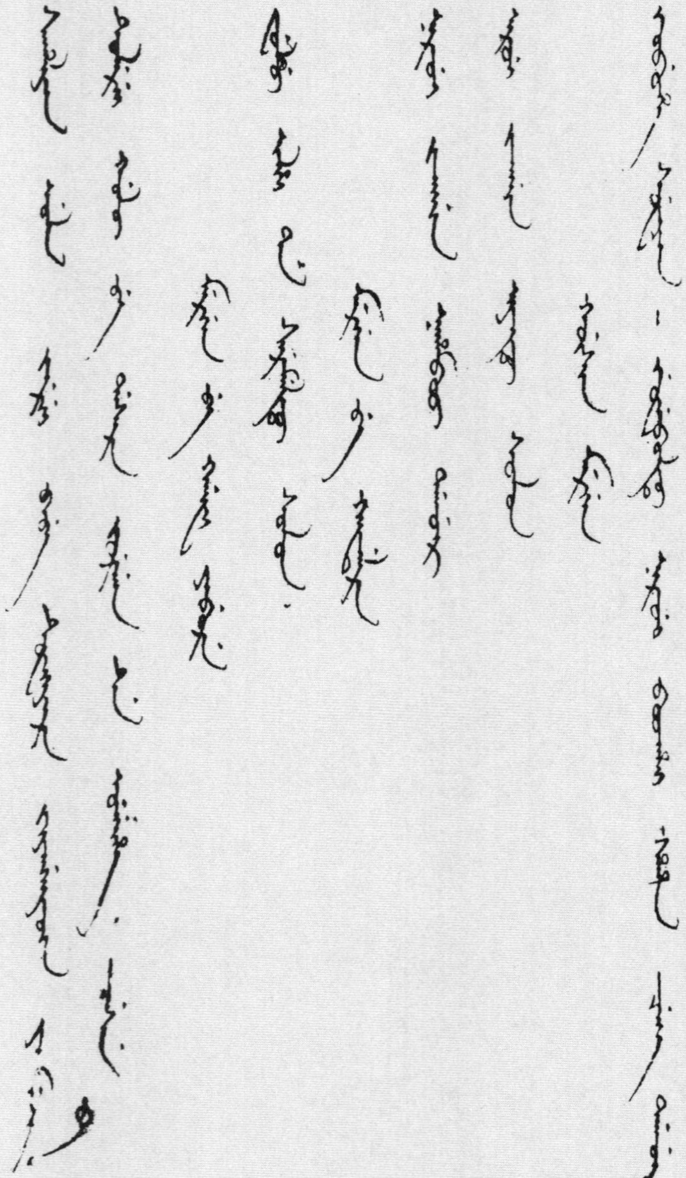

ᠪᠣᡧᠣᡴᡡ ᡩᡝ [illegible] ᠪᡠᡥᡝ᠉

ᡨᡠᠸᠠᠨᠴᡳ ᠨᡳᡵᡠᡳ ᠪᠣᡧᠣᡴᡡ [illegible] [illegible]

ᡨᡠᠸᠠᠨ ᡩᡝ ᠠᡵᡤᠠᠨ ᠪᡠᡥᡝ᠉

ᡧᡝᡵᡝᠨ ᠨᡳᡵᡠᡳ ᠪᠣᡧᠣᡴᡡ ᡩᡝ ᠨᡳᡵᡠ [illegible] ᠪᡠᡥᡝ᠉

ᠪᠣᡧᠣᡴᡡ ᡩᡝ ᠨᡳᠶᠠᠯᠮᠠ ᠪᡠᡥᡝ᠉

ᠪᠣᡵᠣ ᠨᡳᡵᡠᡳ ᠪᠣᡧᠣᡴᡡ ᡩᡝ [illegible] ᠪᡠᡥᡝ᠉

ᡨᡠᠸᠠᠨ ᡤᡳᠶᠠᠨ ᠪᠣᡧᠣᡴᡡ ᡩᡝ [illegible] ᠨᡳᡵᡠᡳ ᠰᡠᠨᠵᠠ [illegible] ᠪᡠᡥᡝ

ᡳᠯᡳᠮᠪᡠ ᠨᡳᡵᡠᡳ ᠪᠣᡧᠣᡴᡡ ᡩᡝ ᠠᡵᡤᠠ᠈ ᡩᡝ

ᠰᡝᠪᡝᠨ ᠨᡳᡵᡠᡳ ᠪᠣᡧᠣᡴᡡ ᡩᡝ [illegible] ᠪᠣᡧᠣᡴᡡ

ᡤᡠᠸᠠᠯᡳᠶᠠ ᠨᡳᡵᡠᡳ ᠪᠣᡧᠣᡴᡡ ᡩᡝ ᠠᡵᠰᠠᠯᠠᠨ ᠪᡠᡥᡝ᠉

ᠪᠣᡧᠣᡴᡡ ᠨᡳᡵᡠᡳ ᠪᠣᡧᠣᡴᡡ ᡩᡝ ᡥᡝᠰᡝ᠈ ᡩᡝ᠉

ᡧᡠᡳ᠈ ᡳᠯᡳᠮᠪᡠ ᠨᡳᡵᡠᡳ ᡩᡝ ᠪᠣᡧᠣᡴᡡ ᡩᡝ ᠪᠠᠶᠠᡵ ᡩᡝ

ᠪᠣᡧᠣᡴᡡ ᡩᡝ ᡳᠯᡳᠮᠪᡠ ᡩᡝ

ᡨᠠᡴᠠ ᠨᡳᡵᡠᡳ ᠪᠣᡧᠣᡴᡡ ᡩᡝ [illegible] ᡩᡝ᠈

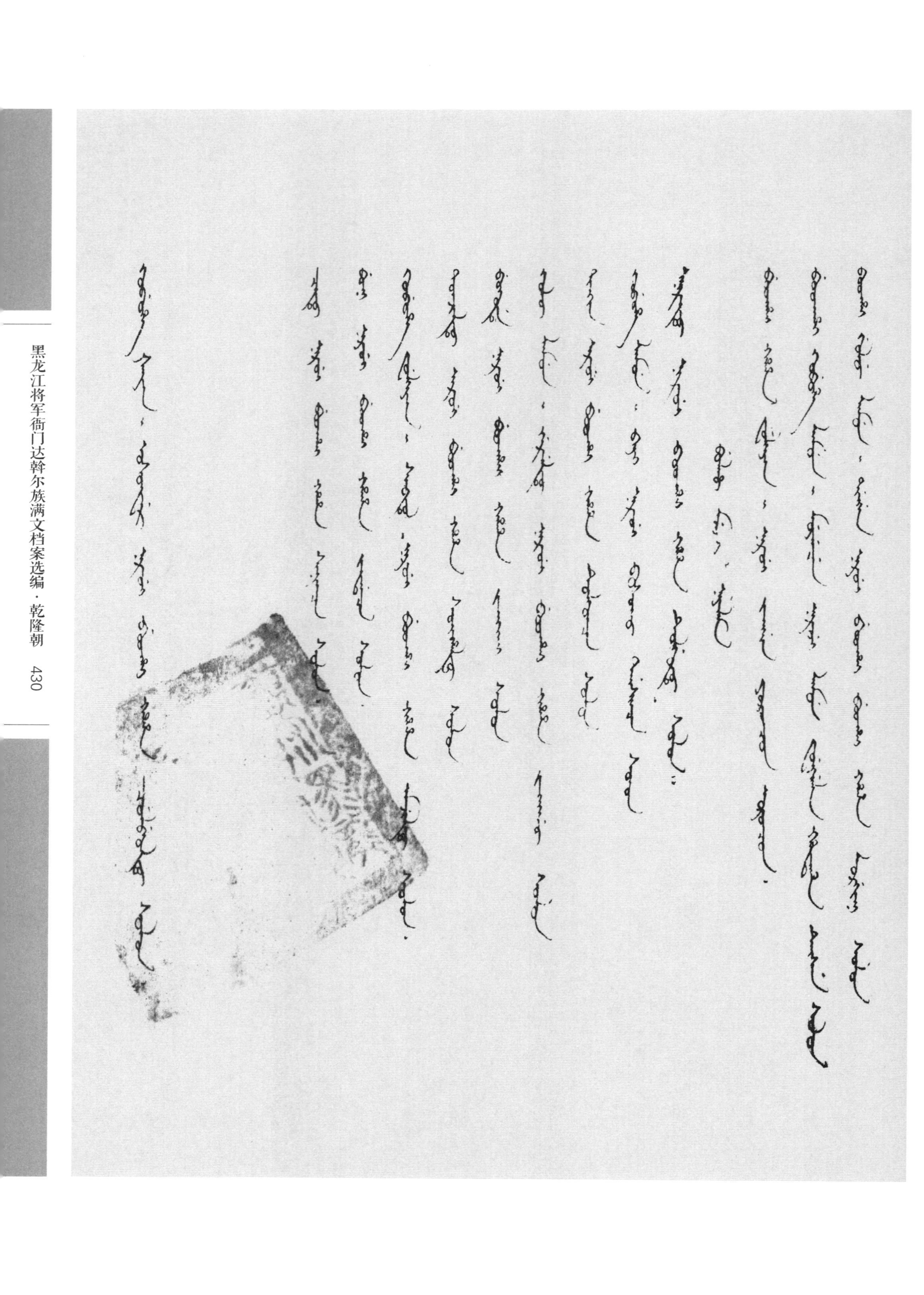

[illegible]

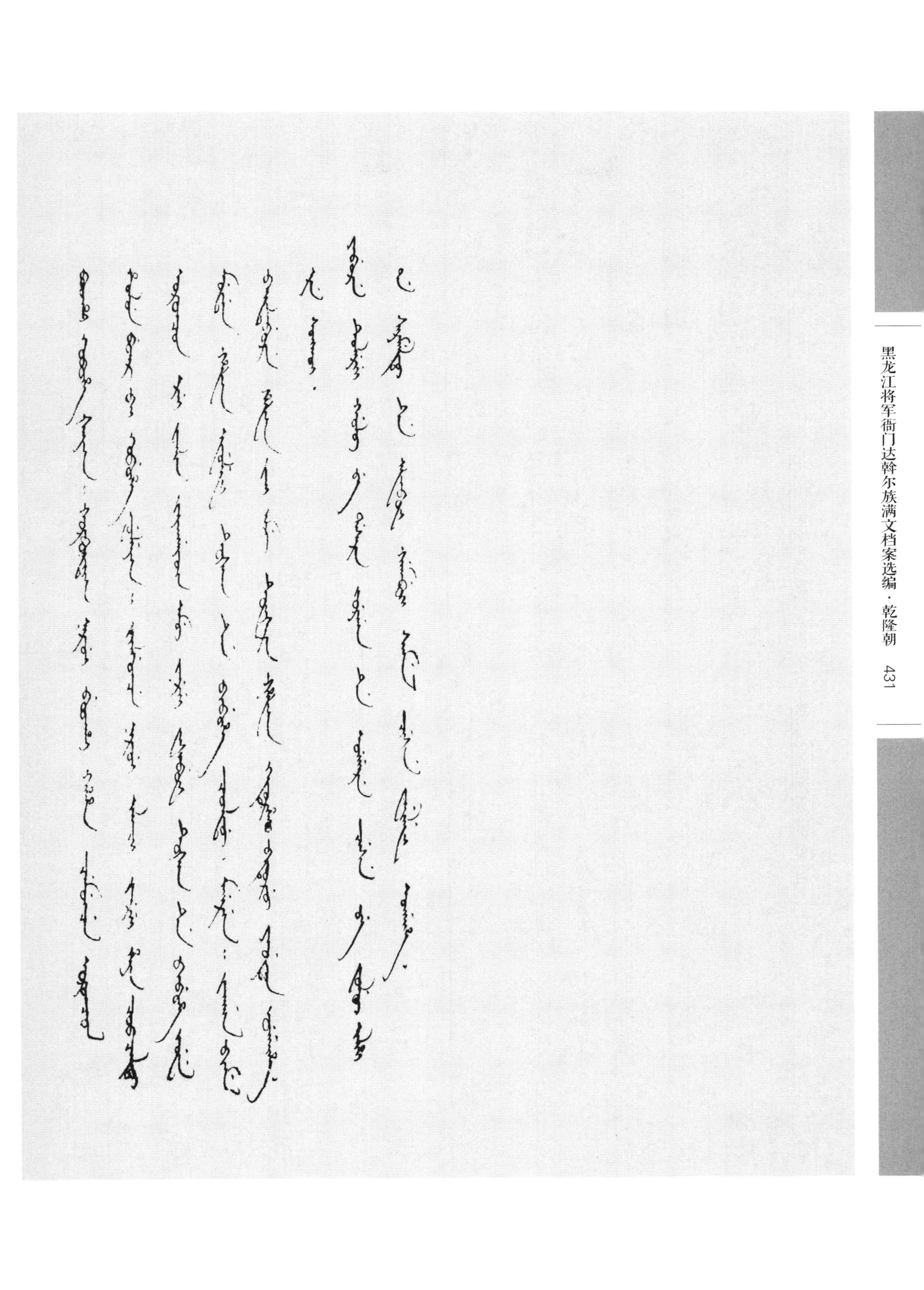

[illegible]

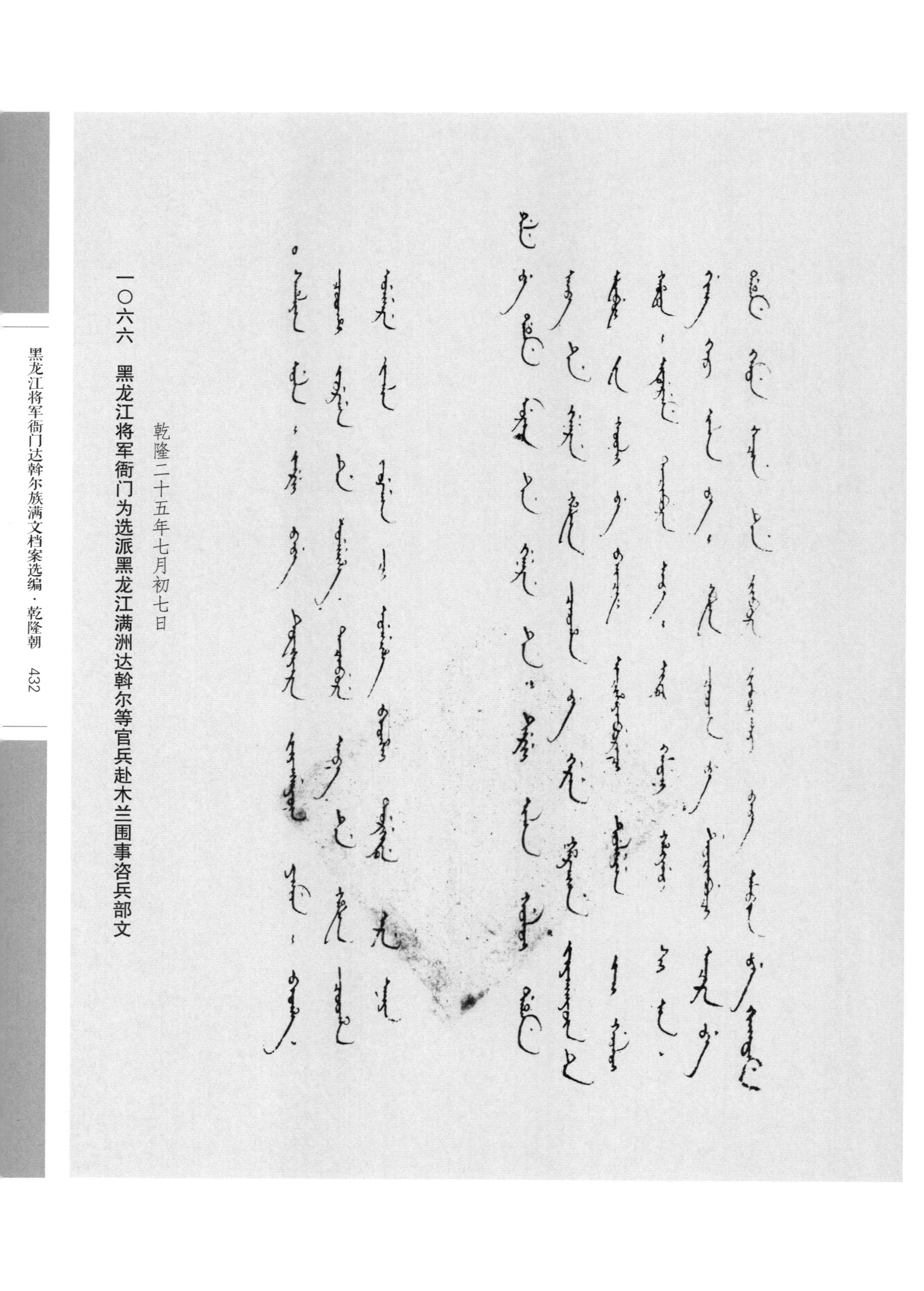

一〇六六　黑龙江将军衙门为选派黑龙江满洲达斡尔等官兵赴木兰围事咨兵部文

乾隆二十五年七月初七日

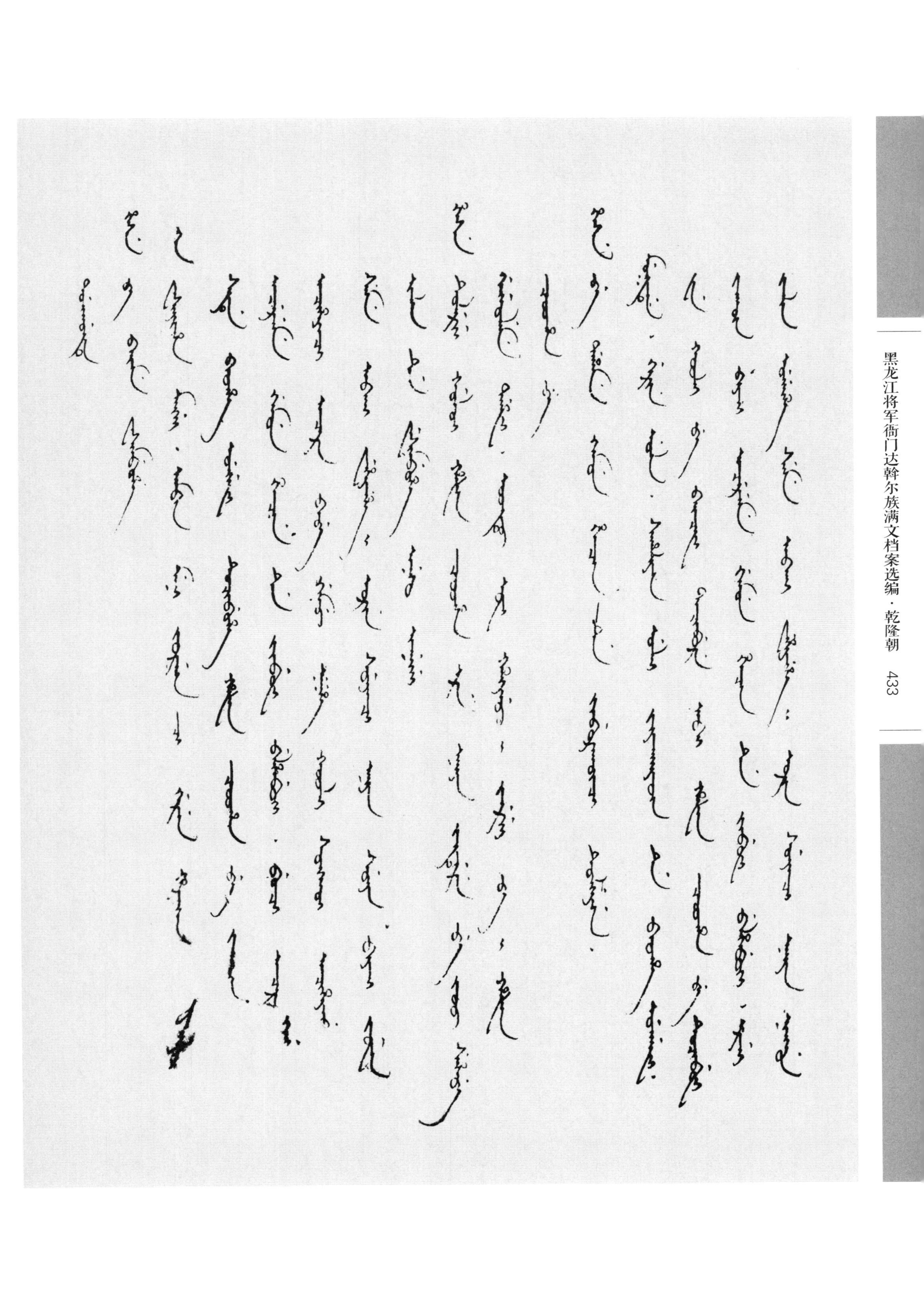

[illegible]

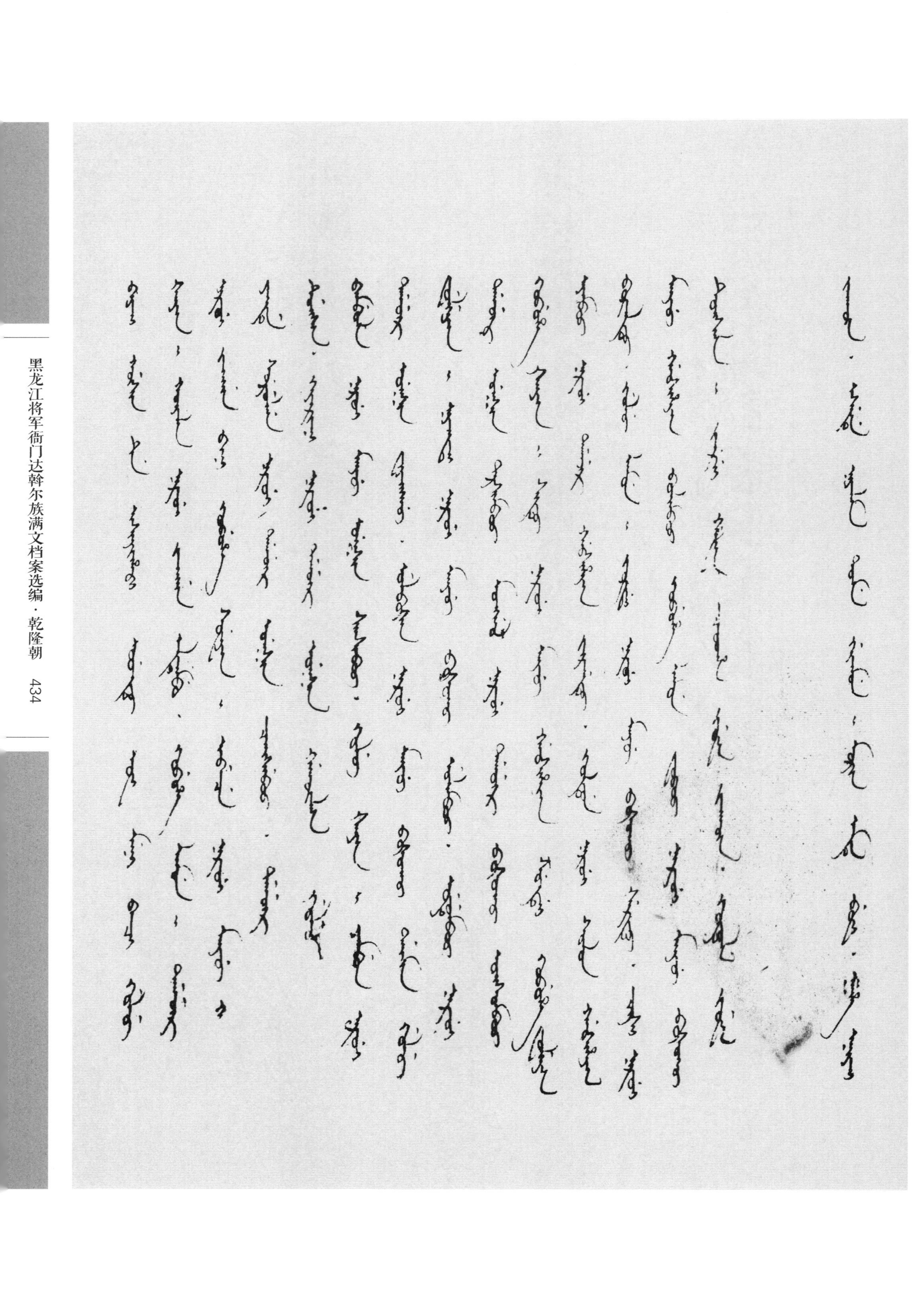

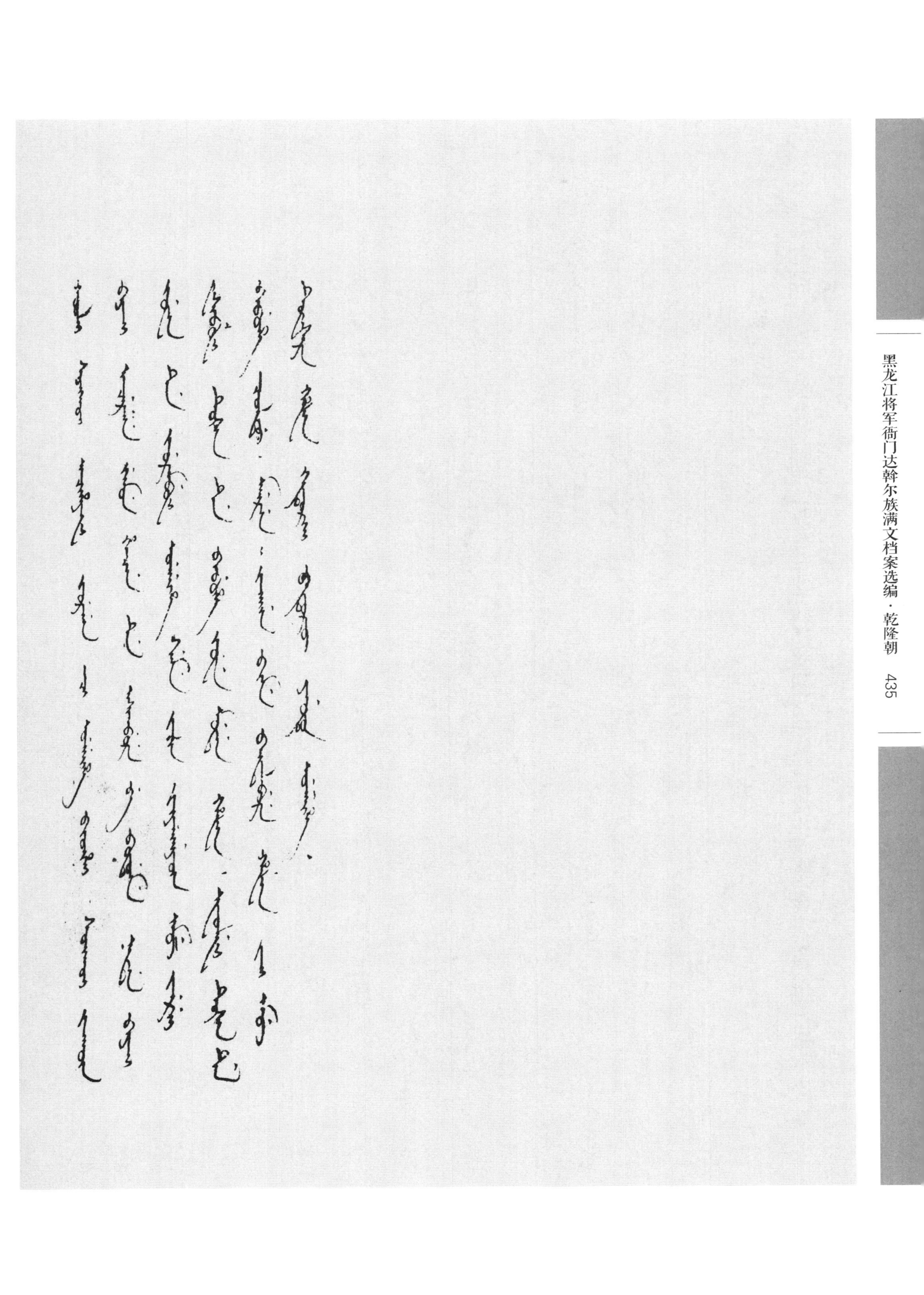

[illegible]

一〇六七　黑龙江将军衙门为黑龙江各处佐领骁骑校等缺选报应补满洲达斡尔等官员事咨黑龙江副都统衙门文（附单一件）

乾隆二十五年七月十六日

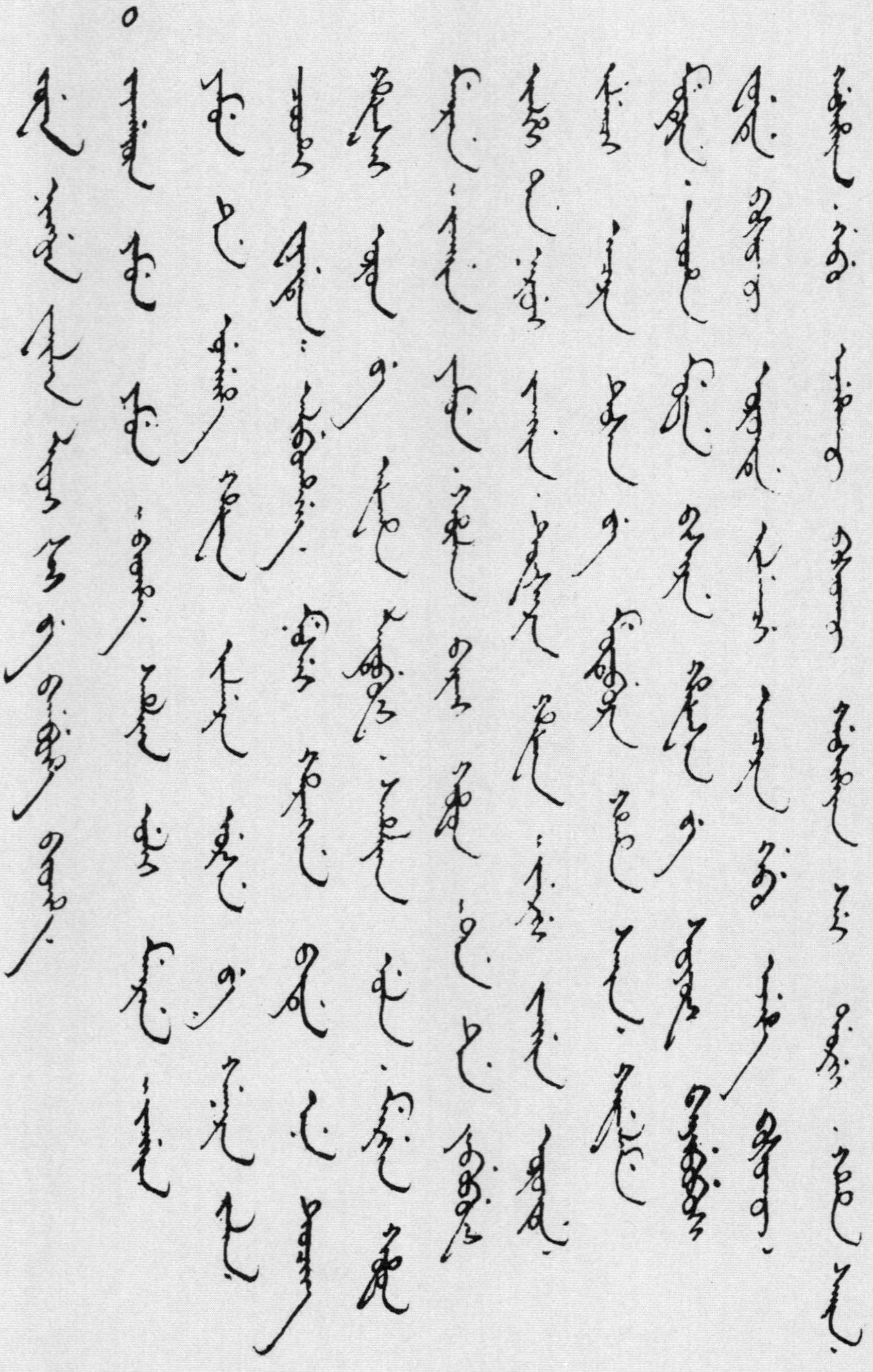

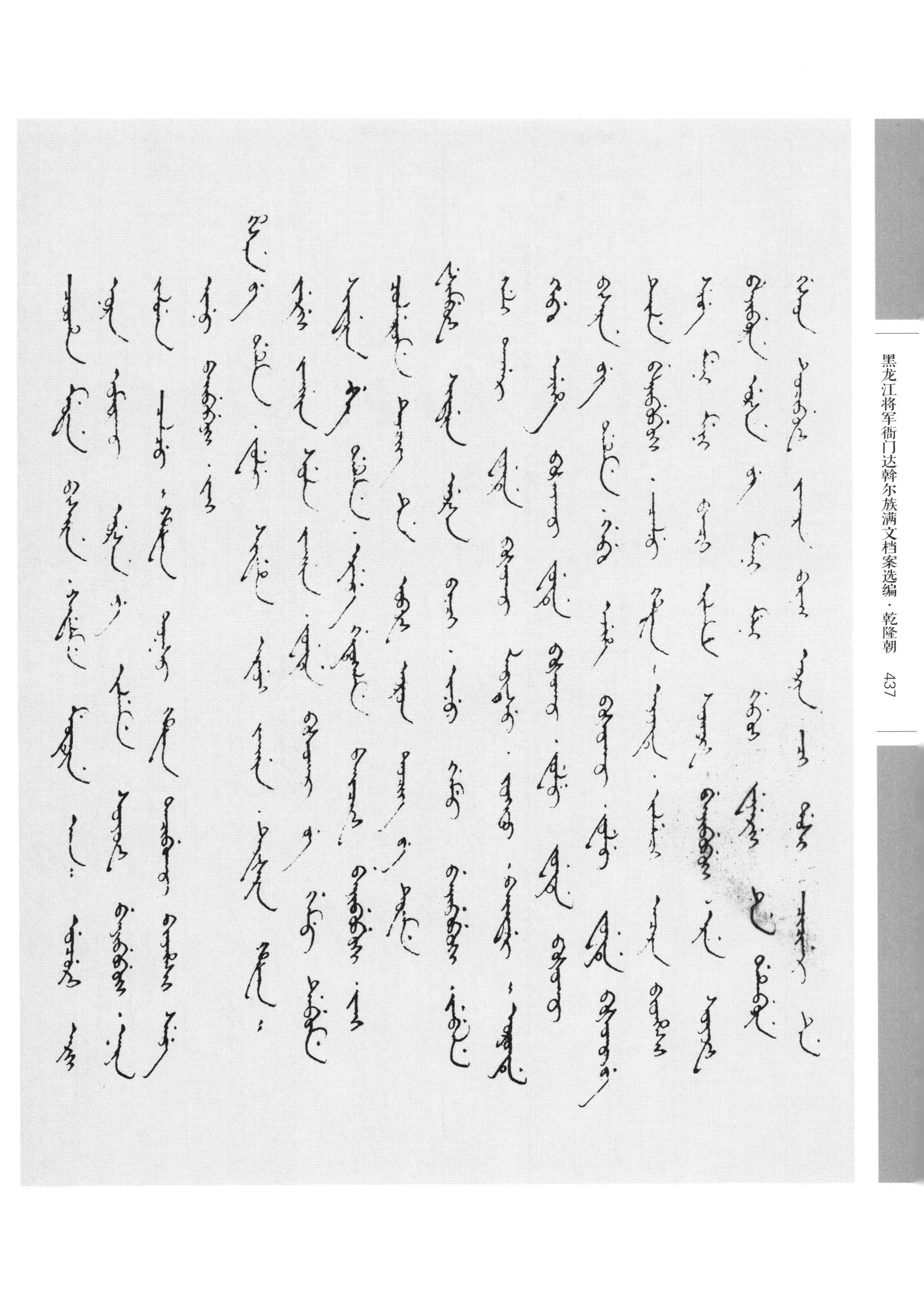

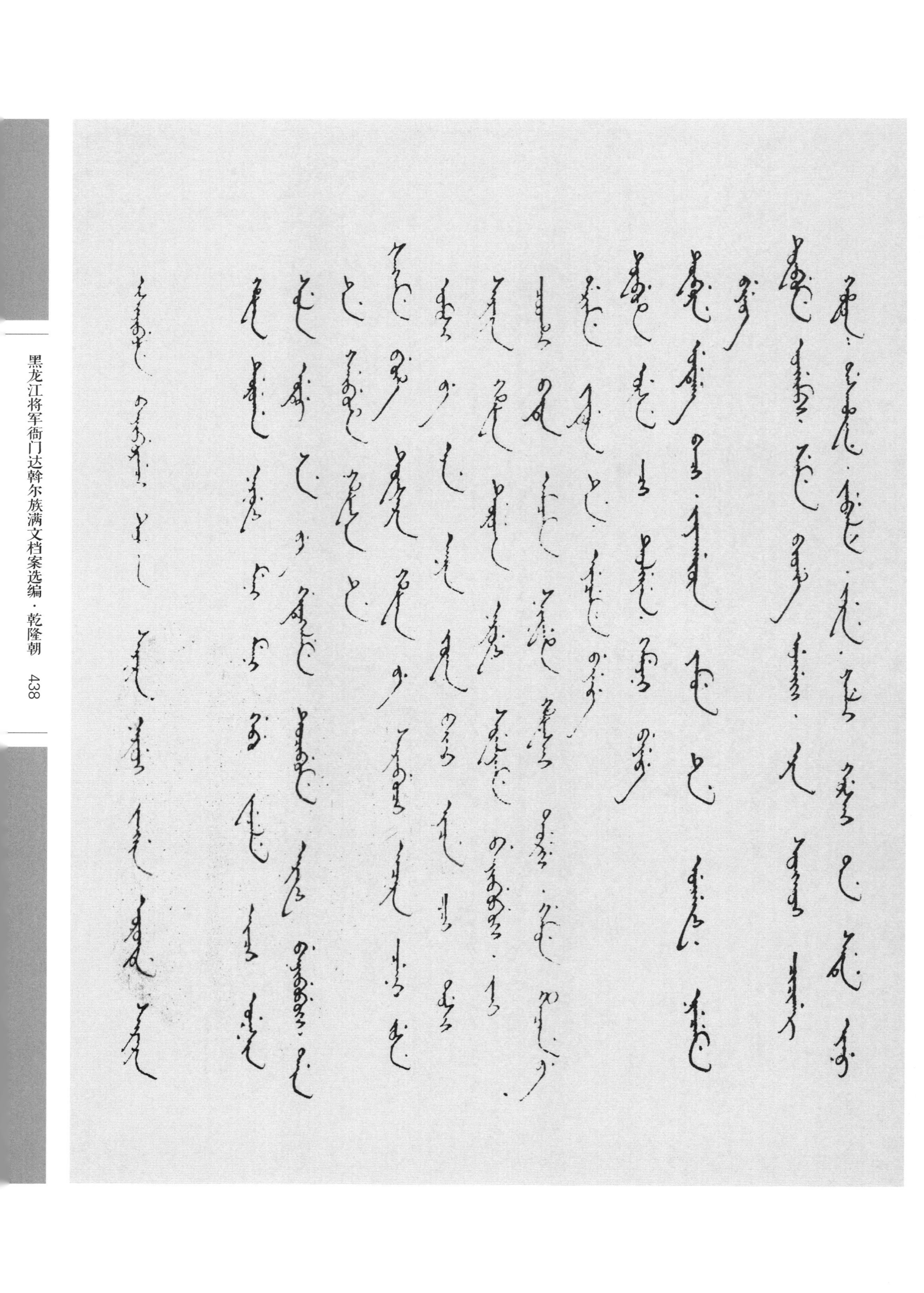

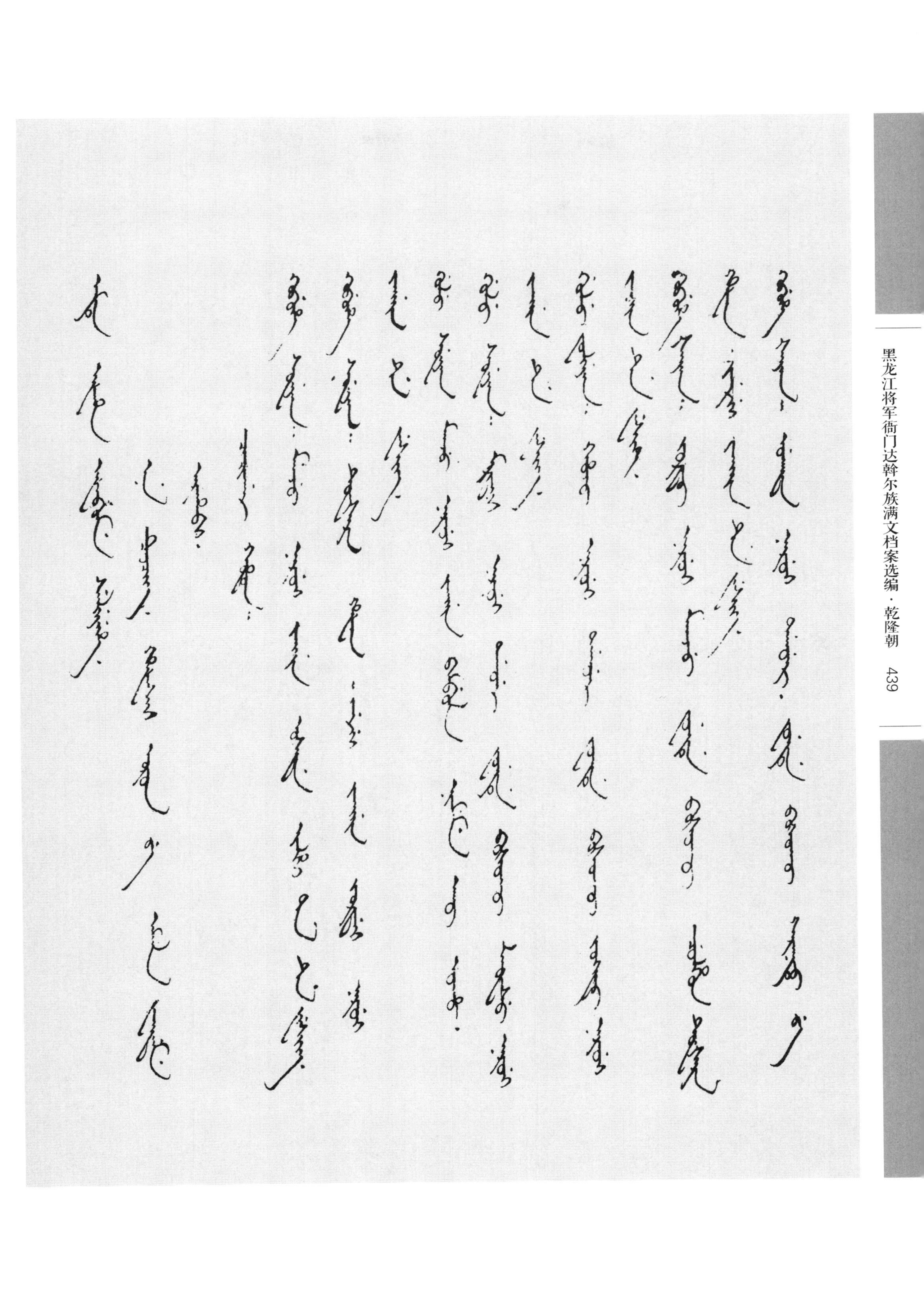

[illegible]

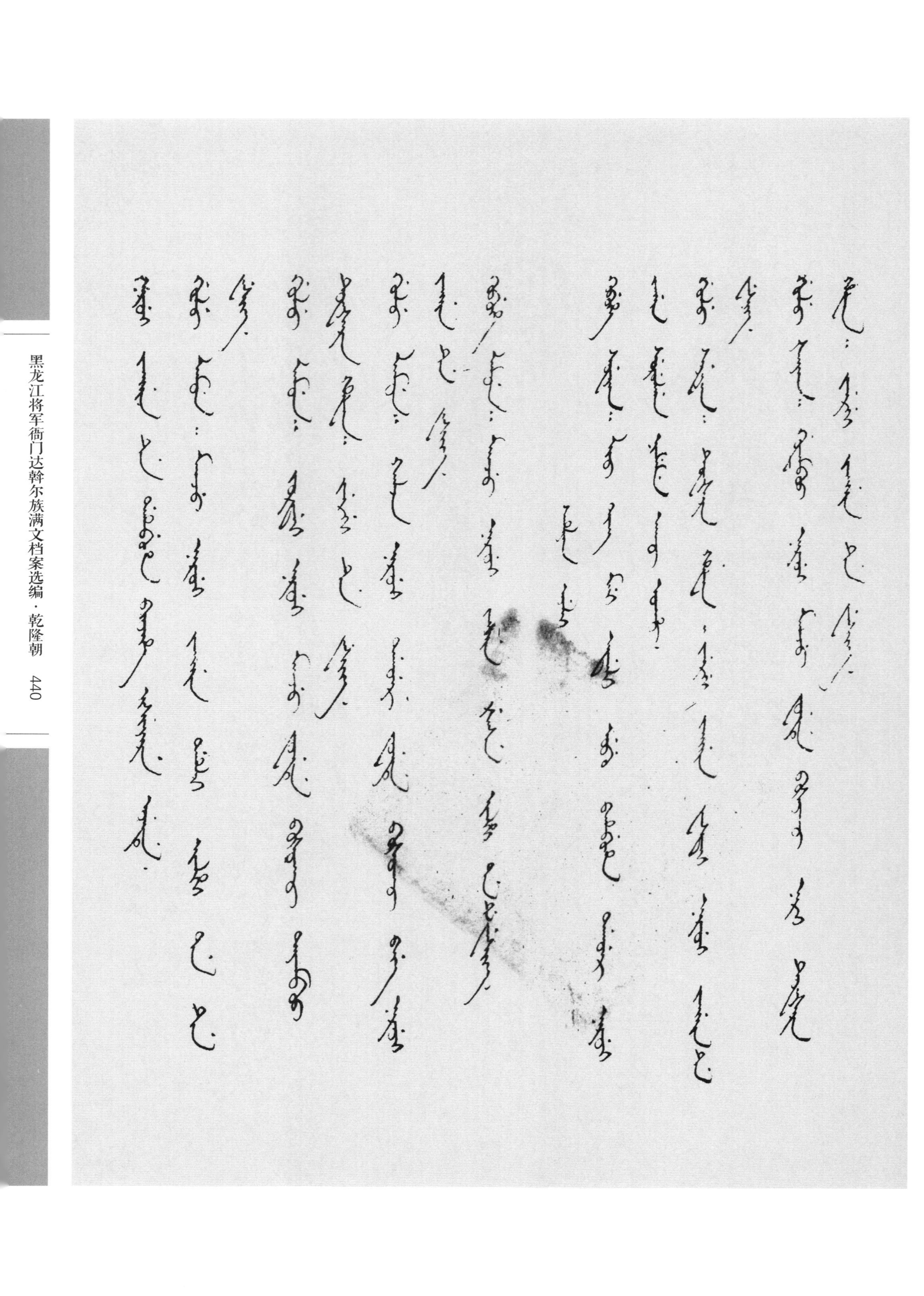

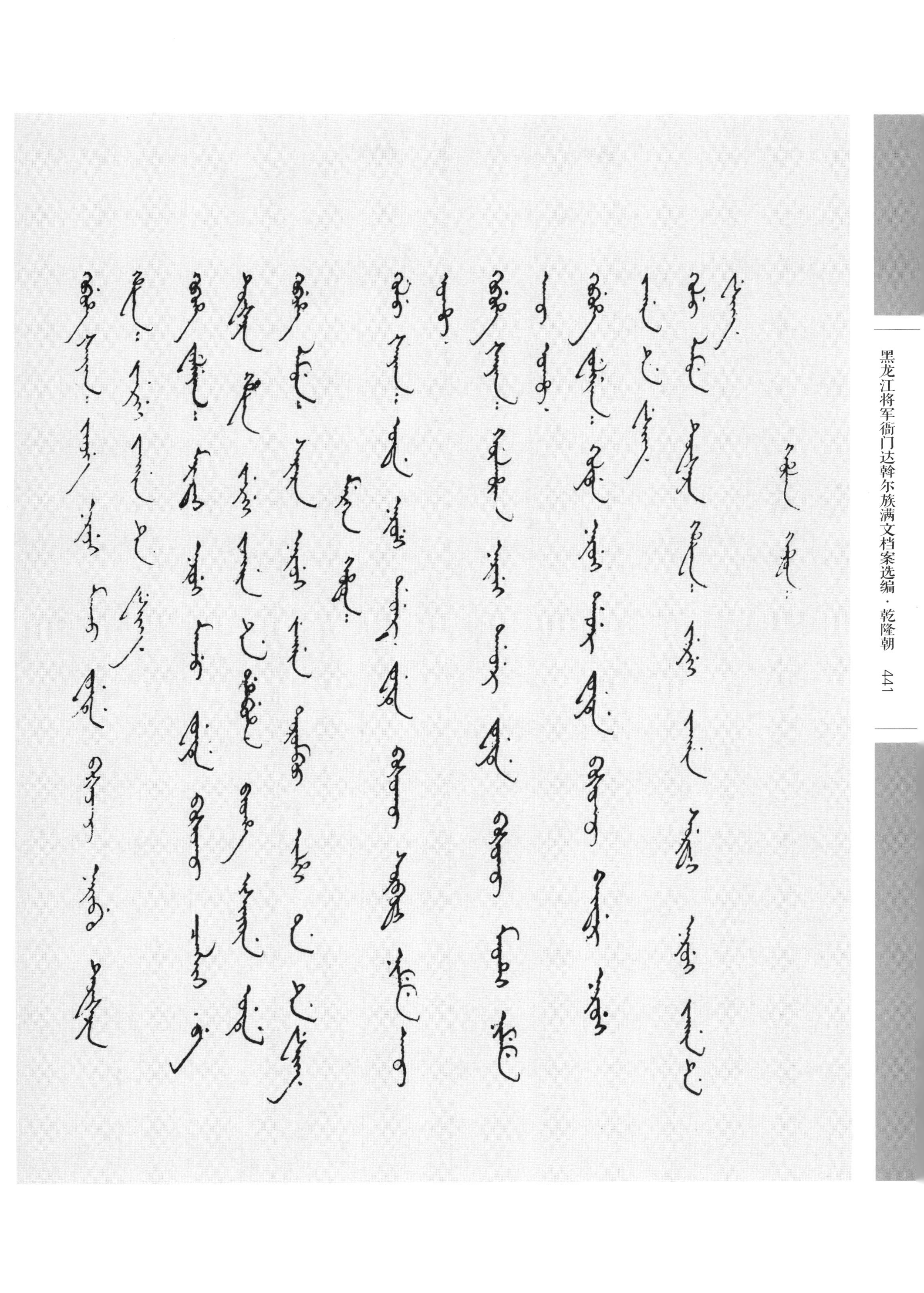

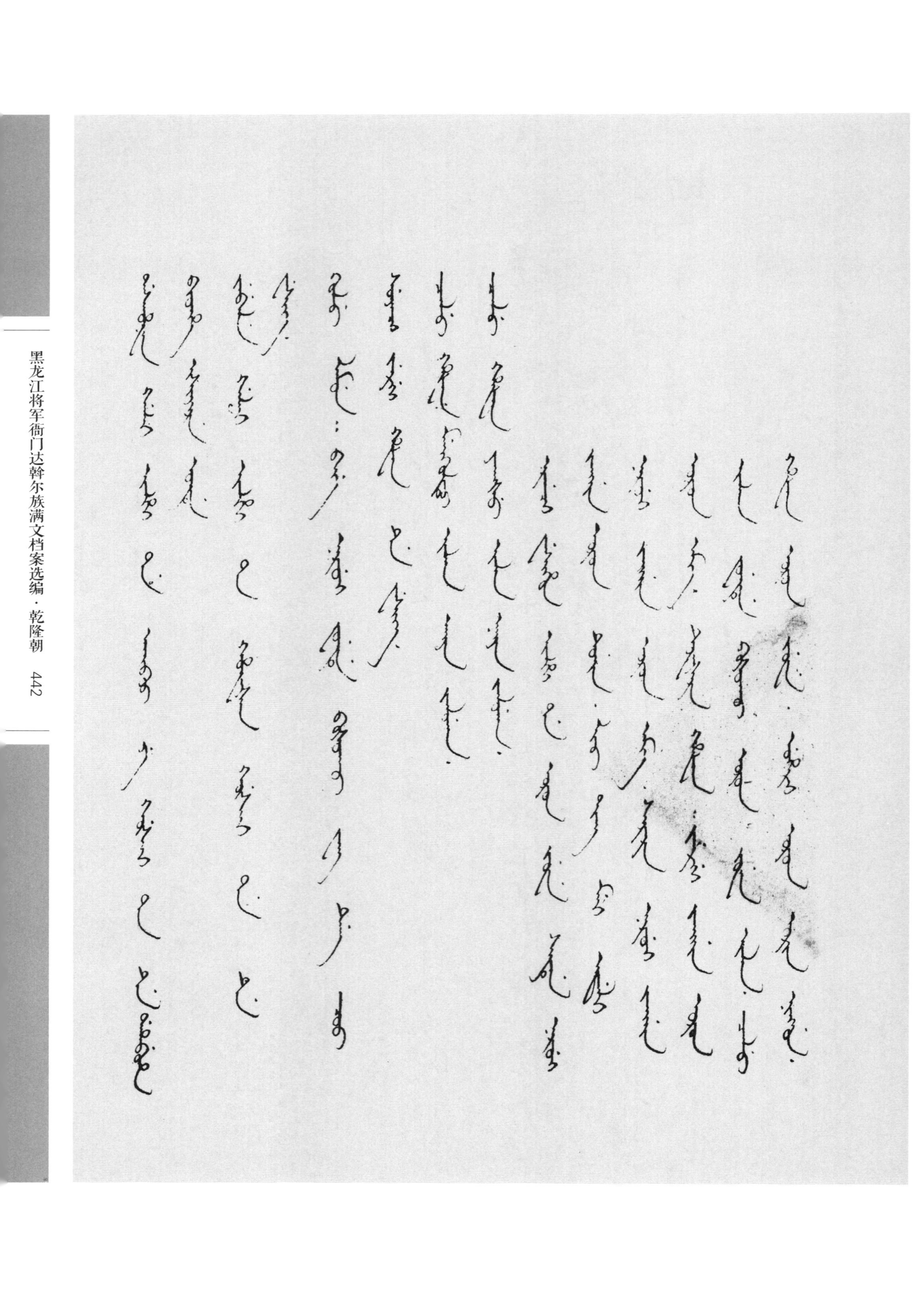

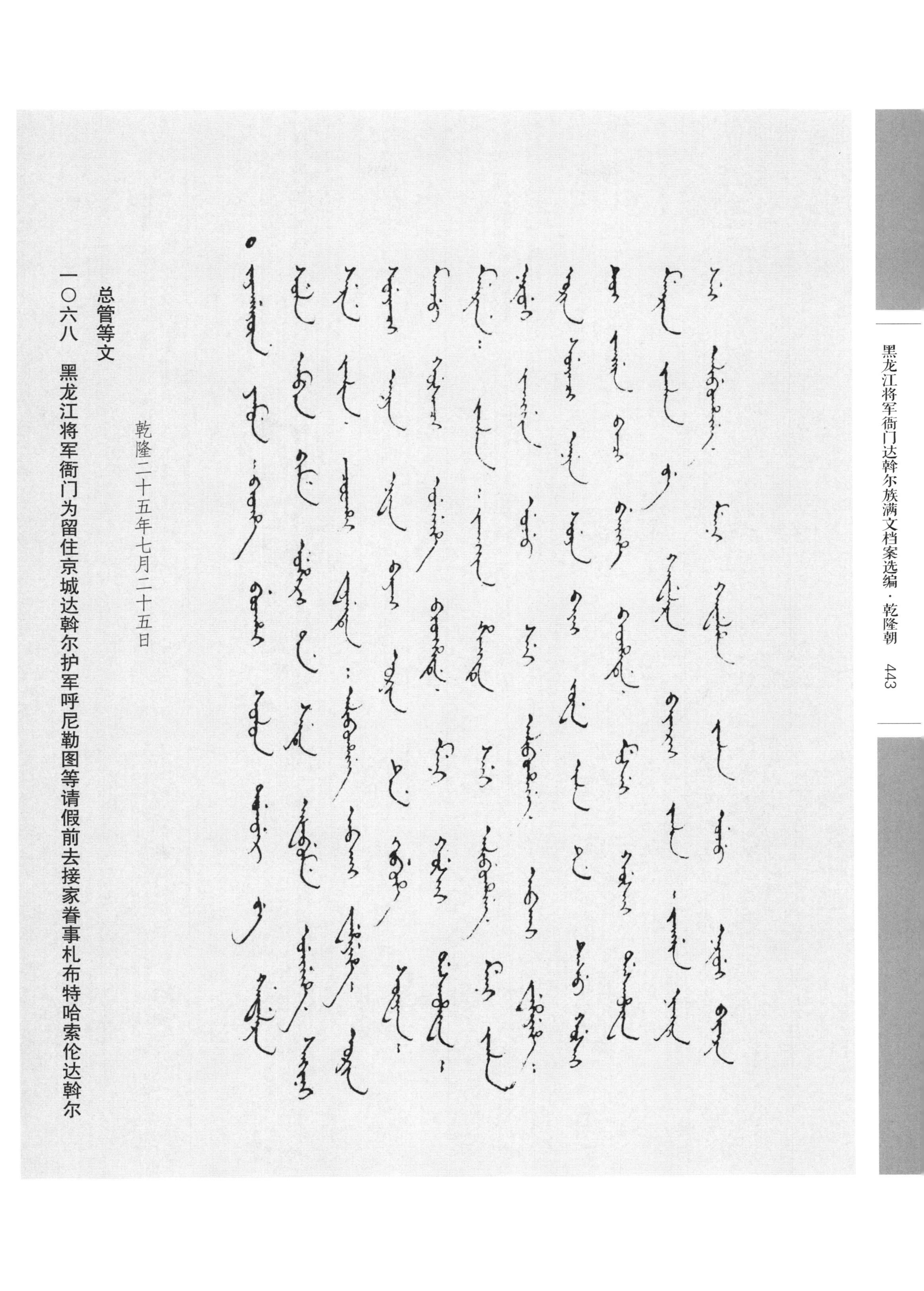

一〇六八 黑龙江将军衙门为留住京城达斡尔护军呼尼勒图等请假前去接家眷事札布特哈索伦达斡尔总管等文

乾隆二十五年七月二十五日

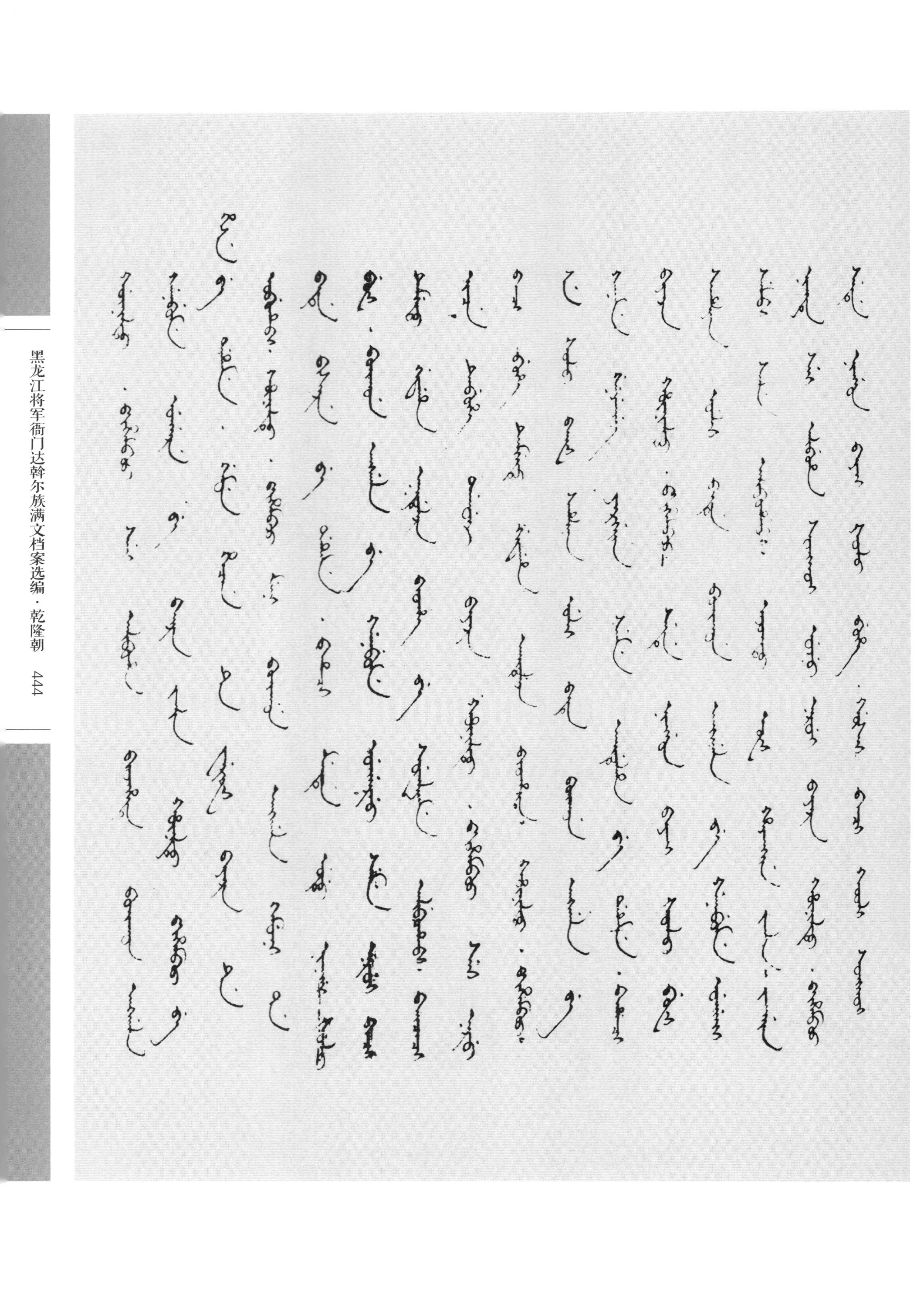

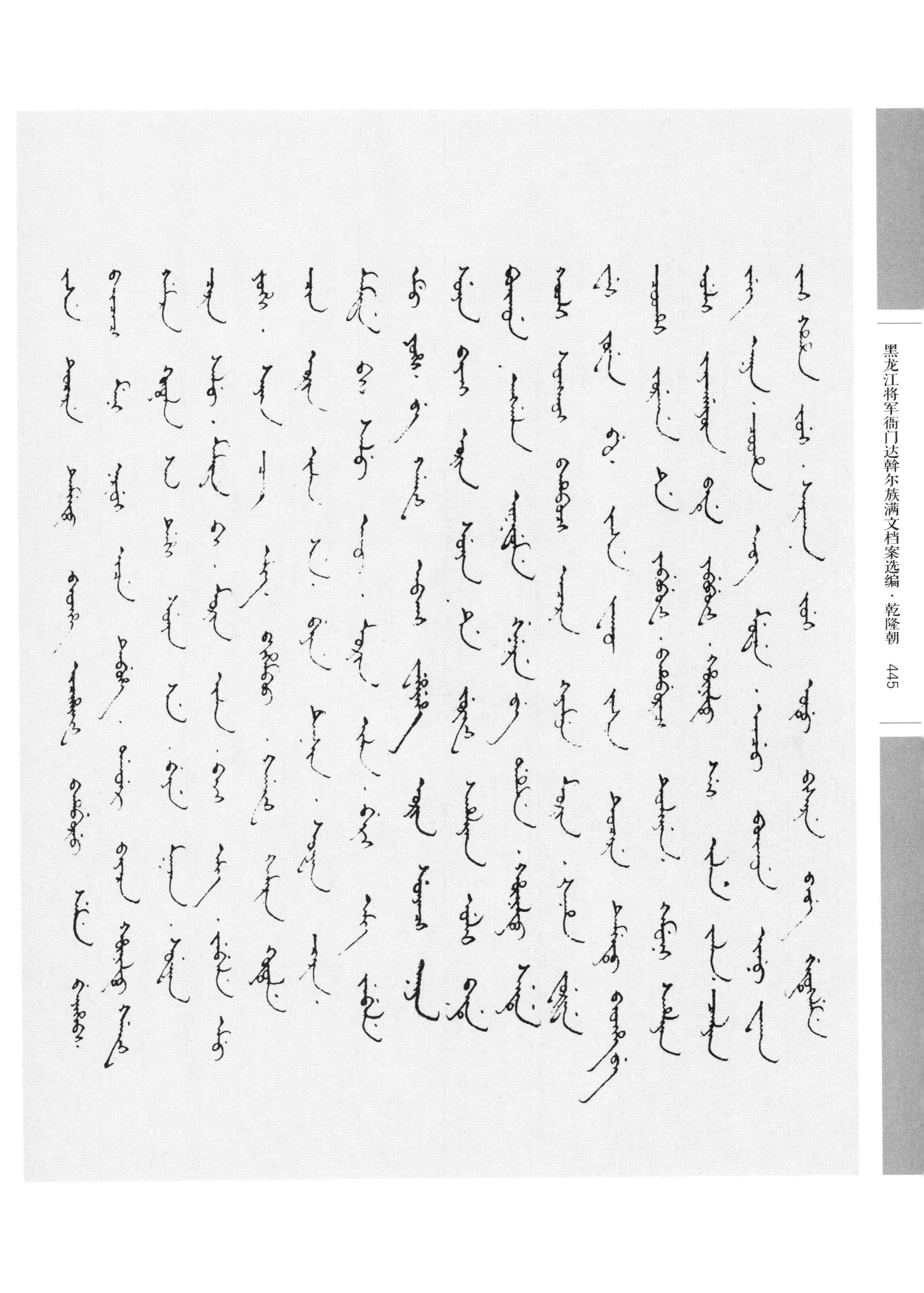

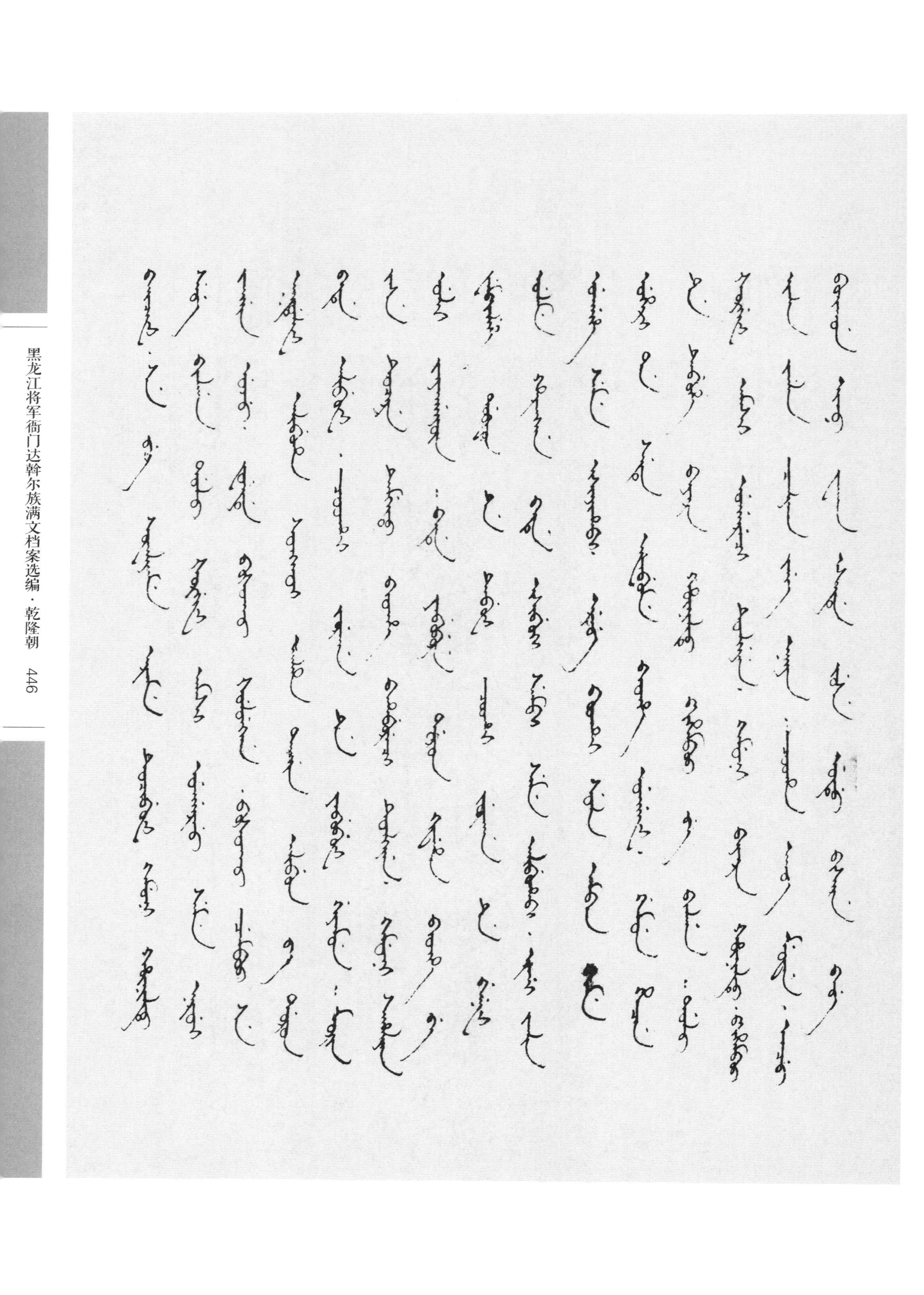

一〇六九　黑龙江将军衙门为查明达斡尔参领满齐等员应给俸银数目事咨户部文（附咨文一件）

乾隆二十五年七月二十八日

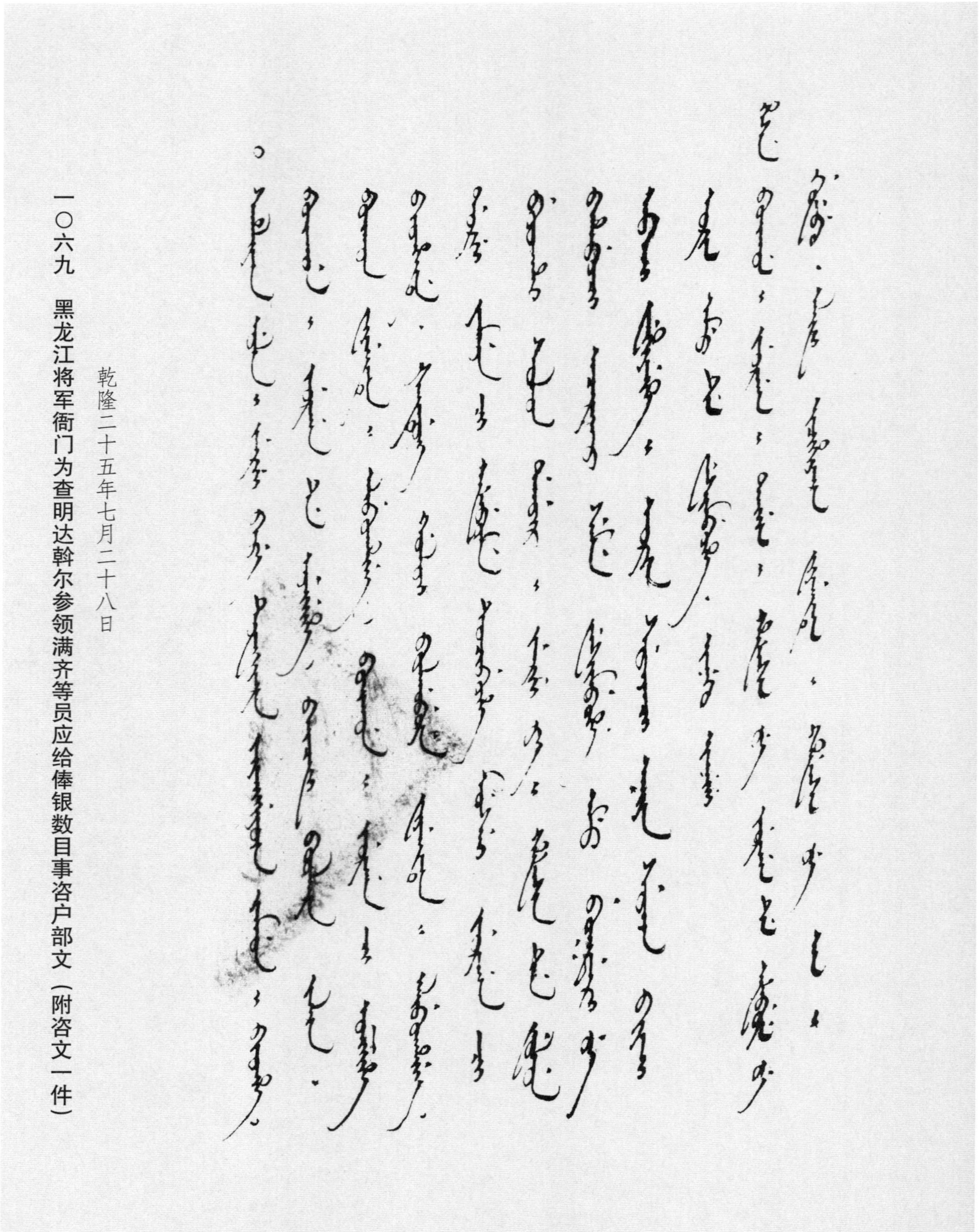

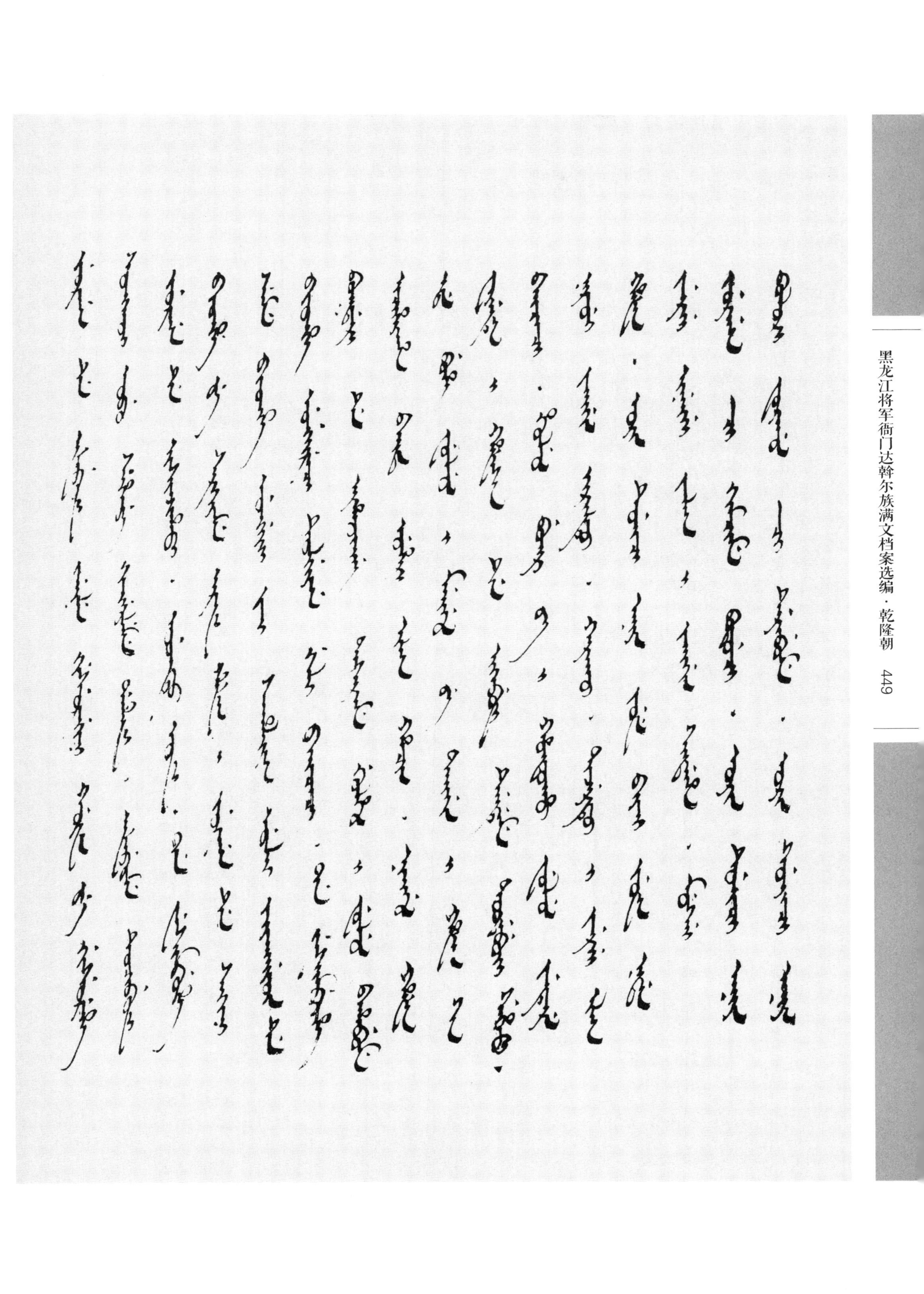

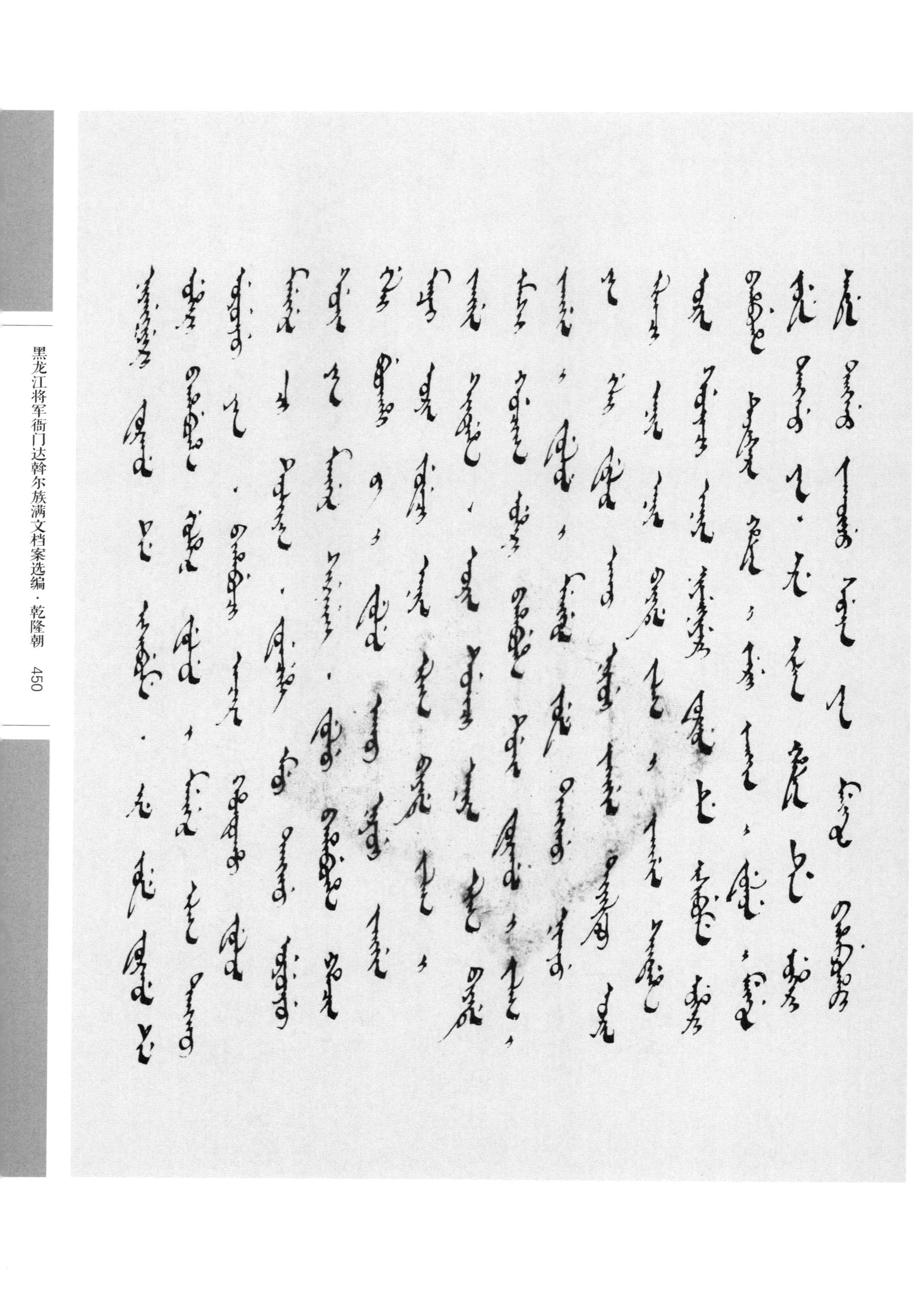

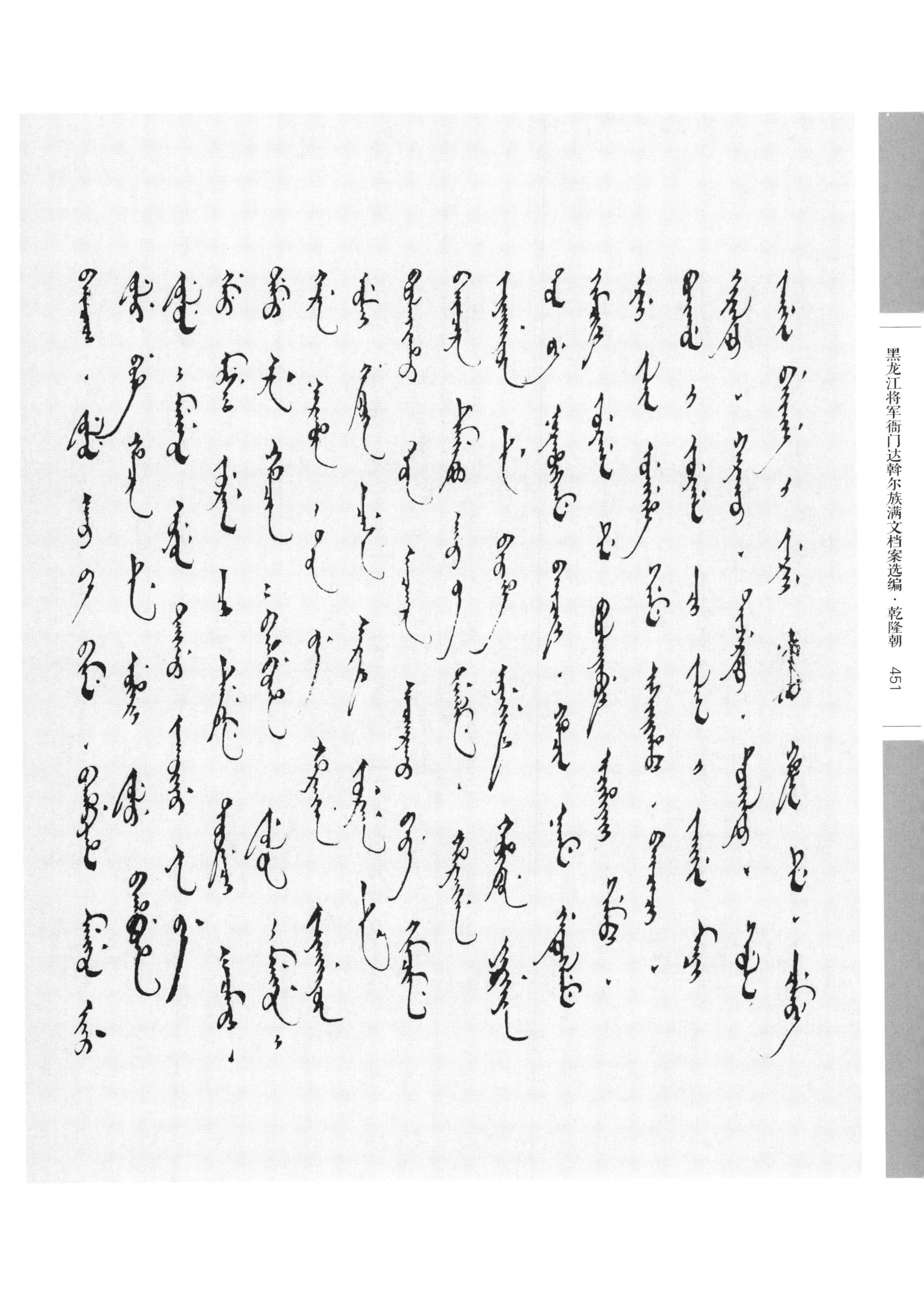

[illegible]

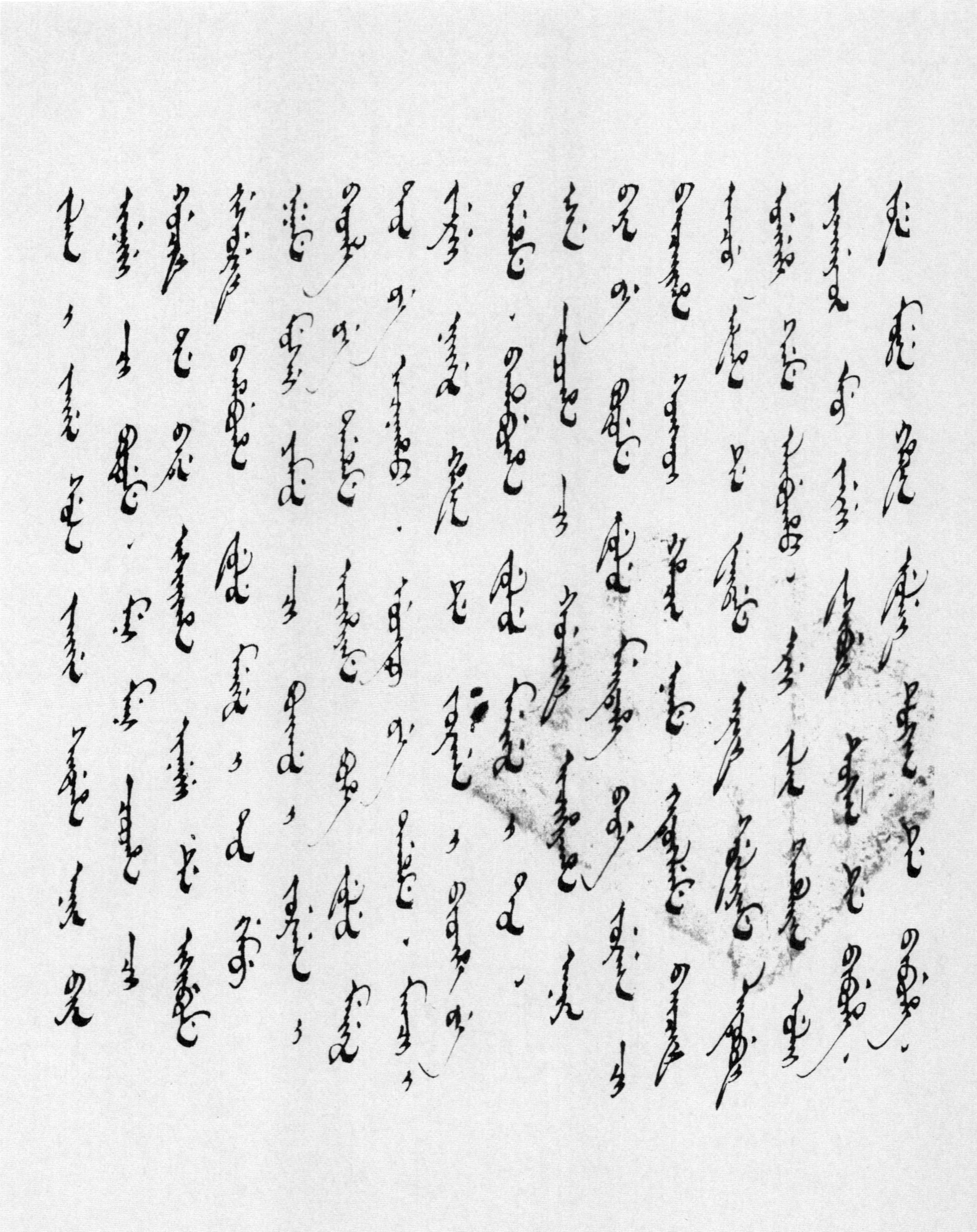

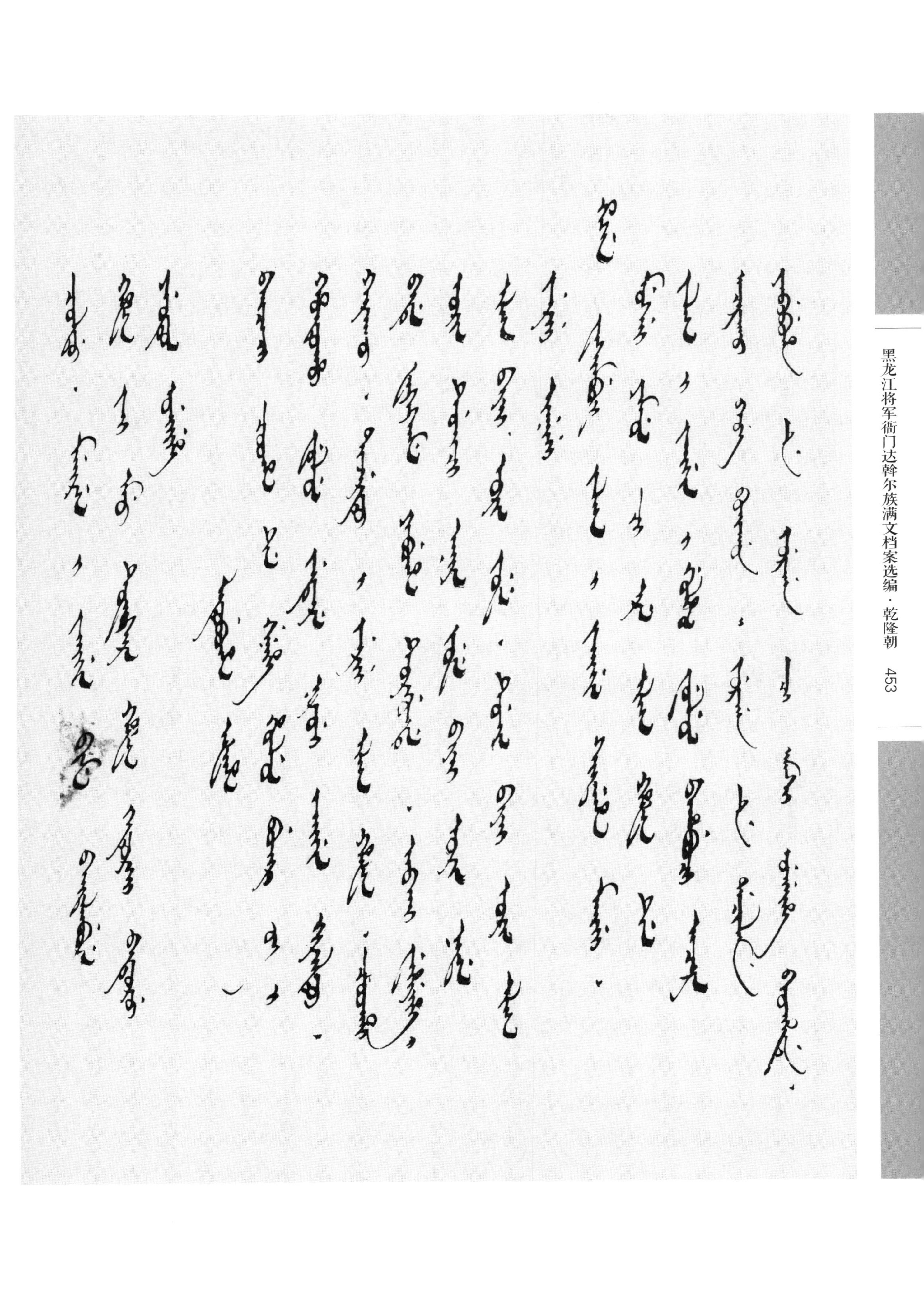

[illegible]

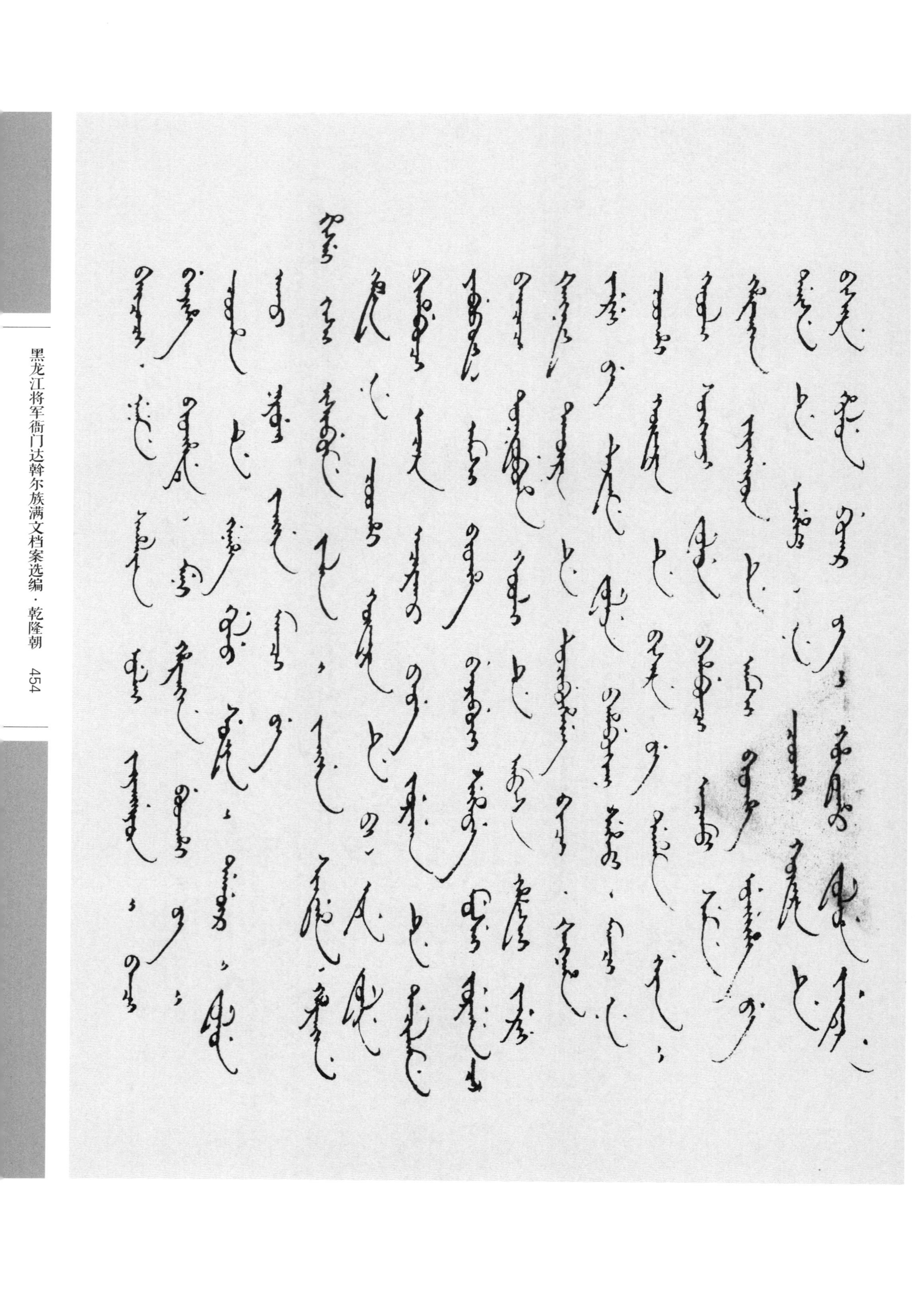

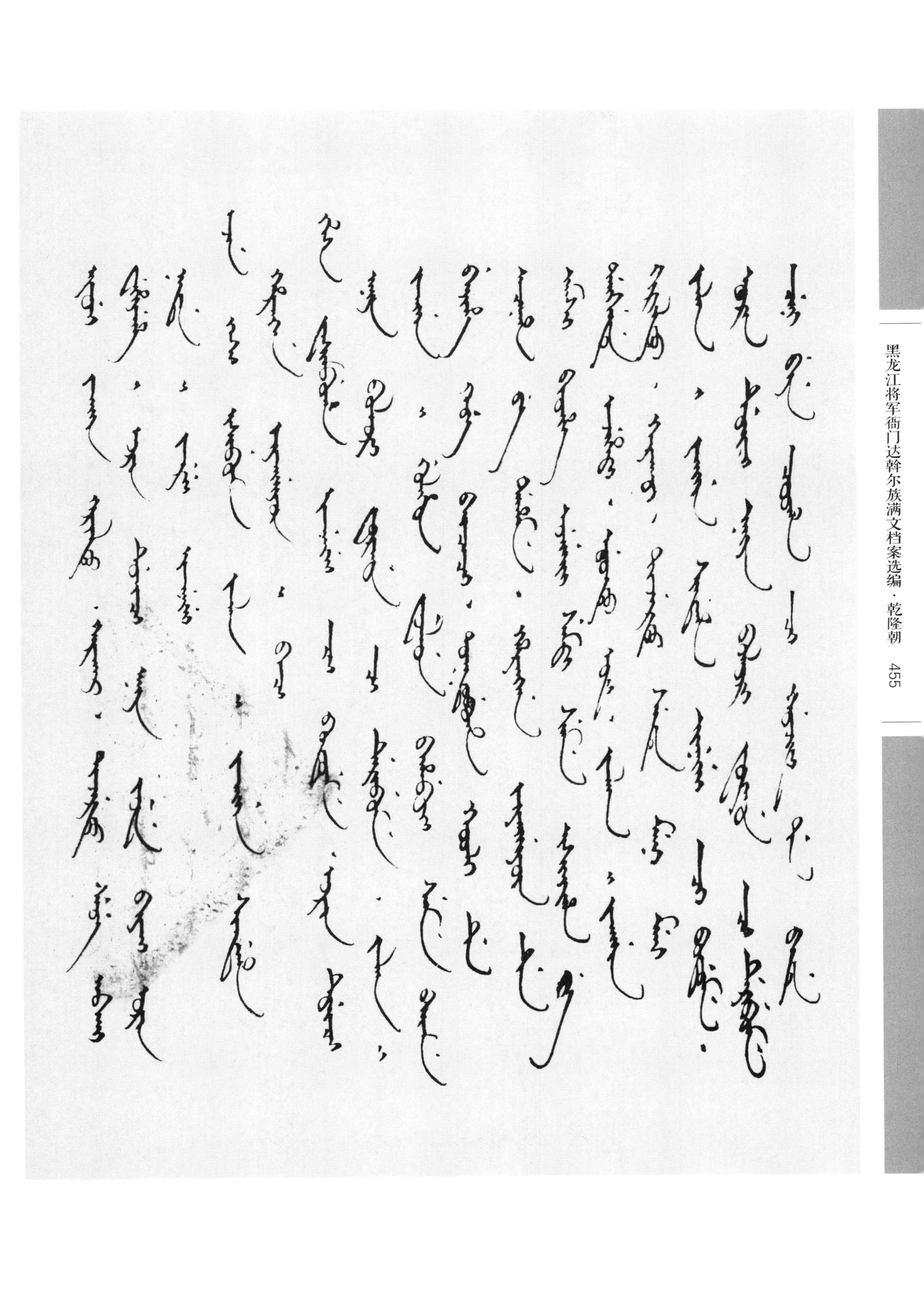

[illegible]

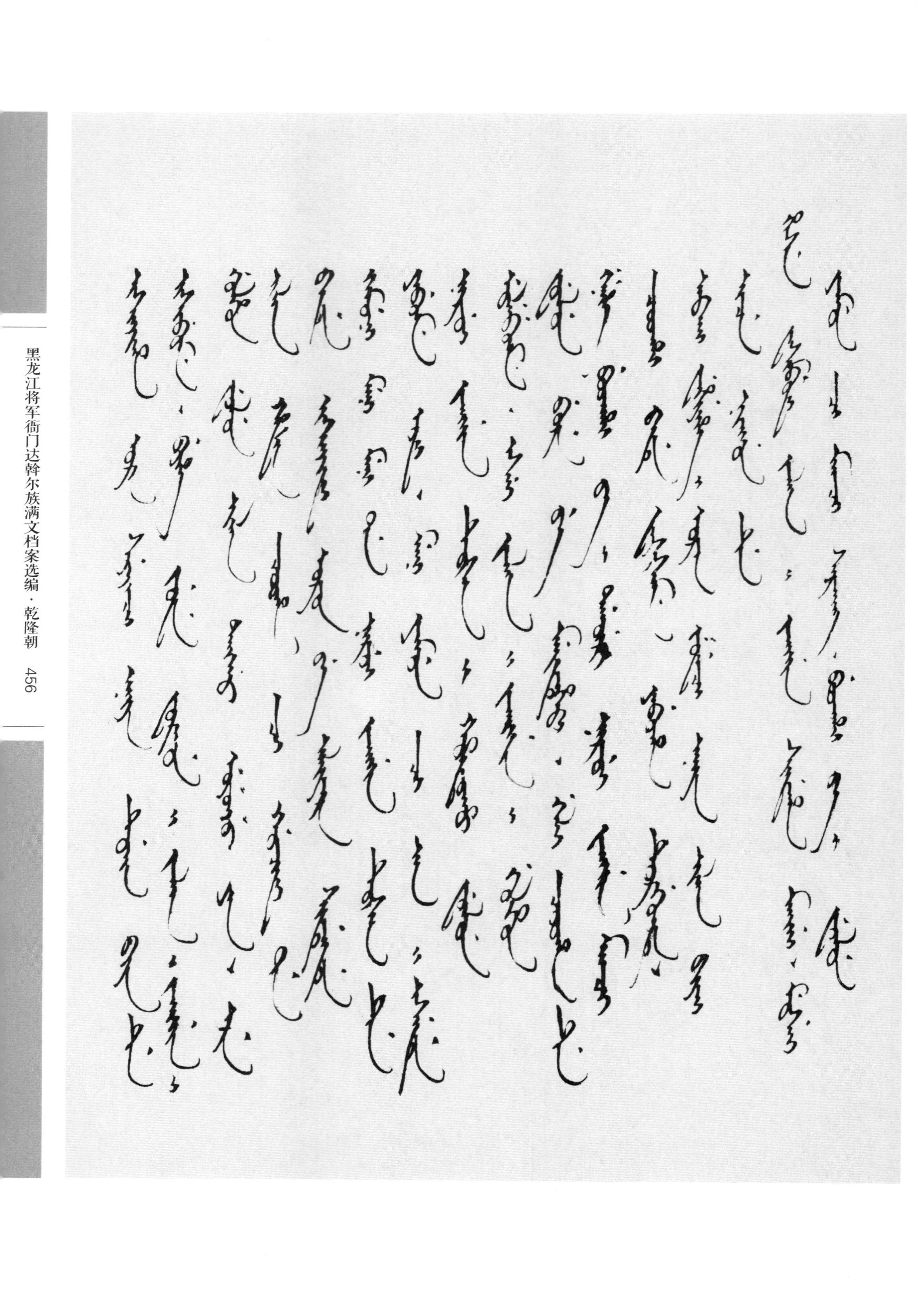

[illegible]

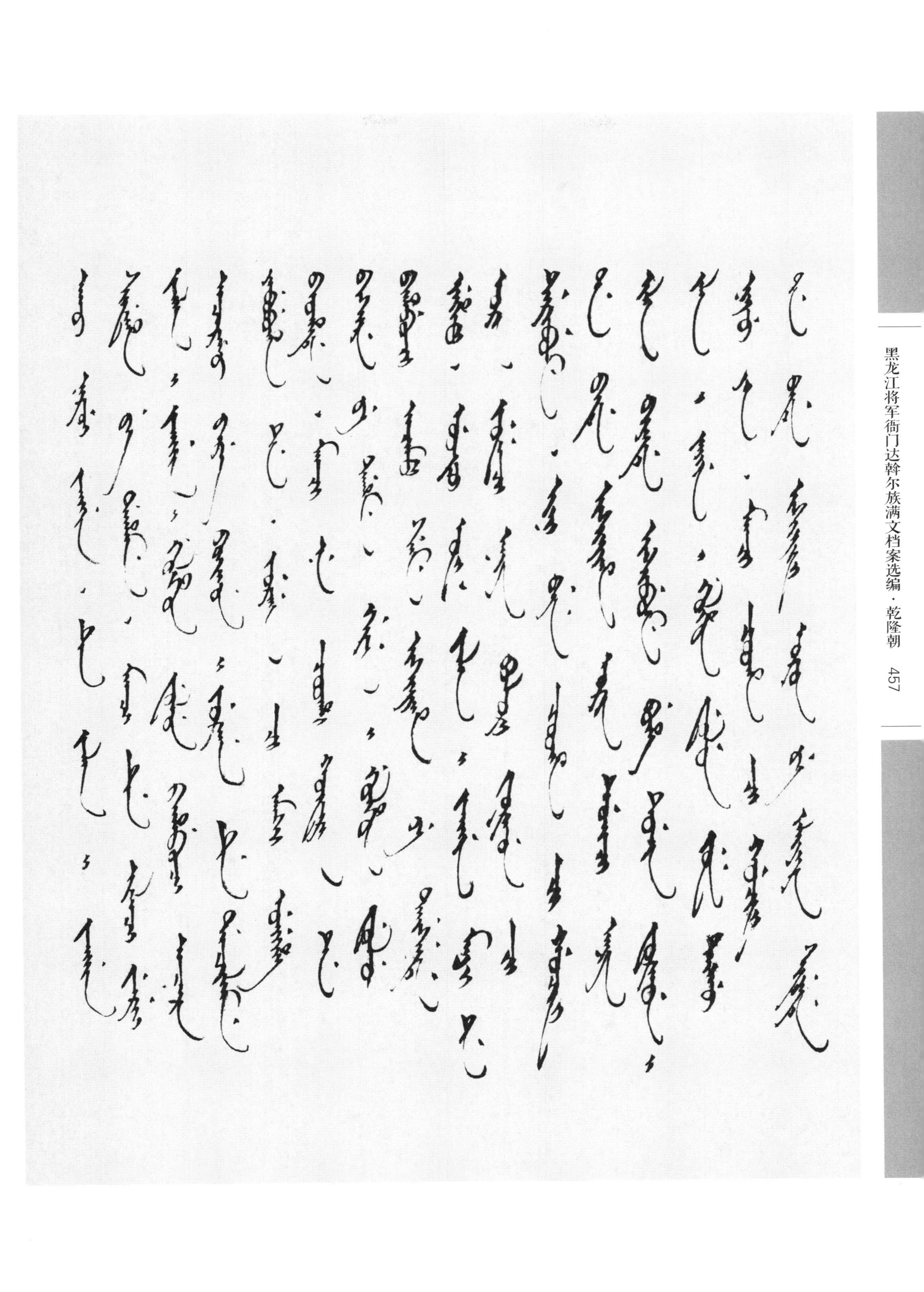

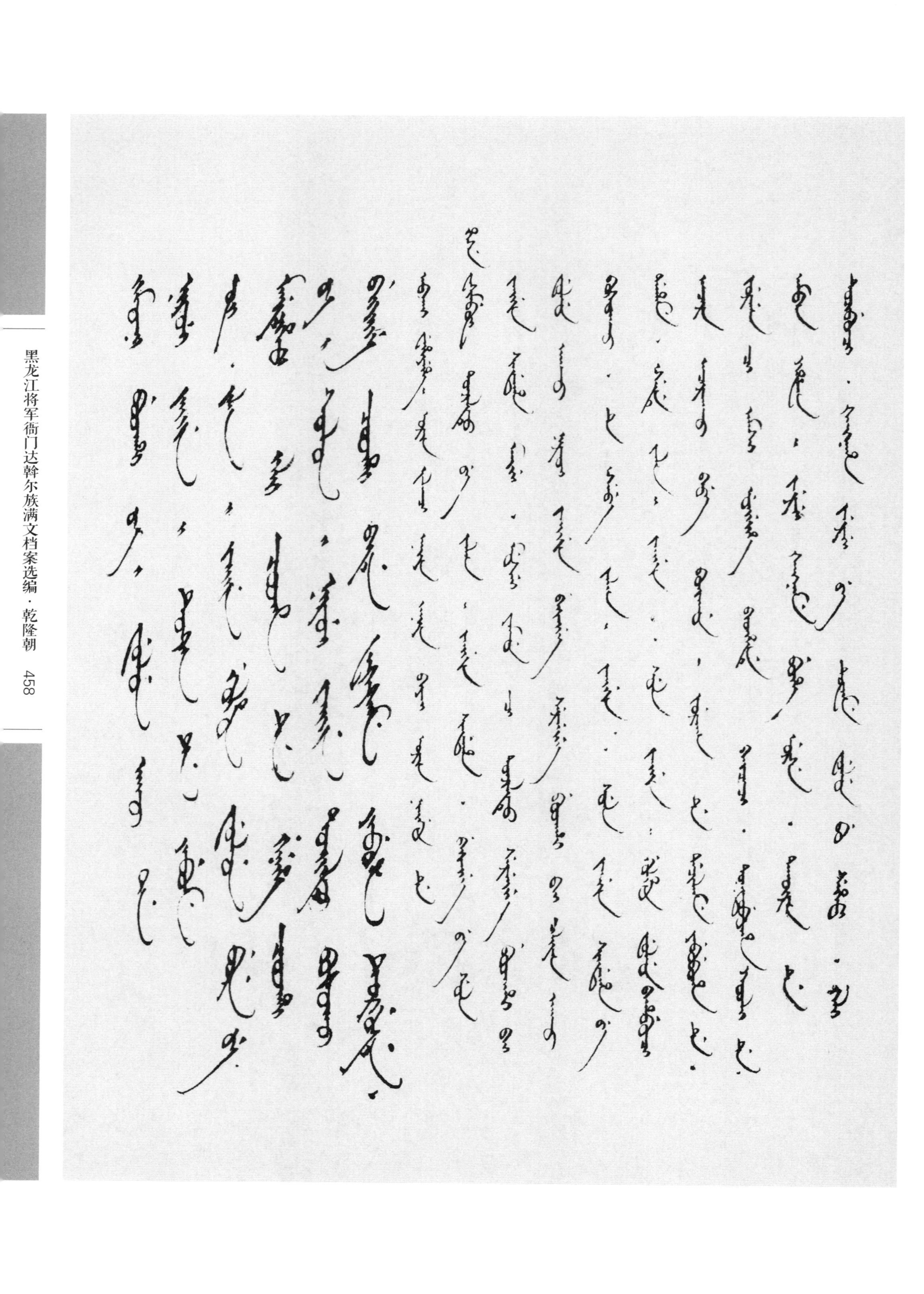

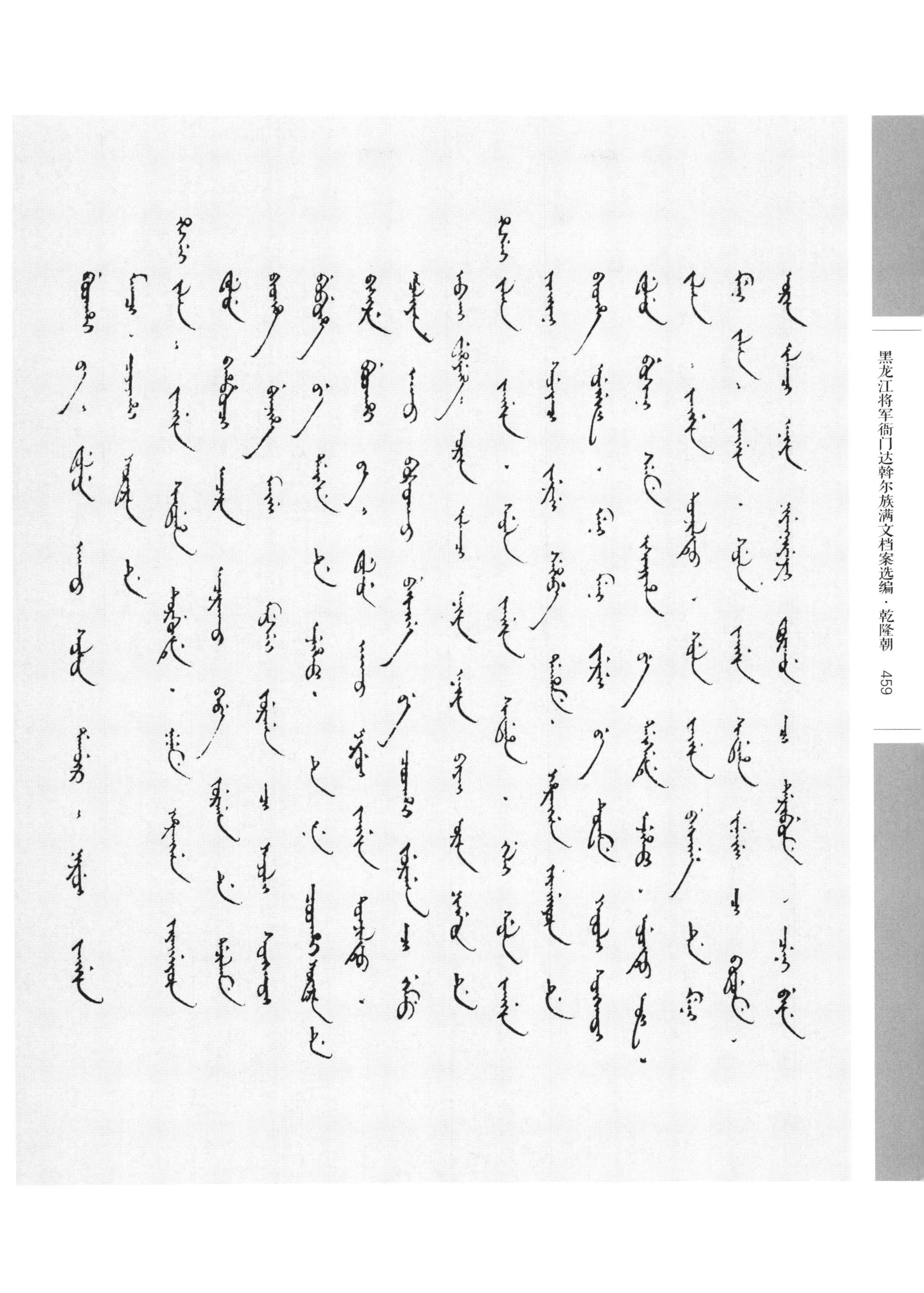

[illegible]

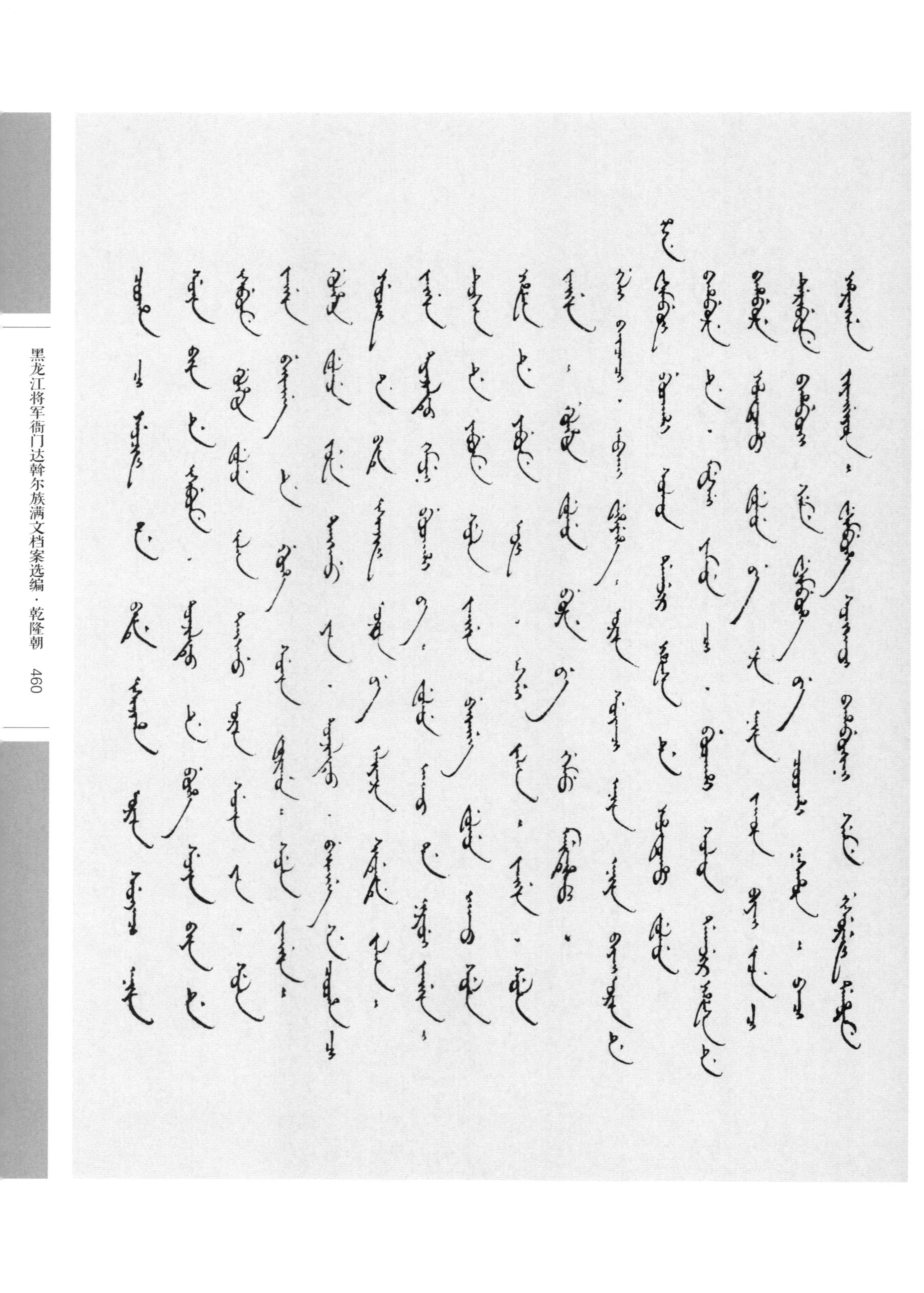

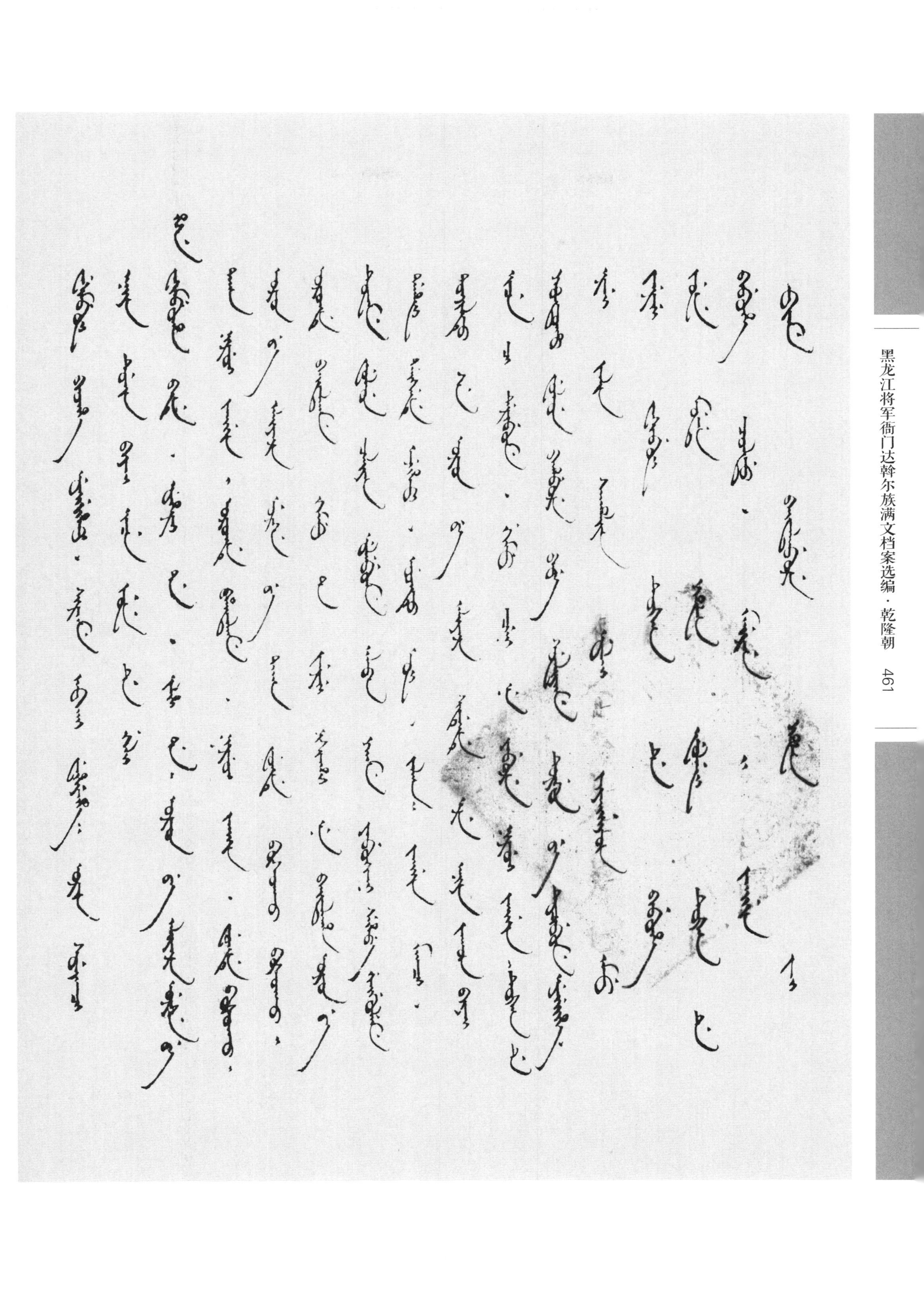

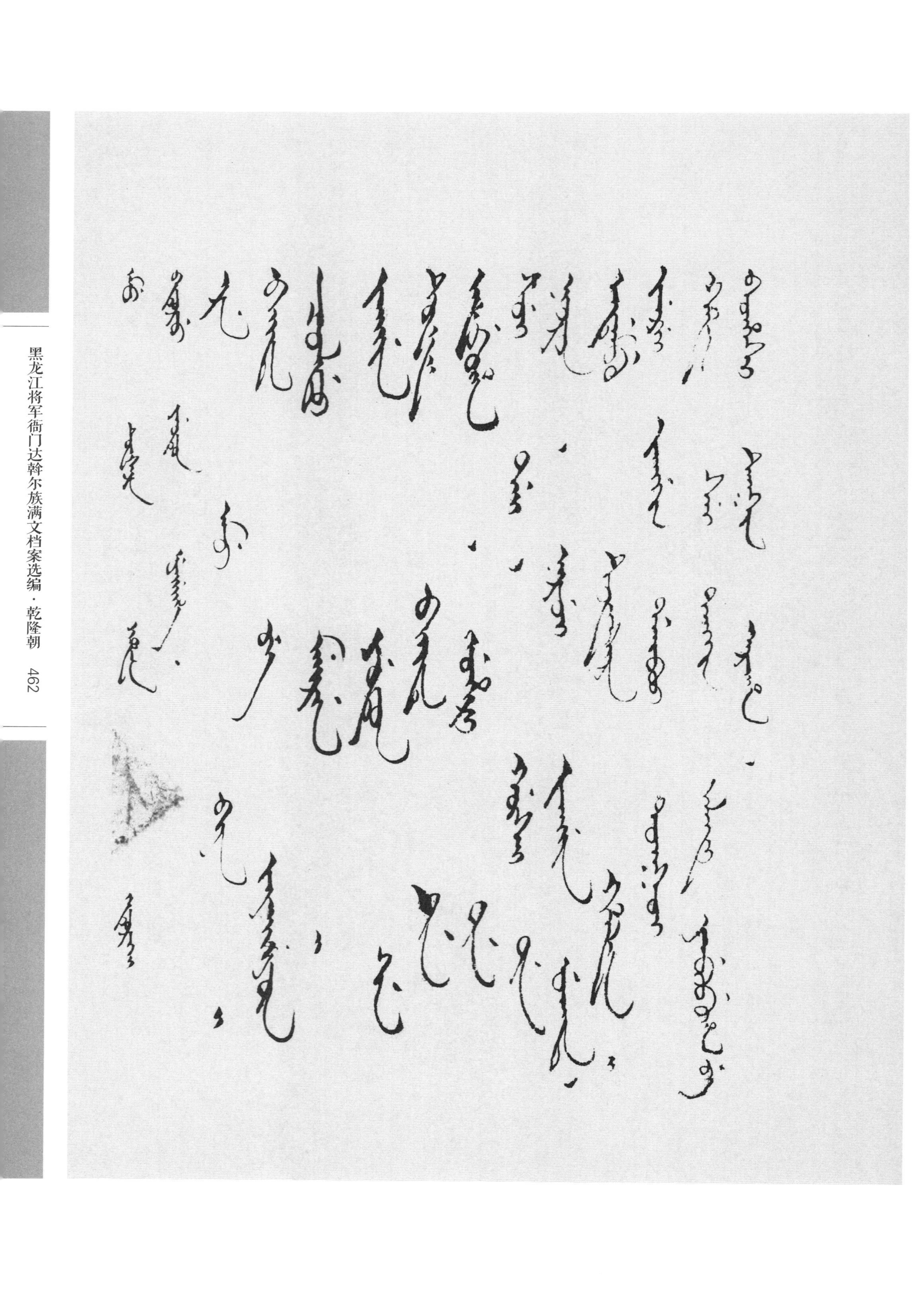

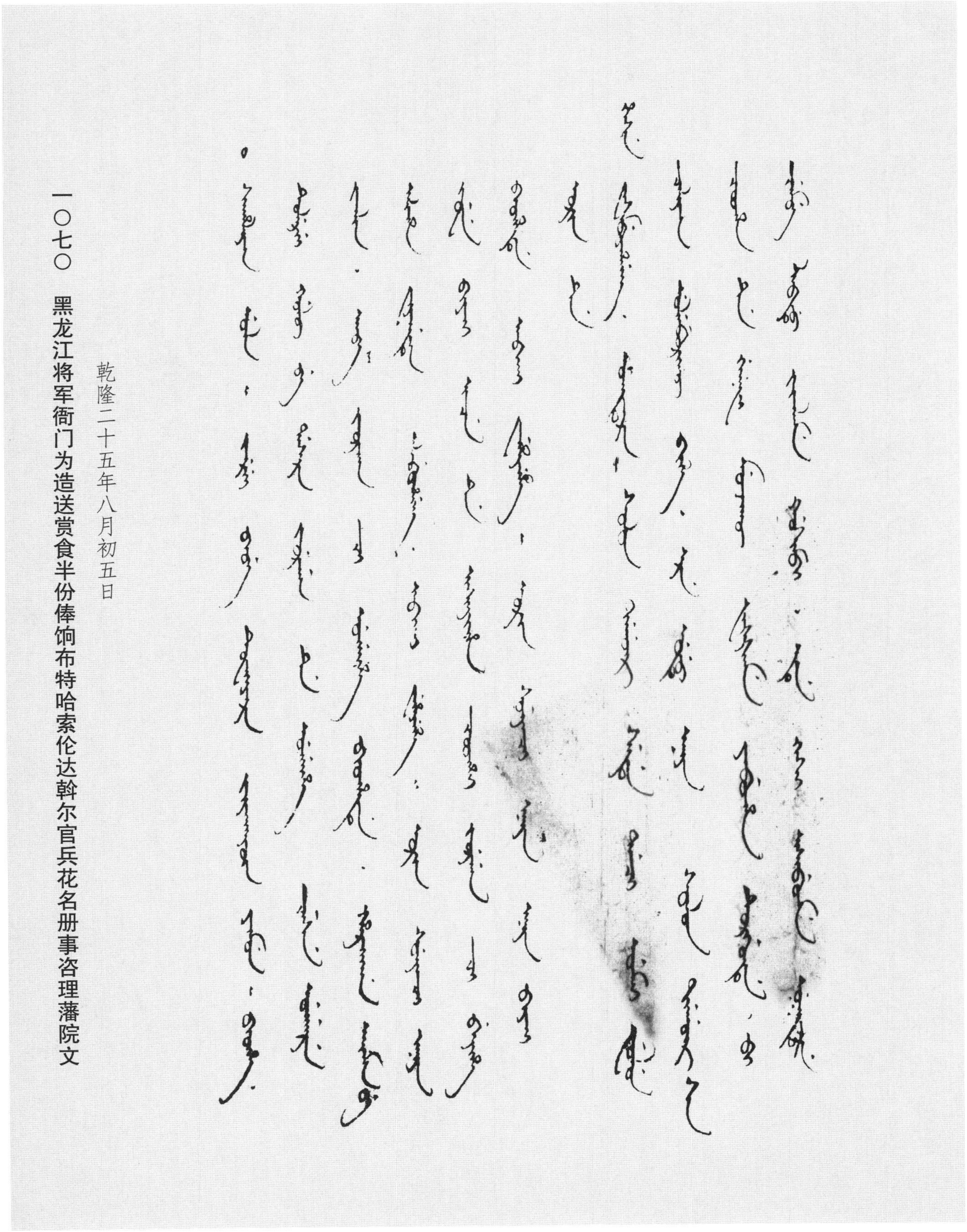

一〇七〇 黑龙江将军衙门为造送赏食半份俸饷布特哈索伦达斡尔官兵花名册事咨理藩院文

乾隆二十五年八月初五日

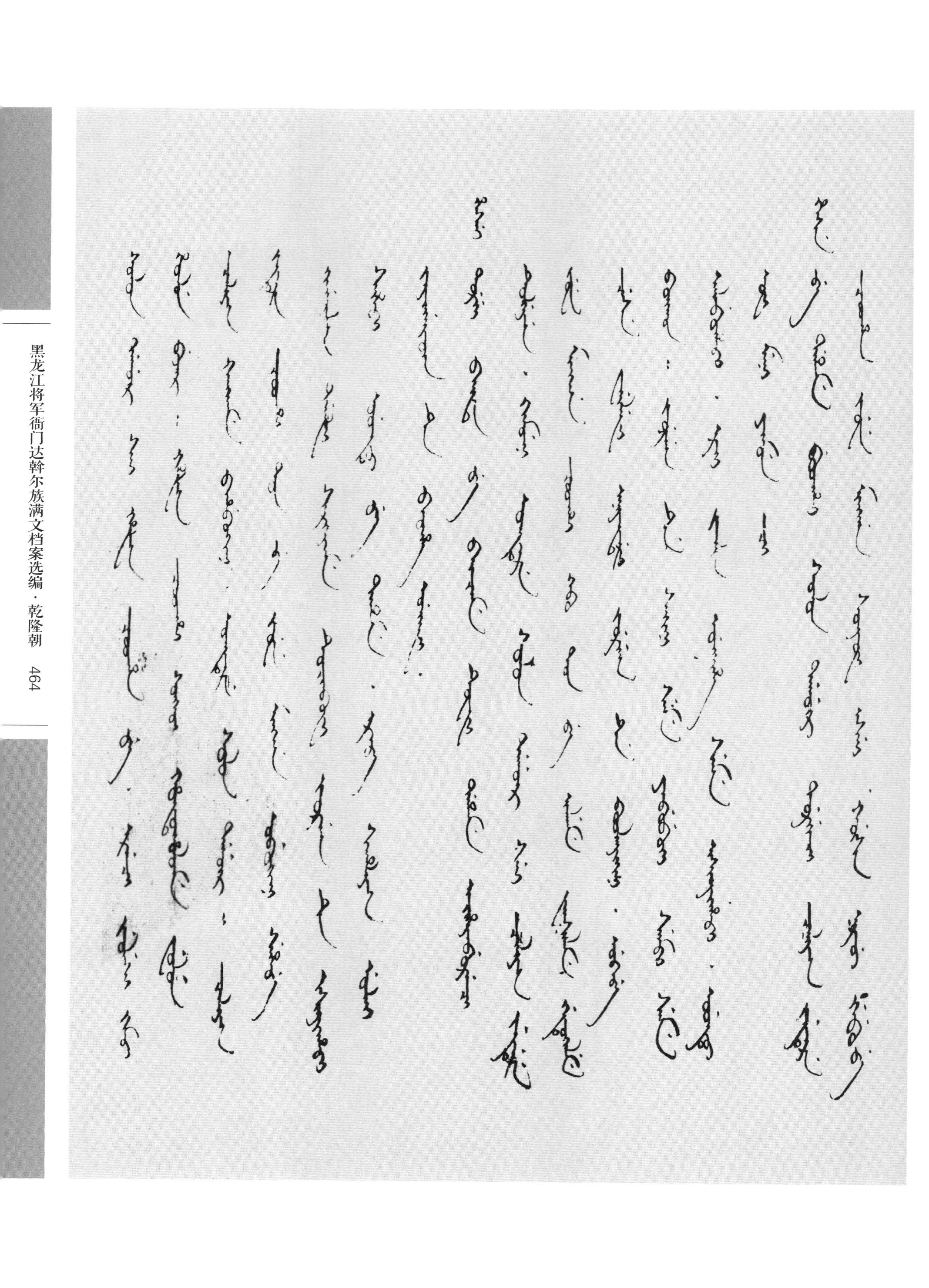

[illegible]

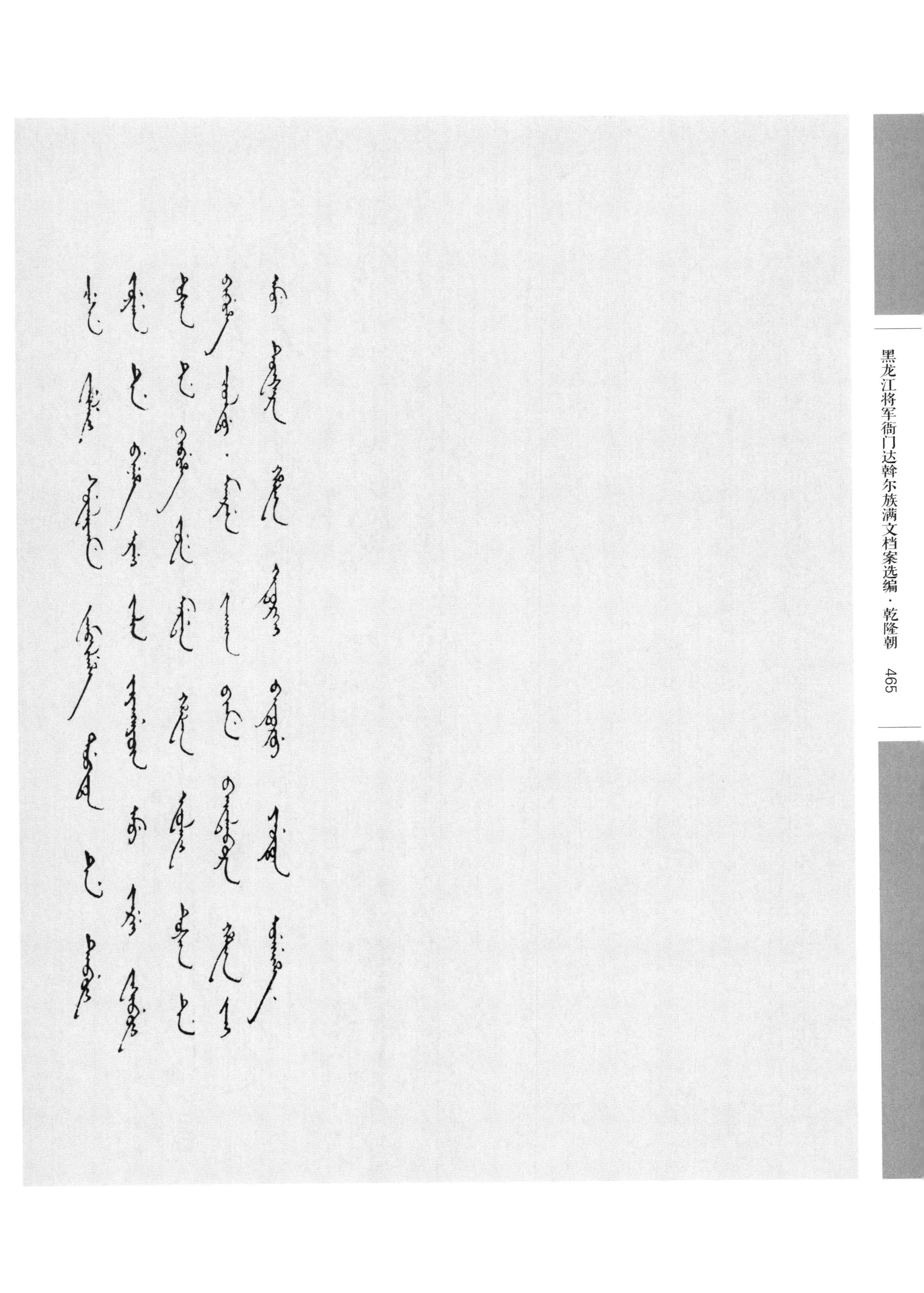

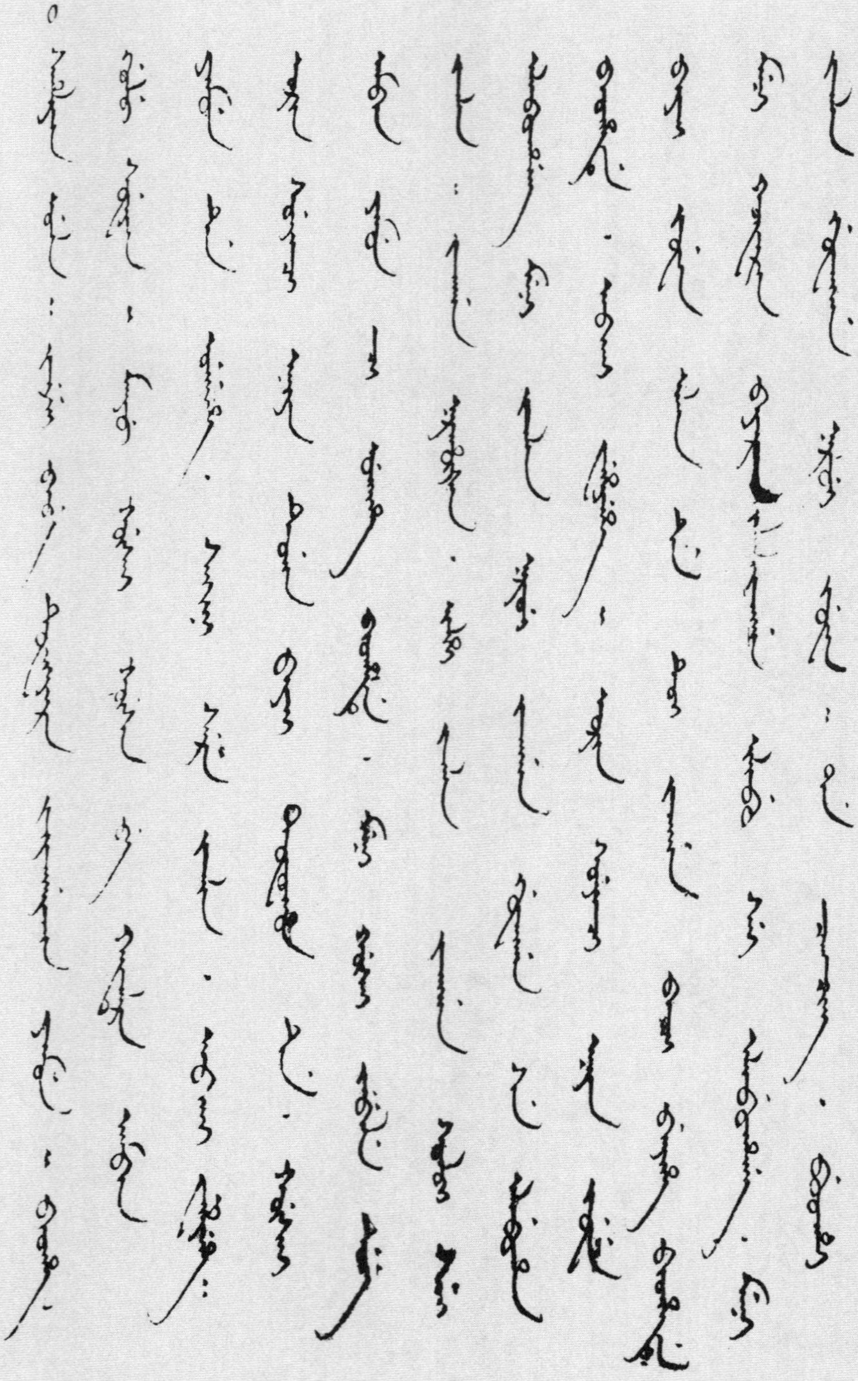

一〇七一 黑龙江将军衙门为查报请假回来接家眷达斡尔护军班塔保生疮未愈无法启程事咨正黄旗满洲都统衙门文

乾隆二十五年八月十九日

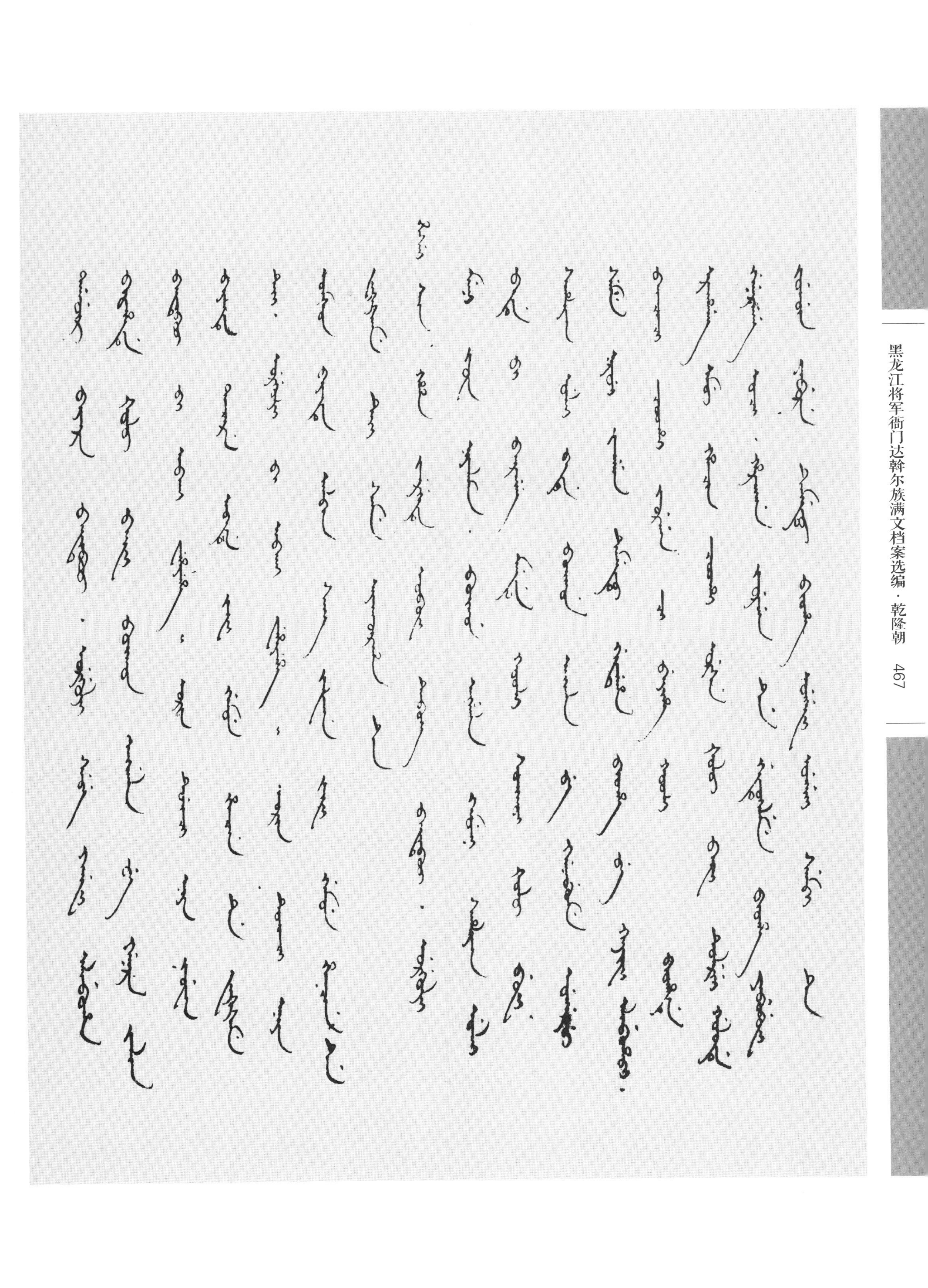

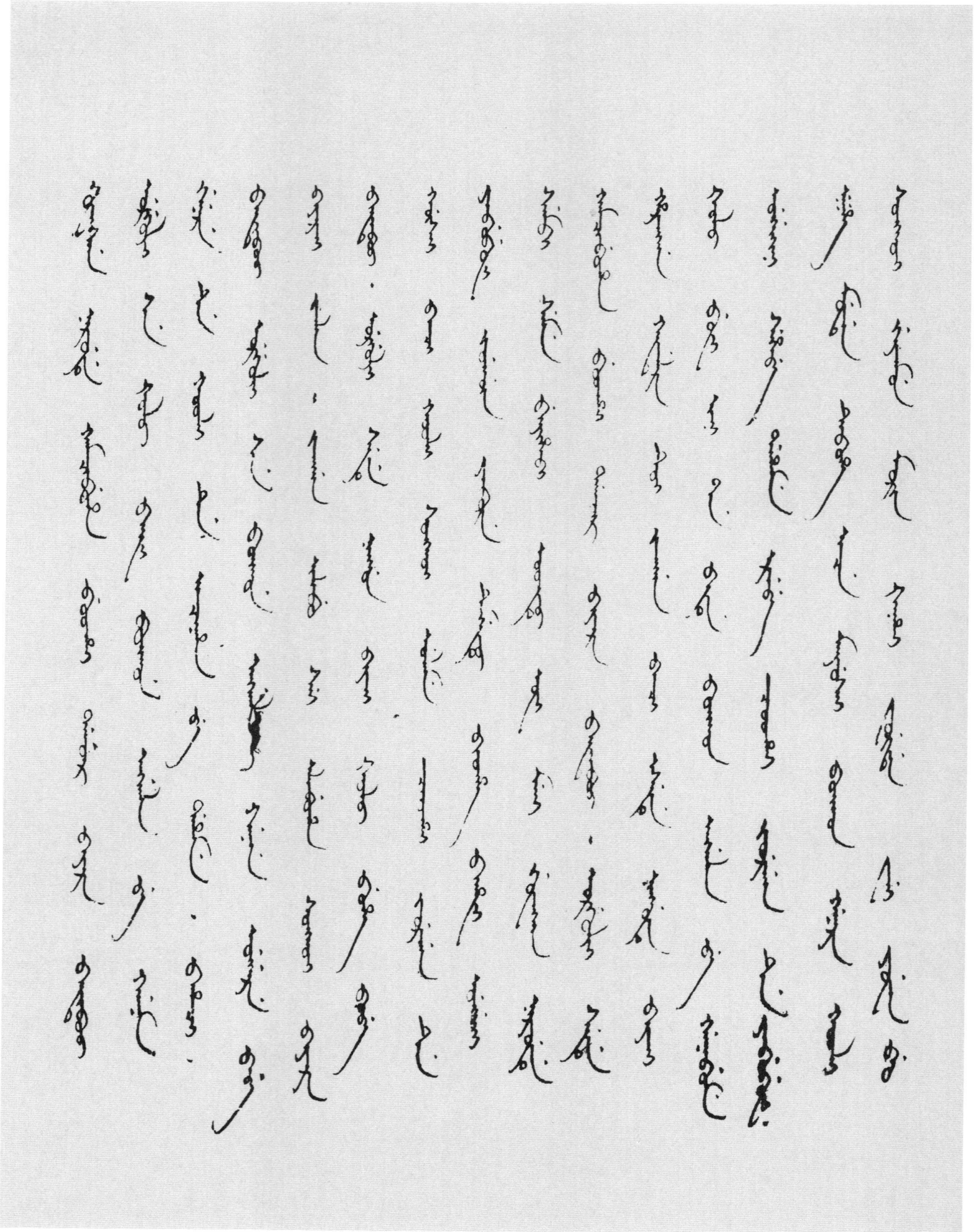

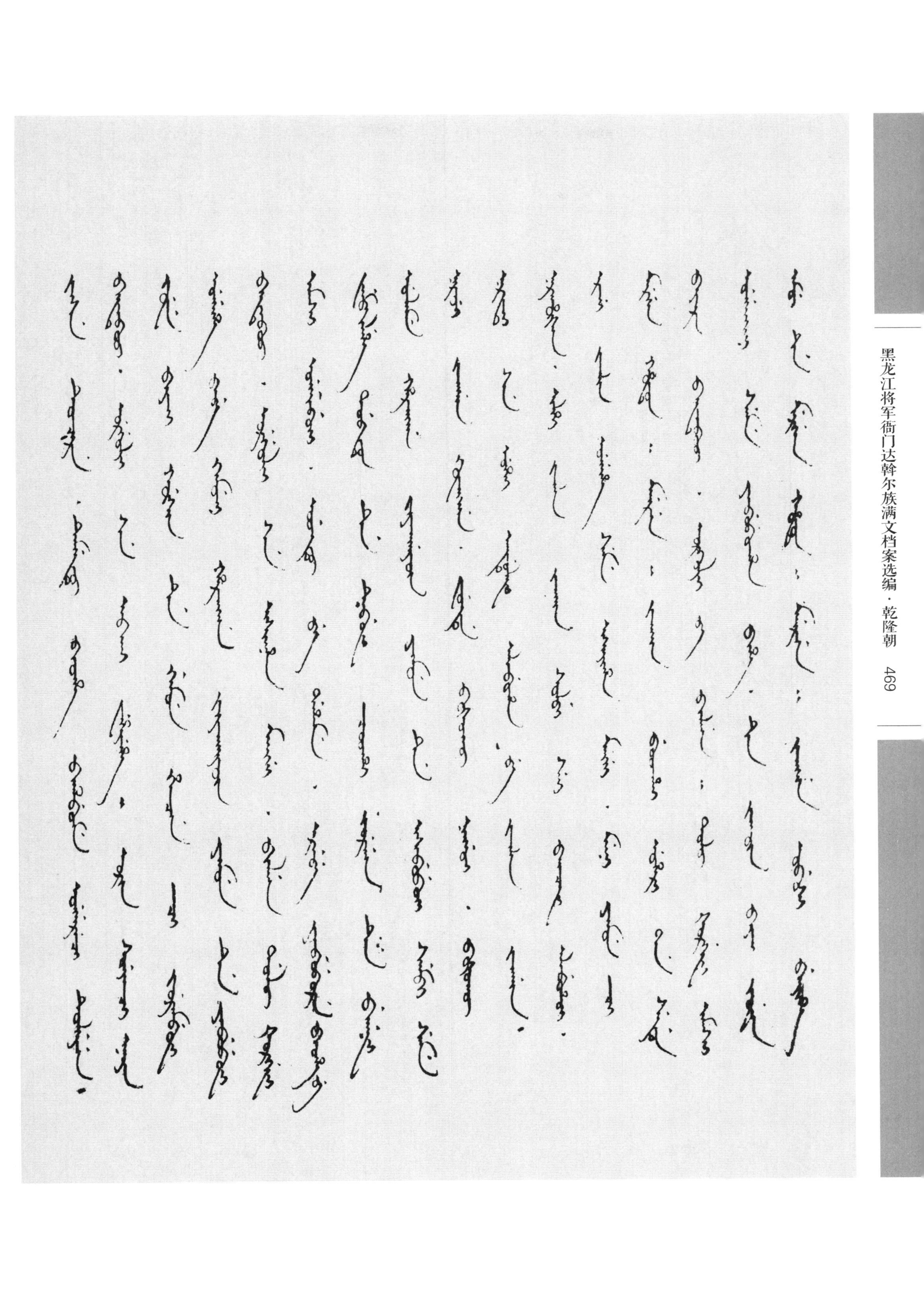

[illegible]

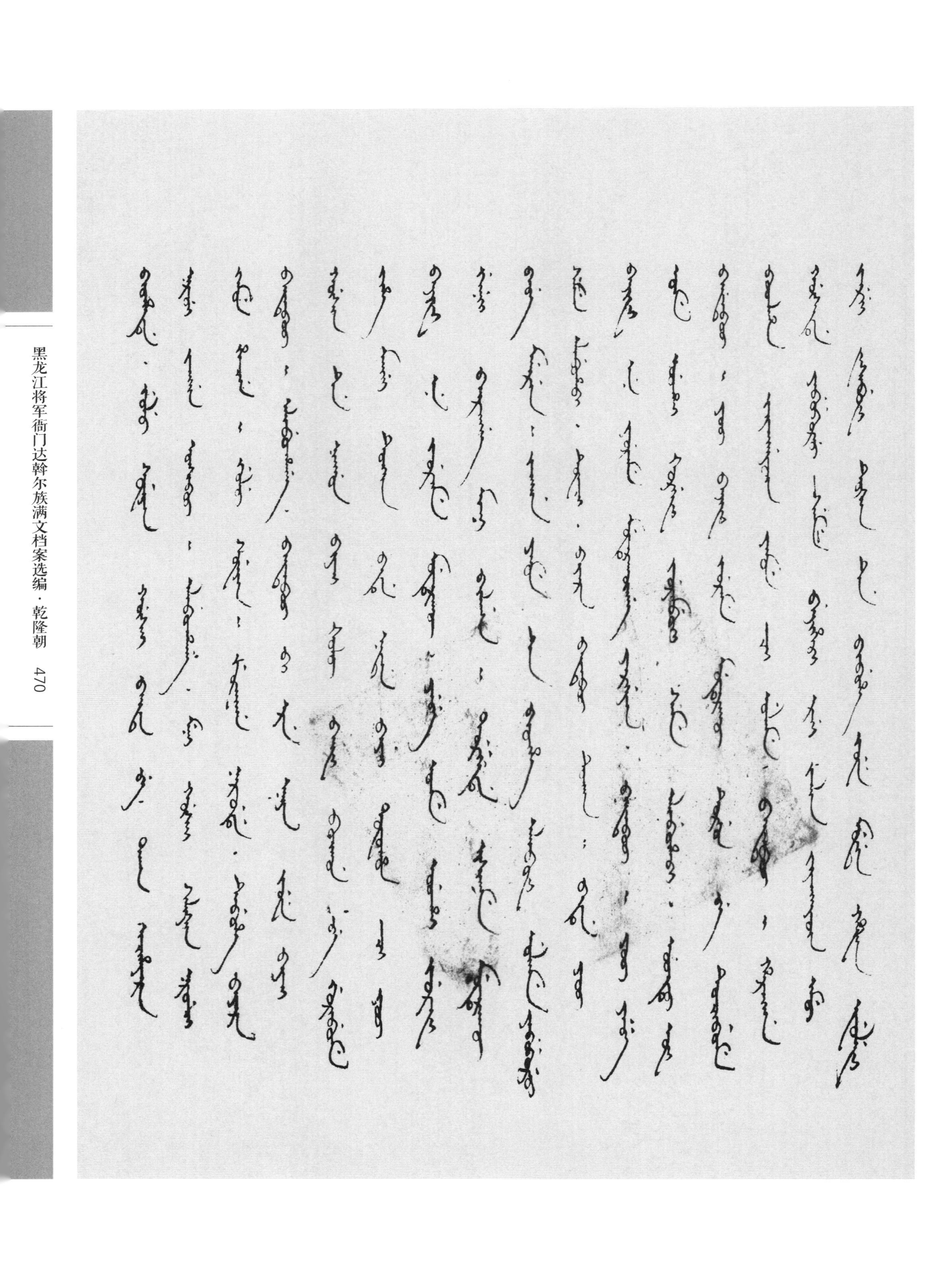

[illegible]

[illegible]

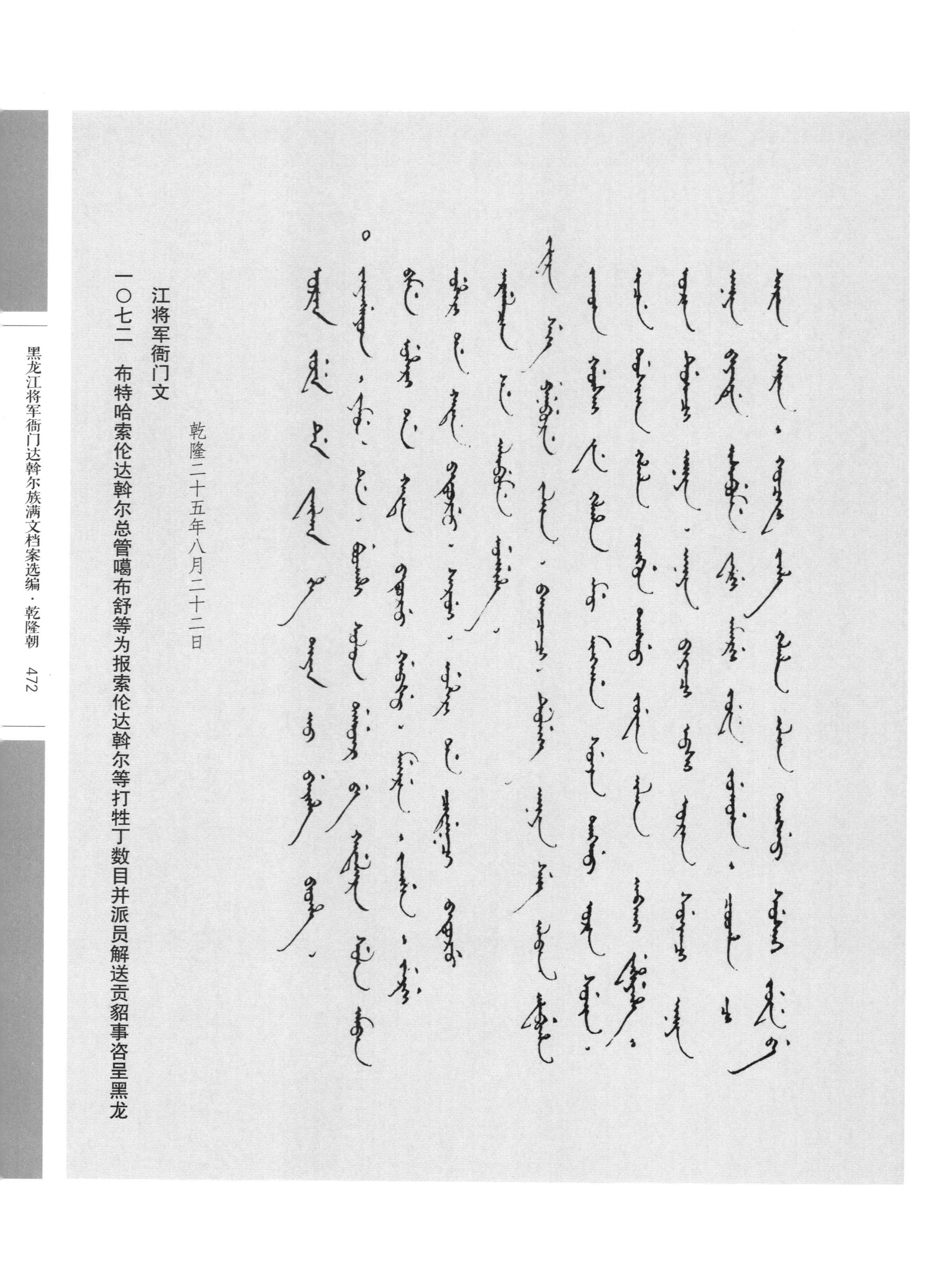

一〇七二 布特哈索伦达斡尔总管噶布舒等为报索伦达斡尔等打牲丁数目并派员解送贡貂事咨呈黑龙江将军衙门文

乾隆二十五年八月二十二日

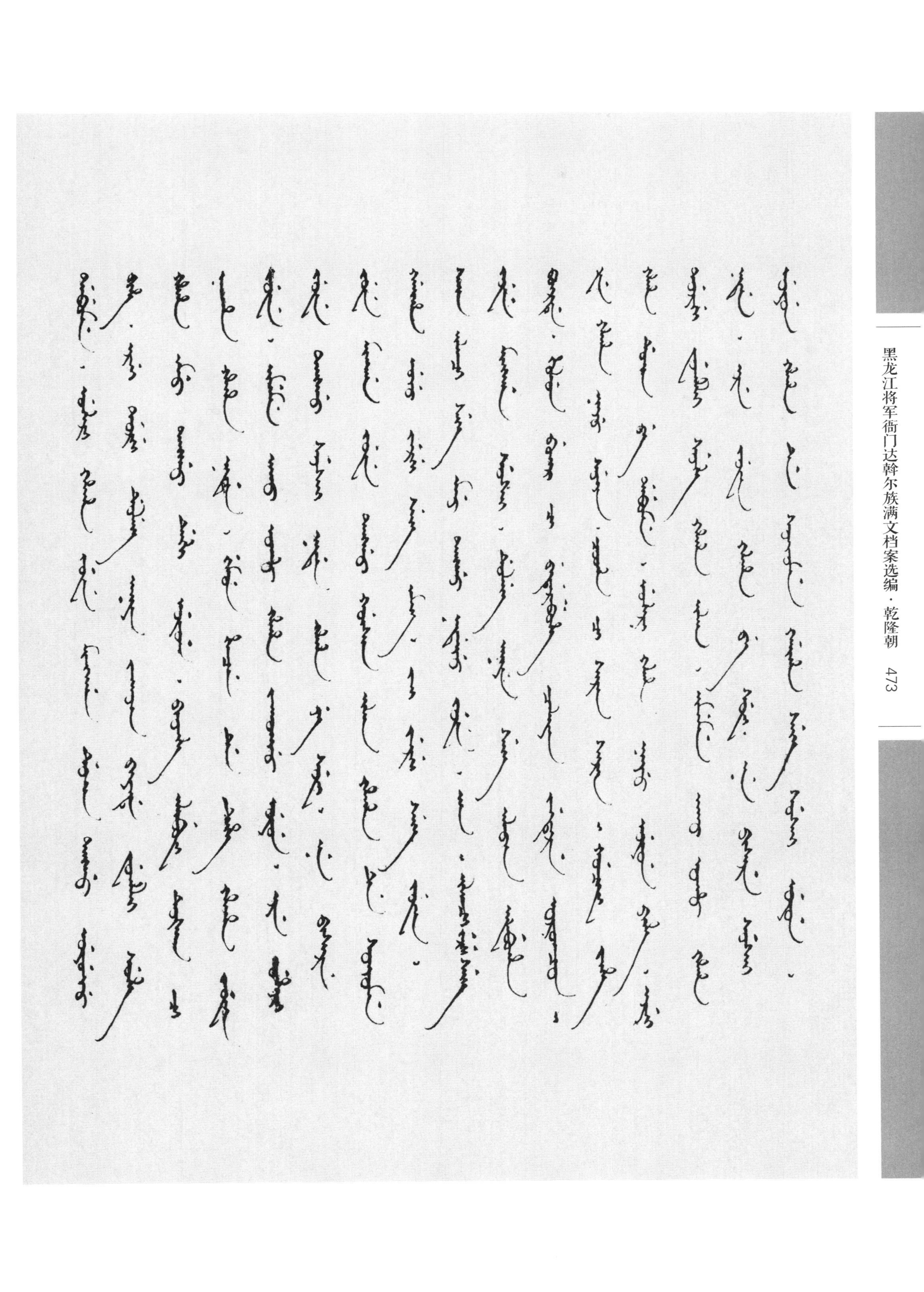

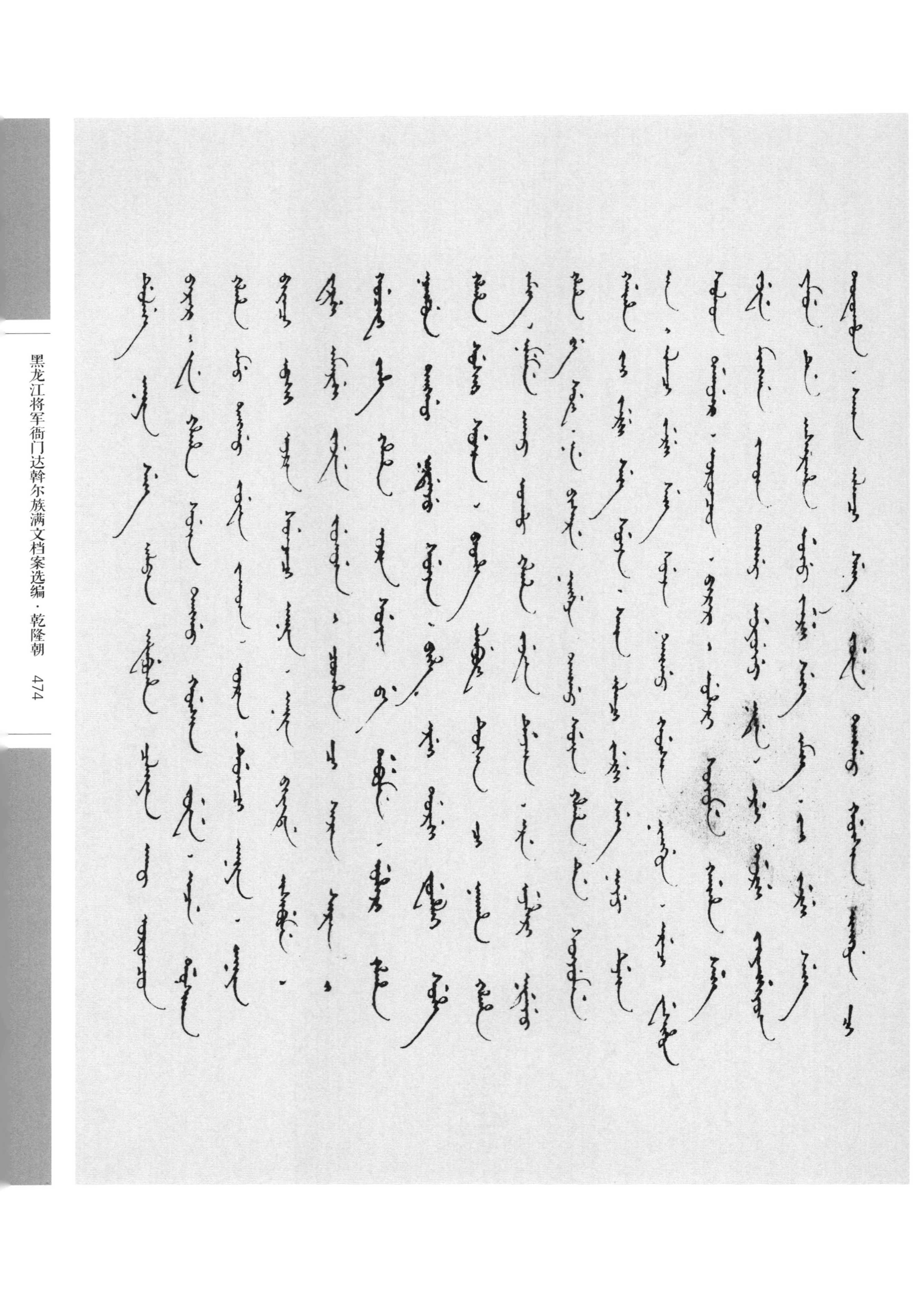

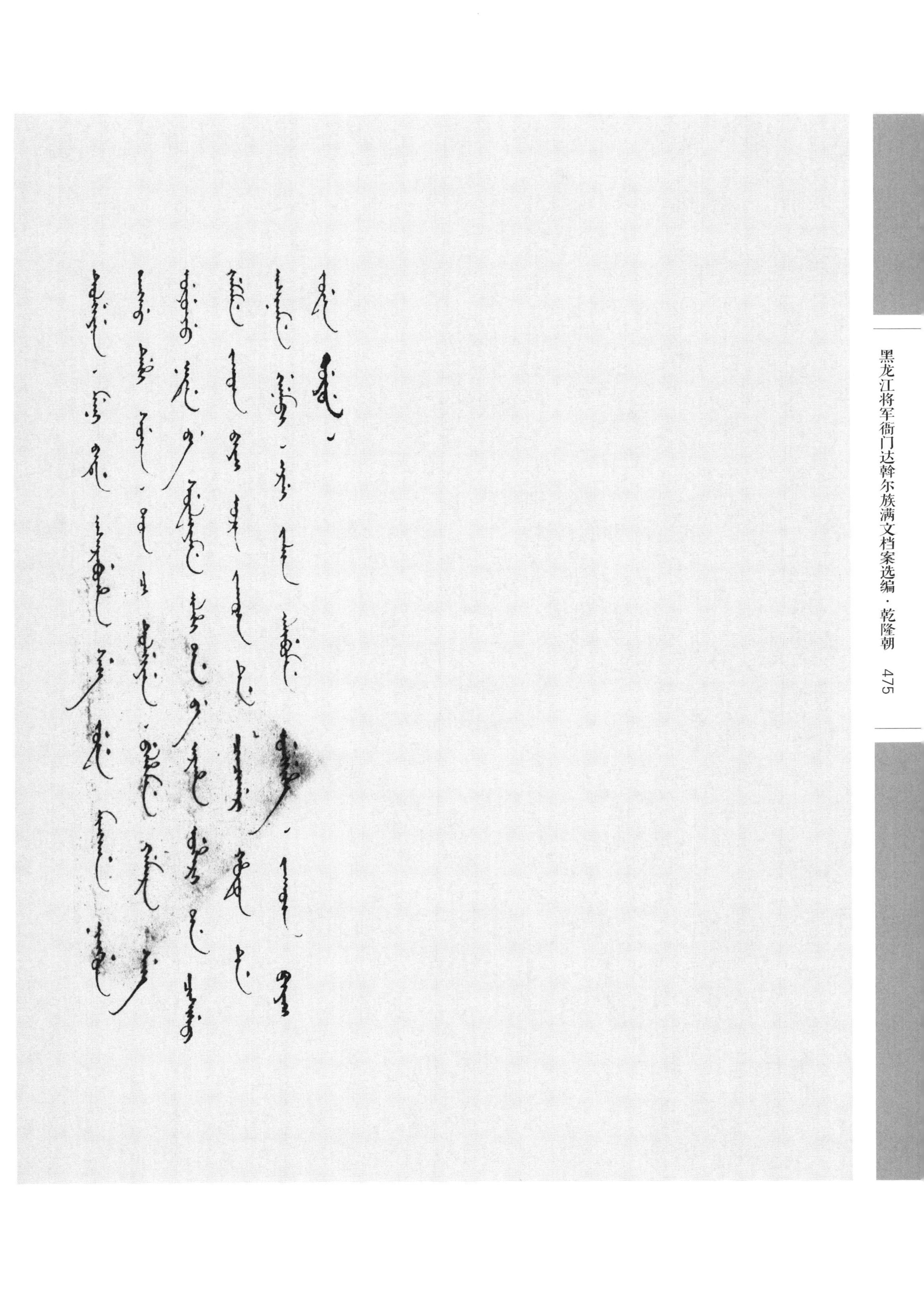

[illegible]
[illegible]
[illegible]
[illegible]
[illegible]
[illegible]

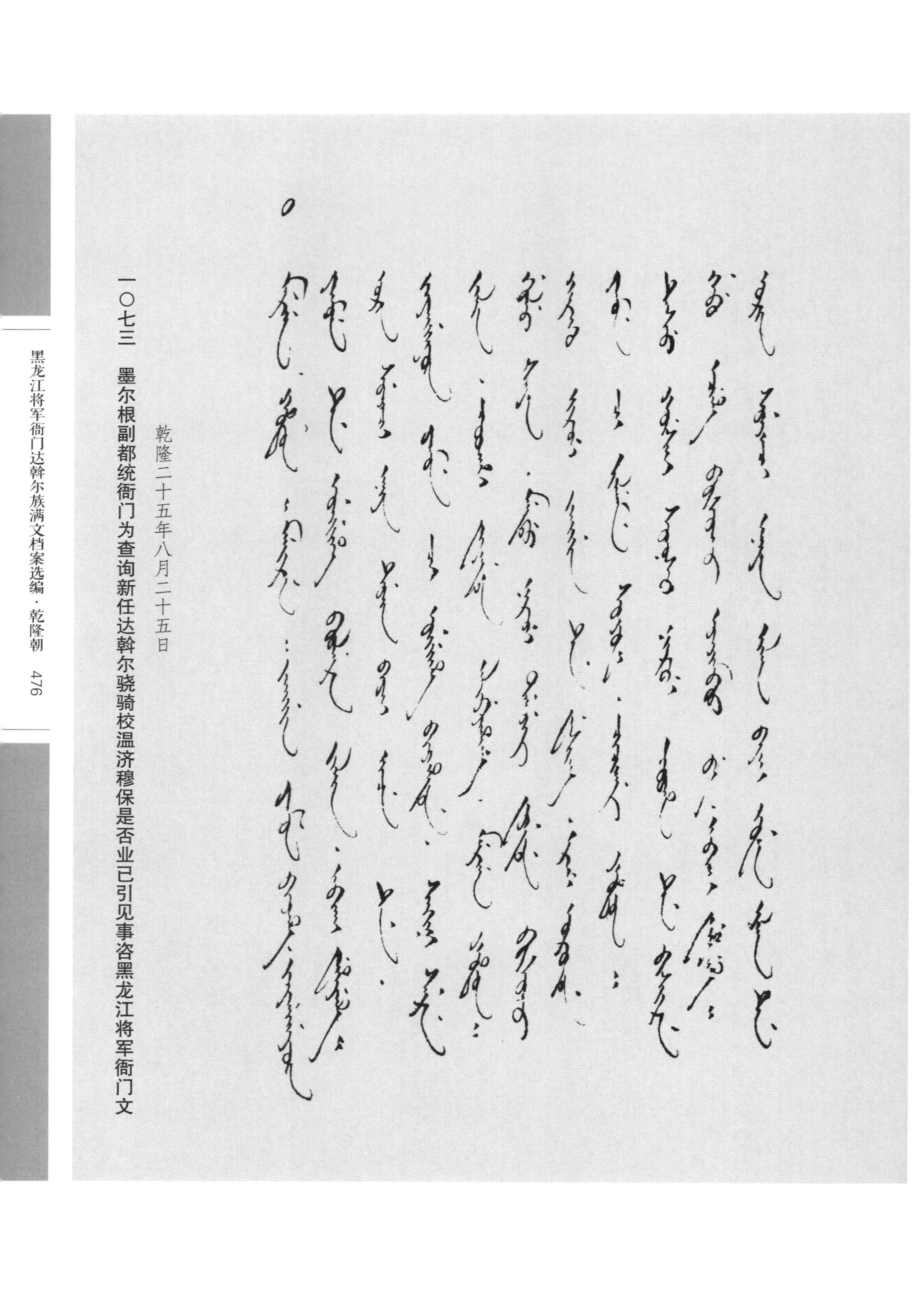

一〇七三　墨尔根副都统衙门为查询新任达斡尔骁骑校温济穆保是否业已引见事咨黑龙江将军衙门文

乾隆二十五年八月二十五日

[illegible]

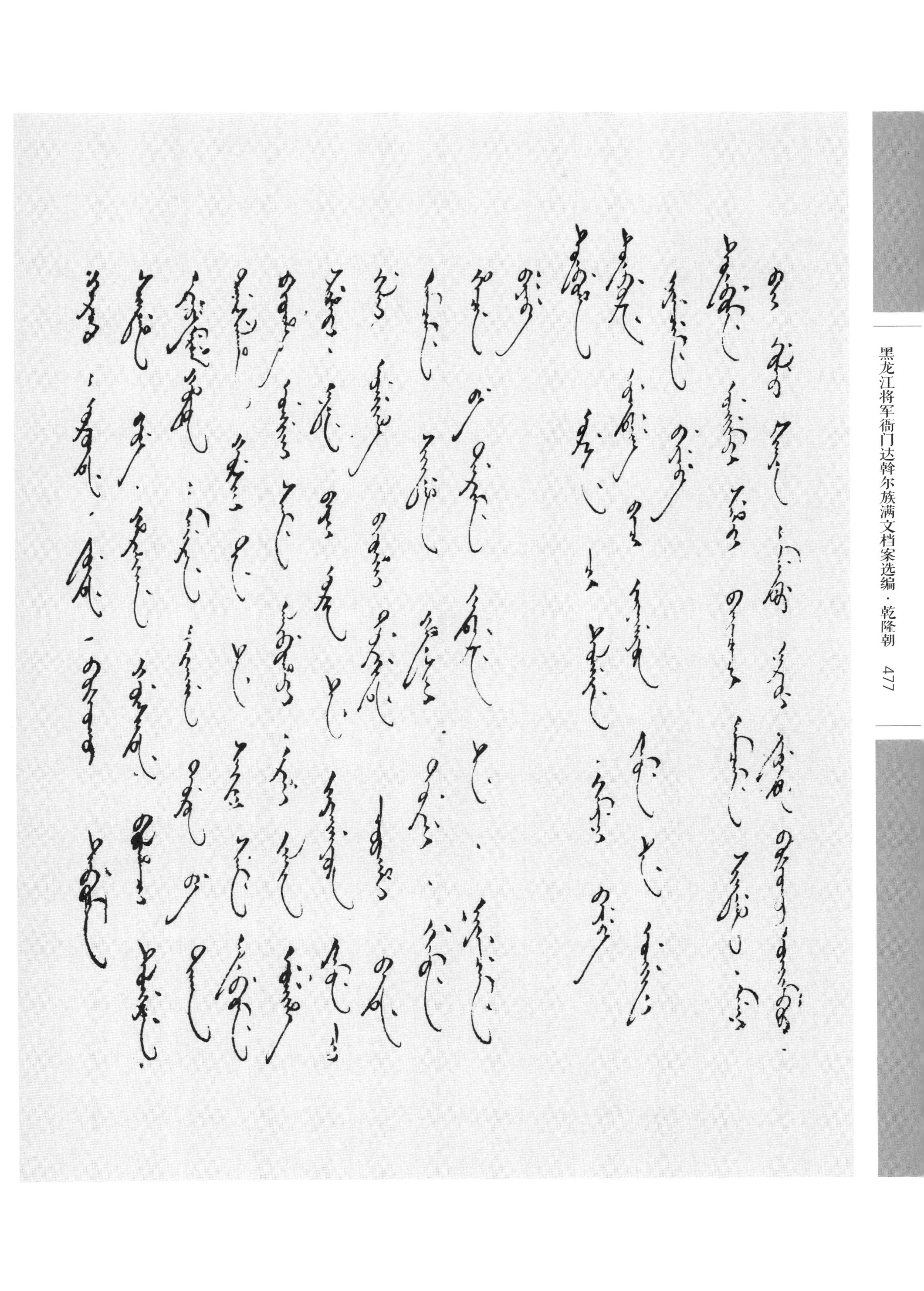

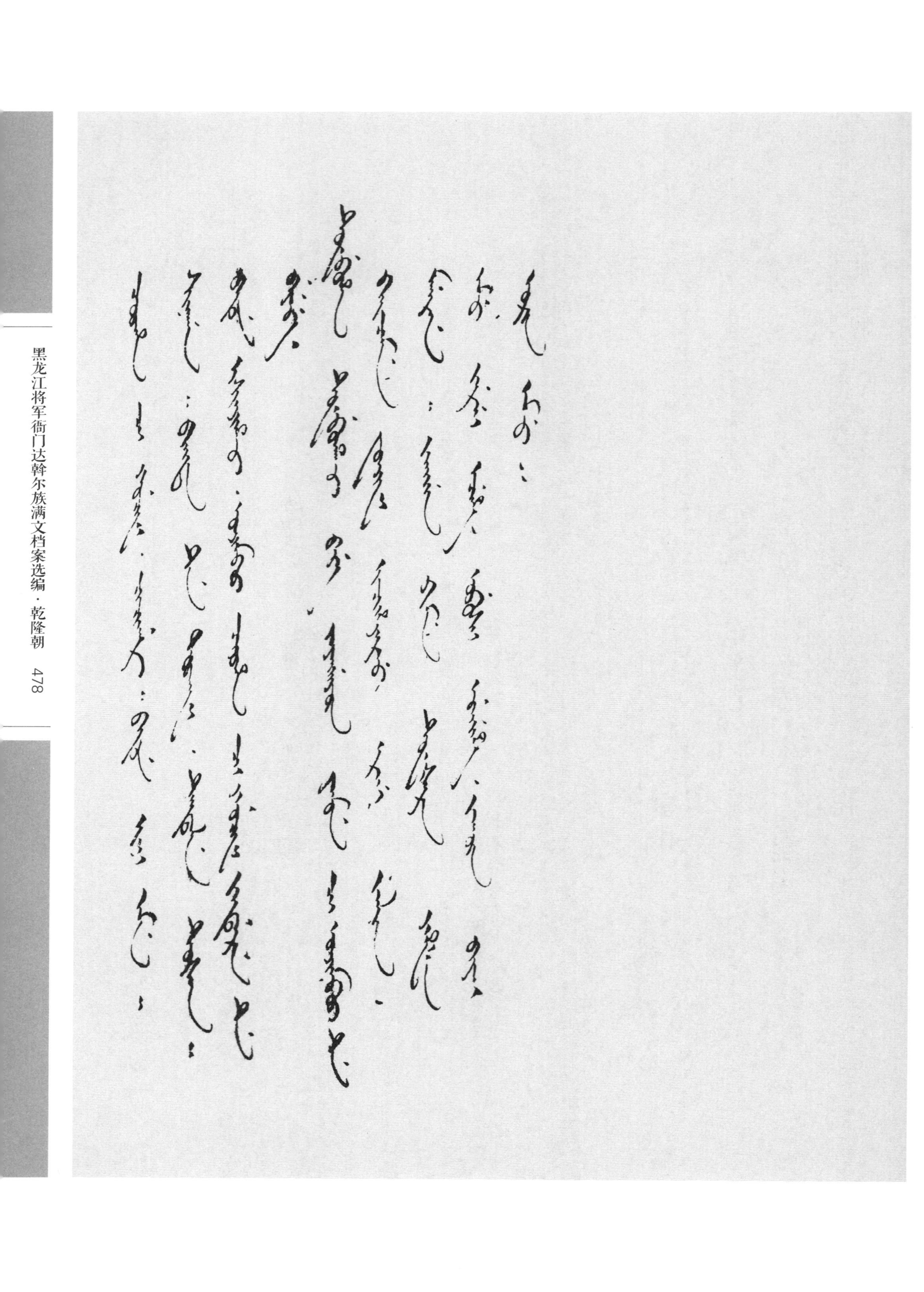

[illegible]

一〇七四 黑龙江将军衙门为报布特哈索伦达斡尔等丁数并派员解送所交貂皮事咨理藩院文

乾隆二十五年九月初一日

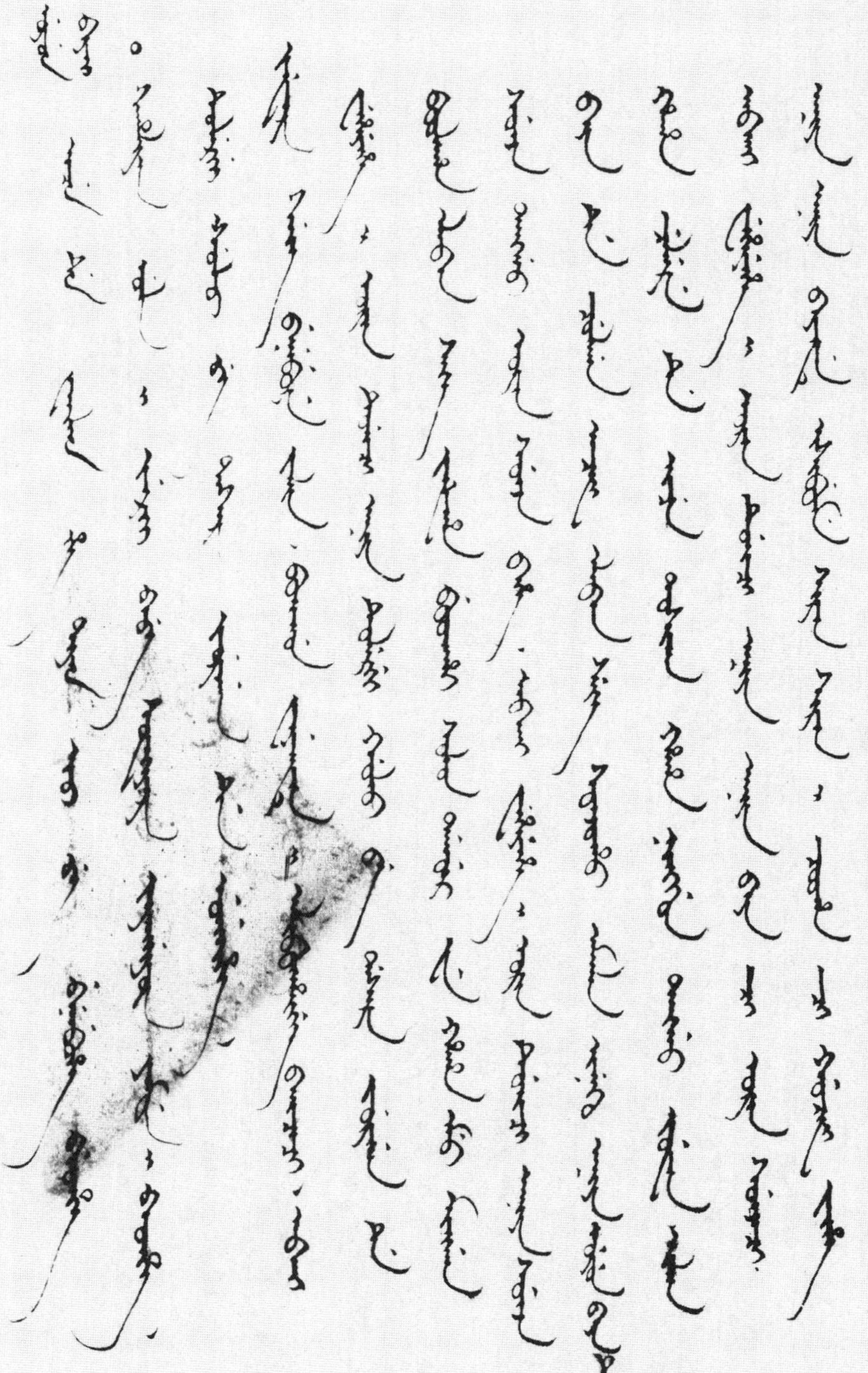

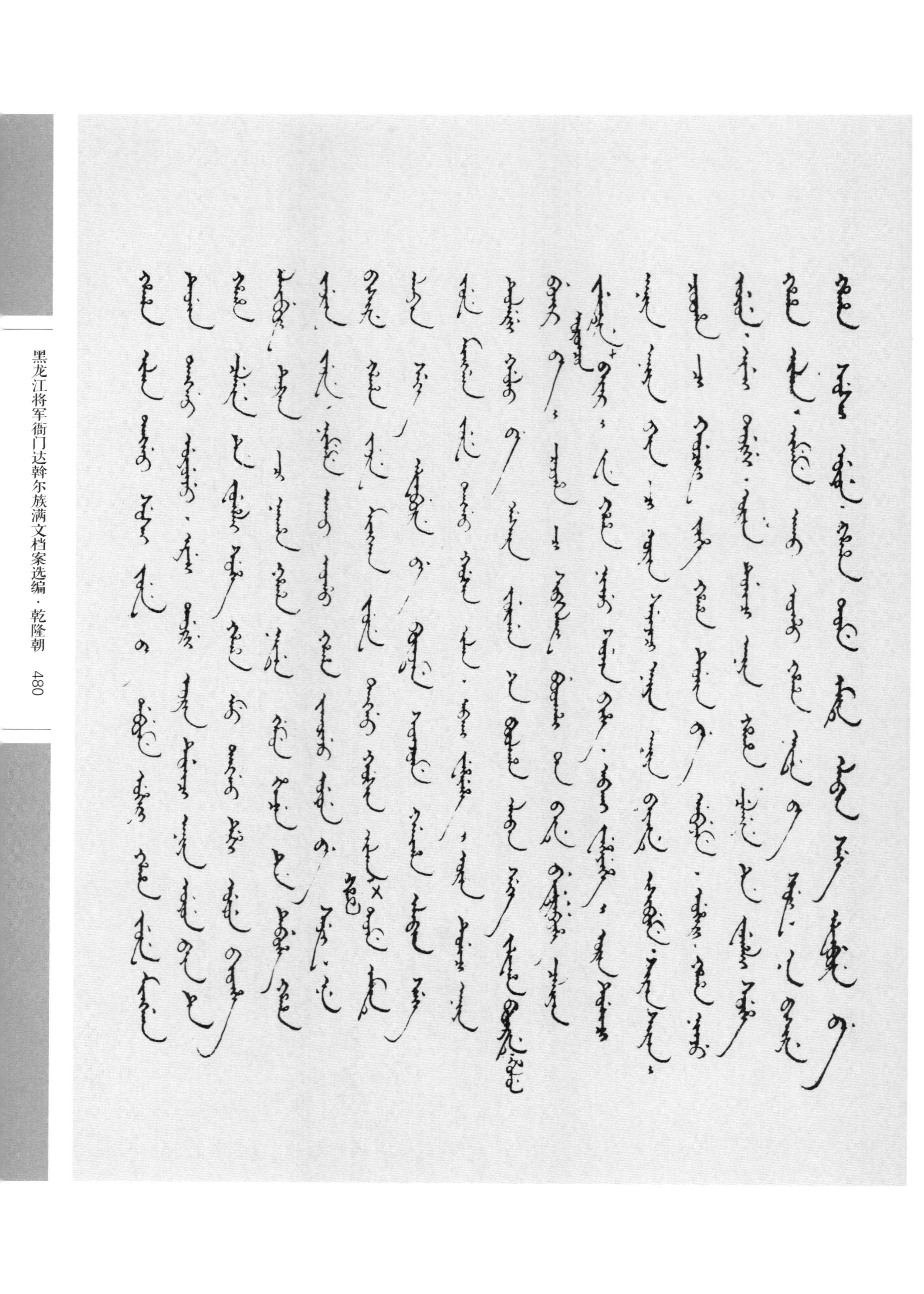

[illegible]

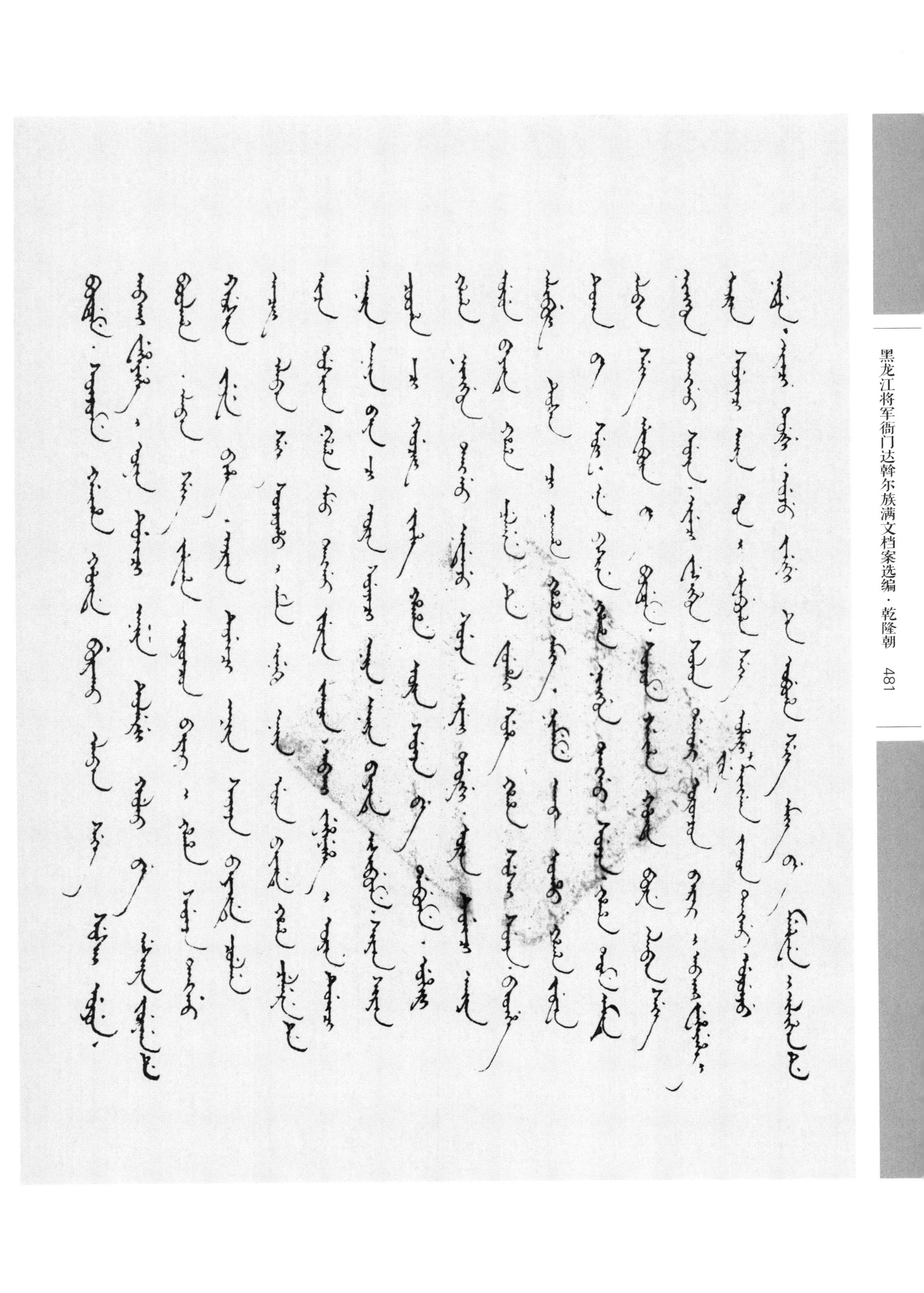

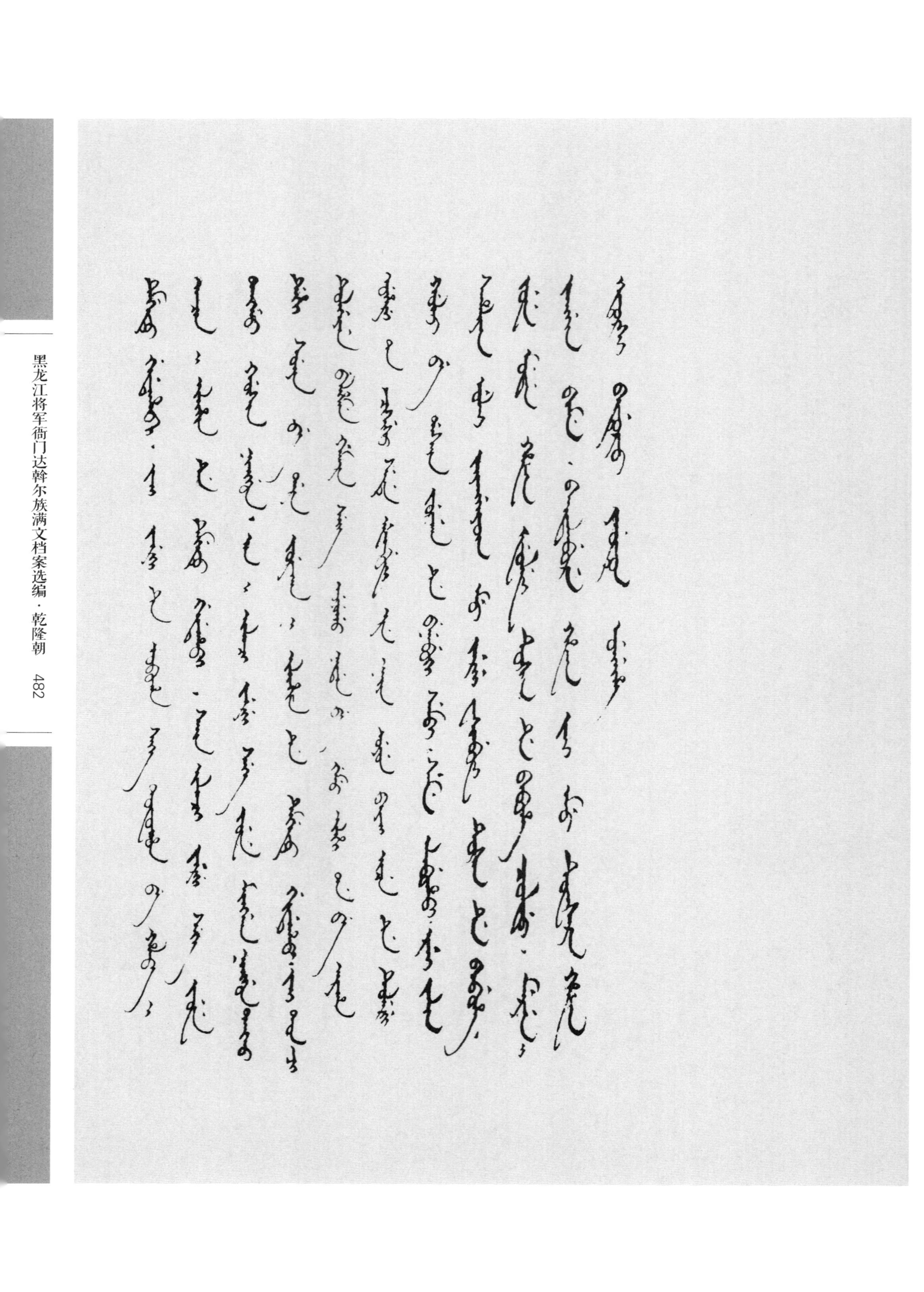

[illegible]

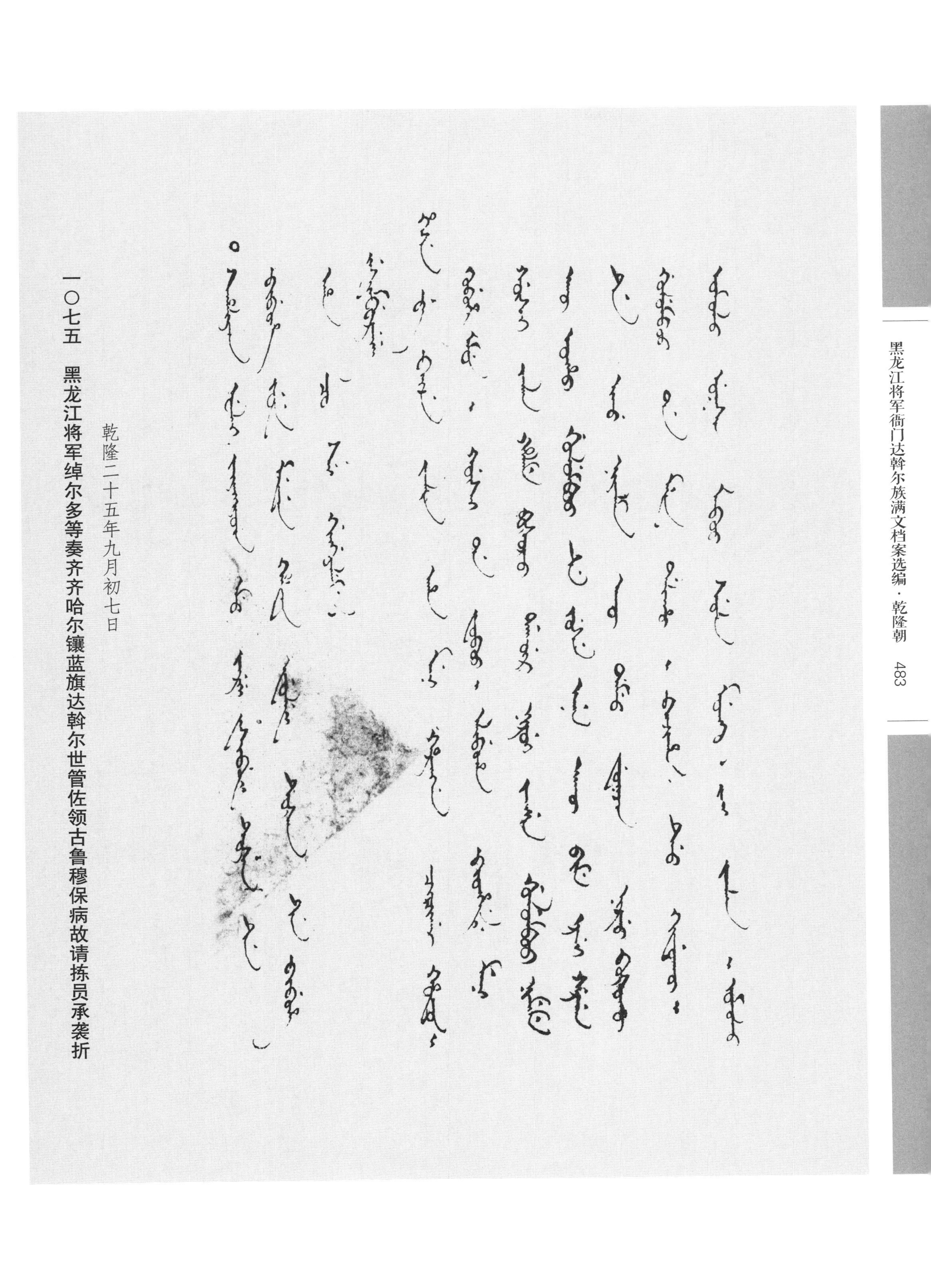

一〇七五　黑龙江将军绰尔多等奏齐齐哈尔镶蓝旗达斡尔世管佐领古鲁穆保病故请拣员承袭折

乾隆二十五年九月初七日

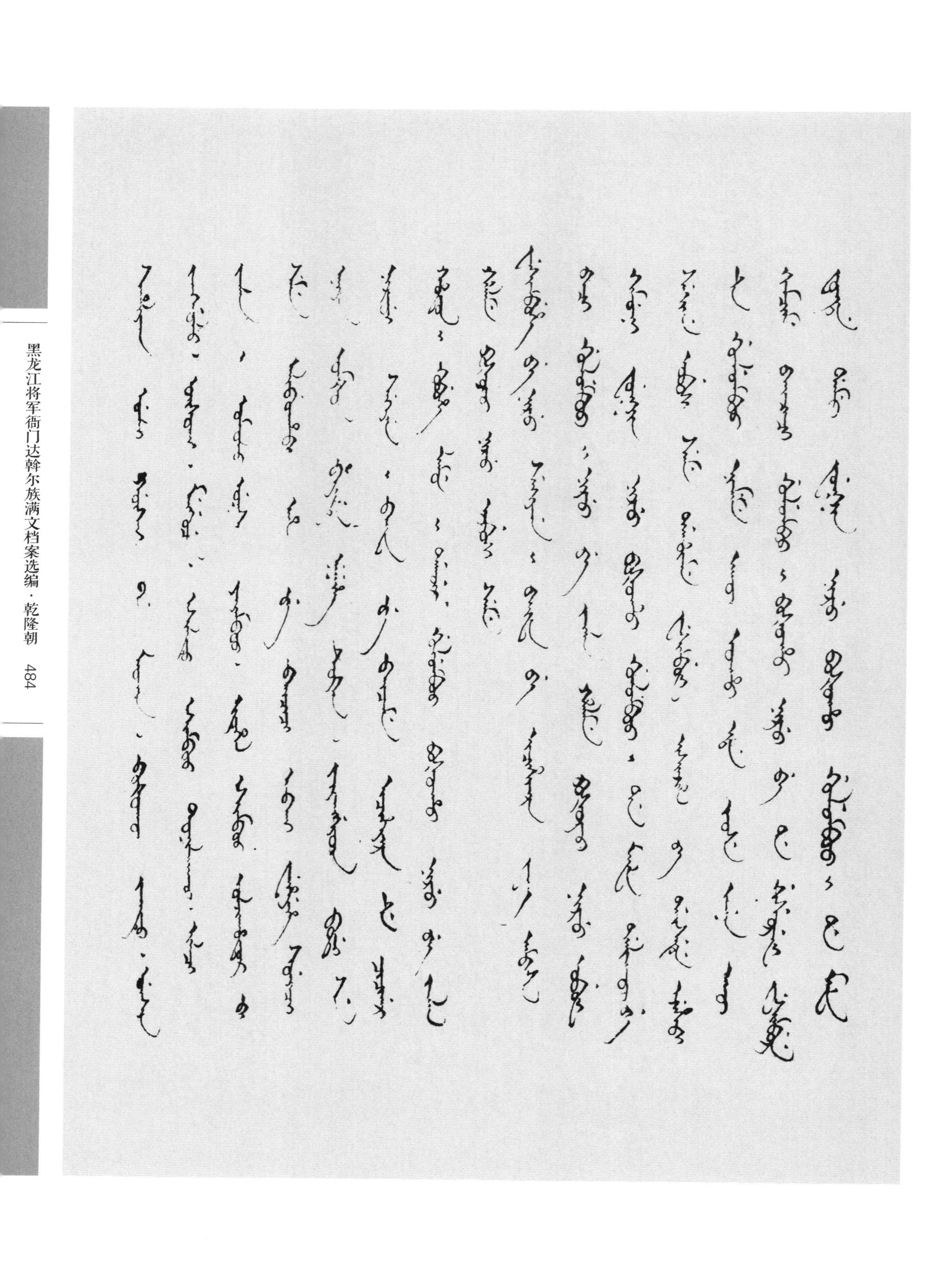

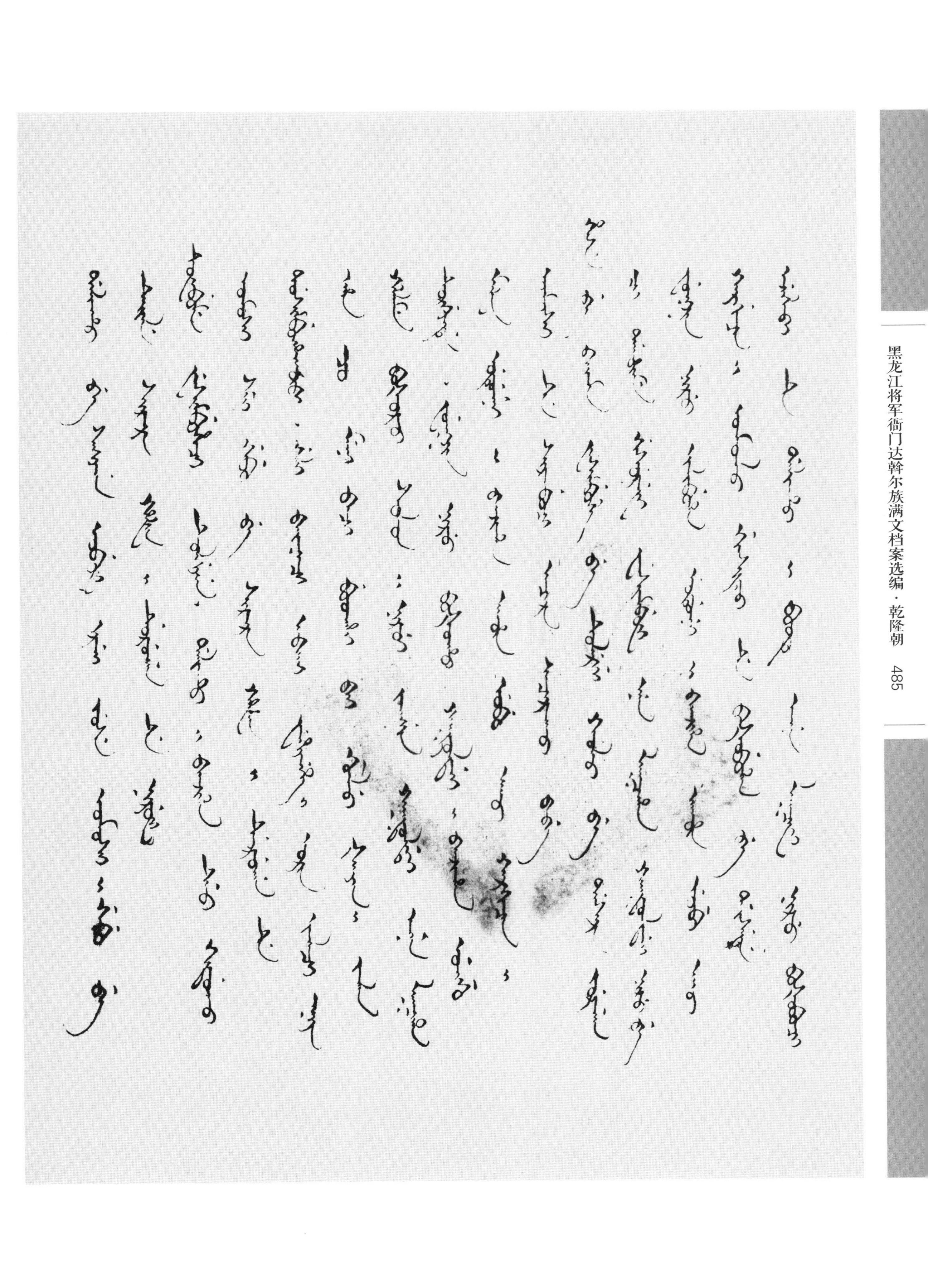

[illegible]

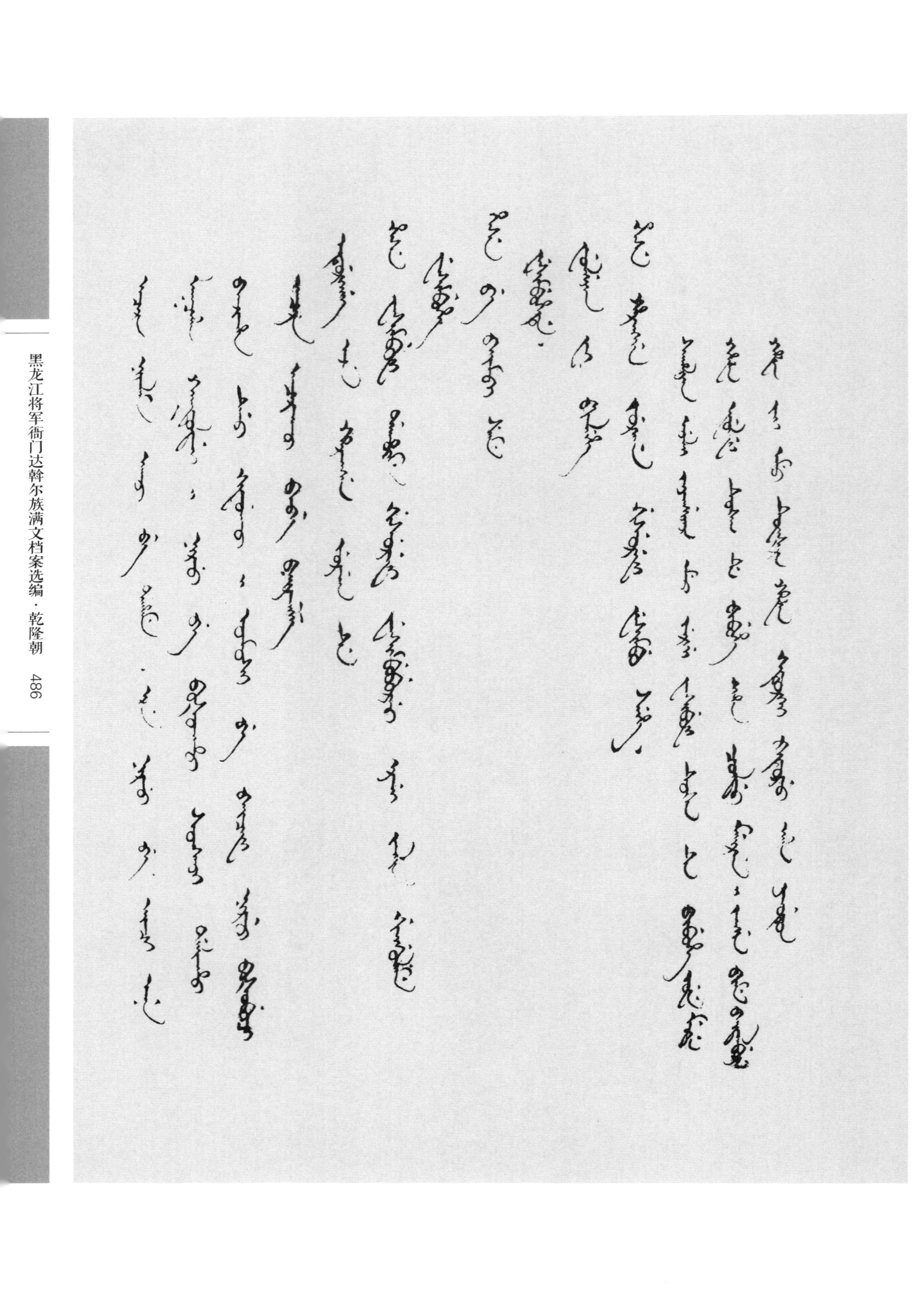

[illegible]

一〇七六 黑龙江将军衙门为黑龙江城镶黄旗达斡尔佐领苏鲁勒甘病故查明源流拟选人员引见补放事咨兵部文

乾隆二十五年九月初十日

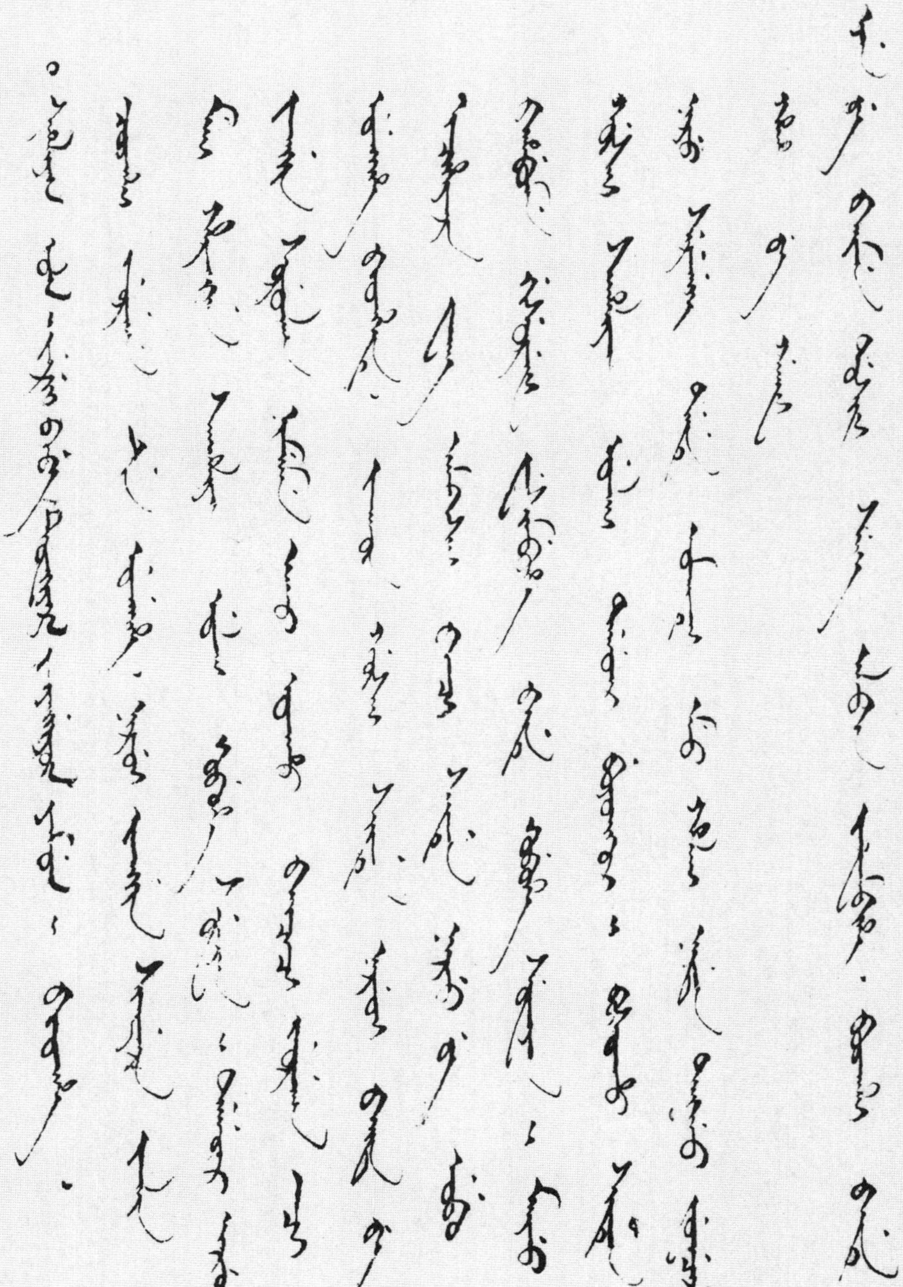

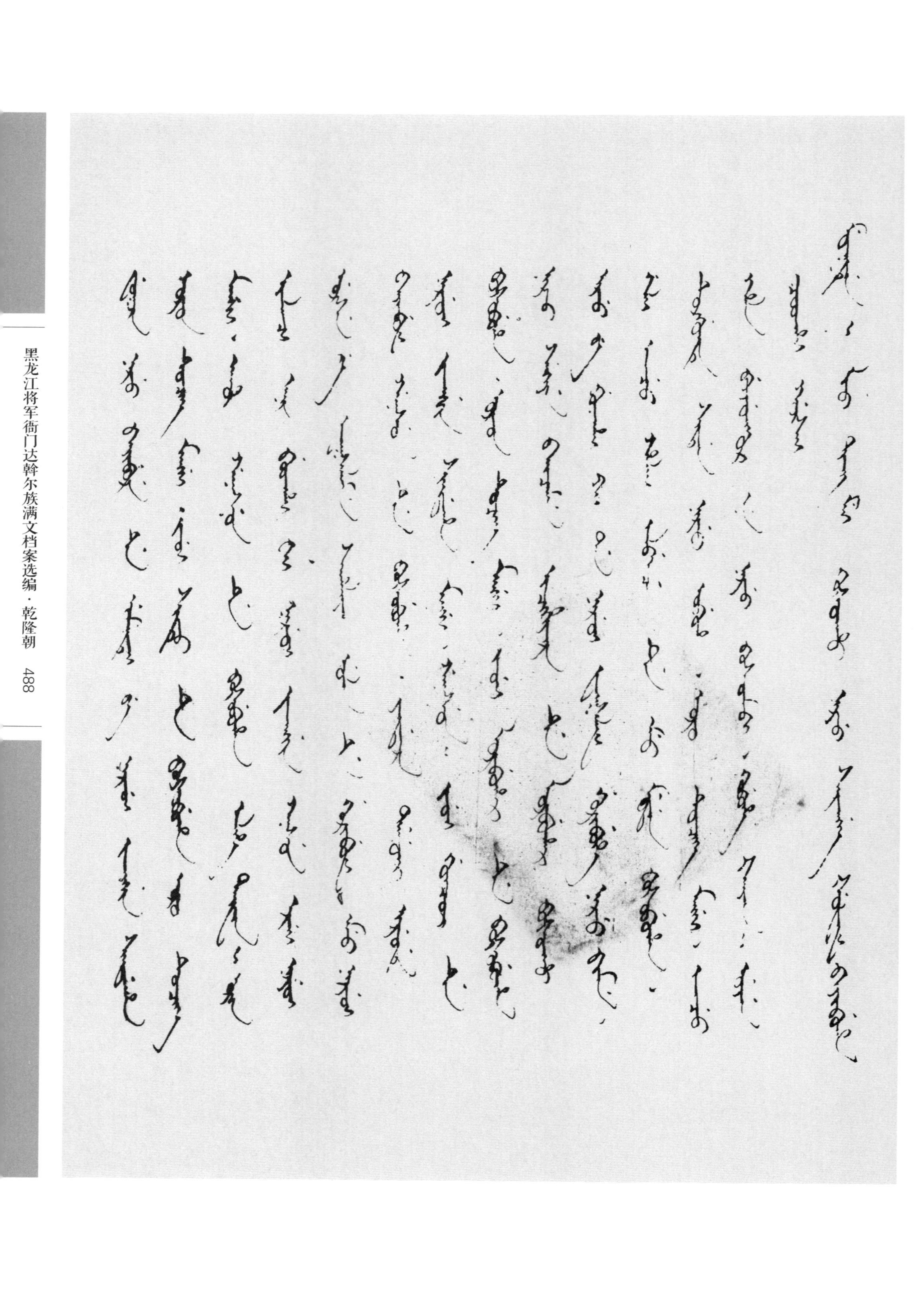

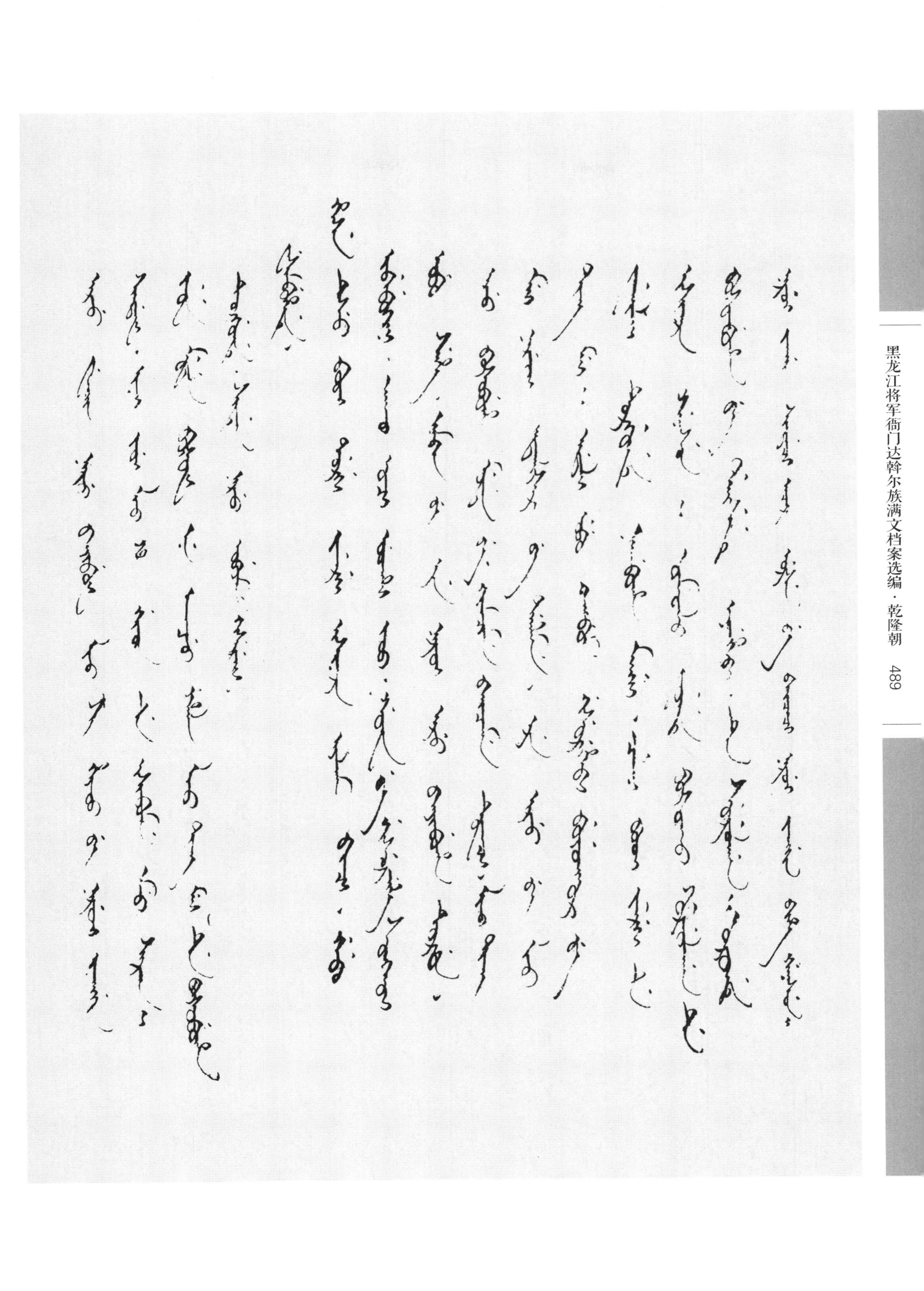

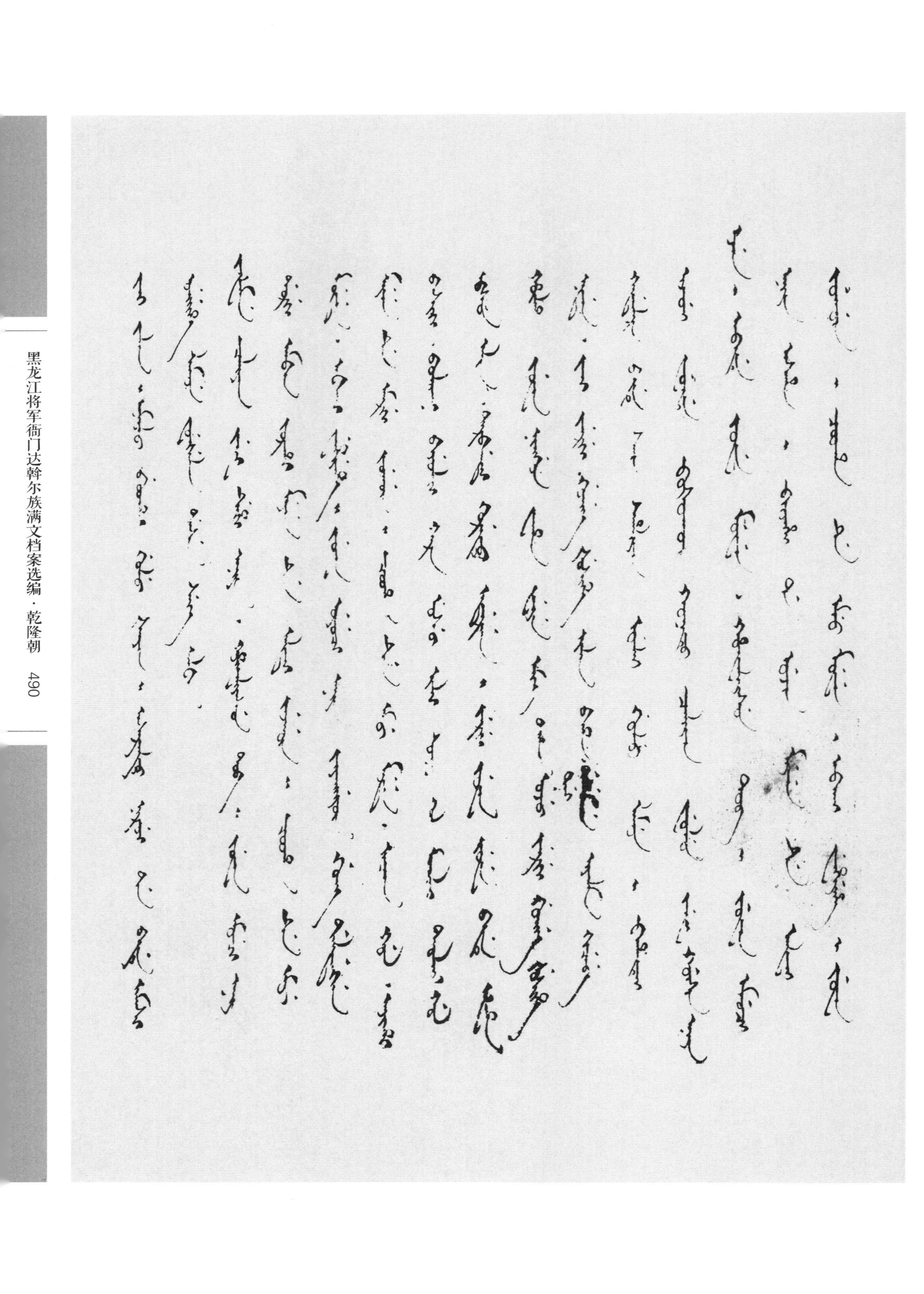

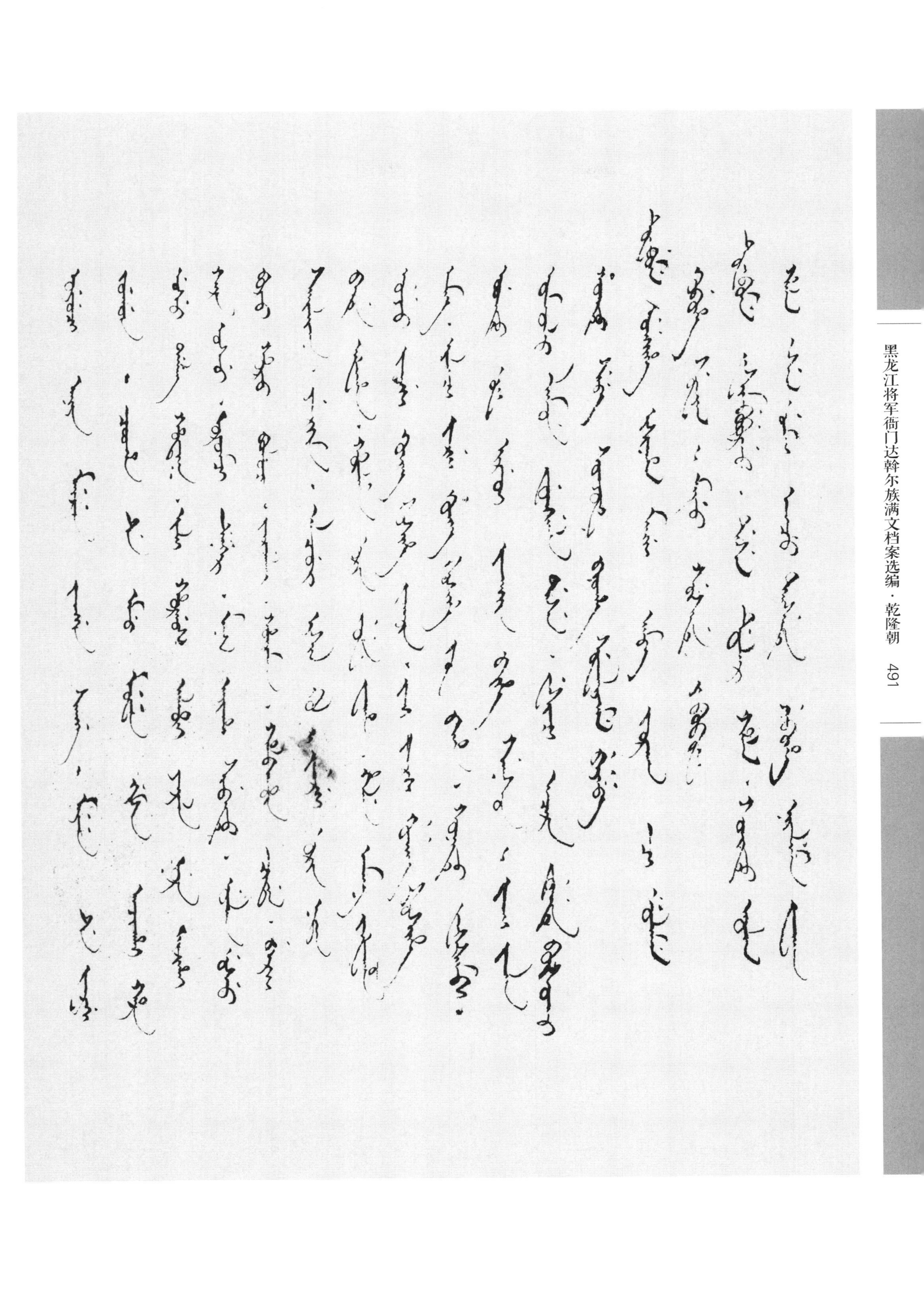

[illegible]

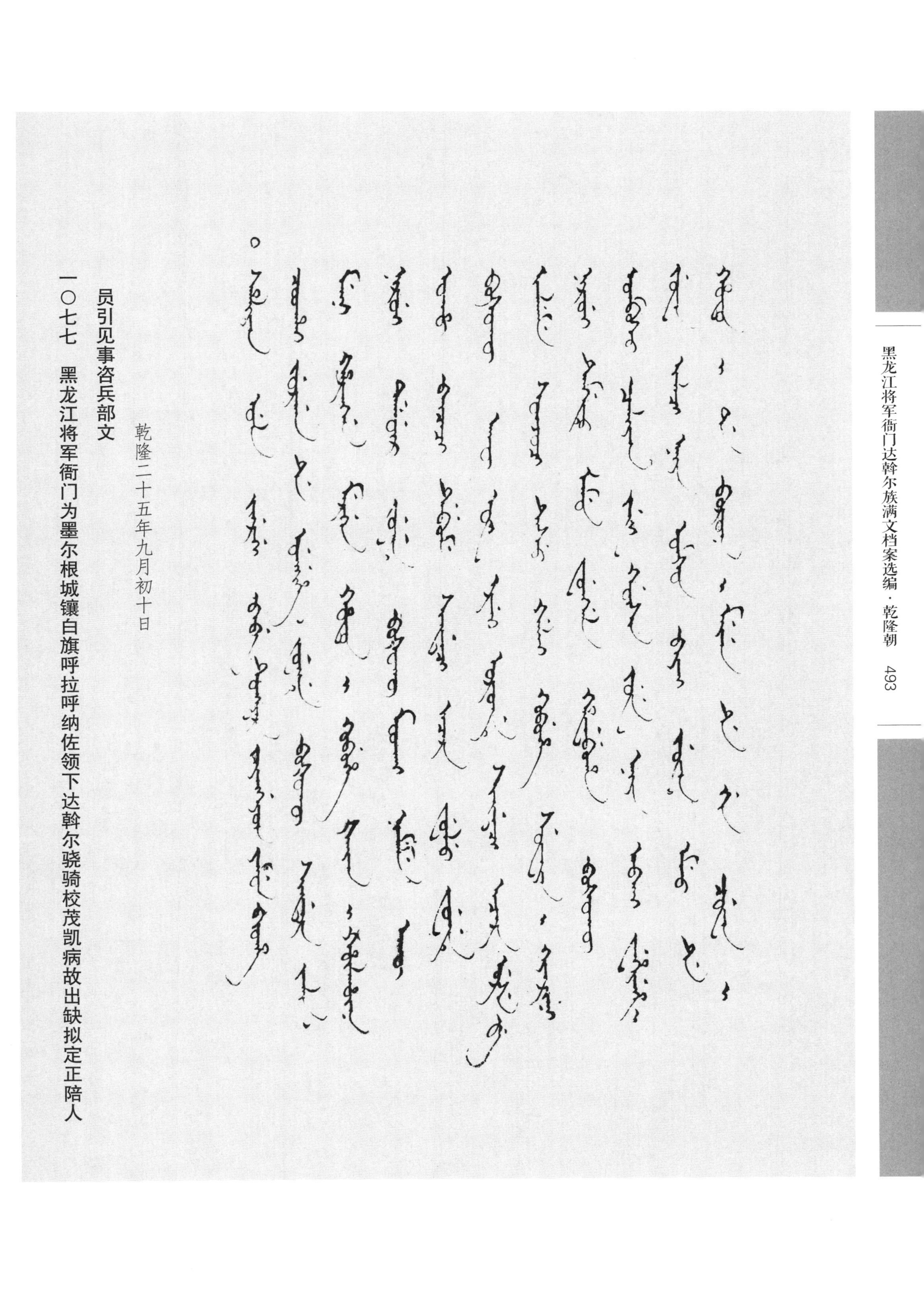

[illegible]

乾隆二十五年九月初十日

一〇七七　黑龙江将军衙门为墨尔根城镶白旗呼拉呼纳佐领下达斡尔骁骑校茂凯病故出缺拟定正陪人员引见事咨兵部文

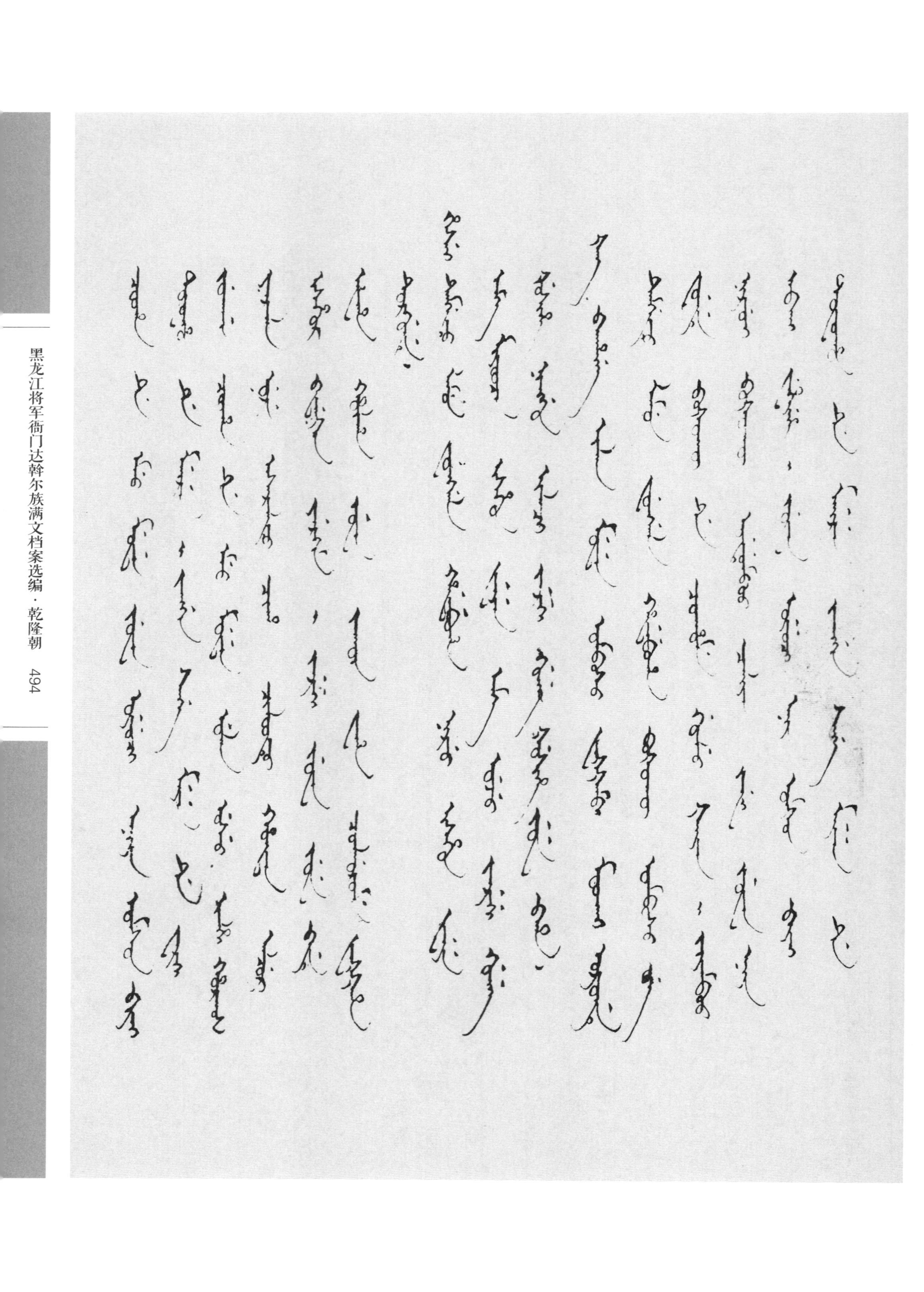

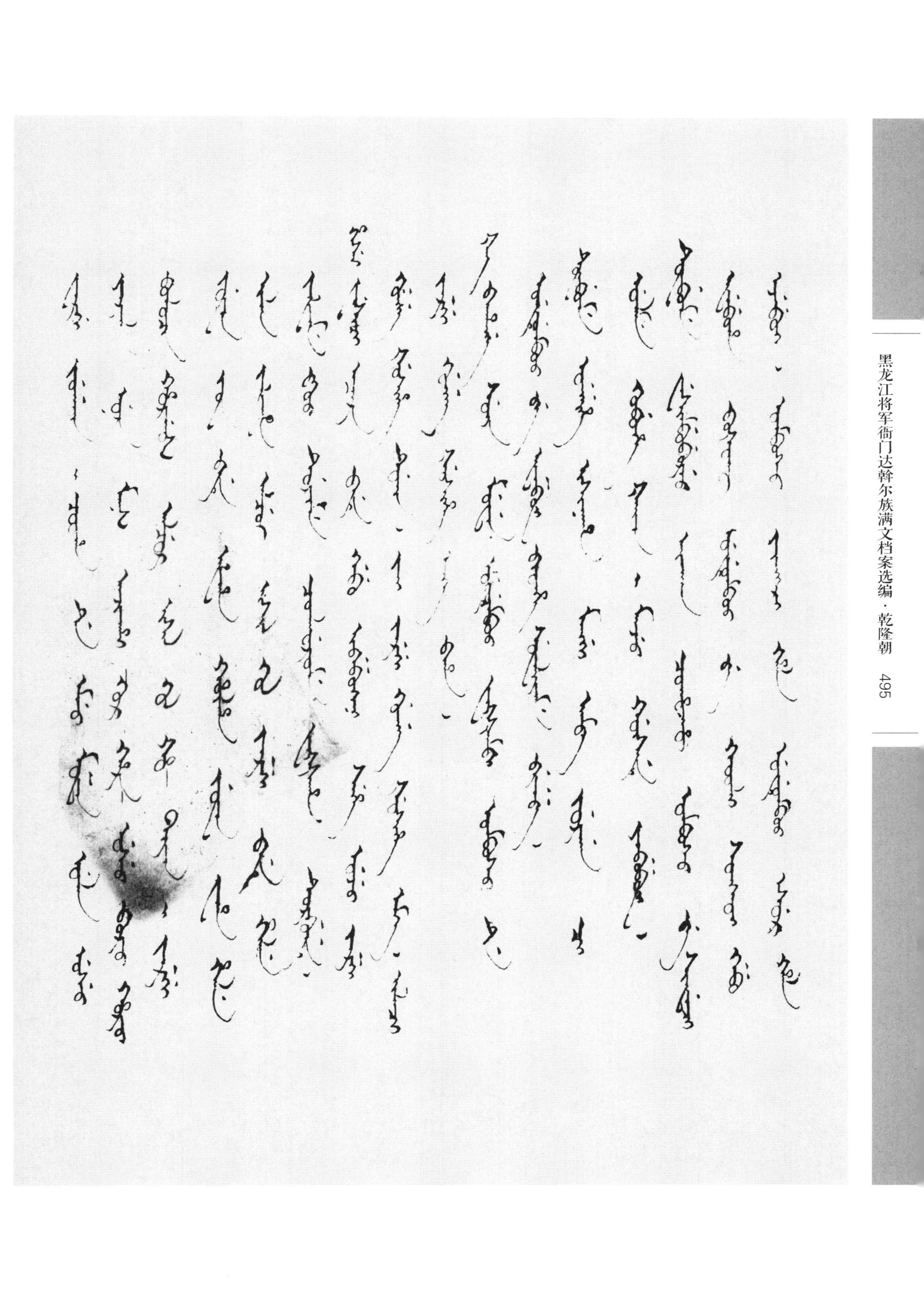

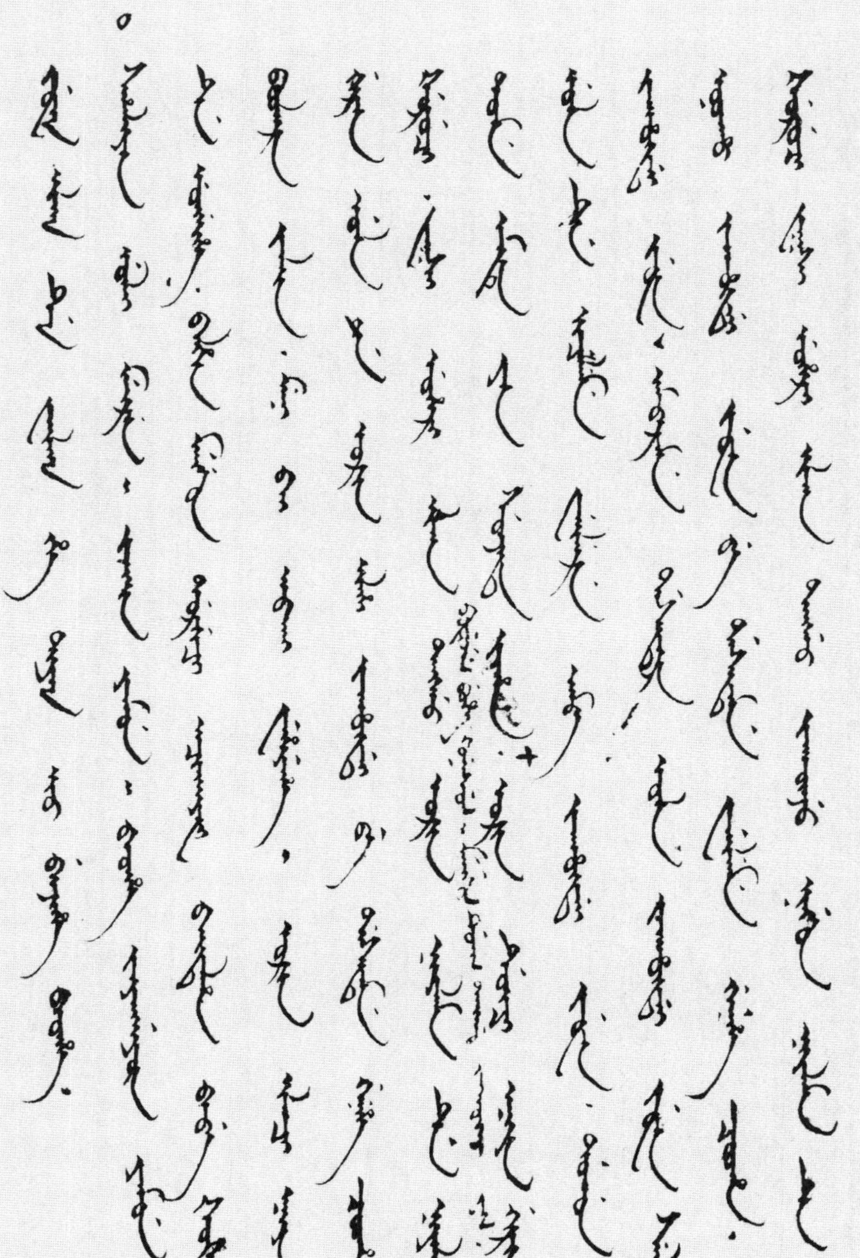

一〇七八 黑龙江副都统衙门为动用库存银拨给新授满洲达斡尔等员俸银事咨黑龙江将军衙门文

乾隆二十五年九月十三日

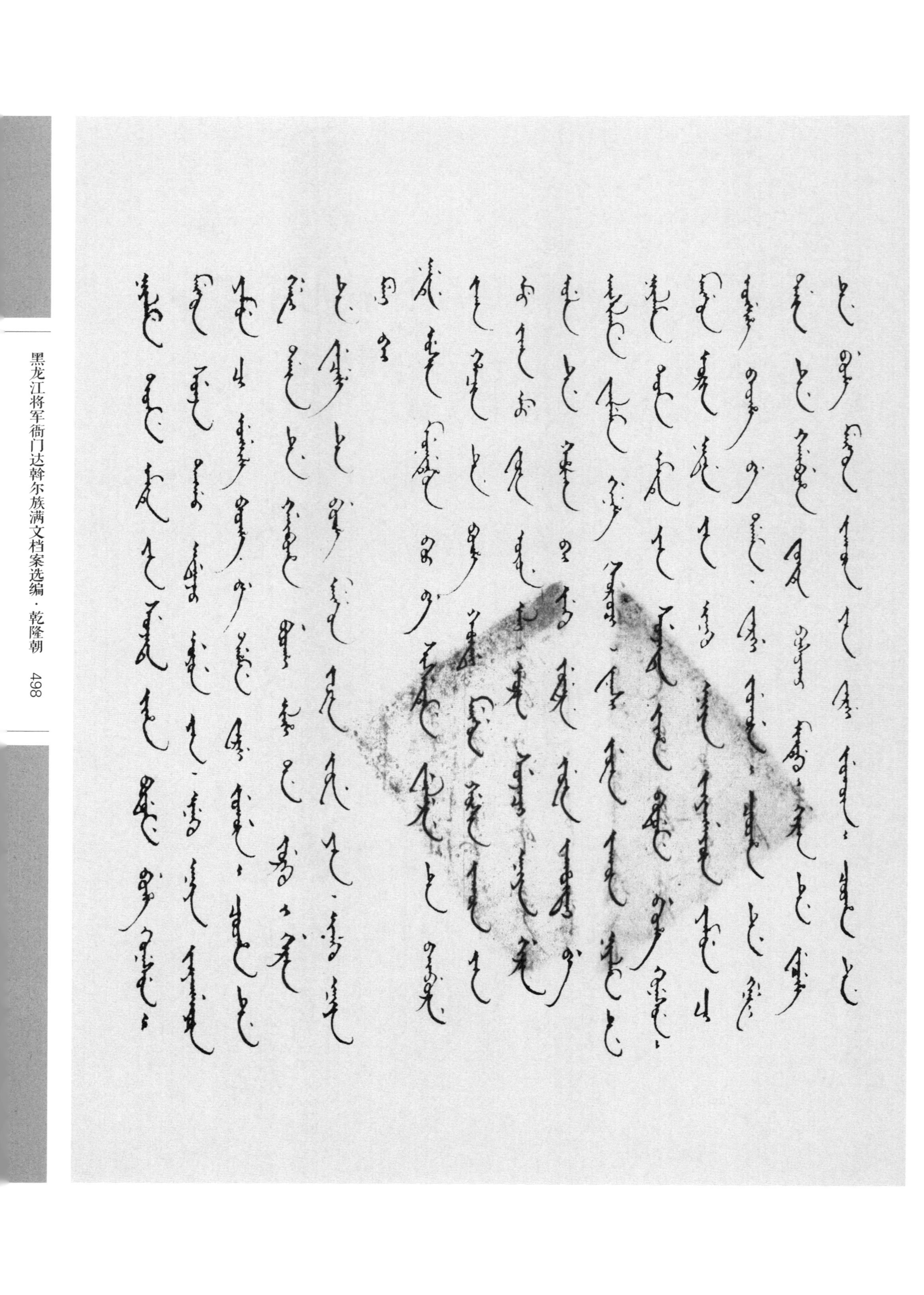

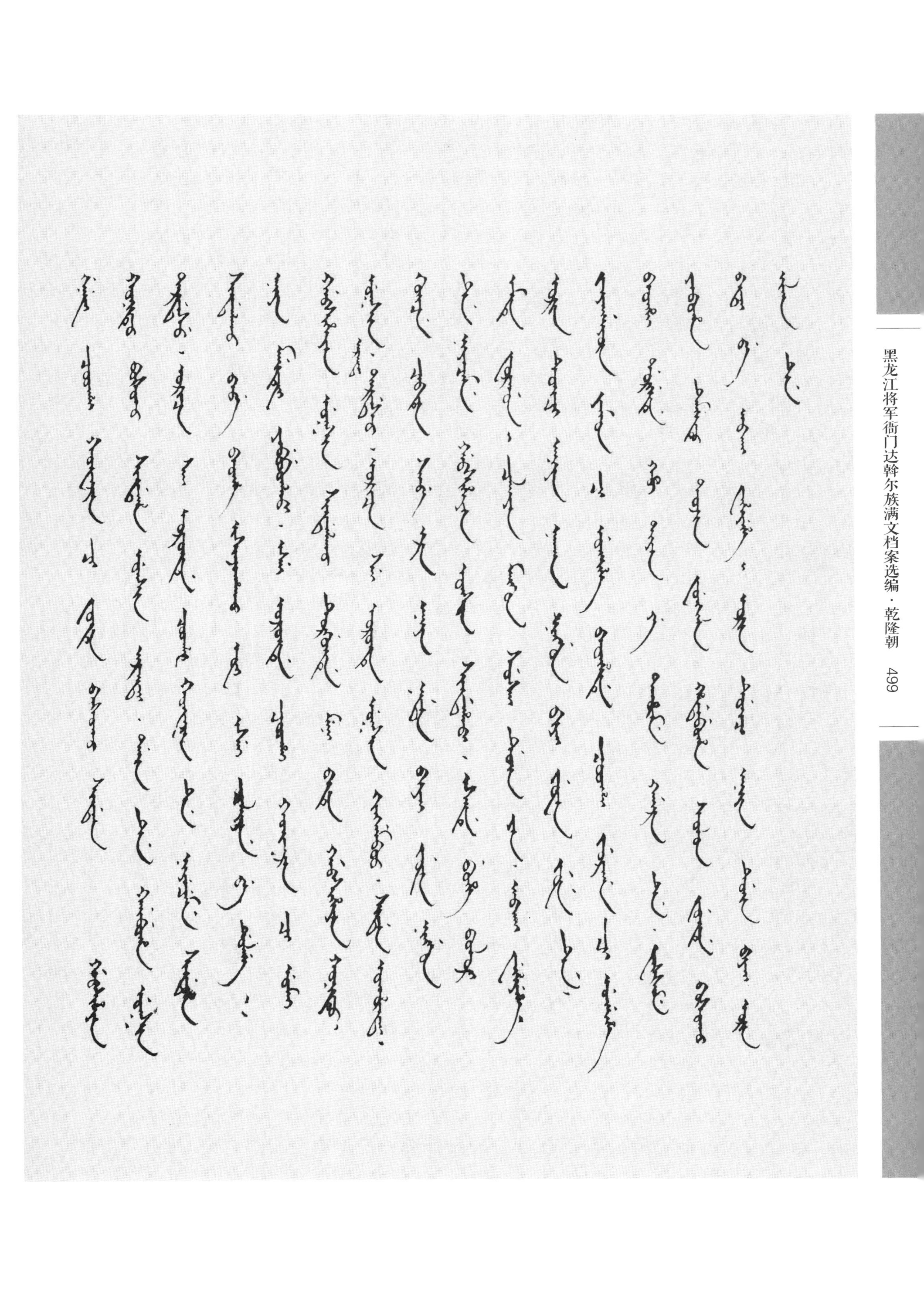

[illegible]

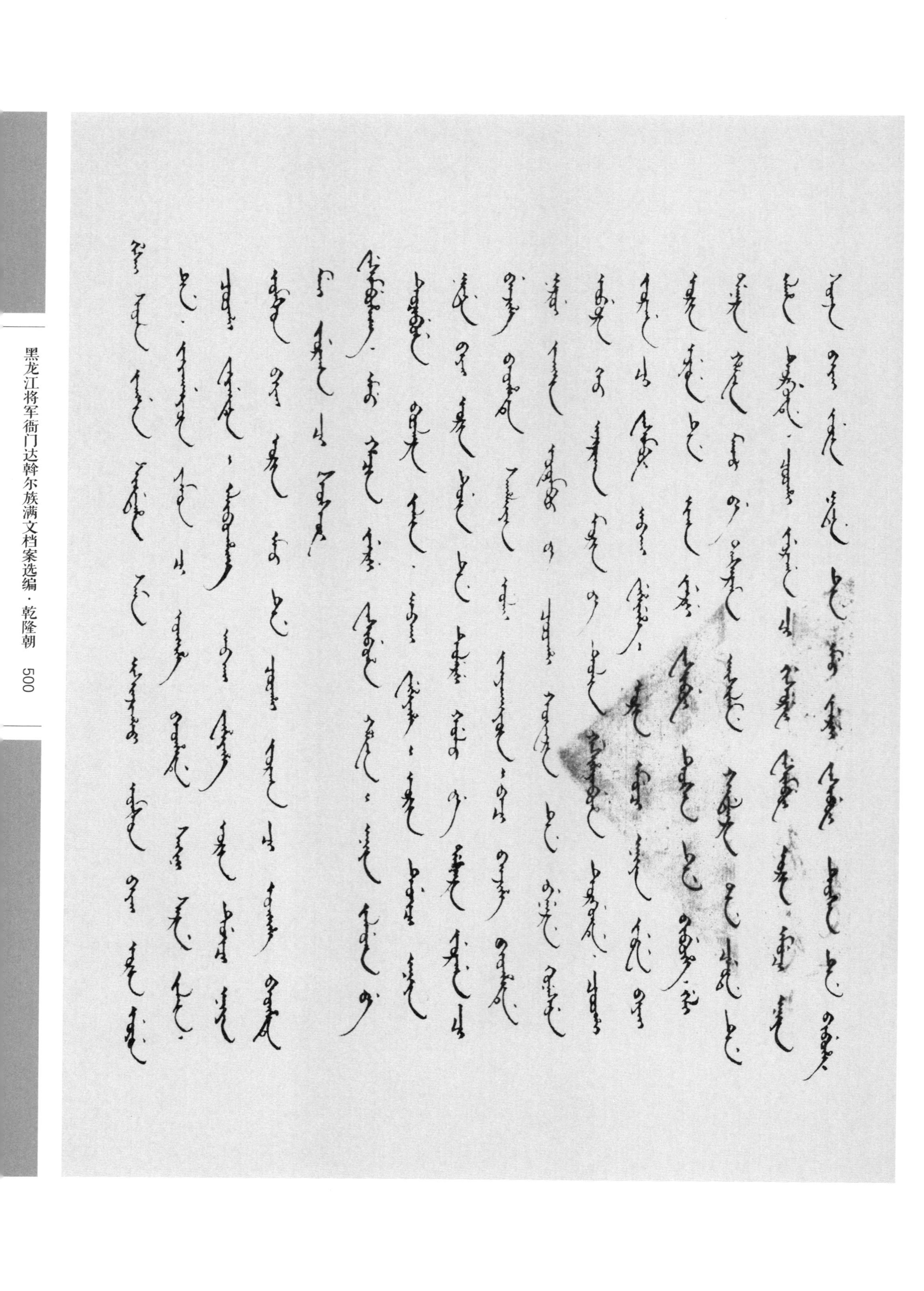

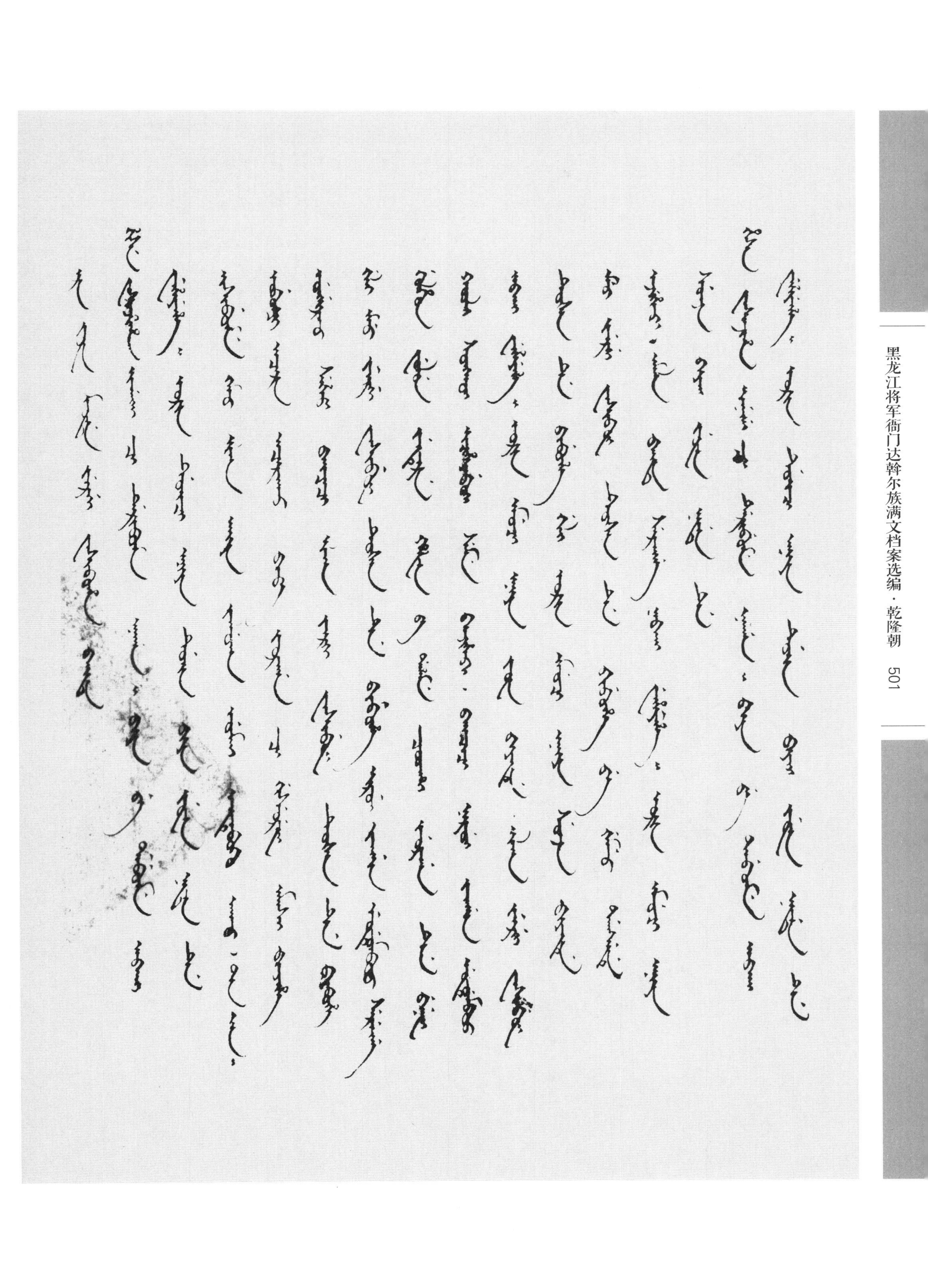

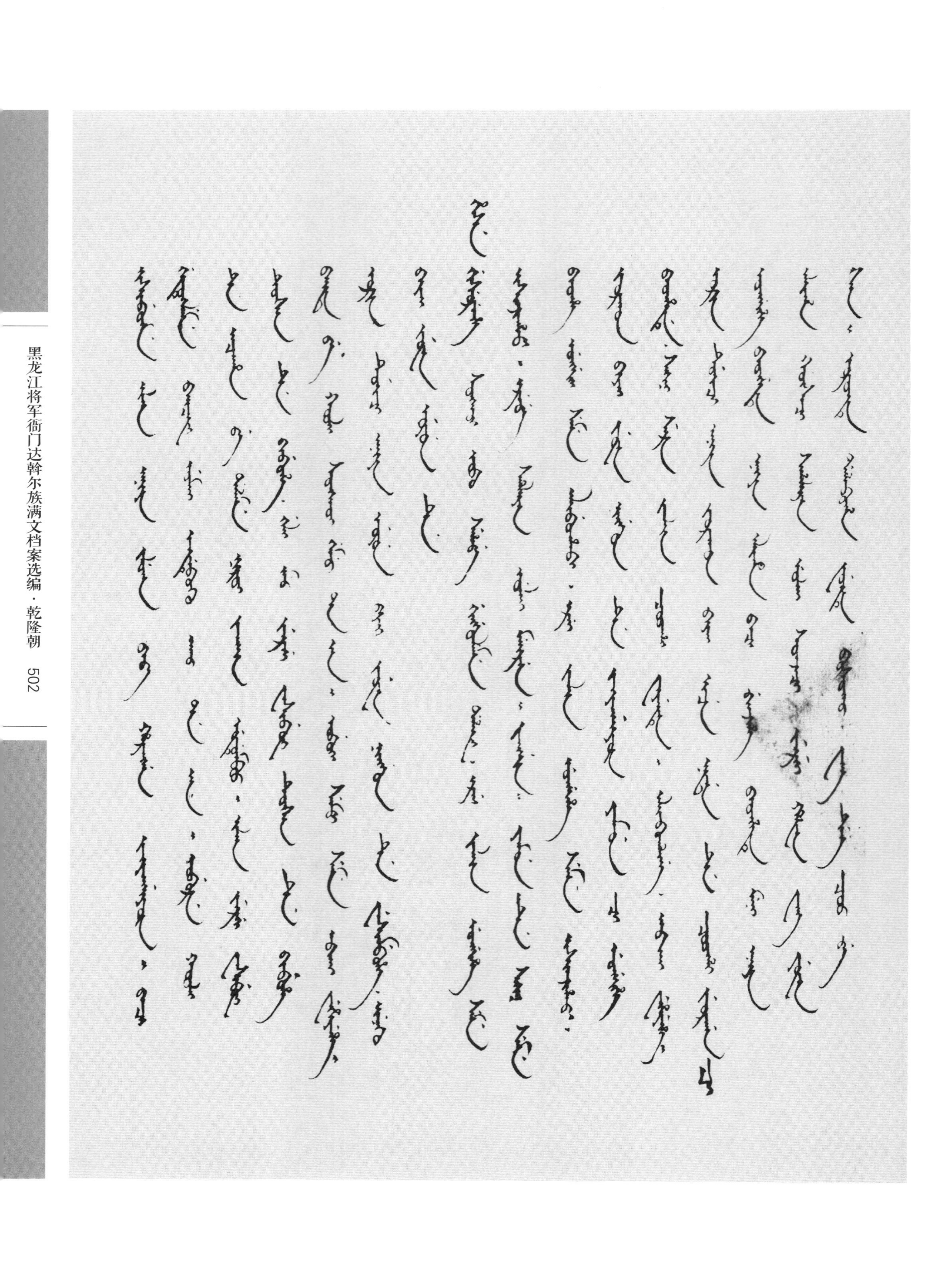

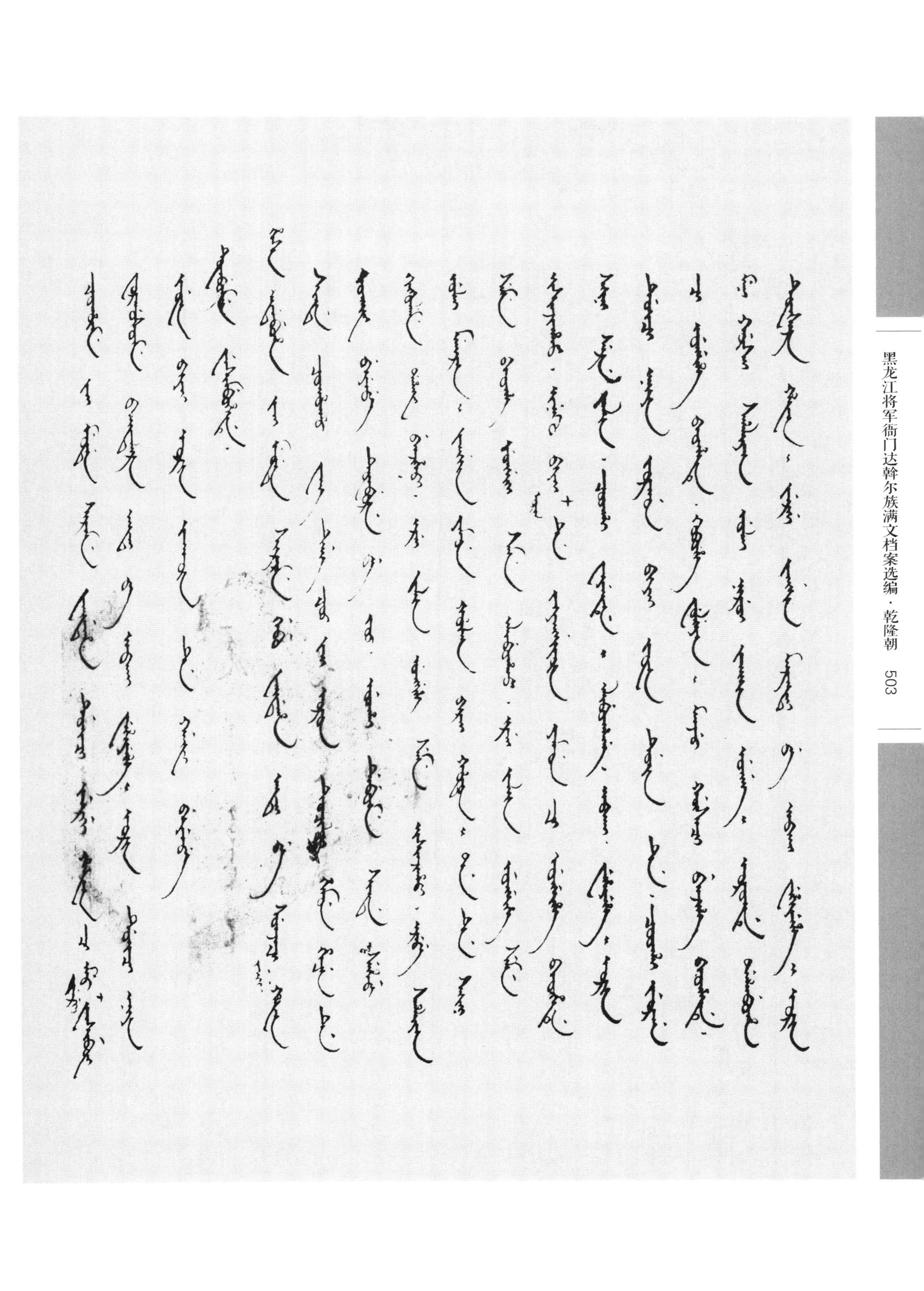

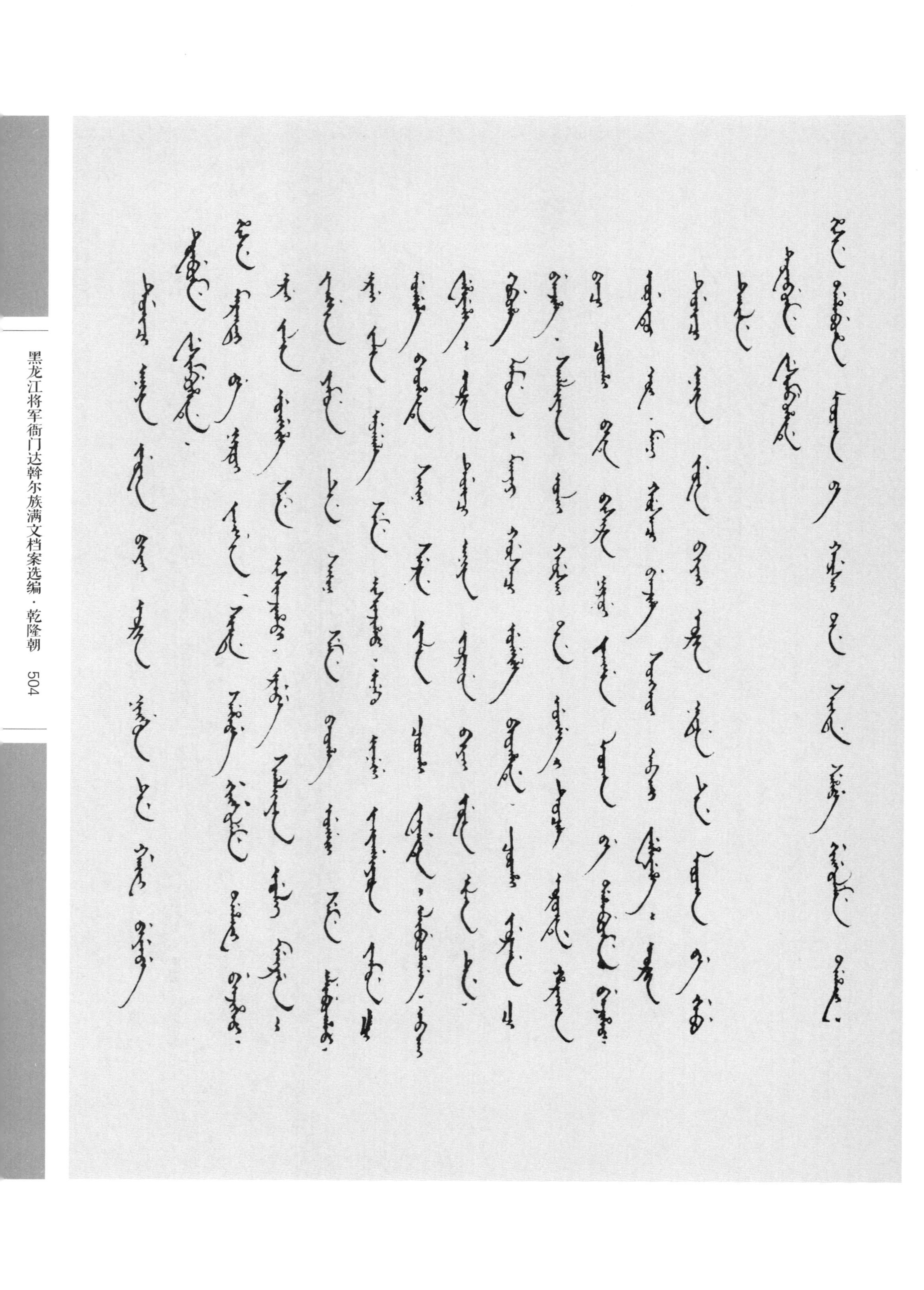

[illegible]

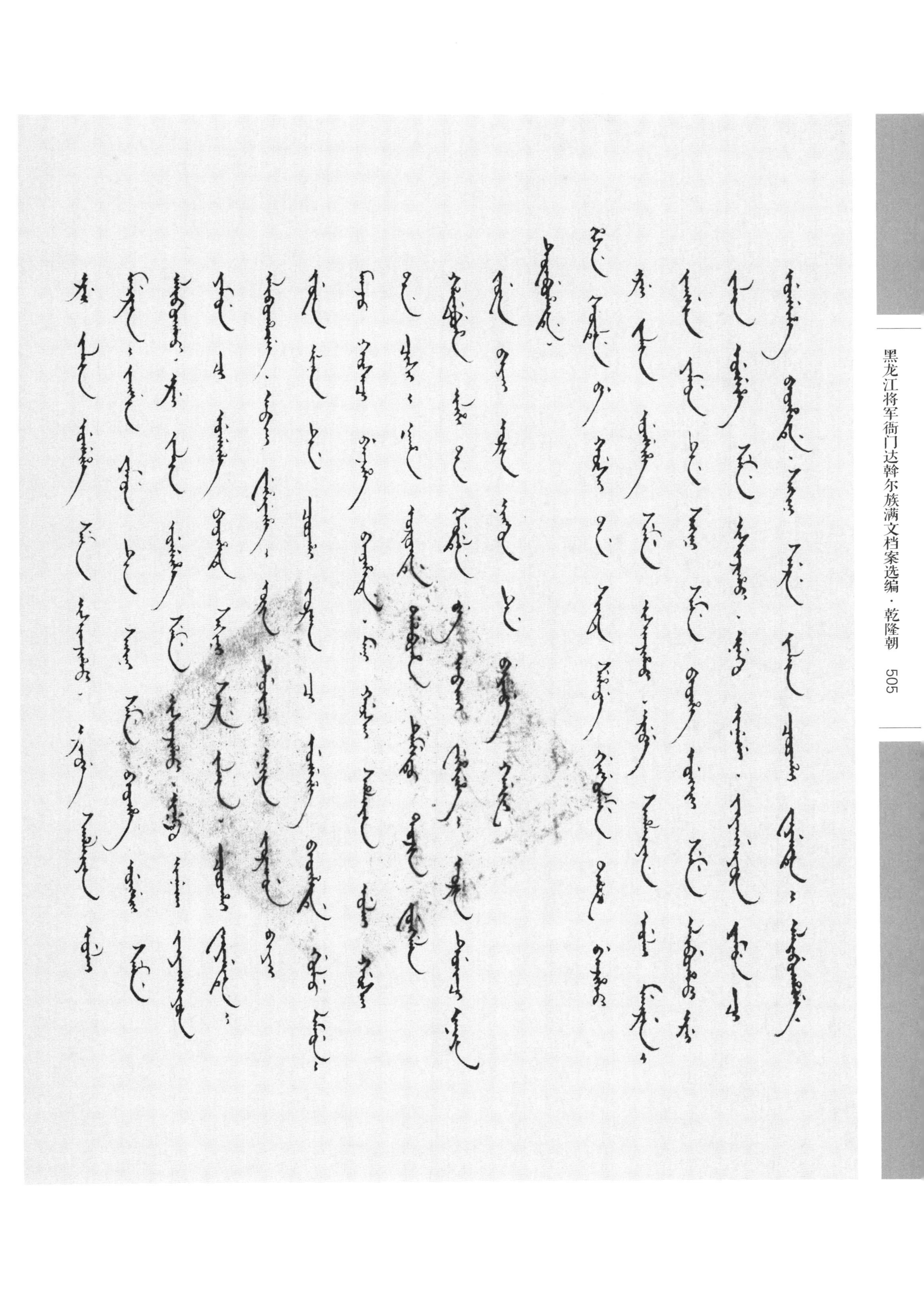

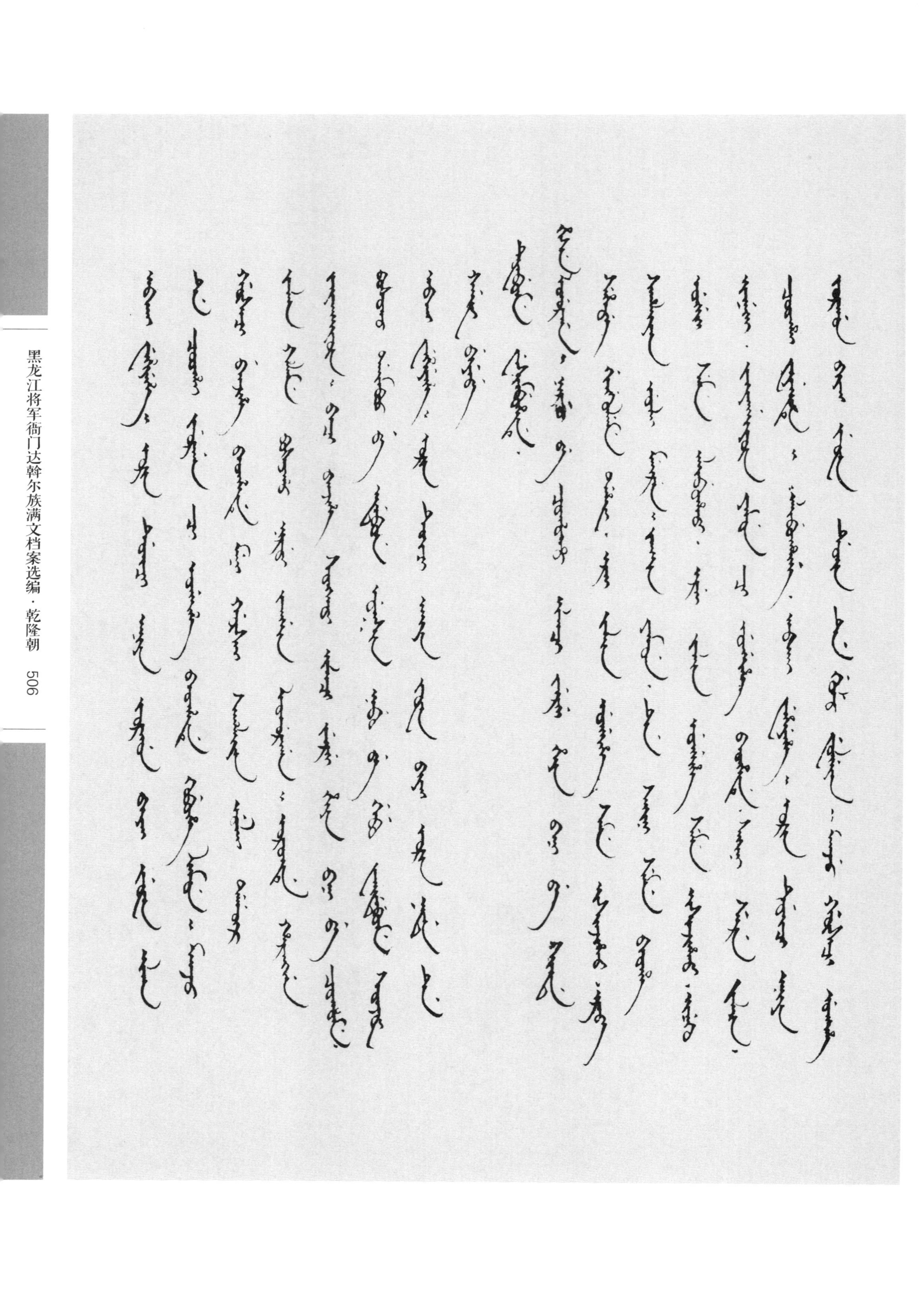

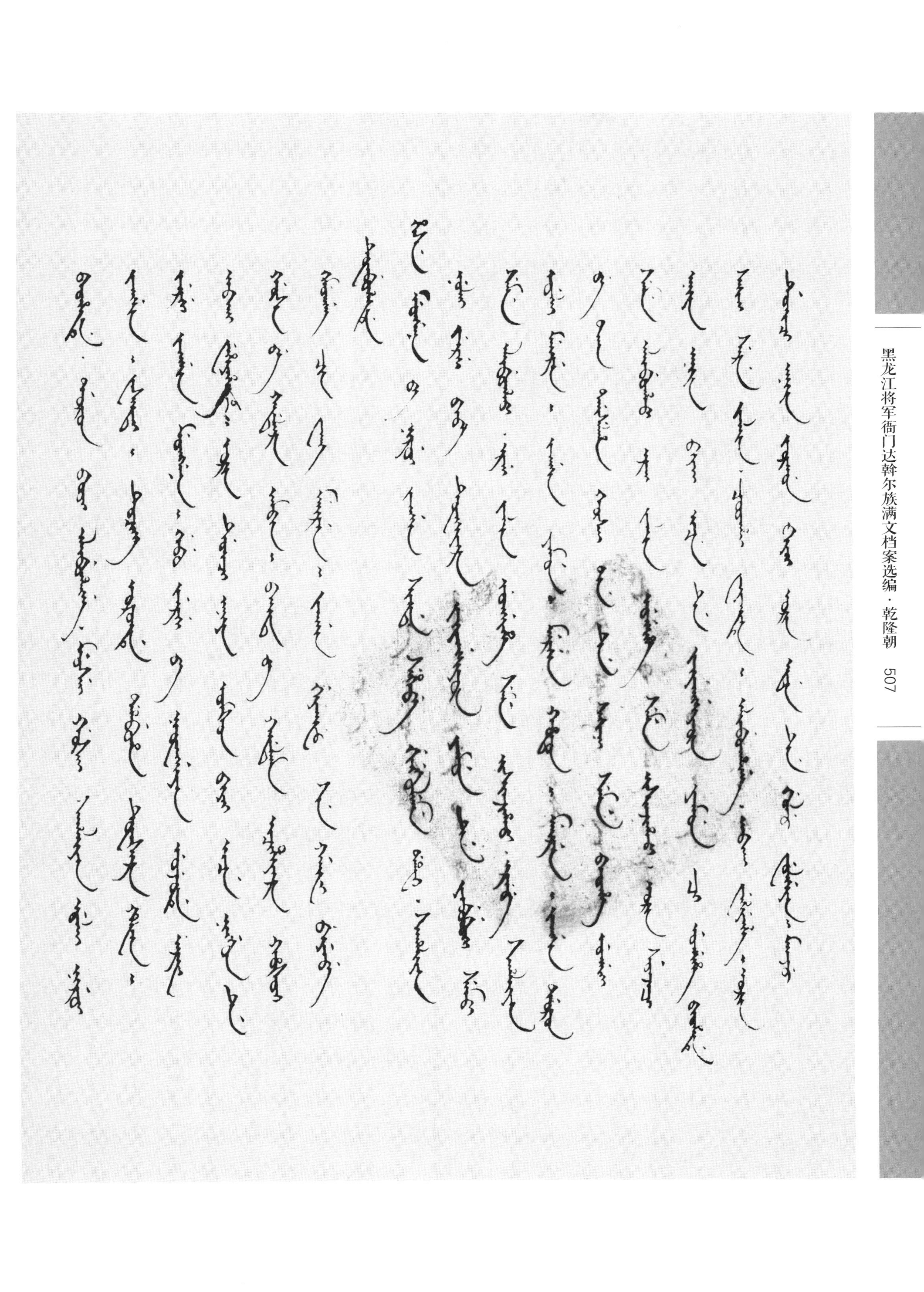

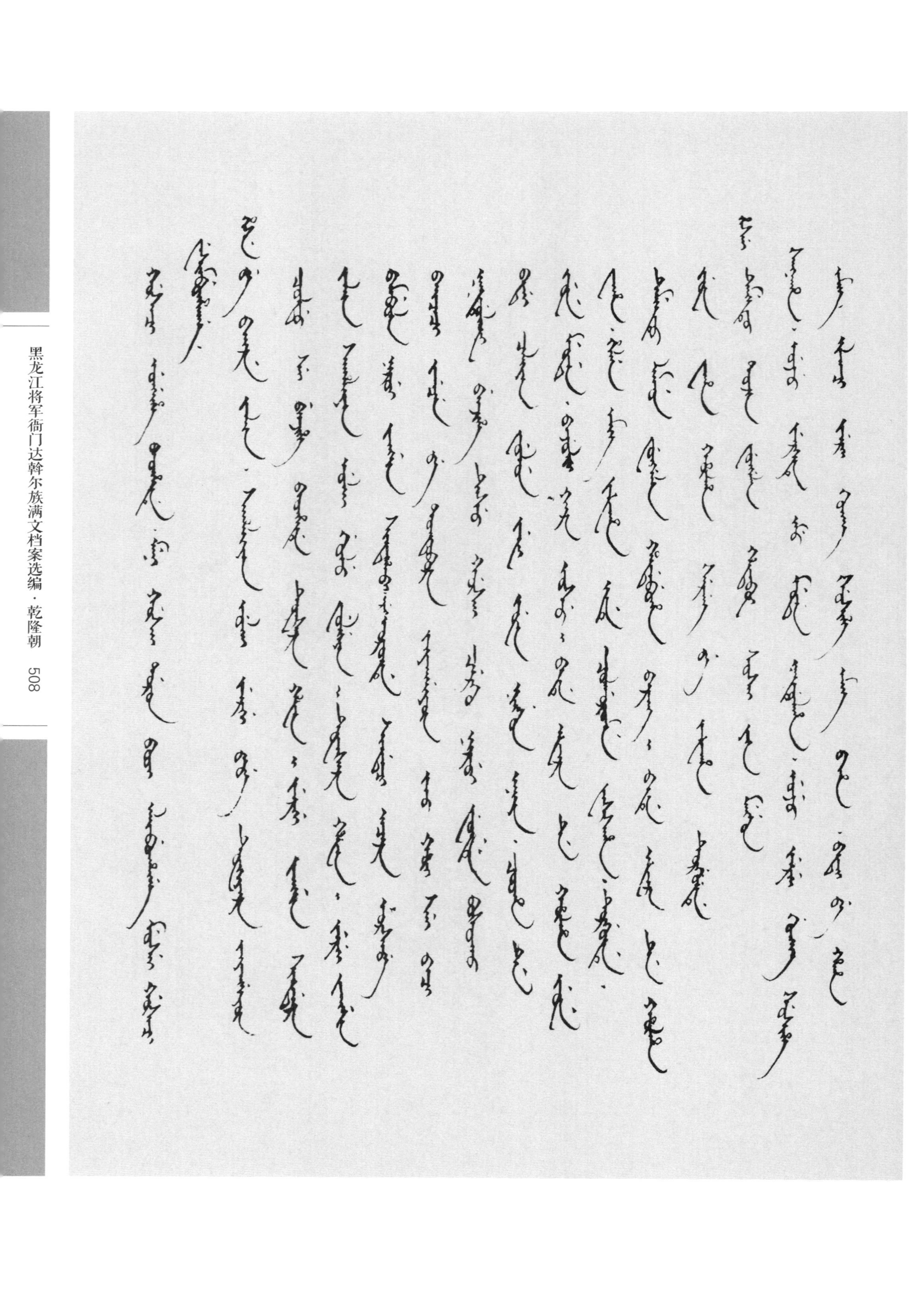

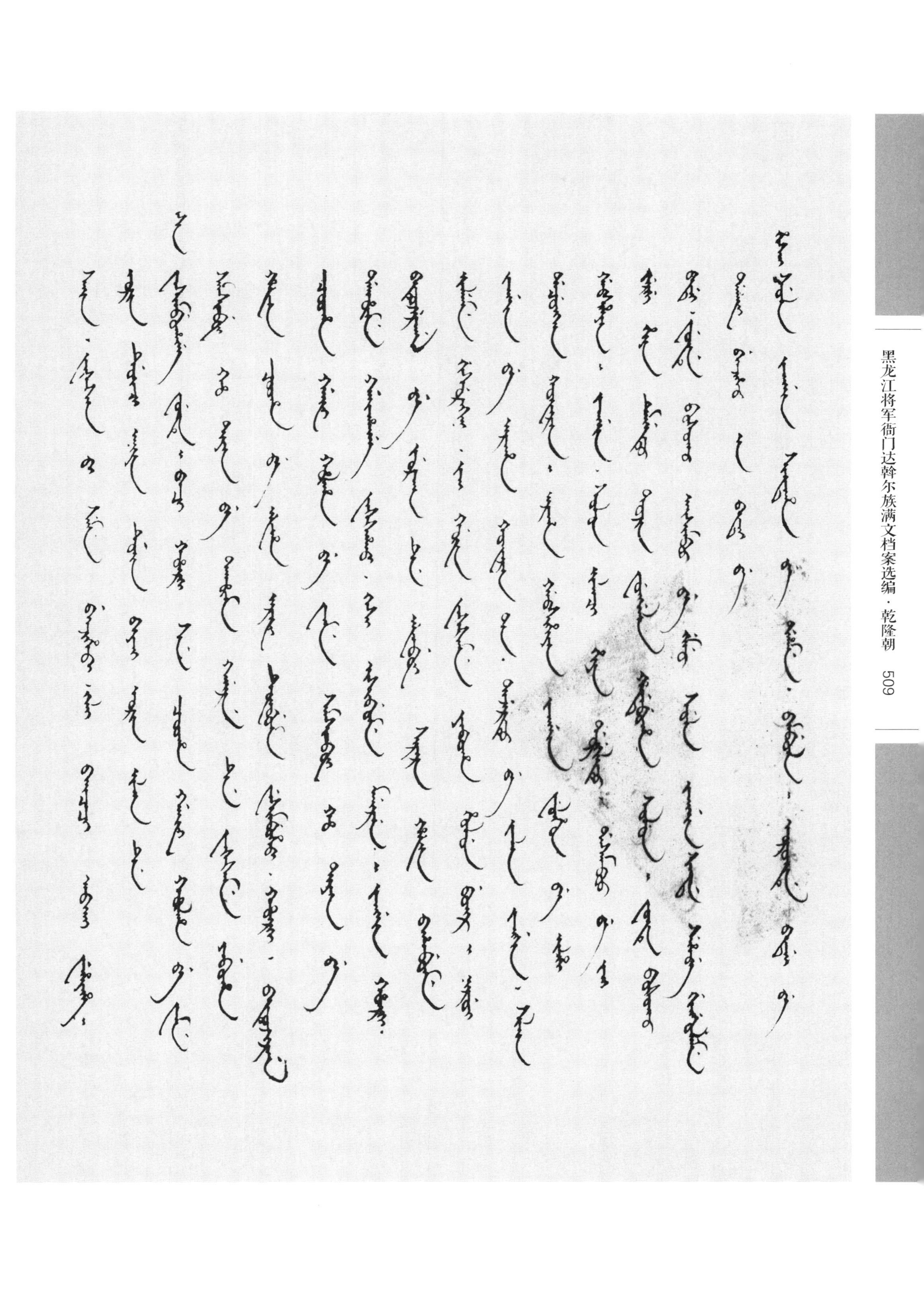

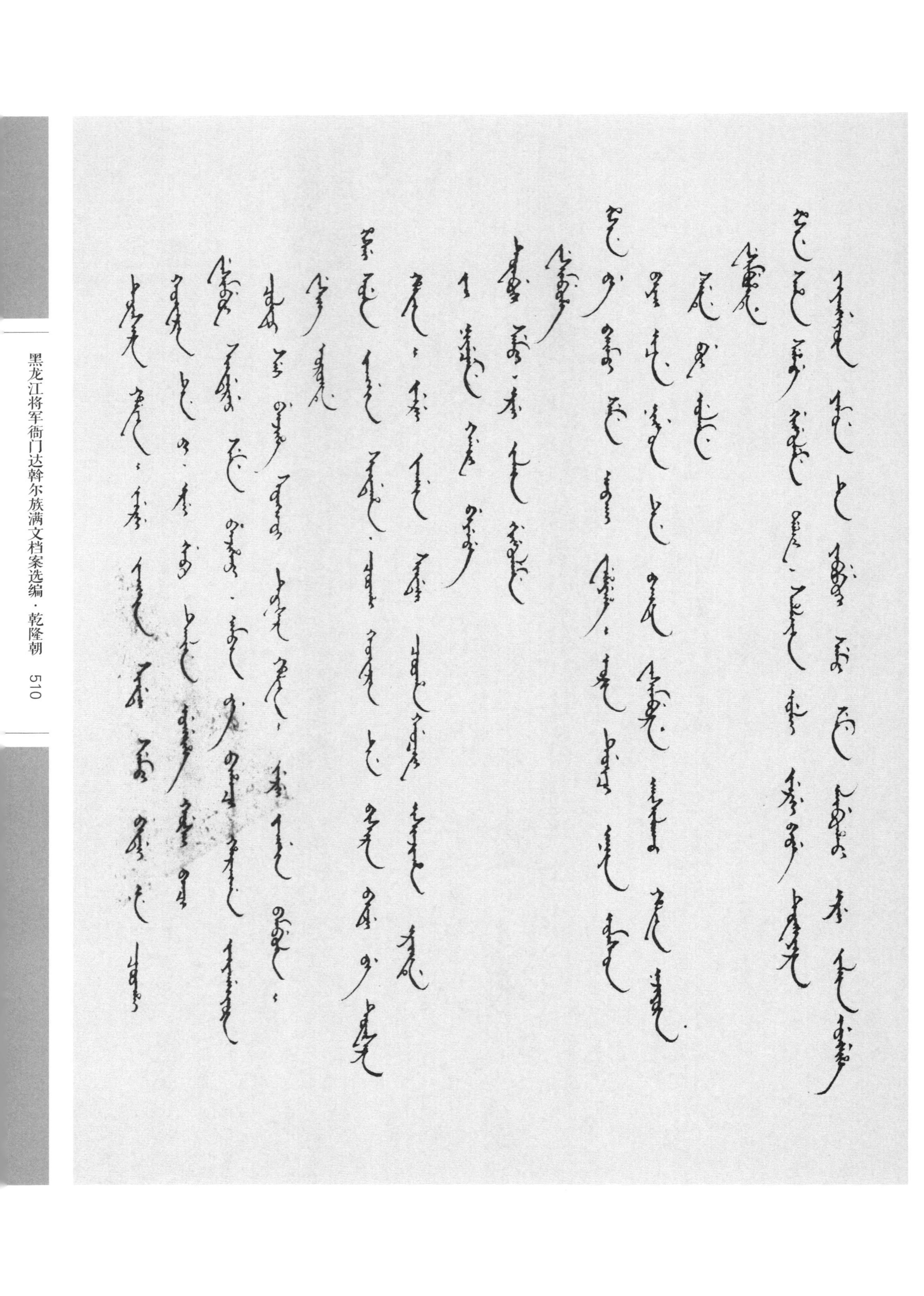

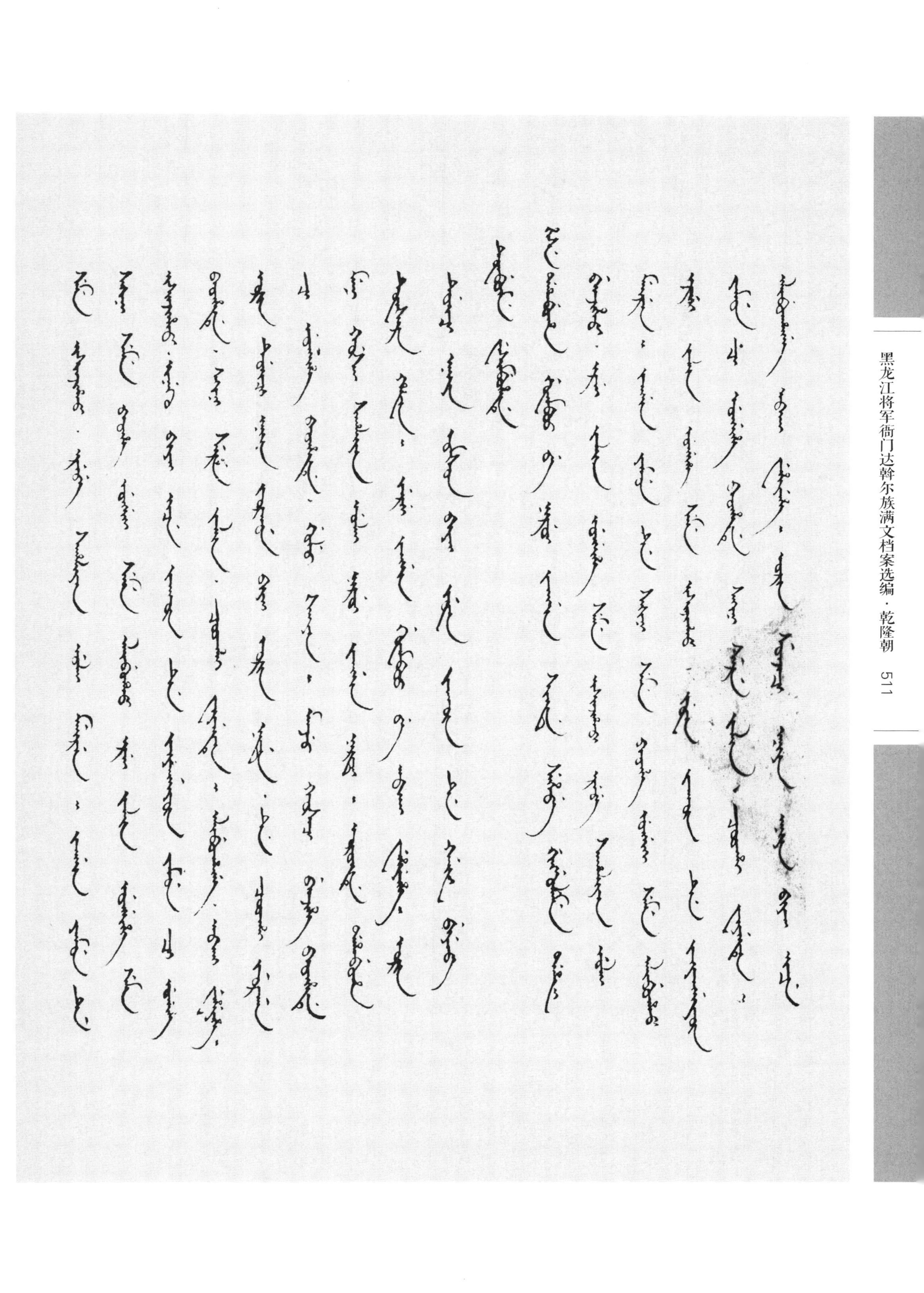

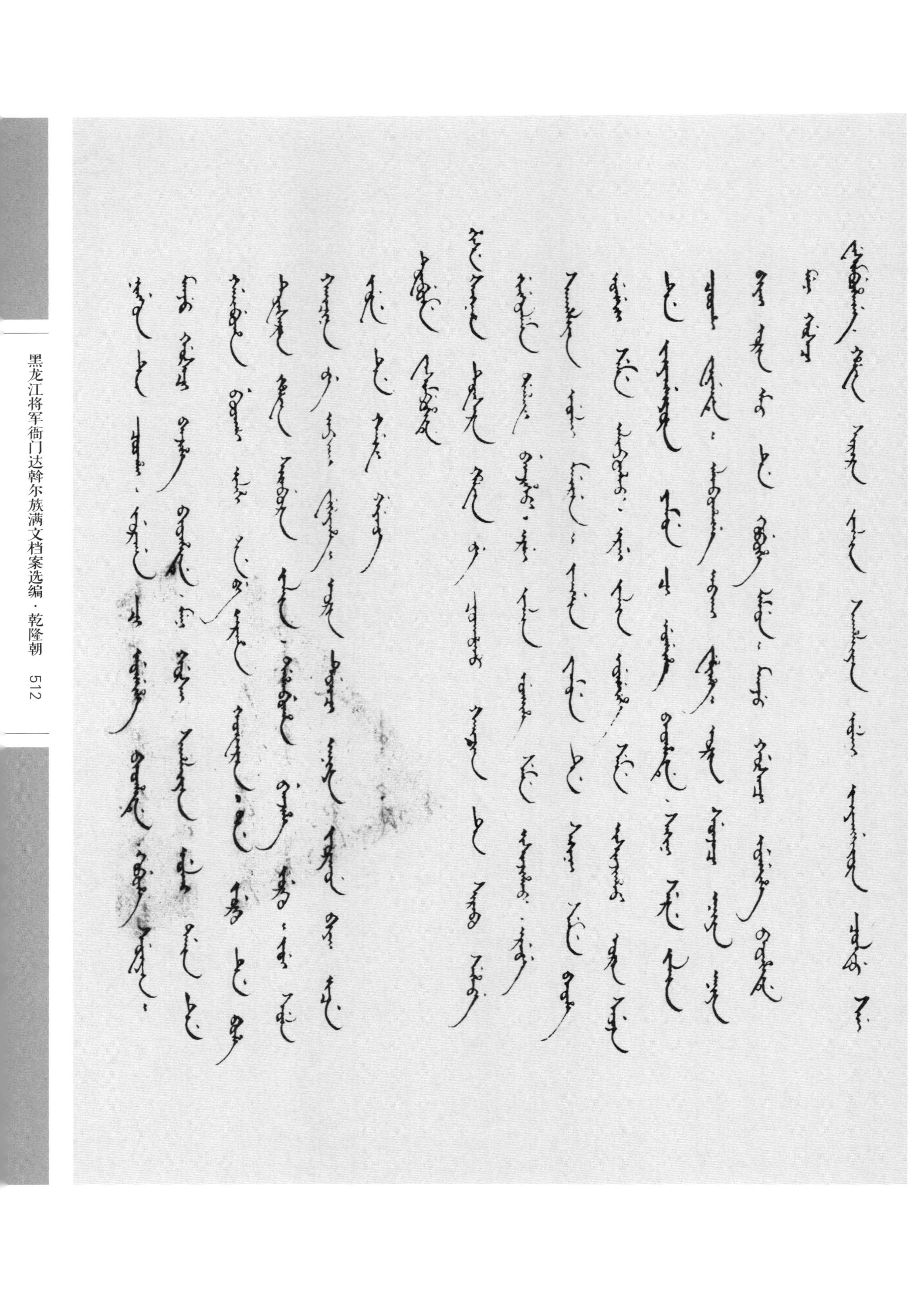

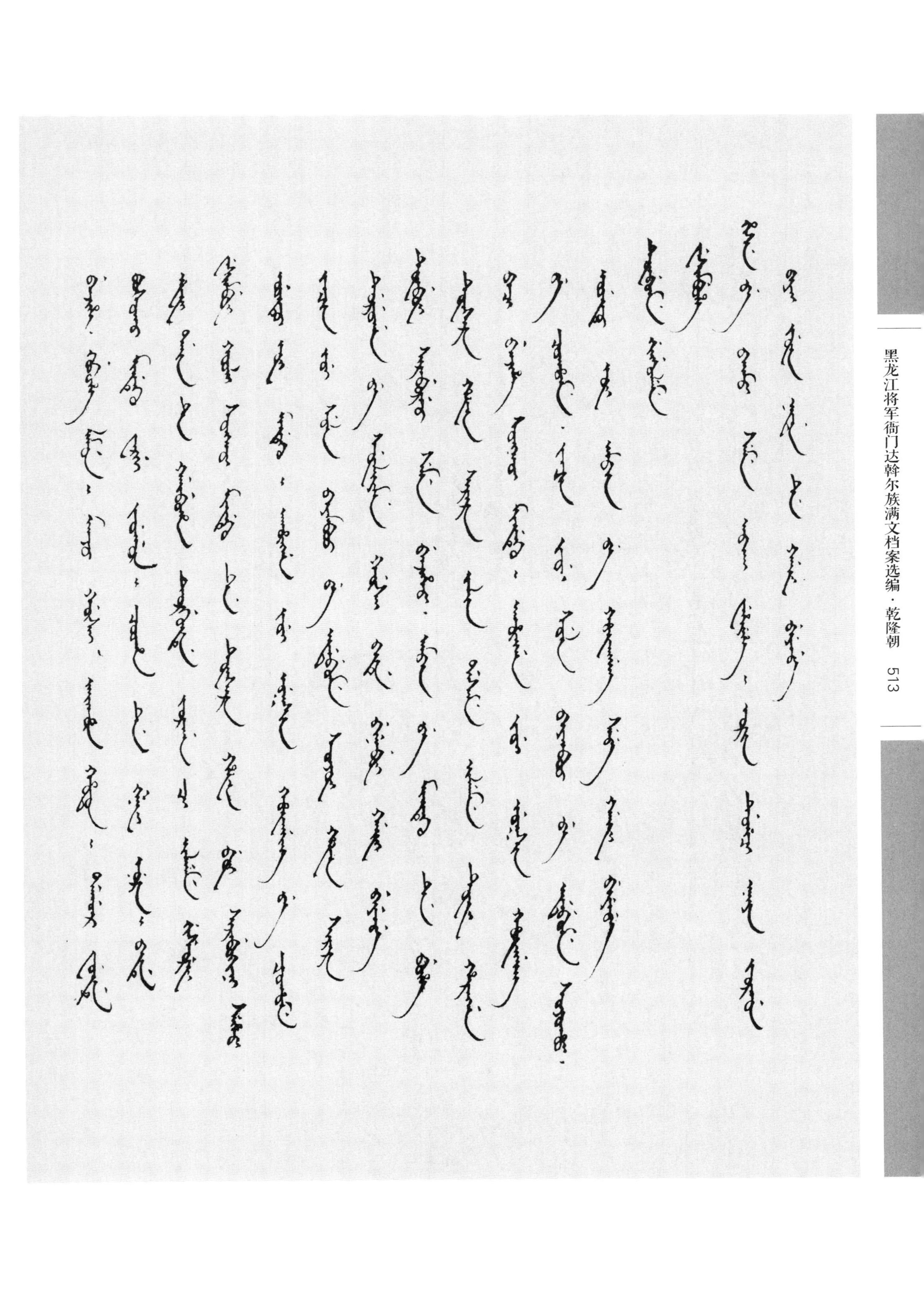

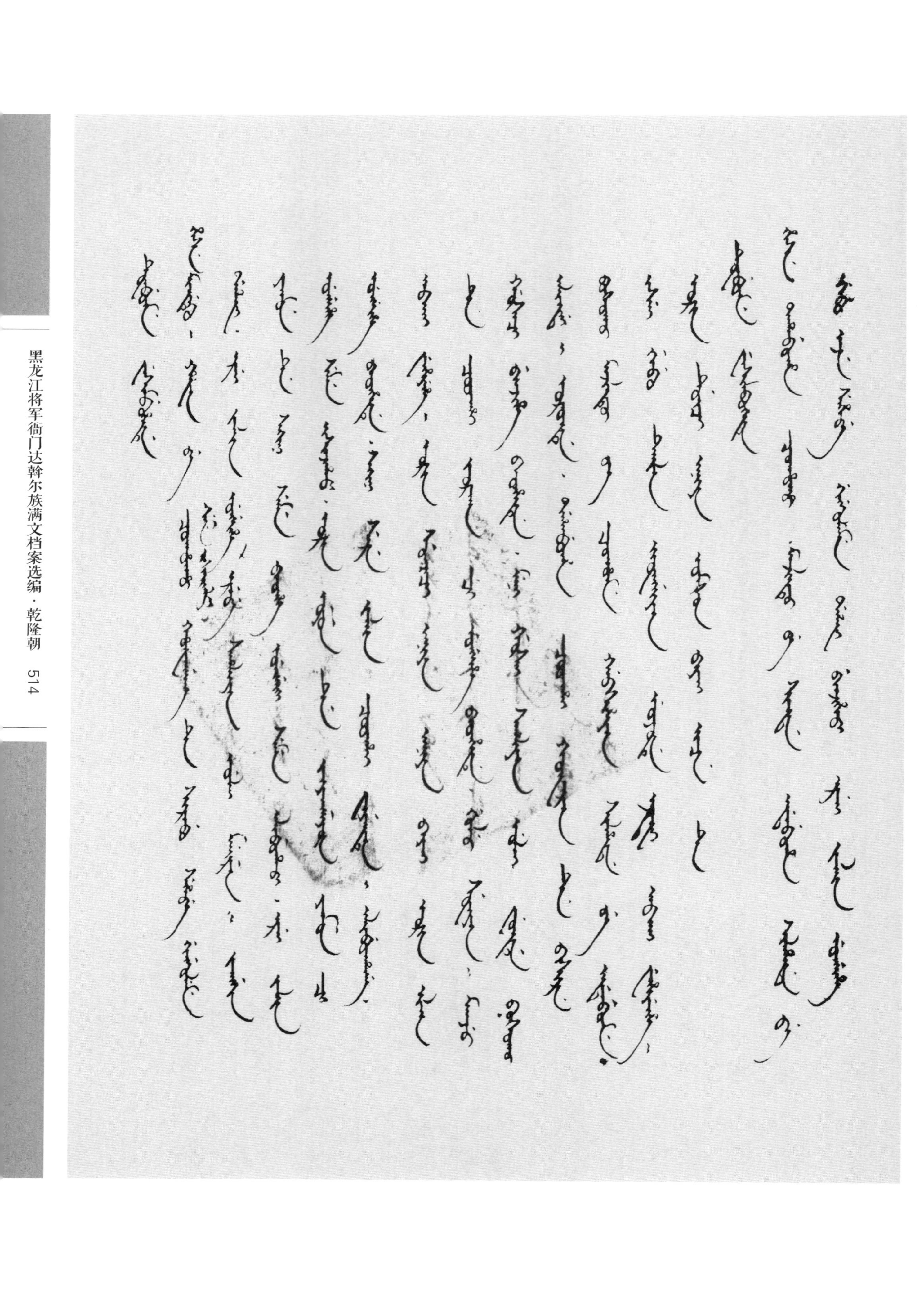

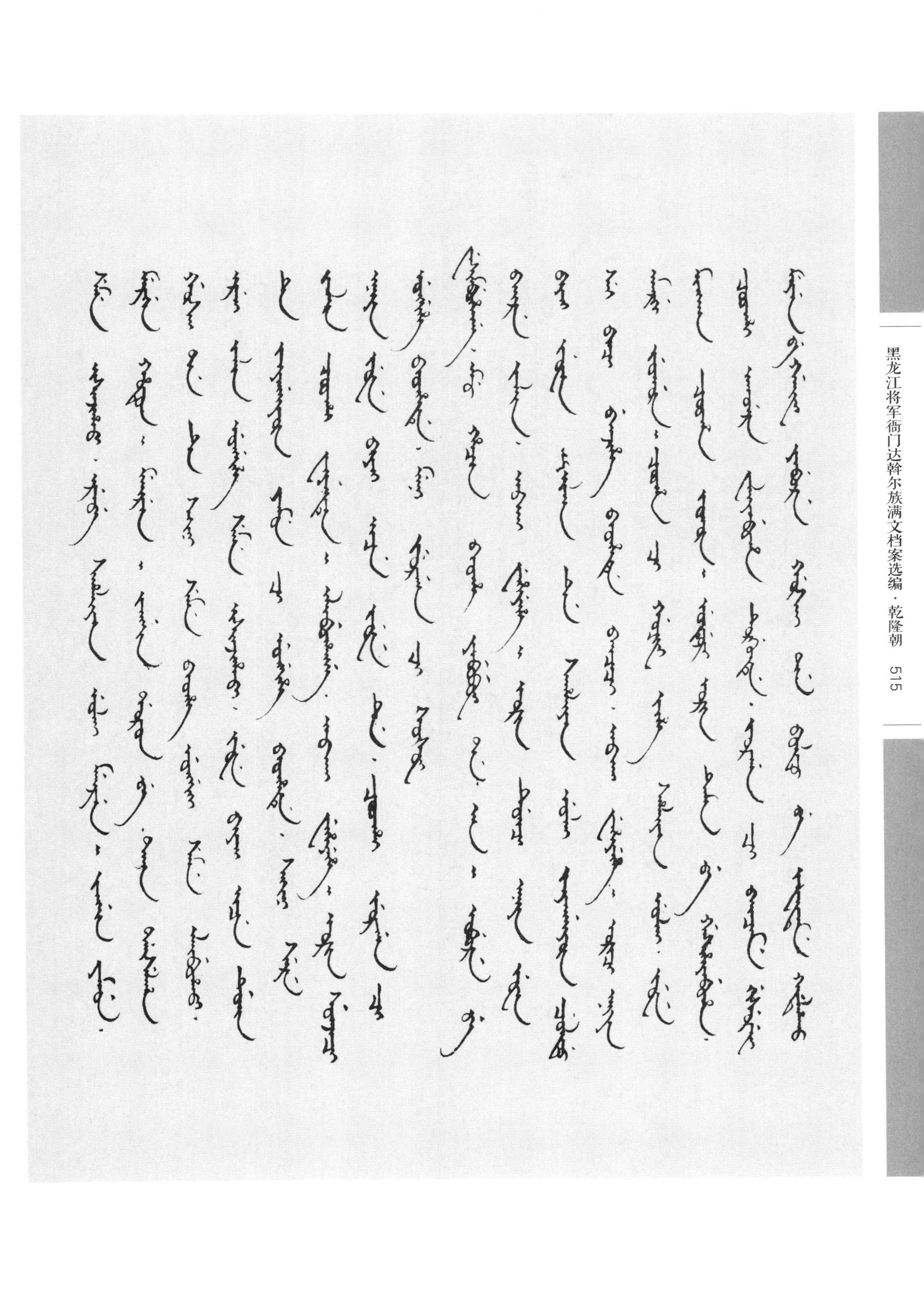

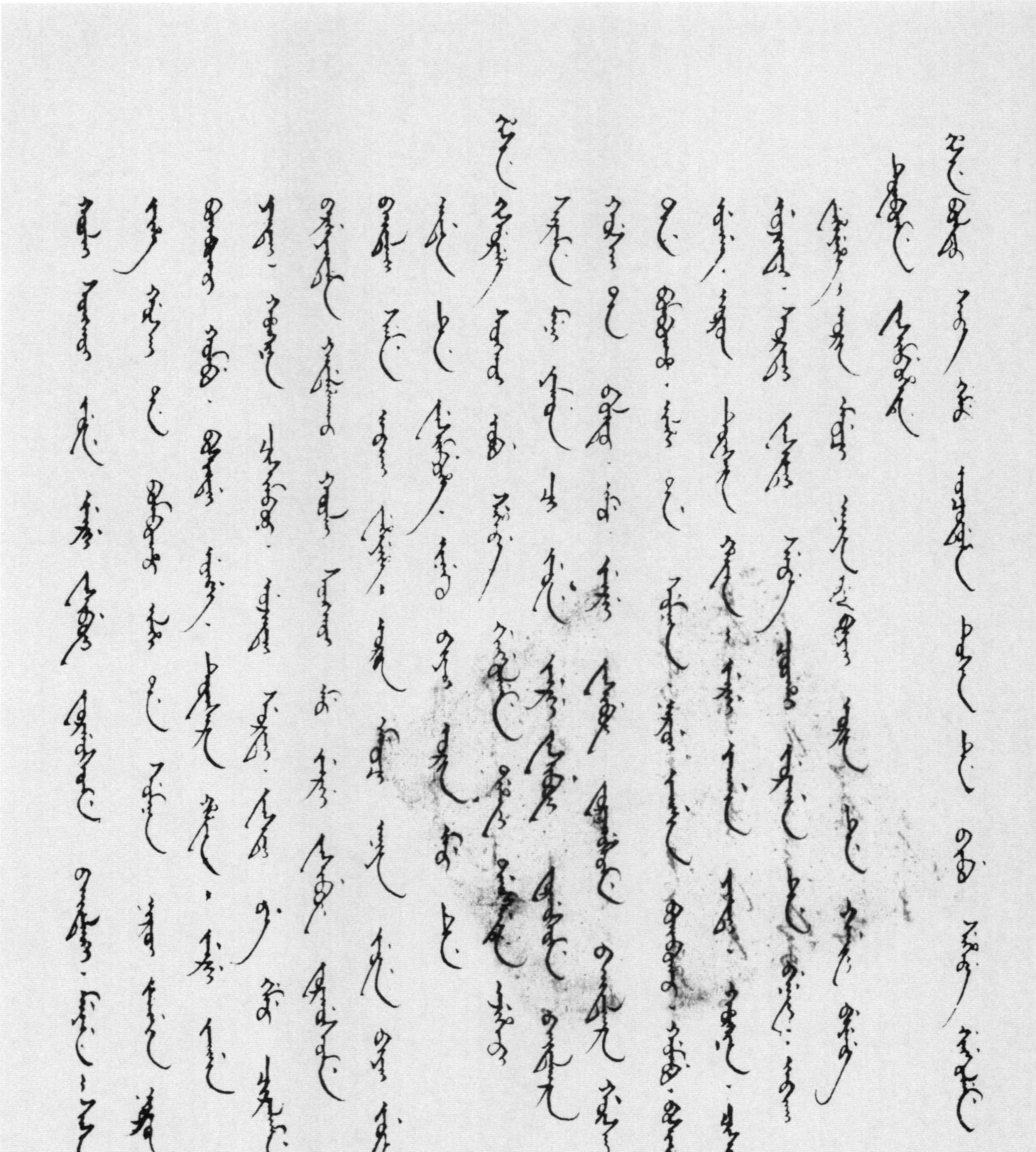

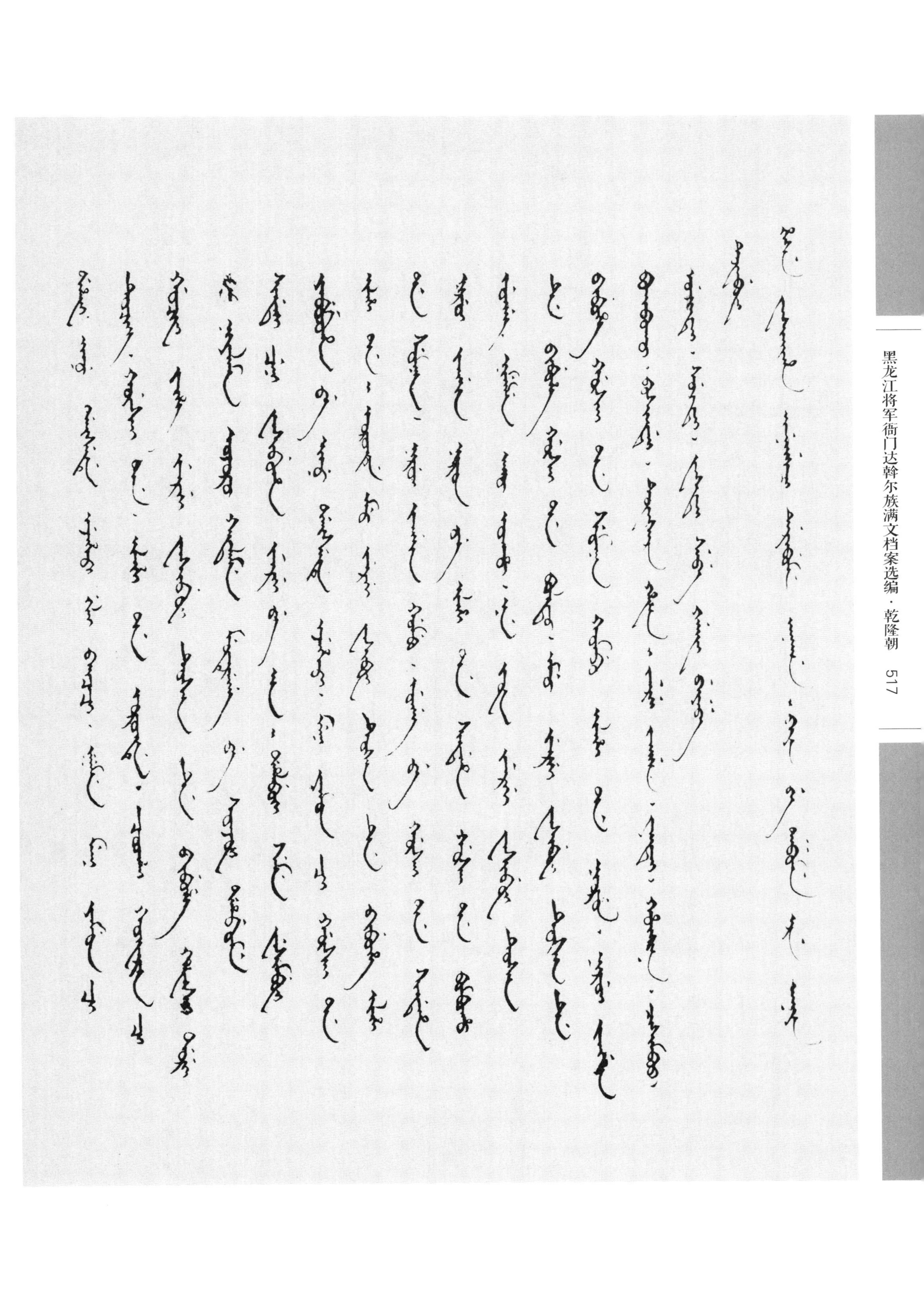

[illegible]

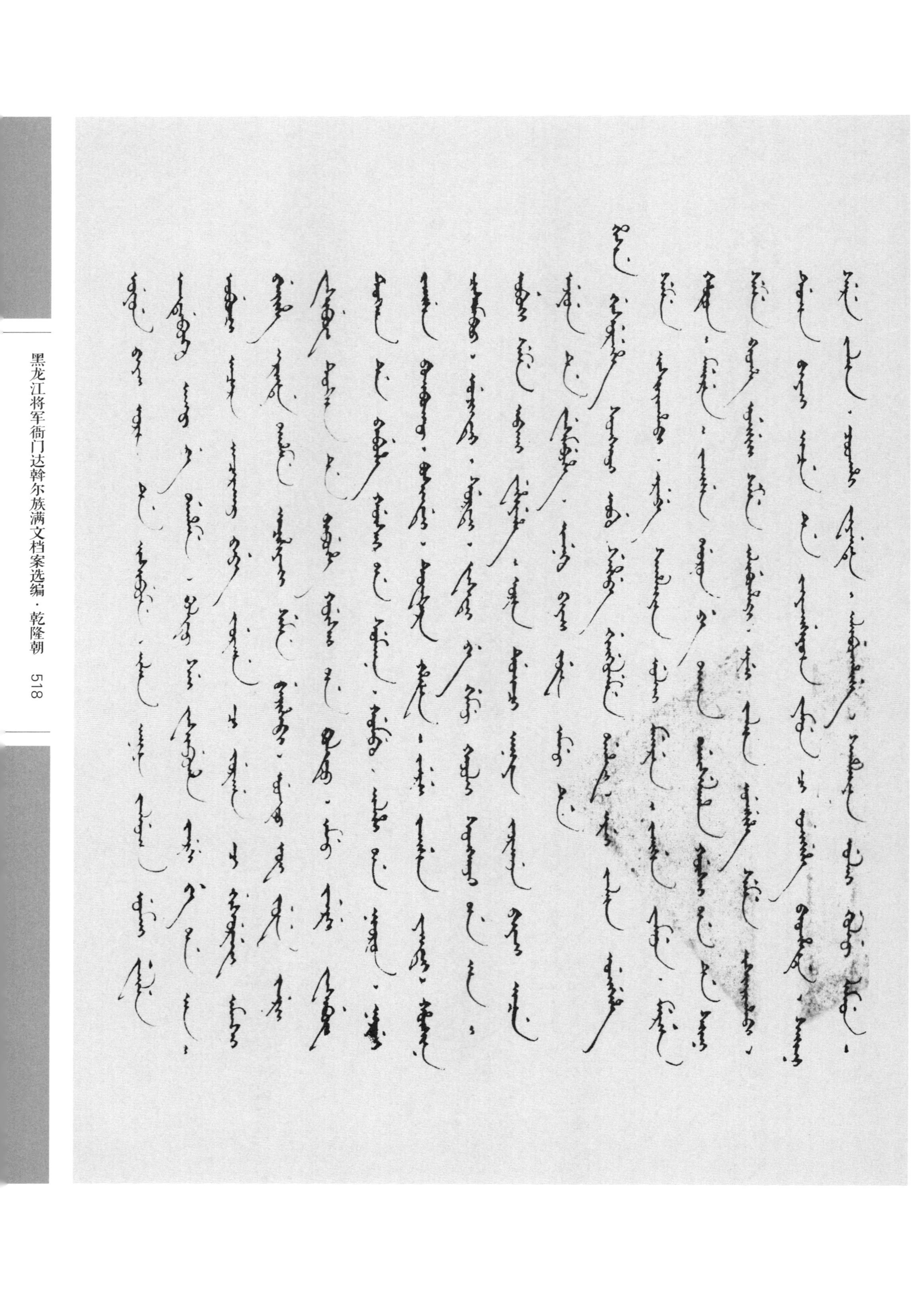

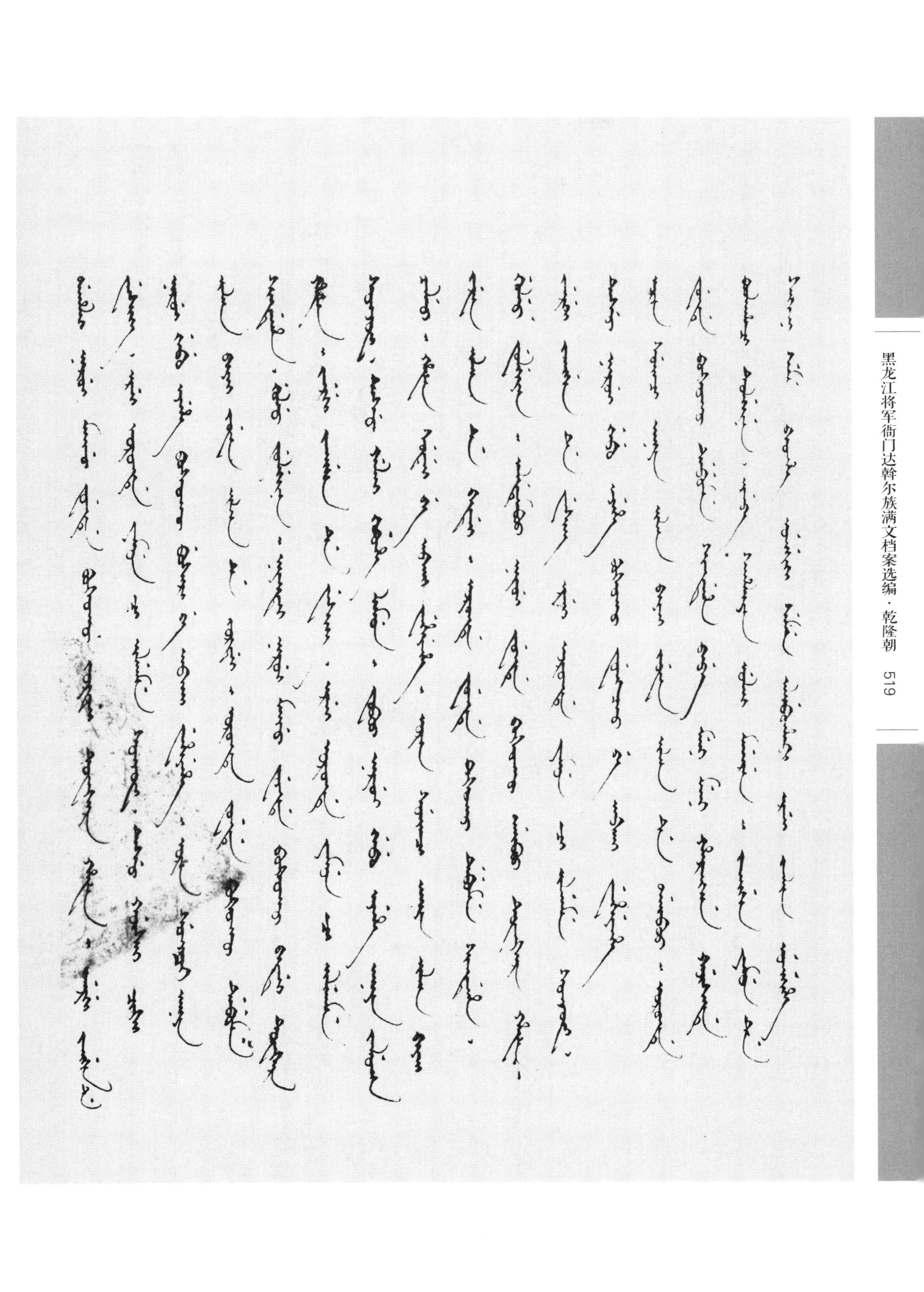

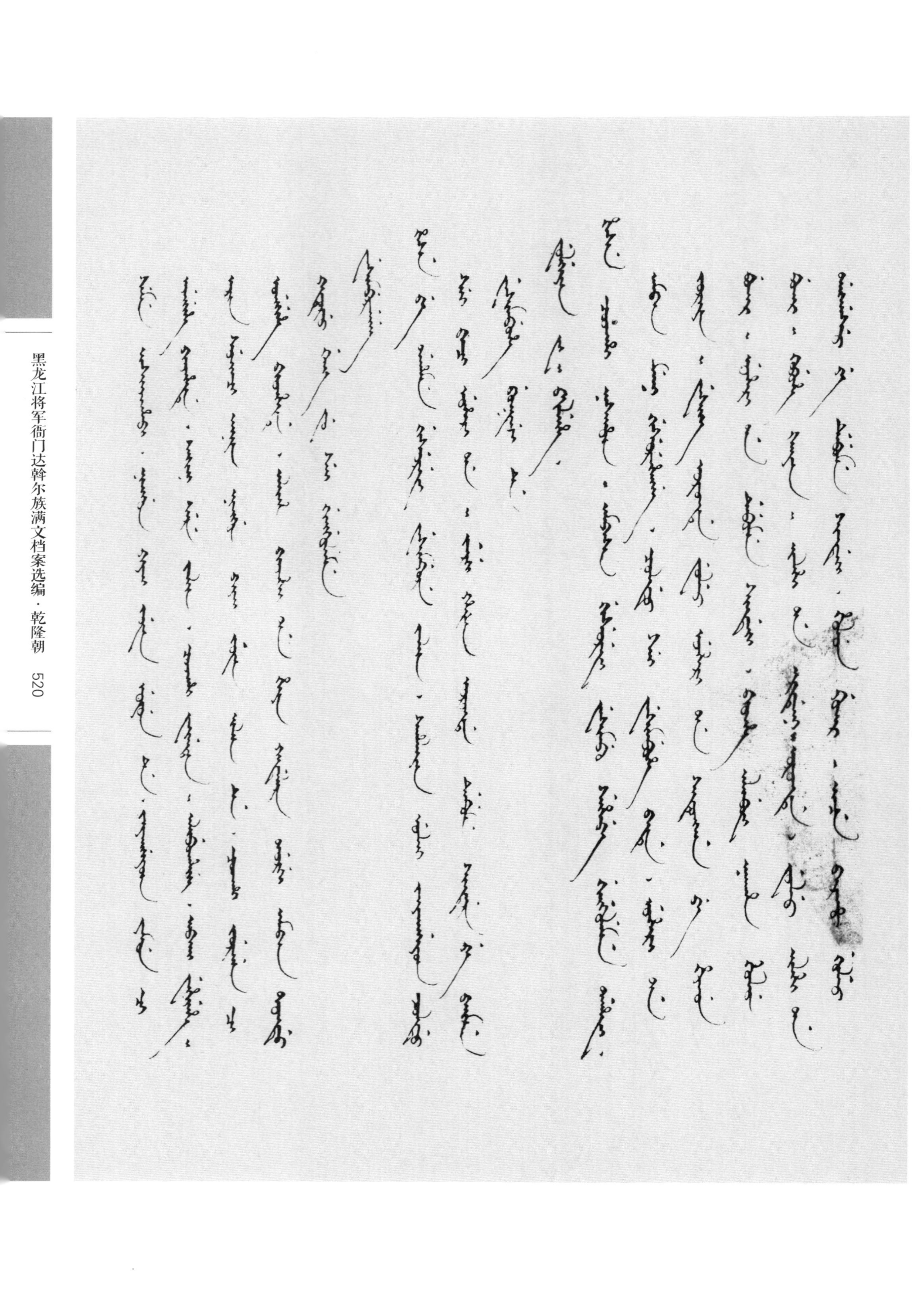

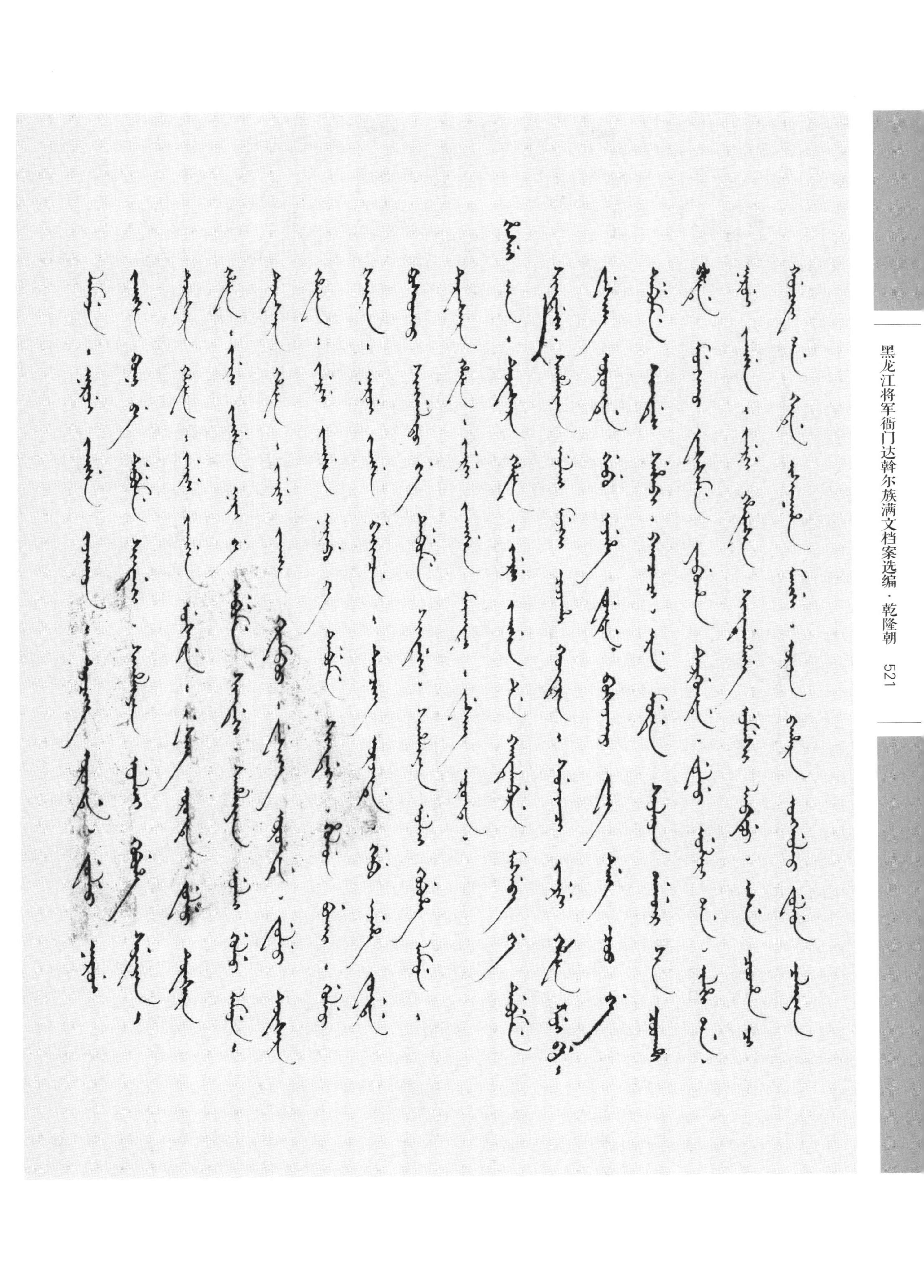

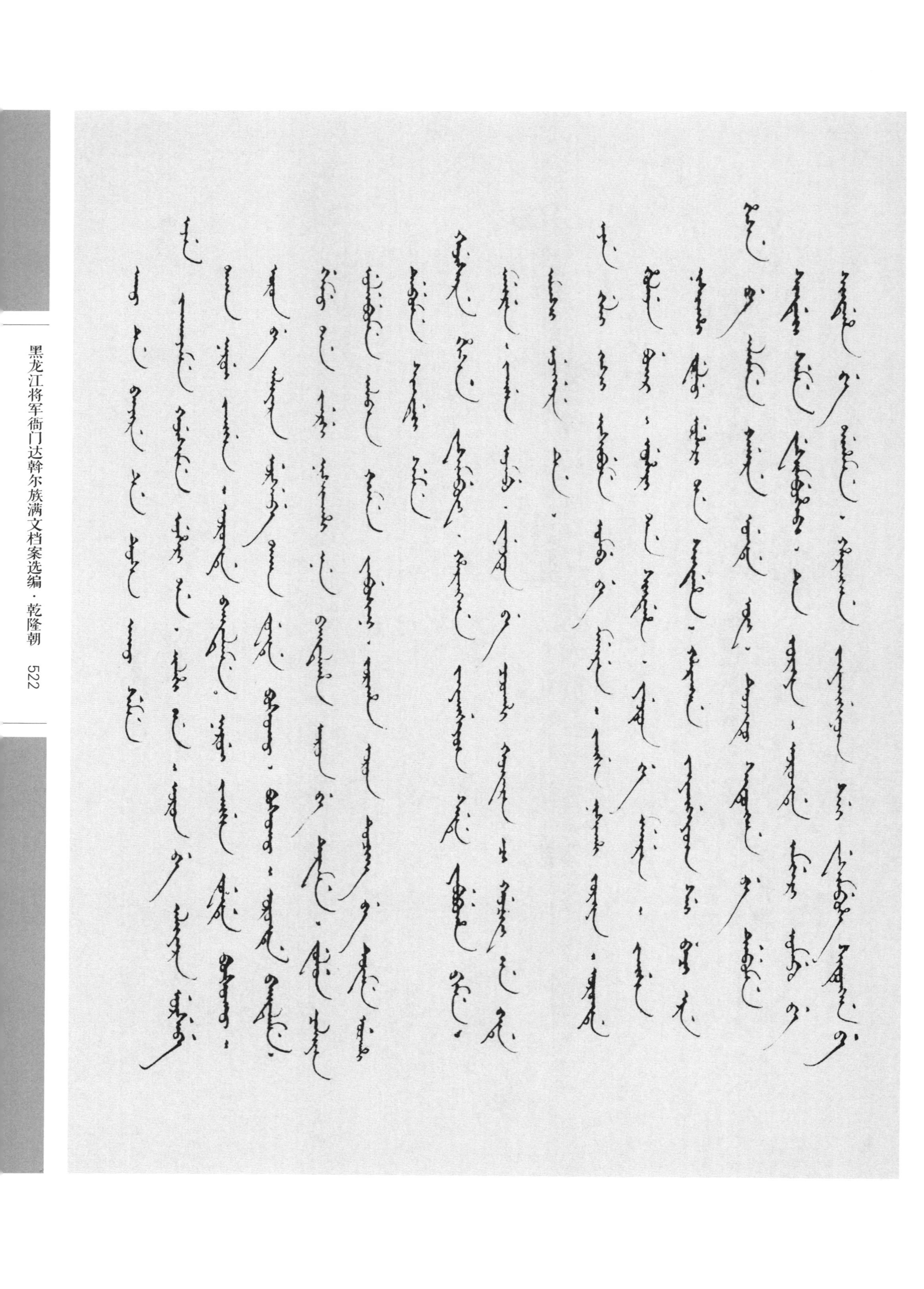

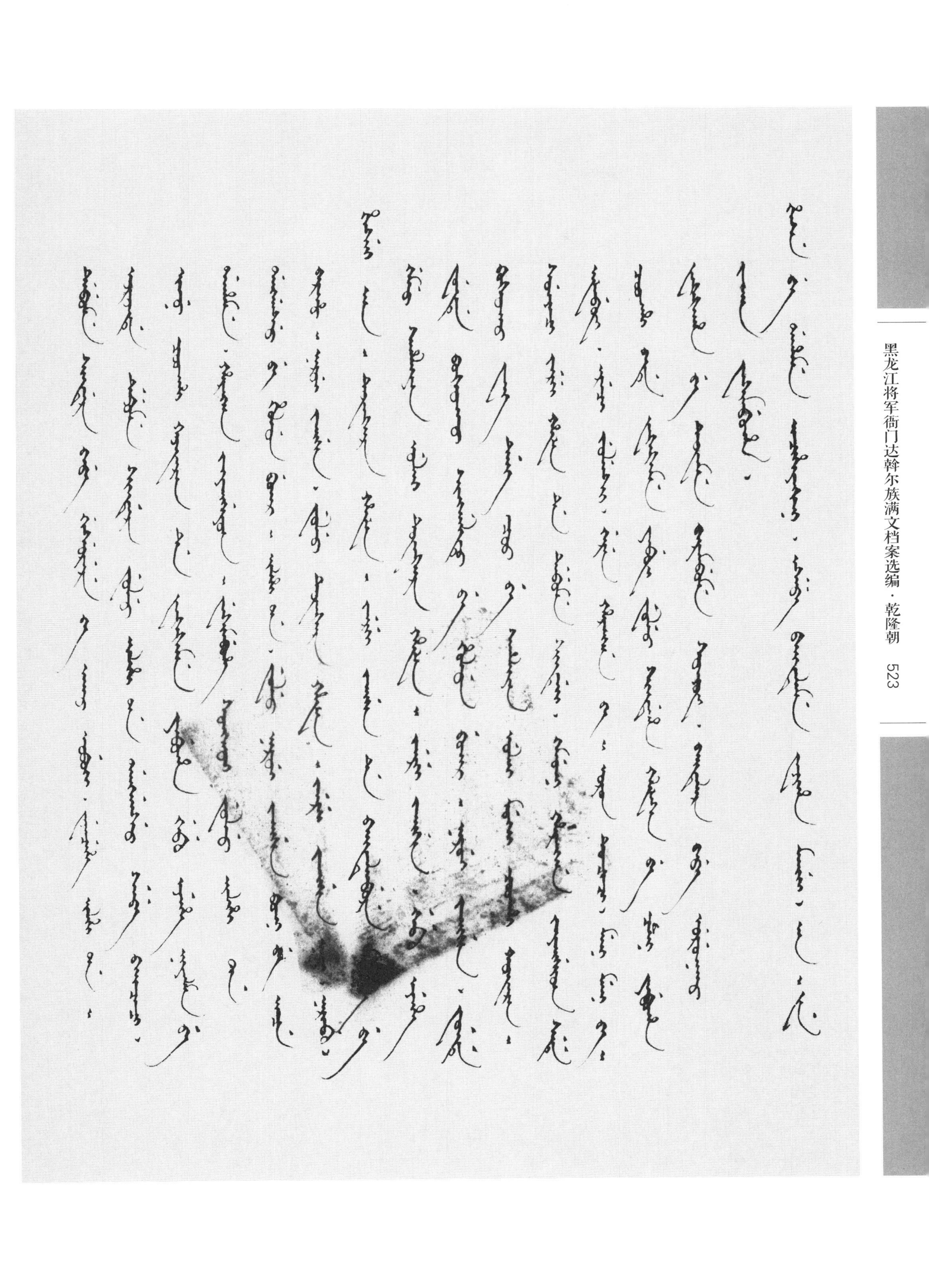

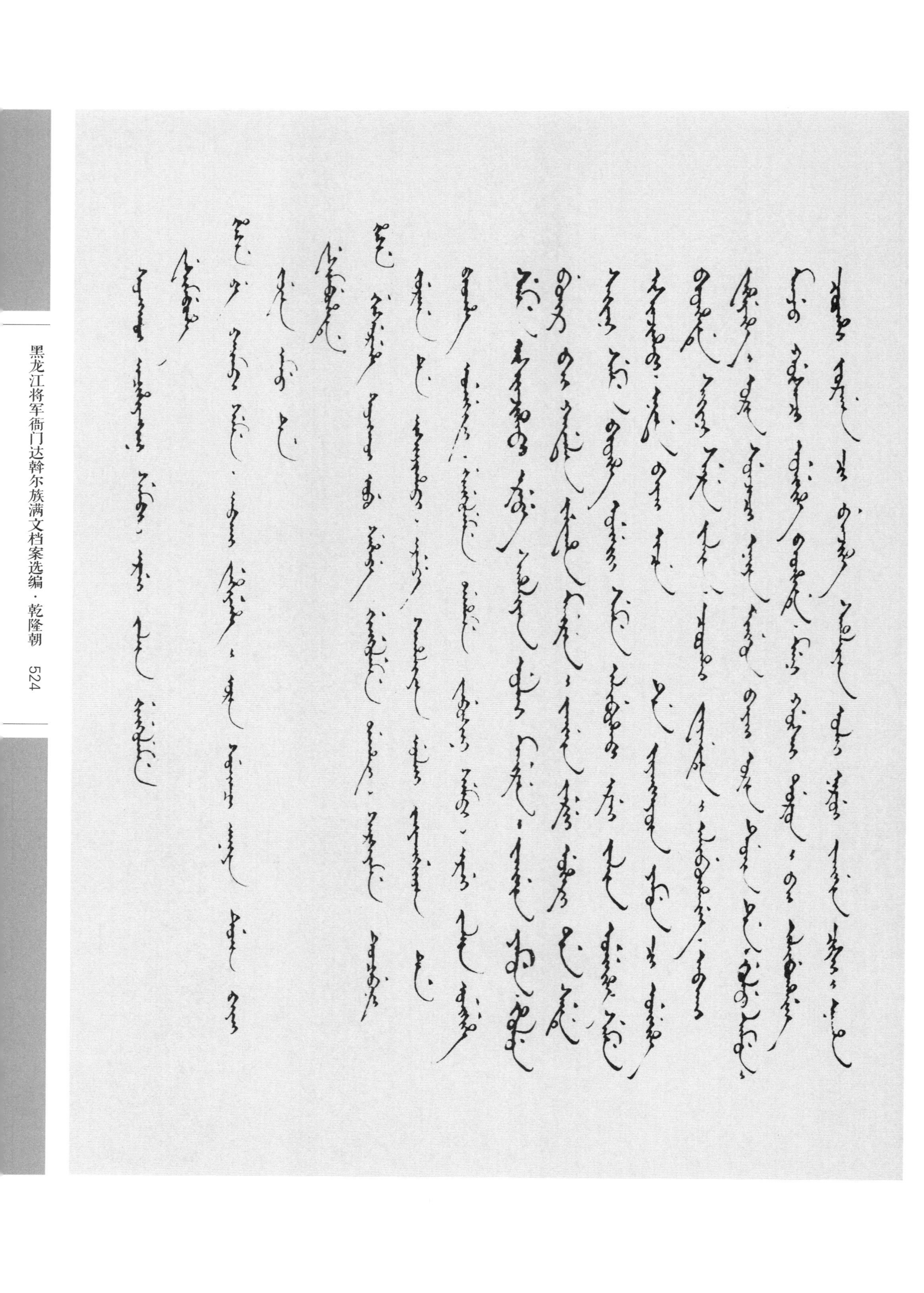

[illegible]

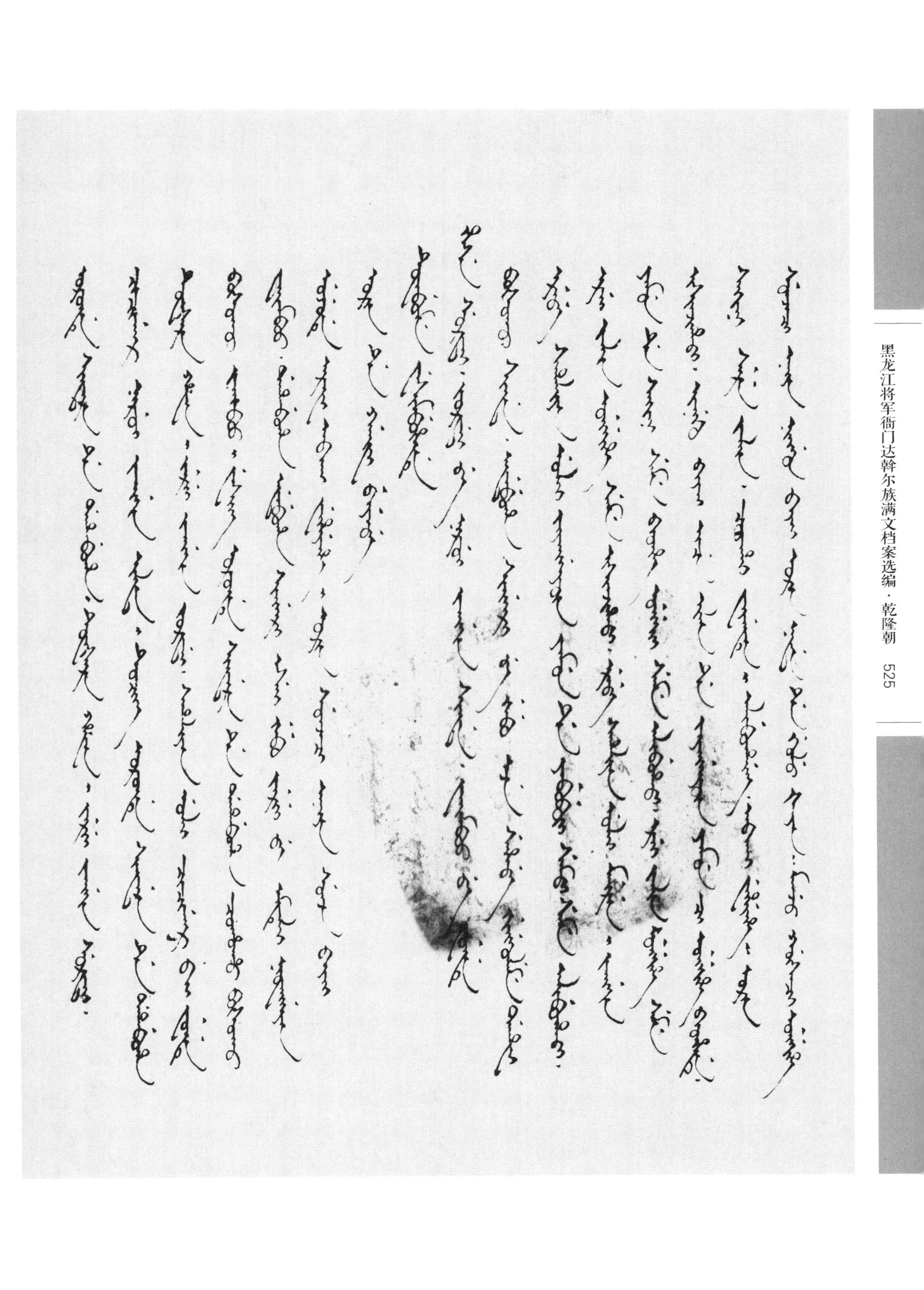

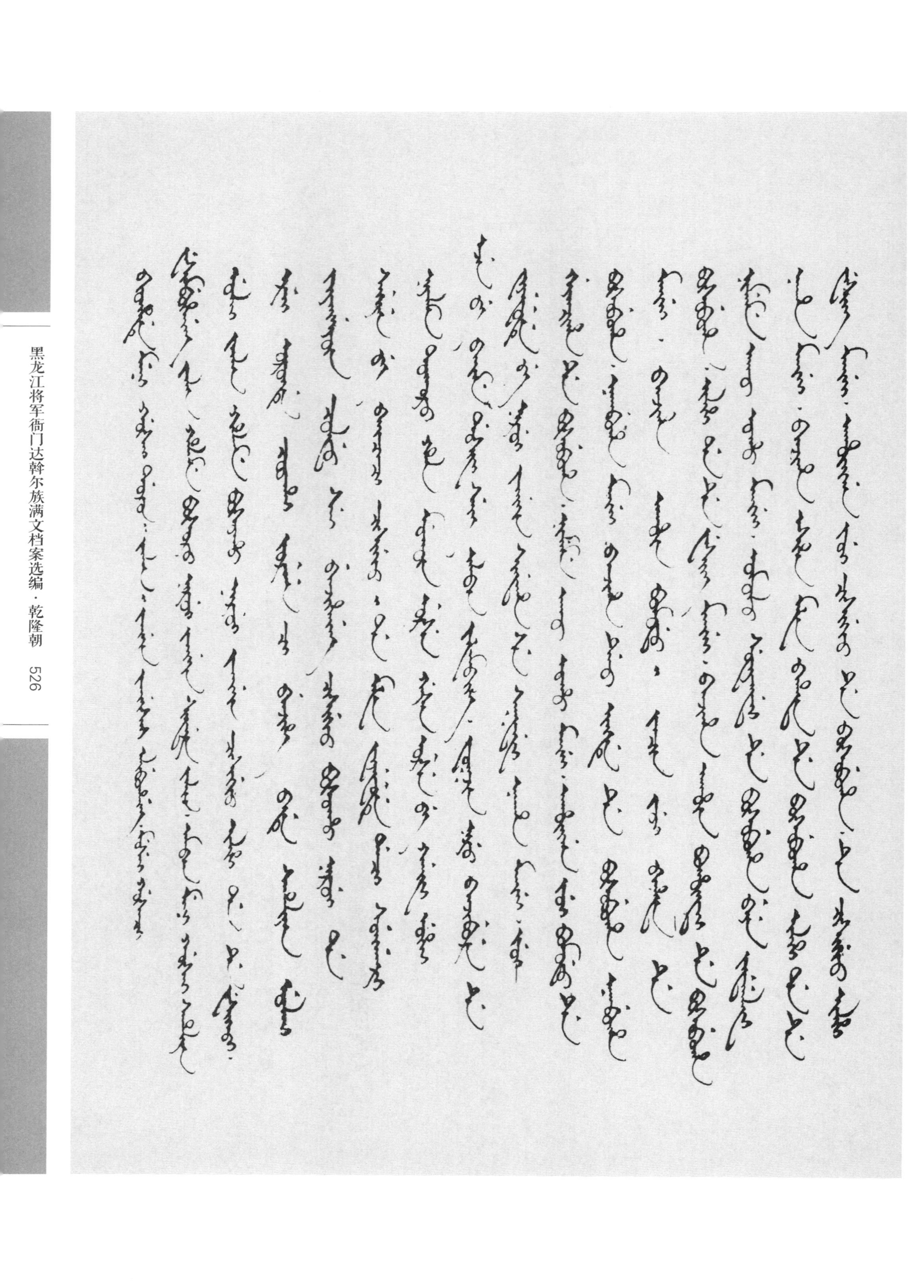

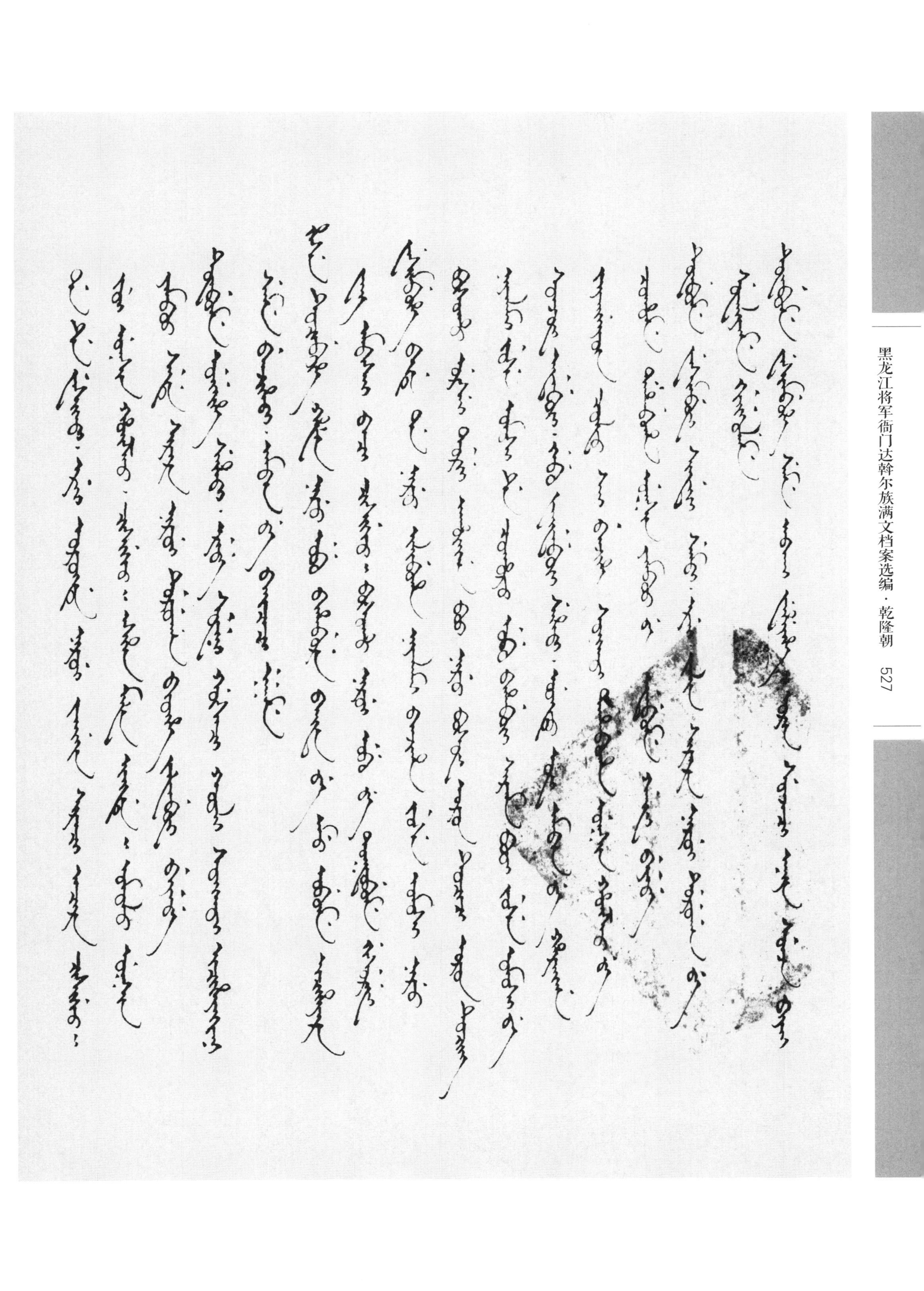

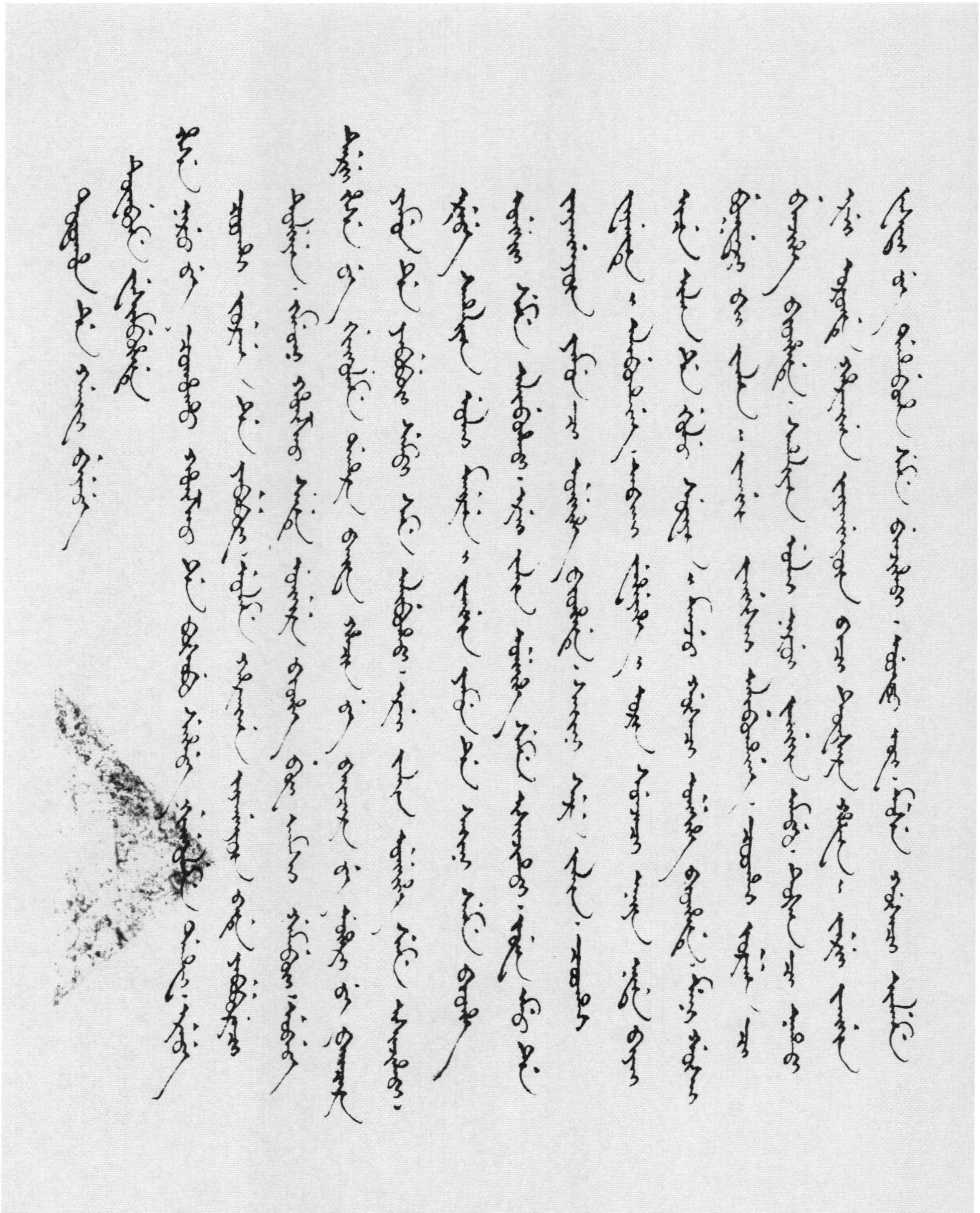

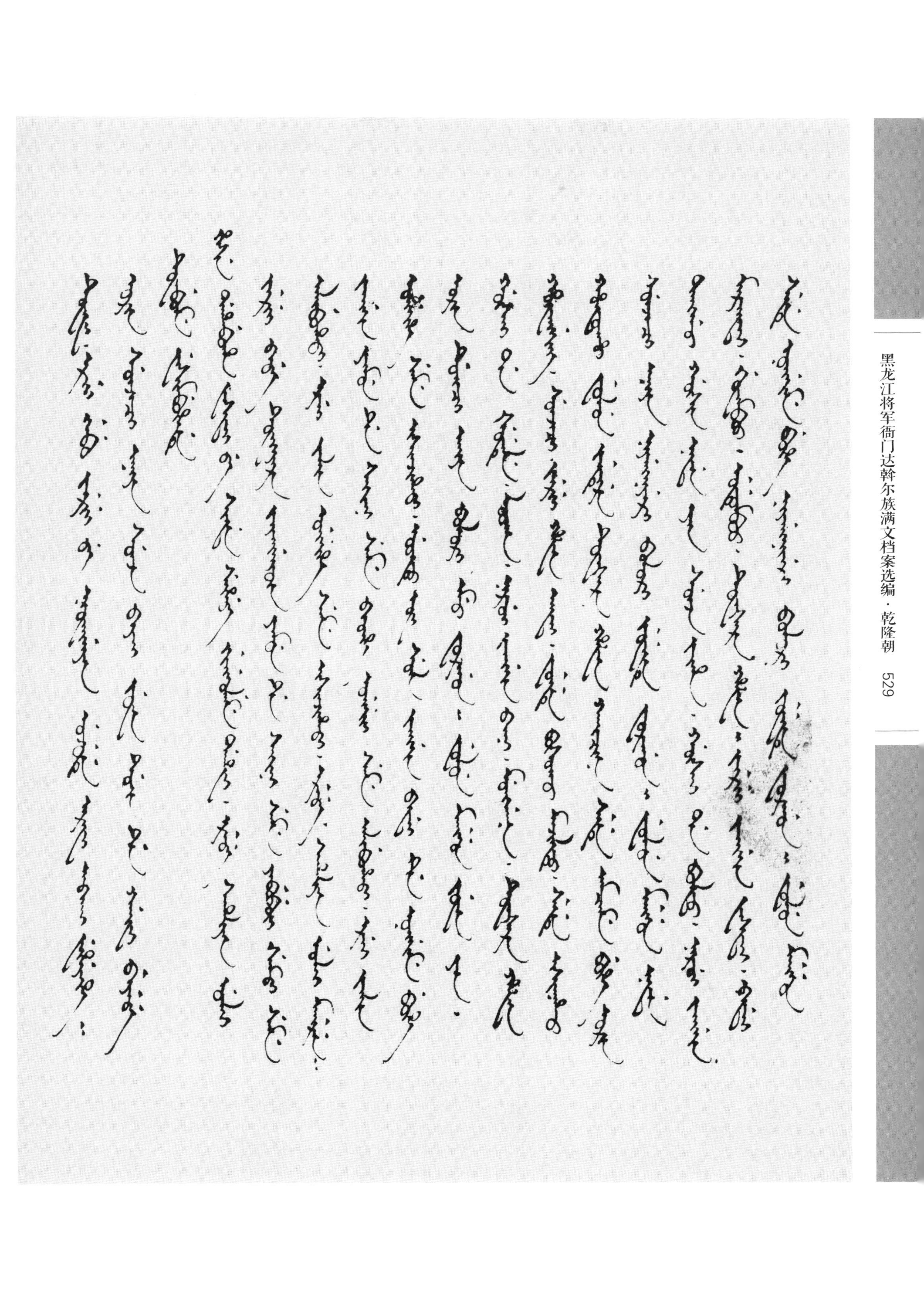

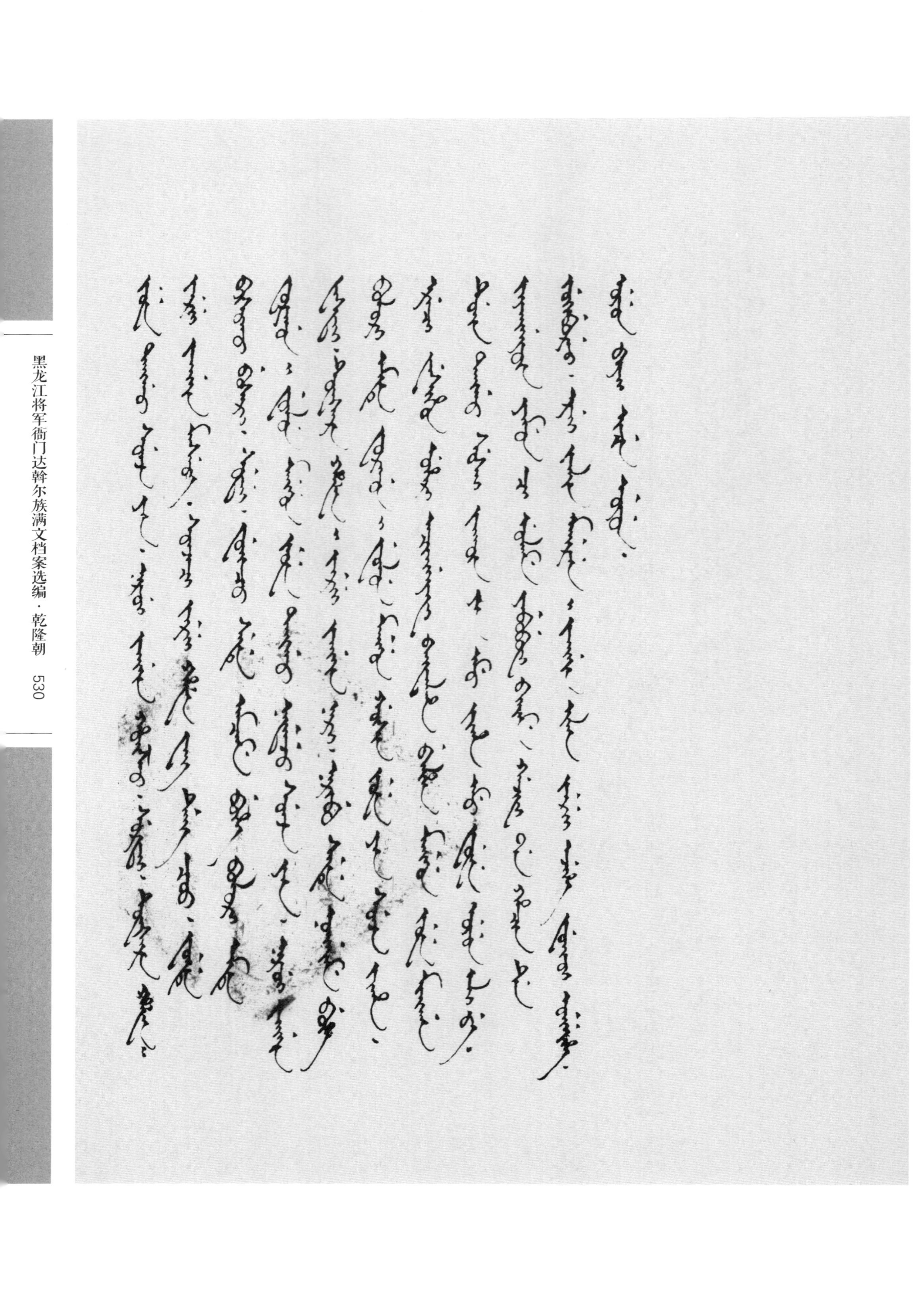

[illegible]

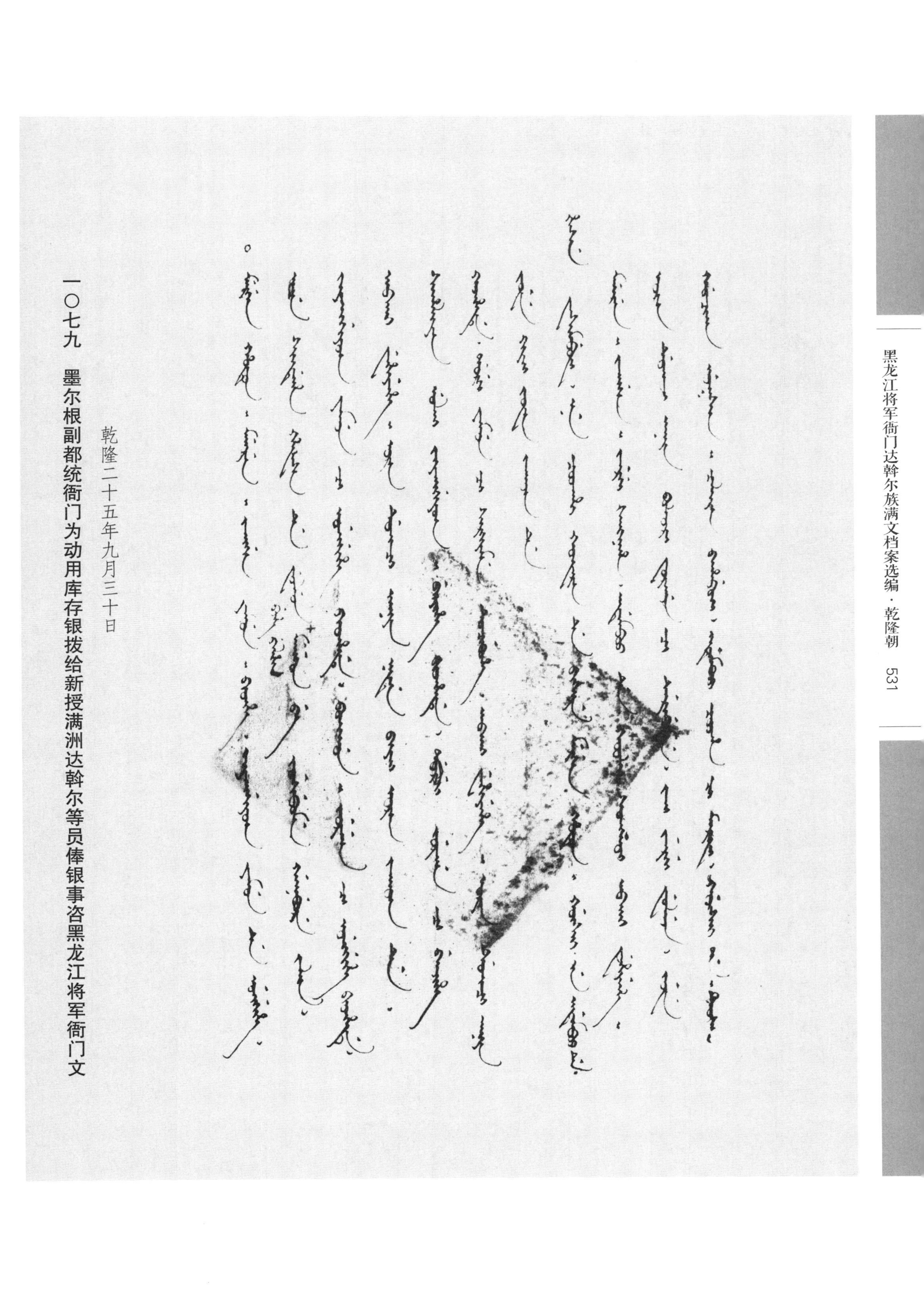

一〇七九 墨尔根副都统衙门为动用库存银拨给新授满洲达斡尔等员俸银事咨黑龙江将军衙门文

乾隆二十五年九月三十日

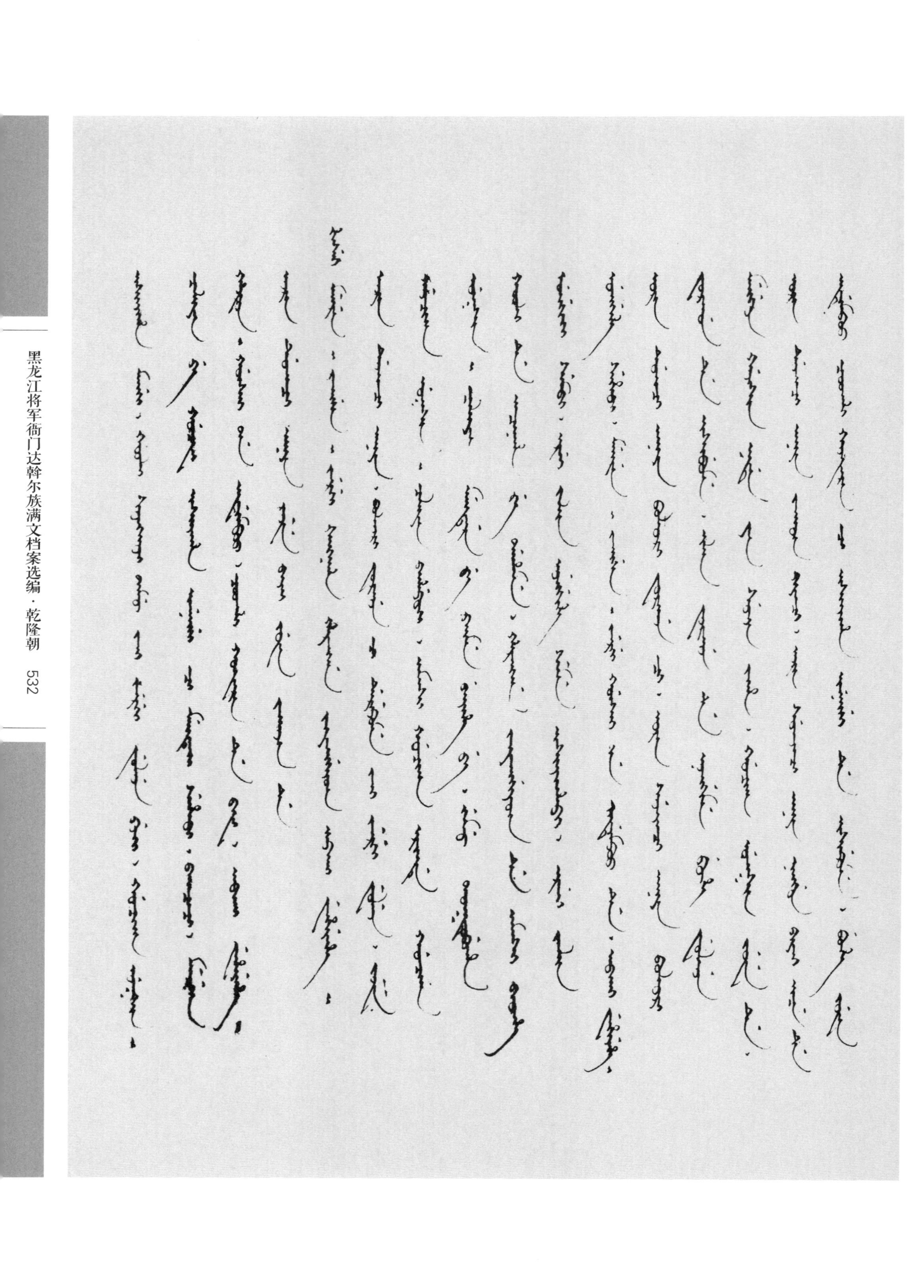

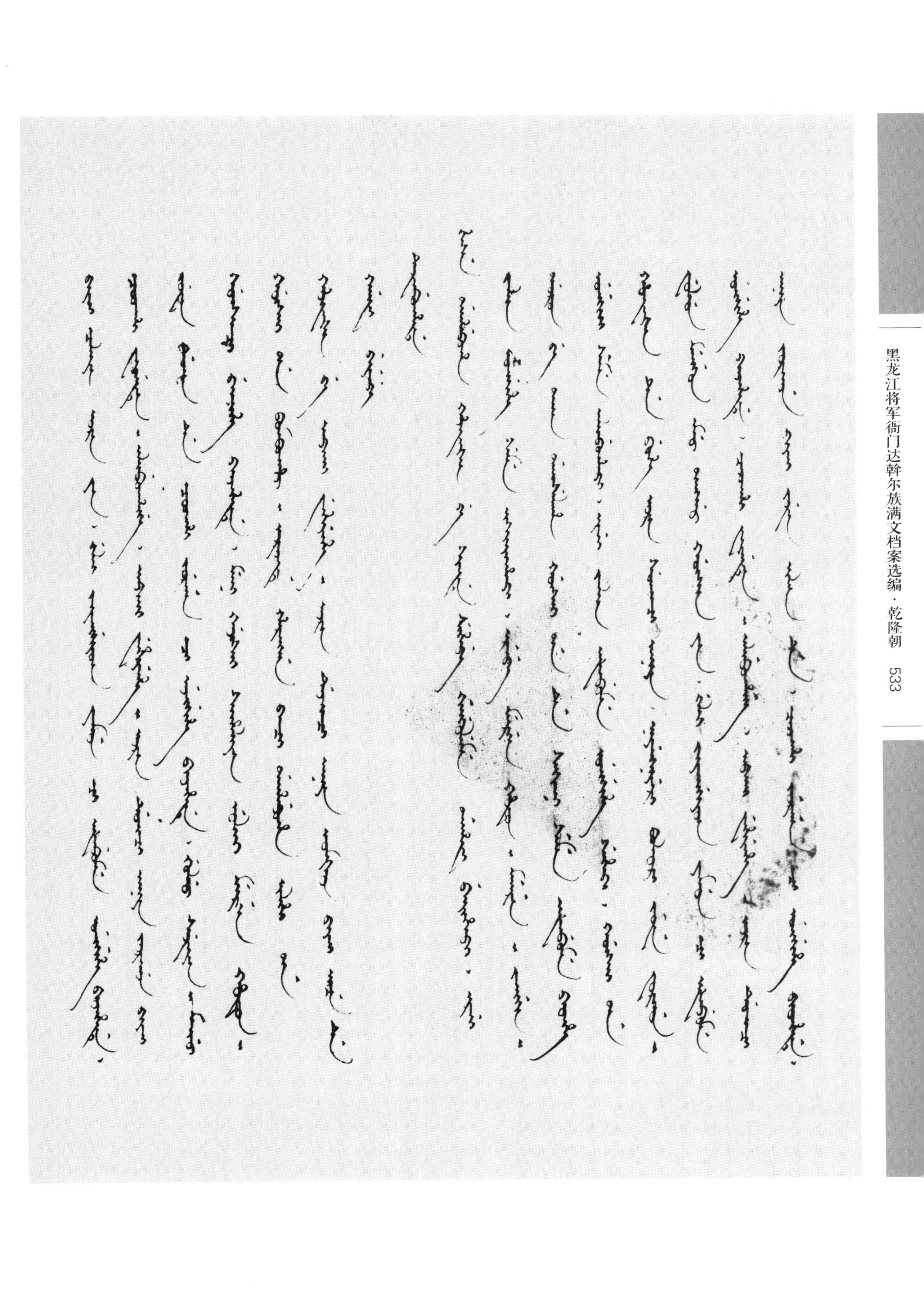

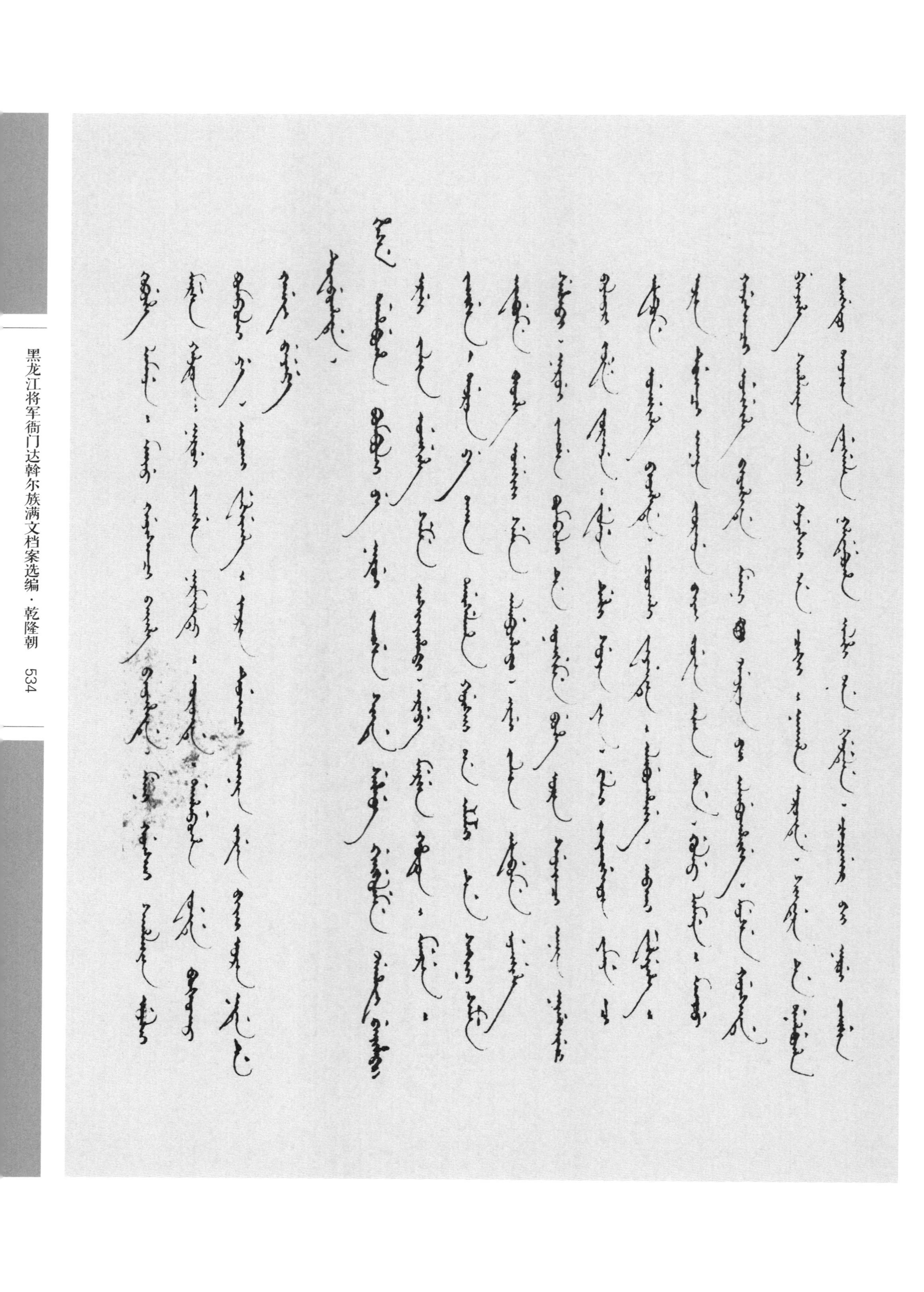

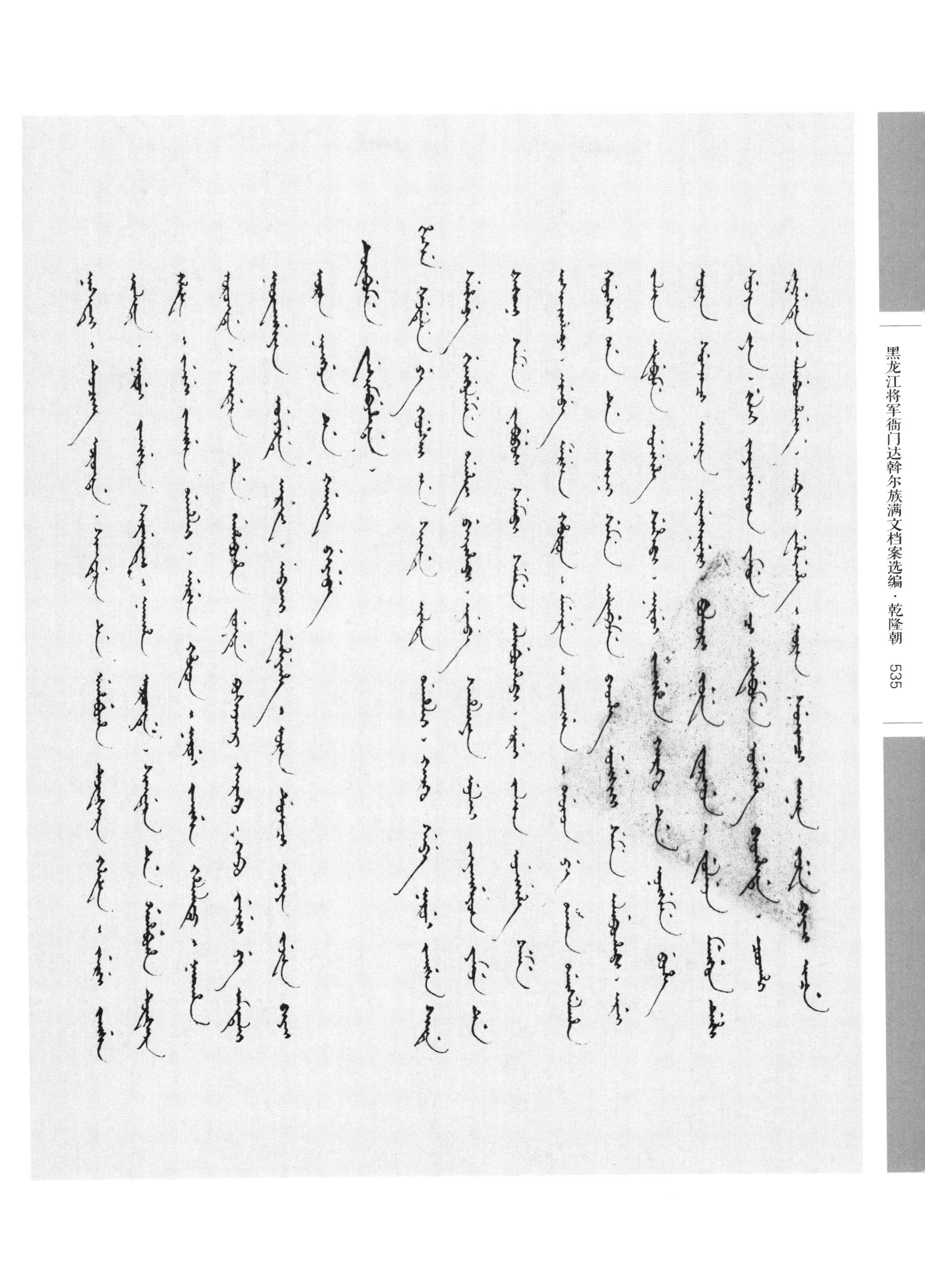

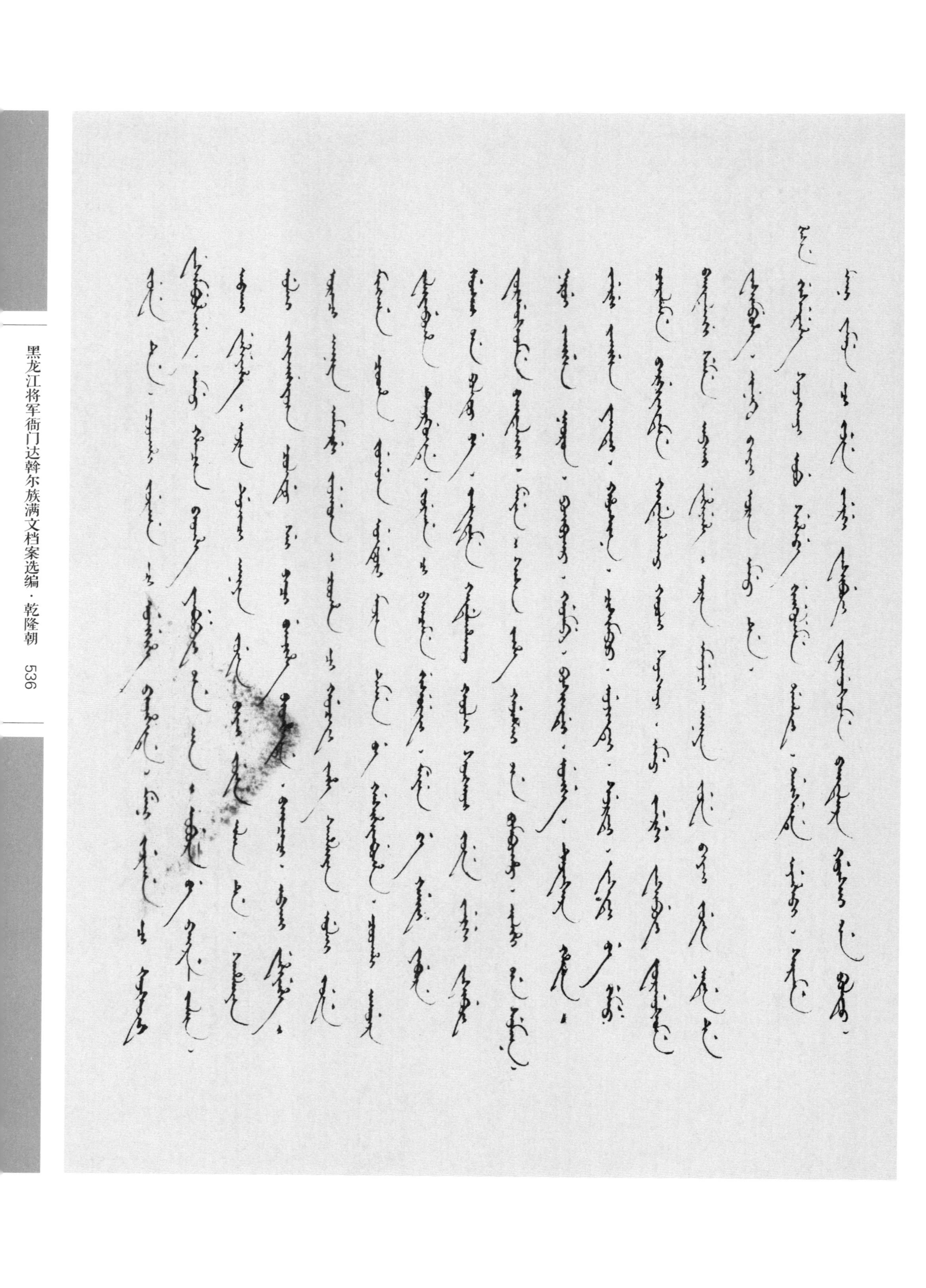

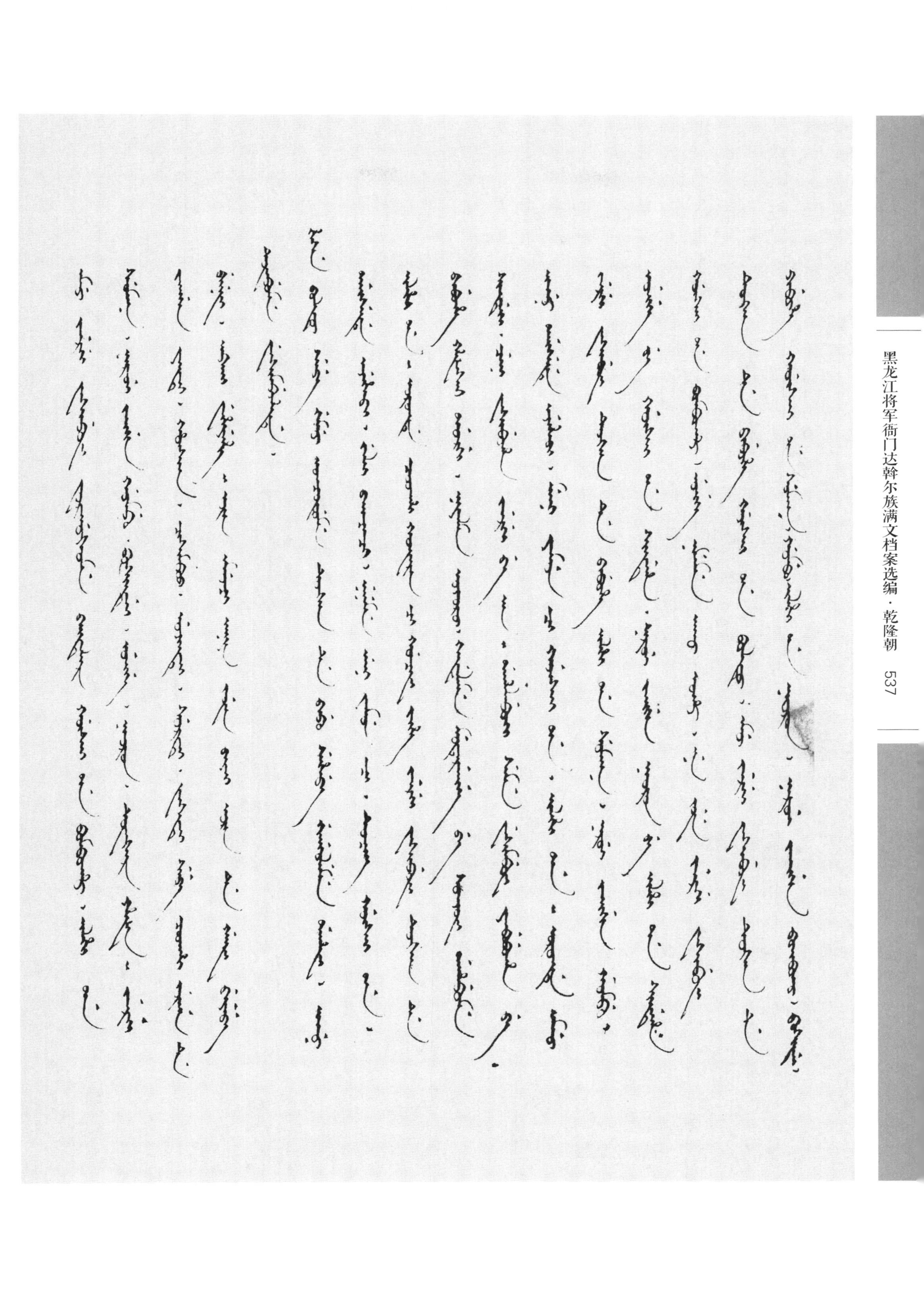

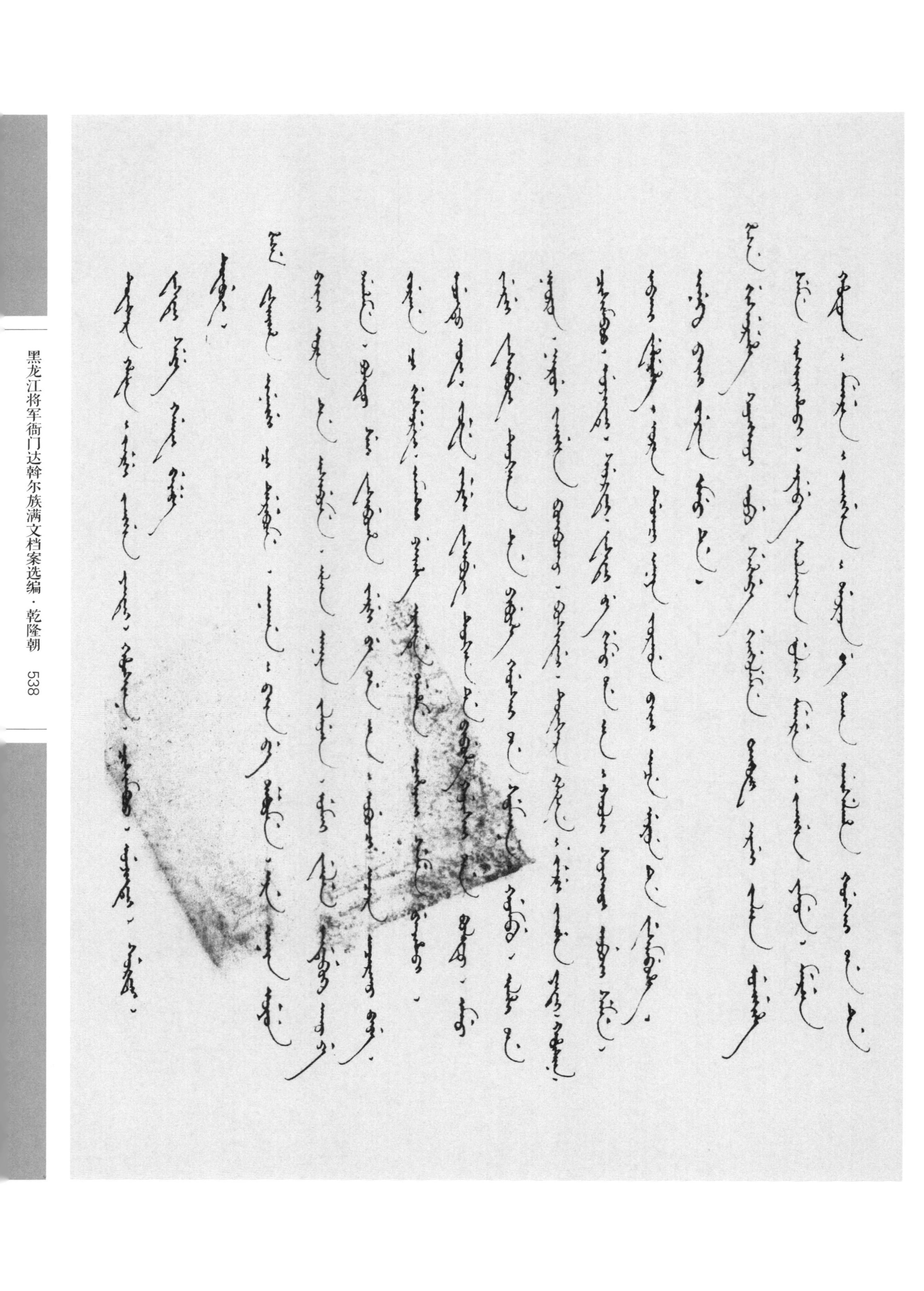

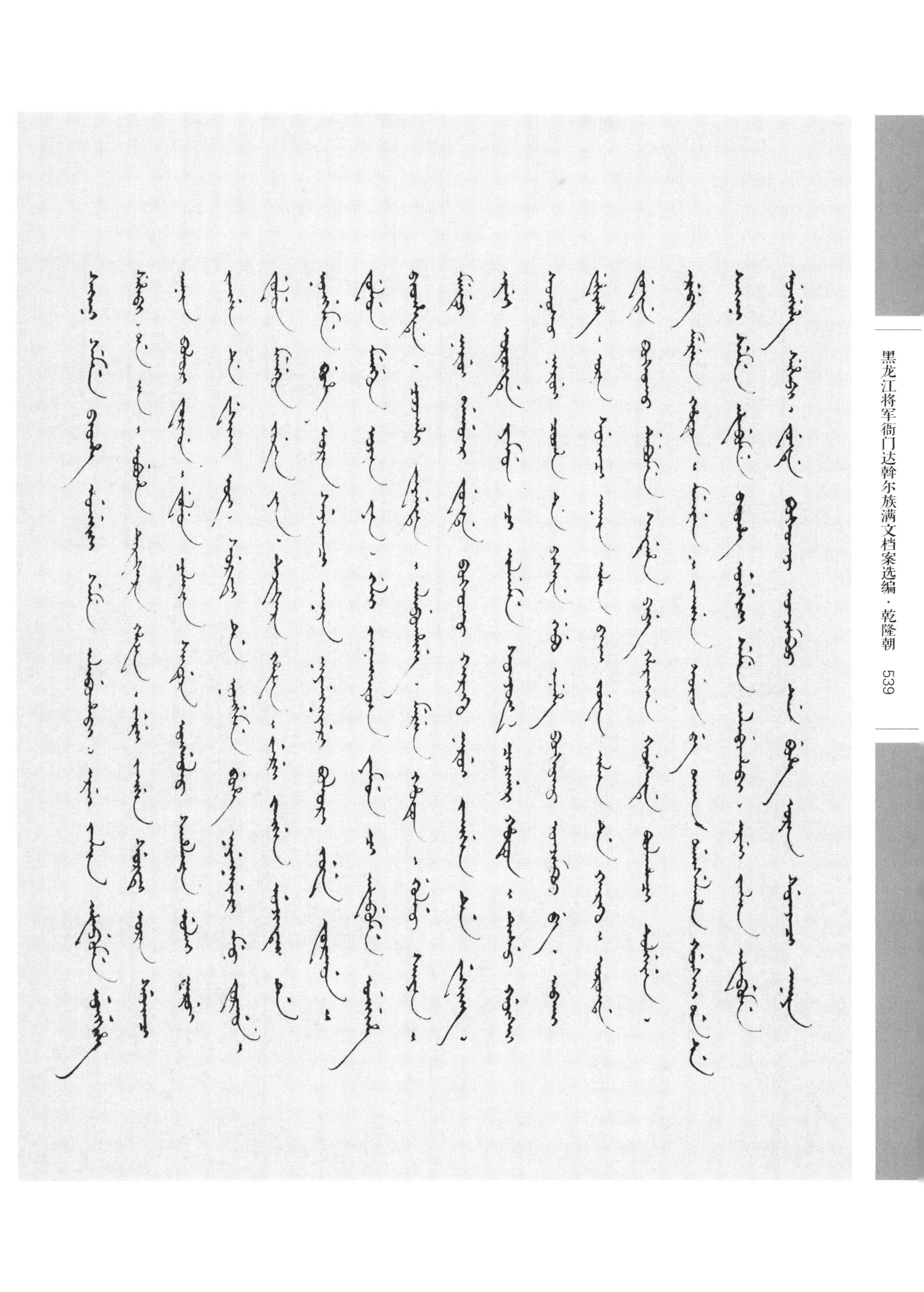

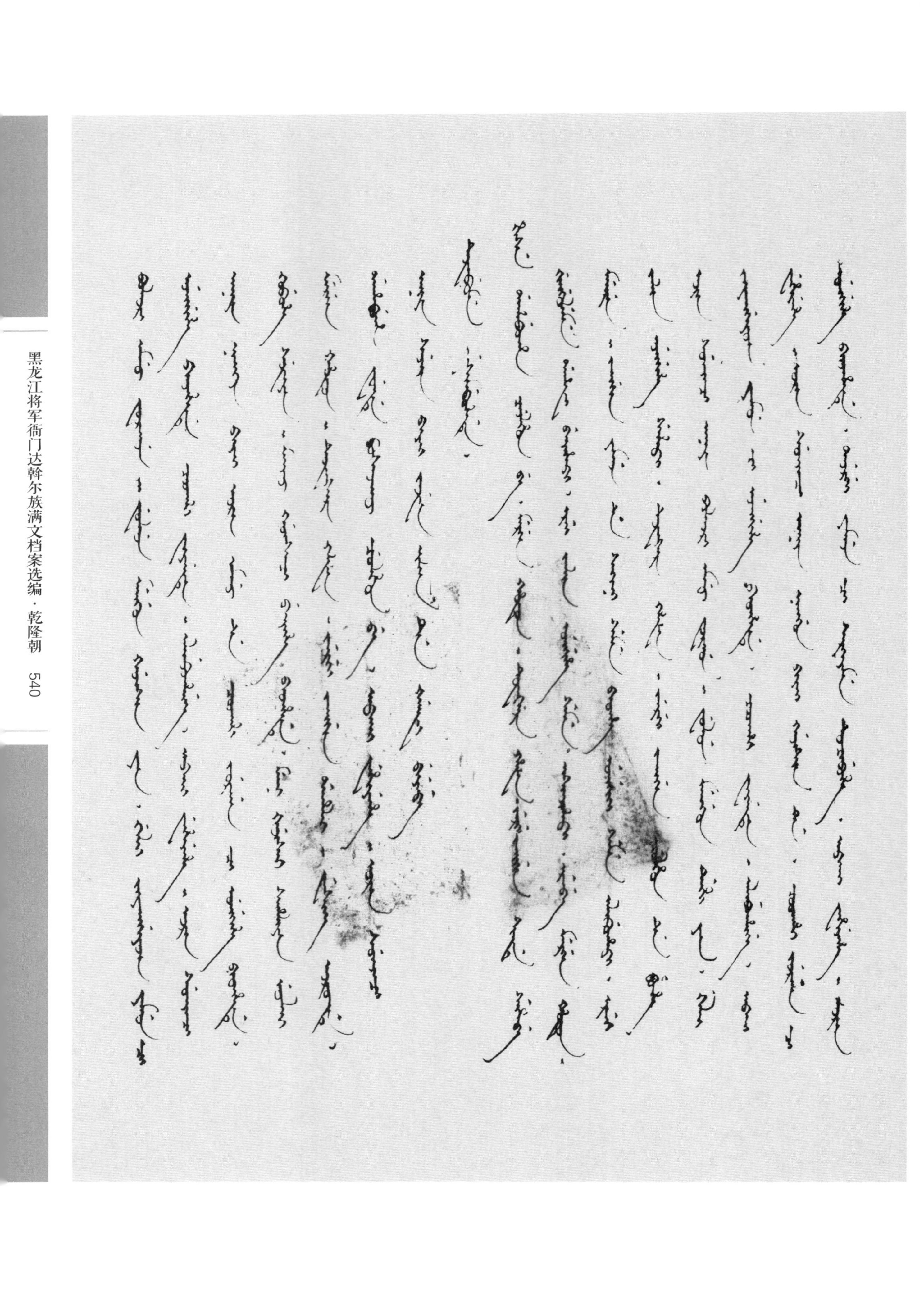

[illegible]

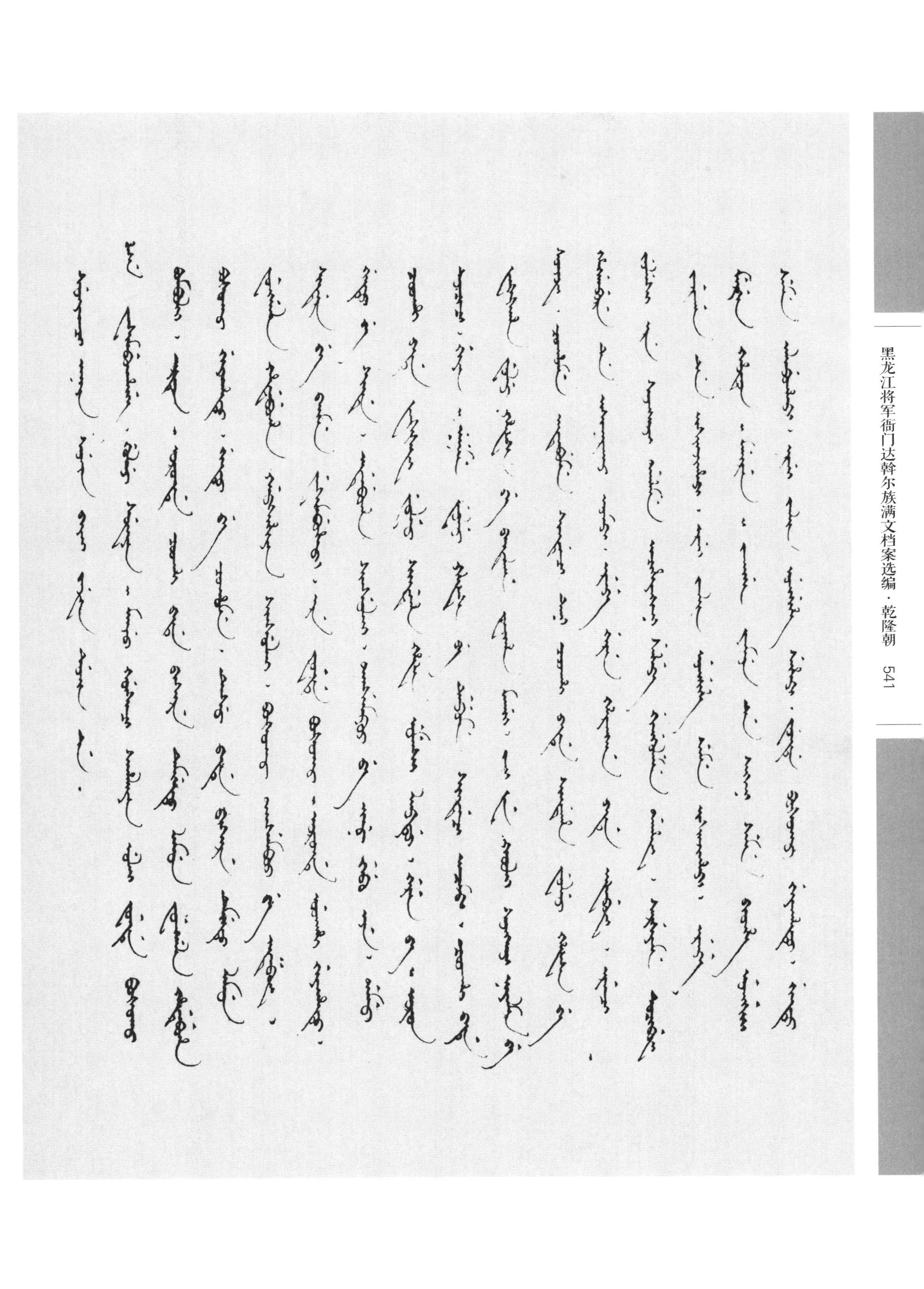

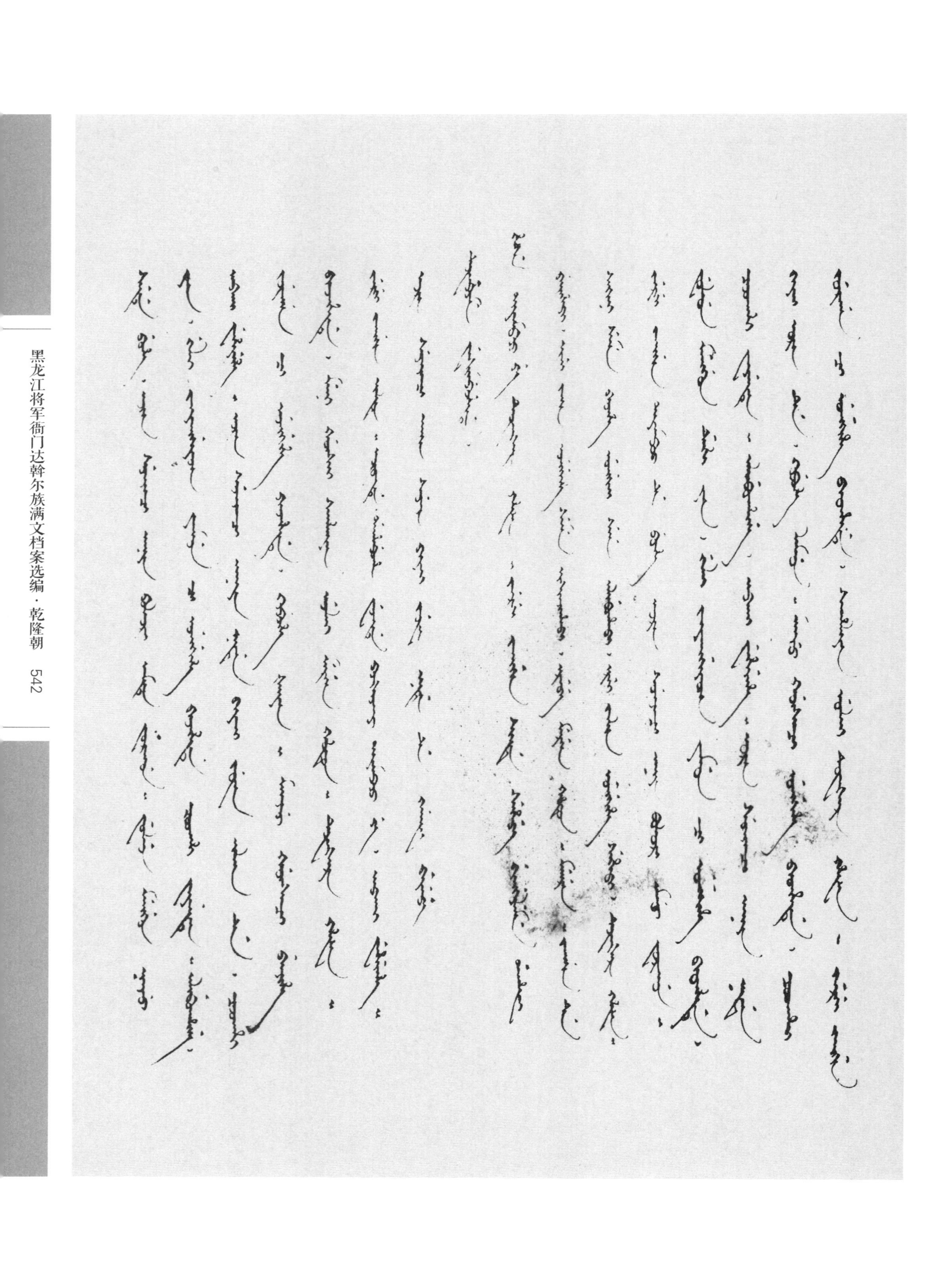

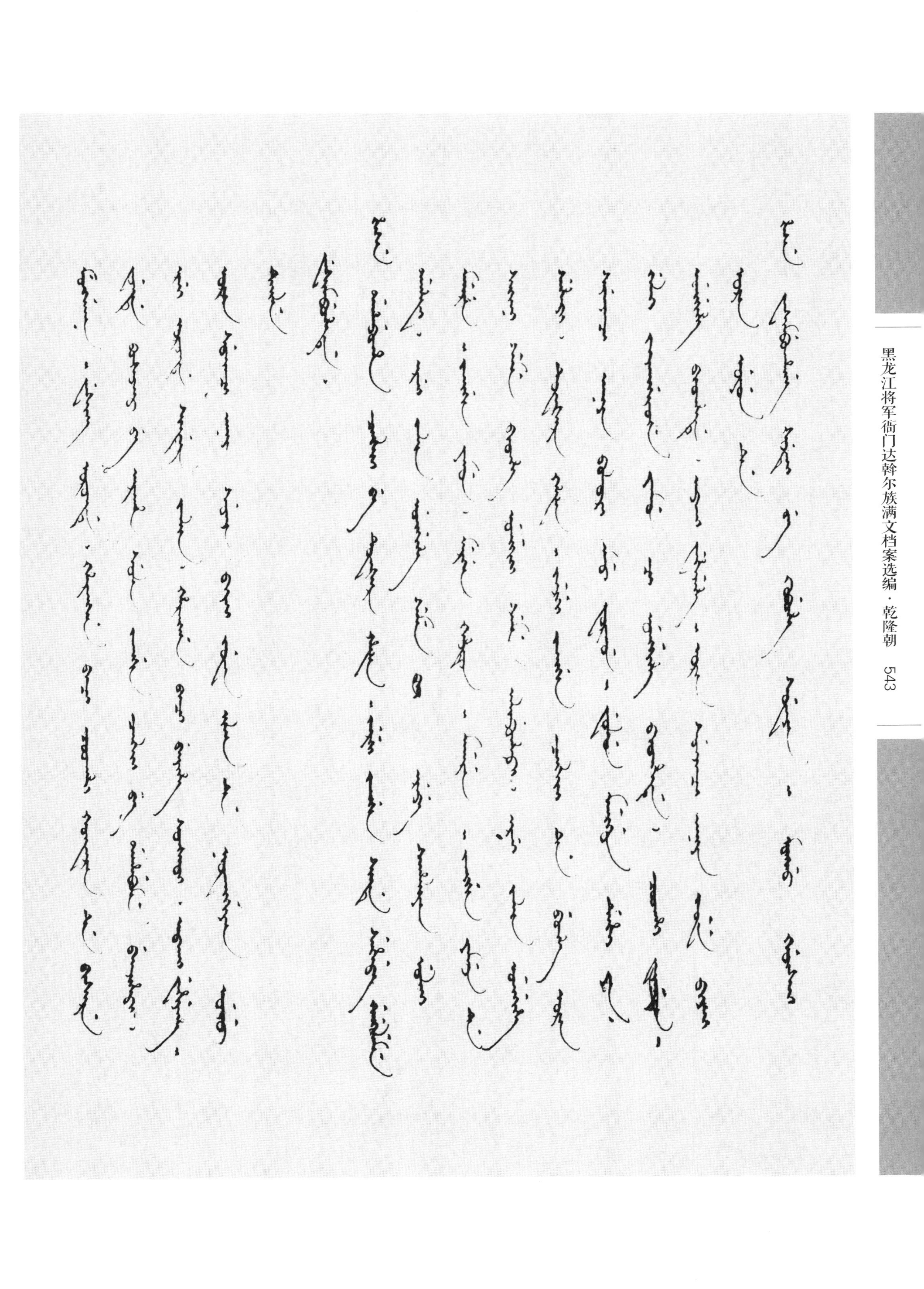

[illegible]

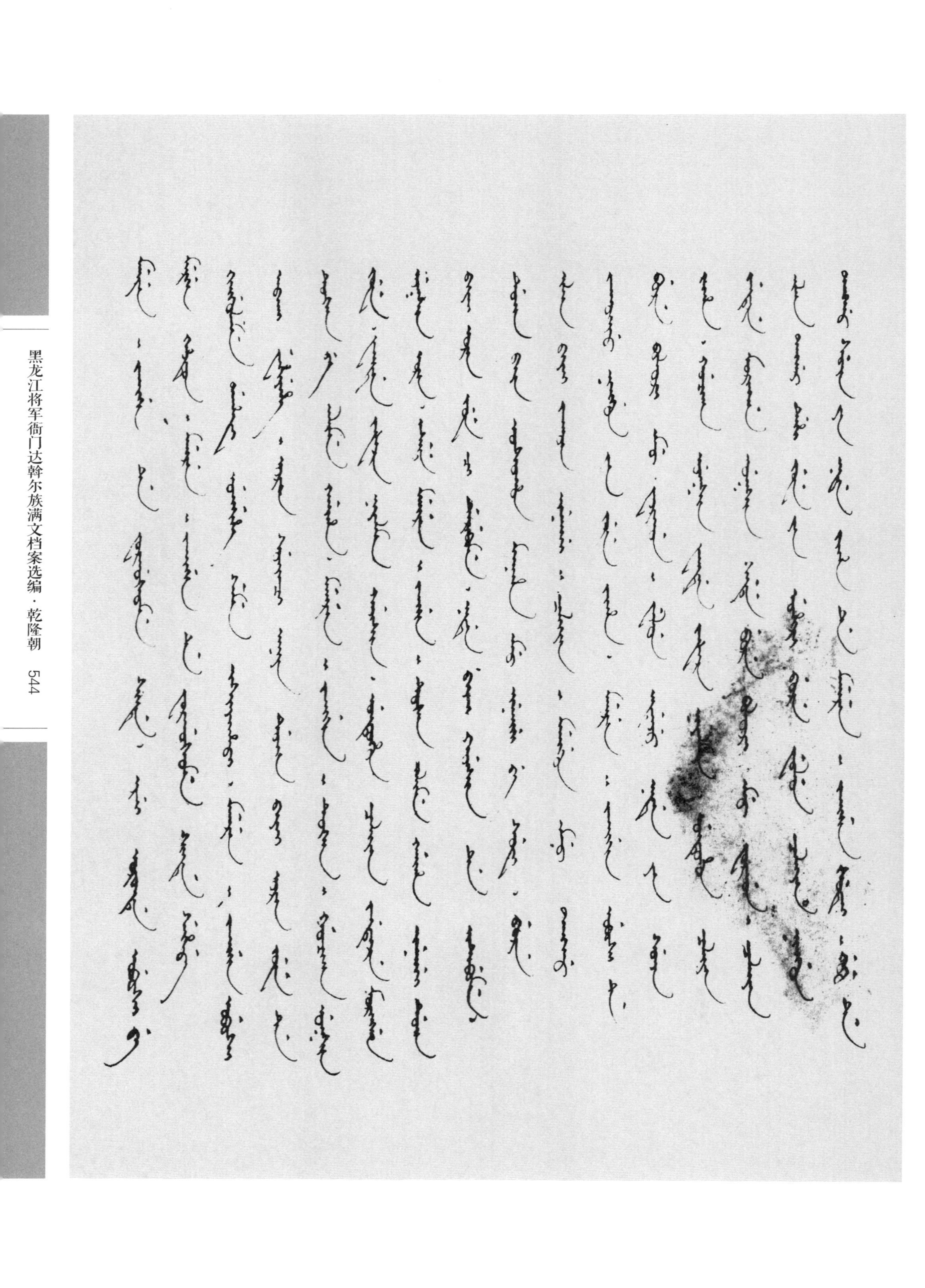

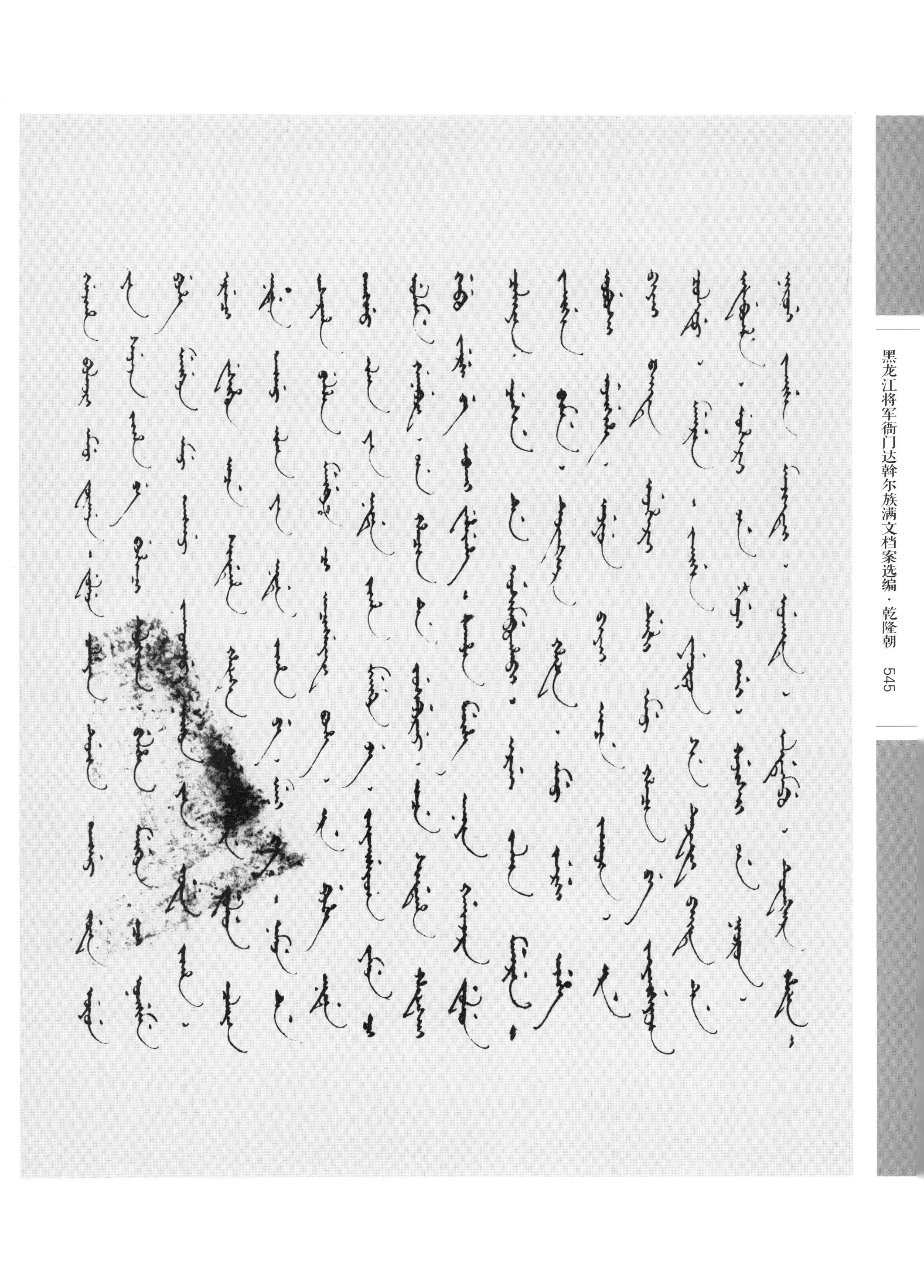

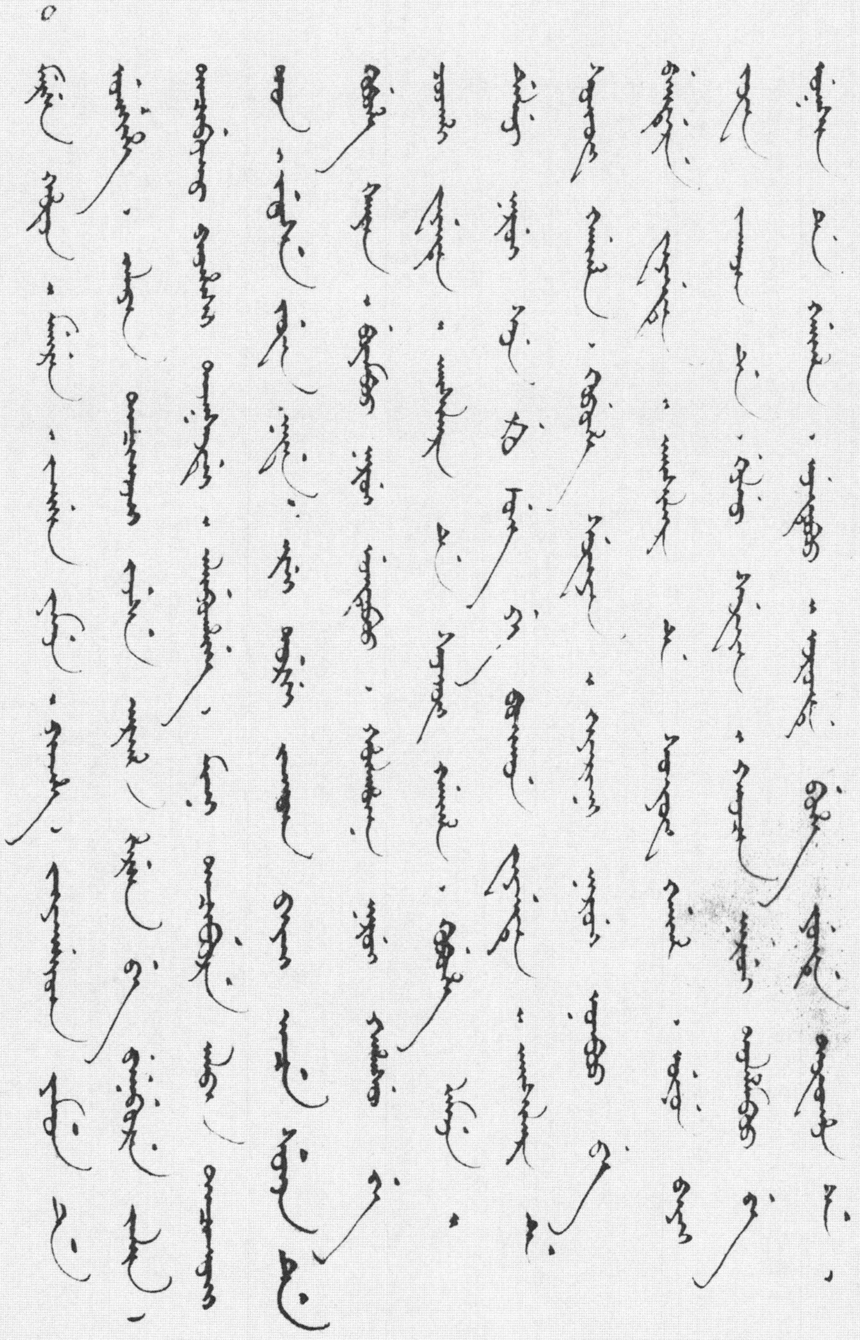

一〇八〇 墨尔根副都统衙门为咨送满洲达斡尔等官学生所写字事咨黑龙江将军衙门文

乾隆二十五年十一月初八日

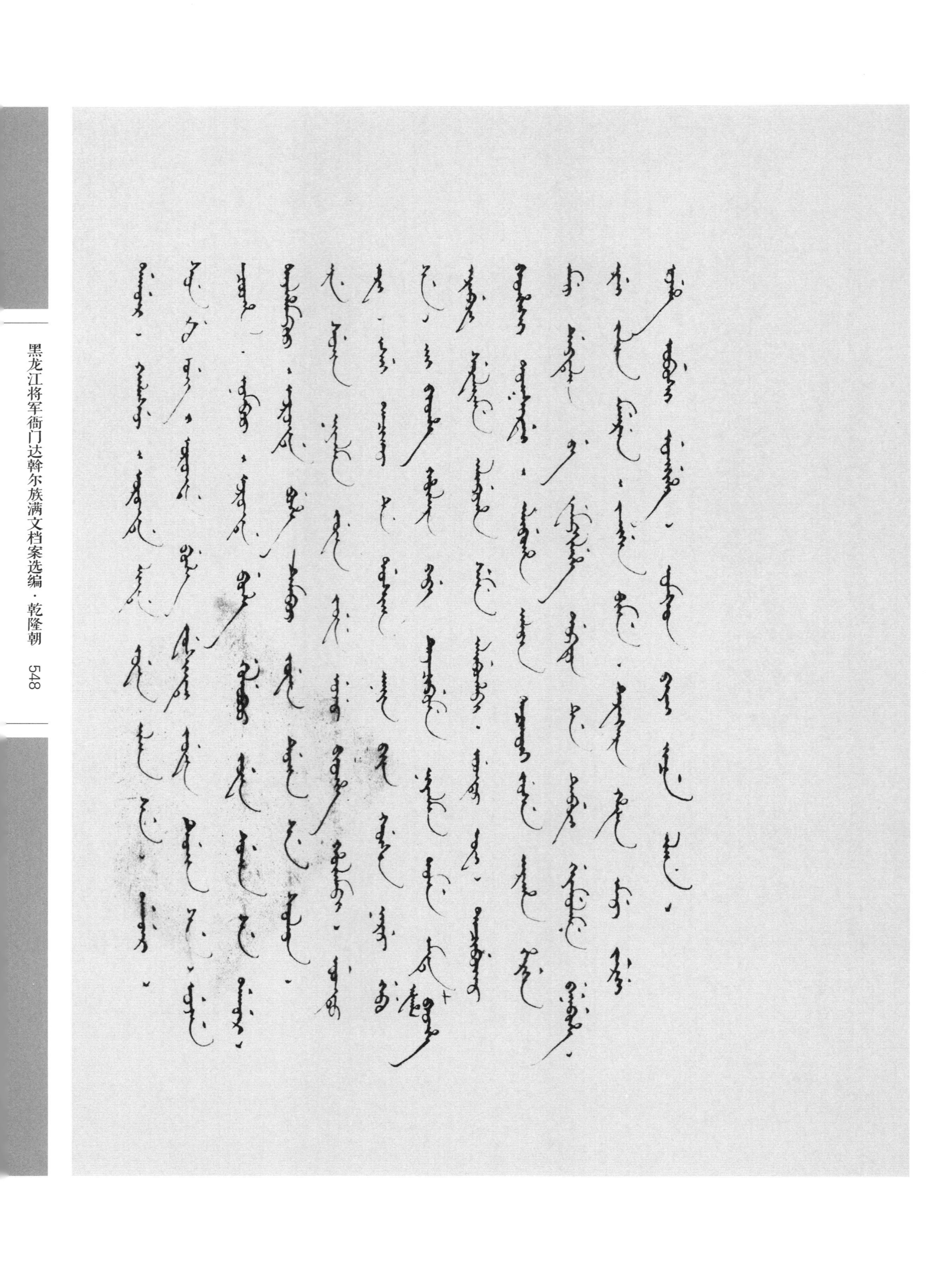

一〇八一 黑龙江将军衙门为令嗣后分别造送有无俸饷布特哈索伦达斡尔官兵花名册事札布特哈索伦达斡尔总管等文

乾隆二十五年十一月十六日

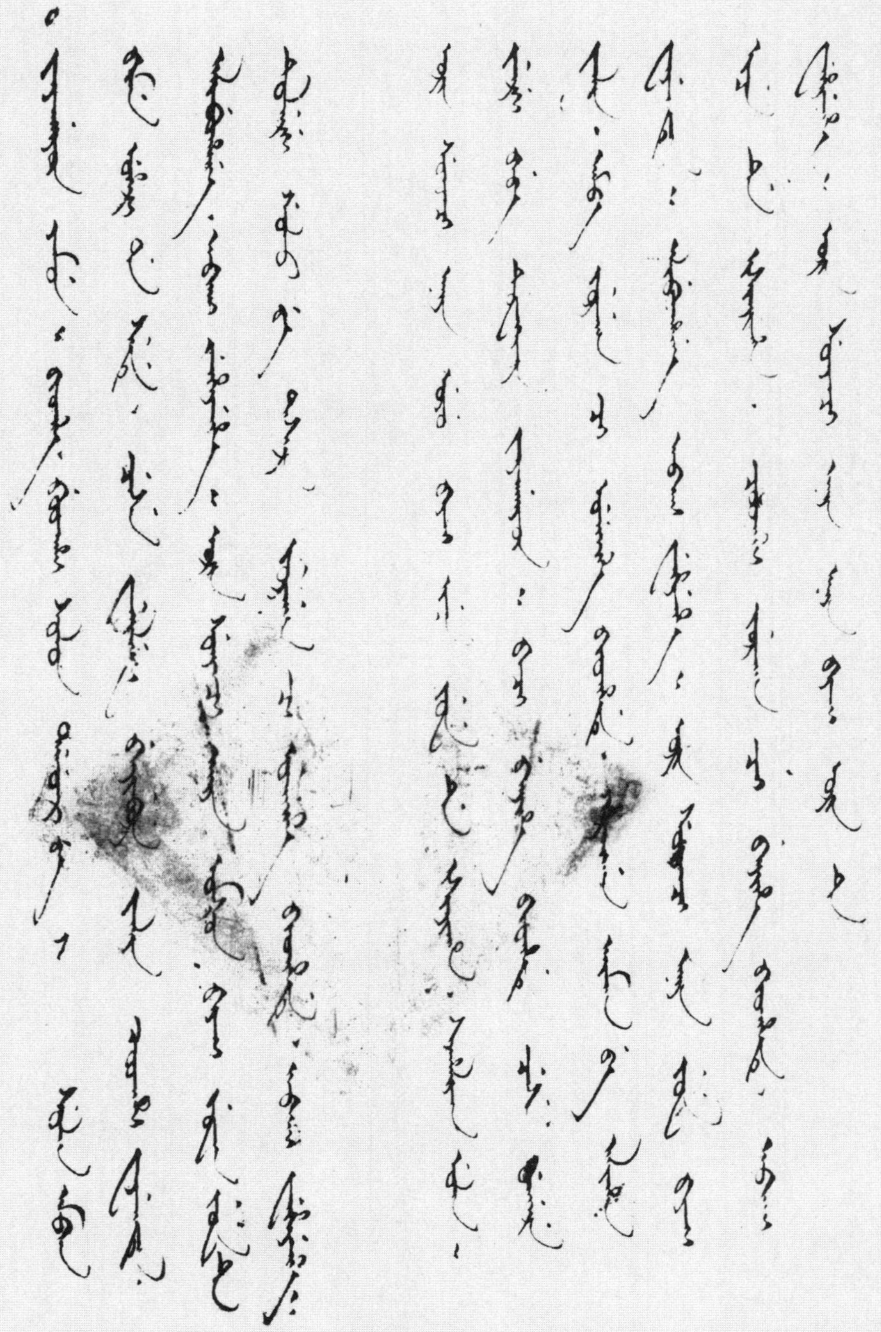

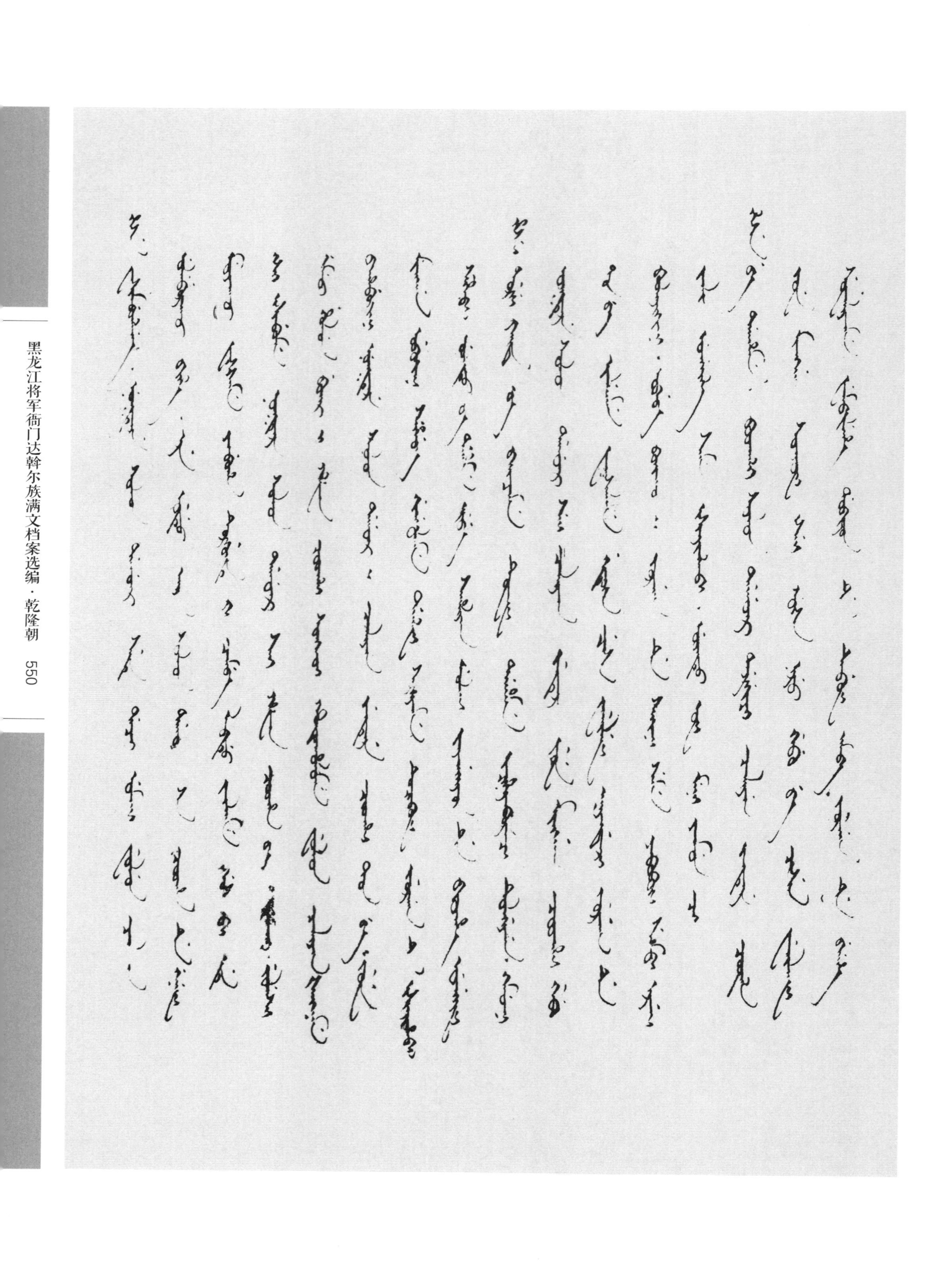

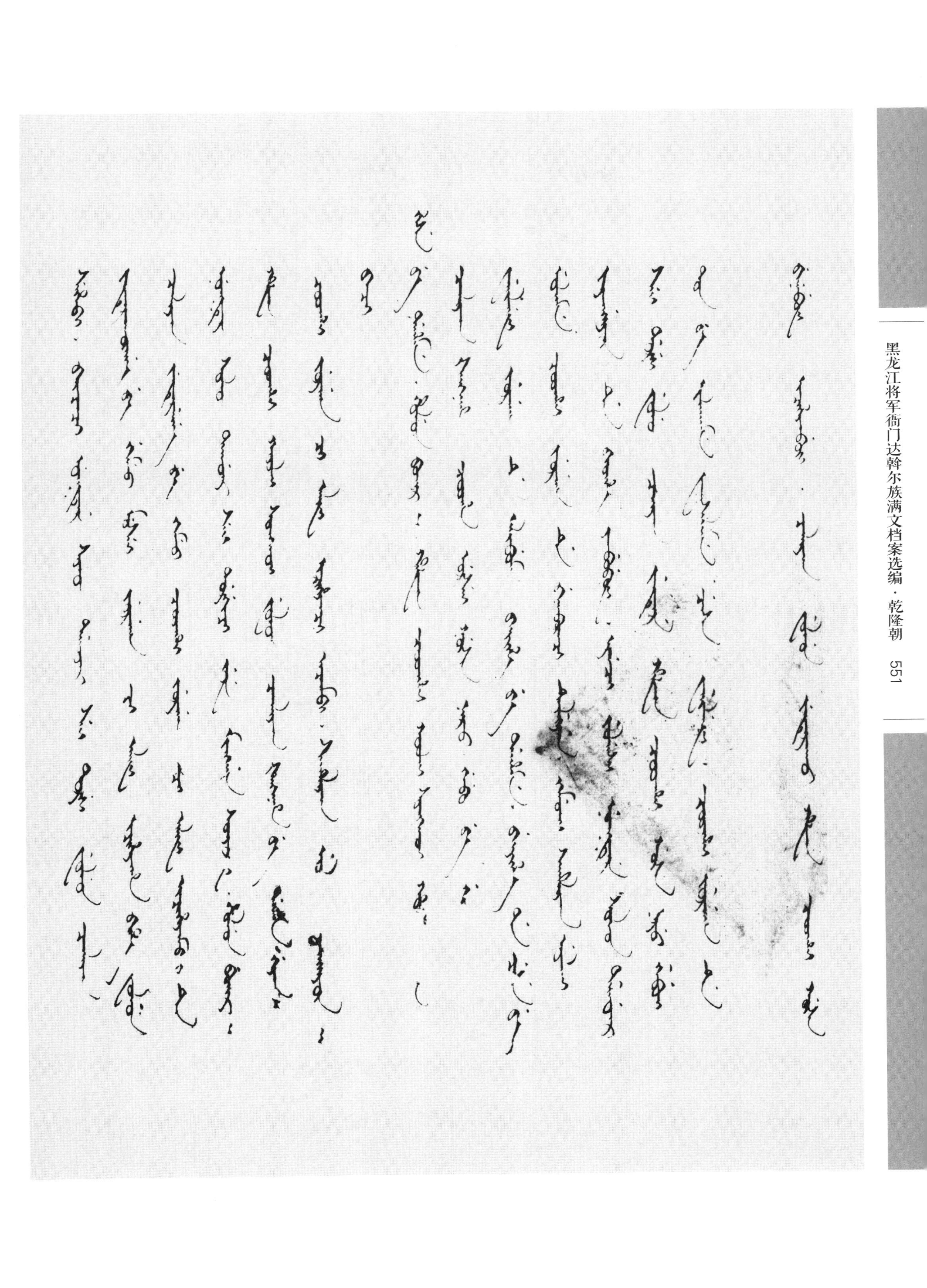

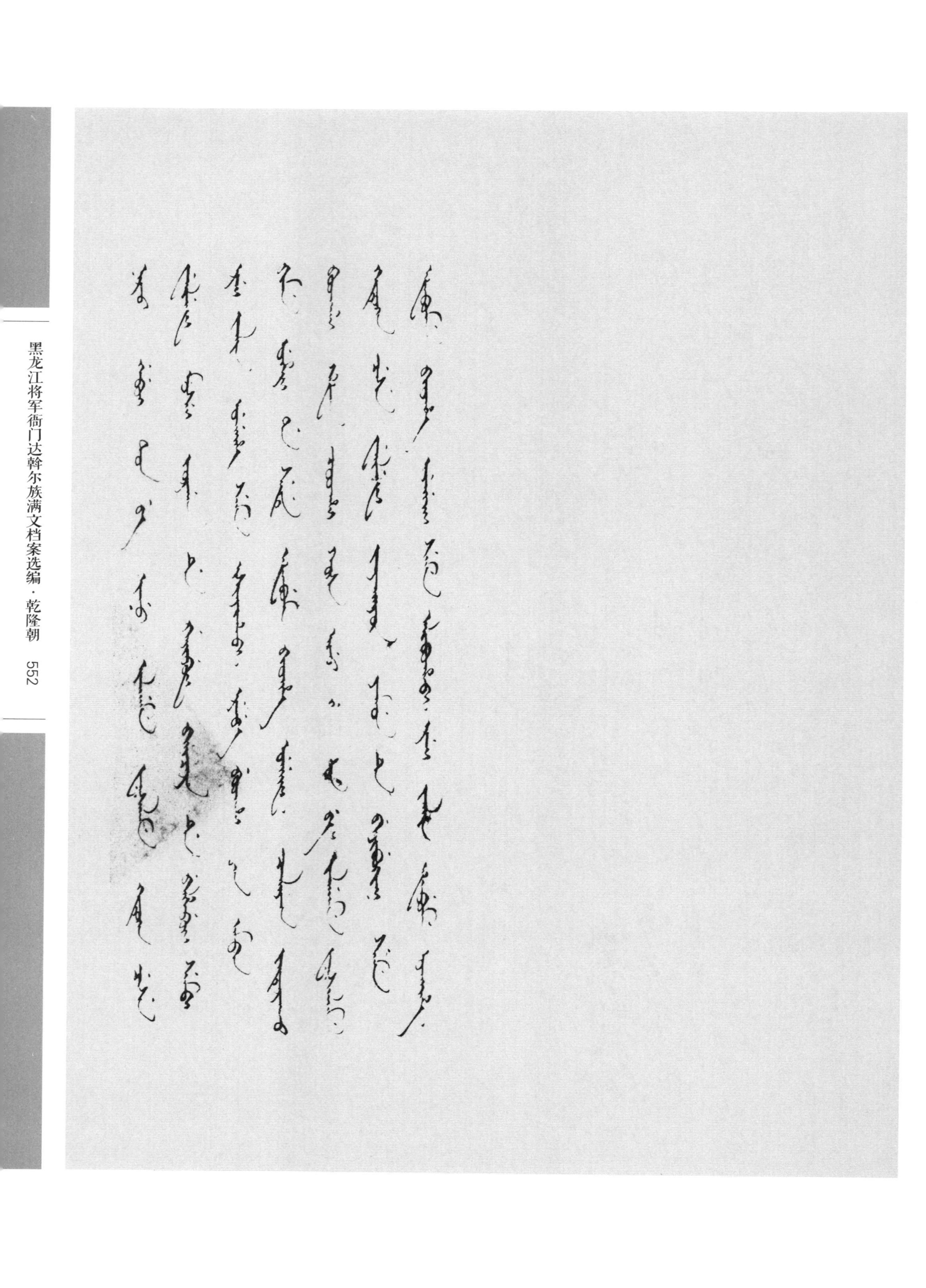

一〇八二　黑龙江将军衙门为令报送黑龙江各处佐领骁骑校缺应选满洲达斡尔等员履历考语事咨黑龙江副都统衙门文（附单一件）

乾隆二十六年正月二十二日

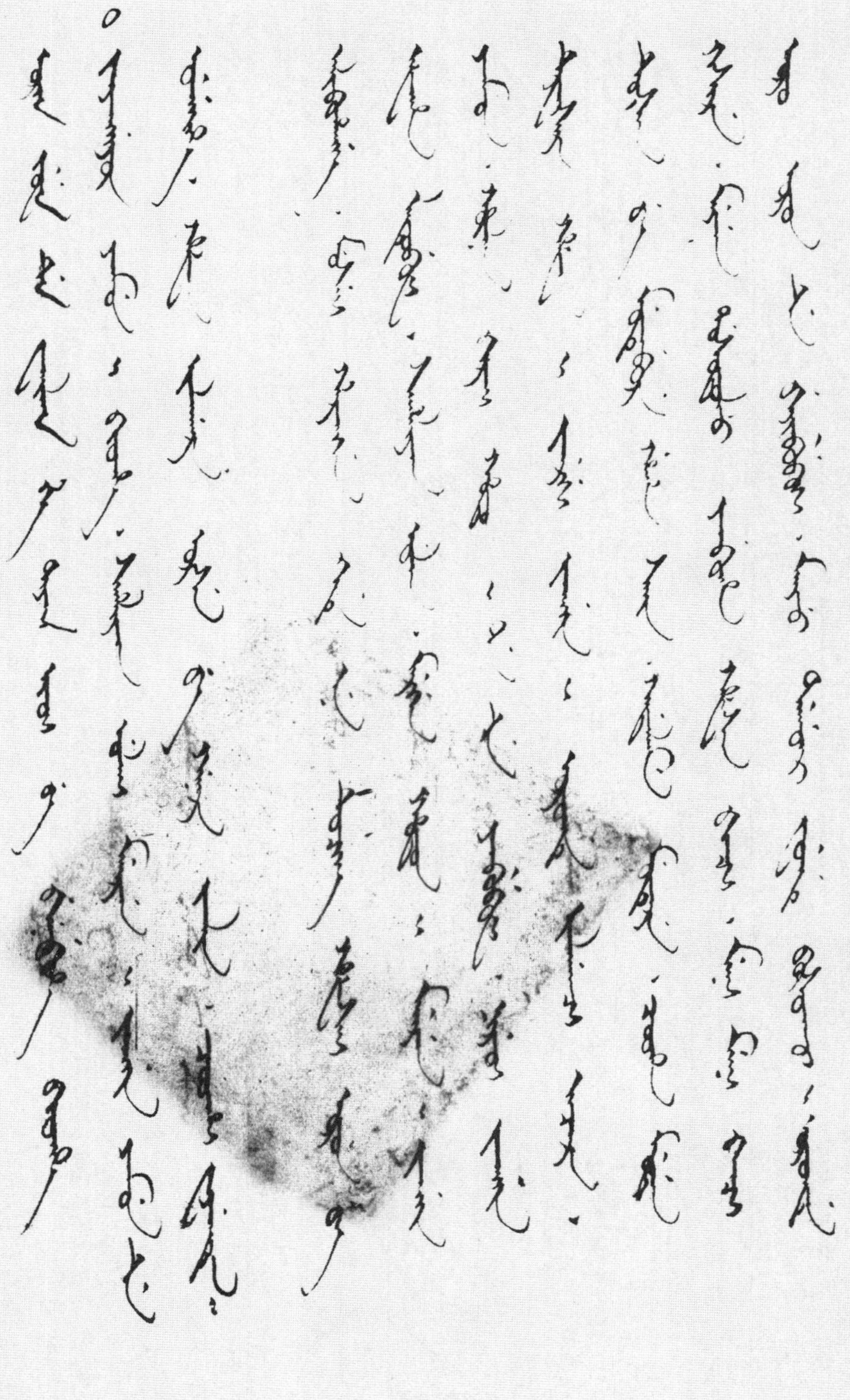

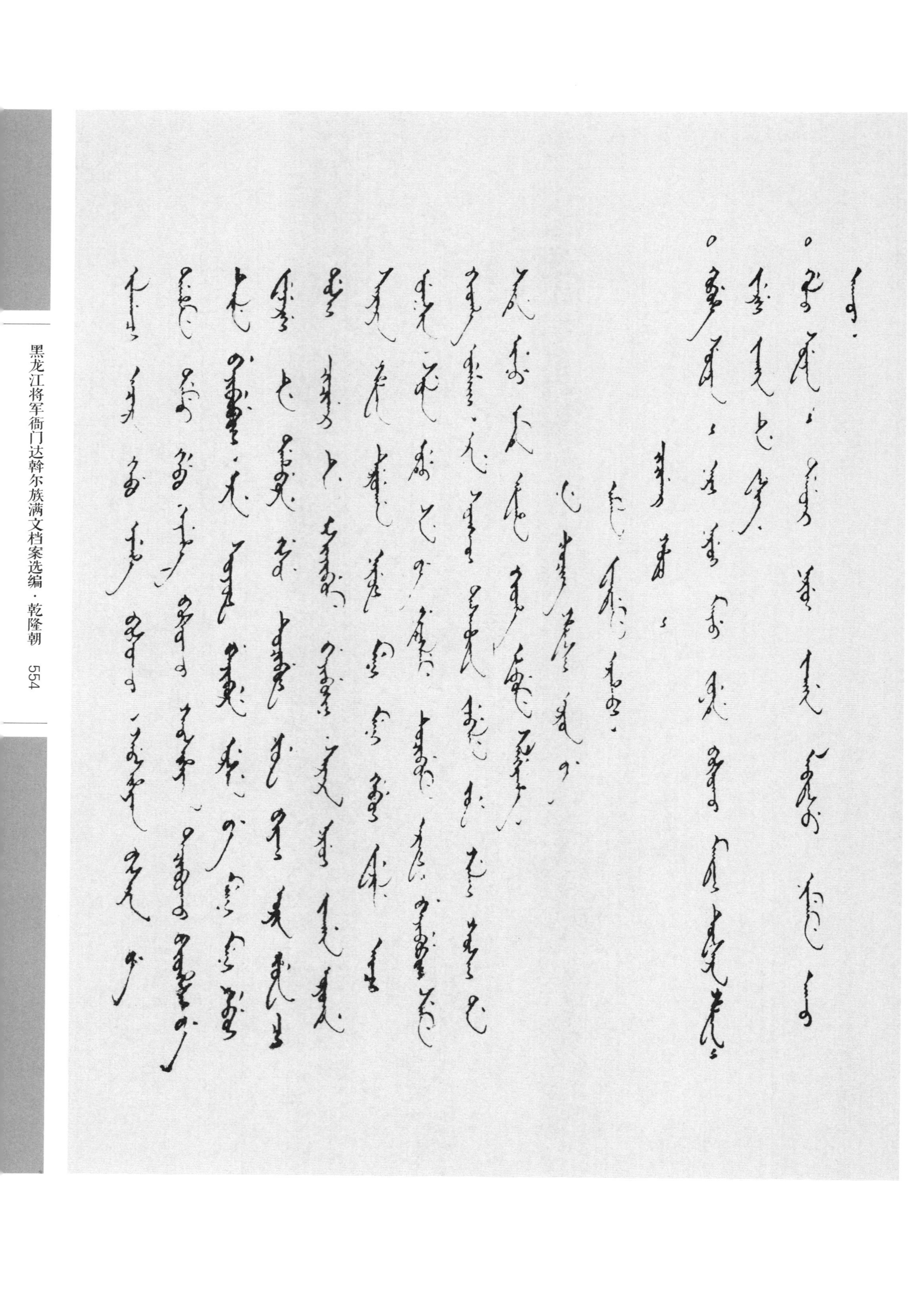

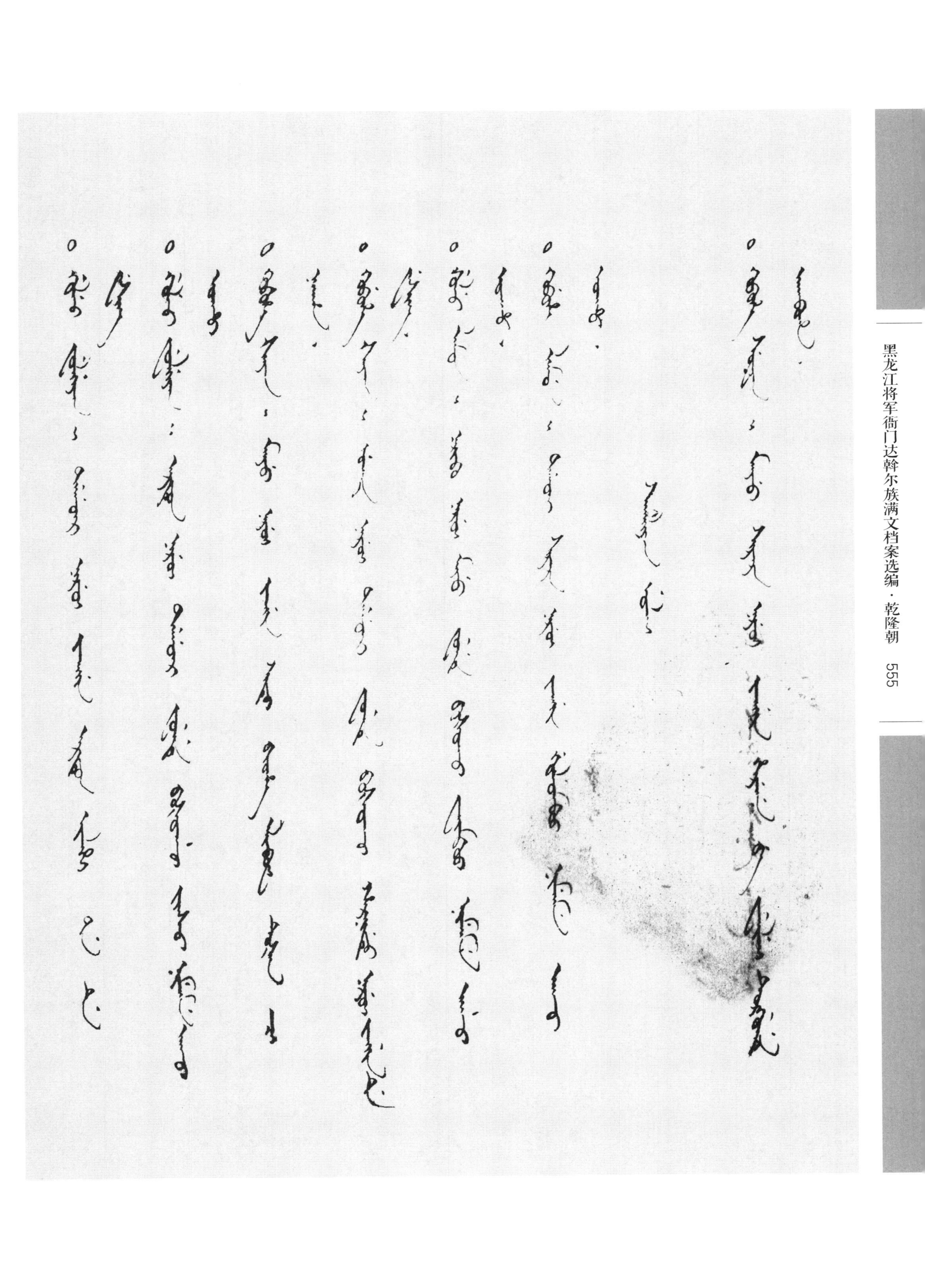

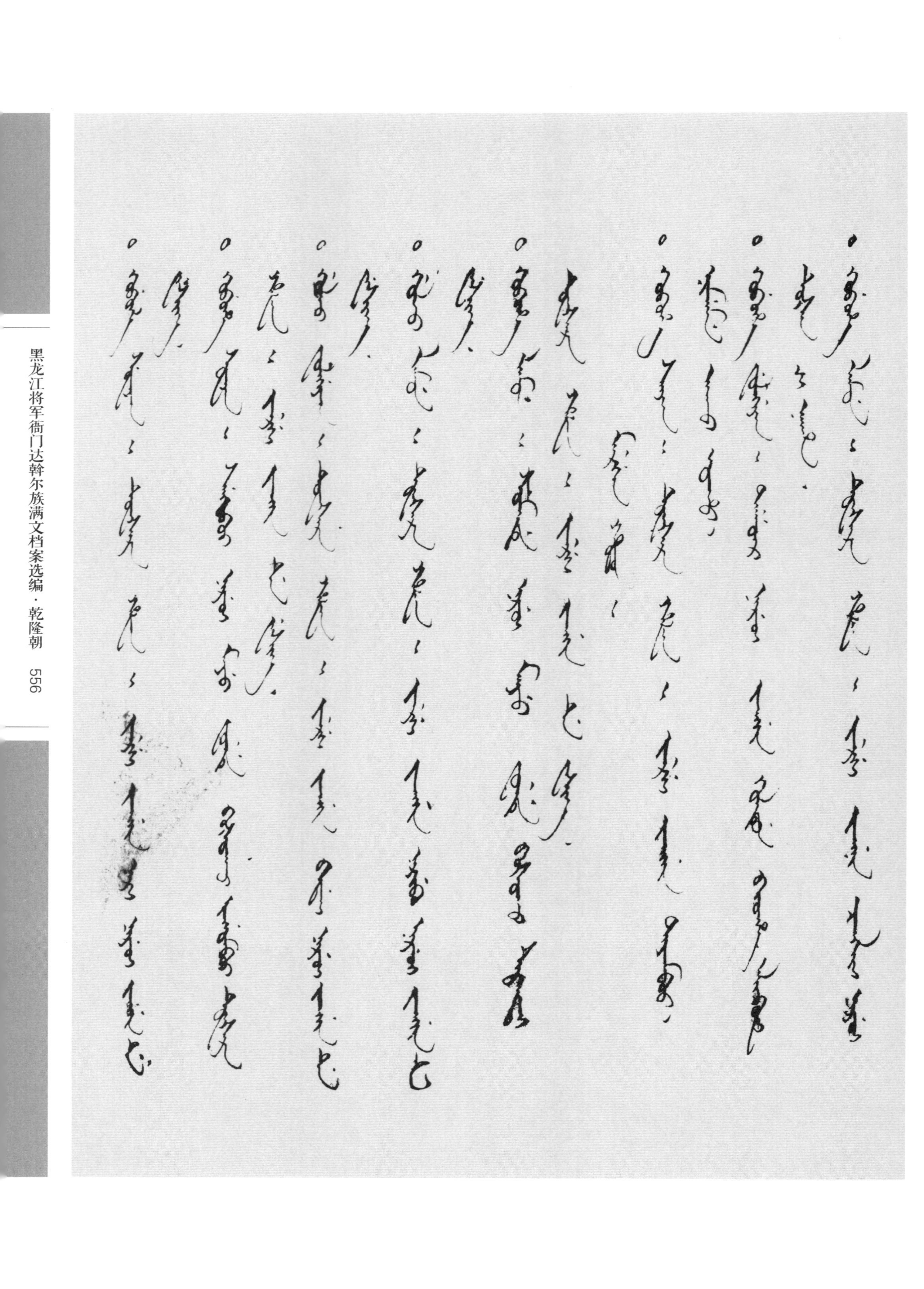

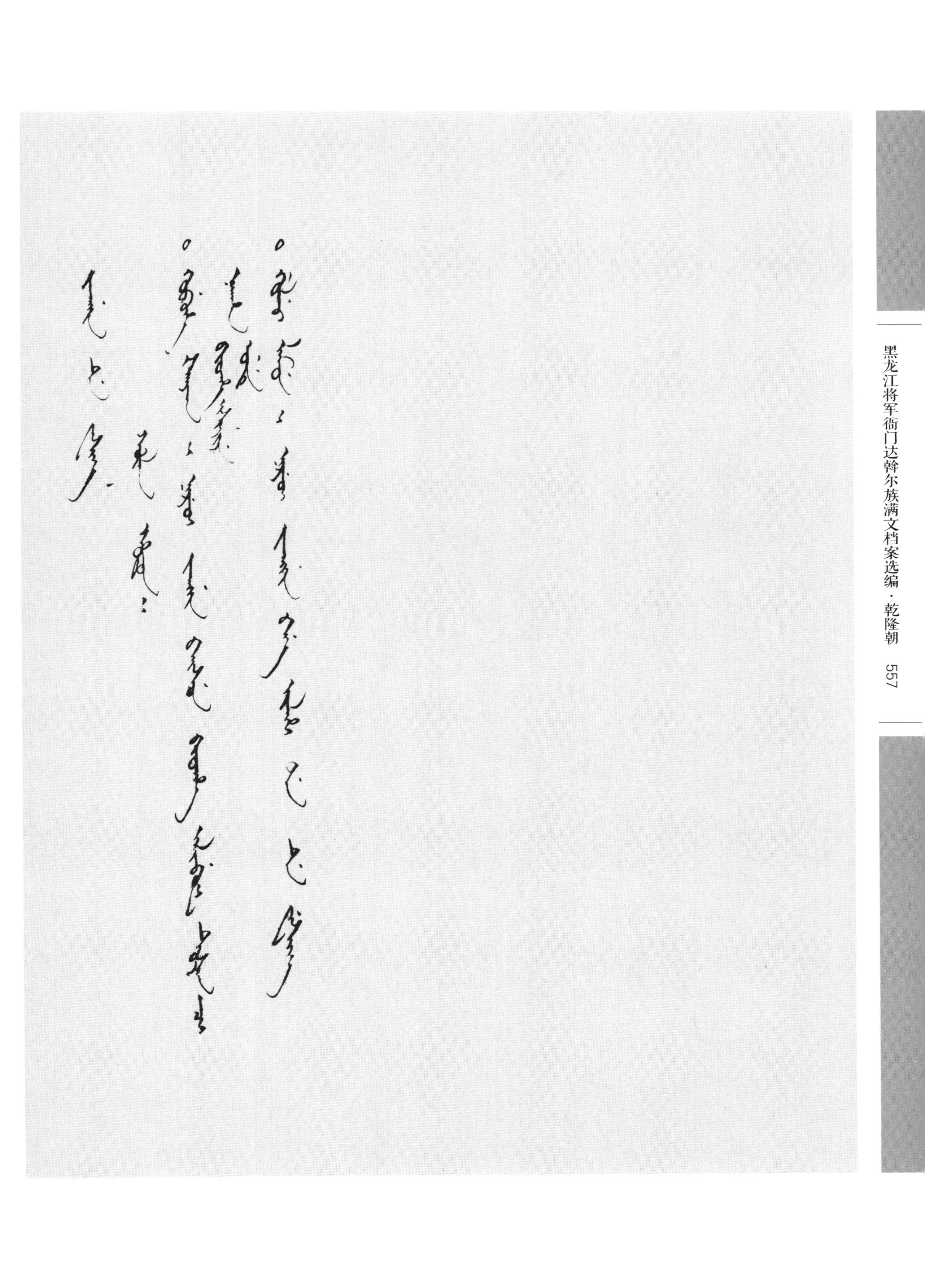

[illegible]

乾隆二十六年正月二十五日

一〇八三　黑龙江将军衙门为令办理索伦达斡尔等留驻京城事宜事札布特哈索伦达斡尔总管等文（附名单一件）

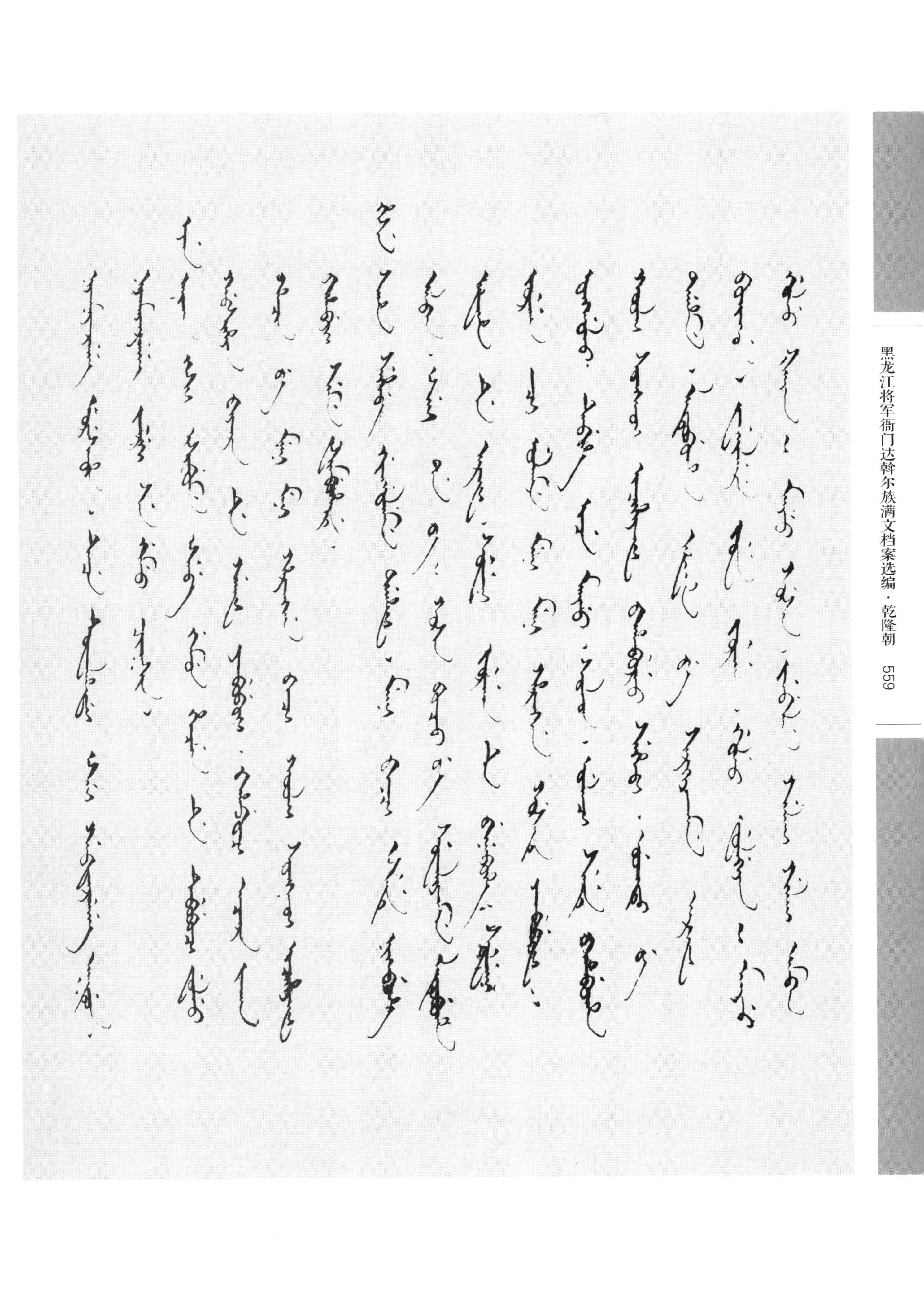

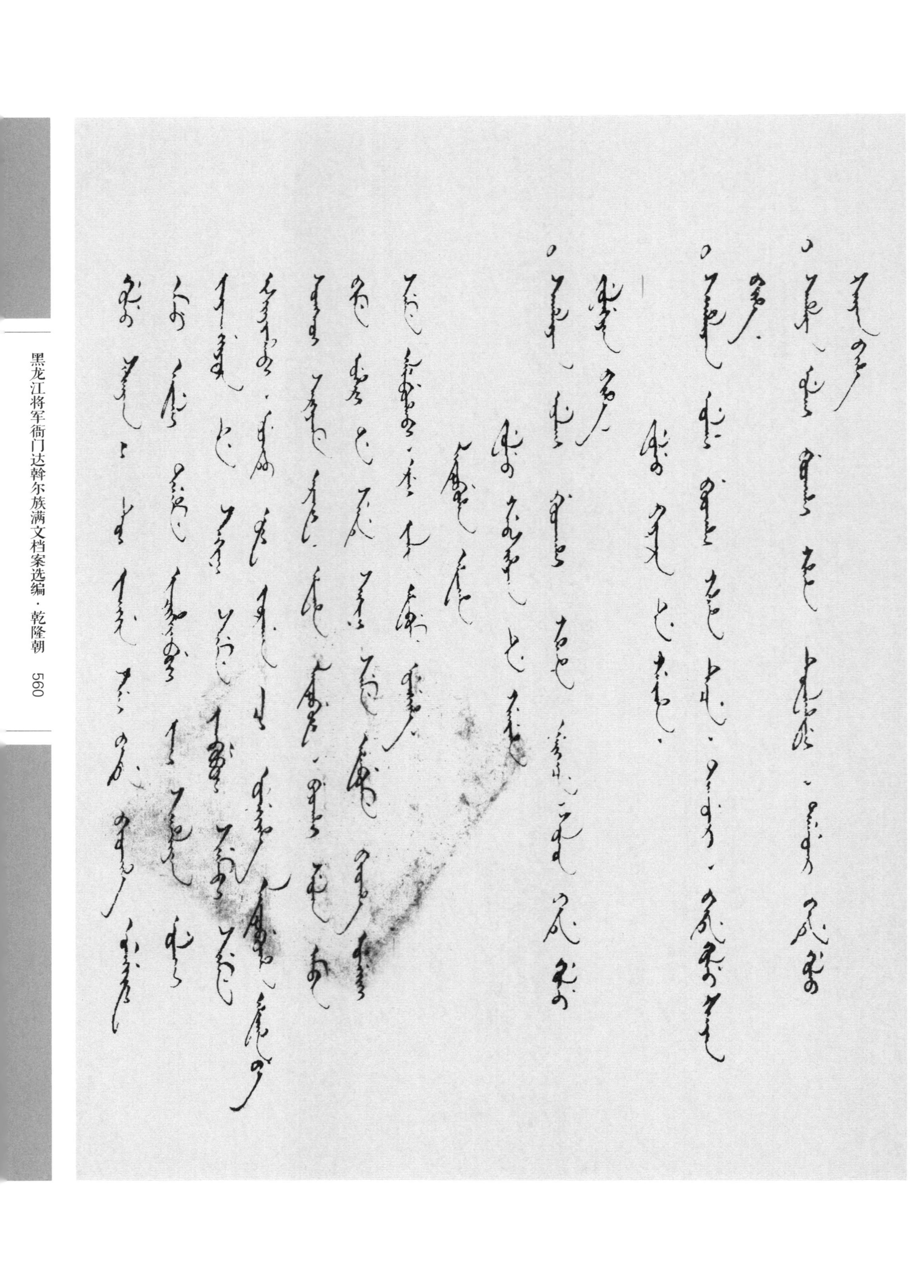

一〇八四 黑龙江将军衙门为京师正黄旗达斡尔闲散绥赫图回籍照料患病母亲事札布特哈索伦达斡尔总管等文

乾隆二十六年正月二十五日

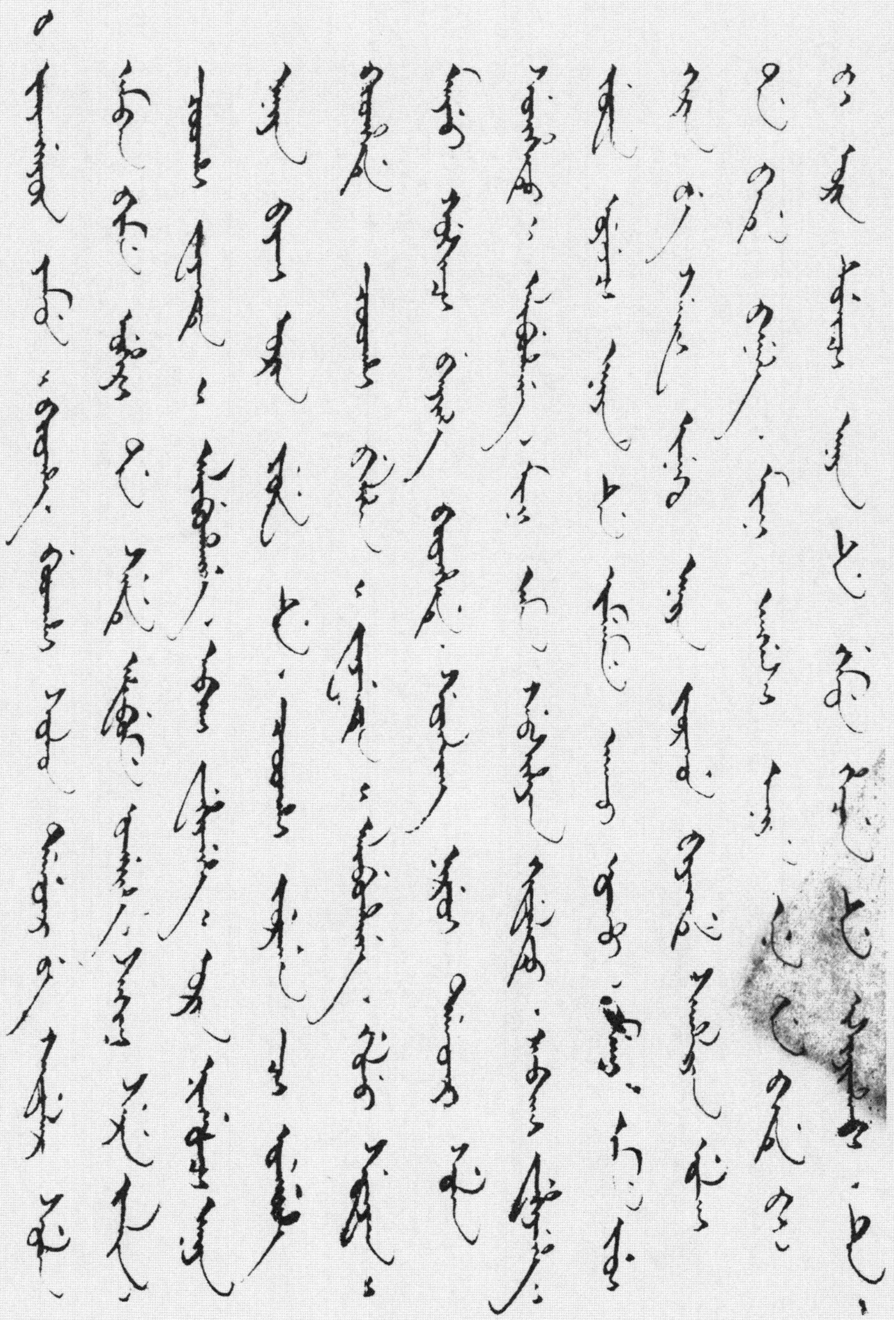

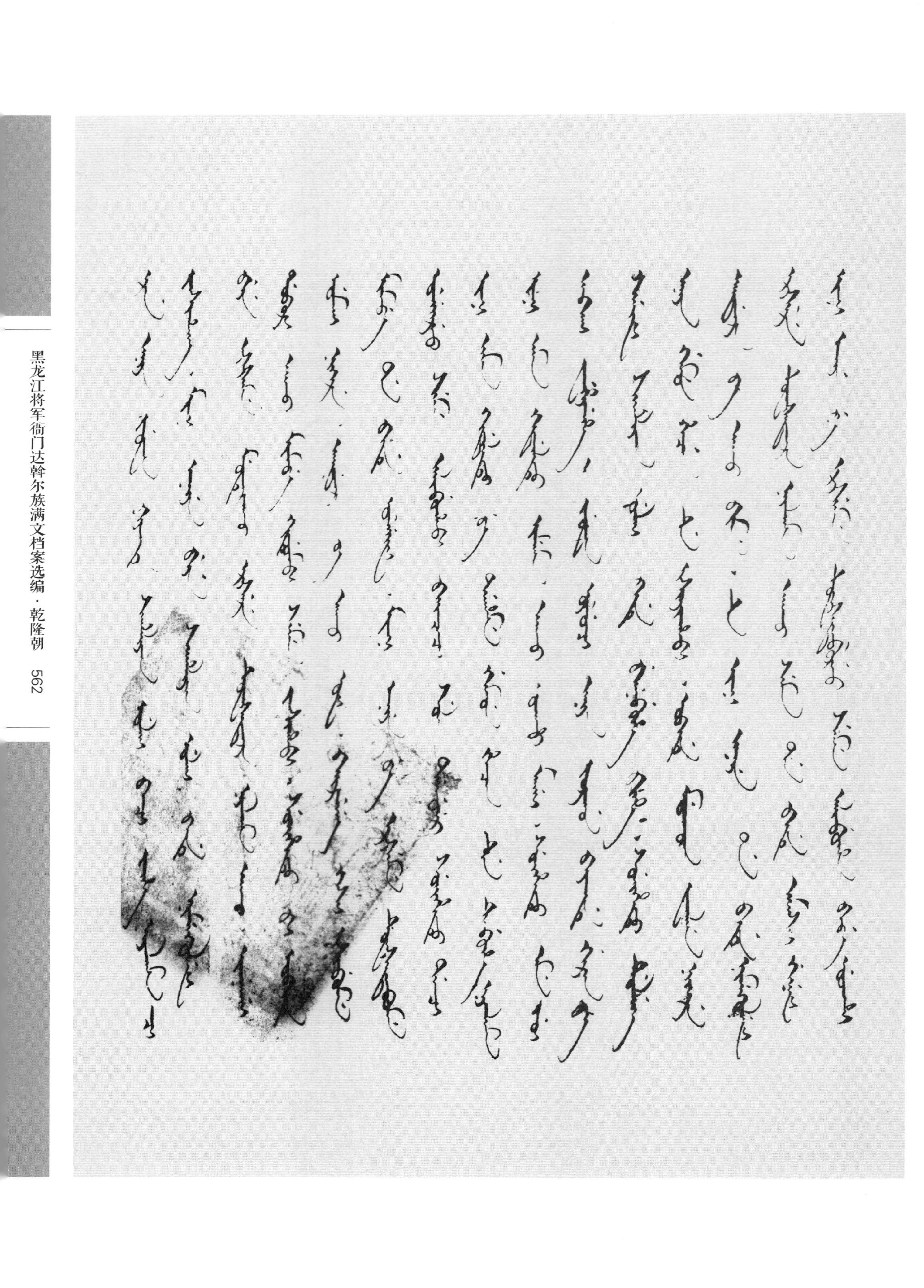

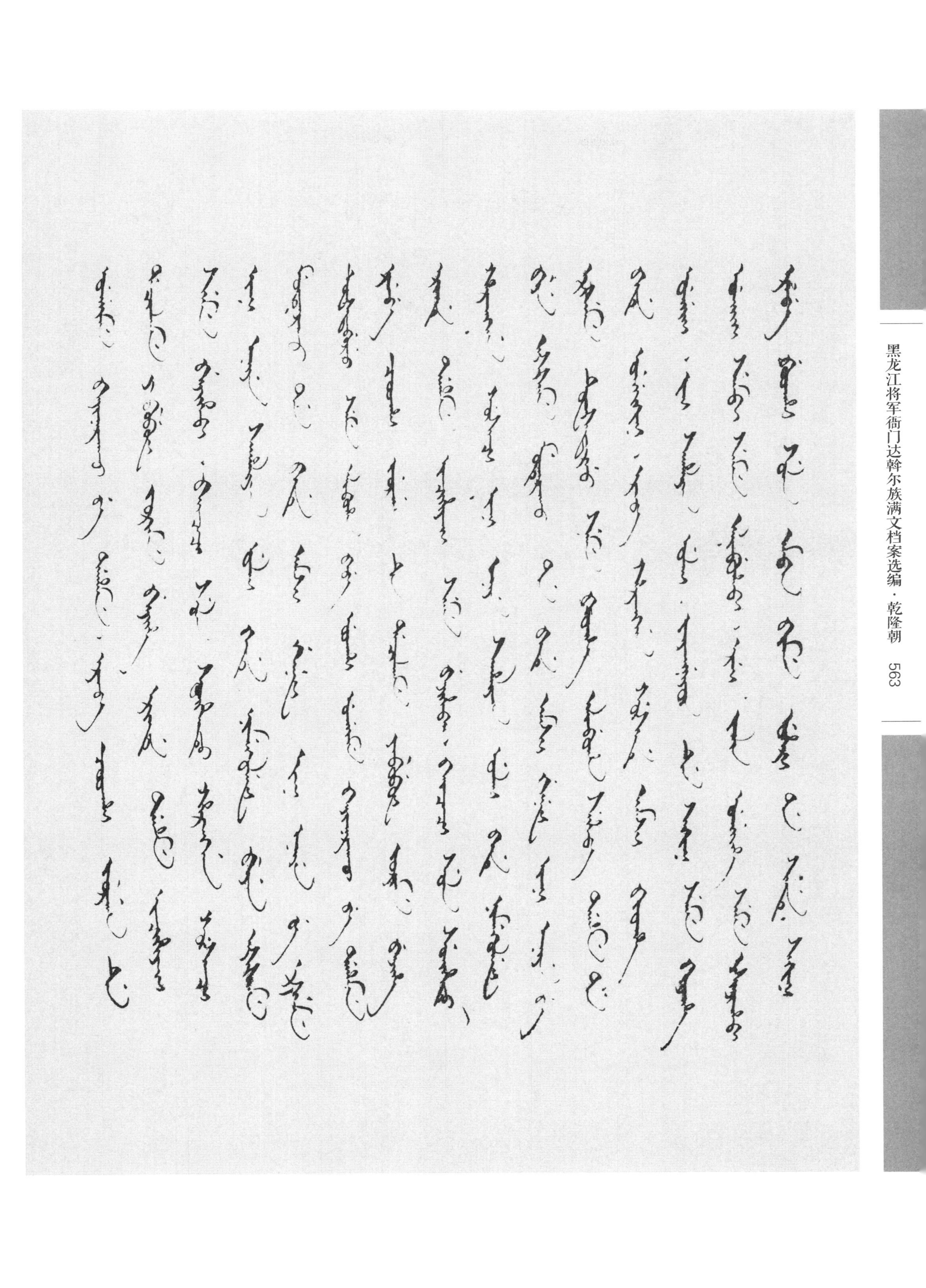

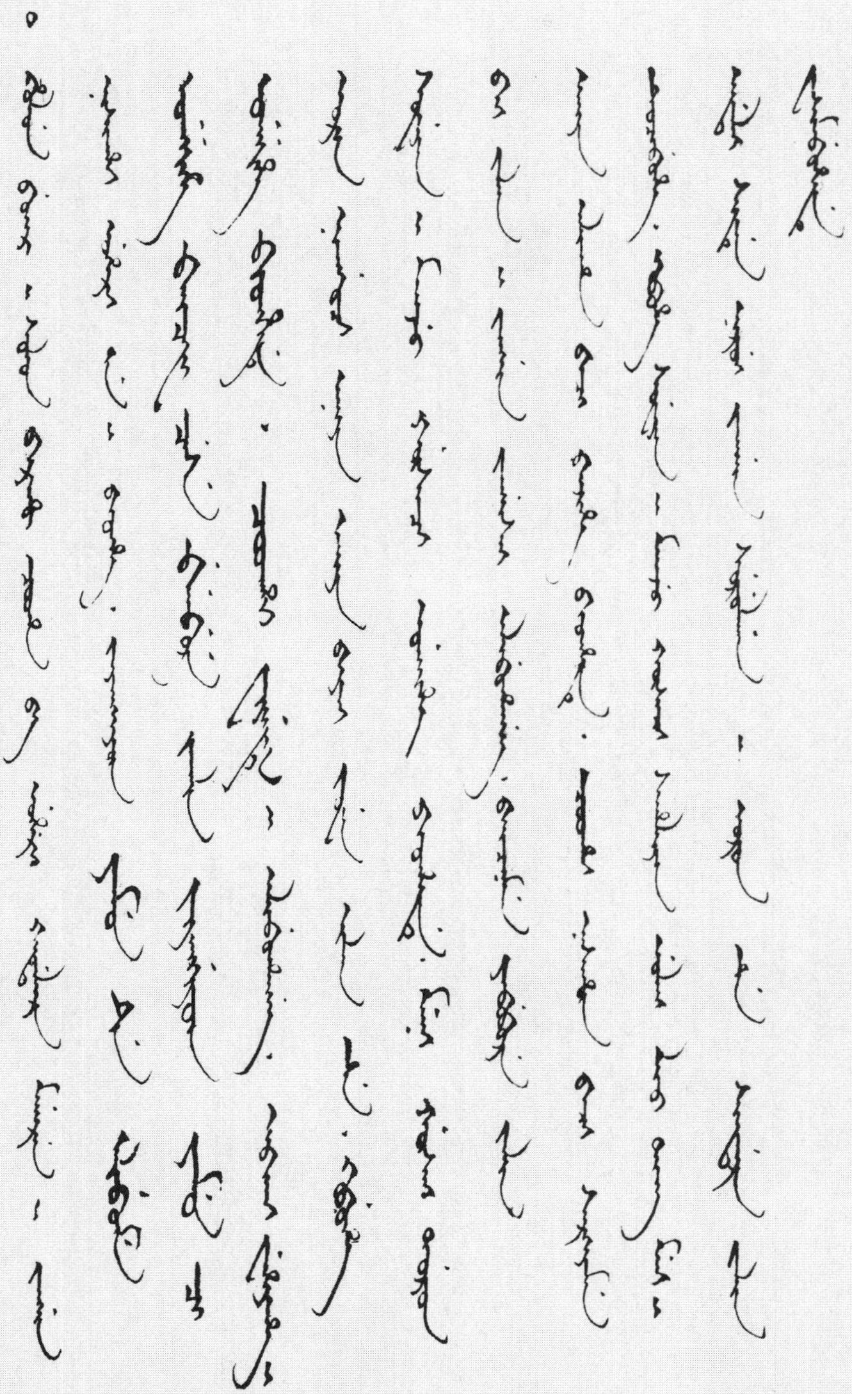

乾隆二十六年二月初十日

呈黑龙江将军衙门文

一〇八五　管带呼伦贝尔索伦巴尔虎官兵副都统衔总管为查明达斡尔桂台等佐领源流并造册解送事咨

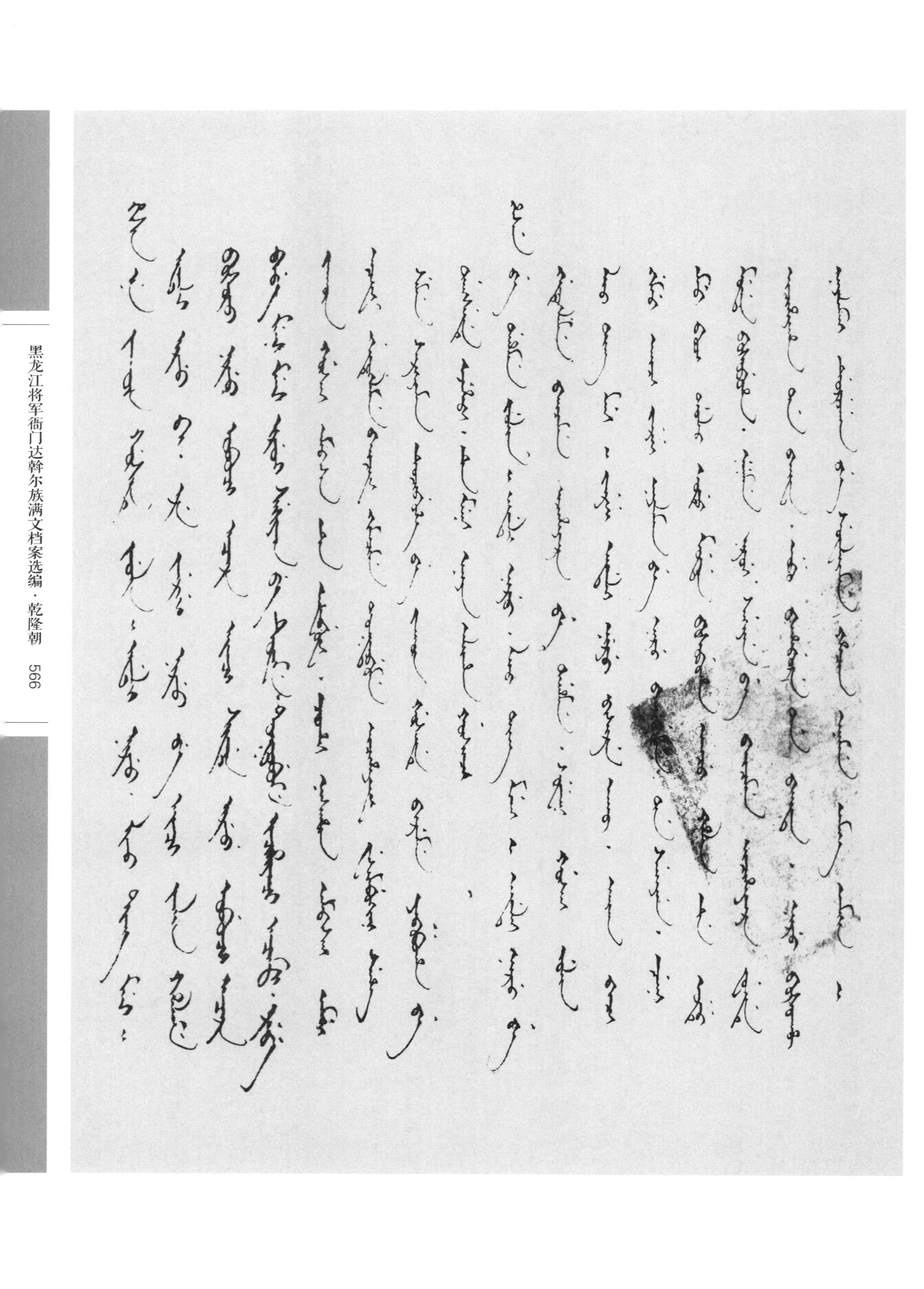

[illegible]

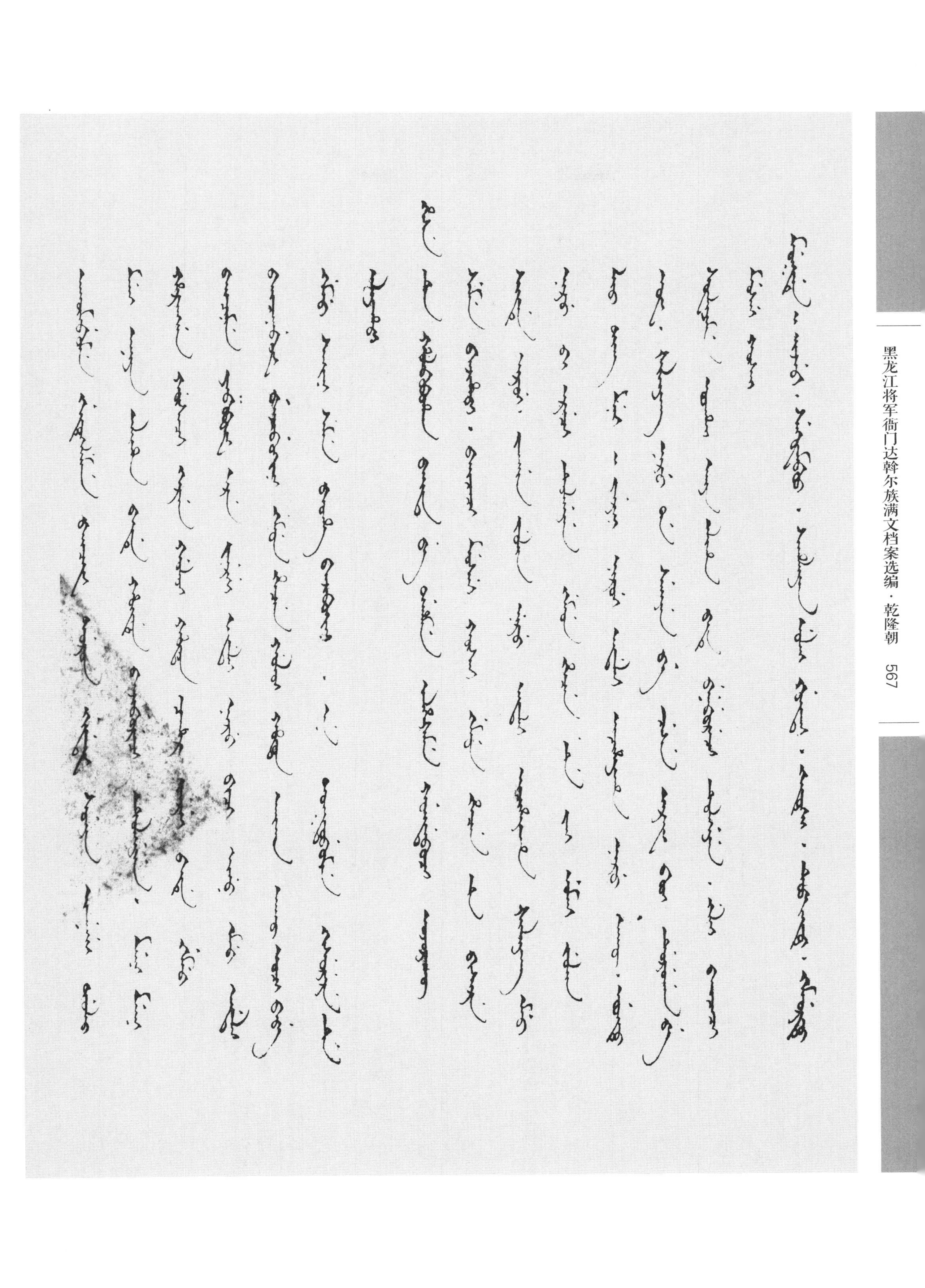

[illegible]

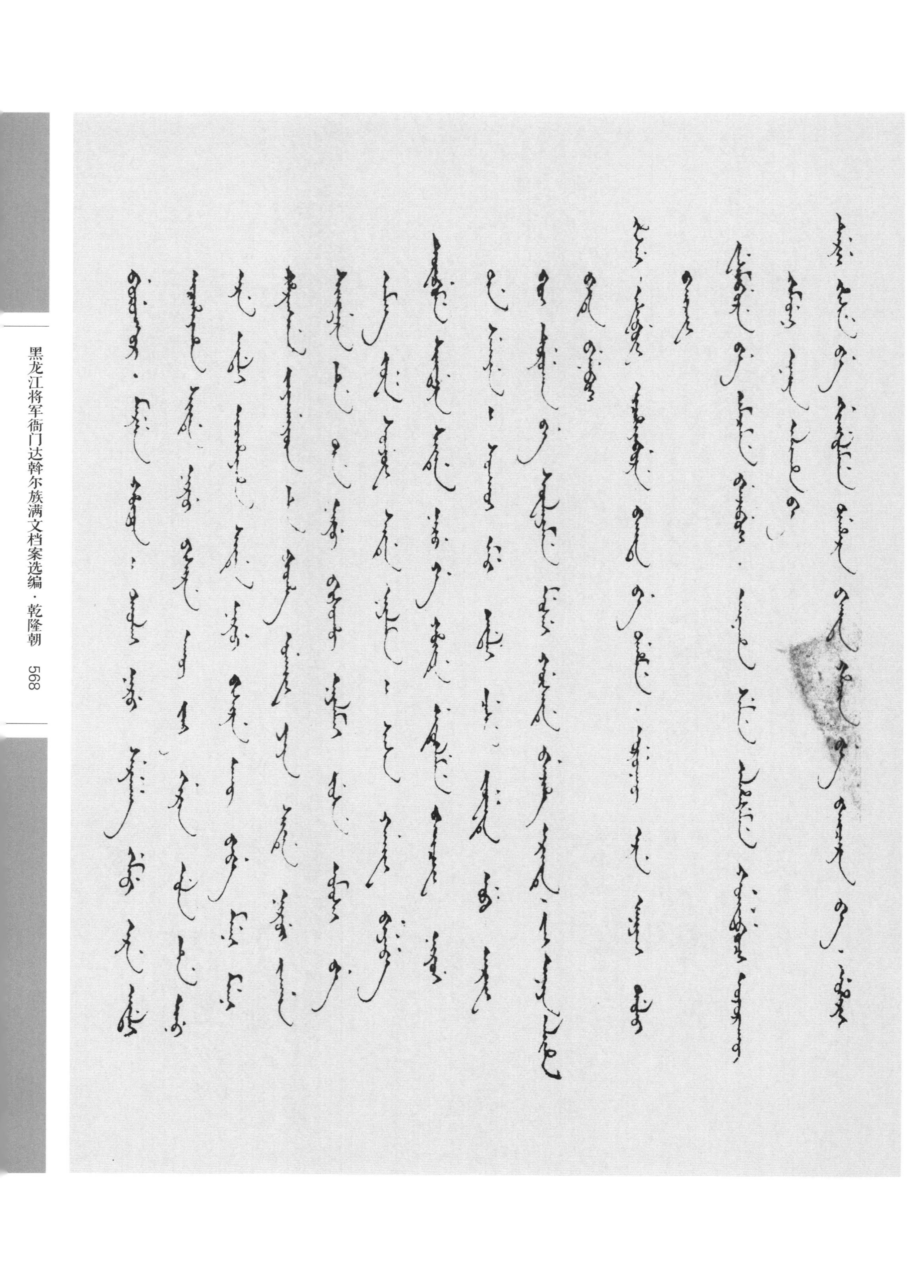

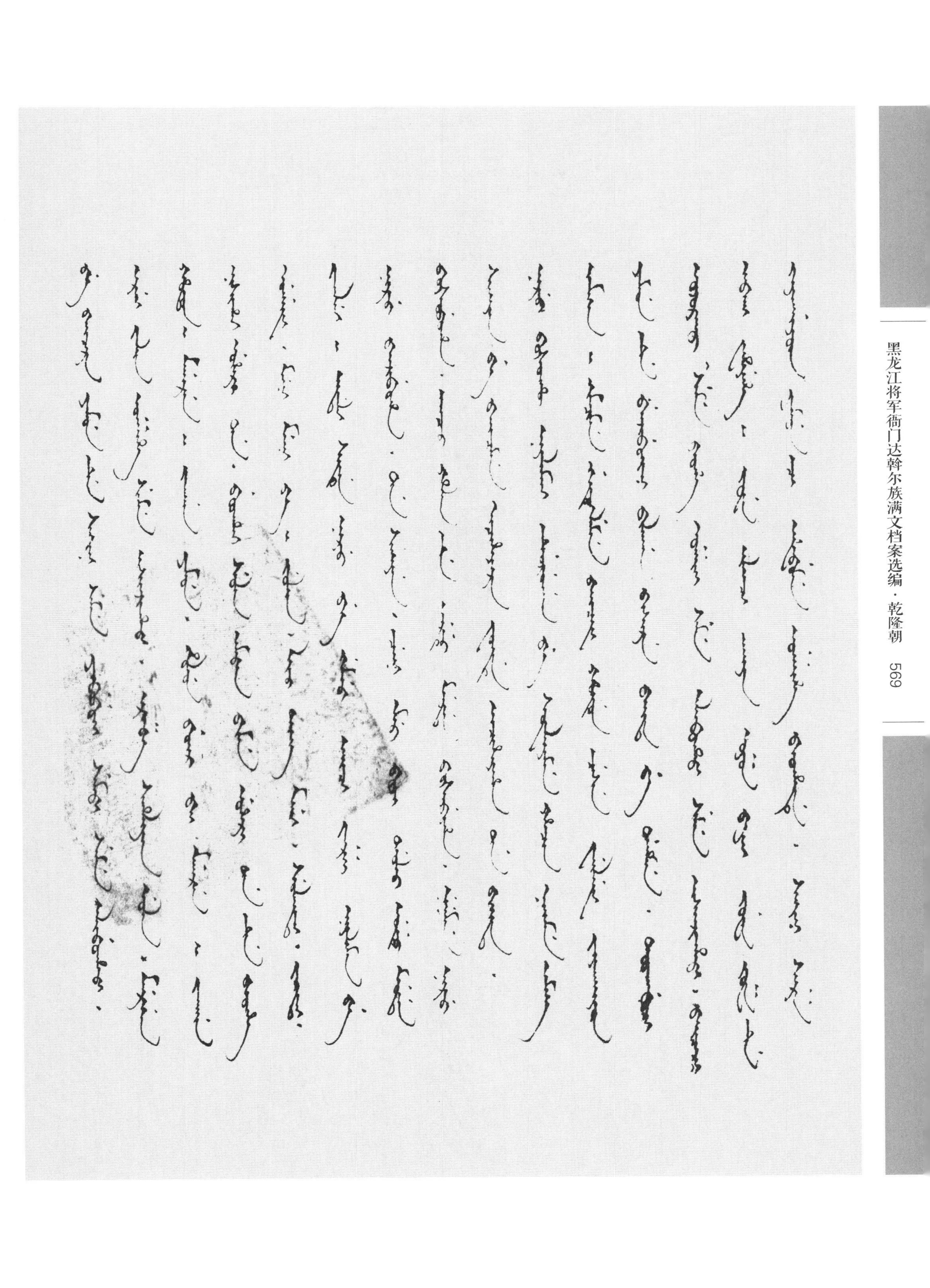

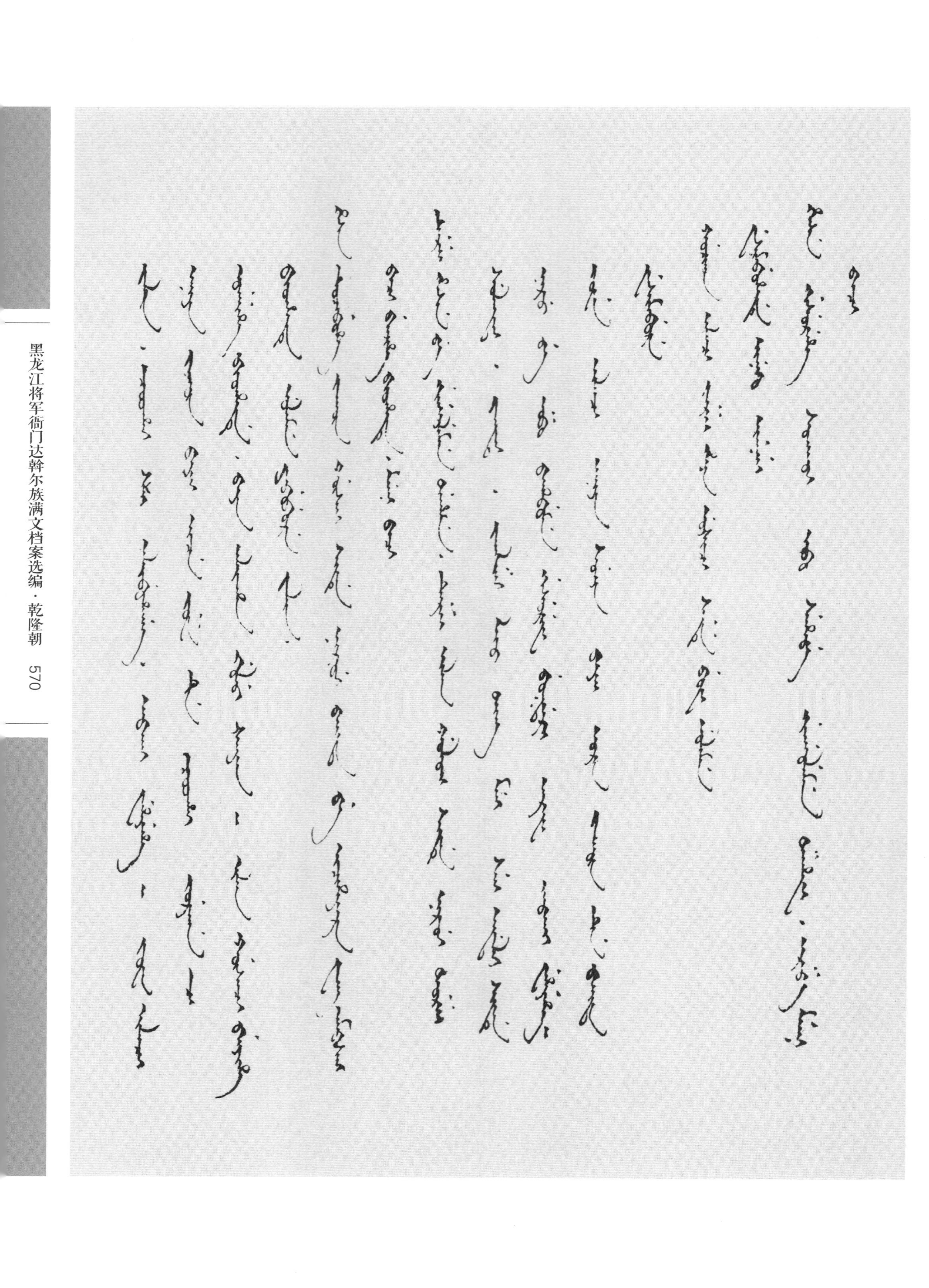

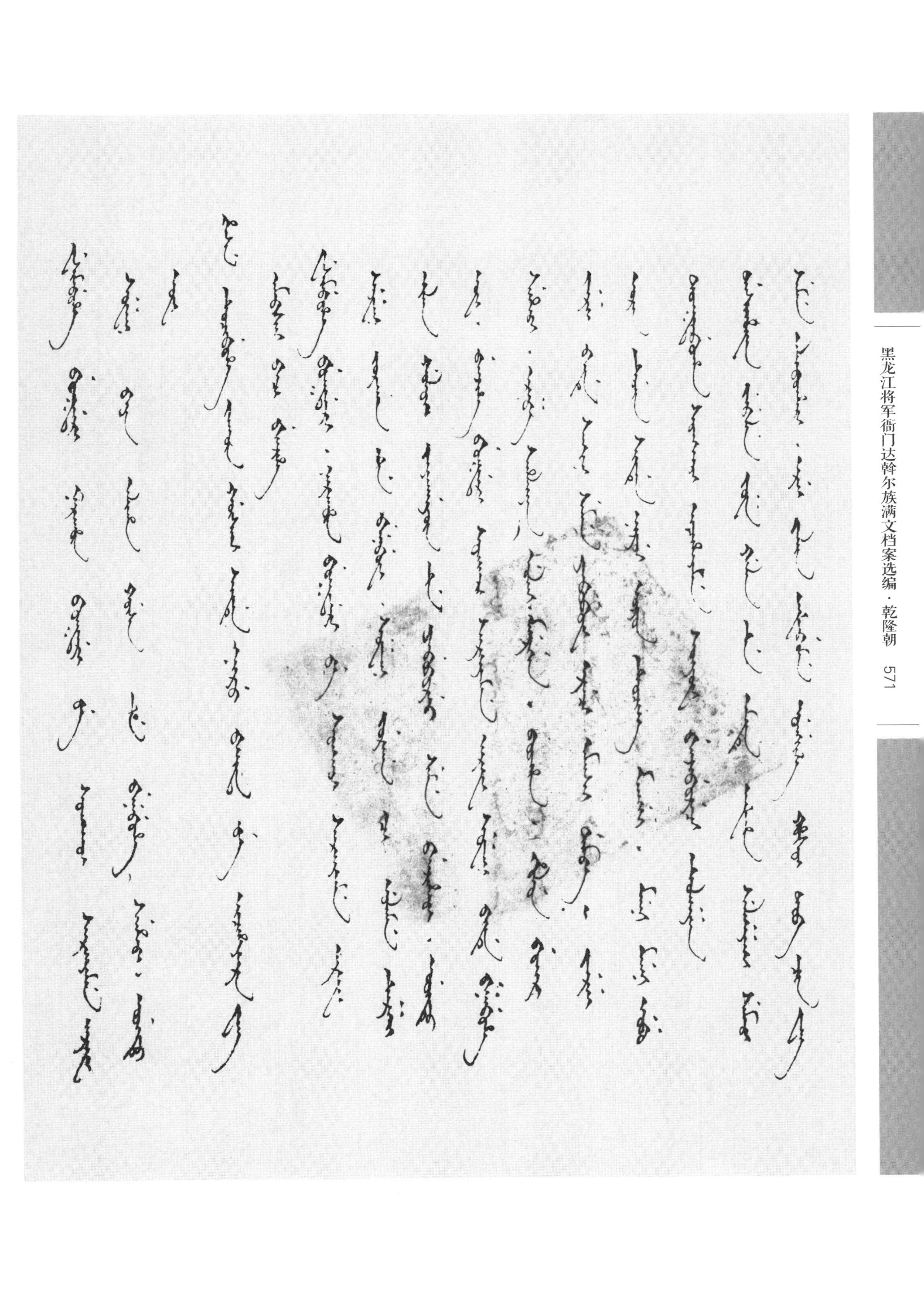

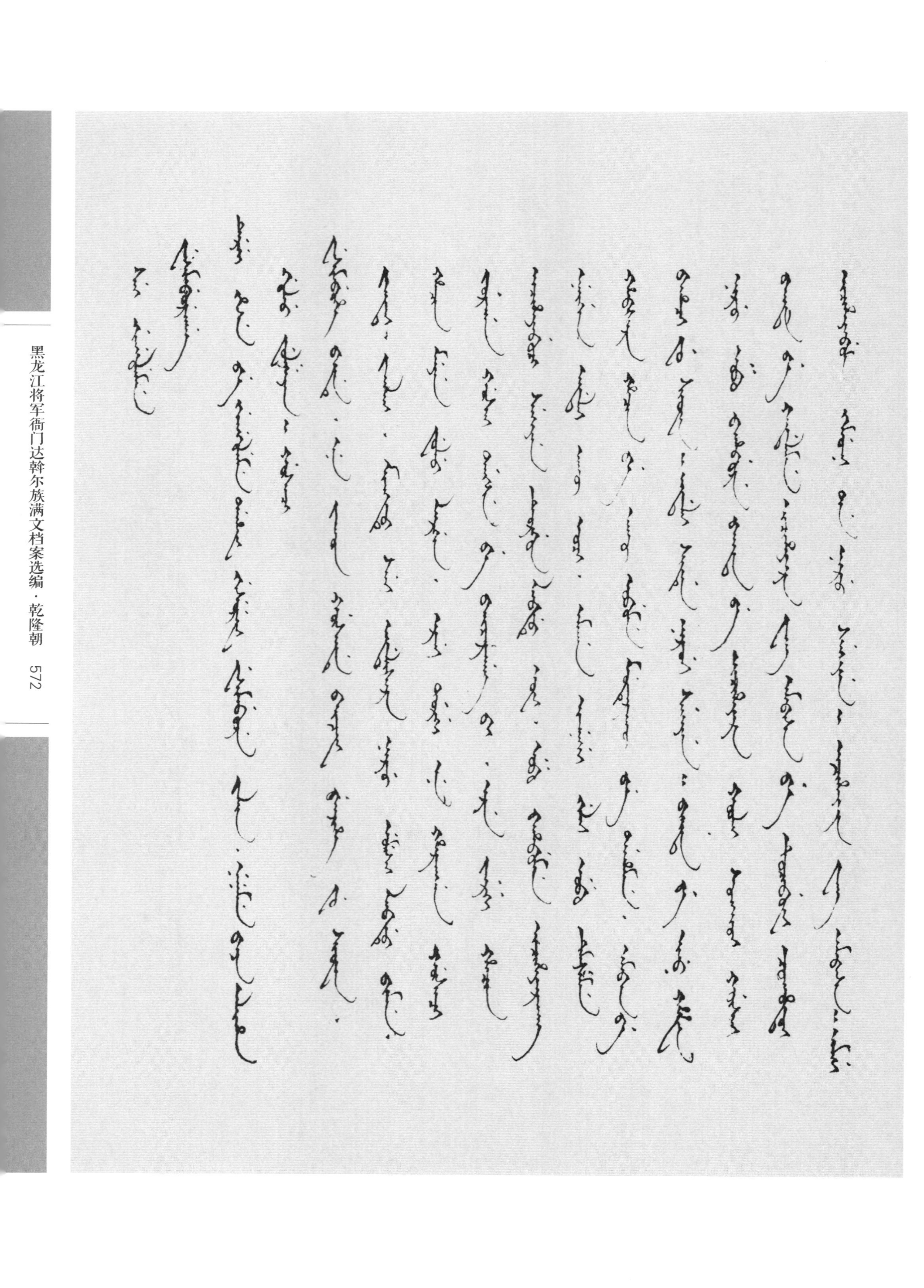

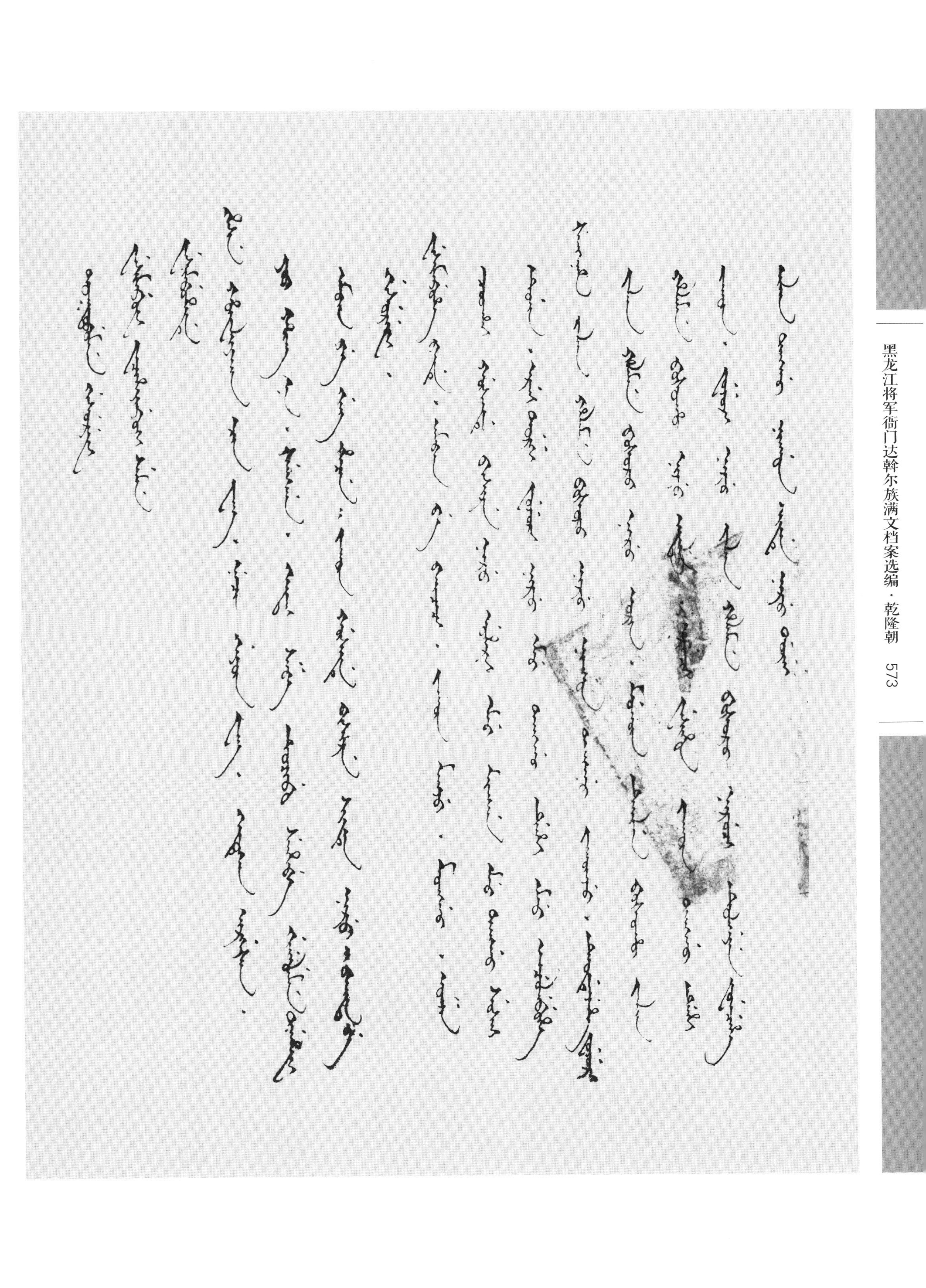

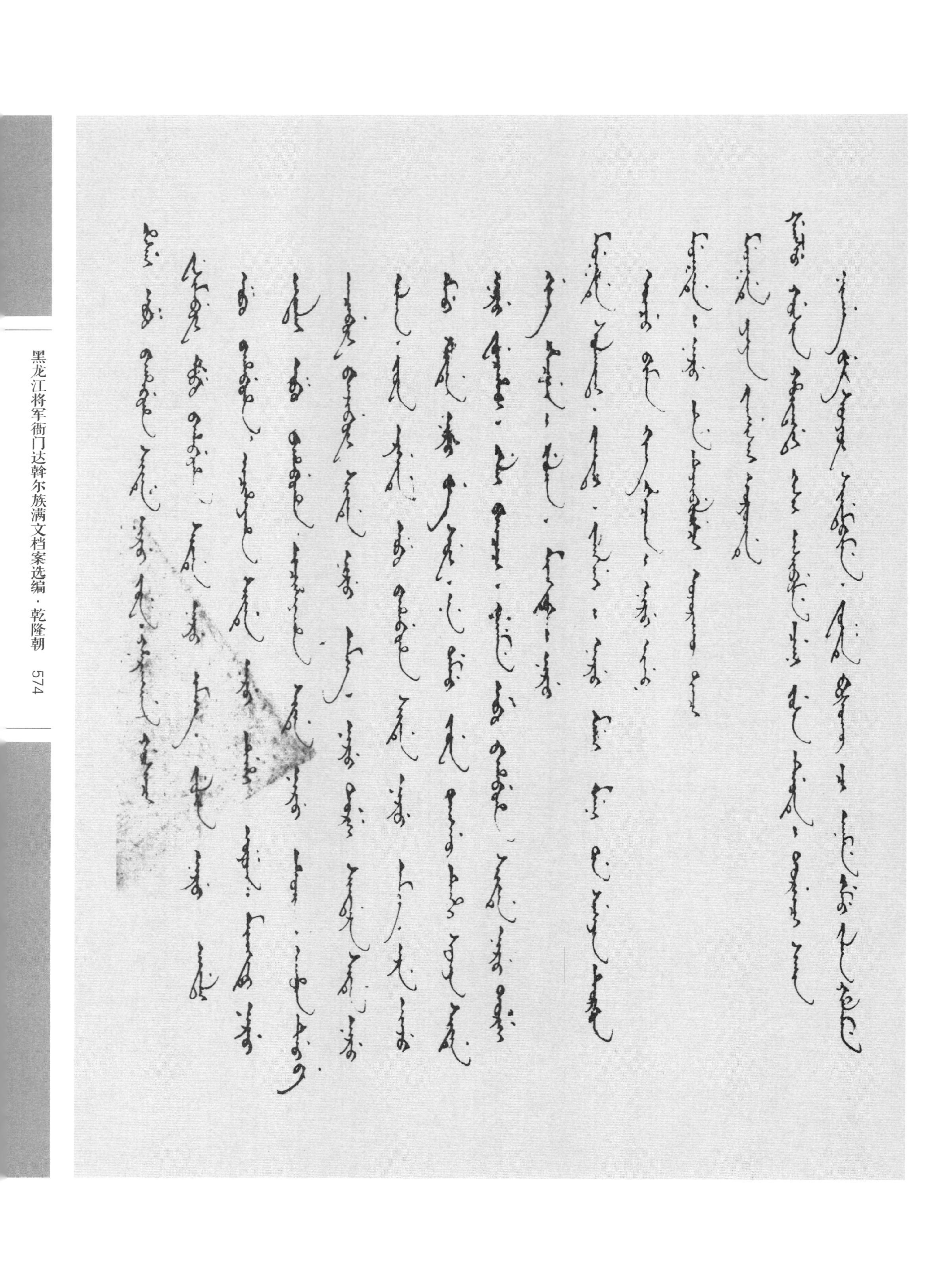

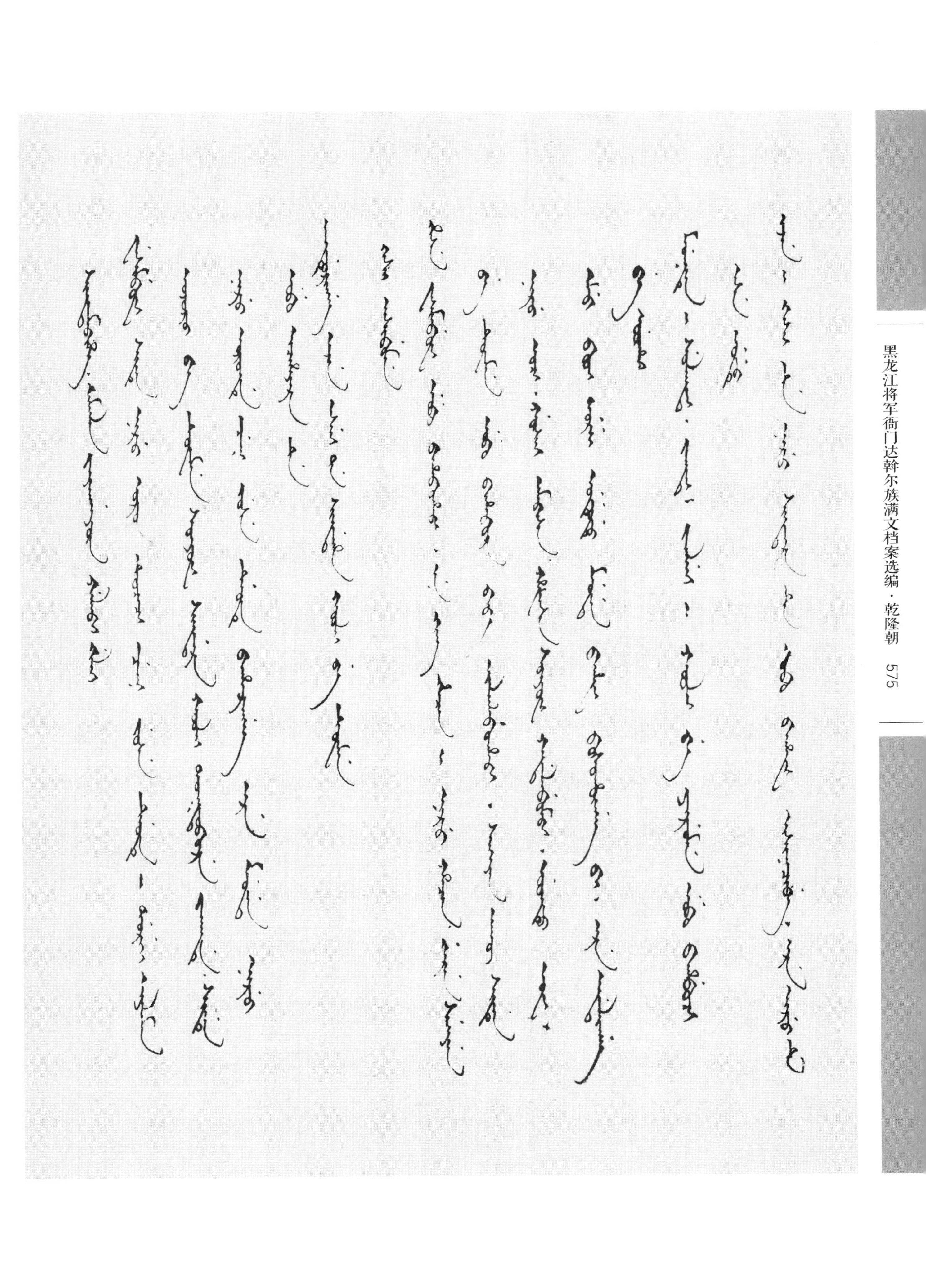

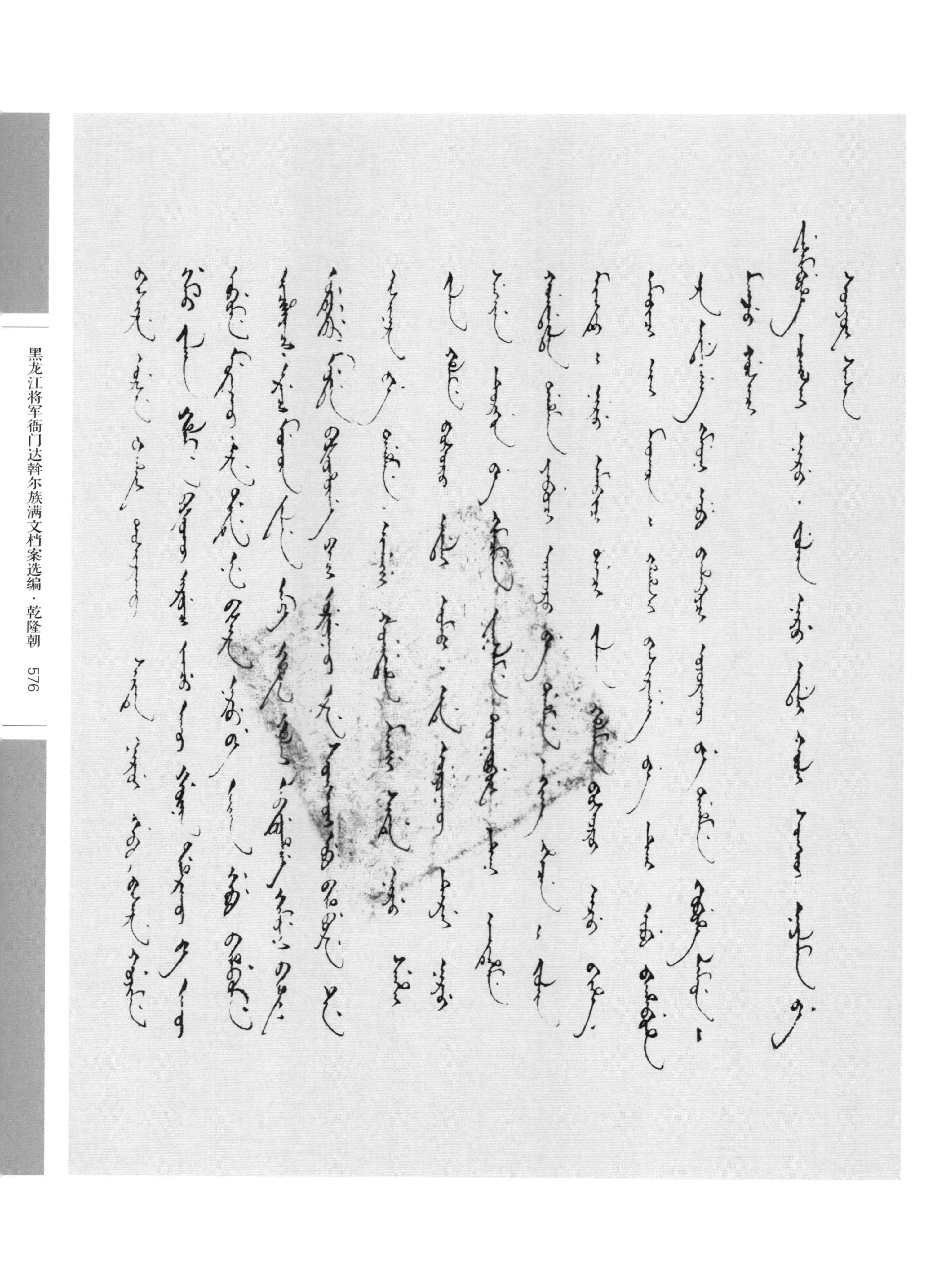

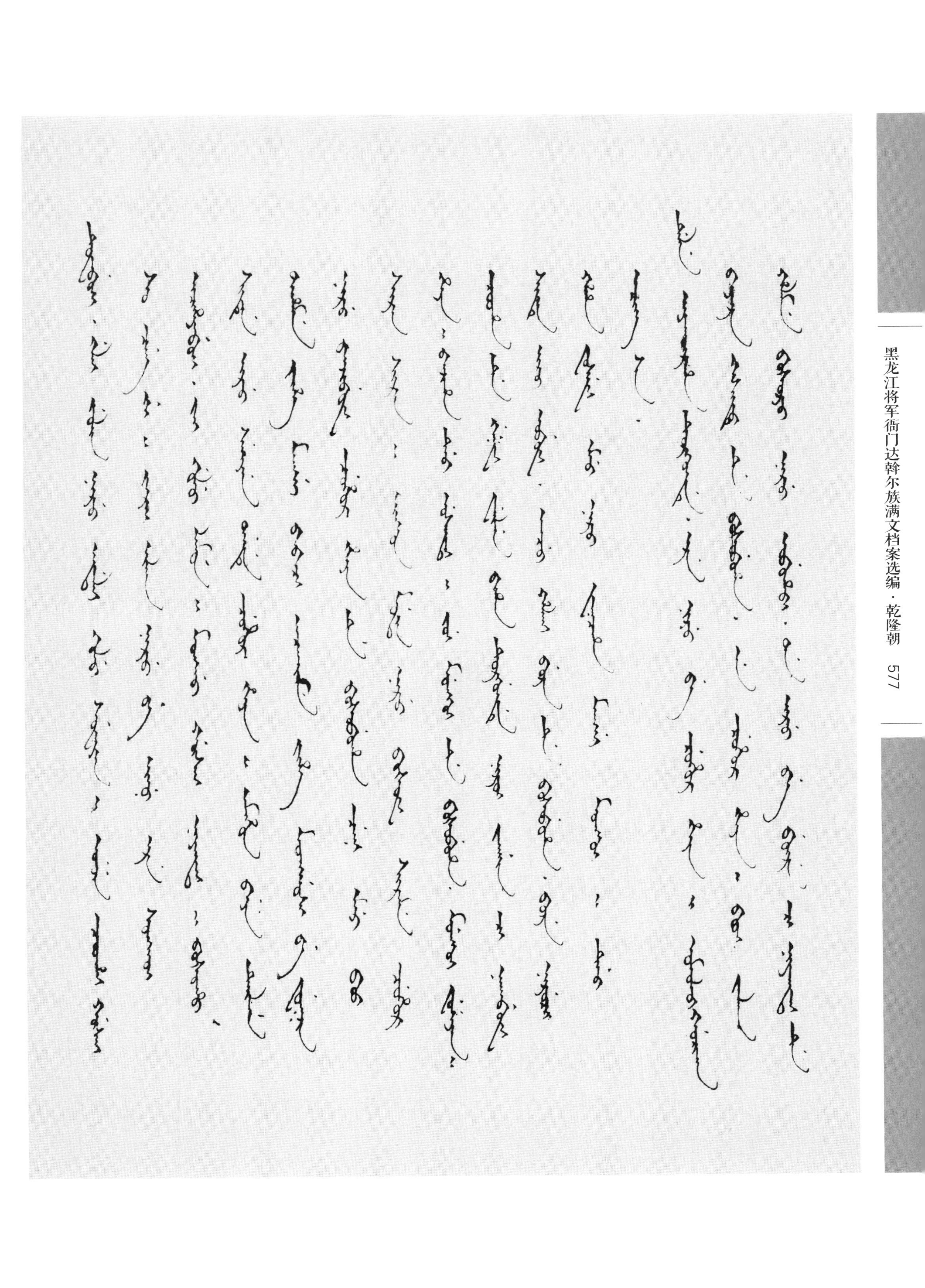

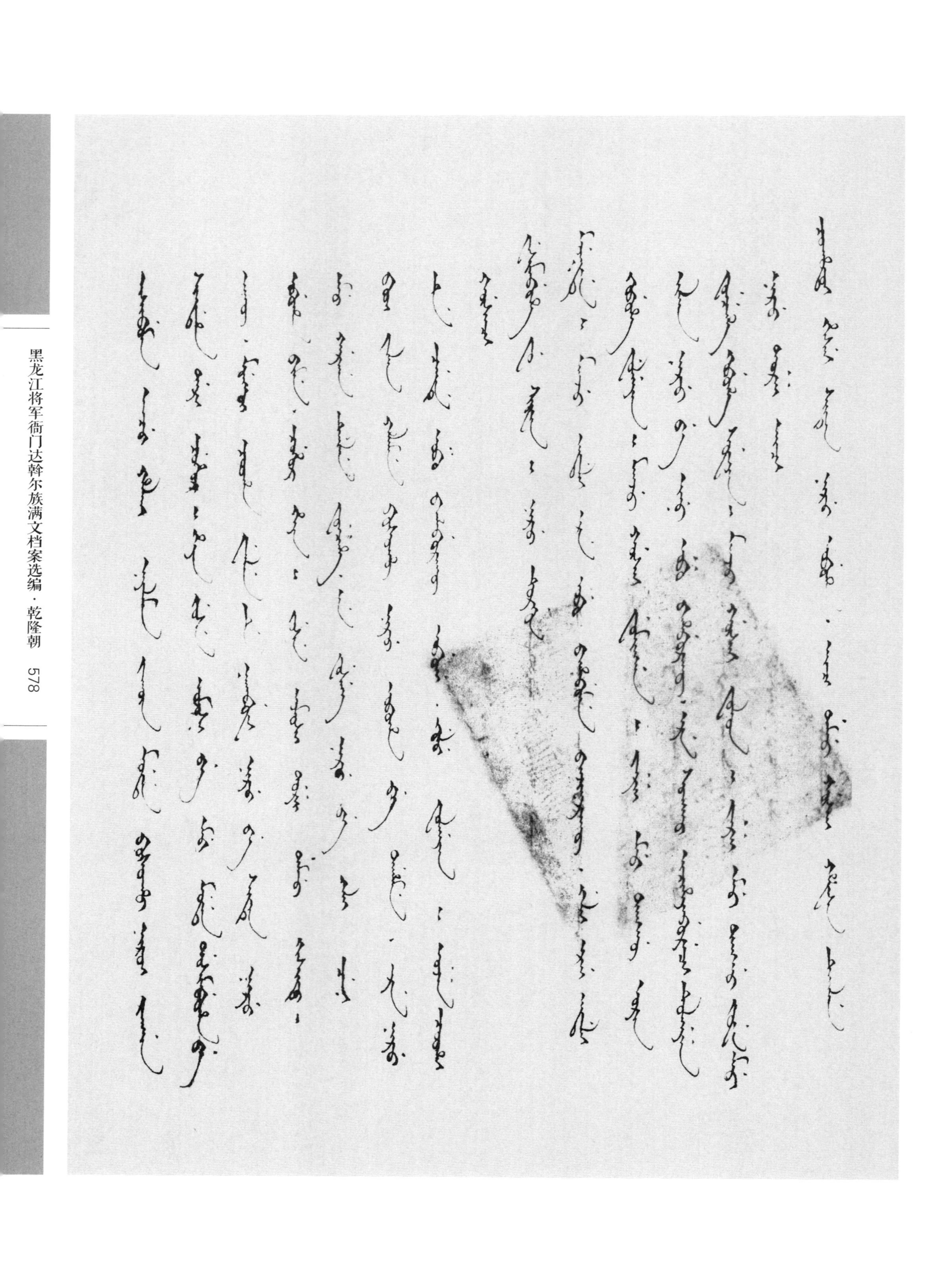

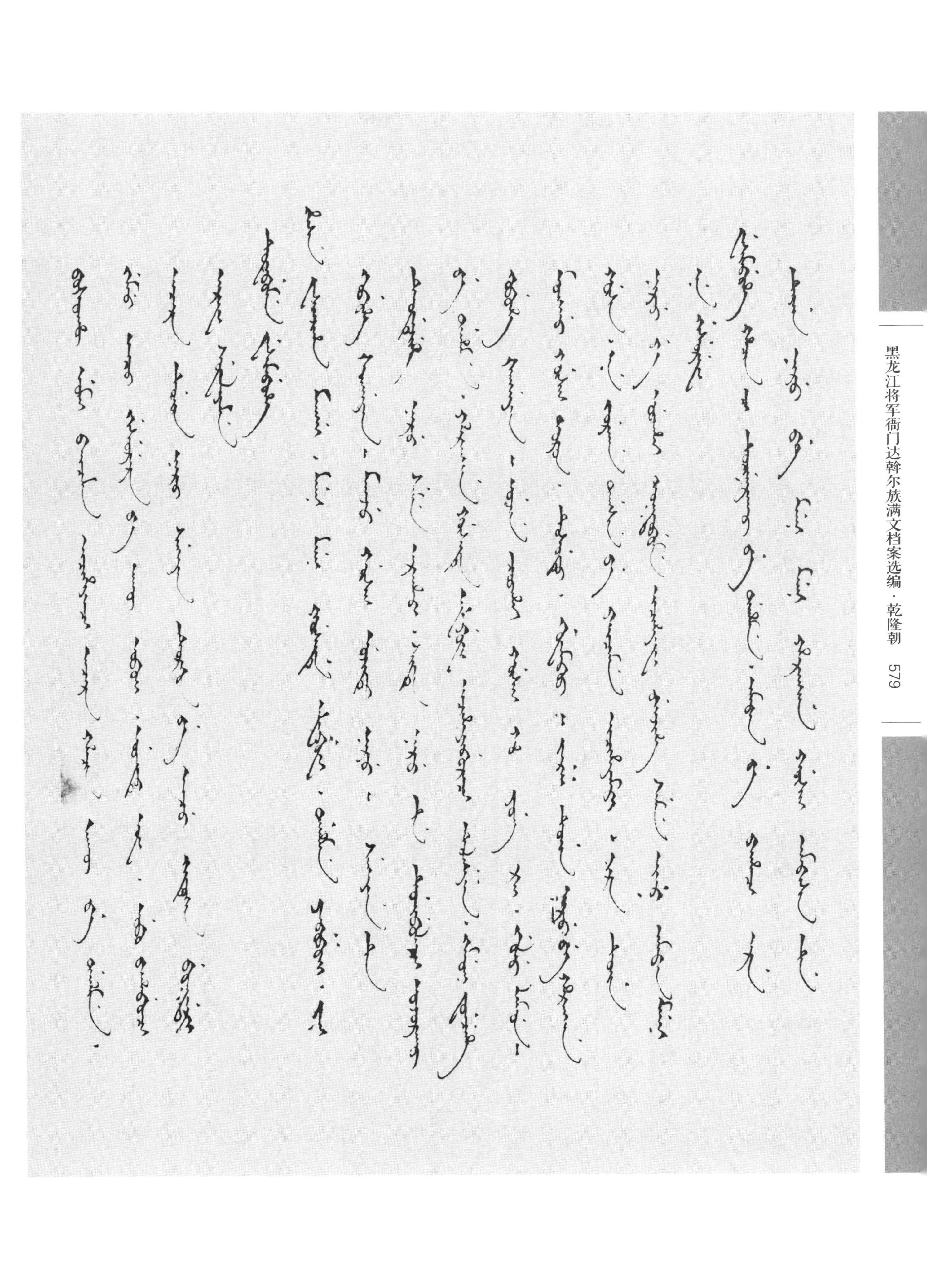

[illegible]

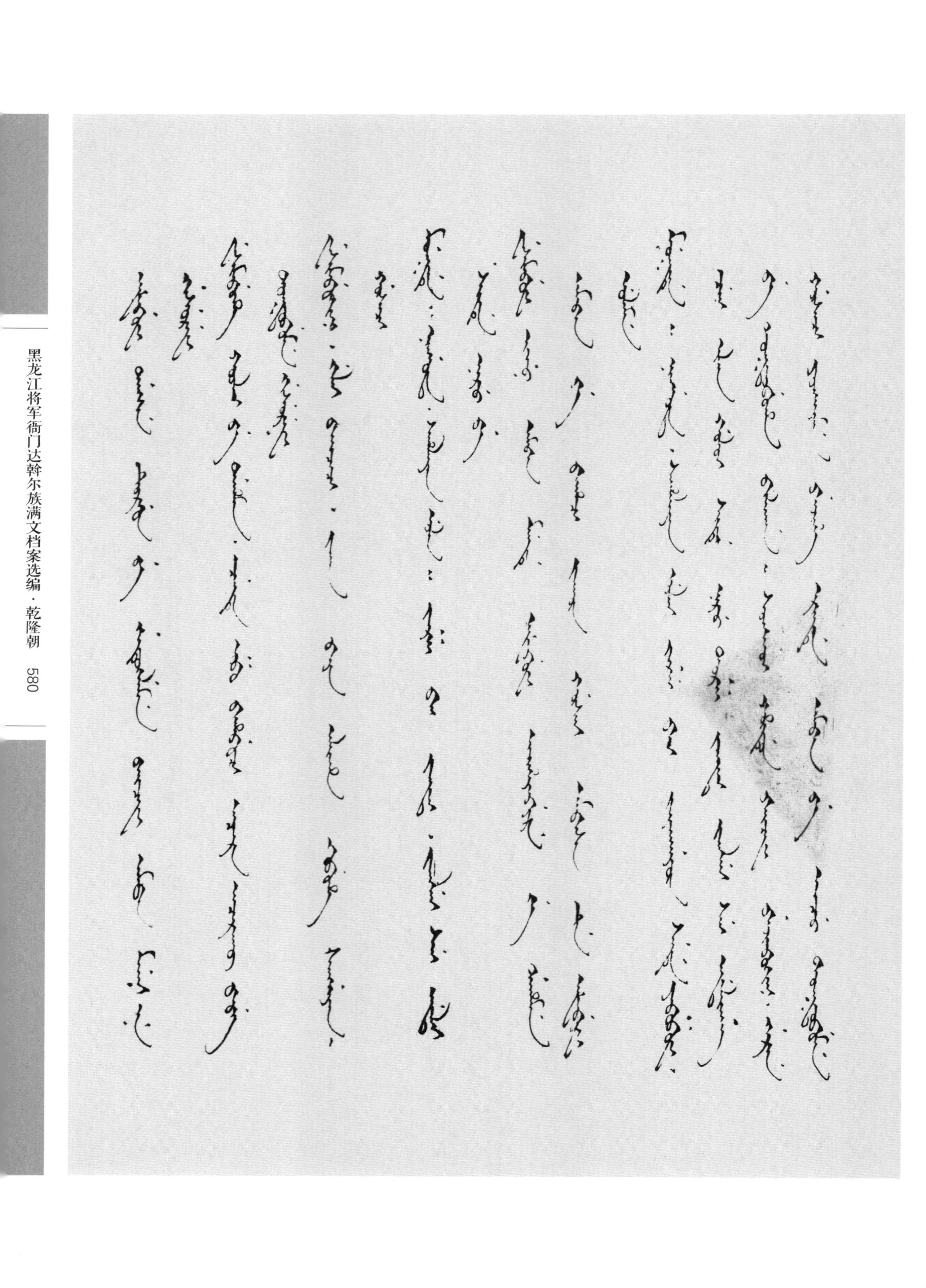

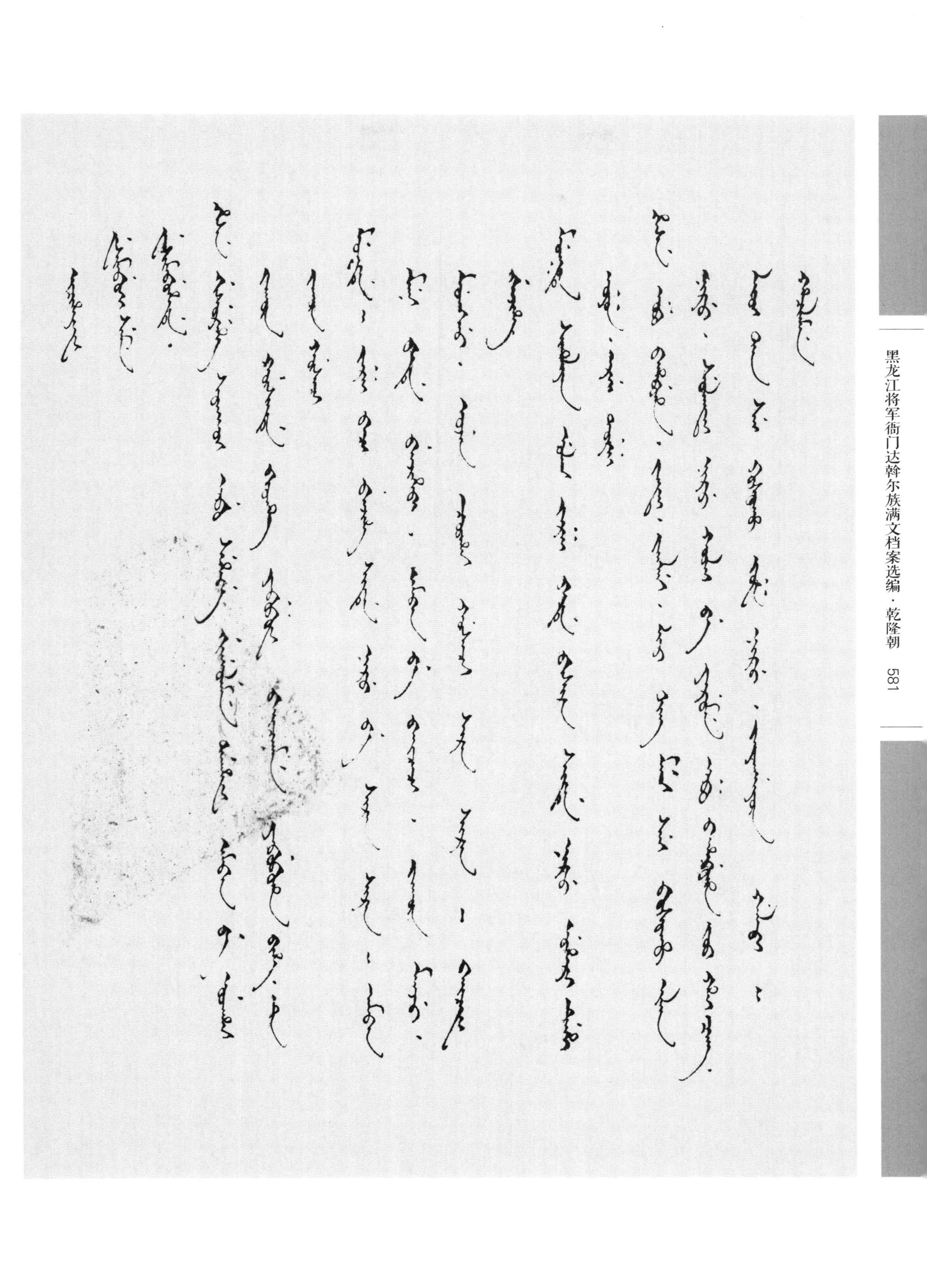

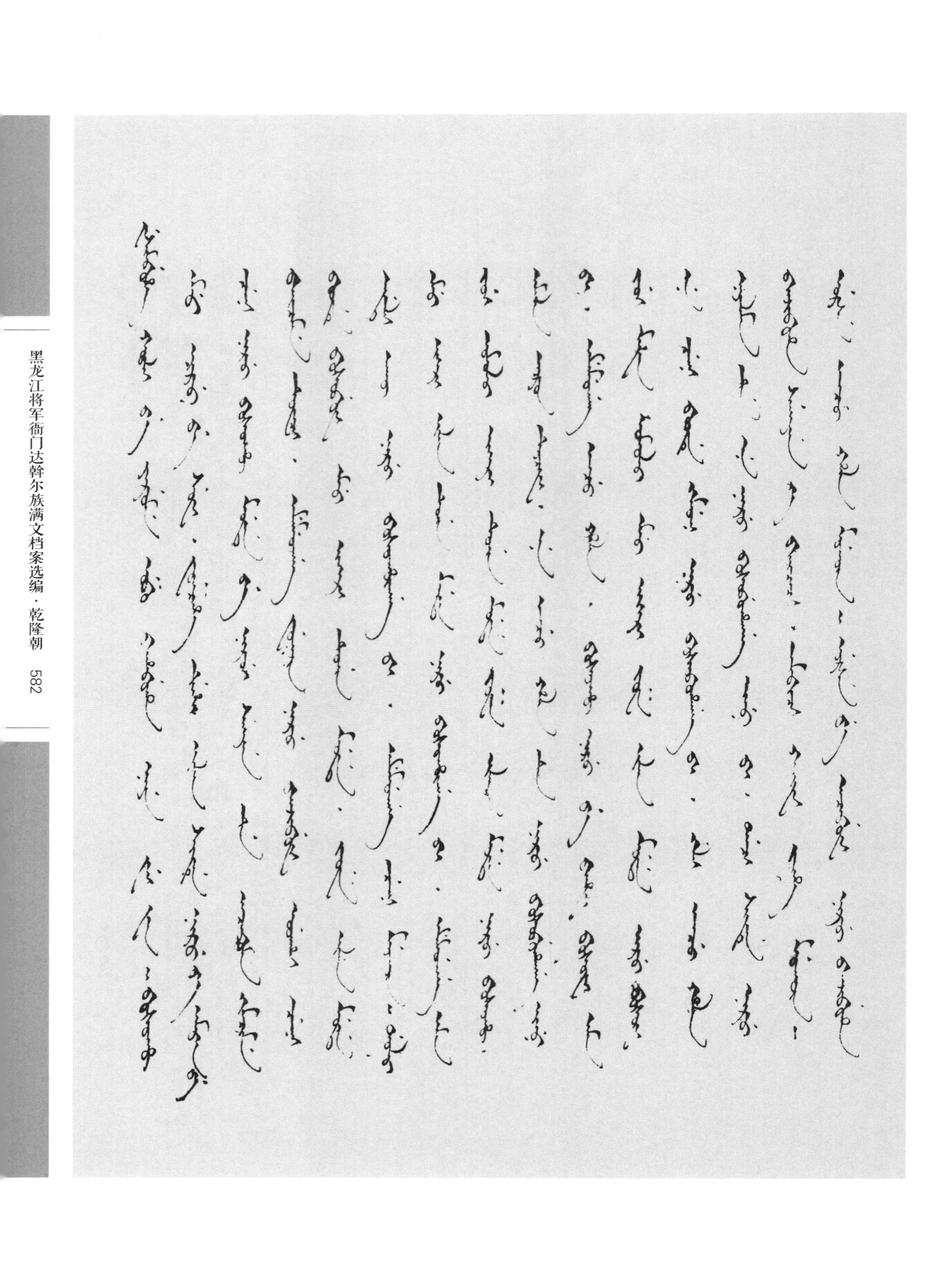

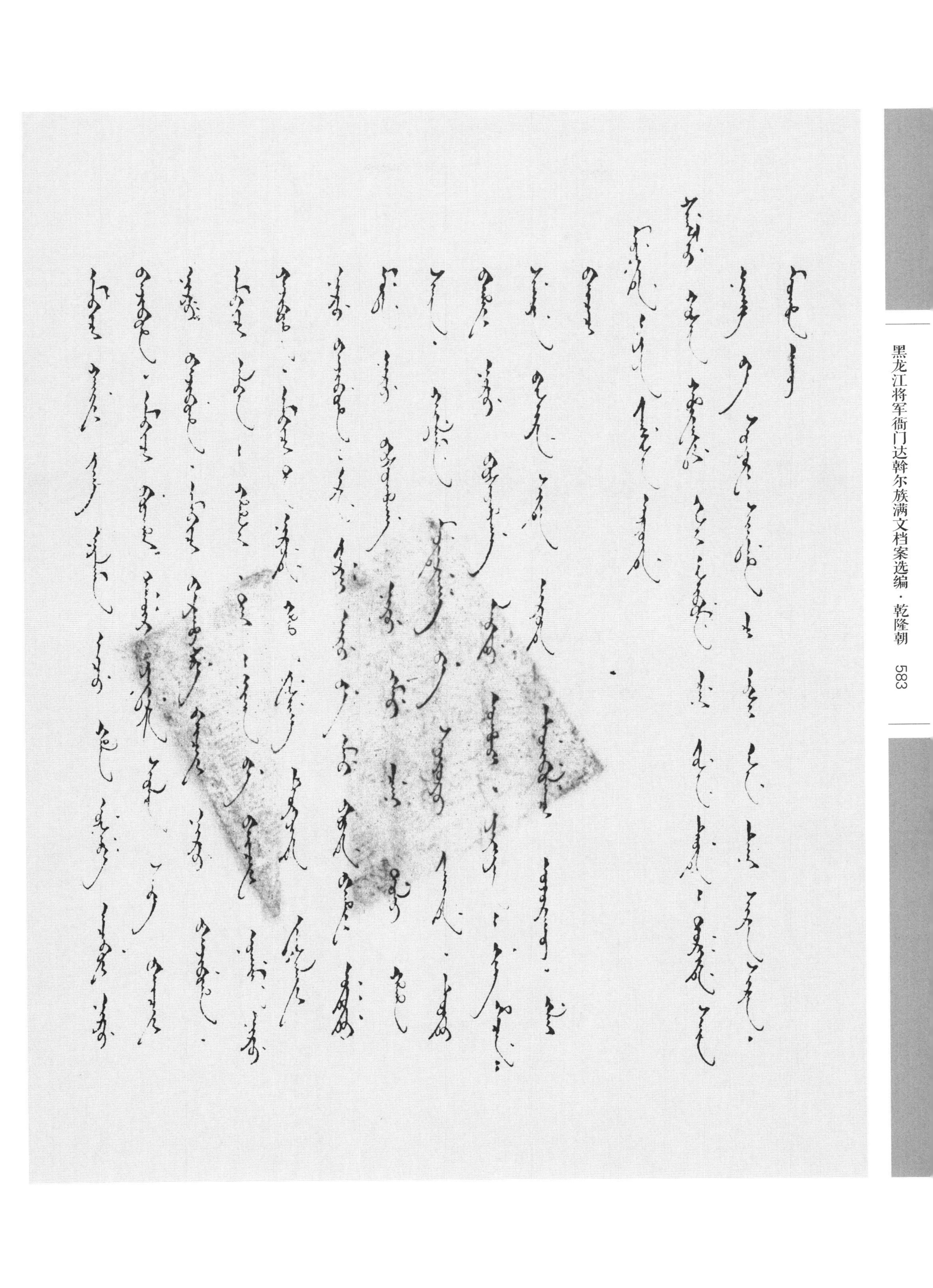

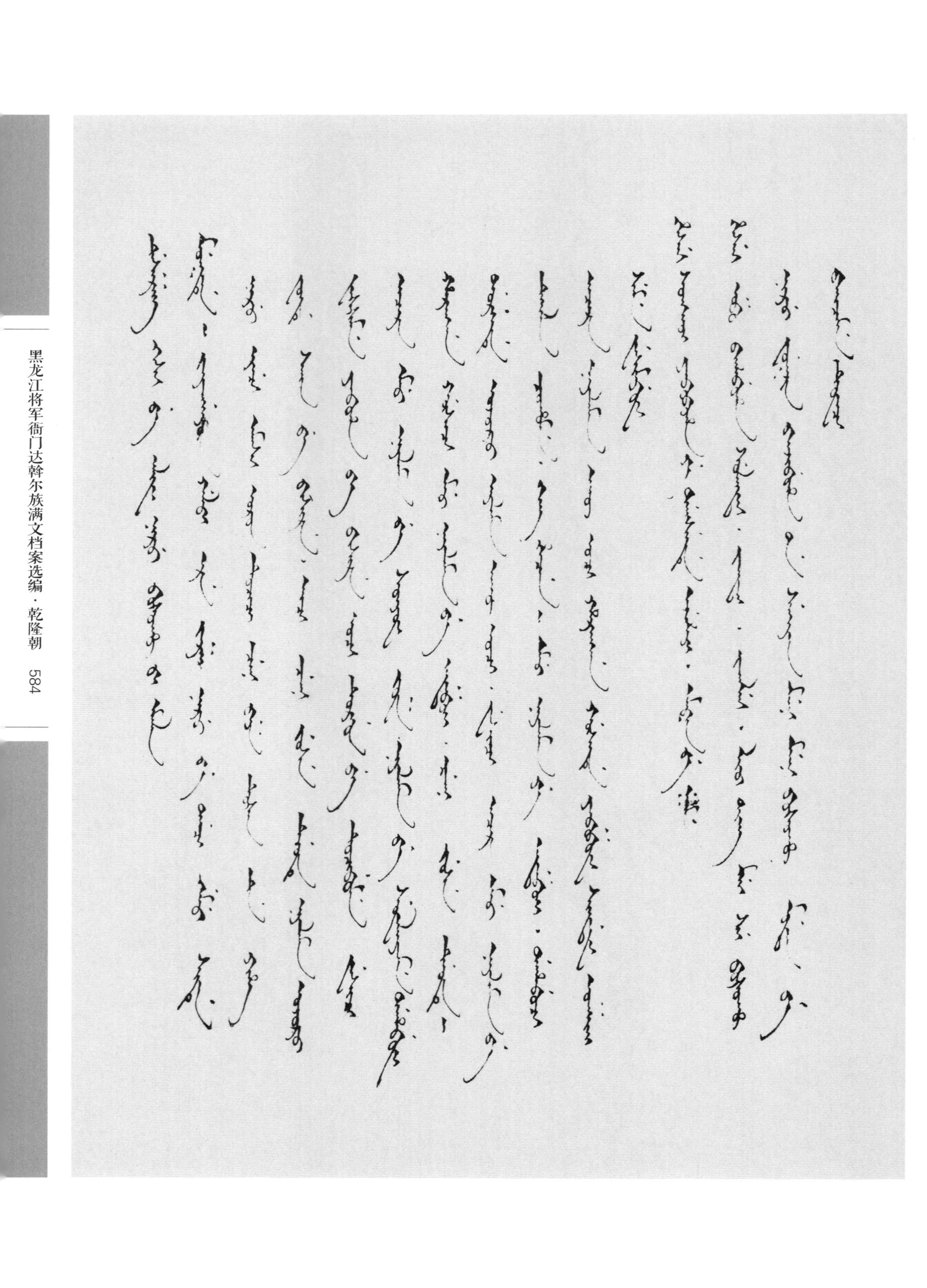

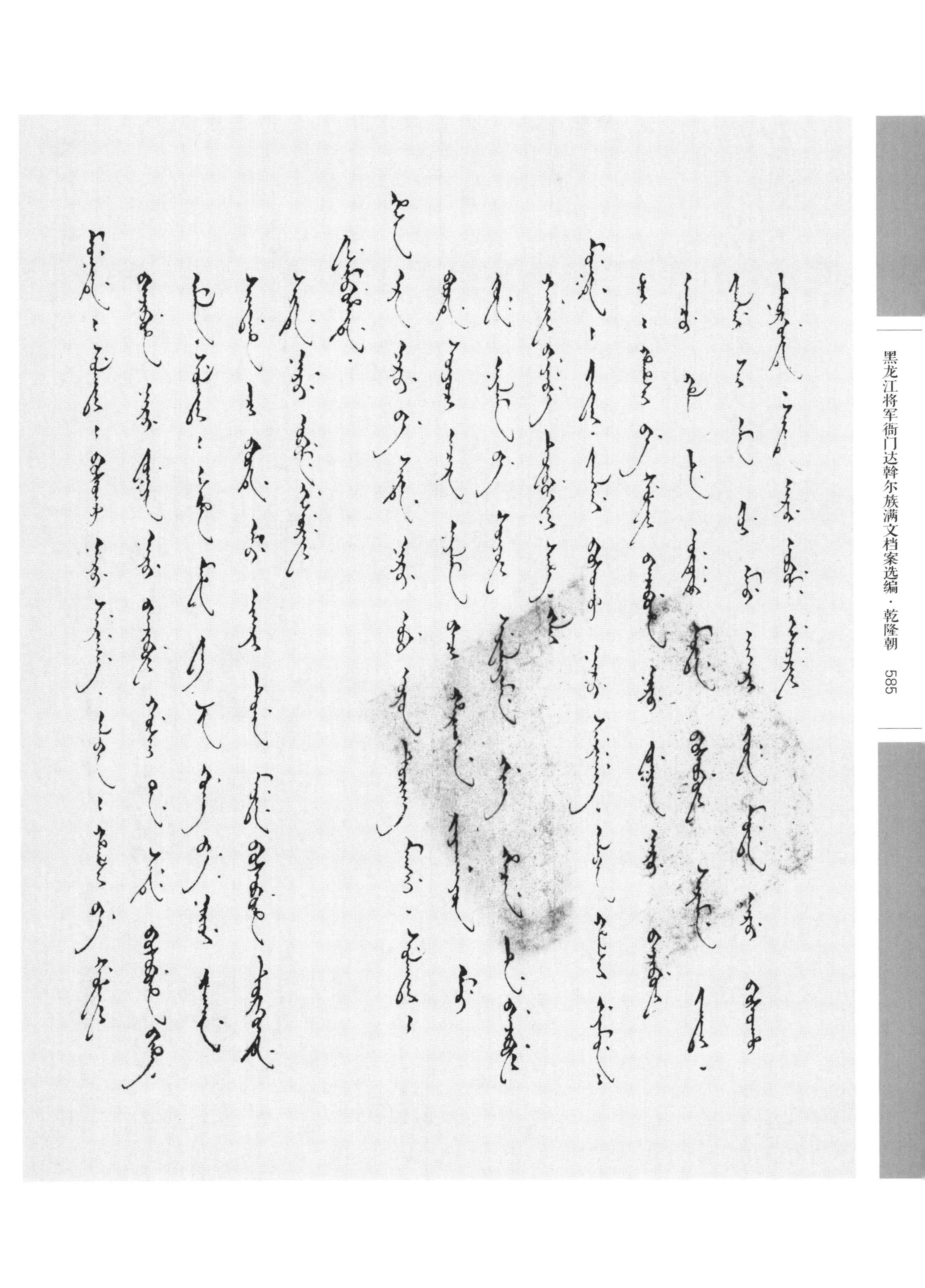

[illegible]

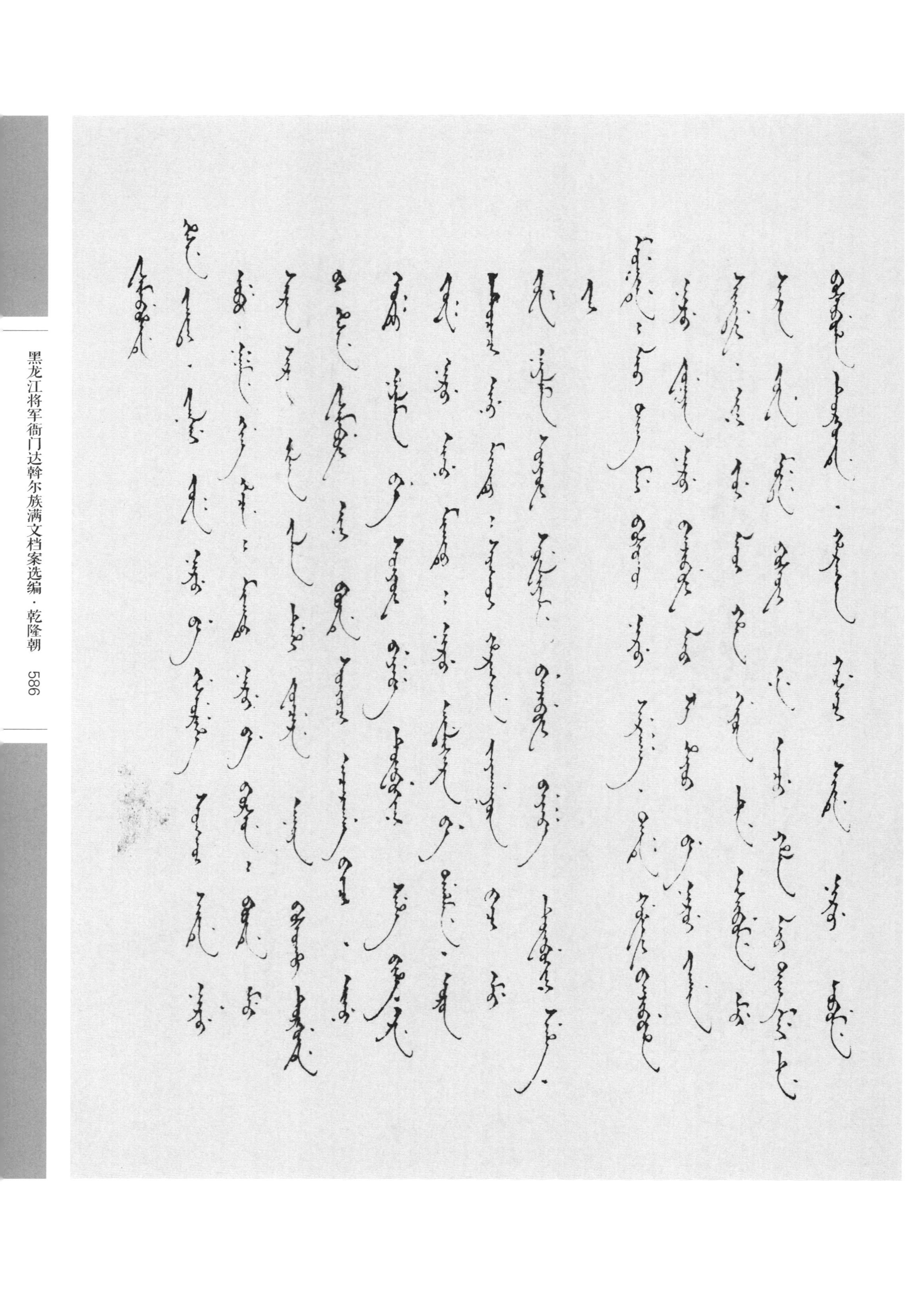

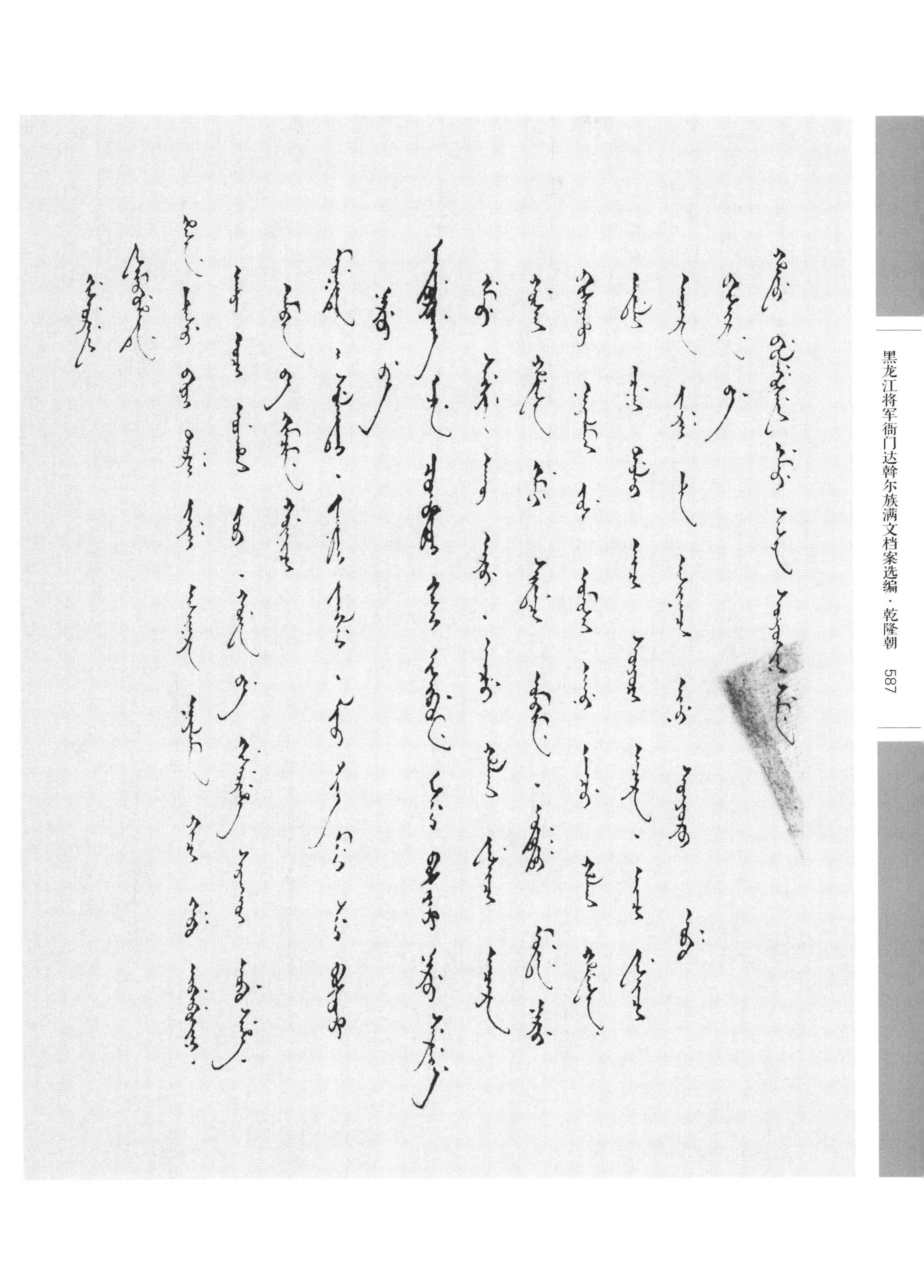

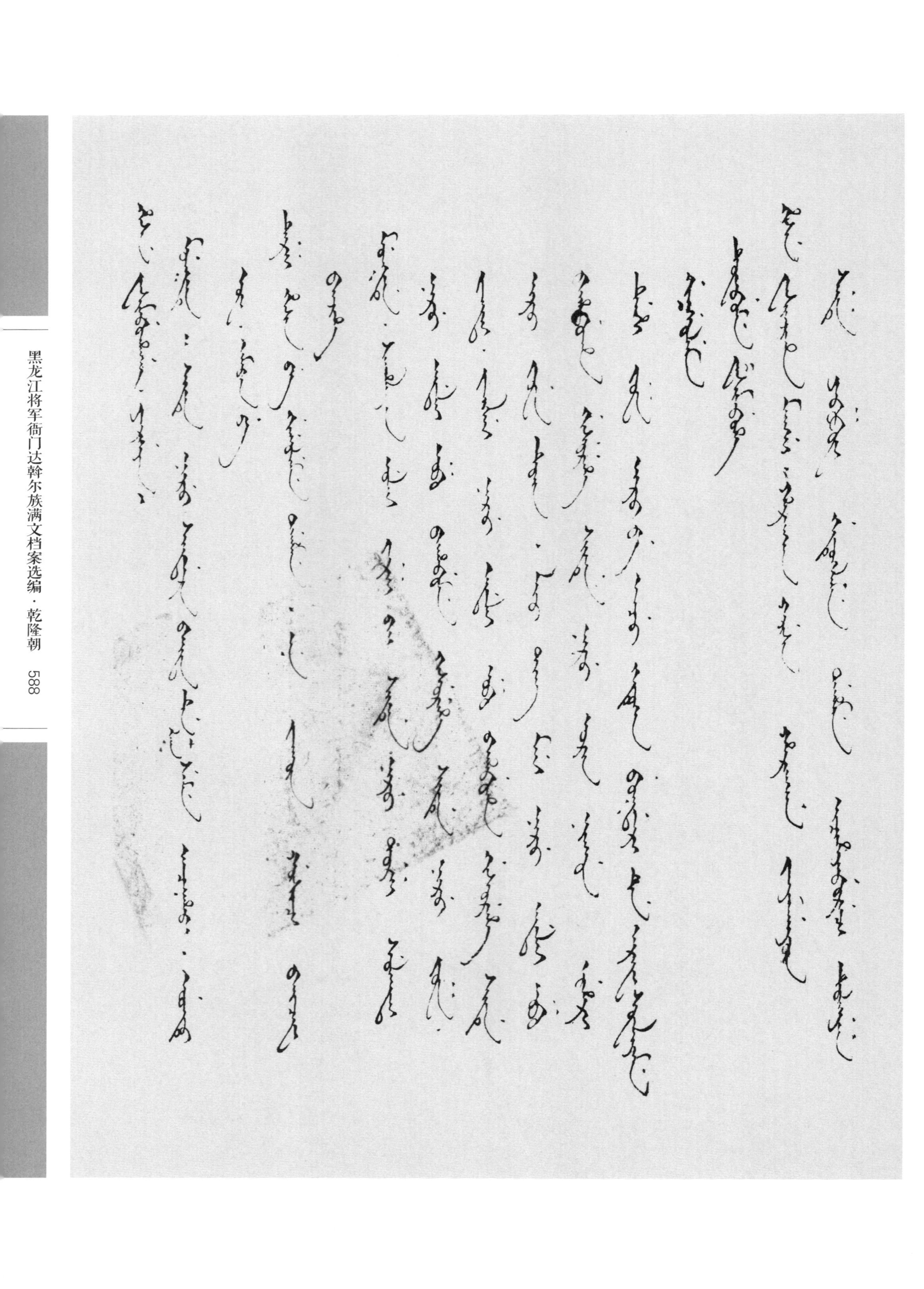

[illegible]

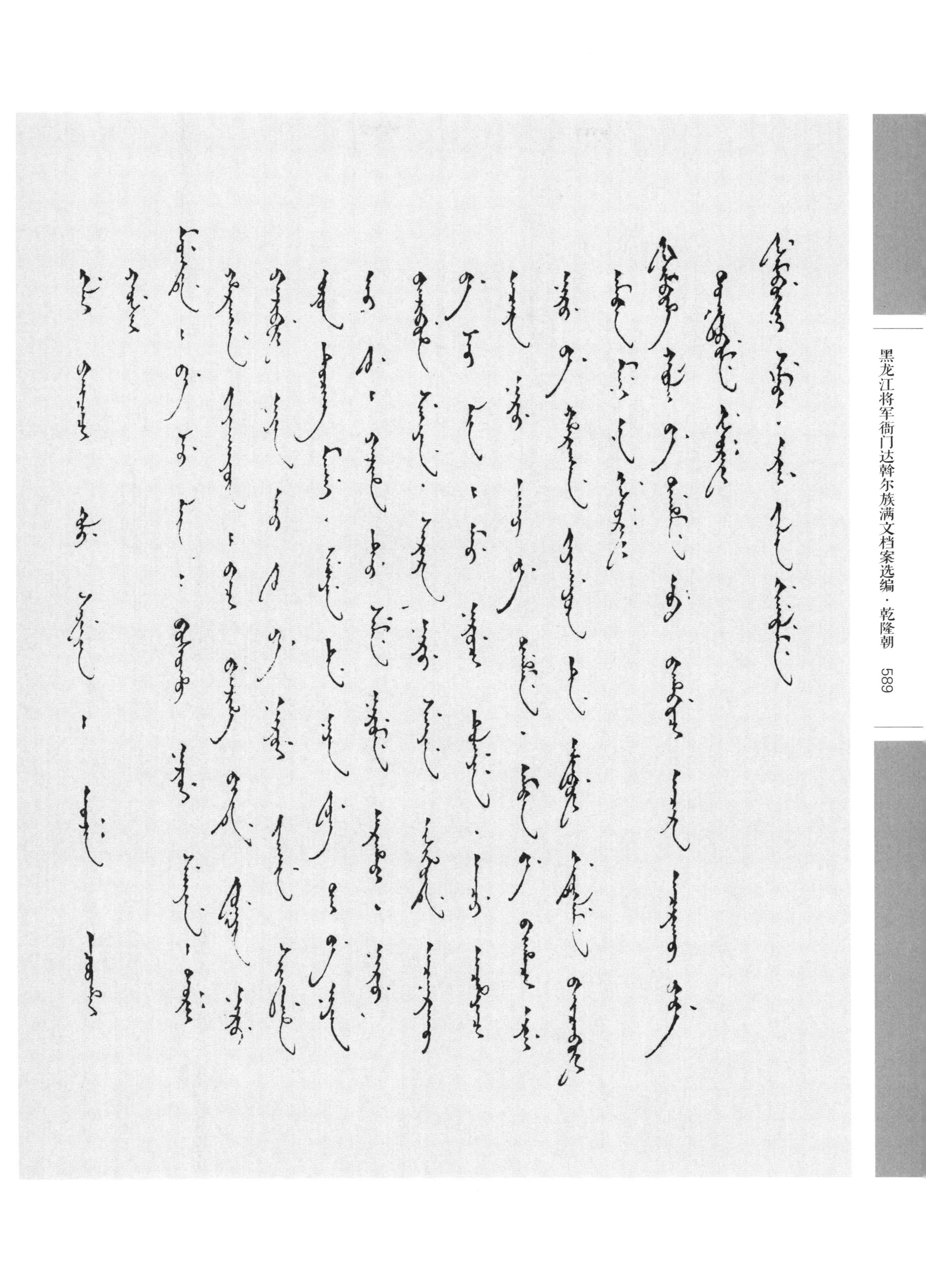

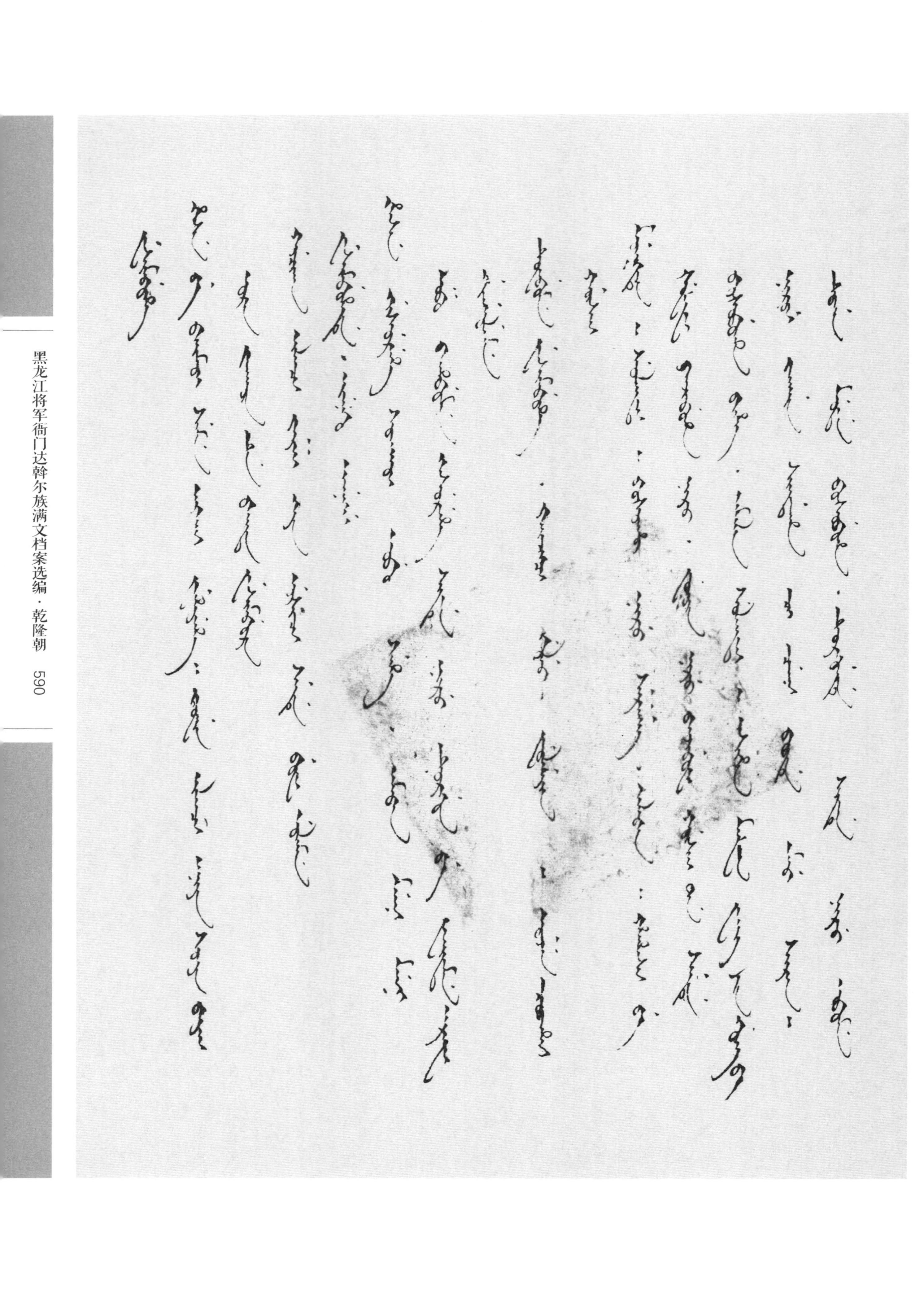

[illegible]

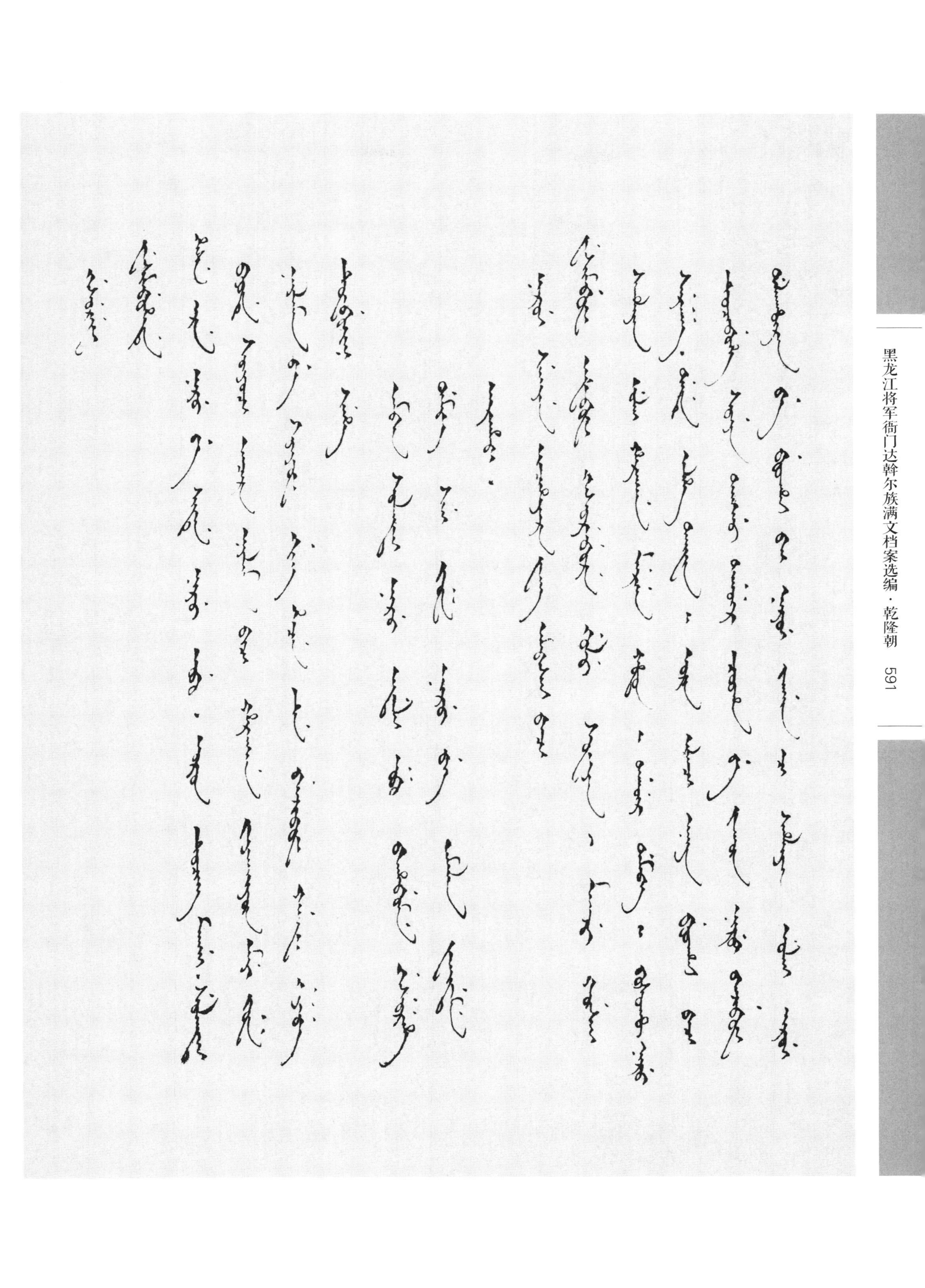

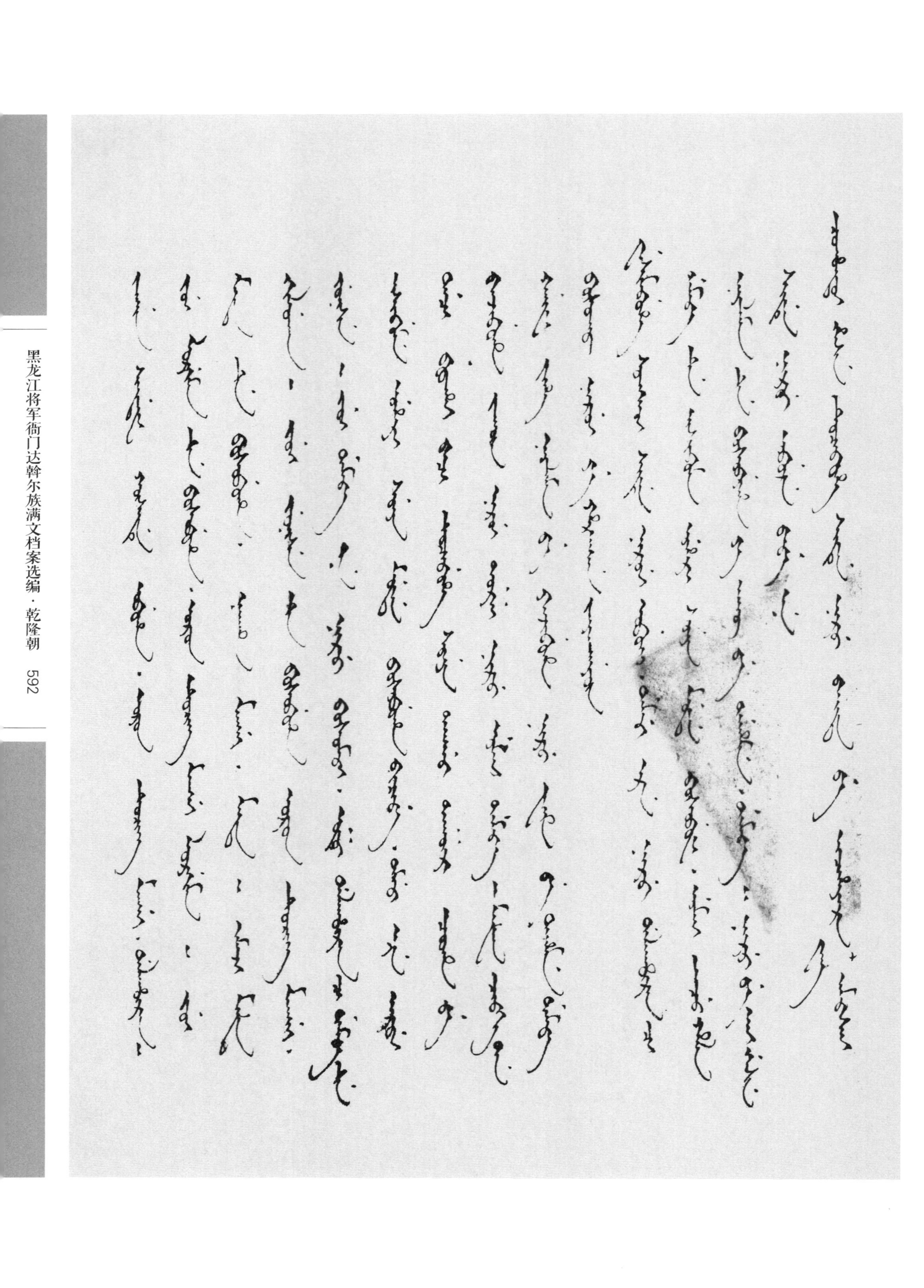

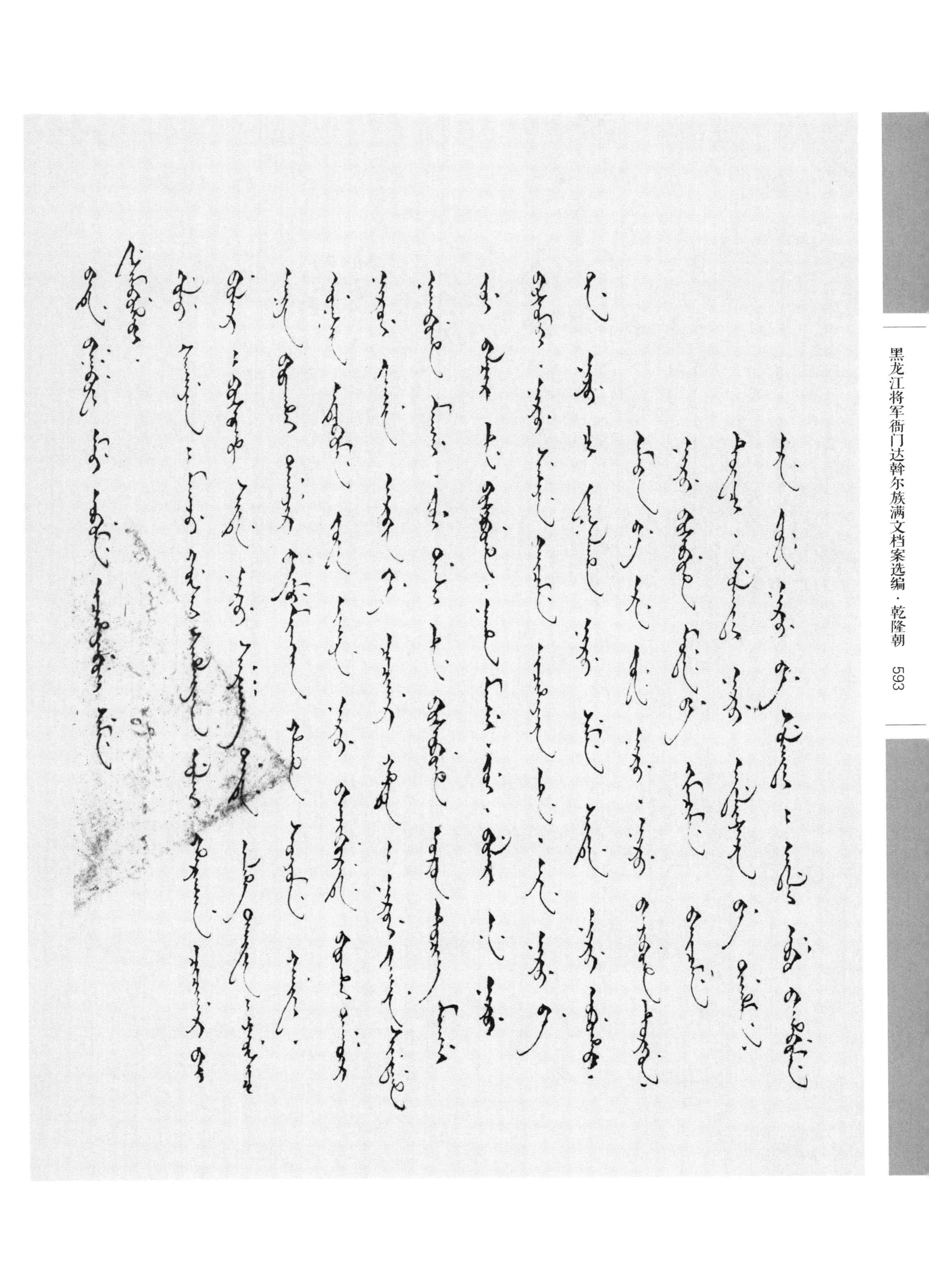

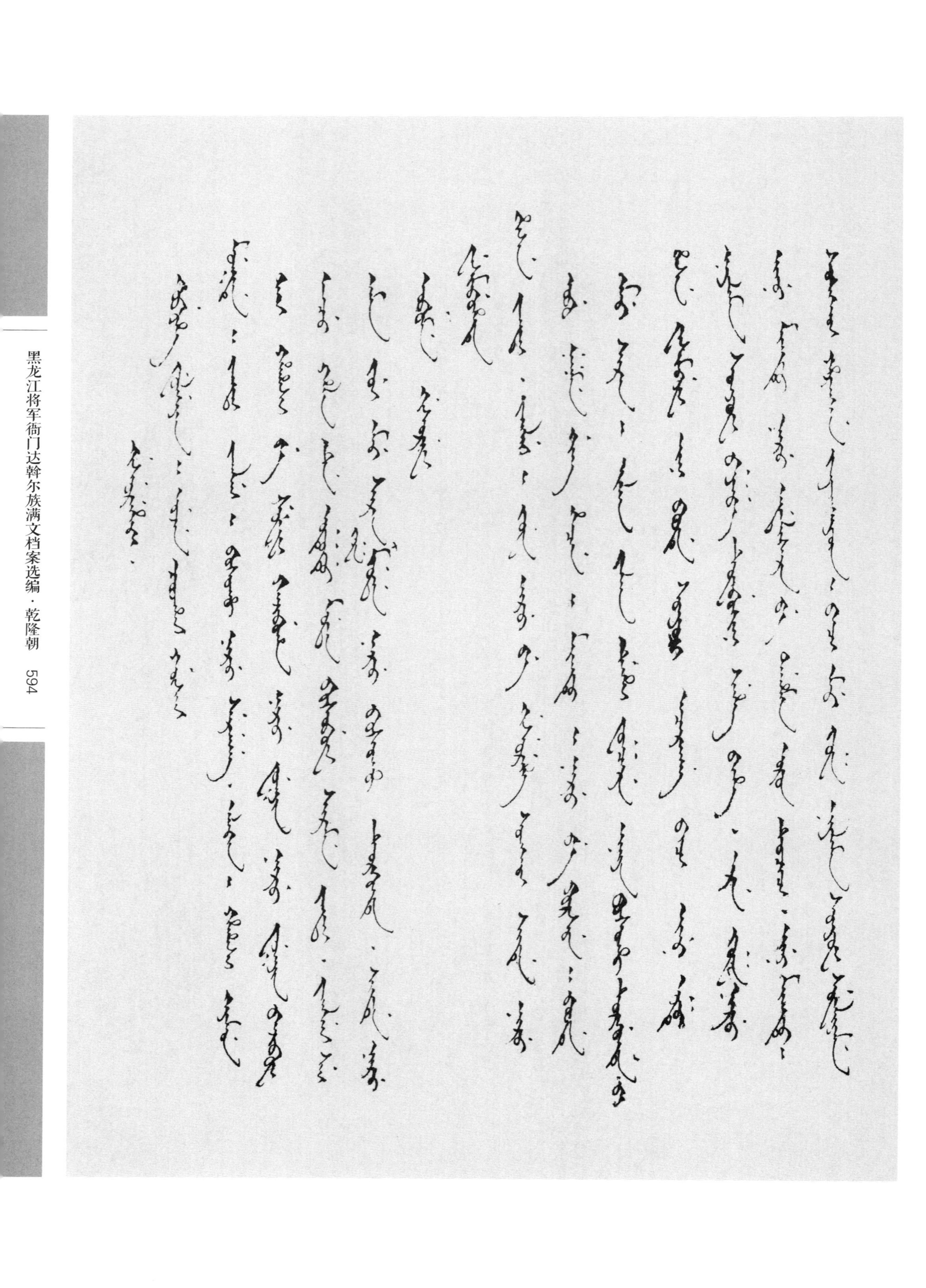

[illegible]

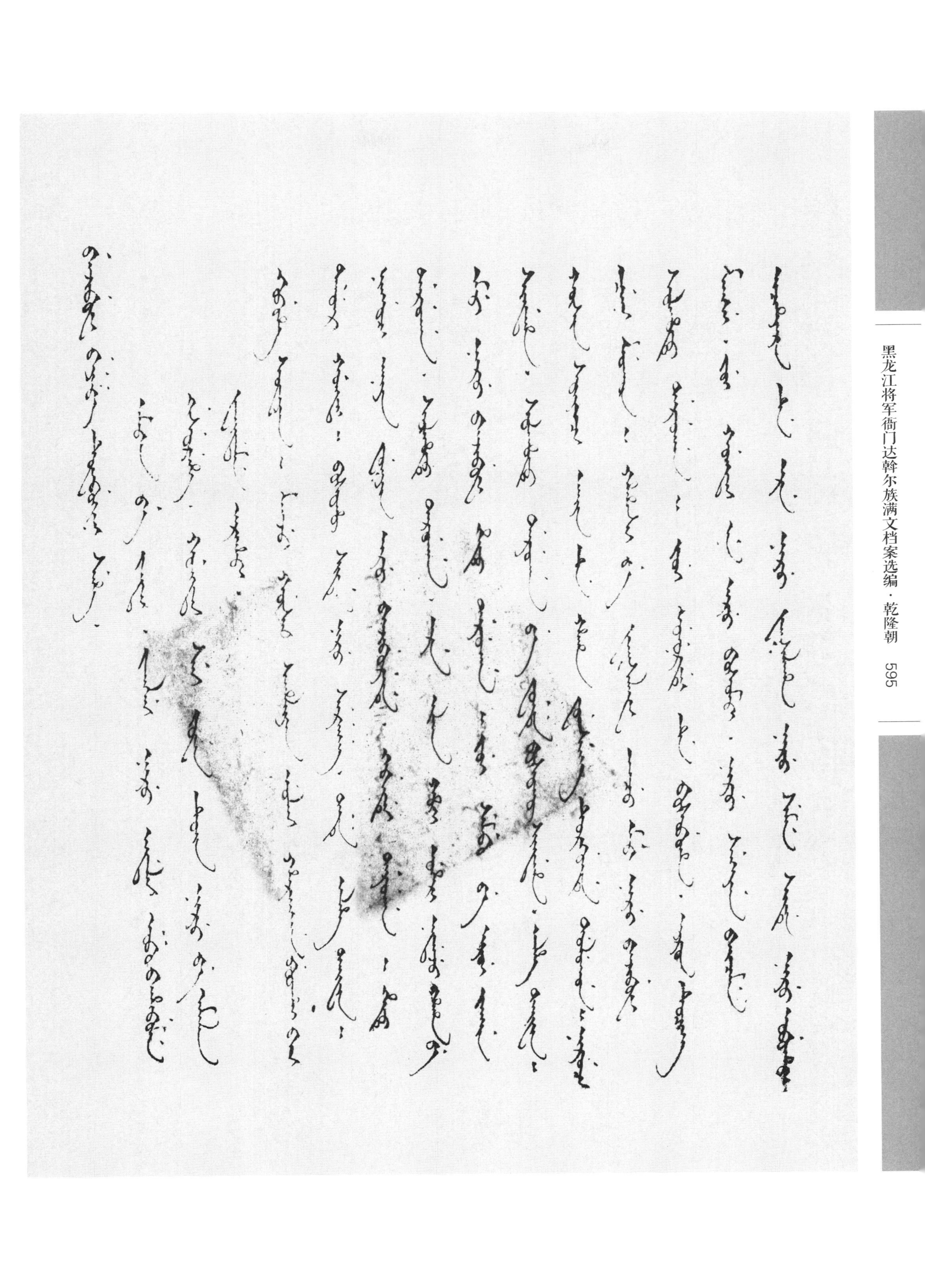

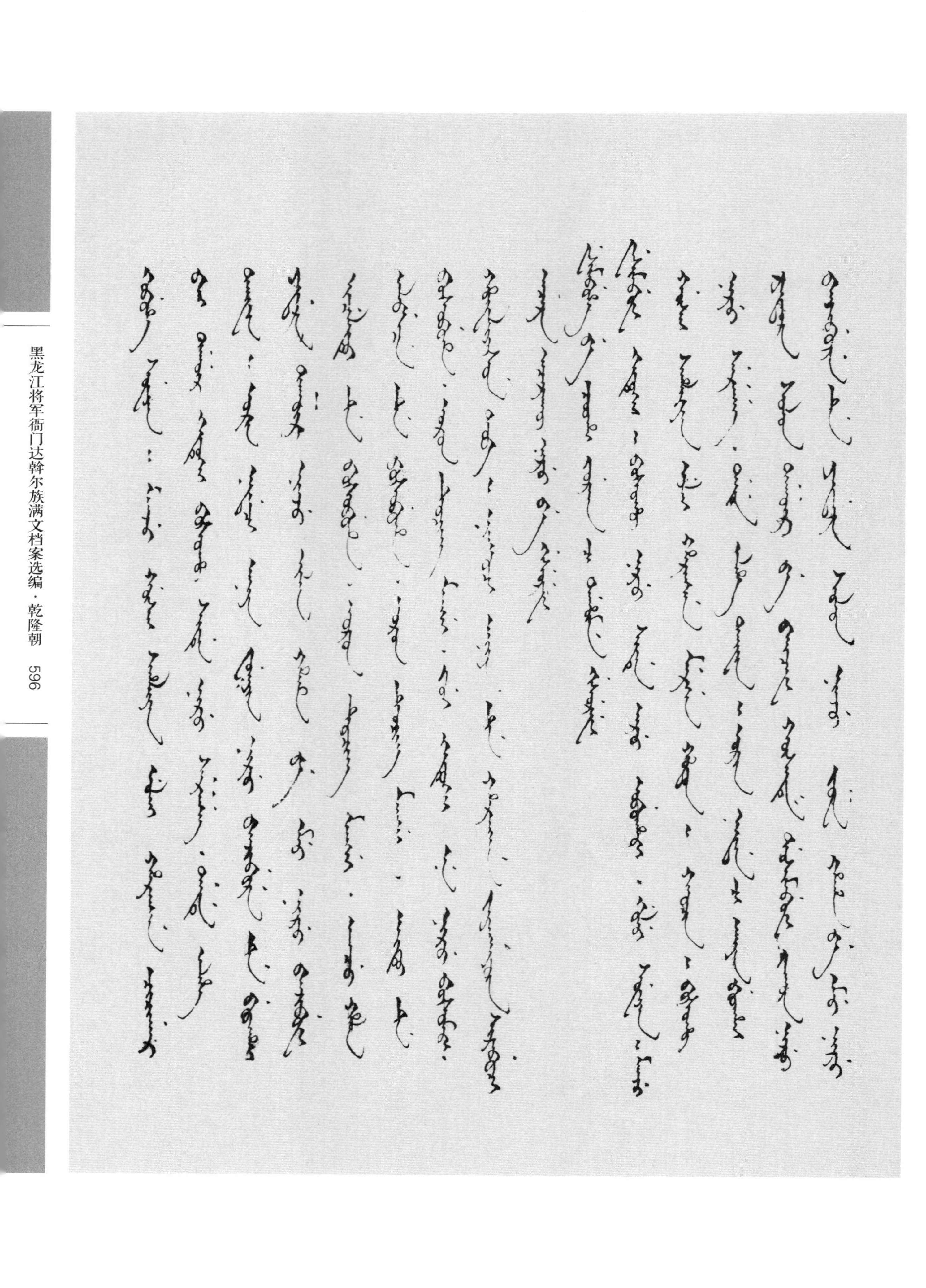

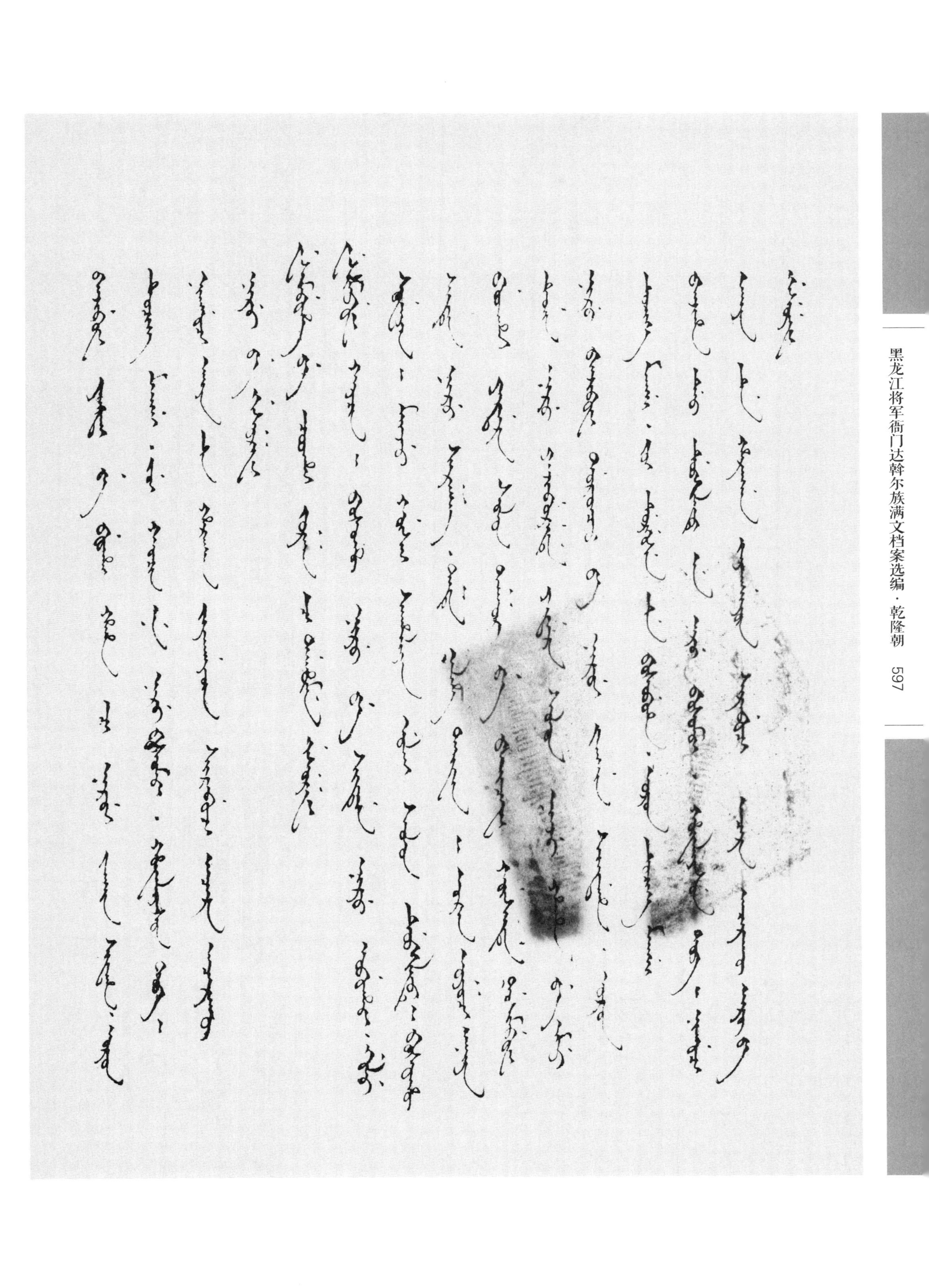

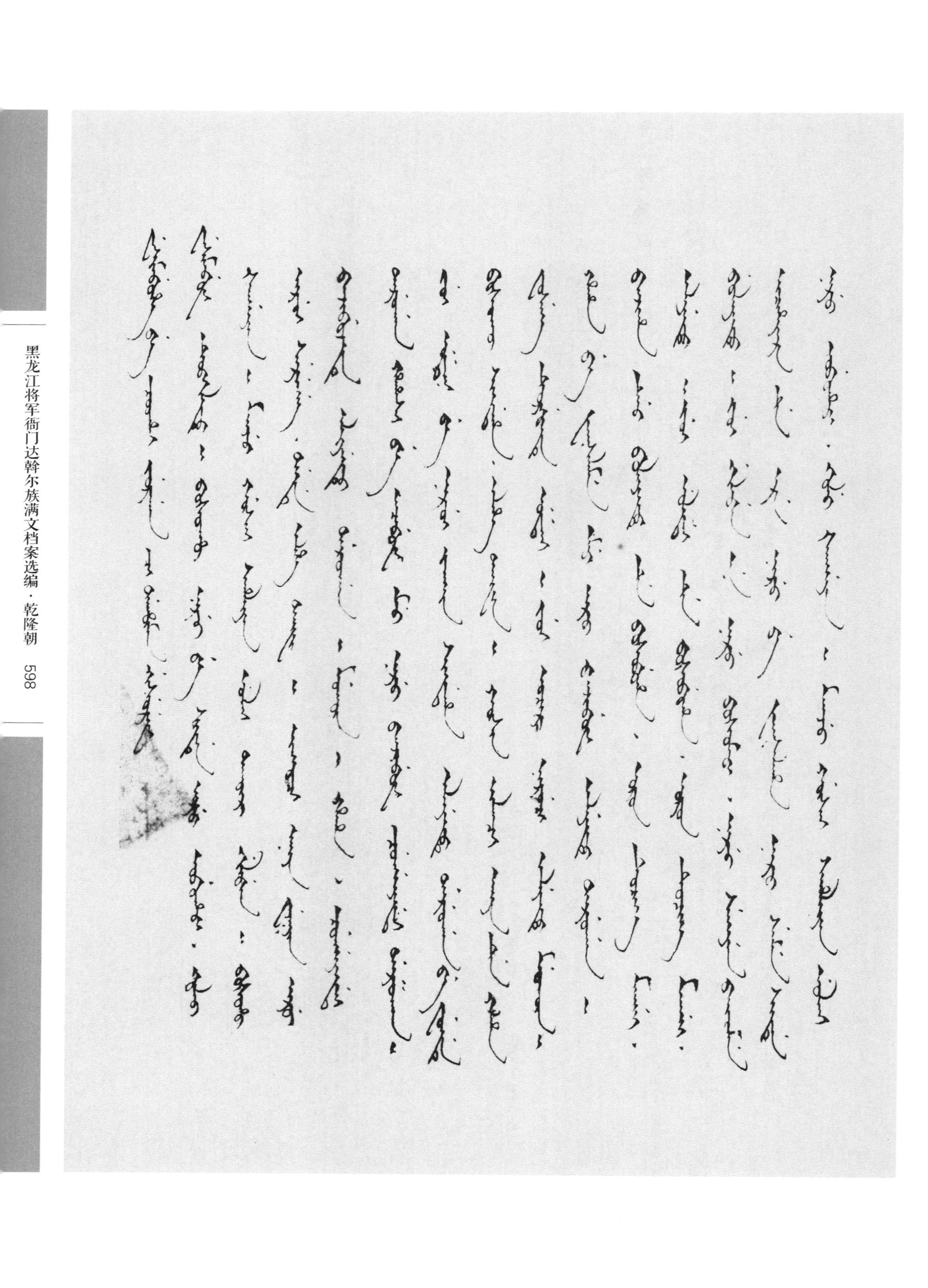

[illegible]

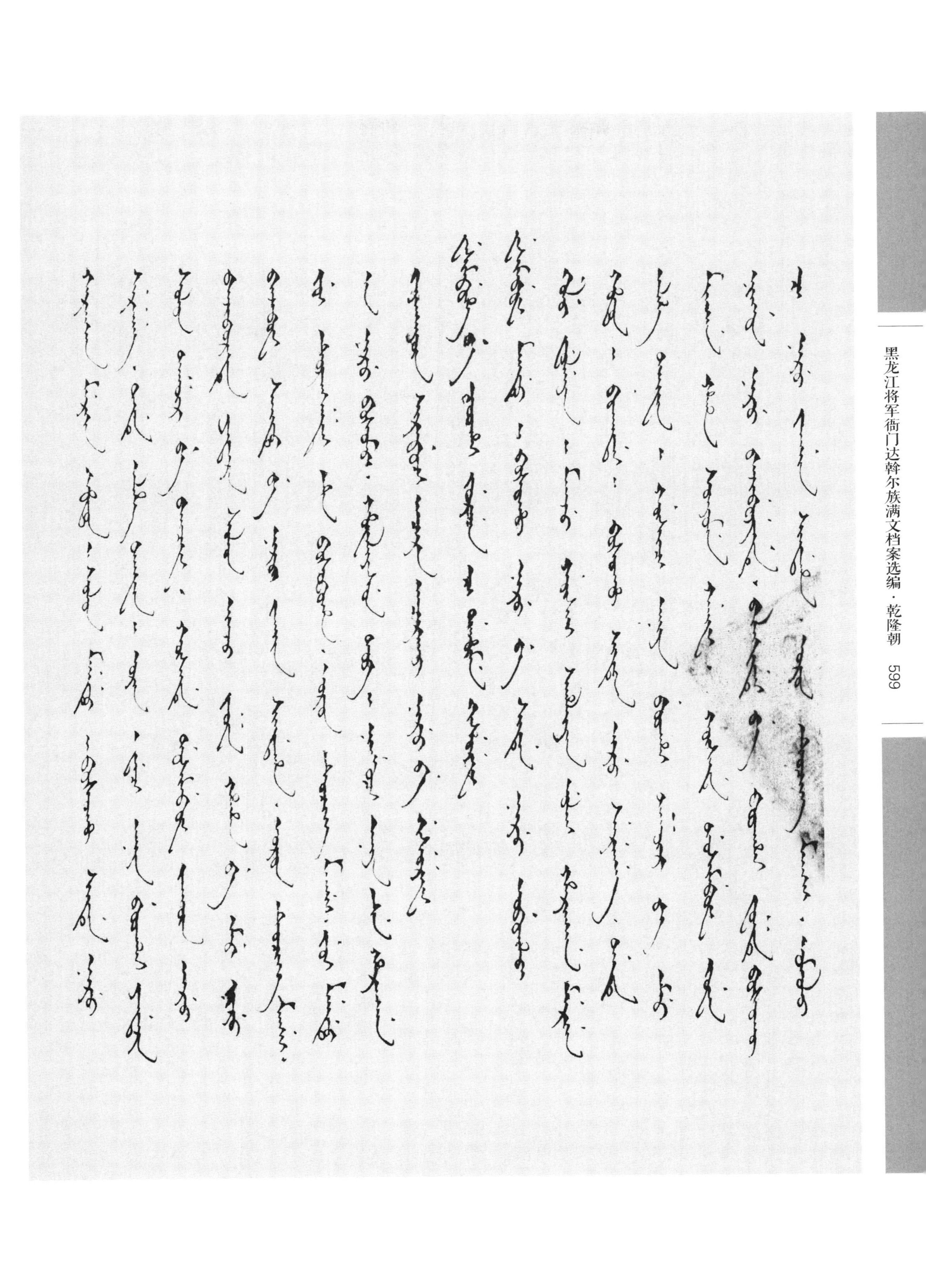

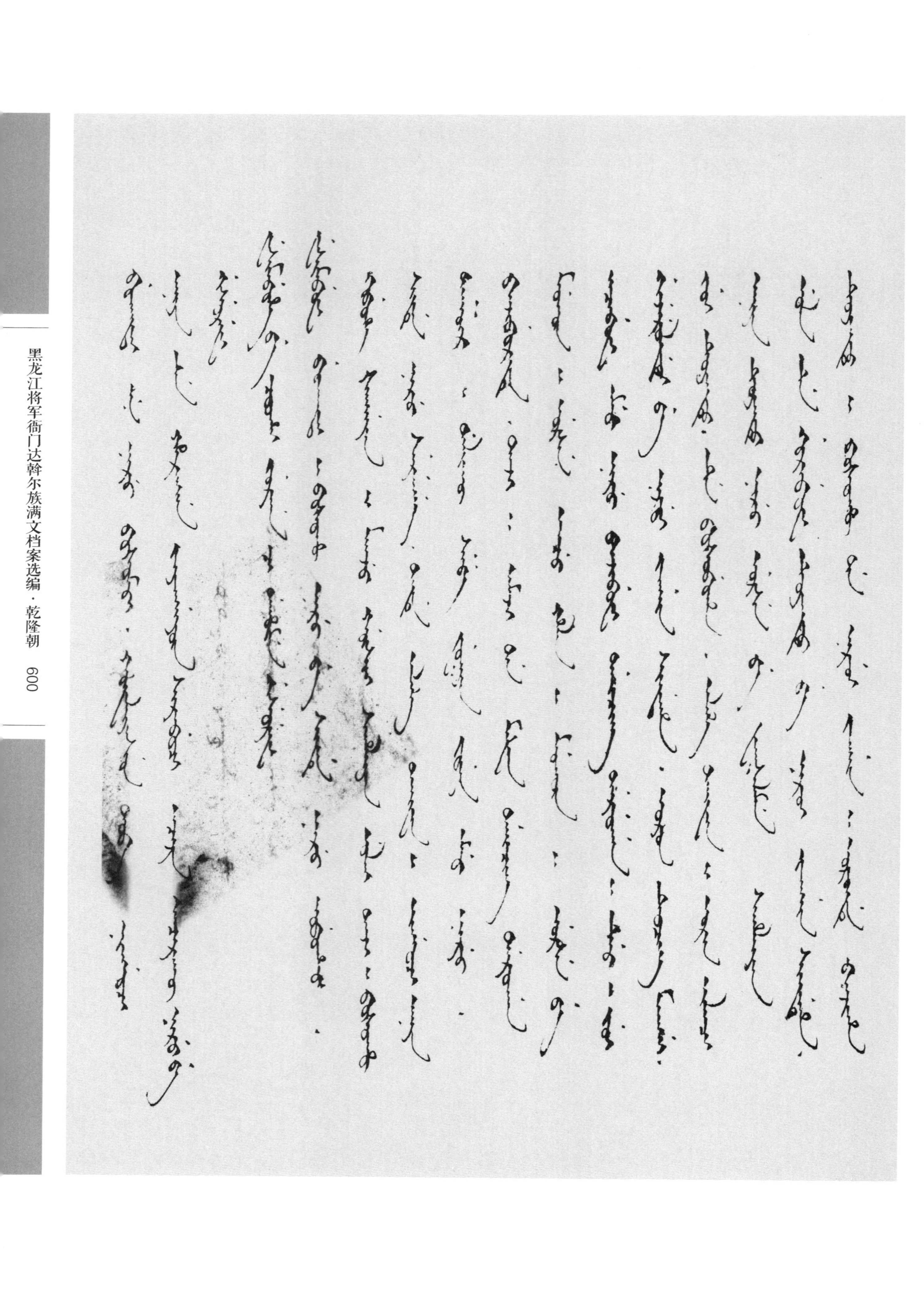

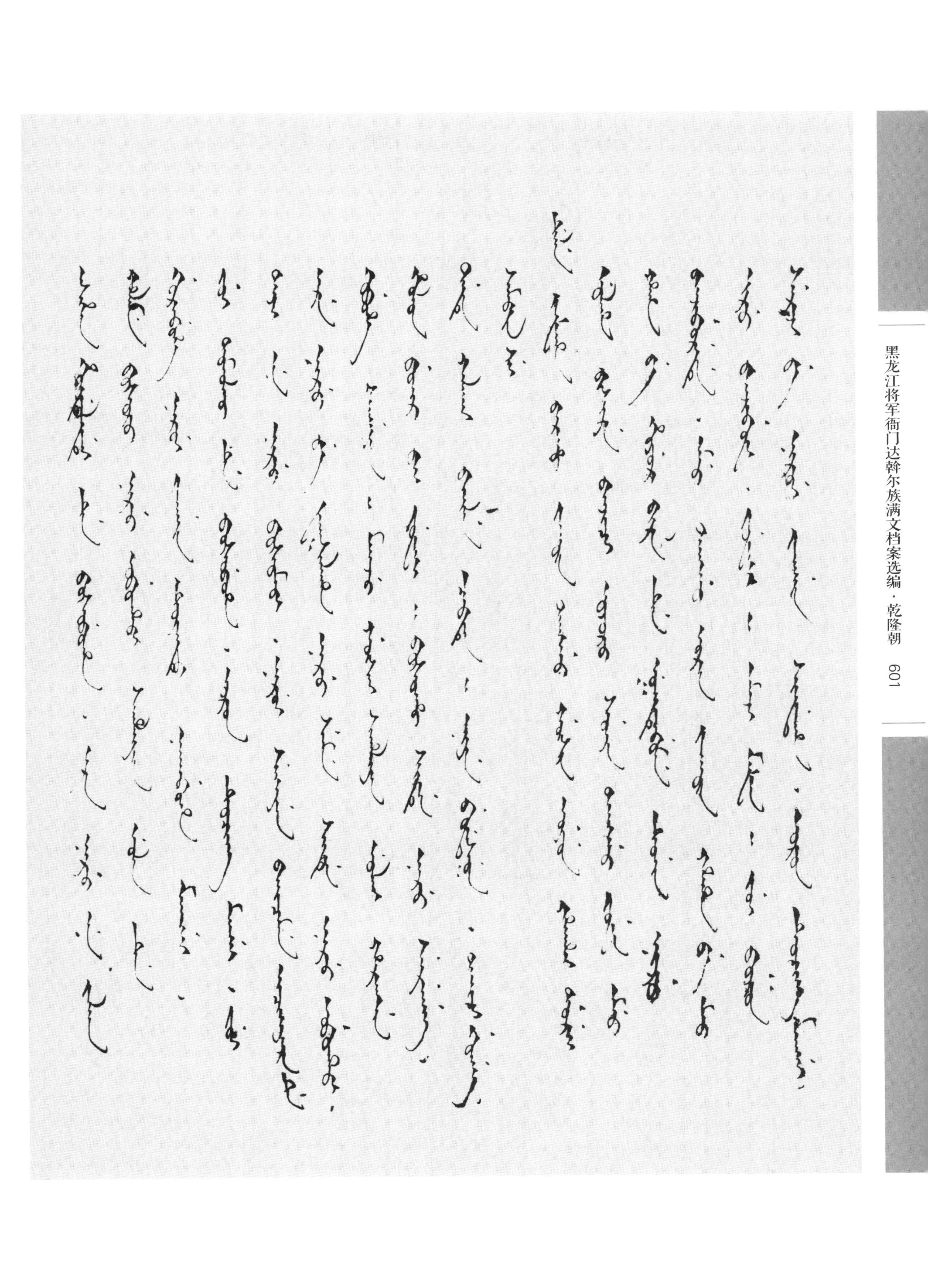

[illegible]

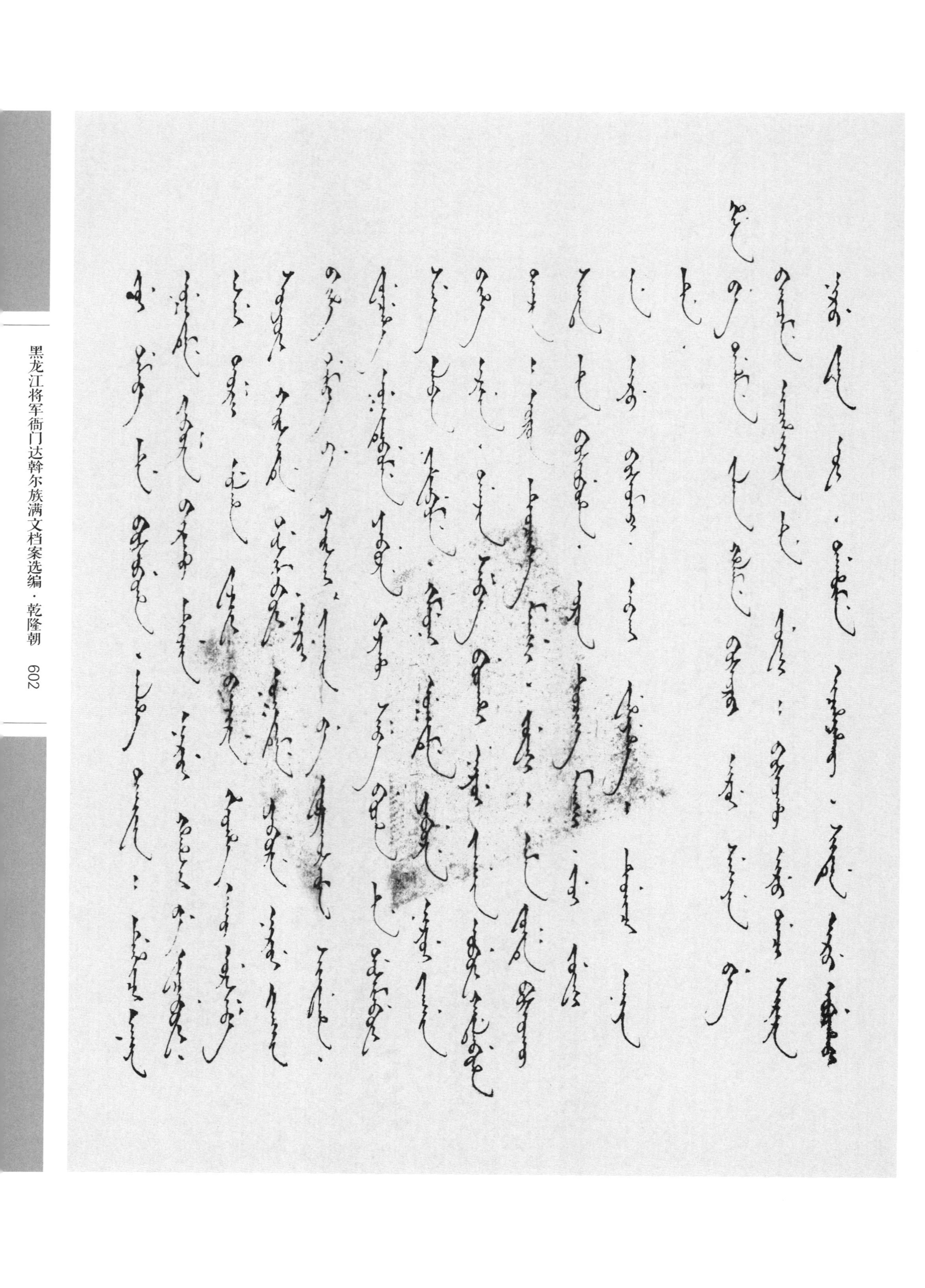

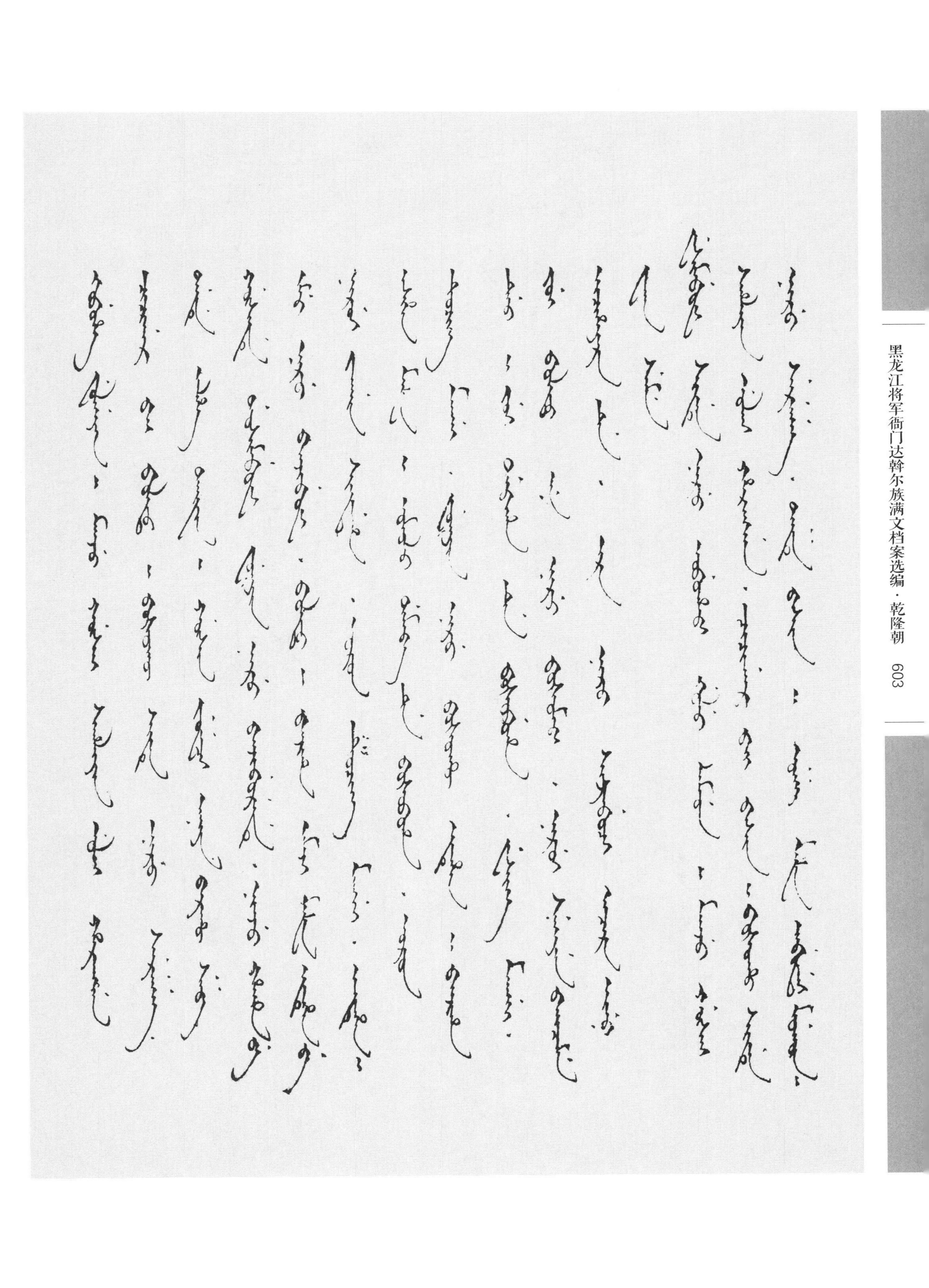

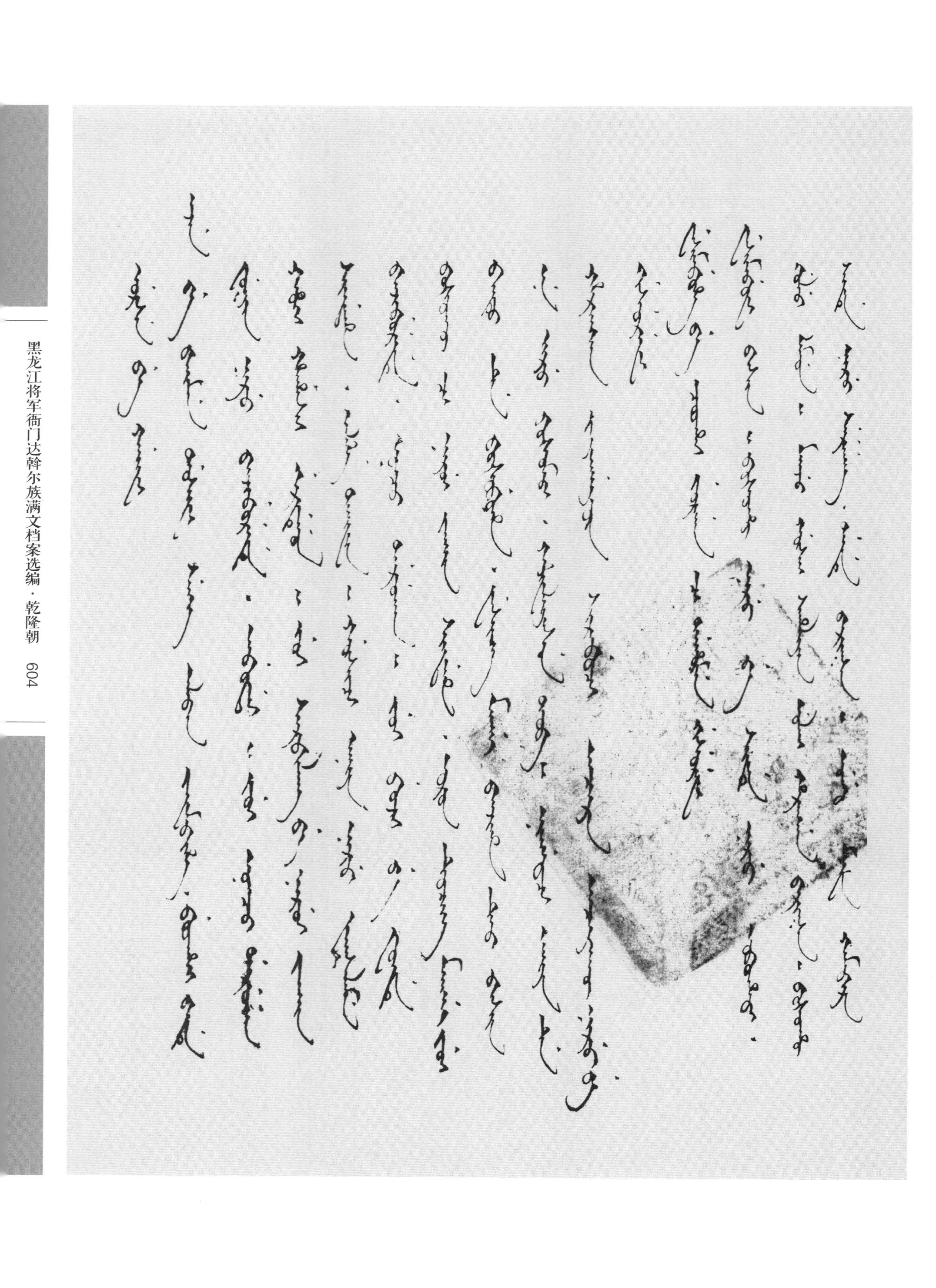

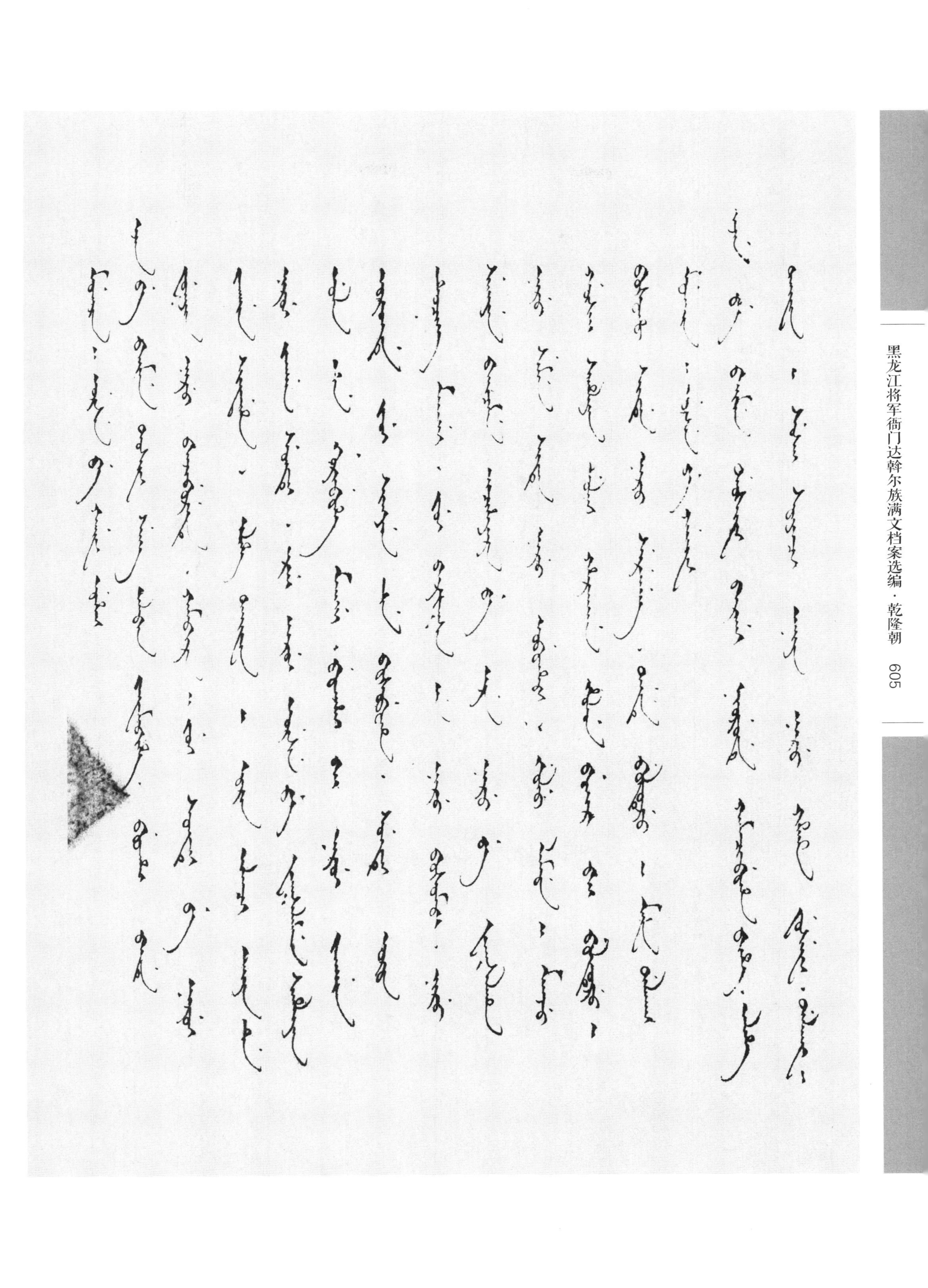

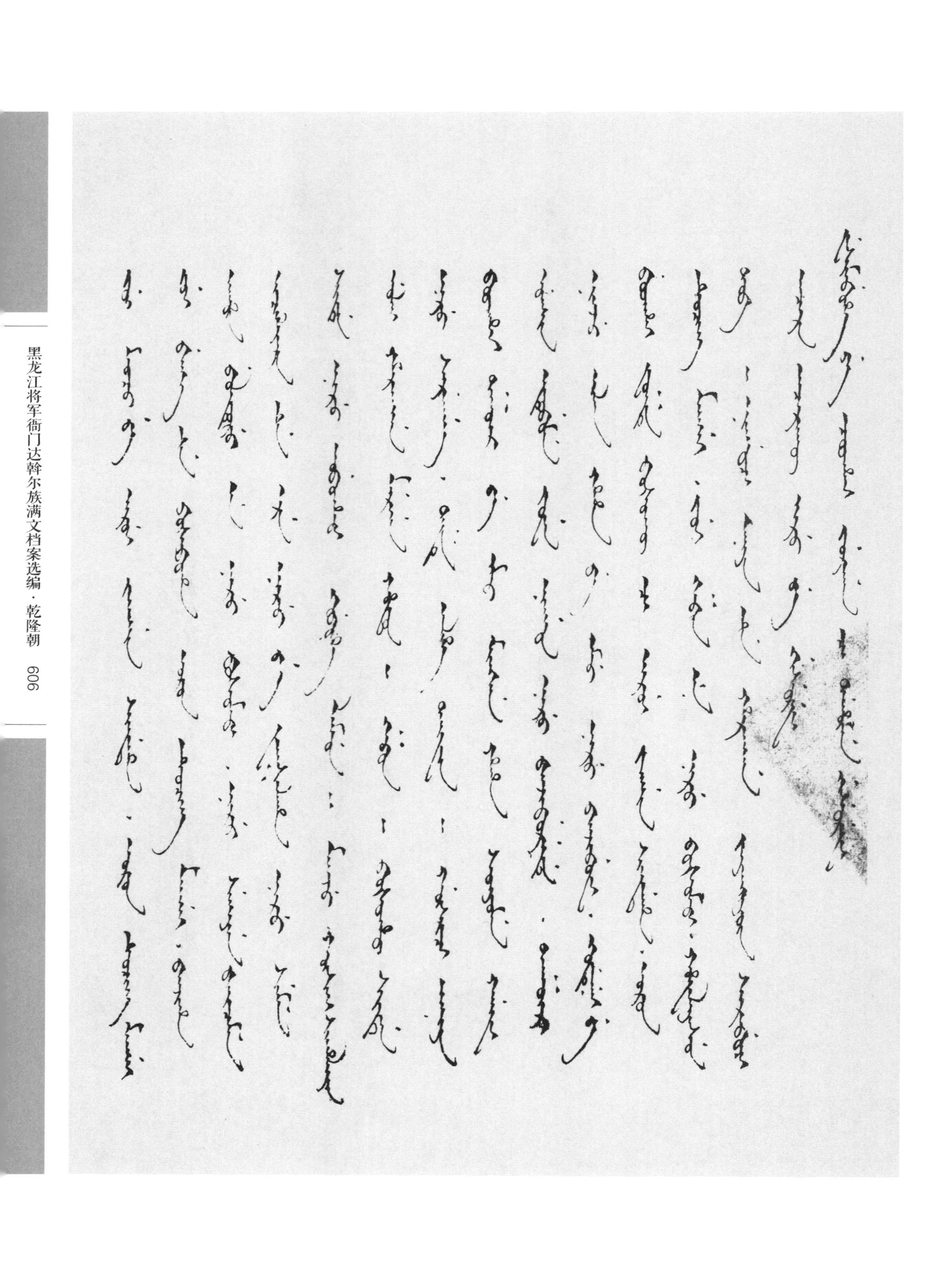

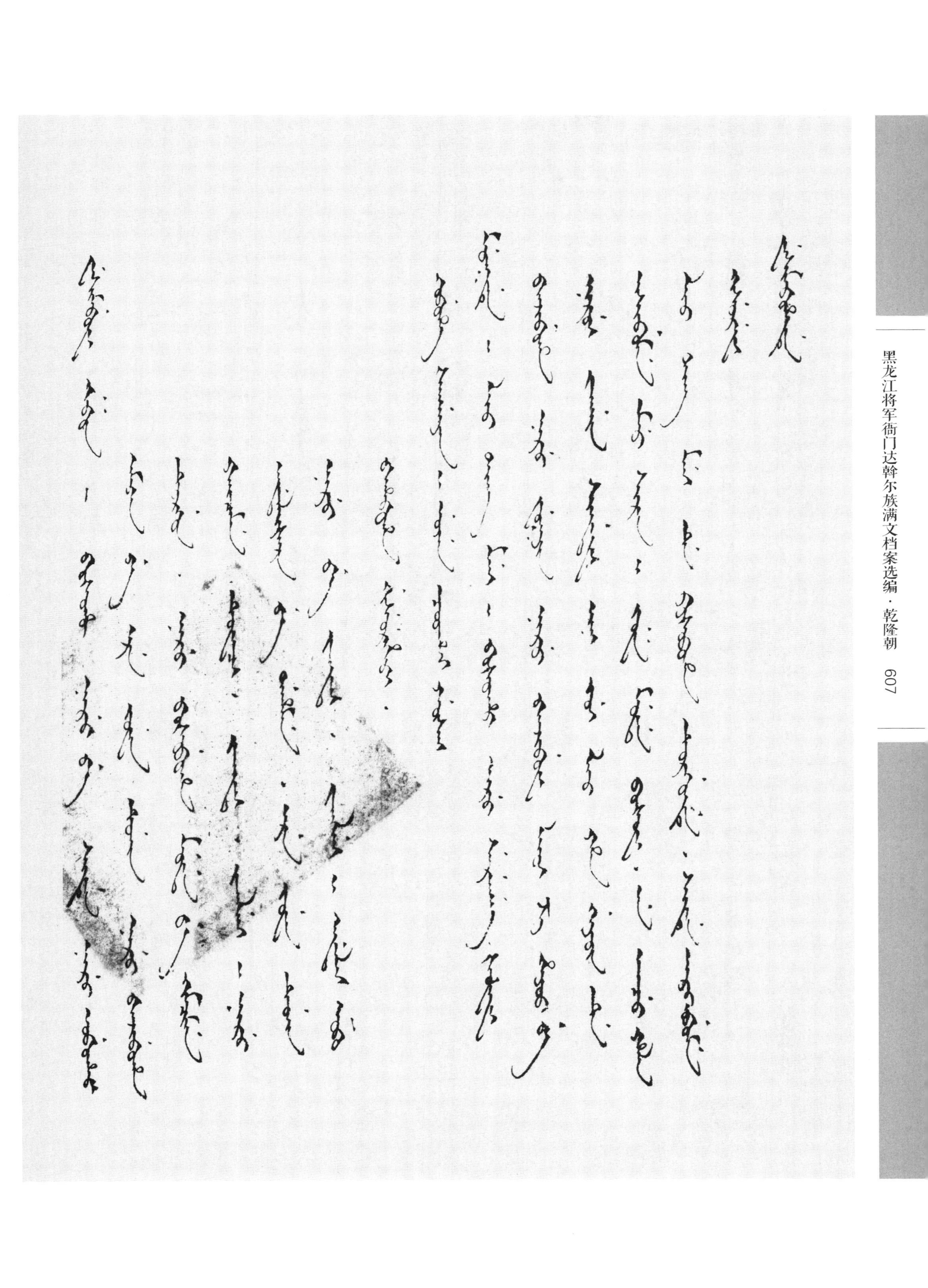

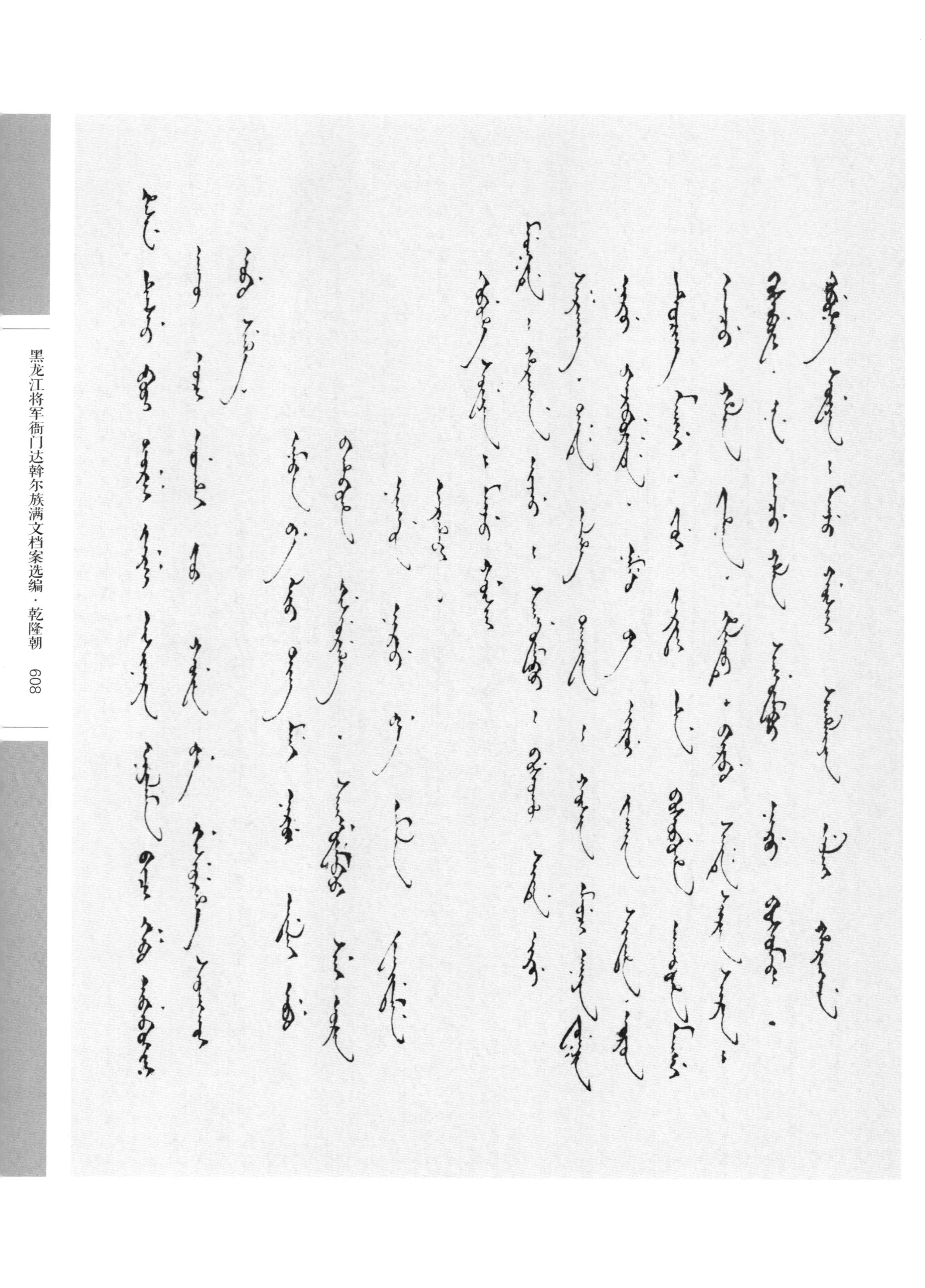

[illegible]

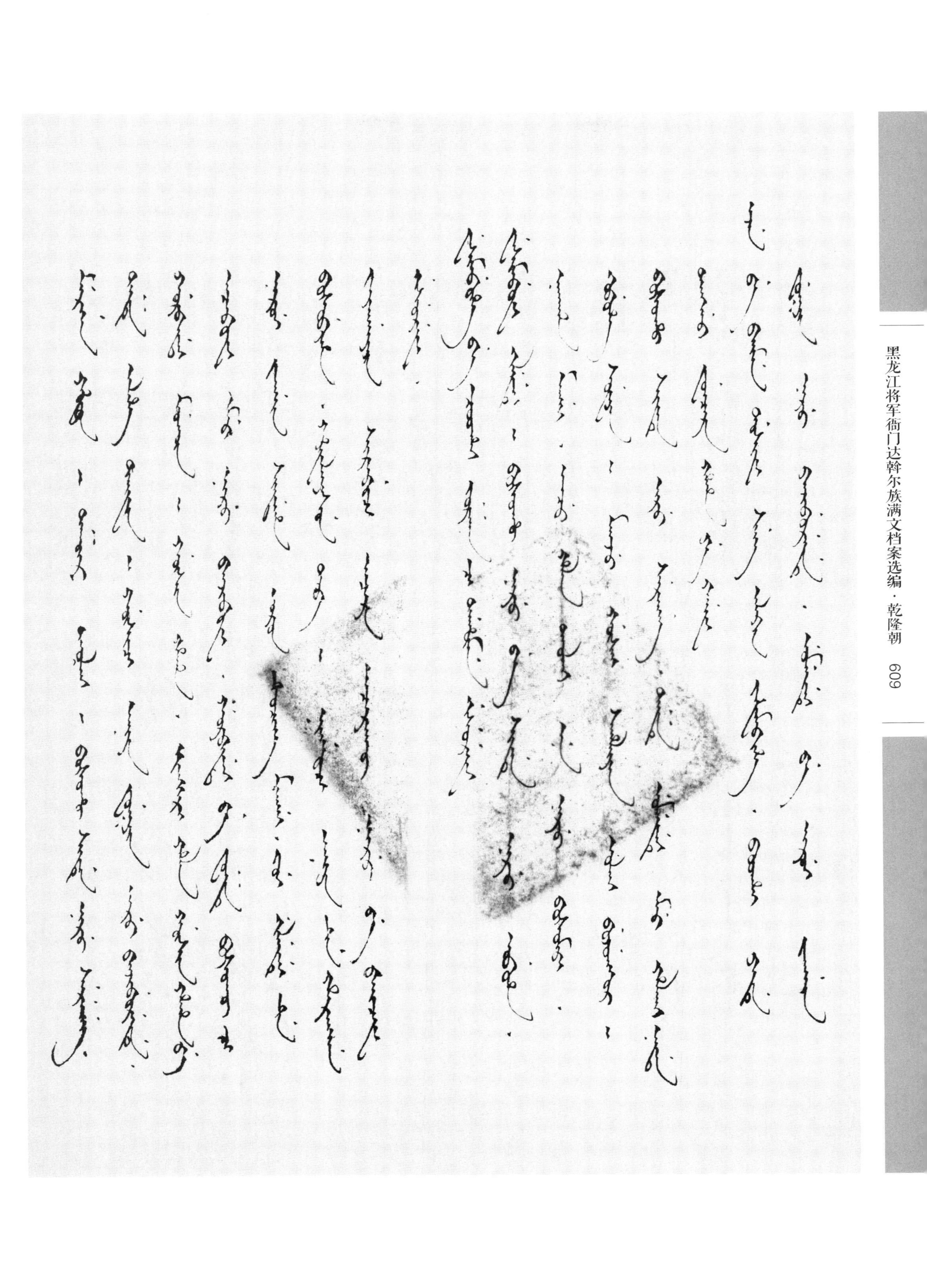

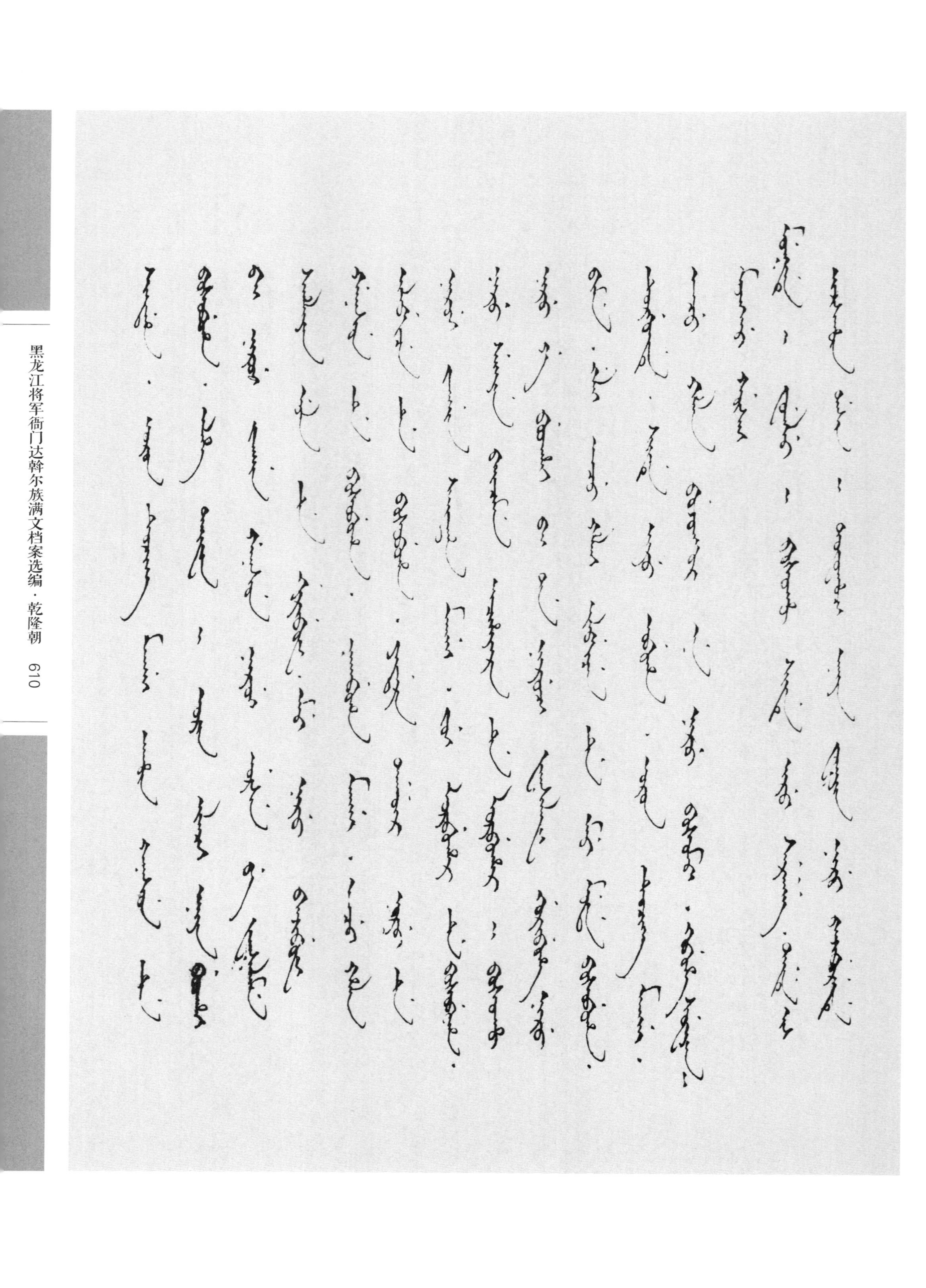

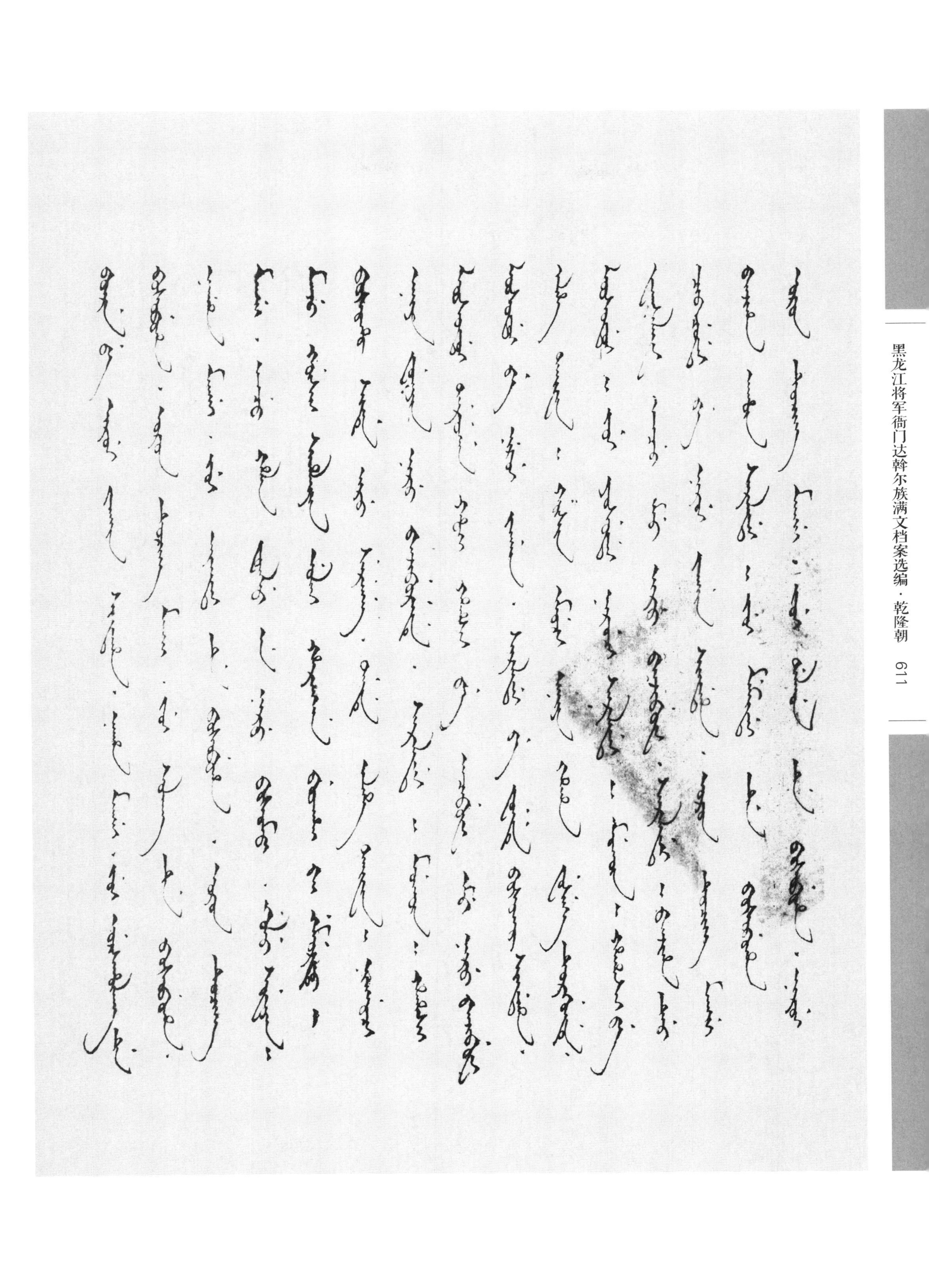

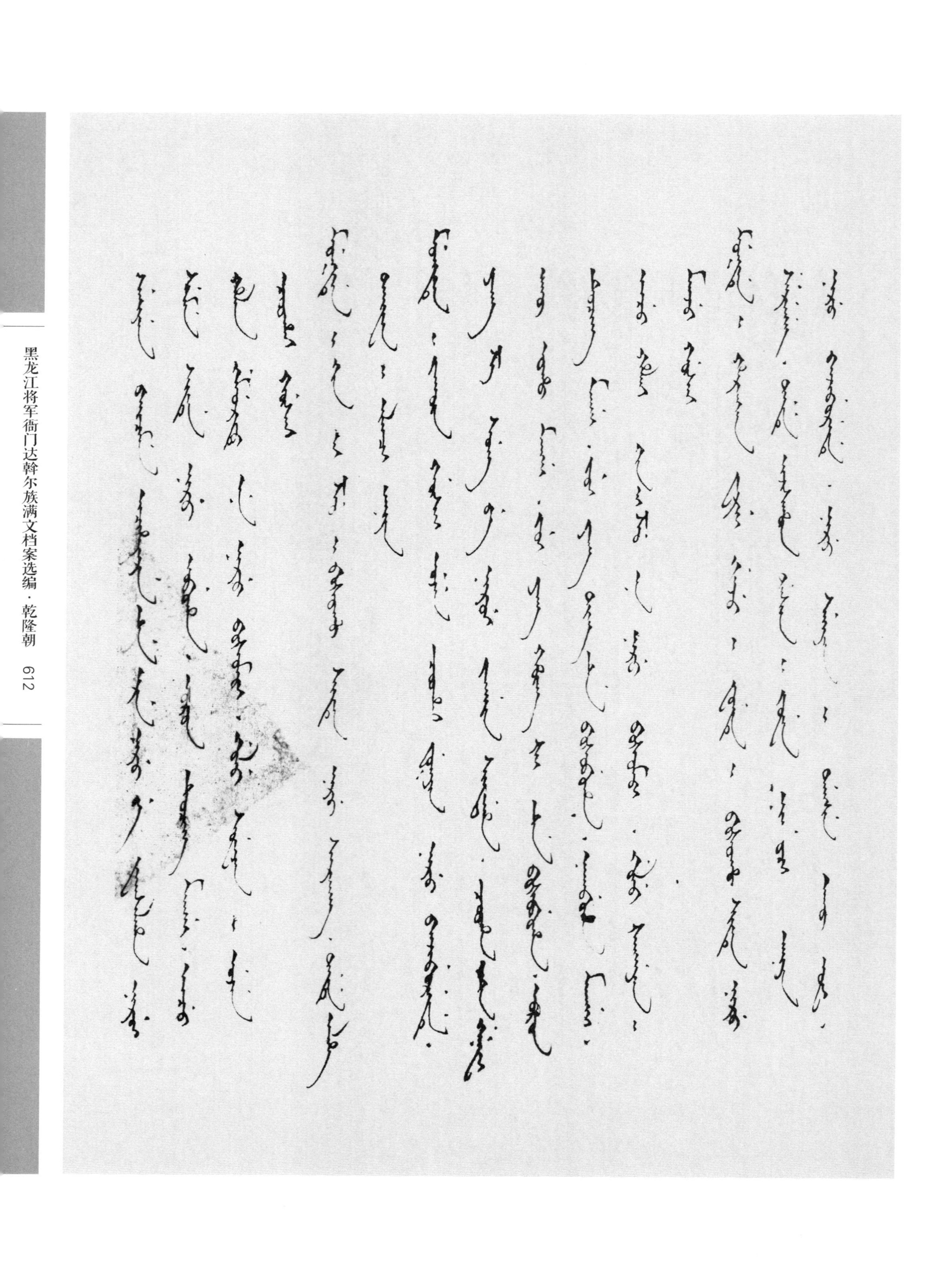

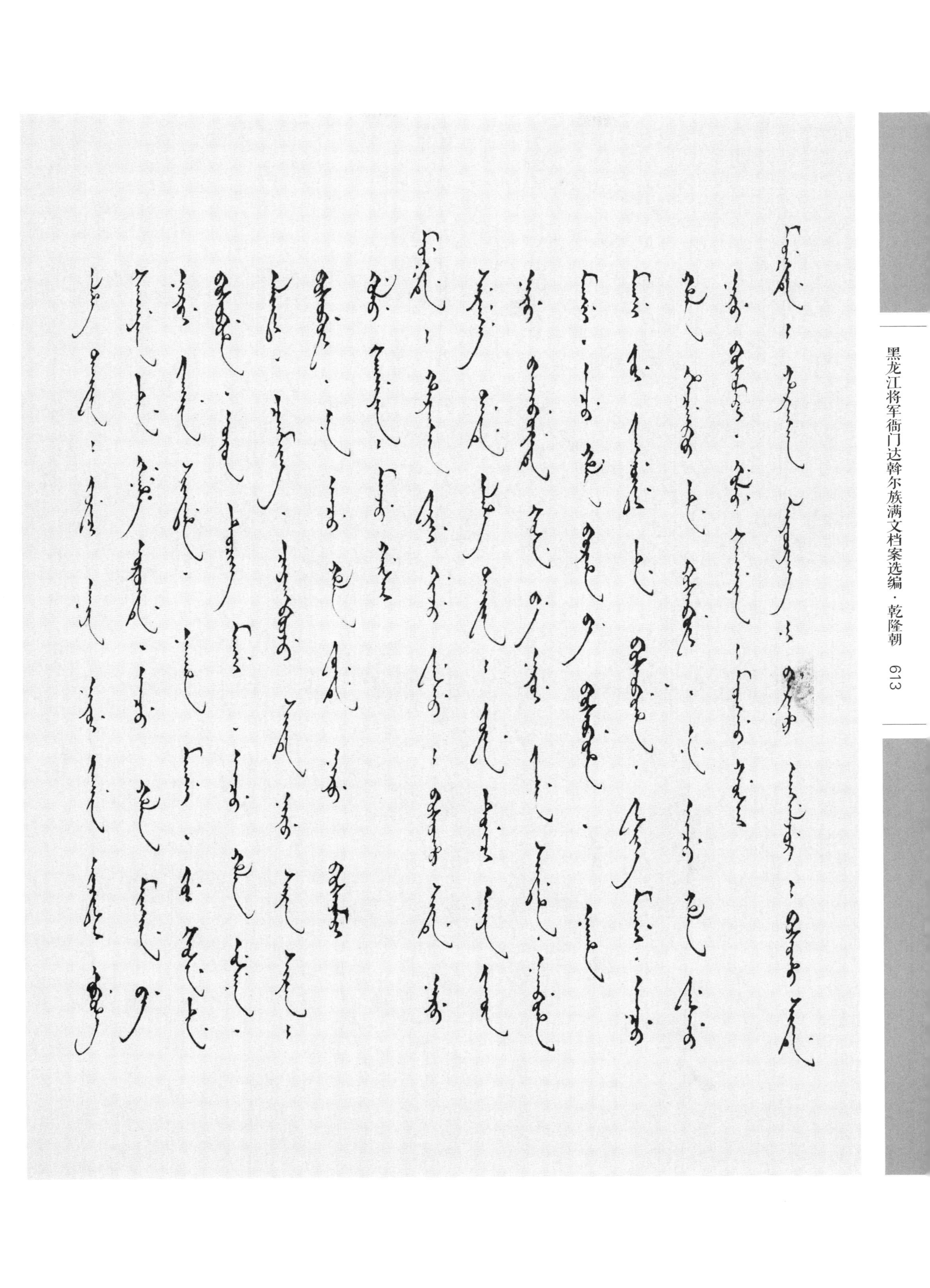

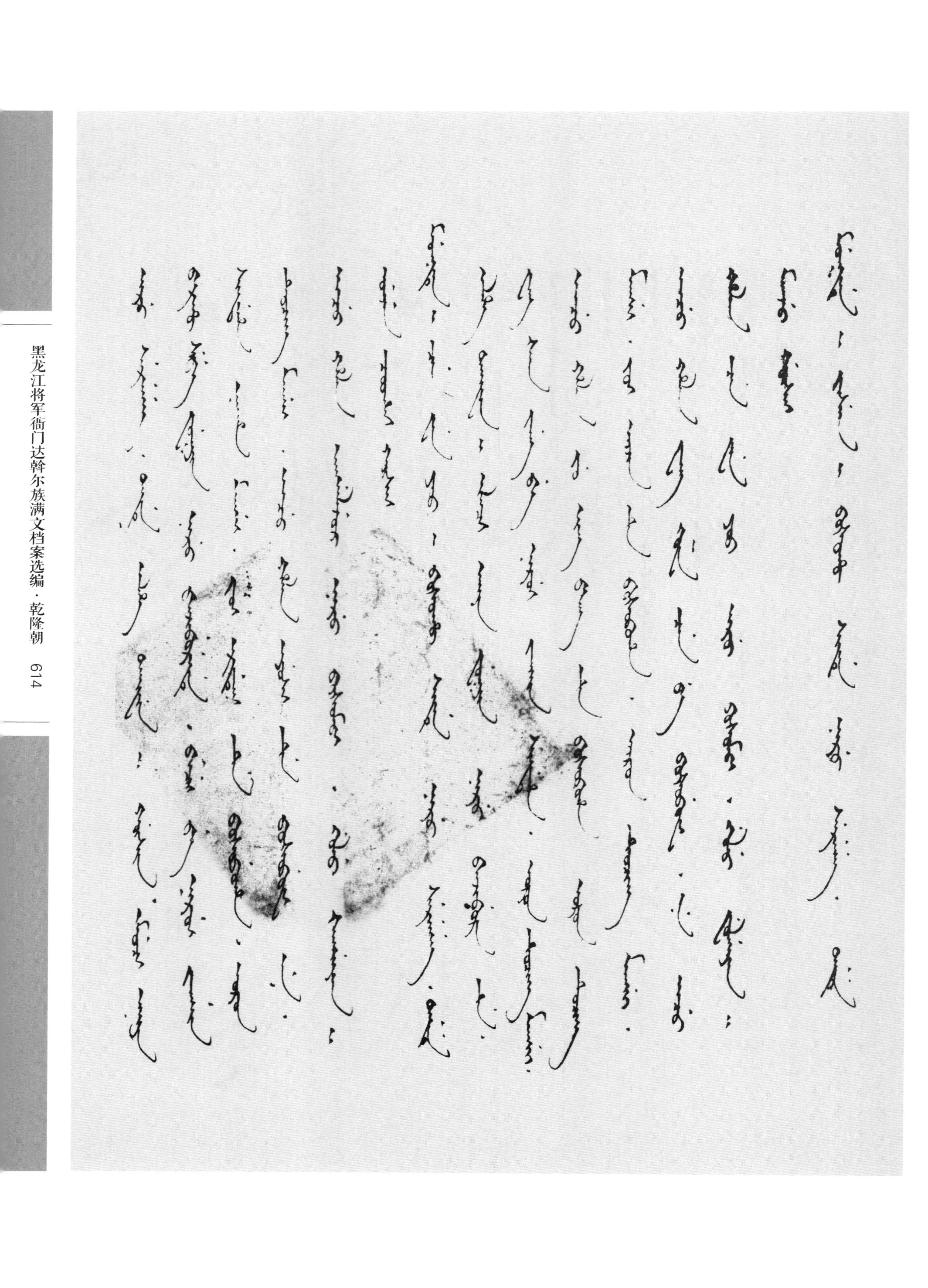

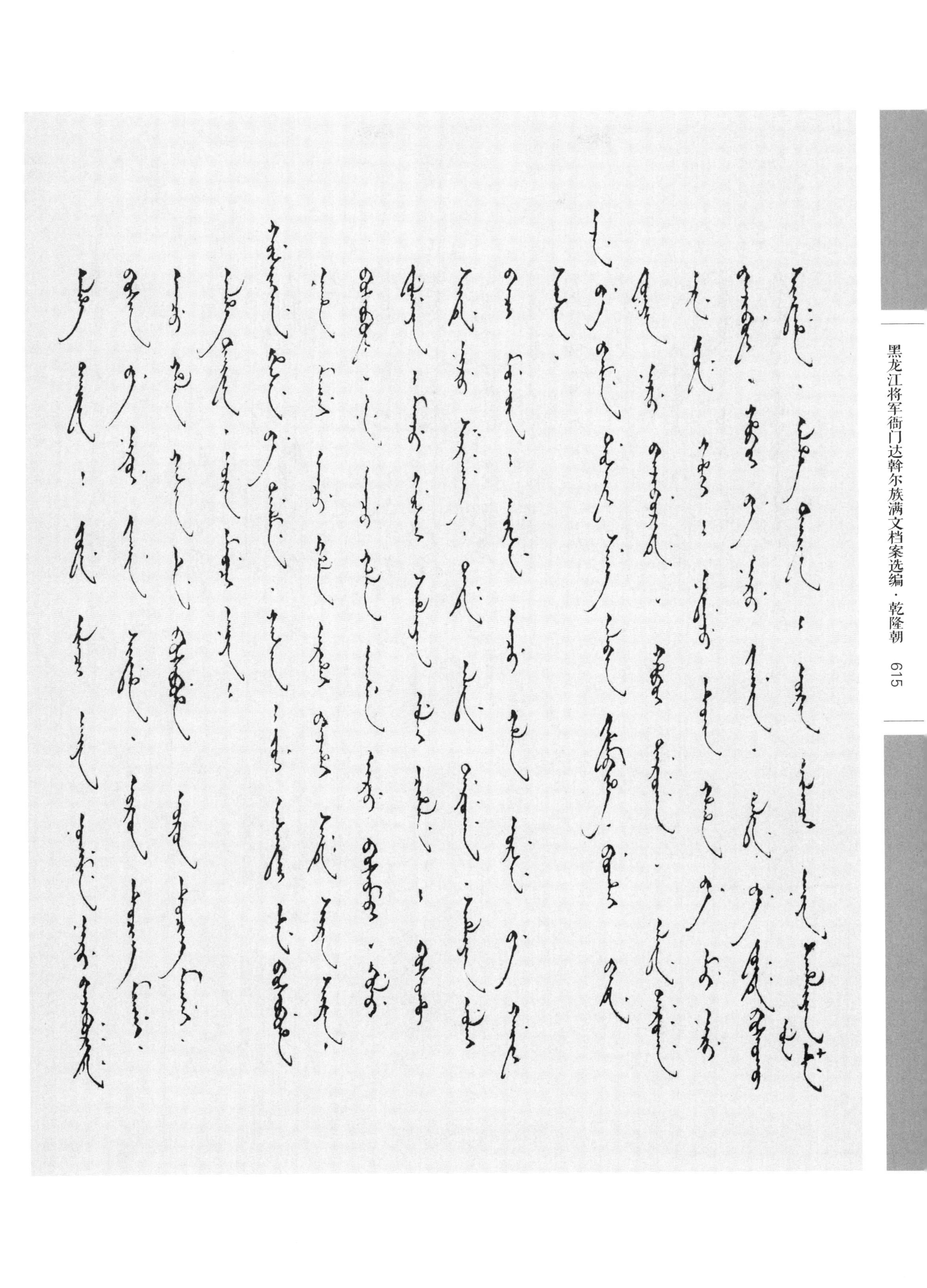

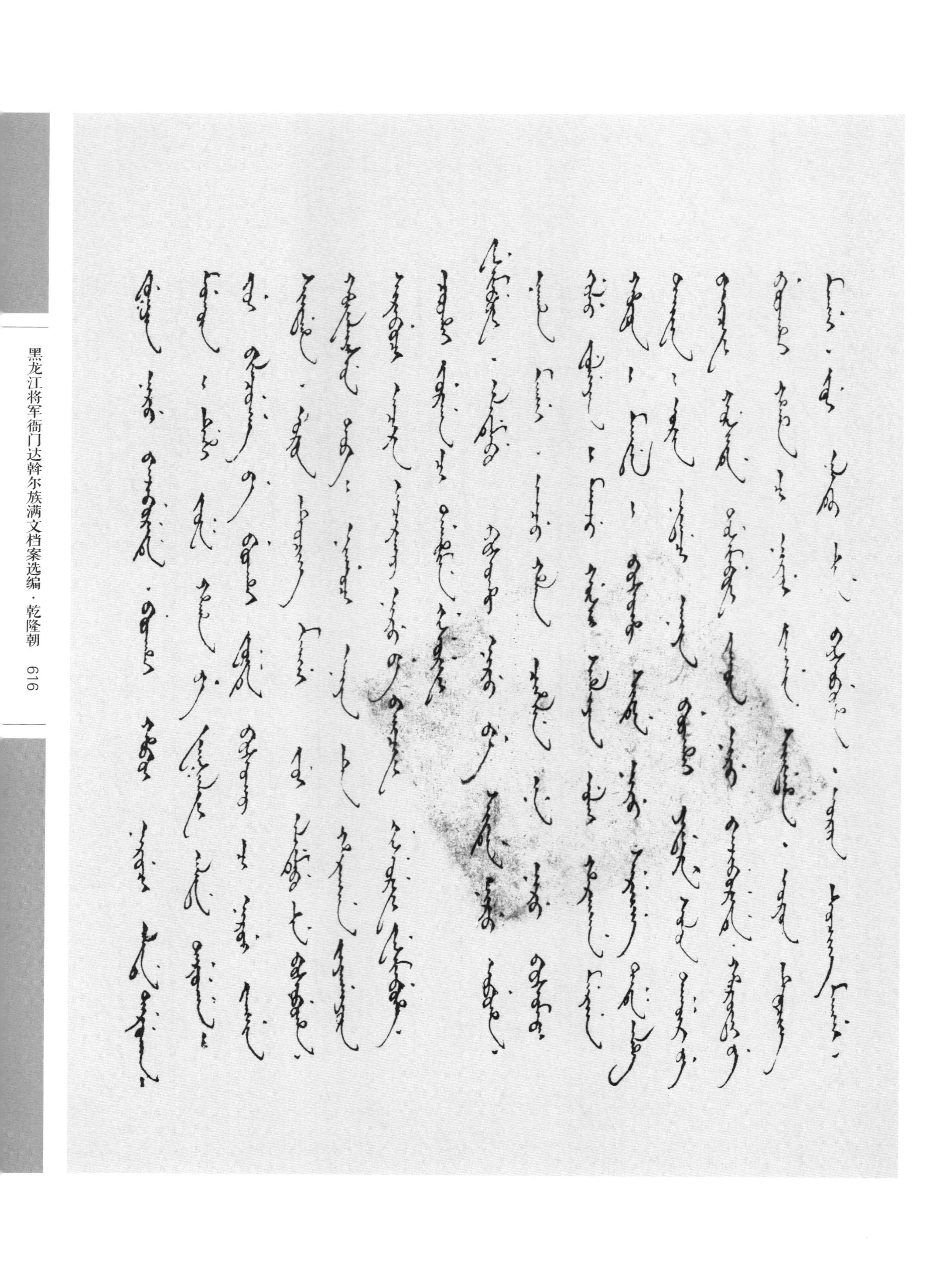

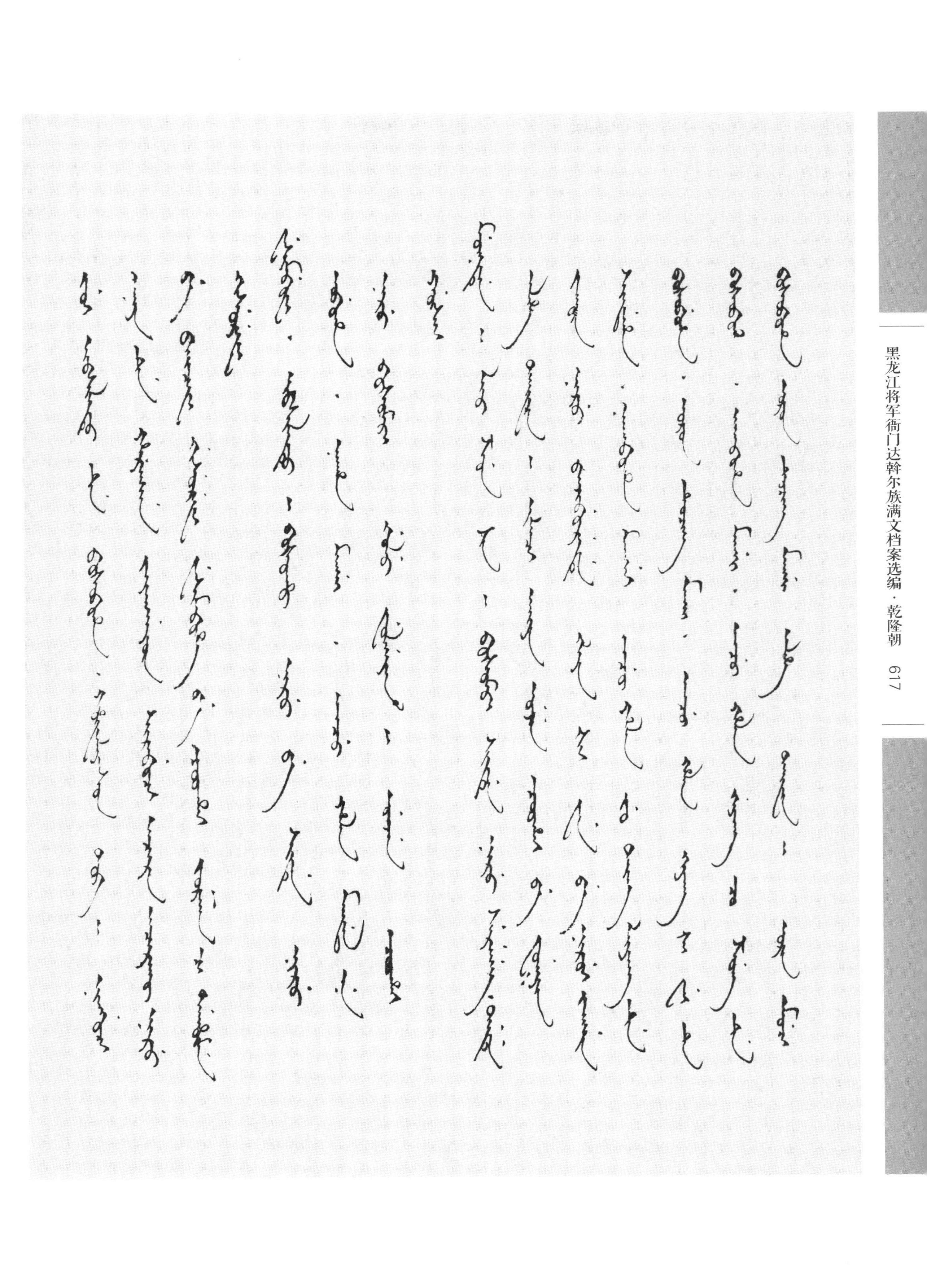

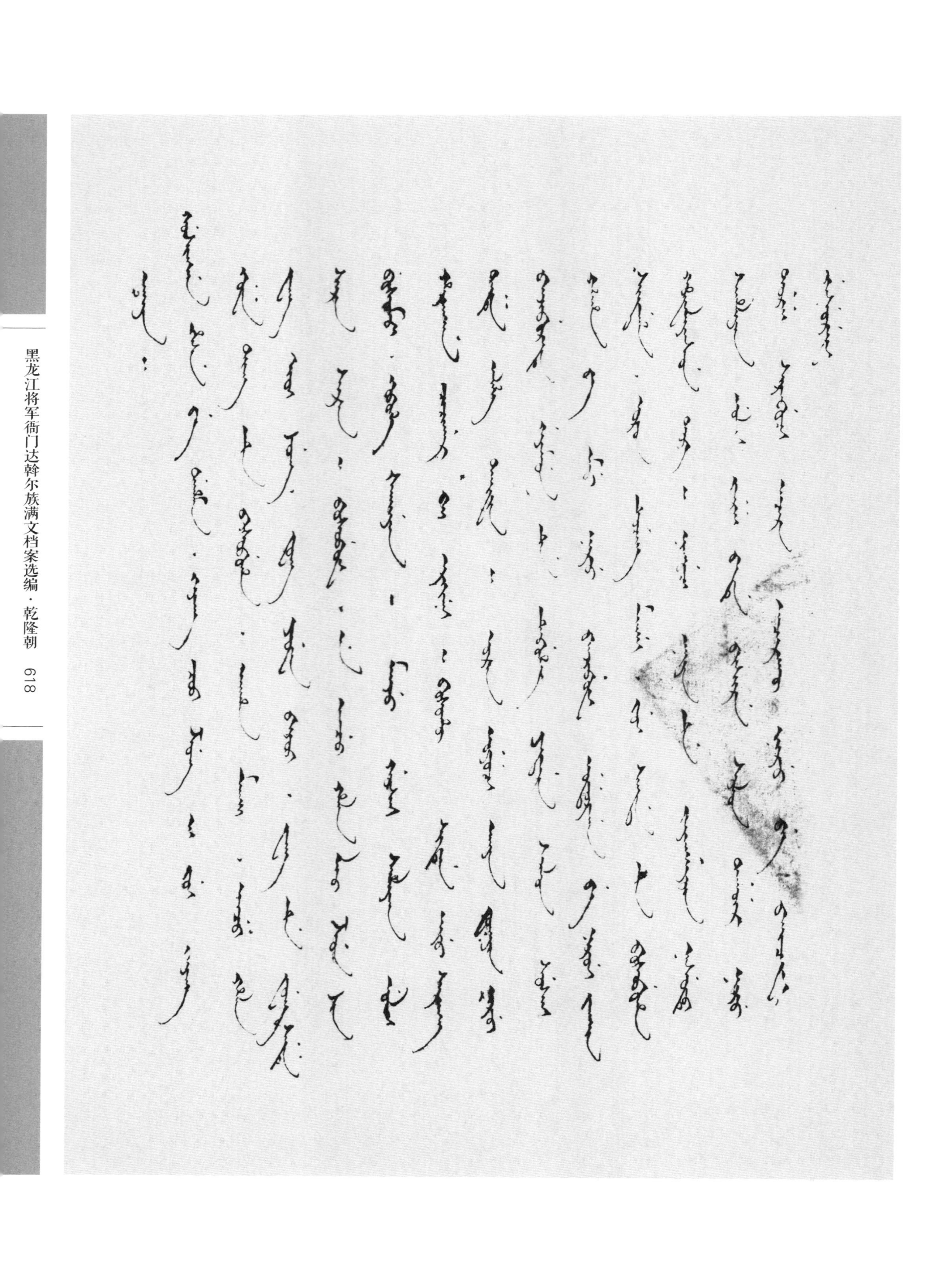

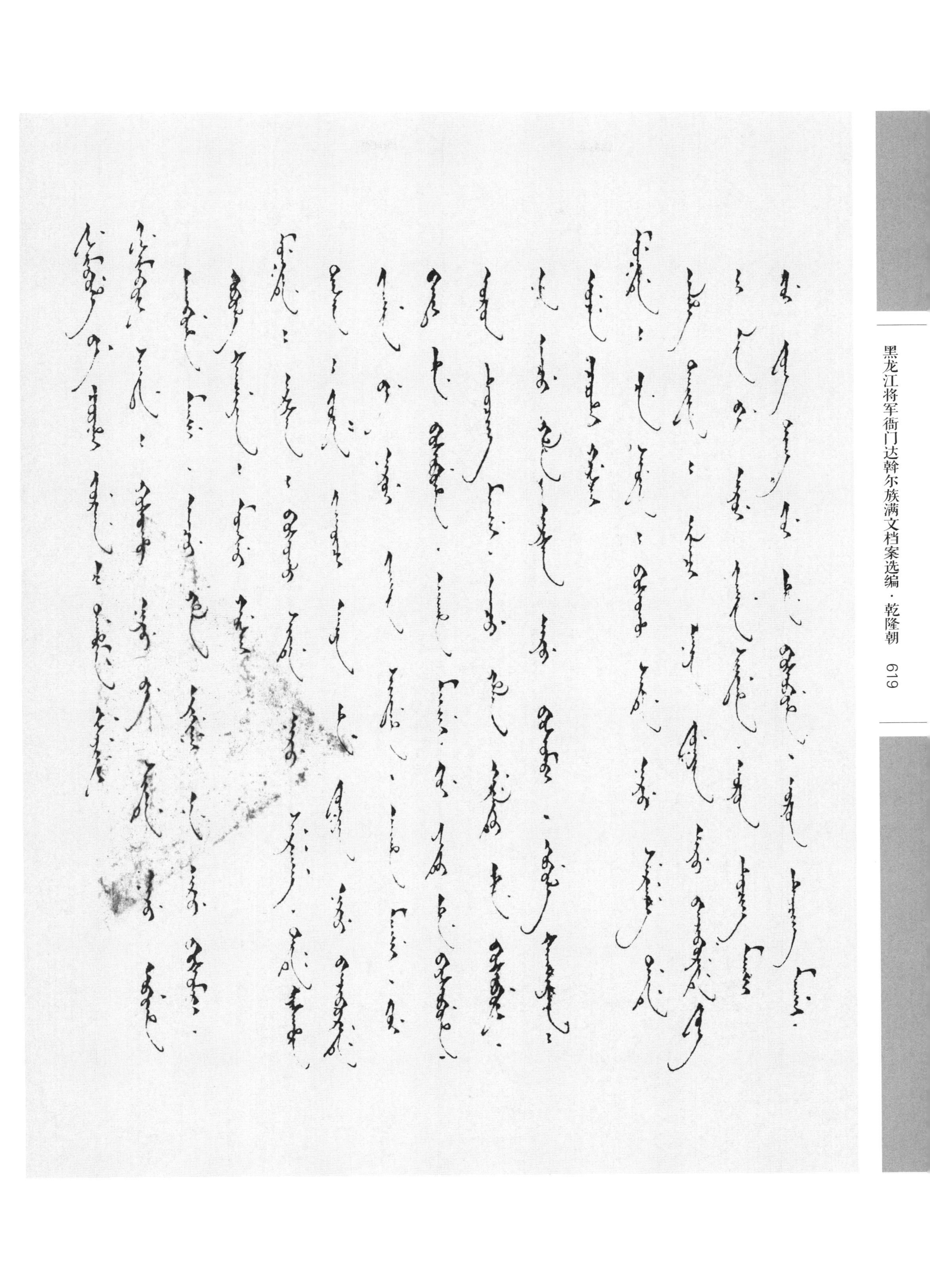

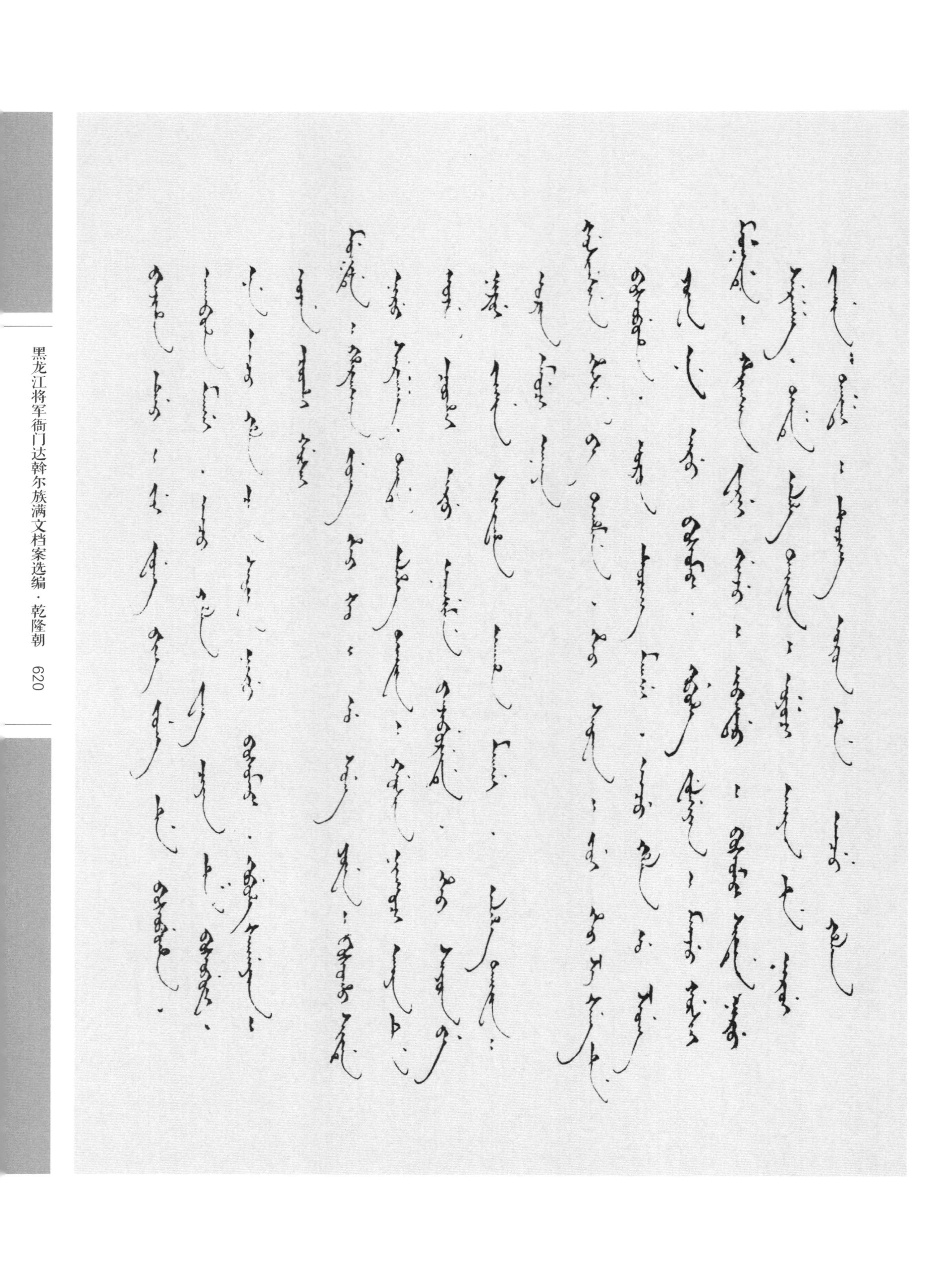

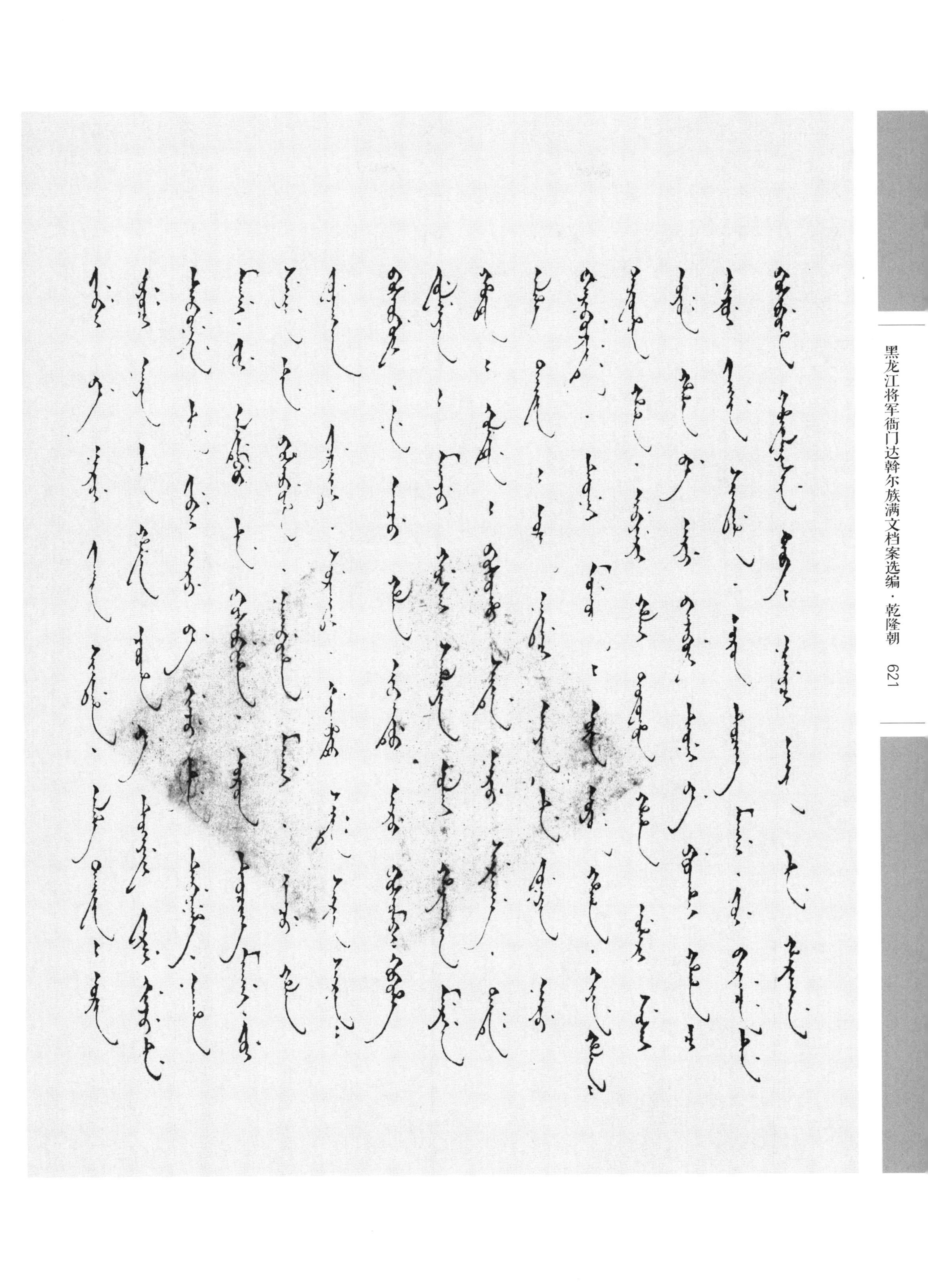

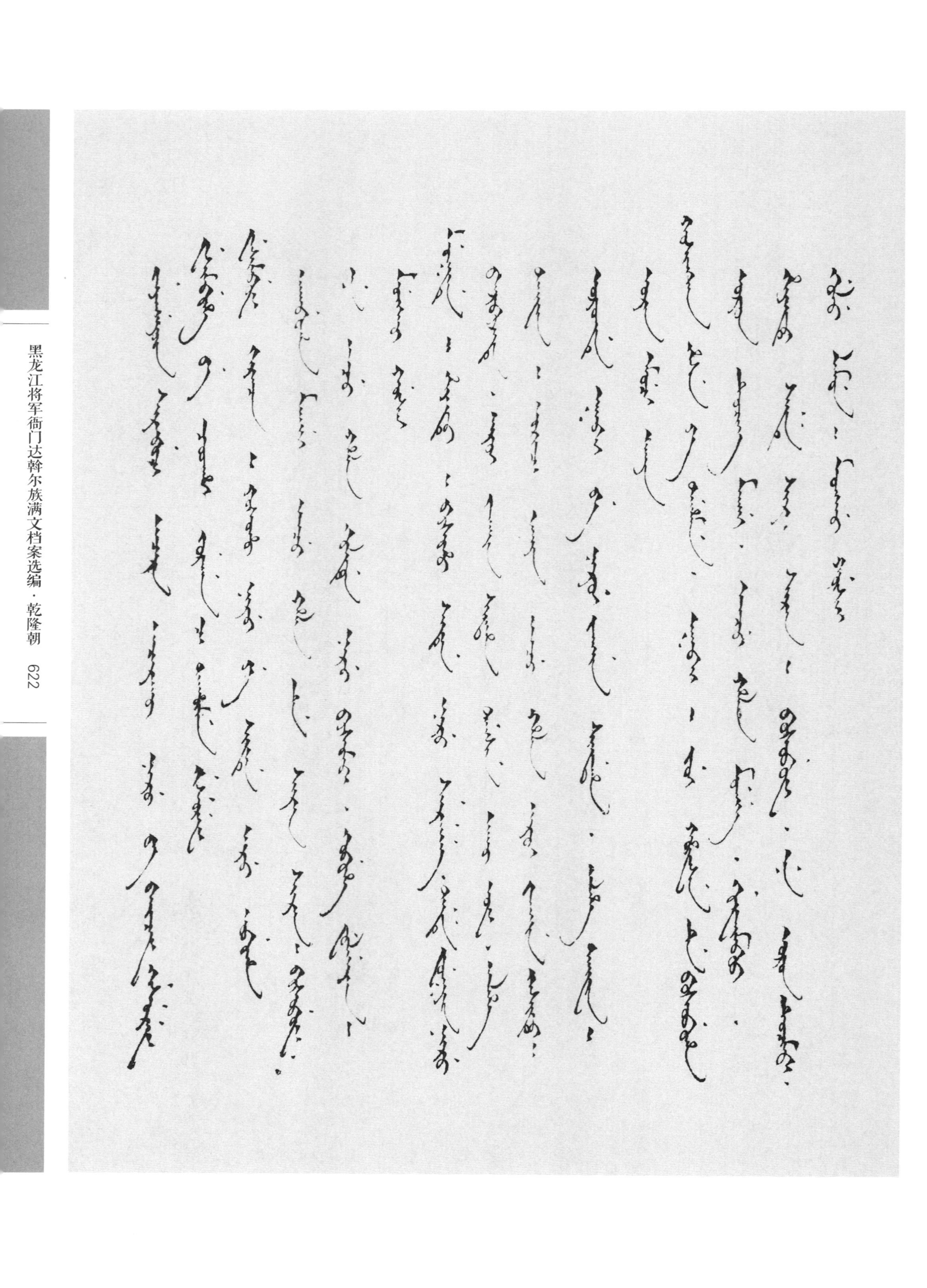

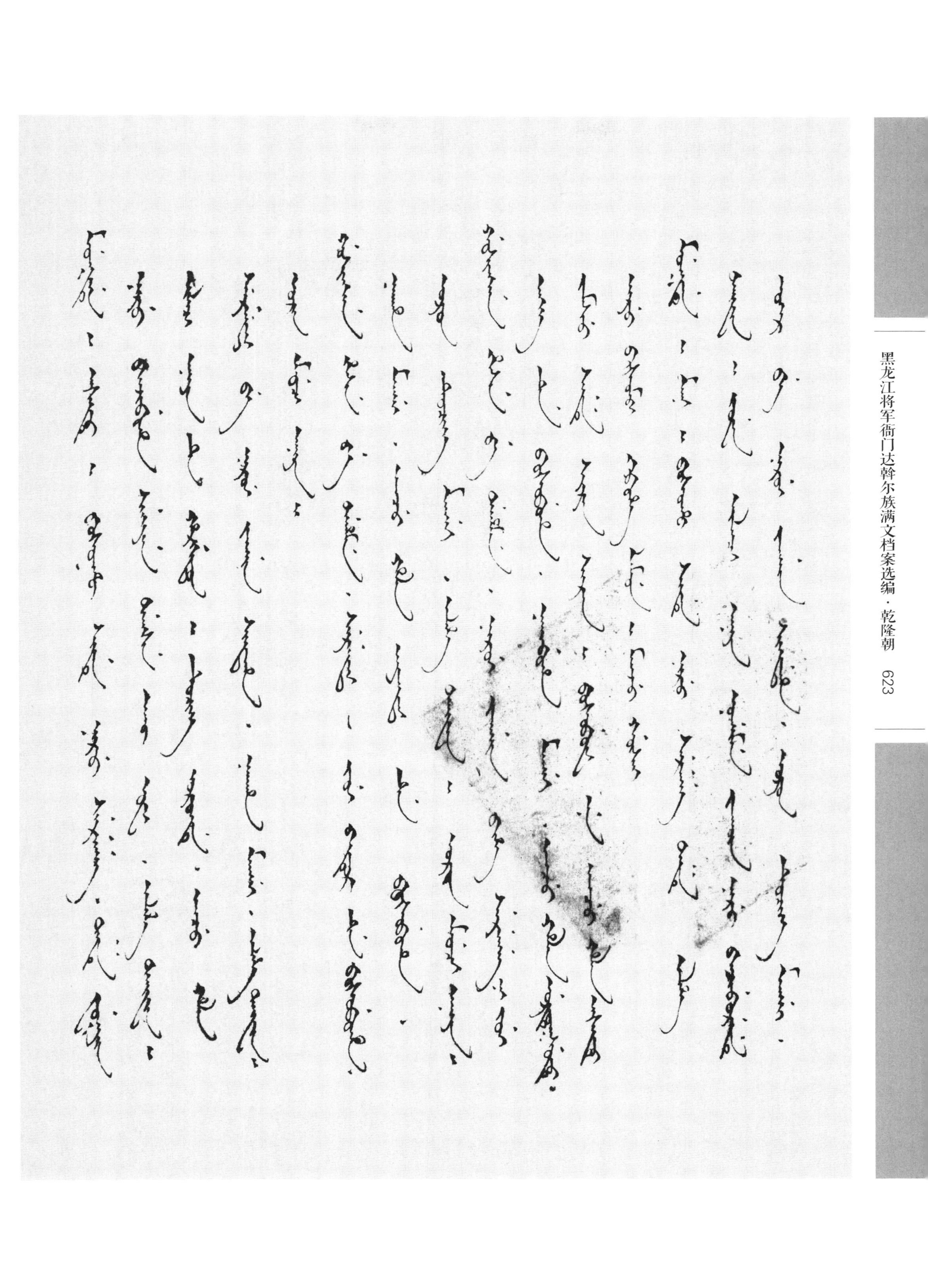

[illegible]

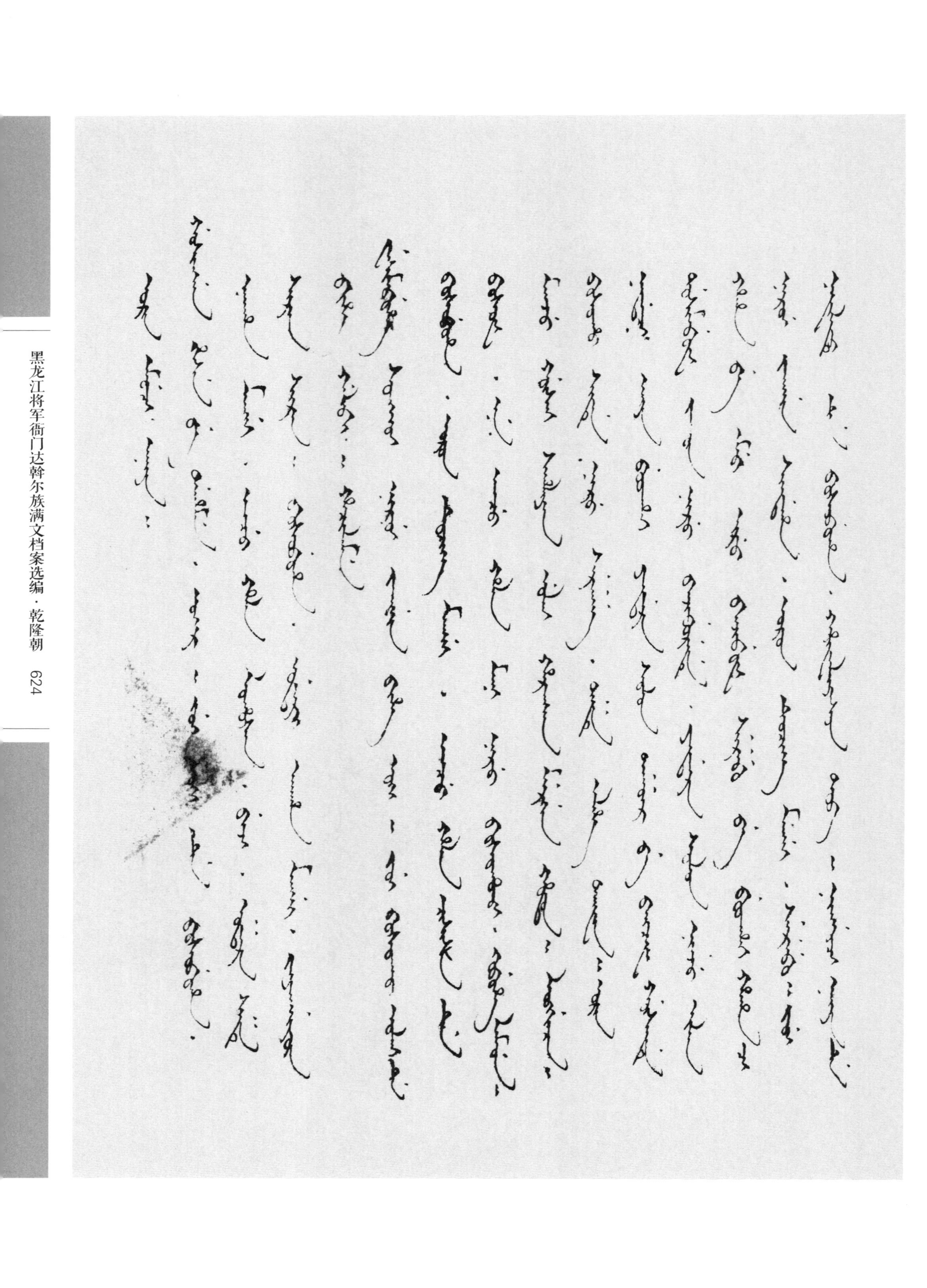

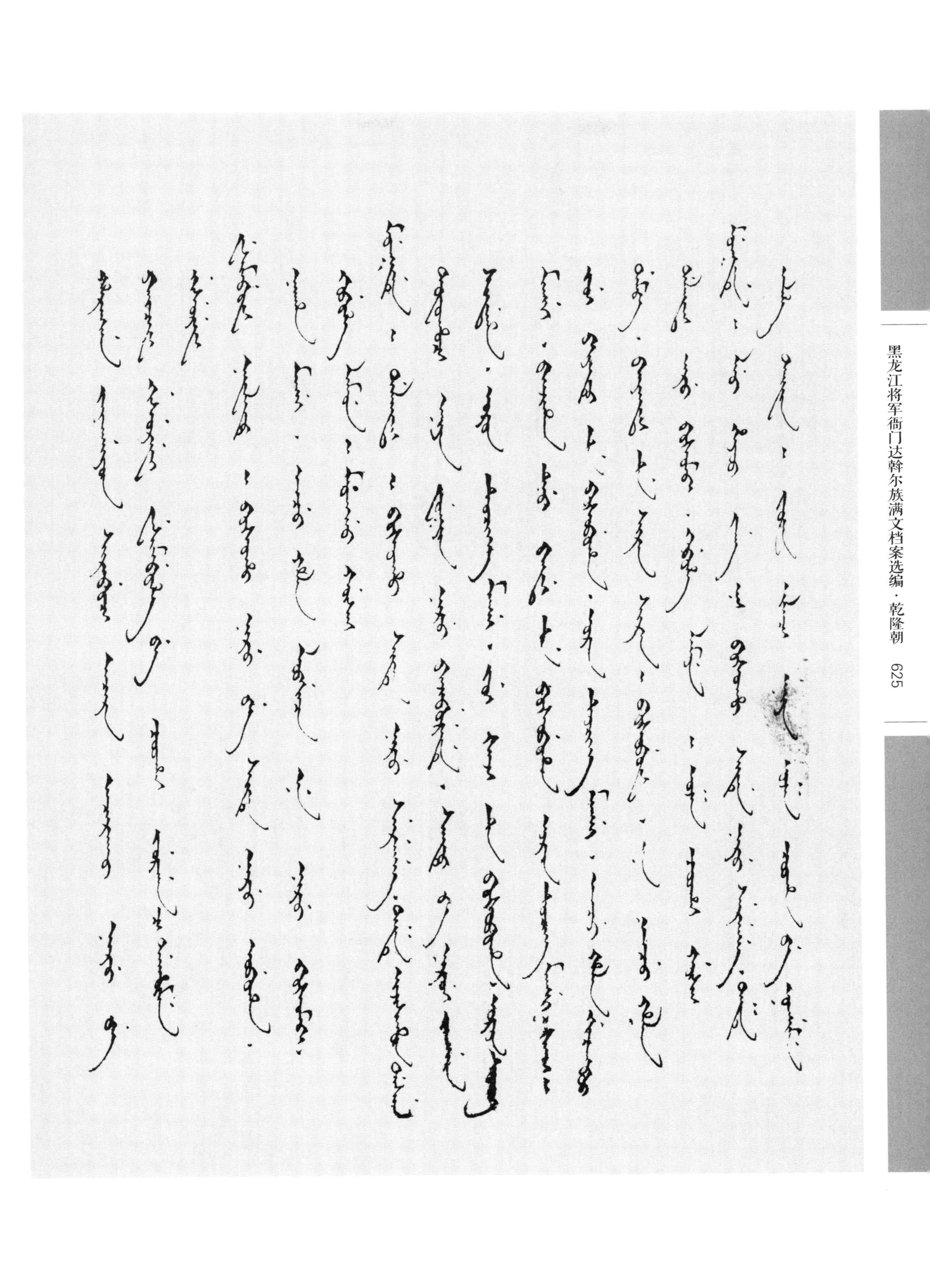

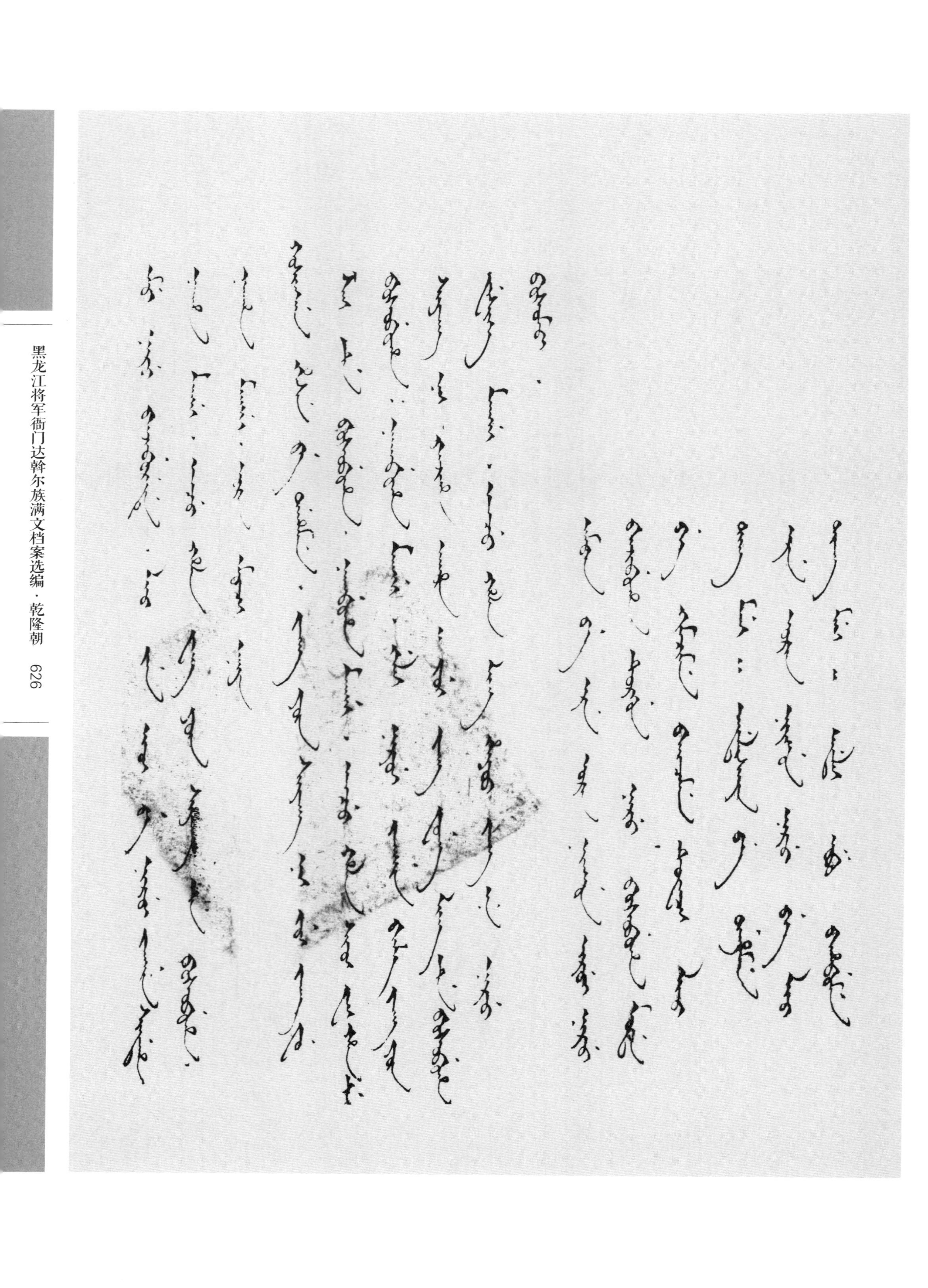

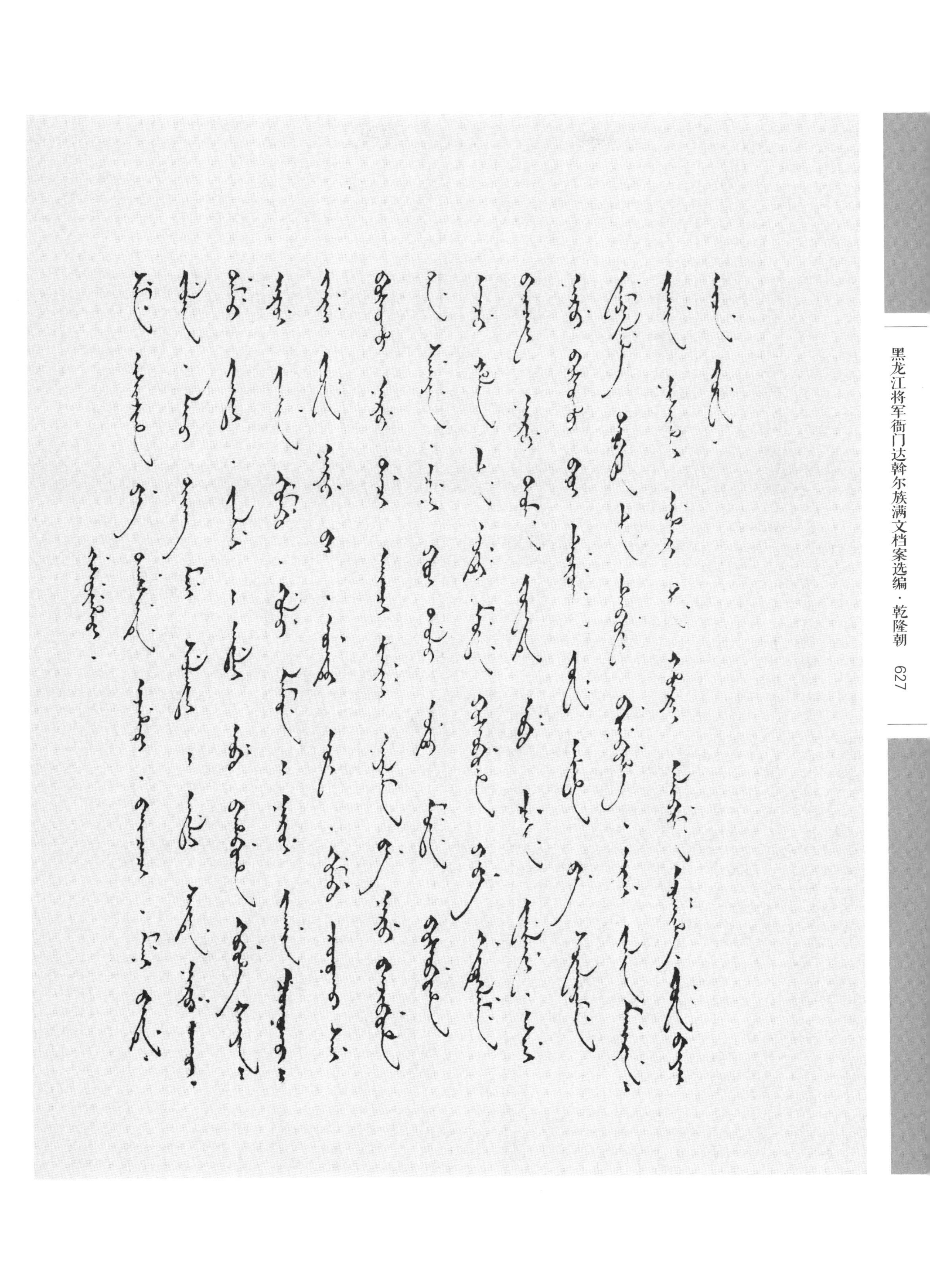

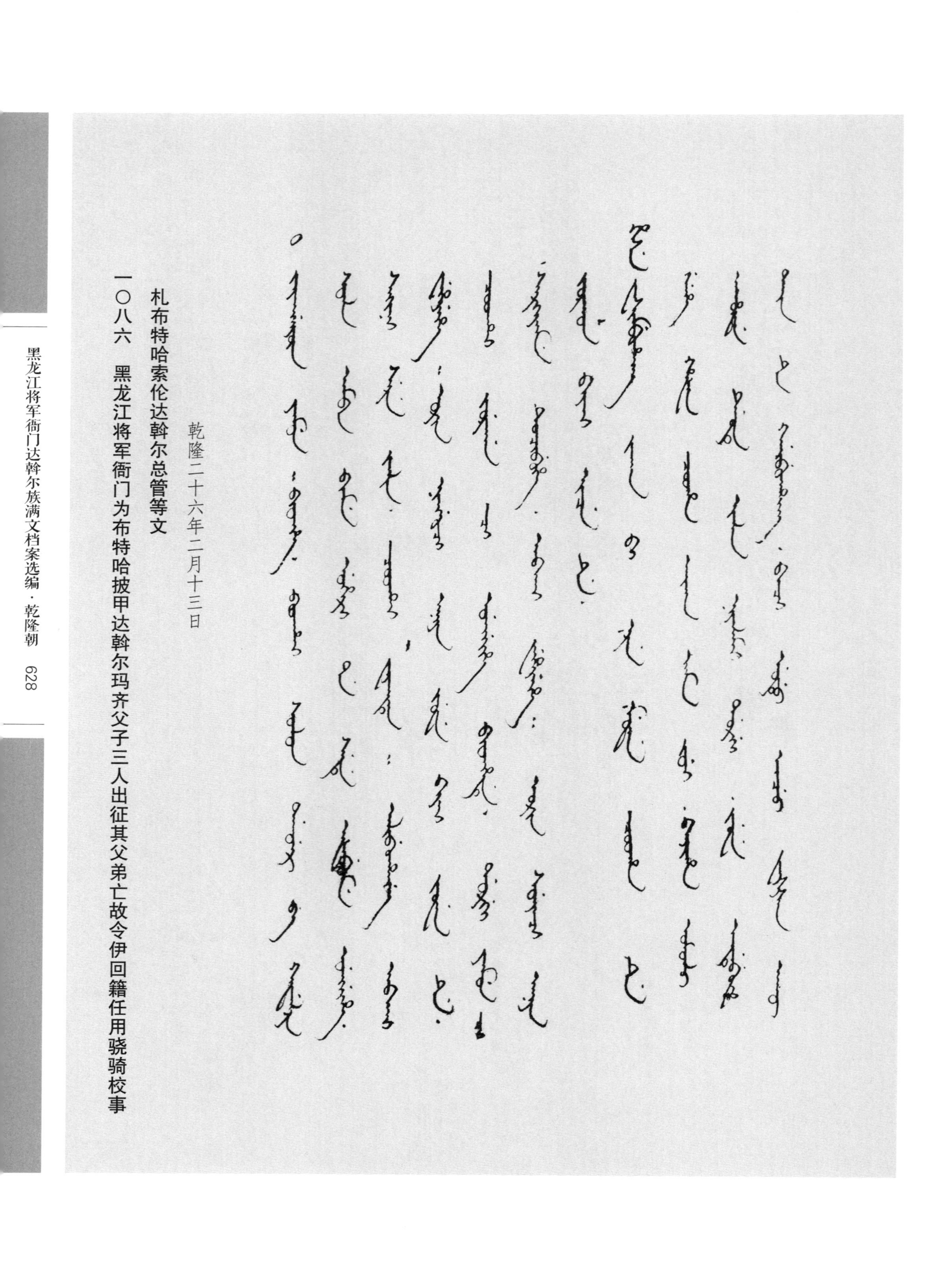

一〇八六 黑龙江将军衙门为布特哈披甲达斡尔玛齐父子三人出征其父弟亡故令伊回籍任用骁骑校事

札布特哈索伦达斡尔总管等文

乾隆二十六年二月十三日

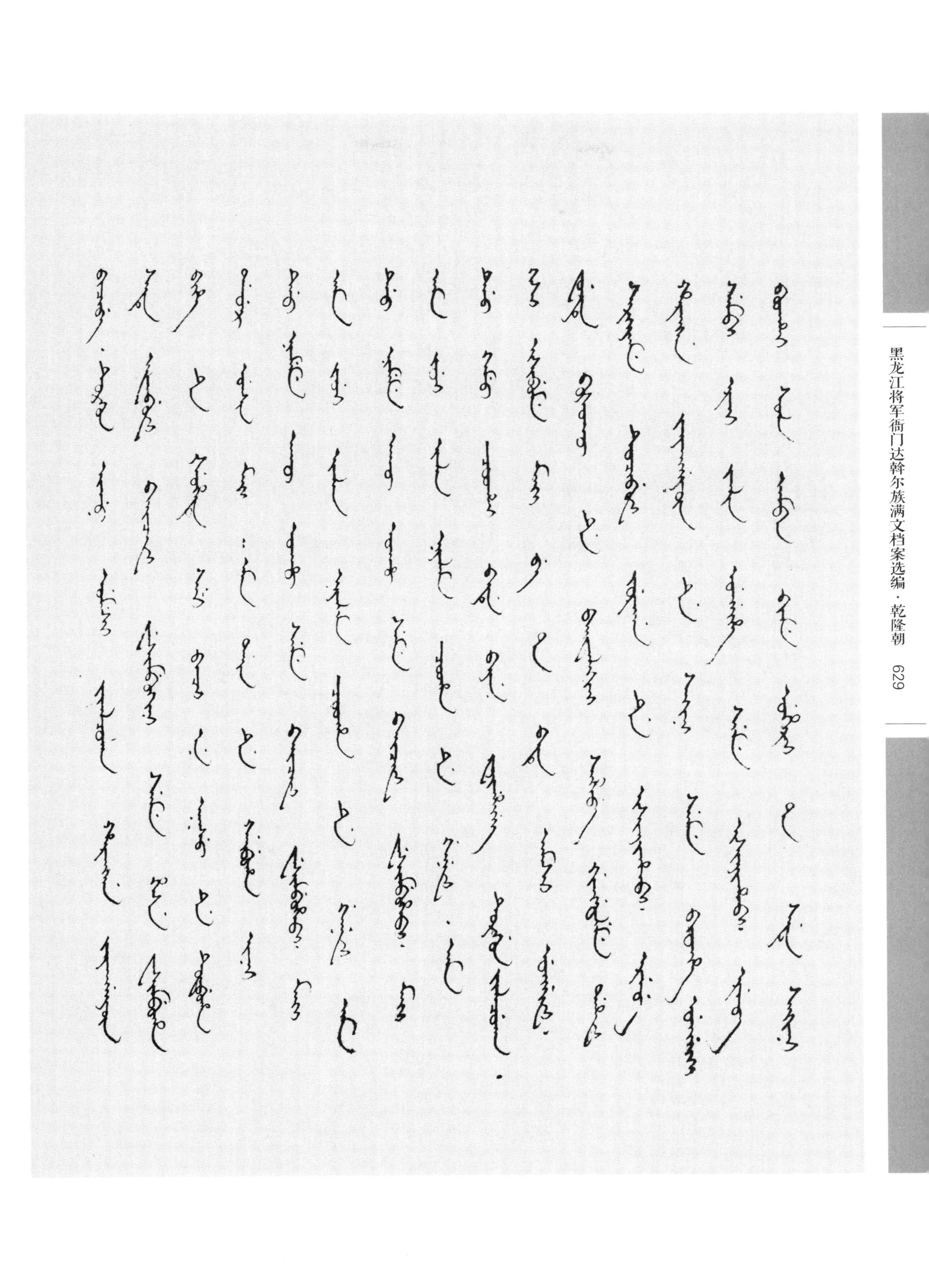

[illegible]

[illegible]

一〇八七 喀什噶尔参赞大臣为知会出征索伦达斡尔等父叔兄弟军中亡故地点日期事咨黑龙江将军文

乾隆二十六年二月二十二日

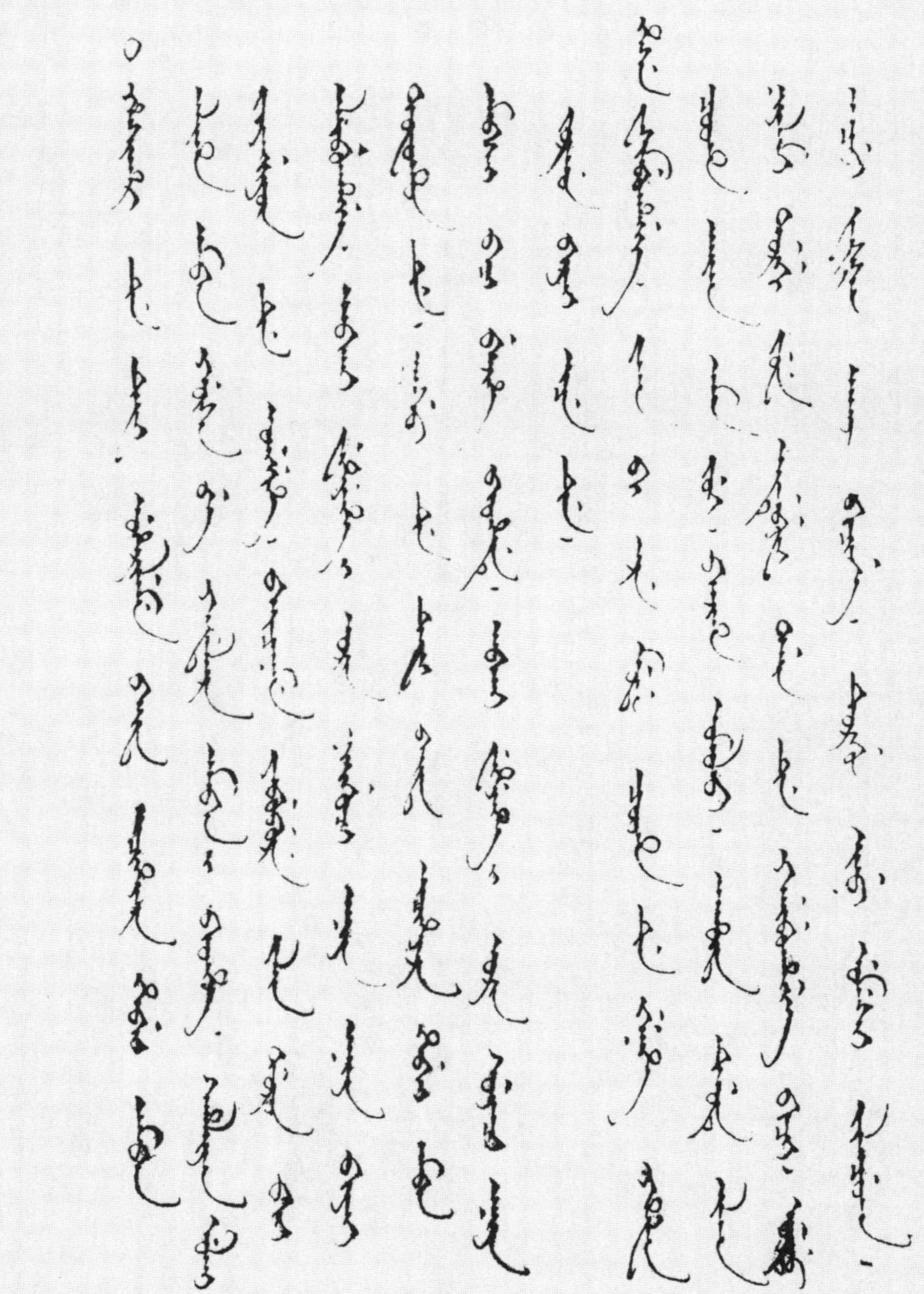

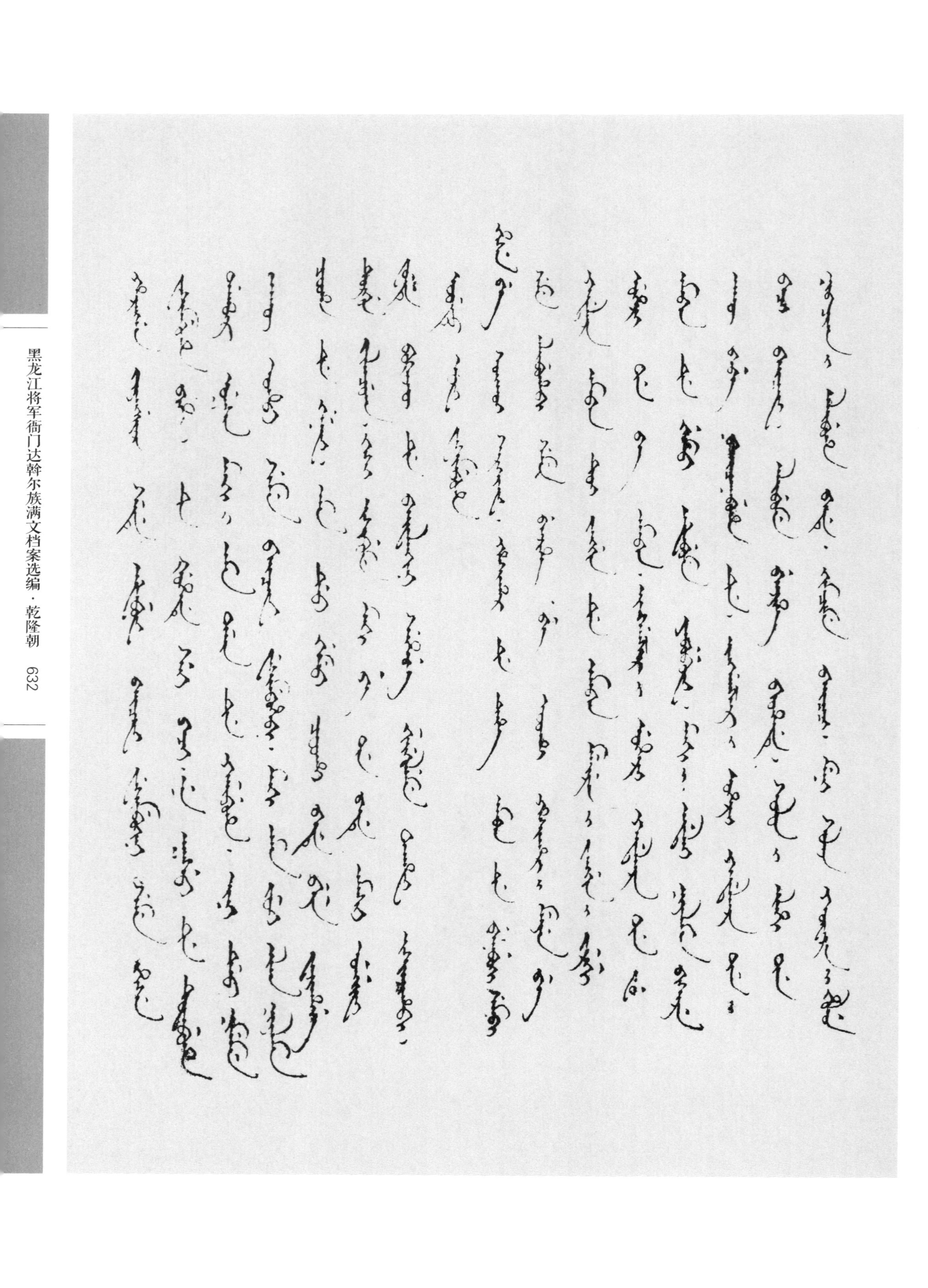

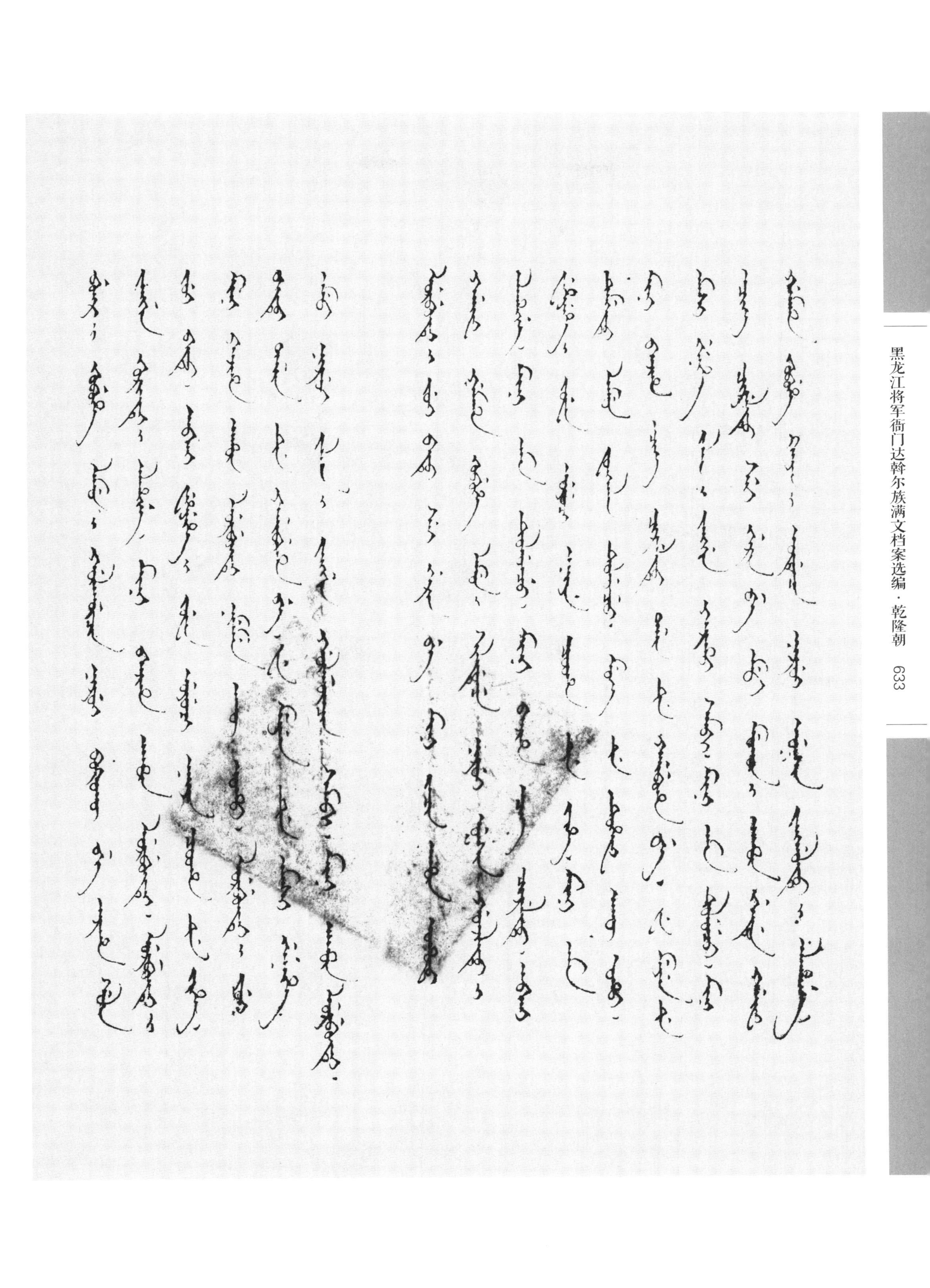

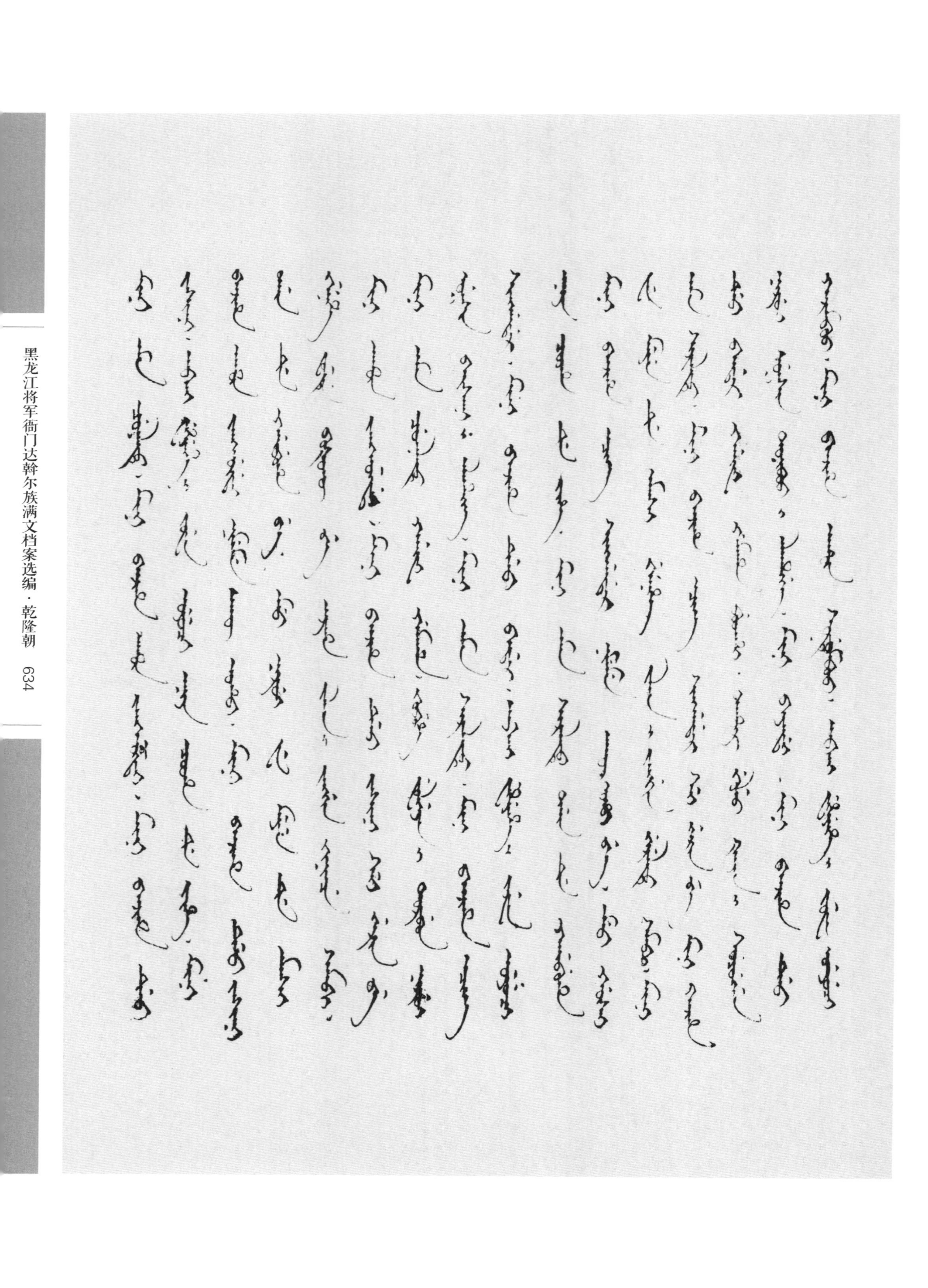

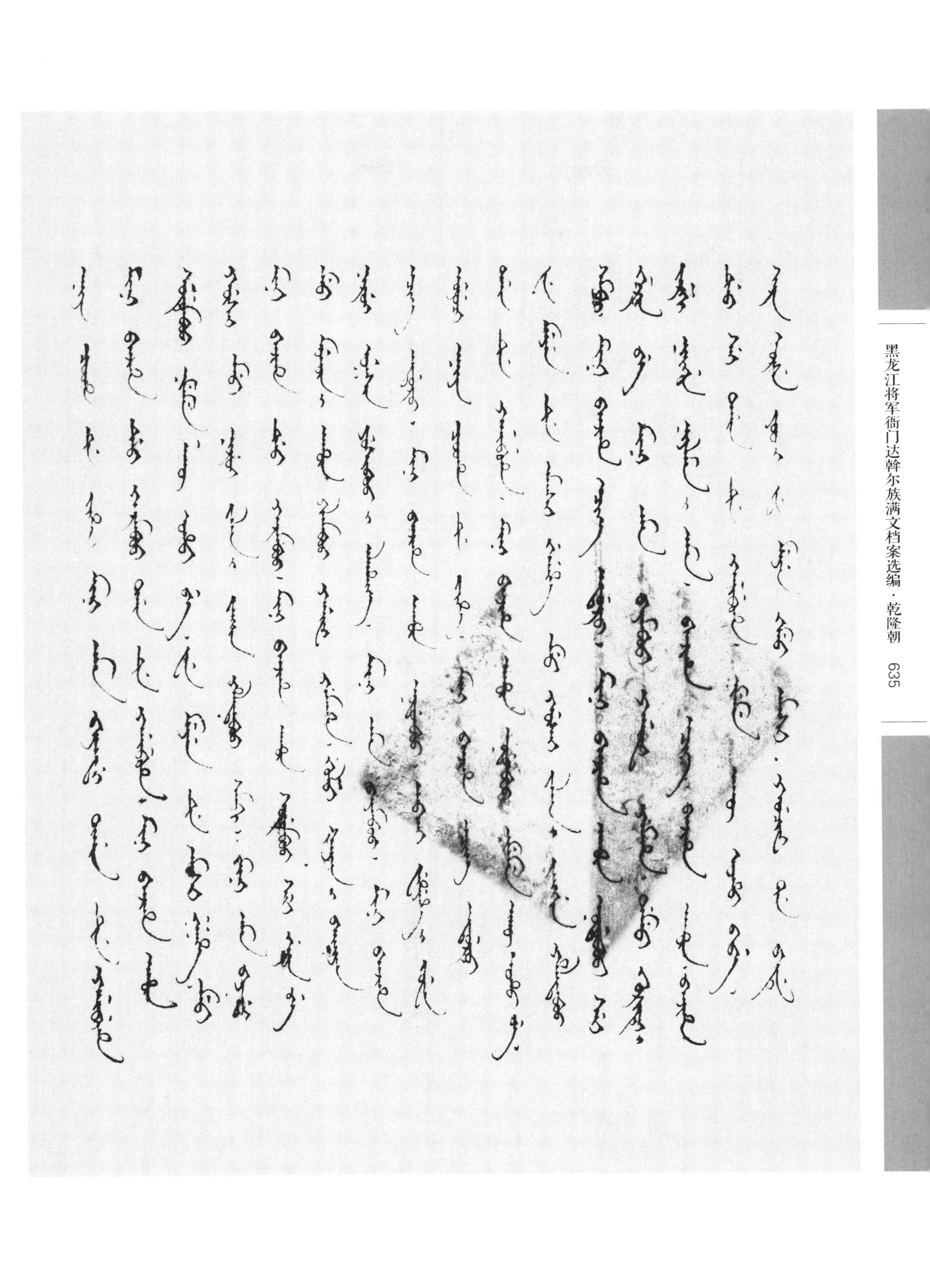

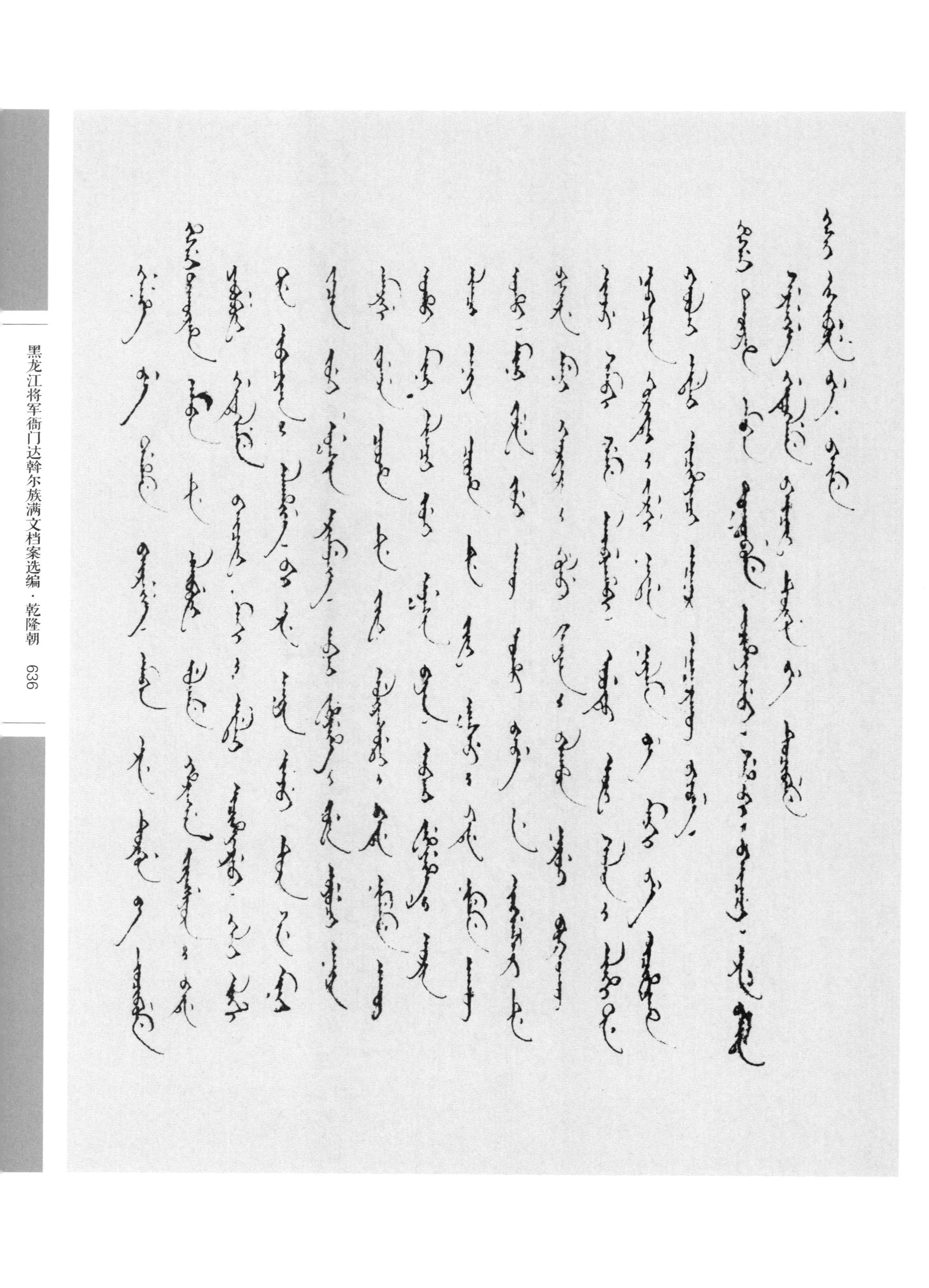

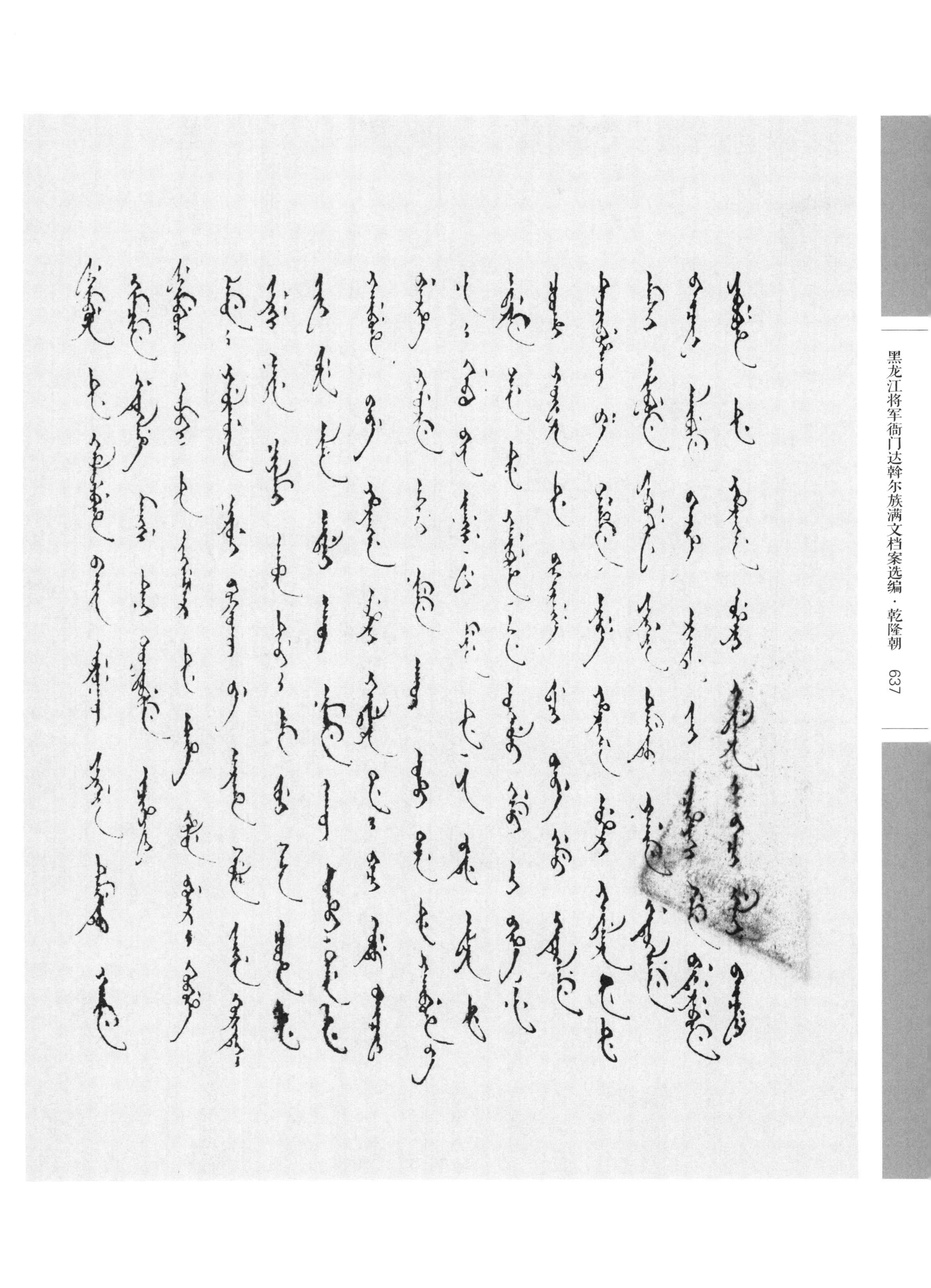

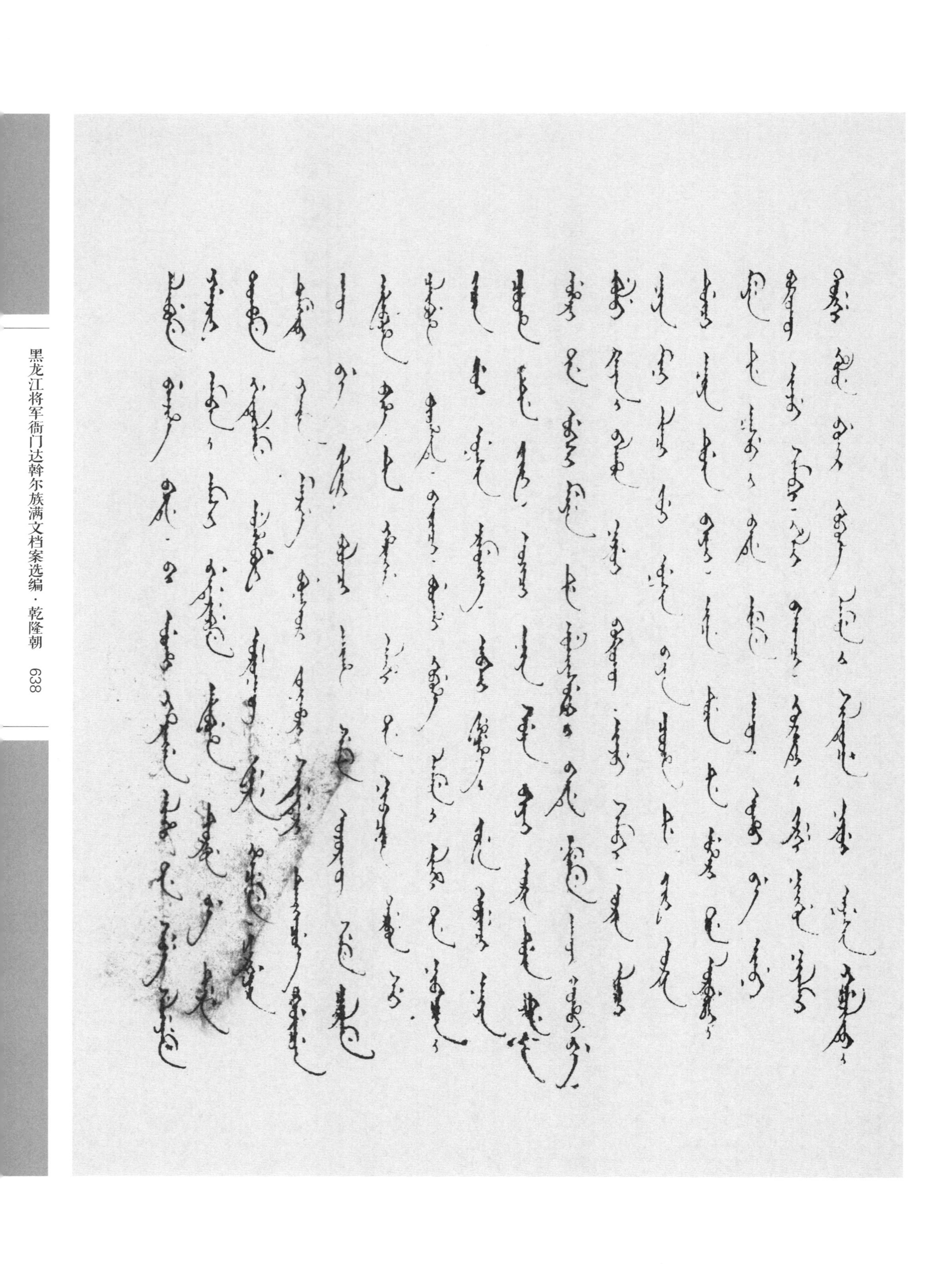

[illegible]

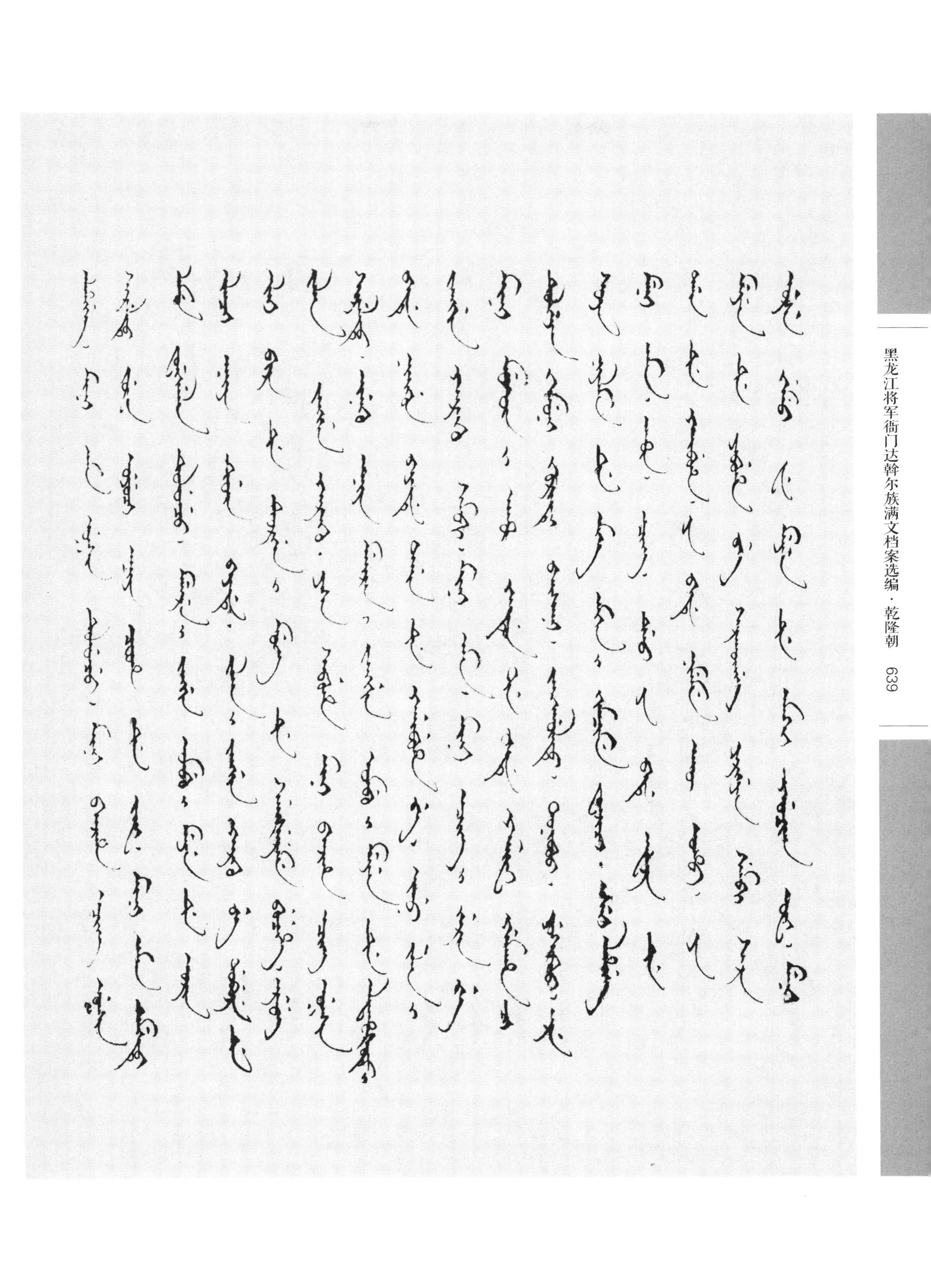

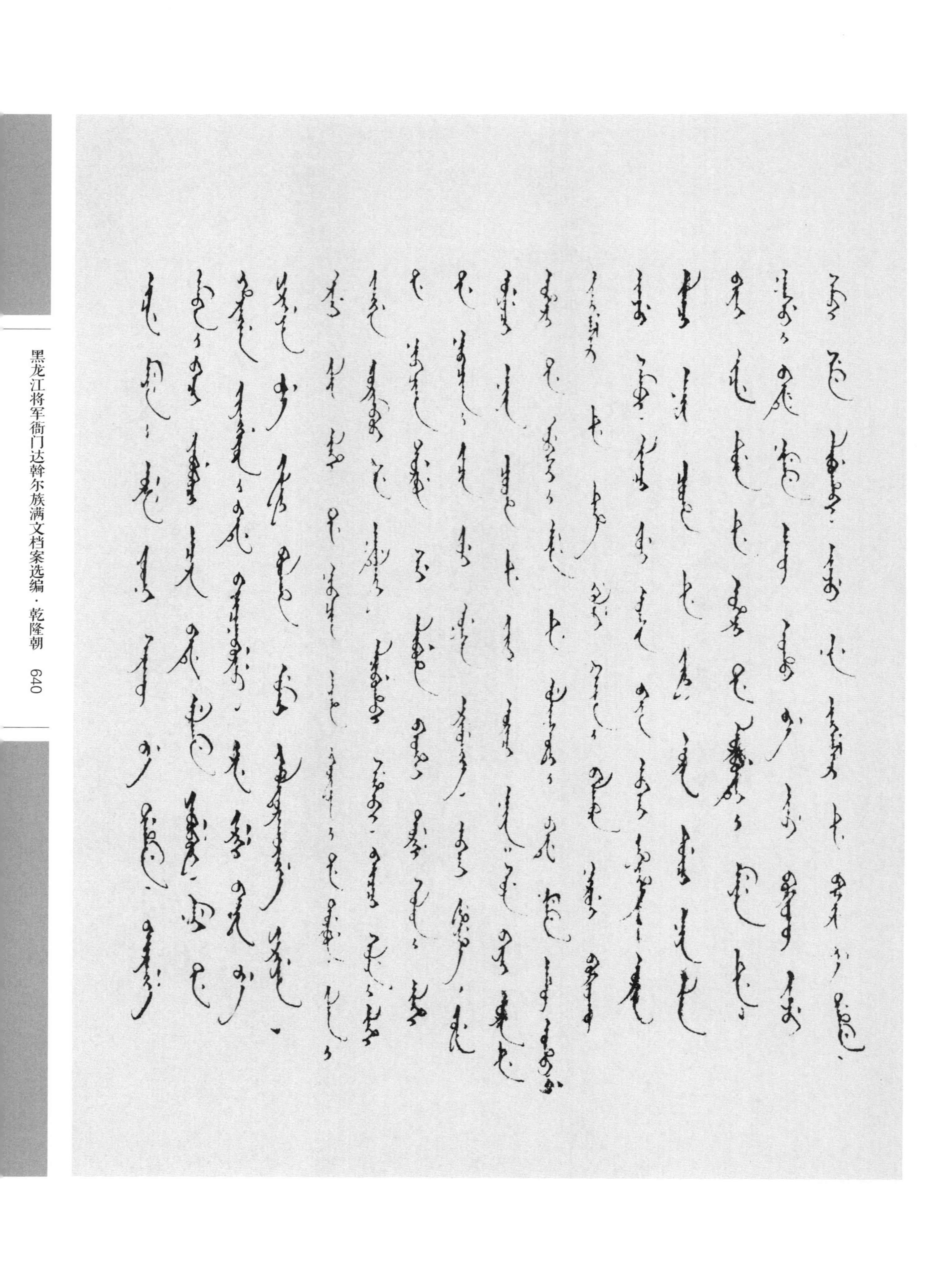

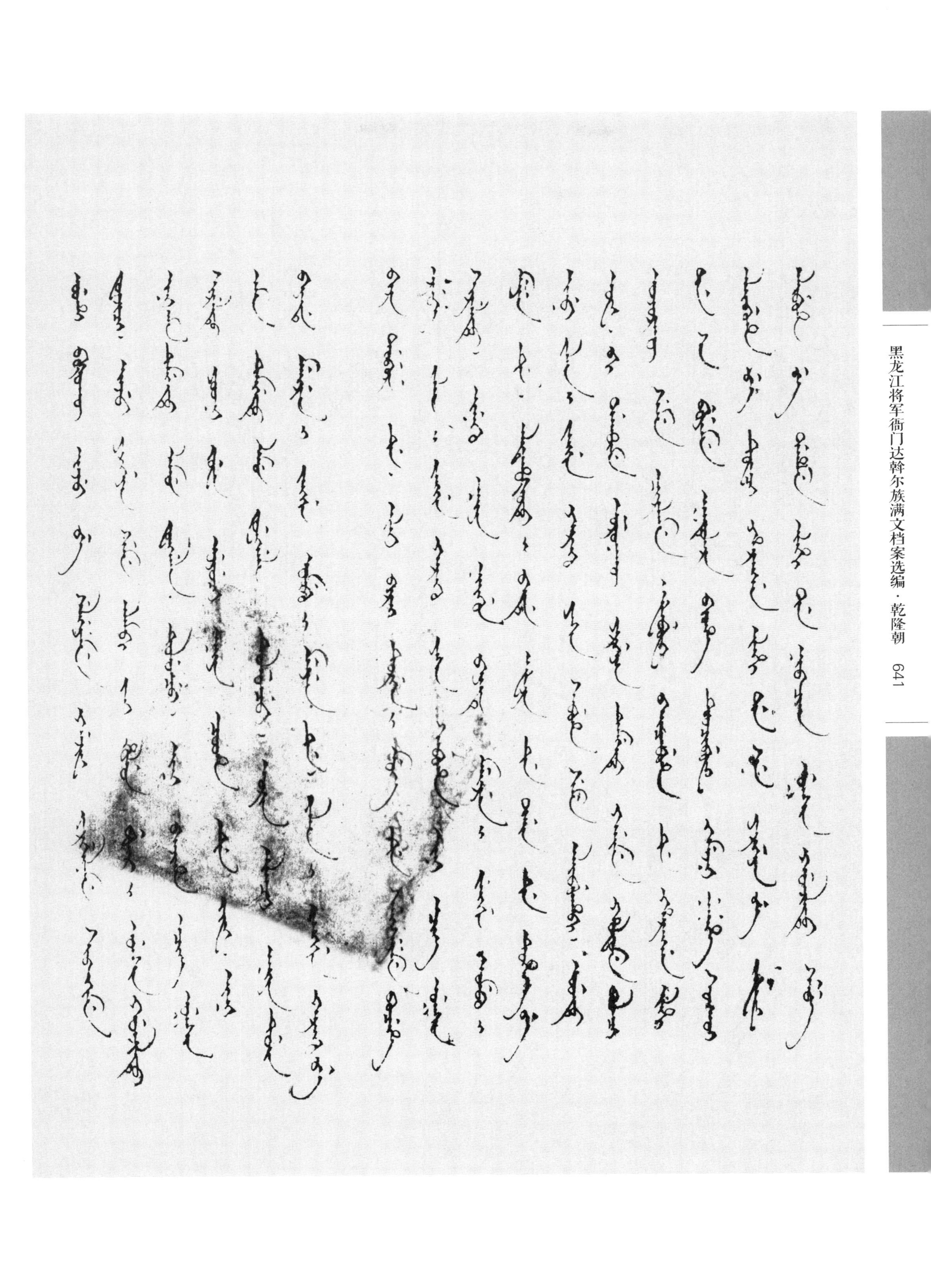

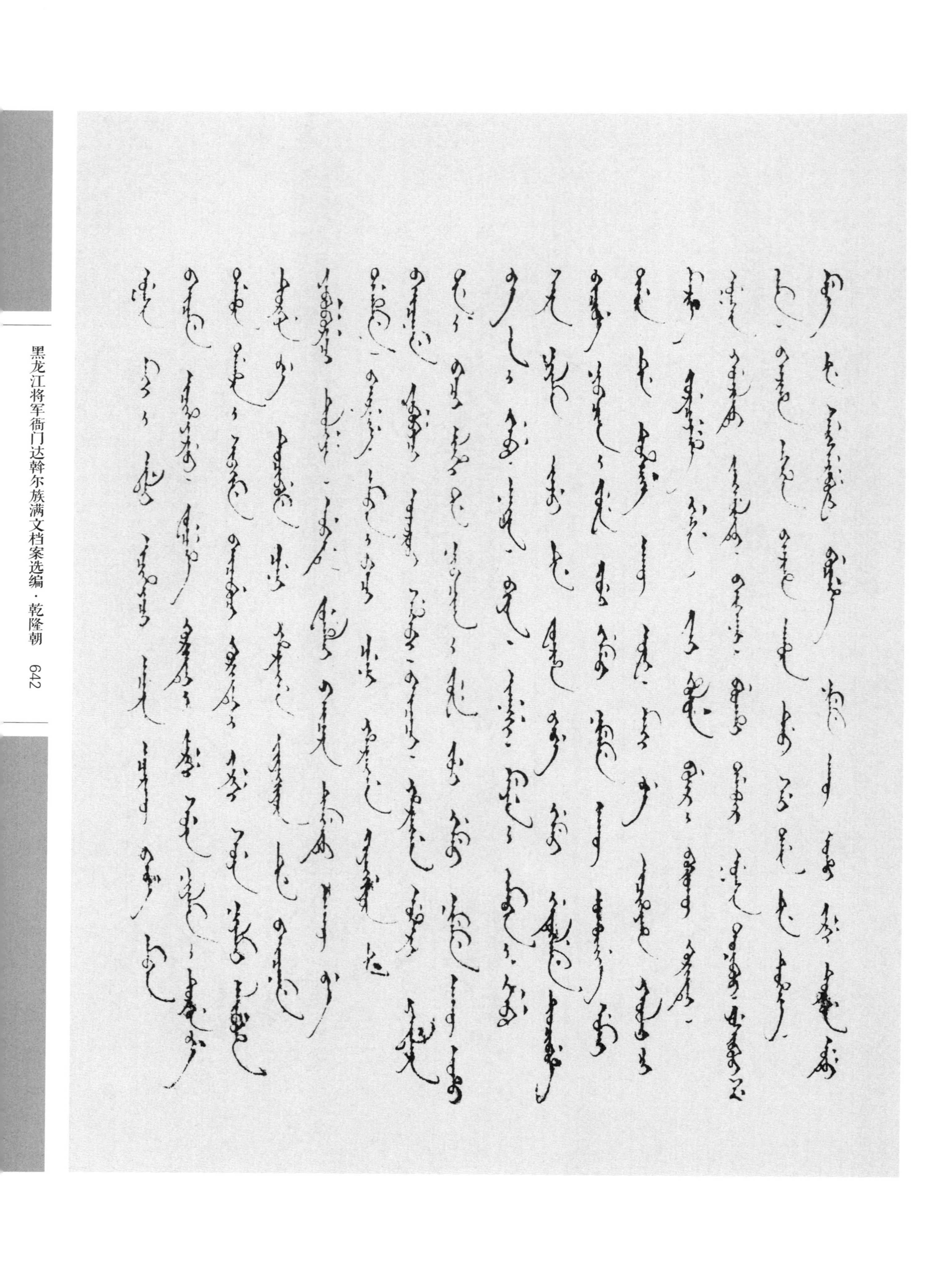

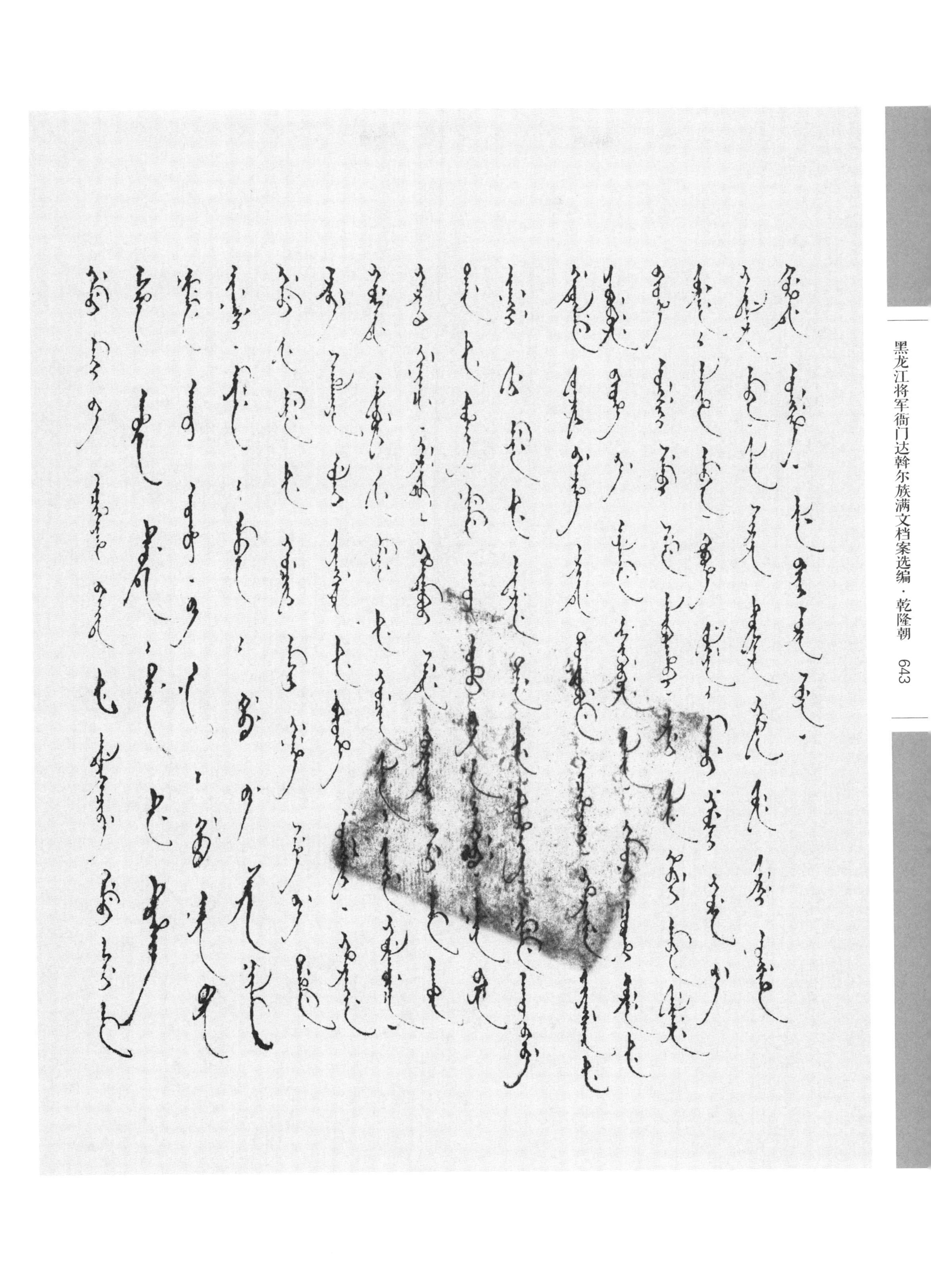

[illegible]

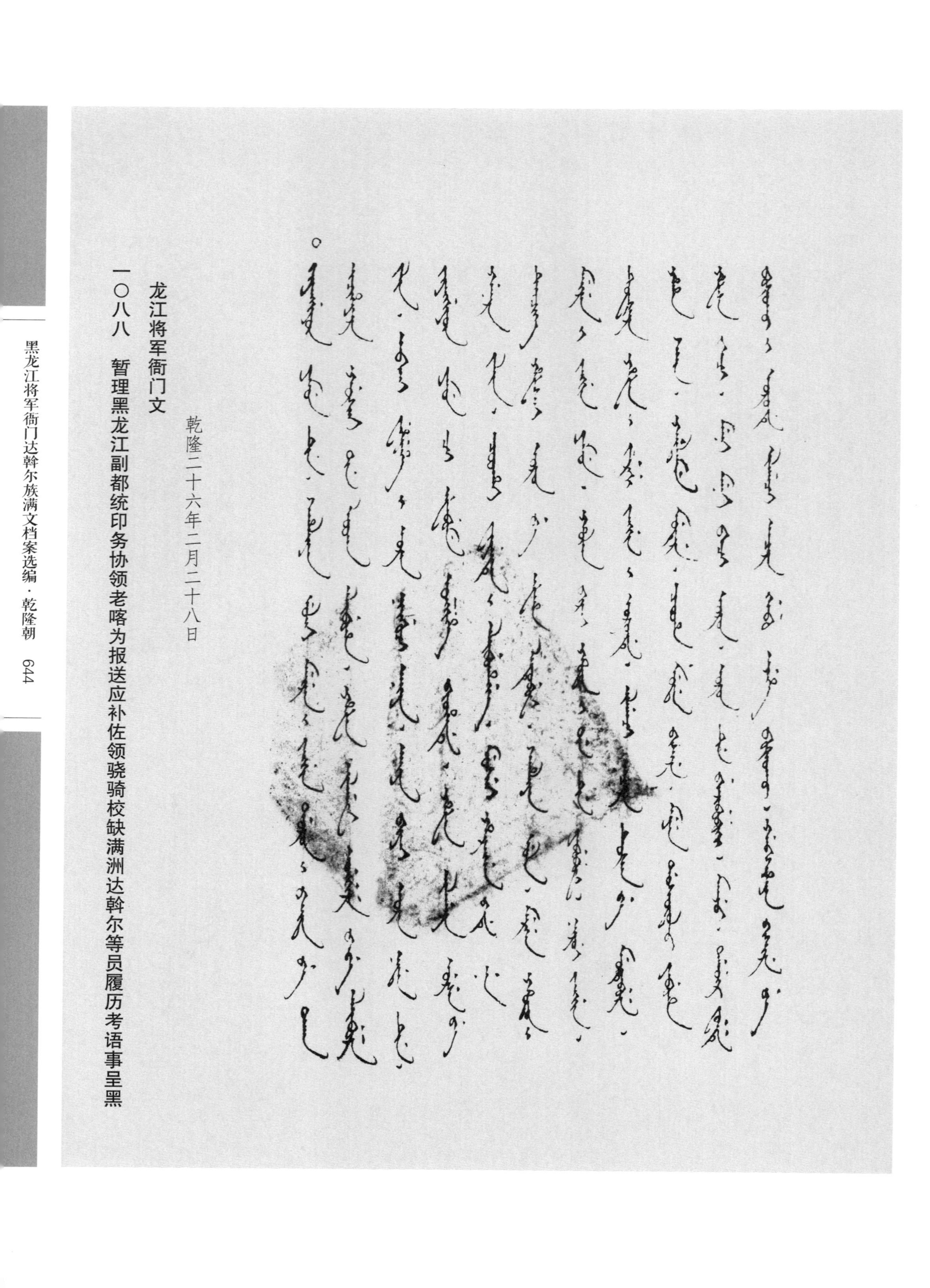

一〇八八 暂理黑龙江副都统印务协领老喀为报送应补佐领骁骑校缺满洲达斡尔等员履历考语事呈黑龙江将军衙门文

乾隆二十六年二月二十八日

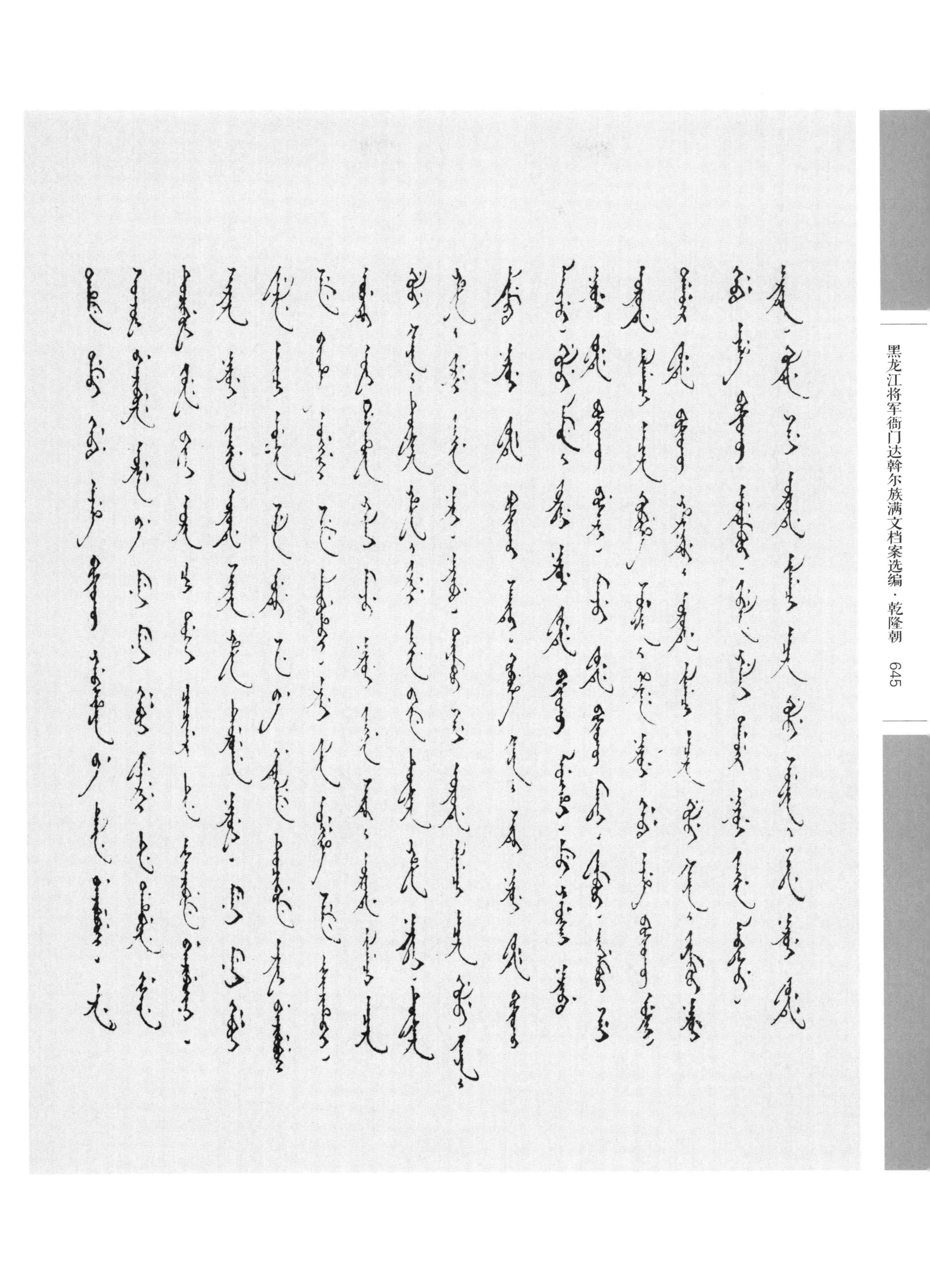

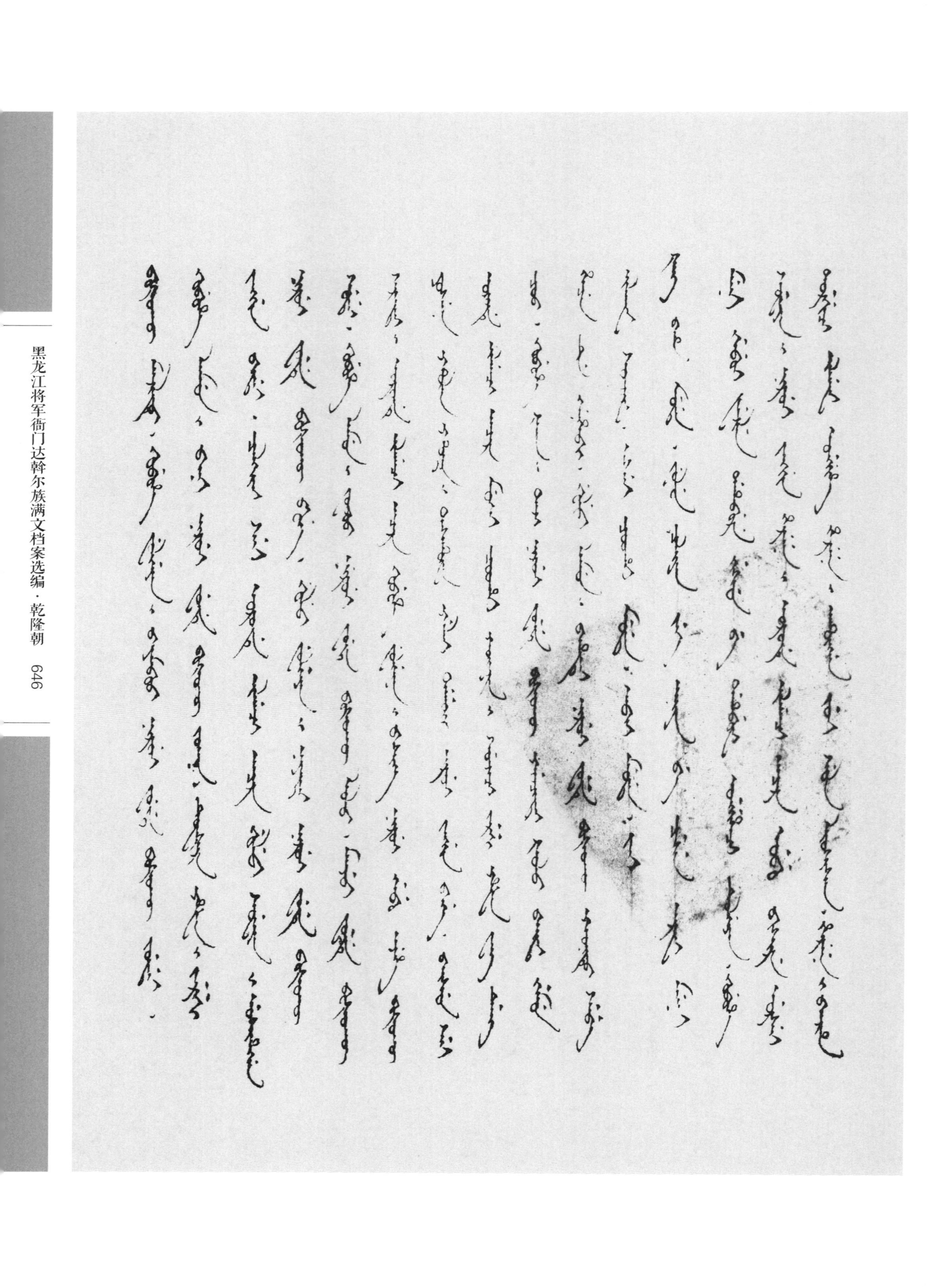

[illegible]

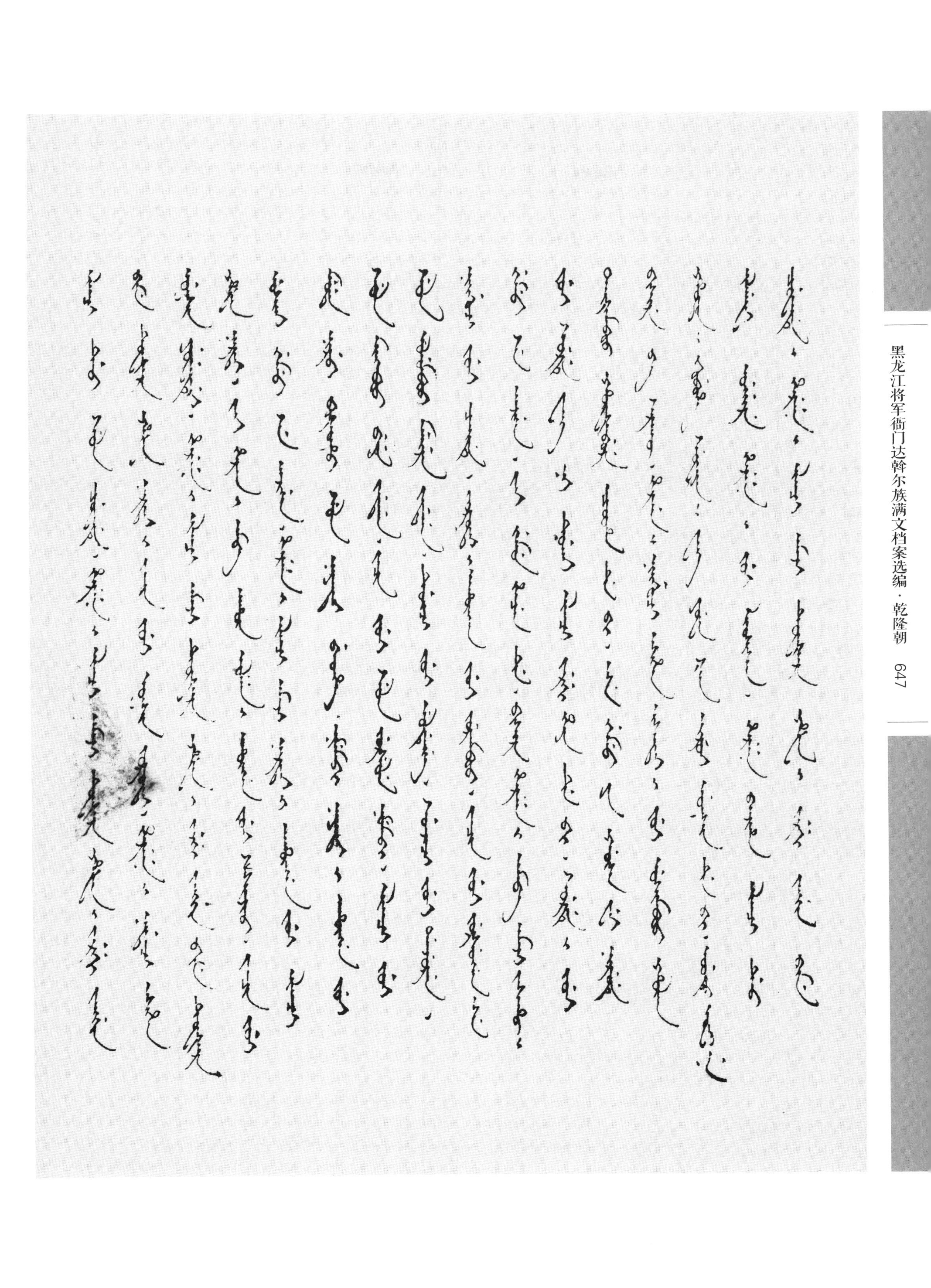

[illegible]

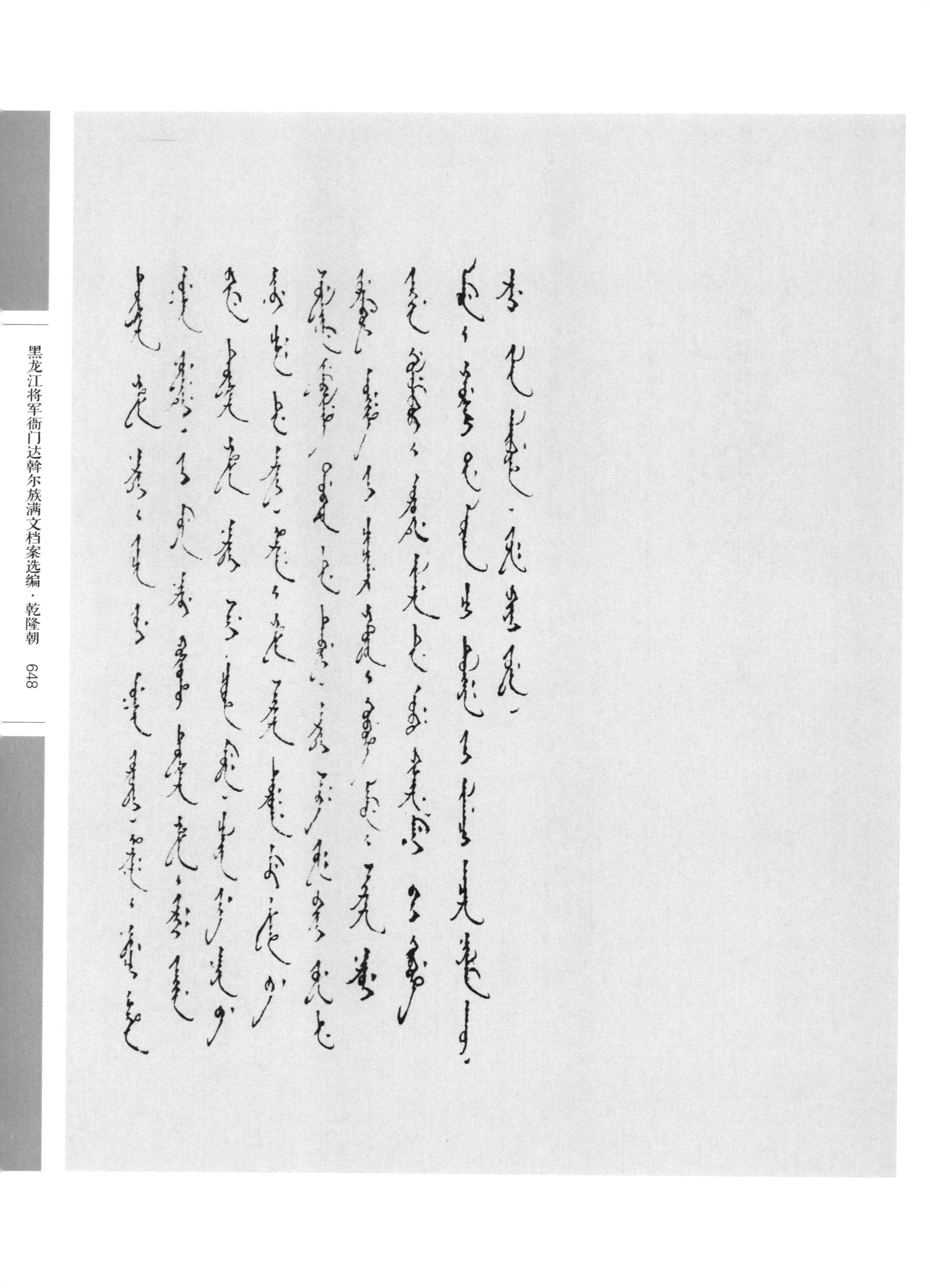

一〇八九 布特哈索伦达斡尔总管噶布舒等为详查有俸饷索伦达斡尔官兵旗佐姓名造册送部事咨呈黑龙江将军衙门文

乾隆二十六年三月初二日

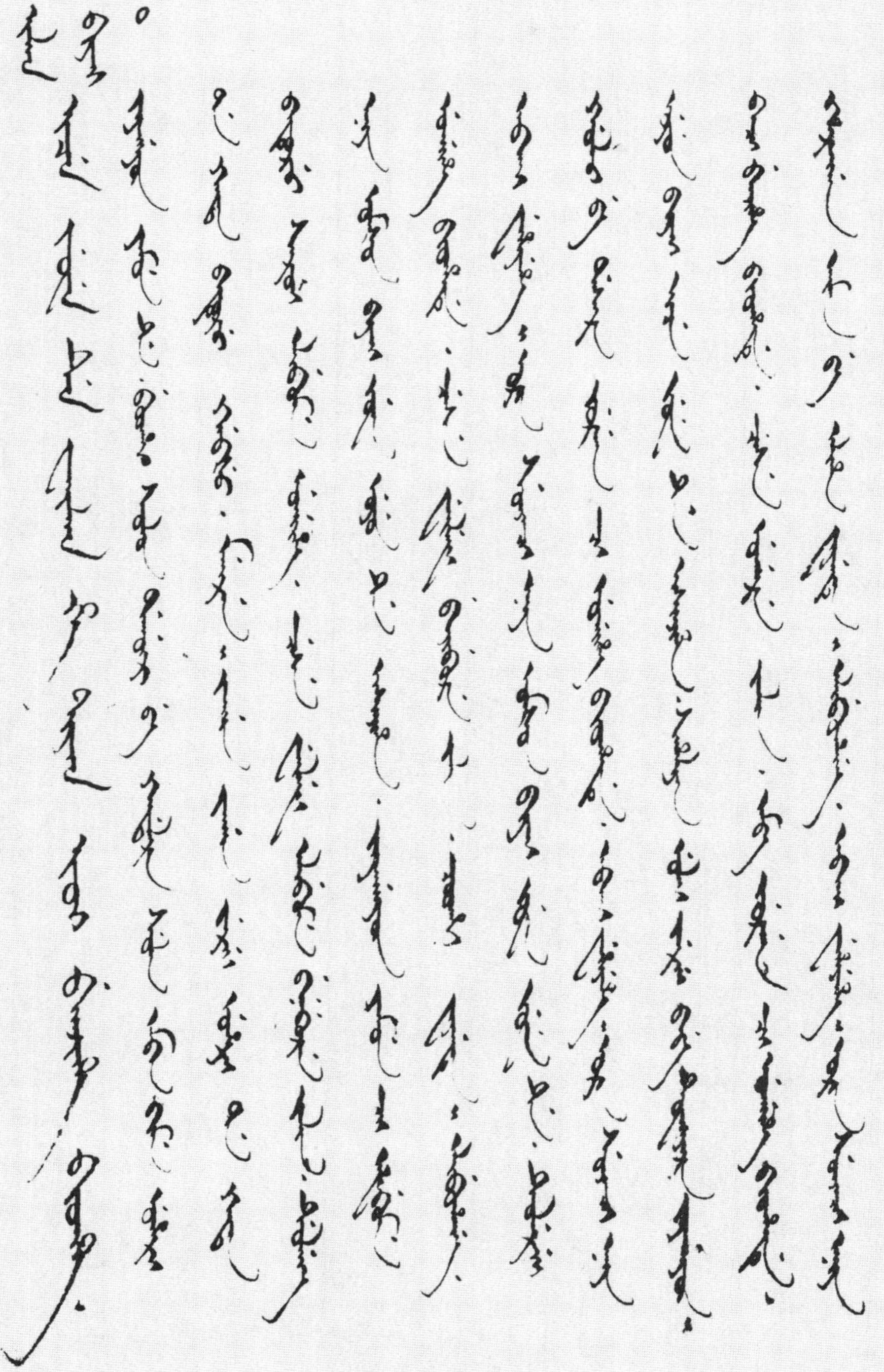

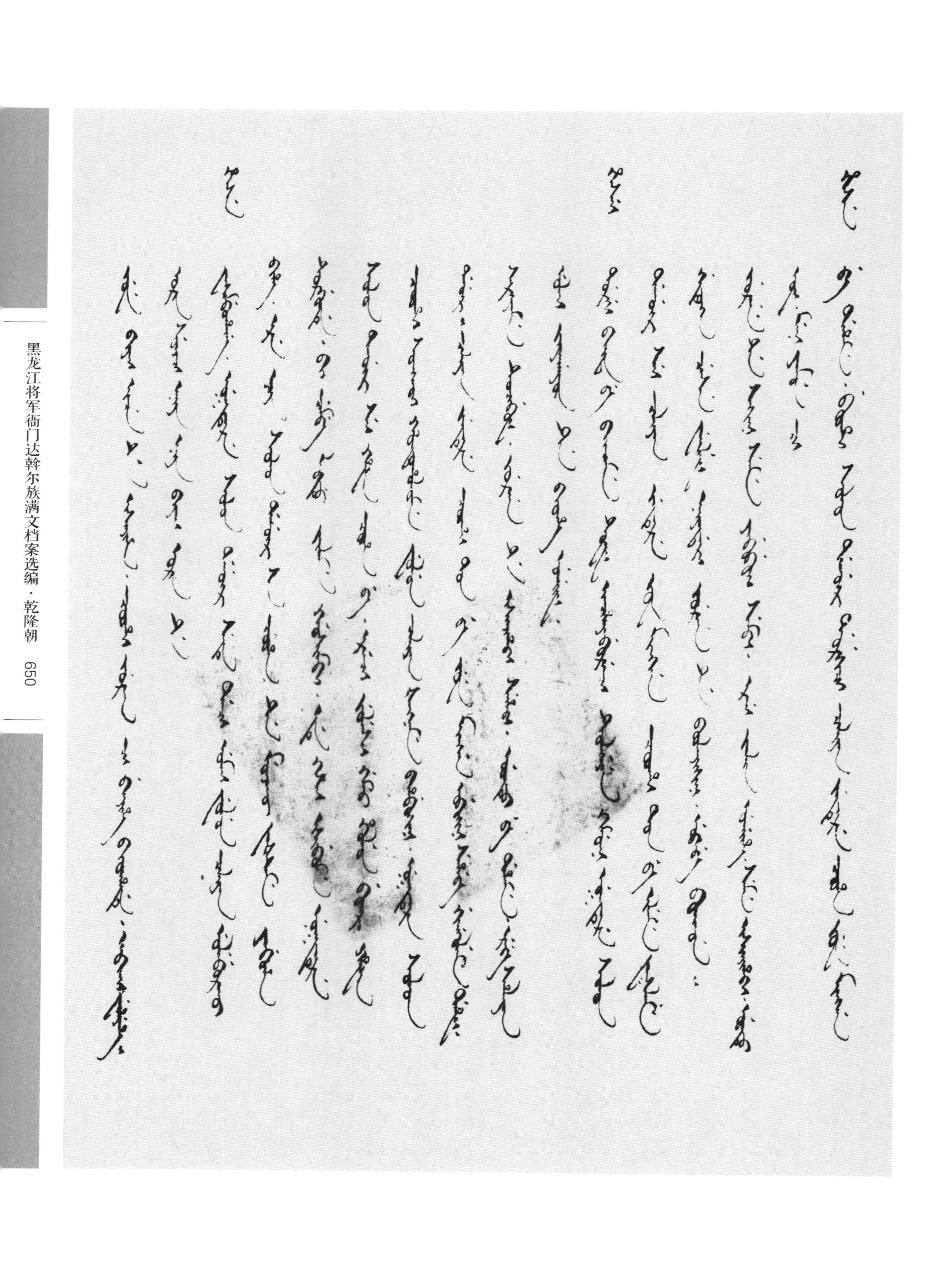

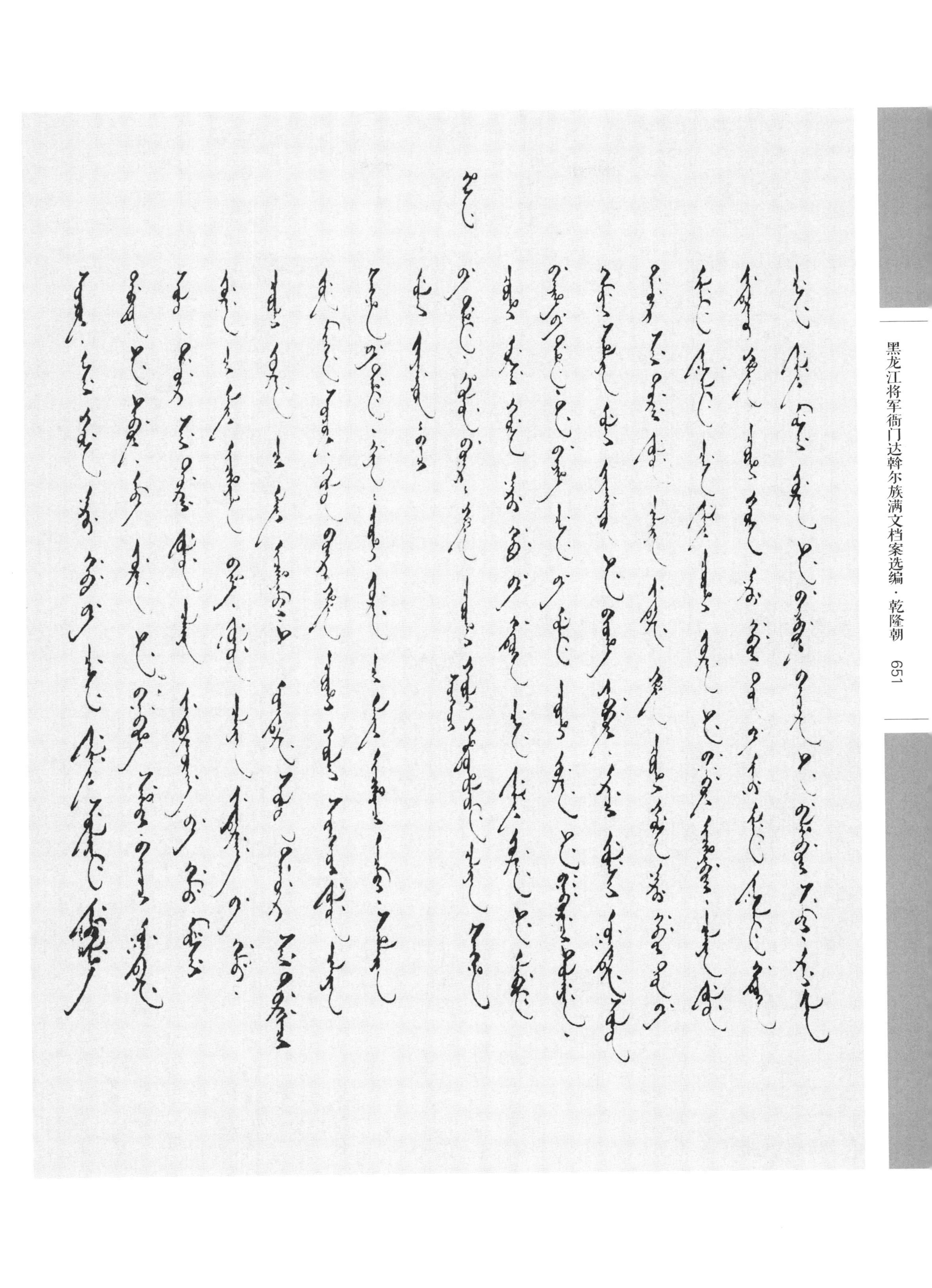

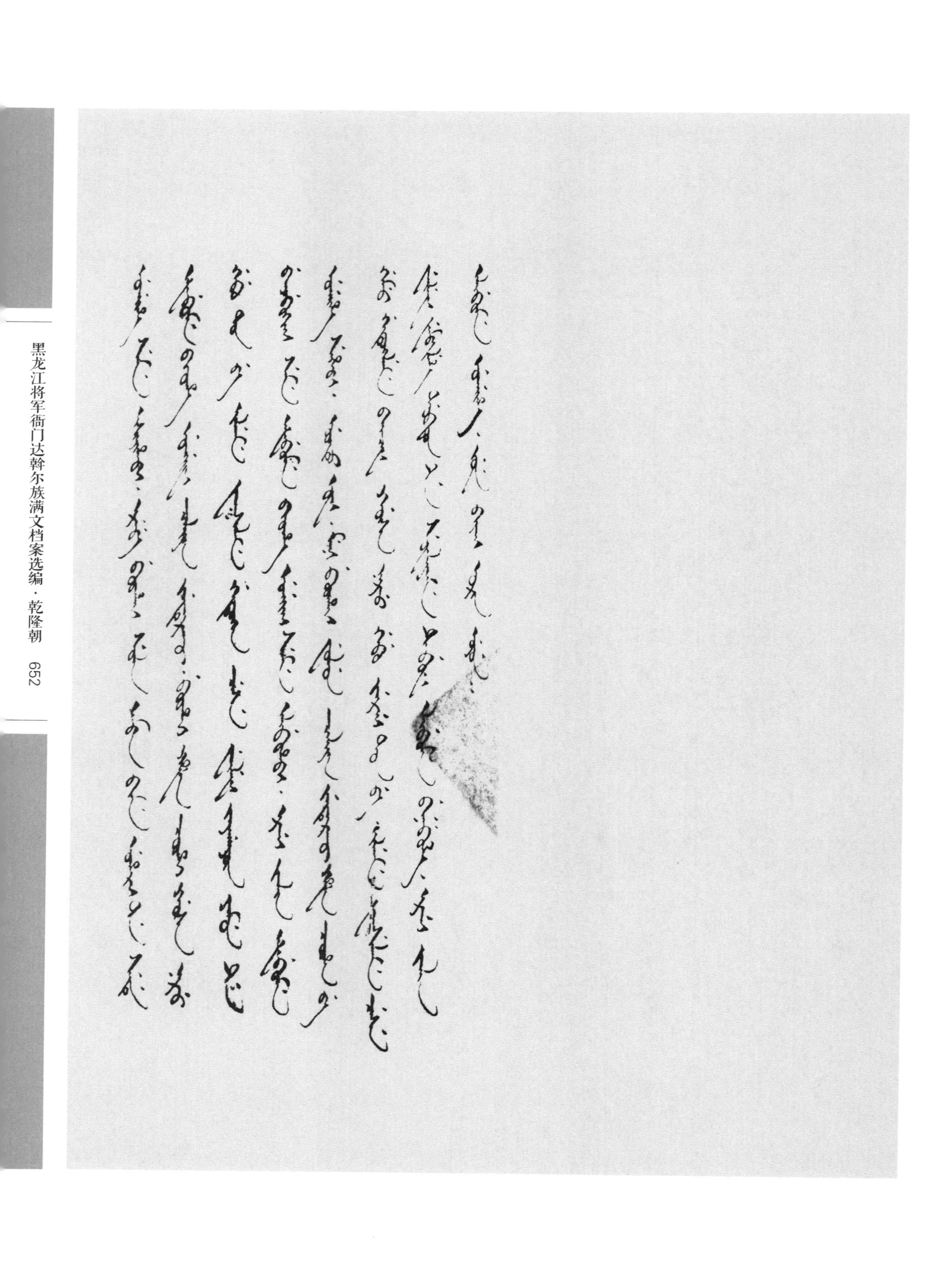

一〇九〇 户部为出征撤回齐齐哈尔布特哈等处索伦达斡尔等官兵应还钱粮施恩宽免事咨黑龙江将军文

乾隆二十六年三月二十三日

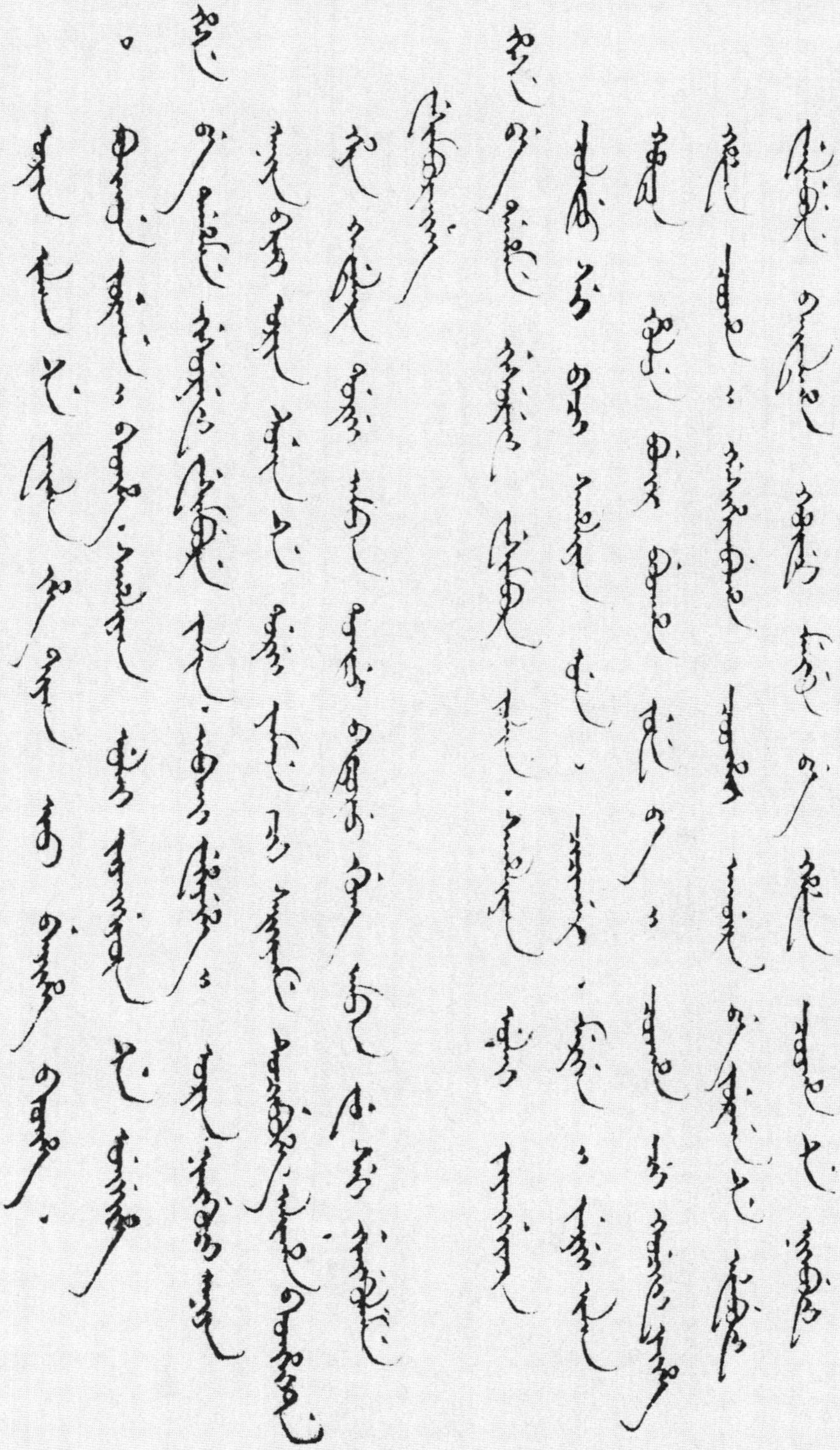

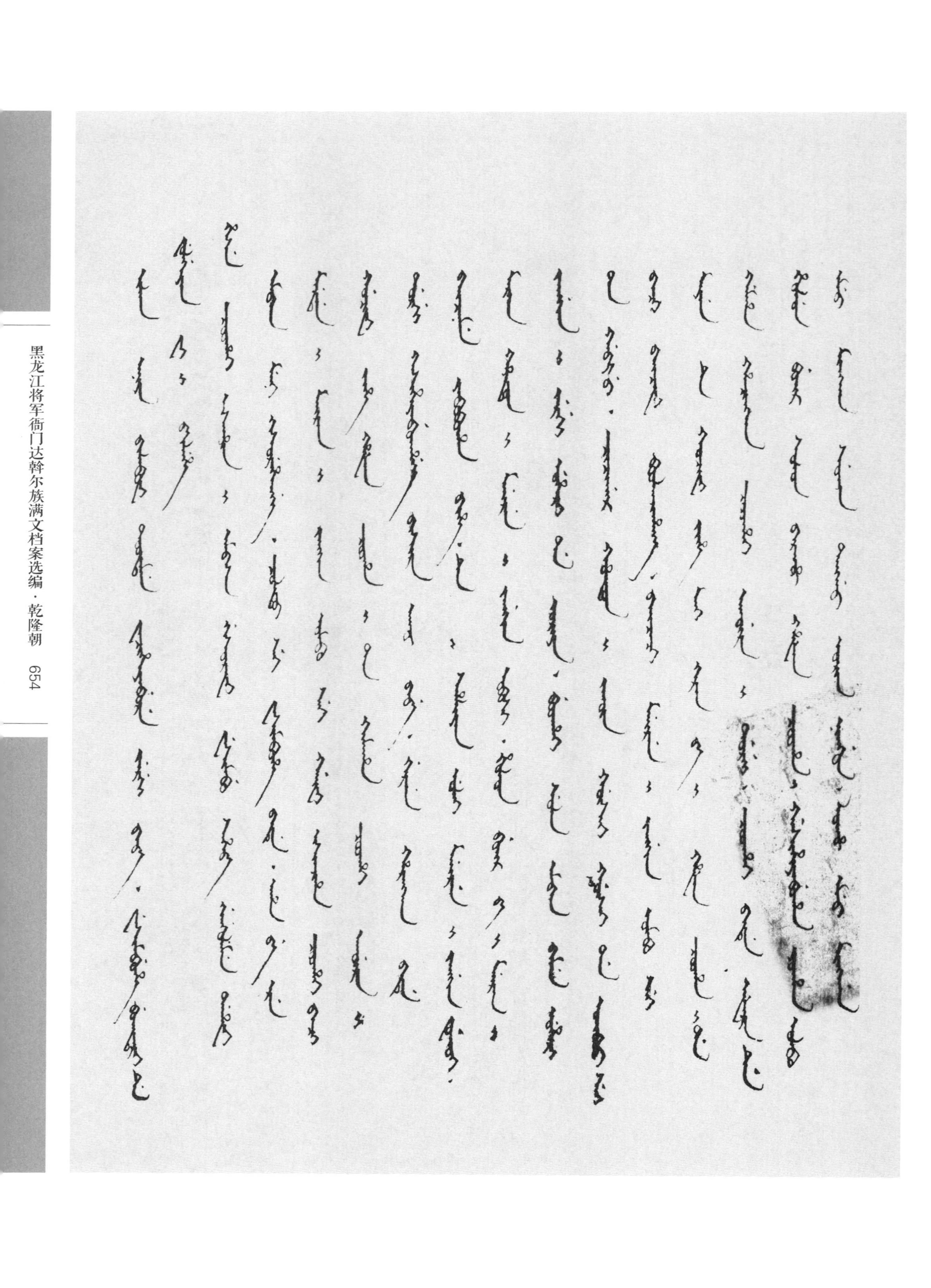

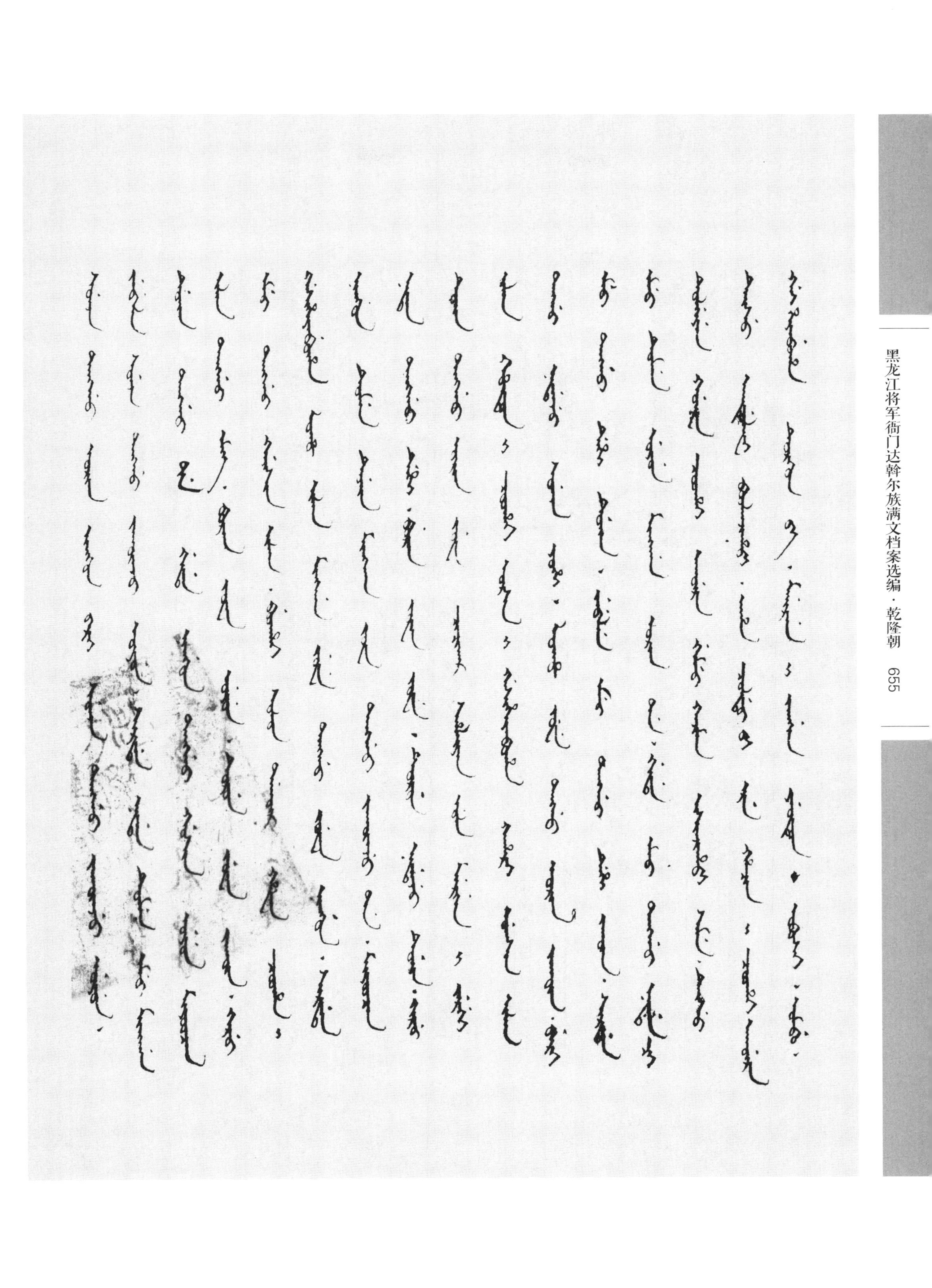

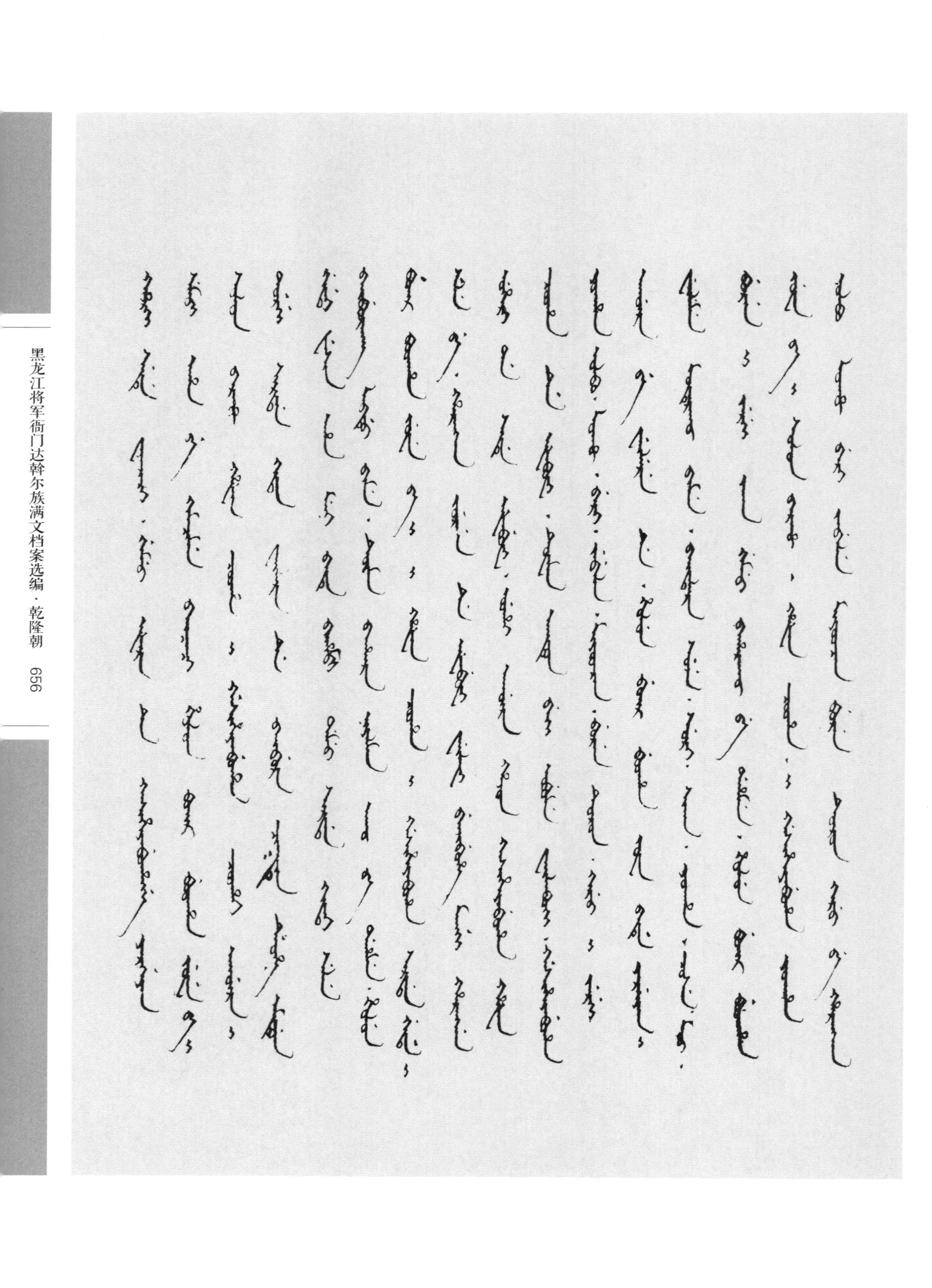

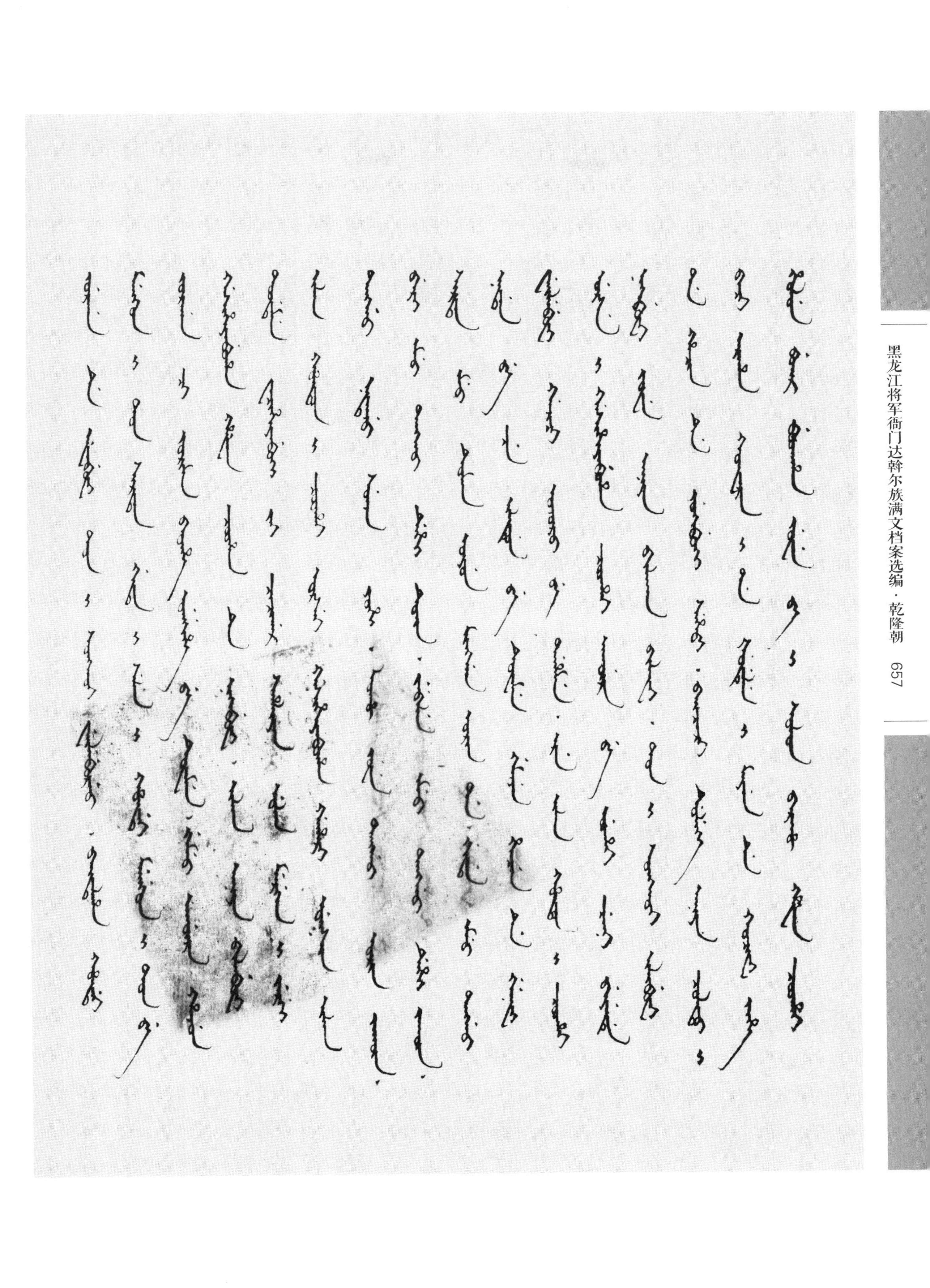

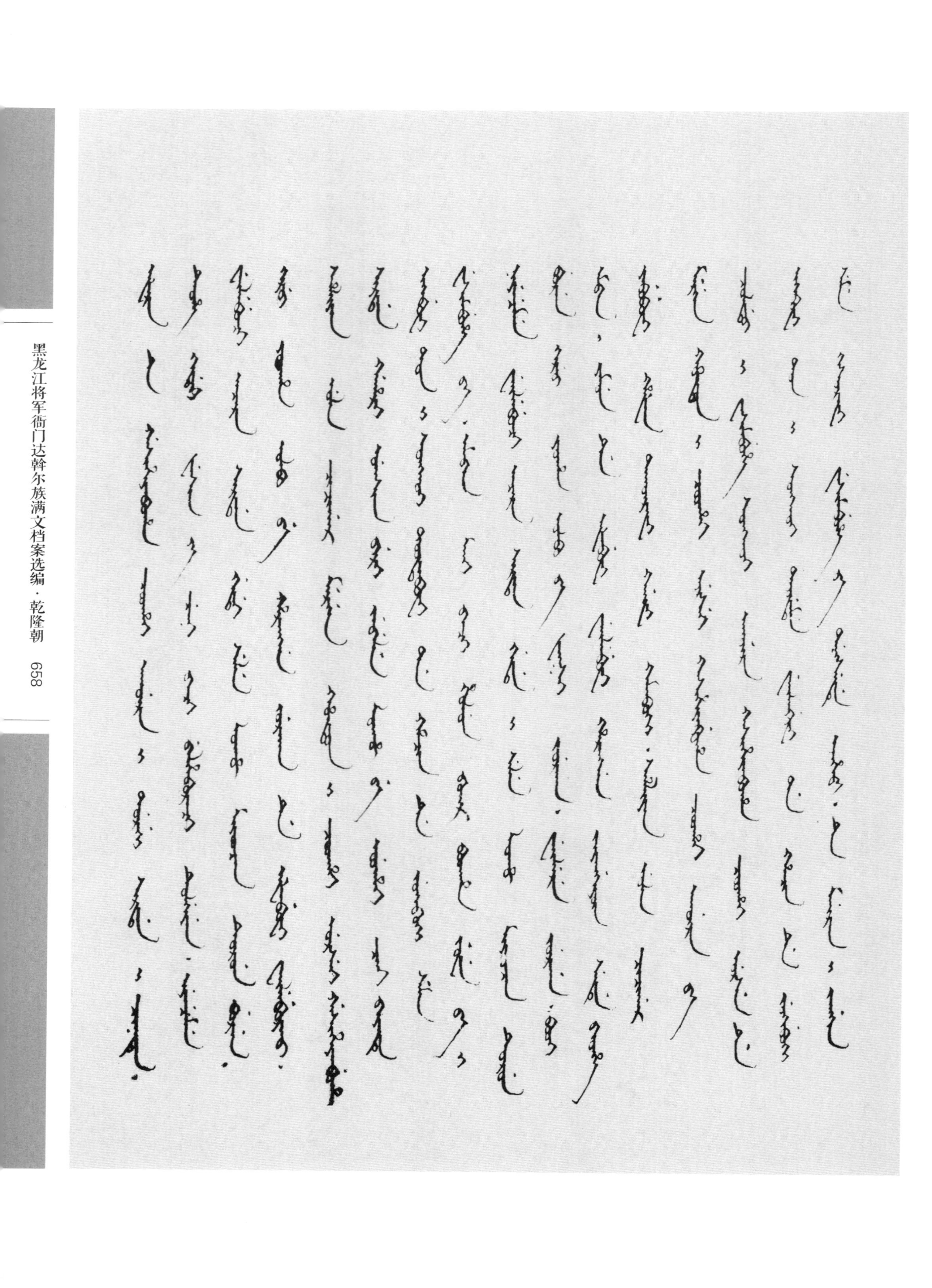

[illegible]

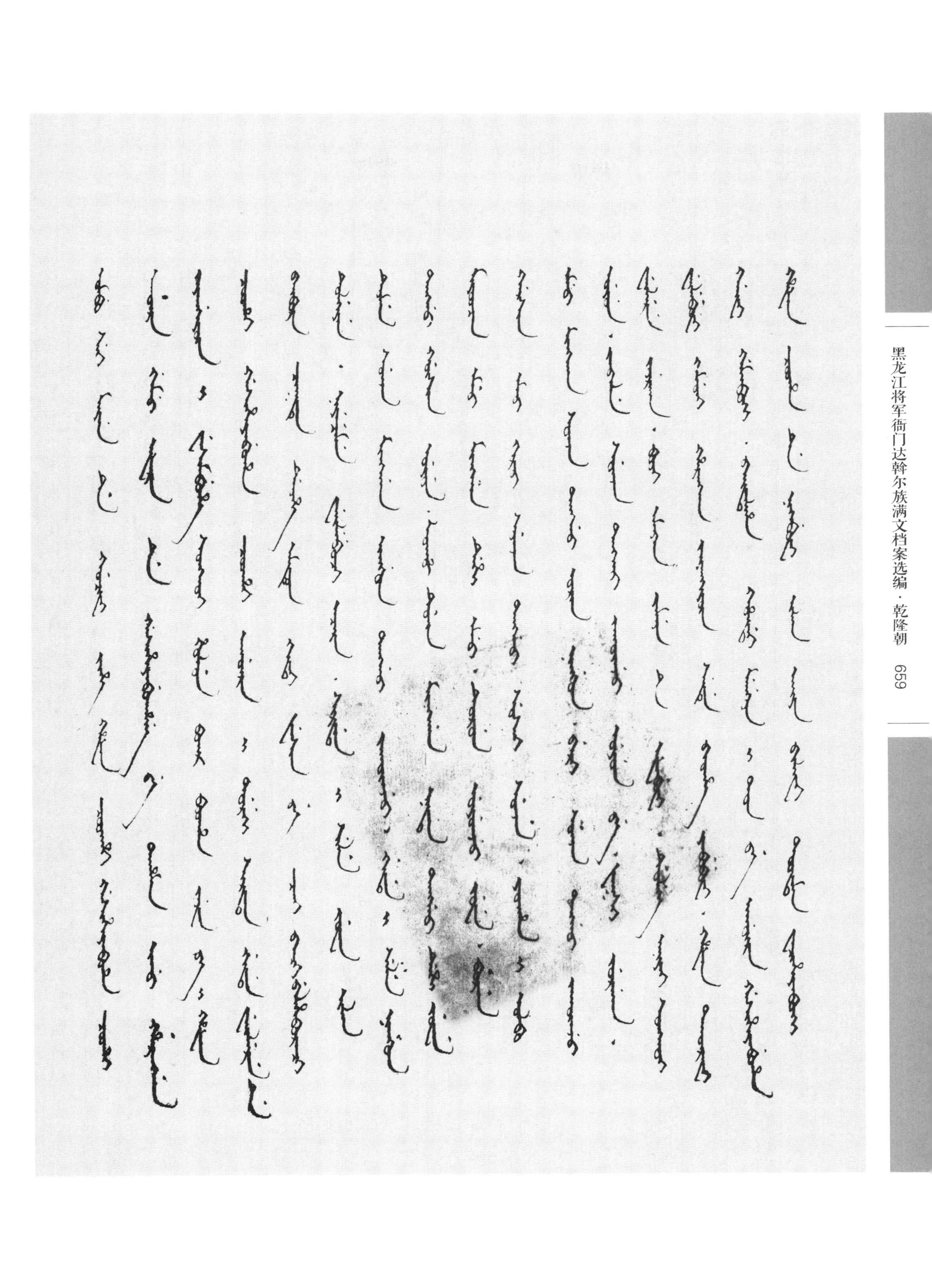

[illegible]

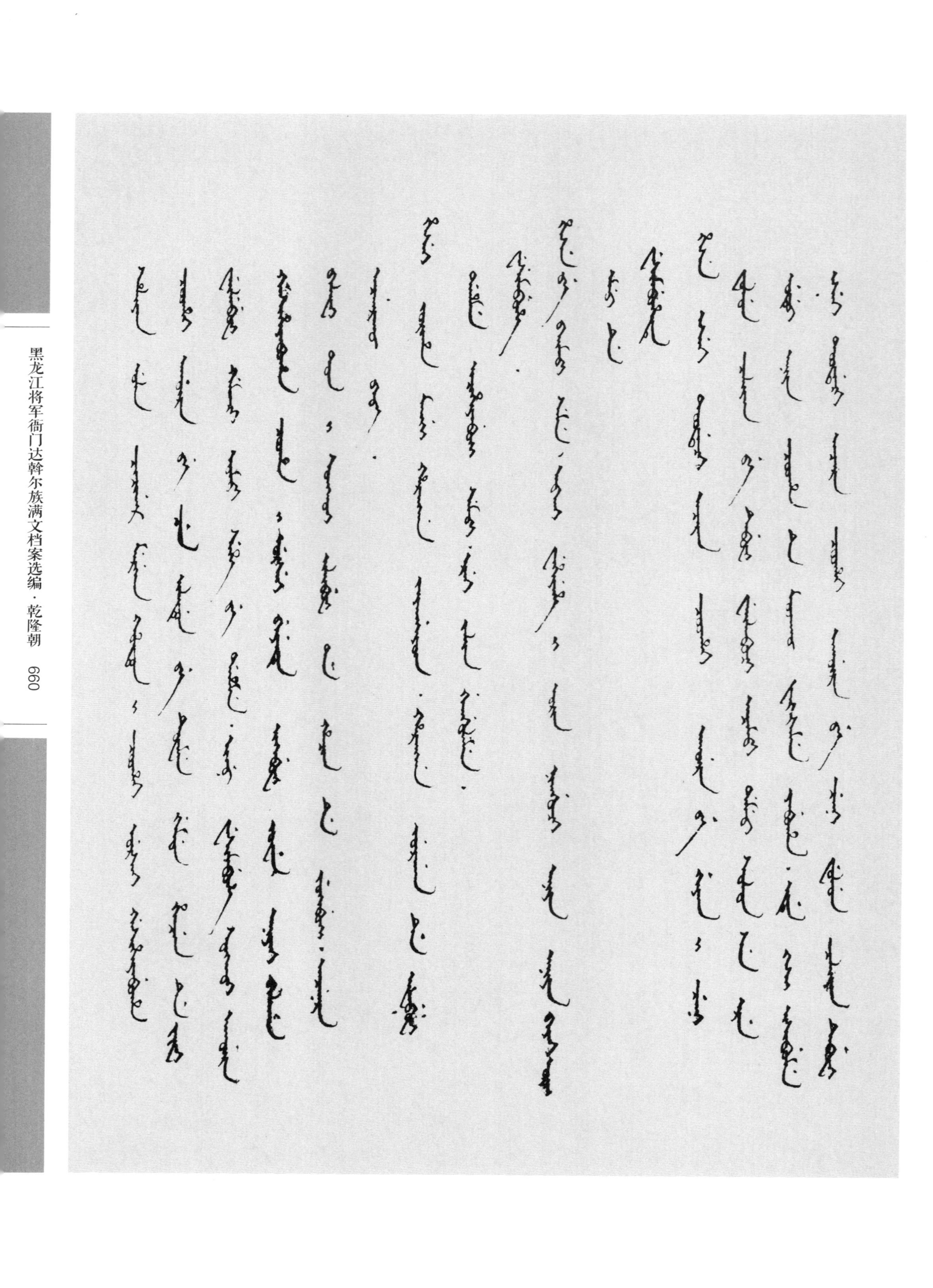

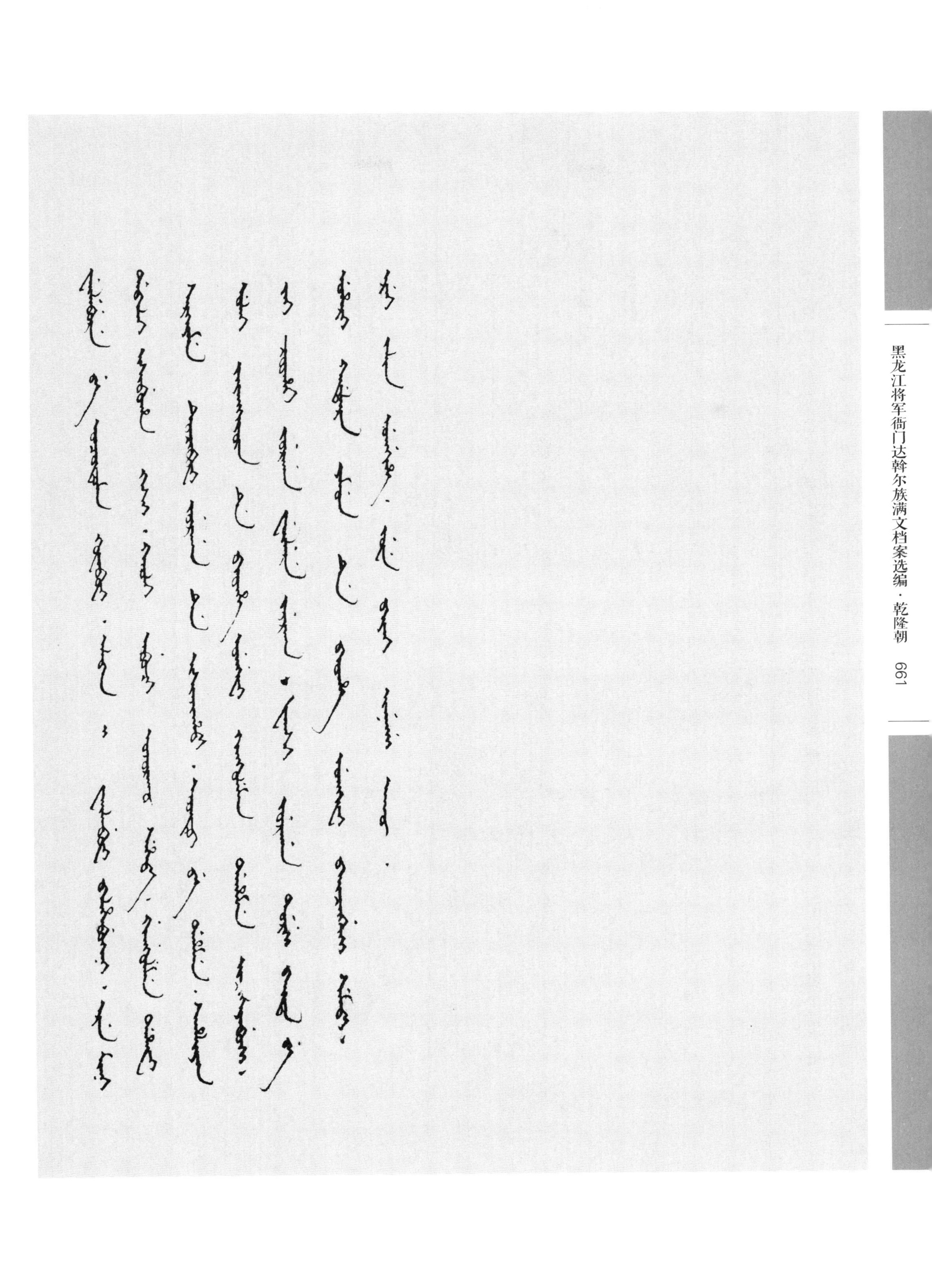

一〇九一 户部为查明布特哈索伦达斡尔等出征撤回官兵应还倒毙马匹并造册咨送事咨黑龙江将军文

乾隆二十六年三月二十三日

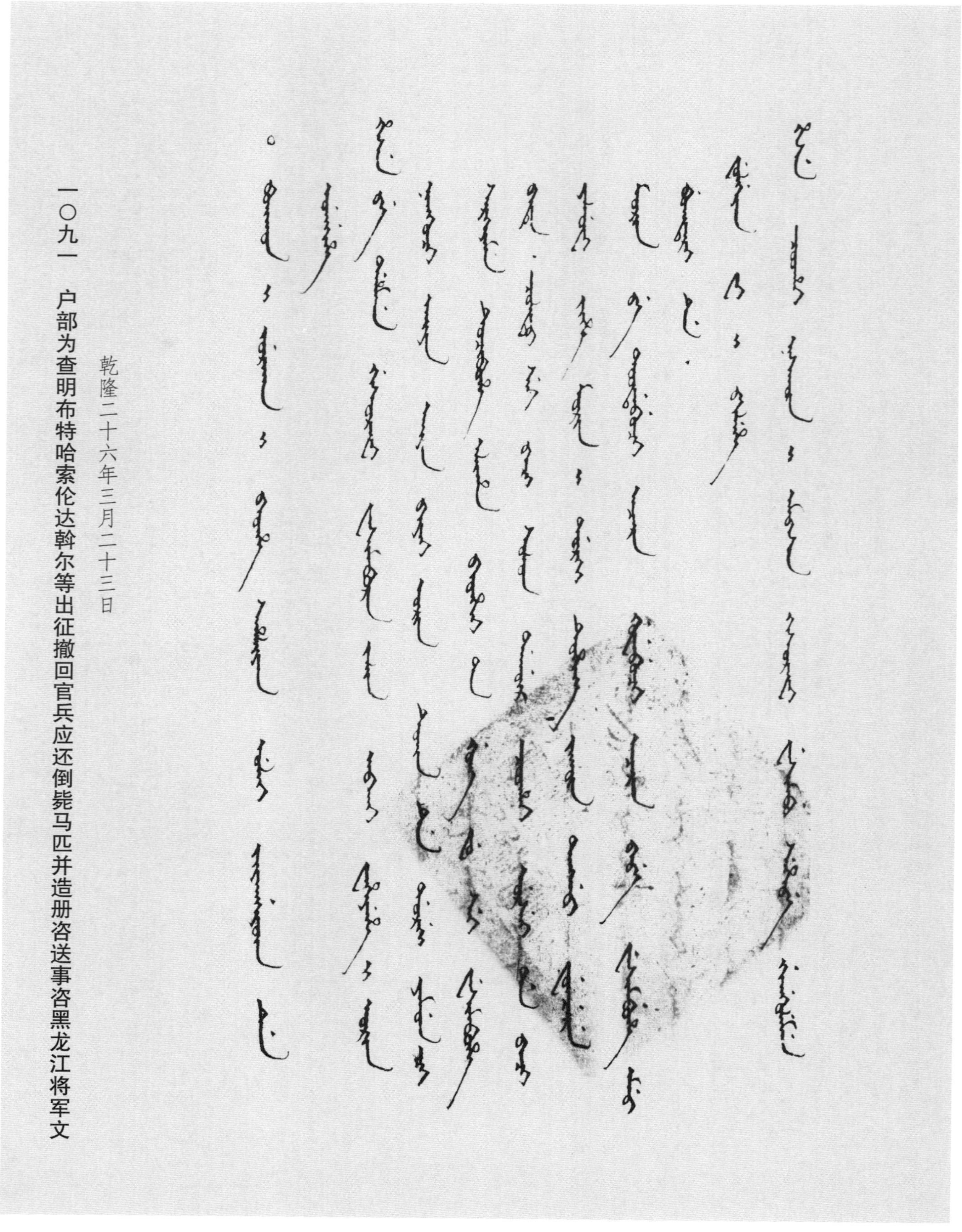

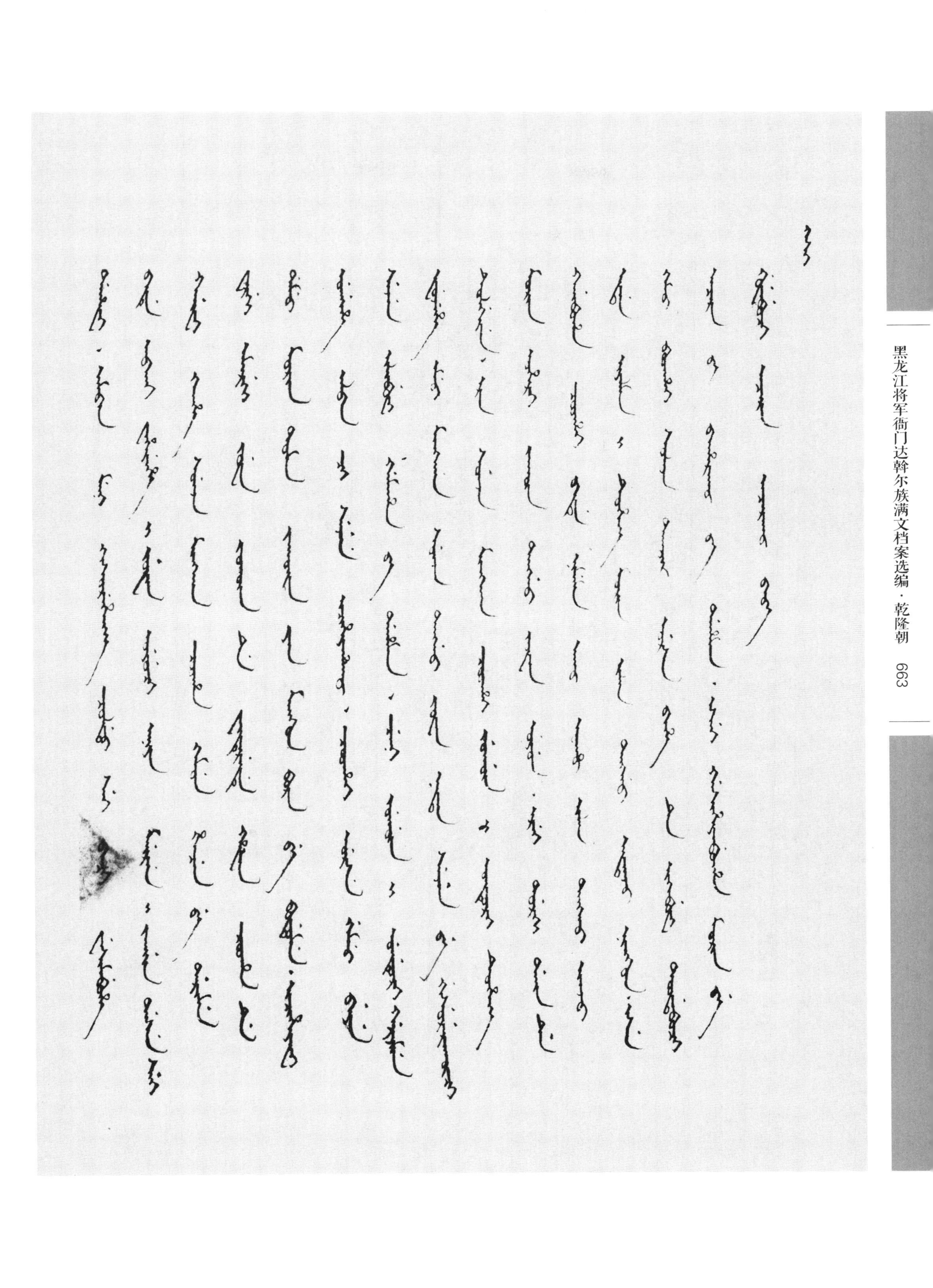

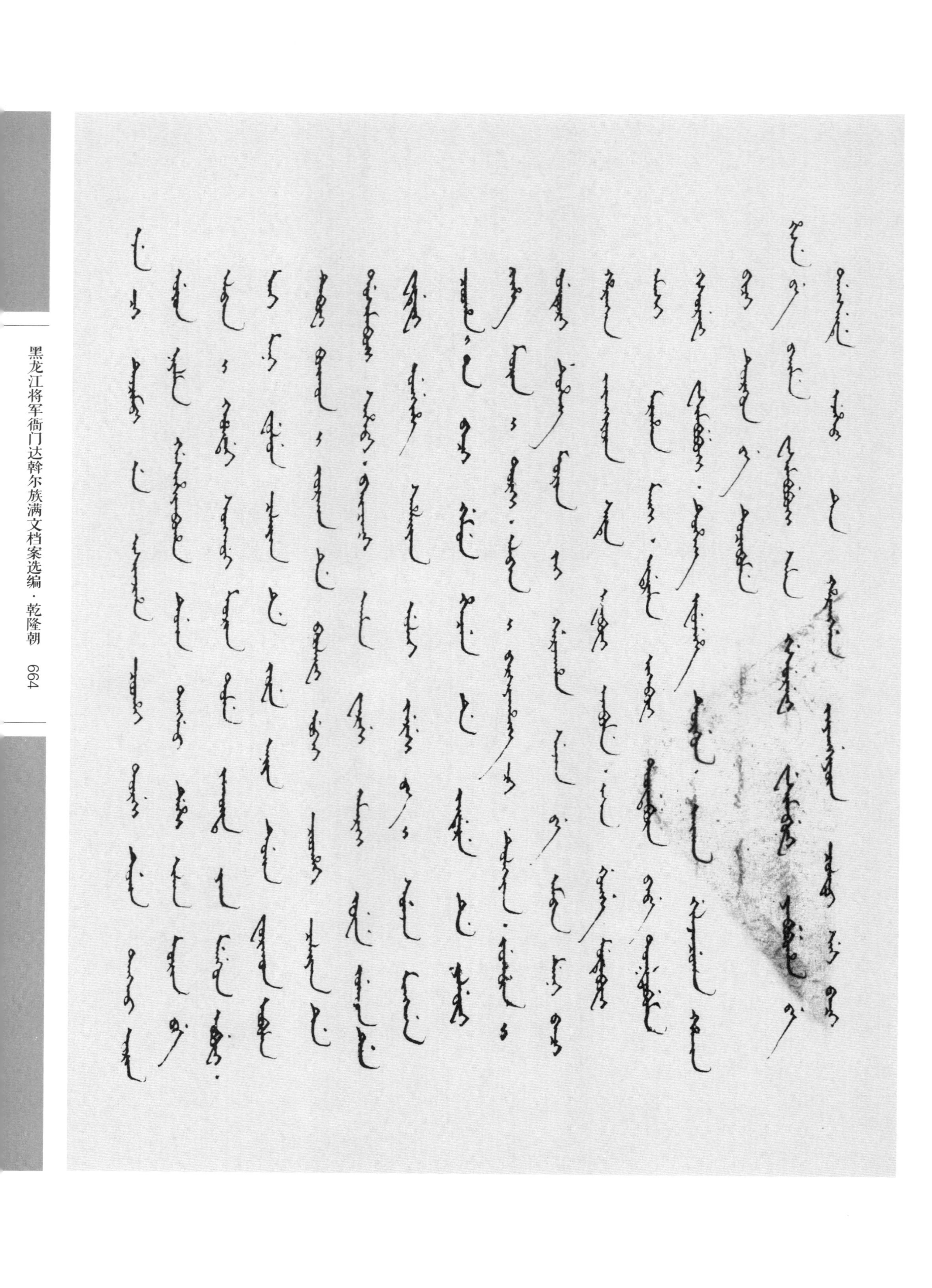

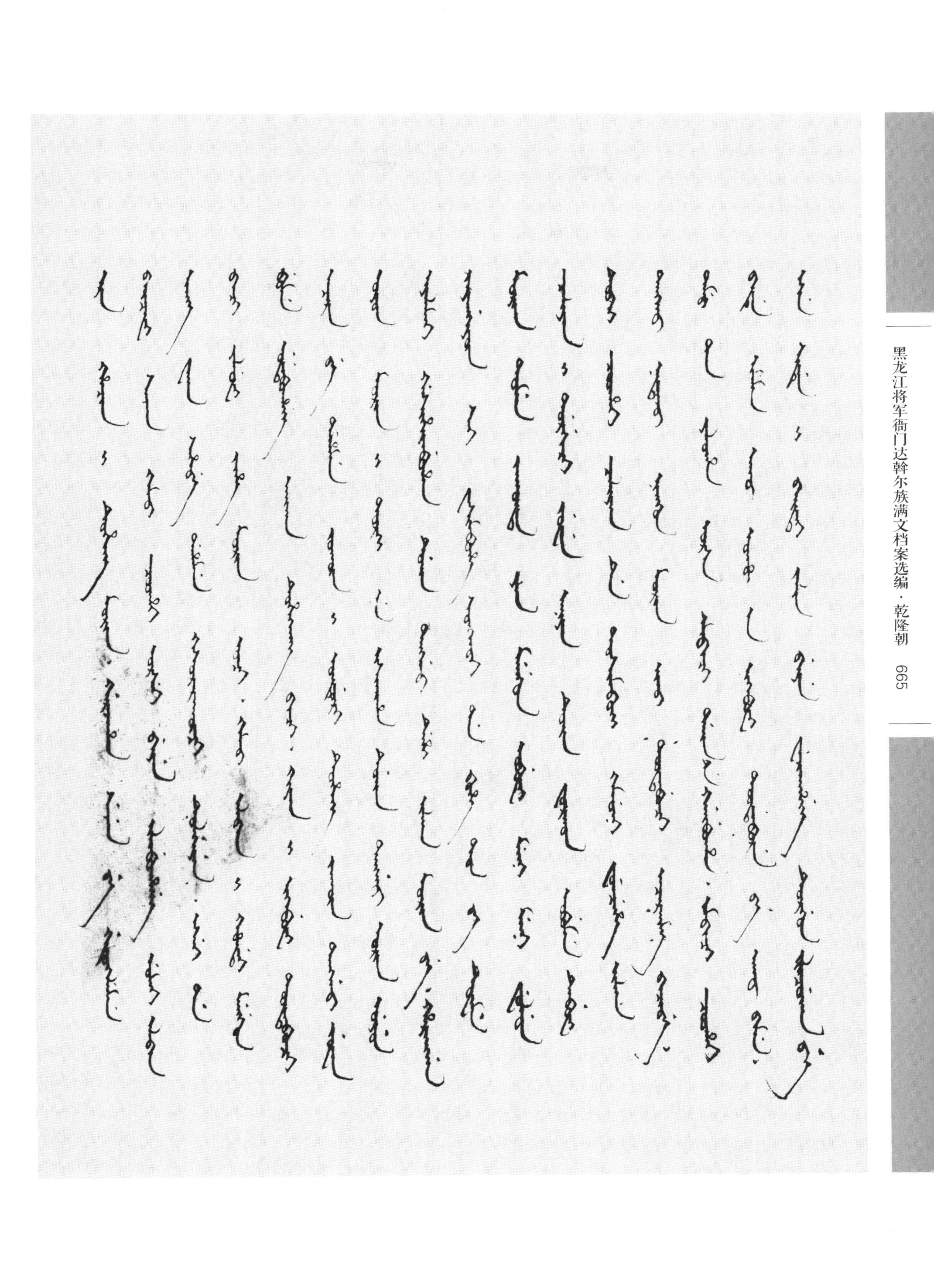

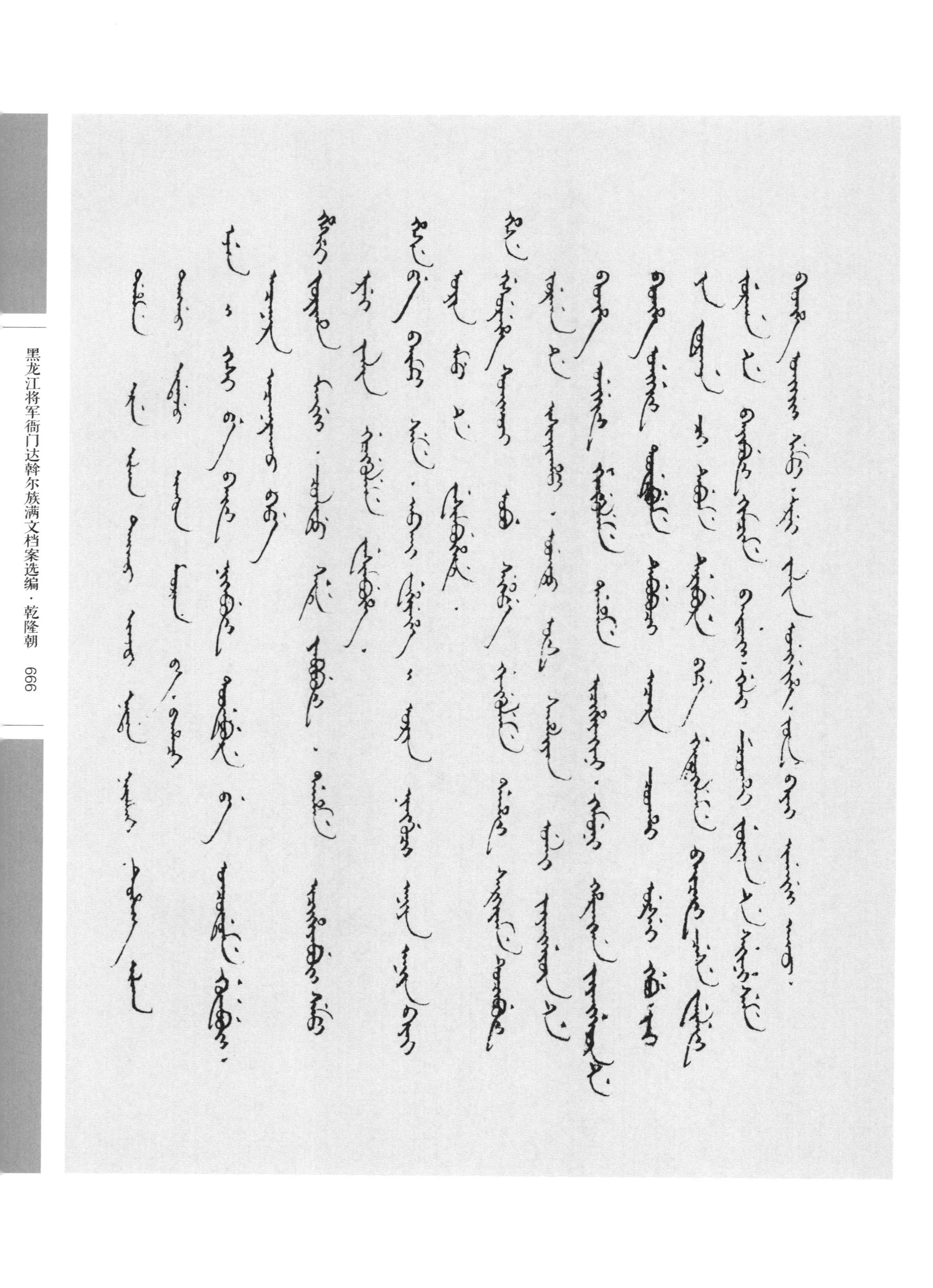

[illegible]

一〇九二 黑龙江将军衙门为确定布特哈索伦达斡尔等会盟日期地点以备选貂事札布特哈总管等文

乾隆二十六年四月初五日

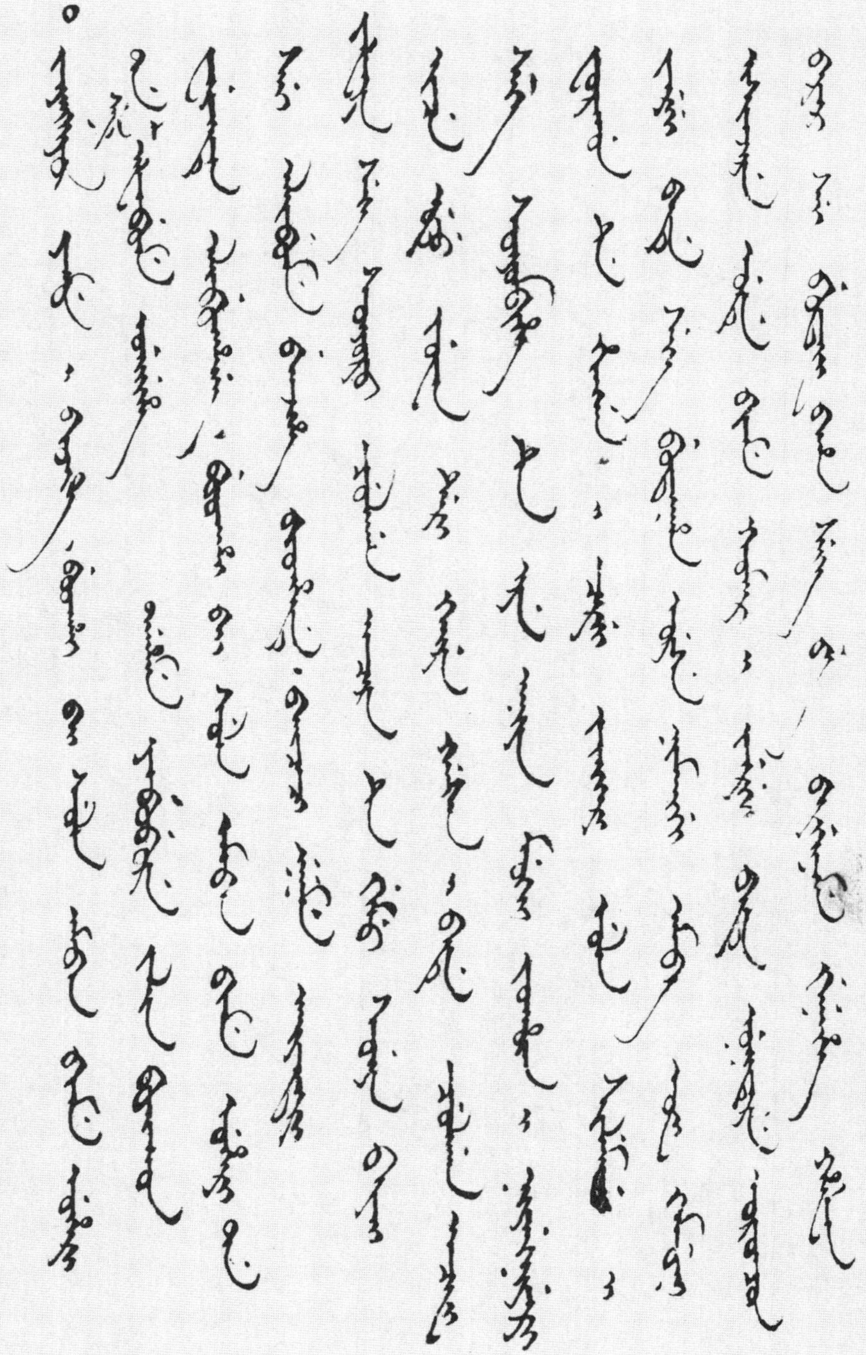

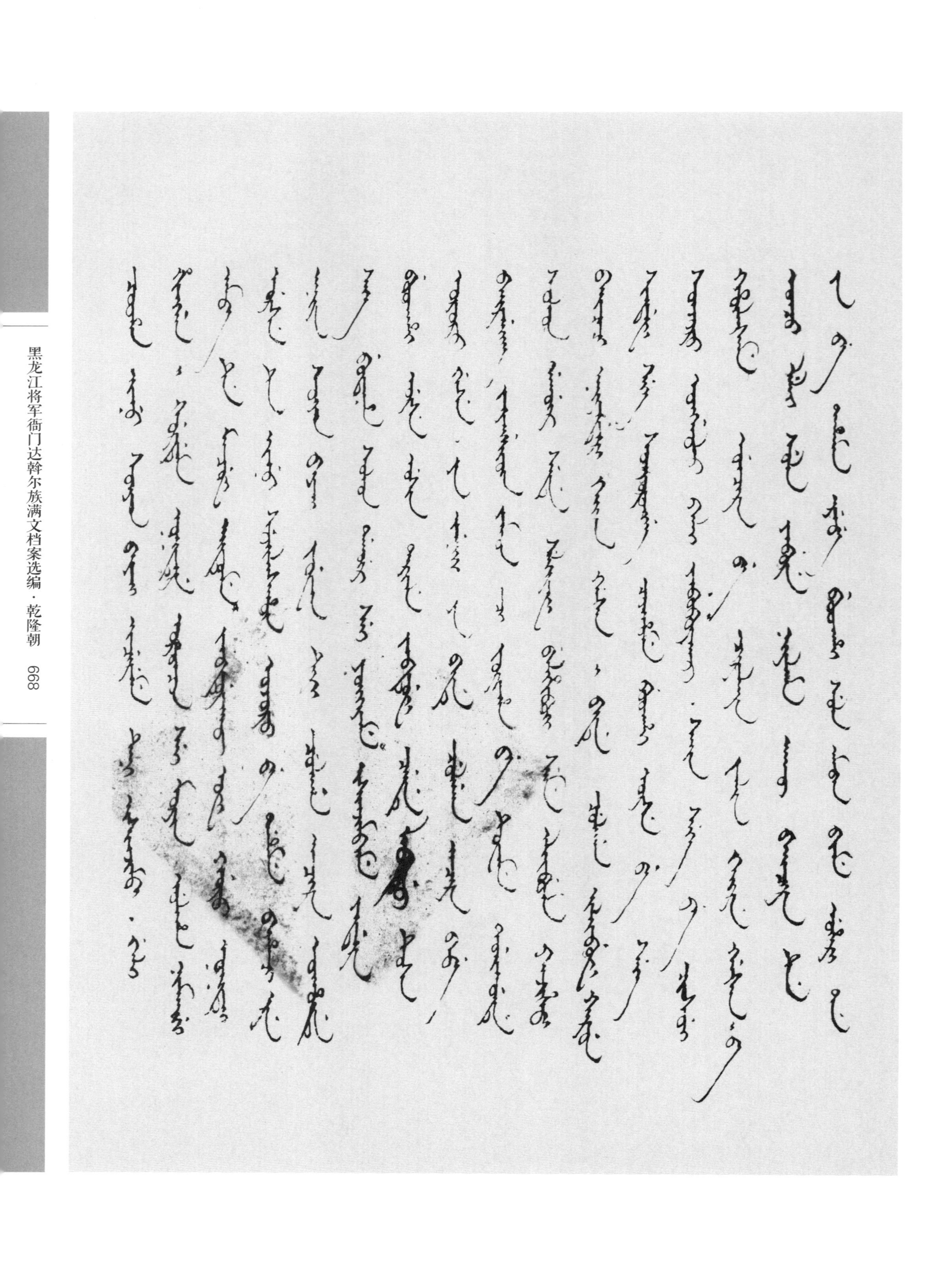

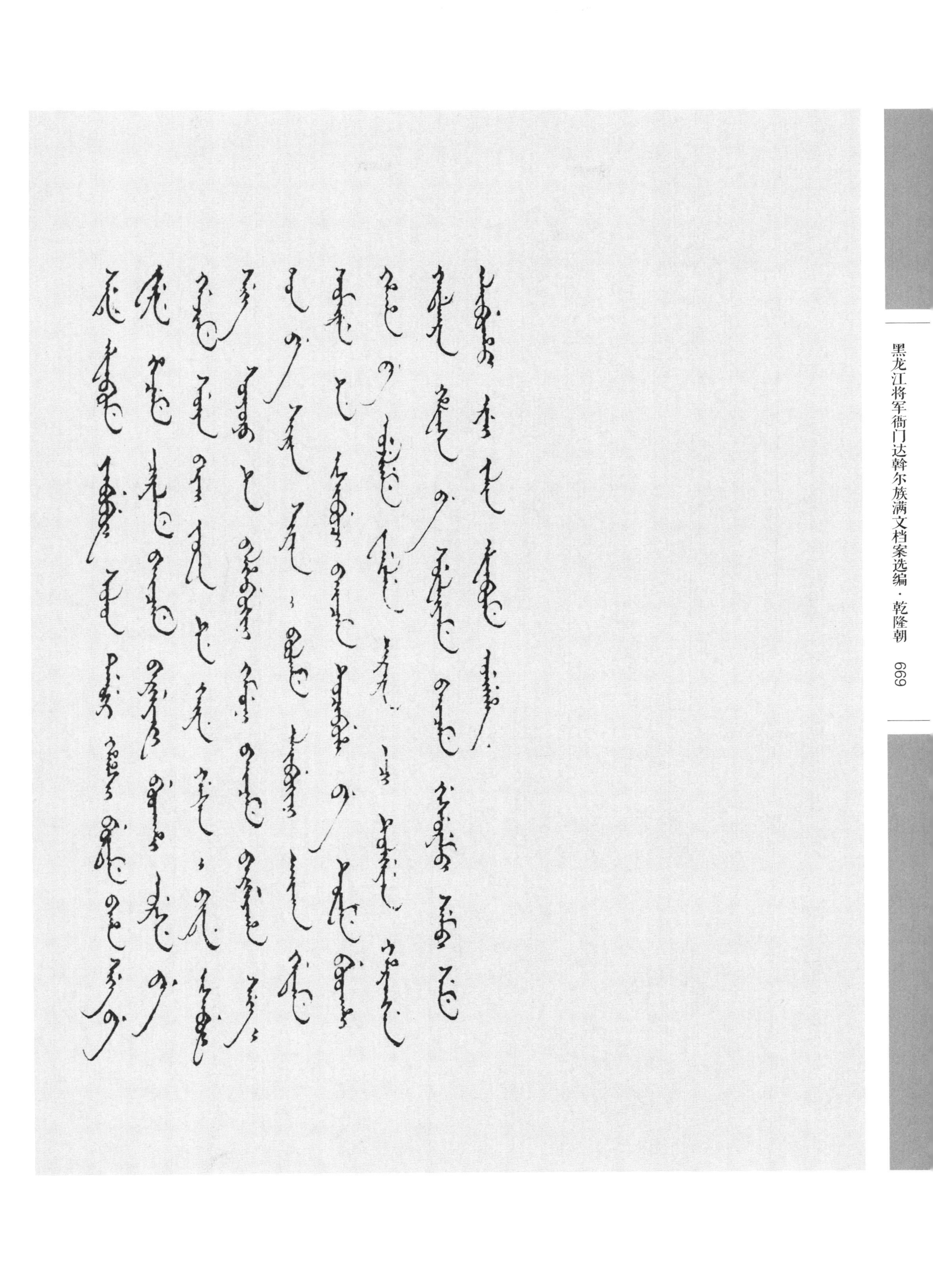

[illegible]

一〇九三 正白满洲旗为请给留驻京城达斡尔护军特徹等员出关路照以便回籍接回家眷事咨黑龙江将军衙门文

乾隆二十六年四月十六日

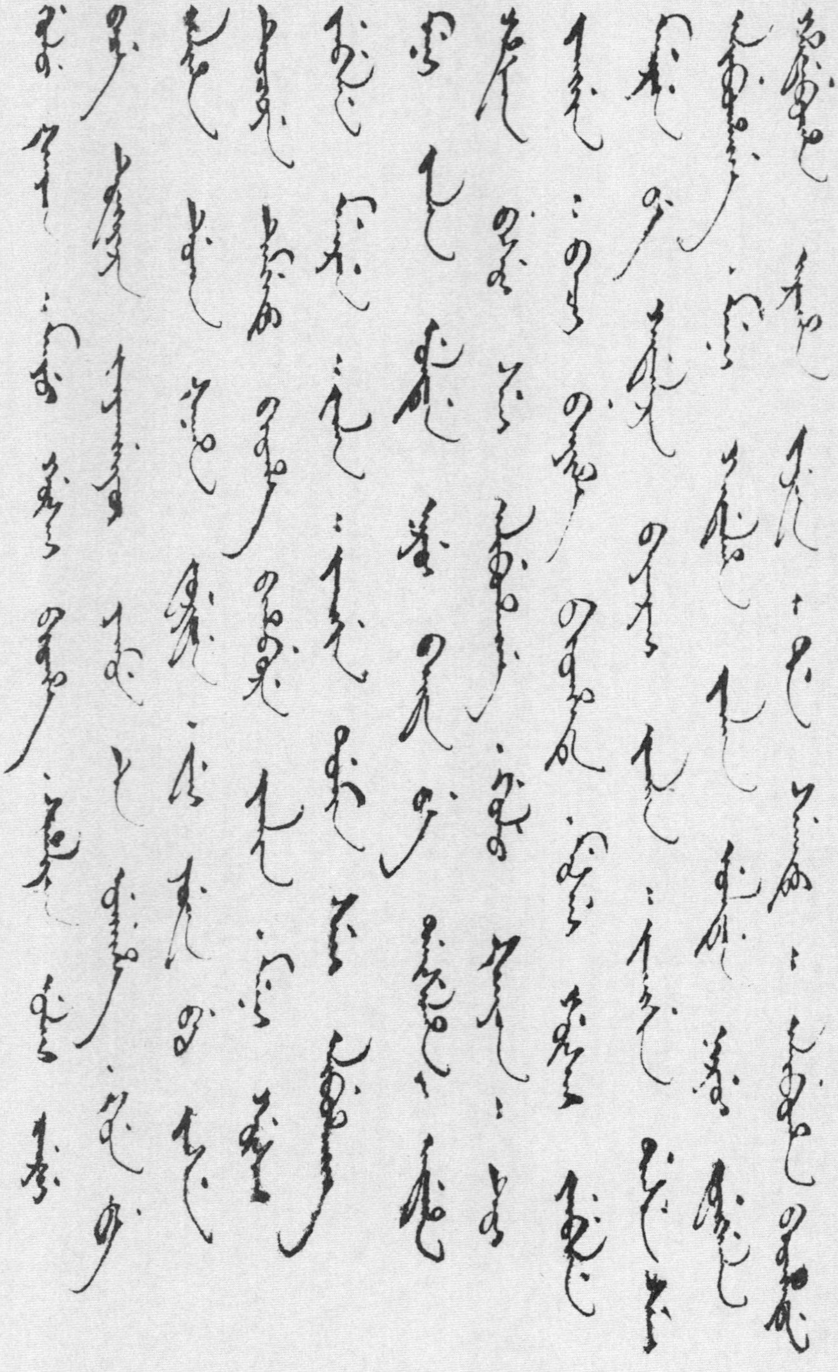

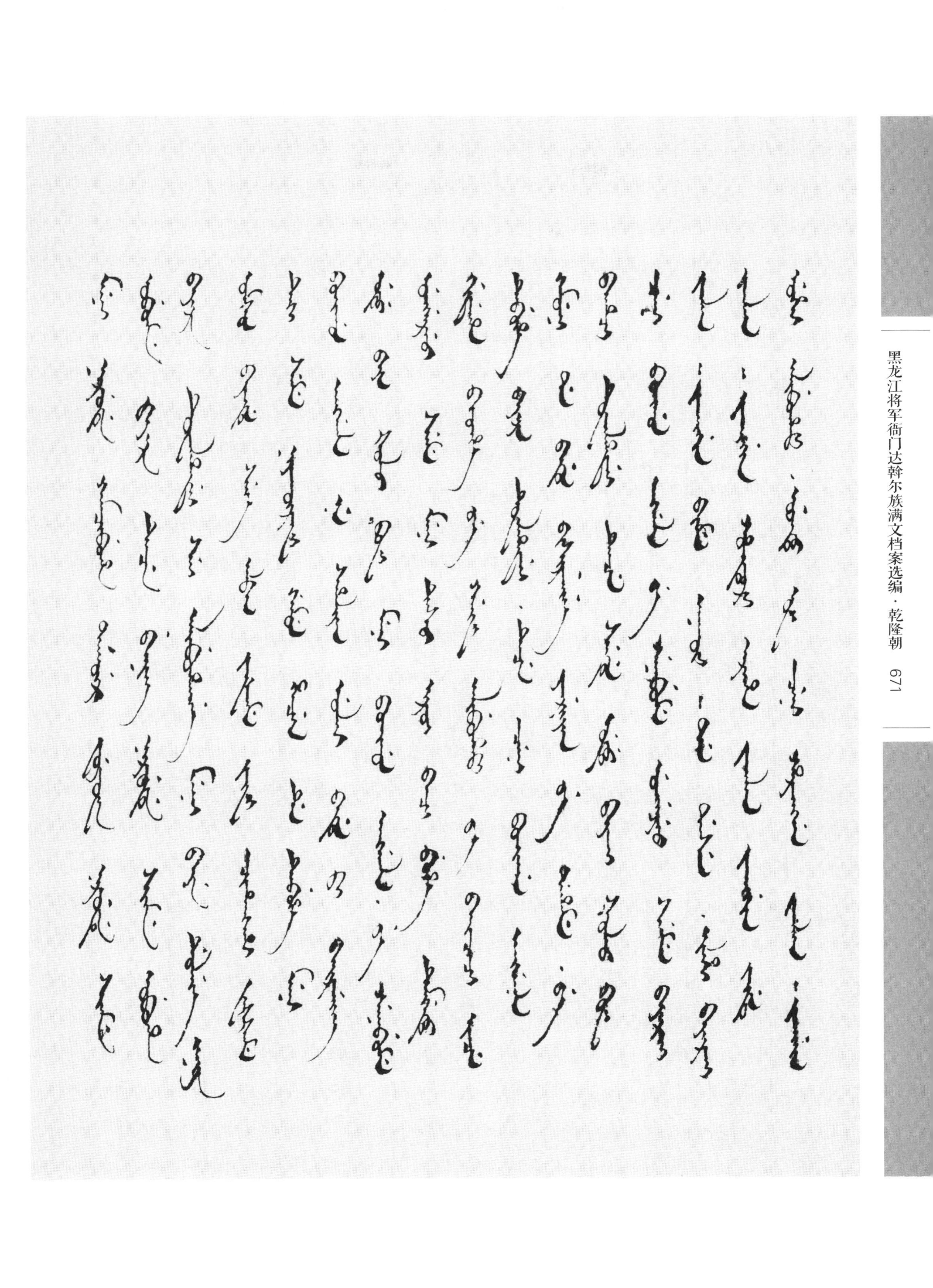

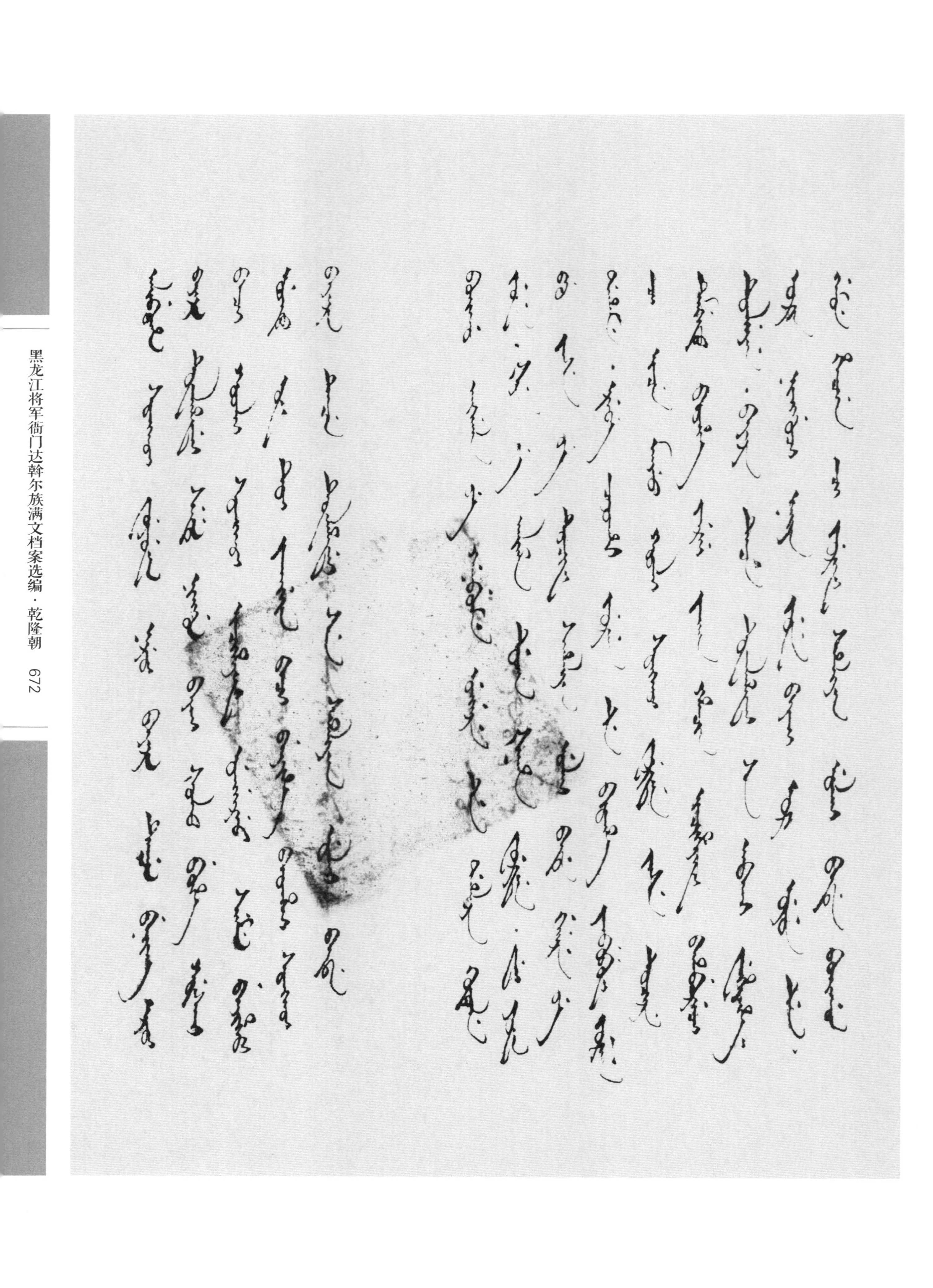

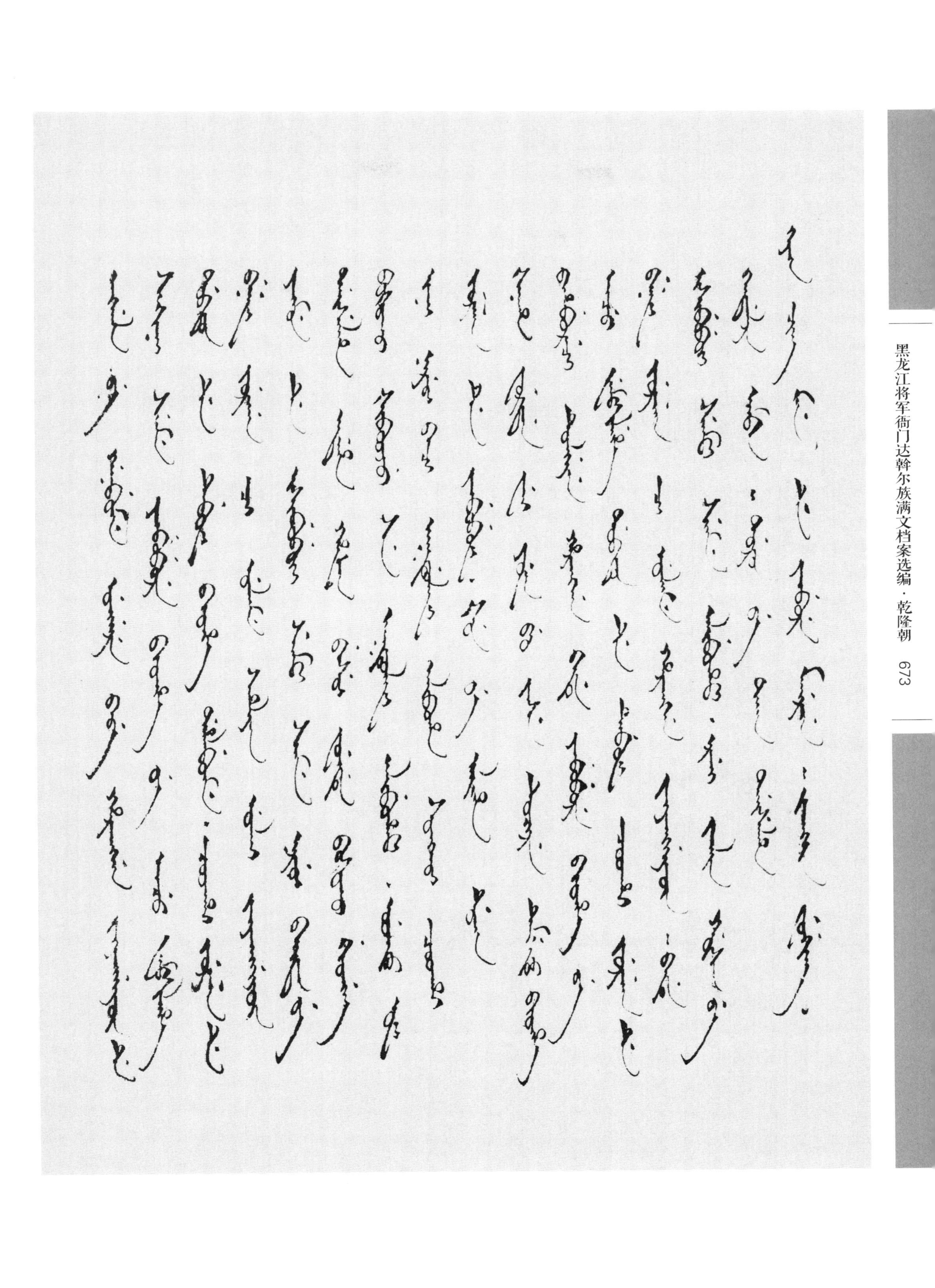

[illegible]

[illegible]

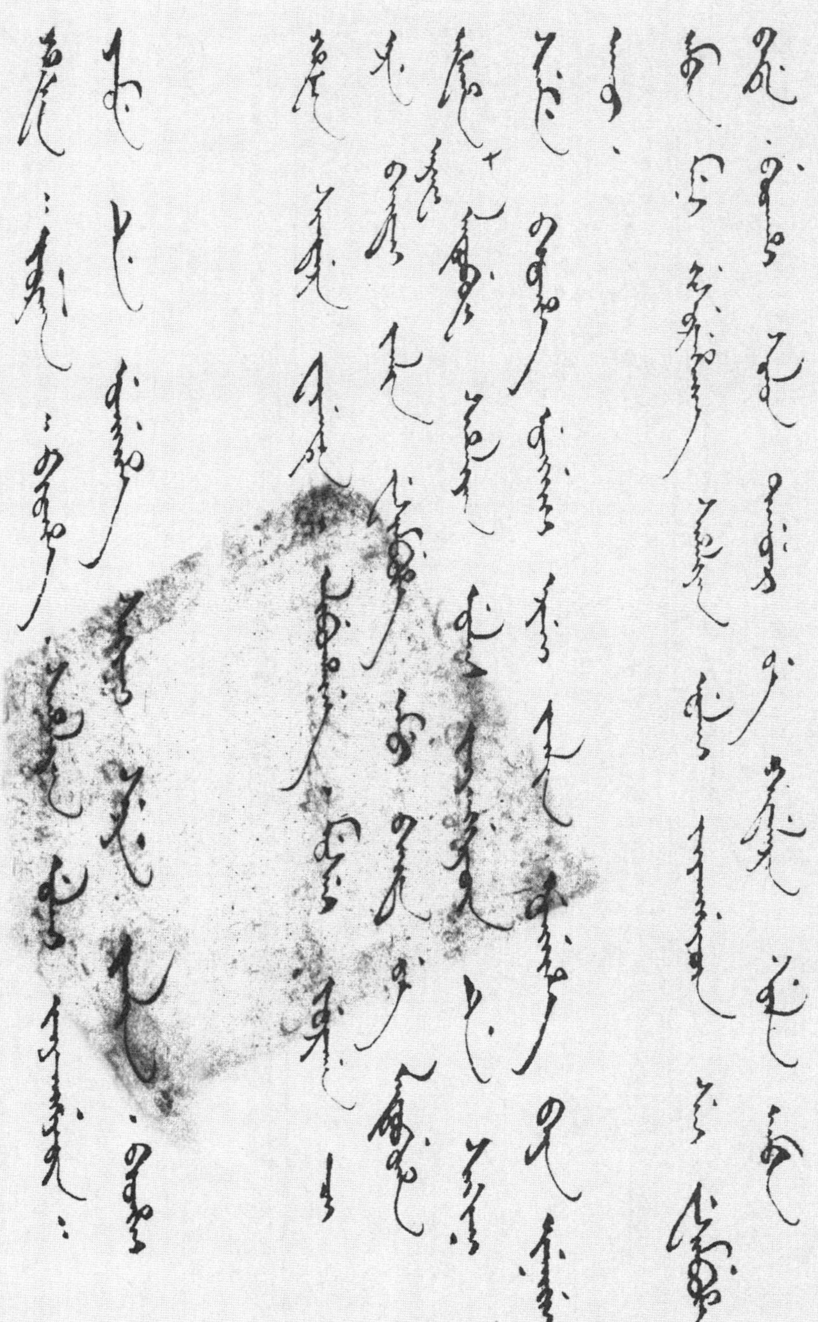

一〇九四　吏部为知会布特哈总管衙门增设笔帖式从索伦达斡尔内选取支给钱粮事咨黑龙江将军衙门文（附抄折一件）

乾隆二十六年四月十六日

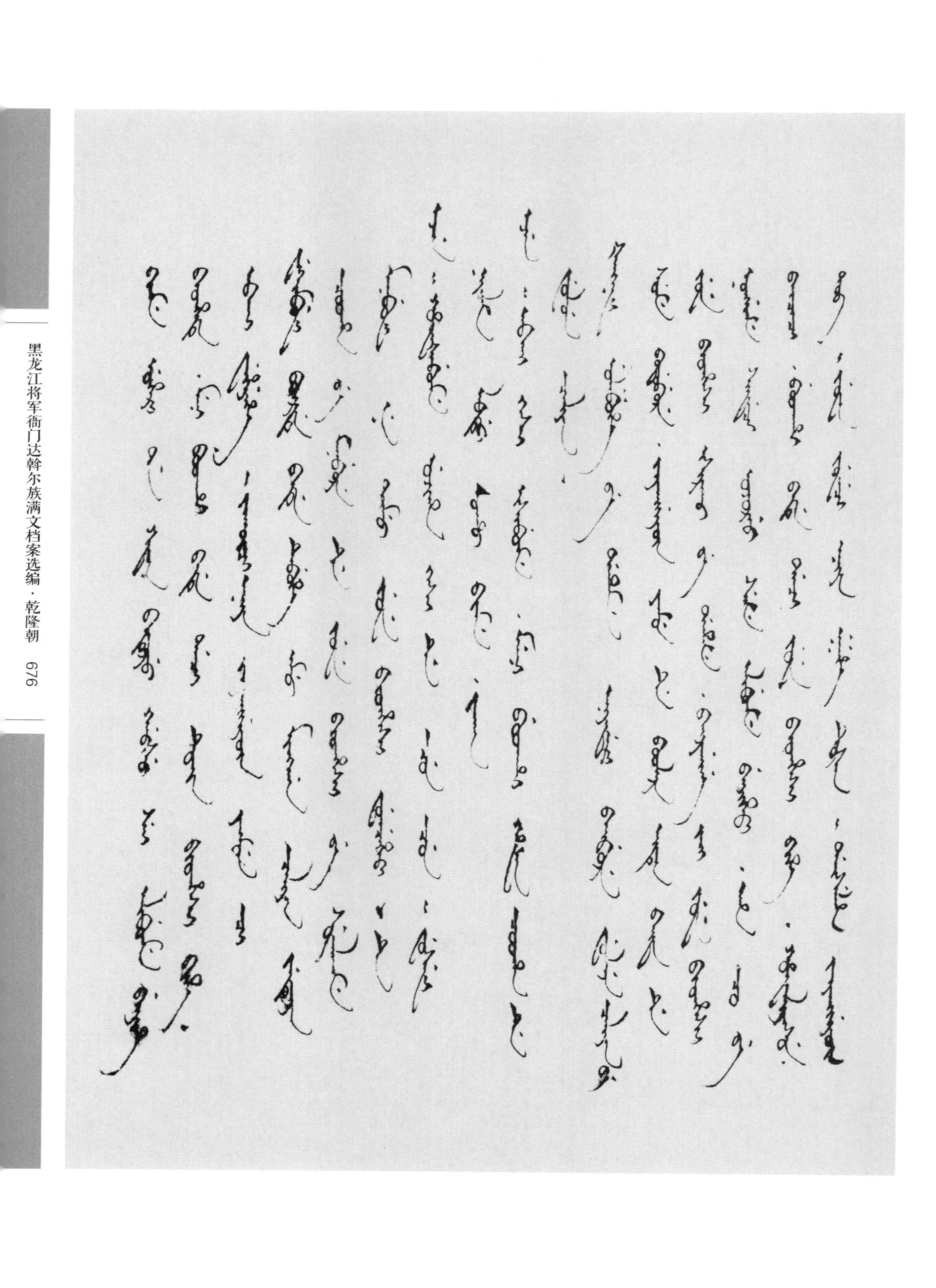

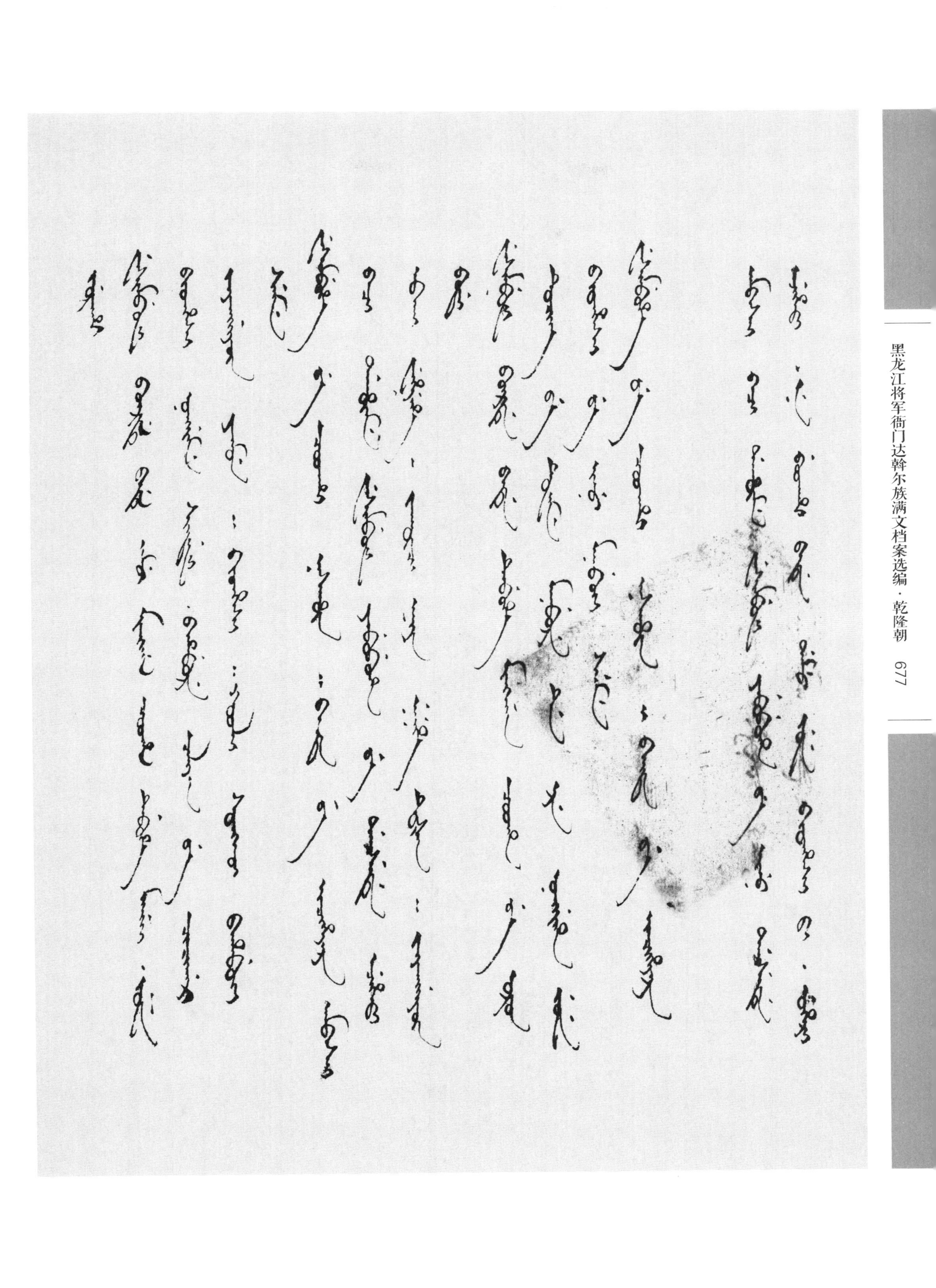

[illegible]

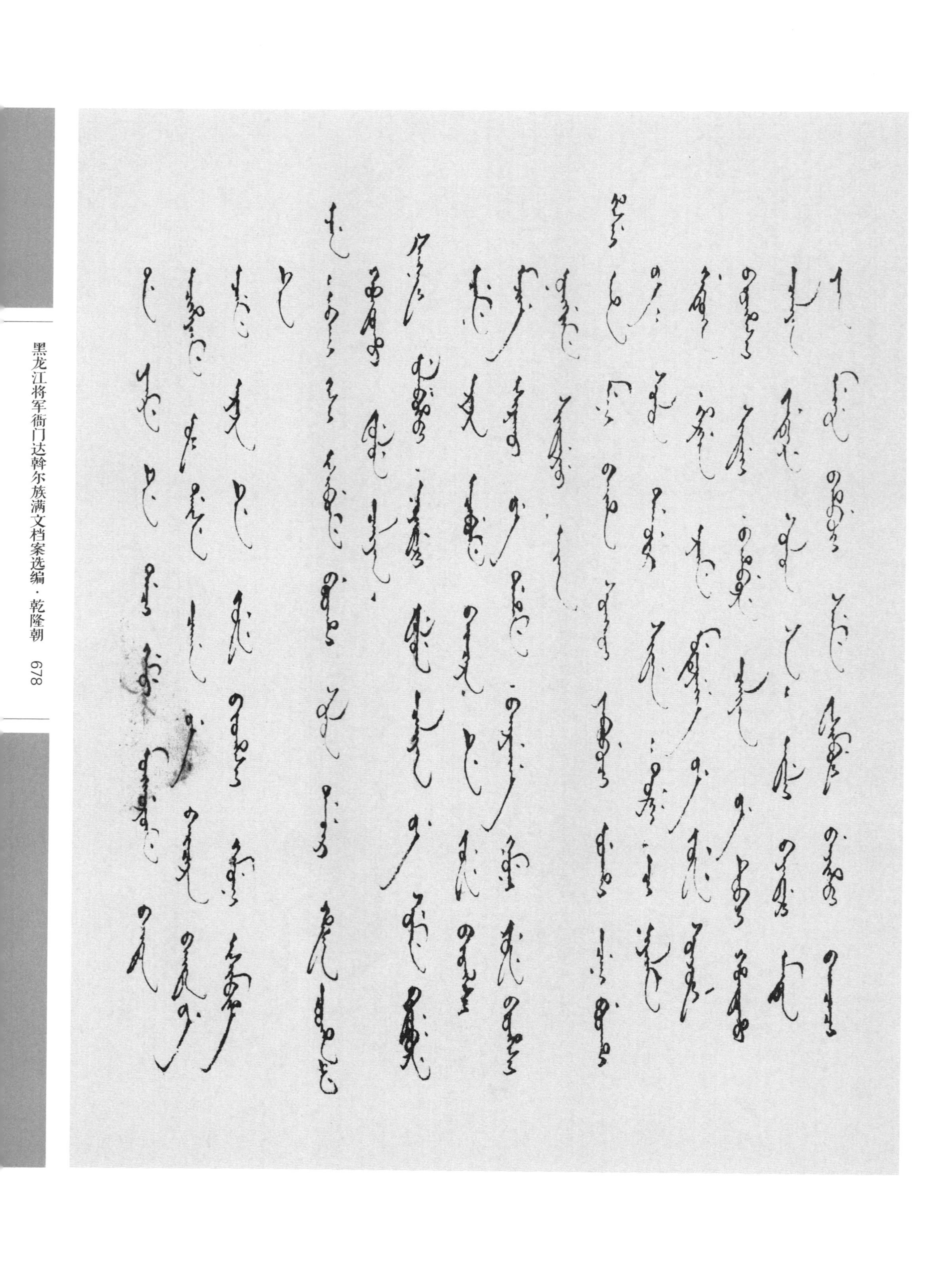

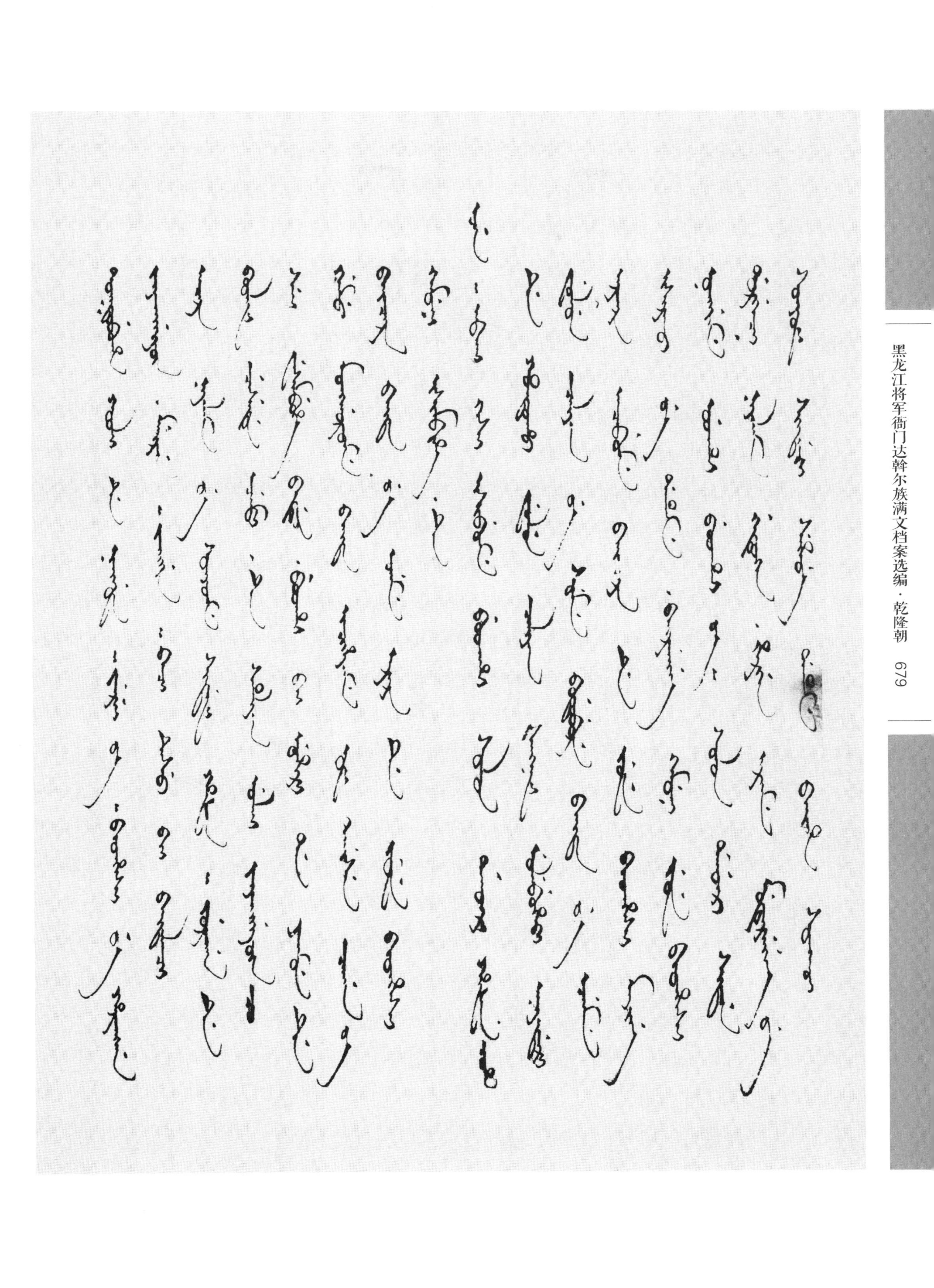

[illegible]

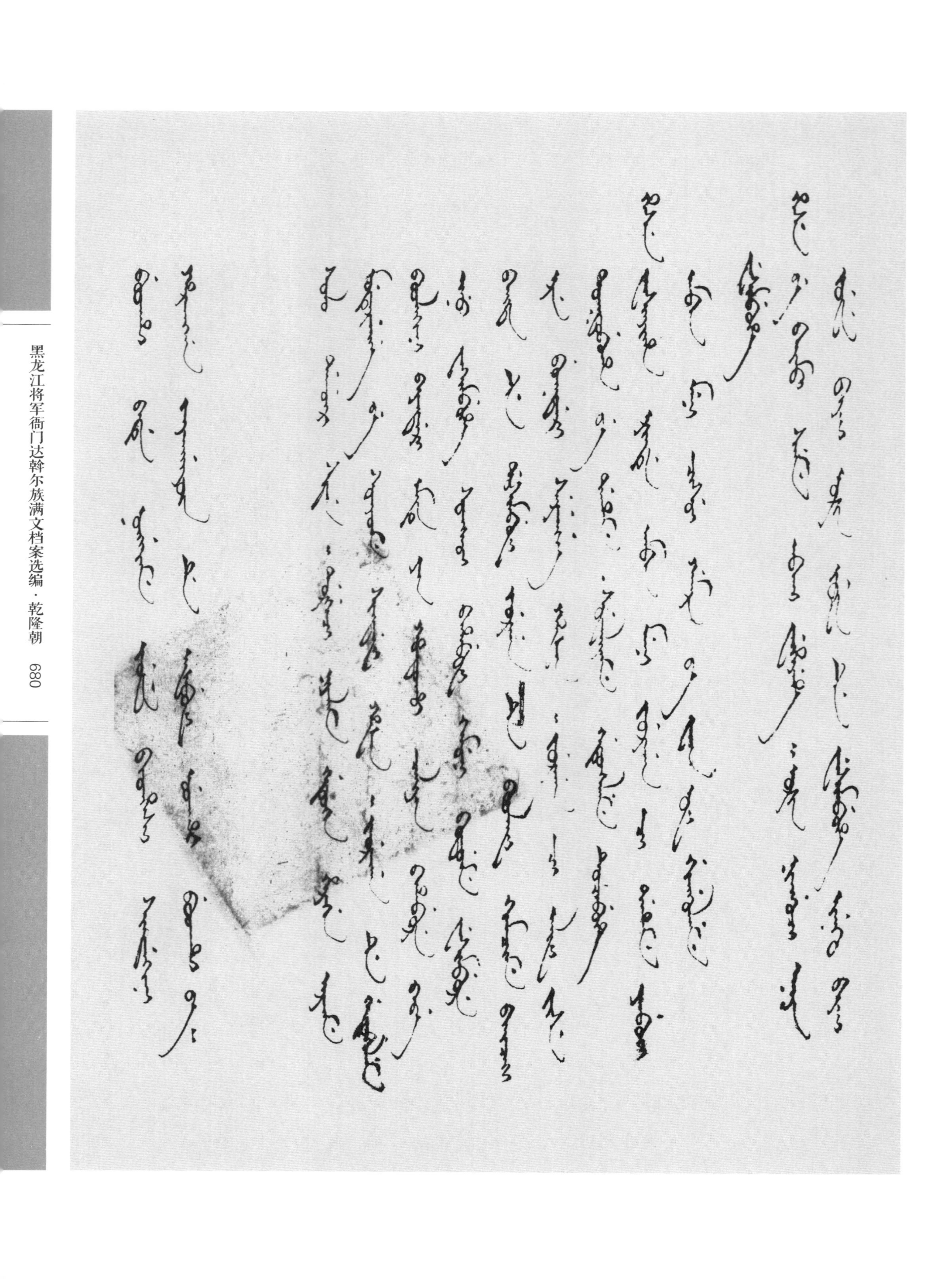

[illegible]

[illegible]

[illegible]

一〇九五 布特哈索伦达斡尔总管噶布舒等为报索伦达斡尔等本年春秋二季捕貂数目事咨呈黑龙江将军衙门文

乾隆二十六年四月十八日

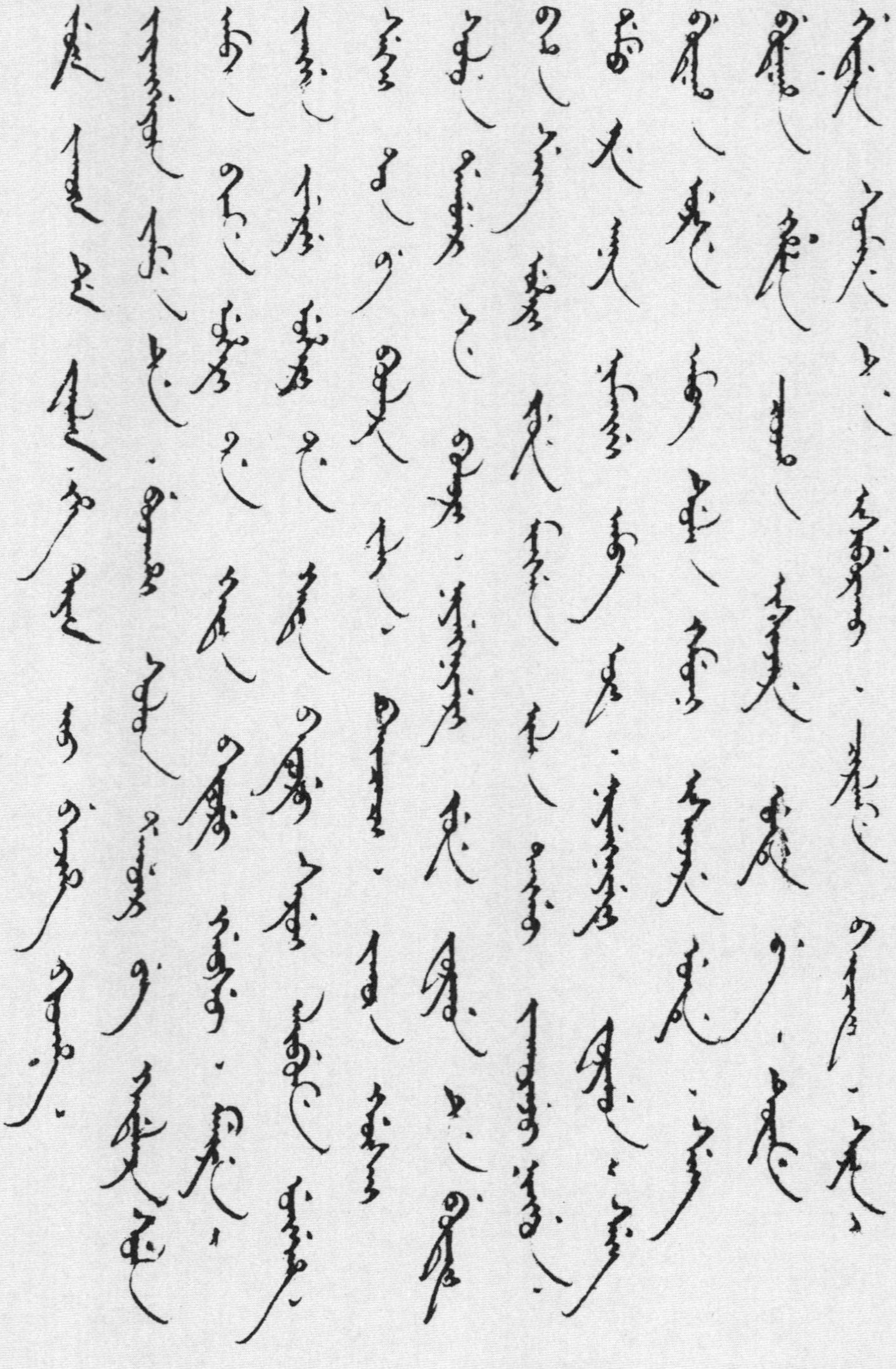

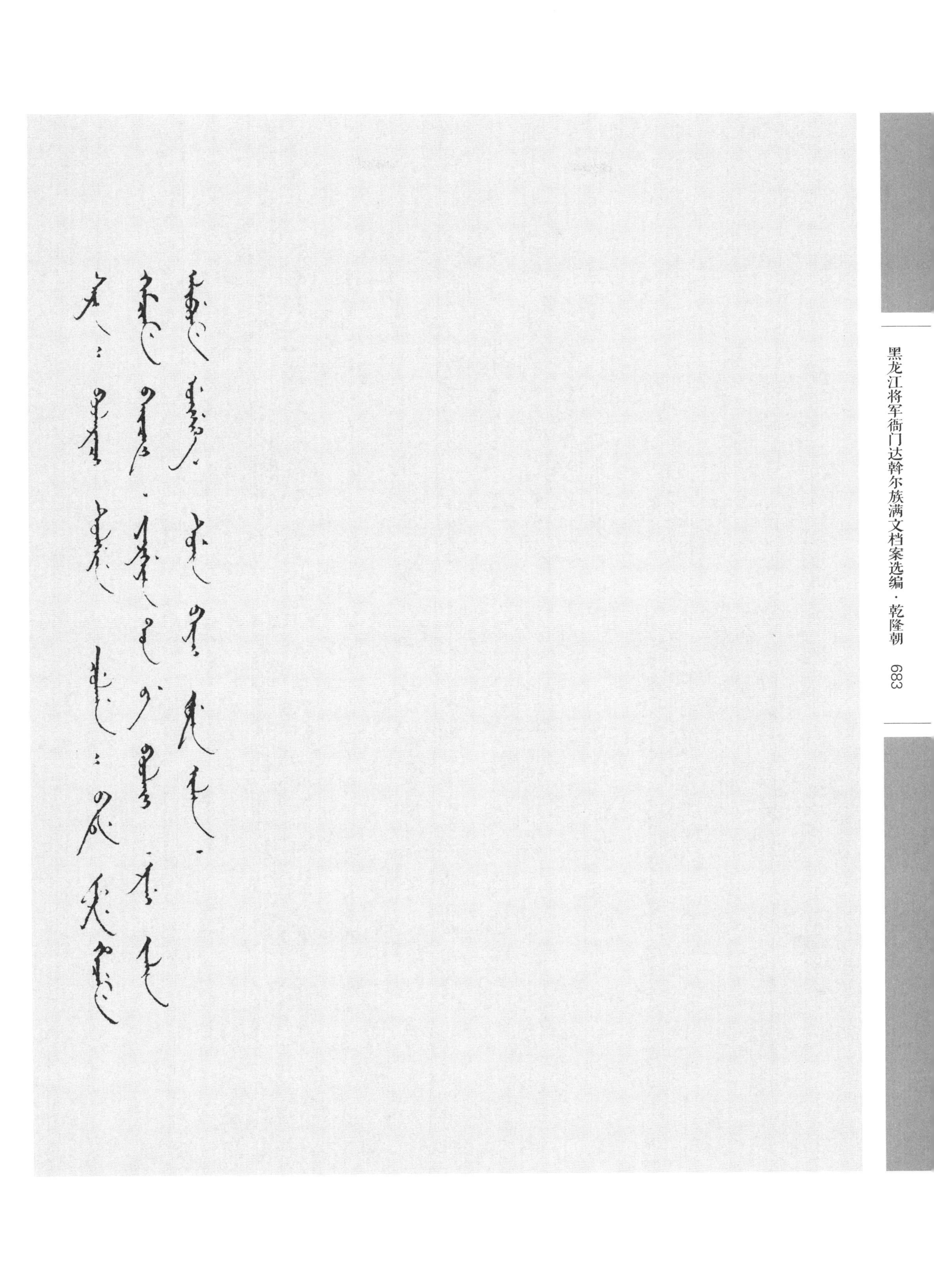

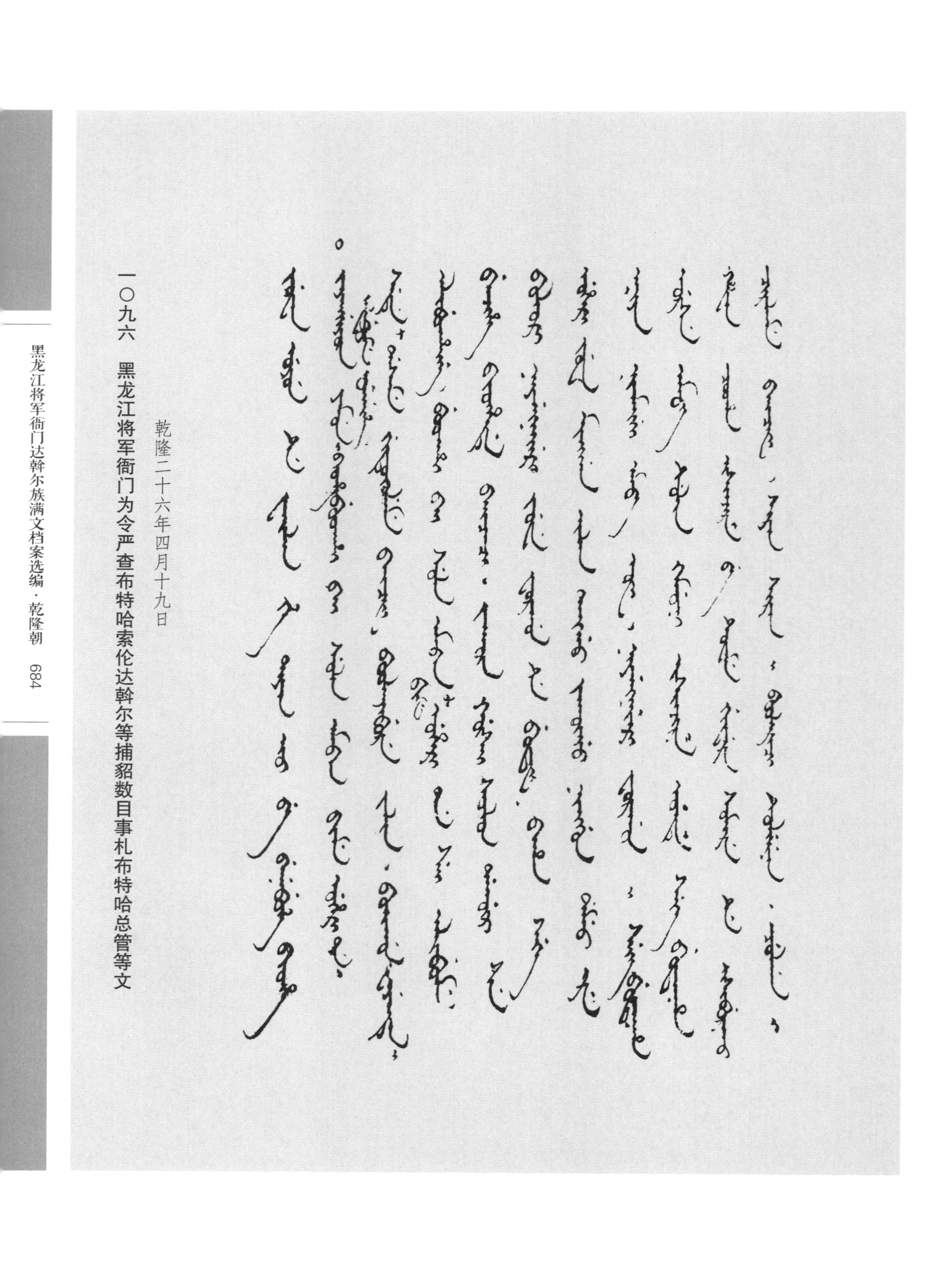

一〇九六 黑龙江将军衙门为令严查布特哈索伦达斡尔等捕貂数目事札布特哈总管等文

乾隆二十六年四月十九日

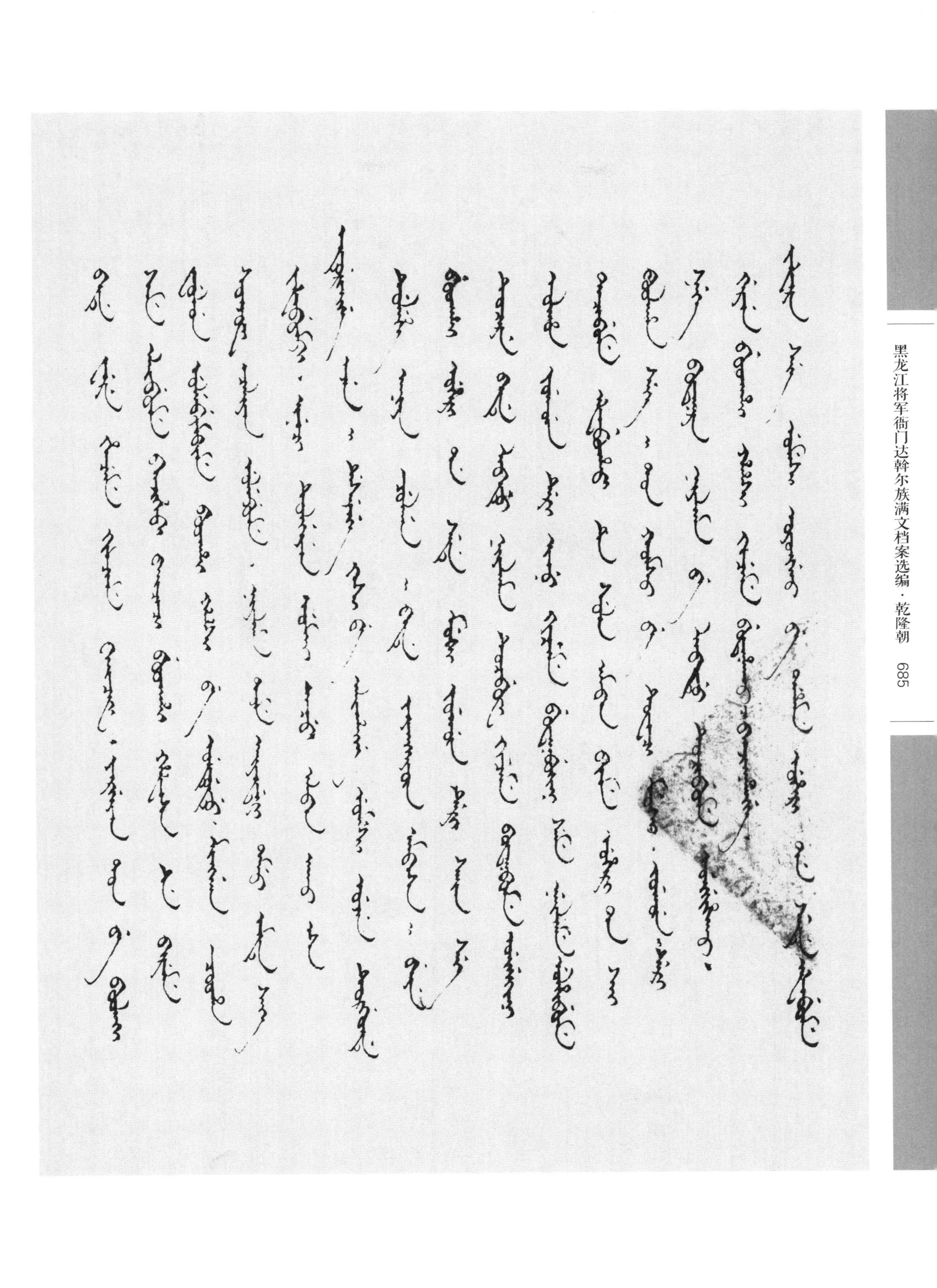

[illegible]

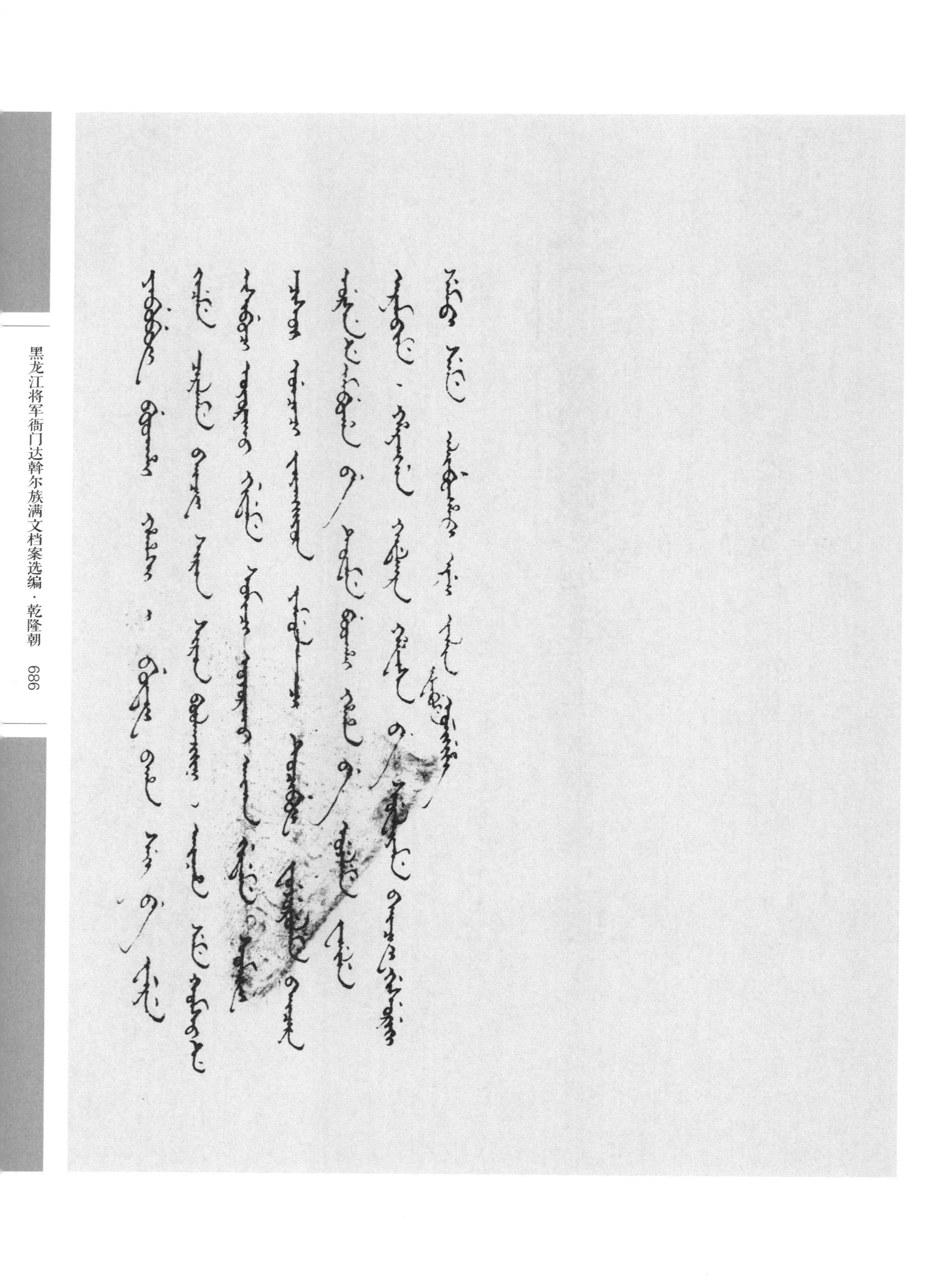

一〇九七　黑龙江将军衙门为发给驻京达斡尔护军特徹等员出关路照以便回籍接回家眷事札布特哈索伦达斡尔总管等文

乾隆二十六年四月二十三日

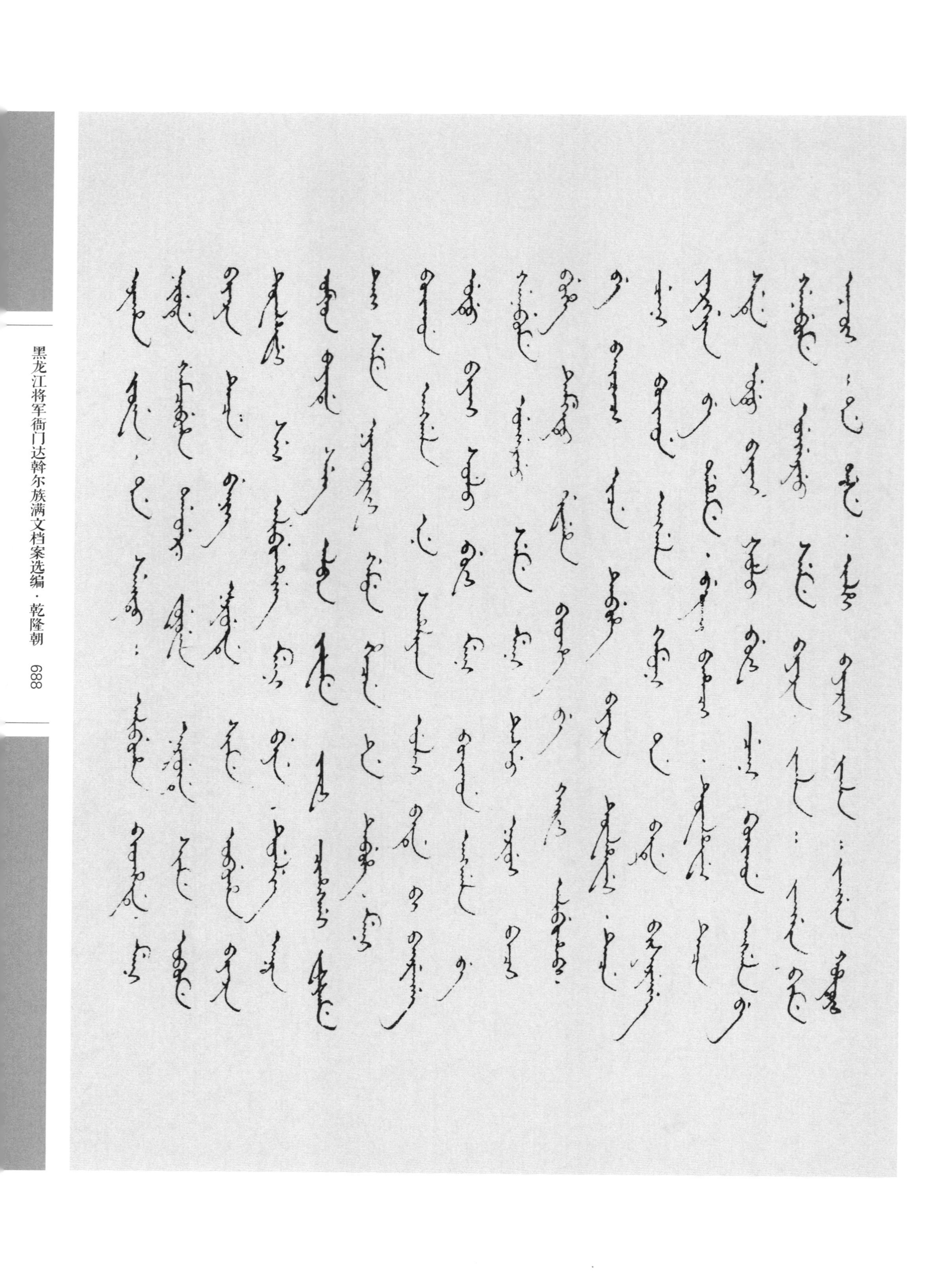

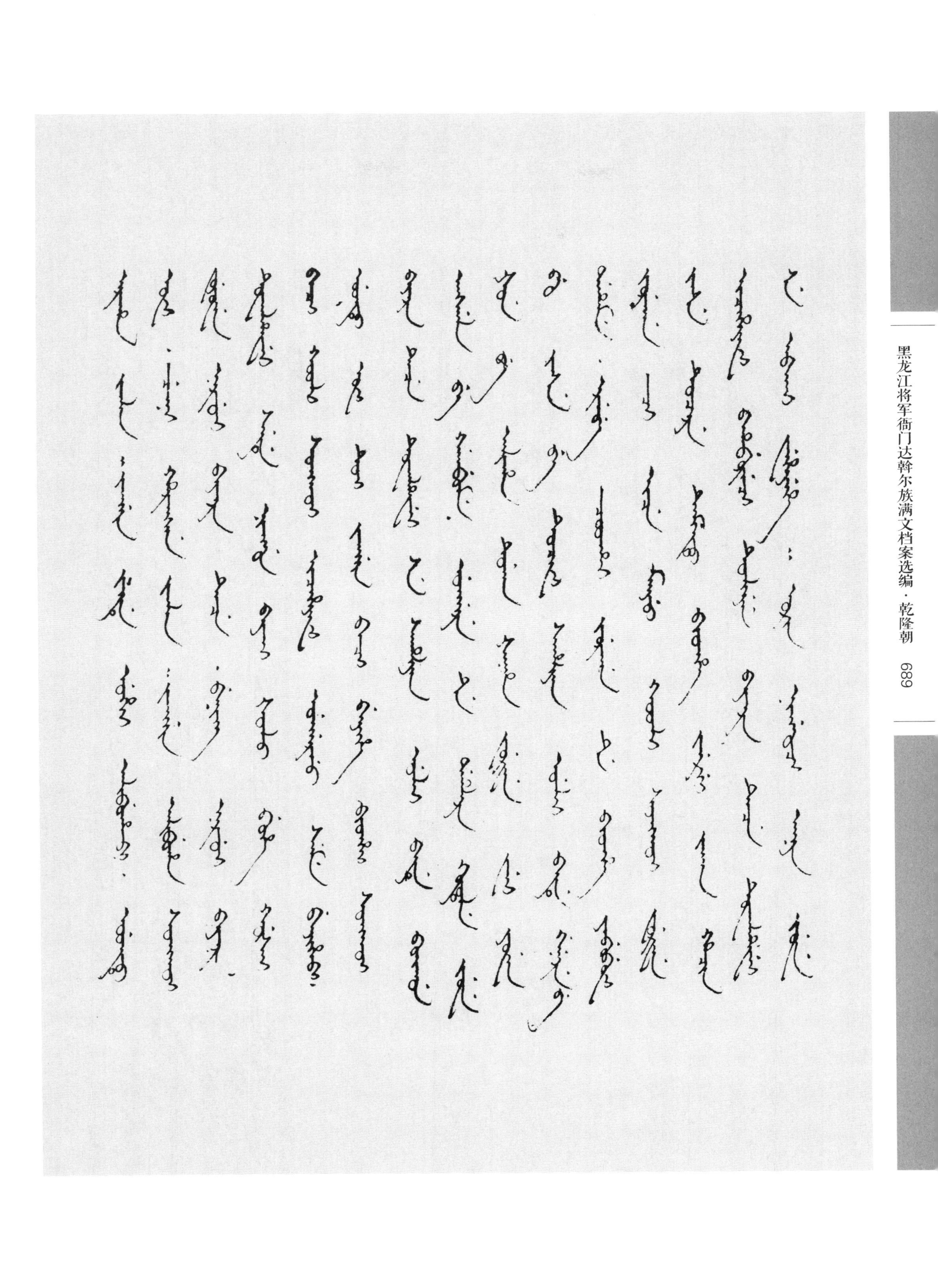

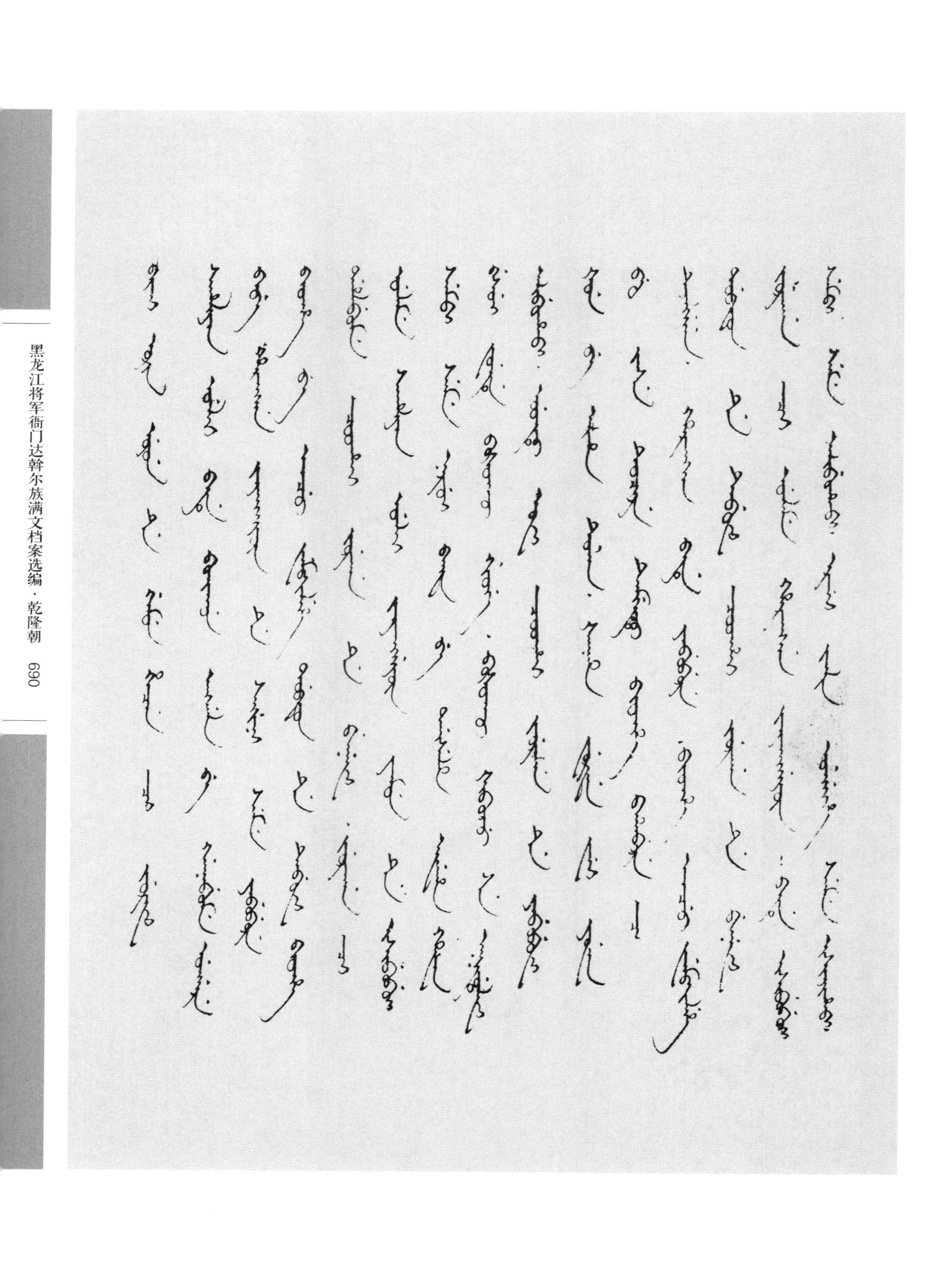

[illegible]

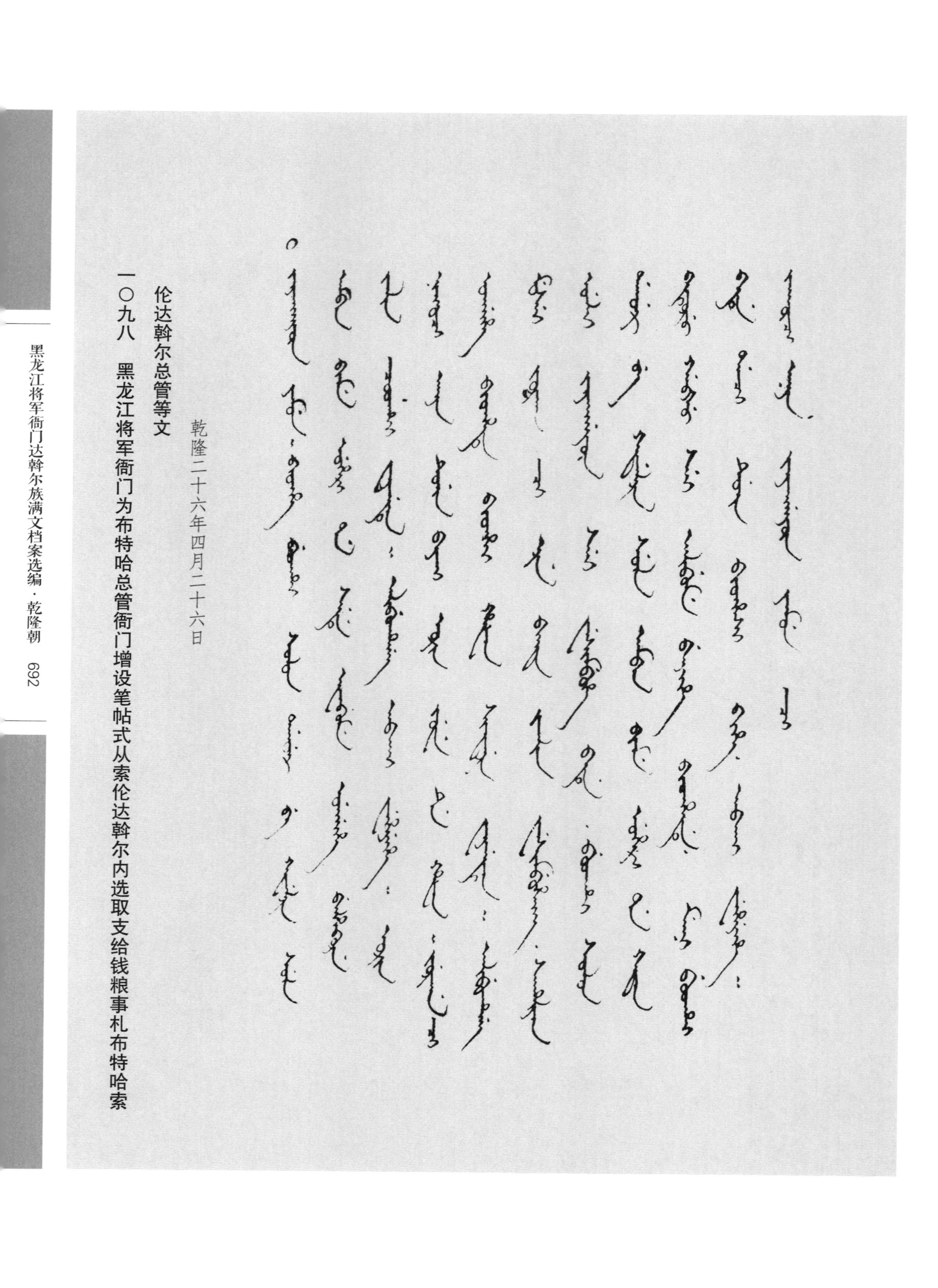

一〇九八 黑龙江将军衙门为布特哈总管衙门增设笔帖式从索伦达斡尔内选取支给钱粮事札布特哈索伦达斡尔总管等文

乾隆二十六年四月二十六日

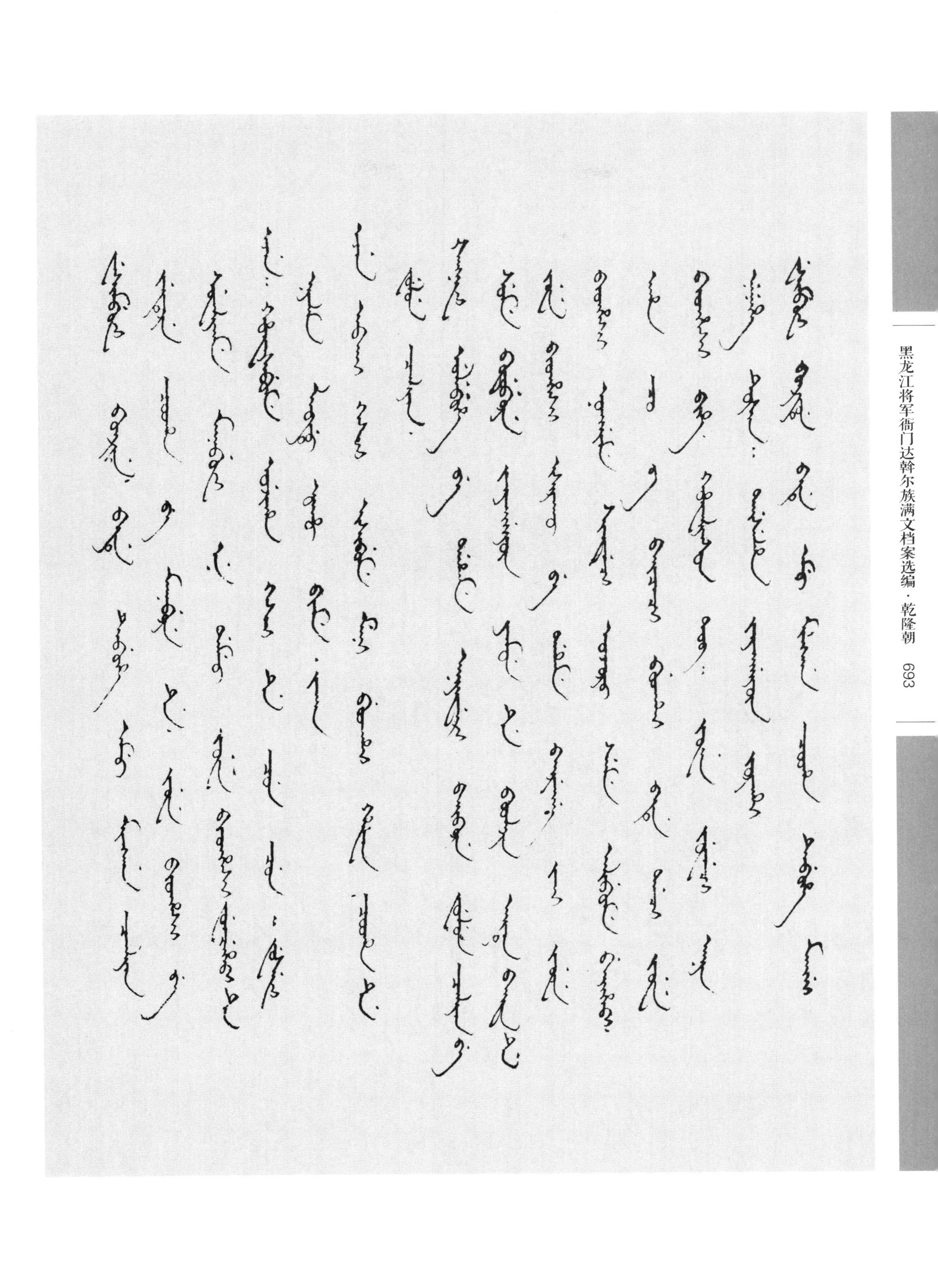

[illegible]

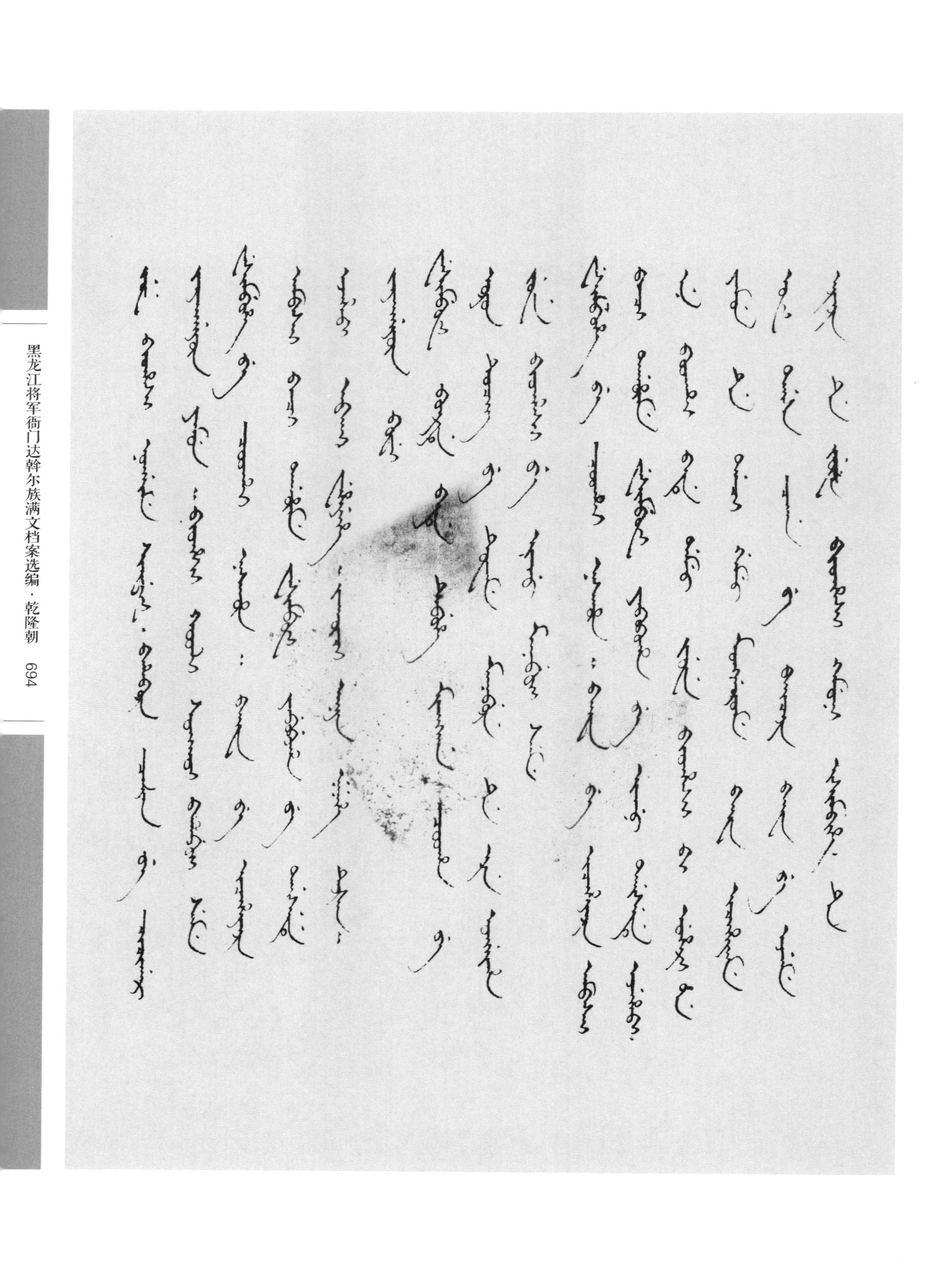

[illegible]

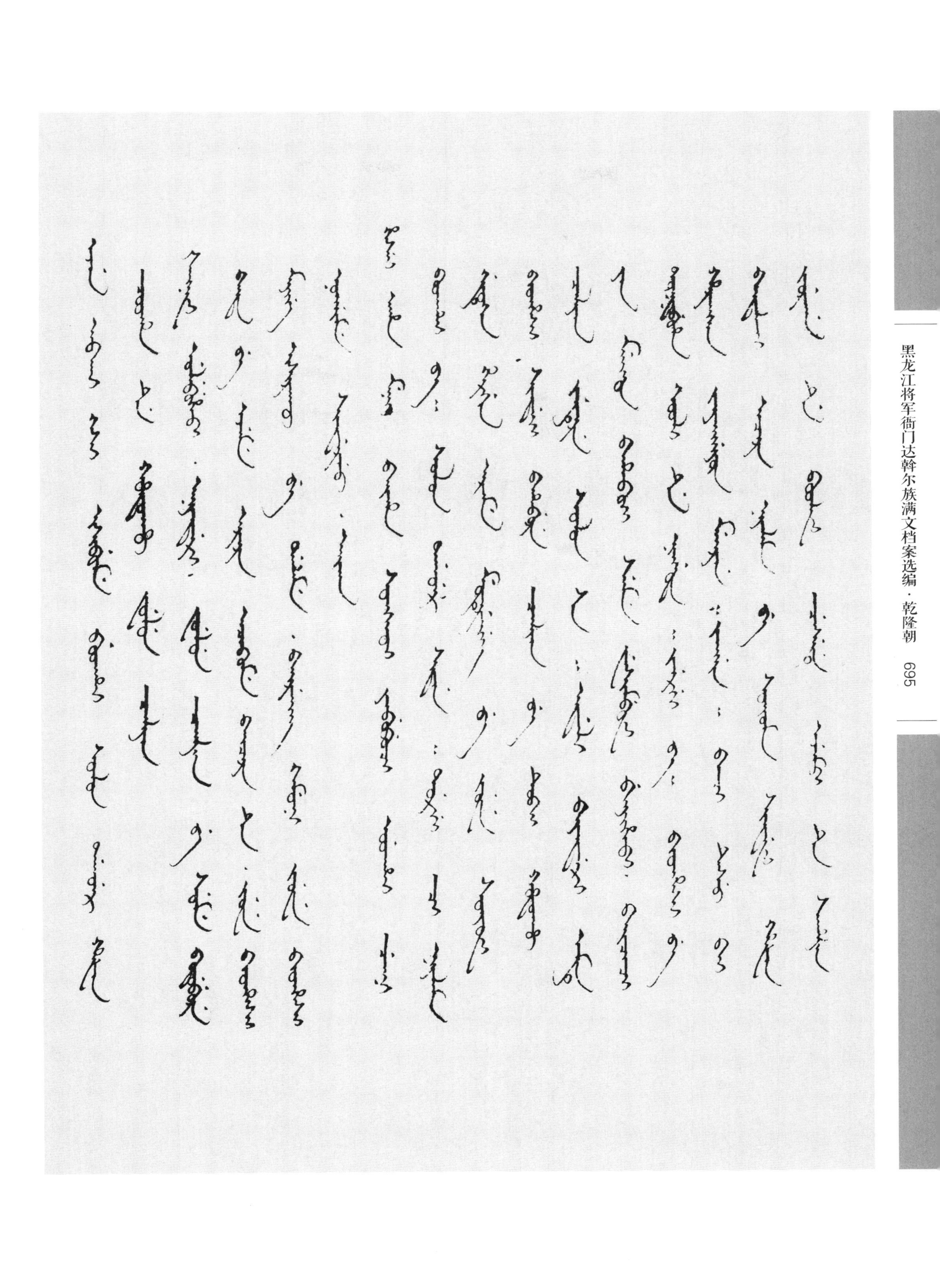

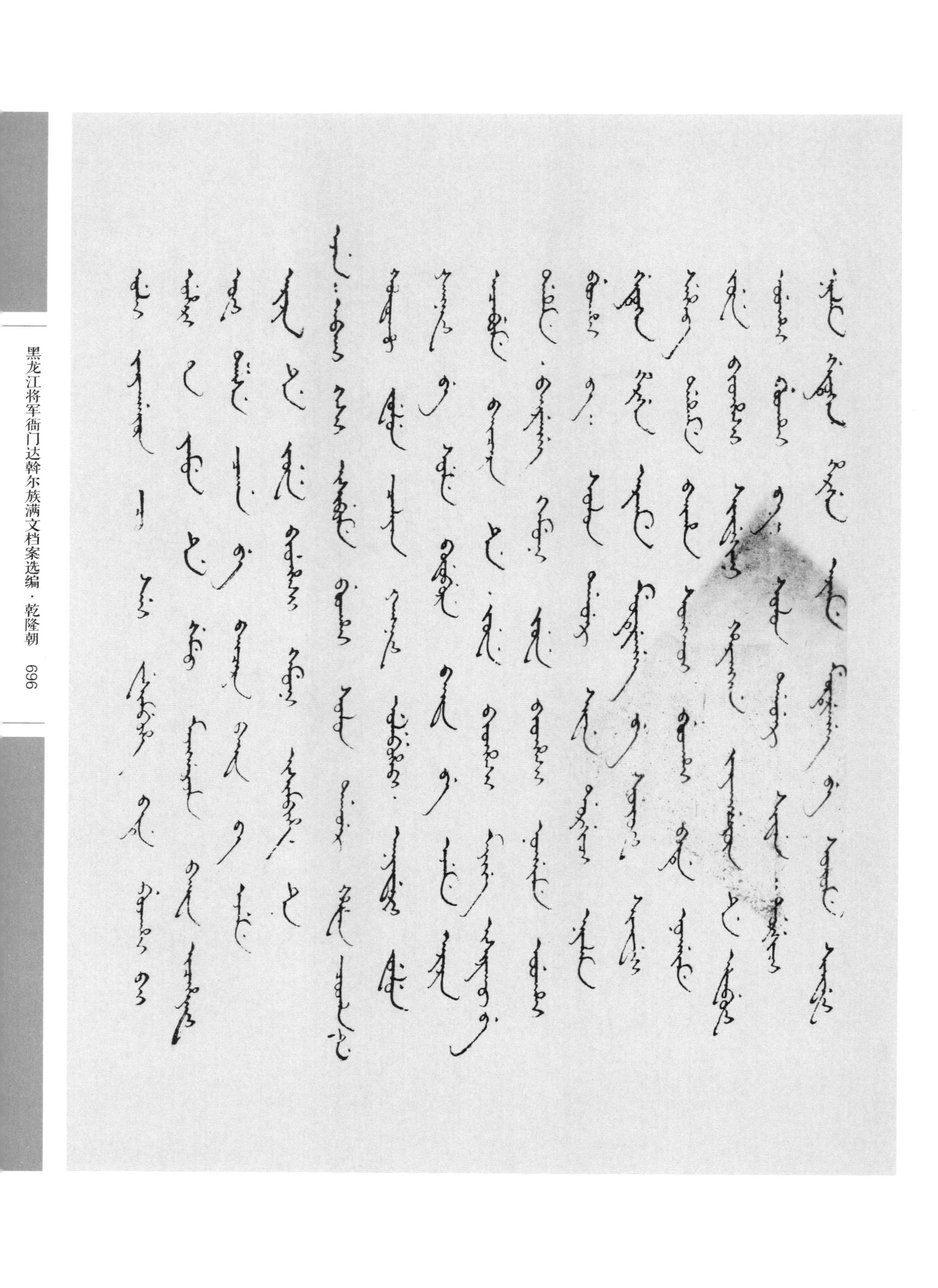

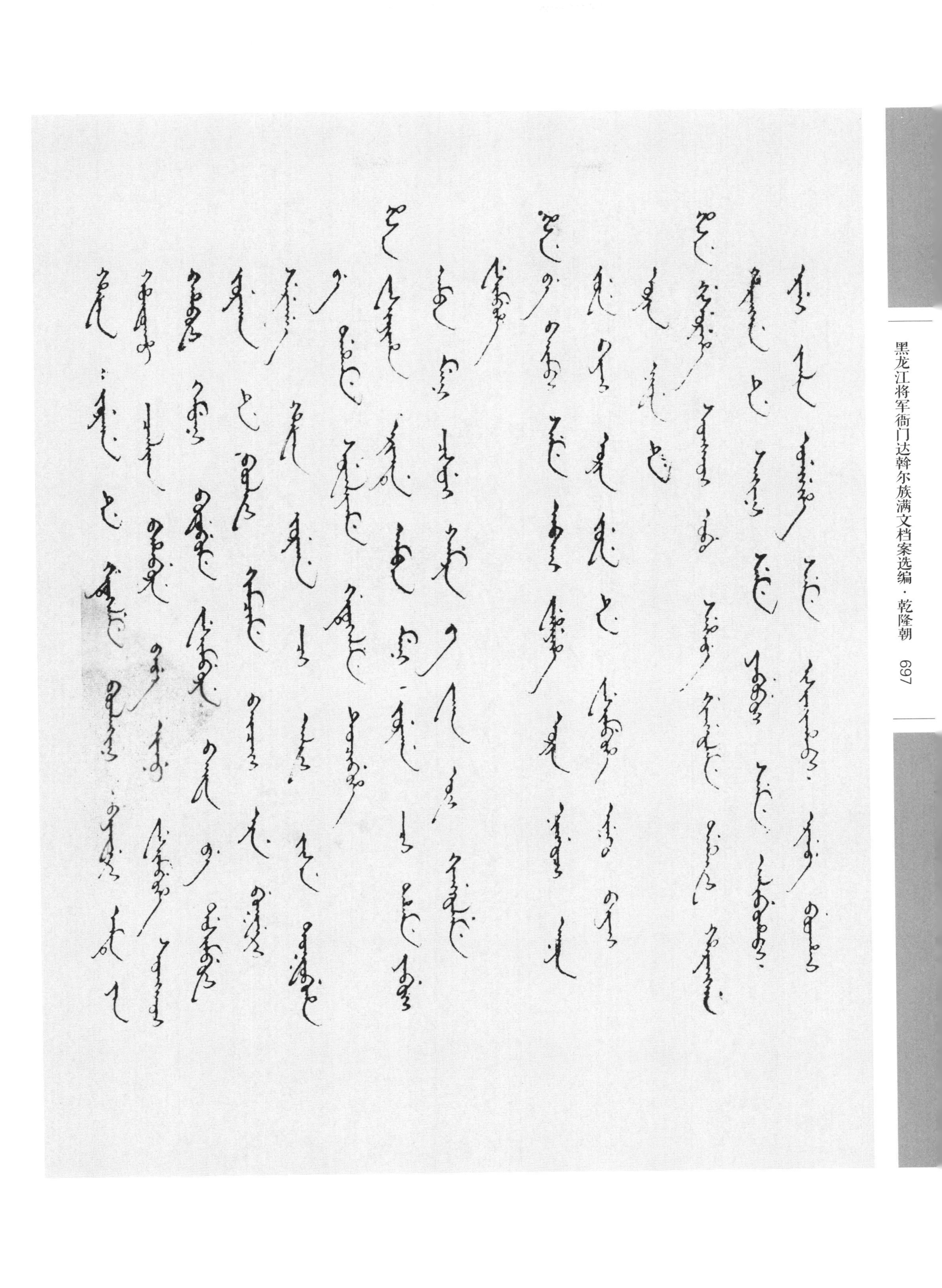

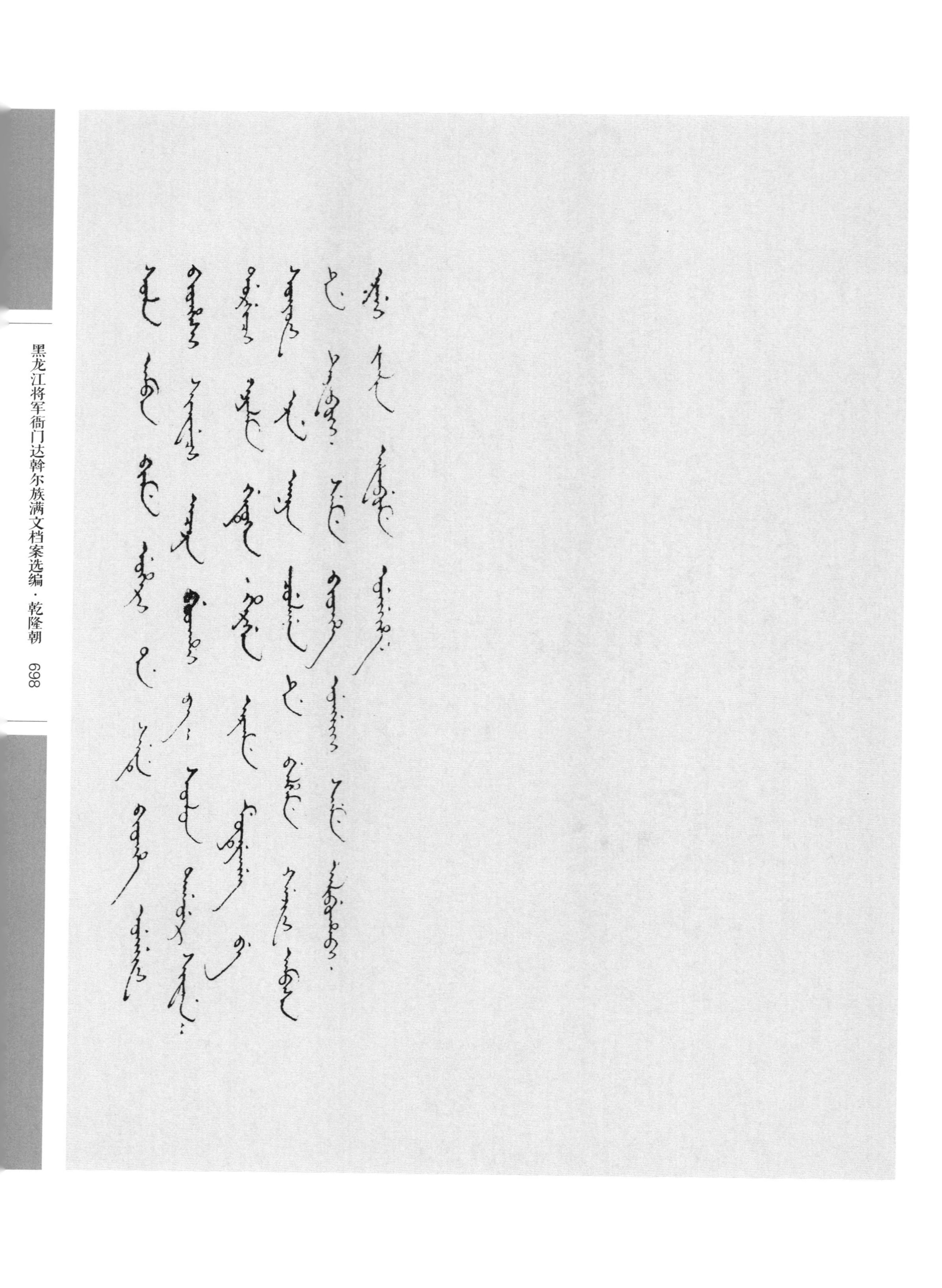

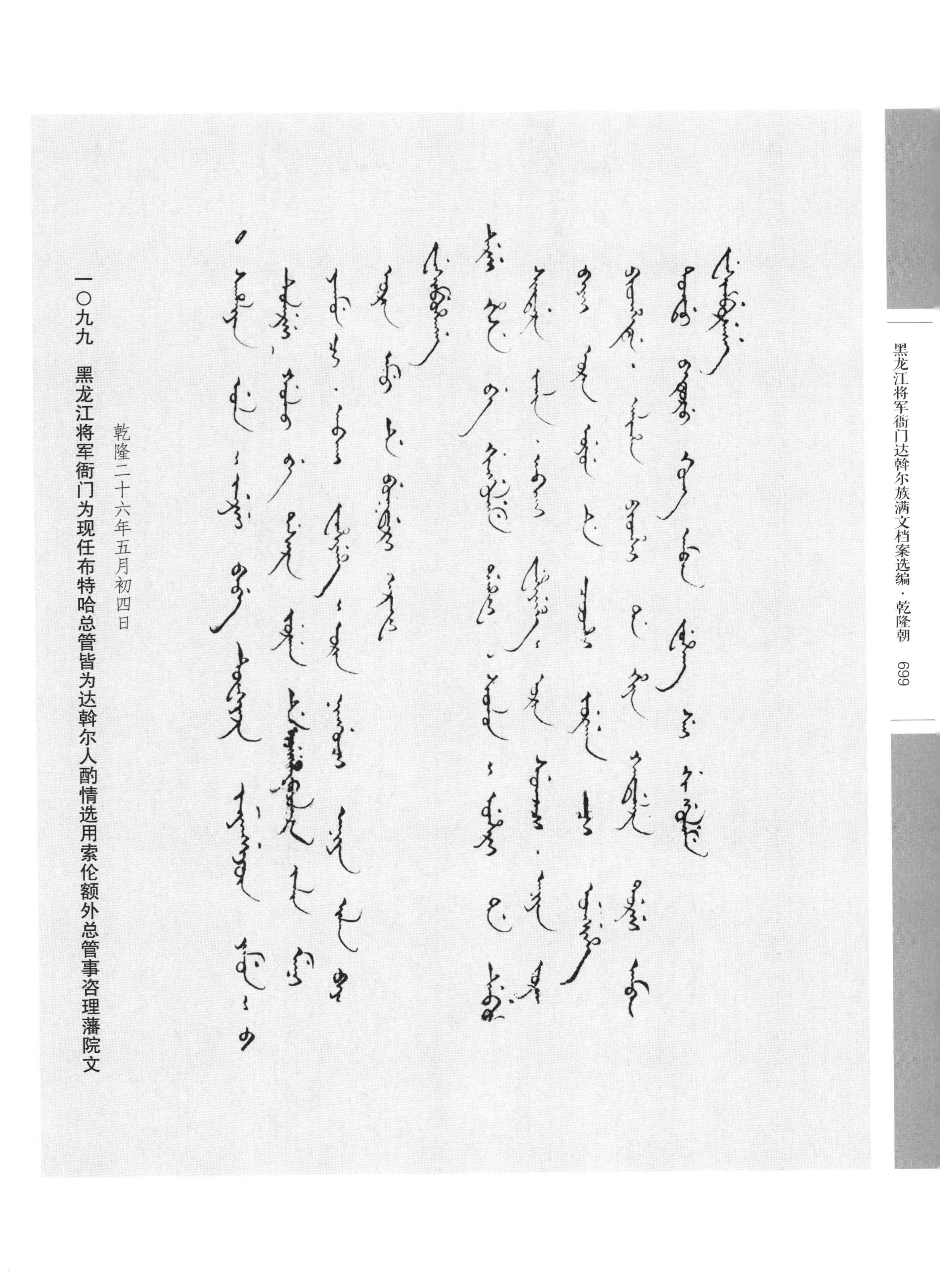

一〇九九 黑龙江将军衙门为现任布特哈总管皆为达斡尔人酌情选用索伦额外总管事咨理藩院文

乾隆二十六年五月初四日

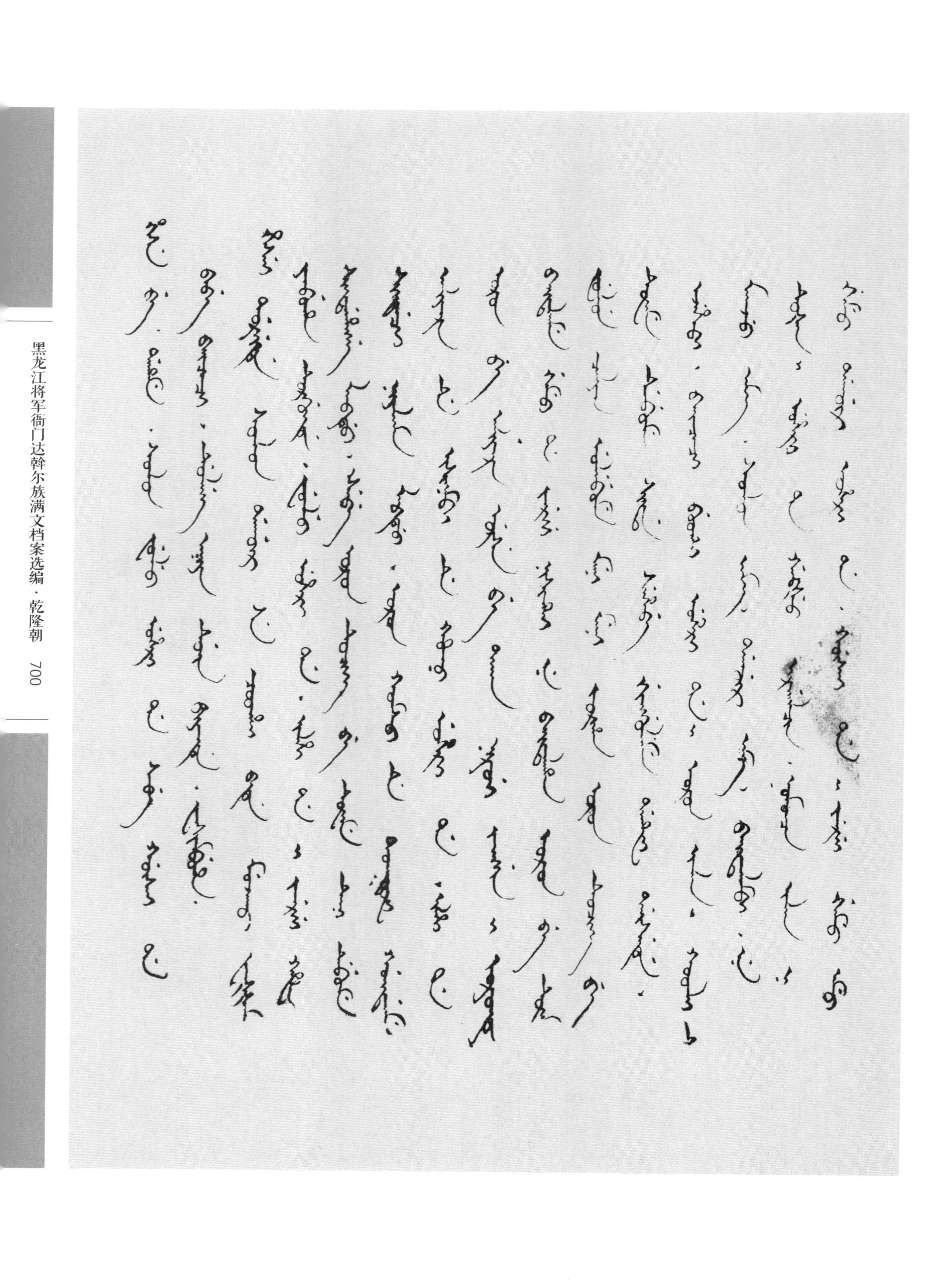

[illegible]

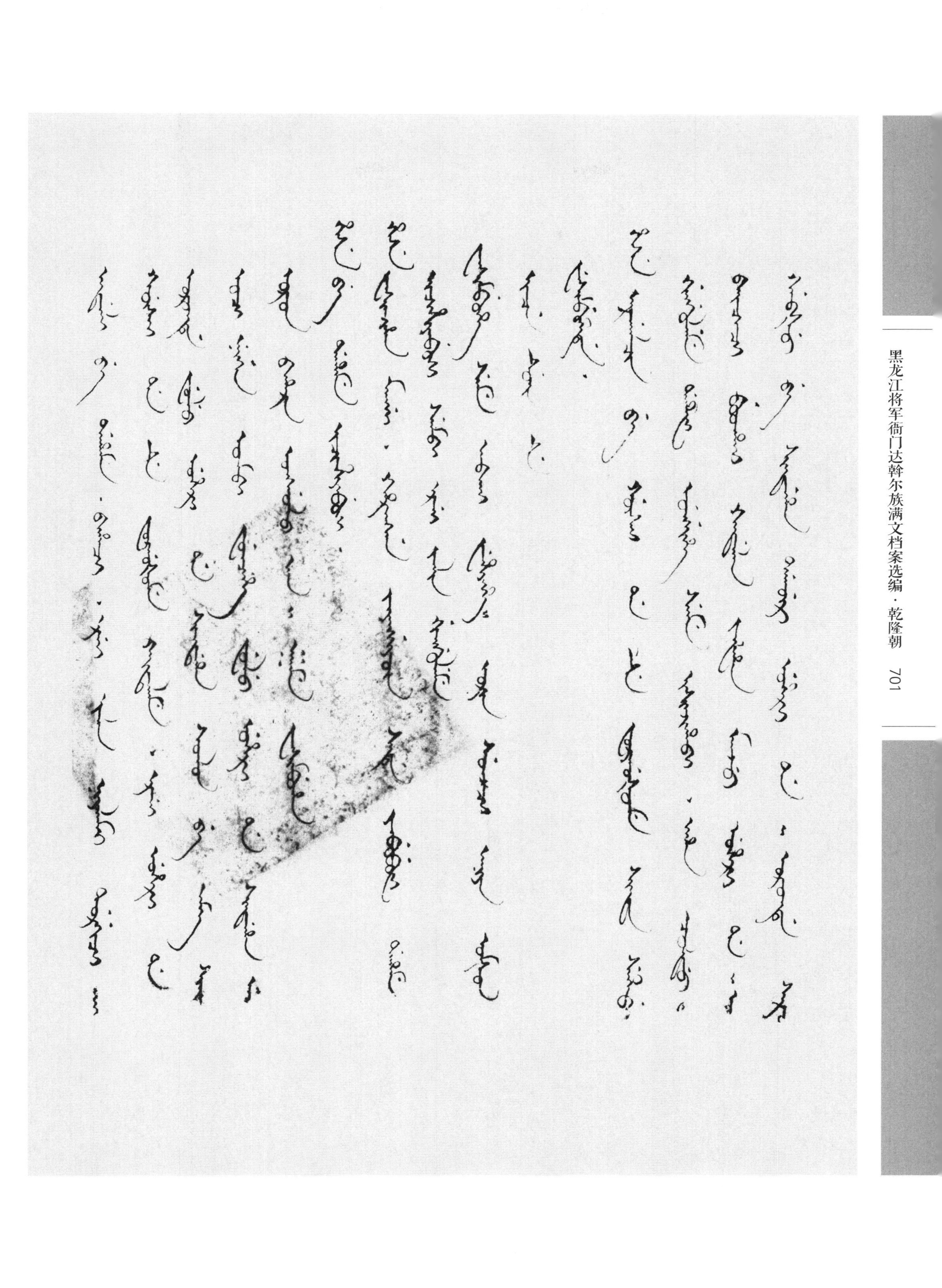

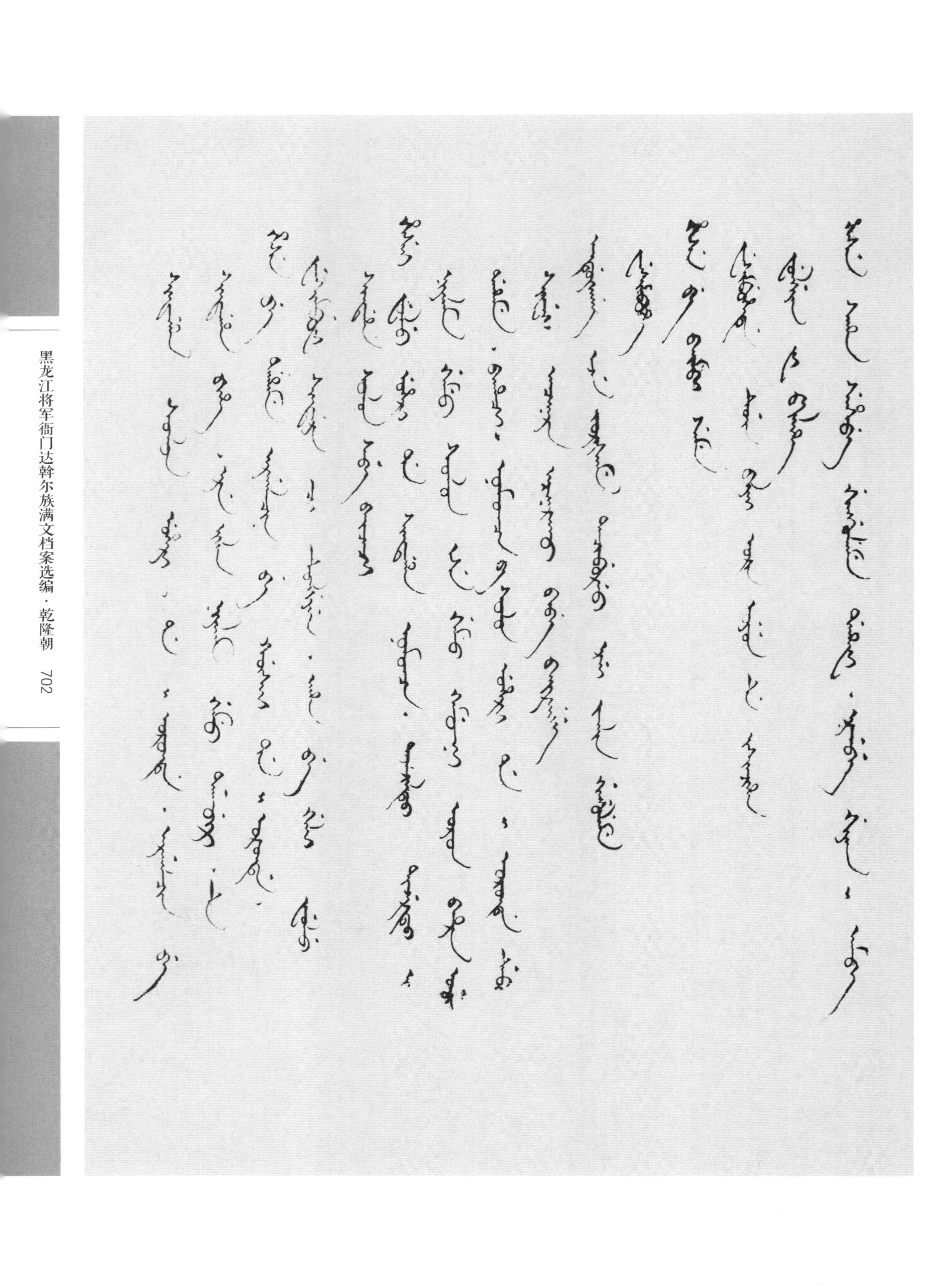

[illegible]

[illegible]

[illegible]

[illegible]

[illegible]

[illegible]

[illegible]

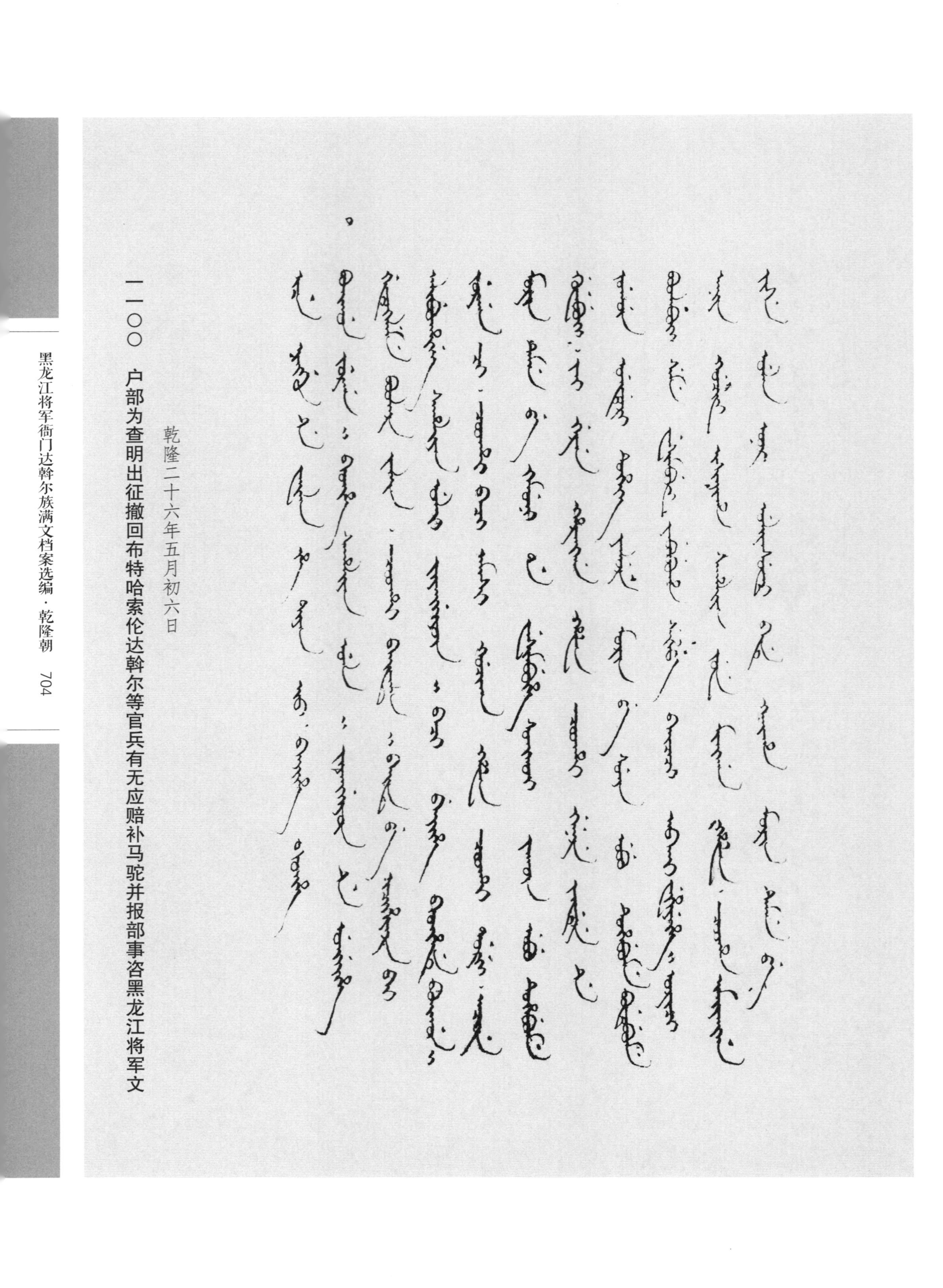

一一〇〇 户部为查明出征撤回布特哈索伦达斡尔等官兵有无应赔补马驼并报部事咨黑龙江将军文

乾隆二十六年五月初六日

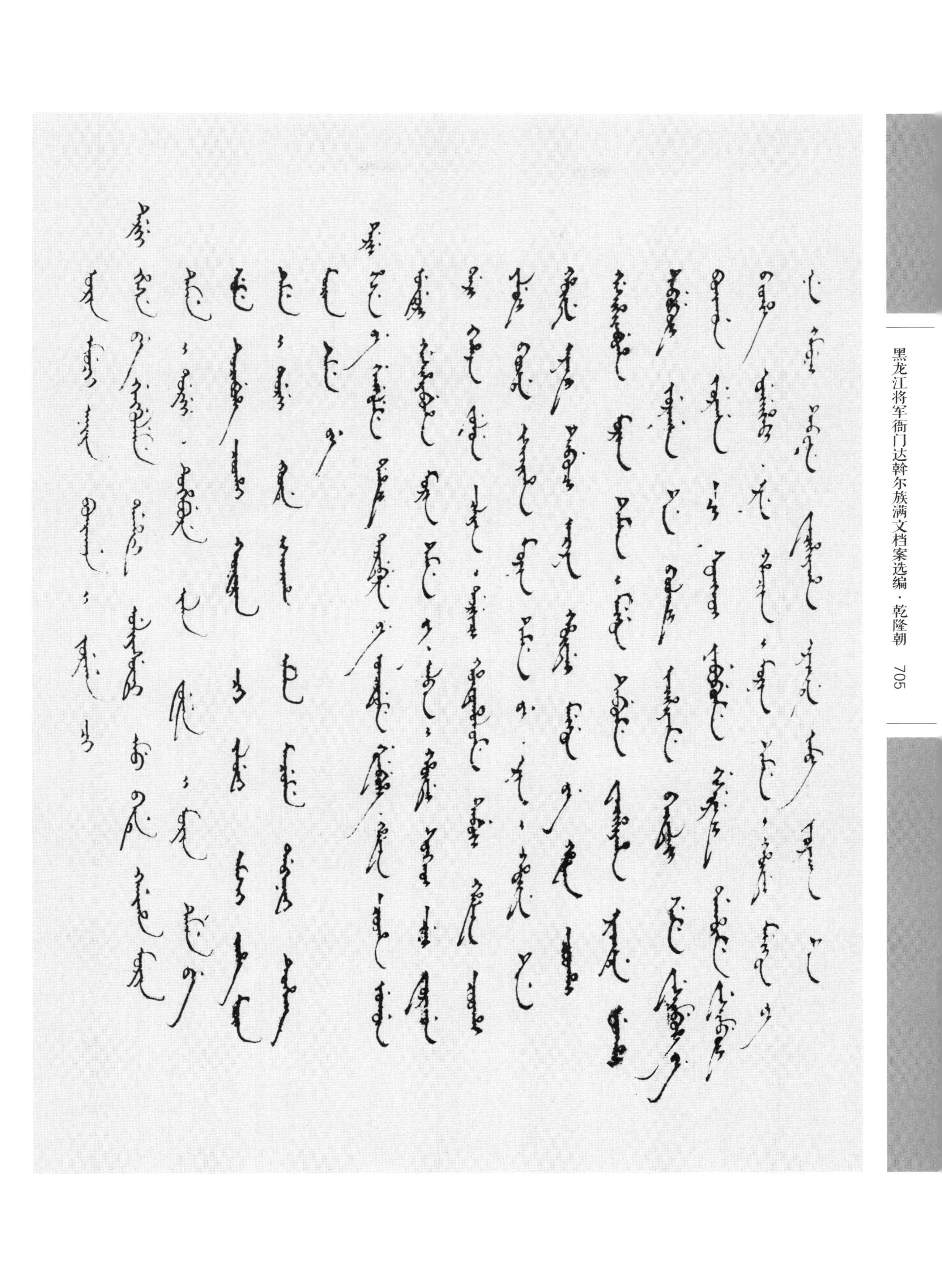

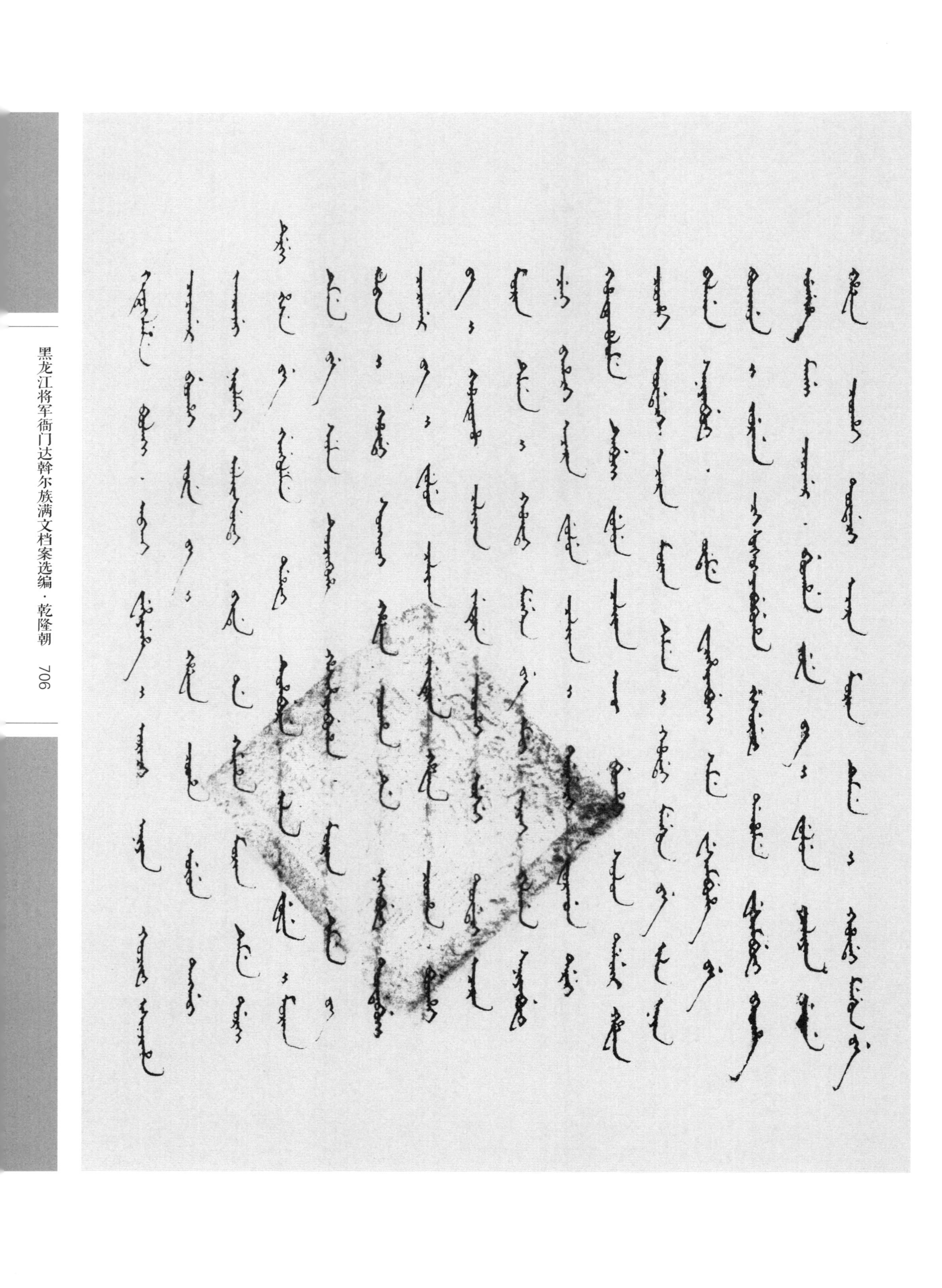

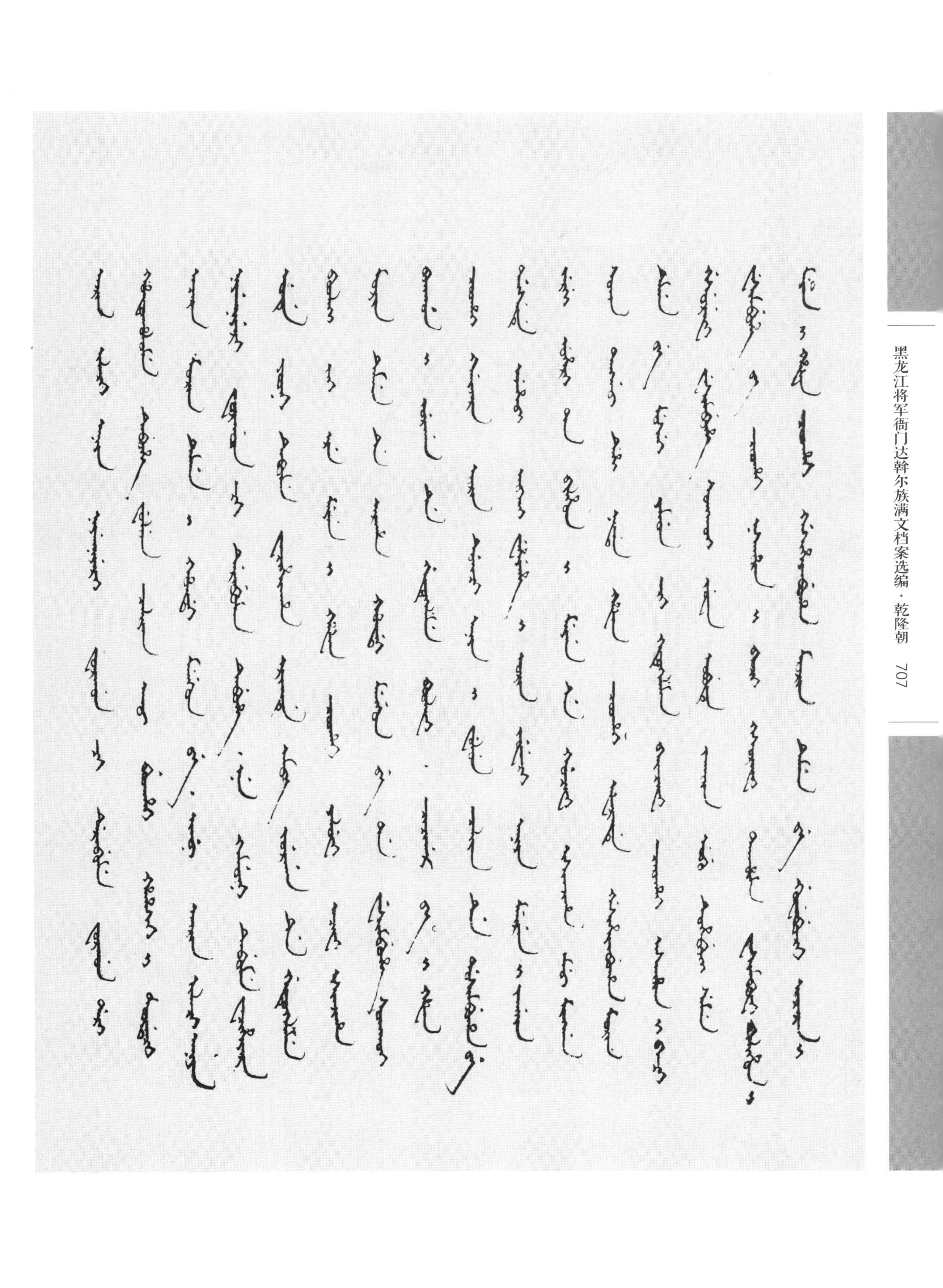

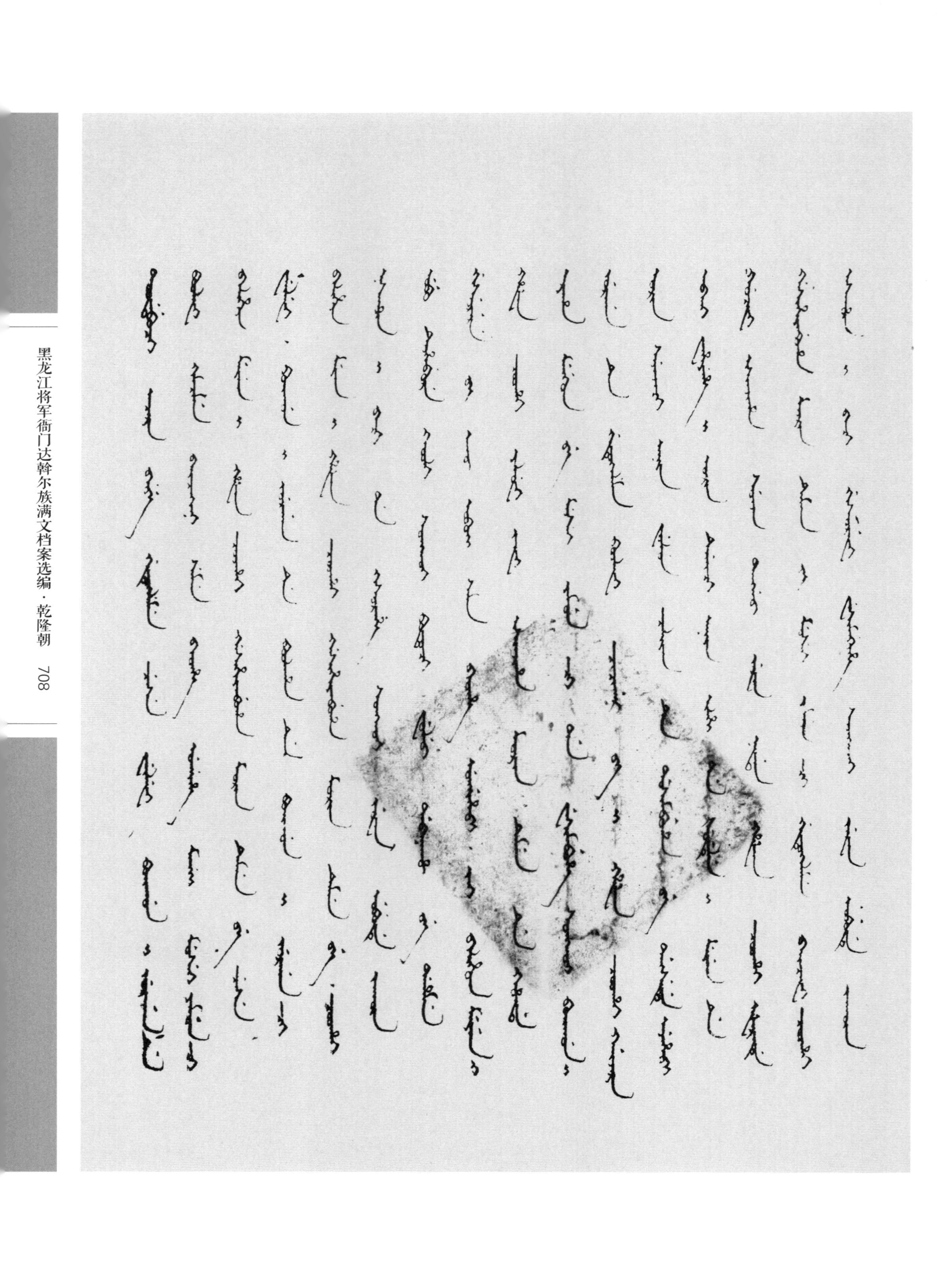

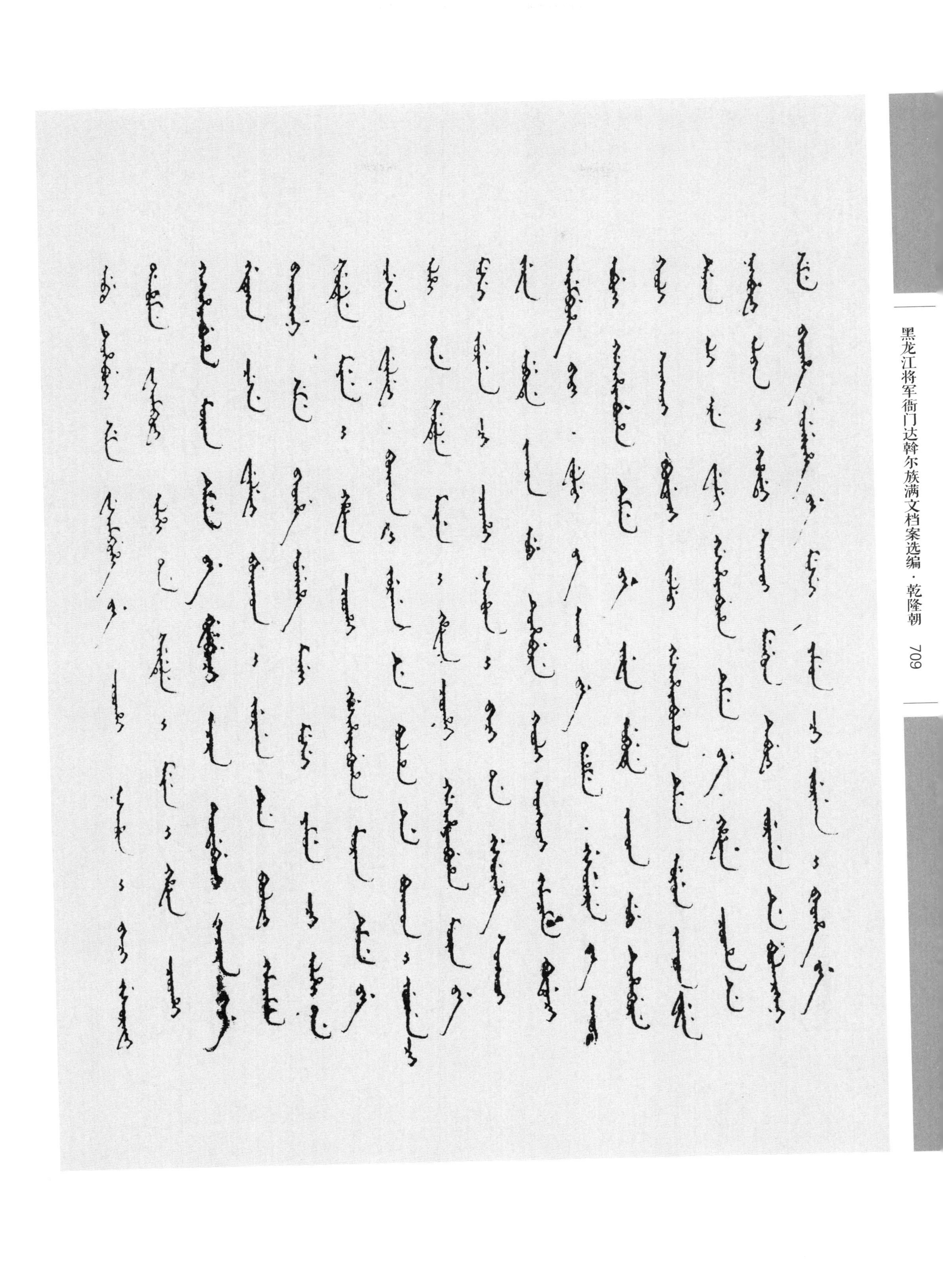

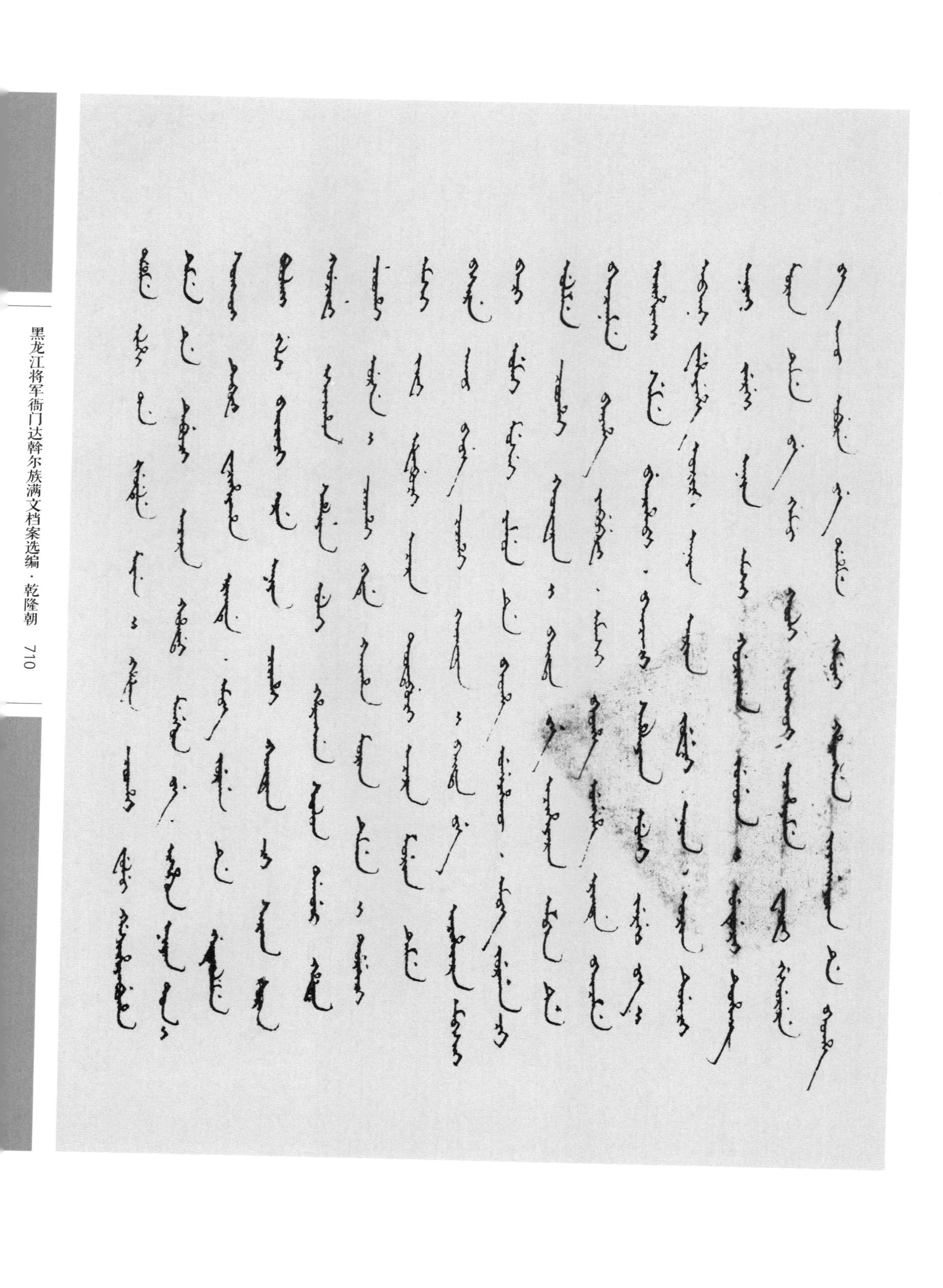

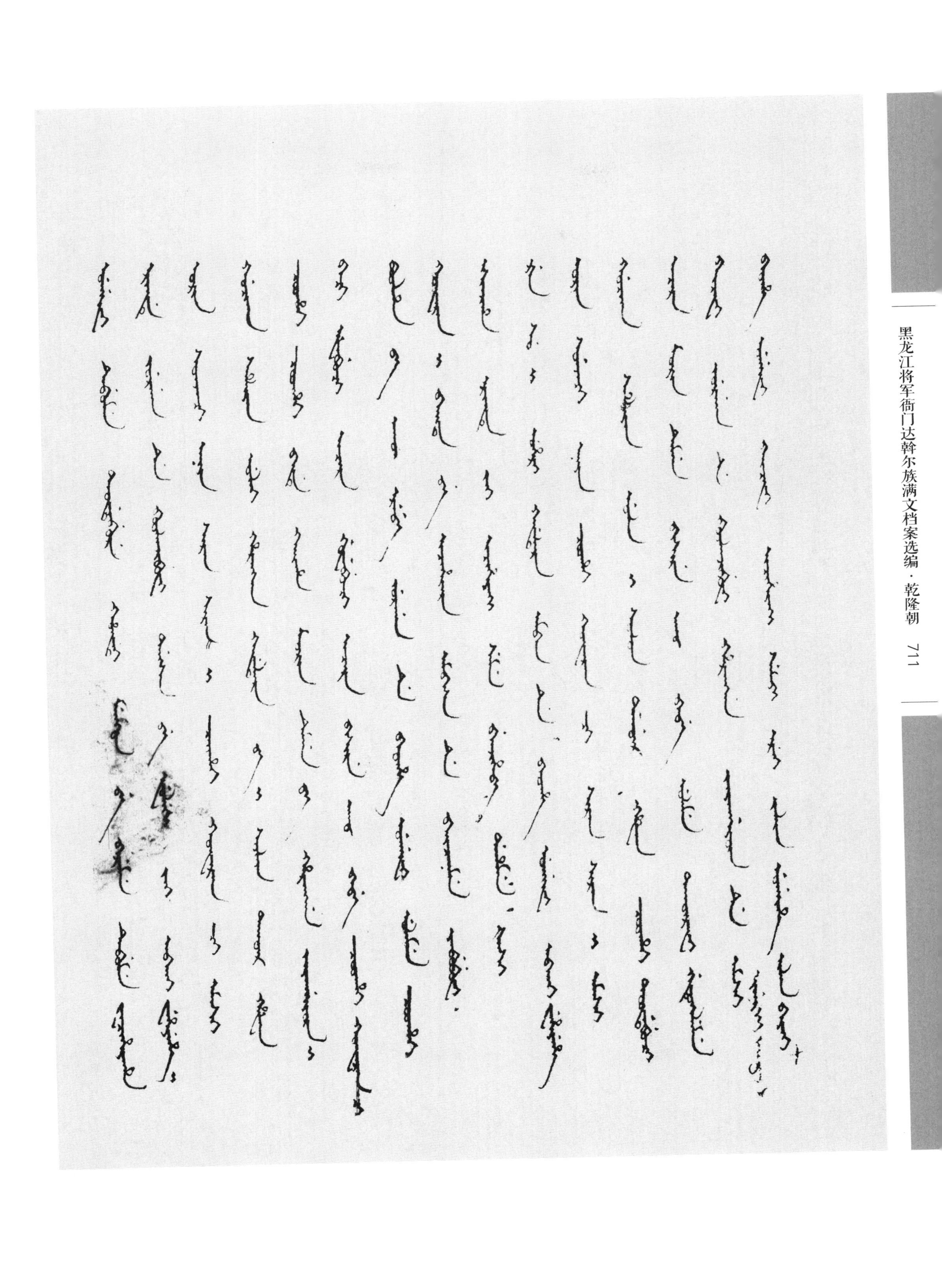

一一〇一 布特哈索伦达斡尔总管噶布舒等为造送索伦达斡尔等捕貂丁数册事咨呈黑龙江将军衙门文

乾隆二十六年五月十六日

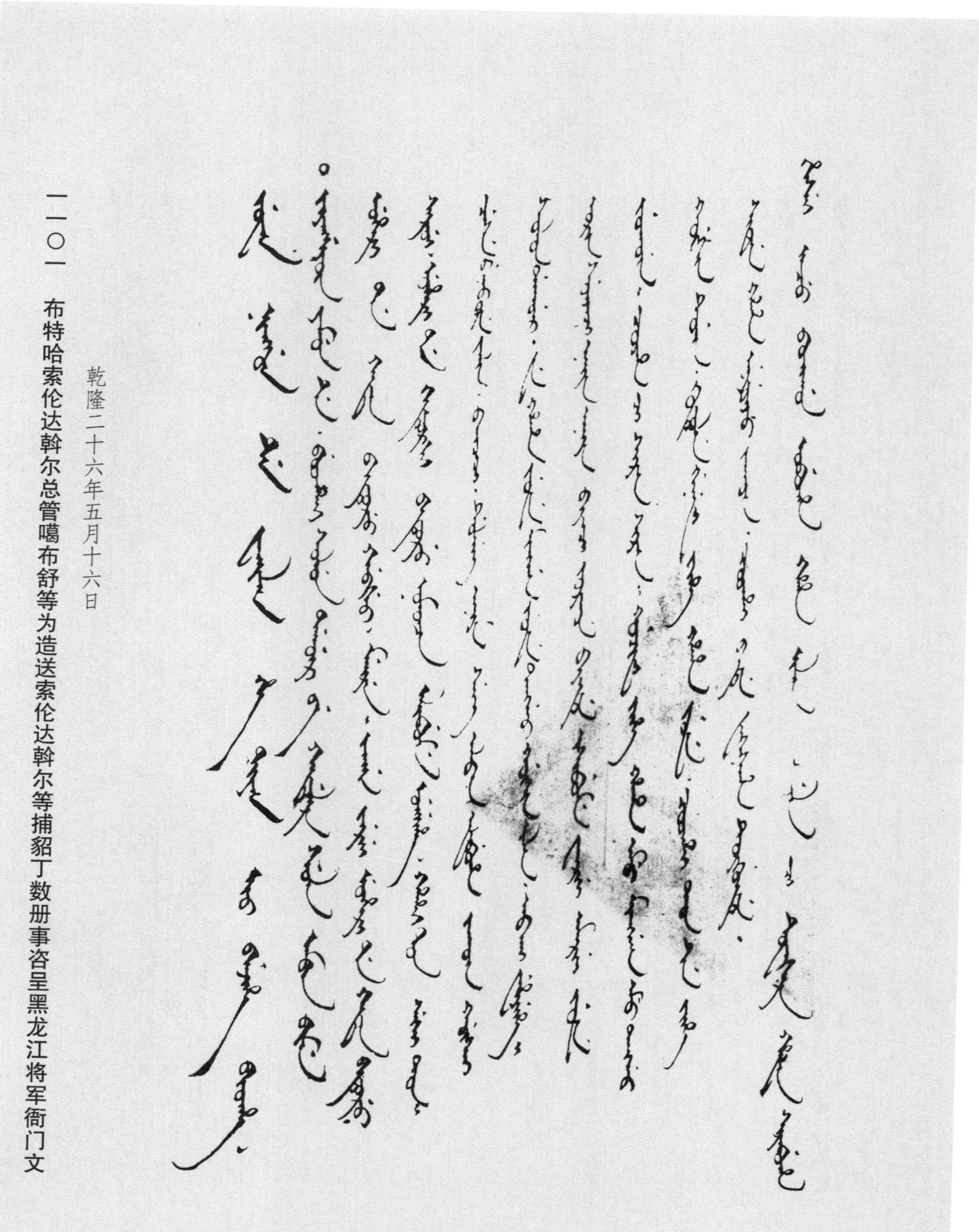

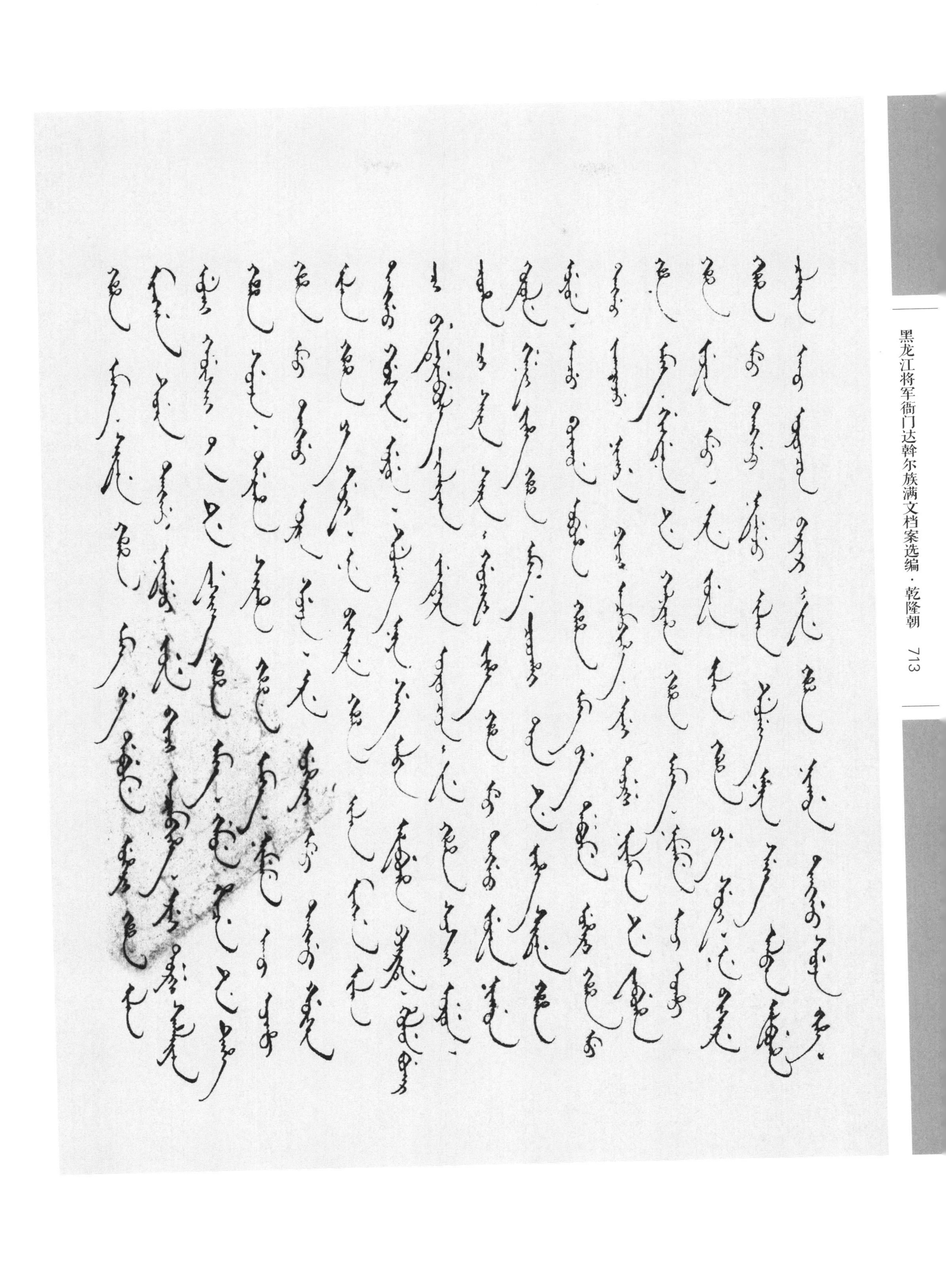

[illegible]

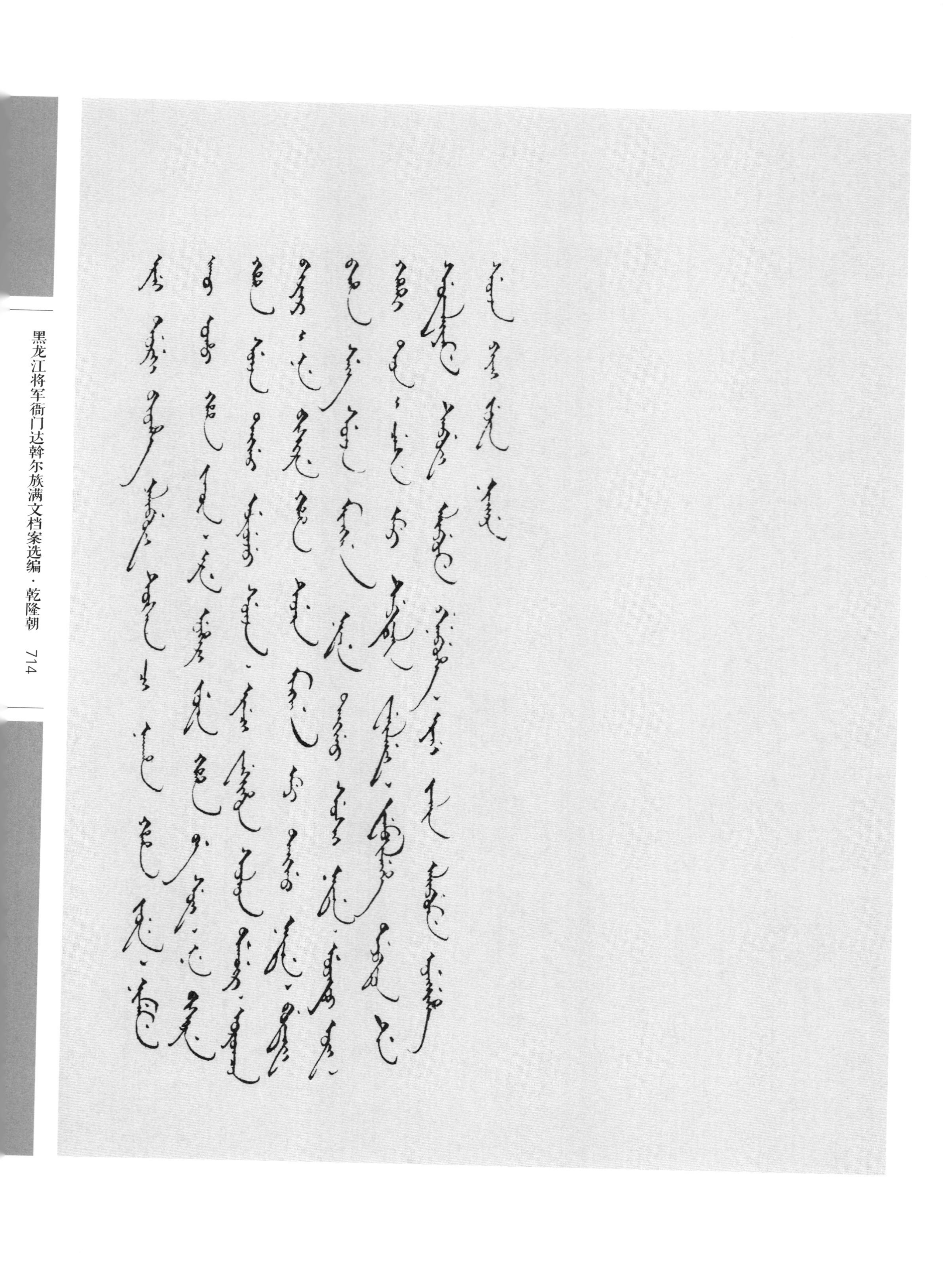